PC-Programmierung in Maschinensprache

Peter Monadjemi

PC-Programmierung in
MASCHINEN SPRACHE

Eine umfassende Einführung mit vielen Beispielen

2., erweiterte und überarbeitete Auflage

Markt&Technik Verlag AG

Die Deutsche Bibliothek - CIP-Einheitsaufnahme

Monadjemi, Peter:
PC-Programmierung in Maschinensprache : eine Einführung mit vielen Beispielen /
Peter Monadjemi. - 2., erw. und überarb. Aufl.
Haar bei München : Markt-und-Technik-Verl., 1991
ISBN 3-89090-957-4

15   14   13   12   11   10   9   8   7   6   5   4

94   93   92

ISBN 3-89090-957-4

© 1991 by Markt&Technik Verlag Aktiengesellschaft,
Hans-Pinsel-Straße 2, D-8013 Haar bei München/Germany
Alle Rechte vorbehalten
Einbandgestaltung: Grafikdesign Heinz Rauner
Dieses Produkt wurde mit Desktop-Publishing-Programmen erstellt
und auf der Linotronic 300 belichtet.
Druck: Schoder, Gersthofen
Printed in Germany

Inhaltsverzeichnis

Anhang G

Anhang H

Anhang I

Anhang J

Stichwortverzeichnis

Vorwort

Dies ist nicht das erste Buch über die Maschinensprache der 8086/8088-CPU. Es ist auch nicht das einzige Buch, das zu diesem Thema existiert. Warum daher ein weiteres Buch über Maschinensprache?

Die meisten existierenden Bücher beschäftigen sich hauptsächlich mit der Maschinensprache und behandeln das Thema MS-DOS-Systemprogrammierung eher am Rande. Wie Sie jedoch mit zunehmender Erfahrung lernen werden, läßt sich die Maschinensprache-Programmierung auf einem PC nie losgelöst von der Systemumgebung, das heißt konkret von dem Betriebssystem MS-DOS durchführen. Mit anderen Worten, wer auf einem PC in Maschinensprache erfolgreich programmieren möchte, benötigt profunde Kenntnisse auch über den Aufbau von MS-DOS. Dieses Buch bietet daher nicht nur eine grundlegende und leicht verständliche Einführung in die Maschinensprache der 8086/8088-CPU, sondern führt gleichermaßen auch in die Systemprogrammierung unter MS-DOS ein. Damit erlernen Sie nicht nur den Umgang mit der Assemblersprache (einer anderen Bezeichnung für die Maschinensprache) der 8086/8088-CPU, sondern werden gleichzeitig in die Lage versetzt, Ihre Kenntnisse zur Erstellung nützlicher Programme und Utilities einzusetzen.

Dieses Buch soll Lehrbuch und Nachschlagewerk zugleich sein. Vor allem soll es das häufig anzutreffende Vorurteil widerlegen, daß Maschinensprache oder Assemblersprache schwierig zu erlernen sei. Maschinensprache ist eine sehr »lebendige« Sprache, die äußerst flexibel eingesetzt werden kann. Die Anwendungen reichen von der Maschinensteuerung bis hin zum Erstellen komplexer Grafikpakete. Doch auch »kleine« Projekte lassen sich mit Hilfe der Maschinensprache realisieren. Nicht zuletzt bietet Maschinensprache die Möglichkeit, die Leistungsfähigkeit von Basic-, C-, Pascal- oder dBase-Programmen (die Reihe ließe sich noch fortsetzen) zu steigern, indem man diese Programme durch Maschinensprache-Routinen ergänzt. Dieses Buch präsentiert Ihnen dazu viele anschauliche Beispiele.

Das vorliegende Buch ist eine Art »Jubiläumsbuch«. Vor ziemlich genau zehn Jahren wurde von der Firma Intel die 8086-CPU vorgestellt, der bald darauf eine kleine »Schwester«, in Form der 8088-CPU folgte. Zehn Jahre sind in der Computerbranche normalerweise eine Ewigkeit, in der ganze Computergenerationen kommen und gehen. Daß die 8086/8088-CPU dennoch nichts an Aktualität verloren hat, beweist der enorme und vor allem stetig anhaltende Verkaufserfolg der PCs.

Das Erlernen der Maschinensprache der 8086-CPU ist auf alle Fälle lohnenswert. Zum Beispiel, weil Sie in die Lage versetzt werden, Probleme zu lösen, die in anderen Sprachen nur umständlich oder gar nicht gelöst werden können oder vielleicht auch nur, weil Sie durch die erworbenen Kenntnisse verstehen, was in Ihrem PC passiert.

Viel Spaß dabei wünscht Ihnen

Peter Monadjemi

Vorwort zur zweiten Auflage

Seit dem Erscheinen dieses Buches hat sich im Bereich der Assemblerprogrammierung einiges getan. Inzwischen wurde die Version 6.0 des Makroassemblers und die Version 2.5 des Turbo Assemblers auf den Markt gebracht. Doch auch bei der Hardware gibt es eine entscheidende Veränderung. Wenngleich es sich bei der überwiegenden Mehrheit der bei uns installierten PCs noch um PCs mit einer 8086/88-CPU (oder einer V20/V30-CPU) handeln dürfte, verschiebt sich dieser Anteil stetig in Richtung 80386/486-CPU. Wohl kaum ein professioneller Anwender dürfte heute nicht mit einem 386er AT oder 486er AT arbeiten. Schließlich sind 80386SX-Systeme mit 40 Mbyte Festplatte heutzutage, das heißt Anfang 1991, für unter 2000 DM zu kaufen. Diesem Trend wird auch dieses Buch gerecht. Zwar steht nach wie vor die 8086/88-CPU im Vordergrund, Kapitel 15 geht jedoch recht ausführlich auf die Programmierung der 80286- und 80386-CPU im Protected-Modus ein. Inwieweit es sinnvoll ist, Maschinensprache für den Protected-Modus zu entwickeln, ist aufgrund der Komplexität schwer zu beantworten. Die Mechanismen der Speicheradressierung zu erforschen oder die Möglichkeiten einer 32-Bit-CPU auszureizen, ist auf alle Fälle eine hochinteressante Angelegenheit.

Die Maschinensprache-Programmierung hat sicherlich aufgrund der beeindruckenden Fähigkeiten eines Turbo Pascal-, QuickC oder Modula-2-Compilers ein wenig an Bedeutung verloren, sie ist aber nach wie vor die faszinierendste Methode, einen Computer zu programmieren. Daß Maschinensprache, wenn sie richtig eingesetzt wird, allen Sprachen in punkto Geschwindigkeit überlegen ist, hat erst jüngst Windows-Konkurrent Geos-Ensemble bewiesen. Hierbei handelt es sich um eine Windows-ähnliche Betriebssystemoberfläche, die komplett in Maschinensprache geschrieben wurde. Auch wenn es sich hier sicherlich um eine Ausnahme handelt, so zeigt dieses Beispiel doch, daß die Maschinensprache der 80x86-CPUs nichts an Aktualität verloren hat.

An dieser Stelle möchte ich mich auch noch einmal recht herzlich für die zahlreichen Leserbriefe und die überaus konstruktive Kritik bedanken.

Peter Monadjemi

inleitung

Warum Maschinensprache?
Wenn man beginnt, eine neue Programmiersprache zu erlernen, sollte es dafür einige gute Gründe geben. So sollte die neue Programmiersprache markante Vorteile gegenüber der Sprache aufweisen, mit der Sie bislang Ihre Programme geschrieben haben, denn sonst würde sich der Aufwand für das Erlernen der Maschinensprache sicher nicht lohnen. Wo liegen die Vorteile der Maschinensprache gegenüber den gängigsten Hochsprachen wie zum Beispiel Basic, C oder Pascal?

1. Geschwindigkeit
Der wahrscheinlich markanteste Vorteil der Maschinensprache ist die Ausführungsgeschwindigkeit. In Maschinensprache zu programmieren heißt, die CPU Ihres PC auf ihrer untersten Ebene zu programmieren. Auch wenn ein Compiler, wie zum Beispiel der Turbo-Pascal-Compiler, ebenfalls Maschinencode erzeugt, ist dieser nie hundertprozentig optimiert und damit zwangsläufig langsamer als ein entsprechendes Maschinenprogramm.

2. Zugriff auf MS-DOS
Keine Sprache eignet sich für den Zugriff auf MS-DOS, dem Betriebssystem des PC, besser als Maschinensprache. Ob es sich um einen Druckertreiber oder um ein speicherresidentes Programm handelt – mit einem Assembler steht Ihnen das geeignete Werkzeug zur Verfügung.

3. Zugriff auf die Hardware
Programmieren in Maschinensprache ermöglicht einen direkten Zugriff auf die Hardware Ihres PC, der von einer Hochsprache aus nur eingeschränkt oder gar nicht möglich ist. Auch wenn die meisten Hochsprachen mittlerweile hervorragende Systemschnittstellen zur Verfügung stellen, lassen sich viele Probleme in Maschinensprache effektiver und eleganter lösen. Sei es die Programmierung einer Herculeskarte oder der Schnittstellen des PC, um einmal zwei Beispiele zu nennen.

Mit dem Assembler in die Neunziger?
Als die erste Auflage dieses Buches geschrieben wurde, existierte Turbo Pascal noch in der Version 3.0 und QuickC in der Version 1.0. Seitdem sind einige Jahre vergangen, in denen die Compiler-Entwickler nicht untätig geblieben sind. Hochsprachen-Compiler, wie Turbo Pascal, QuickBasic oder QuickC, sind inzwischen erheblich leistungsfähiger geworden. Selbst typische Assembler-Anwendungen, wie direkter Zugriff auf E/A-Ports oder speicherresidente Programme, lassen sich problemlos in Turbo Pascal oder QuickC realisieren. Und dennoch hat die Maschinensprache nach wie vor ihre Berechtigung. Kein Compiler kann ein Programm zu 100% optimieren. Ein geschickter Maschinenspracheprogrammierer ist einem Compiler nach wie vor überlegen. Wenn es um Optimierung geht, kann auf Maschinensprache nicht verzichtet werden. Dies betrifft auch die Optimierung auf Hochsprachenebene. Wer wissen möchte, wie sein Compiler bestimmte Konstruktionen übersetzt hat, benötigt fundierte Maschinensprachekenntnisse. Und nicht zuletzt sind gute Maschinensprachekenntnisse nach wie vor eine Voraussetzung dafür, die Funktionsweise eines PC und seiner Software zu verstehen.

Natürlich sollen auch die Nachteile der Maschinensprache an dieser Stelle nicht verschwiegen werden. Ein Nachteil der Maschinensprache ist sicherlich die Entwicklungszeit der Programme, die in der Regel um den Faktor zwei bis drei größer ist als die Entwicklungszeit eines vergleichbaren Pascal- oder C-Programmes. Die hohe Entwicklungszeit ist zum einen dadurch bedingt, daß in Maschinensprache jede Kleinigkeit selbst programmiert werden muß. Selbst die Ausgabe einer Zahl auf dem Bildschirm erfordert bereits ein Maschinenprogramm, das aus mehreren Dutzend Maschinenbefehlen besteht. Zwar läßt sich dieses Problem durch Verwendung von Bibliotheksfunktionen in den Griff kriegen, doch gerade in der Maschinensprache-Programmierung sind die einzelnen Probleme so individuell, daß sich nicht für jedes Problem eine entsprechende Bibliotheksfunktion finden läßt.

Ein nicht unbeträchtlicher Teil der Entwicklungszeit muß für die Fehlersuche veranschlagt werden. Da sich die Programmierung der Maschinensprache auf der untersten Ebene des Computers bewegt, besteht nicht die Möglichkeit, sich eben einmal schnell den Inhalt einer Variablen ausgeben zu lassen. Auch wird die CPU nicht durch einen »Syntax Error« oder einer ähnlichen kultivierten Fehlermeldung kundtun, daß im Programmablauf ein Fehler aufgetreten ist. Statt dessen verhält sich ein fehlerhaftes Maschinenprogramm meistens wenig kooperativ und in vielen Fällen bleibt als einzige Alternative nur noch ein Neustart des Computers übrig.

Wie Sie beim Durcharbeiten des Buches lernen werden, sind die beiden erwähnten Nachteile durchaus in den Griff zu kriegen. So verfügen professionelle Programmierer über eine Bibliothek von Maschinenroutinen für häufig anfallende Probleme. Eine solche Bibliothek wird bei Bedarf in ein neues Programm eingebunden und muß daher nur einmal erstellt werden. Auch für die Fehlersuche, das sog. Debugging, existieren zahlreiche »Tools« das heißt Hilfsmittel, die die Fehlersuche enorm erleichtern.

Des weiteren ist es heutzutage überhaupt kein Problem mehr, ein Turbo Pascal-, Borland C++-, QuickC- oder gar Clipper-Programm durch einzelne Maschinenroutinen zu ergänzen. In diesem Fall lassen sich die Vorteile einer Hochsprache, wie zum Beispiel strukturierte Datentypen, Programmstrukturen und Debugging-Tools mit den Vorteilen der Maschinensprache, zum Beispiel Maschinennähe und Ausführungsgeschwindigkeit kombinieren. Die eben erwähnten Nachteile fallen so weitestgehend weg.

Ein anderer »Nachteil« der Maschinenspracheprogrammierung ist bei näherer Betrachtung eigentlich gar keiner. Der Maschinensprache haftet immer noch der Ruf an, »ungeheuer« kompliziert zu sein. Daß dies ganz und gar nicht so ist, sondern Maschinensprache eigentlich nicht schwerer zu erlernen ist als eine Programmiersprache wie Basic, C oder Pascal, soll dieses Buch beweisen.

An wen richtet sich dieses Buch?
Dieses Buch richtet sich an Einsteiger in die 8086-/8088-Maschinensprache und Umsteiger, die bereits mit einer anderen CPU (wie zum Beispiel dem Z80 oder dem 68000er) Erfahrungen gesammelt haben. Doch wie bereits im letzten Abschnitt erwähnt, ist dies kein reines Maschinensprachebuch. Einen großen Anteil nimmt eine Einführung in die Systemprogrammierung unter MS-DOS ein. Sie lernen daher nicht nur die Programmierung der 80x86-CPUs, sondern lernen auch diese Kenntnisse auf die Programmierung unter MS-DOS einzusetzen.

Was erwartet Sie in diesem Buch?

Dieses Buch stellt in erster Linie eine Einführung in die Maschinensprache der 8086/8088-CPU dar. Die 8086/8088-CPU ist das »Gehirn« aller IBM-PCs, -XTs und Kompatiblen. Da Maschinensprache-Programmierung auf einem PC nicht losgelöst von dem Betriebssystem MS-DOS betrachtet werden kann, stellt dieses Buch auch eine Einführung in die Programmierung unter dem Betriebssystem MS-DOS dar. Sie werden lernen, wie MS-DOS aufgebaut ist und wie Sie Routinen des Betriebssystems für Ihre Maschinenprogramme nutzen können.

Bereits in Kapitel 1 werden Sie Ihr erstes Maschinenprogramm mit Hilfe eines Assemblers erstellen. Auch wenn Ihnen die einzelnen Befehle des Programms zu diesem Zeitpunkt wahrscheinlich nicht mehr sagen werden als die berühmten böhmischen Dörfer, so bekommen Sie ein Gefühl für den Aufbau eines Maschinenprogramms und werden feststellen, daß an einem Maschinenprogramm nichts Geheimnisvolles ist. Außerdem lernen Sie die Handhabung und den Umgang mit einem Assembler.

Kapitel 2 und Kapitel 3 führen Sie in die theoretischen Grundlagen ein, die der Maschinensprache-Programmierung zugrunde liegen. Kapitel 2 beschäftigt sich mit den Dualzahlen, während Kapitel 3 die logischen Verknüpfungen vorstellt. In Kapitel 4 wird der grundsätzliche Aufbau eines PC vorgestellt. Sie lernen etwas über die CPU und die Komponenten, die die CPU in einem PC unterstützen. Kapitel 5 geht dann speziell auf die 8086/8088-CPU ein. Neben einer Beschreibung der wichtigsten Komponenten erhalten Sie einen ersten Überblick über den Befehlssatz dieser CPU. An dieser Stelle erfahren Sie übrigens auch den Unterschied zwischen der 8086- und der 8088-CPU (es kann bereits hier vorweggenommen werden, daß beide CPUs praktisch identisch sind). In Kapitel 6 geht es dann endlich mit der Programmierung los. Am Beispiel der Datentransportbefehle der 8086/8088-CPU lernen Sie den Umgang mit dem Debugger. Kapitel 7 beschäftigt sich mit den Rechenbefehlen der 8086/8088-CPU, während Kapitel 8 die Frage beantwortet, wie sich Programmschleifen und Entscheidungen auch in Maschinensprache realisieren lassen. Außerdem werden in diesem Kapitel einige Funktionen von MS-DOS dazu benutzt, so wichtige Dinge wie eine Bildschirmausgabe oder eine Tastatureingabe durchzuführen. Kapitel 9 widmet sich der Frage, wie man von einem konkreten Problem zu einem lauffähigen Programm gelangt. Anhand zahlreicher Beispielroutinen werden die Entwicklungsschritte eines Maschinenprogramms anschaulich erläutert. Kapitel 10 stellt die beiden wichtigsten Assembler in der PC-Welt, den Microsoft-Makroassembler und den Turbo-Assembler von Borland vor. Um den Aufbau des Betriebssystems MS-DOS geht es im Kapitel 11. Hier erfahren Sie wissenswerte und notwendige Fakten über die Speicherbelegung, den Boot-Vorgang und vor allem über die DOS- und BIOS Schnittstellen, die dem Maschinensprache-Programmierer zur Verfügung stehen. Die theoretischen Kenntnisse werden in Kapitel 12 praktisch angewendet. Die in diesem Kapitel vorgestellten nützlichen Utilities ermöglichen zum einen die Anwendung der Kenntnisse aus den Kapiteln 7 bis 9 und stellen zum anderen anschauliche Beispiele für die MS-DOS-Programmierung dar. Dabei werden auch »kompliziertere« Themen wie zum Beispiel die Programmierung residenter Programme nicht ausgeklammert. In Kapitel 13 ist die Grafik an der Reihe. Am Beispiel der weit verbreiteten Herculeskarte werden nützliche Routinen vorgestellt, die von Ihnen zum Aufbau komplexerer Grafikanwendungen genutzt werden können. Nicht weniger nützlich ist der Inhalt des Kapitels 14. Hier geht es um die Einbindung von Maschinenprogrammen in Hochspracheprogrammen. Am Beispiel von Turbo Pascal und QuickC werden die notwendigen Techniken dargestellt.

In Kapitel 15 geht es um die Nachfolge-CPUs 80286, 80386 und 80486. Dabei wird natürlich auch der Protected-Modus nicht ausgespart. Wer einen AT- oder einen PC mit 80386- oder gar 80486-CPU besitzt, erfährt, welche in der Regel bislang ungenutzten Talente in seinem PC schlummern. Abgeschlossen wird das Buch durch Kapitel 16, das allgemeine Tips und Tricks beinhaltet, die Sie bei der Entwicklung größerer Maschinenprogramme beherzigen sollten. Im umfangreichen Anhang finden Sie unter anderem eine komplette Übersicht über alle Befehle der 80x86-CPUs, eine Liste der wichtigsten DOS- und BIOS-Interrupts sowie eine Kurzbeschreibung der wichtigsten Assembleranweisungen.

Wie Sie mit diesem Buch arbeiten

Ein relativ komplexes Gebiet wie die Assembler-Programmierung oder die System-Programmierung unter MS-DOS läßt sich nicht an einem Wochenende erlernen. Nicht zuletzt hängt Ihr persönlicher Lernerfolg sehr stark von Ihrer Strategie und nicht zuletzt auch von Ihrer Disziplin ab, mit der Sie diese Strategie beherzigen.

Wie bei dem Erlernen anderer Programmiersprachen auch, sollten Sie auch hier die praktische Anwendung unbedingt in den Vordergrund stellen. Legen Sie daher ein besonderes Gewicht auf die Übungen, die Sie an den Anschluß der meisten Kapitel finden. Diese Übungen bieten Ihnen zum einen eine Lernkontrolle, zum anderen erfahren Sie in den Übungen aber teilweise auch neue Fakten, die im Text nicht erwähnt werden. Für die Übungen benötigen Sie einen Assembler. Besorgen Sie sich daher möglichst bald einen Assembler und stellen Sie sich Ihre Arbeitsdiskette zusammen, wie es im nächsten Kapitel »Was Sie vor dem Start wissen müssen« beschrieben wird.

Jedes Kapitel ist so geschrieben, daß es nicht unmittelbar auf das vorhergehende Kapitel aufbaut. Sie können sich daher Ihren persönlichen »Lehrplan« nach Ihren Vorkenntnissen und Interessen zusammenstellen.

Starten sollten Sie in jedem Fall mit dem Kapitel 1, da Sie mit der Arbeitsdiskette (falls Sie nicht Ihre eigene Assemblerdiskette verwenden) erlernen. Das weitere Vorgehen hängt nun von Ihren Vorkenntnissen ab. Falls Sie die grundlegende Theorie über Dualzahlen, logische Verknüpfungen und den allgemeinen Aufbau eines PCs nicht interessiert bzw. Sie sich diese Kenntnisse bereits angeeignet haben, können Sie gleich mit Kapitel 5 oder Kapitel 6 fortfahren. Die Kapitel 6 bis 9 sollten Sie unbedingt durcharbeiten, da Sie dort die Anwendung der wichtigsten Maschinenbefehle erlernen. Kapitel 10 ist für Sie interessant, wenn Sie mehr über die Arbeitsweise Ihres Makro- oder Turbo Assemblers erfahren möchten. Die Kapitel 11 bis 15 setzen bereits grundlegende Kenntnisse über die Maschinensprache-Programmicrung voraus und sind daher für einen Anfänger nicht unbedingt geeignet.

Das Erlernen der Maschinensprache erfordert eine wesentlich stärkere Motivation als beispielsweise das Erlernen einer Programmiersprache wie Basic. Sie werden die Erfahrung machen, daß in Maschinensprache sehr viele kleine Schritte zur Lösung eines kleinen Problems notwendig sind. Sie werden sich mit Details beschäftigen müssen, die Sie als Basic- oder Pascal-Programmierer bislang vernachlässigen konnten. Insbesondere die Gewöhnung an die »Maschinenlogik«, die eine sehr viel kleinlichere und auch strengere Denkweise erfordert, als sie etwa bei der Programmierung in Basic verlangt wird, und vor allem der Umgang mit dem Assembler, einem sehr komplexen Softwareprodukt, das Einsteigern erfahrungsgemäß viele Schwierigkeiten macht, stellen nicht zu unterschätzende Hürden auf dem Weg zum Erlernen der Maschinensprache dar. Dieses Buch ist dazu da, Ihnen die Bewältigung dieser Hürden zu erleichtern, Ihnen Hilfestellungen zu geben und Ihnen vor allem die vielen kleinen und größtenteils unnötigen Frustrationen zu ersparen, die stets das Erlernen eines neuen Wissensgebietes begleiten. Gleichzeitig ist es eine Art Nachschlagewerk, das Ihnen auch als »Assemblerprofi« noch nützliche Dienste leistet. Am Ende des Buches werden Sie mit aller Wahrscheinlichkeit feststellen, daß sich die Mühen gelohnt haben und daß die Kenntnisse über die Maschinensprache und die internen Zusammenhänge in einem PC und des Betriebssystems MS-DOS, die dieses Buch vermitteln soll, eine enorme Bereicherung Ihres Wissens darstellen.

Welcher Assembler wird besprochen?

Für die Maschinensprache-Programmierung wird ein Assembler benötigt. Dies ist ein Programm, das ein Maschinenprogramm in eine Form umwandelt, die von der CPU verstanden wird. Zwar ist die Auswahl bei PC-Assemblern nicht ganz so groß wie bei den C-Compilern, dennoch gibt es für Einsteiger mehrere Alternativen.

Die zur Zeit aktuellste MASM-Version ist 6.0. Aus zwei Gründen beziehen sich alle Beispielprogramme aber noch auf die Version 5.0 (bzw. 5.1). Zum einen war die MASM-Version 6.0 zum Zeitpunkt der Überarbeitung dieses Buches lediglich als Beta-Version verfügbar. Zum anderen, und dies ist der eigentliche Grund, sind die wichtigsten Neuerungen der Version 6.0 gegenüber der Version 5.1 in erster Linie für professionelle Anwender interessant. Einsteiger in die Maschinensprache-Programmierung sind mit den Versionen 5.1 oder 5.0 bestens bedient.

Fazit: Alle Beispielprogramme und das Verhalten des Microsoft-Makroassemblers, wenn nicht extra darauf hingewiesen wird, beziehen sich auf die Version 5.0. Einige Features der MASM-Version 6.0 werden jedoch bereits im laufenden Text erwähnt. Eine Übersicht über die wichtigsten Eigenschaften der neuesten MASM-Version finden Sie in Anhang J.

Auch Besitzer des Shareware-Assemblers A86 können die Beispielprogramme in diesem Buch umsetzen. Anhang E gibt Ihnen einen Überblick über die wichtigsten Unterschiede bei A86.

Was ist in der zweiten Auflage neu?

Bei dem vorliegenden Buch handelt es sich bereits um die zweite überarbeitete Auflage. Gegenüber der ersten Auflage wurden zahlreiche Änderungen durchgeführt. Das Buch wurde sowohl inhaltlich als auch sprachlich komplett überarbeitet. Alle Beispiele in diesem Buch beziehen sich auf die Version 5.0 und 5.1 des Microsoft-Makroassemblers und die Version 1.0 des Turbo Assemblers. Wer noch mit der MASM-Version 4.0 (oder gar einer älteren Version) arbeitet, sollte möglichst bald updaten. Das Kapitel 13 über die Grafikprogrammierung wurde komplett überarbeitet. Die sicher nicht mehr zeitgemäße Programmierung der CGA-Karte wurde herausgenommen. Auch Kapitel 14 ist vollkommen neu, denn die Programmierung von GW-Basic oder dBase III mit Maschinensprache dürfte heutzutage nicht mehr allzu viele Leser interessieren. Statt dessen wurde auf die beiden wohl populärsten PC-Compiler, Turbo Pascal und Quick C, zurückgegriffen.

Ganz neu ist das Kapitel 15. Es soll eine Art Lücke im deutschen Buchmarkt schließen, denn über die Programmierung der 80286- und 80386-CPU wurde noch nicht allzuviel geschrieben. Auch die 80486-CPU wird behandelt, doch muß fairerweise angemerkt werden, daß die sechs zusätzlichen Befehle auf einer halben Seite abgehandelt werden können, so daß die Überschrift »80486-Programmierung« ein wenig übertrieben wäre.

Die Anhänge sollen das Buch zu einem kompletten Nachschlagewerk ergänzen. Es ist meiner Meinung nach ärgerlich, wenn man bei der Maschinensprache-Programmierung stets auch ein oder zwei zusätzliche Bücher anschaffen muß. Ganz ohne zusätzliche Literatur wird es in manchen Fällen sicher nicht gehen, doch für die ersten Übungsprogramme sollte das vorliegende Buch ausreichen.

Ich möchte von Ihnen hören!
Als Autor lebt man von der Resonanz seiner Leser. Ich würde mich daher sehr über Kritik, Anregungen, Verbesserungs- und Ergänzungsvorschläge freuen. Ich werde versprechen, jeden Brief auch zu beantworten und zudem meine bis dahin hoffentlich fertiggestellte Assemblerbibliothek als Dankeschön beizulegen.

Was Sie vor dem Start wissen müssen

Dieser Abschnitt erläutert, welche Programme Sie benötigen, um eine Arbeitsdiskette oder ein Arbeitsverzeichnis für die Assemblierung der Beispielprogramme des Buches, der Übungen und vor allem eigener Programme, erstellen zu können. Diese Arbeitsdiskette ist, genau wie die Buchdiskette, keine notwendige Voraussetzung, um mit dem Maschinensprache-Buch erfolgreich arbeiten zu können. Sie stellt lediglich eine Arbeitserleichterung dar.

Außerdem finden Sie in diesem Abschnitt eine kurze Beschreibung der Programme, die sich auf der dem Buch beiliegenden Diskette (Buchdiskette) befinden.

Der Assembler

Damit Sie die Übungen in diesem Buch bearbeiten können und vor allem damit Sie in der Lage sind, eigene Assemblerprogramme zu schreiben, benötigen Sie einen Assembler. Obwohl für dieses Buch die Verwendung des Microsoft-Makroassemblers (ab Version 5.0) oder des Turbo Assemblers (ab Version 1.0) empfohlen wird, stellen diese Assembler sicher nicht die einzige Alternative dar. Folgende »Benutzerprofile« sind denkbar:

a) Sie besitzen den Microsoft-Makroassembler (MASM.EXE) ab Version 5.0
In diesem Fall sind Sie der ideale Leser, denn alle Beschreibungen und Beispielprogramme sind auf diese beiden Assembler zugeschnitten. Lesen Sie im nächsten Abschnitt, wie Sie sich eine Arbeitsdiskette oder ein Verzeichnis auf der Festplatte erstellen können.

b) Sie besitzen den Turbo-Assembler (TASM.EXE) ab Version 1.0.
Damit sind Sie in der gleichen glücklichen Lage wie ein Leser der Kategorie a. Der Turbo-Assembler von Borland ist nahezu 98% kompatibel zum Makroassembler Version 5.1. Alle Beispielprogramme in diesem Buch können daher auch mit dem Turbo-Assembler umgesetzt werden. Zwar besitzt der Turbo-Assembler im sogenannten Ideal-Modus auch eine eigene Syntax, darauf wird in diesem Buch aber nicht eingegangen.

c) Sie besitzen eine ältere MASM-Version

Falls Sie eine ältere MASM-Version, zum Beispiel 4.0 oder 3.0, besitzen und Sie über keinerlei Assemblerkenntnisse verfügen, sollten Sie auf alle Fälle auf die Version 5.1 umsteigen. Zwar handelt es sich auch bei älteren Versionen um voll funktionsfähige und zudem sehr leistungsfähige Assembler, doch verfügt MASM ab Version 5.1 über vereinfachte Befehle, die in diesem Buch verwendet werden. Falls Sie mit der Version 5.0 arbeiten, sollten Sie ebenfalls auf die Version 5.1 (oder 6.0) updaten, obwohl die meisten der in dem Buch abgedruckten Beispiele auch von MASM Version 5.0 umgesetzt werden können.

Lohnt sich ein Update?

Ein Update von einer älteren MASM-Version auf die neueste Version ist preiswerter als Sie denken. Falls Sie den Assembler nicht direkt gekauft haben, sollten Sie bedenken, daß dies nicht unbedingt die feine englische Art ist und auch der legale Erwerb eines Programms einige Vorteile bieten kann (ein schönes Handbuch, ein vollständiges Produkt und vor allem der ständige Anspruch auf ein preiswertes Update).

Übrigens gibt es für Schüler, Lehrer und Studenten den Makroassembler auch in der allerneuesten Version mit einem Preisnachlaß von etwas mehr als 50%, so daß der Microsoft-Makroassembler 6.0 in diesem Fall kaum mehr als 180 DM kosten dürfte. Ähnliche Rabatte gibt es selbstverständlich auch bei Borland, nur kann hier der Turbo-Assembler nicht separat, sondern nur in Zusammenhang mit Turbo Pascal oder Turbo C++ oder dem Turbo Debugger erworben werden.

d) Sie besitzen den QuickAssembler

Damit sind Sie beinahe in einer noch günstigeren Position als Leser, die bereits in die Kategorie a gefallen sind. Der QuickAssembler ist mit MASM Version 5.1 kompatibel und bietet zudem alle Vorteile einer modernen Benutzerumgebung. Ein separater Editor oder ein Linker werden daher nicht benötigt. Einziger Nachteil: Der QuickAssembler kann die Befehle der 80386-CPU nicht umsetzen, so daß Besitzer des QuickAssemblers nicht alle Beispielprogramme aus Kapitel 15 bearbeiten können.

e) Sie besitzen den Shareware-Assembler A86

Obwohl der Shareware-Assembler A86 als der leistungsfähigste Assembler neben MASM und TASM gilt, ist er leider nicht vollständig MASM-kompatibel. Zwar gibt Anhang E einige Tips, wie Sie auch mit A86 die Beispielprogramme dieses Buches umsetzen können, Sie erleichtern sich aber den Einstieg, wenn Sie auf MASM oder TASM umsteigen. Mit zunehmender Erfahrung sollten Sie dann in der Lage sein, die Beispielprogramme in diesem Buch für A86 oder A86-Programme für MASM oder TASM anzupassen.

f) Sie besitzen einen anderen Assembler

Falls Sie weder MASM, TASM, den QuickAssembler oder A86 besitzen, dürfte es sich vielleicht um einen Public-Domain-Assembler wie CHASM, den IBM-Assembler (hierbei handelt es sich um eine uralte Version des Microsoft-Makroassemblers) oder gar den Original-Intel-Assembler ASM86 handeln. Es kann aber auch einer der zahlreichen »Noname-Assembler« sein, die zusammen mit einem Compiler, zum Beispiel Zortech oder TopSpeed, ausgeliefert werden. Im großen und ganzen gilt hier das gleiche, was schon unter den Punkten c und e geschrieben wurde.

Im Prinzip können Sie die meisten Beispielprogramme mit gewissen Änderungen umsetzen, Sie machen sich das Leben aber nur unnötig schwer, da die Maschinensprache schon knifflig genug sein kann.

g) Sie verfügen noch über keinen Assembler

Das ist schlecht, in diesem Fall können Sie nämlich nur die auf der Buchdiskette enthaltenen bereits assemblierten Programme (mit der Erweiterung ».COM« oder ».EXE« im Unterverzeichnis PROGS) zur Ausführung bringen und diese mit Hilfe eines Debuggers im Einzelschrittmodus testen. Sie können aber nicht die Übungen bearbeiten oder eigene Programme schreiben. Da die praktische Übung und die Anwendung der in diesem Buch dargestellten Theorie für das Erlernen der Maschinensprache beinahe unerläßlich ist, sollten Sie sich unbedingt einen Assembler besorgen.

Der Linker

Da ein Assembler in der Regel (eine Ausnahme stellt zum Beispiel der Assembler A86 dar) nur Dateien mit der Erweiterung ».OBJ« erstellt, lauffähige Programme aber die Erweiterung ».EXE« oder ».COM« besitzen müssen, wird noch ein Linker benötigt, der aus einer OBJ-Datei eine EXE-Datei (oder eine COM-Datei) macht. Dieser Linker ist in Form der Datei LINK.EXE in der Regel auf der DOS-Systemdiskette enthalten. Bei Verwendung des Turbo-Assemblers wird ein spezieller Linker mit dem Namen TLINK.EXE mitgeliefert, der anstelle von LINK.EXE verwendet werden kann.

Das Erstellen einer Arbeitsdiskette

Im folgenden wird davon ausgegangen, daß Sie entweder über den Microsoft-Makroassembler (MASM) ab Version 5.0 oder über den Turbo-Assembler (TASM) von Borland ab der Version 1.0 verfügen. Da beide Assembler für unsere Zwecke als identisch angesehen werden können, wird im folgenden nicht mehr zwischen diesen beiden Assemblern unterschieden. Wesentlich wichtiger ist die Frage, ob Sie Ihre Arbeitsprogramme auf einer Diskette oder in einem Verzeichnis auf der Festplatte installieren möchten.

1. Installation auf einer Diskette

Neben dem Assembler (MASM.EXE oder TASM.EXE) muß sich auf der Arbeitsdiskette auch ein Linker (LINK.EXE) und der Debugger (DEBUG.EXE) befinden. Um eine EXE-Datei in eine COM-Datei umwandeln zu können, wird ferner das Programm EXE2BIN.EXE benötigt (nicht bei Turbo-Assembler/Turbo-Linker, da diese bereits ab der Version 1.0 direkt COM-Dateien erstellen können).

Der Debugger

Viele Beispielprogramme sollten Sie mit einem Debugger im Einzelschrittmodus austesten. Wenn Sie einen Debugger wie CodeView oder Turbo-Debugger besitzen, ist das wunderbar, für unsere Zwecke reicht aber auch DEBUG oder der DR-DOS-Debugger SID.EXE. Falls Sie mit DR-DOS arbeiten und DEBUG noch nicht für das Arbeiten mit DR-DOS »gepatcht« haben, müssen Sie sich noch mit dem unterschiedlichen Befehlssatz von SID.EXE vertraut machen.

Der Editor

Nicht vergessen werden darf der Editor zur Eingabe der Quelltexte. Welchen Editor Sie verwenden oder ob Sie gar auf ein Textverarbeitungsprogramm zurückgreifen, spielt dabei keine Rolle. Je nach Umfang des Editors kann dieser zwischen 20 und 90 Kbyte belegen. Empfohlen werden kann zum Beispiel EDIT.COM, welches ab der MS-DOS-Version 5.0 ausgeliefert wird. Dieser Editor benötigt zur Ausführung jedoch die Datei QBASIC.EXE (mehr als 250 Kbyte), so daß es auf der Arbeitsdiskette recht schnell eng werden kann.

Der Speicherbedarf auf der Diskette ergibt sich damit wie folgt:

Programm	Bytes*	Bedeutung
1. MASM.EXE	110703	Assembler (TASM.EXE 106661)
2. LINK.EXE	65475	Linker (TLINK.EXE 72585)
3. LIB.EXE	49661	Bibliotheksverwalter (TLIB.EXE 34846)
4. DEBUG.COM	17744	Debugger (oder DEBUG.EXE)
5. CV.EX	519648	Debugger (TD.EXE 430896)
6. Ein Editor	20-80 Kbyte	Editor
7. EDIT.COM mit QBASIC.EXE	>250000	

* Alle Größenangaben sind nur ungefähre Angaben, da die tatsächliche Größe in Bytes von Version zu Version variieren kann.

Sie sehen an dieser Auflistung, daß auf einer 360-Kbyte-Diskette nicht alle benötigten Programme Platz haben. Auch auf einer 720-Kbyte-, auf einer 1.2-Mbyte- oder auf einer 1.44-Mbyte-Diskette kann es schnell eng werden. Aus diesem Grund sollte man Assembler, Linker und den Editor sowie die erstellten Beispielprogramme auf einer Diskette und die restlichen Beispielprogramme, insbesondere wenn Sie mit den Debuggern CodeView (CV.EXE) oder Turbo Debugger (TD.EXE) arbeiten, auf einer separaten Diskette unterbringen.

Hier noch ein kleiner Tip: Falls Sie über keine Festplatte verfügen, empfiehlt es sich, die Arbeitsdiskette bootfähig zu machen, das heißt, über das SYS-Kommando die Systemdateien (IO.SYS und MSDOS.SYS) und anschließend auch die Datei COMMAND.COM zu übertragen. Falls Ihr Rechner abstürzt, was am Anfang des öfteren der Fall sein dürfte, müssen Sie nicht extra die DOS-Systemdiskette einlegen. Allerdings müssen für die Systemdateien und für COMMAND.COM (je nach DOS-Version) bis zu 100 zusätzliche Kbyte veranschlagt werden.

2. Installation auf der Festplatte

Auf der Festplatte sieht alles ein wenig anders aus. Hier steht in der Regel genügend Platz zur Verfügung, so daß alle benötigten Programme in einem Verzeichnis Platz haben. Falls Sie MASM oder TASM per Installationsprogramm installiert haben, legt das Installationsprogramm automatisch ein Verzeichnis an. Sie können dies natürlich auch per Hand durchführen. Achten Sie darauf, daß der Suchpfad über das PATH-Kommando in der AUTOEXEC.BAT so gesetzt ist, daß der Assembler auch von anderen Verzeichnissen aus aufgerufen werden kann. Folgende Dateien sollten sich in dem angelegten Verzeichnis befinden:

a) beim Makroassembler

1. MASM.EXE
2. LINK.EXE
3. EXE2BIN.EXE
4. DEBUG.COM oder DEBUG.EXE
   (oder falls Sie mit DR-DOS arbeiten, SID.EXE)

5. CREF.EXE
6. LIB.EXE
7. Ihr Editor

b) beim Turbo-Assembler

1. TASM.EXE
2. TLINK.EXE
3. TD.EXE (der Turbo Debugger)
   oder DEBUG.COM oder DEBUG.EXE (oder falls Sie mit DR-DOS arbeiten, SID.EXE)
4. TCREF.EXE
5. TLIB.EXE
6. Ihr Editor

Ein typisches Verzeichnis auf der Festplatte Ihres Rechners könnte demnach wie folgt aussehen:

```
Datenträger in Laufwerk E ist DISK1_VOL3
Inhaltsverzeichnis von  E:\MASM51
.              <DIR>      1.10.90  22:23
..             <DIR>      1.10.90  22:23
CREF    EXE    28427      1.02.88  13:00
EDIT    COM     2084      7.06.90   2:24
MASM    EXE   110703      1.02.88  13:00
QBASIC  EXE   251739      7.06.90   2:24
LIB     EXE    49661      1.02.88  13:00
EXEHDR  EXE    29942      1.02.88  13:00
LINK    EXE    65475      1.02.88  13:00
ASM     BAT      330      7.02.91  16:16
DEBUG   EXE    17748      1.02.88  13:00
       11 Datei(en)    755712 Bytes frei
```

Die Stapeldatei ASM.BAT

Um das Arbeiten mit einem Assembler, genauer gesagt den Aufruf von Assembler und Linker, das heißt, die Erstellung eines lauffähigen Maschinenprogramms, zu erleichtern, ist auf der Buchdiskette eine Stapeldatei enthalten, die nacheinander den Assembler und den Linker aufruft. Um Beispielsweise das Assemblerprogramm TEST.ASM in ein lauffähiges Maschinenprogramm umzuwandeln, ist folgender Aufruf erforderlich:

```
C>ASM TEST
```

Da Sie gleichermaßen mit dem Microsoft-Makroassembler oder mit dem Turbo-Assembler arbeiten können, existiert die Stapeldatei in zwei Varianten:

```
BMASM.BAT
BTASM.BAT
```

Da in dem weiteren Verlauf des Buches lediglich von ASM.BAT die Rede ist, sollten Sie, je nachdem, ob Sie mit dem Microsoft-Makroassembler (MASM) oder mit dem Turbo-Assembler (TASM) arbeiten, die benötigte Stapeldatei in ASM.BAT umbenennen.

1. Falls Sie mit MASM arbeiten:

```
C>COPY BMASM.BAT ASM.BAT
```

2. Falls Sie mit TASM arbeiten:

```
C>COPY BTASM.BAT ASM.BAT
```

Die Buchdiskette
Die dem Buch beigelegte Diskette enthält drei Unterverzeichnisse:

PROGS enthält die Beispielprogramme des Buches in der assemblierten Version, das heißt als lauffähige Maschinenprogramme. Diese Programme können Sie zur Ausführung bringen oder mit Hilfe des Debuggers im Einzelschrittmodus testen.

BEISP enthält die Beispielprogramme als Listings (Quelltexte). Die Beispielprogramme können von Ihnen bei Bedarf mit Hilfe von ASM.BAT oder Ihres Assemblers assembliert werden.

A86 enthält einige Beispielprogramme für den Shareware-Assembler A86, der in Anhang E etwas ausführlicher besprochen wird. Diese Beispielprogramme sollen gleichzeitig eine Anleitung für das Arbeiten mit A86 darstellen.

Grundsätzlich könne Sie an der Dateierweiterung erkennen, um welche Sorte von Programm es sich handelt. Im folgenden sind die wichtigsten Dateierweiterungen aufgelistet, die Sie sowohl auf der Buchdiskette als auch auf den Disketten des Makro- oder Turbo-Assemblers finden werden:

Erweiterung	Bedeutung
ASM	Assemblerprogramm
COM	ausführbares Maschinenprogramm
EXE	ausführbares Maschinenprogramm
BAT	Stapeldatei
OBJ	Objektdatei
LST	Programmlistingdatei
CRF	Crossreferenzdatei (nicht lesbar)
RFF	Crossreferenzdatei (lesbar)
LIB	Bibliotheksdatei
INC	Include-Datei für den Assembler
DOC	Textdatei
HLP	Hilfedatei für ein Programm
8	Assemblerprogramm für A86

Neben den Unterverzeichnissen BEISP und PROGS sind auf der Buchdiskette folgende Programme enthalten:

BMASM.BAT eine Stapeldatei für den Aufruf des Microsoft-Makroassemblers und des MS-DOS-Linkers.

BTASM.BAT eine Stapeldatei für den Aufruf des Turbo-Assemblers und des Turbo-Linkers.

README Eine Textdatei mit neuesten Informationen, die nicht mehr in dem Buch berücksichtigt werden konnten.

Hinweis:
Der Editor EDASS befindet sich nicht mehr auf der Buchdiskette, da es mittlerweile eine Vielzahl funktionstüchtigerer Alternativen gibt.

Bitte lesen Sie die Datei README !
Und nun geht es los!
Damit wären alle »Formalitäten« geklärt. Mit Ihrer Arbeitsdiskette bzw. dem Verzeichnis auf Ihrer Festplatte und den darin enthaltenen Dateien verfügen Sie nun über die notwendige Ausrüstung, und die Reise durch die Maschinensprache und die Innenwelt Ihres PC kann beginnen.

1 Das erste Assemblerprogramm

Dieses Kapitel stellt zunächst einen Schnellkurs in Sachen Assemblerprogrammierung dar. Sie erfahren, was ein Assembler ist, lernen ein paar grundsätzliche Dinge über die Arbeitsweise eines Assembler und bekommen den Unterschied zwischen einem Assemblerprogramm und einem Maschinenprogramm erklärt. Zum anderen gibt dieses Kapitel einen kurzen Überblick über die Entwicklung des PC und vor allem der Programmiersprachen. Wenngleich ein solcher Rückblick für das Erlernen der Maschinensprache nicht unbedingt erforderlich ist, so hilft er doch, die Bedeutung der Maschinensprache besser einschätzen zu können. Am wichtigsten ist aber die Tatsache, daß Ihnen dieses Kapitel (hoffentlich) ein erstes Erfolgserlebnis vermittelt. Sie finden in diesem Kapitel nämlich das Listing eines Assemblerprogramms, das Sie mit Hilfe Ihres Assemblers zur Ausführung bringen können.

1.1 Was ist Assembler?

Ist Assembler ein Programm oder eine Programmiersprache, oder vielleicht beides? Doch ist Maschinensprache nicht das gleiche, oder was? Sie sehen, als Anfänger stellen sich einem viele Fragen, die den Einstieg unnötig schwer machen können. Über viele dieser Fragen werden Sie sich nach dem Durcharbeiten der ersten Kapitel dieses Buches nur wundern können. Doch oft sind es die kleinen Dinge, über die man sich unnötig den Kopf zerbricht. Um die eingangs aufgeworfenen Fragen zu beantworten und vor allem die wichtigsten Begriffe zu ordnen, die Sie sich vielleicht schon beim Lesen von Zeitschriftenartikeln oder anderen Maschinensprachebüchern angeeignet haben, ist es sinnvoll, ganz am Anfang zu beginnen.

Das Herz eines jeden Computers ist die Zentraleinheit, die der Einfachheit halber als CPU (CPU steht für Central Processing Unit) bezeichnet wird. Für die CPU wird manchmal auch der Begriff Mikroprozessor verwendet, wobei dieser Begriff in erster Linie den Baustein beschreibt, in dem die CPU untergebracht ist. Die CPU stellt die Schaltzentrale des Computers dar. Hier laufen alle Vorgänge zusammen und hier werden die gesamten Tätigkeiten des Computers koordiniert. Vor allem werden hier alle Befehle ausgeführt, die Sie dem Computer in einem Maschinenprogramm erteilen. Die CPU besitzt nämlich eine Eigenschaft, die sie so enorm vielseitig einsetzbar macht: sie kann programmiert werden. Auf diesen wichtigen Aspekt werden wir natürlich noch zurückkommen (und uns damit auf etwa 600 Seiten etwas ausführlicher beschäftigen), zunächst sollen noch ein paar eher triviale Eigenschaften der CPU besprochen werden. Jede CPU hat eine Typenbezeichnung, wie zum Beispiel 8088 oder 68000. Bevor wir tiefer in die Materie eindringen, ist eine Klärung der Begriffe »CPU« und »Computer« notwendig. Die CPU ist in einem kleinen schwarzen Gehäuse von der Größe einer Sonderbriefmarke (um einmal einen Vergleich aus dem täglichen Leben zu bemühen) mit vielen Metallbeinchen (bei der 8088-CPU sind es zum Beispiel 40) untergebracht. Obwohl die CPU letztlich für die Ausführung jedes Programms zuständig ist, kann sie aber nicht selbständig arbeiten. Sie benötigt zusätzliche Komponenten, die die Verbindung mit der »Außenwelt« (Tastatur, Bildschirm usw.) herstellen oder die die berechneten

Ergebnisse zwischenspeichern (Arbeitsspeicher, Diskette, Festplatte usw.). Die Gesamtheit all dieser Komponenten, einschließlich der CPU, wird gemeinhin als Computer bezeichnet. Obwohl wir uns in diesen und den folgenden Kapiteln strenggenommen mit der Programmierung der CPU beschäftigen, soll der Einfachheit halber aber auch von der Programmierung des Computers oder des PC die Rede sein.

Merksatz:
Die CPU steuert alle Abläufe in einem PC.
Sicher werden Sie schon einmal ein Programm für einen Computer erstellt haben. Ihre Anweisungen hatten vielleicht die Form

```
IF A <> B THEN GOSUB 100
```

oder

```
printf("\nHallo %s",Name);
```

Egal, ob Sie in Basic, C oder Pascal programmieren, alle Anweisungen, die Sie in diesen Sprachen dem Computer erteilen, haben für diesen eines gemeinsam: Er kann sie nicht verstehen. Daß der Computer diese Befehle dennoch ausführt, liegt daran, daß es Programmiersprachen gibt. Die Aufgabe einer Programmiersprache ist es, auf irgendeine Art und Weise die Befehle, die Sie dem Computer in der betreffenden Sprache geben, in die »Muttersprache« des Computers zu übersetzen. Diese Muttersprache des Computers wird Maschinensprache genannt, die Befehle dieser Maschinensprache entsprechend als Maschinenbefehle. Ein solcher Maschinenbefehl hat ein recht eigentümliches Aussehen. Er besteht nämlich aus lauter Nullen und Einsen. Ein typischer Maschinenbefehl könnte also folgendes Aussehen haben:

```
0  1  1  0  1  1  0  0
```

Jede einzelne Ziffer wird in diesem Zusammenhang auch als Bit bezeichnet. Die abgebildete Bitkombination, bei der es sich ja um eine Zahl handelt, stellt einen Maschinenbefehl (der auch als Opcode, die Abkürzung für Operationscode, bezeichnet wird) dar und veranlaßt die CPU, eine bestimmte Aktion durchzuführen (zum Beispiel zwei Zahlen zu addieren).

Machen Sie sich im Moment keine Gedanken, warum das so ist. Über die näheren Hintergründe werden Sie die nächsten Kapitel aufklären. Viel wichtiger ist, daß Sie sich Gedanken über die Konsequenzen machen, die sich aus dieser Tatsache ergeben. Die erste Konsequenz könnte sein, daß das alles sicher ungeheuer kompliziert sein muß. Die zweite, daß sich Computer sicher nicht einer solchen Popularität erfreuen würden, wenn Programmieren bedeutet, endlose Kolonnen von Nullen und Einsen in den Computer eintippen zu müssen. Die erste Folgerung ist sicher nicht zutreffend, wie dieses Buch hoffentlich widerlegen wird. Die zweite Folgerung ist dagegen richtig.

Wie alles begann
Die erste elektromechanische Rechenmaschine wurde 1936 in Deutschland gebaut. Es war die Z1 von Konrad Zuse, sie kam allerdings nie zu einem praktischen Einsatz. Programmiert wurde die Z1 über einen gelochten Film, das Programm konnte allerdings nicht gespeichert werden. Acht Jahre später wurde in den USA von Howard Aiken, einem der bekanntesten Computer-Pioniere, im Rahmen einer Zusammenarbeit der Harvard-Universität, IBM und der amerikanischen Marine

mit dem Mark I die erste automatische Rechenmaschine fertiggestellt. Die Befehle des Mark I wurde in Lochkarten gestanzt und in dieser Form in die Maschine eingegeben. Die Programmausführung erfolgte elektromagnetisch mit Hilfe von Relais; die Speicherung eines Programms war wie bei der Z1 nicht möglich. Etwa zur gleichen Zeit begannen die Arbeiten von Mauchly und Eckert an dem ersten rein elektronischen Rechner, dem legendären ENIAC (Electronic Numerical Integrator And Calculator), der 1946 fertiggestellt wurde. Auch wenn ENIAC bereits mit Röhren, das heißt elektronischen Schaltern arbeitete, mußte er noch durch Stecken von Verbindungen und Setzen Dutzender Schalter mit einem Schraubenzieher »programmiert« werden. Der ENIAC-Rechner, der von der amerikanischen Armee für einen Einsatz im Zweiten Weltkrieg geplant war (dazu kam es allerdings nicht mehr, da der Rechner erst 1946 fertig wurde), konnte in einer Sekunde 500 Multiplikationen durchführen. Dazu ein kleiner Vergleich: Bereits die 8088-CPU, die heutzutage selbst bei bestem Willen nicht mehr als High-Tech bezeichnet werden kann, schafft in einer Sekunde locker etliche Zehntausend Multiplikationen, bei modernen CPUs liegt dieser Wert um Zehnerpotenzen höher. Während der Arbeit an ENIAC entwarfen die beiden Entwickler Eckert und Mauchly zusammen mit John von Neumann, einem Mathematiker aus Ungarn, ein grundlegendes Konzept für die Speicherung von Programmbefehlen und Daten in einem elektronischen Rechner. Dieses Konzept, das noch ausführlicher vorgestellt wird, sah vor, daß sowohl Daten als auch Befehle in Form von Dualzahlen, das heißt von Zahlen, die nur aus Nullen und Einsen bestehen, im Rechner gespeichert und verarbeitet werden.

Tatsächlich wurden die ersten Computer Ende der vierziger Jahre durch Eingabe endloser Kolonnen von Nullen und Einsen programmiert. Ein Maschinenprogramm der damaligen Zeit hatte also folgendes Aussehen:

```
01001010101000010101100100010000100010101001010010....
```

Da jeder Maschinenbefehl aus einer festgelegten Anzahl von Dualziffern bestand, konnte der Rechner die einzelnen Befehle und Datenelemente voneinander unterscheiden. Allerdings stellte sich rasch heraus, daß diese Art der Programmierung sehr mühselig, zeitraubend und nicht zuletzt fehleranfällig ist. Einige clevere Entwickler kamen zu Beginn der fünfziger Jahre auf die Idee, jeder Bitkombination, die einen Maschinenbefehl darstellt, eine Buchstabenkombination zuzuordnen. Statt wie bisher eine Bitfolge wie »01001011« einzugeben, reichte es aus zu schreiben

```
LDA 7
```

wobei es sich bei »LDA 7« nur um eine andere Schreibweise für die aufgeführte Bitkombination handelt. Zugegeben, dies ist immer noch nicht die optimale Lösung, aber es ist ein Schritt in die richtige Richtung. Der Programmierer brauchte sich fortan (nicht Fortran, das kam später) nicht mehr um einzelne Bits zu kümmern, statt dessen konnte er sein Programm aus relativ leicht zu merkenden Buchstabenkombinationen, die »Mnemonics« (das »M« können Sie beim Sprechen weglassen) genannt werden, aufbauen. Blieb das Problem, die Mnemonics wieder in die entsprechende Bitkombinationen umzuwandeln, denn der Computer bestand nach wie vor hartnäckig auf seine Maschinensprache (dies tut er übrigens heute noch). Hätte man diese Umwandlung per Hand vollzogen, wäre nicht viel gewonnen gewesen. Was lag daher näher, diese Umwandlung vom Computer selber vornehmen zu lassen? So schrieben die Erfinder der Mnemonics ein Maschinenprogramm, das diese Umwandlung vornehmen konnte. Der Programmierer gab ein:

```
LDA 7
MOV C
ADD B
```

und das Maschinenprogramm übersetzte diese für alle Computer (sowie für die meisten Ihrer Mitmenschen) unverständliche Befehlsfolge in die entsprechenden Maschinenbefehle. Dieses Übersetzungsprogramm müßte man eigentlich »Mnemonic to Binary Converter« nennen. Glücklicherweise wurde es als Assembler bezeichnet, wobei das englische Wort »to assemble« (zu deutsch »zusammenbauen«) die Tätigkeit des Programms beschreibt, nämlich ein Maschinenprogramm aus den einzelnen Assemblerbefehlen zusammenzubauen. Ein Assembler stellt somit ein Hilfsprogramm dar, das Assemblerprogramme (also Programme, die aus Mnemonics bestehen) in Maschinenprogramme übersetzt.

Merksatz:
Ein Assembler übersetzt ein Assemblerprogramm in ein Maschinenprogramm.
Als Assembler wird manchmal, nicht ganz korrekt, auch die primitive Programmiersprache des Assemblers bezeichnet, die sich aus den Mnemonics der CPU und anderen Anweisungen zusammensetzt. Auf Großrechnern gibt es sogar eine Sprache mit dem Namen ASSEMBLER (verwechseln Sie daher IBM-ASSEMBLER nicht mit Assemblerprogrammierung auf dem PC). Obwohl auf den ersten Blick ein Großrechner mit einem PC nicht viel gemeinsam hat, gibt es bezüglich des Befehlswortschatzes beider Assembler erstaunlich viele Parallelen. Die prinzipielle Arbeitsweise eines Assemblers wird durch Bild 1.1 veranschaulicht.

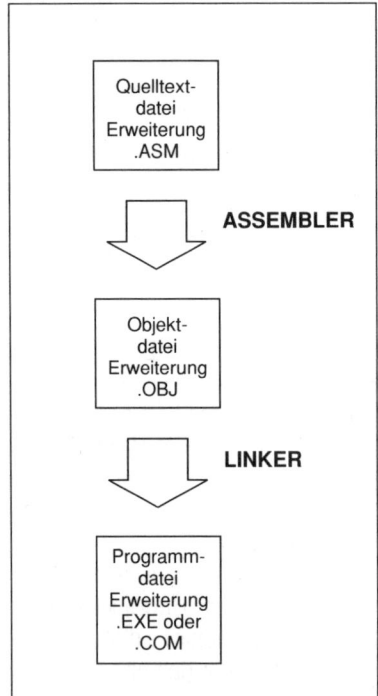

Der nächste Schritt: Compiler
Die weitere Entwicklung ist bekannt. Auch die Assembler waren nicht der Weisheit letzter Schluß. Da sich gerade wissenschaftliche Berechnungen, für die zur damaligen Zeit die Rechner fast ausschließlich eingesetzt wurden, nur sehr umständlich in Assembler lösen ließen, wurden die Compiler entwickelt (auch das englische Verb »to compile« bedeutet »zusammenstellen« oder »zusammenbauen«). Compiler sind in der Lage, Programme mit wesentlich komplexeren Befehlen und Daten in Maschinensprache zu übersetzen. Der Programmierer war nun in der Lage, den Aufbau eines Programms an dem zu lösenden Problem zu orientieren. Die Architektur des Computers oder die Belegung der einzelnen Speicherzellen spielte bei dieser Art der Programmierung keine Rolle. Aus diesem Grund sprach man auch von »höheren Programmiersprachen«, um diese von der maschinennahen und sehr primitiven Assembler-Sprache zu unterscheiden.

Bild 1.1: Die Arbeitsweise eines Assemblers

Der erste Compiler war ein Fortran-Compiler, den John Backus für seinen damaligen Arbeitgeber, die Firma IBM, die vielleicht dem einen oder anderen Leser ein Begriff sein dürfte, entwickelte. Backus begann 1953 mit seinen Arbeiten für ein mathematisches »FORmula TRANslation System«, kurz FORTRAN genannt, das vornehmlich für wissenschaftliche Anwendungen eingesetzt werden sollte. Im April 1957, also mehr als drei Jahre später, konnte der erste Fortran-Compiler an die Kunden des zu der Zeit sehr populären IBM-704-Modells ausgeliefert werden. Obwohl bereits damals ein heftiger Streit zwischen Verfechtern der Assemblerprogrammierung und Befürwortern der Hochsprachenprogrammierung tobte (damals wie heute behaupten diese Leute, natürlich zu Recht, daß kein Compiler so effektiv arbeiten könne wie ein guter Assemblerprogrammierer), wurde die neue Art zu Programmieren schnell akzeptiert.

Es ist rückblickend faszinierend zu sehen, daß die Entwicklung eines Fortran-Compilers damals eine Forschungsarbeit war, die mehrere Jahre in Anspruch nahm. Heutzutage ist es eine Sache von Wochen, einen C-Compiler für eine neue Hardware zu implementieren, da im wesentlichen auf bereits existierende Bausteine zurückgegriffen werden kann. Auch die Leistungsfähigkeit der damaligen Compiler war recht bescheiden und mit denen der modernen, automatisch optimierenden (und wenn es sein muß auch parallelisierenden) Compiler nicht zu vergleichen. Fortran blieb nicht lange die Domäne von IBM. Bereits 1963 gab es über 40 verschiedene Fortran-Compiler. Übrigens ist Fortran auch heute noch, das heißt mehr als dreißig Jahre später, in bestimmten Anwenderkreisen sehr populär. Der erst kürzlich formulierte ANSI-Standard FORTRAN 90 beweist es. Auf Fortran folgten die Sprachen Algol 60, Algol 68, Cobol und PL/1, bei denen es sich um Vielzwecksprachen handelte. Doch mit den Compilern wurden nicht alle Anwender glücklich. Die Compilertechnologie wurde nämlich für Großrechner entwickelt. Hier sah ein typischer Arbeitsablauf so aus, daß der Anwender einen Stapel von Lochkarten, auf denen die Programmbefehle und die Daten enthalten waren, bei einem Operator abgab. Nach einigen Stunden, manchmal auch Tagen, erhielt der Anwender das Ergebnis der Programmausführung in Form eines Listings zurück. Wenn er besonders Glück hatte, wurde das Programm fehlerfrei ausgeführt. Sobald sich aber ein Programmfehler eingeschlichen hatte oder das Programm modifiziert werden sollte, mußte dieser Ablauf wiederholt werden. Gerade für das Erlernen einer Computersprache war dieser Arbeitsrhythmus nicht besonders gut geeignet. Hinzu kam, daß an Universitäten die Minirechner der PDP-Serie von Digital Equipment (DEC) immer populärer wurden. Hierbei handelte es sich um wesentlich kleinere, teilweise sogar recht »handliche« Computer, die nur noch von wenigen Anwendern, manchmal sogar nur von einer einzelnen Person genutzt wurden. Der Arbeitsablauf eines Großrechners beim Übersetzen eines Programms war für das Arbeiten an diesen Computern nicht sonderlich gut geeignet. Wissenschaftler am Darthmouth College/USA überlegten sich daher ein vollkommen anderes Programmiersystem, das Jahre später die Grundlage für den Erfolg der Heim- und Personalcomputer darstellen sollte. Das Ergebnis der Forschungen war eine Vielzwecksprache, die Basic genannt wurde. Basic steht für »Beginners All Purpose Symbolic Interactive Language« und soll andeuten, daß es sich um eine Vielzwecksprache für Anfänger handelt. Das Besondere an Basic war die Tatsache, wie der Computer ein Basic-Programm übersetzte. Anstatt das komplette Programm in einem Rutsch zu übersetzen, wurde jeder Befehl gleich bei der Eingabe übersetzt. Der Vorteil liegt auf der Hand: Da ein eingegebener Befehl gleich übersetzt wird, kann der Programmierer sofort ein Resultat sehen und muß nicht warten, bis der Compiler das komplette Programm übersetzt hat. Diese Art des Übersetzens wird als interpretieren bezeichnet, das Programm, das diese Übersetzung durchführt, entsprechend als Interpreter. Auf die Vor- und Nachteile von Compilern und Interpretern soll an dieser Stelle nicht weiter eingegangen werden. Heutzutage wird der überwiegende Teil der PC-Software mit Hilfe von Compilern erstellt, da diese mittlerweile leicht zu bedienen sind und zudem extrem schnell arbeiten.

Was haben Assembler, Compiler und Interpreter gemeinsam? Wie bei einem Assembler handelt es sich auch bei Compiler und Interpreter um Maschinenprogramme, wenn auch um sehr umfangreiche. Sowohl die Befehle eines Assemblers (die Mnemonics) als auch die Anweisungen einer Hochsprache, wie Basic oder C, müssen stets in (binäre) Maschinensprache übersetzt werden, damit die CPU sie ausführen kann.

Trotz aller Vorteile an Programmierkomfort, den die höheren Programmiersprachen bieten, gibt es nach wie vor gute Gründe, in Maschinensprache zu programmieren. Programmieren in Maschinensprache heißt, die CPU direkt zu programmieren. Kennt man den Aufbau der CPU, kann man als Assemblerprogrammierer durch zahlreiche Tricks bestimmte Abläufe wesentlich effektiver umsetzen, als es ein Compiler könnte. In der Regel hat der Assemblerprogrammierer volle Kontrolle über die Hardware. Er kann alles schneller machen und Aufgaben lösen, die in einer Hochsprache gar nicht oder nicht optimal möglich sind. Als Beispiele seien die Programmierung einer VGA-Grafikkarte, die Implementierung schneller Sortierroutinen oder die Entwicklung eines Druckertreibers genannt.

Halten wir fest: Maschinensprache ist die »Sprache«, in der die CPU programmiert wird. Die Befehle der Maschinensprache sind die Maschinenbefehle, bei denen es sich um Opcodes, das heißt um Dualzahlen handelt. Assembler(-sprache) ist die Sprache, in der jeder Maschinenbefehl eine leicht zu merkende Abkürzung (Mnemonic) zugeordnet bekommt. Ein Assemblerprogramm besteht aus einer Reihe von Mnemonics, die später beim Übersetzen des Programms (dieser Vorgang wird als Assemblieren bezeichnet) in die entsprechenden Opcodes umgewandelt werden.

1.2   Geht es in diesem Buch um den 8088 oder den 8086?

Da Sie nun mittlerweile wissen, daß Programmieren in Maschinensprache die direkte Programmierung einer CPU bedeutet, wird es Sie sicherlich interessieren, um welche CPU es bei der PC-Programmierung in Maschinensprache geht. Als der PC im Jahre 1981 auf den Markt kam, hatte sich IBM für die 8088-CPU der Firma Intel entschieden. Diese CPU finden Sie auch heute noch in den meisten PCs und XTs, die natürlich längst nicht mehr nur von IBM hergestellt werden. Selbstverständlich ist die Entwicklung nicht bei der 8088-CPU stehengeblieben. Immer komplexer werdende Anwendungen forderten auch leistungsfähigere CPUs. Auf die 8088-CPU folgten die CPUs 80286, 80386 und 80486. Wie in Kapitel 5 noch zu erläutern sein wird, dreht es sich bei der PC-Programmierung in Maschinensprache meist um die Programmierung der 8088-CPU, auch wenn Ihr System über eine größere CPU verfügen sollte. Der Grund soll bereits an dieser Stelle kurz angesprochen werden: Unter MS-DOS werden die CPUs 80286, 80386 und 80486 im sogenannten Real-Modus betrieben und in diesem Modus verhalten sich diese CPUs wie sehr schnelle 8088-CPUs.

Doch in manchen PCs oder XTs findet man eine 8086- oder gar eine V20-CPU. Gibt es da eigentlich einen Unterschied? Um es vorweg zu nehmen, für die Programmierung gibt es in ca. 99% der Fälle keinen Unterschied. Lediglich bei einigen Spezialanwendungen, bei denen es auf die Hardware-Eigenschaften der CPUs ankommt, muß ein gewisser Unterschied gemacht werden. Auch auf die CPUs V20 und V30 von der Firma NEC trifft dies zu, allerdings eingeschränkt, da diese CPUs zwar 100% kompatibel sind, aber über zusätzliche Befehle verfügen. Fazit: Auch wenn die beiden CPUs 8088 und 8086 nicht haargenau übereinstimmen, kann man sie unter dem Gesichtspunkt der Programmierung mit gutem Gewissen als identisch bezeichnen. Dieses Buch ist daher für die CPUs 8088 und 8086 gleichermaßen gut geeignet. Um die Angelegenheit nicht zu verkomplizieren (es wird ohnehin manchmal schon kompliziert genug sein), wird in Zukunft von der »8086/88-CPU« die Rede sein. Damit soll ausgedrückt werden, daß sowohl der 8086 als auch der 8088 gemeint ist. Auch Besitzer einer 80286-, 80386- oder 80486-CPU dürfen sich hier angesprochen fühlen, da diese CPUs unter MS-DOS, das wurde ja bereits erwähnt, die 8086/88-CPU nachahmen.

1.3 Aller Anfang ist leicht

Um in Maschinensprache programmieren zu können, ist in der Regel ein Assembler notwendig. Da sich dieses Buch mit der Programmierung der 8086/88-CPU beschäftigt, die das »Gehirn« aller PCs, XTs und Kompatiblen darstellt, benötigen wir einen Assembler, der die Mnemonics der 8086/88-CPU versteht und sie in die entsprechenden Opcodes (die binären Übersetzungen der Maschinenbefehle) umwandeln kann.

Welcher Assembler ist der Richtige?

Bei der Wahl eines geeigneten Assemblers stehen Ihnen mehr als ein halbes Dutzend verschiedener Assembler zur Auswahl. Die Palette reicht vom kostenlosen Shareware-Assembler bis zum über tausend Mark teuren Profi-Assembler. Für welchen Assembler Sie sich entscheiden, hängt in erster Linie von der geplanten Anwendung ab und natürlich davon, wieviel Geld Sie auszugeben bereit sind. Wenn Sie Assemblerprogrammierung von Grund auf lernen wollen, sollten Sie sich einen professionellen Assembler wie den Microsoft-Makroassembler (MASM) oder den Turbo-Assembler (TASM) von Borland anschaffen. Da sämtliche Beispielprogramme in diesem Buch auf die Syntax dieser beiden, nahezu 100% kompatiblen Assembler abgestimmt sind, werden Sie beim Einstieg in die Programmierung die wenigsten Probleme haben. Beide Assembler kosten etwas mehr als 300 DM, wobei der Turbo Assembler in der neuesten Version 2.0 nur noch zusammen mit dem Turbo Debugger ausgeliefert wird. Falls Sie Schüler, Student oder Lehrer sind, erhalten Sie von Microsoft und Borland grundsätzlich etwa 50% Rabatt, so daß Sie zum Beispiel der Makroassembler dann nur noch ca. 180 DM kostet. Wenn Sie zunächst nur unverbindlich einsteigen möchten, sollten Sie nicht so viel Geld investieren. In diesem Fall ist der Shareware-Assembler A86 sicher eine gute Wahl. Dieser Assembler ist (trotz der geringen Shareware-Gebühr, die man für ihn entrichtet) sehr leistungsfähig. Leider entspricht die Syntax des A86-Assemblers nicht dem durch den MASM gesetzten Standard. Falls Sie sich für A86 entscheiden, müssen Sie die meisten Beispielprogramme ein wenig umstellen. Dazu wird in Anhang E eine kurze Übersicht über diesen Assembler gegeben.

Falls Sie mit der Handhabung eines Assemblers oder der Programme, die zusätzlich zum Assemblieren eines Maschinenprogramms benötigt werden, noch nicht vertraut sind, sollten Sie in jedem Fall zuerst einmal in Ruhe das Kapitel »Was Sie vor dem Start wissen müssen« studieren, bevor Sie mit diesem Kapitel fortfahren. Im folgenden wird davon ausgegangen, daß Sie über die dort beschriebene Arbeitsdiskette verfügen, auf der ein Programm mit dem Namen ASM.BAT enthalten ist, das uns in den nächsten Kapiteln begleiten wird.

Nun geht es los, in Bild 1.2 finden Sie das erste Assemblerlisting. Wenn Sie beim ersten Überfliegen noch nicht allzuviel verstehen sollten, keine Panik. Es geht hier einzig und allein darum, einmal den typischen Arbeitsablauf bei der Umsetzung eines Assemblerprogramms auszuprobieren. Wir werden jeden einzelnen Befehl in den Kapiteln 6 bis 9 noch ausführlichst besprechen. Sicherlich werden Sie in diesem Listing kaum Gemeinsamkeiten zu vertrauten Programmiersprachen, wie Basic oder Turbo Pascal, feststellen können. Doch gerade darin liegt ja oft ein gewisser Reiz: der Einstieg in die Maschinensprache ist der Einstieg in eine etwas andere Art der Programmierung.

```
.MODEL SMALL          ; Hier wird das Speichermodell festgelegt
.STACK 100h           ; Definition des Stacksegments
.DATA                 ; Beginn des Datensegments
    TEXT DB 'Das erste Assemblerprogramm !',07,07,00
.CODE                 ; Beginn des Programmsegments
START:                ; Hier beginnt das Programm
    MOV DX,@DATA      ; Datensegment initialisieren
    MOV DS,DX
    MOV DI,0          ; DI-Register auf Null setzen
    MOV AH,02         ; AH-Register mit Funktionsnummer laden
L1:                   ; Definition eines Labels
    MOV DL,TEXT[DI]   ; Adresse eines Zeichens laden
    CMP DL,0          ; Letztes Zeichen erreicht?
    JE L2             ; Ja, dann aufhören
    INT 21h           ; Nein, dann Zeichen ausgeben
    INC DI            ; Zeiger auf nächstes Zeichen
    CALL WARTEN       ; Verzögerung einlegen
    JMP L1            ; Sprung zurück
L2:                   ; Definition eines weiteren Labels
    MOV DL,08         ; DL mit Backspace-Code laden
    INT 21h           ; Ein Zeichen zurück
    MOV DL,32         ; Zeichen durch Leerzeichen überschreiben
    INT 21h
    MOV DL,08         ; Und wieder ein Zeichen zurück
    INT 21h
    DEC DI            ; Zeiger auf zurückliegendes Zeichen
    CALL WARTEN       ; Und wieder warten
    CMP DI,0          ; Alle Zeichen gelöscht?
    JNE L2            ; Nein, dann weiter
    MOV AH,4Ch        ; Ende des Programms - zurück zu DOS
    INT 21h
WARTEN:               ; Eine kleine Zeitschleife
    MOV CX,65535      ; Verzögerungsfaktor
T1:
    NOP               ; Tue nichts
    NOP               ; Wie gehabt
    LOOP T1
    RET               ; Zurück zum Hauptprogramm
END START             ; Ende des Assemblerprogramms
```

Bild 1.2: *Das erste Assemblerprogramm*

Vom Listing zum Programm

Um das Programmlisting aus Bild 1.2 in ein ausführbares Programm umzuwandeln, folgen Sie bitte Schritt für Schritt den nachstehend aufgeführten Anweisungen:

1. Laden Sie Ihren Editor oder Ihr Textverarbeitungsprogramm

2. Geben Sie nun den gesamten Text aus Bild 1.2 ein.

3. Nachdem Sie das Programm komplett eingegeben haben, speichern Sie den Text ab. Bei einem Textverarbeitungsprogramm, wie etwa Word, müssen Sie darauf achten, daß eine reine ASCII-Datei ohne zusätzliche Formatierungszeichen erstellt wird.

4. Geben Sie der Datei den Namen »FIRST.ASM« (wichtig ist dabei vor allem die Erweiterung ».ASM«).

5. Rufen Sie den Assembler, genauer gesagt die Stapeldatei ASM.BAT von der Buchdiskette, durch Eingabe von

   ```
   C>ASM FIRST
   ```

   auf.

   Falls Sie nicht mit ASM.BAT arbeiten, müssen Assembler und Linker separat aufgerufen werden:

   ### a. bei Verwendung des Microsoft-Makroassemblers
   ```
   C>MASM FIRST;
   C>LINK FIRST;
   ```

   ### b. bei Verwendung des Turbo-Assemblers
   ```
   C>TASM FIRST
   C>TLINK FIRST
   ```

6. Nun gibt es grundsätzlich zwei Möglichkeiten. Entweder Sie haben bei der Eingabe einen Fehler gemacht, den der Assembler während des Assemblierens entdeckt und angezeigt hat. In diesem Fall müssen Sie den Editor (oder das Textverarbeitungsprogramm) erneut aufrufen, den Fehler suchen, beheben (vergleichen Sie dazu Ihren Text Zeile für Zeile mit Bild 1.2) und dann die beschriebene Prozedur ab Schritt 3 wiederholen. Die zweite und wahrscheinlichere Möglichkeit ist, daß die Assemblierung korrekt verlief. Der Assembler hat in diesem Fall die Datei FIRST.ASM (den Quelltext Ihres Programms) in eine Datei mit dem Namen FIRST.EXE (Programmdateien tragen entweder die Erweiterung ».EXE« oder die Endung ».COM«) umgewandelt. Diese Programmdatei enthält das assemblierte Maschinenprogramm. Dieses Maschinenprogramm können Sie jetzt durch die Eingabe des Dateinamens starten:

   ```
   C>FIRST
   ```

Damit haben Sie ihr erstes Assemblerprogramm erfolgreich assembliert und zur Ausführung gebracht. Auf dem Bildschirm sollte eine kleine Laufschrift erscheinen, die anschließend wieder gelöscht wird. Zugegebenermaßen war diese Methode narrensicher und Sie sind wahrscheinlich nur ein kleines bißchen klüger als zuvor. Zwei Dinge hat dieses Beispiel aber hoffentlich bewirkt.

Es sollte zum einen zeigen, daß nicht allzuviel Aufwand betrieben werden muß, um ein Assemblerprogramm zum Laufen zu bringen. Zum anderen sollte es Sie neugierig gemacht haben, die Bedeutung der einzelnen Maschinen- und Assemblerbefehle kennenzulernen.

1.4 Wie geht es weiter?

Nachdem Sie in diesem Kapitel die ersten Gehversuche in der 8086/88-Maschinensprache unternommen haben, liegt es an Ihnen, wie Sie in diesem Buch weiterarbeiten. Die Kapitel 2 bis 4 behandeln allgemeine Grundlagen der Maschinensprache-Programmierung wie zum Beispiel Dualzahlen und logische Verknüpfungen. Sind Ihnen diese Grundlagen vertraut, so können Sie gleich mit Kapitel 5 weitermachen, das die 8086/88-CPU ausführlich vorstellt. Sollten es Ihnen allerdings allzu sehr in den Fingern kribbeln, so können Sie auch dieses Kapitel überspringen und gleich mit Kapitel 6 in die Programmierung der 8086/88-CPU einsteigen.

2 Über Bits und Bytes

Wenn man die verschiedenen Bereiche, in denen ein Computer eingesetzt wird, mit einem Satz charakterisieren müßte, so könnte dieser wie folgt lauten: Die Aufgabe eines Computers ist es, Daten zu verarbeiten. Egal, ob Sie eine Textdatei bearbeiten, eine Kalkulation durchführen oder ein Raumschiff über den Bildschirm »jagen«. Immer hat diese Tätigkeit etwas mit Datenverarbeitung zu tun. Bei den Daten wird es sich von Fall zu Fall um Texte, Zahlen, Meßgrößen usw. handeln. Trotz der im Grunde unendlichen Vielfalt der Daten, die in einem Computer verarbeitet werden, weisen diese Daten intern ein einheitliches Aussehen auf, sie werden alle binär, das heißt in Form von Dualzahlen dargestellt. Diese Form der Darstellung hat sich aufgrund theoretischer Überlegungen zu Beginn der vierziger Jahre als sinnvoll erwiesen. Ein Computer ist daher das Produkt einer Logik, die nur zwei Alternativen kennt. Diese beiden Alternativen entsprechen den beiden Zuständen einer Ziffer einer Dualzahl: 0 oder 1.

Daß sich auf diese simple Logik die beeindruckenden Leistungen eines Computers zurückführen lassen, ist im ersten Moment schwer zu glauben. Die Antwort liegt in der Kombinationsmöglichkeit von Dualzahlen. So lassen sich bereits aus acht Ziffern einer Dualzahl 256 verschiedene Kombinationen bilden. Genug, um alle Buchstaben des Alphabets und viele Sonderzeichen darzustellen. In diesem Kapitel wird erläutert, was eine Dualzahl ist, wie Sie mit Dualzahlen rechnen können und wie die unterschiedlichsten Formen, in denen Daten auftreten können, in einem Computer als Dualzahlen dargestellt werden. Gerade für die Maschinensprache-Programmierung, die sich auf der untersten Ebene eines Computers bewegt, sind diese Kenntnisse unerläßlich.

Sie lernen in diesem Kapitel etwas über:
– den Unterschied zwischen dem Dezimalsystem und dem Dualsystem
– das Rechnen im Dualsystem
– die Bildung des Zweierkomplements
– die Darstellung von Fließkommazahlen
– das Hexadezimal- und das Oktalsystem
– den ASCII-Code

Voraussetzungen für dieses Kapitel:
Keine

2.1 Zahlensysteme

Im täglichen Leben werden wir ständig mit Zahlen konfrontiert. Ob es sich um die Uhrzeit, den Stand des Bankkontos oder die Temperatur des Badewassers handelt. Alle Zahlen haben eines gemeinsam: Sie werden im Dezimalsystem dargestellt und können sowohl positiv als auch negativ sein. Daß dies so ist, hat historische Gründe. Prinzipiell würde nichts dagegen sprechen, zum Beispiel im Zwölfersystem zu rechnen, außer vielleicht dem Umstand, daß dann zur Durchführung wichtiger Berechnungen nicht die zehn Finger herangezogen werden könnten.

Kleine Geschichte der Zahlensysteme

Obwohl das Dezimalsystem heute als eine Selbstverständlichkeit betrachtet wird, war dies nicht immer der Fall. So war in Europa lange Zeit das römische Zahlensystem gebräuchlich, das bekanntlich eine gänzlich andere Notation verwendet. Die markanteste Eigenschaft dieses Zahlensystems ist weniger die Verwendung von Großbuchstaben zur Darstellung von Zahlenwerten, sondern der Umstand, daß die Position einer Ziffer innerhalb einer Zahl nicht den Wert der Zahl beeinflußt. Alternativen zum Dezimalsystem gab es damals reichlich. Von den Mesopotaniern wurde etwa 1750 vor Chr. ein Zahlensystem verwendet, das auf der Basis 60 beruhte, während die Mayas in Südamerika Jahrhunderte später eine Mischung aus einem 18er- und einem 20er-System zum Rechnen verwendeten. Unser Dezimalsystem wurde, Überlieferungen zufolge, von den Hindus etwa 600 nach Chr. entwickelt. Es gelangte schließlich über Persien nach Europa, als ein wichtiger arabischer Text ins Lateinische übersetzt wurde. Die uns bekannten Zahlensymbole 0 bis 9 waren das Resultat einer Standardisierung, die mit der Erfindung der Druckerpressen im 15. Jahrhundert einherging. Das Dualsystem wurde im 17. Jahrhundert unabhängig voneinander in England und in Spanien erfunden. Es ist aber dem berühmten deutschen Mathematiker Leibniz zu verdanken, daß sich das Dualsystem in der Mathematik etablieren konnte. In einer Veröffentlichung, die von 1703 datiert, beschreibt er die vier Grundrechenarten mit Dualzahlen. Abgesehen von einigen, damals noch rein theoretischen logischen Spielereien gab es für Dualzahlen die nächsten 200 Jahre keine praktische Verwendung. In die Computertechnik hielten die Dualzahlen erst 1945 Einzug (die ersten Rechner arbeiteten noch mit Dezimalzahlen) als der amerikanische Mathematiker John von Neumann in seinem legendären Artikel »A first draft of a report on the EDVAC« das Dualsystem als Grundlage für die Darstellung von Daten und Befehlen in einem Computer empfahl.

Das Dezimalsystem verdankt seinen Namen der Tatsache, daß jede Zahl aus Ziffern gebildet wird, die maximal zehn verschiedene Zustände einnehmen können. Die Basis aller Berechnungen ist daher die Zahl 10. Betrachten wir einmal eine typische Dezimalzahl:

```
1  9  8  7
```

An dieser Zahl ist nichts Außergewöhnliches zu erkennen. Für uns ist jedoch die Tatsache interessant, daß sich diese Zahl (wie jede andere Dezimalzahl übrigens auch) noch auf eine andere Weise schreiben läßt:

```
1
1987  =  1  mal  1000  bzw.  10 hoch 3
          +
          9  mal   100  bzw.  10 hoch 2
          +
          8  mal    10  bzw.  10 hoch 1
          +
          7  mal     1  bzw.  10 hoch 0  (ergibt immer 1!)
```

Wie gesagt, läßt sich jede Dezimalzahl auf diese Weise zerlegen. Dies ist normalerweise nicht üblich und soll in diesem Fall lediglich dazu dienen, einen Merksatz aufzustellen:

> **Merksatz:**
> **Jede (Dezimal-)Zahl ist die Summe aus den Produkten der einzelnen Ziffern mit der Basis (10) hoch der Position der Ziffer in der Zahl.**

Dieser Satz hört sich zugegebenermaßen recht mathematisch an und wird den einen oder anderen Leser an manche frustrierende Mathematikstunden erinnern. Wir wollen uns mit diesem Merksatz im Moment auch nicht weiter beschäftigen, sondern werden zu einem späteren Zeitpunkt darauf zurückkommen.

Das Dualsystem

Das Dualsystem ist aus verschiedenen bereits erläuterten und noch zu erläuternden Gründen von grundlegender Bedeutung für die gesamte Computertechnik. Das Dualsystem ist ein Zahlensystem wie das Dezimalsystem. Es unterscheidet sich vom letztgenannten eigentlich nur durch die Tatsache, daß lediglich zwei Ziffern zur Verfügung stehen, die 0 und die 1. Daraus ergeben sich zwei Konsequenzen:

alle Zahlen müssen aus diesen beiden Ziffern gebildet werden
die Basis aller Berechnungen ist die Zahl 2

Um mit dem Dualsystem ein wenig vertraut zu werden, ist es sicher das beste, eine Übung aus der Vorschule wieder hervorzukramen und einfach einmal bis zehn zu zählen (am besten laut und natürlich im Dualsystem):

0	(entspricht der Dezimalzahl 0)
1	(entspricht der Dezimalzahl 1)

Nun steht keine weitere Ziffer zur Verfügung

10	(entspricht der Dezimalzahl 2)
11	(entspricht der Dezimalzahl 3)
100	(entspricht der Dezimalzahl 4)
101	(entspricht der Dezimalzahl 5)
110	(entspricht der Dezimalzahl 6)
111	(entspricht der Dezimalzahl 7)
1000	(entspricht der Dezimalzahl 8)
1001	(entspricht der Dezimalzahl 9)
1010	(entspricht der Dezimalzahl 10)

Das war's. Das Rechnen und Zählen im Dualsystem ist nicht schwerer als im Dezimalsystem. Höchstens ein wenig gewöhnungsbedürftiger und vor allem platzaufwendiger, da in einer Binärzahl (dies ist eine andere Bezeichnung für eine Dualzahl) jede Ziffer nur zwei Zustände annehmen kann.

Das Oktalsystem und das Hexadezimalsystem

Zwei weitere Zahlensysteme, die in der Datenverarbeitung ebenfalls eine Rolle spielen, sind das Oktalsystem und das Hexadezimalsystem. Während das Dualsystem aber die Grundlage aller Computeroperationen darstellt, dienen das Hexadezimal- und das Oktalsystem (das mittlerweile nur noch sehr selten eingesetzt wird) lediglich zur vereinfachten Schreibweise von Adressen und stellen (entbehrliche) Hilfsmittel dar. Dennoch lohnt es sich, wenn wir uns ein wenig näher mit diesen Zahlensystemen beschäftigen, da Sie so ein sichereres Gefühl für den Umgang mit verschiedenen Zahlensystemen bekommen werden. Im Oktalsystem existieren acht verschiedene Ziffern (0..7). Dementsprechend ist die Basis aller Berechnungen die Zahl 8. Eine einfache Umrechnung soll das Prinzip verdeutlichen. Nehmen wir als Beispiel die Oktalzahl 123. Da vom »Aussehen her« nichts daraufhin deutet, daß es sich um eine Oktalzahl handelt, werden Oktalzahlen in der Regel durch einen nachfolgenden Buchstaben, zum Beispiel ein kleines »o« oder »q«, gekennzeichnet. Wie läßt sich der dezimale Wert der Oktalzahl 123o bestimmen?

Bevor Sie ihren japanischen oder umgekehrt polnischen (die, die einen besitzen, wissen schon, welcher gemeint ist) Rechner zur Umrechnung hervorholen, denken Sie noch einmal kurz an unseren Merksatz aus dem letzten Abschnitt, nämlich: »Jede Zahl läßt sich...«. Wenden Sie diesen Merksatz doch einmal auf die obige Oktalzahl an und schon erhalten Sie das gewünschte Ergebnis:

```
123o  =  1 mal 8  hoch 2
         +
         2 mal 8  hoch 1
         +
         3 mal 8  hoch 0
      _____
      =  83
```

Natürlich muß diesmal die entsprechende Zahlenbasis (nämlich Acht) eingesetzt werden. Soviel zum Oktalsystem, das Sie übrigens für den Rest des Buches vergessen können.

Nicht vergessen sollten Sie dagegen das Hexadezimalsystem oder (wie es richtig heißen müßte) Sedezimalsystem. Es spielt nämlich eine wichtige Rolle in der Assemblerprogrammierung. Sowohl Adressen als auch die Opcodes der Maschinenbefehle werden nahezu ausschließlich in hexadezimaler Schreibweise angegeben. Im Hexadezimalsystem ist die Basis aller Berechnungen die Zahl 16. Daraus läßt sich schließen, daß es auch sechzehn verschiedene Ziffern geben muß. Da es aber nur zehn verschiedene Ziffernsymbole gibt, müssen die Buchstaben A, B, C, D, E und F für die restlichen Ziffern einspringen. Beim Zählen in diesem Zahlensystem folgt daher auf die 9 die Zahl A, auf die Zahl 19 die Zahl 1A und auf die Zahl 3F die Zahl 40, um einmal drei Beispiele aufzuführen. Für den Anfänger ist das Arbeiten und vor allem das Rechnen im Hexadezimalsystem tatsächlich sehr gewöhnungsbedürftig. Daher an dieser Stelle auch zwei Beispiele für die Umrechnung einer Hexadezimalzahl in eine Dezimalzahl und umgekehrt:

a) Hexadezimal in Dezimal
Die Zahl 1EA2 soll in ihr dezimales Äquivalent umgewandelt werden. Auch dazu ist unsere Merkregel äußerst hilfreich. Angewendet auf die obige Zahl, ergibt sich:

```
1EA2  =   1  mal  16  hoch 3  =  4096   (1   * 4096)
          +
          E  mal  16  hoch 2  =  3584   (14  * 256)
          +
          A  mal  16  hoch 1  =   160   (10  * 16 )
          +
          2  mal  16  hoch 0  =     2   ( 2  * 1 )
      ----------------------------------------------
      =                          7842
```

b) Dezimal in Hexadezimal

Die umgekehrte Umwandlung ist ein wenig komplizierter:

```
2340 =   9   *   256   ( 16 hoch 2 )   Rest   36
  36 =   2   *    16   ( 16 hoch 1 )   Rest    4
   4 =   4   *     1   ( 16 hoch 0 )   Rest    0
     ------------------------------------------
     = 924
```

Um Dezimalzahlen von Hexadezimalzahlen zu unterscheiden, werden letztere entweder durch ein vorangestelltes $-Zeichen oder ein angehängtes »h« gekennzeichnet (letztere Bezeichnung ist in der Assemblerprogrammierung geläufiger). Wenn Sie bereits in C programmiert haben, kennen Sie unter Umständen noch eine dritte Darstellungsform. In C werden Hexadezimalzahlen nämlich in der Form »0xZahl« dargestellt. Die größte vierstellige Hexadezimalzahl ist übrigens FFFFh, was einem Dezimalwert von 65535 entspricht.

Umwandlung von Dualzahlen in Hexadezimalzahlen

Sie werden es wahrscheinlich zunächst nicht glauben, aber die Umwandlung von Dualzahlen in Hexadezimalzahlen:Umwandlung in Dualzahlen und umgekehrt ist wesentlich leichter, als die Umwandlung von Hexadezimalzahlen in Dezimalzahlen und umgekehrt. Zwei Beispiele sollen dies demonstrieren:

```
1A7Bh  =  0001 1010   0111   1011
```

oder

```
1 0 1 0   1 1 0 0   =  ACh
```

Im Fall einer Umwandlung von Hexadezimal nach Dual müssen Sie lediglich jede einzelne Ziffer der Hexadezimalzahl in die entsprechende Dualzahl umwandeln. Bei der umgekehrten Umwandlung einer Dualzahl in eine Hexadezimalzahl ist es am einfachsten, wenn Sie die Anzahl der Ziffern der Dualzahl durch zusätzliche Nullen am linken Ende auf eine Zahl ergänzen, die glatt durch vier teilbar ist und dann die Dualzahl in Gruppen von jeweils vier Bit in die entsprechende Hexadezimalzahl umwandeln. Warum? Nun, da jede Ziffer einer Hexadezimalzahl sechzehn verschiedene Werte annehmen kann und sich mit vier Ziffern einer Dualzahl sechzehn verschiedene Kombinationen bilden lassen, können mit vier Dualzahlen alle Werte einer einzelnen Hexadezimalziffer dargestellt werden.

2.2 Informationsdarstellung

Sämtliche Daten werden in einem Computer in Form von Dualzahlen verarbeitet und gespeichert. Der Begriff »Daten« ist ein Oberbegriff für alles, was von einem Computer verarbeitet wird und läßt sich grob in folgende Kategorien unterteilen:

– Zahlen
– Texte
– Befehle

Die kleinste Einheit, in der eine Information in einem Computer gespeichert werden kann, ist das Bit. Dies ist ein sehr wichtiger Begriff, den Sie sich möglichst schnell merken sollten. Auch ein

Bit kann nur zwei Zustände annehmen und entspricht daher einer Ziffer einer Dualzahl. Die beiden Zustände eines Bits werden im allgemeinen als »wahr« und »falsch«, »gesetzt« und »nicht gesetzt« oder »log 1« und »log 0« bezeichnet. Es bleibt Ihnen überlassen, welche der Bezeichnungen Sie bevorzugen (Sie werden in der Literatur sicher noch weitere Bezeichnungen finden). Da ein Bit eine sehr kleine Menge, genauer gesagt die kleinste Menge, an Information darstellt, sind in der Praxis wesentlich größere Einheiten gebräuchlich. So werden acht Bit zu einem Byte zusammengefaßt und 1024 Byte zu einem Kilobyte (oder kurz Kbyte). Übrigens wurden ursprünglich unter einem Byte (das sich angeblich aus dem Wort »bite« abgeleitet hat) nur sechs Bits zusammengefaßt. Mit der Einführung des IBM System/360-Großrechners wurde die Bedeutung eines Byte gemeinhin als eine Gruppe von acht Bits festgelegt. Die zur Zeit größte gebräuchliche Einheit ist das Megabyte (oder kurz Mbyte), das eine Menge von 1.000 Kbyte oder 1048576 Byte darstellt. Mit der zunehmenden Verbreitung von 32-Bit-CPUs (wie zum Beispiel der 80386-CPU) wird aber auch die Größe Gigabyte (oder kurz Gbyte) gebräuchlich. Ein Gbyte sind 1024 Mbyte. Nicht zufällig sind diese Größen alle Potenzen der Zahl 2. Auch hier zeigt sich, daß der Ursprung der Datenverarbeitung im Zweiersystem liegt.

Im folgenden soll das Prinzip verdeutlicht werden, nachdem die eingangs eingeteilten »Datenkategorien« in eine verwertbare, binäre Form umgewandelt werden:

Zahlen

Positive Zahlen

Positive Zahlen werden einfach in ihren entsprechenden binären Wert umgewandelt. Das Umwandlungsprinzip soll an zwei Beispielen veranschaulicht werden:

Dualzahl in Dezimalzahl

Um eine Dualzahl in ihren dezimalen Wert umzuwandeln, müssen wir noch ein letztes Mal den Merksatz aus Abschnitt 2.1 bemühen. Wenden wir ihn einfach einmal auf folgende Dualzahl an:

```
1  0  1  1  0  0  1  0
10110010  =   1  mal 2 hoch  7  (128)
              +
              0  mal 2 hoch  6  (0)
              +
              1  mal 2 hoch  5  (32)
              +
              1  mal 2 hoch  4  (16)
              +
              0  mal 2 hoch  3  (0)
              +
              0  mal 2 hoch  2  (0)
              +
              1  mal 2 hoch  1  (2)
              +
              0  mal 2 hoch  0  (0)
          --------------------------
          =   178
```

Dezimalzahl in Dualzahl

Auch diese Umwandlung ist entsprechend der Umwandlung Dezimal in Hexadezimal (Abschnitt 2.1) ein wenig komplizierter. Um die zu einer Dezimalzahl entsprechende Dualzahl zu erhalten, müssen Sie die Dezimalzahl durch die einzelnen Zweierpotenzen, beginnend bei der höchsten Zweierpotenz, durch die die Zahl teilbar ist, teilen und jeweils mit dem Ergebnis der Division weiterrechnen. Für jedes »paßt« schreiben Sie eine 1, für jedes »paßt nicht« eine 0, so daß sich am Ende die gesuchte Binärzahl ergibt. Etwas einfacher geht es nach folgendem Verfahren:

Die umzuwandelnde Dualzahl wird laufend durch zwei geteilt und der Rest (!) von links beginnend aufgeschrieben. Die Division wird solange mit dem Ergebnis der vorherigen Division wiederholt, bis dieses irgendwann zu Null wird. Auf die Dezimalzahl 157 angewandt, sähe das folgendermaßen aus:

```
157 : 2 = 78  Rest  1
 78 : 2 = 39  Rest  0
 39 : 2 = 19  Rest  1
 19 : 2 =  9  Rest  1
  9 : 2 =  4  Rest  1
  4 : 2 =  2  Rest  0
  2 : 2 =  1  Rest  0
  1 : 2 =  0  Rest  1
```

Denken Sie nun daran, daß die kleinste Stelle der Dualzahl oben steht. Die gesuchte Dualzahl ergibt sich also, indem Sie das Ergebnis von unten nach oben lesen:

```
    1  0  0  1  1  1  0  1
```

Zum Schluß die Probe aufs Exempel. Welcher Dezimalzahl entspricht »1 0 0 1 1 1 0 1«?

```
10011101 =  1  mal  2 hoch 7  (128)
            +
            0  mal  2 hoch 6  (0)
            +
            0  mal  2 hoch 5  (0)
            +
            1  mal  2 hoch 4  (16)
            +
            1  mal  2 hoch 3  (8)
            +
            1  mal  2 hoch 2  (4)
            +
            0  mal  2 hoch 1  (0)
            +
            1  mal  2 hoch 0  (1)
            -------------------------
         = 157
```

Das Ergebnis stimmt (wie eigentlich auch nicht anders zu erwarten war) mit der ursprünglich umgewandelten Dezimalzahl überein. Damit soll es mit den Umwandlungen genug sein. Dem einen oder anderen Leser wird sich inzwischen die Frage aufgedrängt haben: Wozu sind solche Umwandlungen eigentlich gut? Schließlich leben wir im Zeitalter der Computer, warum lassen wir solche Berechnungen nicht einfach von einem Computer ausführen?

Sicherlich ist ein solcher Einwand nicht unberechtigt. So werden Sie als Basic- oder Pascal-Programmierer wohl in den seltensten Fällen mit solchen Umwandlungen in Berührung kommen. Für den Maschinensprache-Programmierer gehören solche und ähnliche Umrechnungen oft zum (grauen) Alltag. Sie werden immer dann benötigt, wenn es zum Beispiel darum geht, einzelne Bits in einem Speicherregister zu testen, zu setzen oder zurückzusetzen. Dies wiederum kann erforderlich sein, wenn einzelne Bits in einem Register eine spezielle Funktion haben, die durch das Setzen oder Rücksetzen dieser Bits ausgelöst wird. Obwohl Sie bei unseren ersten Beispielprogrammen auch ohne derartige Umrechnungen auskommen, sollten Sie sich dennoch damit auskennen. Sie werden es später bei der Anwendung vieler Maschinenbefehle zu schätzen wissen.

Der Darstellungsbereich von Dualzahlen
Zum Schluß dieses Abschnittes sind noch ein paar Anmerkungen zum Darstellungsbereich von Dualzahlen notwendig. In der Datenverarbeitung ist es üblich, Daten in Einheiten von 8 Bit (Byte) oder 16 Bit (Wort) zu verarbeiten. Welches ist die größte Dezimalzahl, die durch eine 8-Bit- oder 16-Bit-Dualzahl dargestellt werden kann? Nun, da sich mit 8 Bit insgesamt 2 hoch 8 = 256 verschiedene Kombinationen bilden lassen, reicht der Darstellungsbereich einer 8-Bit-Zahl von 0 bis 255 (auch die Null muß dargestellt werden, daher ist die größte 8-Bit-Zahl nur 255). Bei einer 16-Bit-Zahl reicht der Darstellungsbereich immerhin schon von 0 bis 65535, denn 2 hoch 16 = 65536.

Beispiel
```
15  14  13  12  11  10  9  8     7  6  5  4  3  2  1  0
--------------------------------------------------------
1   1   0   0   0   1   0  0     1  1  0  0  1  0  1  0
```

Eine solche 16-Bit-Zahl wird auch als Wort bezeichnet (auf größeren Rechenanlagen kann ein Wort aber auch für eine andere Anzahl an Bits stehen). Die Numerierung eines Wortes beginnt stets rechts mit Bit Nr. 0 (dies ist das sogenannte »niederwertigste Bit«) und endet links mit Bit Nr. 15 (dies ist das sogenannte »höchstwertige Bit«). Die 8086/88-CPU kann alle Operationen wahlweise mit 16- oder 8-Bit-Operanden durchführen, die 80386/486-CPU auch mit 32-Bit-Operanden. In manchen Fällen ist es notwendig, die beiden Hälften eines Wortes getrennt anzusprechen. Man bezeichnet die obere Hälfte als das höherwertige Byte (Bit 8 bis 15) und die untere Hälfte entsprechend als das niederwertige Byte (Bit 0 bis 7).

Durch diese Festlegung auf 8- und 16-Bit-Zahlen darf aber keinesfalls der Eindruck entstehen, eine CPU könnte nicht mit Zahlen größer als 65535 rechnen. Was ist zu tun, wenn größere Zahlen dargestellt werden müssen? Auch diese Antwort ist einfach: Es werden mehrere Bytes zusammengefaßt. So erhält man durch Zusammenfassen von vier Bytes eine 32-Bit-Zahl (Doppelwort), mit der sich bereits Dezimalzahlen im Bereich 0 bis 4294967295 darstellen lassen. Dieser

Zahlenbereich ist für die meisten Anwendungen mehr als ausreichend. Und wenn noch größere Zahlen verarbeitet werden müssen, werden einfach zwei Doppelworte zu einer 64-Bit-Zahl (Quadwort) zusammengefaßt.

Negative Zahlen

Auch bei negativen Zahlen gilt im Prinzip das, was auch schon bei positiven Zahlen gesagt oder besser geschrieben wurde. Allerdings nur im Prinzip. Denn es besteht zusätzlich das Problem, das Minuszeichen darzustellen. Auf dem Papier läßt sich dies leicht realisieren, auf Maschinenebene gibt es aber ein Minuszeichen nicht, da sämtliche Information binär dargestellt werden muß. Eine einfache und naheliegende Lösung könnte darin bestehen, ein einzelnes Bit für das Vorzeichen zu reservieren. Ausgehend von einer 8-Bit-Zahl werden 7 Bit zur Darstellung des Zahlenwertes verwendet, während das höchstwertige achte Bit (Bit Nr. 7) zur Darstellung des Vorzeichens dient. Die Zahl »-37« würde demnach folgendes Aussehen haben:

```
1  0  1  0  0  1  0  1
```

Durch das Vorzeichenbit, das stets (unabhängig von der Größe der Binärzahl) durch das höchstwertigste Bit repräsentiert wird, verkleinert sich zwangsläufig der Darstellungsbereich einer Dualzahl. So sind mit einer vorzeichenbehafteten 8-Bit-Zahl in dieser Darstellungsweise nur noch Zahlen im Bereich −127 bis +127 darstellbar (prüfen Sie dies einmal nach).

Das eben beschriebene Verfahren ist zwar leicht zu realisieren, weist aber zwei Schönheitsfehler auf. Zum einen existieren auf einmal zwei Darstellungsformen für die Zahl Null (nämlich 00000000 und 10000000). Dies wäre nicht allzu tragisch und würde bei Berechnungen kaum stören. Viel schwerwiegender ist dagegen der zweite Nachteil, der immer dann in Erscheinung tritt, wenn man versucht, negative Dualzahlen zu addieren. (Auch Dualzahlen lassen sich addieren. Es gelten dabei die gleichen Rechenregeln, die Ihnen vom Dezimalsystem her bekannt sein dürften). Ein Beispiel soll dies verdeutlichen.

Beispiel

```
1  0  0  1    ( 9 )
+
0  1  0  1    ( 5 )
------------------
1  1  1  0    ( 14 )
```

In diesem Fall ist alles in Ordnung. Schwierigkeiten treten erst bei der Subtraktion auf. Bekanntlich läßt sich eine Subtraktion auch als eine Addition einer negativen Zahl schreiben (Beispiel: 12−8 = 12 + (−8)). Auf eine duale Subtraktion angewendet, ergibt sich:

```
0  0  0  0  1  1  0  0    ( 12 )
+
1  0  0  0  1  0  0  0    ( −8 )
--------------------------------
1  0  0  1  0  1  0  0    ( ??? )
```

Wie man das Ergebnis auch interpretieren mag, es ist in jedem Fall falsch, denn es müßte 4 herauskommen. Fazit: Negative Dualzahlen können nicht korrekt addiert werden, wenn das

Vorzeichen nur durch das höchstwertige Bit dargestellt wird. Die einfachste Lösung aus diesem Dilemma bietet sich durch die Verwendung des sogenannten Zweierkomplements an. Das Zweierkomplement einer Dualzahl wird durch folgende Regel gebildet:

1. Setze das Vorzeichenbit auf Null
2. Drehe alle Bits der Zahl um (Einerkomplement)
3. Addiere 1

Diese Regel auf die Zahl –8 angewandt, ergibt das Zweierkomplement dieser Zahl:

```
1 1 1 1 1 0 0 0   ( -8 )
```

Bei erneutem Durchführen der obigen Rechnung, diesmal aber mit der Zweierkomplement-darstellung von –8 (positive Zahlen bleiben unverändert), ergibt sich nun:

```
    0 0 0 0 1 1 0 0   ( 12 )
    +
    1 1 1 1 1 0 0 0   ( -8 )
-------------------------------------
(1) 0 0 0 0 0 1 0 0   (  4 )
```

Nun stimmt das Ergebnis und es kommt, wie man es eigentlich nicht anders erwarten sollte, die Zahl 4 heraus. Als abschließendes Beispiel soll eine Situation betrachtet werden, bei der als Ergebnis eine negative Zahl entsteht. Es soll die Berechnung »10 + (–17)« durchgeführt werden. Um die Zahl 10 brauchen Sie sich keine Gedanken zu machen, denn lediglich die Zahl »–17« muß nach der eben vorgestellten Regel in ihr Zweierkomplement umgewandelt werden:

```
0 0 0 0 1 0 1 0   ( 10 )
+
1 1 1 0 1 1 1 1   ( -17 )
-------------------------------
1 1 1 1 1 0 0 1   ( -7 )?
```

Ist das Ergebnis korrekt? Wenn Sie einen Blick in Tabelle 2.1 werfen, werden Sie feststellen, daß der Zahl –7 im Zweierkomplement die Bitfolge »11111001« entspricht. Sie können dies auch nachprüfen, Indem Sie das Zweierkomplement zurückverwandeln·

1) Ziehen Sie von der Zahl 1 ab:

```
1 1 1 1 1 0 0 0
```

2) Drehen Sie alle Bits um

```
0 0 0 0 0 1 1 1
```

Dies entspricht tatsächlich dem dualen Wert von 7. Übrigens erhalten Sie das gleiche Resultat, wenn Sie zuerst alle Bits umdrehen und anschließend 1 addieren (!). Probieren Sie dies ruhig einmal aus. Nur so bekommen Sie ein Gefühl für die binäre »Rechenkunst«. Falls Ihnen die Binärzahlen auf Anhieb nicht ganz geheuer sind, brauchen Sie dennoch nicht zu verzagen. Denn obwohl die 8086/88-CPU intern Subtraktionen in Form einer Addition des Zweierkomplements durchführt, brauchen Sie sich glücklicherweise nicht um die Umrechnung zu kümmern. Diese und andere zeitraubende Tätigkeiten sind Aufgabe des Assemblers.

Halten wir noch einmal fest. Um Fehler bei Additionen und Subtraktionen zu vermeiden, werden negative Zahlen grundsätzlich im Zweierkomplement dargestellt. Wie Tabelle 2.1 zeigt, hat dies für positive Zahlen nur eine Konsequenz: Der Darstellungsbereich wird kleiner, da das höchstwertigste Bit nach wie vor für das Vorzeichen benötigt wird.

Vielleicht ist bei Ihnen die Frage entstanden, woher die CPU denn »weiß«, daß sie zum Beispiel die Zahl »11111000« als Zweierkomplementzahl und nicht als normale Dualzahl ohne Vorzeichen (in diesem Fall ergäbe sich nämlich 248, das heißt 256 – 8) behandeln soll. Obwohl die Antwort sehr einfach ist, werden Sie sich auf Anhieb wahrscheinlich nicht sofort einsehen: Die CPU weiß nicht, um welche Darstellungsform es sich handelt, da diese Information in der Zahl selber nicht enthalten ist. Ob eine Zahl als negative Zahl im Zweierkomplement oder als positive Zahl mit einem größeren Darstellungsbereich interpretiert wird, muß einzig und allein durch das Maschinenprogramm festgelegt werden. Nehmen Sie dies erst einmal so hin. Was dieser Satz zu bedeuten hat, werden Sie im Laufe der Zeit, wenn Sie Ihre ersten Maschinenprogramme erstellt haben, besser verstehen, da dieses Prinzip von grundlegender Bedeutung für die Arbeitsweise einer CPU ist.

-128	10000000	-2	11111110
-127	10000001	-1	11111111
-126	10000010	0	00000000
-125	10000011	1	00000001
-124	10000100	2	00000010
...		3	00000011
-7	11111001	4	00000100
-6	11111010	...	
-5	11111011	125	01111101
-4	11111100	126	01111110
-3	11111101	127	01111111

Tabelle 2.1: *Zweierkomplemente*

c) Fließkommazahlen

Alle Zahlen, mit denen wir es bislang zu tun hatten, waren sogenannte »Integerzahlen«, also ganze Zahlen ohne Nachkommaanteil. Ganze Zahlen sind zwar für viele Anwendungen mehr als ausreichend, doch gibt es einige Fälle, bei denen die Rechengenauigkeit ganzer Zahlen nicht genügt. In solchen Fällen wird auf sogenannte Gleit- oder Fließkommazahlen (engl. floatingpoint) zurückgegriffen. Fließkommazahlen sind Zahlen mit einem Nachkommaanteil, bei denen das dezimale Komma an jeder Position auftreten kann (der Dezimalpunkt kann innerhalb der Zahl gleiten, daher auch der Name). Die meisten CPUs, so auch die 8086/88-CPU, rechnen intern ausschließlich mit 8- und 16-Bit-Integerzahlen. Um dennoch mit einer 8086/88-CPU Fließkommaoperationen durchführen zu können, müssen entweder entsprechende Rechenroutinen für Fließkommazahlen auf den vorhandenen Integerbefehlen aufgebaut werden oder es muß auf den mathematischen Koprozessor 8087 zurückgegriffen werden. Ein mathematischer Koprozessor verfügt über Befehle, die mit Fließkommazahlen arbeiten und daher mit einer wesentlich höheren Genauigkeit rechnen können.

Darstellungsformat von Fließkommazahlen

Zunächst vorweg, für die interne Darstellung von Fließkommazahlen gibt es eine Norm mit dem Namen IEEE 754, die von fast allen Hardware- und Software-Herstellern inzwischen übernommen wurde. Da diese Norm in diesem Buch nicht zur Anwendung kommen wird, sollen im folgenden lediglich einige grundsätzliche Überlegungen erfolgen, damit Sie sich das Prinzip der Darstellung von Fließkommazahlen besser vorstellen können. Da sich bei einer Fließkommazahl das Komma an jeder beliebigen Position befinden kann, muß das Zahlenformat neben dem Betrag der Zahl auch eine Information über die Position des Kommas enthalten. Fließkommazahlen werden in der Regel in der sogenannten wissenschaftlichen Schreibweise dargestellt, bei der die Information über die Position des Kommas im Zehnerexponenten enthalten ist. Ein paar Beispiele sollen den Aufbau einer Fließkommazahl in diesem Format verdeutlichen:

```
456,789   =   4,56789  *  10²
2450      =   2,450    *  10³
0,75      =   7,5      *  10⁻¹
0,0004466 =   4,466    *  10⁻⁴
```

Die gebrochene Zahl vor dem Zehnerexponenten wird als Mantisse bezeichnet. Die Mantisse ist in der sogenannten »normalisierten Form« immer ein Wert zwischen 1 und 9,999.. mit genau einer Zahl vor dem Komma und (je nach Genauigkeit) unterschiedlich vielen Nachkommastellen. Die zweite Komponente einer Fließkommazahl wird als Exponent bezeichnet und ist die Zahl, mit der 10 potenziert werden muß. Die wissenschaftliche Schreibweise bietet den Vorteil, daß zum einen mit wenigen Stellen eine zufriedenstellende Genauigkeit erreicht werden kann und zum anderen sowohl sehr kleine Zahlen (zum Beispiel 1.234×10^{-77}) als auch sehr große Zahlen (zum Beispiel 1.234×10^{77}) sehr kompakt dargestellt werden können.

Um das Prinzip der internen Darstellung von Fließkommazahlen besser verstehen zu können, sollten wir uns zunächst einmal anschauen, wie Dualzahlen mit einem Nachkommaanteil aussehen. Zunächst muß aber wahrscheinlich die Frage geklärt werden, wie man sich denn eine Dualzahl, die kleiner als 1 ist, überhaupt vorzustellen hat. Wie Sie wahrscheinlich aus der Schule noch wissen, ergeben negative Potenzen immer einen Wert kleiner als eins. Wenn also ganzzahlige Dualzahlen durch positive Potenzen von 2 dargestellt werden, ist es naheliegend, es einmal mit negativen Potenzen zu probieren. Dabei ergibt sich folgende Zahlenreihe:

```
2⁰ = 1    2⁻¹ = 0.5    2⁻² = 0.25    2⁻³ = 0.125 usw.
```

Sie sehen, daß sich durch die Verwendung negativer Potenzen Nachkommaanteile ergeben. Die gleichen Nachkommaanteile erhalten Sie natürlich auch durch fortlaufende Division durch 2. Die Zahl 12,75 kann nun wie folgt dargestellt werden:

```
1 1 0 0, 1 1
```

oder

```
1 mal 2 hoch  3   =    8
+
1 mal 2 hoch  2   =    4
+
1 mal 2 hoch -1   =    0,5
+
1 mal 2 hoch -2   =    0,25
--------------------------
                      12,75
```

Auch mit dualen Fließkommazahlen ist eine normalisierte Darstellung möglich. Da die Basis des Zahlensystems nun die Zahl 2 ist, liegt zum einen die Mantisse im Bereich 1 ... 1,999.. und zum anderen ist der Exponent eine Potenz von zwei. Eine typische binäre Fließkommazahl sieht in der normalisierten Darstellung wie folgt aus:

```
1,110 * 1010
```

Diese Schreibweise bedeutet, daß die Mantisse 1,110 mit dem Wert 22 multipliziert wird, also mit 4. Der dezimale Wert der Mantisse läßt sich leicht ermitteln:

```
1,110 = 1 + 1/2 + 1/4   = 1,75
```

Entsprechend einer Dezimalzahl wird auch hier der Exponent mit der Mantisse multipliziert:

```
1,110  *  10.h.10.h.  = 1,75 * 4  =  7
```

Der dezimale Wert einer dualen Fließkommazahl läßt sich auch bestimmen, indem das Komma um den Betrag des Exponenten nach rechts (oder nach links bei negativen Exponenten) verschoben wird:

```
1,1.h.10.h.  *  2.h.10.h.  = 111,0  = 7
```

Beide Methoden erzeugen die gleichen Resultate. Wie bereits erwähnt, werden Fließkommazahlen in der Regel nach der IEEE-Norm dargestellt. Auch die meisten Assembler verwenden diese Darstellung. Ohne auf Einzelheiten einzugehen, sei noch erwähnt, daß sowohl für die Mantisse als auch für den Exponenten eine bestimmte Anzahl an Bits reserviert wird. Die Größe des Mantissenfelds wird dabei durch die gewünschte Genauigkeit festgelegt. Je mehr Bits die Mantisse enthält, desto mehr Nachkommastellen können berücksichtigt werden. Entsprechend der IEEE-Norm kann zwischen einer 32-Bit- und einer 64-Bit-Darstellung gewählt werden, wobei in diesem Format Mantisse und Exponent zusammengefaßt sind. Intern rechnen die mathematischen Koprozessoren der 80x87-Familie sogar mit einem erweiterten 80-Bit-Format.

Trotz des damit zu erzielenden Darstellungsbereichs, der bei Verwendung des internen 80-Bit-Formats immerhin zwischen 3,4 * 10.h.-4932.h. und 1,2 * 10.h.4932.h. liegt, gibt es mit Fließkommazahlen in dieser Darstellungsform ein grundsätzliches Problem: bestimmte Zahlen lassen sich nicht exakt darstellen. Nehmen Sie als Beispiel die Zahl 1,33. Selbst wenn Sie für die Darstellung das 80-Bit-Format verwenden würden, ließe sich der Wert dieser Zahl nicht genau darstellen, sondern nur annähern. Der Grund: Da diese Zahl intern durch fortlaufende Addition von negativen Zweierpotenzen gebildet wird, ergibt sich bereits nach kurzer Zeit ein Wert von 1,32999.... Rechnen wir das doch einmal genau nach:

```
1,33  =  2 hoch 0    = 1
+
2 hoch -2    = 1,25
+
2 hoch -4    = 1,3125
+
2 hoch -6    = 1,328125
+
2 hoch -10   = 1,3291015630
```

usw.

Selbst wenn unendlich viele Stellen zur Verfügung stehen würden, ließe sich der Zahlenwert nicht genau erreichen (ein Mathematiker könnte das sicher etwas präziser formulieren). Normalerweise ist diese Ungenauigkeit kein Problem (lassen Sie sich also nicht Ihren Glauben an die Computer erschüttern). In manchen Fällen kann sich diese fortlaufende minimale Ungenauigkeit jedoch zu nicht mehr akzeptierbaren Rundungsfehlern summieren (lassen Sie einmal in Basic eine Schleife von −10 bis 0 in 0,1-Schritten laufen und Sie wissen, warum). Bei finanzmathematischen Berechnungen ist das zum Beispiel der Fall. Was ist zu tun? Ein Ausweg wäre, nach jeder Berechnung eine Rundung durchzuführen. Es geht aber noch wesentlich einfacher, wenn man eine Fließkommazahl nicht als Binärzahl darstellt, sondern als binär dekodierte Dezimalzahl, sprich als BCD-Zahl. BCD-Zahlen bieten den Vorteil, das sämtliche Ziffern der Fließkommazahl einzeln codiert werden. Da keine Ziffer verloren geht, gibt es auch keine Rundungsfehler.

Über das Rechnen mit Fließkommazahlen und die damit zusammenhängenden Problemfälle ließe sich sicher ein ganzes Buch füllen. Sie wird es sicher interessieren, ob Sie das alles verstanden haben müssen, um in Maschinensprache mit Fließkommazahlen rechnen zu können. Die Antwort lautet, wie könnte es auch anders sein, glücklicherweise nicht. Da die 8086/88-CPU ohnehin keine Fließkommazahlen direkt verarbeiten kann, werden wir auch ausschließlich mit Integerzahlen arbeiten.

d) BCD-Zahlen

Wenn es um die Darstellung von Zahlen in einem Computer geht, darf auch die BCD-Darstellung (BCD steht für »Binary Coded Decimal«) nicht unerwähnt bleiben. Bei der BCD-Darstellung wird jede Ziffer einer Dezimalzahl in eine separate 4-Bit-Zahl umgewandelt. Da die Ziffer einer Dezimalzahl aber nur die Werte 0 bis 9 annehmen kann, bleiben in jedem Halbbyte (hier ist auch die Bezeichnung »Nibble« geläufig) die Werte 10 bis 15 zwangsläufig ungenutzt. Zunächst ein Beispiel. Die Dezimalzahl »7821« wird im BCD-Format wie folgt geschrieben:

```
7821  =  0 1 1 1    1 0 0 0    0 0 1 0    0 0 0 1
```

Diese Umwandlung läßt sich zwar relativ leicht durchführen, hat aber den Nachteil, daß für die BCD-Darstellung einer größeren Zahl mehr Bits benötigt werden als in der rein binären Darstellung, da die binären Werte 1010 bis 1111 nicht zum Einsatz kommen. Dabei ist dieses »gepackte BDC-Format:gepacktes Format« noch relativ platzsparend. Im »ungepackten BCD-Format:ungepacktes Format« wird nämlich für die Darstellung einer Dezimalziffer ein ganzes Byte verwendet, hier bleiben die Bits 4-7 grundsätzlich ungenutzt. Dennoch bieten BCD-Zahlen einen, manchmal entscheidenden, Vorteil. Wie im letzten Abschnitt gezeigt wurde, kann es bei der

Verwendung von Gleitkommazahlen unter bestimmten Bedingungen zu Rundungsfehlern kommen, die dazu führen, daß die letzte Stelle einer Zahl falsch dargestellt wird. Dieses Problem kann durch die Verwendung der BCD-Darstellung behoben werden, da hier jede Ziffer einer Dezimalzahl direkt codiert wird und so keine Ziffer verlorengehen kann. Auch die 8086/88-CPU verfügt über spezielle Befehle für das Rechnen mit BCD-Zahlen, auf die im Kapitel 7 ausführlicher eingegangen wird.

e) Der Cray-Code

Neben der normalen binären Darstellung und der BCD-Darstellung findet man vereinzelt noch eine Darstellung, die als »Cray-Code« bezeichnet wird. Diese Darstellung entspricht im Prinzip der binären Darstellung. Allerdings wird eine andere Zuordnung zwischen der Dualzahl und der entsprechenden Dezimalzahl getroffen. Im Cray-Code wird stets so gezählt, daß sich nur eine einzige Ziffer beim Übergang auf die nächst größere Dualzahl ändert.

Beispiel

```
0000
0001
0011
0010
0110

0111
usw.
```

Darstellung von Texten

Computerprogramme und Daten, die von einem Computer verarbeitet werden, bestehen nicht nur aus Zahlen. Genauso häufig tritt das Problem auf, Texte verarbeiten zu müssen. Anders als Zahlen können Texte in einem beliebigen Format dargestellt werden, da eine CPU Text niemals direkt verarbeitet. Bevor es allerdings in die Einzelheiten geht, sollten Sie kurz überlegen, wie viele Bits mindestens notwendig sind, um alle Zeichen auf einer Computer-Tastatur darstellen zu können. Die Anzahl der Zeichen, die ein Computer mindestens darstellen können sollte, ergibt sich unter anderem aus allen Groß- und Kleinbuchstaben (52), den Ziffern 0..9 (10) und den wichtigsten Sonderzeichen (+,−* usw.). Insgesamt ergeben sich um die hundert verschiedene Ziffern, so daß mindestens sieben Bits pro Zeichen gebraucht werden, denn mit sieben Bits lassen sich 2.h.7.h. = 128 verschiedene Kombinationen bilden. Nun hätte es wenig Sinn, für jeden Computer einen eigenen Zeichencode zu entwerfen, da so die Übertragbarkeit von Daten zwischen verschiedenen Systemen stark beeinträchtigt wäre. Statt dessen existiert ein international gültiger Zeichencode, der für alle PC- und Software-Hersteller verbindlich ist. Dieser Code heißt ASCII-Code (gesprochen »Askie«) und ist ein Code, der jedem Zeichen eine bestimmte 7-Bit-Zahl zuordnet. So bekommt im ASCII-Code der Buchstabe »A« den Wert 65 (oder dual 0100001), der Buchstabe »B« den Wert 66 usw.

ASCII ist die Abkürzung von »American Standard Code of Information Interchange«, womit der Name bereits auf einen wichtigen Umstand hindeutet. Dieser Code wurde ursprünglich für den amerikanischen Sprachraum konzipiert und existierte bereits lange bevor der erste PC entwickelt wurde. Er enthält daher zum Beispiel nicht die Umlaute ä, ö, ü. Außerdem sind die ersten 32 Codes mit Funktionen belegt, die noch aus einer Zeit stammen, als Computer über fernschreiberähnliche Ein-/Ausgabeeinheiten (die »Teletypes«) mit ihrer Außenwelt kommunizierten. Jeder moderne PC arbeitet deshalb mit einem erweiterten 8-Bit-ASCII-Code, der neben dem Standardzeichensatz auch landesspezifische Symbole (hierzulande zum Beispiel die Umlaute) und ferner zahlreiche Sonder- und Grafiksymbole enthält. Insgesamt lassen sich mit einem 8-Bit-Code 2.h.8.h. = 256 verschiedene Zeichen darstellen. Sämtliche darstellbaren Zeichen eines PC und deren ASCII-Codes können Sie einer Tabelle im Anhang A entnehmen.

Der ASCII-Code ist übrigens nicht der einzige Code, der zur Zeichendarstellung verwendet wird. Ein anderer, insbesondere auf IBM-Großrechnern (aber nicht IBM-PCs) anzutreffender Code, ist der EBCDI-Code (Extended Binary Coded Decimal Interchange Code), bei dem es sich um einen 8-Bit-Code handelt. Falls man Daten von einem Großrechner auf einen PC übertragen möchte, kann es erforderlich sein, eine Umwandlung durchzuführen.

Darstellung von Maschinenbefehlen

Nachdem die Darstellungsformen der unterschiedlichen Datentypen geklärt sind, muß natürlich auch die Frage beantwortet werden, wie diese Daten verarbeitet werden. Wie Sie bereits wissen, besitzt eine CPU Befehle, die Maschinenbefehle, die mit (Binär-)Zahlen rechnen können. Folglich müssen auch Maschinenbefehle binär, das heißt in Form von Dualzahlen dargestellt werden. Bei der 8086/88-CPU besteht ein Maschinenbefehl (Opcode) aus einem oder zwei Bytes, wobei zusätzlich 1 bis 4 Operandenbytes hinzukommen, falls der betreffende Maschinenbefehl Operanden benötigt. Der Opcode eines einfachen Maschinenbefehls könnte daher folgendes Aussehen haben:

```
1  0  1  0  1  1  0  1
```

Sobald die CPU bei der Ausführung eines Maschinenprogramms auf diese Bitfolge trifft, bringt sie den entsprechenden Befehl zur Ausführung, das heißt, die CPU leitet die entsprechenden Aktionen ein, die mit diesem Befehl assoziiert sind (mehr dazu in Kapitel 4 und Kapitel 5).

Bliebe abschließend die Frage zu klären, wie die 8086/88-CPU die jeweilige Bedeutung eines Bytes erkennen kann. Schließlich könnte es sich bei obiger Bitfolge ja auch um

– eine positive Zahl
– eine Zahl im Zweierkomplement
– einen ASCII-Code (oder irgendeinen anderen Code)

handeln.

Die Antwort lautet schlicht und einfach: Die 8086/88-CPU kann die Bedeutung eines Bytes nicht aus seinem Inhalt entnehmen. Ob es sich bei einer bestimmten Bitfolge um eine Zahl, einen ASCII-Code oder um einen Opcode handelt, wird einzig und allein durch den Zusammenhang festgelegt, in dem die Bitfolge der CPU zugeführt wird. Wenn Sie diesen inhaltsschweren Satz nicht auf Anhieb verstehen, machen Sie sich zunächst keine Gedanken. Spätestens nach dem Durcharbeiten von Kapitel 5 wird Ihnen die Bedeutung klarer werden.

2.3 Zusammenfassung

Jede Information, die von einem Computer verarbeitet und gespeichert wird, muß in binärer Form vorliegen. Eine CPU kann ausschließlich mit binären Daten, das heißt Folgen von Nullen und Einsen arbeiten. Alle Daten, die eine CPU verarbeiten soll, müssen daher binär dargestellt werden. Positive ganze Zahlen werden einfach in ihren dualen Wert, negative ganze Zahlen in ihr Zweierkomplement und Textzeichen in den entsprechenden ASCII-Code umgewandelt. Für Fließkommazahlen existiert gemäß der IEEE-Norm ein spezielles binäres Format. Doch nicht nur die zu verarbeitenden Daten, sondern auch die Maschinenbefehle, die diese Daten verarbeiten, müssen zwangsläufig aus Binärzahlen, das heißt einer Folge von Nullen und Einsen bestehen. Es ist bekanntlich die Aufgabe eines Assemblers, die Befehlsmnemonics in die entsprechenden binären Opcodes umzuwandeln. Bei den binären Zahlen, die einer CPU während der Ausführung eines Maschinenprogramms zugeführt werden, kann es sich sowohl um Daten als auch um Befehle handeln. Welche Bedeutung eine bestimmte Bitkombination für eine CPU hat, läßt sich letztlich nur aus dem Zusammenhang entscheiden, da diese Information in der Binärzahl nicht enthalten ist.

2.4 Übungen

Aufgabe 1:
Berechnen Sie den dezimalen Wert von

```
a)      1 0 1 0 1 1
b)            1 1 0
c)  1 0 0 0 0 1 1 0
```

Berechnen Sie den hexadezimalen Wert von

```
d) 1 0 0 1 1 0 0 0
e) 0 0 0 1 1 1 1 1
f) 1 0 0 0 0 0 1 1
```

Aufgabe 2:
Berechnen Sie

```
a) 123h + 70o + 1010b
b) den Wert der Zahl (!) XYZ im 36er- System
c) AB0h - 88h
```

Aufgabe 3:
Was ist die größte Dezimalzahl, die sich durch eine vorzeichenbehaftete 12-Bit-Zahl darstellen läßt?

Aufgabe 4:
Ein afrikanischer Dialekt kennt 943 verschiedene Buchstaben, Zahlen und Symbole. Welchen Code würden Sie empfehlen?

Aufgabe 5:
Eine Firma verschlüsselt ihre Kundennummer in einem 8-Bit-BCD-Format:

```
34 = 0 0 0 0 0 0 1 1   0 0 0 0 0 1 0 0
78 = 0 0 0 0 0 1 1 1   0 0 0 0 1 0 0 0
usw.
```

Als Leiter der Logistik sollen Sie die Bearbeitung verbessern und die Speicherplatzkosten reduzieren. Machen Sie einen Vorschlag!

Die Lösungen zu den Übungen finden Sie in Anhang F.

3 Ein wenig Logik

Im letzten Kapitel wurde der prinzipielle Aufbau von Daten, die in einem Computer verarbeitet werden, besprochen. Dieses Kapitel widmet sich der Frage, wie diese Datenverarbeitung durchgeführt wird. Doch keine Angst, allzu technisch wird es nicht werden. Jeder noch so komplizierte Vorgang, den die Hardware eines Computers ausführt, reduziert sich letzten Endes auf die Durchführung einer Handvoll simpler Grundoperationen. Diese Grundoperationen werden mit Hilfe logischer Verknüpfungen zwischen Binärzahlen durchgeführt. Sie lernen in diesem Kapitel daher die wichtigsten Grundregeln der binären Logik kennen, erfahren, was man unter logischen Grundverknüpfungen versteht und werden am Ende eine Vorstellung davon haben, was logische Verknüpfungen mit Datenverarbeitung im allgemeinen und der Programmierung in Maschinensprache im speziellen zu tun haben.

In diesem Kapitel geht es um:
– die Grundlagen binärer Logik
– logische Grundverknüpfungen
– wie aus den Grundbausteinen neue Bausteine entstehen
– die praktische Anwendung logischer Verknüpfungen

3.1 Eigenschaften binärer Logik

Logik ist eine Eigenschaft, die im Alltag manchmal schwer nachzuvollziehen ist. Das Problem liegt in vielen Fällen einfach darin, daß das Wort »logisch« auf Situationen angewendet wird, die streng genommen jeglicher Logik entbehren. Ein weit gefaßter Logikbegriff ist daher oft wenig hilfreich, insbesondere dann, wenn man die Funktion eines Computers verstehen möchte. Hier vollzieht sich (glücklicherweise) alles nach eindeutigen Regel einer eindeutigen Logik, auch wenn das für den Einzelnen nicht immer einsehbar ist. Das Grundgesetz dieser Logik ist, daß eine Aussage nur zwei Zustände annehmen kann. Eine Aussage ist entweder »wahr« oder »nicht wahr«. Eine andere Möglichkeit gibt es nicht. Andere, ebenfalls häufig anzutreffende Bezeichnungen für diese beiden Zustände, sind »1« oder »0«, »ja« oder »nein«, »an« oder »aus«. Ganz wie es Ihnen gefällt! Eine solche Logik, die nur auf zwei Zuständen beruht, wird als »zweiwertige« oder »duale« Logik bezeichnet. Die Gesetze dieser zweiwertigen Logik werden unter dem Begriff »Boolesche Algebra« zusammengefaßt. Wahrscheinlich hat sich bei Ihnen bereits eine erste Vorahnung eingestellt, denn um Dualzahlen ging es ja im letzten Kapitel auch. Wir wollen in diese Logik nur so weit wie es irgendwie erforderlich ist einsteigen und beginnen einfach mit einem Beispiel aus dem täglichen Leben.

Duale Logik begegnet uns zum Beispiel bei einem Münzfernsprecher. Um ein Gespräch führen zu können, muß zuerst ein gewisser Mindestbetrag eingeworfen und dann die gewünschte Nummer gewählt werden. Eine Verbindung erhalten Sie nur dann, wenn Sie den Geldbetrag eingeworfen und eine Nummer gewählt haben. Nur dann, wenn die erste Bedingung (Geld wurde eingeworfen) und die zweite Bedingung (Nummer wurde gewählt) wahr ist, tritt das Ereignis ein

(Gespräch wird vermittelt). Da das Eintreten eines Ereignisses von dem Erfüllen der ersten und der zweiten Bedingung abhängt, spricht man von einer UND-Funktion (oder allgemein UND-Verknüpfung).

Für das zweite Beispiel muß eine Alarmanlage herhalten. Diese Alarmanlage zur Überwachung einer Wohnung soll über einen Einbruch- und einen Feuersensor verfügen. Ein Alarm wird ausgelöst, wenn der Einbruchsensor oder der Feuersensor einen Impuls bekommt. Da hier das Eintreten eines Ereignisses von dem Erfüllen der ersten oder der zweiten Bedingung abhängt, spricht man von einer ODER-Funktion (oder allgemeine ODER-Verknüpfung).

Halten wir als ersten Merksatz der dualen Logik fest: »Die Grundlage der dualen Logik beruht auf Ereignissen, die entweder eintreten oder nicht eintreten und die aufgrund einer eindeutigen Verknüpfungsvorschrift (alle Ereignisse müssen eintreten, mindestens ein Ereignis muß eintreten usw.) zu einem eindeutigen Ergebnis führen.« Die Eindeutigkeit ist eine unbedingte Voraussetzung für die Brauchbarkeit dieser Logik für die Datenverarbeitung. Oder was würden Sie von einem Computer halten, der Ergebnisse nach Lust und Laune produziert?

Wie lassen sich die Gesetze der dualen Logik auf den Computer übertragen? In den vierziger Jahren, als die ersten mit Relais und Röhren bestückten Rechenmaschinen das Licht der Welt erblickten, hat sich der ungarische Mathematiker John von Neumann, der später in die USA auswanderte und daher auch als amerikanischer Mathematiker geführt wird, an der amerikanischen Princeton Universität Gedanken über eine Maschine gemacht, die folgenden Mindestanforderungen genügen sollte:

– Sie sollte in der Lage sein, sich Befehle und Daten »merken« zu können.
– Sie sollte in der Lage sein, einen Befehl bei Bedarf auch mehrmals ausführen zu können.
– Programme und Daten sollten in dem gleichen Speicher untergebracht werden.

Herr von Neumann kam damals zu dem Schluß, daß sowohl die Daten als auch die Befehle, die diese Daten verarbeiten, in Form von Dualzahlen gespeichert werden müssen, und daß der Schlüssel zur Verarbeitung dieser Daten in den bereits vorgestellten logischen Verknüpfungen liegt. Er legte damit die Grundlage für die heutige moderne Datenverarbeitung. Noch heute beruhen die meisten Computer auf einer sogenannten »Von-Neumann-Architektur«.

Doch wie kommt man von der Theorie zu einem funktionsfähigen Computer? Ein erster Schritt in Richtung einer Verknüpfung der dualen Logik mit der Datenverarbeitung liegt darin, eine Parallele zwischen einem logischen Ereignis und einem Bit herzustellen. Ein logisches Ereignis kann nur zwei Zustände annehmen: Entweder es ist wahr oder es ist nicht wahr. Das gleiche gilt auch für ein Bit: Entweder es ist »0« oder es ist »1«. Im folgenden sollen die logischen Grundverknüpfungen unter diesem Aspekt vorgestellt werden.

3.2 Die logischen Grundverknüpfungen

Bei einer logischen Grundverknüpfung werden zwei (oder mehrere) Bits nach einer bestimmten Vorschrift zu einem Ergebnisbit verknüpft. Zu den logischen Grundverknüpfungen gehören die UND-, die ODER-, die EXOR- und die NICHT-Verknüpfung.

Die UND-Verknüpfung

Bei der UND-Verknüpfung ist das Ergebnisbit immer dann 1, wenn alle verknüpften Bits ebenfalls 1 sind. Dieser Sachverhalt läßt sich recht anschaulich durch eine Tabelle wiedergeben:

E1	E2	A
0	0	0
0	1	0
1	0	0
1	1	1

Eine solche Tabelle wird als »Wahrheitstabelle« bezeichnet und ist ein wichtiges Hilfsmittel zur Beschreibung logischer Verknüpfungen. Aus der abgebildeten Wahrheitstabelle läßt sich zum Beispiel das Verhalten einer UND-Verknüpfung ablesen: Das Ergebnisbit (A) ist dann »1«, wenn das erste zu verknüpfende Bit (E1) und das zweite zu verknüpfende Bit (E2) »1« sind.

Die ODER-Verknüpfung

Bei der ODER-Verknüpfung ist das verknüpfte Bit »1«, wenn mindestens eines der zu verknüpfenden Bits »1« ist. Nachstehend ist die Wahrheitstabelle der ODER-Verknüpfung abgebildet:

E1	E2	A
0	0	0
0	1	1
1	0	1
1	1	1

Die EXOR-Verknüpfung

Bei der EXOR-Verknüpfung ist das Ergebnisbit immer dann »1«, wenn die zu verknüpfenden Bits verschieden sind. Auch dieses Verhalten läßt sich am besten durch eine Wahrheitstabelle beschreiben:

E1	E2	A
0	0	0
0	1	1
1	0	1
1	1	0

Die NICHT-Verknüpfung

Hierbei handelt es sich um eine Verknüpfung, die eigentlich (da nur ein Bit beteiligt) gar keine ist. Durch die NICHT-Verknüpfung (eine andere Bezeichnung dafür ist »Inverter-Funktion«) wird der Zustand eines Bits umgekehrt. Der Vollständigkeit halber auch hier eine Wahrheitstabelle:

E	A
0	1
1	0

3.3 Ein kurzer Exkurs in die Digitaltechnik

Diesen Abschnitt sollten Sie auch dann lesen, wenn Sie mit Technik nicht viel am Hut haben. Er versucht nämlich zwischen den im letzten Abschnitt vorgestellten theoretischen Grundlagen und der praktischen Anwendung (die zum Beispiel in Form eines PC auf Ihrem Schreibtisch steht) eine Brücke zu spannen. Es wurde bereits mehrmals erwähnt, daß logische Verknüpfungen die elementarsten Grundfunktionen eines Computers darstellen. Doch wie kann man sich das vorstellen, wenn doch alle logischen Verknüpfungen lediglich auf dem Papier existieren? Die Lösung liegt bei dem sogenannten »logischen Gatter«. Dies sind elektronische Bausteine, die mit elektrischen Signalen arbeiten und sich genauso verhalten, wie logische Funktionen es auf dem Papier tun. Es gibt jedoch einen entscheidenden Unterschied, der logische Gatter für die Computertechnik so interessant macht. Ein- und Ausgaben sind keine abstrakten Bits, sondern elektrisch meßbare Signale. Das Ganze läßt sich relativ leicht (auch ohne Vordiplom in Elektrotechnik) und sehr anschaulich nachvollziehen, wie das folgende Beispiel zeigt. Betrachten Sie dazu den elektrischen Schaltkreis in Bild 3.1 und versuchen Sie, für dessen Verhalten eine Regel aufzustellen.

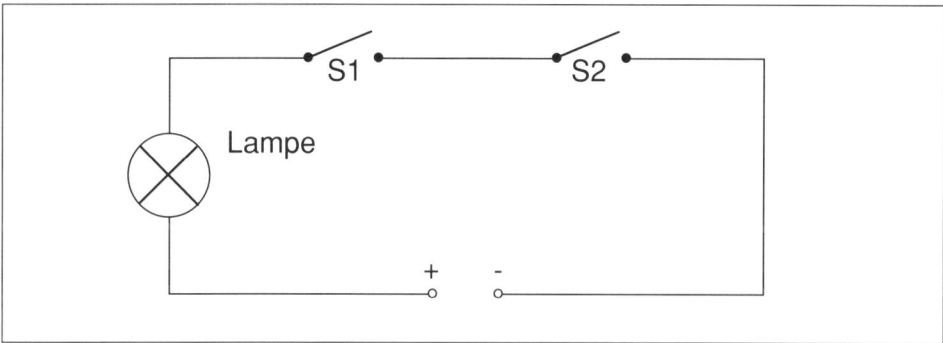

Bild 3.1: *Eine einfache UND-Schaltung*

Als allgemeine »Verhaltensregel« läßt sich unschwer erkennen, daß die Lampe L nur leuchten kann, wenn der Schalter S1 und der Schalter S2 geschlossen sind. Nur dann kann nämlich Strom fließen, der die Lampe zum Leuchten bringt. Übertragen wir die Erkenntnis auf eine Tabelle, ergibt sich folgendes Bild:

Schalter 1	Schalter 2	Lampe
offen	offen	aus
offen	zu	aus
zu	offen	aus
zu	zu	an

Ersetzt man nun die Begriffe »offen« und »aus« durch »0« und »zu« und »an« durch »1« ergibt sich die Wahrheitstabelle einer UND-Verknüpfung (das Schaltbild für eine ODER-Verknüpfung finden Sie in den Lösungen zu den Übungen am Schluß dieses Kapitels). So einfach läßt sich also eine »logische Schaltung« realisieren, bei der die beiden (theoretischen) Zustände »log 1« und

»log 0« durch die physikalischen Zustände »Strom fließt« und »Strom fließt nicht« ersetzt wurden (diese Zuordnung ist rein willkürlich und könnte genausogut anders herum lauten). Ein logisches Gatter wird daraus, wenn man die Schalter durch Transistorschaltelemente ersetzt, beide Schalter von außen zugänglich macht und die Lampe durch einen Ausgang ersetzt. So ein logisches Gatter können Sie für ein paar Pfennige in einem Elektronikladen kaufen. Theoretisch ließe sich damit auch ein Computer aufbauen, allerdings nur theoretisch, denn das »Gehirn« eines PC besteht aus mehreren tausend solcher Gatterbausteine, die allesamt (die moderne Technik macht's möglich) auf einem einzigen winzigen Stück Silizium, dem Mikroprozessor, untergebracht sind. Vielleicht haben Sie schon einmal irgendwo gelesen, daß die neueste CPU des Herstellers XY aus mehreren hunderttausend Transistorfunktionen besteht. Nun, diese Transistoren (da es keine Transistoren zum Anfassen sind, spricht man vielmehr von Transistorfunktionen) werden fast ausschließlich für die logischen Gatter verwendet, aus denen sich wiederum die einzelnen Funktionselemente der CPU, wie zum Beispiel Recheneinheit und Register (mehr dazu im nächsten Kapitel) aufbauen.

3.4 Noch mehr Logik

Wie Sie sicher zugeben werden, ist die Leistung eines UND-Gatters nicht sehr beeindruckend. Was ein UND-Baustein leistet, kann man sich zur Not noch an den Fingern abzählen. Erst die Kombination vieler solcher Grundbausteine führt zu komplexeren Einheiten, die schon eher an die Möglichkeiten eines Computers erinnern lassen. Wie sich logische Grundbausteine (zumindest auf dem Papier) kombinieren lassen, soll im folgenden an einem einfachen Beispiel vorgeführt werden. Dazu wird zunächst eine weitere logische Funktion eingeführt, deren Wahrheitstabelle wie folgt aussieht:

```
E1   E2   A
0    0    1
0    1    1
1    0    1
1    1    0
```

Das Verhalten dieser Funktion erscheint auf den ersten Blick wenig systematisch. Schaut man jedoch genauer hin, fällt auf, daß dies genau das umgekehrte Verhalten einer UND-Funktion ist. Diese Funktion wird dementsprechend NAND-Funktion (NAND steht für Not AND) genannt und ist von enormer Bedeutung für den Aufbau komplexer logischer Bausteine, da sich auf dieser alle übrigen logischen Funktionen lassen. So erhält man zum Beispiel durch folgende Verknüpfung einen alten Bekannten:

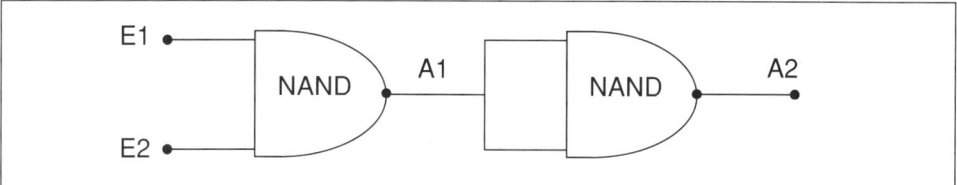

Bild 3.2: *Aus zwei NANDs wird eine »neue« Funktion*

Um das Verhalten komplizierter logischer Schaltungen zu verstehen, ist man auf Wahrheits-tabellen unbedingt angewiesen. Auch für unsere »Neukreation« läßt sich eine Wahrheitstabelle aufstellen:

```
E1   E2   A1   A2
0    0    1    0
0    1    1    0
1    0    1    0
1    1    0    1
```

Betrachtet man das Verhalten des Ausganges A2 in Abhängigkeit von den Eingängen E1 und E2, so ergibt sich das Verhalten einer UND-Funktion. Aus den zwei NAND-Funktionen ist also eine UND-Funktion geworden. Nach dem gleichen Prinzip, durch das Zusammenschalten logischer Grundfunktionen, lassen sich komplexere Einheiten bauen, die in einem Mikroprozessor wichtige Funktionen übernehmen. Dazu gehören unter anderem:

Addierer
Dekodierer
Zähler
Speicher

Sinn und Zweck dieses Abschnittes war es zu zeigen, nach welchem Prinzip sich aus so simplen Grundbausteinen (wie es eine NAND-Funktion darstellt) komplexere Bausteine aufbauen lassen, die Sie später in den Kapiteln 4 und 5 als Komponenten eines Mikroprozessors wiederfinden werden.

3.5 Angewandte Logik

Logische Verknüpfungen sind nicht nur für die internen Abläufe in einem Computer von Be-deutung. Auch innerhalb von Programmen erfüllen sie wichtige Funktionen. Insbesondere in Maschinenprogrammen werden viele Funktionen, wie zum Beispiel die Programmierung eines Statusregisters eines Peripheriegerätes, durch Setzen oder Rücksetzen einzelner Bits in dem betreffenden Register ausgelöst. In diesem Fall können durch logische Verknüpfungen der Zustand eines bestimmten Bits in einem Byte getestet oder einzelne Bits gesetzt oder rückgesetzt werden. Das Manipulieren einzelner Bits in einem Byte läßt sich mit Hilfe der logischen Grund-funktionen UND, ODER und EXOR durchführen.

Eine CPU besitzt in ihrem Befehlssatz in der Regel eine Vielzahl von Maschinenbefehlen mit denen sich die unterschiedlichsten logischen Verknüpfungen durchführen lassen. Die 8086/88-CPU, um deren Programmierung es in diesem Buch ja geht, verfügt über Befehle mit den Namen AND, OR und XOR, mit denen sich in einem Maschinenprogramm UND-, ODER- und EXOR-Verknüpfungen durchführen lassen. In Kapitel 7 finden Sie zahlreiche praktische Anwendungen für derartige logische Verknüpfungen.

3.6 Zusammenfassung

Logische Funktionen stellen die elementarsten Komponenten eines Computers dar. Ihr Verhalten wird durch logische Verknüpfungsvorschriften festgelegt. Zu den wichtigsten logischen Grundfunktionen gehören die UND-, ODER- und EXOR-Verknüpfung. Durch die Verknüpfung hunderttausender logischer Grundfunktionen lassen sich alle Komponenten einer CPU und ihrer Hilfskomponenten realisieren. Der Übergang von der binären Logik in die »reale« Welt eines Computers wird durch Ströme und Spannungen durchgeführt, die den logischen Zuständen entsprechen. So läßt sich dem logischen Zustand »1« der physikalische Zustand »Strom fließt« und entsprechend dem logischen Zustand »0« der physikalische Zustand »Strom fließt nicht« zuordnen. Auch programmtechnisch sind logische Verknüpfungen von Bedeutung, da sich durch ihre Hilfe einzelne Bits innerhalb eines Datenbytes testen, setzen oder rücksetzen lassen.

3.7 Übungen

Aufgabe 1:
Entwerfen Sie einen Schaltplan, der mit Hilfe einer Lampe und zwei Schaltern eine ODER-Verknüpfung realisiert.

Aufgabe 2:
Stellen Sie eine Wahrheitstabelle für folgende Bausteine auf:

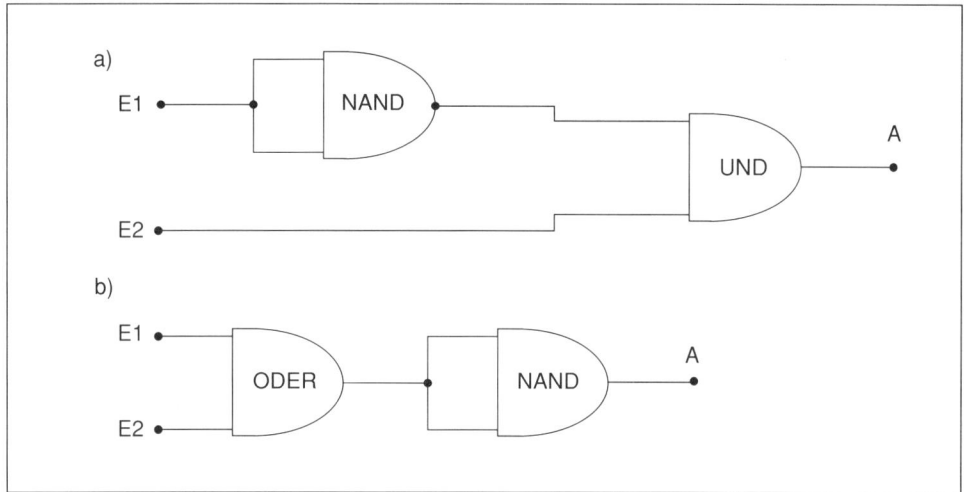

Bild 3.3: *Diese Bausteine ergeben eine neue Funktion*

Aufgabe 3:
Welche mathematische Grundfunktion läßt sich (mit ein wenig Phantasie) aus folgendem logischen Baustein ableiten?

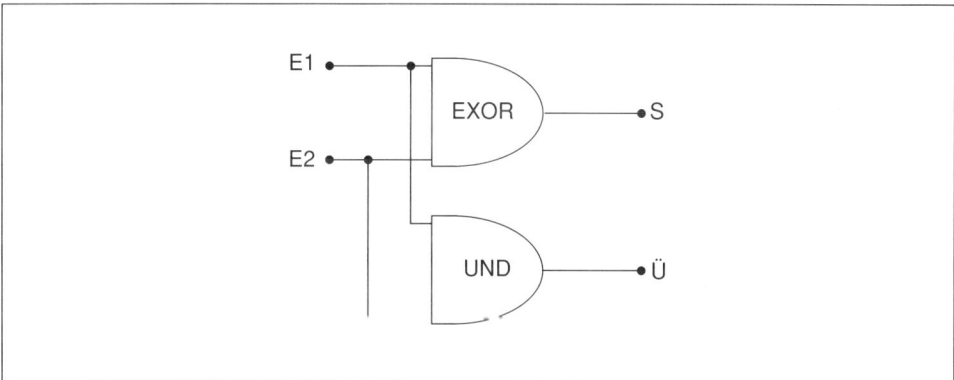

Bild 3.4: *In diesen Bausteinen steckt eine Grundfunktion*

Aufgabe 4:
Verknüpfen Sie die Binärzahlen 10010100 und 11100011 nach der UND-, ODER- und EXOR-Regel.

Aufgabe 5:
Was erhalten Sie, wenn Sie eine beliebige 8-Bit-Dualzahl mit »11111111« nach der EXOR-Regel verknüpfen?

Aufgabe 6:

Das Kontrollregister einer Grafikkarte befindet sich unter der Adresse 3B8h. Bit 3 dieses Registers legt fest, ob der Bildschirm ein- oder ausgeschaltet ist (Bit 3 =1). Verknüpfen Sie das 8-Bit-Register mit Hilfe einer logischen Funktion so, daß Bit 3 unabhängig von den übrigen Bits auf 1 gesetzt wird.

Die Lösungen zu den Übungen finden Sie in Anhang F.

4 Das Innenleben eines PC

In Assembler zu programmieren bedeutet, den PC in seiner »Muttersprache« (der Maschinensprache) zu programmieren. Wenn man sich auf dieser untersten Ebene bewegt, ist es sehr nützlich, über den internen Aufbau eines PC zumindest in groben Zügen Bescheid zu wissen. Dieses Kapitel beschreibt daher, aus welchen Komponenten ein PC besteht, wie das »Gehirn« des Computers, die CPU aufgebaut ist und auf welche Weise die CPU programmiert werden kann. Alle Beschreibungen sind sehr allgemein gehalten und orientieren sich nicht unbedingt an bestimmten Bausteinen, die Sie in einem PC finden. Dies ist also keine technische Beschreibung eines PC, sondern vielmehr eine allgemeine Einführung in Grundlagen, die in den meisten anderen Assemblerbüchern stillschweigend als bekannt vorausgesetzt werden.

Sie lernen in diesem Kapitel etwas über:
– die wichtigsten Komponenten eines PC
– die vielfältigen Aufgaben einer Zentraleinheit
– die Funktionsweise eines Mikroprozessors
– die Adressierung und die Organisation eines Arbeitsspeichers
– RAM-, ROM- und EPROM-Speichertypen
– die verschiedenen Arten von Maschinenbefehlen
– die Ausführung eines Maschinenprogramms

Voraussetzungen für dieses Kapitel:
– Grundkenntnisse aus Kapitel 2 (»Über Bits und Bytes«)

4.1 Der Aufbau eines PC

Dieser Abschnitt beschreibt die wichtigsten Komponenten eines Personalcomputers. Um die Funktionsweise eines PC auch ohne ein Diplom in Elektrotechnik verstehen zu können, ist es sinnvoll, für den Einstieg ein paar Vereinfachungen vorzunehmen, die das Verständnis erheblich erleichtern können. Als wichtigste Vereinfachung soll der PC daher in einzelne Funktionsgruppen aufgeteilt werden, wobei es weniger auf das Innenleben dieser Funktionsgruppen, sondern vielmehr auf deren Funktion ankommt.

Jeder PC, egal, ob es sich um einen Original-IBM-PC oder einen »No Name«-PC aus Taiwan handelt, läßt sich in folgende vier Funktionsgruppen aufteilen:

– die Eingabeeinheit
– die Ausgabeeinheit
– die Speichereinheit
– die Zentraleinheit

Im Mittelpunkt des PC steht die Zentraleinheit, in der die Datenverarbeitung stattfindet. Die Aufgabe der Zentraleinheit ist es, zum einen die im Arbeitsspeicher befindlichen Maschinenbefehle auszuführen und zum anderen die gesamte Peripherie (dazu gehört zum Beispiel die Tastatur, der Bildschirm und die angeschlossenen Disketten- und Festplattenlaufwerke) anzusteuern. Während die Zentraleinheit die eigentliche Arbeit des Computers erledigt, ermöglichen die Ein-/Ausgabeeinheiten die Kommunikation mit dem Benutzer. Bild 4.1 zeigt diesen schematischen Aufbau eines PC, wobei die Pfeile die Richtung, in der die Daten transportiert werden, symbolisieren.

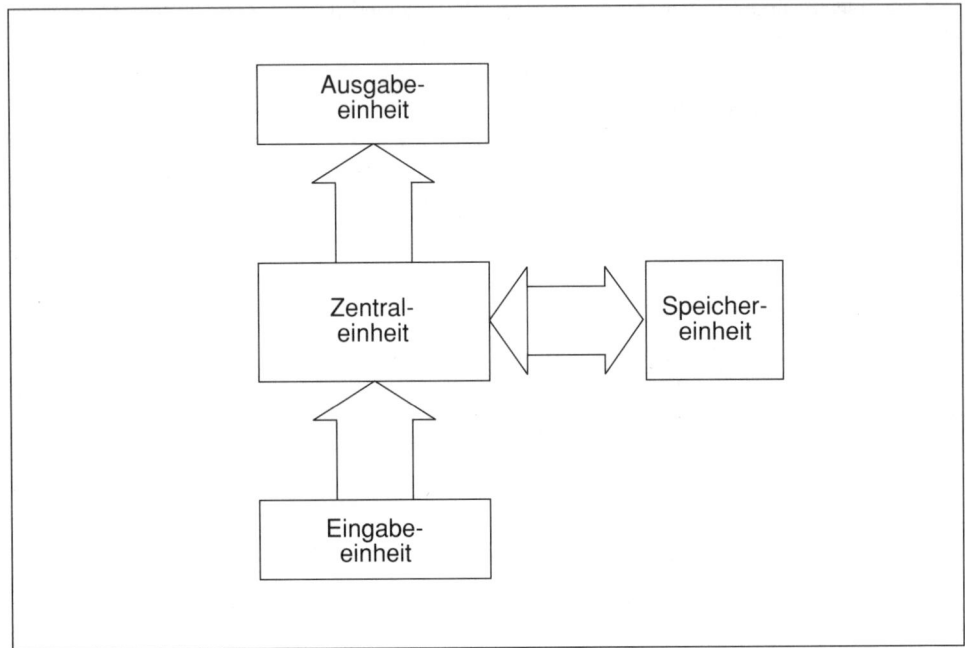

Bild 4.1: *Der schematische Aufbau eines PC*

Da für den Maschinensprache-Programmierer in erster Linie der Aufbau der Zentraleinheit interessant ist, sollen die übrigen Komponenten im folgenden nur kurz besprochen werden.

Die Eingabeeinheit
Die Eingabeeinheit ermöglicht dem Benutzer die Kommunikation mit der Zentraleinheit. Ihre Aufgabe ist es, der Zentraleinheit Daten und Befehle zuzuführen. Bei der Eingabeeinheit handelt es sich in der Regel um die Tastatur. Aber auch eine Maus, ein Trackball, ein berührungsempfindlicher Bildschirm (»Touchscreen«) oder eine Spracheingabe kommen als Eingabeeinheiten in Frage, wenngleich diese Eingabeeinheiten von MS-DOS ohne zusätzliche Treiber nicht unterstützt werden. Im Zusammenhang mit der grafischen Benutzeroberfläche Windows kommt auch der Eingabestift (»Pen«) wieder in Mode.

Die Ausgabeeinheit
Die Ausgabeeinheit dient in erster Linie zur Darstellung der Ergebnisse, die die Zentraleinheit produziert. Eine Ausgabeeinheit, über die jeder PC verfügt, ist der Bildschirm, wobei die klassische Bildröhre immer mehr durch Flüssigkeits- oder Plasmaanzeigen verdrängt wird. Andere gebräuchliche Ausgabeeinheiten sind Drucker, Plotter oder auch Sprachausgabe. Sowohl die Eingabeeinheit als auch die Ausgabeeinheit ermöglichen lediglich die Kommunikation des Benutzers mit der Zentraleinheit und sind für das Funktionieren eines Computers streng genommen

nicht erforderlich. Ein Beispiel für PCs, die ohne Tastatur und Bildschirm eingesetzt werden, sind Einplatinencomputer, bei denen die wichtigsten Funktionsgruppen eines PC auf einer einzigen Platine untergebracht sind und die zum Beispiel für Steuerungsaufgaben eingesetzt werden.

Die Speichereinheit
Die Speichereinheit dient zur dauerhaften Abspeicherung von Programmen und Daten. Bei der Speichereinheit handelt es sich in der Regel um ein Diskettenlaufwerk, eine Festplatte oder ein CD-ROM-Laufwerk. Obwohl die meisten PCs zumindest über ein Diskettenlaufwerk verfügen, ist auch die Speichereinheit nicht zwingend erforderlich. Beispiele für PCs, die ohne Disketten- oder Festplattenlaufwerk eingesetzt werden, sind PCs, die in ein Netzwerk integriert sind und über das Netzwerk auf die Festplatte eines anderen Rechners zugreifen können.

Die Zentraleinheit
Die Zentraleinheit ist der Mittelpunkt des Geschehens in einem PC. Hier findet die Datenverarbeitung statt und von hier werden die Peripheriegeräte wie Tastatur, Bildschirm oder Festplatte kontrolliert. Die Zentraleinheit steuert die zahlreichen Aktivitäten, wie zum Beispiel die Bildschirmausgabe oder den Zugriff auf das Diskettenlaufwerk, ohne die die Fähigkeiten der CPU nicht nutzbar wären. Die meisten Komponenten der Zentraleinheit sind in einem PC auf der sogenannten »Haupt- oder Basisplatine« untergebracht (die englische Bezeichnung lautet »Motherboard«, was mit »Mutterbrett« sicher nur unzureichend übersetzt wäre). Bild 4.2 zeigt den schematischen Aufbau der Zentraleinheit, wobei diese Skizze allerdings keinen Anspruch auf Vollständigkeit erhebt, da lediglich die wichtigsten Komponenten der Zentraleinheit aufgeführt wurden. Hinzu-

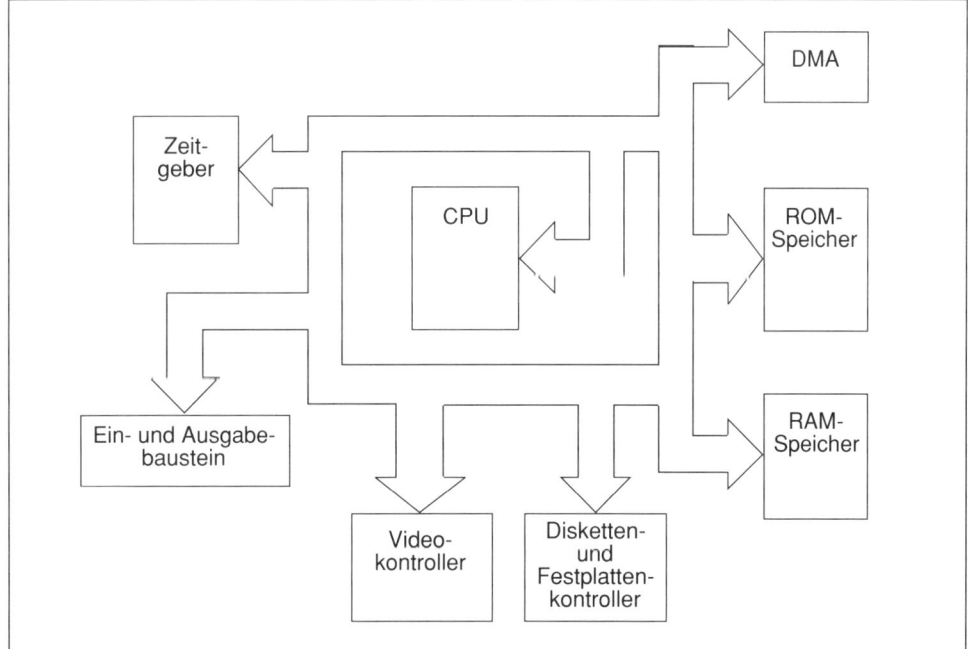

Bild 4.2: *Der Aufbau der Zentraleinheit*

kommt, daß auch bei der Zentraleinheit der Fortschritt selbstverständlich nicht stehen bleibt. So hat die Anzahl der Komponenten auf der Hauptplatine seit den Tagen des Original-PC von IBM drastisch abgenommen, da immer mehr Funktionseinheiten auf einem einzelnen Chip integriert werden können. Heutzutage können alle für einen AT oder 386er-PC benötigten Komponenten in zwei oder drei Bausteinen untergebracht werden.

Im einzelnen handelt es sich bei der Zentraleinheit um:

den Arbeitsspeicher

Im Arbeitsspeicher werden sowohl die Instruktionen gespeichert, die von der CPU ausgeführt werden sollen, als auch die Daten, mit denen diese Instruktionen arbeiten müssen und jene Daten, die von diesen Instruktionen produziert werden.

die CPU

Die CPU (Central Processor Unit) führt die Instruktionen aus, die sich im Arbeitsspeicher befinden. Es ist die »Kommandozentrale« des PC, welche die übrigen Komponenten der Zentraleinheit steuert.

die Ein-/Ausgabebausteine

Die Ein-/Ausgabebausteine regeln den Datenaustausch zwischen der Zentraleinheit und den im letzten Abschnitt besprochenen Ein-/Ausgabeeinheiten des PC. Die Ein-/Ausgabebausteine entlasten die CPU von lästigen und zeitaufwendigen Routinejobs, wie zum Beispiel die Auswertung einer Tastatureingabe, das Übertragen eines Zeichens auf einen angeschlossenen Drucker oder die Abfrage der aktuellen Mausposition.

Disketten- und Festplattenkontroller
Der Disketten- und Festplattenkontroller regelt den Datenaustausch zwischen der Zentraleinheit und den externen Speichereinheiten wie Diskettenlaufwerken oder Festplatte. Seine Aufgaben sind unter anderem der Transport der Daten zwischen der Zentraleinheit und einem Diskettenlaufwerk oder einer Festplatte durchzuführen. Der Kontroller legt auch das physikalische Aufzeichnungsformat der Daten auf Diskette und Festplatte fest, das heißt die Art und Weise, wie die zu speichernden Daten in magnetische Zustände umgesetzt werden.

Grafikbaustein
Die Aufgabe des Grafikbausteines in einem PC ist es, die Ausgabe von Text und/oder Grafik auf dem Bildschirm zu ermöglichen. Der Grafikbaustein ist in den meisten Fällen nicht auf der Hauptplatine, sondern auf einer separaten Karte, der Grafikkarte (oder Grafikadapter), untergebracht. Die Leistungsfähigkeit der preislich erschwinglichen Grafikadapter hat sich in den letzten Jahren enorm gesteigert. So bieten mittlerweile selbst einfache VGA-Karten eine Auflösung von 1024 x 768 Punkten und eingebaute Grafikfunktionen, die zum Beispiel ein Zooming per Hardware erlauben. Besonders leistungsfähige Grafikkarten enthalten sogar eine eigene CPU, wie zum Beispiel die 34010 von Texas Instruments, die vom Anwender programmiert werden kann. Ein solcher Grafikprozessor ist in der Lage selbständig Grafikoperationen durchzuführen, während sich die CPU mit anderen Dingen beschäftigen kann. Jede Grafikkarte verfügt zudem über einen eigenen Speicher, das Video-RAM, in den die auf dem Bildschirm dargestellte Information

zwischengespeichert wird. Schließlich ist auf EGA- und VGA-Karten (mehr zu diesen Begriffen in Kapitel 13) eine Erweiterung des Betriebssystems (das EGA/VGA-BIOS) mit zusätzlichen Funktionen in einem ROM-Baustein untergebracht.

Im Vergleich zu den Möglichkeiten der Grafikdarstellung nehmen sich die Fähigkeiten des PC zur Tonerzeugung eher bescheiden aus. Normalerweise verfügt ein PC über keinen speziellen Soundbaustein. Statt dessen wird die Ansteuerung des eingebauten Lautsprechers von dem Zeitgeberbaustein 8253 und dem universellen Ein-/Ausgabebaustein 8255 übernommen.

Zeitgeberbausteine (Timer)
Die Aufgabe eines Zeitgeberbausteins ist es zum einen, bestimmte Vorgänge, die für das Funktionieren des Systems notwendig sind, regelmäßig zu aktivieren. Dazu gehört vor allem die Auffrischung der dynamischen RAM-Bausteine, die in Millisekundenabständen einen elektrischen Impuls benötigen um ihren Inhalt nicht zu verlieren. Als Nebeneffekt kann der Zeitgeberbaustein auch dazu verwendet werden, die Uhrzeit anzugeben oder für Zeitmessungen einzuspringen. Auch die Tonerzeugung gehört bei einem PC indirekt zu den Aufgaben eines Zeitgeberbausteins. Während in PCs fast ausnahmslos ein Baustein mit der Typenbezeichnung 8253 zu finden ist, wird in ATs und 386-PCs der kompatible Baustein 8254 eingesetzt. Dieser Timer-Baustein besteht aus drei voneinander unabhängigen Zählern, die auch programmiert werden können.

DMA-Bausteine
DMA steht für »Direct Memory Access« und bedeutet soviel wie »direkter Speicherzugriff«. Nicht immer müssen so profane Tätigkeiten wie zum Beispiel das Ausgeben eines Speicherbereichs auf Festplatte oder umgekehrt das Lesen eines Sektors von der Festplatte in den Arbeitsspeicher unter Mitwirkung der CPU durchgeführt werden. Der DMA-Baustein entlastet den Prozessor von solchen Tätigkeiten, indem er den Datentransport um die CPU herumleitet und dadurch auch den Datentransport beschleunigt. Als DMA-Baustein wird in PCs häufig ein Baustein mit der Typenbezeichnung 8237 eingesetzt.

Der Interruptkontroller
Allein der imposante Name dieses Bausteins dürfte vielleicht manche Leser vom Weiterlesen abschrecken. Dabei ist die Funktion dieses sehr wichtigen Bausteins schnell erklärt. Einige Tätigkeiten, wie zum Beispiel die Eingabe eines Zeichens über die Tastatur, das Eintreffen eines Zeichens über die serielle Schnittstelle oder das Ablaufen eines Timers müssen von der CPU sofort bearbeitet werden. Alle diese Aktivitäten lösen einen sogenannten Interrupt aus. Um was es sich bei einem Interrupt im einzelnen handelt, wird im nächsten Kapitel noch ausführlicher besprochen. In diesem Zusammenhang ist nur erwähnenswert, daß die 8088/86-CPU nur über zwei Interrupteingänge verfügt (mit der Bezeichnung INTR und NMI), daß es in einem PC aber ein Vielfaches an Interruptquellen gibt. Der Interruptkontroller spielt die Rolle eines Verwalters, der in der Lage ist, acht (in ATs sechzehn) verschiedene Interrupts gleichzeitig in Empfang zu nehmen und dann entscheidet, welcher der eintreffenden Interrupts zur CPU vorgelassen wird. Der Baustein 8259A wird in PC als Interruptkontroller eingesetzt.

Die Aufzählung der PC-Bausteine ist, wie bereits erwähnt keineswegs vollständig. So verfügt jeder PC noch über einen Taktgenerator (8284) und über einen Buskontroller (8288). Diese Bausteine sind aber für den Programmierer uninteressant, da sie nicht programmiert werden können. Außerdem ging es lediglich darum, Ihnen einen groben Überblick zu verschaffen. Bei modernen PCs werden Sie diese Bausteine ohnehin nur noch sehr selten finden, da diese in der Regel in spezielle hochintegrierte Chips (ein Beispiel ist der NEAT-Chipsatz) integriert wurden. Diese Chips sind zudem programmierbar, so daß ein Systemprogrammierer zum Beispiel die Speicheraufteilung im Bereich zwischen 640 Kbyte und 1 Mbyte festlegen kann. Fazit: Die meisten Bausteine eines PC können programmiert werden. Das bedeutet, daß man durch einen Zugriff auf die internen Register dieser Bausteine ihr Verhalten beeinflussen kann. Man sollte sich allerdings darüber im klaren sein, daß unbedachte Zugriffe auf diese Bausteine für den PC unter Umständen gefährlich werden können. Aufgrund der engen Verknüpfung zwischen diesen Bausteinen und der CPU bietet sich die Programmierung in Maschinensprache geradezu an und stellt in einigen Fällen sogar die sinnvollste Möglichkeit dar, diese Bausteine anzusteuern (dies soll in einem späteren Kapitel an einigen Beispielen demonstriert werden).

Der Bus stellt die Verbindung her
Die Komponenten der Zentraleinheit sind über Gruppen von Leitungen miteinander verbunden, die als »Busleitungen« oder kurz als »Bus« bezeichnet werden. Über den Bus kommunizieren die einzelnen Komponenten miteinander und tauschen Daten aus. Da die Busleitungen alle Komponenten eines PC miteinander verbinden, bestimmte Daten (die zum Beispiel von der CPU kommen) aber nur einen bestimmten Baustein ansprechen sollen, existiert für die Busleitungen und die Ein-/Ausgänge der meisten Bausteine neben den Zuständen »0« und »1« noch ein dritter Zustand. Dieser Zustand wird als hochohmig (englisch »tristate«) bezeichnet. Ein hochohmiger Ein- oder Ausgang verhält sich so, als würde er gar nicht existieren. Auf diese Weise wird gewährleistet, daß am Bus angeschlossene Bausteine den Datentransport über den Bus nicht stören können. Bus ist ein Sammelbegriff für drei Gruppen unterschiedlicher Leitungen. Innerhalb der Zentraleinheit existiert ein Datenbus, ein Adreßbus und ein Kontrollbus. Über den Adreßbus ist die CPU zum Beispiel in der Lage jede gewünschte Speicherzelle des Arbeitsspeichers anzusprechen, indem sie die Adresse dieser Speicherzelle auf den Adreßbus legt und so die betreffende Speicherzelle adressiert. Über den Datenbus werden Daten zwischen den einzelnen Komponenten der Zentraleinheit ausgetauscht. Da auf dem Datenbus die Daten in beide Richtungen transportiert werden können, bezeichnet man den Datenbus als bidirektional. Der Kontrollbus ist schließlich für die Koordinierung der Aktivitäten auf dem Adreß- und dem Datenbus zuständig. Da immer nur eine Komponente den Bus gleichzeitig benutzen kann, muß der Zugriff auf den Bus genau kontrolliert werden. Ein solcher Fall tritt zum Beispiel immer dann auf, wenn innerhalb eines Programms auf den Arbeitsspeicher zugegriffen wird. Zuerst erhält die CPU über den Adreßbus die Adresse der Speicherzelle, die angesprochen werden soll. Anschließend wandern die zu speichernden oder zu lesenden Daten über den Datenbus. Während dieser Zeit darf keine andere Einheit (zum Beispiel der DMA-Kontroller) auf den Bus zugreifen, da ansonsten natürlich die zu übertragenden Daten verfälscht werden. Es sei nur am Rande erwähnt, daß Fachleute den Bus des PC gar nicht als echten Bus bezeichnen, da er bestimmte Voraussetzungen nicht erfüllt. Über derartige Dinge sollten Sie sich aber keine Gedanken machen und auch weiterhin die Bezeichnung Bus verwenden. Obwohl der Bus die Nervenstränge innerhalb eines PC darstellt, hat der Programmierer auf die Funktion und die Aktivitäten des Bus keinerlei direkten Einfluß (das ist auch ganz gut so).

Allerdings sind in einem PC die meisten Busleitungen über die sogenannten Steckplätze (Slots) von außen zugänglich. So ist es möglich, die Zentraleinheit um zusätzliche Komponenten zu erweitern. Normalerweise werden durch diese Karten die Eigenschaften des PC verbessert. Die Palette der Anwendungen ist sehr groß und reicht von Grafikkarten über Netzwerkkarten bis hin zu speziellen Karten für die Meßwerterfassung oder sogar Radioempfängern. Die Entwicklung eigener Karten, zum Beispiel für eine simple Ein-/Ausgabe, ist gar nicht so schwierig. In erster Linie kommt es darauf an, für die Karte eine noch freie Adresse im E/A-Bereich der CPU (siehe Kapitel 5.7) zu finden. Die Karte muß mit einer speziellen Logik versehen werden, die immer dann aktiviert wird, wenn diese Adresse auf dem Bus erscheint. Anschließend sperrt die Karte den Bus und kann nun Daten von der CPU empfangen oder an die CPU schicken. Bauanleitungen für derartige Karten sind in Büchern und Fachzeitschriften bereits des öfteren veröffentlicht worden.

Auch wenn bei Ihnen mittlerweile vielleicht ein brennendes Interesse geweckt wurde, den Grafik- oder Zeitgeberchip Ihres PC zu programmieren, müssen Sie sich leider noch ein wenig gedulden. In den folgenden Kapiteln soll erst einmal die Programmierung der CPU im Vordergrund stehen, die übrigens auch die Voraussetzung für die Programmierung der verschiedenen Bausteine darstellen. Aus diesem Grund ist es im Moment auch gar nicht notwendig, alle in Bild 4.2 aufgeführten Bausteine der Zentraleinheit zu besprechen. Es sollen daher im folgenden nur die beiden wichtigsten Komponenten ausführlicher vorgestellt werden, die CPU und der Arbeitsspeicher.

4.2 Der Arbeitsspeicher

Der Arbeitsspeicher des PC enthält einerseits die Programme, die der PC für seine Routineaufgaben benötigt. Diese Programme versetzen den PC in die Lage, überhaupt etwas Sinnvolles tun zu können und werden unter dem Begriff Betriebssystem zusammengefaßt. Der Arbeitsspeicher enthält aber auch jene Programme und Daten, mit denen der Benutzer arbeitet. Erst das Vorhandensein eines Arbeitsspeichers befähigt einen Computer, sich eine bestimmte Anzahl von Instruktionen »merken« und bei Bedarf ausführen zu können. Grundsätzlich gilt, daß der Arbeitsspeicher eines PC byteweise aufgebaut ist, also aus einzelnen Speicherzellen (eine andere Bezeichnung ist Speicherregister) besteht, in denen jeweils ein einzelnes Byte gespeichert werden kann. Die Anzahl der Speicherzellen hängt von der Größe des Arbeitsspeichers ab. Diese Größe wird in Byte angegeben und liegt bei einem üblichen PC zwischen 640 Kbyte und einigen Mbyte.

> **Merksatz:**
> **Die kleinste Einheit des Arbeitsspeichers ist die Speicherzelle, in der ein einzelnes Byte gespeichert werden kann.**

Diese allgemeine Beschreibung gilt für alle Typen von Speicher, die in einem PC zu finden sind. Die Vorstellung der in einem PC verwendeten Speichertypen wäre vor Jahren noch recht einfach gewesen, da man die einzelnen Speichertypen relativ leicht an ihren Eigenschaften in bestimmte Kategorien unterteilen konnte. Mittlerweile sind, dem Fortschritt ist es zu verdanken, die charakteristischen Unterschiede der wichtigsten Speichertypen immer mehr verschwommen. Betrachten Sie die folgenden Erläuterungen daher lediglich als eine Übersicht, Stand der Technik bezogen auf moderne PC-Systeme ist sie aber leider nicht.

Drei verschiedene Speichertypen werden als Arbeitsspeicher in einem PC eingesetzt: Der RAM-, der ROM- und der EPROM-Speicher.

RAM-Speicher

Der RAM-Speicher stellt vereinfacht ausgedrückt das »Kurzzeitgedächtnis« des PC dar. Bei dem Wort RAM handelt es sich um eine Abkürzung für »Random Access Memory«, was soviel bedeutet, wie »Speicher mit wahlweisem Lese- und Schreibzugriff«. Bei einem RAM-Speicher handelt es sich also um einen Speicher, in dem Daten sowohl gespeichert als auch wieder gelesen werden können. Der einzige Nachteil eines RAM-Speichers besteht darin, daß der Inhalt des RAMs beim Wegfall der Arbeitsspannung, also zum Beispiel beim Ausschalten des Computers, unwiederbringlich verloren ist. Dafür, daß der RAM-Speicher nicht bereits während des Arbeitens sein Gedächtnis verliert, sorgt ein Stromimpuls (der sogenannte Refresh-Impuls, der in der Regel vom Timerbaustein erzeugt wird), der in regelmäßigen Abständen den Speicher wieder auffrischt. Im Gegensatz zu diesen dynamischen RAMs benötigen die statischen RAMs diese regelmäßige Auffrischung dank ihres niedrigen Stromverbrauchs nicht. Statische RAMs bieten zudem den entscheidenden Vorteil einer wesentlich geringeren Zugriffszeit. Warum werden dann überhaupt noch dynamische RAMs eingesetzt? Nun, schlicht und ergreifend, weil sie deutlich billiger sind. Aus diesen Grund wird der Arbeitsspeichers der allermeisten PCs und ATs mit dynamischen RAMs bestückt, während man statische RAMs in der Regel nur auf 80386/486-Systemen zur Realisierung eines sogenannten Cache-Speichers findet. Dieser Cache-Speicher ist im allgemeinen nicht größer als 32 oder 64 Kbyte und dient in erster Linie dazu die Arbeitsgeschwindigkeit der CPU zu erhöhen. Eine weitere Variante stellen RAM-Speicher dar, die auch nach dem Ausschalten des PC ihren Inhalt behalten. Diese PCs werden mit einer kleinen Akkubatterie versehen, welche die Stromversorgung sicherstellt. Diese RAMs finden Sie bei ATs und 386ern zur Speicherung der Konfigurationsdaten des PC.

ROM-Speicher

Auch bei dem Wort ROM handelt es sich um eine Abkürzung. Sie steht für »Read Only Memory«, oder auf deutsch »Nur-Lese-Speicher«. Aus einem ROM-Speicher können Daten nur gelesen werden. Diese Daten werden bei der Herstellung des Bausteines »eingebrannt« und können danach nicht mehr gelöscht werden. Ein ROM-Speicher behält seinen Inhalt also auch nach Abschalten des Computers.

Sowohl der RAM-, als auch der ROM-Speicher haben in einem PC ihre Berechtigung. Während der RAM-Speicher Arbeitsdaten, zum Beispiel die Ergebnisse einer Berechnung oder ein erstelltes Programm aufnimmt, enthält der ROM-Speicher Daten, die nicht mehr verändert werden und/oder permanent vorhanden sein müssen. Als Beispiel sei das BIOS, der hardwareabhängige Teil des Betriebssystems, oder das sogenannte POST-Programm genannt, das bei jedem Einschalten des PC ausgeführt wird und unter anderem dafür sorgt, daß ein Selbsttest durchgeführt, das System initialisiert und das Betriebssystem von Diskette oder Festplatte »gebootet« wird.

EPROM-Speicher

Ein weiterer Speichertyp, der ebenfalls in PCs eingesetzt wird, ist der EPROM-Speicher. Der EPROM-Speicher entspricht im wesentlichen einem ROM-Speicher und soll daher an dieser Stelle nur der Vollständigkeit halber erwähnt werden. Auch bei einem EPROM-Speicher (Eraseble Programmable Read Only Memory) handelt es sich um einen Nur-Lese-Speicher. Im Unterschied zum ROM-Speicher kann der Benutzer den Inhalt des EPROM-Speichers (zum Beispiel durch Bestrahlen mit UV-Licht) löschen und mit Hilfe einer kleinen Zusatzschaltung (dem EPROM-Brenner) erneut programmieren.

Speicherkapazität und Zugriffszeit

Zwei wesentliche Kriterien für die Qualität eines Speichers sind die Speicherkapazität und die Zugriffszeit. Die Speicherkapazität des Arbeitsspeichers ist ein Maß für die Anzahl an Speicherzellen, über die ein Arbeitsspeicher verfügt und damit gleichzeitig ein Maß für die Menge an Daten, die der Speicher aufnehmen kann. Üblicherweise wird die Speicherkapazität in Kilobyte (1 Kilobyte oder Kbyte = 1024 Byte) oder Megabyte (1 Mbyte = 1024 Kbyte) angegeben. Tabelle 4.1 gibt Ihnen eine Übersicht über die Speicherkapazität der wichtigsten Speichermedien. Die Größe des Arbeitsspeichers eines PC liegt in der Regel zwischen 640 Kbyte und 1 Mbyte, wenngleich immer mehr PCs mit Expanded-Memory (EMS-Speicher) oder Extended-Memory auf 2, 4 oder 8 Mbyte aufgerüstet werden. Da unter MS-DOS aufgrund der Lage des Bildschirmspeichers an der magischen 640-Kbyte-Grenze ohne Tricks nicht mehr als 640 Kbyte direkt verwaltet werden können, sind einige Klimmzüge in Form von speziellen Treibern und sogenannten DOS-Extendern erforderlich, um diesen zusätzlichen Speicher auch nutzen zu können.

Der Arbeitsspeicher eines PC wird aus einer bestimmten Anzahl sogenannter Speicherchips zusammengesetzt. In älteren PCs sind Speicherchips mit einer Kapazität von 256 Kbyte x 1 Bit üblich. Hier werden jeweils 8 (oder 9, ein Bit wird zur Fehlererkennung verwendet) Bausteine zusammengeschaltet, um eine Speicherkapazität von 256 Kbyte zu erzielen. Mittlerweile werden aber auch die 1-Mbyte- und 4-Mbyte-Chips verstärkt eingesetzt, so daß man in 80386/486-PCs die 256-Mbit-Chips nur noch sehr selten antrifft. Wenn auch 640 Kbyte Arbeitsspeicher für viele Anwendungen ausreichend sind, gilt immer noch die Devise »Je mehr Arbeitsspeicher, desto besser«. 80486-Systeme mit einem Arbeitsspeicher von 64 Mbyte werden in zwei oder drei Jahren keine Seltenheit sein.

Medium	Kapazität
Arbeitsspeicher (RAM)	640 Kbyte – 16 Mbyte
Diskette, doppelseitig	360 Kbyte – 720 Kbyte
Diskette, High Density	1,2 Mbyte – 2,8 Mbyte
Festplatte	20 Mbyte – 1200 Mbyte
CD-ROM	600 Mbyte
Optische Platte	200 Mbyte – 5000 Mbyte

Tabelle 4.1: *Kapazitäten gängiger Speichermedien*

Das zweite Kriterium, nach der sich die Leistungsfähigkeit eines Speichermediums beurteilen läßt, ist die Zugriffszeit. Unter der Zugriffszeit auf den Arbeitsspeicher ist jene Zeitspanne zu verstehen, die für vollständigen Zugriff der CPU auf den Arbeitsspeicher (das heißt für zwei direkt aufeinanderfolgende Speicherzugriffe) benötigt wird. Die durchschnittliche Zugriffszeit von RAM-Speicherbausteinen in einem PC liegt, je nach CPU-Typ, zwischen 70 und 100 Nanosekunden (!), wenngleich in manchen 386er- oder 486er-PCs auch (statische) RAMs mit einer Zugriffszeit von 30 oder 40 Nanosekunden arbeiten. Wahrscheinlich werden Sie sich von der Größenordnung »nano« zunächst keine Vorstellung machen können. Eine Nanosekunde ist der milliardste Teil einer Sekunde. Wenn Sie dem gegenüber stellen, daß eine CPU wie die 8086/88-CPU in einer Sekunde bis zu einer Million (!) Operationen (allerdings nur in einem Extremfall) ausführen kann, bekommen Sie ein ungefähres Gefühl für die Geschwindigkeitsdimension, in der eine CPU arbeitet. Im Vergleich zu der Zugriffszeit eines RAM-Speichers dauert der Zugriff auf eine Festplatte oder ein Diskettenlaufwerk für die CPU eine »Ewigkeit«, die sich im Millisekundenbereich bewegt (hier wird mit der Zugriffszeit die Zeit bezeichnet, die der Lese-Schreib-Kopf benötigt, um die gewünschte Position auf der Diskette oder Festplatte zu erreichen). Aus diesem Grund wird versucht, die Anzahl der Disketten- und Festplattenzugriffe möglichst niedrig zu halten. Eine Verbesserung bietet die Einrichtung einer sogenannten RAM-Disk. Hier wird ein Teil des RAM-Arbeitsspeichers dazu verwendet, ein Diskettenlaufwerk zu simulieren, welches unter MS-DOS wie ein zusätzliches Laufwerk (zum Beispiel Laufwerk E) angesprochen werden kann.

Zugriff auf den Arbeitsspeicher

Der folgende Abschnitt beschreibt, wie der Arbeitsspeicher eines PC organisiert ist und wie sich in einem Speicher Informationen unterbringen lassen. Dazu soll der Einfachheit halber von einem

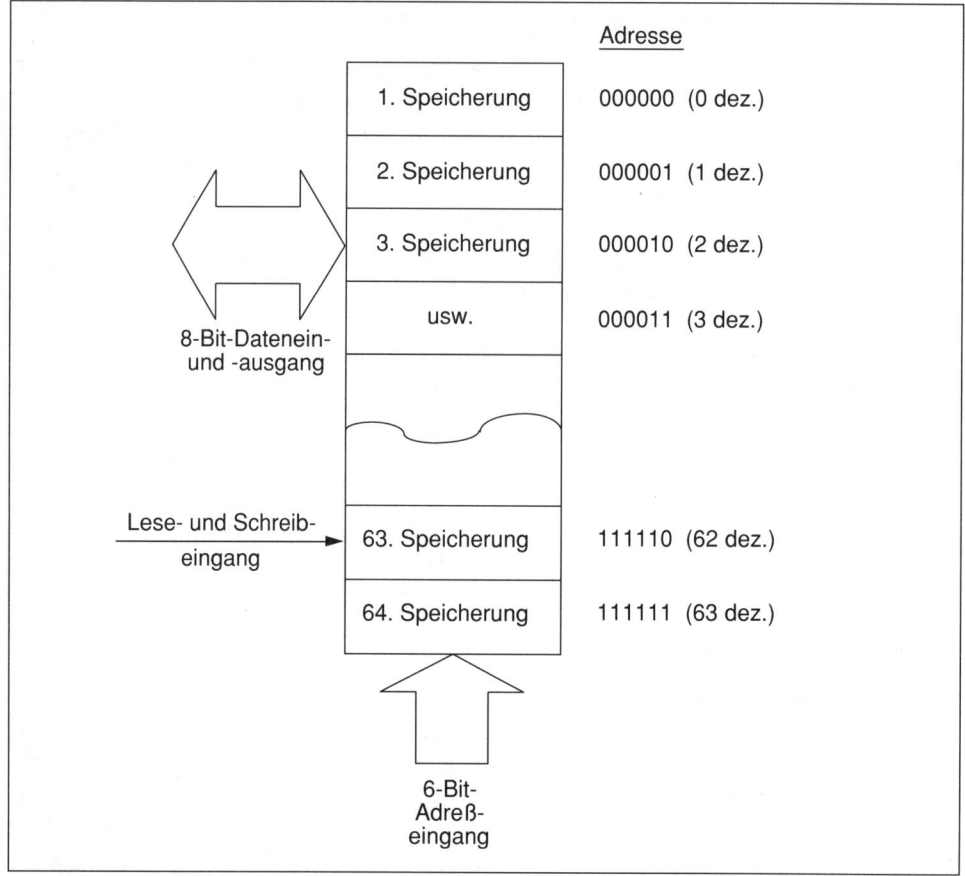

Bild 4.3: *Aufbau eines Arbeitsspeichers*

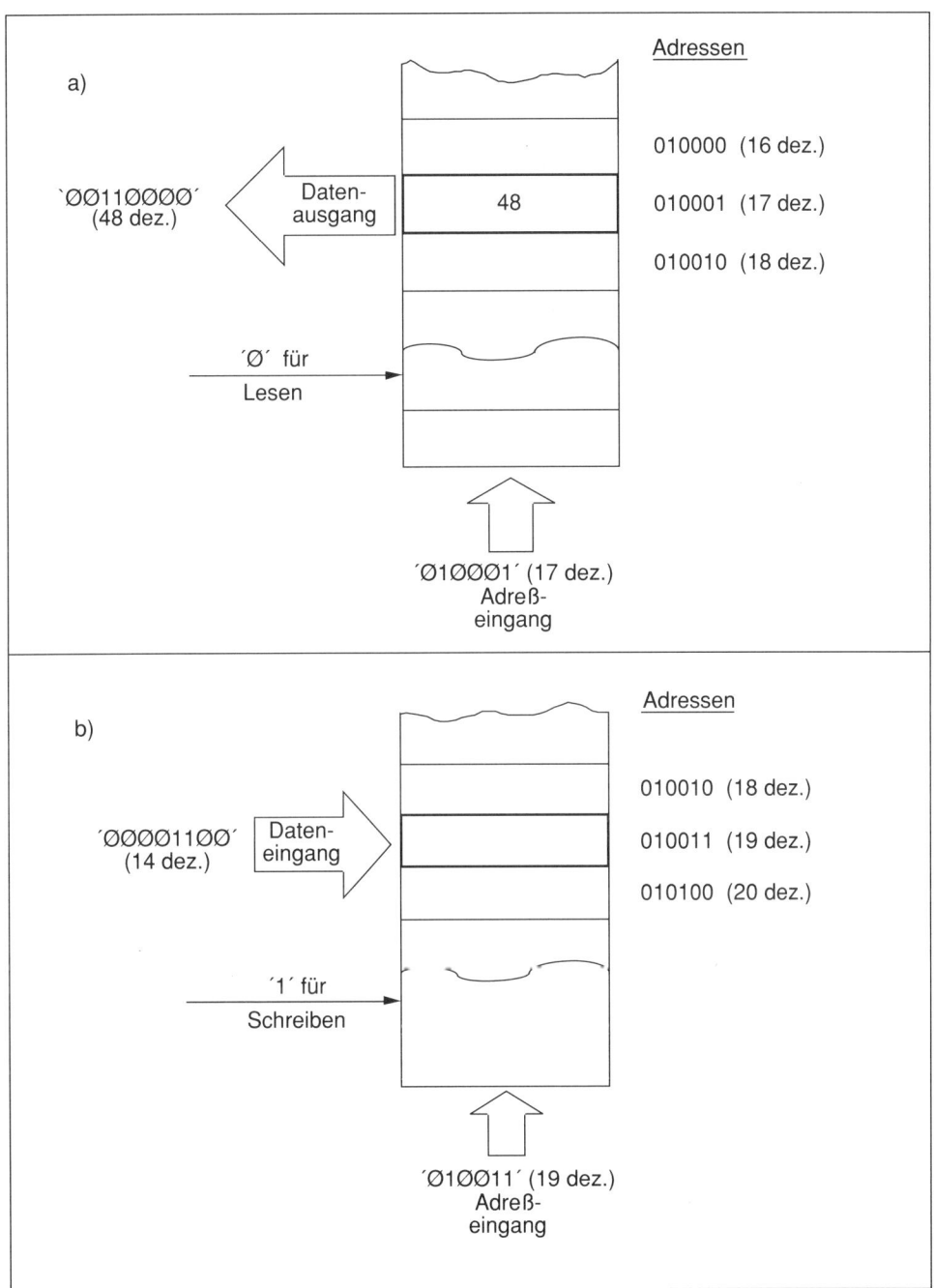

Bild 4.4: *Zugriff auf den Arbeitsspeicher*

Speicher mit einer Speicherkapazität von 64 Byte ausgegangen werden. Ein solch kleiner Speicher wird zwar in keinem PC eingesetzt werden, zur Veranschaulichung des allgemeinen Organisations-prinzips ist er aber bestens geeignet. Der »Modellspeicher« ist in 64 Speicherzellen aufgeteilt, von denen jede 8 Bit (1 Byte) aufnehmen kann. Wie lassen sich diese, im Grunde vollkommen identischen Speicherzellen unterscheiden? Die Antwort ist einfach: Indem jeder dieser Speicher-zellen eine unterschiedliche Adresse zugeordnet wird. Die Adresse einer Speicherzelle stellt eine Art »Hausnummer« der Speicherzelle dar, über die ein Wert in der jeweiligen Speicherzelle entweder geladen oder gespeichert werden kann. Bild 4.3 zeigt den Aufbau des Modellspeichers.

Jeder Speicherbaustein verfügt über Adreßeingänge, Datenausgänge und (sofern es sich um einen RAM-Speicher handelt) auch über Dateneingänge und eine Lese-Schreib-Leitung. Die Anzahl der Adreß- und Datenleitungen hängt natürlich von der Speicherkapazität des Speicherbausteins ab. So benötigt der 64-Byte-Modellspeicher zum einen sechs Adreßeingänge, um insgesamt 2.h.6.h. = 64 verschiedene Adressen zu bilden und zum anderen acht Datenleitungen, um ein komplettes Byte in eine Zelle schreiben oder speichern zu können. Da es sich um einen Schreib-Lese-Speicher handelt, muß ferner festgelegt werden, ob ein Byte geschrieben oder gelesen wird. Dies geschieht über einen zusätzlichen Schreib-Lese-Eingang, der den Arbeitsmodus festlegt (zum Beispiel »1« für Schreiben und »0« für Lesen). Zwei Beispiele in Bild 4.4 illustrieren das Zugriffsprinzip auf den Speicher.

In Beispiel (a) wird der Inhalt der Speicherzelle 17 gelesen. Dazu wird die Adresse »10001« (dies ist der duale Wert der Zahl »17«) an den Adreßeingang gelegt und der Lese-Schreib-Eingang auf »0« gelegt. Der Inhalt der Speicherzelle erscheint daraufhin am Datenausgang. In Beispiel (b) wird die Zahl »14« in die Speicherzelle 19 geschrieben. Zunächst wird durch Anlegen von »10011« (19 dez) diese Speicherzelle selektiert und am Dateneingang der zu schreibende Wert »1100« angelegt. Durch Setzen des Lese-Schreib-Eingangs auf »1« (Schreiben) wird die am Dateneingang liegende Information in die Speicherzelle 19 geschrieben.

4.3 Die CPU

Die Aufgabe der CPU ist es, die ihr zugeführten Daten zu verknüpfen, so daß das gewünschte Ergebnis entsteht. Damit eine CPU überhaupt irgend etwas durchführen kann, benötigt sie Instruktionen, die als Maschinenbefehle bezeichnet werden. Jeder CPU-Typ, ob Z80, 8086 oder 68030 (um einmal drei Beispiele zu nennen), verfügt über eine bestimmte Anzahl von Maschi-nenbefehlen, die zusammen als Befehlssatz der CPU bezeichnet werden. Der Befehlssatz einer CPU ist von CPU zu CPU verschieden. Nur in Ausnahmefällen (wie zum Beispiel bei der 80x86-Familie von Intel) besitzen verschiedene CPUs identische Befehle. Es gibt daher keine universelle Maschinensprache, die für alle CPUs anwendbar wäre. Die Maschinensprache ist die einzige »Sprache«, in der eine CPU programmiert werden kann. Auch wenn Sie es bislang gewohnt waren, in Sprachen wie Basic oder Pascal zu programmieren, mußten Ihre Programme stets in Maschinensprache übersetzt werden.

Die Komponenten einer CPU

In Kapitel 3 wurden die elementarsten Komponenten eines Computers, die logischen Gatter, besprochen. Es wurde darauf hingewiesen, daß durch geeignete Verknüpfung aus diesen Grundbausteinen komplexere Einheiten entstehen, mit denen eine Datenverarbeitung durchgeführt werden kann. Diese Einheiten, die die Funktionselemente einer CPU darstellen, sollen im folgenden vorgestellt werden. Es handelt sich um:

- die CPU-Register
- das Rechenwerk
- der Programmzähler
- das Flag-Register
- das Stackzeiger-Register

Die CPU-Register

Bei den internen Registern handelt es sich um Speicherzellen innerhalb der CPU. Sie dienen zur Zwischenspeicherung von Daten, die von den Maschinenbefehlen benötigt werden oder von Ergebnissen, die von einem Maschinenbefehl (etwa einem Additionsbefehl) produziert werden. Da auf Daten, die sich in einem internen Register befinden wesentlich schneller zugegriffen werden kann als auf Daten, die sich in einem RAM- oder ROM-Arbeitsspeicher befinden, versuchen Maschinenprogramme, bei denen es auf eine hohe Ausführungsgeschwindigkeit ankommt, den Zugriff auf den Arbeitsspeicher zu minimieren und möglichst viele Daten in den CPU-Registern zu halten. Anders als die Speicherzellen des Arbeitsspeichers werden die CPU-Register nicht über eine Adresse, sondern über einen Namen (zum Beispiel AX-Register) angesprochen. Der Zugriff auf ein CPU-Register wird stets über Maschinenbefehle durchgeführt, bei denen die CPU-Register als Operanden aufgeführt werden. Die Anzahl der CPU-Register ist von CPU zu CPU verschieden (die 8086/88-CPU verfügt über 14 Register). Vereinfacht gesehen lassen sich die Register einer CPU mit Variablen in einer höheren Programmiersprache vergleichen.

Das Rechenwerk

Im Rechenwerk (englisch »ALU« für Arithmetic Logic Unit) werden alle Rechenoperationen und logischen Verknüpfungen der CPU durchgeführt. Es kann normalerweise nicht direkt programmiert werden. Ein interner Mechanismus in der CPU sorgt dafür, daß das Rechenwerk immer dann angesprochen wird, wenn während der Abarbeitung eines Befehls eine Rechenoperation ansteht. So wird zum Beispiel der Inhalt zweier interner Register durch einen einzigen Maschinenbefehl addiert. Die CPU muß nun bei der Ausführung dieses Befehls dafür sorgen, daß der Inhalt eines der Register in das Rechenwerk geladen, der Inhalt des zweiten Registers dazu addiert und das Ergebnis wieder in einem internen Register gespeichert wird. Bereits an diesem Beispiel wird klar, daß ein Maschinenbefehl nicht die unterste Ebene einer CPU darstellt. Tatsächlich sind bei der Ausführung eines Maschinenbefehls stets eine bestimmte Anzahl sogenannter Mikrocode-Befehle beteiligt. Da der Programmierer auf die Mikrocode-Befehle in der Regel keinen Einfluß hat, soll auf diesen Aspekt nicht weiter eingegangen werden.

Der Programmzähler

Die CPU erhält ihre Instruktionen und Daten aus dem Arbeitsspeicher, wobei eine oder mehrere Speicherzelle(n) des Arbeitsspeichers einen Maschinenbefehl und gegebenenfalls auch dessen Operanden enthält. Die CPU ist mit dem Arbeitsspeicher sowohl über den Adreßbus als auch über den Datenbus verbunden. Bei der Ausführung eines Maschinenprogramms werden die einzelnen Befehle und deren Operanden nacheinander über den Datenbus der CPU zugeführt. Aus welcher Speicherzelle der als nächstes auszuführende Maschinenbefehl geholt wird, wird dabei durch den

Programmzähler festgelegt. Beim Programmzähler handelt es sich um ein CPU-Register, auf das der Programmierer aber keinen direkten Zugriff hat. Der Inhalt des Programmzähler-Registers adressiert stets jene Speicherzelle, aus welcher der nächste Maschinenbefehl oder der nächste Operand geholt wird. Für die Ausführung eines Maschinenbefehls wird der Inhalt der Speicherzelle, die den Opcode des auszuführenden Maschinenbefehls enthält, über den Datenbus in die CPU geladen. Dazu wird die Adresse der betreffenden Speicherzelle auf den Adreßbus gelegt. Die CPU sorgt nun dafür, daß der Inhalt dieser Speicherzelle ausgelesen wird und über den Datenbus in die CPU gelangen kann. Der Ablauf bei der Ausführung eines Maschinenprogramms wird etwas detaillierter in Kapitel 4.5 besprochen.

Das Flag-Register

Auch bei dem Flag-Register (das auch als Status-Register bezeichnet wird) handelt es sich um ein internes CPU-Register. Anders als in den übrigen CPU-Registern kommt in diesem Register jedem einzelnen Bit eine spezielle Bedeutung zu. Seinen Namen verdankt das Flag-Register dem Umstand, daß einige der Bits in diesem Register bei jeder Rechenoperation in Abhängigkeit des Ergebnisses gesetzt werden. So gibt es in jedem Flag-Register ein Übertragsflag (engl. »Carryflag«), welches immer dann gesetzt wird, wenn bei einer Addition ein Übertrag entsteht. Dieser Übertrag zeigt wiederum an, daß das Ergebnis der Addition den erlaubten Rechenbereich überschritten hat und eine entsprechende Korrektur notwendig ist. Das Übertragsbit spielt die Rolle einer Flagge (daher kommt die Bezeichnung »Flag«), welche dem Programm einen bestimmten Zustand anzeigt. Da jedes Flag durch ein Bit repräsentiert wird, kann ein Flag auch nur zwei Zustände annehmen: gesetzt und nicht gesetzt. Die Flags sind für den Maschinensprache-Programmierer von großer Bedeutung, da die CPU über Befehle verfügt, mit denen sich in Abhängigkeit von dem Zustand eines bestimmten Statusflags ein Sprung innerhalb des Programms durchführen läßt. Auf diese Weise werden in Maschinensprache Entscheidungen und Schleifen realisiert.

Das Stackzeiger-Register

Das Stackzeiger-Register verwaltet einen Bereich des Arbeitsspeichers, der als »Stack« (zu deutsch »Stapel«) bezeichnet wird (in manchen älteren Büchern finden Sie noch vereinzelt die Bezeichnung »Kellerspeicher«). Um die Bedeutung dieses speziellen CPU-Registers verstehen zu können, muß zunächst die Aufgabe und die Funktion des Stacks erläutert werden. Die Aufgabe des Stacks ist schnell beschrieben. Er dient bei Prozeduraufrufen zur Zwischenspeicherung der Rückkehradresse, er kann aber auch zur Zwischenspeicherung beliebiger Programmdaten verwendet werden. Etwas schwieriger ist es dagegen, das Prinzip zu erklären, nachdem der Stack verwaltet wird. Beginnen wir ganz einfach. Der einzige Unterschied zwischen dem Stackbereich und dem Rest des Arbeitsspeichers ist das Prinzip, nach dem der Stack verwaltet wird. Die Verwaltung des Stacks kann man mit der »Verwaltung« eines Stapels Papier vergleichen. Jedes neue Blatt, das auf dem Stapel abgelegt wird, wird automatisch zum obersten Blatt des Stapels. Beim Wegnehmen eines Blatts vom Stapel wird stets das oberste Blatt vom Stapel genommen, wodurch automatisch das zweitoberste Blatt zum obersten Blatt wird. Auf die gleiche Weise erfolgt der Zugriff auf den Stack. Wird ein Wert (über den Maschinenbefehl PUSH) auf dem Stack abgelegt, gelangt dieser an die oberste Stelle. Wird ein Wert (über den Maschinenbefehl POP) vom Stack genommen, so handelt es sich hierbei immer um den obersten Stackwert. Dieses Zugriffsprinzip wird auch als »Last in – First out« oder kurz als Lifo-Prinzip bezeichnet, was soviel bedeutet wie, »Der Wert, der zuletzt auf dem Stack abgelegt wird, wird als erster wieder vom Stack genommen«.

Für die Verwaltung des Stacks ist einzig und allein der Inhalt des Stackzeiger-Registers zuständig. Dessen Wert stellt einen Zeiger dar, welcher stets auf das oberste Stackelement zeigt (mit anderen Worten, das Stackzeiger-Register enthält die Adresse des obersten Stackelements). Wird ein Wert auf dem Stack abgelegt, wird zunächst der Wert im Stackzeiger-Register um zwei erniedrigt. Anschließend wird der Wert in die Speicherzelle geladen, die durch das Stackzeiger-Register adressiert wird. Umgekehrt wird bei der Wegnahme einer Zahl vom Stack, jener Wert »weggenommen« (der Wert selber bleibt in der Speicherzelle erhalten, daher die Anführungsstriche), der durch das Stackzeiger-Register adressiert wird. Tatsächlich werden beim Zugriff auf den Stack

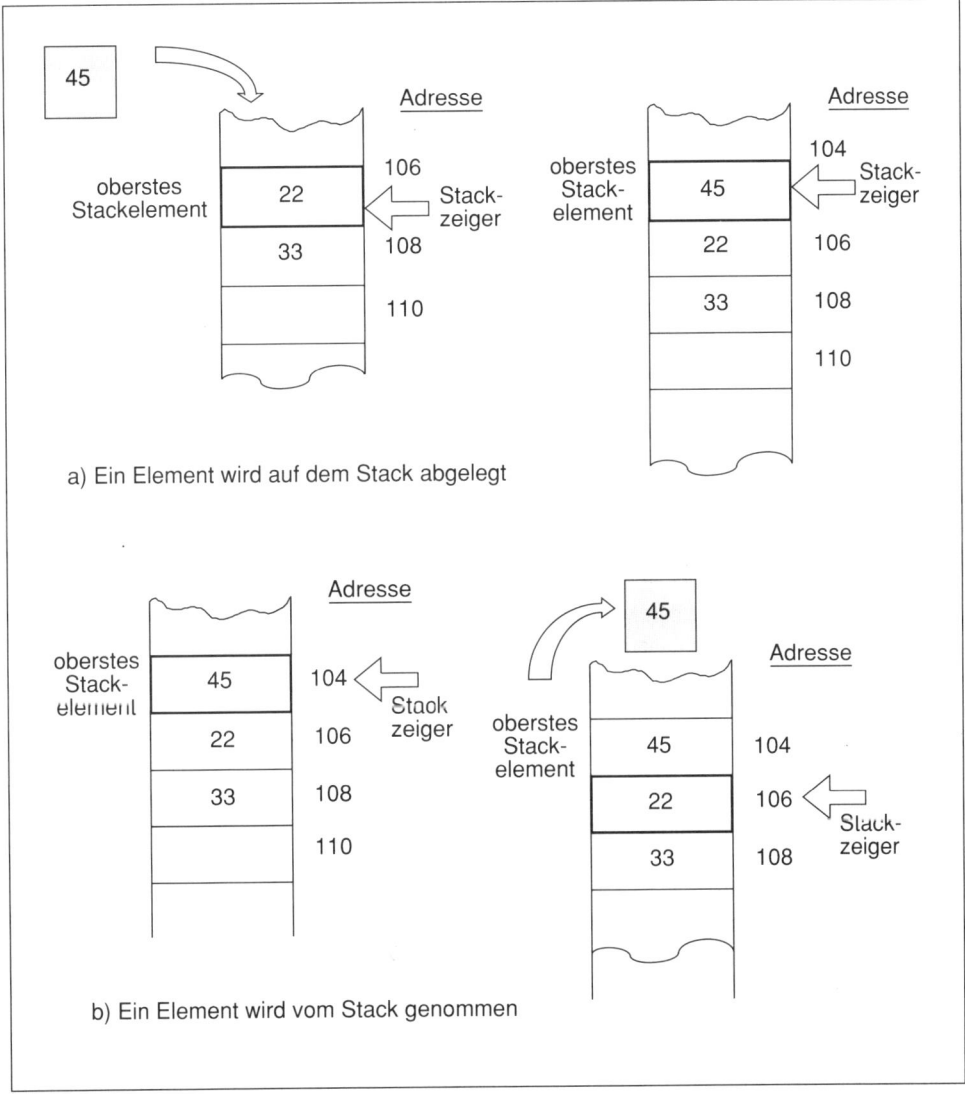

Bild 4.5: *Verwaltung des Stacks*

keine Zahlen verschoben, wie man vielleicht bei der Beschreibung des Zugriffsprinzips den Eindruck gewinnen könnte, sondern es wird lediglich der Stackzeiger, der immer auf das oberste Element des Stacks zeigt, durch Subtraktion oder Addition den neuen Verhältnissen angepaßt.

Sicher werden Sie sich gefragt haben, warum der Stackzeiger beim Ablegen eines Elements auf dem Stack um zwei erniedrigt und nicht erhöht wird. Eine Ursache dafür liegt in der Tatsache, daß dem Stackbereich innerhalb des Programmspeichers in der Regel ein Teil am Ende des Datenbereichs zugewiesen wird. Da in der Regel vor der Programmausführung nicht abzusehen ist, wie viele Elemente auf den Stack gelangen und der Stackbereich nicht beliebig groß werden darf, wächst er eben in Richtung kleiner werdender Adressen. Mit anderen Worten, bei jedem neuen Element auf dem Stack wird der Stackzeiger um die Größe des Elements (bei der 8086/88-CPU stets zwei Bytes) kleiner.

Bild 4.5 veranschaulicht das Prinzip, nach dem ein Stack verwaltet wird. Der Zugriff auf den Stack erfolgt innerhalb eines Maschinenprogramms in der Regel über spezielle Befehle. Die 8086/88-CPU verfügt dazu über die Befehle PUSH (ein Element auf dem Stack ablegen) und POP (ein Element vom Stack holen), die in Kapitel 6 auch mit einem Beispiel vorgestellt werden.

Dekodiereinheit, Mikrocode und Steuerwerk
Die Aufgabe der Dekodiereinheit in der CPU ist es, die Bedeutung eines über den Datenbus eintreffenden Maschinenbefehls, bei dem es sich ja um nichts anderes als um eine Dualzahl (in der Regel 8 oder 16 Bit breit) handelt, zu entschlüsseln. Falls es sich um einen gültigen Maschinenbefehl handelt, werden anschließend vom Steuerwerk die zur Ausführung des Befehls benötigten Schritte veranlaßt. Diese Schritte werden durch den Mikrocode der CPU ausgeführt. Hierbei handelt es sich im Prinzip um ein internes Maschinenprogramm der CPU, welches in einem internen ROM-Speicher enthalten ist, und welches letztendlich die Ausführung eines Maschinenbefehls übernimmt. Die Mikrocode-Befehle sorgen unter anderem dafür, daß die Operanden eines Maschinenbefehls in die CPU geladen oder Operanden eines Rechenbefehls dem Rechenwerk zugeführt werden. Bei CPUs, die in PCs oder anderen Mikrocomputern zu finden sind, hat der Programmierer auf den Mikrocode keinen Einfluß. Es gibt jedoch CPUs, bei denen die Programmausführung durch den direkten Zugriff auf den Mikrocode optimiert werden kann. Von diesen Möglichkeiten können Programmierer der 8086/88-CPU jedoch nur träumen, sie müssen sich mit den Maschinenbefehlen der CPU begnügen.

Die Maschinenbefehle
Jede CPU verfügt über eine feste Anzahl von Maschinenbefehlen, die zusammen den Befehlssatz der CPU bilden. Um es allerdings gleich vorweg zu nehmen: Maschinenbefehle sind sehr primitiv und lassen sich nicht mit Befehlen einer Programmiersprache wie Basic oder Pascal vergleichen. Ein Maschinenbefehl führt in der Regel recht triviale Tätigkeiten aus, wie zum Beispiel ein Register mit einer Zahl zu laden, zwei Registerinhalte zu addieren oder den Zustand eines Bits zu testen. Diese Einfachheit der Maschinensprache ist eigentlich auch recht vernünftig. Denn zum einen sollen diese Instruktionen vielseitig einsetzbar sein (denken Sie nur einmal an die Vielfalt von Programmen, die für einen PC erhältlich sind) und zum anderen muß der Aufwand für die CPU, die Befehle zu entschlüsseln und auszuführen möglichst gering sein, denn auch die Leistungsfähigkeit einer CPU ist begrenzt. Der Befehlssatz einer CPU ist daher mehr ein Kompromiß aus Leistungsfähigkeit (hier hat sich der englische Ausdruck »Performance« eingebürgert) und

Programmierkomfort. Stellen Sie sich die Maschinenbefehle als die Buchstaben eines Alphabets (dem Befehlssatz) vor, die vom Programmierer zu beliebigen Texten kombiniert werden können.

Der Aufbau eines Maschinenbefehls

Ein Maschinenbefehl besteht wie jede vom Computer zu verarbeitende Information aus einer Folge von Nullen und Einsen, also aus Bits. Ein Maschinenbefehl könnte daher folgendes Aussehen haben:

```
1 0 1 0 1 1 0 1   0 0 0 0 0 1 1 1
```

und zum Beispiel bedeuten »Lade Register A mit der Zahl 7«. Das erste Byte stellt den sogenannten Opcode des Befehls dar. Hierin ist zum Beispiel die Information über den Befehlstyp enthalten. Der Opcode enthält auch die Information, wo der oder die Operand(en) des Maschinenbefehls zu finden ist (Stichwort: Adressierungsart). Aus dieser Information kann das Steuerwerk in der CPU zum Beispiel entnehmen, daß ein Maschinenbefehl einen weiteren Operanden benötigt, der im obigen Beispiel direkt auf den Befehl folgt (bei dem zweiten Byte handelt es sich, wie Sie es sicher sofort erkannt haben, um den dualen Wert der Zahl 7).

Nun wäre es äußerst umständlich und zeitraubend, einen Computer durch Eingabe der einzelnen Bits eines Maschinenprogramms zu programmieren. Statt dessen wird jedem Maschinenbefehl eine (relativ) leicht zu merkende Abkürzung zugeordnet, die als Mnemonic (sprich »Nemonik«) bezeichnet wird. Der Maschinenbefehl »Lade Register A mit der Zahl 7« würde demnach als »LDA 7« oder »MOV A,7« geschrieben werden. Sie sehen, auch für die Benennung der Mnemonics gibt es keine einheitliche Regelung. Diese hängt vielmehr vom Hersteller der CPU, teilweise auch vom verwendeten Assembler ab. Mit Hilfe eines Assemblers können die Mnemonics in die entsprechenden binären Opcodes umgewandelt werden. In diesem Sinne ist ein Assembler ein (Maschinen-)Programm, welches die Umsetzung durchführt. Neben dem Mnemonics enthält der Befehlssatz eines Assemblers noch zahlreiche Pseudobefehle (eine andere Bezeichnung ist Pseudo-Opcodes), die den Programmierer bei der Erstellung eines Assemblerprogramms unterstützen.

Die Maschinenbefehle einer CPU lassen sich (in Abhängigkeit ihrer Funktion) in verschiedene Gruppen aufteilen. Dazu gehören:

Arithmetische und logische Befehle

Diese Befehle führen arithmetische Grundoperationen und logische Verknüpfungen (UND, ODER, EXOR, NICHT) durch.

Datentransportbefehle

Diese Befehle transportieren Daten zwischen den verschiedenen internen Registern einer CPU und dem Arbeitsspeicher.

Vergleichsbefehle

Diese Befehle vergleichen zum Beispiel den Inhalt eines Register mit einer Zahl. Da in Abhängigkeit von dem Resultat eines Vergleichs ein Flag im Flag-Register gesetzt wird, dienen Vergleichsbefehle meistens als Ausgangsbasis für einen bedingten Sprungbefehl.

Sprungbefehle
Diese Befehle führen einen Sprung zu einer anderen Stelle im Programm oder zu einem Unterprogramm durch. Der Sprung kann von einer Bedingung abhängig gemacht werden (bedingte Sprünge). Diese Bedingung ist in der Regel der Zustand eines Flags im Status-Register der CPU, welches zum Beispiel durch einen vorangegangenen Vergleichsbefehl gesetzt wurde.

Ein-/Ausgabefehle
Diese Befehle ermöglichen den Datenaustausch mit den verschiedenen Komponenten der Zentraleinheit, um auf Peripheriegeräte, wie die Tastatur oder den Zeitgeber zuzugreifen.

4.4 Die Ausführung eines Maschinenprogramms

Wie sieht der typische Ablauf bei der Ausführung eines Maschinenprogramms aus? Um die Dinge nicht unnötig zu verkomplizieren, sollen im folgenden ein paar Vereinfachungen getroffen werden. Zum einen soll es sich um eine extrem einfache CPU ohne jene »Schnörkel« moderner CPUs handeln. Zum anderen soll davon ausgegangen werden, daß sich das auszuführende Maschinenprogramm ab der Adresse 0000 im Arbeitsspeicher befindet. Um zu erreichen, daß der Inhalt der Speicherzelle mit der Adresse 0000 von der CPU gelesen werden kann, muß der Programmzähler auf diese Adresse gesetzt werden. Die vom Programmzähler erzeugte Adresse gelangt über den Adreßbus auf die Adreßeingänge des Arbeitsspeichers. Nun muß noch festgelegt werden, ob in den Speicher geschrieben oder aus dem Speicher gelesen werden soll. Da ein Lesezugriff gewünscht wird, muß die Lese-Schreib-Leitung des Arbeitsspeichers durch die CPU auf »Lesen« gelegt werden. Nach einer Zeitspanne, die im Nanosekundenbereich liegt, wird der Inhalt der Speicherzelle mit der Adresse 0000 auf den Datenbus gelegt. Anschließend wird der Programmzähler erhöht, um bereits vor der Ausführung des anstehenden Befehls auf den nächsten Befehl zu zeigen. Über den Datenbus gelangt der Inhalt der Speicherzelle in den Befehlsdekoder. Der Befehlsdekoder stellt fest, um welchen Befehl es sich handelt und übergibt die Kontrolle an das Steuerwerk, welches die Ausführung des Befehls veranlaßt.

Ist die Ausführung eines Befehls abgeschlossen, wird der nächste Maschinenbefehl geholt und der eben beschriebene Vorgang wiederholt sich. Insgesamt läßt sich die Ausführung eines Maschinenbefehls in drei Phasen unterteilen:

1. Befehl holen und Programmzähler erhöhen
2. Befehl dekodieren
3. Befehl ausführen

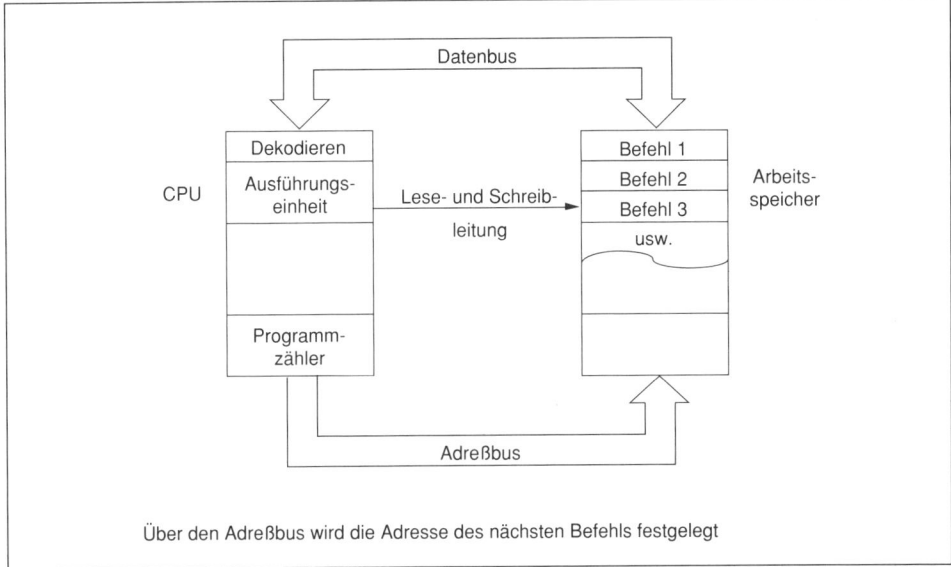

Bild 4.6: *Ausführung eines Maschinenbefehls*

Bild 4.6 illustriert den beschriebenen Ablauf. Folgende »Sonderfälle« können bei der Abarbeitung eines Befehls auftreten:

▪ Der Maschinenbefehl benötigt weitere Operanden. In diesem Fall zeigt der Programmzähler nicht auf den als nächstes auszuführenden Befehl, sondern auf den (ersten) Operanden. Die CPU muß mindestens einen weiteren Lesezyklus ausführen, um die benötigten Operanden zu laden.

▪ Es wird ein Sprungbefehl ausgeführt. Auch in diesem Fall zeigt der Programmzähler nicht auf den als nächstes auszuführenden Befehl. Statt dessen muß der Programmzähler um die Differenz zwischen dem Sprungziel und dem momentanen Stand erhöht oder erniedrigt werden.

▪ Es tritt eine Unterbrechung in Form eines »Interrupts« auf. Interrupts sind in der Regel externe Ereignisse und können im Prinzip jederzeit während der Programmausführung eintreten. Sie bewirken, daß die CPU den momentan ausgeführten Befehl beendet und eine sogenannte »Unterbrechungsroutine« (andere Bezeichnungen sind Interrupt-Routine oder auch Interrupt-Handler) ausführt. Erst nach Beendigung dieser Unterbrechungsroutine setzt die CPU die Programmausführung fort. Regelmäßig und unregelmäßig auftretende Interrupts gehören zum festen Bestandteil des MS-DOS-Betriebssystems. So wird bei jedem Tastendruck ein Interrupt ausgelöst, des weiteren wird über den eingebauten Timer etwa 18,2mal pro Sekunde eine Unterbrechung ausgelöst, die unter anderem die interne Systemuhr auf den aktuellen Stand bringt.

Der eben beschriebene Programmausführungsmechanismus beginnt mit dem Einschalten des Rechners und wird so lange fortgesetzt, bis die CPU auf einen STOP-Befehl trifft, ein schwerwiegender Fehler auftritt oder der Strom ausgeschaltet wird. Auch wenn Ihr Rechner scheinbar

»nichts« tut und etwa auf eine Tastatureingabe wartet, führt die CPU stets ein Maschinen-programm aus, das zum Beispiel die Tastaturports, die über die E/A-Leitungen der CPU adressiert werden, auf einen bestimmten Wert überprüft.

Der in diesem Abschnitt beschriebene Ablauf stellt natürlich eine starke Vereinfachung der tatsächlichen Verhältnisse dar. Bei fast allen modernen CPUs (und eingeschränkt auch bei der 8086/88-CPU) laufen die einzelnen Teilvorgänge, die bei der Ausführung eines Maschinenbefehls eine Rolle spielen, nicht stur der Reihe nach ab. Insbesondere um die Ausführungsgeschwindig-keit zu steigern, laufen häufig mehrere Vorgänge parallel, also praktisch gleichzeitig ab. So reiht zum Beispiel eine Einheit der 8086/88-CPU Befehle aus dem Arbeitsspeicher erst einmal in eine Warteschlange ein, während eine andere Einheit bereits einen Befehl aus der Warteschlange ausführt. Dieses »Pipelining« (mehr dazu in Kapitel 5) reduziert die Anzahl der (zeitaufwendigen) Zugriffe auf den Arbeitsspeicher und trägt dazu bei, daß die Performance der CPU erhöht wird.

4.5 Wie schnell arbeitet eine CPU?

Bei einer ausführlicheren Erläuterung der Arbeitsweise einer CPU sollte auch die Frage nach der Ausführungsgeschwindigkeit nicht unbeantwortet bleiben. Die Ausführungsgeschwindigkeit ist definiert als die Anzahl der ausgeführten Maschinenbefehle pro Sekunde und wird in der Regel in MIPS (Millionen Instruktionen pro Sekunde) angegeben, wenngleich dies keine genormte Größe ist. Wie die PS-Angabe eines Autos, ist auch die MIPS-Zahl einer CPU kein sehr gut geeigneter Maßstab für die tatsächliche Ausführungsgeschwindigkeit. Genau wie bei einem Auto die Stärke des Motors allein nicht ausreicht, spielen auch in einem PC verschiedene Faktoren eine mehr oder weniger wichtige Rolle.

Leider gibt es keinen objektiven Maßstab für die Ausführungsgeschwindigkeit einer CPU. Auch inoffizielle Größen, wie Norton-SI oder Landmark, geben nur ungefähre Werte an. Das mag verwundern, da eigentlich jedes technische Gerät objektiv beurteilbar sein sollte. Die Gründe liegen zum einen darin, daß die Architektur der verschiedenen CPUs auf unterschiedliche Bereiche Schwerpunkte setzt, die einen objektiven Vergleich erschweren. Eine objektive Größe ist die Taktfrequenz, auch wenn sie wie die MIPS-Zahl keine direkten Rückschlüsse auf die Ausführungs-geschwindigkeit zuläßt. Die Taktfrequenz ist eine konstante Größe. Sie ist die Anzahl von Takt-impulsen pro Sekunde, die der CPU von außen zugeführt werden. Die Taktfrequenz wird in der physikalischen Einheit Hertz angegeben und kann von CPU-Typ zu CPU-Typ variieren. Die 8086/88-CPU läuft in der Regel mit einer Taktfrequenz von 4,77, 8 oder 10 MHz, je nach CPU-Typ. Andere CPUs, wie zum Beispiel die 80386-CPU, arbeiten mit einer Taktfrequenz von 20, 25 oder 33 MHz. Ist die Taktfrequenz nun ein Maß für die Ausführungsgeschwindigkeit?

Im Prinzip ja. Die Ausführung eines einzelnen Maschinenbefehls benötigt bei der 8086/88-CPU zwischen 2 und über 160 (!) Taktzyklen, je nach Befehlstyp und Adressierungsart. Die Aus-führungsgeschwindigkeit ist daher keine konstante Größe, sondern hängt weitestgehend von dem Aufbau eines Programms, das heißt vom »Befehlsmix« ab. Bezogen auf einen durchschnittlichen Befehlsmix besteht zwischen der Taktfrequenz und der Ausführungsgeschwindigkeit ein linearer Zusammenhang. Allerdings können externe Faktoren, wie zum Beispiel Wartezyklen der CPU durch langsame Speicherbausteine, diese Beziehung stören.

Hinzu kommt der Umstand, daß die 8088/86-CPU den nächsten auszuführenden Befehl stets aus einer internen »Warteschlange« holt. Während der Ausführung eines Maschinenbefehls versucht die CPU parallel dazu den nächsten Maschinenbefehl in die Warteschlange zu laden. Auf diese Weise sollen die zeitaufwendigen Speicherzugriffe (bei einer 8088-CPU müssen für den Speicherzugriff, das heißt für das Lesen oder Schreiben eines Bytes, 4 Taktzyklen zusätzlich veranschlagt werden) auf ein Minimum reduziert werden. Diese primitive Parallelverarbeitung funktioniert aber nur, wenn die Ausführung eines Maschinenbefehls länger dauert als das Laden des nächsten Befehls in den Arbeitsspeichers. Ansonsten kann die Warteschlange nicht geladen werden und die CPU muß warten, bis der nächste Befehl aus dem Arbeitsspeicher geholt werden kann (auf Hintergründe bei der Ausführung eines Maschinenbefehls wird in Kapitel 5 etwas ausführlicher eingegangen).

Sie sehen, daß es selbst bei relativ »simplen« CPUs, wie der 8086/88-CPU, sehr trickreich werden kann, wenn es darum geht, die exakte Ausführungszeit eines Programms zu bestimmen (tatsächlich ist es in der Praxis nur sehr schwer möglich auf einer 80x86-CPU die Ausführungszeit einer Befehlssequenz exakt zu bestimmen).

4.6 Zusammenfassung

Ein PC besteht aus einer Eingabe-, einer Ausgabe-, einer Speicher- und einer Zentraleinheit. Die eigentliche Datenverarbeitung findet in der Zentraleinheit statt, die das »Herz« des PC darstellt. Hier werden alle Aktionen des Computers koordiniert und von hier aus werden die verschiedenen Peripheriegeräte überwacht. Die wichtigste Komponente der Zentraleinheit ist die CPU. Eine CPU verfügt über einen Befehlssatz, der aus einer bestimmten Anzahl an Maschinenbefehlen besteht. Die von der CPU auszuführenden Befehle sind im Arbeitsspeicher untergebracht, der mit der CPU über einen Daten- und einen Adreßbus verbunden ist. Bei der Ausführung eines Maschinenprogramms holt die CPU Befehl aus dem Arbeitsspeicher, der durch den Programmzähler adressiert wird. Der in die CPU geladene Befehl wird zunächst im Befehlsdekoder entschlüsselt. Vom Steuerwerk der CPU werden dann die notwendigen Schritte zur Ausführung des Befehls veranlaßt, welche durch den Mikrocode der CPU festgelegt sind.

Wie geht es weiter?

Wie bereits in der Einleitung zu diesem Kapitel erläutert wurde, orientierten sich die Beschreibungen in diesem Kapitel an keiner speziellen CPU, wenngleich an vielen Stellen auf die 8086/88-CPU verwiesen wurde. Die hier beschriebenen Verhältnisse finden Sie daher auch in dieser oder einer etwas abgewandelten Form bei anderen CPUs. Im nächsten Kapitel wird der Aufbau der 8086/88-CPU beschrieben, die in allen PCs und XTs ihren Dienst tut. Obwohl ein Maschinensprache-Programmierer nicht unbedingt auch ein Hardwarespezialist sein muß, sind gewisse Kenntnisse über den Aufbau der zu programmierenden CPU unabdingbar.

4.7 Übungen

Aufgabe 1:
Der ROM-Speicher INS 8298 von »National Semiconductor« ist ein 64-Kbit-(!)Baustein, der in 8192 Byte aufgeteilt ist. Wie viele Adreßleitungen werden benötigt, um jedes Byte adressieren zu können?

Aufgabe 2:
Wie viele 256-Kbit-RAM-Bausteine sind notwendig, um den Hauptspeicher eines PC von 256 Kbyte auf 1 Mbyte aufzurüsten?

Aufgabe 3:
Beschreiben Sie den Ablauf in einer CPU bei der Ausführung eines Maschinenbefehls.

Aufgabe 4:
Wie lange dauert ein Taktzyklus bei einer Taktfrequenz von 20 MHz? Wieviel schneller ist ein Maschinenbefehl (der vier Taktzyklen benötigt) bei einer Taktfrequenz von 20 MHz als bei einer Taktfrequenz von 5 MHz?

Aufgabe 5:
Mit welchem grundsätzlichen Problem sahen sich wohl die Entwickler bei der Firma NEC konfrontiert als sie mit der Entwicklung der zur 8088-CPU 100% befehlskompatiblen V20-CPU begannen?

Die Lösungen zu den Übungen finden Sie in Anhang F.

5 Die 8086/88-CPU

Dieses Kapitel beschreibt die CPU 8086/88. Dabei geht es in erster Linie um den internen Aufbau, der unter dem Begriff Architektur zusammengefaßt wird. Dazu zählen unter anderem die internen Register, die Adressierung des Arbeitsspeichers und der Ausführungsmechanismus eines Maschinenprogramms. Nicht minder wichtig ist der Befehlssatz der 8086/88-CPU, über den Sie in diesem Kapitel eine erste Übersicht erhalten. Woher die Operanden kommen, mit denen ein Maschinenbefehl arbeitet, wird durch die Adressierungsart festgelegt. Das Beherrschen der verschiedenen Adressierungsarten der 8086/88-CPU stellt die »hohe Kunst« der Assembler-programmierung dar. Für erfahrene Leser, die bereits mit den wichtigsten Eigenschaften einer CPU vertraut sind, werden die Interrupt-Technik und der Mechanismus vorgestellt, der bei der 8086/88-CPU für die Ausführung eines Maschinenprogramms verantwortlich ist. Anfänger sollten diesen Abschnitt zunächst überspringen. Sie lernen in diesem Kapitel etwas über:

– die Entwicklung der Intel-CPU-Familie
– die internen Register der 8086/88-CPU
– die Adressierung des Arbeitsspeichers
– die einzelnen Adressierungsarten
– die Ausführung eines Maschinenprogramms
– Interrupts und wie sie verarbeitet werden
– den Befehlssatz der 8086/88-CPU

Voraussetzungen:
– Kapitel 1 »Über Bits und Bytes«
– Kapitel 2 »Ein wenig Logik«

5.1 Der Intel-Stammbaum

Die 8086/88-CPU ist das Mitglied einer sogenannten »CPU-Familie«, zu der auch die CPUs 80186, 80188, 80286, 80386SX, 80386 und 80486 gehören. Die Bezeichnung »Familie« deutet bereits auf den Umstand hin, daß hier eine Verwandtschaft zwischen den einzelnen CPUs besteht. Diese Verwandtschaft drückt sich zum Beispiel in einem »aufwärtskompatiblen« Befehlssatz aus. Damit ist gemeint, daß Programme, die für den 8086/88 geschrieben wurden, auch auf allen Nachfolge-CPUs lauffähig sind. Sämtliche CPUs dieser Intel-Familie werden im folgenden unter der Bezeichnung »80x86« zusammengefaßt.

Die einzelnen CPUs der 80x86-Familie bilden einen Entwicklungsstammbaum, der mit der 80486-CPU seinen vorläufigen Höhepunkt erreicht hat. Es begann alles im Jahre 1969, als Ted Hoff bei der Firma Intel den 4004, einen der ersten Mikroprozessoren überhaupt, entwickelte. Der 4004, bei dem es sich um eine 4-Bit-CPU mit einem adressierbaren Arbeitsspeicher von 4 Kbyte handelte, bestand aus lediglich 2300 Transistorfunktionen (ein kleiner Vergleich: die 80486-CPU besteht aus über 1,2 Millionen Transistorfunktionen) und könnte heute dank leistungsfähiger Software von einem Elektrotechnik-Studenten im Rahmen einer Seminararbeit konstruiert werden. Auch die Entwicklungskosten von etwa 60 000 US$ wirken recht bescheiden, verglichen zu den 500 Millionen US$, die die Entwicklung des 80486 gekostet haben soll. Auf den 4004 folgte der 8008 und wenig später der legendäre 8080, der die Grundlage für das Betriebssystem CP/M, dem Vorläufer von MS-DOS, bildete. Auch die Leistungsdaten des 8080 waren mit einem adressierbaren Arbeitsspeicher von 64 Kbyte noch recht bescheiden. Allerdings bildeten sowohl der Befehlssatz als auch die CPU-Register den Grundstein für die 80x86-Familie. Da die Integration der 8080-CPU in kleine Mikrocomputer-Systeme relativ aufwendig war (so waren beispielsweise drei verschiedene Versorgungsspannungen erforderlich), wurde der 8085 auf den Markt gebracht, der auch noch heute für Steuerungszwecke benutzt wird. Die 8086-CPU wurde im Jahre 1978 eingeführt und war seiner Zeit technisch gesehen weit voraus. So galt ein adressierbarer Arbeitsspeicher von 1 Mbyte als kaum vorstellbar (die ersten PCs wurden mit 16 Kbyte (!) Hauptspeicher ausgeliefert). Im folgenden Jahr wurde der 8088 als »Low-cost«-Version des 8086 eingeführt. Der große Durchbruch gelang der 8088-CPU, als IBM diese für ihre PC-Serie übernahm. Auf das 8086/88-Gespann folgte der 80186, der auch in einer 8-Bit-Version mit der Bezeichnung 80188 angeboten wurde. Da beide CPUs in der PC-Welt keine große Rolle spielen (sie werden in einigen PCs und auf zahlreichen Zusatzkarten eingesetzt), muß als der eigentliche Nachfolger die 80286-CPU angesehen werden, die 1982 auf den Markt kam. Das Besondere an dem 80286 ist, daß er in zwei grundlegend verschiedenen Modi arbeiten kann. Im »Real-Modus« verhält er sich wie eine schnelle 8086-CPU mit einigen zusätzlichen Befehlen. Im »Protected-Modus« besitzt er dagegen vollkommen neue Eigenschaften. In diesem Modus kann die CPU maximal 16 Mbyte adressieren und erstmals auch virtuellen Speicher, bis zu 512 Mbyte, verwalten. Des weiteren stehen spezielle Befehle zur Verfügung, durch die zum Beispiel der Zugriff auf bestimmte Speicherbereiche verhindert und ein Multitasking-Betriebssystem auf Hardwareebene unterstützt werden kann.

Auch die 80286-CPU litt unter dem Problem, ihrer Zeit weit voraus gewesen zu sein. So nutzen bis heute fast 90% aller Anwendungen die 80286-CPU lediglich als schnelle 8086-CPU. Erst durch die zunehmende Verbreitung von Windows 3.x, OS/2 und den DOS-Extendern, die die 80286-CPU teilweise (oder vollständig bei OS/2) im Protected-Modus betreiben, beginnt sich diese Situation zu ändern. Ähnliches gilt für die 80386-CPU, die 1985 auf den Markt kam. Hierbei handelt es sich um die erste 32-Bit-CPU der 80x86-Familie. Sie besitzt Leistungsdaten, die mit einer Großrechner-CPU vergleichbar sind. Dazu gehören ein adressierbarer physikalischer Arbeitsspeicher von 4 Gbyte, ein virtuell adressierbarer Arbeitsspeicher von 64 Terrabyte (!) und ein virtueller 8086-Betriebsmodus. Letzterer ermöglicht, daß mehrere 8086-Programme in einem Multitasking-Betrieb ausgeführt werden können, wobei für jede 8086-Task der volle 1-Mbyte-Arbeitsspeicher zur Verfügung steht. Um den 80386 auch für »Low-cost«-PCs attraktiv zu machen, wurde von Intel 1988 der 80386SX vorgestellt. Diese CPU ist befehlskompatibel zur 80386-CPU, besitzt aber nur einen 16-Bit-Datenbus (aus irgendeinem Grund wollte Intel die Bezeichnung 80388 vermeiden), so daß die Leistungsfähigkeit dieser CPU deutlich unter der einer 80386-CPU mit gleicher Taktfrequenz liegt.

Vorläufiges Flaggschiff der 80x86-Familie ist die 80486-CPU. Hierbei handelt es sich im Kern um eine 80386-CPU, die aber um die Fließkomma-CPU 80387 und einen Cache-Kontroller erweitert wurde und auch über sechs zusätzliche Befehle verfügt. Weitere Mitglieder der Intel-Familie sind bereits in Planung. Nach einem von Intel veröffentlichten Zeitplan ist die 80586-CPU für 1991 und die 80786-CPU für 1997 fällig. Betrachtet man sich aber die gewaltigen Entwicklungskosten und vor allem die enorm hohe Integrationsdichte und berücksichtigt man zudem, wie lange es gedauert hat, bis eine tatsächlich fehlerfreie Version der 80486-CPU verfügbar war, so wird deutlich, daß eine fortlaufende Steigerung der Zahl der Transistorfunktionen in eine Sackgasse führen muß. Derartige Probleme sollten allerdings den Managern von Intel überlassen bleiben. Sie interessieren sich wahrscheinlich mehr für die Programmierung der 8086/88-CPU, und darum soll es im folgenden auch ausschließlich gehen.

Wo liegt der Unterschied zwischen 8086 und 8088?

Auch wenn diese Frage bereits im ersten Kapitel geklärt wurde, soll auf die Unterschiede noch einmal (diesmal etwas genauer) hingewiesen werden. Die 8086-CPU unterscheidet sich von der 8088-CPU im wesentlichen durch die Tatsache, daß sie über einen 16-Bit-Datenbus verfügt, während der Datenbus der 8088-CPU nur 8 Bit breit ist. Zur Erinnerung: Der Datenbus stellt die Verbindung zwischen der CPU und dem Arbeitsspeicher her. Aufgrund ihres 16-Bit-Datenbusses ist die 8086-CPU in der Lage, ein Wort (16 Bit) auf einmal zu lesen, während die 8088-CPU für ein Wort zwei Leseoperationen nacheinander ausführen muß. Dieser Unterschied drückt sich natürlich auch in einer Geschwindigkeitssteigerung aus, so daß 8086-Maschinenprogramme im Durchschnitt bis zu 30% schneller sind als identische 8088-Maschinenprogramme. Diese Geschwindigkeitssteigerung resultiert aber einzig und allein aus den Gewinnen beim Speicherzugriff. Bei gleicher Taktfrequenz werden identische Maschinenbefehle auch gleich schnell ausgeführt.

Entsprechend seiner acht Datenleitungen dürfte die 8088-CPU eigentlich nicht als 16-Bit-CPU bezeichnet werden, wenn man auf dem Standpunkt steht, daß die Anzahl der Datenleitungen für die Bezeichnung der CPU ausschlaggebend ist. Zugegebenermaßen sind dies eigentlich nur Wortspielereien. Für den Programmierer entscheidend ist die Tatsache, daß 8088 und 8086 bezüglich des Befehlssatzes und damit auch bezüglich der Programmierung identisch sind. Im weiteren Verlauf des Buches soll daher wie bereits angekündigt die Bezeichnung 8086/88-CPU (oder »der« 8086/88 aus Gründen der Gleichberechtigung) verwendet werden, womit gleichermaßen beide CPUs gemeint sind.

5.2 Die internen Register

Eine CPU wie die 8086/88-CPU besteht aus verschiedenen Komponenten. Obwohl bei der Ausführung eines Maschinenprogramms alle diese Komponenten beteiligt sind (siehe Kapitel 5.6), sind für den Programmierer fast ausschließlich die internen CPU-Register von Bedeutung. Der 8086/88 verfügt über insgesamt 14 Register, von denen jedes Register 16 Bit aufnehmen kann (Bild 5.1).

AX		Akkumulator		CS	Codesegment
BX		Basisregister		DS	Datensegment
CX		Zählerregister		SS	Stacksegment
DX		Datenregister		ES	Extrasegment

SP	Stapelzeiger		IP	Befehlszeiger
BP	Basiszeiger			
SI	Quellindex			Flagregister
DI	Zielindex			

Bild 5.1: *Die Register der 8086/88-CPU*

Entsprechend ihres Verwendungszwecks lassen sich die Register der 8086/88-CPU in verschiedene Gruppen aufteilen:

Allgemeine Register: AX, BX, CX und DX

Hierbei handelt es sich um Register, die für arithmetische Operationen, für logische Operationen und für Ein-/Ausgabeoperationen zur Verfügung stehen. Sie dienen aber auch zur Zwischenspeicherung beliebiger Programmdaten. Weiterhin werden sie zur Parameterübergabe bei Aufrufen von Betriebssystemroutinen eingesetzt. Die allgemeinen Register können sowohl als 16-Bit- als auch als 8-Bit-Register eingesetzt werden. Im letzteren Fall unterteilt sich jedes Register in eine niederwertige und eine höherwertige 8-Bit-Hälfte. So kann anstelle des 16-Bit-AX-Registers wahlweise auch das 8-Bit-Register AH und das 8-Bit-Register AL angesprochen werden, wobei AH die höherwertigen 8 Bit und AL die niederwertigen 8 Bit des AX-Registers bezeichnet. Durch

	15	7	0
	7	0	
AX	AH	AL	
BX	BH	BL	
CX	CH	CL	
DX	DH	DL	

Bild 5.2: *Die allgemeinen Register der 8086/88-CPU*

den Maschinenbefehl »MOV AL,11« wird die Zahl 11 in die untere Hälfte des AX-Registers geladen. Genauso werden auch die übrigen Register BX, CX und DX in jeweils zwei Registerhälften unterteilt, die getrennt angesprochen werden können (Bild 5.2).

Obwohl es sich bei den Registern AX, BX, CX und DX um allgemeine Register handelt, ist jedem Register in bestimmten Situationen eine spezielle Aufgabe zugeordnet:

Das AX-Register
Das AX-Register ist in erster Linie für die Durchführung von Rechenoperationen gedacht. Unter den vier allgemeinen Registern nimmt es eine gewisse Sonderstellung ein. Einige arithmetische Operationen können ausschließlich über das AX-Register abgewickelt werden. Ferner existieren Befehle, die sich direkt auf das AX-Register beziehen, ohne daß der Name des AX-Registers in dem Befehl auftaucht. Diese »Direktbefehle« benötigen weniger Speicherplatz als ein Befehl, der auf ein beliebiges Register angewendet werden kann. Sie können daher schneller decodiert werden und sind zudem schneller in der Ausführung, da ein Befehlsbyte weniger gelesen werden muß. Außerdem werden Ein-/Ausgabeoperationen (über die Befehle IN und OUT) immer über das AX- oder AL-Register durchgeführt. Das AX-Register (bzw. das AL-Register) wird in Befehlslisten auch als »Akkumulator«, oder kurz Akku, bezeichnet, womit der Umstand angedeutet wird, daß dieses Register in bestimmten Situationen die Aufgabe des Akkumulator-Registers der älteren 8-Bit-CPUs (wie dem 8080 oder dem 6502) übernimmt.

Das BX-Register
Dieses Register kann als Adreßregister bei der indirekten Adressierung verwendet werden. Im Abschnitt über die Adressierungsarten der 8086/88-CPU wird das BX-Register ausführlicher besprochen. Ansonsten kann es frei verwendet werden.

Das CX-Register
Das CX-Register dient für einige Maschinenbefehle als Zählregister. Diese Maschinenbefehle verwenden den im CX-Register gespeicherten Wert, um zum Beispiel als Schleifenzähler innerhalb einer Programmschleife die Anzahl an Durchläufen festzulegen. Auch bei den sogenannten »Stringoperationen«, mit denen ganze Datenblöcke manipuliert werden können, dient das CX-Register als Zähler. Falls es nicht als Zählregister eingesetzt wird, kann es frei verwendet werden.

Das DX-Register
Das DX-Register unterstützt das AX-Register bei bestimmten arithmetischen Operationen, die mit 32-Bit-Operanden arbeiten und bei denen die Länge eines einzelnen Registers zwangsläufig nicht mehr ausreicht. So enthält das DX-Register zum Beispiel nach einer 16-Bit-Multiplikation die höherwertigen 16 Bit des Ergebnisses. Ferner kann es bei Ein-/Ausgabeoperationen über die Befehle IN und OUT die Portadressen enthalten.

Die Index-Register SI und DI
Die Index-Register SI (Source Index) und DI (Destination Index) können zur indirekten Adreß-berechnung benutzt werden. Auch sie werden im Abschnitt »Adressierungsarten« ausführlicher besprochen. Die Index-Register werden auch von den Stringbefehlen (wie zum Beispiel dem Befehl MOVS) benutzt, um den Quellstring und den Zielstring zu adressieren.

Die Adreß-Register BP und SP

Während das BP-Register (»Base-Pointer-Register«) außer zur Adreßberechnung im allgemeinen zur freien Verfügung steht, kommt dem SP-Register (»Stack-Pointer-Register«) eine besondere Bedeutung zu. Dieses Register dient (zusammen mit dem SS-Register) zur Verwaltung des Stacks. Das SP-Register sollte daher in der Regel nicht für andere Zwecke eingesetzt werden, wenngleich es zur Zwischenspeicherung von Werten verwendet werden kann. Der Stack der Verwaltung, genauer gesagt das Stacksegment, der 8086/88-CPU befindet sich im Arbeitsspeicher und wird über das Registerpaar SS:SP adressiert. Um zu verstehen, auf welche Weise der Stack verwaltet wird, sind gewisse Grundkenntnisse über das Prinzip erforderlich, nach dem bei einer 8086/88-CPU der Arbeitsspeicher verwaltet wird (siehe Kapitel 5.4). Während das SS-Register auf die Basisadresse des Stacksegments zeigt, wird über das SP-Register stets das oberste Stackelement adressiert. Gemäß der Lifo-Regel (siehe Kapitel 4.3) handelt es sich bei dem obersten Stackelement stets um jenes Element, das zuletzt auf dem Stack abgelegt wurde. Da der Stack in Richtung kleiner werdender Adressen »wächst«, wird zu Beginn das SP-Register mit der obersten Adresse innerhalb des Stacksegments geladen. Bei jedem Zugriff auf den Stack wird der Stackzeiger entsprechend erniedrigt oder erhöht, damit stets das oberste Element adressiert wird. Die maximale Größe des Stacks wird durch das Stacksegment begrenzt und beträgt daher 64 Kbyte. Im Real-Modus kann ein Überlaufen des Stacks nicht festgestellt werden, so daß ein Überschreiten der Stackgrenze zu einem Überschreiben der untersten Elemente des Stacksegments führt. Jedes Stackelement nimmt grundsätzlich einen 16-Bit-Wert auf, das heißt, jeglicher Zugriff auf den Stack wird mit Worten (16 Bit) durchgeführt.

Beim Ablegen einer 16-Bit-Zahl auf dem Stack (durch den Befehl PUSH), wird der Stackzeiger um 2 verringert. Wird umgekehrt ein Wort vom Stack geholt (durch den Befehl POP), wird der Stackzeiger um 2 vergrößert. Bild 5.3 veranschaulicht das Zugriffsprinzip auf den Stack. Bliebe noch zu erwähnen, daß theoretisch beliebig viele Stacksegmente definiert werden können. Da es aber nur ein SS-Register gibt, kann zu einem Zeitpunkt immer nur ein Stacksegment verwaltet werden.

Die Segment-Register CS, DS, ES und SS

Den Segment-Registern CS (Code Segment), DS (Daten Segment), ES (Extra Segment) und SS (Stack Segment) kommt in Zusammenhang mit der Adressierung des Arbeitsspeichers eine besondere Bedeutung zu. Bei der 8086/88-CPU wird der adressierbare Arbeitsspeicher in einzelne Segmente unterteilt, die über die Segment-Register adressiert werden. Sie werden daher auch ausschließlich für diese Zwecke eingesetzt. Jede Adresse, die innerhalb eines Maschinenprogramms verarbeitet wird, wird aus dem Inhalt eines Segment-Registers und einem sogenannten »Offset« gebildet. Da die einzelnen Segment-Register sehr eng mit der Adressierung des Arbeitsspeichers verknüpft sind, sollen sie in Kapitel 5.3 ausführlicher besprochen werden. Ansonsten ist die Verwendung der Segment-Register stark eingeschränkt. So können keinerlei Operationen mit Segment-Registern durchgeführt werden und auch das direkte Laden eines Segment-Registers mit einem Wert ist nicht möglich.

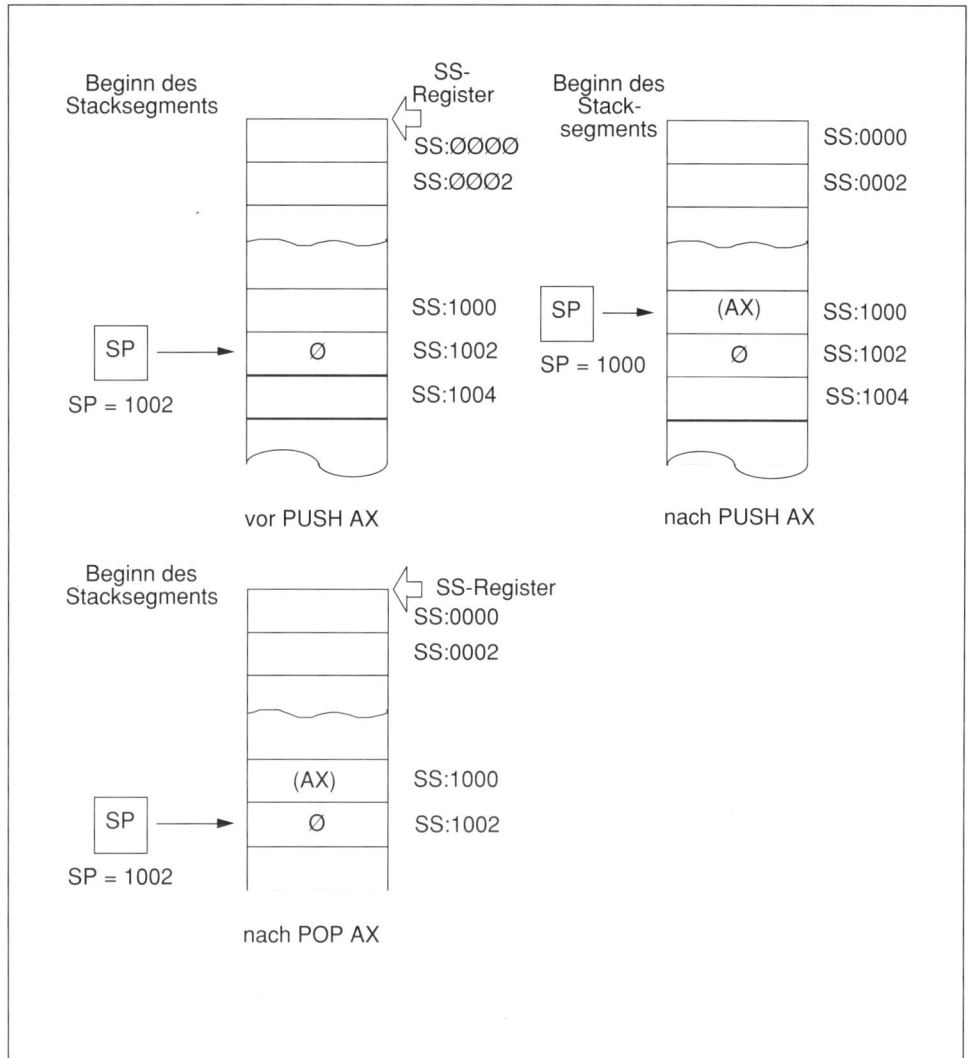

Bild 5.3: *Zugriff auf den Stack bei der 8086/88-CPU*

Das Flag-Register (Status-Register) SR

Beim Flag-Register (die Bezeichnung »Status-Register« ist weniger geläufig) handelt es sich zwar auch um ein 16-Bit-Register, allerdings mit einem wesentlichen Unterschied. Der Inhalt des Flag-Registers wird nicht als eine 16-Bit-Zahl, sondern als eine Ansammlung individueller Bits interpretiert. Von den 16 Bits dieses Registers haben bei der 8086/88-CPU allerdings nur 9 Bit eine Bedeutung. Diese 9 Bit werden als Flags bezeichnet (daher auch der Name), da diese Bits einen bestimmten Zustand wie eine Flagge anzeigen. Ein Flag ist nichts anderes als ein Bit, das einen bestimmten Zustand (zum Beispiel »Ergebnis einer Operation ist negativ«) anzeigt. Jedes der neun Flags des Status-Registers hat einen Namen und ist auf eine bestimmte Art und Weise für die Ablaufsteuerung eines Maschinenprogramms von Bedeutung.

Aus Kompatibilitätsgründen zu den älteren CPUs 8080 und 8085 ist das Statusregister in zwei Hälften aufgeteilt, den Statusflags und den Kontrollflags. Bild 5.4 zeigt den Aufbau des Status-Registers bei der 8086/88-CPU. »Nicht belegt« oder »X« bedeutet einfach, daß das betreffende Flag keine Bedeutung hat. Diese Flags können daher auch für eigene Zwecke eingesetzt werden. Das niederwertige Byte im Status-Register enthält ausschließlich Flags, die als Folge einer arithmetischen oder logischen Operation gesetzt werden. Sie können als Grundlage für einen bedingten Sprung verwendet werden. Das höherwertige Byte des Status-Registers enthält (mit Ausnahme des Überlaufflags, das ebenfalls durch eine arithmetische Operation gesetzt wird) nur drei Flags, die vom Programmierer gezielt gesetzt oder zurückgesetzt werden können und die festlegen, wie die 8086/88-CPU auf bestimmte Situationen reagiert. Als Anfänger können Sie allerdings diese Flags zunächst getrost vergessen.

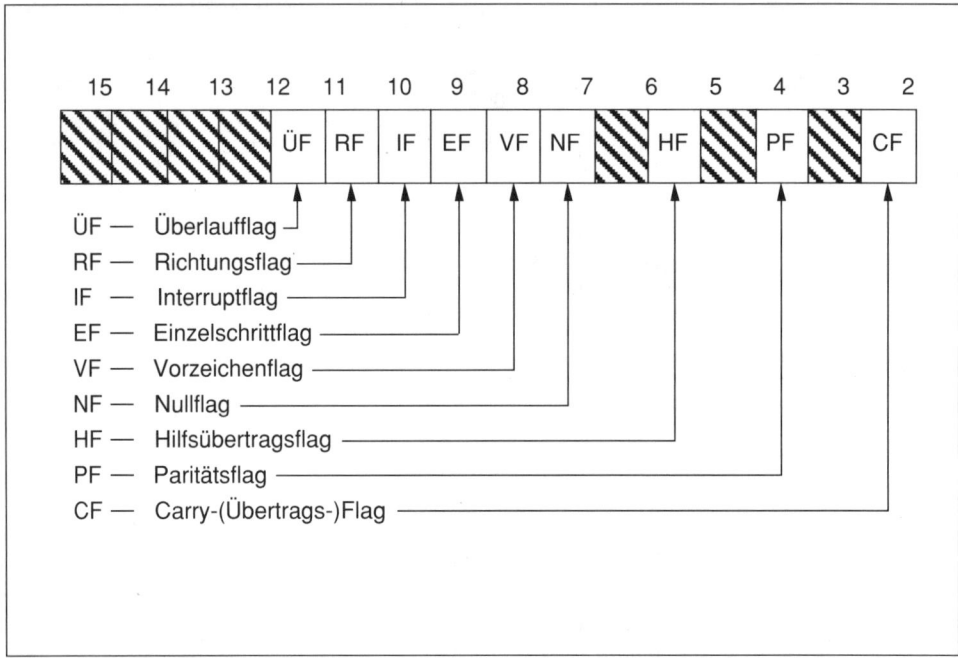

Bild 5.4: *Der Aufbau des Status-Registers*

Die Bedeutung der einzelnen Flags

Bit Nr. 0 – Das Carryflag (Übertragsflag)

Das Carryflag ist eines der wichtigsten und am vielseitigsten einsetzbaren Flags bei arithmetischen Operationen. Es wird zum Beispiel gesetzt, wenn bei einer Addition oder Subtraktion ein Übertrag entsteht. Normalerweise kann die 8086/88-CPU bei Additionen und Subtraktionen nur 8- oder 16-Bit-Zahlen verarbeiten. Es gibt jedoch auch Situationen, in denen ein 16-Bit-Register nicht für die Aufnahme des Ergebnisses ausreicht. So kann zum Beispiel bei einer Addition zweier 16-Bit-Zahlen ein 17-Bit-Ergebnis entstehen. In diesem Fall wird das 17. Bit als Übertragsbit durch ein gesetztes Carryflag angezeigt. Eine weitere Anwendung des Carryflags tritt bei der Addition einer 32-Bit-Zahl auf. Bei dieser Operation müssen zunächst die niederwertigen 16 Bit und anschließend die höherwertigen 16 Bit addiert werden. Nun kann aber bei der ersten Addition ein Übertrag entstehen, der bei der zweiten Addition selbstverständlich berücksichtigt werden muß. Auch dieser Übertrag wird durch Setzen des Carryflags angezeigt. Um das Carryflag bei der zweiten Addition berücksichtigen zu können, stellt die 8086/88-CPU mit dem Befehl ADC einen zusätzlichen Additionsbefehl zur Verfügung, der das Carryflag einfach mitaddiert. Auch bei Subtraktionen spielt das Carryflag eine wichtige Rolle als »Borgeflag«, denn auch Subtraktionen können mit 32- oder 64-Bit-Zahlen durchgeführt werden. Auch hier dient das Carryflag zur Erhöhung der Rechengenauigkeit. Zuerst werden die niederwertigen Anteile subtrahiert, dann die höherwertigen. Anders als bei einer Addition wird hier das Carryflag automatisch gesetzt, um ein etwaiges »Borgen« anzuzeigen. Bei der Ausführung des Subtraktionsbefehls SUB wird eine normale Subtraktion ausgeführt und anschließend das Carryflag vom Ergebnis abgezogen. Praktische Anwendungen für Operationen, bei denen das Carryflag zur Erhöhung der Rechengenauigkeit dient, finden Sie in Kapitel 7. Weitere Anwendungen des Carryflags treten in Zusammenhang mit Multiplikations-, Schiebe- und Vergleichsbefehlen auf. Auch hierzu finden Sie ausführlichere Beispiele in Kapitel 7.

Bit Nr. 2 – Das Paritätsflag

Das Paritätsflag (PF für Parity Flag) ist gesetzt, wenn das Ergebnis einer Operation eine gerade Anzahl an gesetzten Bits (log »1«) aufweist. Ist die Anzahl an gesetzten Bits ungerade, so wird das Paritätsflag nicht gesetzt. Dieses Flag, das nur äußerst selten innerhalb eines Programms verwendet wird, dient in erster Linie zur Fehlerprüfung bei der Datenübertragung über die serielle Schnittstelle des PC.

Bit Nr. 4 – Das Hilfsübertragsflag

Das Hilfsübertragsflag, oder etwas kürzer und weniger zungenbrecherisch, das Hilfscarryflag (AF für Auxiliary-Carry Flag), entspricht in seiner Funktion dem Carryflag, allerdings mit einem Unterschied. Es bezieht sich auf das Rechnen mit BCD-Zahlen. Daher wird hier der Übertrag von Bit 3 nach Bit 4 (das heißt von der vierten auf die fünfte Stelle) bei einer 8-Bit-Operation angezeigt. Da die Grundlagen der BCD-Arithmetik bereits in Kapitel 2.2 besprochen wurden, soll auf die Vor- und Nachteile dieser Darstellungsform hier nicht mehr eingegangen werden. An dieser Stelle sei lediglich erwähnt, daß die 8086/88-CPU über keine speziellen Befehle zur Durchführung von BCD-Operationen verfügt. Vielmehr werden diese Operationen mit den normalen Additions- und Subtraktionsbefehlen durchgeführt. Da das Ergebnis einer solchen Operation in den meisten Fällen eine Zahl ist, die nicht im BCD-Format vorliegt, verfügt die 8086/88-CPU über spezielle Befehle, die eine »normale« Binärzahl in das entsprechende BCD-Format umwandeln. Um eine solche Umwandlung erfolgreich durchführen zu können, muß die 8086/88-CPU zum Beispiel feststellen, ob von der vierten auf die fünfte Stelle ein Übertrag aufgetreten ist. Dieser Übertrag wird durch das Hilfscarryflag angezeigt. Auch das Hilfscarryflag wird innerhalb von Maschinenprogrammen nur selten eingesetzt.

Bit Nr. 6 – Das Nullflag

Das Nullflag (ZF für Zero Flag), auch hier ist die englische Bezeichnung »Zeroflag« gebräuchlicher, ist stets dann gesetzt, wenn das Ergebnis der letzten Operation gleich Null war. Es bleibt so lange gesetzt, bis eine Operation ein Ergebnis produziert, das von Null verschieden ist. Das Nullflag wird häufig im Zusammenhang mit einem Vergleichsbefehl wie dem CMP-Befehl eingesetzt. Dieser Befehl vergleicht zwei Zahlen, indem er beide Zahlen subtrahiert, ohne allerdings einen Registerinhalt zu verändern. Das Ergebnis des Vergleichs wird lediglich mit Hilfe der Flags des Status-Registers angezeigt. Das Nullflag zeigt in diesem Fall an, daß die beiden verglichenen Zahlen gleich sind.

Bit Nr. 7 – Das Vorzeichenflag

Das Vorzeichenflag (SF für Sign Flag) verdankt seinen Namen der Tatsache, daß das höchstwertige Bit einer Zahl zur Darstellung des Vorzeichens verwendet wird. Das Vorzeichenflag zeigt dementsprechend an, ob das Ergebnis der letzten arithmetischen oder logischen Operation positiv oder negativ ist. Dabei entspricht der Zustand des Vorzeichenflags dem Wert des höchstwertigen Bit des Ergebnisses. War dieses Ergebnis negativ, wird das Vorzeichenbit gesetzt, war es positiv oder Null, wird das Vorzeichenbit nicht gesetzt.

Bit Nr. 11 – Das Überlaufflag

Das Überlaufflag (OV für Overflow Flag) ist nicht zu verwechseln mit dem Übertragsflag. Das Überlaufflag zeigt eine Bereichsüberschreitung im Zweierkomplement-Bereich an. Als einziges Statusflag ist dieses Flag in der Lage einen Interrupt auszulösen. Wie in Kapitel 2.2 besprochen wurde, benutzt die Zweierkomplement-Darstellung das höchstwertigste Bit zur Angabe des Vorzeichens. Die 8086/88-CPU ist in der Lage, sowohl mit vorzeichenbehafteten als auch mit vorzeichenlosen Zahlen zu rechnen. Das Problem, das dabei auftreten kann, soll am Beispiel einer Addition verdeutlicht werden. Normalerweise ergibt die Addition zweier vorzeichenbehafteter Zahlen ein korrektes Ergebnis. Bei manchen Zahlen ist dies allerdings nicht der Fall, wie folgendes Beispiel zeigt:

```
 120
+
  90
 ───
 210
```

Das Ergebnis ist in Ordnung, wenn es als eine vorzeichenlose Zahl betrachtet wird. Handelt es sich aber bei den Operanden um Zahlen in der Zweierkomplement-Darstellung, so ist das Ergebnis falsch. Denn würde man auch das Ergebnis als Zweierkomplement interpretieren, entspräche es der Zahl –46 (von einer 8-Bit-Zahl kommt man am einfachsten auf den Zweierkomplement-Wert, indem man 256 abzieht). Die Addition zweier positiver Zahlen kann jedoch nie eine negative Zahl

ergeben. Die Ursache für diesen scheinbaren Rechenfehler liegt ganz einfach in einer Bereichsüberschreitung der Zweierkomplement-Darstellung (bei einer 8-Bit-Zahl im Bereich –128 ... +127),
die durch das Überlaufflag angezeigt wird.

> **Merksatz:**
> **Gesetztes Überlaufflag = Darstellungsbereich der Zweierkomplementzahl**
> **überschritten**

Die Regel für das Setzen des Überlaufflags ist folgende: Der Zustand des Überlaufflags ergibt sich
aus einer EXOR-Verknüpfung des Carryflags (Übertragsbit aus der höchsten Stelle) mit dem
Übertragsbit aus der zweithöchsten Stelle. Es soll noch einmal darauf hingewiesen werden, daß
Übertrags- und Überlaufflags eine verschiedene Bedeutung haben, auch wenn sie in dem gleichen
Zusammenhang auftreten. Während ersteres den Überlauf einer vorzeichenlosen Zahl, also einen
Übertrag aus der höchsten Stelle anzeigt, zeigt letzteres einen Überlauf einer Zweierkomplement-
Zahl an.

Alle vorgestellten Statusflags werden als Ergebnis bestimmter Operationen gesetzt. Nicht jeder
Befehl beeinflußt automatisch alle Statusflag. So ändert die Ausführung des MOV-Befehls keine
Flags, während etwa der INC-Befehl alle Statusflags mit Ausnahme des Carryflags beeinflußt.

Die Kontrollflags
Die drei im folgenden zu besprechenden Flags beeinflussen die Ausführung eines Maschinenprogramms und können bei Bedarf vom Programmierer gesetzt oder zurückgesetzt werden.

Bit Nr. 8 – Das Fallenflag
Das Fallenflag (TF für Trap Flag) versetzt die 8086/88-CPU in den sogenannten »Einzelschrittmodus«. Im Einzelschrittmodus wird nach der Ausführung jedes einzelnen Maschinenbefehls ein Interrupt in Form des Interrupts 1 ausgeführt. Der Effekt ist der gleiche, als würde man
nach jedem Maschinenbefehl eine spezielle Routine aufrufen. Während der Ausführung dieser
Routine wird das Fallenflag vorübergehend zurückgesetzt, um zu verhindern, daß auch diese
Routine im Einzelschrittmodus durchlaufen wird. Nach Abarbeiten dieser Routine wird der
ursprüngliche Inhalt des Status-Registers wieder hergestellt, in dem das Fallenflag ja noch gesetzt
ist, und der nächste Maschinenbefehl wird ausgeführt. Dieser Vorgang wiederholt sich so lange,
bis das Benutzerprogramm das Fallenflag zurücksetzt.

Das Fallenflag wird zum Beispiel von dem MS-DOS-Dienstprogramm DEBUG benutzt, um
die schrittweise Abarbeitung eines Maschinenprogramms zu ermöglichen, wobei nach jeder
Ausführung eines Maschinenbefehls die Registerinhalte ausgegeben werden. Eine detaillierte
Beschreibung des Ablaufes während einer Unterbrechung finden Sie in Kapitel 5.8.

Bit Nr. 9 – Das Unterbrechungsflag
Das Unterbrechungsflag, oder genauer Interrupt-Freigabeflag (IF für Interrupt Enable Flag), legt
fest, ob die 8086/88-CPU auf externe Unterbrechungsanforderungen (Interrupts) reagieren darf
oder nicht. Solange das Interrupt-Freigabeflag nicht gesetzt ist, können keine externen Unterbrechungen (mit Ausnahme der sogenannten »Nicht maskierbaren Interrupts« (NMI), die zum
Beispiel bei vielen PCs durch einen Speicherparitätsfehler erzeugt werden) auftreten. Das
Unterbrechungsflag kann durch den Befehl STI gesetzt und durch den Befehl CLI gelöscht werden.

Bit Nr. 10 – Das Richtungsflag

Das Richtungsflag (DF für Direction Flag) spielt nur bei den Stringbefehlen der 8086/88-CPU eine Rolle. Zusammen mit den sogenannten »Wiederholungs-Präfixen« erlauben die Stringbefehle das Manipulieren ganzer Datenblöcke durch einen einzigen Befehl. Nach jedem Verarbeitungszyklus, in dem zum Beispiel ein einzelnes Byte oder Wort verschoben wurde, wird ein Zeiger im SI-Register oder DI-Register erhöht oder erniedrigt, um auf das nächste Element des Datenblocks zu zeigen. Das Richtungsflag legt fest, in welche Richtung ein Datenblock bearbeitet wird und damit auch, ob das jeweilige Index-Register erhöht oder erniedrigt wird (Richtungsflag = 0 erhöhen, Richtungsflag = 1 erniedrigen). Durch das Ändern dieses Flags ist es möglich, Datenblöcke durch einen einzigen Befehl beliebig nach oben oder nach unten im Arbeitsspeicher zu verschieben. Das Richtungsflag kann durch den Befehl STD gesetzt und durch den Befehl CLD gelöscht werden.

Das Befehlszeiger-Register IP

Das Befehlszeiger-Register (IP für Instruction Pointer) ist für die Ablaufsteuerung eines Maschinenprogramms verantwortlich. Zusammen mit dem CS-Register legt es den Befehl fest, der als nächstes aus dem Arbeitsspeicher in die interne Warteschlange geladen wird. Es sei noch einmal darauf hingewiesen, daß das Befehlszeiger-Register immer im Zusammenhang mit dem CS-Register verwendet wird, um die physikalische Adresse (mehr dazu im nächsten Abschnitt) zu bilden. Das CS-Register legt dabei den Beginn des Segments fest, während das IP-Register die Position des jeweiligen Befehlsbyte innerhalb des Codesegments festlegt.

Die 32-Bit-Register der 80386/486-CPU

Wenn Sie stolzer Besitzer eines 80386- oder gar eines 80486-PC sind, können Sie auch die 32-Bit-Register dieser CPUs nutzen. Zwar gibt es mit Ausnahme zweier Segment-Register, dem FS- und dem GS-Register, keine zusätzlichen frei verwendbaren Register. Es gibt jedoch eine ganze Reihe von Spezial-Registern, mehr dazu in Kapitel 15, die teilweise auch im Real-Modus, das heißt unter MS-DOS genutzt werden können. Jedes CPU-Register, mit Ausnahme der sechs Segment-Register, existiert nun auch in einer 32-Bit-Version. Bei der Namensgebung hat sich aber nicht viel geändert, denn das 32-Bit-Register wird lediglich durch ein vorangestelltes »E« bezeichnet. So wird durch den Befehl

```
MOV EAX,1
```

der Wert 1 in das EAX-Register, das heißt in das auf 32 Bit erweiterte AX-Register geladen. Da es in diesem Buch in erster Linie um die 8086/88-Programmierung geht, beziehen sich die folgenden Kapitel ausschließlich auf die 16-Bit-Programmierung. Im Kapitel 15 wird jedoch gezeigt, wie sich die zusätzlichen Möglichkeiten einer 80386/486-CPU auch im Real-Modus nutzen lassen.

5.3 Die Adressierung des Arbeitsspeichers

Wir kommen nun zu einem der wichtigsten Bereiche der Maschinensprache-Programmierung, zur Adressierung des Arbeitsspeichers. Leider ist dies aber auch ein Punkt, mit dem Einsteiger erfahrungsgemäß die größten Verständnisprobleme haben. Wenn Sie beim Durcharbeiten dieses Abschnitts nicht alles auf Anhieb verstehen, machen Sie sich darüber nicht allzu viele Gedanken.

Für die praktische Anwendung ist das Wissen über die Adressierung des Arbeitsspeichers zwar nützlich, aber keine absolute Voraussetzung. Eine der häufigsten Tätigkeiten, die eine CPU auszuführen hat, ist der Zugriff auf den Arbeitsspeicher. Sei es, um den nächsten Befehlsopcode zu lesen oder um Daten zu speichern oder zu lesen. Um auf den Arbeitsspeicher zugreifen zu können, muß die CPU die Adresse der betreffenden Speicherzelle des Arbeitsspeichers erzeugen. Dieser Vorgang wird kurz und knapp als Adressierung bezeichnet. Die Art und Weise, wie die 8086/88-CPU den Speicher adressiert, unterscheidet sie charakteristisch von anderen CPUs (wie zum Beispiel alten 8-Bit-CPUs oder auch den CPUs der 680x0-Familie) und bereitet einem Anfänger, wie bereits angedeutet, in der Regel einiges Kopfzerbrechen, vor allem wenn es um die praktische Umsetzung geht. Dennoch ist das dahinterstehende Prinzip nicht schwierig, höchstens ein wenig gewöhnungsbedürftig. Wenn Sie sich einige Monate (auch beim Autor hat es etliche Monate gedauert) intensiv mit der Assemblerprogrammierung beschäftigt haben, werden Sie sich wahrscheinlich wundern, wieso Ihnen dieser Punkt jemals als schwierig oder kompliziert erschienen ist.

Die Größe des direkt adressierbaren Arbeitsspeichers wird durch die Anzahl der Adreßleitungen der CPU festgelegt. Die 8086/88-CPU verfügt über 20 Adreßleitungen und ist so in der Lage, einen Arbeitsspeicher von 2.h.20.h. = 1 048 576 Byte oder 1 Mbyte direkt zu adressieren (in diesem Punkt besteht zwischen der 8088- und der 8086-CPU kein Unterschied, da beide 20 Adreßleitungen besitzen). Dieser Umstand ist ja noch leicht zu verstehen. Erschwert wird das Ganze durch die Tatsache, daß alle Register der 8086/88-CPU – einschließlich des IP-Registers – nur 16 Bit breit sind. Damit lassen sich aber nur 2.h.16.h. = 65 536 Byte adressieren. Um dennoch die notwendige 20-Bit-Adresse erzeugen zu können, kombiniert der 8086/88 den Inhalt eines 16-Bit-Registers mit dem Inhalt eines der vier Segmentregister. Diese Kombination geht nach folgendem Schema vor sich:

1. Der Inhalt des Segment-Registers wird intern um vier Nullen am linken Ende erweitert. Das heißt, die 16-Bit-Zahl im Segment-Register wird um vier niederwertige Nullbits ergänzt, so daß eine 20-Bit-Zahl entsteht.

2. Diese 20-Bit-Adresse ist aber noch nicht die endgültige Adresse. Sie legt lediglich die Startadresse eines Segments fest. Zu der erweiterten Segmentadresse wird als nächstes ein 16-Bit-Offset addiert. Beim Offset handelt es sich um eine Konstante, um ein Index- oder Basis-Register oder um die Summe aus einer Konstanten und einem Index- oder Basis-Register.

Die sogenannte »physikalische Adresse« (das ist die 20-Bit-Adresse, mit der sich eine Speicherstelle im maximal 1 Mbyte großen Arbeitsspeicher adressieren läßt) wird also nach folgender »Formel« (Bild 5.5) gebildet:

Physikalische Adresse = Offsetadresse + Segmentadresse * 16

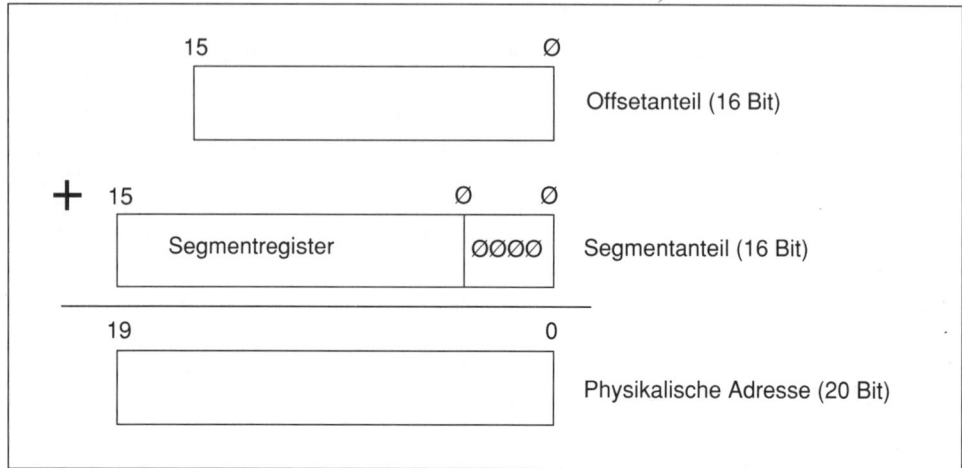

Bild 5.5: *Die Bildung der physikalischen Adresse*

Durch den Inhalt eines Segment-Registers wird der Beginn eines 64 Kbyte großen Bereiches festgelegt, der als Segment bezeichnet wird. Jede Adresse innerhalb dieses Segments wird über den Offset angesprochen. Tatsächlich wird die Segmentadresse nicht mit 16 multipliziert. Statt dessen wird der Inhalt eines Segment-Registers so behandelt, als wenn es am Ende vier Nullen hätte, denn jede Multiplikation mit 2 entspricht dem Verschieben aller Ziffern einer Dualzahl um eine Position nach links. Eine Multiplikation mit 16 kommt dementsprechend dem Anhängen von vier Nullen am linken Ende gleich. Für den Programmierer ist die physikalische Adresse nur in den seltensten Fällen von Bedeutung, zumal die Adreßberechnung intern und ohne Zutun des Programmierers durchgeführt wird. Er arbeitet bei der Maschinensprache-Programmierung in der Regel mit der logischen Adresse, die aus zwei Komponenten, nämlich dem Inhalt eines Segment-Registers und einem Offset besteht.

Die Frage, welches der vier Segment-Register bei der Bildung der physikalischen Adresse verwendet wird, ist genau festgelegt. Bei der Programmausführung wird der Segmentanteil für das nächste Befehlsbyte ausnahmslos aus dem CS-Register geholt. Bei der Adressierung eines Datenbytes wird das Segment-Register in Abhängigkeit des verwendeten CPU-Registers und der verwendeten Adressierungsart festgelegt. In manchen Fällen kann der Programmierer auch direkt (über ein sogenanntes »Segment-Override-Präfix«, zu deutsch »Segment-Aufhebungs-Präfix«) das gewünschte Segment-Register auswählen.

Trotz der elementaren Bedeutung, die dieses Adressierungsprinzip für die Programmierung der 8086/88-CPU hat, werden Sie als Einsteiger damit nur selten konfrontiert. So übernimmt – wie bereits erwähnt – die Berechnung der physikalischen Adresse die 8086/88-CPU selbst, während die Definition eines Segments dem Assembler übertragen wird. Sie sollten sich fürs erste lediglich merken:

Bei allen Adressen, die innerhalb von 8086/88-Programmen benutzt werden, handelt es sich um logische Adressen.

Die logische Adresse setzt sich aus einem 16-Bit-Offset (zum Beispiel der Inhalt eines Index-Registers oder einem direkten 16-Bit-Wert) und dem Inhalt eines Segment-Registers zusammen. Dies wird im allgemeinen durch folgende Schreibweise zum Ausdruck gebracht:

Segment
So bedeutet beispielsweise die Adreßangabe CS:IP, daß sich die physikalische Adresse aus dem Segment-Register CS, das das Segment festlegt, und dem Befehlsregister IP, das den Offset festlegt, zusammensetzt.

Mehr über Segmente
Die Segmentierung wurde sicherlich nicht eingeführt, um den Programmierern das Leben absichtlich schwerer zu machen. Sie ist vielmehr eine Art Kompromiß zwischen der Forderung nach einem Maximum an Arbeitsspeicher (bezogen auf den Zeitpunkt, zu dem der 8086/88 entwickelt wurde), der Notwendigkeit einer Kompatibilität zu den älteren 8-Bit-CPUs 8080 und 8085 und der Tatsache, daß der 8086/88 nur über 16-Bit-Register verfügt. Auch lassen sich Multitasking-Anwendungen (die die Entwickler der 8086/88-CPU anscheinend auch im Sinn hatten) durch den Umstand leichter realisieren, daß jede Task über eigene Segmente verfügen kann, deren Inhalt positionsunabhängig ist, da die Adressierung über einen relativen Offset erfolgt. Die Programmierung der 8086/88-CPU spielt sich in Segmenten ab, wobei ein Segment maximal 65 536 Byte umfaßt. Theoretisch können beliebig viele Segmente nebeneinander existieren. In der Praxis allerdings kann ein Programm nur vier Segmente gleichzeitig adressieren, da der 8086/88 nur über vier Segment-Register verfügt. Ferner kann ein Segment zwangsläufig immer nur an einer Adresse beginnen, deren vier niederwertigsten Bits 0 sind. Diese Adresse wird als Paragraphenadresse bezeichnet. Innerhalb eines festgelegten Segments kann jede der 65 536 möglichen Speicherstellen über den Offset erreicht werden.

Ein theoretisches Beispiel
Die Möglichkeiten der Segmentierung sollen noch einmal an einem Beispiel verdeutlicht werden. Stellen Sie sich ein Segment vor, das die Segmentadresse 0 besitzt. Durch den 16-Bit-Offset lassen sich die Adressen 0:0 bis 0:65535, das heißt die ersten 65 536 Byte des Arbeitsspeichers adressieren. Stellen Sie sich nun ein Segment mit der Segmentadresse 1 vor. Da der Inhalt des Segment-Registers stets mit 16 multipliziert wird, beginnt das Segment an der Adresse 16. Über den Offset lassen sich nun die Speicherzellen 1:0 bis 1:65535 oder umgerechnet in physikalische Adressen 16 bis 65551 adressieren. Sie sehen an diesem Beispiel, daß sich Segmente mit verschiedenen Segmentadressen durchaus überlappen können. Die Verhältnisse im Arbeitsspeicher werden durch Bild 5.6 veranschaulicht. Um dieses kleine Rechenexempel in die Praxis zu übertragen, müssen Sie zunächst ein Segment-Register, zum Beispiel das DS-Register, mit dem Wert 1 laden. Wird nun ein Adreßregister, zum Beispiel das DI-Register, mit dem Wert 2 geladen, so wird durch den Befehl

```
MOV AX, [DI]
```

der Inhalt der Speicherzelle, deren Adresse durch das Registerpaar DS:DI festgelegt wird, in das AX-Register geladen.

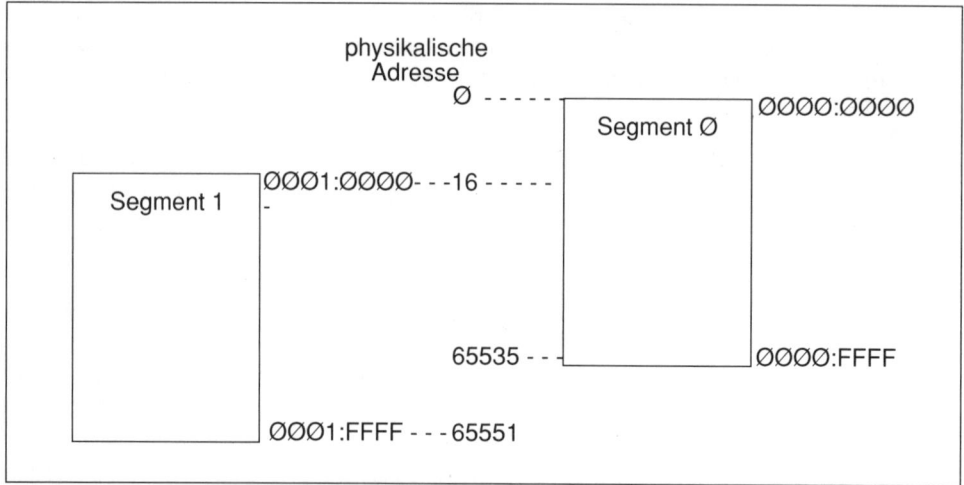

Bild 5.6: *Die Segmentierung des Arbeitsspeichers*

Da das Arbeiten mit Segment-Adressen für die Assemblerprogrammierung im allgemeinen von großer Bedeutung ist, sollten Sie es anhand zweier Beispiele noch einmal nachvollziehen:

Der Inhalt der Speicherzelle mit der Adresse 700 000 soll gelesen werden. Um diese Adresse auf dem Adreßbus erzeugen zu können, muß ein Segment-Register mit einem Offset nach dem beschriebenen Verfahren verknüpft werden. Möglich wäre folgende Kombination:

```
IP-Register (Offset):  60000
CS-Register (Segment):  40000
oder
CS-Register (Segment): 1 0 0 1 1 1 0 0 0 1 0 0 0 0 0 0 0 0 0 0
IP-Register (Offset):      1 1 1 0 1 0 1 0 0 0 1 1 0 0 0 0
                      -----------------------------------------
Physikalische Adresse: 1 0 1 0 1 0 1 0 1 1 1 0 0 1 1 0 0 0 0 0
```

Die resultierende physikalische Adresse entspricht dem dezimalen Wert 700 000. Dies ist natürlich nicht die einzige Methode diese physikalische Adresse zu bilden.

Welche physikalische Adresse wird durch folgende Adreßangabe festgelegt: 2100:0003 ?
Durch diese Angabe wird eine Adresse festgelegt, die in einem Segment liegt, das bei 2100h beginnt. Um die physikalische Adresse zu erhalten, muß der Offset 0003h zu der erweiterten Segmentadresse addiert werden:

```
21000h
0003h
------
21003h
```

Dies entspricht dem dezimalen Wert 135171. Dieses Beispiel zeigt recht schön, warum Maschinensprache-Programmierer das Hexadezimalsystem bevorzugen. Um die Segmentadresse zu erweitern, muß an deren hexadezimalen Wert lediglich eine 0 gehängt werden.

Soviel zum Thema »Segmentierung«. Im weiteren Verlauf Ihrer Karriere als Assemblerprogrammierer werden Sie sich zunächst nicht allzu viele Gedanken um Segmente machen müssen. In der Regel wird zu Beginn eines Assemblerprogramms mit Hilfe entsprechender Assembleranweisungen ein Segment für das Programm und ein Segment für die Daten (sofern erforderlich) und vielleicht noch ein Stacksegment definiert. Danach können Sie die Segmente meistens vergessen, da alle Adressen lediglich über einen Offset angesprochen werden.

5.4 Die Adressierungsarten der 8086/88-CPU

Die meisten der 92 Maschinenbefehle der 8086/88-CPU benötigen einen oder zwei Operanden. Befehle mit einem Operanden werden in der Form

```
Befehl <Operand>
```

und Befehle mit zwei Operanden werden in der Form

```
Befehl <Ziel-Operand>,<Quell-Operand>
```

angegeben.

Ein typisches Beispiel für einen Befehl mit zwei Operanden ist »ADD BX,55«. Dieser Befehl addiert die Zahl 55 (Quell-Operand) zum Inhalt des Registers BX (Ziel-Operand). Nicht immer ist der Operand explizit im Befehl enthalten. In vielen Fällen muß die 8086/88-CPU zunächst die Speicheradresse berechnen, unter der der Operand zu finden ist oder gespeichert werden soll. Die »Rechenvorschrift«, nach der die Adresse eines Operanden ermittelt wird, wird als Adressierungsart bezeichnet. Die Anzahl der verschiedenen Adressierungsarten, die eine CPU bietet ist gleichzeitig ein Maß für ihre Leistungsfähigkeit. Eine CPU glänzt nicht nur durch die Befehle, die sie ausführen kann, sondern auch durch die Art und Weise wie sie diese ausführt, genauer gesagt, wie schnell sie ausgeführt werden. Eine leistungsfähige Adressierung befähigt die CPU Dinge zu tun, die eine andere CPU vielleicht gar nicht oder nur unter größerem Aufwand bewerkstelligt.

Die 8086/88-CPU verfügt über sieben verschiedene Adressierungsarten. Auch wenn Sie die einzelnen Adressierungsarten in den Kapiteln 6 bis 9 an Beispielen kennenlernen werden, soll vorab schon einmal eine Übersicht erfolgen.

Folgende Adressierungsarten stehen zur Verfügung:

1. Registeradressierung
2. Unmittelbare Adressierung
3. Direkte Adressierung
4. Indirekte Registeradressierung
5. Basisrelative Adressierung
6. Direktindizierte Adressierung
7. Basisindizierte Adressierung

Die Adressierungsarten lassen sich grob in zwei Gruppen unterteilen: Speicheradressierung und Nicht-Speicheradressierung. Bei der Speicheradressierung befindet sich der Operand im Arbeitsspeicher. Zur Nicht-Speicheradressierung gehören die Registeradressierung und die unmittelbare Adressierung. Während sich im ersten Fall der Operand in einem CPU-Register befindet, folgt im zweiten Fall der Operand unmittelbar auf den Befehlsopcode (daher auch die Bezeichnung). In beiden Fällen muß kein zusätzlicher Zugriff auf den Arbeitsspeicher durchgeführt werden, was natürlich die Ausführungsgeschwindigkeit erhöht.

Die effektive Adresse (EA)

Der Speicheradressierung liegt stets eine effektive Adresse (kurz EA) zugrunde. Bei der EA handelt es sich um den Offsetanteil der physikalischen Adresse, das heißt um die Entfernung in Bytes zwischen dem Beginn des Segments und der Position des Operanden in dem betreffenden Segment. Zwei wichtige Merksätze sollten Sie sich bereits an dieser Stelle gut einprägen:

Merksatz 1:
Für jeden Zugriff auf den Arbeitsspeicher wird eine effektive Adresse benötigt, die den Offsetanteil der physikalischen Adresse bildet.

Merksatz 2:
Die Adressierungsart legt fest, wie die effektive Adresse gebildet wird.

Es wurde bereits darauf hingewiesen, daß es verschiedene Adressierungsarten, und damit auch verschiedene Möglichkeiten gibt, die effektive Adresse zu bilden. Die einzelnen Adressierungsarten werden im folgenden in einer Übersicht vorgestellt und in den Kapiteln 6–9 an zahlreichen Beispielen auch angewendet.

1. Registeradressierung

Hier befindet sich der Operand in einem CPU-Register:

```
OR BX,AX
```

Dieser OR-Befehl verknüpft den Inhalt des AX-Registers mit dem Inhalt des BX-Registers nach der ODER-Regel. Sowohl beim Ziel- als auch beim Quelloperanden liegt eine Registeradressierung vor.

2. Unmittelbare Adressierung

Hier wird der Operand als ein konstanter 8- oder 16-Bit-Wert angegeben:

```
ADD AL,-39
```

Der ADD-Befehl addiert den Wert −39 zum Inhalt des AL-Registers. Bezogen auf den Quelloperanden liegt eine unmittelbare Adressierung vor, bezogen auf den Zieloperanden dagegen eine Registeradressierung. Ein unmittelbarer Operand, der in manchen Büchern oder Tabellen auch als »Immediate« bezeichnet wird, verdankt seinem Namen der Tatsache, daß er direkt auf den Operanden folgt.

3. Direkte Adressierung

Hier wird der Operand aus dem Arbeitsspeicher geholt. Die effektive Adresse (EA) des Operanden folgt direkt auf den Befehlsopcode. Die Bezeichnung »direkt« ist zugegeben nicht ganz glücklich gewählt und führt oft dazu, daß sie mit der unmittelbaren Adressierung verwechselt wird.

```
MOV AX,TABELLE
```

Dieser MOV-Befehl lädt den Inhalt der Speicherzelle mit der symbolischen Adresse TABELLE (TABELLE steht für die Offsetadresse) in das AX-Register. Für die Bildung der physikalischen Adresse wird der Offset von TABELLE zu dem (um vier Nullbits erweiterten) Inhalt des DS-Registers (dieses Register ist bei der direkten Adressierung, sofern nicht anders festgelegt, immer, wenn auch für den Programmierer »unsichtbar«, beteiligt) addiert.

4. Indirekte Adressierung

Hier befindet sich die effektive Adresse des Operanden entweder im BX-, BP-, DI- oder SI-Register.

```
MOV AX,[BX]
```

Der MOV-Befehl lädt den Inhalt der Speicherstelle, deren Offsetadresse im BX-Register enthalten ist, in das AX-Register. Wenn als Adreßregister das BX-, DI- oder SI-Register verwendet wird, holt die CPU den Segmentanteil aus dem DS-Register. Nur bei Verwendung des BP-Registers wird der Segmentanteil aus dem SS-Register geladen. Die indirekte Adressierung empfiehlt sich zum Beispiel dann, wenn mehrere Werte innerhalb einer Schleife adressiert werden sollen, da in diesem Fall durch fortlaufende Erhöhung des BX-Registers das nächste Element angesprochen wird.

5. Basisrelative Adressierung

Hier wird die effektive Adresse aus der Addition einer 16-Bit-Konstante, eines sogenannten »Displacements«, zu dem Inhalt des BX- oder BP-Registers.

```
MOV AX,[BX]+4
```

Der MOV-Befehl lädt den Inhalt der Speicherstelle, deren Offsetadresse sich durch die Formel »Inhalt des BX-Registers + 4« ergibt, in das AX-Register. Da es sich bei dem Displacement um eine Konstante handelt, muß innerhalb einer Schleife das Register variiert werden, um beispielsweise eine Tabelle zu adressieren. Auch hier wird bei Verwendung des BX-Registers der Segmentanteil aus dem DS-Register und bei Verwendung des BP-Registers der Segmentanteil aus dem SS-Register geholt.

6. Indizierte Adresslerung

Diese Adressierungsart entspricht der basisrelativen Adressierung, allerdings wird hier wahlweise das DI- oder das SI-Register verwendet.

```
MOV DI,2
MOV AL,TABELLE[DI]
```

Zuerst wird in das DI-Register der Wert 2 geladen. Anschließend wird in das AL-Register der Wert jener Speicherzelle geladen, deren Offsetadresse sich nach der Formel »Offset von TABELLE + Inhalt des DI-Registers« berechnet. Auch diese Adressierungsart eignet sich gut für den Zugriff auf Tabellen, wobei das Displacement auf den Beginn der Tabelle und das Index-Register auf ein Element in dieser Tabelle zeigt. Sowohl bei Verwendung des DI- als auch bei Verwendung des SI-Registers wird der Segmentanteil aus dem DS-Register geholt.

7. Basisindizierte Adressierung

Hier wird die effektive Adresse aus der Summe von drei Komponenten gebildet: dem Inhalt eines Basis-Registers (BX oder BP), dem Inhalt eines Index-Registers (DI oder SI) und einem 16-Bit-Displacement (wobei letzteres auch entfallen kann). Dabei darf ein Basis-Register nur mit einem Index-Register kombiniert werden (die Kombination »[BX] [BP]« ist nicht erlaubt). Die basisindizierte Adressierung wird zum Beispiel für den Zugriff auf zweidimensionale Tabellen verwendet.

```
MOV AX,TABELLE [BP][SI]
```

Dieser MOV-Befehl lädt das AX-Register mit dem Inhalt der Speicherstelle, deren Adresse sich aus durch die Formel »Offsetadresse von TABELLE + Inhalt des BP-Registers + Inhalt des SI-Registers« ergibt. Ein Displacement wurde nicht aufgeführt. Die Frage des Segment-Registers hängt vom BP-Register ab. Wird dieses Register verwendet, wird der Segmentanteil aus dem SS-Register, ansonsten aus dem DS-Register geholt.

Soviel zu den einzelnen Adressierungsarten, die hier nur kurz vorgestellt wurden, da in den Kapiteln 7 bis 9 ausführlichere Beispiele folgen werden. Tabelle 5.1 zeigt die einzelnen Adressierungsarten eines Segment-Registers in einer Übersicht, wobei auch das Segment-Register aufgeführt wird, das standardmäßig zur Berechnung der physikalischen Adresse dient.

Adressierungsart	Format	Segment-Register
Register	Register	Keines
Unmittelbar	Wert	Keines
Register-Indirekt	[BX]	DS
	[BP]	SS
	[DI]	DS
	[SI]	DS
Basisrelativ*	Label[BX]	DS
	Label[BP]	SS
Direkt indiziert*	Label[DI]	DS
	Label[SI]	DS
Basis indiziert*	Label[BX+SI]	DS
	Label[BX+DI]	DS
	Label[BP+SI]	SS
	Label[BP+DI]	SS

* Das Label kann durch ein Displacement ersetzt werden, so daß zum Beispiel anstelle von TABELLE[DI] auch [10+DI] geschrieben werden kann.

Tabelle 5.1: *Die Adressierungsarten*

5.5 Der Befehlssatz der 8086/88-CPU

Der Befehlssatz der 8086/88-CPU umfaßt insgesamt 92 Maschinenbefehle. In den Nachfolge-CPUs stehen zusätzliche Befehle zur Verfügung, die teilweise auch im Real-Modus dieser CPUs genutzt werden können. Zusammen mit den sieben Adressierungsarten lassen sich weit über tausend Befehlskombinationen bilden. Viele von den Befehlen des 8086/88 werden Sie am Anfang nicht benötigen, manche werden Sie auch nach jahrelanger Programmierpraxis noch nicht eingesetzt haben. Die meisten Programme werden erfahrungsgemäß mit einem »harten Kern« von etwa 30 bis 40 Befehlen geschrieben. Trotzdem ist eine Kenntnis aller Befehle und insbesondere deren spezifischen Vor- und Nachteile empfehlenswert, wenn man die Möglichkeiten der 8086/88-CPU ausschöpfen möchte. Wie bereits im letzten Abschnitt erwähnt wurde, benötigt ein Maschinenbefehl entweder keinen, einen oder zwei Operanden. Weiterhin gibt es verschiedene Möglichkeiten, einen Operanden zu adressieren.

Jeder der Maschinenbefehle benötigt eine bestimmte Zeit für seine Ausführung. Diese Zeit wird Ausführungszeit genannt und in Taktzyklen angegeben, da diese Angabe (anders als eine Zeitangabe) unabhängig von der Taktfrequenz der CPU ist. Die Dauer eines Taktzyklus ist die elementarste Zeiteinheit auf Maschinenebene und berechnet sich aus dem Kehrwert der Taktfrequenz. Bei einer 8086/88-CPU, die mit einer Taktfrequenz von 4,77 MHz betrieben wird, ergibt sich ein Taktzyklus von ca. 200 ns (ns steht für Nanosekunde, eine Nanosekunde entspricht 10.h.-9.h. Sekunden), bei einer 33 MHz 80386-CPU sind es lediglich 30 ns. Kein Maschinenbefehl der 8086/88-CPU kann in einem Taktzyklus ausgeführt werden. Selbst ein Befehl, der »nichts« tut, wie der NOP-Befehl (NOP bedeutet »No Operation«) benötigt bereits drei Taktzyklen, während zum Beispiel der Multiplikationsbefehl MUL bei einer 8088-CPU bis zu 160 Taktzyklen beanspruchen kann. Bei der Anzahl der Taktzyklen muß im Falle einer Speicheradressierung zwischen der 8088- und der 8086-CPU unterschieden werden, da letztere aufgrund ihres 16-Bit-Datenbusses einen Operanden schneller einlesen kann. Zusätzlich zu der Ausführungszeit eines Maschinenbefehls muß die Zeit berücksichtigt werden, die für die Berechnung der effektiven Adresse benötigt wird. Genauere Angaben über die Ausführungsgeschwindigkeit der einzelnen Maschinenbefehle finden Sie im Anhang B.

Auch wenn jeder Befehl individuell verschieden ist, kann der Befehlssatz der 8086/88-CPU in sieben Funktionsgruppen aufgeteilt werden:

1. Datentransportbefehle
2. Arithmetische und logische Befehle
3. Ein-/Ausgabe-Befehle
4. Verzweigungsbefehle
5. Zeichenketten-(String-)Befehle
6. Unterbrechungsbefehle
7. CPU-Steuerbefehle

Einzelne Befehle sollen an dieser Stelle nicht aufgelistet werden, da eine Besprechung des kompletten Befehlssatzes der 8086/88-CPU in den nächsten drei Kapiteln erfolgt. Damit wäre die Beschreibung der 8086/88-CPU zunächst einmal komplett und Sie sind mit den Grundlagen versorgt, die Sie für einen ersten Einstieg in die Programmierung der 8086/88-CPU benötigen.

Falls Sie jedoch tiefer in die Maschinensprache-Programmierung einsteigen möchten, ist eine Kenntnis der internen Abläufe der 8086/88-CPU äußerst nützlich. Mit dem detaillierten Aufbau der 8086/88-CPU und mit den Abläufen bei der Ausführung eines Maschinenprogramms lassen sich ganze Bücher füllen. Auch wenn dieses Buch nicht für Techniker geschrieben wurde, gibt es ein paar technische Details, über die Sie als ambitionierter Maschinensprache-Programmierer Bescheid wissen sollten. Die nächsten drei Abschnitte beschäftigen sich daher mit den wichtigsten internen Abläufen:

– der Ausführung eines Maschinenprogramms
– der Ein-/Ausgabeorganisation
– der Interrupt-Verarbeitung

Diese drei Abschnitte sind für das Verständnis der folgenden Kapitel nicht unbedingt erforderlich und für den Anfänger sicher auch nicht auf Anhieb zu verstehen. Sie sollten sie daher nur lesen, wenn Sie mit den grundsätzlichen Abläufen in einer CPU bereits vertraut sind, oder wenn es Sie brennend interessiert.

5.6 Die Ausführung eines Maschinenprogramms

Wenngleich die 8086/88-CPU aus einer Vielzahl von Komponenten besteht, läßt sie sich grob in zwei Funktionsgruppen unterteilen:

– der Ausführungseinheit (EU)
– der Schnittstelleneinheit (BIU)

Während die Ausführungseinheit (englisch »Execution Unit« oder kurz EU) für die Ausführung eines Befehls zuständig ist, sorgt die Schnittstelleneinheit (englisch »Bus Interface Unit« oder kurz BIU) für die Adressierung des Arbeitsspeichers. Da beide Komponenten weitestgehend unabhängig voneinander arbeiten (siehe Bild 5.7), ist eine gewisse »Parallelverarbeitung« möglich. Um den Ablauf bei der Ausführung eines Maschinenprogramms zu verstehen, ist es zunächst notwendig, alle Komponenten zu beschreiben, die an der Ausführung beteiligt sind. Da wäre zunächst das IP-Register. Das Befehlszeiger-Register IP hat bei der 8086/88-CPU eine etwas andere Bedeutung als der Programmzähler bei 8-Bit-CPUs. Das IP-Register zeigt stets auf den nächsten aus dem Speicher zu ladenden Befehl. Da dieser zunächst in eine interne Warteschlange geladen wird, gibt das IP-Register nicht unbedingt den als nächstes auszuführenden Befehl an. Eine Konsequenz für die Programmierung hat diese Unterscheidung jedoch nicht. Ohnehin wird durch das IP-Register lediglich der Offset der Speicherzelle festgelegt, die den als nächstes zu ladenden Befehl enthält. Der Segmentanteil dieser Speicherzelle kommt immer aus dem CS-Register und wird mit dem Inhalt des IP-Registers von der BIU zu einer 20-Bit-Adresse kombiniert.

Bei der Ausführung eines Maschinenprogramms lädt die BIU den nächsten Befehl aus dem Arbeitsspeicher in eine interne Warteschlange (6 Byte Länge beim 8086, 4 Byte Länge beim 8088). Die Warteschlange ist nach dem »First In – First Out«-Prinzip organisiert, das heißt der Befehl, der zuerst abgelegt wurde, wird von der EU auch zuerst wieder entnommen. Mit anderen Worten, die EU holt sich den als nächstes auszuführenden Befehl nicht direkt aus dem Arbeitsspeicher, sondern aus der Warteschlange. Natürlich kann es auch passieren, daß die Warteschlange leer ist. Dies ist immer nach einem Sprung der Fall, oder wenn die EU die Befehle schneller ausführt, als die BIU sie nachladen kann. In diesem Fall muß die EU warten, bis die BIU den nächsten Befehl geladen hat.

Sie sehen, zwischen der EU und der BIU herrscht eine sinnvolle Arbeitsteilung. Diese Arbeitsteilung bedeutet in der Regel aber auch einen Zeitgewinn, da während die EU einen Befehl ausführt, die BIU bereits dessen Operanden oder den nächsten Befehl in die Warteschlange laden kann. Damit wird eine bessere Auslastung des Busses erreicht.

Zur EU gehören:
– die allgemeinen Register
– die Arithmetikeinheit
– die Steuereinheit zur Koordinierung des Ablaufes in der Ausführungseinheit
– das Status-Register
– ein Befehls-Register zur Zwischenspeicherung des Befehlsbyte während der Ausführung

Zur BIU gehören:
– die vier Segment-Register
– das Befehlszähler-Register
– das Adreßaddierwerk von 20 Bit Breite
– die 6-Byte-(4 Byte bei 8088)Warteschlange

Der von der EU berechnete Offset für den Zugriff auf einen Speicheroperanden ist die effektive Adresse (EA). Aus diesem Offset berechnet die BIU, wie in Kapitel 5.3 beschrieben, mit dem Inhalt des zugeordneten Segment-Registers die physikalische 20-Bit-Adresse. Auf welche Weise die EU die effektive Adresse berechnen soll, wird über das zweite Byte im Opcode eines Maschinenbefehls mitgeteilt (es handelt sich um das sogenannte »mod/reg/mem«-Byte, dessen Bezeichnung sich aus der Aufteilung des Bytes ableitet). Die EU geht dabei von einer standardmäßigen Zuordnung der Segment-Register aus. So wird bei einer Adressierungsart, die sich auf das BP-Register bezieht, standardmäßig das SS-Register zur Adreßberechnung verwendet, während eine Adressierungsart, die sich auf das BX-Register bezieht, standardmäßig das DS-Register verwendet. Diese Zuordnung kann durch Voranstellen eines sogenannten »Segment-Aufhebungs-Präfixes« (»Segment-Overide-Präfixes«) umgangen werden. Hierbei handelt es sich um ein spezielles Byte, das dem Maschinenbefehl vorangeht. Trifft die CPU auf einen der vier möglichen Präfixe, hebt die BIU die Standardzuweisung auf und verwendet das durch den Präfix festgelegte Segment-Register zur Adreßberechnung. Ein Segment-Aufhebungs-Präfix wird in einem Assemblerprogramm durch einen Segment-Aufhebungsoperator (siehe Kapitel 10.3) assembliert.

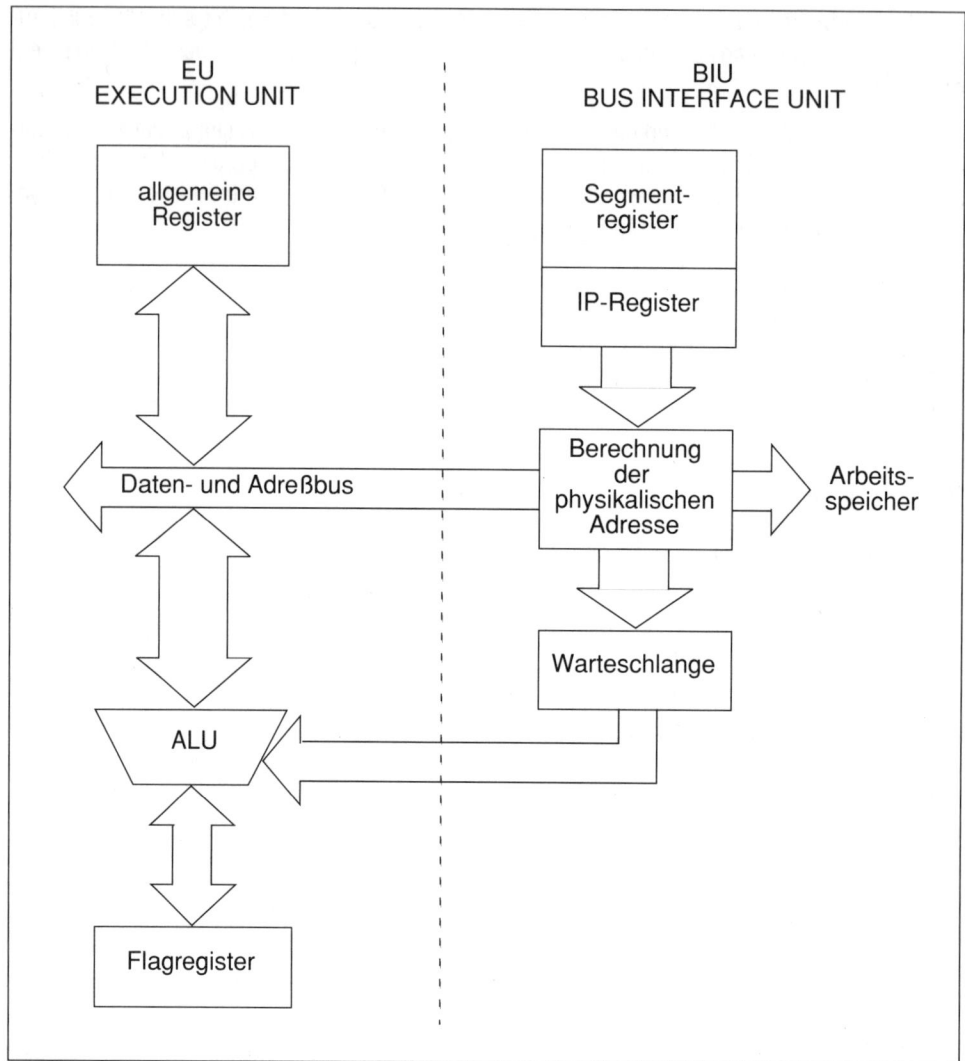

Bild 5.7: *Die BIU und die EU der 8086/88-CPU*

Wenngleich die Ausführung eines Maschinenprogramms ein relativ komplizierter Vorgang ist, muß man sich als Maschinenprogrammierer niemals mit diesen technischen Details beschäftigen. Dennoch kann es nie schaden zumindest das Prinzip zu kennen. Die CPU führt ein Maschinenprogramm in einem festen Zyklus aus, der die Phasen

– Befehl holen
– Befehl dekodieren
– Befehl ausführen

enthält. Die CPU kann demnach einen neuen Befehl erst dann beginnen, nachdem der alte Befehl komplett abgearbeitet wurde. Jedes Byte, egal, ob es sich um ein Befehls- oder Datenbyte handelt, muß durch einen Lesezyklus in die CPU geladen werden. Ein Lesezyklus ist ein Vorgang, der eine bestimmte Anzahl an Taktzyklen benötigt (bei der 8088-CPU sind es 4 Taktzyklen), und der in der Regel auch nicht unterbrochen werden kann. Diese Zeitspanne kann bei der 8086/88-CPU dank einer primitiven »Pipeline-Struktur« teilweise genutzt werden, da die EU in dieser Zeit einen Befehl ausführen kann. Modernere CPUs, wie die 80386-CPU oder der i860 von Intel, besitzen eine wesentlich komplexere Pipeline, die von mehreren Befehlen gleichzeitig durchlaufen werden kann.

Bei der 8086/88-CPU besteht das Pipelining lediglich darin, daß die BIU laufend Befehle aus dem Speicher holt und diese in die Warteschlange legt. Die EU holt sich die Befehle aus der Warteschlange und führt sie aus. Einen Gewinn bringt dieses Prinzip aber nur, wenn das Ausführen eines Befehls länger dauert als das Lesen eines Befehls, das heißt das Auffüllen der Warteschlange. Ansonsten läuft die Warteschlange leer, da die EU schneller entnimmt als die BIU liefern kann. Ferner kann die Warteschlange lediglich vier (bei 8086 sechs) Bytes aufnehmen, so daß sich in der Regel nur ein bis zwei Befehle in der Warteschlange befinden können. Diese Umstände müssen berücksichtigt werden, wenn es darum geht, die Ausführungsgeschwindigkeit eines Maschinen-programms exakt zu ermitteln. Das Zusammenspiel zwischen EU, der Warteschlange und der BIU ist in der Praxis noch um einiges komplizierter als es in diesem Buch angedeutet werden kann. Erschwerend kommt hinzu, daß Details von Intel als Betriebsgeheimnis gehütet werden und ohne komplizierte Hardware daher nicht zu klären sind. Es sei aber noch einmal darauf hingewiesen, daß man sich als Maschinensprache-Programmierer um derartige Details normalerweise nicht zu kümmern braucht.

Sprünge leeren die Warteschlange

Die Warteschlange kann ferner natürlich nur so lange effektiv genutzt werden, bis ein Sprungbefehl auftritt. Bei Auftreten eines Sprungbefehls wird die Warteschlange zwangsläufig geleert, da alle eventuell noch in der Warteschlange enthaltenen Befehle nicht mehr zur Ausführung gelangen. Die Warteschlange kann daher recht einfach über den Befehl

```
JMP  $+2
```

geleert werden. Dieser JMP Befehl springt auf das erste Byte, das auf seinen eigenen Opcode folgt und hat somit keinerlei Auswirkung auf das Programm. Die Zieladresse wird über den Adreßzähler des Assemblers festgelegt, der während der Assemblierung immer dem aktuellen Offset innerhalb eines Segments entspricht.

Auch bei dem Auffüllen der Warteschlange tritt ein weiterer Unterschied zwischen dem 8086 und dem 8088 zutage. Letzterer holt bereits bei einem freien Byte in der Warteschlange ein weiteres Byte aus dem Speicher. Anders der 8086, der aufgrund der Tatsache, daß er zwei Bytes auf einmal lesen kann, dementsprechend auch zwei freie Bytes in der Warteschlange benötigt. Eine Aus-nahme stellt beim 8086 das Lesen eines Bytes von einer ungeraden Adresse in die Warteschlange dar. In diesem Fall holt auch die 8086-CPU nur ein Byte, um wieder auf eine gerade Adresse zu kommen. Anschließend werden dann wieder zwei Bytes auf einmal gelesen.

5.7 Die Adressierung des Ein-/Ausgabe-Speichers

Neben dem Arbeitsspeicherbereich kann die 8086/88-CPU auch einen weiteren maximal 64 Kbyte großen Speicherbereich ansprechen, der speziell für den Datenaustausch mit Peripheriegeräten konzipiert wurde. Dieser Bereich wird als Ein-/Ausgabebereich (E/A-Bereich) bezeichnet. Jede der auf diese Weise adressierbaren »Speicherzellen« wird auch als E/A-Port, die Adresse eines E/A-Ports entsprechend als Portadresse bezeichnet. Die Anführungsstriche sollen darauf hinweisen, daß es sich nicht um richtige Speicherzellen handelt, sondern um Register der einzelnen Peripheriebausteine. Wie viele E/A-Ports zur Verfügung stehen, hängt also davon ab, wie viele Peripheriebausteine mit adressierbaren Registern vorhanden sind.

Der Datenaustausch zwischen dem E/A-Bereich und der CPU verläuft über spezielle Befehle. Während über den Befehl IN ein Byte oder ein Wort von einem E/A-Port eingelesen werden kann, ist der Befehl OUT für die Ausgabe auf einen E/A-Port zuständig. So wird durch den Befehl

```
IN AL,33h
```

der Inhalt der Portadresse 33h in das AL-Register geladen und durch den Befehl

```
OUT 50h,AX
```

der Inhalt des AX-Registers auf dem E/A-Port mit der Adresse 50h ausgegeben. Für den Fall, daß die Portadresse größer als 255 ist, muß das DX-Register zur Adressierung herangezogen werden, das dann die Adresse des E/A-Ports enthält. Diese indirekte Adressierung funktioniert auch mit Portadressen zwischen 0 und 255.

Nicht alle Portadressen sind frei verwendbar. So sind zum Beispiel die Adressen FFFEh und FFFFh reserviert und sollten daher nicht von Anwenderprogrammen angesprochen werden. Bei einem normalen PC sind ohnehin nur die ersten 1024 Portadressen ansprechbar, da für die Adressierung der E/A-Ports nur zehn Adreßleitungen zur Verfügung stehen. Ein unabhängiger E/A-Bereich stellt nur eine Möglichkeit für den Datenaustausch mit Peripheriegeräten dar. Eine weitere Möglichkeit, die in einigen Fällen auch auf 80x86-Systemen (zum Beispiel bei der direkten Programmierung des Grafikprozessors 34010) eingesetzt wird, wird als »memory mapped« bezeichnet. Wenn ein Register eines Peripheriebausteins »memory mapped« ist (was frei übersetzt soviel wie »in den Arbeitsspeicher eingegliedert« bedeutet), kann es wie jede andere Speicherzelle auch angesprochen werden. Im Gegensatz zu den eingeschränkten Möglichkeiten der E/A-Befehle können mit den Inhalten der Peripherie-Register alle Operationen durchgeführt werden, die auch mit normalen Speicherzellen zugelassen sind.

5.8 Die Verarbeitung von Interrupts (Unterbrechungen)

Interrupts, das heißt Unterbrechungen des laufenden Programms, spielen für die Funktion eines PC eine sehr wichtige Rolle. Zum einen ermöglichen sie es der CPU, ihre Ressourcen wesentlich effektiver zu nutzen, da sie zum Beispiel auf bestimmte, relativ selten auftretende Ereignisse, nicht laufend warten muß, sondern sie nur dann bearbeitet, wenn sie auftreten. Ein Beispiel ist die Tastaturabfrage. Normalerweise erfolgen Tastatureingaben in unregelmäßigen Abständen. Es wäre äußerst ineffektiv, wenn die CPU, etwa in einer Schleife, ständig die Tastatur-Ports auf eine Eingabe prüfen müßte. Das wäre etwa das gleiche, als würde Ihr Telefon über keine Klingel verfügen und Sie müßten alle dreißig Sekunden den Telefonhörer abheben, um festzustellen, ob Sie jemand anruft. Es wäre schwierig, daneben noch eine sinnvolle Tätigkeit durchzuführen. Auch bei einer CPU würde die meiste Zeit auf im Grunde unnötige Abfragen entfallen. Wesentlich effektiver als dieses sogenannte »Polling« (das in Computer-Systemen durchaus eingesetzt wird) wäre es, wenn die CPU ihre Arbeit verrichten und nur dann auf eine Tastatureingabe reagieren würde, wenn sie tatsächlich aufgetreten ist. Dies wird in einem PC mit Hilfe eines speziellen Interrupts, der entsprechend als Tastaturinterrupt bezeichnet wird, realisiert. Immer, wenn eine Taste betätigt wird, wird ein Interrupt ausgelöst, das laufende Programm nach einem festem Schema unterbrochen und eine spezielle Routine aufgerufen, die sich um die Tastatureingabe kümmert. Nachdem die Interrupt-Routine vollständig abgearbeitet wurde, wird das unterbrochene Programm so fortgesetzt, als sei nichts geschehen. Tatsächlich wurde aber ein für den PC »lebenswichtiger« Vorgang in minimaler Zeit erledigt.

Was passiert bei Auftreten eines Interrupts?

Grundsätzlich muß zwischen Hard- und Software-Interrupts unterschieden werden. Hardware-Interrupts werden durch die Hardware (Tastatur, Timer, Diskkontroller usw.) ausgelöst, während für einen Software-Interrupt die Software (zum Beispiel ein INT-Befehl) zuständig ist. Da die Behandlung eines Hardware- und eines Software-Interrupts vom Standpunkt des Programmierers identisch ist, sollen beide Interrupt-Typen auch zusammen besprochen werden.

Zu jedem Interrupt gehört eine Nummer und die Adresse der Interrupt-Routine. Über die Interrupt-Nummer, die zwischen 0 und 255 liegen kann, wird aus einer Tabelle, die in den ersten 1024 Byte des Arbeitsspeichers untergebracht ist, die Adresse der Interrupt-Routine ermittelt. Jedem der 256 möglichen Interrupts ist dabei eine 4-Byte-Speicheradresse zugeordnet. Eine solche Adresse wird auch als Interrupt-Vektor (Zeiger) und die Tabelle, die diese Vektoren enthält, entsprechend als Interrupt-Vektortabelle bezeichnet. Die ersten beiden Bytes eines Interrupt-Vektors enthalten den Offset- und die beiden letzten Bytes den Segmentanteil der Interrupt-Routine. So wird durch einen Interrupt mit der Nummer 7, der beispielsweise durch den Befehl »INT 7« ausgelöst werden kann, jene Interrupt-Routine ausgeführt, deren Adresse in den Speicherzellen mit den Adressen 0000:0028 bis 0000:0031 gespeichert ist.

Die Verarbeitung von Hardware-Interrupts

Im letzten Abschnitt wurde bereits die Tastatur als eine mögliche Interrupt-Quelle ausgemacht. Neben der Tastatur gibt es in einem PC aber noch eine Reihe weiterer Interrupt-Quellen (siehe Tabelle 5.2). Bevor diese Interrupt-Quellen ausführlicher besprochen werden, soll auf das Prinzip der Interrupt-Verarbeitung etwas näher eingegangen werden. Die 80x86-CPU verfügt über zwei Interrupt-Eingänge mit den Bezeichnungen »INTR« (INTR steht für »Interrupt Request«, das heißt Interrupt-Anforderung) und »NMI«. Der NMI-Eingang ist schwerwiegenden Katastrophen, wie zum Beispiel einem Paritätsfehler der RAM-Bausteine, vorbehalten. In PC-Systemen wird dieser Eingang aber auch für andere Komponenten, zum Beispiel für den mathematischen Koprozessor, verwendet. Ein Impuls auf diesen Eingang bewirkt, daß die 8086/88-CPU einen nicht maskierbaren Interrupt (NMI steht für »Non Maskable Interrupt«) auslöst. Die Bezeichnung »nicht maskierbar«

steht für den Umstand, daß dieser Interrupt nicht durch Löschen des Interrupt-Freigabeflags im Flag-Register der CPU unterdrückt werden kann. Die Begriffe »maskierbar« und »nicht maskierbar« werden in Zusammenhang mit der Beschreibung der PC-Interrupts leider oft fälschlich verwendet. Strenggenommen werden mit maskierbaren Interrupts nur jene Interrupts bezeichnet, die über den Interrupt-Kontroller 8259A auf den INTR-Eingang der CPU gelangen. Die nicht maskierbaren Interrupts werden der CPU dagegen über den NMI-Eingang zugeführt. Nur die erste Gruppe von Interrupts kann durch Löschen des Interrupt-Freigabeflags unterdrückt werden. Ist dieses Flag gelöscht, hat ein solcher Interrupt keine Funktion, das heißt, das Programm kann vor einer Unterbrechung geschützt werden. Ein eintreffender Interrupt wird jedoch zwischengespeichert und nach dem erneuten Setzen des Interrupt-Freigabeflags abgearbeitet.

Interrupt-Eingang	Interrupt-Nummer	Vektor-Quelle	Adresse
IRQ0	08h	0020h	Timer-Kanal 0
IRQ1	09h	0024h	Tastatur
IRQ2	0Ah	0028h	Grafikadapter
IRQ3	0Bh	002Ch	Serieller Port2
IRQ4	0Ch	0030h	Serieller Port1
IRQ5	0Dh	0034h	Festplatte*
IRQ6	0Eh	0038h	Diskette
IRQ7	0Fh	003Ch	Parallel-Port1

* Bei ATs liegt hier Parallel-Port2

Tabelle 5.2: *Hardware-Interrupt-Quellen: in einem PC*

Ein Interrupt entspricht daher, um noch einmal auf das Beispiel mit dem Telefon zurückzukommen, dem Klingeln des Telefons. Sobald das Telefon klingelt (Interrupt-Anforderung) werden Sie Ihre Tätigkeit unterbrechen und den Hörer abnehmen (Interrupt-Bearbeitung). Nach Beendigung des Gespräches setzen Sie Ihre Arbeit (hoffentlich) an der Stelle fort, wo Sie sie zuvor unterbrochen hatten. Das Interrupt-Freigabeflag hätte in diesem Fall die Funktion eines Schalters, der die Glocke des Telefons ein- oder ausschalten kann.

Die Rolle des PIC 8259A in einem PC

Ein PC verfügt über mehrere Interrupt-Quellen, wie zum Beispiel die Tastatur, der interne Timer-Baustein 8253 oder der Festplattenkontroller. Da die 8086/88-CPU aber nur über einen Interrupt-Eingang verfügt, wird ein zusätzlicher Baustein benötigt, der die einzelnen InterruptAnforderungen in Empfang nimmt und jeweils einen Interrupt an die CPU weiterleitet. In PCs wird hierzu der »Programmable Interrupt Controller« (PIC) 8259A verwendet. Dieser Baustein ist in der Lage, maximal acht Interrupt-Quellen zu verwalten. Jedem Interrupt wird eine Priorität zugeordnet, so daß beim gleichzeitigen Eintreffen mehrerer Interrupts eindeutig festgelegt ist, wer zuerst der CPU gemeldet wird. Zusätzlich erzeugt der PIC im Rahmen des sogenannten »Interrupt Acknowledge Cycle« (der Unterbrechungsbestätigung) eine Zahl zwischen 0 und 255. Diese Interrupt-Nummer wird von der CPU dazu verwendet, die entsprechende Interrupt-Routine aufzurufen. Die CPU multipliziert dazu die Interrupt-Nummer mit 4 und erhält auf diese Weise die Adresse innerhalb der Interrupt-Vektortabelle, unter der die Adresse der Interrupt-Routine abgespeichert ist.

Interrupt	Priorität
Divisionsüberlauf	Hoch
»INT n«-Befehl	
INTO-Befehl	
NMI	
Externer Interrupt über INTR	
Einzelschritt	Niedrig

Tabelle 5.3: *Prioritätsliste der Interrupts*

Im Fall der externen Hardware-Interrupts, die über den PIC verarbeitet werden, ist jeder der acht verschiedenen Interrupt-Quellen eine Zahl zwischen 8 und 15 zugeordnet. Sowohl diese Zuordnung als auch die Prioritäten der einzelnen Interrupts können vom Benutzer geändert werden, da der PIC (wie sein Name auch impliziert) programmiert werden kann. Wie alle anderen Peripherie-Komponenten auch, werden die internen Register des PIC über E/A-Ports angesprochen. Im Falle des Interrupt-Kontrollers sind es die Register 20h und 21h.

Software-Interrupts

Neben den Hardware-Interrupts, die durch eine externe Interrupt-Quelle ausgelöst werden, gibt es bei der 8086/88-CPU noch die Software-Interrupts. Die Software-Interrupts werden wiederum in interne Interrupts und Interrupts, die über den INT- oder INTO-Befehl erzeugt werden, unterteilt. Ein interner Interrupt kann durch einen Divisionsüberlauf oder durch Setzen des Einzelschrittflags im Flag-Register der CPU erzeugt werden. Bei den Software-Interrupts ist die Bezeichnung »Interrupt« streng genommen fehl am Platz, da diese »Interrupts« vom Programmierer entweder in Form eines INT-Befehls gezielt gesetzt oder im Rahmen eines Divisionsüberlaufs oder im Einzelschrittmodus zu einem definierten und (im Prinzip) genau vorhersehbaren Zeitpunkt auftreten. Dennoch wird auch hier die Bezeichnung Interrupt verwendet, da der interne Ablauf beim Auftreten von Software-Interrupts der gleiche ist wie bei den Hardware-Interrupts.

Software-Interrupts über den INT-Befehl

Ein Software-Interrupt kann durch den Befehl INT ausgeführt werden, auf den die Nummer des Interrupts folgen muß. Der INT-Befehl ist eine Art »simulierter« Hardware-Interrupt, dessen Interrupt-Nummer nicht extern erzeugt wird, sondern bis auf zwei Ausnahmen, direkt auf den Befehl folgt. Da der INT-Befehl vom Programmierer bewußt gesetzt wird, handelt es sich bei einem Software-Interrupt streng genommen um keinen Interrupt, sondern vielmehr um eine spezielle Art des Unterprogrammaufrufs. Der INT-Befehl stellt eine elegante Methode zur Verfügung, Routinen, die sich irgendwo im Speicher befinden, aufzurufen. Der INT-Befehl wird in erster Linie dazu verwendet, Maschinenprogramme in das Betriebssystem einzubinden oder Routinen des Betriebssystems (DOS und BIOS) von einem Maschinenprogramm aufrufen zu können. Sie werden in den Kapiteln 6 bis 9 zahlreiche Beispiele finden, in denen über einen INT-Befehl Routinen des Betriebssystems aufgerufen werden.

Die Befehle BRK und INTO

Zwei der internen Software-Interrupts können über Maschinenbefehle ausgelöst werden. Ein Interrupt 3 wird durch den »Befehl« BRK ausgelöst. Offiziell handelt es sich um keinen echten Befehl, es ist vielmehr eine Spezialform des INT-Befehls. Folgt auf den INT-Befehl die Zahl 3,

INT 3

wird nämlich nur ein 1-Byte-Befehl mit dem Opcode »CCh« assembliert Dieser Interrupt wird in erster Linie zur Fehlersuche in einem Maschinenprogramm verwendet. Jedesmal, wenn die CPU den Befehl »INT 3« ausführt, wird die dazugehörige Interrupt-Routine aufgerufen. Durch diese Routine kann man zum Beispiel den aktuellen Inhalt der CPU-Register ausgeben lassen und so einen einfachen Debugger aufbauen.

Der zweite Befehl, der einen Interrupt auslösen kann, heißt INTO (INTerrupt on Overflow). Auch dieser Befehl besitzt einen eigenen Opcode mit dem Wert »CEh«. Dieser Befehl führt immer dann einen Interrupt 4 aus, wenn das Überlaufflag im Status-Register gesetzt ist.

In der Tabelle 5.4 sind die wichtigsten Interrupts eines PC mit den dazugehörigen Nummern aufgeführt.

Interrupt Nr.	Funktion
0	Division durch 0
1	Einzelschritt-Modus
2	NMI (nicht maskierbar)
3	Haltepunkt (BRK)
4	Überlauf (INTO)
5	Bildschirmausgabe auf Drucker
6	Reserviert (zum Beispiel für Maus)
7	Reserviert
8259A PIC-Interrupts: 8	Timer (IRQ 0)
9	Tastatur (IRQ 1)
0Ah	Reserviert (IRQ 2)
0Bh	Schnittstelle Port 1 (IRQ 3)
0Ch	Schnittstelle Port 2 (IRQ 4)
0Dh	Festplatte (IRQ 5)
0Eh	Diskettenlaufwerk (IRQ 6)
0Fh	Drucker (IRQ 7)
BIOS- und DOS-Interrupts: 10h-1Fh	BIOS Funktionen
20h-27h	DOS-Funktionen
28h-0FFh	frei verfügbar*
Die Interrupts haben in jedem Computer, der auf einer 8086/88-CPU basiert, dieselbe Funktion. Die Interrupts 8 bis 15 sind in einem PC, dem PIC 8259A, zugeordnet. In einem AT existieren acht zusätzliche Interrupts mit den Nummern 16 bis 23, da es hier einen zweiten PIC 8259A gibt. Zusammen mit dem Interrupt 2 (NMI) sind dies die einzigen Interrupts, die über die Hardware erzeugt werden. Der Rest der Interrupts übernimmt spezielle Funktionen im Zusammenhang mit dem Betriebssystem MS-DOS.	

* Einige der Vektoren (zum Beispiel INT 67h) sind für MS-DOS-Erweiterungen reserviert.

Tabelle 5.4: *Interruptbelegung in einem PC*

Was passiert beim Auftreten eines Interrupts?

Jedesmal, wenn ein Interrupt auftritt, wird zunächst festgestellt, um welchen Interrupt-Typ es sich handelt. Dann läuft eine Prozedur ab, die für alle Interrupt-Typen gleich ist. Im Rahmen dieser Routine werden zuerst das Statusregister und die Register CS und IP auf dem Stack gespeichert. Dies ist notwendig, damit die 8086/88-CPU nach Beendigung des Interrupts das unterbrochene Programm so fortsetzen kann, als wäre nie ein Interrupt aufgetreten. Nun wird aus der Interrupt-Nummer die Adresse der Interrupt-Routine ermittelt und diese Routine aufgerufen. Dies ist praktisch der Punkt, an dem die Verantwortung an den Programmierer übergeben wird. So kann es zum Beispiel erforderlich sein, zusätzliche Register auf dem Stack zu retten, die von der

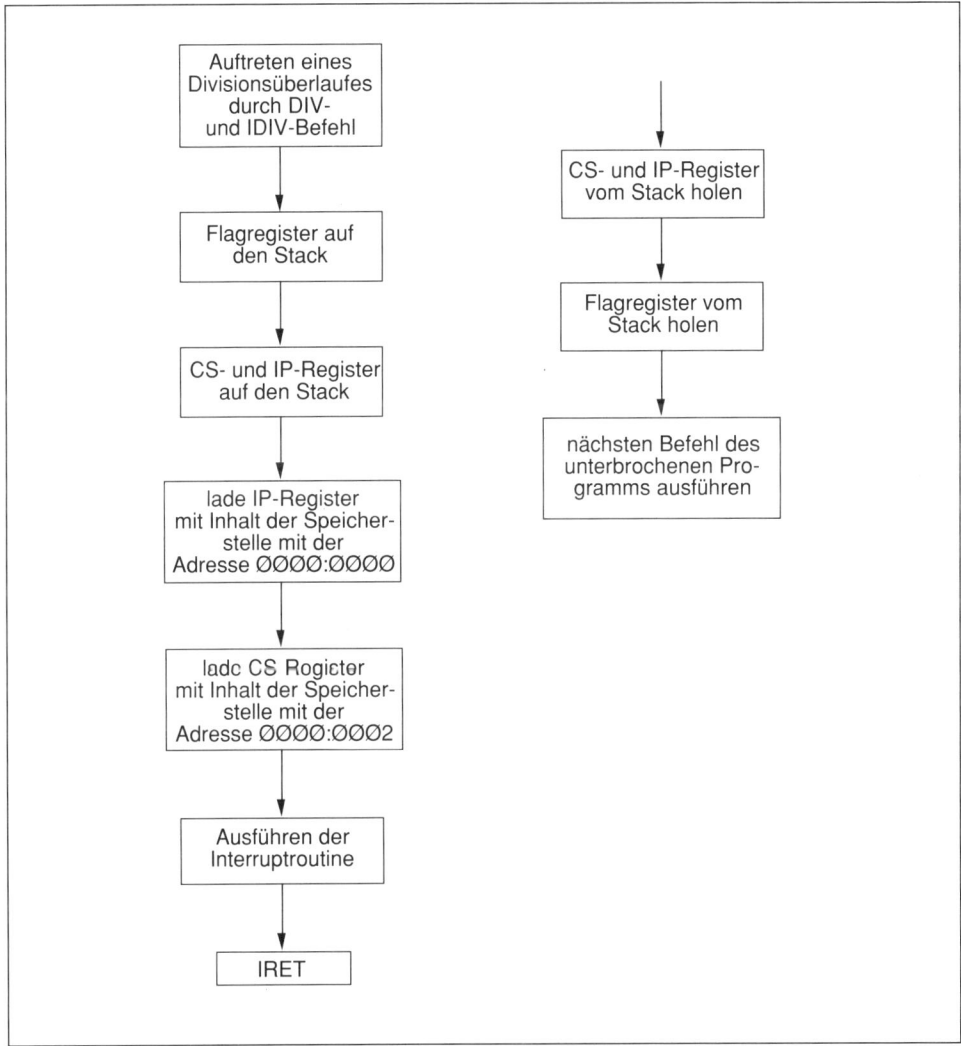

Bild 5.8: *Die Ausführung des Interrupt 0 (Divisionsüberlauf)*

Interrupt-Routine verändert werden. Vor dem Beenden der Interrupt-Routine müssen diese Register dann wieder hergestellt werden. Eine Interrupt-Routine wird durch den Befehl IRET beendet. Bereits der Name deutet eine gewisse Ähnlichkeit zu dem Befehl RET an, der eine Rückkehr von einem Unterprogramm einleitet. Der Befehl IRET ist eine spezielle Rückkehranweisung, die in der Regel nur für die Rückkehr von einer Interrupt-Routine verwendet wird. Durch IRET werden die drei obersten 16-Bit-Worte aus dem Stack entfernt und in die Register IP, CS und das Flag-Register gespeichert. Er unterscheidet sich vom RET-Befehl also nur durch den Umstand, daß ein weiterer Wert vom Stack genommen und in das Flag-Register übertragen wird. Bild 5.8 zeigt den Ablauf beim Auftreten eines Interrupts am Beispiel des Interrupts 0 (Divide Overflow).

Welche Vorteile bringt die Verwendung von Interrupts?
Wie bereits erwähnt, erhöhen Interrupts die Leistungsfähigkeit einer CPU. Moderne Mikrocomputersysteme sind ohne die Interrupt-Technik nicht denkbar. Auch Multitasking, also das quasi gleichzeitige Abarbeiten mehrerer Aufgaben (Tasks), wie es nicht unter MS-DOS, aber unter Betriebssystemen wie OS/2 oder Unix möglich ist, basiert auf der Fähigkeit der CPU, Interrupts verarbeiten zu können. Auch wenn Sie nicht gleich Multitasking-Anwendungen programmieren werden, so profitiert auch die Programmierung unter MS-DOS von der Interrupt-Technik. Zwei Beispiele sollen dafür stellvertretend genannt werden.

Die Verarbeitung von Tastatureingaben
Jedesmal, wenn eine Taste gedrückt wird, entschlüsselt die Tastatur, die dazu über eine eigene Logik (bei einem PC sogar über eine eigene CPU) verfügt, welche Taste gedrückt wurde und ermittelt den dazugehörigen Tastaturcode. Anschließend erzeugt der Tastaturprozessor einen Interrupt am INTR-Eingang der 8086/88-CPU. Dieser Interrupt bewirkt, daß die 8086/88-CPU den momentanen Befehl beendet und eine Interrupt-Routine aufruft, die den Tastaturcode entgegennimmt und in einem speziellen Zwischenspeicher (dem sogenannten »Tastaturpuffer«) ablegt. Jedes Programm, das mit Tastatureingaben arbeitet, holt diese Eingabe daher nicht direkt von der Tastatur, sondern vielmehr aus diesem Tastaturpuffer, der sich an einer bestimmten Stelle im BIOS-Datenbereich befindet. Soviel zum Thema Tastatureingabe. Die oben beschriebenen Verhältnisse sind natürlich ein wenig vereinfacht. So löst strenggenommen die Tastatur keinen Interrupt aus, sondern erzeugt ein Signal an einem Eingang des Programmable Interrupt Controllers 8259A. Die genauen Abläufe bei der Tastatureingabe werden in einem späteren Kapitel ausführlicher besprochen. In diesem Zusammenhang wird auch eine nützliche Anwendung vorgestellt, die sich mit der Tastaturabfrage beschäftigt.

Der INT-Befehl als Tor zum Betriebssystem

Sie haben sicher schon viel darüber gehört, aber wahrscheinlich noch keine klare Vorstellung davon, was damit eigentlich gemeint ist. Die Rede ist von den Betriebssystemaufrufen, die die Würze eines jeden Maschinenprogramms darstellen. Um deren Notwendigkeit klarer zu machen, soll zunächst mit ein paar Worten das BIOS des PC beschrieben werden (auch das BIOS wird in einem späteren Kapitel ausführlich vorgestellt).

Dieses und das letzte Kapitel haben deutlich gemacht, daß am Funktionieren des PC eine ganze Reihe unterschiedlicher Bausteine beteiligt sind. Jeder dieser Bausteine arbeitet in bestimmten Betriebsmodi, die per Software kontrolliert werden. Grundvoraussetzung für das Funktionieren eines PC sind daher eine Sammlung von Routinen, die so elementare Aufgaben übernehmen wie zum Beispiel die Ausgabe eines Zeichens auf dem Bildschirm, die Initialisierung der Timer-Bausteine oder den Datenaustausch mit dem Festplattenkontroller. Diese Routinen werden unter dem Begriff »Basic Input Output System«, oder kurz BIOS, zusammengefaßt und sind in jedem PC in einem ROM-Speicher enthalten. Einen Teil der BIOS-Funktionen können Sie auch in Ihren eigenen Programmen aufrufen. Der Aufruf erfolgt dabei stets über einen INT-Befehl, wobei die Interrupt-Nummer von der aufzurufenden Funktion abhängt. Da die BIOS-Funktionen erst in Kapitel 11 ausführlich besprochen werden, soll jetzt auch noch kein Beispiel erfolgen. Eine Übersicht über die wichtigsten BIOS-Funktionen finden Sie in Anhang C.

5.9 Zusammenfassung

Die 8086-CPU ist eine reine 16-Bit-CPU mit 16 Datenleitungen, 20 Adreßleitungen und 14 internen 16-Bit-Registern. Die 8088-CPU unterscheidet sich von der 8086-CPU im wesentlichen durch die Anzahl der Datenleitungen, die 8088-CPU verfügt nur über acht Datenleitungen. Um mit einem 16-Bit-Befehlszeiger-Register einen 1-Mbyte-Arbeitsspeicher adressieren zu können, wird die benötigte physikalische 20-Bit-Adresse aus dem Inhalt eines der vier Segmentregister und einem 16-Bit-Offset gebildet. Der gesamte Arbeitsspeicher wird durch dieses Adressierungsschema in einzelne Segmente, das heißt Speicherblöcke unterteilt, wobei ein Segment maximal 64 Kbyte umfassen kann. Während ein Segment-Register den Beginn eines Segments festlegt, wird innerhalb eines Segments jede Speicherstelle durch den Offset adressiert. Zwar können theoretisch beliebig viele Segmente definiert, aber immer nur vier Segmente gleichzeitig angesprochen werden, da es auch nur vier Segment-Register gibt. So werden in der Regel der Maschinencode eines Programms und die Daten, mit denen dieses Programm arbeitet, in zwei getrennten Segmenten abgelegt.

Die 8086/88-CPU stellt 92 Maschinenbefehle zur Verfügung. Diese Befehle benötigen entweder keinen, einen oder zwei Operanden. Die Art und Weise, wie die CPU auf den Operanden zugreift, wird durch die Adressierungsart festgelegt. Insgesamt stehen dem Programmierer sieben Adressierungsarten zur Verfügung.

5.10 Übungen

Aufgabe 1:
Über wie viele Adreßleitungen verfügt die 8088-CPU?

Aufgabe 2:
Beschreiben Sie die Aufgaben der EU und der BIU.

Aufgabe 3:
Was versteht man unter Pipelining?

Aufgabe 4:
Wenn das SS-Register die Adresse 1000h und das SP-Register die Adresse 4000h enthält, wie lautet die physikalische Adresse des obersten Stackelements?

Aufgabe 5:
Welcher physikalischen Adresse entspricht die Segmentadresse 1234h:9876h?

Aufgabe 6:
Wo findet man die Adresse der Interrupt-Routine, die durch den Interrupt 44h zur Ausführung gebracht wird?

Die Lösungen zu den Übungen finden Sie in Anhang F.

6 Der Einstieg in die 8086/88-Programmierung

In diesem Kapitel geht es endlich mit der Programmierung der 8086/88-CPU los. Wie Sie bereits aus dem ersten Kapitel wissen, ist für die Programmierung in Maschinensprache ein Assembler, der die eingegebenen Maschinenbefehle in die entsprechenden Opcodes übersetzt, erforderlich. Wie bereits in der Einleitung erwähnt wurde, sollten Sie für die Umsetzung der Beispielprogramme aus diesem und den nächsten drei Kapiteln entweder den Microsoft Makroassembler oder den Turbo Assembler von Borland verwenden. Da es sich bei den Beispielprogrammen um relativ einfache Programme handelt, sollten Sie diese aber auch mit einem Shareware-Assembler wie zum Beispiel A86 übersetzen können. Entsprechende Hinweise dazu erhalten Sie in Anhang E.

Um die Wirkung eines Maschinenbefehls auf die CPU-Register, den Speicherbereich und die Statusflags, die von diesem Befehl betroffen sind, sichtbar machen zu können, muß auf einen sogenannten »Debugger« zurückgegriffen werden. Ein Debugger ist ein Hilfsprogramm, das unter anderem die schrittweise Abarbeitung eines Maschinenprogramms erlaubt. Nach jedem Programmschritt kann sich der Benutzer zum Beispiel die CPU-Registerinhalte, den Zustand der Statusflags oder einen bestimmten Speicherbereich ausgeben lassen und so die Auswirkung eines Maschinenbefehls überprüfen. Ferner können mit Hilfe eines Debuggers einzelne Registerinhalte gezielt verändert werden, um so die Auswirkung eines Maschinenbefehls unter verschiedenen Bedingungen testen zu können. Ein Debugger ist unter dem Namen DEBUG.EXE auf der MS-DOS-Dienstdiskette Ihres PC (bis zur Version 3.2) enthalten. Wer mit dem Betriebssystem DR DOS arbeitet findet hier einen entsprechenden Debugger mit dem Namen SID.EXE, der allerdings einen anderen Befehlssatz besitzt.

In diesem Kapitel geht es um:
– den generellen Aufbau eines Assemblerprogramms
– die wichtigsten Assembleranweisungen
– die wichtigsten DEBUG-Kommandos
– den Datentransportbefehl MOV
– die Stackbefehle

6.1 Assembler- oder Maschinenprogramm?

Da ein Programm, das von einem Assembler verarbeitet wird, neben den Maschinenbefehlen der CPU auch spezielle Anweisungen an den Assembler enthält, spricht man hier von einem Assemblerprogramm und nicht von einem Maschinenprogramm. Strenggenommen ist eine solche Unterscheidung nicht wichtig, bei einer Einführung hilft sie aber Mißverständnisse zu vermeiden.

Da ein Assemblerprogramm neben den Maschinenbefehlen der CPU stets auch Assembleranweisungen enthält, die für die korrekte Übersetzung notwendig sind, muß der angehende Maschinensprache-Programmierer neben den Befehlen der CPU auch die wichtigsten Anweisungen des Assemblers kennen. Zu diesem Punkt gibt es eine gute und eine schlechte Nachricht. Zuerst die schlechte: Der Befehlswortschatz eines Assemblers ist sehr umfangreich und die wenigsten Befehle sind für einen Einsteiger auf Anhieb zu durchschauen. Das soll nicht heißen, daß es sich um besonders komplizierte Befehle handelt. Im Gegenteil! Doch um die Bedeutung der Assemblerbefehle verstehen zu können, sind gewisse Grundkenntnisse über die Arbeitsweise eines Assemblers erforderlich, die zu diesem Zeitpunkt noch nicht vorausgesetzt werden können.

Wir werden in diesem und in den nächsten drei Kapiteln daher nur die unbedingt notwendigen Assembleranweisungen behandeln und den Rest erst in Kapitel 10 vorstellen. Glücklicherweise, und jetzt kommt die gute Nachricht, sind die Befehle der wichtigsten PC-Assembler, wie der Microsoft Makroassembler (MASM) oder der Turbo Assembler (TASM) von Borland, weitestgehend identisch. Das bringt mindestens zwei Vorteile: Zum einen muß bei einer Einführung nicht ständig zwischen beiden Assembler unterschieden werden, zum anderen gibt es bei einem Umstieg keine Probleme, das heißt für MASM erstellte Programme können in der Regel auch von TASM assembliert werden und umgekehrt.

Assemblerbefehle sind Anweisungen

Aus Gründen der (hoffentlich) besseren Verständlichkeit sollen im folgenden die Befehle des Assemblers als Anweisungen bezeichnet werden um sie von den Befehlen an die CPU, den Maschinenbefehlen, besser unterscheiden zu können. Assembleranweisungen werden in anderen Büchern manchmal auch als Pseudoanweisungen oder Pseudoopcodes bezeichnet, doch sollen diese Bezeichnungen hier nicht verwendet werden.

Welche CPU wird besprochen?

Und noch ein Punkt bedarf unter Umständen einer Klärung. Als dieses Buch vor zwei Jahren zum ersten Mal in den Druck ging, besaß die überwiegende Mehrheit der Leser einen PC, XT oder AT mit 8088-, 8086- oder 80286-CPU. Mittlerweile dürften einige Leser auch über einen PC mit 80386-, 80386SX- oder gar mit einer 80486-CPU verfügen. Welche Bedeutung hat dieser Umstand für die nächsten drei Kapitel? Die Antwort lautet schlicht und einfach: gar keine. Die folgenden Kapitel beziehen sich ausschließlich auf die Befehle der 8086/88-CPU, die natürlich auch von den Nachfolge-CPUs 80286, 80386SX, 80386 und 80486 verarbeitet werden können. Auch Besitzer einer V20/V30-CPU kommen nicht zu kurz. Die zusätzlichen Befehle, die diese CPUs bieten, entsprechen weitestgehend den zusätzlichen Befehlen der 80186- bzw. 80286-CPU im Real-Modus.

6.2 Der Datentransportbefehl MOV

Im Befehlssatz der 8086/88-CPU gibt es einige Befehle, die sehr häufig eingesetzt werden, während wiederum andere Befehle so gut wie nie zur Anwendung kommen. Zu den sicher am häufigsten eingesetzten Befehlen gehört der MOV-Befehl. Dieser Befehl gehört zu den Datentransportbefehlen der 8086/88-CPU. Ihren Namen verdanken sie dem Umstand, daß diese Befehle Daten von Ort A nach Ort B transportieren. Wahlweise kann es sich bei Ort A oder Ort B um ein CPU-Register oder eine Speicherzelle handeln. Aber auch das Laden eines CPU-Registers mit einem Zahlenwert oder einer Adresse ist mit einem Datentransportbefehl möglich.

Als Anschauungsobjekt für die Einführung in die Maschinensprache-Programmierung und das Arbeiten mit einem Assembler soll der MOV-Befehl verwendet werden, da dieser Befehl in nahezu jedem Assemblerprogramm zum Einsatz kommt und zudem leicht zu verstehen ist. Nachdem die Aufgabe des MOV-Befehls bereits besprochen wurde, hier gleich zwei Beispiele:

```
MOV AX,BX
MOV BL,99
```

Im ersten Fall wird über den MOV-Befehl der Inhalt des BX-Registers in das AX-Register geladen, wobei es sich bei dem AX- und dem BX-Register um die Operanden des MOV-Befehls handelt. Zwar wäre die Bezeichnung »kopiert« angebrachter, da der Inhalt des BX-Registers dabei nicht gelöscht wird, doch ist diese Bezeichnung nicht sehr weit verbreitet. An diesem Befehl wird auch die (für den Einstieg sicher etwas ungewohnte) Reihenfolge der Operanden deutlich. Die meisten Datentransportbefehle arbeiten mit zwei Operanden, dem Quelloperand und dem Zieloperand. Während der Quelloperand festlegt, wo der Operand herkommt, bestimmt der Zieloperand, wo der betreffende Operand hingeladen wird. Obwohl es naheliegend wäre, zuerst den Quelloperand und dann den Zieloperand aufzuführen, verwenden die Assembler der 80x86-CPUs genau die umgekehrte Reihenfolge. Damit ist auch klar, was bei der Ausführung des zweiten MOV-Befehls passiert. Hier wird die Zahl 99, die die Rolle des Quelloperanden spielt, in das BL-Register geladen. Dem BL-Register kommt in diesem Fall der Part des Ziel-Registers zu. Hat man den allgemeinen Aufbau eines Maschinenbefehls erst einmal verstanden, ist es nicht mehr allzu schwer auch die Bedeutung der übrigen Maschinenbefehle zu verstehen. So wird durch den Befehl

```
ADD AX,CX
```

der Inhalt des CX-Registers zum AX-Register addiert. Auch hier gibt es einen Ziel- und einem Quelloperanden. Der Zieloperand ist das AX-Register, hier wird das Ergebnis der Addition abgelegt, das Quell-Register ist das CX-Register, denn hier kommt der erste Summand her. Doch Vorsicht, nicht alle Befehle arbeiten mit zwei Operanden. So gibt es etliche Befehle, die nur mit einem Operanden und manche Befehle, die keinen Operanden benötigen. Bei Befehlen mit nur einem Operanden gibt es dementsprechend auch nur einen Zieloperanden, während Befehle mit keinem Operanden natürlich weder einen Ziel- noch einen Quelloperanden besitzen. Auf den Nachfolge-CPUs der 8086/88-CPU, wie zum Beispiel der 80286-CPU, gibt es sogar manche Befehle, die mit drei Operanden arbeiten. Doch zurück zum MOV-Befehl. Um die verschiedenen Möglichkeiten, die es für den Quell- und den Zieloperanden gibt, unter einen Hut zu bringen, existiert eine allgemeine Syntaxbeschreibung. Diese lautet für den MOV-Befehl wie folgt:

```
MOV Zieloperand,Quelloperand
```

Aus dieser Syntaxbeschreibung wird deutlich, daß zuerst der Zieloperand und dann der Quelloperand aufgeführt wird. Bezogen auf den MOV-Befehl ist das für Sie nichts neues mehr, bei einem unbekannten Befehl erfährt man so auf einen Blick, wie dieser Befehl aufgebaut werden muß. Welche Möglichkeiten für den Ziel- und den Quelloperand beim MOV-Befehl in Frage kommen, wird durch die Übersicht in Tabelle 6.1 deutlich. In dieser Tabelle sind alle Variationen aufgeführt, in der der MOV-Befehl eingesetzt werden kann.

Strenggenommen handelt es sich bei den einzelnen MOV-Befehlen um verschiedene Maschinenbefehle, denn alle diese Befehle besitzen unterschiedliche Opcodes. Um den Befehlssatz der CPU nicht unnötig groß werden zu lassen, werden sie aber unter dem Namen MOV zusammengefaßt. Trotz seiner Vielseitigkeit existieren beim MOV-Befehl aber auch gewisse, durchaus sinnvolle Einschränkungen. So kann zum Beispiel das IP-Register nie als Operand angegeben werden, da das Laden des IP-Registers mit einem neuen Wert einem Sprung gleichkommt. Ferner gibt es leider keine Möglichkeit, Daten direkt von einer Speicherzelle in eine andere zu transportieren. Genausowenig ist es schließlich möglich, ein Segment-Register direkt mit einem Wert zu laden. Ähnliche Einschränkungen existieren auch bei allen übrigen Maschinenbefehlen der 8086/88-CPU.

Ziel	Quelle
MOV \<Speicher\>	\<Akkumulator\>
MOV \<Akkumulator\>	\<Speicher\>
MOV \<Register\>	\<Register\>
MOV \<Register\>	\<Speicher\>
MOV \<Register\>	\<Wert\>
MOV \<Speicher\>	\<Wert\>
MOV \<Segment-Register\>	\<Register\>
MOV \<Segment-Register\>	\<Speicher\>
MOV \<Register\>	\<Segment-Register\>
MOV \<Speicher\>	\<Segment-Register\>
Akkumulator = AX- oder AL-Register	
Segment-Register = CS-, DS-, ES- oder SS-Register	
Speicher = Speicherzelle im Arbeitsspeicher	

Tabelle 6.1: *Die einzelnen Variationen des MOV-Befehls*

Auf den ersten Blick mögen diese Einschränkungen als mehr oder weniger willkürlich erscheinen. Die Ursache dafür, warum bestimmte Operanden in einem Befehl erlaubt sind und andere nicht, liegt in dem Aufbau der Opcode die zu jedem Maschinenbefehl gehören, begründet. Da Opcodes bei der 8086/88-CPU nur aus einem oder zwei Byte bestehen, gibt es auch nur eine begrenzte Anzahl an Kombinationsmöglichkeiten mit den zur Verfügung stehenden Operanden. Falls Sie der Aufbau der 8086/88-Opcodes näher interessiert, finden Sie in Anhang B tiefergehende Informationen. Auch wenn die Datentransportbefehle, wie der MOV-Befehl, wenig Spektakuläres bewirken, so sind sie doch die am meisten eingesetzten Maschinenbefehle. Denn um eine Operation wie zum Beispiel eine Multiplikation durchführen zu können, müssen die beteiligten Operanden zunächst mit Hilfe eines MOV-Befehls in die entsprechenden Register geladen werden.

Unser erstes Beispielprogramm soll die Wirkung des MOV-Befehls in verschiedenen Variationen demonstrieren. Bevor wir das Programm aus Beispiel 6.1 assemblieren und testen, sind noch ein paar allgemeine Anmerkungen notwendig. Beispiel 6.1 enthält ein Assemblerprogramm, das aus einer Reihe von MOV-Befehlen besteht. Um dieses »Listing« in ein ausführbares Maschinenprogramm umzuwandeln, ist ein Assembler notwendig. Der Sinn und Zweck eines Assemblers wurde bereits in Kapitel 1 umrissen und soll daher hier nicht wiederholt werden. Ebenfalls wurde bereits kurz erwähnt, daß zum Erstellen eines lauffähigen Programms auch ein sogenannter »Linker« benötigt wird. Auch kann der Assembler neben einer Objektdatei noch eine Reihe anderer

Dateien, wie zum Beispiel eine Programmlistingdatei, erzeugen. Diese und andere Details werden im Moment der Einfachheit halber noch vor dem Benutzer »versteckt« und sollen erst in Kapitel 10 ausführlicher erläutert werden. Betrachten wir den Assembler, der für die folgenden Beispielprogramme über die auf der Buchdiskette befindlichen Stapeldatei ASM.BAT aufgerufen wird, fürs erste als eine »Black Box«, die wir mit einer Quelltextdatei füttern und die daraufhin ein lauffähiges Maschinenprogramm ausgibt.

Die Beispielprogramme der Buchdiskette
Im folgenden wird davon ausgegangen, daß Sie über einen Assembler verfügen, der gemäß der Anleitung in dem Kapitel »Was Sie vor dem Start wissen müssen« in die Stapeldatei ASM.BAT eingebunden wurde. Alle Beispielprogramme in diesem und den folgenden Kapiteln liegen bereits auf der Buchdiskette vor. Die Dateinamen der einzelnen Beispielprogramme entsprechen dabei den jeweiligen Beispielnummern. So ist zum Beispiel der Quelltext zu dem Beispielprogramm 6.2. in der Datei mit dem Namen BSP06_02.ASM im Unterverzeichnis BEISP enthalten (durch die Erweiterung ».ASM« wird generell eine Assembler-Quelltextdatei gekennzeichnet).

6.3 Das zweite (?) Assemblerprogramm

Falls Sie das Kapitel 1 erfolgreich durchgearbeitet haben, wird nun, nach einer langen Durststrecke an Theorie, das zweite Assemblerprogramm vorgestellt. Anders als im ersten Kapitel, in dem nicht mehr als ein erster Eindruck vermittelt werden konnte, sollen die Befehle des nächsten Assemblerprogramms nun in allen Einzelheiten vorgestellt werden.

Beispielprogramm 6.1 – BSP06_01.ASM
Das folgende Assemblerprogramm demonstriert die Wirkung der verschiedenen Variationen des MOV-Befehls.

```
.MODEL SMALL
.STACK 100h
.CODE
START:
        MOV AX,9988h
        MOV BX,AX
        MOV CL,AH
        MOV AX,[BX]
END     START
```

Um die Handhabung Ihres Editors zu üben, sollten Sie das erste Beispielprogramm einmal per Hand eingeben. Aus diesem Grund ist dieses Beispielprogramm auch nicht auf der Buchdiskette enthalten. Rufen Sie dazu Ihren Editor auf und geben Sie nun den gesamten Quelltext aus Beispiel 6.1 ein. Sobald Sie damit fertig sind, sollten Sie die Datei abspeichern. Wählen Sie als Dateinamen den Namen »BSP06_01.ASM«. Nachdem die Quelltextdatei (damit ist die Datei gemeint, die das Programm enthält) erstellt wurde, kann der Assembler in Aktion treten.

Durch Eingabe von

```
C>ASM BSP06_01
```

wird der Assembler aufgerufen. Falls Ihr Quelltext keine Fehler enthält, was eigentlich der Fall sein müßte, erscheint nach kurzer Zeit die folgende (oder zumindest ähnliche) Meldung

```
*** Assemblierung fehlerfrei - EXE-Datei erstellt! ***
```

Für den Fall, daß beim Assemblieren oder Linken wider Erwarten etwas schief gegangen sein sollte, wird ebenfalls eine Meldung ausgegeben.

Was kommt dabei heraus?

Damit wurde Ihre Quelltextdatei in eine ausführbare Programmdatei umgewandelt. Neben der Quelltextdatei mit dem Namen BSP06_01.ASM, die Sie mit Ihrem Editor oder Textverarbeitungsprogramm erstellt haben, existieren nun auch eine Objektdatei und eine Programmdatei mit dem gleichen Namen, aber unterschiedlichen Endungen. Davon können Sie sich leicht durch Eingabe von

```
C>DIR BSP06_01.*
Datenträger in Laufwerk E ist DISK1_VOL3
Inhaltsverzeichnis von  E:\MASM51\SOURCE
BSP06_01 ASM      119   7.02.91  17:20
BSP06_01 OBJ      129   7.02.91  17:20
BSP06_01 EXE      521   7.02.91  17:20
        3 Datei(en)    745472 Bytes frei
```

überzeugen. Das Auflisten ergibt, daß nun neben der Quelltextdatei mit dem Namen BSP06_01.ASM (191 Byte), eine Objektdatei mit dem Namen BSP06_01.OBJ (129 Byte) und eine Programmdatei mit dem Namen BSP06_01.EXE (521 Byte) existieren. Bei den 191 Byte der Quelltextdatei (diese Zahl kann variieren, da hier zum Beispiel auch etwaige Leerzeichen berücksichtigt werden) handelt es sich um nichts anderes als um die einzelnen ASCII-Codes des Programmtextes. Die 129 Byte der Objektdatei sind dagegen nicht so einfach zu erklären, da eine Objektdatei neben den übersetzten Maschinenbefehlen aus einem stets vorhandenen »Gerüst« besteht. Auch die vom Linker erstellte EXE-Datei enthält neben den übersetzten Maschinenbefehlen noch zusätzliche Informationen.

Jede EXE-Datei beginnt nämlich mit einem sogenannten »Header«, in dem der Linker zusätzliche Informationen ablegt. Die Größe des Kopfes ist immer ein Vielfaches von 512. Wie viele Bytes zu diesem Kopf gehören und wie viele Bytes den eigentlichen Maschinencode ausmachen, würde deutlich werden, wenn man die EXE-Datei über das MS-DOS-Dienstprogramm EXE2BIN (oder eine entsprechende Assembler- bzw. Linker-Option) in eine COM-Datei umwandeln könnte. Wegen der dort enthaltenen .STACK-Anweisung ist eine solche Umwandlung allerdings nicht möglich.

Anders als eine EXE-Datei besteht eine COM-Datei aus reinem Maschinencode. Im Falle der Programmdatei BSP06_01.EXE würden noch ganze 9 (!) Byte übrigbleiben, bei denen es sich um die Opcodes der übersetzten Maschinenbefehle handelt. Die Größe des EXE-Kopfs ergibt sich in diesem Fall zu 512 Byte. Im obigen Beispiel erhalten Sie beim Aufruf von EXE2BIN aber noch eine Fehlermeldung, da eine COM-Datei kein Stacksegment enthalten darf. Wenn Sie die Umwandlung tatsächlich durchführen möchten, müssen Sie zunächst die Anweisung ».STACK 100h« entfernen.

Prinzipiell wäre es nun möglich, die Programmdatei durch Eingabe des Namens zur Ausführung zu bringen, denn schließlich handelt es sich ja um eine EXE-Datei. Doch sollten Sie sich diesen Schritt nach Möglichkeit verkneifen (probieren können Sie es dennoch), denn Sie würden nichts sehen und Ihr Rechner würde sich aller Wahrscheinlichkeit nach »aufhängen«. Der Grund liegt darin, daß dem Beispielprogramm noch eine Möglichkeit fehlt, in das Betriebssystem zurück-zukehren. Dies muß nach Beendigung eines jeden Programms durchgeführt werden, damit der vertraute DOS-Prompt wieder erscheint und das Betriebssystem neue Kommandos entgegen-nehmen kann. Die dazu erforderlichen Maschinenbefehle werden in Kürze hinzugefügt. Im Moment werden wir uns damit begnügen müssen, das erstellte Maschinenprogramm Schritt für Schritt mit Hilfe des Debuggers auszuführen. Zuvor soll aber noch eine kurze Beschreibung der Assembleranweisungen im Beispiel 6.1 gegeben werden.

6.4 Die wichtigsten Assembleranweisungen

Das Beispielprogramm 6.1 besitzt einen Aufbau, wie er für die meisten der in diesem Buch vorgestellten Beispielprogramme typisch ist. Grundsätzlich enthält ein Assemblerprogramm neben den Maschinenbefehlen, wie zum Beispiel »MOV BX,AX«, auch eine Reihe von Assembler-anweisungen für den Anfang. Hierbei handelt es sich um Befehle des Assemblers, die keinen Maschinenbefehlen der 8086/88-CPU entsprechen, sondern den Ablauf der Assemblierung steuern. Dementsprechend werden diese Befehle, die wie eingangs vereinbart in diesem Buch als Anweisungen bezeichnet werden, bereits während der Assemblierung ausgeführt. Ein Assembler-programm beginnt in der Regel mit einer .MODEL-Anweisung, über die ein Speichermodell ausgewählt wird. Über die Bedeutung eines Speichermodells wird in Kapitel 10 noch zu sprechen sein. Merken Sie sich vorerst, daß für 99% aller Beispielprogramme in diesem Buch das Speichermodell »Small« verwendet werden kann und ein Assemblerprogramm daher stets mit der Anweisung ».MODEL SMALL« beginnen sollte.

Auf die .MODEL-Anweisung folgt mit der Anweisung ».STACK 100h« eine Segmentanweisung. Über eine Segmentanweisung wird ein Segment definiert, in diesem Fall ein Stacksegment. Ein Segment ist vereinfacht beschrieben ein bestimmter Speicherbereich, der den Rahmen für die Befehle und Daten eines Maschinenprogramms bildet (auf Segmente wird in Kapitel 10 ausführ-licher eingegangen). Die Definition von Segmenten ist in einem Assemblerprogramm aufgrund der Art und Weise notwendig, wie die 8086/88-CPU den Arbeitsspeicher adressiert. Auch ein Basic-, C- oder Pascal-Programm arbeitet mit Segmenten, in denen die Befehle und Daten des Programms abgelegt werden. Allerdings sind die Segmente hier für den Benutzer unsichtbar.

In einem Assemblerprogramm werden in der Regel drei verschiedene Segmente benötigt:

– ein Stacksegment
– ein Datensegment
– ein Programmsegment

Für Leser, die es genauer wissen möchten:
In einem Assemblerprogramm wird ein Segment über die Segmentanweisung definiert, bei der als Parameter der Name des zu definierenden Segments angegeben werden muß. Um dem Programmierer ein wenig Arbeit abzunehmen und den Aufbau eines Assemblerprogramms zu vereinfachen, bieten sowohl der Makroassembler (ab Version 5.1) als auch der Turbo Assembler vereinfachte Segmentanweisungen an. Diese Anweisungen stellen für die wichtigsten Segmente bereits fertige Segmentanweisungen zur Verfügung. So wird durch die Anweisung .STACK ein Stacksegment, durch die Anweisung .DATA ein Datensegment und schließlich durch die Anweisung .CODE ein Programmsegment definiert. Beide Assembler kennen noch eine Reihe weiterer solcher Segmentanweisungen, doch werden diese zu Beginn nur sehr selten benötigt. Fassen wir kurz zusammen:

.STACK – definiert ein Stacksegment
.DATA – definiert ein Datensegment
.CODE – definiert ein Programmsegment

Was hat das zu bedeuten?
Auch zur Bedeutung der einzelnen Segmente soll etwas gesagt werden, wenngleich auch diese Thematik in Kapitel 10 noch einmal ausführlicher behandelt wird. Im Programmsegment werden (wie der Name bereits andeutet) die Programmbefehle, also die Maschinenbefehle, untergebracht. Im Datensegment hingegen werden die Daten abgelegt, mit denen das Programm arbeiten soll. Das Stacksegment schließlich definiert einen Speicherbereich, der als Stack genutzt werden soll (die Funktion des Stacks wurde bereits in Kapitel 4.3 ausführlich erläutert). Bei der Definition des Stacksegments muß zusätzlich die Größe des zu definierenden Segments angegeben werden, da es sich bei einem Stack um einen feststehenden, das heißt statischen Speicherbereich handelt (ohne eine Größenangabe wird ein Stack von 1024 Byte Größe angelegt). Im Beispielprogramm 6.1 wird ein 256 Byte großer Stack definiert, da auf die .STACK-Anweisung die Zahlenangabe »100h folgt. Das kleine »h« weist den Assembler daraufhin, daß es sich hier um eine Hexadezimalzahl handelt (deren dezimaler Wert 256 beträgt). Bei den übrigen Segmenten ist eine Größenangabe nicht erforderlich, da sich die Größe dieser Segmente nach deren Inhalt richtet. Entsprechend der Tatsache, daß ein Segment bei der 8086/88-CPU maximal 65 536 Byte groß werden kann, liegt die Größe des Programm- oder Datensegments zwischen 0 und 65 535 Byte.

Wenn Sie sich das Beispielprogramm 6.1 noch einmal betrachten, wird Ihnen sicherlich auffallen, daß das Programm kein Datensegment enthält. Nun, ein Datensegment ist nur erforderlich, wenn innerhalb des Programms Datenbereiche im Arbeitsspeicher, zum Beispiel für Speichervariablen, definiert werden. Da in unserem ersten Beispielprogramm aber keine Speichervariablen vorkommen, benötigen wir auch kein Datensegment.

Ein tröstender Hinweis: Auch wenn die für den Rahmen eines Assemblerprogramms notwendigen Anweisungen dank der vereinfachten Segmentanweisungen des Makroassemblers und des Turbo Assemblers bereits reduziert wurden, so scheinen diese Anweisungen für einen Einsteiger die Maschinensprache-Programmierung der 8086/88-CPU unnötig zu verkomplizieren. Insbesondere

»Umsteiger« von einer anderen CPU haben erfahrungsgemäß einige Schwierigkeiten, den Sinn dieser Assembleranweisungen zu verstehen. Merken Sie sich zunächst, daß diese Anweisungen keinen direkten Einfluß auf die Ausführung des Maschinenprogramms haben, denn sie erzeugen keinen Maschinencode. Sie sind lediglich ein Hilfsmittel für den Assembler, der diese zum Beispiel für die Adreßberechnung benötigt.

Auch das Ende darf nicht fehlen

Ein Assemblerprogramm muß stets korrekt beendet werden. Diese Aufgabe übernimmt die Anweisung END, die folglich in keinem Assemblerprogramm fehlen darf. Doch Vorsicht, die END-Anweisung teilt dem Assembler lediglich mit, daß das Ende des Quelltextes erreicht ist (etwaige Anweisungen, die auf END folgen werden vom Assembler ignoriert). Eine Beendigung des Maschinenprogramms bei der späteren Ausführung wird damit nicht erreicht. Wir werden auf diesen wichtigen Aspekt noch zurückkommen. Auf die END-Anweisung folgt in der Regel noch ein Name. Bei diesem Namen handelt es sich um das »Startpunkt-Label«, eine Markierung, die den Programmbeginn festlegt. Wo diese Marke innerhalb des Assemblerprogramms gesetzt wird, beginnt auch die Programmausführung. Im Beispielprogramm 6.1 heißt das Startpunkt-Label »START« und folgt direkt auf die .CODE-Anweisung. Folgt auf die END-Anweisung kein Startpunkt-Label, so beginnt die Programmausführung im allgemeinen mit dem ersten Befehl innerhalb des Programmsegments.

In den Beispielprogrammen dieses Buches wird als Startpunkt-Label üblicherweise ein Label mit dem Namen »START« verwendet, auch wenn hier selbstverständlich jeder andere Name eingesetzt werden kann.

Ein Rahmen für alle Fälle

Machen Sie sich um diese Formalitäten sowie um die Segmentanweisungen im Moment noch keine Gedanken und konzentrieren Sie sich ausschließlich auf die Maschinenbefehle, die in diesem und den nächsten drei Kapiteln vorgestellt werden. Zum einen werden diese Formalitäten in Kapitel 10 ausführlicher besprochen, zum anderen werden Sie bis dahin hoffentlich noch so viele Beispielprogramme ausprobieren, daß Ihnen die Bedeutung der meisten Anweisungen von allein klar werden dürfte. Merken Sie sich zunächst, daß diese Anweisungen ein Grundgerüst darstellen, das für nahezu jedes Assemblerprogramm benötigt wird. Da diese Anweisungen aber keinen Maschinencode erzeugen, haben sie mit der Programmausführung nichts zu tun. Da das angesprochene Grundgerüst in gut 99% aller Fälle identisch ist, finden Sie in Bild 6.1 einen Rahmen, den Sie sowohl für alle Beispielprogramme der Kapitel 6 bis 9 als auch für Ihre eigenen Übungsprogramme verwenden können. Dieser Rahmen ist auf der Buchdiskette in der Datei RAHMEN.ASM enthalten.

```
.MODEL SMALL
.STACK 100h
.DATA
; Hier erfolgen Variablendefinitionen
.CODE
START:
        MOV DX,@DATA
        MOV DS,DX
; Hier wird das Maschinenprogramm aufgeführt
ENDE:
        MOV AH,4Ch
        INT 21h
END START
```

Bild 6.1: *Das Grundgerüst für ein Assemblerprogramm*

Das DS-Register muß stimmen

Im Prinzip wurde der Rahmen aus Bild 6.1 bereits im letzten Abschnitt besprochen, zwei Dinge sind allerdings neu. Da wären zum einen die beiden MOV-Befehle, die das Programmsegment einleiten. Durch diese beiden Befehle wird das Datensegment initialisiert. Was hat das zu bedeuten? Wie in Kapitel 5, als es um das Prinzip ging, nach dem die 8086/88-CPU den Arbeitsspeicher adressiert, erläutert wurde, wird für jeden Zugriff auf den Arbeitsspeicher der Inhalt eines der vier Segmentregister benötigt. Auch der Zugriff auf das Datensegment macht da keine Ausnahme. Ein solcher Zugriff wird zum Beispiel immer dann erforderlich, wenn der Wert einer Speichervariablen geladen werden soll. Geschieht dies zum Beispiel über einen MOV-Befehl, erwartet die CPU in den meisten Fällen, daß sich die Segmentadresse des Segments, in welchem sich die anzusprechende Variable befindet, im DS-Register enthalten ist. Da sich alle Variablen in unseren Assemblerprogrammen stets im Datensegment befinden sollen, muß das DS-Register folglich die Adresse des Datensegments enthalten. Und genau das erledigen die beiden MOV-Befehle. Zunächst wird die Adresse des Datensegments, die innerhalb eines Assemblerprogramms durch die Konstante »@DATA« repräsentiert wird, in das DX-Register geladen. Erst der nachfolgende MOV-Befehl befördert die Adresse in das DS-Register. Wenn Sie bei der Beschreibung des MOV-Befehls aufgepaßt haben, müßte Ihnen der Grund für diesen Umweg klar sein. Da Segment-Register niemals direkt mit einem Wert geladen werden können, muß der Wert zunächst in ein allgemeines Register geladen und von dort in das gewünschte Segment-Register transportiert werden. Befindet sich die Adresse des Datensegments erst einmal im DS-Register kann man dieses Segment-Register in der Regel für den Rest des Programms vergessen.

Wie werden Maschinenprogramme beendet?

Auch die letzten beiden Befehle des Rahmens aus Abbildung 6.1 sollen bereits an dieser Stelle vorgestellt werden, wenngleich der genaue Hintergrund erst zu einem späteren Zeitpunkt besprochen wird. Jedes Maschinenprogramm geht einmal zu Ende, wenn es sich nicht gerade um eine Endlosschleife handelt. Nun soll nach Beendigung eines Maschinenprogramms, wie es sich gehört, der vertraute MS-DOS-Prompt »C>« oder »A>« (je nach aktivem Laufwerk) wieder erscheinen. Mit anderen Worten, das Maschinenprogramm muß, wie jedes andere Programm auch, zum MS-DOS-Kommandointerpreter, in der Regel COMMAND.COM, zurückkehren. Dies passiert jedoch nicht von allein. Wir müssen vielmehr auf eine bereits fertige Routine des Betriebssystems zurückgreifen, die diese Aufgabe übernimmt. Die betreffende Routine wird über den Befehl »INT 21h« aufgerufen. Zuvor muß aber noch die Nummer der auszuführenden Funktion in das AH-Register geladen werden, was über den Befehl »MOV AH,4Ch« geschieht. Bei »4Ch« handelt es sich um den hexadezimalen Wert der Funktionsnummer. Durch die Befehlssequenz

```
MOV AH,4Ch
INT 21h
```

muß jedes Maschinenprogramm beendet werden, das zu MS-DOS zurückkehren soll. Und da das bei allen Beispielprogrammen aus den Kapiteln 6 bis 9 der Fall ist, muß jedes Assemblerprogramm durch diese Befehlssequenz beendet werden.

Jetzt wissen Sie auch, was unserem Beispielprogramm 6.1 gefehlt hat. Wenn Sie Lust haben, können Sie diese beiden Befehle noch einfügen und das Programm erneut assemblieren. Jetzt können Sie das Programm zwar ausführen, einen sichtbaren Effekt sehen Sie aber nicht, denn das Programm enthält keinerlei Ausgabebefehle. Um trotzdem aber die Programmausführung verfolgen zu können, müssen wir einen Debugger bemühen.

6.5 Arbeiten mit DEBUG

Ein Debugger (zu deutsch »Entwanzer«) ist eigentlich ein Programm, das vornehmlich zur Fehlersuche (ein Softwarefehler wird im Jargon als »Bug« oder zu deutsch »Wanze« bezeichnet, woraus sich auch die Bezeichnung dieses Programms herleitet) oder zum »Patchen« (auch dieser Ausdruck, to patch = flicken, ist typischer Programmierjargon), das heißt zum Ändern einzelner Bytes in einem Programm, eingesetzt wird. Es läßt sich aber auch sehr gut für die schrittweise Ausführung eines Maschinenprogramms verwenden. Alle Funktionen des Debuggers werden über Kommandos ausgeführt, die aus einem Buchstaben, in manchen Fällen auch aus zwei Buchstaben bestehen. Auch wenn in diesem Buch ausschließlich Großbuchstaben verwendet werden, spielt die Groß-/Kleinschreibung beim Arbeiten mit DEBUG keine Rolle. Die Kommandos des MS-DOS-Debuggers finden Sie in Tabelle 6.2 (diese Kommandos sind übrigens auch in jedem MS-DOS-Systemhandbuch beschrieben). Falls Sie mit dem Betriebssystem DR DOS arbeiten sollten oder falls Ihre MS-DOS-Version nicht über DEBUG verfügt, sollten Sie sich dennoch DEBUG besorgen, da sich alle folgenden Beispiele auf DEBUG beziehen. Unter DR DOS steht übrigens ein ähnlicher Debugger mit dem Namen SID zur Verfügung. Zwar ist dieser Debugger seinem MS-DOS-Gegenstück DEBUG sehr ähnlich, allerdings verwendet SID für die meisten Kommandos andere Bezeichnungen. Natürlich können Sie die folgenden Beispiele auch mit einem fensterorientierten Debugger, wie zum Beispiel CodeView oder Turbo Debugger durchführen, doch müssen Sie sich in diesem Fall zunächst mit der Handhabung dieser doch relativ umfangreichen Programme vertraut machen.

Der Debugger DEBUG kann wahlweise mit oder ohne Angabe eines Dateinamens aufgerufen werden. Wird ein Dateiname aufgeführt, so wird die betreffende Datei in den Arbeitsspeicher geladen.

Kommando	Bedeutung
A ssemble	Assemblieren einschalten
C ompare	Vergleich zweier Speicherblöcke
D ump	Ausgabe eines Speicherbereichs
E nter	Ändern eines Registers/Speicherbereichs
F ill	Füllen eines Speicherbereichs mit einem Wert
G o	Starten eines Programms
H exarithmetic	Summe und Differenz zweier Hex-Zahlen
I nput	Eingabe und Anzeige eines Port-Bytes
L oad	Laden einer Datei
M ove	Speicherbereich verschieben
N ame	Dateinamen festlegen
O ut	Ausgabe auf einen Port
P rocede	Programmausführung bis zur Beendigung eines Interrupts fortsetzen (siehe Kapitel 7.3)
Q uit	Debugger-Sitzung beenden
R egister	Registerinhalte anzeigen
S earch	Durchsuchen eines Speicherbereichs
T race	Einzelschrittmodus
U nassemble	Disassemblieren
W rite	Schreiben einer Datei auf Diskette

Tabelle 6.2: *Die DEBUG-Kommandos*

Durch Eingabe von

```
C>DEBUG BSP06_01.EXE
```

wird der Debugger gestartet und gleichzeitig die Programmdatei BSP06_01.EXE, die das assemblierte Beispielprogramm 6.1 enthält, geladen. Anschließend meldet sich DEBUG mit seinem Eingabe-Prompt, einem schlichten »–«-Zeichen, das stets signalisiert, daß DEBUG auf eine Eingabe wartet. Vergessen Sie nicht beim Dateinamen die Erweiterung aufzuführen, da sich DEBUG ansonsten mit einer Fehlermeldung beschwert. Sollte Ihnen dieser Fehler einmal passieren, können Sie entweder den Debugger über das Q-Kommando wieder verlassen und DEBUG erneut starten. Sie können aber auch über das N-Kommando einen Dateinamen nachträglich spezifizieren

```
-N BSP06_01.EXE <Return>
```

und dann die Datei innerhalb von DEBUG über das L-Kommando laden:

```
-L <Return>
```

Im folgenden wird vorausgesetzt, daß das Beispielprogramm 6.1 wie beschrieben korrekt assembliert, gelinkt und mit dem Debugger geladen wurde.

Das R-Kommando

Als erste Amtshandlung lassen wir uns von DEBUG den aktuellen Inhalt der CPU-Register über das R-Kommando ausgeben:

```
-R
AX=0000 BX=0000 CX=0009 DX=0000 SP=0100 BP=0000 SI=0000 DI=0000
DS=0F99 ES=0F99 SS=0F99 CS=0F99 IP=0000   NV UP EI PL NZ NA PO NC
0F99:0000  B88899   MOV AX,9988
```

Falls Sie zum ersten Mal mit einem Debugger arbeiten, werden Sie die Fülle an Informationen, die das R-Kommando auf den Bildschirm zaubert, wahrscheinlich als recht verwirrend empfinden. Da diese Informationen aber von grundlegender Bedeutung für die folgenden Beispiele sind, sollten Sie sich auf alle Fälle die Zeit nehmen und sich das Ergebnis des R-Kommandos in Ruhe betrachten.

Die Registerausgabe des Debuggers

Die obersten beiden Zeilen enthalten die aktuellen Inhalte der CPU-Register. Aus dieser Darstellung können Sie zum Beispiel entnehmen, daß sich im AX-Register zur Zeit der Wert 0000 befindet. Da es sich ausnahmslos um 16-Bit-Register handelt, werden alle Registerinhalte in Form vierstelliger Hexadezimalzahlen dargestellt. Wenn also ein Register den Wert 1234 enthalten sollte, so handelt es sich hier um einen hexadezimalen Wert, der unter Umständen in seinen dezimalen Wert umgerechnet werden muß. Auch das BX-Register enthält den Wert 0, während im CX-Register der Wert 9 gespeichert ist. Dieser Wert befindet sich nicht zufällig dort. Es handelt sich nämlich um die Anzahl der geladenen Bytes, das heißt, um die aktuelle Größe des geladenen Maschinenprogramms.

Am Ende der zweiten Zeile werden auch der aktuelle Inhalt des IP-Registers, das die Offsetadresse des als nächstes auszuführenden Befehls enthält, und das Status-Register aufgeführt. Jedes der acht Flags (das Einzelschrittflag wird hier nicht aufgeführt, da es innerhalb des Debuggers nicht verändert werden darf) wird durch eine Buchstabenkombination dargestellt. Da wir mit den Statusflags erst in Kapitel 7 arbeiten werden, soll auch die Beschreibung dieser Abkürzungen auf dieses Kapitel verschoben werden.

Nicht minder interessant ist die dritte Zeile. Hier ist jener Maschinenbefehl aufgeführt, der vom Debugger als nächstes ausgeführt wird. Vor diesem Befehl, es sollte sich um den Befehl »MOV AX,9988«, denn dies ist der erste Befehl unseres Beispielprogramms, handeln, befindet sich aber noch eine Zahl, deren Bedeutung zunächst geklärt werden soll. Falls Sie den Abschnitt über Speicheradressierung in Kapitel 5 durchgearbeitet haben, so wird Ihnen die Darstellungsform dieser »Zahl« sicher bekannt vorkommen. Es handelt sich nämlich um die Segment-Darstellung einer Speicheradresse. Genauer gesagt handelt es sich bei »0F99:0000« um die Adresse des ersten Maschinenbefehls. Falls Sie auf Ihrem Bildschirm eine andere Adresse finden, so hat dies eine ganz natürliche Ursache. Unter MS-DOS ist es nämlich nicht möglich vorauszusagen, an welche Adresse ein Programm in den Speicher geladen wird. Der Beginn des freien Arbeitsspeichers, in den ein Programm geladen wird, hängt von verschiedenen Faktoren ab. Dazu zählen zum Beispiel die Anzahl an internen Puffern, die über das BUFFER-Kommando in der CONFIG.SYS-Datei festgelegt werden, und die Anzahl an Gerätetreibern und speicherresidenten Programmen, die sich ebenfalls im unteren Bereich des Arbeitsspeichers befinden können. Unabhängig von diesen Faktoren sollte der zweite Teil der Adresse 0 sein. Hier handelt es sich nämlich um die Offsetadresse innerhalb des Programmsegments, das im Assemblerprogramm durch die .CODE-Anweisung definiert wurde. Da das Startpunkt-Label direkt auf die .CODE-Anweisung folgt, ist der Offset des ersten Maschinenbefehls folglich 0.

Auch die Zahl »B8 88 99«, die auf die Segment-Adresse folgt, soll kurz erklärt werden. Es handelt sich um die Opcodes des Befehls »MOV AX,9988«. Zwar ist diese Information für unsere Zwecke nicht besonders wichtig, sie vermittelt aber ein Gefühl für die Arbeitsweise des Assemblers und vor allem für die Struktur der 8086/88-Maschinenbefehle. In diesem Fall ist zum Beispiel sofort zu erkennen, daß der eigentliche Opcode des MOV-Befehls nur das erste Byte umfaßt. Bei den beiden anderen Bytes handelt es sich um den 16-Bit-Operanden, allerdings in der Intel-typischen Darstellung, also mit vertauschtem höher- und niederwertigem Byte.

Fassen wir kurz zusammen. Aus der Statusinformation, die über das R-Kommando ausgegeben wird, kann man entnehmen:

– die aktuellen Inhalte der CPU-Register
– die aktuellen Zustände der Flags
– den als nächstes auszuführenden Maschinenbefehl

Damit wäre der Output des R-Kommandos hinreichend besprochen und wir können uns dem Beispielprogramm zuwenden. Dieses besteht aus vier MOV-Befehlen, die im folgenden zur Ausführung gebracht werden sollen.

Das T-Kommando
Für die Ausführung eines Maschinenbefehls durch DEBUG ist das T-Kommando zuständig. Dieses Kommando führt stets jenen Befehl aus, der durch das Registerpaar CS:IP adressiert wird. Wenn Sie noch einmal einen Blick in die über das R-Kommando erzeugte Statusanzeige werfen, so werden Sie feststellen, daß die Adresse des ersten MOV-Befehls mit dem aktuellen Inhalt des Registerpaars CS:IP identisch ist. Das CS-Register enthält stets den Segmentanteil des als nächstes auszuführenden Befehls, im obigen Beispiel »0F99«, während das IP-Register dessen Offsetadresse enthält, im obigen Beispiel »0000«.

Die Eingabe des T-Kommandos bringt den ersten Maschinenbefehl, in diesem Fall den Befehl »MOV AX,9988«, zur Ausführung:

```
-T
```

Nach der Ausführung eines Maschinenbefehls durch das T-Kommando werden wieder die aktuellen CPU-Registerinhalte angezeigt. Bei genauerer Betrachtung sind mindestens zwei Veränderungen festzustellen. Zum einen enthält das AX-Register nun tatsächlich den Wert »9988«, der MOV-Befehl hat also seine Aufgabe erfüllt. Zum anderen ist in der dritten Zeile der Statusanzeige nun jener Befehl zu sehen, der als nächstes zur Ausführung gelangt. Achten Sie auf die Offsetadresse dieses Befehls. Diese hat nun den Wert »0003«, ist also um drei größer geworden. Der Grund dafür ist leicht zu finden. Da der vorhergehende MOV-Befehl aus drei Bytes bestand und die Offsetadresse »0000« besaß, muß der folgende Befehl eine um drei größere Adresse besitzen. Dieser Wert ist auch im IP-Register zu finden, da dessen Inhalt stets mit der Offsetadresse des als nächstes auszuführenden Befehls identisch ist. Auch dieser Befehl soll wieder über das T-Kommando zur Ausführung gebracht werden. Durch den Befehl »MOV BX,AX«

wird der Inhalt des AX-Registers in das BX-Register kopiert. Der folgende MOV-Befehl kopiert die höherwertige Hälfte des AX-Registers, also den Inhalt des AH-Registers, in die untere Hälfte des CX-Registers, also in das CL-Register. Sie sehen, man kann wahlweise auf die allgemeinen Register AX, BX, CX und DX als Ganzes oder auf deren unteren oder oberen Hälften getrennt zugreifen.

Wenn es sich bei den ersten drei MOV-Befehlen um Beispiele für eine Registeradressierung handelte, so führt der nächste MOV-Befehl eine Register-indirekte Adressierung durch. Durch den Befehl »MOV AX,[BX]« wird das AX-Register mit dem Inhalt der Speicherzelle geladen, deren Adresse im BX-Register enthalten ist. Auch hier leistet der Debugger Hilfestellung, indem er den Inhalt der Speicherzelle anzeigt, die durch den aktuellen Inhalt des BX-Registers adressiert wird:

```
-R
AX=9988 BX=9988 CX=0099 DX=0000  SP=0100 BP=0000 SI=0000 DI=0000
DS=0F99 ES=0F99 SS=0F99 CS=0F99 IP=0007  NV UP EI PL NZ NA PO NC
0F99:0007  8B07    MOV AX,[BX]    DS:9988=0000
```

Sie sehen an diesem Beispiel, daß der Befehl »MOV AX,[BX]« das AX-Register mit dem Inhalt der Speicherzelle lädt, die durch das Registerpaar »DS:BX«, das heißt in diesem Fall »0F99:9988«, adressiert wird. Wie der Debugger anzeigt, enthält diese Speicherzelle zur Zeit den Wert 0. Der Inhalt einer Speicherzelle kann jedoch ohne weiteres durch DEBUG-E-Kommandos geändert werden:

```
-E DS:9988
0F99:9988  00.
```

Der Debugger zeigt zunächst den aktuellen Inhalt der angegebenen Speicherzelle an. Beachten Sie, daß bei DEBUG-Kommandos anstelle einer Segmentadresse auch der Name eines Segment-Registers aufgeführt werden kann. Nun können Sie in die Speicherzelle mit der Adresse »DS:9988« einen anderen Wert eintragen. Probieren Sie es doch einmal mit der Zahl »11«:

```
-E DS:9988
0F99:9988  00.11 <Return>
```

Wenn Sie anschließend den Befehl »MOV AX,[BX]« mit dem T-Kommando zur Ausführung bringen, wird das AX-Register den Wert »0011« enthalten. Der Grund: Das BX-Register zeigt nun auf eine Speicherzelle mit dem Inhalt »0011«. Doch, Moment! Da es sich beim AX-Register um ein 16-Bit-Register, bei der geänderten Speicherzelle aber um eine Byte-Speicherzelle handelt, muß noch ein zweites Byte aus dem Arbeitsspeicher geladen werden. Tatsächlich wird auch der Inhalt der folgenden Speicherzelle mit der Adresse »DS:9989« geladen. Die Frage ist nur, was wohin geladen wird. Bei allen CPUs der 80x86-Familie wird ein 16-Bit-Wort im Arbeitsspeicher so abgelegt, daß die niederwertige Hälfte die höhere Adresse enthält. Soll zum Beispiel die Zahl »1234h« unter der Adresse 1000 gespeichert werden, so findet man unter der Adresse 1000 den Wert »34« und unter der Adresse 1001 den Wert »12«. Dementsprechend wird beim Laden eines 16-Bit-Wertes aus dem Arbeitsspeicher in ein 16-Bit-CPU-Register die niederwertige Hälfte des Registers mit dem Inhalt der angegebenen Speicheradresse und die höherwertige Hälfte des CPU-Registers mit dem Inhalt der angegebenen Speicheradresse + 1 geladen. In unserem Fall wird der Inhalt des Speicher-Registers mit der Adresse »DS:9988« in das AL-Register und der Inhalt des Speicher-Registers mit der Adresse »DS:9989« in das AH-Register transportiert.

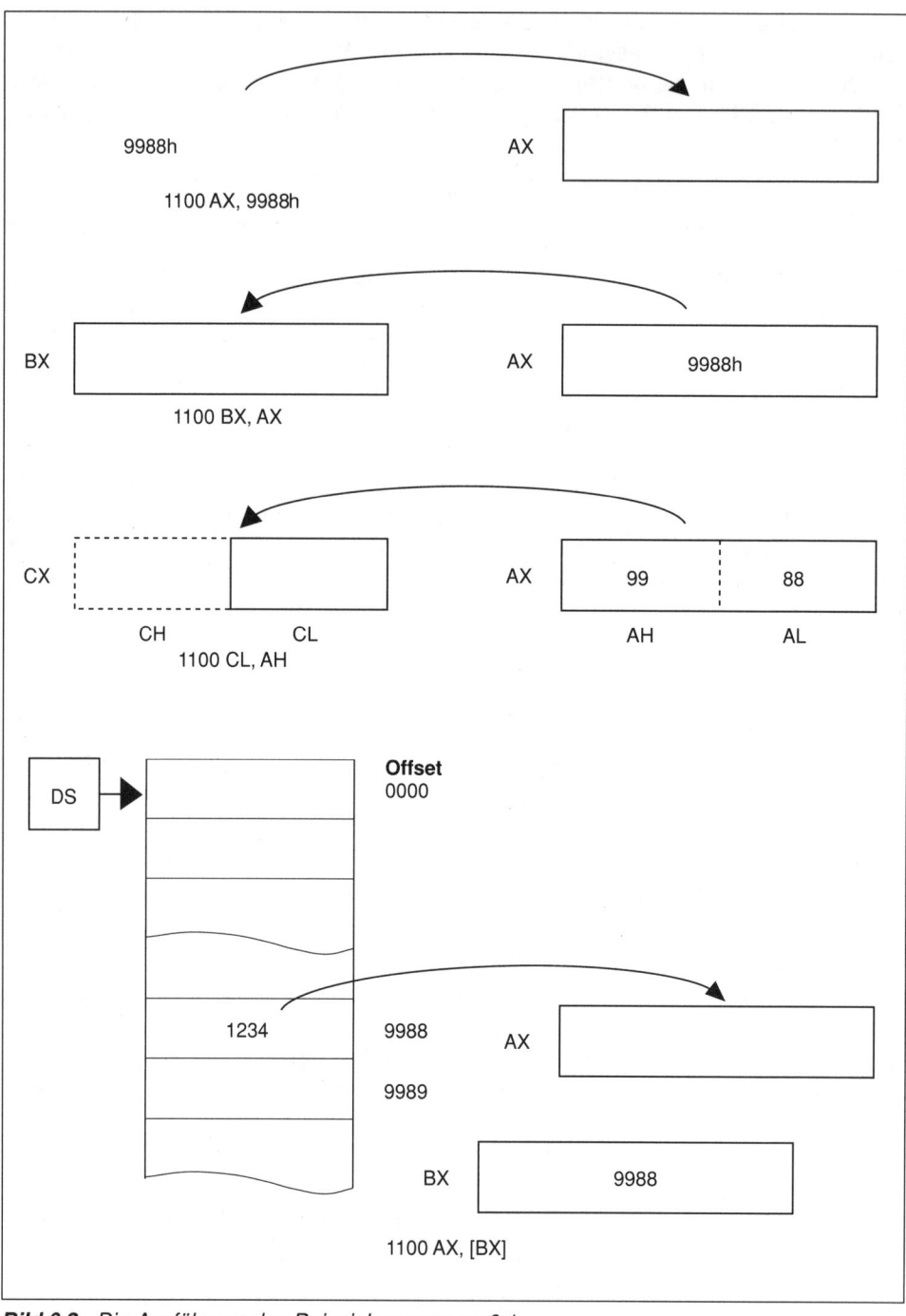

Bild 6.2: *Die Ausführung des Beispielprogramms 6.1*

Damit wäre die Abarbeitung unseres Maschinenprogramms komplett. Die Auswirkung der vier MOV-Befehle wird auch noch einmal durch die Abbildung 6.1 veranschaulicht. Kann der Debugger das Ende eines Maschinenprogramms erkennen? Nicht direkt, denn beim nächsten Befehl, der durch den Debugger angezeigt wird, handelt es sich nicht mehr um einen Programmbefehl, sondern um den Opcode eines Befehls, der sich dort zufällig im Speicher befindet. Nach der Ausführung des letzten Programmbefehls sollte das IP-Register den Wert »0009h« enthalten, da die ausgeführten Maschinenbefehle 9 Byte umfaßten und der erste Befehl bei der (Offset-) Adresse »0000« begann.

Natürlich ist es auch möglich, das Maschinenprogramm auf einmal auszuführen. Dies ermöglicht das G-Kommando. Bliebe noch die Frage zu klären, wo die Programmausführung beginnt und bis zur welcher Stelle das Maschinenprogramm ausgeführt wird. Nun, wenn auf das G-Kommando kein Parameter folgt, beginnt die Programmausführung bei dem Befehl, der durch den aktuellen Inhalt des Registerpaars CS:IP festgelegt wird. Die Programmausführung wird entweder durch einen Haltepunkt, der ebenfalls über das G-Kommando gesetzt werden kann, oder durch die bereits vorgestellte Befehlssequenz

```
MOV AH,4Ch
INT 21h
```

beendet. Wird ein Programm ohne den Debugger ausgeführt, bewirkt diese Befehlssequenz eine Rückkehr zur Betriebssystemebene, innerhalb eines Debuggers erfolgt dagegen eine »Rückkehr« zum Eingabe-Prompt des Debuggers.

Der Debugger als Assembler
Es wurde bereits angedeutet, daß unser Programm noch nicht lauffähig ist, da die für die Rückkehr zur Betriebssystemebene notwendige Befehlssequenz noch nicht enthalten ist. Ohne diese beiden Befehle würde das Maschinenprogramm nach der Ausführung der vier Maschinenbefehle wahrscheinlich im »Nirgendwo« verschwinden.

Das A-Kommando
Um diese beiden Befehle an unser Programm zu hängen, gibt es zwei Möglichkeiten. Die erste besteht darin, DEBUG zu verlassen, erneut den Editor zu bemühen, die Änderungen durchzuführen und das Programm dann erneut zu assemblieren. Es gibt aber auch die Möglichkeit, mit Hilfe des Debuggers einzelne Maschinenbefehle nachträglich in ein Maschinenprogramm einzutragen. DEBUG aktiviert das A-Kommando. Folgt auf dieses Kommando keine Adresse, beginnt die Assemblierung entweder bei jener Adresse, die durch den aktuellen Inhalt des Registerpaars CS:IP festgelegt wird oder bei jener Adresse, bei der die Assemblierung mittels dem A-Kommando zuvor beendet wurde. In unserem Fall soll ein neuer Befehl bei der Adresse »CS:0009« eingetragen werden. Dazu muß das A-Kommando in der Form

```
-A 9
```

eingegeben werden. DEBUG antwortet daraufhin mit der Ausgabe der vollständigen Adresse:

```
0F99:0009
```

Der Debugger wartet nun auf die Eingabe eines Maschinenbefehls. Zwar besitzt der Assembler des Debuggers nicht die gleiche Syntax, und vor allem nicht die gleichen Möglichkeiten, des Makroassemblers, bei kleineren Änderungen oder Erweiterungen müssen in der Regel keine Unterschiede berücksichtigt werden. Geben Sie nun die Anweisungen

```
0F99:0009 MOV AH,4C      <Return>
0F99:000B INT 21         <Return>
-                        <Return>
```

ein und beenden Sie die Eingabe durch zweimaliges Betätigen der ⟨Return⟩-Taste. Da Zahleneingaben von DEBUG grundsätzlich als Hexadezimalzahlen interpretiert werden, darf an die Zahlen kein »h« angehängt werden (beim DR DOS Debugger SID ist das ein wenig anders, hier können auch Dezimalzahlen eingegeben werden, wenn sie durch ein vorangestelltes »#« gekennzeichnet sind). Daß die eingegebenen Befehle nun Bestandteil des Programms sind, läßt sich am einfachsten durch Disassemblieren, das heißt Umwandeln der Opcodes in ihre Mnemonics, des kompletten Maschinenprogramms feststellen. Dies wird durch das U-Kommando erreicht:

```
-U 0000 000C    <Return>
```

Als Parameter werden dem U-Kommando die Start- und die Endadresse des zu disassemblierenden Bereichs angegeben. In beiden Fällen geht DEBUG davon aus, daß sich die Segmentadresse im CS-Register befindet, da keine Segmentadresse angegeben wurde (alternativ hätte man auch die Größe des zu disassemblierenden Bereichs angeben können). Auf dem Bildschirm wird der Inhalt der Speicher-Register CS:0000h bis CS:000Ch in disassemblierter Form ausgegeben:

```
0F99:0000    MOV AX,9988
0F99:0003    MOV BX,AX
0F99:0005    MOV CL,AH
0F99:0007    MOV AX,[BX]
0F99:0009    MOV AH,4C
0F99:000B    INT 21
```

Eine EXE-Datei darf nicht den Kopf verlieren

Eigentlich müßte man das Programm nun auch auf Diskette speichern, damit die durchgeführten Änderungen permanent vorhanden sind. Leider gibt es bei EXE-Dateien ein kleines Problem. Wie bereits erwähnt wurde, besteht eine EXE-Datei neben dem eigentlichen Maschinenprogramm stets auch aus einem Kopf, der bestimmte Informationen über Größe und Aufbau der Datei enthält. Beim Laden einer EXE-Datei in den Debugger wird dieser Kopf aber nicht geladen. Aus diesem Grund kann eine EXE-Datei nicht wieder vom Debugger abgespeichert werden, da der Debugger nicht über die notwendige Kopfinformation verfügt. Es gibt aber einen Trick, wie man auch EXE-Dateien modifizieren kann. Dazu muß der Name der EXE-Datei lediglich eine andere Dateiendung erhalten. Nun wird beim Laden des Programms in den Debugger auch der Kopf der EXE-Datei geladen, da der Debugger die geladene Datei nicht als EXE-Datei erkennen kann. Doch dieses Verfahren hat auch einen Nachteil: Da der Debugger die geladene Datei nicht als EXE-Datei erkennen kann, kann er die in dem EXE-Kopf enthaltene Programminformation auch nicht auswerten. Hier ist aber zum Beispiel der Startpunkt des Programms festgelegt. Bei kleinen Programmen oder bei Programmen, die ohnehin bei der Adresse »0000« beginnen, wäre dies nicht so tragisch. Bei größeren Programmen ist eine korrekte Programmausführung mit Hilfe des Debuggers aber in der Regel nicht mehr möglich. Da sämtliche Beispielprogramme in diesem und den nächsten drei Kapiteln in EXE-Dateien umgewandelt werden (in der ersten Auflage dieses Buches wurden noch COM-Dateien verwendet), müssen wir mit diesem kleinen Nachteil leben. Dieser Nachteil ist aber nur dann ein Nachteil, wenn eine EXE-Datei modifiziert und dann auf Diskette oder Festplatte zurückgeschrieben werden soll. In der Regel ist jedoch wesentlich einfacher, die Änderungen am Quelltext durchzuführen und das gesamte Programm erneut zu assemblieren.

Damit soll die »Debug-Sitzung« (so wird das Arbeiten mit dem Debugger bezeichnet) beendet und der Debugger kann über das Q-Kommando verlassen werden.

Die Wahrheit über DEBUG

Falls Sie noch nie mit einem Debugger gearbeitet haben sollten, werden Sie sich wahrscheinlich inzwischen die mehr als berechtigte Frage gestellt haben, was denn eigentlich bei der Ausführung eines Maschinenprogramms mit einem Debugger passiert. Wird ein Maschinenprogramm durch Eingabe seines Namens zur Ausführung gebracht, lädt das Betriebssystem den Inhalt der Datei in den Arbeitsspeicher und setzt das Registerpaar CS:IP auf den Beginn des Programms, so daß die CPU mit der Befehlsausführung beginnen kann. Doch wie sieht das bei einem Debugger aus? Das Prinzip ist ähnlich. Auch hier wird das Programm, diesmal aber durch den Debugger, in den Arbeitsspeicher geladen, es wird allerdings noch nicht zur Ausführung gebracht. Dies geschieht erst bei Eingabe eines T- oder G-Kommandos. Damit der Debugger aber die Programmausführung nach einem Befehl wieder beenden kann, muß er eine Marke in das Programm setzen. Diese Marke hat meist die Form eines Interrupts 3, der nur ein einziges Opcodebyte belegt. Trifft die CPU auf diesen Befehl wird eine spezielle Routine aufgerufen, in deren Verlauf auch die CPU-Register ausgegeben werden. Im Prinzip handelt es sich bei einem Debugger also mehr um einen CPU-Simulator.

DEBUG als »CPU-Simulator«

Die letzten Abschnitte haben Ihnen hoffentlich einen Eindruck von der Nützlichkeit eines Programms wie DEBUG vermittelt. Um den Umgang mit dem Debugger zu üben und vor allem um ein Gefühl für die Besonderheiten der Maschinenspracheprogrammierung zu bekommen, sollten Sie alle Ihre Beispiel- und Übungsprogramme mit Hilfe eines Debuggers zur Ausführung bringen. Mit Hilfe von DEBUG, oder einem anderen Debugger, können Sie der CPU bei der Arbeit zuschauen. Vorgänge, die normalerweise innerhalb von Mikrosekunden durchgeführt werden, lassen sich auch für einen menschlichen Betrachter nachvollziehbar ausführen. Wir werden im weiteren Verlauf dieses Buches den Debugger zwar noch des öfteren benötigen, aus Platzgründen ist es aber leider nicht möglich, alle DEBUG-Sitzungen ausführlich zu beschreiben. Mit den in diesem Abschnitt gegebenen Informationen und der DEBUG-Kommando-Beschreibung in Ihrem MS-DOS-Systemhandbuch sollten Sie aber in der Lage sein, DEBUG auch auf eigene Faust zu erforschen.

6.6 Wie werden Speichervariablen definiert?

Da aufgrund der begrenzten Anzahl zur Verfügung stehender CPU-Register nicht alle Programmdaten in Registern untergebracht werden können, müssen Programmdaten, wie zum Beispiel
Variablen, zwangsläufig auch im Arbeitsspeicher abgelegt werden. Für die Zwischenspeicherung
von Programmdaten in Form von Variablen, Feldern, Strings usw. wird über die .DATA innerhalb
eines Assemblerprogramms ein eigenes Segment definiert. In diesem Segment stehen dem
Programmierer nun maximal 65 536 Speicherzellen zur Verfügung, von denen jede 1 Byte aufnehmen kann. Jede Speicherzelle, die für die Speicherung von Programmdaten verwendet werden
soll, muß vom Programmierer reserviert werden (es handelt sich also um statischen Speicher).
Da jede Speicherzelle während der Programmausführung ihren Wert ändern kann, zum Beispiel
über einen MOV-Befehl, wird sie auch als Speichervariable bezeichnet. Für die Reservierung
einzelner Speicherzellen stellt der Assembler eine Reihe von Anweisungen zur Verfügung, die in
Tabelle 6.3 aufgeführt sind, und die als Datenanweisungen von Speichervariablen bezeichnet
werden. Jeder dieser Datenanweisungen wird in der allgemeinen Form

```
[Name]   Dx   Wert
```

eingesetzt, wobei das »x« den Typ der Speichervariablen, das heißt die Anzahl der zu reservierenden Speicherzellen festlegt. Zusätzlich darf ein optionaler Name aufgeführt werden (daher die
eckigen Klammern), über den der reservierte Speicherbereich innerhalb des Assemblerprogramms angesprochen werden kann. Wahlweise kann in die reservierte Speichervariable bereits
bei der Definition ein Wert eingetragen werden, der als Initialisierungswert bezeichnet wird. Soll
die Speichervariable dagegen noch keinen Wert erhalten, muß anstelle eines Wertes ein »?«
aufgeführt werden. In diesem Fall ist die Speichervariable uninitialisiert und erhält einen zufälligen
Wert (nämlich den, der sich bereits dort befunden hat). Über eine Datenanweisung können auch
mehrere Speichervariablen auf einmal definiert werden. Die Initialisierungswerte der einzelnen
Variablen sind durch Kommas getrennt. Allerdings kann dann nur die erste Speichervariable über
einen Namen angesprochen werden.

Datenanweisung	Anzahl der reservierten Bytes	Typ
DB	1	BYTE
DW	2	WORD
DD	4	DWORD
DF	6	FWORD
DQ	8	QWORD
DT	10	TBYTE

Tabelle 6.3: *Übersicht der Datenanweisungen*

Beispiel

```
X_POS DB 0
```

Diese Anweisung definiert eine Speichervariable mit dem Namen X_POS und dem Initialisierungswert 0. In Basic übertragen würde diese Anweisung dem Befehl »X_POS = 0« entsprechen. Auf
den Wert dieser Speichervariablen kann zum Beispiel über einen MOV-Befehl zugegriffen werden:

```
MOV AL,X_POS
```

Beachten Sie, daß als Zielregister nur ein 8-Bit-Register verwendet werden darf, da die
Speichervariable über die DB-Anweisung definiert wurde und daher den Typ BYTE besitzt. Ein
Befehl wie zum Beispiel

```
MOV AX,X_POS
```

führt zu einer Warnung des Assemblers (mehr dazu später). Das Laden einer Speichervariablen
vom Typ WORD in ein 8-Bit-Register ist ebenfalls nicht möglich. In beiden Fällen kann aber über
den PTR-Operator des Assemblers eine Typenanpassung vorgenommen werden, wir werden
darauf noch zurückkommen.

Der OFFSET-Operator liefert die Adresse

Falls es erforderlich sein sollte, kann man über den OFFSET-Operator des Assemblers auch die
(Offset-)Adresse der Speichervariablen erhalten. Der OFFSET-Operator macht dabei nichts anderes, als die Entfernung in Byte zwischen dem Beginn des Segments, in dem die betreffende
Speichervariable definiert wurde, und der Position in dem Segment, an der die Speichervariable
definiert wird, zu berechnen:

```
.DATA
    FENSTER_NR    DW    10
.CODE
        MOV DX,@DATA
        MOV DS,DX
        MOV DX,OFFSET FENSTER_NR
```

Der MOV-Befehl lädt die Offsetadresse der Speichervariablen FENSTER_NR in das DX-Register.
Die Offsetadresse wird in diesem Fall den Wert 0 besitzen, da die betreffende Variable die ersten
beiden Speicherzellen innerhalb des Datensegments belegt, die entsprechend die Offsetadressen
0 und 1 besitzen (das muß allerdings nicht so sein, in manchen Fällen kann es passieren, daß der
Linker eine Offsetkorrektur vornimmt). Der Vollständigkeit halber wurden auch die beiden MOV-
Befehle zur Initialisierung des DS-Registers aufgeführt, ohne die ein Zugriff auf das Datensegment
nicht möglich wäre.

In diesem Beispiel muß als Zielregister ein 16-Bit-Register verwendet werden, da es sich bei einer
Offsetadresse stets um eine 16-Bit-Zahl handelt. Anstelle des MOV-Befehls kann auch der LEA-
Befehl eingesetzt werden:

```
LEA DX,X_POS
```

Auch dieser Befehl, der in Kapitel 6.9 besprochen wird, lädt die Offsetadresse der
Speichervariablen X_POS in das DX-Register.

Auf den richtigen Typ kommt es an

Wie die letzten beiden Beispiele gezeigt haben, spielt der Typ einer Speichervariablen eine sehr wichtige Rolle. Zu den häufigsten Anfängerfehlern gehört es, nicht zusammenpassende Typen in einem Befehl zu verwenden oder auf eine Speichervariable falsch zuzugreifen. Wenn Sie bisher ausschließlich in Basic programmiert haben, so sind Sie mit Variablentypen wahrscheinlich noch nicht direkt konfrontiert worden. Falls Sie dagegen Erfahrung mit C oder Pascal haben, sind Ihnen diese wahrscheinlich bestens vertraut. In einem Assemblerprogramm wird der Typ einer Speichervariablen durch die Datenanweisung bestimmt, durch die die betreffende Variable definiert wurde. Dementsprechend stehen folgende Typen zur Auswahl: BYTE, WORD, DWORD, FWORD, QWORD und TBYTE. In den meisten Assemblerprogrammen werden nur die Datentypen BYTE, WORD und DWORD eingesetzt, die auch als fundamentale Datentypen bezeichnet werden. Neben den fundamentalen Datentypen gibt es noch unter anderem BCD-Zahlen, Fließkommazahlen und, auf 80386/486-Systemen, auch Bit-Felder. Diese Datentypen sind spezielleren Anwendungen vorbehalten und werden nur selten angewendet.

Welche Bedeutung hat der Typ einer Speichervariablen für den Assembler? Da der Typ einer Speichervariablen für deren Größe in Bytes steht, benutzt der Assembler ihn zur Überprüfung, ob ein Operand in einem Maschinenbefehl erlaubt ist oder nicht. Soll etwa eine Speichervariable vom Typ WORD in ein 8-Bit-Register geladen werden, kann dies der Assembler anhand des Typs der Speichervariablen erkennen und eine Warnung ausgeben:

```
.DATA
    ZU_GROSS    DW    1000
.CODE
    MOV DX,@DATA
    MOV DS,DX
    MOV AL,ZU_GROSS
```

Bei der Assemblierung dieses Programms erhalten Sie eine Warnung vom Typ »Operand types must match« (es kann sich auch um einen leicht modifizierten Text handeln). Da es sich aber nur um eine Warnung handelt (die Version 4.0 des Makroassemblers gibt in diesem Fall noch einen Fehler aus), wird der MOV-Befehl trotzdem assembliert. In einem der nächsten Abschnitte wird an einem Beispiel gezeigt, wie der Assembler einen solchen Befehl umsetzt. Beachten Sie, daß der Datentyp einer Speichervariablen nur während der Assemblierung eine Bedeutung hat. Liegt ein Assemblerprogramm erst einmal als Maschinenprogramm vor, spielt der Datentyp, genausowenig wie der Variablenname, keine Rolle mehr.

Für einen Einsteiger ist es ein wenig verwirrend, daß der Typ einer Speichervariablen für die Anzahl an Bytes, die die Speichervariable im Arbeitsspeicher belegt, stehen kann aber nicht unbedingt stehen muß. Was das bedeutet, wird an dem nächsten Beispiel deutlich:

```
ZWEIFACH DB 0,1
```

Über die DB-Anweisung wird eine Variable mit dem Namen ZWEIFACH und dem Typ BYTE definiert. Obwohl es sich um eine Variable vom Typ BYTE handelt, werden aber 2 Byte im Speicher belegt, denn durch das Komma wird eine weitere Speichervariable vom gleichen Typ definiert.

Handelt es sich nun um eine 1-Byte- oder eine 2-Byte-Speichervariable? Nun, die Beantwortung dieser Frage hängt davon ab, wie man das Ganze betrachtet. Streng genommen handelt es sich bei ZWEIFACH um eine Speichervariable vom Typ BYTE, die demnach nur ein Byte im Arbeitsspeicher belegt. Ein Befehl wie

```
MOV BL,ZWEIFACH
```

lädt daher auch nur das erste Byte in das BL-Register. Dennoch kann man auf diese Speichervariable mit einem 16-Bit-Operanden zugreifen. Der folgende MOV-Befehl

```
MOV BX,ZWEIFACH
```

erzeugt zwar eine Warnung, da die beiden Operanden einen verschiedenen Typ besitzen (das BX-Register ist vom Typ WORD), er wird aber dennoch assembliert. Versieht man den zweiten Operanden mit einem speziellen Operator, dem .PTR-Operator, so wird der gleiche Befehl diesmal ohne eine Warnung assembliert:

```
MOV BX,WORD PTR ZWEIFACH
```

Der Operator »WORD PTR« paßt den Typen der Variablen ZWEIFACH an den Typen des Registers an. Wenn Sie diesen Befehl mit dem Debugger ausführen, werden Sie feststellen, daß zwei Byte in das BX-Register geladen werden. Neben dem Byte, das sich in der Speicherzelle befindet, deren Offsetadresse durch den Variablennamen ZWEIFACH repräsentiert wird, wird auch das benachbarte Byte, das sich unter der Offsetadresse »ZWEIFACH+1« befindet, geladen. Obwohl es sich bei ZWEIFACH streng genommen um eine BYTE-Variable handelt, wird ein 16-Bit-Zugriff durchgeführt (die Frage, das Byte in welche Registerhälfte gelangt, wurde bereits angesprochen).

Fazit: Der Typ einer Variablen, der ihr durch eine Datenanweisung bei ihrer Definition zugewiesen wird, hat lediglich eine formale Bedeutung. Es ist stets ohne weiteres möglich, auch auf die benachbarten Speicherzellen zuzugreifen.

Bevor die Anwendung von Speichervariablen an einigen Beispielen vertieft wird, ist wieder eine kurze Zusammenfassung notwendig. Zwei Dinge sollten Sie sich bis hierhin gemerkt haben:

1. Eine Speichervariable in einem Assemblerprogramm ist nichts anderes als eine oder mehrere Speicherzellen, die mit einem Namen versehen werden können. In jeder einzelnen Speicherzelle kann ein Byte gespeichert werden.

2. Der Name einer Speichervariablen steht immer für die Offsetadresse der ersten Speicherzelle.

Der Darstellungsbereich von Speichervariablen

Sicher wird es Sie interessieren, wie groß ein Wert, der in einer Speichervariablen untergebracht wird, maximal werden darf. Diese Frage wurde im Prinzip bereits in Kapitel 2 beantwortet, wo es um den Darstellungsbereich von Dualzahlen ging. Der maximale Wert, der in einer Speichervariablen abgelegt werden kann, hängt von deren Größe ab. Geht man von vorzeichenlosen Zahlen aus, können in einer BYTE-Variablen Werte zwischen 0 und 255 und in einer WORD-Variablen Werte zwischen 0 und 65535 gespeichert werden. Dieser Bereich vergrößert sich mit jeder Verdoppelung der Anzahl an Speicherzellen im Quadrat. Theoretisch wäre damit der maximale Wert einer Speichervariablen lediglich durch den zur Verfügung stehenden Arbeitsspeicher begrenzt. Dabei darf aber nicht vergessen werden, daß die arithmetischen und logischen Befehle der 8086/88-CPU nur mit 16-Bit-Zahlen, und in einigen Ausnahmen auch mit 32-Bit-Zahlen, arbeiten können. Erst die 80386/486-CPU arbeitet grundsätzlich mit 32-Bit-Zahlen, und in einigen Ausnahmen mit 64-Bit-Zahlen. Da die 80486-CPU auch über einen integrierten mathematischen Prozessor verfügt, lassen sich auch 64- bzw. 80-Bit-Zahlen im Fließkommaformat verarbeiten. Diese kurze Übersicht macht deutlich, mit welchen Größen man es in einem Assemblerprogramm zu tun hat. Eine Speichervariable belegt daher in der Regel 1, 2, 4 und in seltenen Fällen auch 8 oder 10 Byte.

Warum benötigen Speichervariablen einen Typ?

Für fortgeschrittene Leser oder falls Sie es genauer wissen möchten: Schaut man einmal ein wenig hinter die Kulissen, findet man für die Notwendigkeit von Datentypen in einem Assembler-programm eine ganz simple Erklärung. Dazu müssen wir uns aber zwangsläufig auch ein wenig mit dem Aufbau der 8086/88-Opcodes beschäftigen. Jeder Maschinenbefehl, der mit einem oder zwei Operanden arbeitet, enthält in seinem Opcode eine Information darüber, ob es sich um 8-Bit- oder 16-Bit-Operanden handelt. 32-Bit-Operanden sind erst ab der 80386-CPU erlaubt, so daß dieser Aspekt hier nicht berücksichtigt werden soll. Diese Information wird in dem Opcode durch ein einziges Bit, das w-Bit, dargestellt. Ist das w-Bit »0« handelt es sich um Byte-Operanden, ist das w-Bit dagegen »1«, handelt es sich um Wort-Operanden. Damit ist auch klar, warum in einem Befehl mit zwei Operanden, beide Operanden den gleichen Typ besitzen müssen, und warum zum Beispiel eine Speichervariable vom Typ BYTE nicht in ein 16-Bit-Register geladen werden kann. Da das w-Bit für beide Operanden zuständig ist, müssen beide Operanden zwangsläufig den gleichen Typ besitzen.

Da der Assembler für die korrekte Erzeugung der Opcodes zuständig ist, muß die Frage, welchen Typ ein Operand besitzt, immer eindeutig geklärt sein. In der Regel ist dies auch der Fall. Falls wir eine Speichervariable wie folgt definieren:

```
ANZAHL DB 0
```

»weiß« der Assembler, daß ANZAHL den Typ BYTE besitzt. In einem Befehl wie

```
MOV AH,ANZAHL
```

gibt es daher keine Probleme, da beide Operanden den gleichen Typ besitzen. Der Assembler setzt das w-Bit in diesem Fall auf »0«. Was passiert aber bei folgendem Befehl

```
MOV AX,ANZAHL?
```

Nun besitzen beide Operanden einen unterschiedlichen Typ. Da aber nur ein einzelnes Bit für den Typ zuständig ist, muß sich der Assembler für einen Typ entscheiden. In einem solchen Fall geht immer der Typ des Registers vor. Der Assembler setzt also den Typ von ANZAHL für diesen Befehl gleich WORD, setzt das w-Bit in dem erzeugten Opcode auf »1« und gibt zusätzlich eine Warnung aus, um diese Typen-Inkompatibilität anzuzeigen. Wird dieser Befehl später ausgeführt, werden 16 Bit, ein Byte unter der Adresse ANZAHL und ein Byte unter der Adresse ANZAHL+1 in das AX-Register transportiert. Für die CPUs der 80x86-Familie typisch wird dabei das Byte unter der Adresse ANZAHL in das AL-Register und das Byte unter der Adresse ANZAHL+1 in das AH-Register transportiert. Es gibt aber auch Fälle, wo sich der Assembler nicht weiterhelfen kann.

Betrachten Sie dazu den folgenden, etwas komplizierten MOV-Befehl:

```
MOV [BX],0
```

In diesem Fall soll eine Speicherzelle, deren (Offset-)Adresse im BX-Register enthalten ist, mit 0 belegt werden (die Segmentadresse befindet sich wie üblich im DS-Register und spielt hier keine Rolle). Der Assembler kann aber aufgrund der ihm zur Verfügung gestellten Information nicht entscheiden, ob die Adresse im BX-Register auf eine BYTE- oder WORD-Speicherzelle zeigt. Würde der Assembler von einer BYTE-Speicherzelle ausgehen, so würde das zweite Byte nicht mit 0 belegt werden, falls das BX-Register auf eine WORD-Variable zeigt. Würde der Assembler dagegen von einer WORD-Speicherzellen ausgehen, so würde die benachbarte Speicherzelle fälschlicherweise überschrieben werden, falls es sich um eine BYTE-Speicherzelle handelt. Ein Ausweg aus diesem Dilemma bietet wieder der PTR-Operator an, über den in diesem Fall dem Assembler die benötigte Information zur Verfügung gestellt wird:

```
MOV [BX],WORD PTR 0
```

oder

```
MOV [BX],BYTE PTR 0
```

Beispielprogramm 6.2 – BSP06_02.ASM

Da der Einsatz von Speichervariablen in nahezu jedem Assemblerprogramm erforderlich ist, soll das Arbeiten mit Speichervariablen an einem weiteren Beispiel geübt werden. Laden Sie das Beispielprogramm BSP06_02.ASM von der Buchdiskette, assemblieren und linken Sie es und bringen Sie es mit dem Debugger zur Ausführung.

```
.MODEL SMALL            ; Speichermodell ist Small
.STACK 100h             ; 256-Byte-Stacksegment
.DATA                   ; Beginn des Datensegments
    ZAHL1    DB    12h
    ZAHL2    DW    1234h
    ZAHL3    DD    12345678h

.CODE                   ; Beginn des Programmsegments
START:                  ; Startpunkt-Label
    MOV DX,@DATA        ; Das Datensegment muß initialisiert
    MOV DS,DX           ; werden

    MOV AX,ZAHL1        ; Wert von ZAHL1 nach AX
    MOV BX,WORD PTR ZAHL1   ; Das gleiche, nur mit PTR-Operator

    MOV BX,OFFSET ZAHL2 ; Adresse von ZAHL2 nach BX
    MOV AX,[BX]         ; Inhalt von ZAHL2 nach BX
    MOV DL,[BX]         ; Inhalt von ZAHL2 nach DL

    MOV AX,ZAHL3        ; Höherwertige Hälfte von ZAHL3 nach AX
    MOV BX,WORD PTR ZAHL3   ; Diesmal mit PTR-Operator
    MOV AX,WORD PTR ZAHL3+2 ; Niederwertige Hälfte von ZAHL3 nach AX
```

```
MOV AH,4Ch          ; Funktionsnummer 4Ch nach AH
INT 21h             ; Programm beenden
END START
```

Vielleicht werden Sie sich inzwischen fragen, warum die Speichervariablen so ausführlich besprochen werden, wenn doch bislang, mit Ausnahme des MOV-Befehls, keine Maschinenbefehle vorgestellt wurden, die mit diesen Speichervariablen arbeiten könnten. Der Grund dafür liegt in der enorm wichtigen Bedeutung den das dahinterstehende Prinzip für die gesamte Assemblerprogrammierung hat. Es soll noch einmal darauf hingewiesen werden, daß für den Assembler Speichervariablen lediglich Speicherzellen darstellen, die innerhalb eines Assemblerprogramms über eine DX-Anweisung einen symbolischen Namen zugewiesen bekommen, und die für die Erzeugung des korrekten Opcodes, wie gezeigt, auch einen Typ besitzen müssen. Eine Bedeutung wie Variablen einer Programmiersprache, die als universelle Platzhalter in beliebigen Ausdrücken und Befehlen eingesetzt werden können, haben Speichervariablen in einem Assemblerprogramm dagegen nicht. Da machen auch die Stringvariablen keine Ausnahme, die zum Abschluß dieses Abschnittes vorgestellt werden sollen.

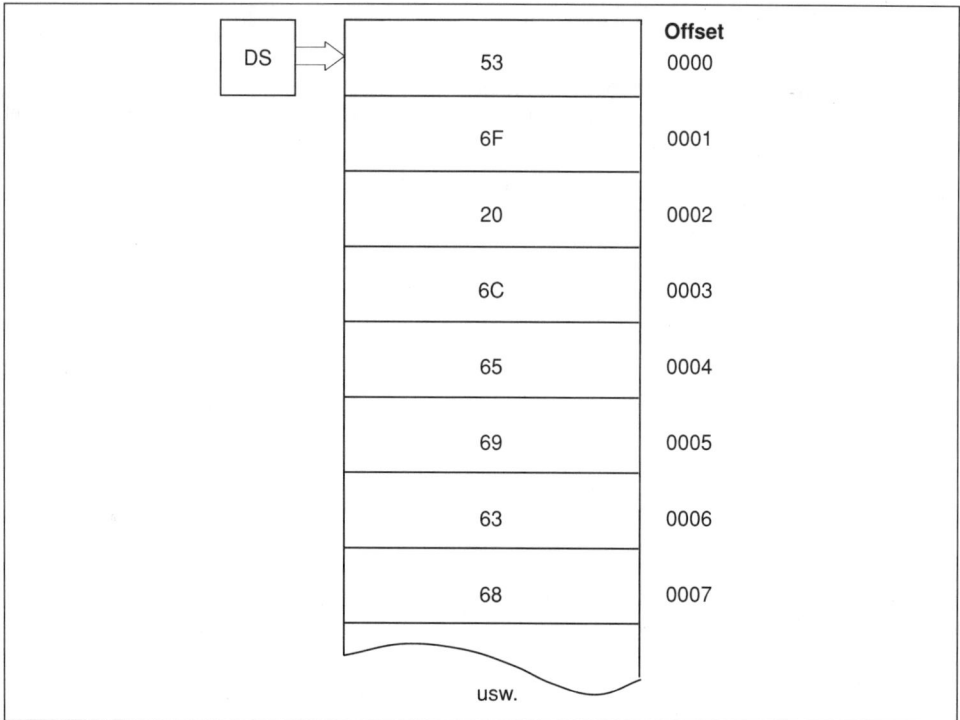

Bild 6.3: *Definition einer Stringvariablen im Datensegment*

Stringvariablen: Definition mit der DB-Anweisung
Bei einem String handelt es sich im einfachsten Fall um eine Aneinanderreihung von ASCII-Codes. Damit ist auch klar, auf welche Weise ein String in einem Assemblerprogramm definiert werden muß. Da jeder einzelne ASCII-Code in einer Byte-Speicherzelle untergebracht werden kann,

werden Stringvariablen in der Regel (im Datensegment) über die DB-Anweisung definiert. Glücklicherweise nimmt uns der Assembler die Arbeit ab, die einzelnen Zeichen eines Strings in die entsprechenden ASCII-Codes umwandeln zu müssen. Die folgende DB-Anweisung zeigt, wie ein String definiert wird:

```
.DATA
TEXT DB 'So leicht geht's !'
```

Die DB-Anweisung definiert im Datensegment insgesamt 18 benachbarte Byte-Speicherzellen, in die die umgewandelten ASCII-Codes eingetragen werden. Bild 6.3 zeigt, auf welche Weise die einzelnen ASCII-Codes im Datensegment abgelegt werden.

Auch bei der Definition einer Stringvariablen betrachtet der Assembler die definierte Variable lediglich als eine Aneinanderreihung von Byte-Speicherzellen. So steht auch der Symbolname TEXT lediglich für die (Offset-)Adresse der ersten Speicherzelle. Ein Befehl wie

```
MOV AL,TEXT
```

lädt daher auch den ASCII-Code des ersten Zeichens in das AL-Register. Für die Ausgabe des Strings auf dem Bildschirm, oder einem anderen Ausgabegerät, benötigt man jedoch die Adresse des Strings. Diese kann man entweder über den OFFSET-Operator erhalten:

```
MOV DX,OFFSET TEXT
```

oder, wie bereits gezeigt, auch über den LEA-Befehl:

```
LEA DX,TEXT
```

Soll der betreffende String über die MS-DOS-Funktion 09h des DOS-Interrupts 21h ausgegeben werden (mehr dazu in Kapitel 8), so muß das Ende der Zeichenkette durch ein »$«-Zeichen markiert werden. Dieses kann entweder innerhalb der Apostrophe

```
TEXT DB 'Dieser Text wird ausgegeben!$'
```

oder auch außerhalb der Apostrophe aufgeführt werden:

```
TEXT DB 'Dieser Text wird ausgegeben!','$'
```

wobei in diesem Fall aber das »$«-Zeichen in Apostrophe gesetzt und durch ein Komma getrennt werden muß. Falls nach der Ausgabe des Textes ein Zeilensprung durchgeführt und der Cursor auf den äußersten linken Rand zurückgesetzt werden soll, so kann dies auch über die Ausgabefunktion erledigt werden. Dazu müssen lediglich die ASCII-Codes der entsprechenden Steuerzeichen (0Ah für Line feed und 0Dh für Carriage Return) in den Text eingefügt werden:

```
TEXT DB 'Dieser Text wird ausgegeben!',0Ah,0Dh,'$'
```

Soviel zum Thema Stringvariablen. In Kapitel 10.3 wird im Zusammenhang mit dem Adreßoperator auch gezeigt, wie sich die Größe einer Stringvariablen (ohne Abzählen zu müssen) recht einfach bestimmen läßt. Übrigens, verwechseln Sie diese Stringvariablen nicht mit den Stringvariablen des Assemblers. Letztere werden, wie die Assemblervariablen auch, über die EQU-Anweisung des Assemblers definiert:

```
TEXT EQU 'Auch das ist ein String !'
```

Auch wenn diese Stringvariable auf den ersten Blick eine gewisse Ähnlichkeit mit den über die DB-Anweisung definierten Stringvariablen haben mag, so gibt es einen entscheidenden Unterschied. Die über die EQU-Anweisung definierten Stringvariablen des Assemblers haben nur während der Assemblierung eine Bedeutung, während ein über die DB-Anweisung definierter String während der Ausführung des Maschinenprogramms in den reservierten Speicherzellen vorliegt.

Beispielprogramm 6.3 – BSP06_03.ASM

Dieses Beispiel demonstriert die Ausgabe eines Strings auf dem Bildschirm. Dabei wird der INT-Befehl vorweggenommen, der erst in Kapitel 7 an der Reihe ist. Da dieses Beispiel nur den grundsätzlichen Ablauf bei der Ausgabe eines Strings vorführen soll, ist es entsprechend klein gehalten. Assemblieren und linken Sie das Programm und testen Sie es mit dem Debugger.

```
.MODEL SMALL
.STACK 100h
.DATA
     TEXT     DB     'Dies ist ein String!$'
.CODE
     MOV DX,@DATA          ; Datensegment initialisieren
     MOV DS,DX
     MOV AL,TEXT           ; Ein ASCII-Code nach AL
     MOV DX,OFFSET TEXT    ; Adresse des Strings nach DX
     MOV AH,09             ; Funktionsnummer 09h nach AH
     INT 21h               ; String ausgeben
     MOV AH,4Ch            ; Rückkehr zu MS-DOS
     INT 21h
END
```

Beispielprogramm 6.3 zeigt verschiedene Zugriffsmöglichkeiten auf ein und dieselbe Speicherzelle. Durch den Befehl

```
MOV AL,TEXT
```

wird die Speicherzelle TEXT direkt angesprochen. Der Befehl

```
MOV DX,OFFSET TEXT
```

lädt dagegen lediglich die Offsetadresse der Speicherzelle in das DX-Register.

6.7 Die Stackbefehle PUSH und POP

Neben dem MOV-Befehl, der im letzten Abschnitt in einigen Variationen vorgestellt wurde, verfügt die 8086/88-CPU noch über eine Reihe weiterer Datentransportbefehle. Nicht weniger wichtig als der MOV-Befehl sind die Stackbefehle PUSH und POP, die einen einfachen Zugriff auf den Stack ermöglichen. Wie bereits in Kapitel 5.5 erläutert wurde, spielt der Stack für die Parameterübergabe an Unterprogramme oder zur Zwischenspeicherung von CPU-Registerinhalten eine wichtige Rolle. Mit Hilfe der Stackbefehle ist es möglich, die Inhalte von CPU-Registern oder Speicherzellen auf dem Stack abzulegen oder wieder vom Stack zu holen. Das Prinzip, nach dem Daten auf dem Stack gespeichert werden können, wird durch Beispiel 6.4 veranschaulicht.

Beispielprogramm 6.4 – BSP06_04.ASM

Dieses Beispielprogramm demonstriert die Wirkung verschiedener Stackbefehle. Laden Sie das Programm BSP06_04.ASM von der Buchdiskette oder geben Sie es mit Hilfe des Editors ein. Assemblieren und linken Sie das Programm und testen Sie es mit dem Debugger.

```
.MODEL SMALL
.STACK 100h
.CODE
START:
        MOV AX,7777h
        MOV BX,8888h
        PUSH AX
        PUSH BX
        POP  AX
        POP  BX
        MOV  AH,4Ch
        INT  21h
END START
```

Da es sich um ein relativ kleines Programm handelt, und es im Grunde nur um die Wirkung der verwendeten Stackbefehle geht, soll das Programm lediglich mit dem Debugger im Einzelschrittmodus ausgeführt werden. Dazu muß erneut der Debugger bemüht werden:

```
C>DEBUG BSP06_04.EXE
```

Über das R-Kommando erhalten Sie zunächst die aktuellen CPU-Registerwerte. Mit Hilfe des T-Kommandos können Sie, wie im letzten Beispiel gezeigt, jeden Befehl einzeln zur Ausführung bringen. Bei den ersten beiden Befehlen handelt es sich um simple MOV-Befehle, die zwei beliebige Werte in das AX- und BX-Register laden. Eine Initialisierung des Datensegments ist nicht erforderlich, da kein Datensegment existiert. Der dritte Befehl ist neu. Er lautet »PUSH AX« und bringt den Inhalt des AX-Registers auf den Stack. Bevor Sie diesen Befehl mit Hilfe des T-Kommandos ausführen, sollten Sie sich überlegen, was dieser Befehl im einzelnen bewirkt. Beim PUSH-Befehl handelt es sich um einen spezialisierten MOV-Befehl, der den Inhalt des AX-Registers in einem speziellen Bereich des Arbeitsspeichers ablegt. Dieser Speicherbereich wird bekanntlich durch das Registerpaar SS:SP adressiert, wobei das SS-Register für den Segmentanteil und das SP-Register für den Offsetanteil zuständig ist. Damit ein auf dem Stack abgelegter Wert nicht durch den nächsten Wert, der dort abgelegt werden soll, überschrieben wird, wird der Stackzeiger im SP-Register vor jedem Zugriff um zwei erniedrigt. Schauen wir uns einmal den Inhalt dieser Register mit dem R-Kommando an:

```
-R
AX=7777 BX=8888 CX=000E DX=0000 SP=0100 BP=0000 SI=0000 DI=0000
DS=188C ES=188C SS=189D CS=189C IP=0006 NV UP EI PL NZ NA PO NC
189C:0006 50       PUSH      AX
```

Der Inhalt der Segment-Register nach dem Start

Zunächst fällt auf, daß die Segment-Register nach dem Start DS und ES den gleichen Inhalt aufweisen, während das CS- und das SS-Register einen anderen Wert besitzen. Der genaue Wert spielt keine Rolle, da dieser vom Betriebssystem beim Laden der Datei in den Arbeitsspeicher festgelegt wird. Nach dem Laden einer EXE-Datei in den Arbeitsspeicher zeigen sowohl das DS- als auch das ES-Register auf einen 256 Byte umfassenden Vorspann der EXE-Datei im Arbeitsspeicher, der als »Programm-Segment-Präfix«, oder kurz PSP, bezeichnet wird. Auf die Bedeutung des PSP soll an dieser Stelle nicht eingegangen werden, da dies in Kapitel 11 nachgeholt wird. Es wurde bereits erwähnt, daß der Programmanfang, und damit der Wert des Registerpaars CS:IP nach dem Laden der EXE-Datei, durch das Startpunkt-Label festgelegt wird. Bliebe also noch zu klären, woher der Wert des SS-Registers kommt. Nun, dieser Wert richtet sich nach dem Vorhandensein und der Lage des Stacksegments, falls ein solches existiert, das durch die .STACK-Anweisung definiert wurde. Üblicherweise wird das Stacksegment an das Ende eines Programms im Arbeitsspeicher gelegt, das SS-Register enthält damit den höchsten Wert. Da das SP-Register stets auf den obersten Stackwert zeigt, enthält es die größte Offsetadresse des Stacks, nämlich 100h. Diese entspricht der Größe des Stacks, die über die .STACK-Anweisung festgelegt wurde. Wird dagegen kein Stacksegment definiert, wird der Stack im Programm- oder Datensegment untergebracht. Das SP-Register enthält damit den Wert 0, was zur Folge hat, daß der Stack vom anderen Ende in das Programmsegment »hineinwächst«. Dadurch sind natürlich Schwierigkeiten vorprogrammiert, denn es kann ohne weiteres passieren, daß bei einer zu intensiven Nutzung des Stacks ein Teil des Programmbereichs vom Stack überschrieben wird.

Doch zurück zu den Registerwerten. Falls es Ihnen merkwürdig vorkommen sollte, daß der Wert im SS-Register nur um eins größer ist als der Wert im CS-Register, so sollten Sie noch einmal an das Prinzip der Speicheradressierung denken, das in Kapitel 5.3 ausführlichst beschrieben wurde. Dort stand zu lesen, daß die CPU, genauer gesagt die Busschnittstelleneinheit, zwecks Bildung der physikalischen Adresse den Segmentanteil, der sich stets in einem Segment-Register befindet, mit 16 multipliziert. Eine Differenz von 1 zwischen zwei Segment-Registerwerten entspricht daher einer Differenz von 16 Byte im Arbeitsspeicher. Und da unser Programmsegment nicht mehr als 16 Byte im Arbeitsspeicher belegt, kann das Stacksegment direkt, das heißt im folgenden Paragraphen, an das Programmsegment anschließen.

Fassen wir kurz zusammen: In einem Assemblerprogramm wird über die .STACK-Anweisung für den Stack ein eigenes Segment definiert. Das Stacksegment, oder kurz der Stack, wird stets durch das Registerpaar SS:SP adressiert, wobei das SS-Register die Adresse des Stacksegments enthält und das SP-Register auf den obersten Wert auf den Stack zeigt. Wird innerhalb des Assemblerprogramms kein Stack über die .STACK-Anweisung definiert, wird der Stack in das Daten- oder Programmsegment gelegt. Dies sind jedoch Ausnahmefälle, da in der Regel nichts dagegen spricht, ein Stacksegment über die .STACK-Anweisung zu definieren. Auch die Beispielprogramme in diesem Buch machen das nicht anders.

Der erste PUSH-Befehl in dem Beispielprogramm transportiert den Inhalt des AX-Registers auf den Stack. Führen Sie diesen Befehl mit Hilfe des T-Kommandos aus und beobachten Sie die Änderung des SP-Registers:

```
-T
AX=7777 BX=8888 CX=000E DX=0000 SP=00FE BP=0000 SI=0000 DI=0000
DS=188C ES=188C SS=189D CS=189C IP=0007 NV UP EI PL NZ NA PO NC
189C:0007 53        PUSH    BX
```

Wie ein Vergleich der Inhalte des SP-Registers vor und nach der Ausführung des PUSH-Befehls zeigt, wurde dessen Inhalt durch den PUSH-Befehl um zwei erniedrigt und enthält nun den Wert 00FEh. Kein Wunder, denn es wurde ein Wert auf den Stack »gepuscht« und der Stack »wächst« bekanntlich in Richtung kleiner werdender Adressen. Das neue oberste Stackelement befindet sich nun an einer um zwei kleineren Adresse, was durch die Erniedrigung des Stackzeigers im SP-Register automatisch berücksichtigt wird. Der gleiche Effekt tritt daher auch bei der Ausführung des nächsten PUSH-Befehls auf, der diesmal den Inhalt des BX-Registers auf den Stack bringt. Beim PUSH-Befehl handelt es sich daher um nichts anderes als um einen MOV-Befehl, der den Zieloperanden über eine indirekte Adressierung mit dem SP-Register im Arbeitsspeicher abgelegt und dabei zuvor den Inhalt des SP-Registers um zwei erniedrigt. Der PUSH-Befehl kann damit, zumindest theoretisch, durch die Befehlsfolge

```
SUB SP,2
MOV [SP], <Zieloperand>
```

ersetzt werden. Die Einschränkung »theoretisch« ist deswegen notwendig, weil eine indirekte Adressierung mit dem SP-Register grundsätzlich nicht erlaubt ist. Möchte man dennoch auf diese Weise auf den Stack zugreifen, muß der Inhalt des SP-Registers zuvor in das BP-Register gebracht werden:

```
MOV BP,SP
SUB SP,2
MOV [BP],<Zieloperand>
```

Durch das Kopieren des Stackzeigers in das BP-Register, ist eine indirekte Adressierung des Stacksegments über das BP-Register möglich. Im Prinzip könnten für eine indirekte Adressierung auch das BX-, DI- oder SI-Register einspringen. Allerdings holt sich die CPU einzig und allein beim BP-Register den Segmentanteil aus dem SS-Register. Bei allen übrigen Registern wird der Segmentanteil dagegen aus dem DS-Register geholt, was auch ein Laden des DS-Registers notwendig machen würde. Und noch eine Kleinigkeit dürfte Sie unter Umständen interessieren. Warum wird der Stackzeiger eigentlich immer um zwei erniedrigt? Nun, ganz einfach weil auf den Stack über einen PUSH-Befehl nur 16-Bit-Werte abgelegt werden können.

Das D-Kommando ermöglicht Einblicke in den Speicher
Daß es sich bei dem Stackbereich, mit Ausnahme des Zugriffsprinzips, ansonsten um einen ganz normalen Bereich des Arbeitsspeichers handelt, läßt sich auch mit dem Debugger sehr leicht demonstrieren, denn dieser verfügt über ein Kommando, mit dem sich der Inhalt eines Speicherbereichs ausgeben läßt. Dieses Kommando heißt D und wird in der folgenden Form angewandt:

```
D <Adresse>
```

wobei es sich bei »Adresse« um die Startadresse des auszugebenden Speicherbereichs handelt.

Wie bei allen DEBUG-Kommandos, die mit Speicheradressen arbeiten, kann diese auf zwei verschiedene Weisen angegeben werden. Zum einen können wir sie in Form einer Segmentadresse aufführen. Sollen zum Beispiel die Inhalte aller Speicherzellen von 1000:0020 bis 1000:0080 ausgegeben werden, lautet das D-Kommando wie folgt:

```
-D 1000:0020 1000:0080
```

Befindet sich der Segmentanteil bereits in einem Segment-Register, kann anstelle des Segmentanteils auch der Name des betreffenden Segment-Registers aufgeführt werden:

```
-D DS:0020 0080
```

Unter der Voraussetzung, daß das DS-Register, das bei allen datenbezogenen DEBUG-Kommandos automatisch herangezogen wird, wenn kein Segmentanteil aufgeführt wird, den Wert »1000h« enthält, hat dieses D-Kommando die gleiche Wirkung wie das vorhergehende. Schließlich darf man anstelle einer zweiten Adresse auch eine Längenangabe aufführen. Das nächste D-Kommando gibt den gleichen Bereich aus, wie das letzte D-Kommando:

```
-D 0020 L 60
```

Die hier beschriebene Form der Parameterangabe gilt übrigens auch für alle übrigen DEBUG-Kommandos. Lediglich die Frage, welches Segment-Register der Debugger für den Fall heranzieht, daß kein Segmentanteil angegeben wird, hängt davon ab, ob sich das DEBUG-Kommando auf Programmcode (CS-Register) oder auf Programmdaten (DS-Register) bezieht.

Wurde ein Speicherbereich über das D-Kommando ausgegeben, wird die Adresse der zuletzt ausgegebenen Speicherzelle intern gespeichert. Wird das D-Kommando nun erneut, diesmal aber ohne Angabe von Parametern ausgeführt, wird die Ausgabe bei dieser Adresse fortgesetzt. Durch fortlaufende Eingabe des D-Kommandos kann man sich so einen größeren Speicherbereich ausgeben lassen. Uns interessiert zunächst einmal die Startadresse des Stackbereichs. Erinnern Sie sich noch? Der Stackbereich wird durch das SP-Register adressiert und wächst in Richtung kleiner werdender Adressen. Die Startadresse des Stacksegments wird durch das SS-Register festgelegt. Um die obersten 6 Byte des Stackbereichs auszugeben, muß das D-Kommando in der Form

```
- D SS:SP L 6
189D:00F0      88 88 77 77        ..ww
189D:0100      21 B8             !.
```

eingesetzt werden. Wie nicht anders zu erwarten war, finden wir in dem ausgegebenen Speicherbereich jene Zahlen, die zuvor über die beiden PUSH-Befehle auf dem Stack abgelegt wurden. Denken Sie aber daran, daß aufgrund des Lifo-Prinzips (siehe Kapitel 5.2) die ganz linksstehende Zahl das oberste Stackelement darstellt.

Der POP-Befehl holt den obersten Wert vom Stack
Werte, die über einen PUSH-Befehl auf dem Stack abgelegt wurden, müssen auch irgendwann wieder vom Stack genommen werden. Das Gegenstück zum PUSH-Befehl ist der POP-Befehl. Durch den Befehl »POP AX« wird der oberste Wert des Stacks, also jener Wert, der durch das

Registerpaar SS:SP adressiert wird, in das AX-Register »gepoppt«. Nach der Ausführung dieses Befehls enthält das AX-Register den Wert 8888h und das SP-Register wurde um zwei erhöht. Das gleiche passiert bei der Ausführung des zweiten POP-Befehls, der den obersten Wert des Stacks (in diesem Fall die Zahl 7777h) in das BX-Register lädt.

An diesem Beispiel wird übrigens sehr schön deutlich, wie man es in der Praxis nicht machen sollte. Denn durch unser kleines Programm wurde der Inhalt der beiden Register AX und BX (allerdings beabsichtigt) vertauscht. Dies ist auf das Lifo-Prinzip zurückzuführen, nachdem durch einen POP-Befehl stets das Element vom Stack geholt wird, das zuletzt dort abgelegt wurde. Nach der Ausführung des letzten POP-Befehls, sollte man eigentlich meinen, daß der Stack nun leer ist oder nur noch die Null enthält. Weit gefehlt! Wenn Sie sich nochmals den Stackbereich mit Hilfe des D-Kommandos betrachten, werden Sie feststellen, daß sich an der Anordnung im Stackbereich vor und nach der Ausführung der POP-Befehle eigentlich gar nichts geändert hat. Geändert wurde lediglich der Stackzeiger im SP-Register, der nun wieder wie ursprünglich auf das oberste Element des Stacks zeigt. Fazit: Ein POP-Befehl löscht das Element nicht, das vom Stack genommen wird. Da der Stackzeiger aber um zwei erniedrigt wird, überschreibt der nächste PUSH-Befehl diesen Wert.

Sinn und Zweck des letzten Beispieles war es, das Verwaltungsprinzip des Stacks zu veranschaulichen. Neben der Zwischenspeicherung von Daten, dient der Stack auch zur Speicherung von Rückkehradressen bei der Ausführung eines CALL- oder INT-Befehls. Nachzutragen wäre noch das allgemeine Format, in dem die beiden Stackbefehle angewendet werden.

Syntax: `PUSH <Quelloperand>`
`POP <Zieloperand>`

Bei deñ Angaben <Quelloperand> und <Zieloperand> handelt es sich entweder um ein Register oder um die (effektive) Adresse einer 16-Bit-Speicherzelle. Es ist daher genauso möglich, den Inhalt einer Speichervariablen auf den Stack zu bringen oder den Wert des obersten Stackelements in einer Speichervariablen abzulegen:

```
.DATA
    ZAHL    DW 1000
.CODE
    MOV DX,@DATA   ·
    MOV DS,DX

    PUSH ZAHL
    ...
    POP ZAHL
```

Diese Variation des PUSH- und POP-Befehls ist eines der wenigen Beispiele für einen direkten Speicher-Speicher-Transfer bei einer 80x86-CPU. Ohne den Umweg über ein CPU-Register wird zum Beispiel beim Befehl »POP ZAHL« ein Wert aus einer Speicherzelle (SS:SP) in eine andere Speicherzelle (DS:ZAHL) transportiert. Eine weitere Möglichkeit wird durch den Stringbefehl MOVS geboten, der in Kapitel 8 besprochen wird.

Vorsicht bei PUSH und POP!

Im allgemeinen sollte die Verwendung der PUSH- und POP-Befehle in einem Programm ausgeglichen sein, damit der Stack nach Beendigung des Programms keinen »Datenmüll« enthält (zu viele PUSHs) oder damit keine Werte vom Stack genommen werden, die dort vielleicht hätten bleiben sollen. Weder der Assembler noch die CPU prüfen, ob ein Stacküberlauf oder ein Stackunterlauf aufgetreten ist. Derartige Möglichkeiten gibt es erst ab der 80286-CPU, dann allerdings im Protected-Modus.

Auch auf einen Unterschied zur 80286-CPU und allen nachfolgenden CPUs soll bereits an dieser Stelle hingewiesen werden. Dieser betrifft den PUSH-Befehl

```
PUSH SP
```

der den Inhalt des Stackzeigers auf den Stack bringt. Während die 8086/88-CPU den Stackzeiger zuerst um zwei erniedrigt und anschließend den (neuen) Wert des SP-Registers auf den Stack bringt, ist dies bei den Nachfolge-CPUs genau umgekehrt. Dieses Merkmal der 8086/88-CPU kann zur Unterscheidung einer 8086/88-CPU von einer 80286-, 80386- oder 80486-CPU herangezogen werden. Mehr dazu in Kapitel 15.

6.8 Der XCHG-Befehl

Wenn es lediglich um das Vertauschen von zwei Registerinhalten oder einem Registerinhalt mit dem Inhalt einer Speicherzelle geht, muß man nicht unbedingt auf MOV- oder Stackbefehle zurückgreifen (eine Ausnahme stellen die Segment-Register dar, die sich am einfachsten mit Hilfe der Stackbefehle vertauschen lassen). Viel einfacher geht es mit dem .XCHG-Befehl, den die 8086/88-CPU speziell für diesen Zweck zur Verfügung stellt.

Syntax: XCHG <Zieloperand>,<Quelloperand>

Beim Zieloperand und beim Quelloperand kann es sich wahlweise um ein CPU-Register (mit Ausnahme der Segment-Register) oder um eine Speicherzelle handeln. Allerdings muß einer der beiden Operanden immer ein CPU-Register sein, das heißt, der Austausch zweier Speicherinhalte ist durch einen einzigen XCHG-Befehl leider nicht möglich.

Der XCHG-Befehl hat noch eine weitere Bedeutung, die aber nur sehr selten genutzt wird. Wird der Inhalt einer Speicherzelle mit dem Inhalt eines CPU-Registers vertauscht, so muß die CPU zunächst eine Lese-Operation (um den Inhalt der Speicherzelle zu lesen) und danach eine Schreib-Operation durchführen (um den neuen Inhalt abzuspeichern). Das Besondere an dem XCHG-Befehl ist, daß die CPU in dieser Zeit nicht unterbrochen werden kann. Dieser Umstand ist dann von großer Bedeutung, wenn mehrere parallel arbeitende CPUs oder Prozesse auf einen gemeinsamen Speicherbereich zugreifen können. Nur wenn eine Lese-Schreib-Operation unter keinen Umständen unterbrochen werden kann, läßt sich mit hundertprozentiger Sicherheit ausschließen, daß ein Wert, den eine CPU liest, nicht mehr gültig sein kann, weil eine andere CPU ihn in der Zwischenzeit verändert hat. Ein Befehl, wie der XCHG-Befehl, ist eine wichtige Voraussetzung für die Realisierung von sogenannten »Semaphoren«, über die in einem Multitasking-Betriebssystem parallele Prozesse synchronisiert werden. Um dererlei Probleme müssen Sie sich aber auch dann nicht kümmern, wenn Sie tiefer in die MS-DOS-Programmierung einsteigen, da MS-DOS bekanntlich kein Multitasking-Betriebssystem ist.

6.9 Der LEA-Befehl

Eine spezielle Form eines Datentransportbefehls stellt der LEA-Befehl dar. Anders als ein MOV-Befehl lädt der LEA-Befehl (LEA steht für »Load Effective Address«) die effektive Adresse, das heißt den Offsetanteil des Quelloperanden in den Zieloperanden. Bei dem Quelloperanden muß es sich daher stets um einen Speicheroperanden handeln, da nur diese eine effektive Adresse besitzen. Der Zieloperand muß dagegen immer ein Register sein, da immer nur ein expliziter Speicheroperand in einem Maschinenbefehl erlaubt ist.

Syntax: `LEA <Zielregister>,<Quellspeicheroperand>`

Der Vorteil des LEA-Befehls besteht darin, daß die effektive Adresse erst während der Programmausführung berechnet wird. So lädt der Befehl

`LEA BX,TABELLE[DI]`

die effektive Adresse, die sich aus der Summe des Offsets der Speichervariablen TABELLE und dem Inhalt des DI-Registers berechnet, in das BX-Register. Da diese Berechnung erst während der Programmausführung geschieht, kann der Inhalt des DI-Registers variiert werden. Ohnehin ist in diesem Fall die Berechnung der effektiven Adresse während der Assemblierung noch gar nicht möglich, da der Inhalt der CPU-Register zu diesem Zeitpunkt natürlich unbestimmt ist. Etwas anders sieht es im folgenden Fall aus. Der Befehl

`LEA AX,ZAHL`

kann auch durch den Befehl

`MOV AX,OFFSET ZAHL`

ersetzt werden, da in beiden Fällen die Offsetadresse der Speichervariablen ZAHL in das AX-Register geladen wird. Beim MOV-Befehl sorgt der OFFSET-Operator des Assemblers (siehe Kapitel 10.3) dafür, daß nicht der Inhalt der Speichervariablen, sondern deren Adresse als Quelloperand verwendet wird.

Ein wenig trickreicher wird es wieder bei der nächsten Variante des LEA-Befehls

`LEA AX,[BP+04]`

Was wird denn wohl in das AX-Register geladen werden? Dazu ein kleiner Tip: Es liegt eine indirekte Speicheradressierung vor, die in Kapitel 9 noch ausführlicher besprochen wird. Weiterhin müssen Sie wissen, daß wann immer das BP-Register an einer indirekten Adressierung beteiligt ist, der Segmentanteil zur Bildung der physikalischen Adresse aus dem SS-Register geholt wird. Doch auf den Segmentanteil kommt es dem LEA-Befehl gar nicht an. Dieser lädt bekanntlich nur die effektive Adresse, die der Offsetadresse entspricht, in ein allgemeines Register. In diesem speziellen Fall wird die effektive Adresse aus dem aktuellen Inhalt des BP-Registers (diesen Wert kennen wir allerdings nicht, da er erst während der Programmausführung bestimmt wird) und dem Wert 4 gebildet. Der folgende MOV-Befehl

```
MOV AX,[BX+04]
```

hat diesmal nicht den gleichen Effekt, denn dieser Befehl lädt das AX-Register mit dem Inhalt der Speicherzelle, deren Adresse sich aus der Summe »Inhalt von BP + 4« ergibt. Und was ist mit dem Segmentanteil? Dieser kommt, und darauf wurde bereits hingewiesen, stets aus dem SS-Register.

Übrigens kann der .LEA-Befehl auch als Additionsbefehl eingesetzt werden. Der nächste Befehl macht nichts anderes als den Inhalt des DI-Registers und des BX-Registers zu addieren:

```
LEA AX,[BX][DI]
```

Diese Addition ist allerdings nur mit Registern möglich, mit denen auch eine indirekte Adressierung erlaubt ist. Dazu zählen neben dem BX- und dem DI-Register noch die Register SI und BP. Entsprechend ist in diesem Fall nur die Kombination eines Index-Registers mit einem Basis-Register erlaubt.

Fazit: Der LEA-Befehl wird immer dann eingesetzt, wenn nicht der Inhalt einer Speichervariablen, sondern deren Adresse geladen werden soll. In einigen Fällen kann man ihn aber auch als Additionsbefehl mißbrauchen. Welcher Unterschied besteht zwischen den folgenden beiden Befehlen:

```
MOV AX,[DI]
```

und

```
LEA AX,[DI]?
```

Während der MOV-Befehl den Inhalt der Speicherzelle lädt, deren Adresse sich im DI-Register befindet, lädt der LEA-Befehl die Adresse dieser Speicherzelle und damit in diesem Fall nichts anderes als den Inhalt des DI-Registers.

6.10 Die Befehle LDS und LES

Diese beiden Befehle können ein 32-Bit-Wort aus dem Arbeitsspeicher in zwei CPU-Register lesen. Da es sich bei dem einen CPU-Register entweder um das DS-Registers (LDS) oder um das ES-Register (LES) handelt, eignen sich diese Befehle hervorragend zum Laden eines Far-Zeigers.

Syntax: LDS Zielregister,Quellspeicheroperand
LES Zielregister,Quellspeicheroperand

Der Inhalt der Quell-Speicherzelle wird in beiden Fällen in das angegebene Ziel-Register geladen. Der Inhalt der darauffolgenden Speicherzelle wird beim LDS-Befehl in das DS-Register und beim LES-Befehl in das ES-Register geladen. Beim Quellspeicheroperand muß es sich daher um eine Speicherzelle vom Typ DWORD handeln.

Kurzer Exkurs zum Thema Zeiger

Eingangs wurde erwähnt, daß über die Befehle LDS und LES ein Far-Zeiger in die CPU geladen werden kann. Bei einem Zeiger handelt es sich in der Maschinensprache-Programmierung um nichts anderes als um die Adresse einer Speicherzelle. Aufgrund der Segmentierung des Arbeitsspeichers existieren zwangsläufig zwei verschiedene Zeigertypen. Da wäre zum einen der Near-Zeiger. Dieser Zeiger besteht lediglich aus einer Offsetadresse, es handelt sich also um einen 16-Bit-Zeiger. Ein Near-Zeiger besitzt den Vorteil, daß er nur aus zwei Bytes besteht und daher schneller geladen werden kann. Da er aber nur aus zwei Bytes besteht, kann er nur einen maximal 64 Kbyte großen Speicherbereich adressieren. Die Adressierung des gesamten 1-Mbyte-Arbeitsspeichers ist nur mit einem Far-Zeiger möglich. Ein Far-Zeiger besteht aus einem Segment- und einem Offsetanteil, es handelt sich hier um einen 32-Bit-Zeiger. Wird ein Far-Zeiger im Arbeitsspeicher abgelegt, wird im niederwertigen Speicherwort der Offsetanteil und im höherwertigen Speicherwort der Segmentanteil gespeichert. Diesen Umstand berücksichtigen die Befehle LDS und LES und laden daher auch das niederwertige Speicherwort in das angegebene CPU-Register und das höherwertige Speicherwort in eines der beiden Segment-Register.

In den folgenden Kapiteln werden Sie mit Zeigern, insbesondere mit Far-Zeigern, noch nicht in Berührung kommen, wenngleich der Umgang mit Zeigern und die dahinterstehende »Theorie« wirklich nicht besonders kompliziert ist. Das folgende Beispiel ist daher schon ein wenig fortgeschritten und setzt zudem voraus, daß Sie bereits wissen, wie in einem Assemblerprogramm Speichervariablen vom Typ DWORD definiert werden. Dies geschieht, analog der Definition einer Byte- oder Wortvariablen, über die DD-Anweisung. Falls Sie damit noch nicht vertraut sind, können Sie dieses Beispiel ruhig überspringen und zu einem späteren Zeitpunkt nachholen.

Beispielprogramm 6.5 – BSP06_05.ASM

Dieses Beispiel demonstriert das Laden eines Far-Zeigers über einen LES-Befehl. Assemblieren und linken Sie das Programm und testen Sie es mit dem Debugger.

```
.MODEL SMALL
.STACK 100h
.DATA
        FAR_ZEIGER DD 12345678h
.CODE
        MOV DX,@DATA
        MOV DS,DX
        LES BX,FAR_ZEIGER
        MOV AH,4Ch
        INT 21h
END
```

Im Datensegment wird über die DD-Anweisung ein 32-Bit-Speicherwort definiert, das die Adresse eines (allerdings nicht vorhandenen) Far-Zeigers darstellen soll. Über den LES-Befehl wird der Offsetanteil, in diesem Fall der Wert 5678h, in das BX-Register und der Segmentanteil, in diesem Fall der Wert 1234h, in das ES-Register geladen. Müßte es nicht genau umgekehrt sein, denn es wurde doch behauptet, daß ein Far-Zeiger im Format Offset abgelegt wird? Das ist auch richtig, doch Sie dürfen nicht vergessen, daß die DD-Anweisung den folgenden 32-Bit-Wert mit dem niederwertigen Wort zuerst ablegt, wie auch das D-Kommando des Debuggers beweist:

```
-D DS:0000 L 4
189C:0000    78 56 34 12
```

In diesem Beispiel beginnt die Variable FAR_ZEIGER bei der Offsetadresse 0000, was natürlich nicht immer der Fall sein muß. Beachten Sie ferner, daß das DS-Register die Adresse des Datensegments enthalten muß, da ansonsten ein Zugriff auf die Speichervariable FAR_ZEIGER nicht durchgeführt werden kann. Dies gilt auch dann, wenn über den LDS-Befehl ein neuer Wert in das DS-Register geladen wird.

6.11 Die Befehle PUSHF und POPF

In manchen Fällen ist es notwendig, den Inhalt des Flag-Registers vorübergehend auf den Stack zu retten. Dazu gibt es bei der 8086/88-CPU die beiden Befehle

```
PUSHF    Speichere das Flagregister auf dem Stack
POPF     Speichere das oberste Stackelement im Flagregister
```

Beide Befehle entsprechen im Prinzip den Stackbefehlen PUSH und POP, allerdings benötigen die Befehle PUSHF und POPF keine Operanden, da stets das Flag-Register als Quell- bzw. Zieloperand verwendet wird. Wie die Befehle PUSH und POP sollten auch die Befehle PUSHF und POPF stets paarweise verwendet werden.

Eine Eigenheit des PUSHF-Befehls bei der 8086/88-CPU kann im Hinblick auf die Nachfolge-CPUs 80826 und 80386/486 von Interesse sein. Wie in Kapitel 5 bereits bei der Besprechung des Flag-Registers deutlich gemacht wurde, sind nicht alle Bits in diesem Register belegt. Dazu gehören auch die Bits 12–15, die bei der 8086/88-CPU keine Funktion haben. Wird der Inhalt des Flagregisters nun über einen PUSHF-Befehl auf den Stack transportiert, so besitzen diese Bits den Wert »1«. Mit anderen Worten, schreibt man eine »0« in diese Bitpositionen und führt anschließend einen PUSHF-Befehl aus, so erhält man trotzdem eine »1« zurück:

```
PUSHF                  ; Flags auf den Stack
POP AX                 ; Flags nach AX
AND AH,00001111        ; Bits 12-15 auf Null setzen
PUSH AX                ; Flags wieder auf den Stack
POPF                   ; Und nun ins Flagregister
PUSHF                  ; Jetzt wieder auf den Stack
POP AX                 ; Und wieder nach AX
```

Zunächst wird der aktuelle Inhalt des Flag-Registers in das AX-Register transportiert. Dazu muß der Umweg über den Stack in Kauf genommen werden, da es einen direkten Befehl nicht gibt. Über einen AND-Befehl werden die Bits 12–15 auf »0« gesetzt, die übrigen Flags bleiben unverändert (insbesondere das Einzelschritt- und das Interruptfreigabeflag sollten bei solchen Aktionen nicht verändert werden). Nun wird der Inhalt des Flag-Registers über den Stack wieder nach AX gebracht. Während man bei einer 8086/88-CPU an den Bitpositionen 12-15 wieder eine

»1« findet, sind diese Bits bei den Nachfolge-CPUs auf Null geblieben. Diese Eigenheit erlaubt es, die 8086/88-CPU von einer der Nachfolge-CPUs zu unterscheiden.

6.12 Die Befehle LAHF und SAHF

Ein typisches Merkmal der 80x86-Familie ist ihre Aufwärtskompatibilität. Das bedeutet, daß ein Maschinenprogramm, das für eine kleinere CPU der Familie geschrieben wurde, auf allen höheren CPUs lauffähig ist. Diese Aufwärtskompatibilität bezieht teilweise sogar Vorläufer-CPUs ein, die, strenggenommen, nicht zur 80x86-Familie gehören. Ein solches Relikt aus vergangenen Tagen stellt zum Beispiel die Aufteilung der vier allgemeinen Register in je zwei 8-Bit-Register dar. Dazu zählen aber auch die Befehle LAHF und SAHF, die lediglich aus Kompatibilitätsgründen zu den Vorgänger-CPUs 8080 und 8085 vorhanden sind und auf den 80x86-CPUs ansonsten nur selten eine Verwendung finden dürften. Sie sollen in diesem Buch daher auch lediglich aus Gründen der Vollständigkeit aufgeführt werden.

LAHF   Lädt die niederwertige Hälfte des Flagregisters in das AH-Register.

SAHF   Speichert den Inhalt des AH-Registers in der niederwertigen Hälfte des Flagregisters. Die höherwertige Hälfte des Flagregisters bleibt davon unbeeinflußt.

Mit Hilfe des LAHF-Befehls kann zwar der Inhalt der Statusflags schnell in das AH-Register transportiert werden. Da für eine anschließende Abfrage aber in der Regel ein bedingter Sprung eingesetzt wird, kann man auch gleich einen bedingten Sprung durchführen, mit dessen Hilfe man jedes der sechs Statusflags (mit Ausnahme des Hilfscarryflags) testen kann. Über den SAHF-Befehl kann man einzelne Statusflags gezielt setzen, doch auch hier gibt es wenige zwingende Anwendungen.

Obwohl die Befehle LAHF und SAHF daher wohl in kaum einem Maschinenprogramm zum Einsatz kommen dürften, sind sie, aus den erwähnten Kompatibilitätsgründen, bis hin zur 80486-CPU vertreten und werden sicherlich auch in kommenden CPUs der 80x86-Familie zu finden sein. Manche, etwas zu Zynismus neigende Beobachter sprechen daher bereits bei diesen CPUs von »Codemuseen«.

6.13 Die Ein-/Ausgabebefehle IN und OUT

Die Ein-/Ausgabebefehle IN und OUT dienen zum Datenaustausch zwischen dem Akkumulator-Register der CPU, das heißt dem AX- bzw. AL-Register und dem E/A-Bereich. Bei dem E/A-Bereich handelt es sich, wie in Kapitel 5.7 erläutert wurde, um einen speziellen, maximal 64 Kbyte großen Adreßbereich, der zum Datenaustausch mit Registern von Peripheriebausteinen dient. Dieser E/A-Bereich kann, da er nichts mit dem normalen Arbeitsspeicher zu tun hat, nur über die Befehle IN und OUT angesprochen werden. Da in einem PC für die Adressierung des E/A-Bereichs nur zehn Adreßleitungen zur Verfügung stehen, reduziert sich der E/A-Bereich eines PC auf 1024 Byte. Mit anderen Worten, stehen maximal 1024 E/A-Ports zur Verfügung, die entsprechend die Adressen 0 bis 3FFh besitzen. Die einzelnen Register des E/A-Bereichs werden auch als E/A-Ports bezeichnet.

OUT   Ausgabe eines Wertes auf einem Ausgabeport
IN   Eingabe eines Wertes von einem Eingabeport

Syntax: `IN Akkumulator,Imm8`
`IN Akkumulator,DX`
`OUT Imm8,Akkumulator`
`OUT DX,Akkumulator`

Beispiel
In einem PC befinden sich unter den Portadressen 040h-043h die Register des Timer-Bausteins 8253. Über den Befehl

```
IN AL,43h
```

kann der aktuelle Wert des Timers 0 in das AL-Register geladen werden, während der Befehl

```
MOV DX,0040h
OUT AL,DX
```

den Inhalt des AL-Registers in das Portregister 40h überträgt. In diesem Beispiel erhält der OUT-Befehl die Adresse des E/A-Ports über das DX-Register. Normalerweise ist dies nur erforderlich, wenn die Portadresse größer als 255 ist:

```
MOV DX,3B8h       ; AX-Register mit Port 3B8h laden
IN  AX,DX         ; bzw. AL-Register auf diesen Port
OUT DX,AL         ; ausgeben
```

Die Debug-Kommandos I und O
Auch innerhalb einer Debug-Sitzung können Sie direkt E/A-Ports ansprechen. Dafür sind die Kommandos I und O zuständig.

Syntax: `I Portadresse`
`O Portadresse, Byte`

Während das I-Kommando den Inhalt des angegebenen Ports liest und anzeigt, gibt das O-Kommando ein Byte auf dem aufgeführten Port aus.

6.14 Zusammenfassung

In diesem Kapitel wurde der grundsätzliche Aufbau eines 8086/88-Assemblerprogramms vorgestellt. Danach besteht das »typische« Assemblerprogramm aus drei Segmenten:

– einem Stacksegment
– einem Datensegment
– einem Programmsegment

Eingeleitet wird ein Assemblerprogramm in der Regel durch eine .MODEL-Anweisung, die das Speichermodell auswählt. Danach folgen die Definitionen der drei Segmente über die Anweisungen .STACK (definiert ein Stacksegment), .DATA (definiert ein Datensegment) und .CODE (definiert ein Programmsegment). Dieser Aufbau setzt voraus, daß die vereinfachten Segmentanweisungen eingesetzt werden. Bei Verwendung der Standardsegmentanweisungen gibt es einige kleinere Unterschiede zu berücksichtigen. Wir werden darauf in Kapitel 10.3 zurückkommen. In jedem Fall muß das Assemblerprogramm über eine END-Anweisung beendet werden, auf die ein Startpunkt-Label folgen kann. Über dieses Label wird der erste Maschinenbefehl des Programms festgelegt, mit dem später die Ausführung beginnen soll. Ohne ein Startpunkt-Label beginnt die Programmausführung mit dem ersten Maschinenbefehl des Programmsegments. Am Beispiel des MOV-Befehls wurde der Umgang mit dem MS-DOS-Debugger DEBUG geübt. Der Debugger ist ein sehr nützliches Programm zur Fehlersuche, aber auch zum schrittweisen Ausprobieren von Maschinenprogrammen.

Bei allen Programmdateien, die durch ASM.BAT erzeugt werden, handelt es sich um EXE-Dateien, die aus übersetztem Maschinenopcode und aus dem EXE-Kopf bestehen. Der EXE-Kopf enthält zusätzliche Informationen über den Aufbau der Datei, die von MS-DOS beim Laden der Datei in den Arbeitsspeicher ausgewertet werden. Auch der Debugger wertet diese Information aus und paßt gegebenenfalls Segmentadressen an. Aus diesem Grund kann eine über DEBUG geladene EXE-Datei nicht zurückgespeichert werden, da der Debugger keine Möglichkeit besitzt, die benötigte Kopf-Information wieder zu aktualisieren und abzuspeichern.

6.15 Übungen

Aufgabe 1:
Das folgende Assemblerprogramm enthält Fehler. Finden Sie heraus, um welche Fehler es sich handelt:

```
.MODEL
.STACK
.DATA
        MOV AX,AX
        MOV AH,01
        INT 21h
        INT 20h
.CODE
END START
```

Aufgabe 2:
Schreiben Sie ein kleines Programm, das im AX-Register die höherwertige Hälfte mit der niederwertigen Hälfte vertauscht. Assemblieren Sie dieses Programm und testen Sie es mit Hilfe des Debuggers.

Aufgabe 3:
Stellen Sie fest, in welcher Reihenfolge die niederwertige und die höherwertige Hälfte des AX-Registers durch den Befehl »PUSH AX« auf dem Stack gespeichert werden.

Aufgabe 4:
Wie groß kann der Stack in einer EXE-Datei werden?

Aufgabe 5:
Welche Funktion hat das »Startpunkt-Label«?

Aufgabe 6:
Schreiben Sie ein kleines Programm, das den Inhalt des Statusregisters in das AX-Register überträgt und testen Sie es mit dem Debugger.

Die Lösungen zu den Übungsaufgaben finden Sie in Anhang F.

7 Der 8086/88 als Rechenkünstler

So notwendig die im letzten Kapitel besprochenen Datentransportbefehle auch sind, viel anfangen läßt sich mit ihnen noch nicht. Eine CPU, mit der sich nur irgendwelche Daten verschieben lassen, wäre wie ein Formel-I-Wagen ohne Räder. Technisch sehr interessant, aber leider recht nutzlos. In diesem Kapitel wird daher jene Gruppe von Befehlen besprochen, denen der Computer seinen Namen verdankt (Sie erinnern sich vielleicht: »to compute« heißt »rechnen«). Gemeint sind die Arithmetik- und Logikbefehle der 8086/88-CPU. Die Arithmetikbefehle führen so elementare Operationen wie Addition, Multiplikation oder Division durch, während es die Aufgabe der logischen Befehle ist, zwei Werte nach einer der logischen Grundfunktionen (UND, ODER und EXOR) bitweise zu verknüpfen.

Sie lernen in diesem Kapitel:
– wie eine CPU Rechenoperationen durchführt
– die interne Darstellung von Operanden
– die Addition und die Subtraktion
– die Bedeutung der Statusflags
– die Multiplikation und die Division
– wie BCD-Zahlen korrekt verarbeitet werden
– welche Bedeutung das Vorzeichen hat
– wofür logische Verknüpfungen eingesetzt werden
– was man mit den Schiebe- und Rotationsbefehlen anfangen kann

7.1 Im Rechnen mangelhaft?

Bevor Sie mit den einzelnen Arithmetikbefehlen der 8086/88-CPU vertraut gemacht werden, sind noch ein paar einleitende Worte betreffend den Rechenfähigkeiten einer CPU geboten. Wenn Sie sich zum erstenmal mit dem Befehlssatz einer CPU beschäftigen, so werden Sie wahrscheinlich bezüglich der Leistungsfähigkeit der Rechenbefehle eine herbe Enttäuschung erleben. Fast alle Arithmetikbefehle der 8086/88-CPU arbeiten mit schlichten 16-Bit-Zahlen. Trotz der »Wunderdinge«, die eine CPU wie die 8086/88-CPU zu leisten in der Lage sein soll, ist ihr anscheinend jeder Fernost-Billig-Taschenrechner in punkto Rechenleistung um Längen überlegen. So verfügt die 8086/88-CPU weder über eine Wurzelfunktion noch über simple Potenzfunktionen oder gar trigonometrische Funktionen. Auch die Nachfolge-CPUs 80286 und 80386 bilden da keine Ausnahme (erst die 80486-CPU verfügt dank des integrierten mathematischen Rechenwerks über derartige Funktionen). Sind dieses CPUs im Grunde ihr Geld gar nicht wert?

Ein solches Urteil zu fällen, wäre genauso vorschnell wie falsch. Zwar wäre es, technisch gesehen, ohne allzu großen Aufwand möglich, jede CPU mit den oben aufgezählten (und vielen mehr) Fähigkeiten zu versehen. Dennoch würde dies letztlich die Leistungsfähigkeit der CPU beeinträchtigen. Dieser scheinbare Widerspruch löst sich auf, wenn man bedenkt, daß derlei und aus der Sicht der CPU »hochkomplizierte« Funktionen nur relativ selten benötigt werden. Der »graue Arbeitsalltag« einer CPU besteht zum allergrößten Teil aus simplen Operationen, wie zum Beispiel einen Wert von einem Register in den Speicher zu transportieren oder zwei Zahlen zu addieren. Weiterhin muß berücksichtigt werden, daß der Aufwand für die CPU, einen Befehl auszuführen, um so größer ist, je komplizierter dieser Befehl aufgebaut ist. So würde die Möglichkeit, in einer CPU auch Fließkomma-Zahlen verarbeiten zu können, unter anderem einen komplizierteren Befehlsaufbau und wesentlich mehr interne Register erfordern. Die weit über eine Million benötigten Transistorfunktionen der 80486-CPU beweisen es. Der Befehlssatz der 8086/88-CPU ist demnach als eine Art Kompromiß zu sehen zwischen Programmierkomfort für den Programmierer und einer einfachen Architektur, die eine effektive und schnelle Dekodierung und Ausführung eines Maschinenbefehls ermöglicht. Zudem sollten Sie sich vor Augen halten, daß eine CPU ihre Befehle mit einer extrem hohen Geschwindigkeit ausführt, so daß selbst umfangreichere Operationen in Bruchteilen einer Sekunde ausgeführt werden können. So benötigt die 8086/88-CPU selbst in einem 4,77-MHz-PC für eine einfache Addition lächerliche 500 Nanosekunden (Nano = $10.h.^{-9}.h.$). Rein theoretisch können damit in einer Sekunde immerhin 2 Millionen (!) Additionen ausgeführt werden. Für die Praxis hat dieser Wert jedoch keine Bedeutung, da die Speicherzugriffszeit erheblich zu Buche schlägt. Dennoch gilt, daß in den allermeisten Fällen trotz Integer-Arithmetik auch kompliziertere Berechnungen sowohl mit einer zufriedenstellenden Genauigkeit als auch in einer ausreichenden Zeitspanne durchgeführt werden können. Und sollte in einigen seltenen Fällen die Genauigkeit und/oder die Ausführungsgeschwindigkeit dennoch unbefriedigend sein, so können Sie diese Berechnungen einem mathematischen Koprozessor der 80x87-Familie übertragen, die Wurzel-, Logarithmus- oder trigonometrische Befehle zur Verfügung stellen, die ebenfalls in Bruchteilen einer Sekunde ausgeführt werden.

7.2 Die Arithmetikbefehle in der Übersicht

Unter dem Begriff »Arithmetikbefehle« werden jene Befehle zusammengefaßt, mit denen sich die vier Grundrechenarten ausführen lassen. Bei der 8086/88-CPU gehören dazu die Befehle:

ADD	Addition zweier 8- oder 16-Bit-Zahlen
ADC	Addition zweier 8- oder 16-Bit-Zahlen mit Übertrag
SUB	Subtraktion zweier 8- oder 16-Bit-Zahlen
SBB	Subtraktion zweier 8- oder 16-Bit-Zahlen mit Übertrag
MUL	Multiplikation zweier 8- oder 16-Bit-Zahlen
IMUL	Multiplikation mit Vorzeichen
DIV	Division einer 16- oder 32-Bit-Zahl
IDIV	Division mit Vorzeichen
INC	Erhöhen eines Operanden um 1
DEC	Erniedrigen eines Operanden um 1

Arithmetikbefehle der 8086/88-CPU
Die interne Darstellung von Zahlen im Speicher

Die 8086/88-CPU kann grundsätzlich mit zwei verschiedenen Zahlenformaten arbeiten, dem Binärformat und dem Dezimalformat. Zwar können sämtliche Rechenoperationen nur mit Binärzahlen durchgeführt werden, es gibt jedoch eine Reihe von Befehlen, die Binärzahlen in BCD-Zahlen umwandeln und umgekehrt.

Binärformat

Binärzahlen können 8 oder 16 Bit groß sein. Sie können vorzeichenbehaftet oder vorzeichenlos sein. Bei einer vorzeichenlosen Zahl werden alle Bits zur Darstellung des Betrages verwendet. Der Darstellungsbereich einer 8-Bit-Zahl reicht daher von 0 bis 255 und der einer 16-Bit-Zahl von 0 bis 65535. Bei einer vorzeichenbehafteten Zahl wird das höchstwertigste Bit (Bit 7 oder Bit 15) zur Darstellung des Vorzeichens verwendet. Dadurch reduziert sich der Darstellungsbereich einer 8-Bit-Zahl auf −128 bis +127 und einer 16-Bit-Zahl auf −32768 bis +32767.

Dezimal- oder BCD-Format

Zahlen im binär kodierten Dezimalformat (BCD) sind stets vorzeichenlos. Bei einer Zahl im Dezimalformat wird jede Ziffer einer Dezimalzahl separat durch eine 4-Bit-Zahl oder eine 8-Bit-Zahl dargestellt. Im ersten Fall spricht man vom »gepackten« und im zweiten Fall vom »ungepackten« BCD-Format. Bei dem gepackten BCD-Format werden in einem Byte zwei Dezimalzahlen gespeichert (in jeder Hälfte eine), so daß der Darstellungsbereich zwischen 0 und 99 liegt. Entsprechend wird in einer ungepackten Dezimalzahl in einem Byte nur eine Ziffer gespeichert, so daß der Darstellungsbereich zwischen 0 und 9 liegt. Die oberen vier Bits einer ungepackten Dezimalzahl sind stets Null.

BCD-Konvertierungsbefehle

Aufgrund ihrer besonderen Darstellungsform müßten Zahlen im BCD-Format bei arithmetischen Operationen auch besonders behandelt werden. Tatsächlich sind sowohl für Binärzahlen als auch für gepackte und ungepackte BCD-Zahlen ein und dieselben Rechenbefehle zuständig. Wie kann aber die 8086/88-CPU unterscheiden, mit welchem Zahlentyp sie es zu tun hat? Die Antwort lautet schlicht und einfach, sie kann es überhaupt nicht unterscheiden. Die 8086/88-CPU behandelt alle Operanden stets als Binärzahlen. Damit zum Beispiel bei einer Addition von zwei Dezimalzahlen, das heißt zwei Zahlen im BCD-Format, dennoch korrekte Ergebnisse entstehen, verfügt die 8086/88-CPU über spezielle BCD-Befehle, die dafür sorgen, daß das binäre Resultat nach oder vor der Operation dem BCD-Format angepaßt wird:

AAA	Korrektur nach ASCII-Addition
DAA	Korrektur nach Dezimal-Addition
AAS	Korrektur nach ASCII-Subtraktion
DAS	Korrektur nach Dezimal-Subtraktion
AAM	Korrektur nach ASCII-Multiplikation
AAD	Korrektur vor ASCII-Division

Das Speicherformat von Zahlen: Speicherformat bei 80x86-CPUs

Bei der Besprechung der Rechenbefehle einer CPU muß unbedingt auch das interne Format vorgestellt werden, mit dem die CPUs der 80x86-Familie 16- und 32-Bit-Zahlen im Speicher ablegen. Grundsätzlich gilt, daß bei einer Zahl, die aus 2, 4, 8 usw. Byte besteht, zuerst die niederwertige Hälfte und dann die höherwertige Hälfte abgespeichert wird. Im konkreten Fall einer 16-Bit-Zahl mit dem Wert 1234h, die beispielsweise unter der Adresse 1000 abgelegt werden soll, bedeutet dies, daß unter der Adresse 1000 das niederwertige Byte 34h und unter der Adresse 1001 das höherwertige Byte 12h abgelegt wird. Entsprechendes gilt für die Abspeicherung einer 32-Bit-Zahl im Arbeitsspeicher. Soll beispielsweise die 32-Bit-Zahl 12345678h unter der Adresse

1000 abgelegt werden, wird unter der Adresse 1000 die Zahl 78h, unter der Adresse 1001 die Zahl 56h, unter der Adresse 1002 die Zahl 34h und schließlich unter der Adresse 1003 die Zahl 12h gespeichert. Dieses Abspeicherungsprinzip, das Sie auch mit dem Debugger, wie in Kapitel 6.6 gezeigt, nachvollziehen können, sollten Sie beim Arbeiten mit Speicheroperanden stets berücksichtigen.

7.3 Die Grundrechenarten

Zu den Grundrechenarten gehören die Addition, die Subtraktion, die Multiplikation und die Division. Die Maschinenbefehle, mit denen diese Grundrechenarten durchgeführt werden können, sollen in diesem Abschnitt vorgestellt werden. Auch wenn nicht mehr bei jedem Beispiel darauf hingewiesen wird, sollten Sie alle vorgestellten Befehle mit dem Debugger ausprobieren, da sich so deren Wirkung am besten nachvollziehen läßt.

Die Additionsbefehle ADD und ADC

Ein Einstieg in die Rechengeheimnisse einer CPU beginnt in der Regel mit der relativ einfach durchzuführenden Addition. Der 8086/88 stellt für die Addition gleich zwei Befehle zur Verfügung, den Befehl ADD (Addiere) und den Befehl ADC (Addiere mit Übertrag). Bevor die Frage beantwortet wird, warum gleich zwei Additionsbefehle zur Auswahl stehen, schauen wir uns zunächst einmal die Befehlssyntax des ADD-Befehls an. Er wird in der allgemeinen Form

```
ADD <Zieloperand>,<Quelloperand>
```

eingesetzt und addiert den Quelloperanden zum Zieloperanden, wobei das Ergebnis im Zieloperanden abgelegt wird.

Wie am Beispiel des MOV-Befehls im letzten Kapitel gezeigt wurde, ist für jeden 8086/88-Befehl genau festgelegt, welche Zieloperanden und Quelloperanden erlaubt sind und welche nicht. Diese Festlegung hat nichts mit irgendwelcher »binären Mystik« zu tun, sondern wird durch den allgemeinen Aufbau der Opcodes bedingt. Im allgemeinen muß sich ein Maschinensprache-programmierer nicht mit diesen Dingen beschäftigen. Sollte es Sie aber dennoch interessieren, finden Sie in Anhang B ausführliche Informationen zu diesem Thema. Tabelle 7.1 gibt Ihnen einen Überblick über die erlaubten Ziel- und Quelloperanden des ADD-Befehls. Diese Angaben können auch auf den ADC-Befehl und die übrigen arithmetischen und logischen Befehle der 8086/88-CPU übertragen werden. In dieser Übersicht fällt zum Beispiel auf, daß weder die Addition zweier Speicheroperanden noch die Addition mit einem Segmentregister möglich ist. Es würde allerdings zuviel Platz beanspruchen, diese Angaben bei jedem neuen Befehl aufzuführen. Statt dessen finden Sie im Anhang B zu jedem Befehl eine Auflistung der möglichen Operandentypen.

Ziel	Quelle	Beispiel
<Register>	<Register>	ADD AX,SI
<Register>	<Speicher>	ADD BX,X_POS
<Speicher>	<Register>	ADD Y_POS,CX
<Register>	<Wert>	ADD AL,3
<Speicher>	<Wert>	ADD ANZAHL,9
<Akkumulator>	<Wert>	MOV AL,88

Tabelle 7.1: *Erlaubte Operanden beim ADD-Befehl*

Die Wirkung des ADD-Befehls soll zunächst an einem einfachen Beispiel ausprobiert werden. Durch den Befehl

```
ADD BX,CX
```

wird der Inhalt des CX-Registers (Quelloperand) zu dem Inhalt des BX-Registers (Zieloperand) addiert. Sowohl für den Quell- als auch für den Zieloperanden wird die Registeradressierung verwendet. Sie werden später bei der Besprechung des MUL- und des DIV-Befehls noch sehen, daß die Operanden nicht immer frei gewählt werden können. Bei den zuletzt genannten Befehlen muß sich der Zieloperand stets im AX-Register befinden.

CPU-Arithmetik live

Um die Wirkung der Arithmetikbefehle kennenzulernen, ist es am besten, diese mit Hilfe des Debuggers auszuprobieren. Allerdings lohnt es sich für einen einzelnen Befehl nicht, unbedingt ein Assemblerprogramm zu erstellen. In vielen Fällen ist es praktischer, auf den eingebauten Assembler des Debuggers zurückzugreifen. Im letzten Kapitel wurde ja bereits gezeigt, daß mit DEBUG auch kleine Maschinenprogramme assembliert werden können. Wir benötigen diesen Mini-Assembler nun erneut, um das folgende kleine Beispielprogramm zu assemblieren. Rufen Sie zunächst DEBUG wie gewohnt auf:

```
C>DEBUG <Return>
```

Die Angabe eines Dateinamens ist diesmal nicht erforderlich, da keine Datei in den Speicher geladen werden soll. Es erscheint der vertraute Prompt des Debuggers:

```
-
```

Der Assembler wird über das A-Kommando aktiviert. Nach Eingabe dieses Kommandos gibt der Debugger die Adresse aus, unter der der nächste eingegebene Maschinenbefehl abgelegt wird (die Offsetadresse beginnt nun bei 0100h) und wartet auf die Eingabe eines Maschinenbefehls. Geben Sie nun folgende Befehlssequenz ein:

```
-A
0FF8:0100    MOV BX,200
0FF8:0102    ADD BX,100
0FF8:0104    ADD SI,AX
0FF8:0106    ADD AX,[BX]
-
```

Damit sind die Opcodes der eingegebenen Befehle im Arbeitsspeicher an den angezeigten Adressen (in diesem Beispiel ab 0FF8:0100h) abgespeichert. Nun können Sie die einzelnen Befehle durch das T-Kommando im Einzelschritt zur Ausführung bringen. Der erste Befehl lädt das BX-Register mit der Zahl 200h. Im nächsten Befehl wird die Zahl 100h zum Inhalt des BX-Registers addiert. Anschließend wird der Inhalt des AX-Registers, der in der Regel Null sein dürfte, zum Inhalt des SI-Registers addiert. Der letzte Befehl ist ein Beispiel für eine indirekte Adressierung. Er bewirkt, daß der Inhalt der Speicherzelle, die durch das BX-Register adressiert wird, zu dem Inhalt des AX-Registers addiert wird.

Jetzt wird's symbolisch

Grundsätzlich läßt sich jeder Befehl auch auf Speicheroperanden anwenden. Auch der ADD-Befehl macht da, wie aus Tabelle 7.1 ersichtlich ist, keine Ausnahme. So wird durch den Befehl

```
ADD SP_ZELLE,1234
```

der Wert 1234 zur Speichervariablen mit dem Namen SP_ZELLE addiert. Der Name einer Speichervariablen wird auch als symbolischer Name bezeichnet, da er für die Adresse einer Speicherzelle steht. Symbolische Namen können nicht als Operanden von DEBUG-Kommandos verwendet werden, da DEBUG die symbolische Information einer EXE-Datei, aus der Name und Typ eines Symbols hervorgehen, nicht auswerten kann. Mit leistungsfähigeren Debuggern, wie zum Beispiel CodeView oder Turbo Debugger, aber auch dem DEBUG-Nachfolger SYMDEB, der mit der Version 5.0 des Makroassemblers ausgeliefert wurde, ist die Verarbeitung symbolischer Information möglich. Voraussetzung dafür ist aber, daß beim Assemblieren diese symbolische Information über die Option /ZI in die Objektdatei und beim Linken entsprechend über die LINK-Option /CO (TLINK-Option /V) in die EXE-Datei eingetragen wird:

```
C>MASM TEST/ZI;
C>TASM TEST/ZI
C>LINK TEST/CO;
C>TLINK TEST/V
```

Beispiel 7.1 enthält ein kurzes Assemblerprogramm, das den Inhalt zweier Speichervariablen addiert und das Ergebnis in einer dritten Speichervariablen abspeichert. Da das Ergebnis der Addition beim Schreiben des Programms natürlich noch nicht feststeht, kann der Variablen ERGEBNIS auch kein Wert zugewiesen werden. Statt dessen wird der Operator »?« verwendet, der eine Speichervariable ohne Initialisierungswert definiert.

Beispielprogramm 7.1 – BSP07_01.ASM

Dieses Programm demonstriert die Verwendung von Speichervariablen zusammen mit dem ADD-Befehl. Mit einem symbolischen Debugger können die verwandten Speichervariablen auch über ihren Namen angesprochen werden. Assemblieren und linken Sie das Programm und testen Sie es mit Hilfe des Debuggers.

```
.MODEL SMALL
.STACK 100h
.DATA
    ZAHL1    DW   100h
    ZAHL2    DW   200h
    ERGEBNIS DW   ?
.CODE
START:
        MOV DX,@DATA
        MOV DS,DX
        MOV AX,ZAHL1        ; Transportiere ZAHL1 nach AX
        ADD AX,ZAHL2        ; Addiere ZAHL2 zu AX
        MOV ERGEBNIS,AX     ; Transportiere AX nach ERGEBNIS
        MOV AH,4Ch          ; Beende das Programm
        INT 21h
END START                   ; Ende des Programms
```

Auch dieses Programm soll mit Hilfe von DEBUG im Einzelschrittmodus getestet werden:

```
C>DEBUG BSP07_01.EXE
-R
AX=0000 BX=0000 CX=001A DX=0000 SP=0100 BP=0000 SI=0000 DI=0000
DS=188C ES=188C SS=189E CS=189C IP=0000 NV UP EI PL NZ NA PO NC
189C:0000 B8081B         MOV     DX,1B08
```

Die ersten beiden Befehle initialisieren das DS-Register und wurden bereits des öfteren beschrieben. Der erste »echte« Befehl lädt das AX-Register mit dem Inhalt der Variablen ZAHL1 (genauer mit dem Inhalt der Speicherzelle, die durch den symbolischen Namen ZAHL1 adressiert wird). Auch bei diesem Befehl wird der symbolische Name ZAHL1 durch eine effektive Adresse ersetzt (wenn Ihnen die Bedeutung der effektiven Adresse nicht mehr auf Anhieb einfällt, lesen Sie noch einmal in Kapitel 5.4 nach). Diese Adresse besitzt in diesem Fall den Wert »0004«, der auch als Offset des Symbols bezeichnet wird. Übrigens haben wir der Variablen ZAHL1 diesen Wert nicht zugewiesen. Er ergibt sich aus der relativen Position von ZAHL1 im Datensegment und einem eventuellen Korrekturwert, der vom Linker addiert wird:

```
AX=0000 BX=0000 CX=001A DX=189D SP=0100 BP=0000 SI=0000 DI=0000
DS=189D ES=188C SS=189E CS=189C IP=0005 NV UP EI PL NZ NA PO NC
189C:0005 A10400         MOV     AX,[0004]       DS:0004=0100
```

Wie der Debugger im rechten Teil der unteren Zeile anzeigt, besitzt die Variable ZAHL1 die Adresse DS:0004 und den aktuellen Inhalt 100h. Nun tritt der Additionsbefehl in Aktion, der den Inhalt der Variablen ZAHL2 zu dem AX-Register addiert:

```
-T
AX=0100 BX=0000 CX=001A DX=189D SP=0100 BP=0000 SI=0000 DI=0000
DS=189D ES=188C SS=189E CS=189C IP=0008 NV UP EI PL NZ NA PO NC
189C:0008 03060600            ADD     AX,[0006]       DS:0006=0200
```

Da das Ergebnis dort nicht liegen bleiben soll, wird es durch den nächsten Befehl in die Variable ERGEBNIS transportiert:

```
-T
AX=0300 BX=0000 CX=001A DX=189D SP=0100 BP=0000 SI=0000 DI=0000
DS=189D ES=188C SS=189E CS=189C IP=000C NV UP EI PL NZ NA PE NC
189C:000C A30800         MOV     [0008],AX         DS:0008=0000
```

Nun befindet sich der Inhalt des AX-Registers mit dem Wert 300h, der Summe aus ZAHL1 und ZAHL2 in der Speicherstelle mit der Adresse DS:0008. Die einfachste Methode, sich davon zu überzeugen, daß das Ergebnis dort tatsächlich abgelegt wurde, besteht in der Anwendung des D-Kommandos des Debuggers. Die Eingabe von

```
-D 0008 L 4
189D:0000            00 03 26 89                    ...&
```

Das D-Kommando gibt den Inhalt von vier Speicherzellen ab der Adresse DS:0008 aus. An dieser Stelle befindet sich der Wert 300h, das heißt das Ergebnis der Addition. Achten Sie hier auf die typische Reihenfolge von niederwertigem und höherwertigem Byte, die bei allen Speicheroperanden zu finden ist, die aus einer geraden Anzahl von Bytes bestehen.

Den letzten Befehl des Beispielprogramms 7.1, den Befehl »INT 21h«, sollten Sie nicht im Einzelschrittmodus durchlaufen, da Sie sonst unter Umständen einen Krampf in Ihrem rechten Zeigefinger riskieren. Ein Aufruf eines INT-Befehls mit dem T-Kommando führt nämlich in den meisten Fällen dazu, daß der Debugger in den »Tiefen« von MS-DOS verschwindet und niemals zurückkehrt. Der INT-Befehl, der in diesem Fall die Rückkehr des Maschinenprogramms zu MS-DOS bewirkt, wäre nicht notwendig gewesen, wenn das Beispielprogramm ausschließlich mit dem Debugger im Einzelschrittmodus ausgeführt werden soll. Falls das Programm jedoch auch innerhalb der DOS-Kommandozeile durch Eingabe seines Namens ausgeführt werden soll, was im vorliegenden Fall nicht unbedingt etwas bringt, muß natürlich auch an eine Rückkehr zu MS-DOS gedacht werden.

Das G-Kommando

Selbstverständlich kann ein Programm auch innerhalb von .DEBUG gestartet werden. Hierfür ist das G-Kommando zuständig. Die alleinige Eingabe des G-Kommandos ohne weitere Parameter startet das Programm an der Position, die durch den momentanen Stand des IP-Registers (und natürlich dem CS-Register) festgelegt wird. Das Programm kann jedoch auch an jeder anderen Stelle gestartet werden, indem man entweder das IP-Register mit dem entsprechenden Wert belegt oder das Kommando G in der Form

```
G = Adresse
```

verwendet. In diesem Fall startet das Programm an der angegebenen Adresse. Zusätzlich besteht die Möglichkeit, sogenannte »Breakpoints« (Haltepunkte) zu setzen. Dabei handelt es sich um eine Vorgabe, die festlegt, wie weit das Programm laufen soll. Erreicht das Programm die Adresse eines angegebenen Haltepunktes, wird die Programmausführung abgebrochen und der aktuelle Inhalt der CPU-Register ausgegeben. Das Setzen eines Haltepunktes wird zum Beispiel erforderlich, wenn ein INT-Befehl innerhalb des Debuggers ausgeführt werden soll:

```
189C:0100    MOV AH,01
189C:0102    INT 21h
-G 102
```

Würden Sie den Befehl »INT 21h« über das T-Kommando ausführen, müßten Sie die gesamte Interruptroutine im Einzelschritt durchlaufen, ein hoffnungsloses Unterfangen. Verwenden Sie statt dessen das DEBUG-Kommando »G 102«, wird die Programmausführung bis zu der Adresse »CS 0102« ausgeführt und dann abgebrochen.

Das DEBUG:Das P-Kommando-Kommando P
Noch einfacher können Befehle, wie zum Beispiel der INT-Befehl, mit dem P-Kommando (das P steht für »Procede«, das heißt »fortfahren«) ausgeführt werden. Das P-Kommando hat die gleiche Wirkung wie das bereits vorgestellte T-Kommando, allerdings mit einer Ausnahme: Interrupt-routinen, Prozeduren, Schleifen und Stringbefehle werden in einem Schritt durchlaufen und nicht im Einzelschritt ausgeführt. Das P-Kommando ist daher ein äußerst nützliches Kommando, wenn es darum geht, INT-Befehle innerhalb eines Maschinenprogramms mit Hilfe des Debuggers auszuführen.

Neustart über das L-Kommando
Nach Beendigung eines Programms, das durch das G-Kommando ausgeführt wurde, erhalten Sie die Meldung »Program terminated normaly«. Möchten Sie nun das Programm ein weiteres Mal ausführen, muß es zuerst wieder durch das L-Kommando geladen und initialisiert werden. Wenn Sie ein Programm mit dem G-Kommando starten und über die Funktion 4Ch des Interrupts 21h beenden, werden Sie feststellen, daß sich an den Registerinhalten nichts geändert hat. Dies liegt einfach daran, daß DEBUG die Register nach dem Start rettet und bei der Beendigung des Programms durch den Interrupt wieder herstellt.

Ergebnis zu groß, dann Übertrag
Nun haben Sie einen ersten Eindruck davon erhalten, wie die 8086/88-CPU eine Addition ausführt. Allerdings lief alles nur deswegen so glatt, weil »Problemfälle« bislang bewußt ausgeklammert wurden. Ein solcher Problemfall tritt zum Beispiel immer dann auf, wenn bei einer Addition zweier 16-Bit-Operanden das Ergebnis größer als 16 Bit wird und somit nicht mehr in den Zieloperanden paßt. Das nächste Beispiel demonstriert einen solchen Fall:

```
   20000
+
   50000
--------
   70000
```

Auf dem Papier läßt sich so etwas wunderschön rechnen. Doch sobald Sie diese Aufgabe auf die Ebene der CPU übertragen, kommen Sie in Schwierigkeiten:

```
      0 1 0 0 1 1 1 0  0 0 1 0 0 0 0 0    (20000)
                     +
      1 1 0 0 0 0 1 1  0 1 0 1 0 0 0 0    (50000)
---------------------------------------------------
(1)   0 0 0 1 0 0 0 1  0 1 1 1 0 0 0 0    ( 4464)
```

Das Ergebnis entspricht leider nicht unseren Erwartungen. Der Grund dafür ist offensichtlich: Die Zahl 70000, die man eigentlich erwarten sollte, benötigt binär 17 Bit und kann daher nicht mehr in einem 16-Bit-Zieloperanden dargestellt werden. Statt dessen ist ein Übertrag entstanden, der durch die in Klammern gesetzte 1 angedeutet wird. Ein solcher Übertrag ist nichts anderes als die 17te Stelle des Zieloperanden. Da aber alle Zieloperanden nur 16 Bit umfassen, muß diese 17te Stelle an einem anderen Ort in der CPU aufbewahrt werden.

Bei der 8086/88-CPU wird ein Übertrag in Form des Carryflags angezeigt. Konkret heißt das, daß, wann immer eine Operation (wie zum Beispiel eine Addition) einen Übertrag produziert, dieser durch Setzen des Carryflags im Flagregister der 8086/88-CPU angezeigt wird. Davon kann man sich am besten durch ein kleines Beispielprogramm überzeugen, das mit Hilfe des DEBUG-Assemblers eingegeben wird:

```
-A
186C:0100 MOV AX,4E20
186C:0103 ADD AX,C350
186C:0106
-R
AX=0000 BX=0000 CX=0000 DX=0000 SP=FFEE BP=0000 SI=0000 DI=0000
DS=186C ES=186C SS=186C CS=186C IP=0100   NV UP EI PL NZ NA PO NC
186C:0100 B8204E        MOV AX,4E20
```

Nach der Ausführung des ersten Befehls befindet sich die Zahl 20000 (4E20h) im AX-Register. Betrachten Sie nun die rechte Ecke in der zweiten Zeile der Registeranzeige. Sie finden dort folgende Information, die über den Zustand der Flags im Flagregister Auskunft gibt:

```
NV UP EI PL NZ NA PO NC
```

Wie ist diese Information zu deuten? Wie aus Tabelle 7.2 zu entnehmen ist, gibt jede dieser Doppelbuchstabengruppen den Zustand eines Flags an.

Flag	Flag gesetzt	Flag nicht gesetzt
Überlauf	OV (ja)	NV (nein)
Richtung	DN (abwärts)	UP (aufwärts)
Unterbrechung	EI (erlaubt)	DI (nicht erlaubt)
Vorzeichen	NG (negativ)	PL (positiv)
Null	ZR (ja)	NZ (nein)
Hilfsübertrag	AC (ja)	NA (nein)
Parität	PE (gerade)	PO (ungerade)
Übertrag	CY (ja)	NC (nein)

Tabelle 7.2: *Die Anzeige des Flagregisters in DEBUG*

Vielleicht werden Sie in dieser Tabelle das Einzelschrittflag vermissen. Der Zustand dieses Flags wird vom Debugger bewußt nicht angezeigt, da es vom Debugger gesetzt und rückgesetzt werden muß. Mit Hilfe der Zustandsinformation der einzelnen Flags kann nun auch der momentane Zustand des Carryflags festgestellt werden. Es ist zur Zeit nicht gesetzt (NC). Dies muß sich aber nach der Ausführung des nächsten Befehls ändern:

```
-R
AX=4E20 BX=0000 CX=0000 DX=0000 SP=FFEE BP=0000 SI=0000 DI=0000
DS=186C ES=186C SS=186C CS=186C IP=0003 NV UP EI PL NZ NA PO NC
186C:0103 0550C3    ADD AX,C350

-T
AX=1170 BX=0000 CX=0000 DX=0000 SP=FFEE BP=0000 SI=0000 DI=0000
DS=186C ES=186C SS=186C CS=186C IP=0006 NV UP EI PL NZ NA PO CY
186C:0106
```

Durch den ADD-Befehl, der die Zahl 50000 (C350h) zum AX-Register addiert, wird ein Übertrag verursacht, der in Form eines gesetzten Carryflags (CY) angezeigt wird. Doch was soll man mit dem gesetzten Carryflag anfangen? Ganz einfach, es bei der nächsten Addition mitaddieren.

ADC – Addition inklusive Carryflag

Mit dem Setzen des Carryflags allein ist es aber noch nicht getan. Damit diese Flaginformation auch praktisch umgesetzt werden kann, stellt die 8086/88-CPU einen weiteren Additionsbefehl zur Verfügung. Er heißt ADC und arbeitet genauso wie der Befehl ADD, allerdings mit dem Unterschied, daß hier das Carryflag zu dem Ergebnis addiert wird. Der ADC-Befehl ist bei nicht gesetztem Carryflag mit dem ADD-Befehl identisch. Mit Hilfe des ADC-Befehls sind wir in der Lage, beliebig große Zahlen miteinander zu addieren, wie das folgende Beispiel zeigt, in dem zwei 32-Bit-Zahlen addiert werden.

Beispielprogramm 7.2 – BSP07_02.ASM

Das folgende Programm demonstriert die Addition zweier 32-Bit-Zahlen. Assemblieren und linken Sie das Programm und testen Sie es mit Hilfe des Debuggers.

```
.MODEL SMALL
.STACK 100h
.DATA
    ZAHL1    DD  70000
    ZAHL2    DD  80000
    ERGEBNIS DD ?
.CODE
START:
    MOV DX,@DATA
    MOV DS,DX
    MOV  AX,WORD PTR ZAHL1
    ADD  AX,WORD PTR ZAHL2
    MOV  WORD PTR ERGEBNIS,AX
    MOV  AX,WORD PTR ZAHL1+2
    ADC  AX,WORD PTR ZAHL2+2
    MOV  WORD PTR ERGEBNIS+2,AX

    MOV  AH,4CH
    INT  21H
END START
```

Erschrecken Sie bitte nicht vor dem Umfang der einzelnen Befehle. Jeder Befehl, der auf einen Speicheroperanden zugreift, mußte zwangsläufig um den PTR-Operator erweitert werden. Der Grund: Wie in Kapitel 6.6 bereits erläutert wurde, müssen in allen Maschinenbefehlen mit zwei Operanden beide Operanden den gleichen Typ besitzen. Im obigen Beispiel wurden durch die Datenanweisung DD drei Speichervariablen vom Typ DWORD (32 Bit) Variablen definiert, die entsprechend jeweils vier Byte im Speicher belegen. Um auf diese Operanden zum Beispiel mit einem MOV-Befehl zugreifen zu können, ist der Operator »WORD PTR« erforderlich, da der Assembler ansonsten eine Warnung erzeugen würde.

Zugegeben, dürften Assembler-Operatoren, wie zum Beispiel der PTR-Operator, für einen Einsteiger in die Maschinensprache-Programmierung recht mysteriös wirken. Denken Sie daran, daß diese Operatoren keinen Maschinencode erzeugen (sie entsprechen keinen CPU-Befehlen), sondern lediglich beeinflussen, auf welche Weise ein bestimmter Maschinenbefehl umgesetzt wird. Sie sind daher lediglich ein Hilfsmittel für den Assembler und haben auf die spätere Ausführung des Maschinenprogramms keinen Einfluß. Eine gute Übung zum Kennenlernen dieser Operatoren ist es, sie einfach einmal wegzulassen, um so feststellen zu können, wie der Assembler darauf reagiert. Doch zurück zu unserem Beispielprogramm.

Den Kern des Beispielprogramms 7.2 stellen die beiden Additionsbefehle ADD und ADC dar. Beachten Sie, daß für die erste 16-Bit-Addition nicht der ADC-Befehl verwendet werden darf, da das Carryflag für die Addition der niederwertigen 16-Bit-Hälfte keine Rolle spielt.

Anders sieht es, wie erwähnt, bei der Addition der höherwertigen Hälften aus. Hier spielt ein eventueller Übertrag aus der vorausgegangenen Addition sehr wohl eine Rolle, so daß der ADC-Befehl eingesetzt werden muß. Das Carryflag stellt eine Art Bindeglied bei der Addition von Zahlen mit höherer Genauigkeit dar. Nach dem gleichen Schema lassen sich beliebig große Zahlen, so zum Beispiel 64-, und wenn gewünscht, auch 128-Bit-Zahlen addieren. Daß man damit schnell in astronomische Sphären vorstößt, wird klar, wenn man sich einmal die größte Zahl betrachtet, die durch eine 64-Bit-Zahl dargestellt werden kann:

```
2.h.64.h.  = 18,446,744,073,709,551,615
```

Die imposante Größe Zahl wird mittlerweile ein wenig durch die Tatsache relativiert, daß der Multiplikationsbefehl bei der 80386/486-CPU ein 64-Bit-Ergebnis liefern kann, die entsprechend dem MUL-Befehl der 8086/88-CPU im Registerpaar EAX:EDX abgelegt wird (mehr dazu in Kapitel 15). Bliebe noch die Frage zu klären, ob ein einzelnes Flag ausreicht, um jedes Ergebnis einer Addition korrekt anzuzeigen. Oder anders herum gefragt, kann das Ergebnis einer Addition zweier 16-Bit-Zahlen vielleicht größer als 17 Bit werden? Diese Frage läßt sich leicht beantworten, indem man die beiden größtmöglichen 16-Bit-Zahlen addiert:

```
      1 1 1 1 1 1 1 1  1 1 1 1 1 1 1 1    (65535)
      +
      1 1 1 1 1 1 1 1  1 1 1 1 1 1 1 1    (65535)
      ─────────────────────────────────
(1)   1 1 1 1 1 1 1 1  1 1 1 1 1 1 1 0    (65534)
```

Auch die Addition der beiden größten 16-Bit-Zahlen ergibt, wie nicht anders zu erwarten war, ein Ergebnis, das mit Hilfe des Carryflags darstellbar ist.

Es muß noch einmal darauf hingewiesen werden, daß die Frage, wann das Carryflag gesetzt wird, um einen Additions-Übertrag anzuzeigen, von der Operandengröße abhängt. Bei einer 8-Bit-Addition wird das Carryflag gesetzt, wenn das Ergebnis 255 überschreitet. Bei einer 16-Bit-Addition ist dies, wie im letzten Beispiel gezeigt wurde, erst dann der Fall, wenn das Ergebnis größer als 65535 wird. Entsprechend wird bei der 80386/486-CPU bei einer 32-Bit-Addition das Carryflag erst dann gesetzt, wenn das Ergebnis 4,294,967,295 überschreiten sollte.

Die Befehle STC, CLC und CMC

Neben den Additionsbefehlen können auch viele andere Befehle das Carryflag beeinflussen. In manchen Fällen kann es notwendig sein, das Carryflag explizit zu setzen oder zurückzusetzen. Als einziges der Statusflags im Flagregister der 8086/88-CPU kann das Carryflag durch entsprechende Befehle vom Benutzer manipuliert werden. Dazu gibt es bei der 8086/88-CPU die Befehle CLC, STC und CMC, die das Carryflag zurücksetzen (CLC), setzen (STC) oder invertieren (CMC).

STC   Setzt das Carryflag auf »1«
CLC   Setzt das Carryflag auf »0«
CMC   Invertiert den Zustand des Carryflags

Befehle zum Manipulieren des Carryflags

Selbstverständlich können die einzelnen Flags auch innerhalb des Debuggers manipuliert werden. Dies kann zum Beispiel notwendig sein, um bestimmte Programmteile, deren Ausführung von einem bestimmten Zustand eines der Flags abhängt, zur Ausführung zu bringen. Genau wie der Inhalt eines CPU-Registers kann auch der Zustand eines Flags über das R-Kommando geändert werden:

```
- R F  NV UP EI PL NZ NA PO CY  -
```

Nun kann durch Eingabe einer der Abkürzungen für den Flagzustand (siehe Tabelle 7.2) der gewünschte Flagzustand gesetzt werden.

Auswirkung der Addition auf die Statusflags

Das Carryflag ist übrigens nicht das einzige Flag, das sich nach der Ausführung eines ADD- oder ADC-Befehls ändern kann. Sowohl der ADD- als auch der ADC-Befehl kann alle sechs Statusflags beeinflussen.

▧ Das Nullflag wird gesetzt, wenn das Ergebnis einer Addition Null ergeben hat.

▧ Das Vorzeichenflag wird gesetzt, wenn das höchstwertige Bit des Additionsergebnisses gesetzt ist.

▧ Das Paritätsflag wird gesetzt, wenn das Ergebnis eine gerade Anzahl an gesetzten Bits enthält.

▧ Das Carryflag (Übertragsflag) wird gesetzt, wenn bei der Addition ein Übertrag auftrat.

▧ Das Hilfsübertragsflag ist gesetzt, wenn ein Übertrag von Bit 3 nach Bit 4 auftrat.

▧ Das Überlaufflag ist gesetzt, wenn bei der Addition zweier vorzeichenbehafteter Zahlen das Ergebnis außerhalb des Darstellungsbereiches von Zweierkomplementzahlen liegt.

Die Befehle SUB und SBB

Die Subtraktion unterscheidet sich nur geringfügig von der Addition. Auch hier stehen mit den Befehlen SUB und SBB (Subtrahiere mit Borgeflag) zwei Varianten zur Auswahl. Während der SUB-Befehl den Quelloperanden vom Zieloperanden abzieht, subtrahiert der SBB-Befehl zusätzlich das Carryflag. Damit stellt sich zwangsläufig die Frage, welche Rolle das Carryflag bei der Subtraktion spielt. Wie schon in Kapitel 2 zu lesen war, führen die meisten CPUs eine Subtraktion in der Form durch, indem sie das Zweierkomplement der zu subtrahierenden Zahl, also des Quelloperanden, zum Zieloperanden addieren. Für das Verständnis eines SUB- oder SBB-Befehls und vor allem der Rolle des Carryflags sollten Sie diese Tatsache aber vergessen und statt dessen eine echte Subtraktion zweier Dualzahlen durchführen. Negative Ergebnisse, die immer dann auftreten, wenn der Quelloperand größer als der Zieloperand ist, werden aber nach wie vor im Zweierkomplement dargestellt. Noch einmal zur Erinnerung: Den Zahlenwert (das heißt den Betrag) einer Zahl im Zweierkomplement erhalten Sie, indem Sie eins von der Zahl subtrahieren und anschließend alle Bits der Ergebnisse umdrehen (aus einer »0« wird eine »1« und umgekehrt).

Syntax: SUB <Zieloperand>, <Quelloperand>
SBB <Zieloperand>, <Quelloperand>

Auch bei einer Subtraktion kann eine Art Übertrag auftreten, nämlich immer dann, wenn eine größere Zahl von einer kleineren Zahl abgezogen wird. Auch dieser Zustand wird durch ein gesetztes Carryflag angezeigt, welches man sich in diesem Fall als eine Art »Borgeflag« vorstellen muß. Immer, wenn nach einer Subtraktion das Carryflag gesetzt ist, war ein Borgen erforderlich. Falls Sie daher eine Subtraktion einer 32- oder 64-Bit-Zahl in mehrere Teilsubtraktionen aufteilen, müssen, ähnlich wie bei der Addition, die nach der ersten Subtraktion folgenden Subtraktionen mit Hilfe des SBB-Befehls durchgeführt werden, um eventuelle Überträge korrekt zu berücksichtigen.

Die Rolle des Carryflags bei der Subtraktion

Wenn Sie sich noch einmal an das schriftliche Subtrahieren aus der Schule erinnern, so werden Sie gewisse Gemeinsamkeiten feststellen. Auch dort wurde das Problem, eine größere Zahl von einer kleineren Zahl abziehen zu müssen, dadurch gelöst, daß eine fehlende Zehnerstelle von der links stehenden Ziffer »geborgt« wurde. Mit Hilfe dieser Analogie kann man sich die Rolle des Carryflags im Falle einer Subtraktion von Dualzahlen erklären.

> **Merksatz:**
> **Das Carryflag (sprich Borgeflag) ist nach einer Subtraktion, das heißt nach Ausführung des SUB- oder SBB-Befehls, immer dann gesetzt, wenn eine größere Zahl von einer kleineren Zahl abgezogen wurde.**

Nach soviel Theorie sind wieder ein paar Beispiele fällig. Zuerst soll auf dem Papier die Funktion des Carryflags bei der Subtraktion beschrieben werden:

Operation: 70 − 20 = 50
Carryflag: 0   0 1 0 0 0 1 1 0   (70)
                  −
                  0 0 0 1 0 1 0 0   (20)

Carryflag: 0   0 0 1 1 0 0 1 0   (50)

Diese Operation stellt so etwas wie einen »Normalfall« dar, bei dem das Borgeflag nicht benötigt wird und das Ergebnis zudem im Darstellungsbereich einer vorzeichenbehafteten Zahl liegt. Beim nächsten Beispiel wird eine größere Zahl von einer kleineren Zahl abgezogen. Auch hier entsteht ein korrektes Ergebnis, allerdings muß durch ein gesetztes Carryflag angezeigt werden, daß das Borgen eines Bits erforderlich war.

Operation: 34 − 51 = −17
Carryflag: 0   0 0 1 0 0 0 1 0   (34)
                  −
                  0 0 1 1 0 0 1 1   (51)

Carryflag: 1   1 1 1 0 1 1 1 1   (−17)

Die Notwendigkeit, ein Bit borgen zu müssen, ist jedoch nicht der einzige Ausnahmefall, der bei einer Subtraktion auftreten kann. So kann es auch passieren, daß bei einer Subtraktion zweier Zahlen mit unterschiedlichem Vorzeichen ein Ergebnis entsteht, das nicht mehr im Darstellungsbereich einer Zweierkomplementzahl liegt. Wie bei allen arithmetischen Befehlen üblich, wird der entstandene Überlauf durch Setzen des Überlaufflags angezeigt:

Operation: −100 − 40 = −140
Überlaufflag: 0   1 0 0 1 1 1 0 0   (−100)
                    −
                    0 0 1 0 1 0 0 0   (40)

Überlaufflag: 1   0 1 1 1 0 1 0 0   (116)
Carryflag: 0

Diesmal wird anstelle des Carryflags (ein Borgen ist nicht erforderlich, denn sowohl die Additions- als auch die Subtraktionsbefehle behandeln ihre Operanden als vorzeichenlose Zahlen) das Überlaufflag gesetzt, da das Ergebnis »-140« nicht mehr im Bereich einer 8-Bit-Zweierkomplementzahl darstellbar ist. Falls mit 16-Bit-Operanden gerechnet wird, tritt in diesem Fall kein Überlauf auf, denn in einer 16-Bit-Zahl hat die Zahl »-140« natürlich Platz. Solche »Mini-Beispiele« sollten Sie unbedingt mit Hilfe des Debuggers austesten. Um das letzte Beispiel, bei dem ein Setzen des Überlaufflags auftrat, auch einmal praktisch nachvollziehen zu können und vor allem um auch die Auswirkung des SUB-Befehls auf das Carryflag ausprobieren zu können, muß der Assembler des Debuggers aufgerufen werden:

1. Aufruf des Debuggers
```
C>DEBUG          (diesmal ohne Dateinamen)
-
```

2. Aktivieren des Assemblers

```
- A 100
```

3. Eingabe der Maschinenbefehle

```
0F82:0100    MOV AL,-64
0F82:0102    SUB AL,28    <Return-Taste>
0F82:0104
-
```

Nun befindet sich das Maschinenprogramm« im Arbeitsspeicher und kann Schritt für Schritt ausgeführt werden. Auch dazu sind unter Umständen ein paar Vorbereitungen erforderlich:

4. Setzen des IP-Registers (ist am Anfang nicht nötig)

```
-R
AX=0000 BX=0000 CX=0000 DX=0000 SP=FFEE BP=0000 SI=0000 DI=0000
DS=186C ES=186C SS=186C CS=186C IP=0100 NV UP EI PL NZ NA PO NC
186C:0100 B09C        MOV    AL,9C
-R IP
IP 0100
:                (hier kann ein neuer Wert eingetragen werden)
```

Das Setzen des IP-Registers auf die Offsetadresse des ersten Befehls ist beim ersten Mal nicht erforderlich, da der Debugger nach dem Start das IP-Register automatisch auf 100h setzt (sofern keine EXE-Datei geladen wird).

5. Ausführen der beiden Befehle durch das T-Kommando

```
-T
AX=009C BX=0000 CX=0000 DX=0000 SP=FFEE BP=0000 SI=0000 DI=0000
DS=186C ES=186C SS=186C CS=186C IP=0102 NV UP EI PL NZ NA PO NC
186C:0102 2C28        SUB    AL,28
-T
AX=0074 BX=0000 CX=0000 DX=0000 SP=FFEE BP=0000 SI=0000 DI=0000
DS=186C ES=186C SS=186C CS=186C IP=0104 OV UP EI PL NZ NA PE NC
186C:0104 017F14      ADD    [BX+14],DI        DS:0014=14B7
```

Dies ist sozusagen die Standardprozedur für das Austesten kleiner Befehlssequenzen. Beachten Sie, daß vor der Ausführung des ersten Befehls das IP-Register die Startadresse (in diesem Beispiel 100h) des ersten Befehls erhalten muß, da durch das T-Kommando immer jener Maschinenbefehl zur Ausführung gebracht wird, der durch das IP-Register (genauer durch das Registerpaar CS:IP) adressiert wird. Diese Standardprozedur für das Austesten kleinerer Maschinenprogramme soll bei allen folgenden Beispielen nicht mehr extra aufgeführt werden. Zum Programm selber muß nicht viel gesagt werden. Durch den Befehl »MOV AL,-28« wird das AL-Register mit dem Wert »-28« oder genauer gesagt mit dem Zweierkomplement, nämlich »D8« belegt. Die anschließende Subtraktion zieht von diesem Wert 14 ab. Da das Ergebnis negativ ist (Bit 7 ist gesetzt), wird das Vorzeichenflag gesetzt (NG). Bei beiden Zahlen handelt es sich übrigens um Hexadezimalzahlen, da der Debugger alle eingegebenen Zahlen automatisch als Hexadezimalzahlen auffaßt.

6. Abspeichern von Maschinenprogrammen

Unter Umständen möchten Sie ein Programm, das über den Assembler des Debuggers erstellt wurde, auch abspeichern. Dies ist kein Problem, wenn man sich an gewisse Regeln hält. Die Grundvoraussetzung ist, daß das Maschinenprogramm bei der Offsetadresse 0100h beginnt (dies war auch in dem letzten Beispielprogramm der Fall). Wie bereits im letzten Kapitel erläutert wurde, kann DEBUG keine EXE-Dateien erstellen, da er nicht über die benötigte Kopf-Information verfügt. Das Erstellen von COM-Dateien, der zweiten Variante von Programmdateien, ist dagegen kein Problem, da COM-Dateien nur aus Maschinencode bestehen und keinerlei zusätzliche Informationen besitzen. Einzige Voraussetzung: Der erste Maschinenbefehl muß bei der Offsetadresse 100h beginnen, da MS-DOS eine geladene COM-Datei automatisch bei dieser Adresse startet. Ein über den Assembler des Debuggers zu erstellendes Maschinenprogramm bei der Offsetadresse 100h beginnen zu lassen, ist kein Problem, wenn man diese Adresse auf das A-Kommando folgen läßt:

```
-A 100h
0F80:0100
```

Nun kann der erste Befehl bei der Adresse CS:0100 eingegeben werden. Auch das Abspeichern des fertigen Programms gestaltet sich nicht weiter schwierig. Dazu benötigt der Debugger die Anzahl der zu speichernden Byte. Dieser Wert ergibt sich, wenn man von der letzten Adresse, die über das A-Kommando angezeigt wurde, 101h abzieht. Dazu ein kleines Beispiel:

```
-A
0F80:0100    MOV AX,BX
0F80:0102    MOV CX,DX
0F80:0104
```

Die Assemblierung wurde bei der Adresse 0104 beendet, folglich umfaßt das eingegebene Maschinenprogramm 104h – 101h = 3 Byte (denken Sie daran, daß Sie mit Hexadezimalzahlen rechnen müssen). Nun kann das Programm über das W-Kommando abgespeichert werden. Zwei Dinge müssen aber zuvor noch festgelegt werden: Die Anzahl der zu speichernden Bytes und der Name der Datei, in die diese Bytes geschrieben werden sollen. Die Anzahl der abzuspeichernden Bytes erwartet .DEBUG im Registerpaar BX:CX. Da es sich lediglich um drei Bytes handelt, kommt in das BX-Register der Wert Null und in das CX-Register der Wert 3:

```
-R BX
FFFF    0
-R CX
FFFF    3
```

Nun benötigt DEBUG noch einen Dateinamen. Dieser wird über das N-Kommando festgelegt:

```
-N TEST.COM
```

und die komplette Datei kann über das W-Kommando auf Diskette oder Festplatte geschrieben werden:

```
-W
0003 Bytes wurden geschrieben.
```

Zurück zum SBB-Befehl. Halten wir noch einmal fest: um ein bei einer Subtraktion gesetztes Carryflag bei der folgenden Subtraktion auch berücksichtigen zu können, muß es ebenfalls subtrahiert werden. Das übernimmt der Subtraktionsbefehl SBB. Dieser Befehl entspricht dem SUB-Befehl, nur wird hier zusätzlich das Carryflag vom Zieloperanden abgezogen. Genau wie bei der Addition mit dem ADC-Befehl, wird hier das Carryflag als eine Zahl behandelt, die entweder den Wert 1 oder den Wert 0 haben kann. Auf diese Weise können, analog zur Addition, die höherwertigen Hälften von Zahlen mit mehr als 16 Bit subtrahiert werden.

Auswirkung der Subtraktion auf die Statusflags

Auch die Befehle SUB und SBB können alle sechs Statusflags beeinflussen:

▨ Das Carryflag (Übertragsflag) ist gesetzt, wenn ein Borgen erforderlich war.

▨ Das Paritätsflag ist gesetzt, wenn das Ergebnis eine gerade Anzahl gesetzter Bits enthält.

▨ Das Hilfsübertragsbit ist gesetzt, wenn ein Übertrag von der dritten auf die vierte Stelle stattfand.

▨ Das Nullflag ist gesetzt, wenn das Ergebnis der Subtraktion Null ist.

▨ Das Vorzeichenflag ist gesetzt, wenn das höchstwertigste Bit des Ergebnisses gesetzt ist.

▨ Das Überlaufflag ist gesetzt, wenn die Operanden verschiedene Vorzeichen haben und ein Ergebnis entsteht, das außerhalb des Darstellungsbereichs von Zweierkomplementzahlen liegt.

Beispielprogramm 7.3 – BSP07_03.ASM

Dieses Beispielprogramm demonstriert die Wirkung verschiedener Subtraktionsbefehle. Assemblieren und linken Sie das Programm und testen Sie es mit Hilfe des Debuggers.

```
.MODEL SMALL
.STACK 100h
.DATA
        WERT1       DW 1000h
        WERT2       DW 2000h
        ERGEBNIS    DW    ?
.CODE
START:
        MOV AX,WERT1
        MOV SI,WERT2
        SUB SI,AX
        SUB SI,AX
        MOV BX,WERT2
        ADD BX,BX
        SUB AX,AX
        SUB AX,BX
        MOV ERGEBNIS,AX
        SUB ERGEBNIS,WERT1
```

```
        MOV AH,4CH
        INT 21H
END START
```

Beim Assemblieren des Beispielprogramms 7.3 erhalten Sie die Fehlermeldung »Improper Operand«, der in Zeile 18 auftritt. Mit anderen Worten, irgend etwas stimmt nicht mit dem Befehl »SUB ERGEBNIS,WERT1«. Überlegen Sie einmal, wo der Fehler liegt, bevor Sie weiterlesen.

Wenn Sie sich einmal Bild 7.1 anschauen, werden Sie feststellen, daß es keinen Additionsbefehl gibt, der zwei Speicherwerte direkt addiert. Das gilt auch für die Subtraktion, das heißt, entweder der Quell- oder der Zieloperand muß ein Registeroperand oder ein unmittelbarer Operand sein. Da der SUB-Befehl in Zeile 18 zwei Speicheroperanden enthält, kann er nicht assembliert werden (löschen Sie diese Zeile daher).

Erwähnenswert wären im Beispielprogramm 7.3 noch die Befehle »ADD BX,BX«, der den Inhalt des BX-Registers verdoppelt, und »SUB AX,AX«, der den Inhalt des AX-Registers auf Null setzt. Beachten Sie, daß in diesem Fall das Nullflag gesetzt wird, da das Ergebnis im AX-Register Null ist.

Die Befehle INC und DEC

Eine sehr häufig vorkommende Rechenoperation, insbesondere innerhalb von Programmschleifen, ist das Erhöhen oder Erniedrigen eines Operanden um 1. Die 8086/88-CPU spendiert eigens für diesen Zweck die Befehle INC und DEC:

INC   erhöht den Operanden um 1.
DEC   erniedrigt den Operanden um 1.

Syntax: INC <Zieloperand>
        DEC <Zieloperand>

Beispiel

INC AX

Dieser Befehl erhöht den Inhalt des AX-Registers um eins, während der nächste Befehl den Wert der Speichervariablen IN_WERT und eins erniedrigt:

DEC IN_WERT

Wichtig: Weder der INC- noch der DEC-Befehl beeinflussen das Carryflag. Dadurch wird es innerhalb von Programmschleifen möglich, den Schleifenzähler zu erhöhen oder zu erniedrigen, ohne das Ergebnis einer zuvor durchgeführten arithmetischen Operation (etwa zum Testen des Schleifenabbruchs) zu beeinflussen. Das bedeutet, wenn innerhalb einer Programmschleife der Schleifenzähler über die Befehle INC oder DEC erhöht oder erniedrigt wird, darf ein bedingter Sprungbefehl, der das Carryflag prüft, wie zum Beispiel der JNC-Befehl, nicht zum Testen der Abbruchbedingung verwendet werden.

Der NEG-Befehl

Eine spezielle Art von Subtraktionsbefehl stellt der NEG-Befehl dar. Dieser negiert, wie der Befehlsname es andeutet, den Operanden, indem er ihn von Null abzieht.

Syntax: NEG <Zieloperand>

Das Besondere an dem NEG-Befehl ist, daß er nur einen Operanden benötigt. Da negative Zahlen stets im Zweierkomplement dargestellt werden, bietet dieser Befehl eine elegante Möglichkeit zur Bildung des Zweierkomplements eines Operanden. Eine weitere häufige Anwendung des NEG-Befehls ist die Subtraktion eines Operanden von einem unmittelbaren Wert, die über den SUB-Befehl so einfach nicht machbar ist. Denn eine Subtraktion wie

```
SUB 80,AL
```

ist mit einem normalen SUB-Befehl nicht möglich, da ein unmittelbarer Wert als Zieloperand nicht erlaubt ist. Über einen kleinen Umweg läßt sich diese Subtraktion aber dennoch ausführen:

```
NEG AL
ADD AL,80
```

Durch die Negierung des AL-Registers und die anschließende Addition ergibt sich der gleiche Effekt, als würde der Inhalt des AL-Registers von der Zahl 80 abgezogen. Durch den NEG-Befehl werden die Statusflags auf die gleiche Art und Weise beeinflußt wie durch den SUB-Befehl. Da aber der »Quelloperand« Null ist, lassen sich aus dem Zustand der Flags etwas andere Rückschlüsse ziehen:

■ Das Übertragsflag und Vorzeichenflag sind gesetzt, wenn der Operand positiv ist.

■ Das Nullflag ist gesetzt, wenn das Ergebnis Null ist.

■ Das Überlaufflag ist gesetzt, wenn der Operand den Wert -128 (80h) oder den Wert −32768 (8000h) besitzt, da in diesem Fall eine Bildung des Zweierkomplements nicht möglich ist.

Auf den letzten Punkt soll noch einmal etwas ausführlicher eingegangen werden. Wird zum Beispiel folgende Befehlssequenz ausgeführt

```
MOV AL,80h
NEG AL
```

bleibt der Inhalt des AL-Registers erhalten und das Überlaufflag wird gesetzt. Warum? Nun, weil 80h als vorzeichenbehaftete Zahl den Wert −128 besitzt und die Zahl 128 als vorzeichenbehaftete Zahl nicht mehr darstellbar ist. Das gleiche gilt für die Zahl 8000h. Wenn Sie anschließend den Befehl INTO ausführen, wird zudem ein Interrupt 4 ausgelöst und Sie haben die Gelegenheit, auf diesen Überlauf entsprechend zu reagieren. Mehr über Interrupts in Kapitel 8.5.

Der CMP-Befehl

Bei der Besprechung der Arithmetikbefehle darf auch der CMP-Befehl nicht fehlen, mit dessen Hilfe viele Entscheidungen in einem Maschinenprogramm realisiert werden. Durch den CMP-Befehl (»CoMPare« = vergleichen) wird der Quelloperand mit dem Zieloperanden verglichen, indem der Quelloperand vom Zieloperanden subtrahiert wird. Der CMP-Befehl entspricht daher einem SUB-

Befehl, allerdings mit dem entscheidenden Unterschied, daß der Zieloperand unverändert bleibt und lediglich die Statusflags gesetzt werden. Da der CMP-Befehl fast immer im Zusammenhang mit einem bedingten Sprungbefehl verwendet wird, der in Abhängigkeit des Zustandes eines oder mehrerer Statusflags einen Sprung durchführt, soll er erst im nächsten Kapitel, wenn es unter anderem um bedingte Sprünge geht, ausführlicher besprochen werden.

Die Befehle MUL und IMUL

Die 8086/88-CPU gehörte seinerzeit (1978) zu den ersten CPUs, die über einen Multiplikations- und über einen Divisionsbefehl verfügten. Ohne einen solchen Befehl müssen alle Multiplikationen und Divisionen durch eine Folge von Additions- und Subtraktionsbefehle ersetzt werden, was natürlich in den meisten Fällen auf Kosten der Ausführungsgeschwindigkeit und vor allem der Programmgröße geht. Die 8086/88-CPU verfügt über jeweils zwei Befehle zur Multiplikation und zur Division. Während der MUL-Befehl vorzeichenlose Zahlen multipliziert, ist der IMUL-Befehl für die Multiplikation von Zahlen mit Vorzeichen zuständig. Entsprechend existieren auch für die Division zwei verschiedene Befehle. Während der DIV-Befehl die Division von Zahlen ohne Vorzeichen übernimmt, dividiert der IDIV-Befehl entsprechend Zahlen mit Vorzeichen.

Beschäftigen wir uns zunächst mit dem MUL-Befehl, der für die Multiplikation von Zahlen ohne Vorzeichen zuständig ist.

Syntax: `MUL <Quelloperand>`

Bei »Quelloperand« handelt es sich entweder um ein Register oder eine Speichervariable. Doch wo ist der Quelloperand zu finden, denn auch die Multiplikation benötigt stets zwei Operanden? Dieser befindet sich im AL- oder im AX-Register. Werden zwei 8-Bit-Zahlen miteinander multipliziert, wird der Quelloperand aus dem AL-Register geholt, werden dagegen 16-Bit-Zahlen multipliziert, wird der Quelloperand aus dem AX-Register geholt. Bliebe noch zu klären, wo das Ergebnis abgelegt wird. Bei einer Byte-Multiplikation wird das 16-Bit-Ergebnis im AX-Register abgelegt, wobei das AH-Register die höherwertigen und das AL-Register die niederwertigen 8 Bit enthält. Bei einer Multiplikation von zwei 16-Bit-Zahlen entsteht ein 32-Bit-Ergebnis. Da ein einzelnes CPU-Register der 8086/88-CPU für das Ergebnis nicht mehr ausreicht, werden die niederwertigen 16 Bit im AX-Register und die höherwertigen 16 Bit im DX-Register gespeichert (Bild 7.1).

BYTE-Multiplikation: AL * 8-Bit-Operand = 16-Bit-Ergebnis in AX

WORT-Multiplikation: AX * 16-Bit-Operand = 32-Bit-Ergebnis in DX:AX

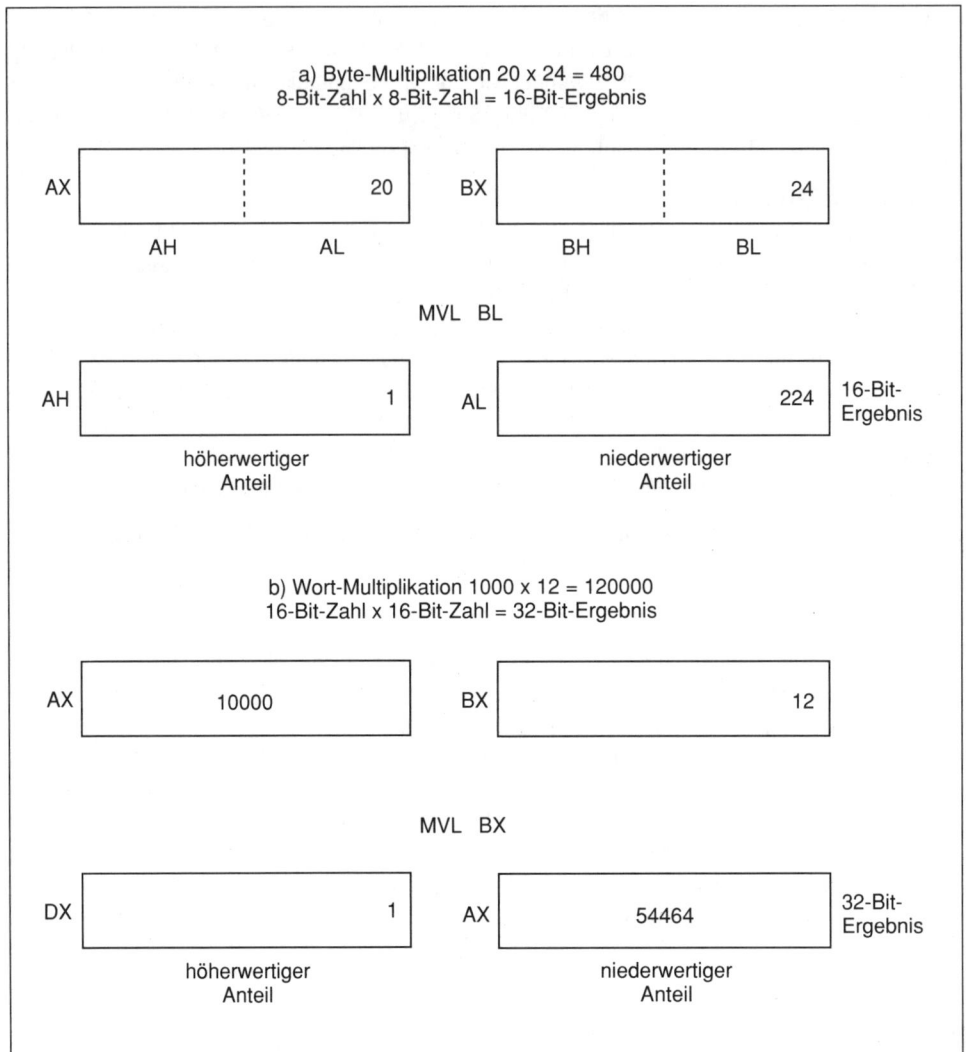

Bild 7.1: *Die Multiplikation*

Beispielprogramm 7.4 – BSP07_04.ASM

Das folgende Programm enthält zahlreiche Beispiele für Multiplikationsbefehle. Assemblieren und linken Sie das Programm und führen Sie es mit Hilfe des Debuggers aus.

```
.MODEL SMALL
.STACK  100h
.DATA
    FAKTOR    DB    20h
.CODE
START:
        MOV AL,8
        MUL AL
        MOV CL,100
        MUL CL
        MOV AX,100
        MUL BYTE PTR FAKTOR
        MUL BYTE PTR FAKTOR
        MOV CX,2000
        MOV AX,4000
        MUL CX
        MOV AH,4CH
        INT 21H
END START
```

Zwei der MUL-Befehle aus Beispiel 7.4 bedürfen wahrscheinlich einer besonderen Erläuterung. Durch den Befehl »MUL AL« wird der Inhalt des AL-Registers mit sich selbst multipliziert. Dieser Befehl stellt somit eine einfache Quadratfunktion dar. Der Befehl »MUL 2« ist bei der 8086/88-CPU nicht erlaubt, da eine Multiplikation des AL- oder AX-Registers mit einem unmittelbaren Wert nicht möglich ist. Sie muß über den Umweg einer Register-Multiplikation oder mit Hilfe eines Schiebebefehls, den Sie in Kapitel 7.7 kennenlernen werden, durchgeführt werden. Ebenfalls ein wenig ausführlicher soll die Befehlssequenz

```
MOV AX,4000
MOV CX,2000
MUL CX
```

erläutert werden. Das Ergebnis der Multiplikation befindet sich in den Registern DX und AX. Im DX-Register finden wir den Wert 122 (7Ah). Hierbei handelt es sich um den höherwertigen Anteil des Ergebnisses. Im AX-Register finden wir den Wert 4608 (1200h), bei dem es sich um die niederwertige 16-Bit-Hälfte des Ergebnisses handelt. Um das Ergebnis zu berechnen, muß die höherwertige Hälfte mit 65536 multipliziert und dazu die niederwertige Hälfte addiert werden:

```
122 * 65536 + 4608 = 8000000
```

Da die Zahl 8000000 nicht in einem Register dargestellt werden kann, muß sie zwangsläufig auf zwei 16-Bit-Register verteilt werden.

Die Auswirkung der Multiplikation auf die Statusflags
Auch bei der Multiplikation spielen die Statusflags eine Rolle, allerdings bei weitem keine so wichtige. Das Übertragsflag und das Überlaufflag sind gesetzt, wenn die höherwertige Hälfte des Ergebnisses von Null verschieden ist, ansonsten sind beide Flags nicht gesetzt. Werden zwei Byte-Operanden miteinander multipliziert, so bedeutet ein gesetztes Carryflag und ein gesetztes

Überlaufflag, daß das Ergebnis größer als 255 ist und daher nicht in das AL-Register paßt. Bei einer Wort-Multiplikation bedeutet das Setzen dieser beiden Flags, daß das Ergebnis größer als 65535 ist und nicht mehr im AX-Register Platz finden konnte.

BYTE-Division = AX: 8-Bit-Operand   Ergebnis: AL   Rest: AH
WORT-Division = DX:AX: 16-Bit-Operand   Ergebnis: AX   Rest: DX

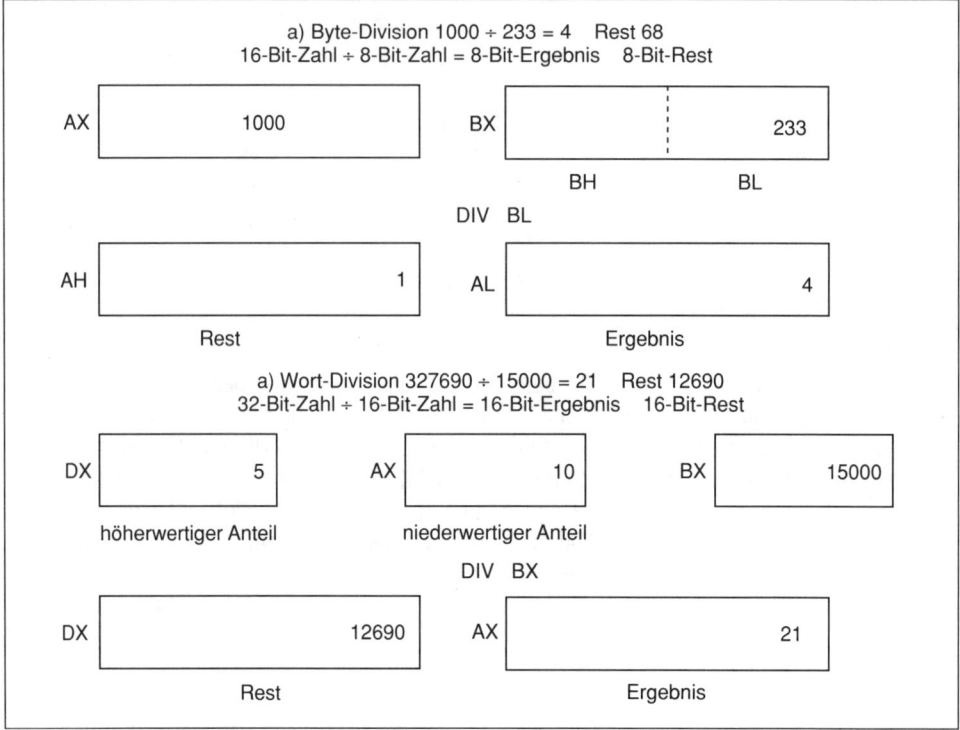

Bild 7.2: *Die Division*

Die Befehle DIV und IDIV

Rein mathematisch gesehen ist die Division die Umkehrung der Multiplikation (allerdings mit einigen Tücken, wie Sie noch merken werden). Der DIV-Befehl zur Division zweier Zahlen ohne Vorzeichen wird genau wie der MUL-Befehl angewendet, wobei es sich bei der 8086/88-CPU beim Quelloperanden wiederum um ein Register oder um eine Speichervariable handelt.

Syntax: DIV <Quelloperand>

Durch den DIV-Befehl wird der Quelloperand durch den Zieloperanden geteilt. Letzterer befindet sich bei einer 16-Bit-Division, das heißt bei der Division einer 16-Bit-Zahl durch eine 8-Bit-Zahl, im AX-Register und bei einer 32-Bit-Division, das heißt bei der Division einer 32-Bit-Zahl durch eine 16-Bit-Zahl, im Registerpaar DX:AX.

Besonders interessant ist die Frage, wo das Ergebnis einer Division abgespeichert wird. Da die 8086/88-CPU bekanntlich nur mit Integer-Zahlen arbeiten kann, kann auch bei einer Division kein

Nachkommaanteil entstehen. Man erhält vielmehr stets ein ganzzahliges Ergebnis und einen ganzzahligen Rest (Bild 7.2). Mit Hilfe des Restes kann durch fortlaufende Divisionen jedoch eine beliebige Genauigkeit, auch ohne Fließkommaarithmetik, erreicht werden.

Wo ist der Rest?

Bei einer 16-Bit-Division wird das 8-Bit-Ergebnis im AL-Register und der 8-Bit-Rest im AH-Register abgelegt. Alle anderen CPU-Register bleiben unverändert. Im Falle einer 32-Bit-Division wird das 16-Bit-Ergebnis im AX-Register und der 16-Bit-Rest im DX-Register abgelegt. Diese Reihenfolge läßt sich erfahrungsgemäß nicht ganz einfach auswendig lernen und Sie werden daher am Anfang recht häufig auf eine Befehlsliste zurückgreifen müssen. Am einfachsten kann man sich das Ganze über eine simple Eselsbrücke merken: Das Ergebnis landet stets im Akkumulator (AL oder AX), während der Rest in dem zweiten Register (AH oder DX) abgelegt wird.

Wichtig: Bei der Verwendung des DIV-Befehls wird oft vergessen, daß bei einer 32-Bit-Division immer das DX-Register beteiligt ist, auch wenn keine 32-Bit-Zahl dividiert werden soll. Möchte man zum Beispiel den Inhalt des AX-Registers durch einen 16-Bit-Operanden teilen, so muß auf eine 32-Bit-Division zurückgegriffen werden. Auch wenn dabei das DX-Register nicht direkt beteiligt zu sein scheint, müssen Sie es unbedingt vor der Division auf Null setzen, da die CPU den Inhalt des DX-Registers in jedem Fall heranzieht. Ein scheinbar nicht zu erklärender Divisions-überlauf (mehr dazu im übernächsten Abschnitt) hat seine Ursache in vielen Fällen darin, daß vergessen wurde, das DX-Register vor der Division auf Null zu setzen.

Auswirkung der Division auf die Statusflags

Laut Datenblatt spielen bei einer Division die Statusflags keine Rolle. Sie sind nach der Ausführung eines DIV- oder IDIV-Befehls in einem undefinierten Zustand, was bedeutet, daß sie entweder null oder eins sein können. Dennoch läßt sich mit Hilfe des Null-, des Vorzeichen- und des Paritätsflags in manchen Fällen der Zustand vom Rest einer Division prüfen, der bei einer 16-Bit-Division im DX-Register übergeben wird. So zeigt zum Beispiel ein gesetztes Nullflag nach einer Division an, daß der Rest im DX-Register Null ist. Da das Nullflag aber auch gesetzt wird, wenn der Rest eine Potenz von 2 darstellt, sollte die Abfrage innerhalb eines Programms nur mit besonderer Vorsicht eingesetzt werden. Des weiteren muß berücksichtigt werden, daß laut Datenblatt der Zustand der Statusflags nicht umsonst als undefiniert angegeben wurde und das eben beschriebene Verhalten daher in zukünftigen Versionen der 8086/88-CPU sich durchaus wieder ändern kann. Diese Problematik sollte grundsätzlich berücksichtigt werden, wenn scheinbare Lücken im Datenblatt, wie etwa undefinierte Opcodes, für Programmiertricks herangezogen werden. So etwas kann gut gehen, muß es aber nicht.

Probleme bei der Division

Anders als die Multiplikation ist die Division mit einem speziellen Problem belastet. Es kann nämlich durchaus passieren, daß das Ergebnis nicht mehr in den Zieloperanden paßt. So kann das Ergebnis einer 32-Bit-Division für das AX-Register zu groß sein:

```
DX      AX         DX      AX
1000h   1000   /   4   =   ????     ????
```

Genauso kann eine 16-Bit-Division jederzeit ein Ergebnis oder einen Rest produzieren, der größer als 255 ist. Und noch ein weiterer Problemfall kann auftreten, nämlich die Division durch Null.

Wie reagiert die 8086/88-CPU auf eine Situation, die als Divisionsüberlauf (»Divide Overflow«) bezeichnet wird? Nun, wahrscheinlich setzt sie irgendein Flag, werden Sie denken. Weit gefehlt! Die 8086/88-CPU läßt in einem solchen Fall überhaupt nicht mit sich spaßen und erzeugt einen Interrupt! Genauer gesagt wird der Interrupt 0 erzeugt. Im Verlauf der Interruptbehandlung (siehe Kapitel 5.8) wird zunächst der momentan ausgeführte Befehl, in diesem Fall der DIV- oder IDIV-Befehl, beendet. Anschließend wird die Programmausführung mit einer Routine fortgesetzt, deren Adresse an der Speicherstelle 0000:0000 in der Interruptvektortabelle abgelegt ist. Nach Beendigung dieser Interruptroutine kehrt das Programm über einen IRET-Befehl wieder an die Stelle zurück, von der aus die Interruptroutine aufgerufen wurde. Im speziellen Fall eines Divisionsüberlaufs wäre das der nächste auf den DIV- oder IDIV-Befehl folgende Maschinenbefehl. Ein Divisionsüberlauf führt, vereinfacht dargestellt, also stets dazu, daß eine spezielle Programmroutine aufgerufen wird. Diese Programmroutine kann bei Bedarf auch vom Programmierer festgelegt werden. Dazu müssen Sie nur die Adresse dieser Routine, die in diesem Fall als »Interrupt-Handler« bezeichnet wird, bei der besagten Adresse 0000:0000 eintragen Es ist also beruhigend zu wissen, daß der Programmierer auch in einem solchen Fall die Kontrolle behält. Die Register AX und DX können Sie übrigens nach einer verunglückten Division vergessen, denn diese besitzen laut Datenbuch einen unbestimmten Inhalt.

Falls Sie den Divisions-Überlauf-Interrupt-Handler (ein zugegeben recht imposantes Wort) unverändert lassen, wird bei jedem Divisionsüberlauf eine Routine des Betriebssystems aufgerufen, die das Programm abbricht und die Meldung »Divisions Überlauf« (oder so ähnlich) ausgibt.

Beispielprogramm 7.5 – BSP07_05.ASM
Dieses Beispielprogramm demonstriert die Wirkung des DIV-Befehls in verschiedenen Variationen. Assemblieren und Linken Sie das Programm und testen Sie es mit Hilfe des Debuggers.

```
.MODEL SMALL
.STACK 100h
.DATA
        DIVISOR DB 180
.CODE
START:
        MOV AL,200
        MOV CL,4
        DIV CL
        MOV AX,18000
        DIV DIVISOR
        MOV AX,36000
        IDIV DIVISOR
        MOV DX,1000
        MOV AX,8000
        DIV DIVISOR     (führt zu einem Divide Overflow!)
        MOV AH,4CH
        INT 21H
END START
```

Das Beispielprogramm 7.5 zeigt die verschiedensten Möglichkeiten, in denen der DIV-Befehl eingesetzt werden kann. In diesem Beispiel wird auch der IDIV-Befehl vorgeführt. Was es bedeutet, daß ein und derselbe Befehl einmal mit vorzeichenlosen und einmal mit vorzeichenbehafteten Zahlen arbeitet, läßt sich wieder einmal am besten mit dem Debugger nachvollziehen. Achten Sie dabei auf das Ergebnis, das sich in beiden Fällen grundlegend unterscheidet. Der IDIV-Befehl wird im nächsten Abschnitt ausführlicher besprochen.

Was passiert bei einem Divisionsüberlauf?

Auch den bereits besprochenen Divisionsüberlauf können Sie live mitverfolgen. Wenn Sie den letzten DIV-Befehl »DIV DIVISOR« ausführen, wird ein Divisionsüberlauf erzeugt. In Folge dessen wird die Interruptroutine des Interrupts, der sogenannte »Interrupthandler« aufgerufen. Falls Sie den verantwortlichen DIV-Befehl mit dem T-Kommando ausführen, werden Sie nichts Spektakuläres entdecken. Lediglich anhand der Befehlsadresse in der dritten Zeile der Registeranzeige (und natürlich an den Inhalten der Register CS und IP) erhalten Sie einen Hinweis, daß im Programmverlauf etwas Besonderes passiert ist. Sie haben nun mehrere Alternativen. Die erste besteht darin, das Programm mit dem G-Kommando fortzuführen. Die Folge ist, daß das Programm abbricht, eine Fehlermeldung ausgegeben wird und der Systemprompt wieder erscheint. Wenn Sie Pech haben, stürzt auch der Rechner ab. Die zweite Alternative ist es, den DIV-Befehl »rückgängig« zu machen. Zwar bietet DEBUG nicht einen »Rückwärts«-Befehl wie der Turbo-Debugger ab der Version 2.0, man kann den gleichen Effekt aber auch erreichen, indem man die CPU-Register über das R-Kommando wieder mit ihren alten Inhalten lädt. Dabei müssen natürlich nur jene Register restauriert werden, die für die Programmausführung eine Rolle spielen und die sich durch den DIV-Befehl geändert haben. Auf alle Fälle müssen die Register CS, IP und SP ihre alten Werte erhalten, die Sie aus der letzten Registeranzeige vor der Ausführung des DIV-Befehls entnehmen können. Des weiteren sollten Sie das Interruptfreigabeflag wieder setzen, da dieses durch den Interrupt 0 gelöscht wurde. Diese Methode läßt sich übrigens auch anwenden, wenn Sie über das T-Kommando versehentlich in eine Interruptroutine geraten sind und den INT-Befehl nun wieder rückgängig machen möchten. Die dritte Alternative besteht darin, die Interruptroutine, die im Falle eines Divisionsüberlaufs ausgeführt wird, zu neutralisieren. Dazu müssen Sie lediglich den ersten Befehl der Interruptroutine über das A-Kommando des Debuggers durch den IRET-Befehl ersetzen. Dieser Befehl bewirkt, daß die Interruptroutine beendet wird, die Programmausführung zu dem Befehl zurückkehrt, der auf die Stelle folgt, an der der Interrupt aufgetreten ist, und alles so ist wie vorher. Beachten Sie, daß auf das A-Kommando unbedingt die Adresse des ersten Befehls der Interruptroutine folgen muß. Im folgenden wird zunächst ein Interrupt 0 ausgeführt. Anschließend wird gezeigt, wie der Interrupthandler über einen IRET-Befehl neutralisiert wird.

```
C>DEBUG
-A
186C:0100 INT 0
186C:0102
-R
AX=0000 BX=0000 CX=0000 DX=0000 SP=FFEE BP=0000 SI=0000 DI=0000
DS=186C ES=186C SS=186C CS=186C IP=0100 NV UP EI PL NZ NA PO NC
186C:0100 CD00     INT    00
-T
AX=0000 BX=0000 CX=0000 DX=0000 SP=FFE8 BP=0000 SI=0000 DI=0000
DS=186C ES=186C SS=186C CS=0275 IP=5707 NV UP DI PL NZ NA PO NC
```

```
0275:5707 BE8B12   MOV SI,128B
-A 0275:5707   IRET
-Q
C>
```

Über den »INT 0«-Befehl gelangen wir in den Interrupthandler des Interrupts 0. Im weiteren
Verlauf dieser Routine wird unter anderem die Fehlermeldung »Divisionsüberlauf« ausgegeben.
Über das A-Kommando wird der erste Befehl des Interrupthandlers durch einen IRET-Befehl
ersetzt. Nun führen wir den Interrupt 0 noch einmal aus:

```
C>DEBUG
-A
186C:0100 INT 0
186C:0102
-R
AX=0000 BX=0000 CX=0000 DX=0000 SP=FFEE BP=0000 SI=0000 DI=0000
DS=186C ES=186C SS=186C CS=186C IP=0100 NV UP EI PL NZ NA PO NC
186C:0100 CD00    INT    00
-T
AX=0000 BX=0000 CX=0000 DX=0000 SP=FFE8 BP=0000 SI=0000 DI=0000
DS=186C ES=186C SS=186C CS=0275 IP=5707 NV UP DI PL NZ NA PO NC
0275:5707    CF    IRET
-T
AX=0000 BX=0000 CX=0000 DX=0000 SP=FFEE BP=0000 SI=0000 DI=0000
DS=186C ES=186C SS=186C CS=186C IP=0102 NV UP EI PL NZ NA PO NC
186C:0102 90    NOP
```

Wie zu erkennen ist, führt der IRET-Befehl dazu, daß die Programmausführung mit dem auf den
»INT 0«-Befehl folgenden Befehl, in diesem Beispiel zufällig ein NOP-Befehl, fortgefahren wird.

7.4 Zahlen mit und ohne Vorzeichen

Eine der größten Umstellungen für einen ehemaligen »nur-Basic«- oder »nur-Pascal«-Program-
mierer beim Einstieg in die Maschinensprache ist, neben der Tatsache, daß jedes Programm
Segmentanweisungen benötigt, zweifelsohne der Umgang mit Dualzahlen. Die vorherigen Kapitel
haben Sie hoffentlich restlos davon überzeugt, daß gewisse Grundkenntnisse über den Umgang
mit Dualzahlen für den Maschinensprache-Programmierer eine unabdingbare Voraussetzung sind
und er ihnen praktisch auf Schritt und Tritt begegnet. Sie wissen bereits, daß ein und dieselbe
Dualzahl verschieden interpretiert werden kann. So kann die Dualzahl

```
1    0    1    0    1    0    1    0
```

einmal als vorzeichenlose Zahl interpretiert werden. Sie besitzt dann den Wert »170«. Interpretiert
man diese Zahl dagegen als vorzeichenbehaftete Zahl, besitzt sie den Wert »-86«, da negative
Zahlen im Zweierkomplement dargestellt werden. Die Zweierkomplementdarstellung ist eine
sinnvolle Darstellungsweise, um mit negativen Dualzahlen auch rechnen zu können. Doch auch
für die Zweierkomplementdarstellung gelten Grenzen. So kann es selbstverständlich auch bei
Additionen oder Subtraktionen mit Zweierkomplementzahlen zu Bereichsüberschreitungen kom-

men. Bei einem 8-Bit-Operanden tritt eine solche Bereichsüberschreitung immer dann auf, wenn der Operand größer als 127 oder kleiner als − 128 wird. Ein solcher Fall wird als Überlauf bezeichnet und durch Setzen des Überlaufflags angezeigt.

Das Besondere bei der Zweierkomplementdarstellung ist, daß Sie bei Additionen mit ADD oder ADC und Subtraktionen mit SUB oder SBB stets ein richtiges Ergebnis erhalten, egal, ob Sie die betreffende Zahl als vorzeichenlose oder als vorzeichenbehaftete Zahl betrachten. Ein Beispiel soll dies verdeutlichen:

$$
\begin{array}{rclcl}
74 & = & 0\,1\,0\,0\,1\,0\,1\,0 & = & 74 \\
 & + & & & \\
-107 & = & 1\,0\,0\,1\,0\,1\,0\,1 & = & 149 \\
\hline
-\ 33 & = & 1\,1\,0\,1\,1\,1\,1\,1 & = & 223
\end{array}
$$

In diesem Beispiel werden zwei Binärzahlen addiert (mittlere Spalte). Im ersten Fall werden diese Zahlen als Zweierkomplementzahlen interpretiert (linke Spalte), im zweiten Fall werden beide Zahlen als vorzeichenlose Zahlen interpretiert (rechte Spalte). Das Ergebnis ist in beiden Fällen zwar dasselbe, es wird aber einmal als Zweierkomplementzahl (links) und einmal als vorzeichenlose Zahl (rechts) dargestellt. Sie sehen, daß es ganz im Ermessen des Programms und nicht der Recheneinheit der 8086/88-CPU liegt, wie das Ergebnis zu interpretieren ist. Um festzustellen, ob das Ergebnis im Rahmen des Darstellungsbereiches liegt, wird bei der Addition von vorzeichenlosen Zahlen der Zustand des Carryflags und bei der Addition von Zweierkomplementzahlen der Zustand des Überlaufflags abgefragt.

Dies gilt aber nicht für Multiplikation und die Division. Hier ist es leider nicht so ohne weiteres möglich, vorzeichenlose und vorzeichenbehaftete Zahlen zu vermischen, da das Vorzeichen separat verrechnet wird. So wird bei einer Multiplikation zweier negativer Zahlen das Vorzeichenbit, das heißt das höchstwertigste Bit, nach dem Motto »Minus mal Minus ergibt Plus« berücksichtigt. Bei Zahlen ohne Vorzeichen muß das höchstwertige Bit aber in die Multiplikation (oder Division) mit eingehen. Aus diesem Grund existieren neben den Befehlen MUL und DIV, die mit vorzeichenlosen Zahlen arbeiten, auch zwei Varianten, die mit vorzeichenbehafteten Zahlen rechnen. Es sind dies die Befehle IMUL und IDIV, die bereits kurz angesprochen wurden.

Syntax: `IMUL <Quelloperand>`
`IDIV <Quelloperand>`

Beide Befehle unterscheiden sich auf der 8086/88-CPU von ihren Gegenstücken MUL und DIV einzig und allein dadurch, daß sie das Vorzeichen der Operanden berücksichtigen. Auf den Nachfolge-CPUs der 8086/88-CPU besitzt der IMUL-Befehl zudem eine weitere Variante, die mit drei Operanden arbeiten kann und auch die direkte Multiplikation mit einem unmittelbaren Operanden erlaubt (mehr dazu in Kapitel 15).

Der Quotient muß bei einer vorzeichenbehafteten Byte-Division im Bereich −128 .. +127 und bei einer Wort-Division im Bereich −32768 .. +32767 liegen. Natürlich handelt es sich auch bei den Ergebnissen der vorzeichenbehafteten Division um Zahlen mit Vorzeichen. So erhält zum Beispiel der Divisionsrest einer Division mit dem IDIV-Befehl stets das Vorzeichen des Dividenden.

Die Auswirkung des IMUL-Befehls auf die Statusflags

Es ist zu beachten, daß das Carryflag und das Überlaufflag bei Verwendung des IMUL-Befehls nach einem anderen Kriterium gesetzt werden, als bei der vorzeichenlosen Multiplikation. Beide Flags werden gelöscht, wenn die höherwertige Hälfte im AH- oder DX-Register eine vorzeichenrichtige Erweiterung der niederwertigen Hälfte im AL- oder AX-Register darstellt. Eine vorzeichenrichtige Erweiterung liegt vor, wenn das höchstwertigste Bit eines Operanden, also das Vorzeichen (Bit 7 oder Bit 15) in alle Bitpositionen eines zweiten Operanden eingetragen wird. Mehr zur vorzeichenrichtigen Erweiterung im nächsten Abschnitt. Es sei an dieser Stelle darauf hingewiesen, daß aufgrund der erweiterten Syntax des IMUL-Befehls ab der 80186-CPU auch die Statusflags eine erweiterte Bedeutung erhalten.

Die Befehle CBW und CWD zur Vorzeichenerweiterung

Aus den bisherigen Beispielen wurde eines deutlich, bei allen arithmetischen Operationen müssen beide Operanden stets die gleiche Größe besitzen. Bei vorzeichenlosen Zahlen ist es beispielsweise kein Problem, einen 8-Bit-Operanden an einen 16-Bit-Operanden anzupassen. Der 8-Bit-Operand wird in ein 16-Bit-Register geladen und die höherwertige Hälfte wird auf Null gesetzt. Doch wie sieht es bei Zahlen mit Vorzeichen aus? Um eine vorzeichenbehaftete 8-Bit-Zahl in eine 16-Bit-Zahl umzuwandeln, reicht es nicht aus, das höherwertige Byte einfach nur auf Null zu setzen, da in diesem Fall das Vorzeichen der Zahl verlorengehen kann. Vielmehr muß das Vorzeichenbit in der zu erweiternden Zahl, wie im letzten Abschnitt erläutert wurde, in alle Bitpositionen der höherwertigen Hälfte übertragen werden. Würde man bei der vorzeichenrichtigen Erweiterung einer 8-Bit-Zahl das Vorzeichenbit nur in Bit 15 eintragen, würde sich zwangsläufig auch der Zahlenwert ändern. Für eine vorzeichengerechte Erweiterung des AH- oder des AX-Registers stellt die 8086/88-CPU zwei spezielle Befehle zur Verfügung. Durch den Befehl CBW (Convert Byte to Word) wird der Inhalt des AL-Registers vorzeichengerecht auf das AX-Register erweitert. Dazu wird Bit 7, das das Vorzeichen darstellt, in alle Bitpositionen des AH-Registers geschrieben. Entsprechend arbeitet der Befehl CWD (Convert Word to Doubleword), der den Inhalt des AX-Registers auf ein Doppelwort erweitert, indem er Bit 15 in alle Bitpositionen des DX-Registers einträgt. Mit Hilfe dieser beiden Befehle wird es möglich, zum Beispiel ein vorzeichenbehaftetes Byte zu einem vorzeichenbehafteten Wort zu addieren oder ein vorzeichenbehaftetes Wort durch ein anderes vorzeichenbehaftetes Wort zu dividieren.

Syntax: CBW
CWD

Assembler-Freaks benutzen den CWD-Befehl manchmal auch dazu, das DX-Register auf Null zu setzen. In diesem Fall muß aber sichergestellt sein, daß Bit 15 im AX-Register nicht gesetzt ist. Gegenüber einem Befehl, wie zum Beispiel »MOV DX,0«, besitzt der CWD-Befehl den Vorteil, daß dieser nur aus einem Opcode-Byte besteht und daher schneller geladen und ausgeführt wird.

7.5 Rechnen mit BCD-Zahlen

Bereits an mehreren Stellen dieses Buches war von BCD-Zahlen die Rede. Zur Erinnerung: Bei einer BCD-Zahl wird jede Ziffer einer Dezimalzahl separat durch vier (gepacktes Format) oder acht

Bit (ungepacktes Format) dargestellt. Dieses Verfahren benötigt zwar etwas mehr Speicherplatz, dafür können aber bei Zahlen mit einem Nachkommanteil keine Rundungsfehler auftreten. Sie wissen bereits, daß die 8086/88-CPU, anders als die mathematischen Koprozessoren der 80x87-Familie, über keine speziellen Arithmetikbefehle für BCD-Zahlen verfügt. Statt dessen werden alle Arithmetikoperationen mit BCD-Zahlen mit den gleichen Befehlen durchgeführt, die auch auf Binärzahlen angewendet werden. Natürlich ist klar, daß bei der Addition zweier BCD-Zahlen mit einem ADD-Befehl das Ergebnis keine gültige BCD-Zahl sein kann. Um dennoch beim Rechnen mit BCD-Zahlen korrekte Ergebnisse zu erhalten, ist man auf spezielle Konvertierungsbefehle angewiesen. Die Aufgabe dieser Konvertierungsbefehle besteht darin, das Ergebnis einer Arithmetikoperation mit BCD-Zahlen so umzuwandeln, daß wieder ein korrektes Ergebnis im BCD-Format entsteht. Die Notwendigkeit der Konvertierungsbefehle wird am besten an einem Beispiel deutlich, in dem eine binäre Addition zweier BCD-Zahlen durchgeführt wird:

```
  0010  0111    (27 BCD)
+
  0011  1001    (39 BCD)
  ─────────────
  0110  0000    (60??? )
```

Das Ergebnis ist, bezogen auf das BCD-Format, alles andere als richtig. Obwohl beide Zahlen, rein binär gesehen, korrekt addiert wurden, müßte »0110 0110« herauskommen, da dies die BCD-Darstellung der Zahl 66 ist. Allerdings ist noch nicht alles verloren. Um ein korrektes Ergebnis im BCD-Format zu erhalten, müssen im obigen Beispiel zum niederwertigen Byte sechs addiert werden und für den Fall, daß sich ein Übertrag ergibt, das AH-Register noch um 1 erhöht werden. Genau das macht der Konvertierungsbefehl DAA (Decimal Adjust AL after Addition), der das binäre Ergebnis einer Addition im AL-Register in die entsprechende BCD-Zahl umwandelt. Dieser Befehl ist so interessant, daß Sie ihn unbedingt mit Hilfe des Debuggers ausprobieren sollten.

Der DAA-Befehl besitzt noch einen nahen Verwandten, den Befehl AAA (ASCII Adjust after Addition), der ebenfalls eine Binärzahl in eine BCD-Zahl umwandelt. Anders als der DAA-Befehl, der eine »gepackte« BCD-Zahl erzeugt, ist das Ergebnis des AAA-Befehls eine »ungepackte« BCD-Zahl. Der Unterschied ist trivial. Bei einer ungepackten BCD-Zahl werden acht Bit für die Darstellung einer Dezimalstelle verwendet, wobei die oberen vier Bit (das obere Nibble) stets unbenutzt bleiben und auf Null gesetzt werden. Bei einer gepackten BCD-Zahl werden dagegen nur vier Bit für eine Dezimalstelle verwendet, so daß sich zwei Dezimalstellen in einem Byte unterbringen lassen. Ein Byte mit einer ungepackten BCD-Zahl repräsentiert damit stets eine Zahl zwischen 0 und 9, während ein Byte im gepackten DCD-Format Werte zwischen 0 und 99 annehmen kann. Sowohl der DAA-Befehl als auch der AAA-Befehl erwarten die umzuwandelnde Zahl stets im AL-Register und benötigen daher keine Operanden.

Auch die Bezeichnungen »ASCII-Korrektur« beim AAA-Befehl und »Dezimal-Korrektur« beim DAA-Befehl sollen an dieser Stelle geklärt werden. Da eine ungepackte BCD-Zahl durch einfaches Addieren von 48 in den korrespondierenden ASCII-Code umgewandelt werden kann, wird sie von Intel auch als ASCII-Dezimalzahl bezeichnet. Eine ungepackte BCD-Zahl wird dagegen, nicht sehr einleuchtend, in diesem Zusammenhang als Dezimalzahl bezeichnet.

Die Rolle des Hilfsübertragsflags

In Zusammenhang mit der BCD-Arithmetik muß auch die Bedeutung des Hilfscarryflags erläutert werden. Dieses Flag spielt bei der Addition von BCD-Zahlen die gleiche Rolle wie das Carryflag bei der Addition von Binärzahlen (es wird daher im Intel-Handbuch auch als »Decimal Carry« bezeichnet). Während das Carryflag einen Übertrag von Bit 7 auf das (nicht existierende) Bit 8 anzeigt, zeigt ein gesetztes Hilfscarryflag einen Übertrag von Bit 3 auf Bit 4 an, welches bei BCD-Zahlen offiziell ebenfalls nicht existiert. Mit anderen Worten, das Hilfscarryflag zeigt an, ob bei der Addition der Bits 0–3 zweier Operanden ein Übertrag im BCD-Bereich (0–9) aufgetreten ist. Das Hilfscarryflag wird durch die Konvertierungsbefehle AAA, AAS, DAA und DAS automatisch berücksichtigt. Bei diesen Befehlen wird als erstes geprüft, ob der Inhalt des AL-Registers, genauer gesagt die vier niederwertigen Bits, größer als 9 ist, oder ob das Hilfscarryflag bereits gesetzt ist. Ist dies der Fall, muß eine Konvertierung vorgenommen werden. Dazu wird der Inhalt des AL-Registers um sechs erhöht (AAA und DAA) bzw. um sechs erniedrigt (AAS und DAS). Außerdem werden das Carry- und das Hilfscarryflag gesetzt und der Inhalt des AH-Registers wird um eins erhöht. Mit Hilfe von sogenanntem Pseudocode, der auch im Intel-Datenblatt verwendet wird, läßt sich die Wirkung eines AAA-Befehls wie folgt beschreiben:

```
IF ((AL AND 0Fh) > 9) OR (AF=1)
THEN
    AL = (AL + 06) AND 0Fh
    AH = AH + 1
    AF = 1
    CF = 1
ELSE
    CF = 0
    AF = 0
ENDIF
```

Lassen Sie sich durch Bezeichnungen wie IF und ELSE nicht irritieren. Es handelt sich um keine echten Befehle, sie dienen lediglich dazu, den Ablauf bei der Ausführung eines Maschinenbefehls zu veranschaulichen. Die Abkürzungen AF und CF stehen übrigens für Hilfscarryflag (Auxiliary Carry Flag) und Carryflag. Mit Hilfe dieses Pseudocodes läßt sich jeder einzelne Schritt bei der Ausführung des AAA-Befehls nachvollziehen. Dieser Befehl wandelt den Inhalt des AL-Registers in eine ungepackte Dezimalzahl um. Dazu werden als erstes die vier niederwertigen Bits des AL-Registers untersucht. Wenn es sich bei diesen Bits um eine gültige BCD-Zahl handelt, das heißt, wenn die Zahl kleiner als 10 ist, werden die vier höherwertigen Bits des AL-Registers auf Null gesetzt. Ferner werden das Carryflag und das Hilfscarryflag zurückgesetzt. Für den Fall, daß es sich bei den niederwertigen vier Bits des AL-Registers um eine Zahl handelt, die größer als 9 ist oder wenn das Hilfscarryflag bereits gesetzt ist, muß eine Konvertierung vorgenommen werden, da die Zahl im AL-Register nun nicht mehr im BCD-Format vorliegt. Dazu wird zunächst 6 zum AL-Register addiert und so eine Zahl zwischen 10 und 15 in eine Zahl zwischen 0 und 5 umgewandelt. Anschließend werden das AH-Register um 1 erhöht und das Carryflag und das Hilfscarryflag gesetzt. Schließlich werden noch die vier höherwertigen Bits des AL-Registers gelöscht, so daß das AL-Register insgesamt eine gültige BCD-Zahl enthält.

Subtraktion, Multiplikation und Division mit BCD

Da auch Subtraktionen, Multiplikationen und Divisionen mit BCD-Zahlen durchgeführt werden müssen, verfügt die 8086/88-CPU über entsprechende Befehle, um auch hier das stets binäre Ergebnis in die entsprechende BCD-Zahl umzuwandeln.

Der AAS-Befehl

Der AAS-Befehl (ASCII Adjust AL after Subtraction) wandelt den Inhalt des AL-Registers in eine BCD-Zahl um. Sofern die vier niederwertigen Bits des AL-Registers eine Zahl enthalten, die größer als 9 ist oder das Hilfscarryflag bereits gesetzt ist, werden 6 vom AL-Register und 1 vom AH-Register subtrahiert, das Carry- und das Hilfscarryflag werden gesetzt. Ansonsten werden die beiden Flags zurückgesetzt. In beiden Fällen werden die vier höherwertigen Bits im AL-Register gelöscht, so daß eine 4-Bit-Zahl übrig bleibt. Auch hier läßt sich mit Hilfe von Pseudocode der Ablauf recht gut beschreiben:

```
IF (AL AND 0Fh) > 9 OR AF = 1
THEN
     AL = AL - 6
     AL = AL AND 0Fh
     AH = AH - 1
     AF = 1
     CF = 1
ELSE
     CF = 0
     AF = 0
ENDIF
Der DAS-Befehl
```

Der DAS-Befehl (Decimal Adjust AL after Subtraction) funktioniert ähnlich wie der Befehl AAS, nur daß hier der Inhalt des AL-Registers in zwei gepackte BCD-Zahlen umgewandelt wird, so daß das AL-Register nach der Umwandlung eine BCD-Zahl zwischen 0 und 99 enthält. Der DAS-Befehl wird also dann eingesetzt, wenn das Ergebnis einer Subtraktion eine zweistellige BCD-Zahl ist. Auch hier wieder der Ablauf im Pseudocode:

```
IF (AL AND 0Fh) > 9 OR AF = 1
THEN
     AL = AL - 6
     AF = 1
ELSE
     AF = 0
ENDIF
IF (AL > 9Fh) OR (CF = 1)
THEN
     AL = AL - 60h
     CF = 1
ELSE
     CF = 0
ENDIF
```

Wie anhand des Pseudocodes zu erkennen ist, müssen diesmal auch die höherwertige Hälfte des AL-Registers und das Carryflag in die Überprüfung miteinbezogen werden. Die Abfrage »AL > 9F« prüft nämlich, ob die Bits 4–7 einen Wert größer als 9 enthalten. Wenn dies der Fall ist oder wenn aus einer vorherigen Umwandlung das Carryflag gesetzt wurde, wird der Wert 60h vom AL-Register abgezogen und das Carryflag wird gesetzt.

Der AAM-Befehl

Der AAM-Befehl (ASCII Adjust AX after Multiply) wandelt das Produkt einer Byte-Multiplikation mit dem MUL-Befehl in zwei ungepackte BCD-Zahlen um, die im Registerpaar AH:AL (das heißt im AX-Register) abgelegt werden. Dazu muß sich das Multiplikationsergebnis im Registerpaar AH:AL befinden und der Multiplikand sowie der Multiplikator gültige BCD-Zahlen gewesen sein. Bei der Ausführung des AAM-Befehls wird der Inhalt des AL-Registers durch 10 geteilt. Das Ergebnis dieser Division wird im AH-Register, der resultierende Rest im AL-Register gespeichert. Der AAM-Befehl hat keinen Einfluß auf das Carry-, das Hilfscarry- und das Überlaufflag (diese bleiben undefiniert). Das Paritätsflag, das Nullflag und das Vorzeichenflag werden entsprechend dem Ergebnis gesetzt.

Beachten Sie, daß der AAM-Befehl nur auf ungepackte BCD-Zahlen angewendet werden kann. Die Multiplikation von gepackten BCD-Zahlen ist bei der 8086/88-CPU nicht möglich. Gepackte BCD-Zahlen müssen zuerst entpackt, dann multipliziert und schließlich wieder gepackt werden.

Der AAD-Befehl

Der AAD-Befehl (ASCII Adjust before Division) wird, anders als die übrigen Konvertierungsbefehle, auf die Operanden einer Division und nicht auf das Ergebnis angewendet. Der AAD-Befehl wandelt einen zweistelligen ungepackten Divisor im BCD-Format, der sich im AX-Register (höherwertige BCD-Ziffer im AH-Register) befindet, in die entsprechende Binärzahl um. Dazu wird der Inhalt des AH-Registers mit 10 multipliziert und das Ergebnis anschließend zur niederwertigen Ziffer im AL-Register addiert. Zum Schluß wird das AH-Register auf Null gesetzt.

Undokumentierte Möglichkeiten

Die Befehle AAD und AAM führen in den meisten Maschinensprache-Büchern ein tristes Schattendasein, da sie aufgrund der Tatsache, daß nur selten mit BCD-Zahlen gerechnet wird, in die Kategorie »obskure Befehle« fallen. Dennoch handelt es sich um recht interessante Befehle, da sie immerhin eine Multiplikation (AAD) und eine Division (AAM) durchführen. Und noch eine Besonderheit steckt in diesen Befehlen. Betrachtet man die Opcodes der Befehle AAD und AAM etwas genauer, fällt auf, daß das zweite Opcode-Byte in beiden Fällen den Wert 10 besitzt. Sollte das ein Zufall sein? Wohl kaum, denn der AAD-Befehl multipliziert das AH-Register mit 10, während der AAM-Befehl das AL-Register durch 10 dividiert. Tatsächlich handelt es sich bei dem zweiten Opcode-Byte um den Multiplikator bzw. Divisor. Das Handbuch verschweigt jedoch, daß hier ein beliebiger Zahlenwert eingesetzt werden kann und beide Befehle dann mit diesem neuen Wert rechnen. Doch wie soll man einen neuen Wert eintragen, wenn weder der AAD- noch der AAM-Befehl offiziell einen Operanden besitzen? Nun, hier hilft ein kleiner Trick weiter:

```
AAM
ORG $-1
DB 16
```

Über die Anweisung »ORG $-1« (siehe Kapitel 10.3) wird der Adreßzähler um eine Position zurückgesetzt. Das Byte mit dem Wert 16 wird über die folgende Datenanweisung DB genau an die Stelle eingetragen, an die sich das zweite Opcode-Byte des AAM-Befehls befindet. Angeblich soll bei der Entwicklung der 8086-CPU kein Platz mehr im Microcode der CPU gewesen sein, so daß die Konstante in den Opcode übernommen werden mußte. In den Nachfolge-CPUs dürfte dieser Feature aber nicht mehr entfernt werden, denn einige Programme machen sicherlich von derartigen Tricks Gebrauch.

Warum BCD-Zahlen?

Sicherlich dürfte bei Ihnen aufgrund der recht ausführlichen Behandlung der BCD-Konvertierungs-befehle die Frage entstanden sein, ob BCD-Zahlen tatsächlich in der Maschinenspracheprogram-mierung eine Bedeutung haben. Nun, die Antwort lautet im allgemeinen nicht. Einen echten Vorteil bieten BCD-Zahlen immer dann, wenn Rundungsfehler vermieden werden sollen. Allerdings müssen für das Rechnen mit mehrstelligen BCD-Zahlen auch komplette Routinen zur Verfügung gestellt werden. Wer finanzmathematische Berechnungen mit BCD-Zahlen durchführen möchte, wird dies mit einer Sprache wie COBOL, Basic oder C tun und nicht in Maschinensprache. Dennoch kann die Kenntnis der Konvertierungsbefehle in manchen Fällen recht nützlich sein, zumal, wie gezeigt wurde, auch andere Anwendungen mit diesen Befehlen möglich sind.

7.6 Logische Verknüpfungen

Wie nicht anders zu erwarten, ist die 8086/88-CPU eine Spezialistin für logische Verknüpfungen, denn schließlich bauen sich (wie in den Kapiteln 3 und 4 bereits erläutert wurde) alle wichtigen Komponenten der CPU auf den logischen Grundverknüpfungen UND, ODER und EXOR auf. Da die charakteristischen Eigenschaften der logischen Verknüpfungen bereits in Kapitel 3 besprochen wurden, sollen in diesem Abschnitt in erster Linie typische Anwendungen für die logischen Befehle vorgestellt werden. Alle logischen Befehle, mit Ausnahme des NOT-Befehls, arbeiten mit zwei Operanden. Alle Bits des Quelloperanden werden der Reihe nach einzeln mit dem kor-respondierenden Bit im Zieloperanden nach einer logischen Verknüpfungsvorschrift verknüpft. Bei der Verknüpfungsvorschrift handelt es sich um eine der drei logischen Verknüpfungsregeln UND, ODER oder EXOR. Das Ergebnis dieser Verknüpfung wird im Zieloperanden abgelegt.

AND   Logische UND-Verknüpfung
OR   Logische ODER-Verknüpfung
XOR   Logische EXOR-Verknüpfung
NOT   Invertierung (Einerkomplement)
NEG   Bilden des Zweierkomplements

Logische Befehle der 8086/88-CPU

Bei allen logischen Befehlen werden auch die Statusflags beeinflußt. Tabelle 7.3 zeigt einige Beispiele für die Anwendung der logischen Befehle.

Ziel	Quelle	Beispiel
<Register>	<Register>	AND AX,CX
<Register>	<Speicher>	OR SI,ZEIGER1
<Register>	<Wert>	AND AH,7Fh
<Speicher>	<Register>	XOR MUSTER,CL
<Speicher>	<Wert>	OR VIDEO,8000h

Tabelle 7.3: *Anwendung der logischen Befehle*

Mit Ausnahme des NOT-Befehls werden die logischen Befehle in der Form:

```
Befehl <Zieloperand>,<Quelloperand>
```

eingesetzt, wobei der Zieloperand mit dem Quelloperand verknüpft und das Ergebnis im Zieloperanden abgelegt wird.

Der AND-Befehl
Dieser Befehl verknüpft den Zieloperanden mit dem Quelloperanden nach der UND-Verknüpfungsregel. Das Ergebnis dieser Verknüpfung wird im Zieloperanden gespeichert.

Der OR-Befehl
Dieser Befehl verknüpft den Zieloperanden mit dem Quelloperanden nach der ODER-Verknüpfungsregel. Das Ergebnis dieser Verknüpfung wird im Zieloperanden gespeichert.

Der XOR-Befehl
Dieser Befehl verknüpft den Zieloperanden mit dem Quelloperanden nach der EXOR-Verknüpfungsregel. Das Ergebnis dieser Verknüpfung wird im Zieloperanden gespeichert.

Der NOT-Befehl
Dieser Befehl invertiert alle Bits im Zieloperanden. Ist das zu invertierende Bit »1«, wird es zu »0« und umgekehrt. Auf diese Weise wird das Einerkomplement des Zieloperanden gebildet.

Anwendungen von logischen Befehlen
Die häufigste Anwendung von logischen Verknüpfungen innerhalb eines Programms ist das Setzen oder Rücksetzen einzelner Bits in einem Register oder einer Speicherstelle. Dieses Manipulieren einzelner Bits wird als »Maskieren« bezeichnet. Um die Wirkungsweise von logischen Verknüpfungen besser verstehen zu können, sollten Sie sich ein Register oder eine Speicherstelle nicht mehr als einen 8- oder 16-Bit-Wert, sondern als eine Ansammlung von 8 oder 16 unabhängigen Bits vorstellen. Betrachten wir zunächst den AND-Befehl. Dieser Befehl wird in erster Linie dazu eingesetzt, bestimmte Bits in einem Register oder einer Speicherstelle auf Null zu setzen. Nehmen wir dazu einmal an, daß das Kontrollregister eines Peripheriegerätes (zum Beispiel eines Druckers) in der Speichervariablen KONTR_REG im Datensegment abgelegt ist. In diesem Statusregister gibt Bit 4 den momentanen Status des Gerätes an (0=nicht bereit/1=bereit), die übrigen 7 Bits des Registers sind in einem undefinierten Zustand. Wie läßt sich der momentane Zustand des Gerätes durch Abfrage des Kontrollregisters feststellen? Ganz einfach, dazu muß der Inhalt des Registers so maskiert werden, daß alle Bits außer dem Statusbit auf Null gesetzt werden. Ist der Inhalt des Registers dann ungleich Null, war das Statusbit gesetzt.

Wenn Sie einmal einen Blick auf die Wahrheitstabelle einer UND-Verknüpfung (Kapitel 3.2) werfen, werden Sie feststellen, daß bei einer Verknüpfung mit Null immer eine Null resultiert. Wir müssen daher das Kontrollregister mit einem Wert verknüpfen, bei dem alle Bits Null sind, mit Ausnahme des Bit Nr. 4. Dieser Wert ist »0 0 0 1 0 0 0 0« oder 16 dezimal. Durch den Befehl

```
AND KONTR_REG,16
```

läßt sich das gewünschte Resultat erreichen. Enthält das Kontrollregister nach dieser Verknüpfung einen Wert ungleich Null, so ist das Statusbit gesetzt. Ist es aber Null, so ist auch das Statusbit nicht gesetzt. Um den Inhalt der Speichervariablen KONTR_REG anschließend in ein logisches Flag (»0« oder »1«) umzuwandeln, kann zum Beispiel ein Schiebebefehl verwendet werden, der das getestete Bit auf die Bitposition 0 schiebt.

Der TEST-Befehl

Da das Testen einzelner Bits in einem Register oder einer Speichervariablen relativ häufig vorkommt, existiert dafür ein eigener Befehl, der diese Aufgabe übernimmt. Es ist der TEST-Befehl, der in der Form

```
TEST <Zieloperand>,<Quelloperand>
```

eingesetzt wird. Der TEST-Befehl ist mit dem AND-Befehl identisch, allerdings mit einem Unterschied. Anders als beim AND-Befehl wird der Zieloperand nicht verändert, sondern lediglich die Statusflags entsprechend des Ergebnisses gesetzt. Mit dem TEST-Befehl können Sie daher den Zustand einzelner Bits in einem Operanden testen, ohne den Operanden zu verändern. Durch den Befehl

```
TEST KONTR_REG,16
```

wird die Speichervariable KONTR_REG mit der Zahl 16 nach der UND-Regel verknüpft. Allerdings wird der Inhalt der Variablen nicht verändert, sondern lediglich die Statusflags entsprechend gesetzt. Durch den TEST-Befehl werden das Carryflag und das Überlaufflag in jedem Fall gelöscht. Das Null-, das Vorzeichen- und das Paritätsflag werden in Abhängigkeit vom Ergebnis gesetzt. In der Regel folgt auf einen TEST-Befehl ein bedingter Sprungbefehl wie zum Beispiel ein JZ-Befehl, der einen Sprung durchführt, wenn das Nullflag gesetzt ist (siehe Kapitel 8).

Soll das Peripheriegerät aus dem letzten Beispiel durch Setzen von Bit 4 eingeschaltet werden, hilft die UND-Verknüpfung nicht weiter und wir müssen auf die ODER-Verknüpfung zurückgreifen. Laut Wahrheitstabelle ergibt die ODER-Verknüpfung eines Bits mit einer »1« stets wieder eine »1«, unabhängig von dem Zustand des Bits. Da es uns darum geht, Bit 4 zu setzen, ohne die übrigen Bits zu verändern, muß die Speichervariable KONTR_REG mit dem Byte-Wert »0 0 0 1 0 0 0 0« nach der ODER-Regel verknüpft werden:

```
OR KONTR_REG,16
```

Durch den OR-Befehl wird Bit 4 im Kontrollregister, unabhängig seines vorherigen Zustandes gesetzt, während die übrigen Bits unverändert bleiben. Über den OR-Befehl lassen sich auch einfache Additionen durchführen. Angenommen, das AL-Register enthält eine BCD-Zahl (0-9), die in den entsprechenden ASCII-Code (48-57) umgewandelt werden soll, führt der folgende OR-Befehl zu dem gewünschten Resultat:

```
OR AL,30h
```

Als letzte logische Übung soll das Peripheriegerät über das Statusbit in der Variablen KONTR_REG eingeschaltet werden, wenn dieses Bit »0« ist und ausgeschaltet werden, wenn dieses Bit »1« ist. Es geht also um eine Umkehrung von Bit 4 in der Variablen KONTR_REG. Da sich weder mit einer UND- noch mit einer ODER-Verknüpfung der gewünschte Effekt erzielen läßt, muß diesmal die EXOR-Verknüpfung einspringen. Wenn Sie sich noch einmal die Wahrheitstabelle einer EXOR-Verknüpfung ins Gedächtnis zurückrufen, werden Sie feststellen, daß die Verknüpfung eines Bits mit einer »1« stets den Zustand des verknüpften Bits umdreht. Die Speichervariable muß daher mit dem Wert 16 nach der EXOR-Regel verknüpft werden:

```
XOR KONTR_REG,16
```

Bilden des Einerkomplements
Mit Hilfe der EXOR-Verknüpfung läßt sich relativ leicht das Einerkomplement einer Zahl bilden, wenn die betreffende Zahl mit »1 1 1 1 1 1 1 1« (FFh) nach der EXOR-Regel verknüpft wird. Der Befehl

XOR AL,0FFh
bildet das Einerkomplement des AL-Registers. Durch einen anschließenden INC-Befehl, der den Inhalt des AL-Registers um eins erhöht, ergibt sich das Zweierkomplement. Den gleichen Effekt hat der NOT-Befehl, der bekanntlich alle Bits in dem Zieloperanden umdreht:

```
NOT AL
INC AL
```

Durch den NOT-Befehl wird zunächst das Einerkomplement des AL-Registers gebildet und durch den folgenden INC-Befehl in das Zweierkomplement überführt. Noch einfacher erhält man das Zweierkomplement einer Zahl durch den NEG-Befehl:

```
NEG AL
```

Neben dem Manipulieren und Testen einzelner Bits in einem Operanden können logische Verknüpfungen auch dazu eingesetzt werden, den Darstellungsbereich eines Operanden einzugrenzen und in begrenztem Umfang auch für Rechenoperationen eingesetzt werden. Dazu wieder ein Beispiel: Ein Parameter einer Funktion soll im AL-Register übergeben werden. Da dieser Parameter nicht größer als 15 werden darf, soll die Funktion eine entsprechende Abfrage enthalten. Anstelle einer Abfrage vom Typ »IF ... THEN«, um die es im nächsten Kapitel geht, kann auch eine UND-Verknüpfung eingesetzt werden. Durch den Befehl

```
AND AL,0Fh
```

werden die Bits 4–7 auf Null gesetzt, so daß die Zahl im AL-Register nach der UND-Verknüpfung nicht mehr größer als 15 sein kann. Die Bits 0–3 bleiben dagegen unverändert, so daß der Wert der Zahl im Bereich 0–15 erhalten bleibt. Im Prinzip wurde mit dem AL-Register eine Division durch 16 durchgeführt, wobei nur der Rest der Division erhalten bleibt. Um das Ergebnis der Division zu erhalten, müßten die Bits 4–7 erhalten bleiben und die Bits 0–3 auf Null gesetzt werden, was durch den folgenden AND-Befehl erreicht wird:

```
AND AL,240
```

Nun befindet sich das Ergebnis der »Division« durch 16 in den Bits 4–7 und kann zum Beispiel durch einen Schiebebefehl (siehe Kapitel 7.7) in die Bitpositionen 0–3 gebracht werden.

Der Assembler versteht Dual

Da es mitunter ein wenig umständlich ist, den dezimalen Wert einer Binärzahl zu errechnen, in der bestimmte Bits gesetzt und andere nicht gesetzt sind, erlaubt der Assembler auch die Eingabe von Dualzahlen. Der nächste AND-Befehl führt ebenfalls eine Verknüpfung mit 240 durch, allerdings wird der Quelloperand als Dualzahl angegeben:

```
AND AL,11110000b
```

Dualzahlen müssen durch ein folgendes »b«, den sogenannten Basisbezeichner, gekennzeichnet werden. Diese Schreibweise ist nicht nur einfacher für den Programmierer, es wird auch deutlicher, welchen Effekt der AND-Befehl hat.

Mit Hilfe der logischen Verknüpfungen lassen sich auch zahlreiche »Nebeneffekte« erzielen, die innerhalb eines Programms manchmal sogar Bytes und/oder Taktzyklen einsparen helfen. So kann durch den Befehl

```
XOR AX,AX
```

der Inhalt des AX-Registers auf Null gesetzt werden, da die EXOR-Verknüpfung einer Zahl mit sich selbst immer Null ergibt. Eine Ersparnis gegenüber der Alternative

```
MOV AX,0
```

ergibt sich dann, wenn der Assembler für den XOR-Befehl eine 2-Byte-Version assembliert, was jedoch bei älteren MASM-Versionen nicht immer der Fall ist (prüfen Sie dies einmal anhand des Programmlistings nach).

Die Auswirkung der logischen Verknüpfungen auf die Statusflags

Durch die logischen Befehle werden das Überlauf- und das Carryflag stets auf Null gesetzt, da diese Flags bei einer logischen Verknüpfung keine Bedeutung haben können. Das Vorzeichen-, das Null- und das Paritätsflag werden dagegen in Abhängigkeit vom Ergebnis der logischen Verknüpfung gesetzt. Das Hilfscarryflag ist in einem undefinierten Zustand.

Soviel zum Thema »Logische Verknüpfungen«. Weitere Beispiele zur Anwendung der logischen Befehle finden Sie in den Übungsaufgaben am Ende dieses Kapitels. Es sei bereits an dieser Stelle darauf hingewiesen, daß ab der 80386-CPU eine Vielzahl neuer Befehle für die Bitmanipulation zur Verfügung stehen (mehr dazu in Kapitel 15). Diese Befehle existieren in ähnlicher Form teilweise auch schon bei der V20/V30-CPU. Da aber weder MASM noch TASM diese Befehle zur Verfügung stellen, werden sie in diesem Kapitel nicht besprochen. Lediglich der Shareware-Assembler A86 kennt die zusätzlichen Befehle der V20/V30-CPUs (siehe Anhang E).

7.7 Schiebe- und Rotationsbefehle

Die Schiebe- und Rotationsbefehle stellen eine Art »Zwischending« zwischen den Arithmetik- und den Logikbefehlen dar. Zum einen lassen sich durch die Schiebe- und Rotationsbefehle einfache arithmetische Grundoperationen wie zum Beispiel eine Multiplikation oder eine Division durchführen, zum anderen wird auch hier der Zieloperand als eine Ansammlung individueller Bits und nicht als ein Zahlenwert betrachtet.

SAL	Arithmetische Verschiebung nach links
SAR	Arithmetische Verschiebung nach rechts
SHL	Logische Verschiebung nach links
SHR	Logische Verschiebung nach rechts
RCL	Rotiere nach links durch das Carryflag
RCR	Rotiere nach rechts durch das Carryflag
ROL	Rotiere nach links
ROR	Rotiere nach rechts

Schiebe- und Rotationsbefehle der 8086/88-CPU

Jeder der Schiebe- und Rotationsbefehle kann in der Form

```
Befehl <Register>,1
Befehl <Register>,CL

Befehl <Speicher>,1
Befehl <Speicher>,CL
```

angewendet werden. Die Anzahl der Verschiebungen oder Rotationen ist also entweder 1 oder wird durch den Inhalt des CL-Registers festgelegt.

Die Schiebebefehle

Bei den Schiebebefehlen wird zwischen einer arithmetischen und einer logischen Verschiebung unterschieden. Der Unterschied ist äußerst trivial. Während die logischen Schiebebefehle einen Operanden verschieben, ohne das Vorzeichen zu berücksichtigen, bleibt bei den arithmetischen Schiebebefehlen das Vorzeichen erhalten. Die arithmetischen Schiebebefehle werden daher auf Zahlen angewandt, bei denen das Vorzeichen eine Rolle spielt, während die logischen Schiebebefehle entweder mit vorzeichenlosen Operanden eingesetzt werden oder bei Operanden, die nur eine Ansammlung einzelner Bits (zum Beispiel der Inhalt eines Statusregisters) darstellen.

Um die Wirkung eines Schiebebefehls auf den Zieloperanden zu verstehen, müssen Sie sich den Inhalt des Operanden als eine Kette von 8 oder 16 aneinandergereihten Bits vorstellen. Durch einen Schiebebefehl wird diese Kette nach links oder rechts verschoben. Da im Zieloperanden aber nur 8 oder 16 Bitpositionen zur Verfügung stehen, fällt an einem Ende ein Bit heraus, während am anderen Ende eine Null hineingeschoben wird.

Die Anzahl der verschobenen Bitpositionen ist entweder 1 oder wird durch den Inhalt des CL-Registers festgelegt. Prinzipiell kann das CL-Register einen Wert zwischen 0 und 255 enthalten, allerdings sind nur Werte zwischen 0 und 7 (8-Bit-Operand) oder 15 (16-Bit-Operand) sinnvoll. Sowohl bei einer Verschiebung nach links als auch bei einer Verschiebung nach rechts wird ein Bit aus dem Zieloperanden herausgeschoben. Dieses Bit wird stets im Carryflag abgelegt, wobei der vorherige Inhalt des Carryflags überschrieben wird. Das Carryflag ist daher immer dann gesetzt, wenn auch Bit 7 (8-Bit-Operand) oder Bit 15 (16-Bit-Operand) bei einer Linksverschiebung bzw. Bit 0 bei einer Rechtsverschiebung des Zieloperanden gesetzt war. Die einzelnen Schiebebefehle unterscheiden sich auch dadurch, wie das freigewordene Bit besetzt wird. Bei den Schiebebefehlen SAL und SHL rückt eine Null in die freigewordene Position 0 und bei dem Schiebebefehl SHR in die Position des höchstwertigen Bits (7 oder 15) nach. Beim SAR-Befehl rückt dagegen keine Null in die Position des höchstwertigsten Bits, da das Vorzeichen ja erhalten bleibt.

SAL und SHL sind identisch

Die Befehle SAL (Arithmetisches Linksschieben) und SHL (Logisches Linksschieben) sind übrigens identisch (aus diesem Grund wird der SAL-Befehl von einigen DEBUG-Versionen nicht akzeptiert). Der Grund dafür ist sicher nicht auf Anhieb einzusehen, denn schließlich bleibt beim SAL-Befehl das höchstwertigste Bit erhalten, während der SHL-Befehl dieses Bit durch den Wert von Bit 6 (bzw. Bit 14) ersetzt. Aufgrund der Zweierkomplementdarstellung einer negativen Zahl kann sich jedoch beim Linksverschieben mit dem SHL-Befehl eine Bereichsüberschreitung ergeben, die dann wieder zu einem korrekten Ergebnis führt.

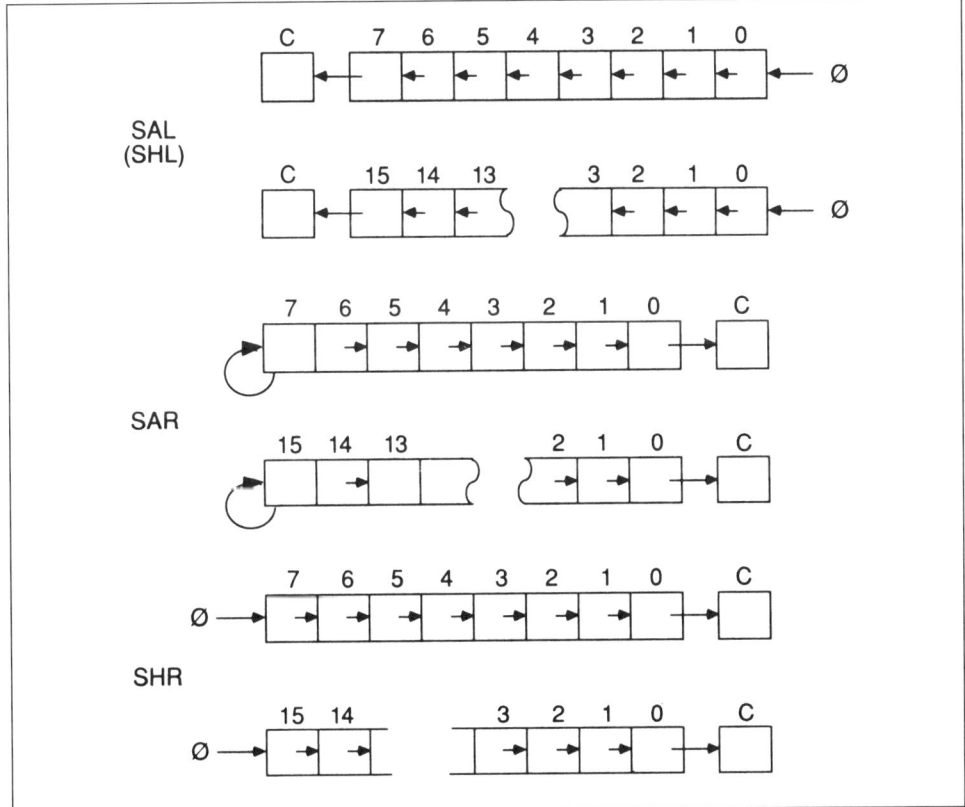

Bild 7.3: *Die Auswirkung der Schiebebefehle SAL, SAR und SHR*

Beim SAR-Befehl bleibt das Vorzeichenbit (Bit 7 oder Bit 15) dagegen wirklich erhalten. Der SAL-Befehl erhält das Vorzeichenbit nicht, setzt aber bei einer Verschiebung um eine Position nach links das Überlaufflag, wenn dabei ein Vorzeichenwechsel (Änderung des höchstwertigsten Bits) auftrat. Hier noch einmal die Schiebebefehle in der Übersicht:

SAL Verschiebt den Operanden nach links, das höchstwertigste Bit (Bit 7 oder Bit 15) wird in das Carryflag übertragen, das heißt, das Vorzeichen des Operanden geht verloren. In Bit 0 wird eine Null eingetragen. Durch den SAL-Befehl wird eine Multiplikation mit einer Zweierpotenz durchgeführt.

SHL Entspricht dem SAL-Befehl.

SAR Verschiebt den Operanden nach rechts, Bit 0 wird in das Carryflag übertragen. Das Vorzeichenbit (Bit 7 oder Bit 15) bleibt erhalten. Durch den SAR-Befehl wird eine vorzeichenbehaftete Division mit einer Zweierpotenz durchgeführt.

SHR Verschiebt den Operanden nach rechts, Bit 0 wird in das Carryflag übertragen, das höchstwertige Bit (Bit 7 oder Bit 15) wird auf Null gesetzt, das heißt, das Vorzeichen des Operanden geht verloren. Durch den SHR-Befehl wird eine Division mit einer Zweierpotenz ohne Berücksichtigung des Vorzeichens durchgeführt.

Bild 7.3 veranschaulicht die Wirkungsweise der vier Schiebebefehle.

Beispielprogramm 7.6 – BSP07_06.ASM

Das folgende Beispielprogramm ist kein richtiges Beispielprogramm (es ist daher auch nicht auf der Buchdiskette enthalten). Es soll vielmehr darum gehen, die Auswirkung der Schiebebefehle an einem konkreten Beispiel auszuprobieren. Stellen Sie sich folgende Ausgangssituation vor: Im AL-Register befindet sich die Zahl 16. Welche Wirkung hat die viermalige Ausführung des SHL-Befehls auf den Inhalt des AL-Registers? Assemblieren Sie die erforderliche Befehlssequenz mit Hilfe des Debuggers:

```
C>DEBUG
-A 100
0F82:0100    MOV AL,10
0F82:0102    SHL AL,1
0F82:0104    SHL AL,1
0F82:0106    SHL AL,1
0F82:0108    SHL AL,1    <Return>
-T
AX=0000 BX=0000 CX=0000 DX=0000 SP=FFFE BP=0000 DI=0000 SI=0000
CS=0F99 DS=0F99 ES=0F99 CS=0F99  IP=0100 NV UP EI PL NZ NA PO NC
0F99:0100    B010    MOV AL,10
-T
AX=0010 BX=0000 CX=000X DX=0000 SP=FFFE BP=0000 DI=0000 SI=0000
CS=0F99 DS=0F99 ES=0F99 CS=0F99  IP=0102 NV UP EI PL NZ NA PO NC
0F99:0102    D0E0    SHL AL,1
-T
AX=0020 BX=0000 CX=000X DX=0000 SP=FFFE BP=0000 DI=0000 SI=0000
```

```
CS=0F99 DS=0F99 ES=0F99 CS=0F99 IP=0104 NV UP EI PL NZ NA PO N
0F99:0104   D0E0    SHL AL,1
-T
AX=0040 BX=0000 CX=000X DX=0000 SP=FFFE BP=0000 DI=0000 SI=0000
CS=0F99 DS=0F99 ES=0F99 CS=0F99 IP=0106 NV UP EI PL NZ NA PO NC
0F99:0106   D0E0    SHL AL,1
-T
AX=0080 BX=0000 CX=000X DX=0000 SP=FFFE BP=0000 DI=0000 SI=0000
CS=0F99 DS=0F99 ES=0F99 CS=0F99 IP=0108 OV UP EI NG NZ NA PO NC
0F99:0108   D0E0    SHL AL,1
```

Beachten Sie, daß durch die Ausführung des SHL-Befehls sowohl das Vorzeichenflag (Bit 7 ist jetzt gesetzt) als auch das Überlaufflag (bei dem Verschieben hat sich das Vorzeichen geändert) gesetzt wurden.

```
-T
AX=0000 BX=0000 CX=0000 DX=0000 SP=FFFE BP=0000 DI=0000 SI=0000
CS=0F99 DS=0F99 ES=0F99 SS=0F99 IP=010A OV UP EI PL ZR AC PE CY
0F99:010A
```

Nun enthält das AL-Register den Wert 0, da Bit 7 durch das Verschieben um eine Position nach links in das Carryflag geschoben wurde, das dadurch gesetzt wurde. Der Zustand des Carryflags hat sich entsprechend von »NC« (kein Carry) auf »CY« geändert.

Ab der 80186-CPU wird anders geschoben

Auch wenn die Kapitel 6–9 ausschließlich die Programmierung der 8086/88-CPU behandeln sollen, ist es hin und wieder angebracht, auch auf Unterschiede zu den Nachfolge-CPUs 80286 und 80386/486 hinzuweisen. Ein solcher Unterschied betrifft die maximale Anzahl an Verschiebungen, die mit den Befehlen SAL, SAR, SHL und SHR durchgeführt werden können. Bei der 8086/88-CPU können maximal 255 Verschiebungen durchgeführt werden. Mehr als 15 Verschiebungen sind jedoch in keinem Fall sinnvoll, da ansonsten der Operand, bedingt durch die hineingeschobene Null (mit Ausnahme des SAR-Befehls), in jedem Fall zu Null wird. Um unnötige Verschiebungen zu vermeiden, werden bei den Nachfolge-CPUs (ab 80186) Operanden größer als 31 ausmaskiert, so daß in jedem Fall ein Wert zwischen 0 und 31 resultiert. Diesen Unterschied kann man sich zunutze machen, um die CPUs 8086/88 von den Nachfolge-CPUs zu unterscheiden. Betrachten Sie sich dazu folgende Befehlssequenz:

```
MOV AX,FFFFh
MOV CL,20h
SHR AX,CL
```

Bei der 8086/88-CPU wird der Inhalt des AX-Registers 32mal nach rechts verschoben, wodurch eine Null im AX-Register resultiert. Bei den Nachfolge-CPUs wird die 32 jedoch so ausmaskiert, daß eine 0 resultiert. Hier findet daher keine Verschiebung statt. Durch einen bedingten Sprungbefehl kann anschließend die Unterscheidung getroffen werden:

```
JZ    IST_8086
```

Die Rotationsbefehle

Auch die Rotationsbefehle verschieben einen Operanden um eine oder mehrere Positionen. Allerdings geht hier kein Bit verloren, da das am einen Ende herausgeschobene Bit am anderen Ende des Operanden wieder hineingeschoben wird. Bild 7.4 veranschaulicht die Arbeitsweise der Rotationsbefehle. Auch die Rotationsbefehle können in zwei Gruppen unterteilt werden. Die beiden Gruppen unterscheiden sich lediglich dadurch, ob das Carryflag bei der Rotation miteinbezogen wird oder nicht:

Rotieren mit Carryflag: RCL und RCR
Rotieren ohne Carryflag: ROL und ROR

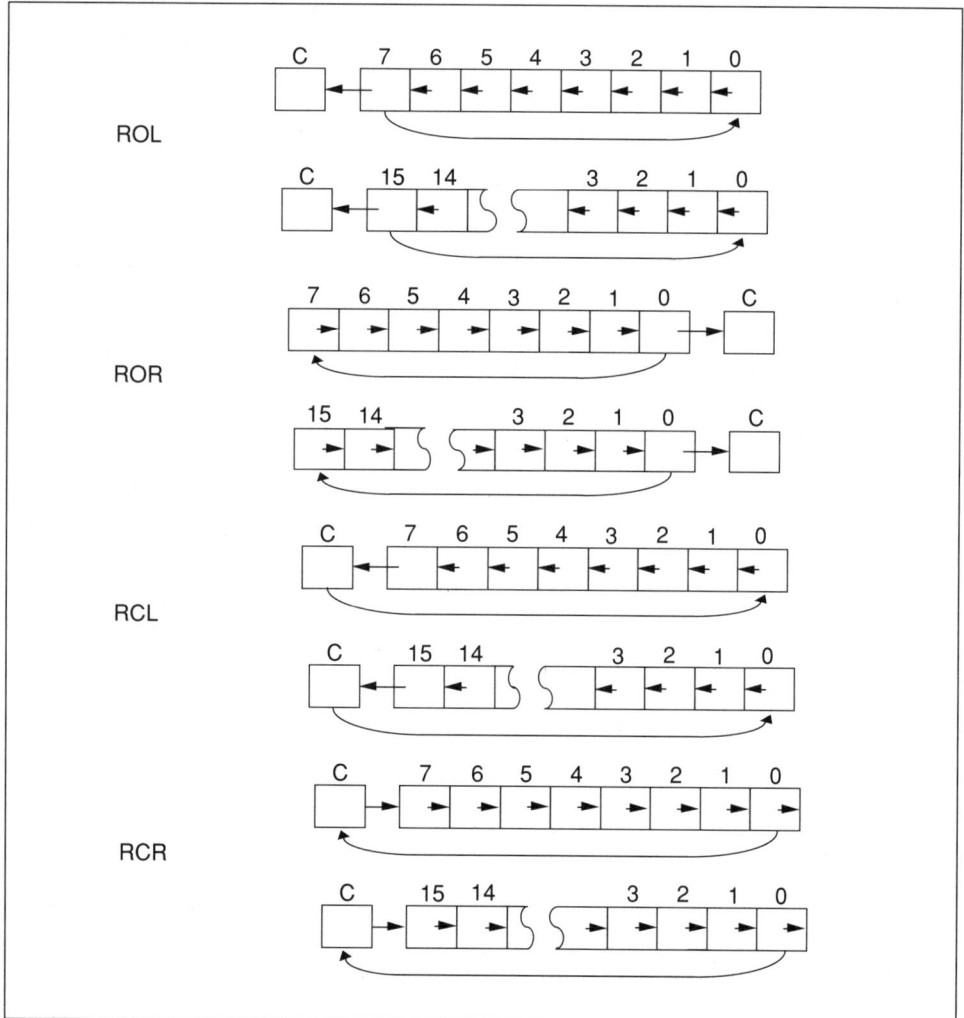

Bild 7.4: *Die Rotationsbefehle ROL, RCL, ROR und RCR*

Während die Befehle RCL und RCR das Carryflag mit einbeziehen (anhand des »C« in der Mitte des Befehlsnamens können Sie sich diesen Umstand relativ leicht merken) und somit eine Rotation mit einem 9- oder 17-Bit-Register durchführen, spielt das Carryflag bei den Befehlen ROL und ROR eine etwas andere Rolle. Hier wird zwar das links (ROL) oder rechts (ROR) hinausgeschobene Bit im Carryflag gespeichert, bei dem auf der gegenüberliegenden Seite hineingeschobenen Bit handelt es sich aber nicht um das Carryflag, sondern um das hinausgeschobene Bit. Dieser kleine, aber feine Unterschied wird hoffentlich durch Bild 7.4 deutlicher.

Der ROR-Befehl kann zum Beispiel dazu benutzt werden, die unteren vier Bits eines 8-Bit-Operanden mit den oberen vier Bits zu vertauschen. Lädt man das CL-Register mit der Zahl 4, der Anzahl der Rotationen, und führt die Rotation über einen ROL-Befehl durch:

```
MOV CL,04
ROL BL,CL
```

werden die oberen vier Bits im BL-Register mit den unteren vier Bits vertauscht. Probieren Sie auch dieses Beispiel mit dem Debugger aus und modifizieren Sie es für einen 16-Bit-Operanden.

Schiebung kann ganz nützlich sein

In vielen Fällen ist eine Schiebeoperation einer Multiplikation mit dem MUL-Befehl oder einer Division mit dem DIV-Befehl aus Geschwindigkeitsgründen vorzuziehen. Dies gilt insbesondere für die 8086/88-CPU, bei der die Multiplikation und Division extrem langsam ist (bei den Nachfolge-CPUs wurden diese Operationen erheblich beschleunigt). So ist zum Beispiel immer dann, wenn ein Register mit einer Konstanten multipliziert werden soll, die Schiebeoperation (12-40 Taktzyklen) der Multiplikationsoperation (mindestens 70 Taktzyklen) bezüglich der Ausführungsgeschwindigkeit deutlich überlegen, zumal eine Multiplikation eines Operanden mit einem unmittelbaren Wert, zum Beispiel in der Form

```
MUL AL,2
```

gar nicht möglich ist. Durch Hintereinanderschalten mehrerer Verschiebeoperationen lassen sich auch Multiplikationen oder Divisionen mit einem Faktor ungleich zwei durchführen.

Beispielprogramm 7.7 – BSP07_07.ASM

Wie beim letzten Beispielprogramm geht es auch bei diesem Beispiel darum, die Wirkung eines Schiebe- bzw. Rotationsbefehls mit Hilfe des Debuggers zu testen. Diesmal soll der Inhalt des AL-Registers mit sieben multipliziert werden. Auch dieses Beispielprogramm ist nicht auf der Buchdiskette enthalten. Testen Sie die Befehlsfolge mit Hilfe des Debuggers:

```
C>DEBUG
-A 100                    ; Aufruf des Assemblers
0F82:0100  MOV AL,9       ; Lade AL-Register mit Multiplikand
0F82:0102  MOV AH,AL      ; Kopiere AL-Register in AH-Register
0F82:0104  MOV CL,3       ; Lade CL-Register mit Zähler
0F82:0106  SHL AL,CL      ; Verschiebe um drei Positionen
0F82:0108  SUB AL,AH      ; Subtrahiere Multiplikand
F82:010A   <Return>       ; Ende des Programms
-G 10A                    ; Starte mit Haltepunkt bei 010A
```

```
AX=093F BX=0000 CX=0003 DX=0000 SP=FFFE BP=0000 SI=0000 DI=0000
CS=0F99 DS=0F99 ES=0F99 CS=0F99 IP=010A NV UP EI PL NZ AC PE NC
0F99:10A
```

Als erstes wird der Multiplikand in das AL-Register geladen und anschließend in das AH-Register kopiert. Mit dem nächsten Befehl wird das CL-Register mit der Anzahl der Positionen, um die der Operand verschoben werden soll, geladen. Durch den folgenden SHL-Befehl wird die Zahl im AL-Register um drei Positionen nach links verschoben, was einer Multiplikation mit 8 entspricht. Da aber nur mit sieben multipliziert werden soll, wird der ursprüngliche Multiplikand vom Ergebnis einmal abgezogen. Im AL-Register erhalten wir als Ergebnis 3Fh (63 dezimal).

Die Rolle des Überlaufflags beim Verschieben

Das Überlaufflag spielt bei den Schiebebefehlen eine zwar wichtige, aber leider nicht ganz einfach zu beschreibende Rolle. An einem gesetzten Überlaufflag läßt sich beim Linksschieben ablesen, ob das Vorzeichen geändert wurde (dazu wird mit den zwei höchstwertigsten Bits eine EXOR-Verknüpfung durchgeführt). Ein wenig anders sieht es beim Rechtsschieben aus. Der SAR-Befehl setzt das Überlaufflag grundsätzlich auf Null, da das Vorzeichen ja erhalten bleibt. Beim SHR-Befehl erhält das Überlaufflag den ursprünglichen Wert des höchstwertigsten Bit im Operanden. Grundsätzlich gilt, daß das Überlaufflag nur beim Schieben um eine (!) Position eine Bedeutung, beim Schieben um mehr als eine Position verbleibt das Überlaufflag dagegen in einem undefinierten Zustand.

Schließlich sei noch erwähnt, daß bei der 8086/88-CPU selbstverständlich auch größere Bitfelder verschoben oder rotiert werden können. In diesem Fall stellt das Carryflag das Bindeglied zwischen den jeweiligen 16-Bit-Fragmenten des zu verschiebenden Bitfeldes dar.

7.8 Zusammenfassung

Die 8086/88-CPU stellt Befehle für alle vier Grundrechenarten zur Verfügung. Diese Operationen können mit 8-, 16- und bei der Multiplikation und Division auch mit 32-Bit-Zahlen durchgeführt werden. Operationen mit höherer Genauigkeit müssen bis zur 80286-CPU auf diesen Grundoperationen aufbauen. Ab der 80386-CPU sind auch Operationen mit 32- und 64-Bit-Operanden möglich. Bei allen arithmetischen Operationen, mit Ausnahme der Division, liefern die Statusflags der CPU wichtige Informationen darüber, ob das Ergebnis den Darstellungsbereich des Zieloperanden überschreitet. Auch die Schiebe- und Rotationsbefehle, die einen Operanden um eine bestimmte Anzahl an Positionen nach links oder nach rechts verschieben, lassen sich zur Durchführung einer Multiplikation oder Division heranziehen. Sowohl die Arithmetik- als auch die Verschiebeoperationen können mit vorzeichenlosen als auch mit vorzeichenbehafteten Zahlen, bei denen das höchstwertigste Bit das Vorzeichen repräsentiert, durchgeführt werden. Auch BCD-Zahlen können von der 8086/88-CPU verarbeitet werden. Da die CPU allerdings sowohl für Binär- als auch für BCD-Zahlen die gleichen Arithmetikbefehle zur Verfügung stellt, muß das Ergebnis einer BCD-Operation durch die Konvertierungsbefehle wieder in das korrekte BCD-Format umgewandelt werden.

Eine andere Kategorie von Befehlen stellen die logischen Verknüpfungen dar, die zwischen zwei Operanden eine bitweise Verknüpfung nach einer der logischen Grundfunktionen (UND, ODER oder EXOR) durchführen. Mit Hilfe der logischen Operationen kann der Zustand einzelner Bits in einem Zieloperanden gezielt verändert oder getestet werden.

7.9 Übungen

Aufgabe 1:
Welchen Wert erhalten Sie, wenn Sie den Inhalt des AX-Registers mit Hilfe des ROR-Befehls 17 mal rotieren lassen?

Aufgabe 2:
Für eine Anwendung soll der Inhalt des AL-Registers mit der Zahl 90 multipliziert werden. Schreiben Sie ein kleines Programm, das die Multiplikation ohne (!) den MUL-Befehl durchführt und vergleichen Sie die Ausführungsgeschwindigkeiten mit Hilfe der Tabelle in Anhang B.

Aufgabe 3:
Die Modulo-Funktion ermittelt den Rest einer Division. Wie läßt sich diese Funktion in Maschinensprache realisieren?

Aufgabe 4:
Auf welche Weisen läßt sich der Rest bei der Division des AX-Registers durch 8 ermitteln, ohne den DIV-Befehl zu benutzen?

Aufgabe 5:
Wie lassen sich die untersten vier Bits des BX-Registers invertieren?

Aufgabe 6:
Finden Sie etwaige Fehler in den folgenden 8086/88-Befehlen:

```
a)  MOV ES,1234h
b)  ADD WERT1,SUMME
c)  ROR CL
d)  MUL AX,BL
e)  DIV 2
f)  NEG DI
g)  PUSH AH
h)  MOV DX,CL
i)  ADD AL,2001h
```

Die Lösungen zu den Übungen finden Sie in Anhang F.

8 Sprünge, Schleifen und Stringbefehle

So nützlich die in den beiden letzten Kapiteln vorgestellten Befehle auch sind, allzuviel anfangen läßt sich mit ihnen noch nicht. Dies liegt daran, daß ein einzelner Maschinenbefehl viel zu primitiv ist, um ein echtes »Problem« lösen zu können. Ihre wahre Stärke entfaltet eine CPU erst dann, wenn sie eine gewisse »Intelligenz« zeigen kann, indem sie die Ausführung bestimmter Programmteile von einer Bedingung abhängig macht und vor allem indem sie einzelne Programmteile in einer Schleife beliebig oft wiederholt. In diesem Kapitel läßt die 8086/88-CPU ein wenig ihre Muskeln spielen. Neben den bedingten Sprüngen, die stets von dem Zustand eines speziellen Statusflags abhängen, geht es vor allem um die Anwendung von Programmschleifen, die von der 8086/88-CPU in vielfältiger Weise unterstützt werden. Häufige Anwendungen, wie zum Beispiel das Verschieben einzelner Datenblöcke im Arbeitsspeicher, werden mit speziellen Befehlen, den Stringbefehlen, durchgeführt. Mit Hilfe dieser Stringbefehle lassen sich sehr leistungsfähige Programmschleifen konstruieren, die zudem extrem schnell ausgeführt werden können. Damit die Beispielprogramme auch einen sichtbaren Effekt haben, wird in diesem Kapitel auch gezeigt, wie mit Hilfe von MS-DOS-Funktionen Tastatureingaben und Bildschirmausgaben durchgeführt werden können.

Sie lernen in diesem Kapitel etwas über:
– Bedingte und unbedingte Sprünge
– Unterprogrammaufrufe und Prozeduren
– Die Rolle des Entfernungstyps
– Programmschleifen
– Bildschirmausgabe und Tastatureingabe
– Stringbefehle

8.1 Sprünge im Programm

Wie es bereits in der Einleitung angeklungen ist, sind die Sprungbefehle für die meisten Maschinenprogramme von grundlegender Bedeutung, da auch Entscheidungen vom Typ »IF ... THEN« und vor allem die Programmschleifen auf den Sprungbefehlen aufbauen. Damit Sie die Sprungbefehle möglichst rasch und problemlos in Ihre eigenen Programme einbauen können, gibt dieser Abschnitt zunächst eine Übersicht über die wichtigsten Typen von Sprungbefehlen. Sämtliche Beschreibungen in diesem Abschnitt werden aus Gründen der Übersichtlichkeit stark vereinfacht. Auf Spezialfälle, wie zum Beispiel Sprünge in ein anderes Segment oder externe Labels, das heißt Labels, die in einem anderen Programmmodul definiert werden, wird in diesem Abschnitt noch nicht eingegangen. Eine detaillierte und vor allem vollständigere Beschreibung der einzelnen Sprungbefehle erfolgt dann in den nächsten Abschnitten.

Der einfachste Sprungbefehl: Direkter Sprung ist der JMP-Befehl. Er entspricht dem Basic-Befehl GOTO und wird in der Form

JMP Sprungziel

eingesetzt. Anders als in Basic wird das Sprungziel nicht durch eine Programmzeilennummer, sondern durch ein sogenanntes Label festgelegt. Bei »Sprungziel«, dem Operanden des JMP-Befehls, handelt es sich daher stets um ein Label, das innerhalb des gleichen Programmsegments (Sprünge in ein anderes Segment oder in ein anderes Modul sollen zunächst noch ausgeklammert werden) definiert sein muß. Ein Label ist nichts anderes als ein Name für eine Programmzeile in einem Assemblerprogramm. Ein Label wird nicht nur vom JMP-Befehl, sondern auch von Schleifenbefehlen und Prozedurbefehlen als Sprungziel verwendet. Für den Aufbau des Labelnamens gelten die gleichen Gesetzmäßigkeiten, wie für alle Symbolnamen (mehr dazu in Kapitel 10.2). Ein Labelname, genauer gesagt der Name eines Sprunglabels, muß stets mit einem Buchstaben oder einem der Sonderzeichen -, ?, $, @ oder . beginnen und mit einem Doppelpunkt enden. Der Makroassembler ab Version 5.1 und der Turbo-Assembler kennen als weitere Variante sogenannte »namenlose« (oder anonyme) Labels, die lediglich aus einem Klammeraffenpaar bestehen. Diese Labels werden im Zusammenhang mit den bedingten Sprungbefehlen in Kapitel 8.6 vorgestellt.

Bereits in Kapitel 6 haben Sie mit »START« ein Sprunglabel kennengelernt. Dieses Label wurde aber lediglich dazu verwendet, den Programmbeginn festzulegen. Genausogut könnte man dieses Label aber auch als Ziel für einen JMP-Befehl verwenden:

```
START:
        MOV DX,@DATA
        ...
        JMP START
```

Der Doppelpunkt, der auf den Labelnamen folgt, kennzeichnet das Label als ein sogenanntes »Near-Label«. Ohne bereits auf die Hintergründe dieser Bezeichnung einzugehen, sei an dieser Stelle lediglich erwähnt, daß es andere Möglichkeiten gibt, in einem Assemblerprogramm ein Label zu definieren. Für die meisten Assemblerprogramme kommen Sie jedoch mit diesem Labeltyp bestens aus. Beachten Sie, daß der Doppelpunkt nur bei der Definition des Labels aufgeführt wird, nicht aber innerhalb des Sprungbefehls. Trifft die CPU bei der Programmausführung auf den JMP-Befehl, wird die Programmausführung beim Label START, das heißt bei dem nächsten, auf das Label folgenden Befehl, in diesem Fall ist es der MOV-Befehl, fortgesetzt. Das Prinzip, das allen Sprungbefehlen zugrunde liegt, ist simpel. Bekanntlich wird der als nächstes aus dem Arbeitsspeicher zu lesende Befehl durch das IP-Register festgelegt. Indem das IP-Register laufend von der CPU erhöht wird, werden alle Maschinenbefehle im Arbeitsspeicher nacheinander ausgeführt. Ändert man den Inhalt des IP-Registers, ändert sich auch die Reihenfolge der Befehlsausführung. Ein Sprungbefehl macht nun nichts anderes, als die Entfernung zum Sprungziel in Byte zum IP-Register zu addieren. Folgt das Sprungziel auf den Sprungbefehl, wird ein positiver Betrag addiert, befindet sich das Sprungziel dagegen vor dem Sprungbefehl, wird ein negativer Betrag zum IP-Register addiert. Zwar muß man diese Interna nicht unbedingt kennen, um die Sprungbefehle einsetzen zu können, dieses Wissen hilft einem jedoch erheblich weiter, wenn es darum geht, speziellere Probleme zu lösen. So läßt sich zum Beispiel sehr schnell berechnen, wie weit das Sprungziel vom Sprungbefehl maximal entfernt sein darf. Da für die Angabe des Sprungziels innerhalb des Opcodes bei diesem Typ von JMP-Befehl zwei Byte zur Verfügung stehen, kann die Entfernungsangabe, die ja positiv oder negativ sein darf, −32768 bis

+32767 Byte vom Sprungbefehl entfernt sein. Mit anderen Worten, egal, wo sich der Sprungbefehl innerhalb des Programmsegments befindet, es läßt sich stets jedes Byte des (maximal 65536 Byte großen) Programmsegments erreichen. Sprünge außerhalb des Programmsegments sind mit diesem Sprungbefehlstyp aber nicht möglich. Um einen Sprung zu einer Adresse außerhalb des aktuellen Programmsegments durchzuführen, ist ein Far-JMP-Befehl erforderlich. Hier folgt die Zieladresse in Form einer Segment-Adresse auf den Opcode des JMP-Befehls. Wir werden auf diesen Sprungbefehlstyp noch zu sprechen kommen.

Der JMP-Befehl gehört zu den unbedingten Sprungbefehlen, da der Sprung in jedem Fall durchgeführt wird. Um aber Entscheidungen vom Typ »IF ... THEN ... ELSE« oder Programmschleifen vom Typ »FOR ... NEXT« oder »BEGIN ... UNTIL« realisieren zu können, wird ein Sprungbefehl benötigt, der die Frage »Springen oder nicht springen« von einer Bedingung abhängig macht. Diese Sorte von Sprungbefehlen wird dementsprechend als bedingte Sprungbefehle bezeichnet. Nur, was für eine Art von Bedingung könnten diese Sprungbefehle testen? In einer Hochsprache, wie Basic, könnte es sich bei der zu testenden Bedingung zum Beispiel um den Vergleich einer Variablen mit einem konstanten Wert oder einer anderen Variablen handeln. In Maschinensprache liegen die Dinge sehr viel einfacher. Hier testen die bedingten Sprungbefehle nichts anderes als den Zustand der Statusflags.

So gibt es im Befehlssatz der 8086/88-CPU zum Beispiel einen Befehl mit dem Namen JNE. Dieser Befehl, dessen Name soviel bedeutet wie »Springe, wenn nicht gleich«, führt einen Sprung nur aus, wenn das Nullflag im Statusregister nicht gesetzt ist. Es ist klar, daß sich mit solch einem Befehl relativ einfach Programmschleifen realisieren lassen:

```
            MOV BX,10
SCHLEIFEN_START:
            MUL AX
            DEC BX
            JNE SCHLEIFEN_START
```

Dieses kleine Programmbeispiel zeigt, wie eine Schleife aufgebaut werden kann. Das BX-Register spielt in diesem Fall die Rolle des Schleifenzählers. Es wird zu Beginn mit dem Wert 10 geladen. Innerhalb der Schleife, deren Beginn durch das Label SCHLEIFEN_START markiert wird, wird das BX-Register über den DEC-Befehl laufend um eins erniedrigt (der MUL-Befehl hat in diesem Fall keine besondere Funktion und soll lediglich den Inhalt der Programmschleife symbolisieren). Da der DEC-Befehl auch das Nullflag beeinflußt, kann der folgende JNE-Befehl bei jedem Schleifendurchlauf testen, ob das Nullflag durch den DEC-Befehl gesetzt wurde. Solange der Inhalt des BX-Registers ungleich Null ist, wird auch das Nullflag nicht gesetzt. In diesem Fall ist die Bedingung »Nullflag = 0« erfüllt und der JNE-Befehl führt einen Sprung zu dem Label SCHLEIFEN_START durch. Erst wenn beim zehnten Durchlauf der Inhalt des BX-Registers Null wird, wird auch das Nullflag gesetzt. In diesem Fall ist die Bedingung, die vom JNE-Befehl geprüft wird, nicht mehr erfüllt und es wird diesmal kein Sprungbefehl ausgeführt. Mit anderen Worten, die Befehle zwischen dem Label SCHLEIFEN_START und dem JNE-Befehl werden solange ausgeführt, wie das BX-Register nicht Null ist. Natürlich ist dies nicht die einzige und vor allem nicht die effektivste Methode, eine Schleife zu programmieren. Dieses Beispiel zeigt aber recht gut, welches Prinzip den Programmschleifen in einem Assemblerprogramm zugrunde liegt.

Auf eine Einschränkung muß in diesem Zusammenhang hingewiesen werden, die für die bedingten Sprungbefehle von großer Bedeutung ist. Anders als bei dem unbedingten Sprungbefehl, muß sich das Sprungziel stets innerhalb einer Reichweite von −128 bis +127 Byte befinden, da in dem Opcode eines bedingten Sprungbefehls nur 1 Byte für die relative Entfernungsangabe zur Verfügung steht. Diese Einschränkung dürfte Sie bei Ihren ersten Übungsprogrammen sicherlich nicht stören, bei größeren Assemblerprogrammen muß man sich in der Regel etwas einfallen lassen, um diese Beschränkung zu umgehen (wir werden auf diesen Punkt noch zurückkommen). Ein kleiner Trost für 80386/486-Programmierer: Bei diesen CPUs stehen zwei Byte für die Entfernungsangabe zur Verfügung, so daß sich das Sprungziel eines bedingten Sprungbefehls in einer Entfernung von −32768 bis +32767 Byte befinden kann.

In den folgenden Abschnitten werden die einzelnen Sprungbefehle der 8086/88-CPU im Detail vorgestellt. Wir beginnen dabei mit den unbedingten und bedingten Sprüngen. Da beide Sprungtypen bereits im letzten Abschnitt vorgestellt wurden, lassen sich gewisse Wiederholungen leider nicht ganz vermeiden. Wiederholungen haben aber auch ihre guten Seiten. Gerade bei so grundlegenden Befehlen wie den Sprungbefehlen helfen sie, unter Umständen manche Unklarheiten zu beseitigen.

8.2 Unbedingte Sprünge

Um was es sich bei einem unbedingten Sprungbefehl handelt, wurde bereits im letzten Abschnitt erklärt. Bevor der JMP-Befehl jedoch in allen Einzelheiten vorgestellt wird, muß auf einen Umstand hingewiesen werden, der nicht nur für den JMP-Befehl, sondern auch für den Prozedurbefehl CALL, der in Kapitel 8.4 vorgestellt wird, von grundlegender Bedeutung ist.

Fern oder Nah?
Aufgrund der Segmentierung des Arbeitsspeichers bei den 80x86-CPUs gibt es im Befehlssatz dieser CPUs stets zwei verschiedene Typen von Sprungzielen. Ein Sprungziel kann sich entweder im gleichen Segment wie der Sprungbefehl befinden, es kann sich aber auch in einem anderen Segment befinden. Um ein Sprungziel im gleichen Segment zu erreichen, werden für die Sprungadresse maximal 2 Byte (in Form eines Displacements) benötigt. Ein solcher Sprung wird entsprechend als »Near-Sprung:Siehe Near-JMP« oder, im Falle eines unbedingten Sprungbefehls, auch als »Near-JMP« bezeichnet. Das Attribut »Near« (das man natürlich auch mit »nah« übersetzen darf) soll darauf hinweisen, daß der Sprung innerhalb ein und desselben Segments durchgeführt wird. In manchen Büchern findet man auch noch mit der Bezeichnung »intrasegmentaler Sprung« die akademische Version, die jedoch dem Leser hier nicht zugemutet werden soll. Eine Variante des Near-JMPs ist der Short-JMP, bei dem für die Adresse des Sprungziels nur 1 Byte benötigt wird (mehr dazu im nächsten Abschnitt).

Das Pendant zum Near-Sprung ist der Far-Sprung. Hier kann sich das Sprungziel überall innerhalb des 1 Mbyte großen Adreßraums befinden. Die Sprungadresse eines Far-Sprungs ist demnach eine Adresse vom Typ Segment:Offset, es werden also 4 Byte benötigt. Wenn Sie sich einmal innerhalb eines Programmlistings (das Ihnen der Assembler gerne erstellt, wenn Sie die Option /L setzen) den Opcode eines Far-Sprungs anschauen, werden Sie feststellen, daß anders als bei einem Near-Sprung kein Displacement zum Inhalt des IP- und des CS-Registers addiert wird. Vielmehr wird die Zieladresse direkt in das Registerpaar CS:IP geladen.

Fassen wir kurz zusammen: Das Sprungziel eines Near-JMPs befindet sich stets in demselben Segment, in dem sich auch der Sprungbefehl befindet. Die Reichweite eines Near-JMPs beschränkt sich damit auf maximal 65535 Byte. Das Sprungziel eines Far-JMPs kann sich auch in einem anderen Segment befinden (es muß es aber nicht). Die Reichweite eines Far-JMPs beträgt damit maximal 1 Mbyte. Entsprechendes gilt übrigens auch für den noch zu besprechenden CALL-Befehl, der in dieser Beziehung mit dem JMP-Befehl identisch ist.

An der kurzen Leine: Sprünge vom Typ Short

In vielen Fällen, insbesondere natürlich in kleineren Programmen, möchte man gar nicht so weit springen, wie es ein Near-JMP maximal ermöglicht. Der Grund: Je kürzer ein Sprungbefehl ist, desto schneller kann er ausgeführt werden, da das Lesen zusätzlicher Adreßbytes in der Regel auch zusätzliche Ausführungszeit in Form zusätzlicher Lesezyklen kostet. Wenn das anzuspringende Label in einem Bereich von −128 bis +127 Byte vom JMP-Befehl entfernt liegt, kann der Sprungbefehl mit dem Entfernungsattribut SHORT versehen werden:

```
JMP SHORT GANZ_NAH
```

Bei SHORT handelt es sich um einen Operator des Assemblers, der diesen anweist, nur ein Byte für die Zieladresse zu assemblieren. Auf diese Weise läßt sich ein Opcodebyte einsparen. Voraussetzung ist selbstverständlich, daß das Sprungziel auch nicht weiter als −128 oder +127 Byte vom Sprungbefehl entfernt ist. Bei der Entfernungsberechnung ist das Opcodebyte des JMP-Befehls stets mit eingeschlossen. Für den Sprung

```
        JMP NICHT_WEIT
NICHT_WEIT:
```

bei dem das Sprungziel unmittelbar auf den Sprungbefehl folgt, wird für die Sprungentfernung daher der Wert »01« assembliert (prüfen Sie das einmal nach), für den Sprungbefehl

```
JMP $+0
```

der auf der Stelle springt, wird entsprechend der Wert »FEh« assembliert. Dies ist das Zweierkomplement von −2 und bewirkt, daß der Wert des IP-Registers nun wieder auf den ersten Opcode des JMP-Befehls zeigt.

Eigentlich sollte man davon ausgehen können, daß der Assembler selber clever genug sein müßte, den entsprechenden JMP-Befehl in Abhängigkeit von der Entfernung des Labels zu verwenden. Während die Version 5.1 des Makroassemblers diese Möglichkeit leider noch nicht bietet (hier wird für ein nicht benötigtes Entfernungsbyte der Opcode eines NOP-Befehls eingetragen), steht diese »optimierende« Eigenschaft sowohl beim Turbo-Assembler als auch bei MASM ab Version 6.0 zur Verfügung.

Sowohl bei einem Near- als auch bei einem Far-Sprung folgt das Sprungziel in Form eines Labels auf den JMP-Befehl. In beiden Fällen ersetzt der Assembler das Label durch ein sogenanntes »Displacement«, was sich auf deutsch am besten mit »Verschiebebyte« übersetzen läßt. Das Displacement, das von der CPU als ein vorzeichenbehafteter 16-Bit- (Near) oder 8-Bit-Wert (Short) interpretiert wird, gibt die Anzahl an Byte zwischen dem Sprungbefehl und der Zieladresse an. Da sowohl ein Near- als auch ein Short-JMP nur innerhalb eines Segments springen, wird lediglich eine Offsetadresse für die Angabe der Zieladresse benötigt.

Beispielprogramm 8.1 – BSP08_01.ASM

Das folgende Beispielprogramm enthält eine Programmschleife, in der bei jedem Durchlauf ein Wert im AL-Register erhöht wird. Da diese Schleife über einen JMP-Befehl aufgebaut wird, handelt es sich hier um eine Endlosschleife. Assemblieren und linken Sie das Programm und testen Sie es mit Hilfe des Debuggers. Bringen Sie es nicht zur Ausführung, da aufgrund der Endlosschleife die CPU blockiert wird.

```
.MODEL SMALL
.STACK 100h
.CODE
START:
        MOV AX,0            ; Lade AL mit Null
PLUS_1:    INC AL           ; Erhöhe AL um eins
        JMP PLUS_1          ; Springe zum Label zurück
        MOV AH,4Ch
        INT 21h
END START
```

Mit der Programmroutine aus Beispiel 8.1 werden Sie beim Ausprobieren mit dem Debugger auf die Dauer nicht glücklich, denn der Inhalt des AL-Registers wird so lange erhöht, bis Sie die Lust verlieren oder dem Rechner der Strom abgeschaltet wird. Unbedingte Sprünge, also Sprünge, die von keiner Bedingung abhängen, wie es der JMP-Befehl nun einmal ist, sind zur Schleifenprogrammierung schlecht geeignet. Viel besser eignen sich dagegen Sprungbefehle, die die Entscheidung »Springe ich oder springe ich diesmal nicht« von einer Bedingung abhängig machen. Einen solchen Befehl haben Sie mit dem JNE-Befehl bereits im letzten Kapitel kennengelernt. Die übrigen 20 bedingten Sprungbefehle der 8086/88-CPU, bei denen es sich übrigens auch um Short-Sprünge handelt, und damit verbunden natürlich auch die Programmierung von Schleifen, werden wir uns in Kapitel 8.6 ansehen. Im nächsten Abschnitt soll zunächst die Frage geklärt werden, wie Far-Sprünge in einem Assemblerprogramm durchgeführt werden.

Far-Sprünge: Springen ohne Grenzen

Auch wenn Far-Sprünge in der Praxis relativ selten verwendet werden (insbesondere in diesem Buch), soll der Vollständigkeit halber auch ein Beispiel zu diesem Sprungbefehlstyp folgen. Zunächst aber noch ein Hinweis in eigener Sache. Sie werden Far-JMPs in Ihren ersten eigenen Übungsprogrammen (wenn Sie nicht gerade ein neues Betriebssystem oder ein Textverarbeitungsprogramm entwickeln) nur sehr selten benötigen. Der Hintergrund bei der Ausführung eines Far-JMPs ist, wie der vorletzte Abschnitt hoffentlich bewiesen hat, sicher nicht schwerer zu verstehen als der eines Near-JMPs. Allerdings ziehen Far-JMPs, genau wie Far-CALLs, in einem Assemblerprogramm einige Implikationen nach sich (Stichwort: Speichermodell und Vorwärtsreferenzen), die mit Recht als fortgeschritten bezeichnet werden dürfen. Wenn Sie sich diese

Materie im Moment noch nicht zumuten möchten, können Sie diesen Abschnitt über Far-Sprünge und den folgenden Abschnitt über indirekte Sprünge, die ebenfalls am Anfang nur sehr selten benötigt werden, mit gutem Gewissen überspringen. Fahren Sie statt dessen unbeschwert mit Kapitel 8.3 fort, in dem gezeigt wird, wie in einem Assemblerprogramm Tastatureingaben und Bildschirmausgaben durchgeführt werden. Bereuen werden Sie es sicher nicht, denn für mehr als 90% der Beispielprogramme in diesem Buch kommen Sie mit den ein wenig einfacher zu handhabenderen Near-JMPs bestens aus. Wenn Sie es jedoch interessiert und wenn Sie bereit sind, ein wenig tiefer in die Materie einzusteigen, dann sollten Sie auf alle Fälle diesen Abschnitt zu Ende lesen. Hier ist erst einmal das angekündigte Beispiel.

Beispielprogramm 8.2 – BSP08_02.ASM
Dieses Beispielprogramm führt die Anwendung eines Far-JMPs vor. Assemblieren und linken Sie das Programm und testen Sie es mit dem Debugger. Bringen Sie das Programm nicht zur Ausführung, da es keinen sichtbaren Effekt hat. Achten Sie bei der Ausführung mit dem Debugger darauf, wie die Zieladresse des JMP-Befehls festgelegt wird und welche Adresse das zweite Segment erhält.

```
.MODEL LARGE
.STACK 100h
.CODE PROG1
START:
        JMP FAR PTR WEIT_WEG
.CODE PROG2
WEIT_WEG     LABEL FAR

        MOV AH,4Ch
        INT 21h

END START
```

Das Speichermodell heißt diesmal Large
Dieses Beispiel fällt in zweierlei Hinsicht aus unserem Standardrahmen. Zum einen wird diesmal über die .MODEL-Anweisung nicht das Speichermodell Small, sondern das Speichermodell Large verwendet. Der Grund: Da, wie noch in Kapitel 10.3 zu erläutern sein wird, unter dem Speichermodell Small das Programmsegment nicht größer als 64 Kbyte werden darf, darf auch nur eine einzige .CODE-Anweisung, über die ein Programmsegment bekanntlich definiert wird, existieren. Kann man nämlich zwei oder mehrere .CODE-Anweisungen einsetzen, kann auch das Programmsegment maximal 128 Kbyte oder entsprechende Vielfache von 64 Kbyte, der maximalen Segmentgröße, groß werden. Unter dem Speichermodell Large gibt es diese Einschränkung dagegen nicht. Hier »darf« das Programmsegment beliebig, sprich maximal 1 Mbyte, groß werden. Es soll bereits an dieser Stelle darauf hingewiesen werden, daß das Speichermodell lediglich eine formale Begrenzung mit sich bringt. So ist es auch unter dem Speichermodell Small ohne weiteres möglich, mit mehreren Segmenten zu arbeiten und das Programmsegment damit größer als 64 Kbyte werden zu lassen. Dank der Festlegung eines Speichermodells ist der Assembler in der Lage, den Typ von Adressen und Zeigern (Near oder Far) selbständig festzulegen. Eine Anweisung zur expliziten Festlegung eines Speichermodells, genauer gesagt die .MODEL-

Anweisung, wurde von Microsoft erst ab der Version 5.0 des Makroassemblers eingeführt (bei der MASM-Version 4.0 gab es noch keine Speichermodelle) und dient in erster Linie dazu, die Einbindung von Assemblerroutinen in Microsoft-Hochsprachen, wie zum Beispiel Microsoft C, zu erleichtern. Ein Assemblerprogrammierer muß mit der .MODEL-Anweisung leben, obwohl er sie im Grunde gar nicht braucht. Eine Anmerkung dazu: Dies ist wieder einmal nur die halbe Wahrheit. Man kann auf das Speichermodell auch gänzlich verzichten, wenn man auf die Standardsegment-anweisungen zurückgreift, die in Kapitel 10.3 vorgestellt werden. Leider wird durch die Standard-segmentanweisungen aber der Aufbau eines Assemblerprogramms ein wenig komplizierter, so daß unter dem Strich die Verwendung der .MODEL-Anweisung und damit verbunden die Ver-wendung der vereinfachten Segmentanweisungen die bessere Wahl darstellt. So viel zum Thema »Pro und Kontra von Speichermodellen«. Als Assembler-Neuling werden Sie sich unter einem Speichermodell wahrscheinlich noch herzlich wenig vorstellen können. Das ist aus zwei Gründen nicht weiter schlimm. 1. wird die Bedeutung des Speichermodells in Kapitel 10.3 ausführlich besprochen. 2. kommt man, und das haben die zahlreichen Beispielprogramme der letzten beiden Kapitel gezeigt, auch ganz gut über die Runden, ohne die Bedeutung der .MODEL-Anweisung bis ins Detail verstanden zu haben.

Wo waren wir stehengeblieben? Richtig, bei der Besprechung des Beispielprogramms, in dem diesmal, aus besagten Gründen, das Speichermodell Large verwendet wird. War da nicht eingangs von einer zweiten Neuerung die Rede? Da in diesem Beispiel ein Far-Sprung, das heißt ein Sprung in ein anderes Segment vorgeführt werden soll, wird auch ein zweites Programmsegment benötigt. Auch dieses Programmsegment wird über die .CODE-Anweisung definiert. Um das zweite Programmsegment von dem ersten Programmsegment unterscheiden zu können, erhalten beide Programmsegmente diesmal einen Namen, der direkt auf die .CODE-Anweisung folgt.

Zu dem Beispiel selber gibt es noch einiges zu sagen (wen wundert's bei dieser komplizierten Materie). Es besteht im wesentlichen aus einem Far-JMP-Befehl, der einen Sprung zu dem Label WEIT_WEG durchführt:

```
JMP FAR PTR WEIT_WEG
```

Was hat der PTR-Operator denn hier zu suchen? Nun, da die Definition des Labels WEIT_WEG erst nach dem Sprungbefehl erfolgt, kann der Assembler bei der Assemblierung des JMP-Befehls noch nicht wissen, um was für einen Label-Typ es sich bei WEIT_WEG handelt (wenn der Assembler nur halbwegs intelligent wäre, würde er den Wink mit dem Zaunpfahl, sprich dem Labelnamen, ja verstehen). Man spricht in diesem Fall von einer Vorwärtsreferenz. Die benötigte Information stellen wir dem Assembler über den PTR-Operator zur Verfügung, der soviel sagt wie »bei dem Label WEIT_WEG handelt es sich um ein Label, das in einem anderen Segment definiert ist«. Warum ist diese Angabe so wichtig? Weil der Assembler für die Zieladresse in dem Opcode des Sprungbefehls die benötigten Bytes zu reservieren hat, muß er wissen, ob er zwei (Near-Label) oder vier (Far-Label) Byte reservieren muß. Ohne den »FAR PTR«-Operator würde der Assembler von einem Near-Label ausgehen und 2 Byte reservieren. Später, wenn er auf das Label WEIT_WEG trifft, würde der Assembler feststellen, daß es sich in einem anderen Segment befindet. Da aber nur Platz für 2 Byte gemacht wurde, ist ein sogenannter »Phasenfehler« die Folge. Ab MASM 6.0 und TASM 2.0 ist der Assembler um einiges intelligenter geworden und nun auch in der Lage, derartige Situationen ohne eine PTR-Operator in den Griff zu kriegen.

Auch zur Definition des Labels WEIT_WEG ist eine Anmerkung erforderlich. Da es sich hier um ein Far-Label handelt, muß das Label über die LABEL-Anweisung definiert werden. Eine Entsprechung zum Doppelpunkt, durch den ein Near-Label definiert wird, gibt es für Far-Label nicht. Auf die LABEL-Anweisung, mit der übrigens auch Near- oder Short-Label definiert werden können, werden wir noch des öfteren treffen. Die LABEL-Anweisung macht nichts anderes, als eine Speicherzelle in einem Segment mit einem Namen und einem Typ zu versehen.

Lassen Sie sich übrigens nicht von der Namensgebung des Labels irritieren. Auch wenn wir das Label GANZ_WEIT_WEG genannt hätten, muß das noch lange nicht heißen, daß sich das Label tatsächlich »weit weg« vom Sprungbefehl (in Byte ausgedrückt) befindet. Tatsächlich beträgt die Entfernung nur einige Bytes. Da sich das Label aber in einem anderen Segment befindet (denken Sie daran, daß die Größe eines Segments zwischen 0 und 65536 Byte liegen kann), muß ein Far-JMP verwendet werden.

Fazit für diesen Abschnitt: Ein Near- oder ein Short-Sprung verändert lediglich das IP-Register. In diesem Fall wird der Operand des Sprungbefehls zum Inhalt des IP-Registers addiert, wodurch sie die neue (Ziel-)Adresse ergibt. Da nur das IP-Register verändert wird, kann man mit einem Near-Sprung nur innerhalb eines Segments springen. Mit einem Far-Sprung ist dagegen ein Sprung in ein anderes Segment möglich. Hier werden sowohl das IP- als auch das CS-Register mit der Zieladresse, dem Operanden des Far-JMPs, geladen. Die unterschiedlichen Verhältnisse bei den einzelnen Sprungbefehlstypen werden durch Bild 8.1 veranschaulicht

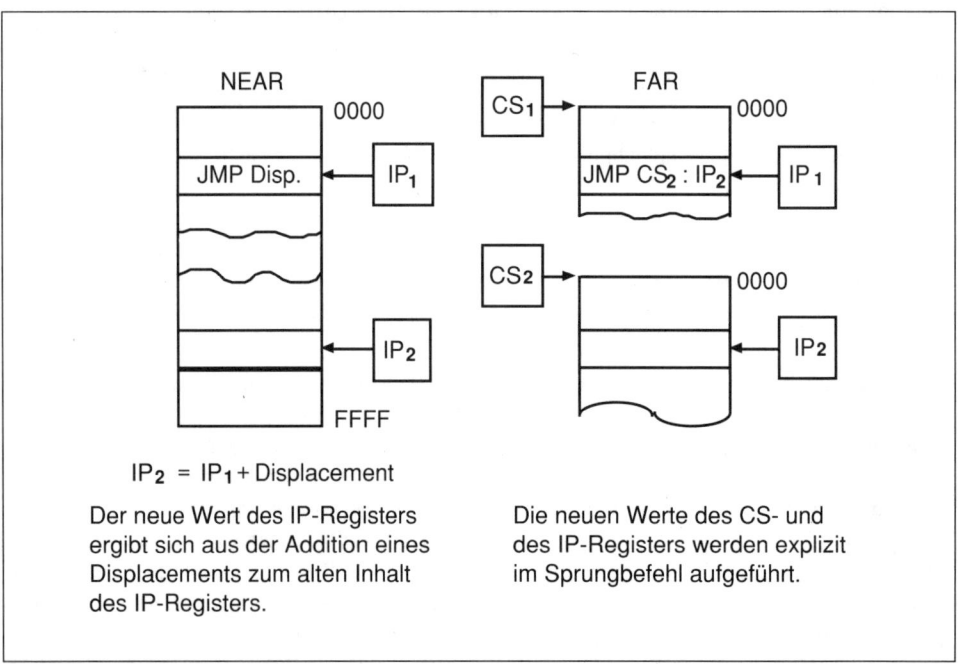

$$IP_2 = IP_1 + Displacement$$

Der neue Wert des IP-Registers ergibt sich aus der Addition eines Displacements zum alten Inhalt des IP-Registers.

Die neuen Werte des CS- und des IP-Registers werden explizit im Sprungbefehl aufgeführt.

Bild 8.1: *Far- und Near-Sprünge*

Alles hat zwei Seiten

Wenn man sich noch einmal die Zusammenfassung zu Gemüte führt, muß man den Eindruck gewinnen, daß Far-Sprünge nur Vorteile und Near-Sprünge nur Nachteile besitzen. Das ist natürlich keineswegs der Fall. Zwar bieten Far-Sprünge den Vorteil, daß mit ihnen jede Adresse innerhalb des 1-Mbyte-Adreßraums erreicht werden kann. Da bei einem Far-Sprung zum einen insgesamt 5 Opcodebyte und zum anderen sowohl das IP- als auch das CS-Register mit der neuen Zieladresse geladen werden müssen, kosten diese Sprünge mehr Ausführungszeit. Auch Far-Sprünge, die natürlich auch innerhalb ein und desselben Segments durchgeführt werden können, sollte daher, wenn es auf die Ausführungsgeschwindigkeit ankommt, verzichtet werden (grundsätzlich sollte in diesem Fall auf alle Arten von Sprungbefehlen verzichtet werden, doch läßt sich dies nicht immer realisieren). Auch der Nachteil eines Near-Sprung:Vor- und Nachteiles ist offensichtlich, das Sprungziel muß innerhalb des gleichen Segments liegen. In der Praxis ist dies jedoch kein echter Nachteil, da Programme selten größer als 64 Kbyte werden. Near-Sprünge bieten zudem den Vorteil, daß sie positionsunabhängig sind. Der CPU wird bei einem Near-Sprung nicht gesagt, »Springe zur Offsetadresse 1000«. Vielmehr erhält die CPU eine Anweisung vom Typ »Springe um 420 Byte nach vorne«. Die Segmentadresse ändert sich dabei nicht, da der Sprung innerhalb ein und desselben Segments durchgeführt wird. Daher spielt es keine Rolle, bei welcher Adresse sich der Sprungbefehl befindet. Da die Entfernungsangabe relativ ist, kann sich der Sprungbefehl im Prinzip an jeder beliebigen Offsetadresse befinden. Diese Eigenschaft ist eine wichtige Voraussetzung für das Funktionieren von MS-DOS, das ein Programm niemals an feste Adressen lädt, sondern einem Programm stets die Adresse zuweist, die der interne Speichermanager zur Verfügung stellt.

Indirekte Sprünge

Trotz ihrer Unterschiede haben Near- und Far-JMP auch etwas gemeinsam. Da die Zieladresse direkt als Operand des JMP-Befehls aufgeführt wird, handelt es sich in beiden Fällen um einen direkten Sprung. Es gibt aber auch JMP-Befehle, bei denen sich die Zieladresse in einem CPU-Register oder in einer Speichervariablen befindet. Diese Kategorie von Sprüngen wird dementsprechend als indirekter Sprungbefehl bezeichnet.

Tabelle 8.1 gibt eine Übersicht über die unterschiedlichen Sprungbefehle, die die 8086/88-CPU zur Verfügung stellt.

Sprungtyp	Entfernung	Sprungziel ist enthalten in
Relativ	Near	8- oder 16-Bit-Displacement
Indirekt	Near	Register oder Speicherzelle
Direkt	Far	Unmittelbare Adresse
Indirekt	Far	Zwei Speicherzellen (4 Byte)

Tabelle 8.1: *Sprungbefehle der 8086/88-CPU*

Da bei einem indirekten Sprung die Zieladresse entweder in einem Register oder in einer Speichervariablen enthalten ist, kann das Sprungziel innerhalb des Programms variiert werden. So lassen sich Programmstrukturen aufbauen, die etwa einem »ON ... GOTO«-Befehl in Basic oder einer CASE .. OF-Anweisung in Pascal entsprechen.

Auch ein indirekter Sprung kann vom Typ Near oder vom Typ Far sein. Im einfachsten Fall ist die Offsetadresse des Ziel-Labels in einem CPU-Register enthalten:

```
JMP <Register>
```

Anders als bei indirekter Speicheradressierung ist hier jedes der acht allgemeinen CPU-Register AX, BX, CX, DX, DI, SI, BP und SP erlaubt. So führt der Sprungbefehl

```
JMP AX
```

einen Sprung zu einer Adresse durch, die sich im AX-Register befindet. Der Segmentanteil der Zieladresse befindet sich natürlich im CS-Register, denn es handelt sich ja um einen Sprungbefehl. Etwas anders sieht es bei dem folgenden JMP-Befehl aus:

```
JMP [BX]
```

Hier befindet sich die Sprungadresse nicht im BX-Register wie es zunächst den Anschein haben könnte. Vielmehr enthält das BX-Register die Adresse einer Speichervariablen, die die Zieladresse enthält.

Beispielprogramm 8.3 – BSP08_03.ASM

Das folgende Beispielprogramm zeigt, wie sich das Prinzip des Basic-Befehls »ON..GOTO« über eine Tabelle mit Sprungadressen in Maschinensprache realisieren läßt. Assemblieren und linken Sie das Programm, testen Sie es mit dem Debugger und bringen Sie es zur Ausführung. Beachten Sie, daß Sie den Befehl »INT 21h«, der im nächsten Abschnitt ausführlich besprochen wird, bei DEBUG über das P-Kommando und nicht über das T-Kommando ausführen müssen.

```
.MODEL SMALL
MAX_OPT = 4
.STACK 100h
.DATA
        TEXT1 DB 'Geben Sie eine Zahl ein (1-4)',10,13,'$'
        OPT_TEXT0 DB 'Diese Eingabe ist nicht erlaubt!',10,13,'$'
        OPT_TEXT1 DB 'Dies ist Option 1!',10,13,'$'
        OPT_TEXT2 DB 'Dies ist Option 2!',10,13,'$'
        OPT_TEXT3 DB 'Dies ist Option 3!',10,13,'$'
        OPT_TEXT4 DB 'Dies ist Option 4!',10,13,'$'
        JUMP_TABLE DW OPTION0, OPTION1, OPTION2, OPTION3, OPTION4
.CODE
START:
        MOV DX,@DATA            ; Initialisierung des Datensegments
        MOV DS,DX
        MOV DX,OFFSET TEXT1     ; Ausgabe von Text1
        MOV AH,09
        INT 21h
        MOV AH,07              ; Eingabe eines Zeichens als ASCII-Code
ohne Echo
        INT 21h
        SUB AL,'0'             ; ASCII-Code minus 48 = Zahlenwert
```

```
        XOR BX,BX              ; BX-Register auf Null
        CMP AL,0               ; Eingabe mit Null vergleichen
        JLE FEHLER             ; Kleiner, gleich dann Fehler
        CMP AL,MAX_OPT         ; Grösser als Maximalwert?
        JG FEHLER              ; Ja, dann Fehler
        CBW                    ; AL auf AX erweitern
        MOV BX,AX              ; AX nach BX für indirekten Sprung
        SHL BX,1               ; Index in BX mal zwei
FEHLER:
        JMP JUMP_TABLE[BX]     ; Hier wird der Sprung ausgeführt
ENDE:
        MOV AH,09              ; Funktionsnummer 09 nach AH
        INT 21h                ; Text, dessen Adresse in DS:DX ist
ausgeben
        MOV AH,4Ch             ; Zurück zu MS-DOS
        INT 21h
OPTION0:
        MOV DX,OFFSET OPT_TEXT0 ; Offsetadresse von opt_text0 laden
        JMP ENDE
OPTION1:
        MOV DX,OFFSET OPT_TEXT1 ; Offsetadresse von opt_text1 laden
        JMP ENDE
OPTION2:
        MOV DX,OFFSET OPT_TEXT2  ; Offsetadresse von opt_text2 laden
        JMP ENDE
OPTION3:
        MOV DX,OFFSET OPT_TEXT3  ; Offsetadresse von opt_text3 laden
        JMP ENDE
OPTION4:
        MOV DX,OFFSET OPT_TEXT4  ; Offsetadresse von opt_text4 laden
        JMP ENDE
END START
```

Der Kern des Beispielprogramms 8.3 ist der indirekte Sprungbefehl

```
JMP JUMP_TABLE[BX]
```

Die Zieladresse dieses Sprungbefehls wird aus der Summe des Inhalts des BX-Registers und der Offsetadresse der Speichervariablen JUMP_TABLE berechnet. Sie sehen, daß auch bei einem indirekten Sprung (oder Prozeduraufruf) alle Adressierungsarten zur Verfügung stehen. Beachten Sie ferner, daß auch der Inhalt des DS-Registers für die Zieladresse indirekt eine wichtige Rolle spielt. Da sich die Zieladresse nämlich in einer Speichervariablen im Datensegment befindet, muß das DS-Register mit der Adresse des Datensegments initialisiert sein. Falls aus irgendeinem Grund das DS-Register nicht zur Verfügung steht, ist es kein Problem, die Speichervariablen mit der Zieladresse auch im Programmsegment unterzubringen (der Assembler assembliert in diesem Fall selbständig das erforderliche Segment-Aufhebungs-Präfix).

Wahrscheinlich wird es Sie wundern, wie im Beispielprogramm 8.3 die Eingabe eines Zeichens und die Ausgabe von Text bewerkstelligt wurde. Dafür sind die DOS-Funktionen des Interrupts 21h zuständig. Wir werden auf diese DOS-Funktionen im nächsten Abschnitt zurückkommen.

Indirekte Far-Sprünge

Bei einem indirekten Far-Sprung kann sich die Zieladresse nur in einer Speichervariablen befinden. Diese muß zwangsläufig den Typ DWORD besitzen, denn für eine Segment-Adresse werden stets 4 Byte benötigt. Beachten Sie, daß stets zuerst der Offsetanteil und dann der Segmentanteil in der Speichervariablen abgelegt sein muß.

Beispielprogramm 8.4 – BSP08_04.ASM

Das folgende Beispiel demonstriert die Anwendung eines indirekten Far-JMPs, der einen Sprung in ein anderes Segment durchführt. Assemblieren und linken Sie das Programm und testen Sie es mit dem Debugger. Variieren Sie dabei den PTR-Operator und überprüfen Sie mit dem Debugger, welcher Typ von Sprungbefehl assembliert wird.

```
.MODEL LARGE
.STACK
.DATA
    TEXT    DB 'Mit einem Weitsprung ans Ziel!',10,13,'$'
    ZIEL_ADR DW OFFSET ZIEL
         DW SEG ZIEL
.CODE PROG1
START:
    MOV DX,@DATA                ; Datensegment initialisieren
    MOV DS,DX
    JMP DWORD PTR ZIEL_ADR      ; Ein indirekter Far-Sprung
ENDE    LABEL FAR
    MOV AH,4Ch                  ; Zurück zu DOS
    INT 21h
    DB 200 DUP (?)
.CODE PROG2
ZIEL    LABEL FAR
    MOV DX,OFFSET TEXT          ; Einen Text ausgeben
    MOV AH,09
    INT 21h
    JMP ENDE                    ; Ein direkter Far-Sprung
END START
```

Bei diesem Beispielprogramm, das, wie auch das letzte Beispielprogramm, im Grunde nur aus einem Sprungbefehl besteht, gilt es, auf Feinheiten zu achten. Der indirekte Sprungbefehl

```
JMP DWORD PTR ZIEL_ADR
```

unterscheidet sich nämlich durch ein unscheinbares Detail von einem direkten Far-JMP. Durch den Zusatz »DWORD PTR« wird dem Assembler mitgeteilt, daß es sich um einen indirekten Far-JMP handelt. Ohne diesen Zusatz wird entweder ein direkter Sprung oder ein indirekter Near-JMP assembliert. Probieren Sie die einzelnen Varianten am besten einmal selber aus, indem Sie zum

Beispiel den PTR-Operator weglassen oder den PTR-Operator in der Form »FAR PTR« oder »NEAR PTR« einsetzen. Mit Hilfe des Debuggers läßt sich dann feststellen, welche Art von Sprungbefehl der Assembler erzeugt hat. Unter Umständen werden Sie sich fragen, welche Bedeutung die Anweisung

```
DB 200 DUP (?)
```

hat. Diese dient lediglich dazu, einen Zwischenraum von 200 Byte im ersten Codesegment zu erzeugen, damit ein indirekter Near-JMP nicht »versehentlich« das gleiche Resultat erzeugt wie ein Far-JMP. Das Prinzip eines indirekten Far-JMPs wird noch einmal durch Bild 8.2 verdeutlicht.

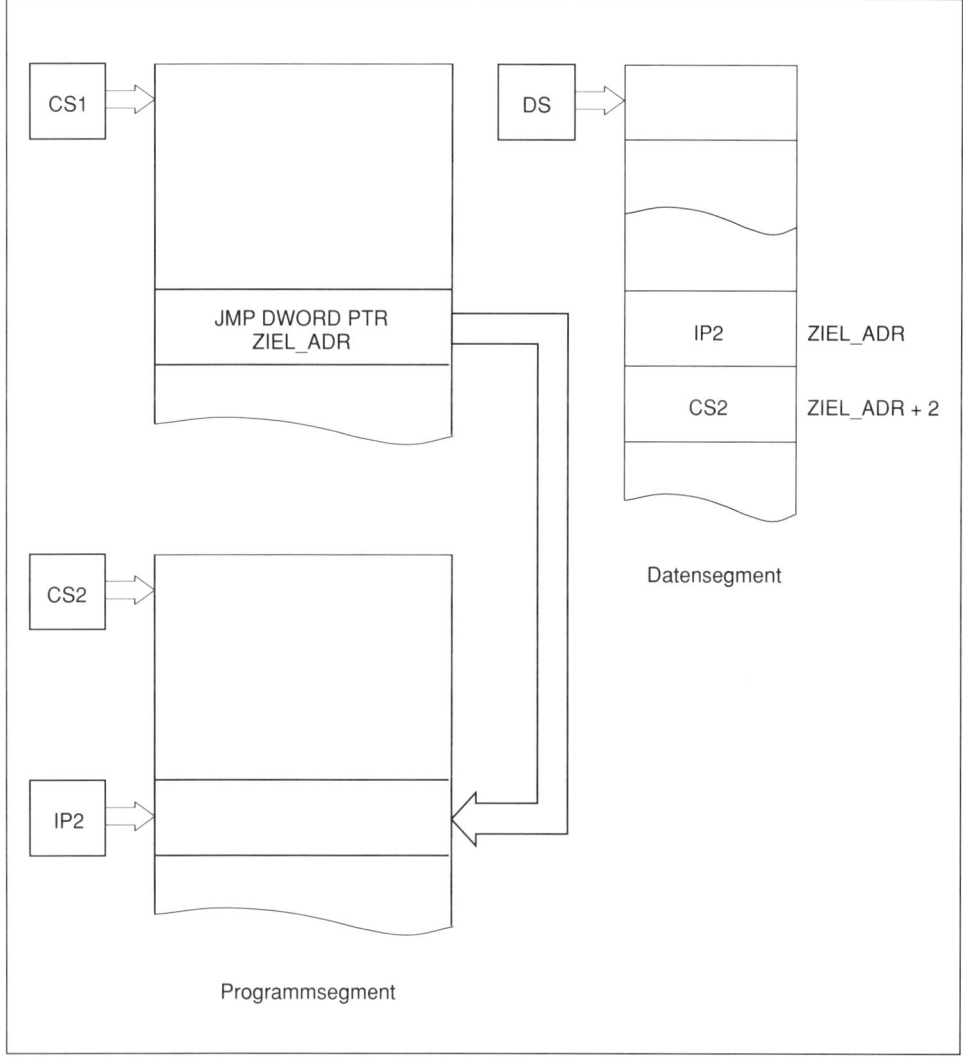

Bild 8.2: *Das Prinzip eines indirekten Far-JMPs*

8.3 Kontakt zur Außenwelt

Es macht für einen Einstieg in die Maschinensprache schon einen Unterschied, ob ein Maschinenprogramm unsichtbar irgendwelche Daten hin- und herschiebt, Registerinhalte addiert oder Schleifen abarbeitet oder ob ein nach außen sichtbarer Effekt auftritt. Kurzum, für ein Erfolgserlebnis ist es notwendig, daß auf dem Bildschirm auch einmal etwas passiert oder daß es möglich ist, Werte über die Tastatur einzugeben. Leider ist es in einem Assemblerprogramm nicht so einfach möglich, einfach einmal einen Wert auf dem Bildschirm auszugeben oder gar ein paar grafische Effekte hervorzuzaubern. Der Grund: Da wir uns in der Maschinensprache auf der untersten Ebene in einem PC bewegen, muß jede Kleinigkeit selbst programmiert werden. Betrachten wir dazu einmal die Ausgabe eines Zeichens auf dem Bildschirm. Zunächst muß der aktuelle Video-Modus ermittelt werden. Dann muß das auszugebende Zeichen zusammen mit dem Zeichenattribut in das Video-RAM eingetragen werden. Falls ein Treiber, wie zum Beispiel ANSI.SYS, geladen wurde, muß die Ausgabe über die Funktionen des Treibers erfolgen. Ferner muß überprüft werden, ob das Zeichen in der aktuellen Ausgabezeile noch Platz hat und nicht unter Umständen der Bildschirm gescrollt werden muß. Zu guter Letzt muß die Position des Cursors aktualisiert werden. Sie sehen, selbst eine so triviale Tätigkeit wie die Ausgabe eines Zeichens auf dem Bildschirm erfordert eine ganze Reihe von Aktivitäten, die manchmal auch »Assemblerprofis« Probleme bereiten können.

Basic-, Pascal- oder C-Programmierer kennen diese Probleme im allgemeinen nicht, da die Befehle der Programmiersprache oder die mit einem Compiler gelieferten Funktionsbibliotheken für alle Standardprobleme fertige Lösungen in Form entsprechender Funktionen enthalten. Wie schön wäre es doch, wenn es eine solche universelle Toolbox auch für Assemblerprogrammierer geben würde. Zwar gibt es derartige Toolboxen mittlerweile auch zu kaufen, doch sind diese nicht ganz billig. Ein Assemblerprogrammierer wird sich daher in der Regel im Laufe der Zeit eine eigene Funktionssammlung aufbauen, mit der sich die wichtigsten Standardprobleme lösen lassen.

Doch auch das Betriebssystem MS-DOS stellt uns eine Art Toolbox zur Verfügung. Zwar ist dieser Werkzeugkasten nicht so umfangreich, wie man es sich vielleicht wünschen würde, doch für den Anfang reichen die angebotenen Funktionen erst einmal aus. Mit Hilfe dieser Funktionen, die als DOS- und als BIOS-Funktionen (mehr dazu in Kapitel 11) bezeichnet werden, ist es möglich, ein Zeichen auf dem Bildschirm auszugeben oder Daten aus dem Arbeitsspeicher in eine Datei auf Diskette oder Festplatte zu schreiben. Wir werden uns im folgenden mit den DOS-Routinen beschäftigen, da diese ein wenig mehr Komfort bieten als die entsprechenden BIOS-Routinen.

Der Aufruf einer DOS-Funktion

erfolgt über einen INT-Befehl. Auch bei diesem Befehl, der im Detail noch zu besprechen sein wird, handelt es sich um einen Sprungbefehl. Die Sprungadresse wird hier in Form einer 8-Bit-Zahl angegeben. Mit dem INT-Befehl können daher 256 verschiedene »Interruptroutinen« aufgerufen werden. Die meisten der über 100 verschiedenen DOS-Funktionen werden über den Interrupt 21h aufgerufen (Interruptnummern werden in der Regel hexadezimal angegeben). Die DOS-Funktionen übernehmen so unterschiedliche Aufgaben, wie zum Beispiel die Ausgabe eines Zeichens auf dem Bildschirm, das Erstellen einer Datei oder das Lesen der Systemzeit.

Welche dieser Routinen durch den »INT 21h«-Befehl aufgerufen werden soll, wird durch eine Funktionsnummer festgelegt, die vor der Ausführung des INT-Befehls im AH-Register abgelegt werden muß. Einige dieser Funktionen haben Sie bereits mehrfach kennengelernt. So zum Beispiel die Funktion 4Ch, die ein Maschinenprogramm beendet und eine Rückkehr zu MS-DOS, genauer gesagt zu COMMAND.COM, durchführt. Eine Übersicht über die wichtigsten MS-DOS-Funktionen zur Tastatureingabe und Bildschirmausgabe finden Sie in Tabelle 8.2, eine vollständige Übersicht erfolgt in Anhang C.

Funktions-Nr.	Bedeutung
01h	Eingabe eines Zeichens
02h	Ausgabe eines Zeichens
05h	Ausgabe eines Zeichens auf dem Drucker
08h	Eingabe eines Zeichens ohne Echo
09h	Ausgabe einer Zeichenkette
0Ah	Eingabe einer Zeichenkette

Tabelle 8.2: *DOS-Funktion*

Tastatureingabe

Die erste DOS-Routine, die in ein Assemblerprogramm eingebaut werden soll, ist eine Funktion zur Eingabe eines Zeichens über die Tastatur. Diese Funktion, sie besitzt die Funktionsnummer 01, wartet nach ihrem Aufruf auf eine Tastatureingabe. Nach erfolgter Eingabe wird der ASCII-Code des eingegebenen Zeichens im AL-Register abgelegt und das Zeichen zusätzlich auf dem Bildschirm ausgegeben (Echo-Funktion).

Beispielprogramm 8.5 – BSP08_05.ASM

Das folgende Beispielprogramm wartet auf die Eingabe von zehn Zeichen von der Tastatur und gibt die eingegebenen Zeichen auf dem Bildschirm aus. Assemblieren und linken Sie das Programm, testen Sie es mit dem Debugger und bringen Sie es zur Ausführung.

```
.MODEL SMALL
.STACK 100h
.CODE
START:
    MOV CL,10          ; Lade Schleifenzähler
LOOP_START:
    MOV AH,01          ; Lade Funktionsnummer
    INT 21H            ; Führe Tastatureingabe durch
    DEC CL             ; Erniedrige Schleifenzähler
    JNZ LOOP_START     ; Springe, wenn nicht Null
    MOV AH,4CH         ; Lade Funktionsnummer
    INT 21H            ; Beende Maschinenprogramm
END START
```

Dies ist ein wichtiger Augenblick in Ihrer Karriere als Assemblerprogrammierer. Zum ersten Mal (die beiden vorangegangenen Beispiele zählen nicht) kann Ihr Maschinenprogramm mit der

Außenwelt, das heißt in diesem Fall mit der Tastatur Kontakt aufnehmen. Möglich wird dies durch den Befehl »INT 21h«, der die notwendige Routine zur Eingabe eines Zeichens über die Tastatur zur Verfügung stellt. Sie sehen an diesem Beispiel, daß der Aufruf einer DOS-Funktion vollkommen problemlos ist. Weil es so schön war, probieren wir gleich ein weiteres Beispiel aus.

Bildschirmausgabe

Das Gegenstück zur Tastatureingabe stellt die Bildschirmausgabe dar. Auch hier existiert eine entsprechende Funktion, die über den »INT 21h«-Befehl aufgerufen werden kann. Diese Funktion, sie besitzt die Funktionsnummer 02, gibt ein Zeichen auf dem Bildschirm aus, dessen ASCII-Code sich im DL-Register befinden muß.

Beispielprogramm 8.6 – BSP08_06.ASM

Das folgende Beispiel gibt die Buchstaben A bis J auf dem Bildschirm aus. Assemblieren und linken Sie das Programm, testen Sie es mit dem Debugger und bringen Sie es zur Ausführung.

```
.MODEL SMALL
.STACK 100h
.CODE
START:
    MOV CL,10       ; Lade Schleifenzähler
    MOV DL,65       ; Lade ASCII 'A'
LOOP_START:
    MOV AH,02       ; Funktionsnummer
    INT 21h         ; Bildschirmausgabe
    INC DL          ; Nächster ASCII-Code
    DEC CL          ; Erniedrige Schleifenzähler
    JNZ LOOP_START  ; Springe, wenn noch nicht Null
    MOV AH,4Ch      ; Funktionsnummer
    INT 21h         ; Beende Maschinenprogramm
END START
```

An dem Aufruf der Funktion 02 wird deutlich, auf welche Weise einer DOS-Funktion die benötigten Parameter übergeben werden. Dies geschieht ausschließlich über die CPU-Register. Jede Funktion erwartet ihre Parameter in festgelegten Registern und gibt etwaige Ergebnisse ebenfalls in festgelegten Registern (in manchen Fällen auch durch Setzen des Carryflags) zurück. In der Übersicht der wichtigsten DOS-Routinen in Anhang C finden Sie zu jeder aufgeführten Funktion angegeben, in welchen Registern welche Parameter übergeben werden müssen und in welchen Registern Sie etwaige Parameter wieder entgegennehmen können.

Ein- und Ausgabe von Zeichenketten

Mit den beiden vorgestellten Ein-/Ausgabefunktionen läßt sich schon einiges anfangen. Bevor allerdings die Besprechung der Sprungbefehle fortgesetzt wird, sollen noch zwei weitere DOS-Funktionen vorgestellt werden, die ebenfalls in den folgenden Beispielprogrammen zum Einsatz kommen werden. Die erste Funktion, sie besitzt die Funktionsnummer 09, gibt eine Zeichenkette auf dem Bildschirm aus. Die Segment-Adresse der auszugebenden Zeichenkette, die sich irgendwo im Arbeitsspeicher befinden kann (in der Regel im Datensegment), wird im Registerpaar

DS:DX übergeben. Da auszugebende Zeichenketten, wie in Kapitel 6.6 bereits gezeigt wurde, üblicherweise wie alle Speichervariablen im Datensegment definiert werden und die Adresse des Datensegments bereits zu Beginn des Programms im DS-Register eingetragen wird, müssen Sie sich um das DS-Register nur in den seltensten Fällen Gedanken machen. Eines dürfen Sie aber bei Verwendung der Funktion 09 zur Ausgabe einer Zeichenkette nicht vergessen: Die Zeichenkette muß stets mit einem »$«-Zeichen (ASCII 24h) abgeschlossen werden, da DOS daran das Ende der Zeichenkette erkennt.

Das Pendant zu dieser Ausgaberoutine ist eine Eingaberoutine mit der Funktionsnummer 0Ah. Diese Funktion nimmt von der Tastatur eine Zeichenkette entgegen. Die maximale Länge der Zeichenkette wird in den Eingabepuffer eingetragen, dessen Adresse beim Aufruf der Funktion im Registerpaar DS:DX übergeben werden muß (für das DS-Register gilt das gleiche, was auch schon bei der Ausgaberoutine 09 gesagt oder besser geschrieben wurde). Allerdings kann die Eingabe auch durch Betätigen der Return-Taste vorzeitig abgebrochen werden. Die ASCII-Codes der eingegebenen Zeichen werden, zusammen mit der Anzahl der eingegebenen Zeichen, in dem Eingabepuffer abgelegt. Der Aufbau dieses Puffers ist in Bild 8.3 zu sehen. Das erste Byte dieses Puffers legt die maximale Anzahl an Zeichen (0 bis 255) fest, die der Eingabepuffer aufnehmen kann. Dieser Wert muß vom Programmierer festgelegt werden. In dem zweiten Byte legt DOS nach Beendigung der Eingabe die Anzahl der tatsächlich eingegebenen Zeichen (mit Ausnahme des Return-Zeichens) ab.

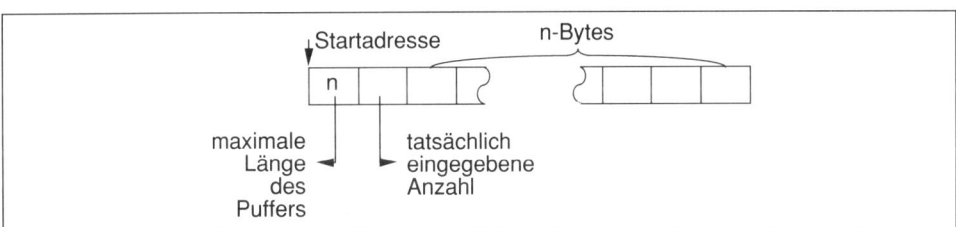

Bild 8.3: *Der Aufbau des Eingabepuffers für die Funktion 0Ah*

Beispielprogramm 8.7 – BSP08_07.ASM
Das folgende Beispielprogramm realisiert die Ein- und Ausgabe von Zeichenketten über die vorgestellten DOS-Funktionen 09h und 0Ah. Assemblieren und linken Sie das Programm, testen Sie es mit dem Debugger und bringen Sie es zur Ausführung.

```
.MODEL SMALL
.STACK 100h
.DATA
      TEXT1    DB 'WIE HEISST DU?',13,10,'$'
      TEXT2    DB 'GUTEN TAG, ','$'
      EINGABE  DB 21
               DB 0
               DB 21 DUP (24h)
.CODE
```

```
START:
        MOV DX,@DATA
        MOV DS,DX

        MOV DX,OFFSET TEXT1       ; Lade Adresse von TEXT1
        MOV AH,09                 ; Lade Funktionsnummer
        INT 21h                   ; Ausgabe von TEXT1
        MOV DX,OFFSET EINGABE     ; Lade Adresse d. Eingabepuffers
        MOV AH,0Ah                ; Lade Funktionsnummer
        INT 21h                   ; Eingabe eines Textes
        MOV DX,OFFSET TEXT2       ; Lade Adresse von TEXT2
        MOV AH,09                 ; Lade Funktionsnummer
        INT 21h                   ; Ausgabe von TEXT2
        MOV DX,OFFSET EINGABE+2   ; Lade Adresse d. Eingabepuffers
        MOV AH,09                 ; Lade Funktionsnummer
        INT 21h                   ; Ausgabe des Namens
        MOV AH,02                 ; Ausgabe eines Line feed
        MOV DL,0Ah                ; ASCII-Code 0A hex

        INT 21h
        MOV AH,4Ch                ; Beende das Programm
        INT 21h
END START
```

Dieses Programm bedarf sicherlich einiger erklärender Worte. Wenn Sie es genau betrachten, werden Sie feststellen, daß es im Grunde nur aus einer Reihe von DOS-Aufrufen über den »INT 21h«-Befehl besteht. Sowohl die auszugebende Zeichenkette als auch der Eingabepuffer werden im Datensegment untergebracht. Zunächst wird durch die Assembleranweisung DB eine Speichervariable vom Typ BYTE reserviert. Darauf folgt der Wert der Stringvariablen, das heißt der Text in Apostrophen. An eine Zeichenkette lassen sich auch einzelne ASCII-Codes anhängen. Dies geschieht im obigen Beispiel mit den ASCII-Codes für Zeilenvorschub (ASCII 10) und Carriage Return (ASCII 13). Wichtig ist, daß die Zeichenkette mit dem ASCII-Code für das »$«-Zeichen beendet wird. Dieses »$«-Zeichen kann entweder in Form des entsprechenden ASCII-Codes oder als »$«-Zeichen in Apostrophen angegeben werden.

Auch der insgesamt 23 Byte umfassende Eingabepuffer wird mit Hilfe der DB-Anweisung angelegt. Die Assembleranweisung

```
DB 21 DUP (24h)
```

sorgt dafür, daß insgesamt 21 Byte-Speichervariablen mit dem Wert 24h initialisiert werden. Über den DUP-Operator wird erreicht, daß der in Klammern aufgeführte Wert so oft nacheinander in den Arbeitsspeicher eingetragen wird, wie es durch den vor dem DUP-Operator befindlichen Wert festgelegt wird. Diesmal geht der DB-Anweisung kein Name voraus. Dies ist auch nicht zwingend erforderlich, da diese Speicherzellen über den Symbolnamen EINGABE angesprochen werden.

8.4 Unterprogramme (Prozeduren)

Bereits am letzten Beispiel wurde deutlich, daß ein Programm sehr schnell an Umfang zunehmen kann, wenn sich bestimmte Programmsequenzen häufig wiederholen. Auch wenn man im letzten Beispiel sicher noch nicht von einem umfangreichen Programm sprechen kann, ließe sich doch etwas an Speicherplatz einsparen. Wie in Basic und in fast allen anderen Hochsprachen empfiehlt es sich auch in Assembler, mehrfach auftretende identische Programmteile zu Unterprogrammen oder Prozeduren (beide Bezeichnungen beschreiben den gleichen Sachverhalt, im folgenden soll nur noch der Begriff Prozedur verwendet werden) zusammenzufassen. Unter einer Prozedur wird allgemein eine Folge von Befehlen verstanden, die unter einem Namen zusammengefaßt werden und die von beliebig vielen Stellen im Programm aufgerufen werden kann. Eine Prozedur weist in Assembler den folgenden allgemeinen Aufbau auf:

```
<Prozedurname>      PROC
     ...
     <Befehle>
     ...
     RET
<Prozedurname>      ENDP
```

Beachten Sie, daß es sich lediglich bei dem RET-Befehl um einen Maschinenbefehl der 8086/88-CPU handelt. Sowohl PROC als auch ENDP sind dagegen Assembleranweisungen, die den Assembler bei der Verwaltung von Prozeduren unterstützen, und keine Maschinenbefehle. Der Aufruf einer Prozedur erfolgt durch den CALL-Befehl, dem der Name der aufzurufenden Prozedur folgt. Der CALL-Befehl entspricht einem JMP-Befehl, nur daß sich die CPU hier die Adresse des CALL-Befehls »merkt«, um nach Beendigung der Prozedur dorthin wieder zurückkehren zu können. Die Rückkehr von einer Prozedur zu jener Stelle im Programm, von der der Prozeduraufruf erfolgte, wird durch den RET-Befehl durchgeführt. Dieser Befehl sorgt dafür, daß die Programmausführung an der Stelle im Programm fortgesetzt wird, von der der Prozeduraufruf erfolgte. Ab MASM 5.0 kann eine Prozedur auch ohne die PROC/ENDP-Anweisung aufgebaut werden. Da es für das Weglassen dieser Anweisung aber keine zwingende Notwendigkeit gibt, sollen diese beiden Anweisungen in allen folgenden Beispielen beibehalten werden.

Der CALL-Befehl

Betrachten wir uns zunächst den Mechanismus eines Prozeduraufrufs etwas genauer. Wie bereits bei der Besprechung des JMP-Befehls angedeutet wurde, sind beide Befehle in vielen Beziehungen identisch. So muß auch beim CALL- und Far-Befehl zwischen einem Near-CALL und einem Far-CALL unterschieden werden. Des weiteren gibt es auch hier direkte und indirekte Prozeduraufrufe. Lediglich einen CALL-Befehl mit dem Entfernungstyp Short gibt es nicht. Um den CALL-Befehl besser kennenzulernen, beschränken wir uns zunächst nur auf Near-CALLs.

Der wesentlichste Unterschied eines CALL-Befehls zu einem JMP-Befehl besteht darin, daß sich der CALL-Befehl die Rückkehradresse merken muß. Bei der Ausführung eines CALL-Befehls wird daher zunächst der Inhalt des IP-Registers auf dem Stack abgelegt. Anschließend wird, wie bei einem Near-JMP, die Entfernungsdifferenz zur Zielprozedur in Bytes zum Inhalt des IP-Registers addiert, so daß die Programmausführung bei dem angegebenen Prozedurlabel fortgesetzt wird.

Damit ergibt sich die allgemeine Syntax eines Near-CALLs zu

CALL Prozedurlabel

Auch wenn es sich bei »Prozedurlabel« um ein ganz normales Label handelt, wird es in diesem Zusammenhang als Prozedurlabel bezeichnet.

Der RET-Befehl

Die Aufgabe des RET-Befehls besteht darin, zu jener Adresse zurückzukehren, die vor dem Aufruf des CALL-Befehls auf dem Stack abgelegt wurde. Dazu muß der RET-Befehl lediglich den obersten Stackwert in das IP-Register laden und den Stackzeiger im SP-Register wieder um zwei erhöhen. Entsprechend einfach ist auch die allgemeine Syntax eines RET-Befehls aufgebaut:

RET [Stack-Korrekturwert]

Auf den RET-Befehl kann ein sogenannter »Korrekturwert« folgen, der immer dann benötigt wird, wenn beim Prozeduraufruf übergebene Parameter vom Stack entfernt werden sollen. Wir werden auf diesen sehr wichtigen Aspekt in Kapitel 14 wieder zurückkommen.

Natürlich muß gewährleistet sein, daß es sich bei der Ausführung des RET-Befehls beim obersten Stackwert noch um jenen Wert handelt, der dort vom CALL-Befehl abgelegt wurde. Daher müssen PUSH- und POP-Befehle, die ja ebenfalls auf den Stack zugreifen, innerhalb einer Prozedur stets ausgeglichen sein. Da die CPU niemals vor der Ausführung des RET-Befehls überprüft, ob es sich bei dem obersten Stackwert auch tatsächlich um die korrekte Rückkehradresse handelt, kann ein falscher oberster Stackwert schnell zu einem Systemabsturz führen.

Prozeduren lassen sich ohne weiteres verschachteln, wobei die Verschachtelungstiefe lediglich von der Größe des Stacksegments abhängt. Auch hier gilt, daß die Reihenfolge der einzelnen Rückkehradressen nicht durcheinandergebracht werden darf, da ansonsten eine ordnungsgemäße Rückkehr zu dem aufrufenden Programm nicht gewährleistet ist.

Far-CALLs

Auch bei Prozeduraufrufen muß zwischen Near- und Far-CALLs unterschieden werden. Diesen Abschnitt sollten Sie nur lesen, wenn Sie bereits den Abschnitt über die Far-JMPs durchgearbeitet haben. Ein Near-CALL kann lediglich eine Prozedur aufrufen, die sich in dem gleichen Segment befindet wie der CALL-Befehl. Mit einem Far-CALL kann dagegen eine Prozedur aufgerufen werden, die sich an einer beliebigen Adresse innerhalb des 1-Mbyte-Adreßbereichs befindet. Dementsprechend muß ein Near-CALL lediglich den Inhalt des IP-Registers auf den Stack retten, während ein Far-CALL neben dem Inhalt des IP-Registers auch den Inhalt des CS-Registers auf den Stack retten muß.

Was für den CALL-Befehl gilt, muß selbstverständlich auch für den RET-Befehl gelten. Mit anderen Worten, wenn ein Near-CALL-Befehl vor dem Prozeduraufruf lediglich das IP-Register auf den Stack rettet, darf der RET-Befehl, der die Prozedur beendet, auch nur einen Wert wieder vom Stack holen. Umgekehrt muß ein RET-Befehl, der eine Prozedur beendet, die durch einen Far-CALL aufgerufen wurde, neben dem alten Inhalt des IP-Registers auch den alten Inhalt des CS-Registers vom Stack holen. Manche Leser werden wahrscheinlich schon die Konsequenz erahnen, die sich aus dem Ganzen ergibt. Wenn es schon zwei Typen von CALL-Befehlen gibt, muß es auch zwei Typen von RET-Befehlen geben. Und die gibt es auch. Während der Befehl RETN, es handelt sich hier um einen Near-RET-Befehl, lediglich den Wert für das IP-Register vom Stack holt, holt der

Befehl RETF, es handelt sich entsprechend um einen Far-RET-Befehl, auch den Wert für das CS-Register vom Stack. Das hört sich ja alles ganz plausibel an, doch in den letzten Beispielen haben wir weder den RETN- noch den RETF-Befehl, sondern statt dessen einen schlichten RET-Befehl verwendet. Irgend etwas kann da doch nicht stimmen!

Was steckt hinter dem RET-Befehl?

Um diesen scheinbaren Widerspruch aufzulösen, müssen wir uns die PROC-Anweisung noch einmal genauer anschauen. Auf die PROC-Anweisung kann nämlich ein sogenannter Entfernungs-typ folgen. Dieser Entfernungstyp kann die Werte NEAR oder FAR besitzen und legt damit fest, ob am Ende der Prozedur ein RETN- oder ein RETF-Befehl assembliert wird. Beim RET-Befehl handelt es sich daher um keinen echten Maschinenbefehl. Er stellt vielmehr eine Art Platzhalter dar, für den der Assembler, je nach Entfernungstyp der Prozedur, entweder den Befehl RETN oder den Befehl RETF assembliert. In den bisherigen Beispielen wurde bei der Definition einer Prozedur auf einen Entfernungstyp verzichtet. In diesen Fällen geht der Assembler automatisch vom Entfernungstyp NEAR aus. Die Prozedurdefinition

```
TEST PROC
```

ist daher mit der Prozedurdefinition

```
TEST PROC NEAR
```

identisch. In beiden Fällen wird eine Near-Prozedur definiert. Da am Ende einer Near-Prozedur automatisch für einen RET-Befehl ein RETN-Befehl assembliert wird, darf eine Near-Prozedur normalerweise nur innerhalb des gleichen Segments, das heißt über einen Near-CALL aufgerufen werden. Folgt dagegen auf den Prozedurnamen der Entfernungstyp FAR, wird eine Far-Prozedur definiert:

```
TEST PROC FAR
```

Da eine Far-Prozedur für einen RET-Befehl einen RETF-Befehl assembliert, darf eine Far-Prozedur auch nur über einen Far-CALL-Befehl aufgerufen werden. Dazu ein kleines Beispiel:

```
.MODEL SMALL
.CODE
SUB_EINSPROC FAR

       ...
       RET
SUB_EINSENDP
       CALL SUB_EINS
```

Über die Assembler-Anweisung

```
SUB_EINS PROC FAR
```

wird eine Prozedur mit dem Namen SUB_EINS und dem Entfernungstyp Far definiert. Beachten Sie, daß die Prozedur vor (!) dem CALL-Befehl aufgeführt wird. In diesem Fall kann die Prozedur nämlich über einen einfachen CALL-Befehl aufgerufen werden:

```
CALL SUB_EINS
```

Erfolgt dagegen die Prozedurdefinition nach dem CALL-Befehl, liegt eine Vorwärtsreferenz vor. Da der Assembler bei der Verarbeitung des CALL-Befehls noch nicht wissen kann, daß es sich bei SUB_EINS um eine Far-Prozedur handelt, er diese Angabe aber benötigt, um für das Sprungziel 4 Byte Platz zu schaffen, muß ihm dies über den PTR-Operator mitgeteilt werden:

```
CALL FAR PTR SUB_EINS
```

Ohne den PTR-Operator wären (bei MASM bis Version 5.1) zwei Fehlermeldungen, unter anderem ein sogenannter »Phasenfehler«, die Folge.

Der Entfernungstyp hängt vom Speichermodell ab

Bei allen vorherigen Beispielen wurde auf die Angabe eines Entfernungstyps bei der PROC-Anweisung großzügig verzichtet. Nicht ohne Grund, denn normalerweise hat der Entfernungstyp, wenn nichts anderes festgelegt wird, den Wert Near. Doch diese Standard-Einstellung hängt vom Speichermodell ab. Im Speichermodell Small, das für fast alle unsere Beispielprogramme verwendet wird, kann es nur ein Programmsegment geben, so daß der Programmbereich nicht größer als 64 Kbyte werden kann. Folglich kann ein CALL-Befehl nicht ohne weiteres in ein anderes Segment springen, die Standard-Einstellung Near ist daher eine sichere Annahme. Wird aber über die .MODEL-Anweisung ein anderes Speichermodell festgelegt, ändern sich die Verhältnisse. So können beim Speichermodell Large im Prinzip beliebig viele Programmsegmente existieren, so daß auch Far-CALLs erlaubt sind (das heißt nun nicht, daß Far-CALLs im Speichermodell Near verboten sind, sie sind einfach nur nicht üblich). Folglich heißt hier die Standard-Einstellung für den Entfernungstyp einer Prozedur Far. Wird also innerhalb eines Programms mit dem Speichermodell Large eine Prozedur definiert:

```
.MODEL LARGE
.CODE PROG1
BIG_SUB     PROC
       ...
       RET
BIG_SUB     ENDP
```

besitzt diese automatisch den Entfernungstyp Far und für den RET-Befehl wird der Befehl RETF assembliert. Es spricht natürlich nichts dagegen, auch im Speichermodell Large eine Near-Prozedur zu definieren. In diesem Fall muß aber auf die PROC-Anweisung der Entfernungstyp Near explizit aufgeführt werden:

```
.MODEL LARGE
.CODE PROG1
BIG_SUB     PROC NEAR
       ...
       RET
BIG_SUB     ENDP
```

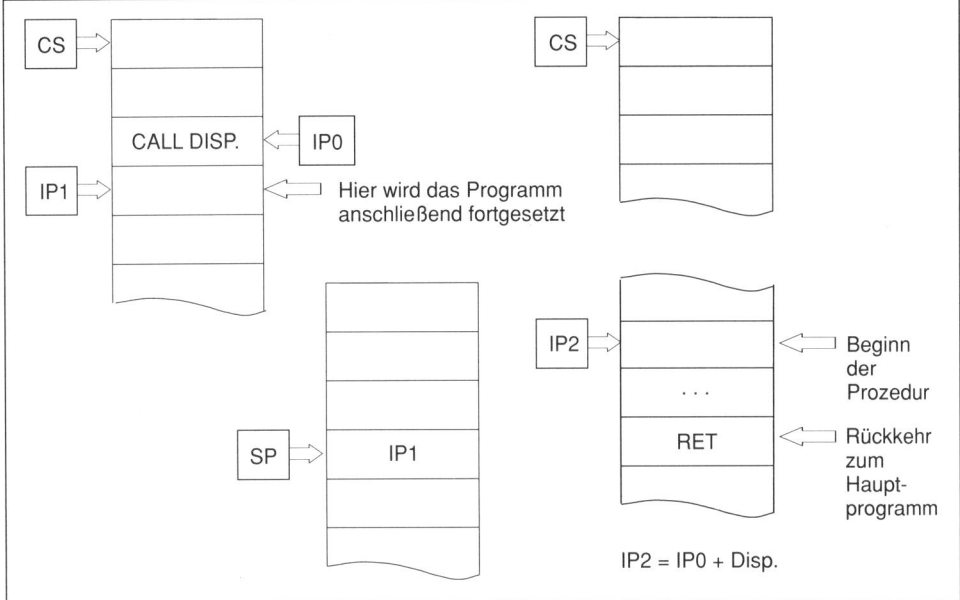

Bild 8.4: *Prozeduraufruf über einen CALL-Befehl*

Die Verhältnisse auf dem Stack vor und nach einem Prozeduraufruf werden durch Bild 8.4 veranschaulicht.

Indirekte Prozeduraufrufe

Wie bei einem JMP-Befehl kann auch ein Prozeduraufruf über einen CALL-Befehl indirekt erfolgen. Die Zieladresse, das heißt die Adresse des Prozedurlabels, befindet sich in diesem Fall entweder in einem Register oder in einer Speichervariablen. Bei einem indirekten Far-CALL muß sich die Zieladresse in einer Speichervariablen vom Typ DWORD befinden, da die Zieladresse in diesem Fall aus einer Segment-Adresse besteht. Diese wird in der Intel-typischen Reihenfolge Offset, Segment im Arbeitsspeicher abgelegt. Der indirekte Aufruf einer Prozedur kann nun entweder »direkt« erfolgen:

```
CALL ZIEL
```

oder noch ein wenig trickreicher durch einen »indirekten« indirekten Aufruf:

```
MOV BX,WORD PTR ZIEL
CALL DWORD PTR [BX]
```

In diesem Fall befindet sich der Offsetanteil der Zieladresse in einer Speichervariablen, die durch den Inhalt des BX-Registers und den Inhalt des BX-Registers + 1 adressiert wird. Der Segmentanteil der Zieladresse befindet sich unter den folgenden Speicheradressen. Beachten Sie, daß bei diesem CALL-Befehl wieder der PTR-Operator eingesetzt werden muß, da der Assembler nicht weiß, ob das BX-Register auf eine Speichervariable vom Typ WORD oder vom Typ DWORD zeigt. Durch die Angabe »DWORD PTR« wird ein Far-CALL erzeugt. Ohne diese Angabe oder mit der Angabe »WORD PTR« hätte der Assembler dagegen einen Near-CALL assembliert.

Makros als Alternative zu Prozeduren

Neben der Verwendung von Prozeduren gibt es noch eine weitere Möglichkeit, mehrfach vorkommende Programmsequenzen durch einen einzigen Aufruf zu ersetzen, nämlich durch die Definition sogenannter »Makros«. Anders als bei einem Unterprogrammaufruf, der von der CPU unterstützt wird, handelt es sich bei einem Makro lediglich um eine Folge von Maschinenbefehlen und Assembleranweisungen, die innerhalb eines Assemblerprogramms durch einen symbolischen Namen repräsentiert werden. Während des Assemblierens ersetzt der Assembler die Makronamen durch die entsprechenden Befehle und Anweisungen. Die CPU »merkt« daher von der Makrodefinition überhaupt nichts. Makros bieten somit nur eine Hilfestellung bei der Assemblierung. Wir werden uns in Kapitel 10.4 noch ausführlicher mit der Verarbeitung von Makros beschäftigen.

Beispielprogramm 8.8 – BSP08_08.ASM

Das folgende Beispielprogramm demonstriert den Einsatz von Prozeduren. Das Programm entspricht bezüglich seiner Funktion dem Beispielprogramm 8.7, allerdings wurden alle DOS-Aufrufe diesmal als Prozeduren definiert. Assemblieren und linken Sie das Programm, testen Sie es mit dem Debugger und bringen Sie es zur Ausführung.

```
.MODEL SMALL
.STACK 100h
.DATA
     TEXT1    DB 'WIE HEISST DU?',13,10,'$'
     TEXT2    DB 'GUTEN TAG, ','$'
     EINGABE    DB 21
          DB 0
          DB 21 DUP (24h)
.CODE
PRINT   PROC
        MOV AH,09               ; Lade Funktionsnummer
        INT 21h                 ; Ausgabe des Textes
        RET
PRINT    ENDP
;
INPUT    PROC
        MOV AH,0Ah              ; Lade Funktionsnummer
        INT 21h                 ; Eingabe eines Textes
        RET
INPUT    ENDP
;
START:
        MOV DX,@DATA
        MOV DS,DX
        MOV DX,OFFSET TEXT1     ; Lade Adresse von TEXT1
        CALL PRINT              ; Ausgabe von TEXT1
        MOV DX,OFFSET EINGABE   ; Lade Adresse d. Eingabepuffers
        CALL INPUT
        MOV DX,OFFSET TEXT2     ; Lade Adresse von TEXT2
```

```
        CALL PRINT                  ; Ausgabe von TEXT2
        MOV DX,OFFSET EINGABE+2     ; Lade Adresse d. Eingabepuffers
        CALL PRINT                  ; Ausgabe des Namens
        MOV AH,02                   ; Ausgabe eines Line feed
        MOV DL,0Ah                  ; ASCII-Code 0A hex
        INT 21h
        MOV AH,4Ch                  ; Beende das Programm
        INT 21h
END START
```

Beachten Sie, daß sich das Startpunkt-Label diesmal nicht am Beginn des Programmsegments befindet. Nichtsdestotrotz beginnt die Programmausführung mit dem Label START. Beispielprogramm 8.8 sollten Sie lediglich als ein Anschauungsbeispiel für den Aufruf von Prozeduren ansehen. In der Regel wird man so kleine Program-Module nicht als Prozeduren, sondern als Makros definieren. Falls die Ausführungszeit des Programms eine wichtige Rolle spielt, sollte zudem nicht vergessen werden, daß das Befehlspaar CALL/RET, das bei jedem Prozeduraufruf ausgeführt werden muß, immerhin bei einer 8088/86-CPU mindestens 35 Taktzyklen benötigt.

8.5 Interrupt-Prozeduren

Eine besondere Art der Prozedur ist die Interrupt-Prozedur. Diese Bezeichnung kann ein wenig irreführend sein, da der Begriff »Interrupt« normalerweise für eine unvorhergesehene Unterbrechung des Programmablaufs steht (siehe Kapitel 5.8), die beim Aufruf einer Interrupt-Prozedur in keinster Weise vorliegt. Wie eine normale Prozedur, die über einen CALL-Befehl aufgerufen wird, wird auch eine Interrupt-Prozedur gezielt über einen eigens dafür vorgesehenen Befehl aufgerufen. Es ist der INT-Befehl, den Sie in den letzten Abschnitten bereits kennengelernt haben. Er wurde dort dazu benutzt, bestimmte DOS-Funktionen aufzurufen. Das ist jedoch keineswegs die einzige Einsatzmöglichkeit des INT-Befehls. Wie dieser Abschnitt zeigen wird, handelt es sich um einen Befehl, der ähnlich wie der CALL-Befehl, zum Aufruf beliebiger Programmroutinen eingesetzt werden kann.

Syntax: INT n

Auf den INT-Befehl folgt keine Adreßangabe, sondern eine 8-Bit-Zahl, die folglich im Bereich 0 bis 255 liegen kann. Wie bereits in Kapitel 5.8 erläutert wurde, benutzt die CPU diese Zahl für den Zugriff auf die Interruptvektortabelle, in der der Vektor, das heißt die Adresse der auszuführenden Prozedur gespeichert ist. Da die Interruptvektortabelle die ersten 1024 Byte des Arbeitsspeichers belegt (das ist auf allen 8086/88-Systemen so), muß die auf den INT-Befehl folgende Zahl lediglich mit 4 multipliziert werden. Dadurch ergibt sich die Adresse innerhalb der Interruptvektortabelle, unter der die Adresse der auszuführenden Routine zu finden ist. So wird durch den Befehl

```
INT 10h
```

eine Interrupt-Routine aufgerufen, deren Adresse in der Interrupt-Vektortabelle unter der Adresse »10h * 4 = 40h«, das heißt unter der Adresse 0000:0040h, zu finden ist.

Nach diesem Schema wird bei allen der maximal 256 verschiedenen Interrupts die Adresse der auszuführenden Routine ermittelt. Die Interrupt-Nummer entspricht dabei der Nummer einer

Adreßbox, in der die CPU die Adresse der auszuführenden Routine finden kann. Bei der Interrupt-Routine, eine andere Bezeichnung ist »Interrupthandler«, handelt es sich um eine ganz »normale« Routine, die nach Aktivieren des Interrupts zur Ausführung gelangt. Einzige Bedingung: Vor der Rückkehr zu dem unterbrochenen Programm muß der Inhalt des Flagregisters vom Stack geholt werden, was in der Regel durch einen IRET-Befehl geschieht, der gleichzeitig auch eine Rückkehr zu dem unterbrochenen Programm durchführt. Im einzelnen bewirkt der INT-Befehl:

– der Inhalt des Flagregisters wird auf den Stack gerettet
– der Inhalt des CS-Registers wird auf den Stack gerettet
– der Inhalt des IP-Registers wird auf den Stack gerettet
– die Interruptnummer n wird mit vier multipliziert. Das Ergebnis ist die Offsetadresse innerhalb der Interruptvektortabelle, in der die Adresse der auszuführenden Interrupt-Routine zu finden ist.
– der Wert unter der Adresse »n * 4« wird in das IP-Register und der Wert unter der Adresse »n * 4 + 2« in das CS-Register geladen
– durch den neuen Inhalt des Registerpaares CS:IP wird die Interrupt-Routine aufgerufen

Sie sehen, daß die Ausführung des INT-Befehls eine Reihe von Aktivitäten in der CPU auslöst. Insbesondere gelangen drei 16-Bit-Werte auf den Stack (der Stackzeiger wird entsprechend um sechs erniedrigt), die dort nach Beendigung der Interruptroutine durch den IRET-Befehl, dem Pendant des INT-Befehls, wieder entfernt werden.

Der IRET-Befehl
Wie Sie aus Kapitel 8.4 wissen, wird eine normale Prozedur über einen RET-Befehl beendet. Auch für eine Interrupt-Prozedur gibt es einen entsprechenden Befehl. Es ist der IRET-Befehl, der dem RET-Befehl entspricht, zusätzlich aber den Wert für das Flagregister vom Stack holt.

Syntax IRET

Da eine Interrupt-Prozedur, anders als eine normale Prozedur, stets vom Typ Far ist, gibt es auch nur eine Variante des IRET-Befehls. Des weiteren kann, anders als beim RET-Befehl, auf den IRET-Befehl auch kein optionaler Stackwert folgen, der auf dem Stack übergebene Parameter wieder entfernt. Dies auch gar nicht erwünscht, da Parameter an eine Interruptprozedur nicht auf dem Stack, sondern in CPU-Registern übergeben werden. Der Grund dafür ist wenig einsichtig, wenn man lediglich den INT-Befehl betrachtet. Geht man aber davon aus, daß eine echte Interrupt-Routine zu jedem beliebigen Zeitpunkt ein anderes Programm unterbrechen kann, ist die Antwort leicht zu finden. In diesem Fall ist ein Zugriff auf etwaige Stackparameter nur schwierig durch-führbar, da das unterbrochene Programm in der Regel einen anderen Stack verwenden wird.

Der INTO-Befehl
Dies ist eine besondere Kategorie von INT-Befehl. Wie die Syntaxbeschreibung zeigt, benötigt dieser Befehl keine Operanden.

Syntax: INTO

Der INTO-Befehl ruft immer dann den Interrupt 4 auf, wenn das Überlaufflag gesetzt ist. Unter DOS hat dieser Interrupt jedoch keine Wirkung, da die dazugehörige Interrupt-Routine lediglich aus einem IRET-Befehl besteht. Über den INTO-Befehl steht dem Programmierer eine effektive Möglichkeit zur Verfügung, auf ein gesetztes Überlaufflag zu reagieren. Im Gegensatz zu einem

JO-Befehl (Springe, wenn Überlaufflag gesetzt ist), benötigt der INTO-Befehl nur ein Opcodebyte und ist damit sehr platzsparend. Außerdem kann man über INTO eine Routine an einer beliebigen Speicheradresse aufrufen, während die Reichweite eines bedingten Sprungs bekanntlich auf 128 Byte begrenzt ist. In der Praxis wird der INTO-Befehl aber nur sehr selten eingesetzt.

8.6 Bedingte Sprünge

Bedingte Sprünge sind Sprungbefehl, die den Sprung von einer Bedingung abhängig machen. Bei der Bedingung handelt es sich stets um den Zustand eines oder mehrerer Statusflags. Eine Ausnahme stellt der Befehl JCXZ dar, der einen Sprung ausführt, wenn der Inhalt des CX-Registers gleich 0 ist. Mit Hilfe bedingter Sprünge lassen sich zum Beispiel Entscheidungen vom Typ »IF ... THEN ... ELSE«, aber auch Programmschleifen programmieren.

Die Abbruchbedingung für eine Programmschleife ist dabei immer der Zustand eines oder mehrerer Statusflags. Da aber die Statusflags nicht grundlos gesetzt werden, muß einem bedingten Sprungbefehl stets ein Befehl vorangehen, der das zu testende Flag beeinflussen kann. Im einfachsten Fall kann dies durch einen DEC- oder INC-Befehl geschehen, die beide auf den Schleifenzähler der Programmschleife einwirken. Dabei wird entweder die maximale Anzahl an Durchläufen durch den DEC-Befehl heruntergezählt oder der Schleifenzähler bei 0 beginnend auf den maximalen Wert über den INC-Befehl hochgezählt.

Beispielprogramm 8.9 – BSP08_09.ASM

Das folgende Programmbeispiel zeigt eine Programmschleife, die über einen JNZ-Befehl aufgebaut und die insgesamt zehnmal durchlaufen wird. Assemblieren und linken Sie das Programm und testen Sie es mit dem Debugger.

```
.MODEL SMALL
.STACK 100h
.DATA
    TEXT1   DB      'Schleife erfolgreich beendet!',10,13,'$'
.CODE
START:
        MOV DX,@DATA
        MOV DS,DX
        MOV CL,10
LOOP_START:
        DEC CL
        JNZ LOOP_START
        MOV DX,OFFSET TEXT1
        MOV AH,09
        INT 21h
        MOV AH,4Ch
        INT 21h
END START
```

In diesem Beispiel wird eine Programmschleife dadurch realisiert, indem der Inhalt des CL-Registers zunächst mit 10 geladen und dann bei jedem Schleifendurchlauf um 1 erniedrigt wird.

Befehl wenn . . .	Bedeutung	Sprung
JA	Sprung wenn darüber	CF=0 und
JAE	Sprung wenn darüber/gleich	CF=0
JB	Sprung wenn darunter	CF=1
JBE	Sprung wenn darunter/gleich	CF=1 und ZF=1
JC	Sprung wenn Übertrag	CF=1
JCXZ	Sprung wenn CX gleich Null	CX=0
JE	Sprung wenn gleich	ZF=1
JG	Sprung wenn größer	ZF=0 und SF=OF
JGE	Sprung wenn größer/gleich	SF=OF
JL	Sprung wenn kleiner	SF<>OF
JLE	Sprung wenn kleiner/gleich	ZF=1 und SF<>OF
JNA	Sprung wenn nicht darüber	CF=1 oder ZF=1
JNAE	Sprung wenn nicht darüber/gleich	CF=1
JNB	Sprung wenn nicht darunter	CF=0
JNBE	Sprung wenn nicht darunter/gleich	CF=0 und ZF=0
JNC	Sprung wenn kein Übertrag	CF=0
JNE	Sprung wenn nicht gleich	ZF=0
JNG	Sprung wenn nicht größer	ZF=1 oder SF<>OF
JNGE	Sprung wenn nicht größer/gleich	SF<>OF
JNL	Sprung wenn nicht kleiner	SF=OF
JNLE	Sprung wenn nicht kleiner/gleich	ZF=0 und SF=OF
JNO	Sprung wenn kein Überlauf	OF=0
JNP	Sprung wenn keine Parität	PF=0
JNS	Sprung wenn kein Vorzeichen	SF=0
JNZ	Sprung wenn nicht Null	ZF=0
JO	Sprung wenn Überlauf	OF=1
JP	Sprung wenn Parität	PF=1
JPE	Sprung wenn gerade Parität	PF=1
JPO	Sprung wenn ungerade Parität	PF=0
JS	Sprung wenn negativ	SF=1
JZ	Sprung wenn Null	ZF=1

Tabelle 8.3: *Die bedingten Sprungbefehle der 8086/88-CPU*

Das Wiederholen der Schleife hängt einzig und allein vom Zustand des Nullflags ab, der vom JNZ-Befehl geprüft wird. Erst beim zehnten Durchlauf der Schleife wird der Inhalt des CL-Registers 0, das Nullflag wird gesetzt, die Programmschleife wird verlassen und die Programmausführung bei dem auf den JNZ-Befehl folgenden Befehl fortgesetzt.

Das Beispielprogramm 8.9 zeigt eine recht einfache Programmschleife. Nicht immer kann ein Schleifenproblem aber derart einfach gelöst werden, zumal es viele Situationen gibt, in denen das Testen des Nullflags nicht weiterhilft. Die 8086/88-CPU stellt insgesamt 17 bedingte Sprungbefehle zur Verfügung (Tabelle 8.3) und darüber hinaus drei spezielle Befehle, die eigens für die Programmierung von Schleifen konzipiert wurden.

Tabelle 8.3 enthält insgesamt 31 bedingte Sprünge. Einige der Sprungbefehle kommen doppelt vor. So entspricht der JNB-Befehl dem JNC-Befehl (auch wenn es auf den ersten Blick sicher nicht den Anschein hat), da beide springen, wenn das Carryflag nicht gesetzt ist. Der Assembler akzeptiert zwar jeden der 31 Befehlsmnemonics, aus erwähnten Gründen werden aber in manchen Befehlen identische Opcodes für verschiedene Mnemonics assembliert. Entscheidend für den Programmablauf ist aber letztlich, welche Flags von dem jeweiligen Befehl getestet werden. Ein bedingter Sprungbefehl wird stets in der Form

```
Jx <SHORT-Label>
```

eingesetzt. Hierbei steht das »x« für die spezielle Bedingung, die durch den Sprungbefehl getestet werden soll und SHORT-Label für ein Sprungziel, das in einer Entfernung von −128 bis +127 Byte von dem bedingten Sprungbefehl entfernt liegen kann. Hier wird bereits ein Nachteil der bedingten Sprungbefehle deutlich, nämlich die begrenzte Reichweite. Dieses Problem kann jedoch relativ einfach dadurch gelöst werden, indem man mit dem bedingten Sprung an eine Stelle springt, an der ein unbedingter Sprung dann zu dem eigentlichen Sprungziel führt. Dazu ein kleines Beispiel, bei dem ein Sprung zu einem Label durchgeführt werden soll, wenn das Nullflag gesetzt ist:

```
    JZ LABEL1
    DW   200    DUP(?)     ; Zwischenraum erzeugen
LABEL1:
    ...
```

Da sich das Label LABEL1, aufgrund der DW-Anweisung, die im Programmsegment einen Zwischenraum von 200 Byte erzeugt, außerhalb der Reichweite des JZ-Befehls befindet, muß ein kleiner »Trick« angewendet werden:

```
    JNZ   LABEL2
    JMP   LABEL1
LABEL2:
    DW 200 DUP(?)          ; Zwischenraum erzeugen
LABEL1:
    ...
```

Da der Sprungbefehl »JZ LABEL1« aus den erwähnten Gründen das Sprungziel nicht erreichen kann, wird ein bedingter Sprungbefehl verwendet, der genau das Gegenteil bewirkt. Mit anderen Worten: Es wird ein Sprung zu LABEL2 durchgeführt, wenn das Nullflag nicht gesetzt ist. Dieser Sprung bewirkt, daß der nachfolgende JMP-Befehl übersprungen und die Programmausführung normal fortgesetzt wird. Ist das Nullflag dagegen gesetzt, wird kein Sprung durchgeführt. Da nun aber direkt der Sprungbefehl »JMP LABEL1« folgt, wird bei gesetztem Nullflag zu dem Label LABEL1 gesprungen. Dank der Reichweite eines JMP-Befehls kann sich das Label nun in einem

Bereich von −32768 bis +32767 vom Sprungbefehl entfernt befinden. Die DW-Anweisung hatte lediglich die Aufgabe, einen Zwischenraum von 200 Byte im Programmsegment zu erzeugen und dem Label LABEL1 damit eine Offsetadresse zuzuweisen, die für den bedingten Sprungbefehl auf alle Fälle außerhalb der Reichweite liegt.

Automatische Sprunganpassung beim Turbo Assembler

Der Turbo Assembler hat in dieser Beziehung ein wenig mehr zu bieten als der Makroassembler (bis zur Version 5.1). TASM kann nämlich über die JUMPS-Anweisung den eben vorgestellten »Trick« auch automatisch durchführen. Vorausgesetzt, die JUMPS-Anweisung wurde bereits aufgeführt, wird zum Beispiel der bedingte Sprungbefehl

```
JZ    ZielLabel
```

durch die Befehlssequenz

```
JNE @@A
JMP ZielLabel
@@A:
```

ersetzt, wenn sich das Label ZielLabel außerhalb der Reichweite eines bedingten Sprungbefehls befindet. Bei »@@A:« handelt es sich um ein von TASM erzeugtes Label. Die automatische Sprunganpassung kann durch die NOJUMPS-Anweisung wieder aufgehoben werden. Ab MASM 6.0 wird eine

solche Sprunganpassung automatisch durchgeführt. Sie kann durch den Parameter NOLJMPS, der auf die OPTIONS-Anweisung folgen muß, jedoch aufgehoben werden.

Vergleich von vorzeichenlosen Zahlen

Wenn Sie noch einmal einen Blick in Tabelle 8.3 werfen, werden Sie feststellen, daß es grundsätzlich zwei verschiedene Typen von bedingten Sprungbefehlen gibt. Neben der Gruppe von bedingten Sprungbefehlen, die nach einem Vergleich zweier vorzeichenbehafteter Zahlen eingesetzt werden kann, existiert auch eine Gruppe von bedingten Sprungbefehlen, die nach dem Vergleich zweier Zahlen ohne Vorzeichen angewendet werden können. Nach dem, was bereits in Kapitel 6.6 über die Unterschiede zwischen vorzeichenbehafteten und vorzeichenlosen Zahlen geschrieben wurde, sollte der Unterschied klar sein. Da bei Zahlen mit Vorzeichen das höchstwertigste Bit die Rolle des Vorzeichens spielt und folglich der Darstellungsbereich auf den Bereich des Zweierkomplements eingeschränkt ist, müssen bei einem Vergleich vorzeichenbehafteter Zahlen andere Statusflags geprüft werden als bei einem entsprechenden Vergleich vorzeichenloser Zahlen.

Zur Gruppe der vorzeichenlosen Zahlen zählen auch Adressen. So erklären sich auch die etwas ungewohnten Bezeichnungen der bedingten Sprungbefehle für vorzeichenlose Zahlen. Der JA-Befehl (»Springe, wenn darüber«) führt einen Sprung aus, wenn der Zieloperand über dem Quelloperand liegt, das heißt, wenn der Zieloperand größer als der Quelloperand ist, wobei beide Operanden als vorzeichenlose Zahlen interpretiert werden.

Trotz ihrer Namensähnlichkeit dürfen daher die bedingten Sprungbefehle für vorzeichenlose Zahlen nicht mit den bedingten Sprungbefehlen für Zahlen mit Vorzeichen verwechselt werden. So ist der JA-Befehl für vorzeichenlose Zahlen zuständig, während der JG-Befehl nach einem Vergleich vorzeichenbehafteter Zahlen eingesetzt wird. Beim JA-Befehl wird die Bedingung »Darüber« über das Carry- und das Nullflag überprüft. Sind beide Flags Null, das heißt, trat weder ein »Borgen« (kleiner) auf noch waren beide Operanden gleich (Nullflag gesetzt), ist die Bedingung erfüllt. Beim JG-Befehl liegen die Dinge ein wenig komplizierter. Auch hier wird das Nullflag herangezogen, um festzustellen, ob beide Operanden gleich sind (der Befehl JNLE ist mit dem JG-Befehl identisch). Ein gesetztes Nullflag ist eine ausreichende Bedingung, damit die Beziehung »größer« nicht erfüllt ist. Des weiteren wird über eine EXOR-Verknüpfung festgestellt, ob das Vorzeichenflag gleich dem Überlaufflag ist. Nur, wenn beide Flags gleich sind, ist die »größer«-Beziehung erfüllt.

Da das Wissen um die Abhängigkeiten der einzelnen Statusflags von ausschlaggebender Bedeutung für die Maschinensprache-Programmierung ist, können entsprechende Beispiele gar nicht oft genug geübt werden. Am Ende dieses Abschnittes finden Sie drei Beispielprogramme, in denen bedingte Sprungbefehle verwendet werden. Ferner sollten Sie auch die Übungen am Ende des Kapitels durcharbeiten, da Sie dort Gelegenheit haben, Ihr bisheriges Wissen zu überprüfen.

Der CMP-Befehl

Durch die Beschreibungen in der Tabelle 8.3, in der zu jedem bedingten Sprungbefehl auch die getesteten Statusflags aufgeführt werden, darf nicht der Eindruck entstehen, die bedingten Sprungbefehle würden auch einen Vergleich durchführen. Sie führen lediglich einen Sprung in Abhängigkeit bestimmter Flags durch. Auf welche Weise diese Flags gesetzt wurden, spielt dabei keine Rolle. Genausowenig wird durch einen bedingten Sprungbefehl ein Flag verändert. Einem bedingten Sprungbefehl geht daher entweder ein arithmetischer oder logischer Befehl oder ein CMP-Befehl voran. Während die ersten beiden Befehlskategorien die Statusflags in Folge einer bestimmten Operation setzen, führt der CMP-Befehl einen Vergleich zweier Operanden durch.

Syntax: CMP <Zieloperand>,<Quelloperand>

Der CMP-Befehl vergleicht den Zieloperanden mit dem Quelloperanden, indem er den Quelloperanden vom Zieloperanden abzieht. In dieser Beziehung ist der CMP-Befehl mit dem SUB-Befehl identisch. Anders als beim SUB-Befehl wird aber der Zieloperand nicht verändert, es werden lediglich die Statusflags entsprechend dem Ergebnis des Vergleiches gesetzt. Da es erfahrungsgemäß nicht immer ganz einsichtig ist, welcher bedingter Sprungbefehl auf einen Vergleichsbefehl folgen muß, um ein bestimmtes Ereignis abzufragen, zeigt Tabelle 8.4 die Möglichkeiten, in denen ein CMP-Befehl mit einem bedingten Sprung kombiniert werden kann.

Sprungbefehl nach CMP

Springe wenn ...	bei Zahlen ohne Vorzeichen	bei Zahlen mit Vorzeichen
Ziel größer Quelle	JA	JG
Ziel gleich Quelle	JE	JE
Ziel ungleich Quelle	JNE	JNE
Ziel kleiner Quelle	JB	JL
Ziel kleiner/gleich Quelle	JBE	JLE
Ziel größer/gleich Quelle	JAE	JGE

Tabelle 8.4: *Vergleiche und dazugehörige Sprungbefehle*

Wie die Tabelle 8.4 zeigt, läßt sich jede mögliche Relation zweier Zahlen mit Hilfe eines bedingten Sprungbefehls überprüfen. Es muß lediglich zwischen Zahlen mit Vorzeichen und vorzeichenlosen Zahlen unterschieden werden.

Dazu ein kleines Beispiel: Es sollen zwei Operanden miteinander verglichen und ein Sprung durchgeführt werden, wenn der erste Operand kleiner ist als der zweite Operand. Zuerst erfolgt der Vergleichsbefehl:

```
CMP Operand1,Operand2
```

Der dazu passende Sprungbefehl heißt JL (oder JB, wenn es sich um vorzeichenlose Zahlen handelt). Am leichtesten läßt sich der benötigte bedingte Sprung finden, wenn Sie den Vergleichsbefehl von links nach rechts lesen. Im obigen Beispiel würde es daher heißen »Springe, wenn Operand 1 kleiner als Operand 2 ist«. Der dazu passende Sprungbefehl ist der JL-Befehl (»Springe, wenn kleiner«).

Beispielprogramm 8.10 – BSP08_10.ASM
Das folgende Programm nimmt über die DOS-Funktion 01h eine Tastatureingabe entgegen und prüft, ob es sich bei der Eingabe um eine Zahl zwischen 0 und 9 handelt. Assemblieren und linken Sie das Programm und testen Sie es mit dem Debugger.

```
.MODEL SMALL
.STACK 100h
.DATA
        TEXT1 DB 10,'EINGABE IN ORDNUNG !!',10,13,'$'
        TEXT2 DB 10,'EINGABE ZU KLEIN !!',10,13,'$'
        TEXT3 DB 10,'EINGABE ZU GROSS !!',10,13,'$'
.CODE
START:
        MOV DX,@DATA            ; Datensegment initialisieren
        MOV DS,DX
        MOV AH,02              ; Fragezeichen ausgeben
        MOV DL,'?'
        INT 21h
        MOV AH,01             ; Eingabe eines Zeichens
```

```
        INT 21h
        CMP AL,48          ; Vergleiche AL mit '0'
        JL ZU_KLEIN
        CMP AL,57          ; Vergleiche AL mit '9'
        JG  ZU_GROSS
        MOV DX,OFFSET TEXT1
        JMP SHORT ENDE
ZU_KLEIN:
        MOV DX,OFFSET TEXT2
        JMP SHORT ENDE
ZU_GROSS:
        MOV DX,OFFSET TEXT3
ENDE:
        MOV AH,09
        INT 21h

        MOV AH,4Ch
        INT 21h
END START
```

Den drei Textstrings wird ein Line-feed-Zeichen (ASCII 10) vorangestellt, um vor der Ausgabe einen Zeilensprung zu bewirken. Sie sehen an diesem Beispiel, daß Textstrings beliebig mit einzelnen ASCII-Codes kombiniert werden können.

Beispielprogramm 8.11 – BSP08_11.ASM

Im folgenden soll ein Programm entwickelt werden, das den Inhalt des BL-Registers in Form einer zweistelligen Hexadezimalzahl ausgibt. Überlegen wir uns zunächst einmal, was zu tun ist, um eine einstellige Hexadezimalzahl auszugeben, die sich im BL-Register befinden soll. In diesem Fall muß lediglich der Wert im BL-Register, der zwischen 0 und 15 liegen darf, in den entsprechenden ASCII-Code umgewandelt werden. Eine Zahl wird bekanntlich durch Addition von 48 in den entsprechenden ASCII-Code umgewandelt, bei den Buchstaben A bis F muß dagegen 55 addiert werden, um den dazugehörigen ASCII-Code zu erhalten. Wenn Sie da nur bedingt zustimmen können, finden Sie in Anhang A eine ASCII-Tabelle mit allen ASCII-Codes. In einer Programmiersprache wie Basic ließe sich das Problem relativ leicht innerhalb einer »IF ... THEN ... ELSE«- Anweisung lösen, zum Beispiel in der Form

```
IF BL > 9  THEN BL = BL + 55 ELSE BL = BL + 48
```

Zwar existiert in der Maschinensprache der 8088/86-CPU keine derartige Anweisung, doch läßt sich etwas Entsprechendes leicht nachbilden:

```
    CMP BL,09          ; Vergleiche BL mit 9
    JG  LABEL1         ; Springe wenn größer
    ADD BL,55          ; Addiere 55 zu BL
    JMP LABEL3
LABEL1:
    ADD BL,48          ; Addiere 48 zu BL
LABEL3:
        ...
```

Nun liegt der ASCII-Code der auszugebenden Ziffer im BL-Register und das erste Problem wäre gelöst. Doch nicht immer ist die als erste gefundene Lösung die beste. Das eben vorgestellte Miniprogramm läßt sich noch ein wenig optimieren, indem generell 48 addiert, und nur wenn der Inhalt des BL-Registers größer als 57 ist, noch einmal zusätzlich 7 addiert werden:

```
        ADD  BL,48          ; Addiere 48
        CMP  BL,57          ; Vergleiche BL mit 57
        JLE  LABEL1         ; Springe wenn kleiner/gleich
        ADD  BL,7           ; Addiere 7 zu BL
LABEL1:
        ...
```

Damit hätten wir immerhin einen Befehl und zwei Labels gespart. Wie sieht es aber bei einer zweistelligen Zahl aus? Ein Blick auf die binäre Schreibweise der Hexadezimalzahl »A8h« zeigt, daß sich auch dieses Problem in den Griff kriegen läßt:

```
A8h = 1 0 1 0   1 0 0 0
```

Wie sich unschwer erkennen läßt, stellen die unteren vier Bits die erste Ziffer und die oberen vier Bits die zweite Ziffer dar. Alles, was zu tun ist, besteht darin, zuerst die oberen vier Bits in die unteren vier Bits zu transportieren, die resultierende Zahl mit Hilfe der obigen Routine auszugeben, dann die oberen vier Bits zu löschen und die resultierende Zahl ebenfalls auszugeben. Was sich mit Worten so wunderschön beschreiben läßt, soll nun in die Praxis umgesetzt werden. Um die oberen vier Bits in die unteren vier Bits des BL-Registers zu transportieren, müssen wir einen Befehl aus unserer »Befehlskiste« hervorkramen, der bereits im letzten Kapitel besprochen wurde. Es handelt sich um den SHR-Befehl, der einen Operanden um eine bestimmte Anzahl an Positionen nach rechts verschiebt. Dieser Befehl ist deswegen so hervorragend für unsere Zwecke geeignet, weil er bei jedem Verschieben nach rechts das freigewordene Bit 7 mit einer Null auffüllt. Nach viermaligem Verschieben nach rechts befinden sich die oberen vier Bits in den unteren vier Bits und in den oberen vier Bits befinden sich vier Nullen. Auch für die Lösung des zweiten Problems, dem Nullsetzen der oberen vier Bits, müssen wir auf einen Befehl zurückgreifen, der bereits im letzten Kapitel vorgestellt wurde. Es handelt sich um den AND-Befehl, der als Nebeneffekt der UND-Verknüpfung zweier Operanden das Zurücksetzen beliebiger Bits in einem Operanden ermöglicht. Dazu muß der Operand mit einem Wert verknüpft werden, der an den entsprechenden Positionen ein Nullbit enthält. Nehmen wir an, im BL-Register befindet sich der Wert A8h:

```
BL:         1 0 1 0 1 0 0 0
```

Um die oberen vier Bits auf Null zu setzen, muß das BL-Register mit einer Zahl nach der UND-Regel verknüpft werden, die in den oberen vier Bits Nullen enthält, da nach der UND-Regel eine Verknüpfung mit Null immer eine Null ergibt (falls Sie diese Erklärung noch nicht ganz einleuchtend finden, werfen Sie noch einmal einen Blick auf die Wahrheitstabelle einer UND-Verknüpfung in Kapitel 3). Bei dieser Zahl handelt es sich um »15«, denn der binäre Wert von 15 beträgt:

```
        0 0 0 0 1 1 1 1
```

Damit besteht die Lösung des Problems ganz einfach in einer UND-Verknüpfung des BL-Registers mit der Zahl »15«. Jetzt, wo alle Teilprobleme geklärt sind, müssen die einzelnen Komponenten zu einem Gesamtprogramm zusammengefügt werden und die eingangs gestellte Aufgabe kann als gelöst betrachtet werden. Anders als im Text eben beschrieben, werden alle Operationen der Einfachheit halber im DL-Register durchgeführt, da dort auch die Ausgabe erfolgt. Der auszugebende Wert befindet sich aber nach wie vor im BL-Register:

```
.MODEL SMALL
.STACK 100h
.DATA
     ZAHL     DB        76h
.CODE
START:
          MOV DX,@DATA            ; Datensegment initialisieren
          MOV DS,DX
          MOV BL,ZAHL             ; Zahl nach BL zur Ausgabe
          MOV AH,02               ; Funktionsnummer 2 für Ausgabe
          MOV DL,BL               ; Zahl nach DL
          MOV CL,4                ; Anzahl der Verschiebungen
          SHR DL,CL               ; Bits 7-4 nach Bit 0-3 kopieren
          ADD DL,30h              ; In ASCII-Code umwandeln
          CMP DL,39h              ; Zahl größer als 9 ?
          JLE ZAHL1_OK            ; Nein, dann weiter
          ADD DL,7                ; Buchstabe, dann 7 addieren
ZAHL1_OK:
          INT 21h                 ; 1. Ziffer ausgeben
          MOV DL,BL               ; Zahl erneut nach DL
          AND DL,0Fh              ; Bits 4-7 auf Null setzen
          ADD DL,30h              ; In ASCII-Code umwandeln
          CMP DL,39h              ; Zahl größer als 9?
          JLE ZAHL2_OK            ; Nein, dann weiter
          ADD DL,7                ; Buchstabe, dann 7 addieren
ZAHL2_OK:
          INT 21h                 ; 2. Ziffer ausgeben

          MOV AH,4Ch              ; Programm beenden
          INT 21h
END START
```

In diesem Programm werden zwei Labels verwendet, die beide einen ähnlichen Namen besitzen. Trotz dieser Namensähnlichkeit handelt es sich aber trotzdem um zwei verschiedene Label, denn in einem Assemblerprogramm dürfen selbstverständlich Labelnamen nicht doppelt verwendet werden. Ansonsten beschwert sich der Assembler mit einer Fehlermeldung vom Typ »Symbol already defined«.

Beispielprogramm 8.12 – BSP08_12.ASM

Das folgende Programm nimmt die Eingabe einer Zahl entgegen und stellt fest, ob die eingegebene Zahl gerade oder ungerade ist. Assemblieren und linken Sie das Programm, testen Sie es mit dem Debugger und führen Sie es aus.

```
.MODEL SMALL
.STACK 100h
.DATA
        TEXT1   DB 10,'GERADE',10,13,'$'
        TEXT2   DB 10,'UNGERADE',10,13,'$'
        TEXT3   DB 10,'UNERLAUBTE EINGABE',10,13,'$'
.CODE
START:
        MOV DX,@DATA            ; Datensegment initialisieren
        MOV DS,DX
        MOV AH,02               ; Fragezeichen ausgeben
        MOV DL,'?'
        INT 21h
        MOV AH,01               ; Eingabe einer Zahl
        INT 21h
        CMP AL,'0'              ; Eingabe kleiner gleich '0'?
        JLE ILLEGAL            ; Ja, dann Fehler
        CMP AL,'9'              ; Eingabe größer '9'?
        JG  ILLEGAL            ; Ja, dann Fehler
        SHR AL,1               ; Bit 0 ins Carryflag
        JC UNGERADE            ; Carry gesetzt, dann ungerade
        MOV DX,OFFSET TEXT1    ; Text ausgeben
        JMP SHORT ENDE         ; Programm beenden
UNGERADE:
        MOV DX,OFFSET TEXT2    ; Text ausgeben
        JMP SHORT ENDE
ILLEGAL:
        MOV DX,OFFSET TEXT3    ; Fehlermeldung ausgeben
ENDE:
        MOV AH,09
        INT 21h
        MOV AH,4Ch            ; Programm beenden
        INT 21h
END START
```

Beispielprogramm 8.12 erwartet die Eingabe eines Zeichens über die Tastatur. Der ASCII-Code des Zeichens wird dahingehend überprüft, ob es sich um den ASCII-Code einer Zahl handelt (größer/gleich 30h und kleiner/gleich 39h). Der »Trick« bei diesem Programm besteht darin, daß zur Überprüfung der Bedingung »Zahl gerade« oder »Zahl ungerade« das Carryflag verwendet wird. Dazu wird einfach der ASCII-Code des eingegebenen Zeichens um eine Position nach rechts verschoben. Bit Nr. 0 gelangt damit ins Carryflag. Handelt es sich um eine ungerade Zahl, wird eine »1« in das Carryflag geschoben, handelt es sich um eine gerade Zahl, gelangt dagegen eine »0« in das Carryflag.

8.7 Schleifen

Bereits an Beispielprogramm 8.9 wurde gezeigt, daß bedingte Sprungbefehle zur Konstruktion von Schleifen verwendet werden können. Da aber Schleifen in Maschinensprache als sehr leistungsfähige Programmelemente häufig eingesetzt werden, verfügt die 8086/88-CPU über spezielle Schleifenbefehle, mit denen sich Programmschleifen leichter und bezüglich ihrer Ausführungszeit optimaler realisieren lassen. Der einfachste Schleifenbefehl ist der LOOP-Befehl, der in der allgemeinen Form

Label: `<Befehle>`
        `LOOP Label`

eingesetzt wird, wobei sich das anzuspringende Label, wie bei den bedingten Sprungbefehlen, innerhalb einer Reichweite von −128 bis +127 Byte befinden darf. Der LOOP-Befehl führt insgesamt drei Funktionen aus:

1. Das CX-Register wird um 1 verkleinert.
2. Es wird geprüft, ob das CX-Register 0 ist.
3. Wenn das CX-Register ungleich 0 ist, wird ein Sprung zu dem angegebenen Label durchgeführt. Ist das CX-Register dagegen 0, wird die Programmausführung ganz einfach beim ersten, auf den LOOP-Befehl folgenden Befehl fortgesetzt, das heißt, die Schleife wird verlassen.

Der LOOP-Befehl entspricht damit der Befehlssequenz

```
DEC CX
JNZ Label
```

allerdings mit einem kleinen, aber feinen Unterschied. Haben Sie ihn bereits herausgefunden? Während der DEC-Befehl, mit Ausnahme des Carryflags, die Statusflags beeinflußt, ist das beim LOOP-Befehl nicht der Fall. Sicher dürfte es Sie auch interessieren, welche Variante schneller ist. Diese Frage läßt sich, und das mag verwundern, nicht pauschal beantworten, da sie vom CPU-Typ abhängig ist. Auf einer 8088/86-CPU ist die LOOP-Variante schneller, da ein Byte weniger gelesen werden muß. Auf einer 80386/486-CPU ist dagegen, aufgrund des komplexeren Befehls-Lese-Zyklus, die Variante mit dem DEC-Befehl schneller. In allen Fällen bietet die DEC-Variante den Vorteil, daß hier das CPU-Register frei gewählt werden kann. Bereits an diesem Beispiel wird deutlich, daß das Thema Optimierung in Maschinensprache nicht in einem Buchkapitel abgehandelt werden kann. Wer sich damit beschäftigt, wird schnell feststellen müssen, daß man sich weniger auf die Theorie, sondern vielmehr auf praktische Erfahrungen verlassen muß.

Über den LOOP-Befehl lassen sich Schleifen, wie etwa »FOR ... NEXT«-Schleifen in Basic, auch in Maschinensprache realisieren. Allerdings sind die Möglichkeiten des LOOP-Befehls naturgemäß stark eingeschränkt. So lassen sich selbstverständlich nur Integerzahlen als Schleifenindizes verwenden. Genauso wird der Schleifenindex bei jedem Schleifendurchlauf stets um 1 erniedrigt und nicht um einen beliebigen Wert (dies kann jedoch durch einen zusätzlichen SUB-Befehl erreicht werden). Nichtsdestotrotz stellt der LOOP-Befehl eine leistungsfähige Möglichkeit dar, Schleifen in Maschinensprache zu programmieren.

Beispielprogramm 8.13 – BSP08_13.ASM

Das folgende Beispielprogramm stellt eine einfache Zählschleife dar, die mit Hilfe eines LOOP-Befehls realisiert wird. Assemblieren und linken Sie das Programm, testen Sie es mit dem Debugger und bringen Sie es zur Ausführung.

```
.MODEL SMALL
.STACK 100h
.CODE
START:
        MOV CX,10       ; Lade CX mit Schleifenzähler
        MOV AH,02       ; DOS Funktionsnummer
PRINT:
        MOV DL,CL       ; Schleifenzähler nach DL
        ADD DL,30h      ; Zahl in ASCII-Code umwandeln
        INT 21h         ; Ausgabe
        MOV DL,20h      ; Leerzeichen ausgeben
        INT 21h
        LOOP PRINT      ; Schleife wiederholen, solange CX ungleich Null
        MOV AH,4Ch; Programm beenden
        INT 21h
END START
```

Die Befehle LOOPE und LOOPNE

Obwohl der LOOP-Befehl für viele Zwecke geeignet ist, gibt es Situationen, in denen der LOOP-Befehl nicht ausreicht. Ein solcher Fall tritt auf, wenn innerhalb der Schleife eine zusätzliche Abbruchbedingung existiert. Eine solche Schleifenkonstruktion tritt zum Beispiel auf, wenn ein Puffer mit einer festgelegten Größe nach einem bestimmten Zeichen durchsucht werden soll. In diesem Fall wird die Suche so lange wiederholt, bis entweder das Zeichen gefunden wurde oder alle Zeichen des Puffers durchsucht wurden. Für diese, und natürlich auch andere Anwendungen verfügt die 8086/88-CPU über zwei spezielle Schleifenbefehle. Es handelt sich um die Befehle LOOPE (»Loop if Equal« – Wiederhole, wenn gleich) und LOOPNE (»Loop if Not Equal« – Wiederhole, wenn nicht gleich). Für beide Befehle existieren übrigens identische Mnemonics mit den Namen LOOPZ (»Loop if Zero« – Wiederhole, wenn Null) und LOOPNZ (»Loop if Not Zero« – Wiederhole, wenn nicht Null).

Syntax:
```
LOOPE   Label
LOOPZ   Label
LOOPNE  Label
LOOPNZ  Label
```

Die Befehle LOOPE und LOOPZ sind damit identisch, genau wie die Befehle LOOPNE und LOOPNZ. Welche Bezeichnung sie jeweils verwenden, spielt keine Rolle. Im allgemeinen sollte man den Befehlsnamen jedoch an die zu prüfende Bedingung anpassen. Sowohl der LOOPE- als auch der LOOPNE-Befehl werden in der gleichen Form wie der LOOP-Befehl eingesetzt. Allerdings wird hier eine zweite Bedingung geprüft. Der LOOPE-Befehl führt einen Sprung nur dann aus, wenn das CX-Register ungleich Null und das Nullflag gesetzt ist. Damit wird eine Schleife so lange wiederholt, bis mindestens eine von zwei Bedingungen eintritt:

1. das CX-Register 0 wird
2. das Nullflag zurückgesetzt wird

Der LOOPNE-Befehl führt dagegen einen Sprung nur aus, wenn das CX-Register ungleich 0 ist und das Nullflag nicht gesetzt ist. Auch beim LOOPNE-Befehl wird eine Schleife damit so lange wiederholt, bis mindestens eine von zwei Bedingungen eintritt:

1. das CX-Register 0 wird
2. das Nullflag gesetzt wird

Fazit:
Werden die Befehle LOOPE oder LOOPNE für den Aufbau einer Schleife verwendet, müssen Sie zusätzlich auf den Zustand des Nullflags achten. In der Regel wird dem LOOPE- oder LOOPNE-Befehl ein Befehl vorausgehen, der das Nullflag beeinflußt.

Befehl	Springe, wenn...
LOOP	CX <> 0
LOOPE	CX <> 0 und ZF = 1
LOOPZ	CX <> 0 und ZF = 1
LOOPNE	CX <> 0 und ZF = 0
LOOPNZ	CX <> 0 und ZF = 0

Schleifenbefehle der 8086/88-CPU

Der JCXZ-Befehl
Im Zusammenhang mit dem Schleifenbefehl soll auch auf den JCXZ-Befehl hingewiesen werden. Zwar handelt es sich hier um einen bedingten Sprungbefehl, er kann jedoch auch genauso gut zum Aufbau von Programmschleifen verwendet werden. Der JCXZ-Befehl führt einen Sprung nur aus, wenn das CX-Register 0 ist. Allerdings wird das CX-Register hier nicht beeinflußt. Der JCXZ-Befehl ist sehr nützlich, wenn verhindert werden soll, daß eine Schleife mit einem Nullzähler begonnen wird:

```
      JCXZ      ZÄHLER_NULL
LOOP_START:
      ...
      LOOP LOOP_START
ZÄHLER_NULL:
```

Die Schleife in diesem Programmbeispiel wird nur durchlaufen, wenn sich im CX-Register ein Wert ungleich 0 befindet. Beachten Sie, daß der JCXZ-Befehl selbständig das CX-Register testet. Ein vorausgehender Testbefehl ist daher nicht erforderlich:

```
OR CX,CX
JCXZ NO_LOOP
```

In diesem kleinen Beispiel testet der OR-Befehl den Inhalt des CX-Registers und setzt entsprechend die Statusflags. Der folgende JCXZ-Befehl ist daher nicht notwendig. Statt dessen reicht ein JZ-Befehl. Der JCXZ-Befehl wird daher nur eingesetzt, wenn der vorausgehende Befehl nicht das CX-Register testet.

Beispielprogramm 8.14 – BSP08_14.ASM

Das folgende Beispielprogramm bestimmt eine »Zufallszahl« zwischen 0 und 9, die anschließend in zehn Versuchen erraten werden kann. Assemblieren und linken Sie das Programm, testen Sie es mit dem Debugger und bringen Sie es zur Ausführung.

```
.MODEL SMALL
.STACK 100h
.DATA
        TEXT1  DB 10,'Geben Sie eine Zahl ein (0..9):',13,10,'$'
        TEXT2  DB 10,'Ende. Versuche: ','$'
        ZUFALL DB ?
.CODE
START:
        MOV DX,@DATA
        MOV DS,DX
;
; Erzeugen der Zufallszahl
;

        MOV AH,2Ch              ; Aufruf der Funktion 'Zeit lesen'
        INT 21h
;
; Zufallszahl im DH-Register
;
        XOR   AX,AX             ; AX löschen
        XCHG AL,DH              ; DH und AL vertauschen
        MOV   DL,6              ; AL durch 6 teilen
        DIV   DL
        MOV   ZUFALL,AL         ; Zufallszahl speichern
;
        MOV   CX,10             ; Schleifenzähler laden
LOOP1:
        MOV   DX,OFFSET TEXT1   ; TEXT1 ausgeben
        MOV   AH,09
        INT   21h
        MOV   AH,01             ; Eingabe einer Zahl
        INT   21h
        SUB   AL,48            ; ASCII-Code in Zahl umwandeln
        CMP   ZUFALL,AL         ; Mit Zufallszahl vergleichen
        LOOPNE LOOP1            ; Wiederhole wenn CX > 0 und
                               ; Zufallszahl <> Eingabe
        MOV   DX,OFFSET TEXT2   ; Richtig, Ausgabe von TEXT2
        MOV   AH,09
        INT   21h
```

```
        NEG   CL                    ; Anzahl der Versuche ermitteln
        ADD   CL,10
        MOV   DL,CL
        ADD   DL,48                 ; Zahl in ASCII-Code umwandeln
        MOV   AH,02                 ; Anzahl der Versuche ausgeben
        INT   21h
;
        MOV   AH,4Ch                ; Zurück zu DOS
        INT   21h
END START
```

Dieses Programm enthält einige interessante Befehle, die eines kurzen Kommentars bedürfen. Die Zufallszahl ist eigentlich gar keine Zufallszahl, sondern vielmehr der Sekundenanteil der Systemzeit, die durch die Funktion 2Ch des »INT 21h«-Befehls bestimmt wird. Da die Anzahl an Sekunden im DH-Register übergeben wird, dieses Register aber wieder für andere Zwecke benötigt wird, muß die Zufallszahl an einem sicheren Ort abgespeichert werden. Dafür wurde eigens eine Speichervariable vom Typ BYTE mit dem Namen ZUFALL definiert. Zuvor wird die Zufallszahl aber durch 6 geteilt, damit auch ganz sicher eine Zahl zwischen 0 und 9 entsteht. Beachten Sie, daß an dieser Stelle ein Operator wie »BYTE PTR« nicht benötigt wird, da es sich bei beiden Operanden um Byte-Operanden handelt. Die eigentliche Schleife beginnt bei dem Label LOOP1. Innerhalb der Schleife wird der erste Text ausgegeben und eine Zahl von der Tastatur entgegengenommen. Der CMP-Befehl vergleicht die eingegebene Zahl mit der Zufallszahl und setzt die entsprechenden Statusflags, die von dem LOOPNE-Befehl ausgewertet werden. Dieser Befehl verläßt die Schleife, wenn die Zahl richtig geraten wurde (Nullflag gesetzt), wenn die Schleife zehnmal durchlaufen wurde (CX-Register gleich Null) oder wenn beide Ereignisse zusammen eintreten. Nach dem Verlassen der Schleife wird der zweite Text zusammen mit der Anzahl der Versuche ausgegeben. Da diese Anzahl aber direkt nirgends gespeichert ist, muß sie indirekt durch Subtraktion des CX-Registers von 10 berechnet werden. Da ein Befehl »SUB 10,CL« nicht möglich ist, geschieht dies durch den NEG-Befehl, der das Vorzeichen des CL-Registers umkehrt. Die anschließende Addition von 10 ergibt dann die gewünschte Zahl.

8.8 Felder

Da der Assembler dem Programmierer das Datensegment als eine Aneinanderreihung benachbarter Speicherzellen zur Verfügung stellt, ist auch die Definition von Feldern kein Problem. Hier leistet der DUP-Operator des Assemblers nützliche Dienste, über den eine beliebige Zahl von Speicherzellen reserviert und mit einem Wert initialisiert werden kann. Der DUP-Operator benötigt als Parameter die Anzahl der zu reservierenden Speicherzellen und einen Initialisierungswert, so daß sich folgende Syntax ergibt:

```
Anzahl DUP (Initialisierungswert)
```

Der DUP-Operator muß immer auf eine Datenanweisung folgen, wodurch automatisch die Gesamtzahl der reservierten Bytes festgelegt wird. Um zum Beispiel ein 10-Byte-Feld zu reservieren, in dem jedes Feldelement den Initialisierungswert erhält, ist folgende Anweisung erforderlich:

```
FELD DB 10 DUP (0)
```

Ein Feld mit gleicher Größe und gleichem Inhalt kann selbstverständlich auch über eine DW-Anweisung definiert werden:

```
FELD DW 5 DUP(0)
```

Der einzige Unterschied zur vorherigen Definition besteht darin, daß FELD nun den Typ WORD besitzt und nicht wie im ersten Beispiel den Typ BYTE.

Beachten Sie, daß der symbolische Name FELD in beiden Fällen für die Offsets der ersten Speicherzelle steht. Die übrigen 9 bzw. 4 Feldelemente stellen lediglich benachbarte Feldelemente dar, eine Feldvariable, die als Ganzes betrachtet wird, gibt es für den Assembler nicht. Die Definition des »Feldes« hätte alternativ, allerdings ein wenig umständlicher, auch wie folgt durchgeführt werden können:

```
FELD DW 0, 0, 0, 0, 0
```

Nichtsdestotrotz kann jedes Feldelement über den bereits vorgestellten Indexoperator einzeln angesprochen werden. Der nächste MOV-Befehl lädt das dritte Feldelement in das CX-Register:

```
MOV CX,FELD[3]
```

Obwohl die Speichervariable FELD den Typ WORD besitzt, addiert der Assembler nun nicht 6 zur Offsetadresse von FELD, wie man es in C oder einer ähnlichen Programmiersprache erwarten dürfte. Statt dessen ist der Programmierer selber für die korrekte Berechnung des Index zuständig. Fazit: Für die Definition von Feldern in einem Assemblerprogramm ist der DUP-Operator zuständig. Die Adressierung der einzelnen Feldelemente ist Aufgabe des Programmierers.

8.9 Stringbefehle

Eine ganz besondere Sorte von Maschinenbefehlen stellen die Stringbefehle dar. Hierbei handelt es sich um Befehle, mit denen ganze Datenblöcke bis zu einer maximalen Länge von 64 Kbyte verarbeitet werden können. Lassen Sie sich durch die Bezeichnung »String« nicht irritieren. Unter einem String wird in diesem Zusammenhang lediglich eine Kette von Bytes, Worten oder ASCII-Codes verstanden, die sich irgendwo im Arbeitsspeicher befindet und die aus maximal 65536 Byte bestehen kann. Aus diesem Grund könnte man einen String auch als einen Datenblock und die Stringbefehle entsprechend als Datenblockbefehle bezeichnen. Auch Felder, wie sie im letzten Abschnitt vorgestellt wurden, können von den Stringbefehlen bearbeitet werden.

Die Stringbefehle unterscheiden sich von den übrigen Befehlen der 8086/88-CPU in erster Linie durch die Art und Weise, wie der Ziel- und der Quelloperand festgelegt werden. Bei Stringoperationen wird der Zielstring stets über das Registerpaar ES:DI und der Quellstring über das Registerpaar DS:SI adressiert. Nach jeder Stringoperation wird das DI- und das SI-Register automatisch erhöht (oder erniedrigt), damit es auf das nächste Stringelement zeigt. Mit Hilfe der Stringbefehle lassen sich folgende Operationen durchführen:

1. Verschieben eines Strings im Arbeitsspeicher
2. Vergleichen zweier Strings
3. Durchsuchen eines Strings nach einem Byte oder Wort
4. Laden eines Stringelements
5. Speichern in einem String

Zu den Stringbefehlen gehören:
MOVS Verschieben eines Strings
CMPS Vergleichen zweier Strings
SCAS Durchsuchen eines Strings
LODS Laden eines Stringelements
STOS Speichern in einem Stringelement

Betrachtet man sich die Befehlstabelle der 8086/88-CPU oder die folgende Übersicht, muß man den Eindruck gewinnen, daß es wesentlich mehr Stringbefehle gibt.

Befehl	Bedeutung
MOVS	Kopieren eines Stringelements
MOVSB	Kopieren eines Byte-Stringelements
MOVSW	Kopieren eines Wort-Stringelements
CMPS	Vergleich zweier Stringelemente
CMPSB	Vergleich zweier Byte-Stringelemente
CMPSW	Vergleich zweier Wort-Stringelemente
SCAS	Suchen nach einem Stringelement
SCASB	Suchen nach einem Byte-Stringelement
SCASW	Suchen nach einem Wort-Stringelement
LODS	Laden eines Stringelements in den Akku
LODSB	Laden eines Byte-Stringelements in den Akku
LODSW	Laden eines Wort-Stringelements in den Akku
STOS	Speichern des Akkus in einem Stringelement
STOSB	Speichern des Akkus in einem Byte-Stringelement
STOSW	Speichern des Akkus In einem Wort-Stringelement

Die Stringbefehle der 8086/88-CPU
Die Losung ist einfach. Jeder der oben aufgeführten Stringbefehle existiert im Befehlswortschatz des Assemblers in drei Versionen, einer »allgemeinen« Version und in jeweils einer Version für Byte- und Wort-Operationen. Am Beispiel des LODS-Befehls soll der Unterschied zwischen diesen drei Varianten kurz erläutert werden. Der LODS-Befehl lädt einen 8-Bit- oder 16-Bit-Operanden in das AL- oder AX-Register. Der Operand wird durch das Registerpaar DS:SI adressiert. Um einen Byte-Operanden zu laden, muß die LODSB-Variante eingesetzt werden:

```
LODSB
```

Wie zu erkennen ist, benötigt der LODSB-Befehl keinen Operanden, da der Quelloperand durch das Registerpaar DS:SI adressiert wird und es sich beim Zieloperanden immer um das AL-

Register handelt. Auch die Wort-Version dieses Befehls wird auf diese Weise eingesetzt:

```
LODSW
```

Diesmal wird durch den LODSW-Befehl ein 16-Bit-Operand, der durch das Registerpaar DS:SI adressiert wird, in das AX-Register geladen. Auch diese Version des LODS-Befehls benötigt keine Operanden. Was macht nun die dritte Variante? Nun, hier wird ein Operand aufgeführt, der aber einzig und allein dazu dient, den Typen des Quelloperanden festzulegen:

```
.DATA
      TEST_VAR     DB     ?
.CODE
      LODS     TEST_VAR
```

In diesem Fall erkennt der Assembler anhand des Typs der Speichervariablen, daß ein Byte-Operand geladen werden soll und assembliert den Befehl LODSB. Würde es sich bei TEST_VAR um eine Speichervariable vom Typ WORD handeln, würde entsprechend der Befehl LODSW assembliert werden. Für den LODS-Befehl, wie für alle anderen Stringbefehle ohne Operanden-angabe, existiert kein entsprechender Maschinenbefehl. Vielmehr benutzt der Assembler den aufgeführten Operanden und setzt dann entweder die Byte- oder die Wort-Version des String-befehls ein. Ob es sinnvoller ist, die operandenlose Variante zu bevorzugen oder den Operandtyp explizit festzulegen, muß von Fall zu Fall entschieden werden. Im allgemeinen wird man, je nach Operandentyp, die Byte- oder die Wort-Version eines Stringbefehls einsetzen. Grundsätzlich gilt: Stringbefehle benötigen keine Operanden, da sowohl der Quelloperand als auch der Zieloperand explizit festgelegt sind. Bild 8.5 veranschaulicht die Verhältnisse bei der Ausführung des MOVS-Befehls an einem Beispiel.

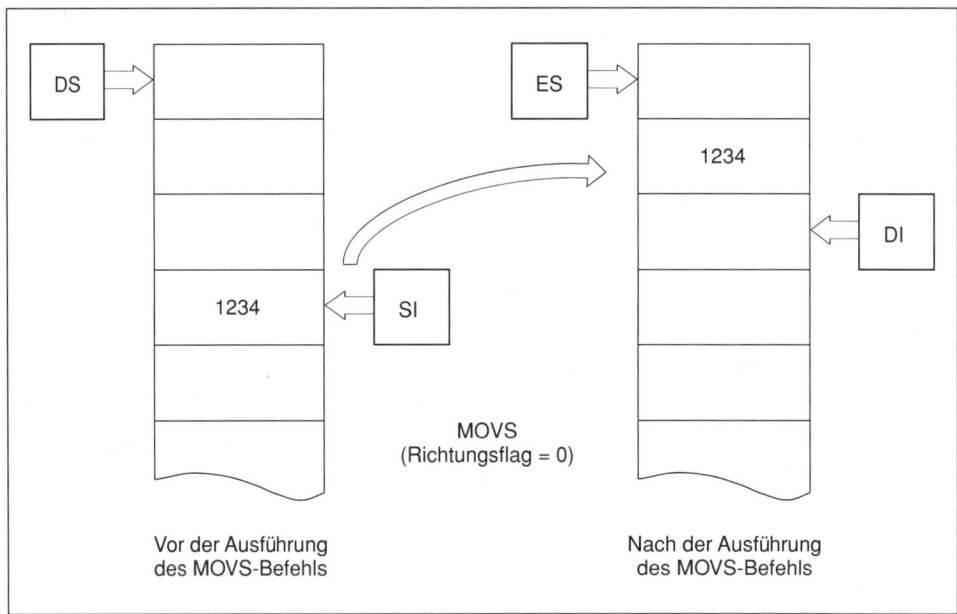

Bild 8.5: *Der MOVS-Befehl*

Die Wiederholungspräfixe

Nicht weniger wichtig als die Stringbefehle sind die sogenannten ».Wiederholungspräfixe«, denn erst ihre Mitwirkung ermöglicht es, daß die 8086/88-CPU einen Stringbefehl auf einen ganzen Speicherblock anwenden kann. Zu den Wiederholungspräfixen gehören:

Präfix	Wiederhole, solange
REP	CX-Register <> 0
REPE	CX-Register <> 0 und ZF = 1
REPZ	CX-Register <> 0 und ZF = 1
REPNE	CX-Register <> 0 und ZF = 0
REPNZ	CX-Register <> 0 und ZF = 0

Bei den Wiederholungspräfixen handelt es sich um keine richtigen Maschinenbefehle, sondern vielmehr um einen »Befehlsvorspann«. Genauer gesagt ist ein Präfix ein einzelnes Byte, das einem Maschinenbefehl vorangeht. Trifft die CPU auf einen Wiederholungspräfix, weiß sie im Falle eines Stringbefehls, daß der folgende Stringbefehl (auf andere Befehle kann ein Wiederholungspräfix nicht angewendet werden) eine bestimmte Anzahl oft wiederholt werden soll. Diese Anzahl wird beim REP-Präfix durch den Inhalt des CX-Registers und bei den übrigen beiden Wiederholungspräfixen zusätzlich durch den Zustand des Nullflags festgelegt.

Um einen besseren Überblick über die existierenden Wiederholungspräfixe zu erhalten, ist es recht instruktiv, einmal die Opcodes der einzelnen Präfixe zu betrachten. Bild 8.6 stellt alle drei Opcodes gegenüber.

Allgemeiner Aufbau: 1 1 1 1 0 0 1 z
REP: 1 1 1 1 0 0 1 1
REPE: 1 1 1 1 0 0 1 1
REPNE: 1 1 1 1 0 0 1 0

Aus Bild 8.6 wird deutlich, daß es bei den Wiederholungspräfixen nur zwei Varianten gibt. Die Präfixe REP und REPE sind identisch. Der Opcode des REPNE-Präfixes unterscheidet sich von seinem Gegenstück lediglich durch ein gelöschtes z-Bit. Auf die Möglichkeiten der Wiederholungspräfixe wird später noch ausführlicher eingegangen. Zunächst soll das Arbeiten mit den Stringbefehlen am Beispiel des Befehls MOVS veranschaulicht werden. Wie bereits erwähnt, läßt sich mit dem MOVS-Befehl ein ganzer Datenblock verschieben. Dazu benötigt der MOVS-Befehl vier Operanden:

– die Adresse des Quellstrings
– die Adresse des Zielstrings
– die Anzahl der zu verschiebenden Operanden
– die Verschieberichtung

	7	6	5	4	3	2	1	0
REP	1	1	1	1	0	0	1	0
REPE	1	1	1	1	0	0	1	1
REPUE	1	1	1	1	0	0	1	0

Bild 8.6: *Die Opcodes der Wiederholungspräfixe*

Alle vier Operanden befinden sich vor der Ausführung des MOVS-Befehls bereits in CPU-Registern. Während sich die Adresse des Quellstrings im Registerpaar DS:SI befinden muß, ist die Adresse des Zielstrings im Registerpaar ES:DI enthalten. Diesem Umstand verdanken die beiden Register auch ihren Namen, denn SI steht für »Source Index« (auf deutsch Quellindex) und DI steht für »Destination Index« (auf deutsch Zielindex). Die Anzahl der zu verschiebenden Operanden muß, wie beim LOOP-Befehl, im CX-Register enthalten sein. Und was ist mit der Verschieberichtung? Diese wird durch den Zustand des Richtungsflags im Status-Register der CPU festgelegt. Ist das Richtungsflag gelöscht, wird ein Datenblock in Richtung steigender Adressen bearbeitet, ist es dagegen gesetzt, in Richtung kleiner werdender Adressen.

Die 8086/88-CPU geht davon aus, daß sich der Zielstring in einem Segment befindet, das über das ES-Register adressiert wird, und der Quellstring in einem Segment, das über das DS-Register adressiert wird. Dies ist eine Art Standardzuordnung, die bei Bedarf vom Programmierer geändert werden kann. So kann sich unter Verwendung eines Segment-Aufhebungs-Operators auch der Quellstring in einem Segment befinden, das über das ES-Register adressiert wird:

```
MOVS ZIEL,ES:QUELLE
```

Aufgrund des Segment-Aufhebungs-Operators »:ES« wird die Standardsegmentzuordnung mit dem DS-Register aufgehoben und der Segmentanteil des Quellstrings in diesem Fall aus dem ES-Register geholt. Der Zielstring muß dagegen stets über das ES-Register adressiert werden. Die Möglichkeit, einen Segment-Aufhebungs-Operator einzusetzen, gibt es hier nicht. Um dennoch einen Zielstring im Datensegment, das heißt in einem über das DS-Register adressierten Segment, ansprechen zu können, muß das ES-Register vorübergehend mit dem Inhalt des DS-Registers geladen werden:

```
PUSH ES
PUSH DS
```

```
POP ES
...
POP ES
```

Der Einfluß des Richtungsflags

Ein Stringbefehl führt neben der eigentlichen Operation auch eine automatische Anpassung des DI- und/oder des SI-Registers durch, so daß diese Register stets auf das nächste Element des Strings zeigen. Da ein Stringbefehl sowohl in Richtung größer werdender Adressen als auch in Richtung kleiner werdender Adressen arbeiten kann, muß vor der Ausführung eines Stringbefehls die Richtung festgelegt werden. Hierfür ist das Richtungsflag im Statusregister der CPU zuständig. Ist das Richtungsflag gelöscht, arbeitet ein Stringbefehl in Richtung größer werdender Adressen, ist das Richtungsflag dagegen gesetzt, arbeitet ein Stringbefehl in Richtung kleiner werdender Adressen. Der Zustand des Richtungsflags legt damit auch fest, ob die Indexregister erhöht oder erniedrigt werden. Ist das Richtungsflag gelöscht, werden die an einem Stringbefehl beteiligten Indexregister um eins (Byte-Operation) oder zwei (Wort-Operation) erhöht. Entsprechend werden die Indexregister bei gesetztem Richtungsflag automatisch um eins (Byte-Operation) oder zwei (Wort-Operation) erniedrigt. Da ein Wiederholungspräfix nichts anderes macht als den nachfolgenden Stringbefehl sooft zu wiederholen, wie es durch das CX-Register festgelegt wird, zeigen die Indexregister auch nach Beendigung eines Stringbefehls, der über einen Wiederholungspräfix ausgeführt wurde, auf das nächste Element des Strings.

Unter Umständen kann es passieren, daß bei der Ausführung eines Stringbefehls ein Indexregister überläuft, das heißt von 65535 auf 0 (oder umgekehrt) gezählt wird. In diesem Fall setzt die CPU die Stringoperation mit dem neuen Inhalt des Indexregisters fort. Ein Abbruch des Stringbefehls oder das Setzen eines speziellen Flags erfolgt jedoch nicht.

Beachten Sie, daß unabhängig von der Operandengröße und dem Zustand des Richtungsflags das CX-Register durch einen Wiederholungspräfix bei jedem Durchlauf um eins erniedrigt wird.

Die Befehle STD und CLD

Obwohl das Richtungsflag in der Regel gelöscht ist, kann es in manchen Fällen notwendig sein, das Richtungsflag explizit zu löschen oder zu setzen. Dazu stellt die 8086/88-CPU eigens zwei Befehle zur Verfügung. Über den STD-Befehl kann das Richtungsflag gesetzt werden, während es über den CLD-Befehl gelöscht werden kann.

STD Setzt das Richtungsflag
CLD Löscht das Richtungsflag

Zusammenfassend läßt sich feststellen: Das Besondere an den Stringbefehlen ist nicht das, was sie machen. Mit zwei oder drei MOV-Befehlen, zwei INC-, DEC- oder ADD-Befehlen und einem LOOP-Befehl läßt sich der gleiche Effekt erzielen. Dadurch, daß aber alles durch einen einzigen Befehl erledigt wird, sind Stringbefehle so extrem leistungsfähig und vor allem schnell. Wurde ein Stringbefehl von der CPU zwecks Ausführung geladen, müssen keine weiteren Befehle mehr geladen werden. Zusätzliche Taktzyklen für das Laden weiterer Befehle entfallen also. Diese eingesparten Taktzyklen multiplizieren sich zudem mit der Anzahl der Wiederholungen. Aus diesem Grund ist zum Beispiel das Verschieben eines Speicherblocks mit einem Stringbefehl wesentlich schneller als mit separaten MOV-Befehlen.

Beispielprogramm 8.15 – BSP08_15.ASM

Das folgende Beispielprogramm verschiebt einen vordefinierten Speicherbereich im Arbeitsspeicher, genauer gesagt im Datensegment des Programms. Assemblieren und linken Sie das Programm und testen Sie es mit dem Debugger. Bringen Sie das Programm nicht zur Ausführung, da kein sichtbarer Effekt vorhanden ist.

```
.MODEL SMALL
    ANZAHL   EQU 200              ; Anzahl der zu verschiebenden Byte
.STACK 100h
.DATA
    FELD1   DB 200 DUP (88)       ; Definition des Quellfeldes
    FELD2   DB 200 DUP (0)        ; Definition des Zielfeldes
    FELD1_ADR    LABEL DWORD
            DW OFFSET FELD1
            DW SEG FELD1
    FELD2_ADR    LABEL DWORD
            DW OFFSET FELD2
            DW SEG FELD2
.CODE
    ASSUME ES:_DATA
START:
    MOV DX,@DATA
    MOV DS,DX
    CLD                           ; Lösche Richtungsflag
    LDS SI,FELD1_ADR              ; Lade Quellfeldadresse
    LES DI,FELD2_ADR              ; Lade Zielfeldadresse
    MOV CX,ANZAHL
    REP MOVS FELD1,FELD2          ; Verschiebe solange bis CX = 0
;
    MOV AH,4Ch                    ; Zurück zu DOS
    INT 21h
END START
```

An diesem Beispiel wird recht gut deutlich, wie einfach die an der Verschiebung beteiligten Registerpaare DS:SI und ES:DI über die Befehle LDS und LES geladen werden können. Der Befehl

```
LDS SI,FELD1_ADR
```

lädt nämlich die Offsetadresse der Speichervariablen FELD1 in das SI-Register und die Segmentadresse dieser Variablen in das DS-Register. Diese Adresse wurde in der Speichervariablen FELD1_ADR zuvor durch die Anweisung

```
FELD1_ADR    LABEL DWORD
        DW OFFSET FELD1
        DW SEG FELD1
```

abgelegt. Wenn Sie den LDS-Befehl und die folgende Variablendefinition nicht auf Anhieb verstanden haben, dann zu Recht. Denn das Ganze ist, zugegeben, ein wenig trickreich, zumal der SEG-Operator noch nicht erklärt wurde. Dennoch, und vor allem weil man in der Maschinensprache-

Programmierung nie genug lernen kann, sollten Sie sich auch an dieses knifflige Beispiel wagen. Zunächst wird über die LABEL-Anweisung ein Label mit dem Namen FELD1_ADR und dem Typ DWORD deklariert. Dieses Label soll weder als Sprungziel verwendet werden noch wird für dieses Label Speicherplatz reserviert. Es dient einzig und allein dazu, eine Speicherzelle mit einem Namen (FELD1_ADR) und einem Typ (DWORD) zu versehen. Die nächsten beiden DW-Anweisungen reservieren jeweils 2 Byte. Namen werden diesmal nicht benötigt, da die erste Speicherzelle bereits über die LABEL-Anweisung einen Namen erhalten hat. Während in die erste Wort-Speichervariable über den OFFSET-Operator die Offsetadresse von FELD1 eingetragen wird, wird in die zweite Wort-Speichervariable über den SEG-Operator, das Pendant des OFFSET-Operators, die Segment-adresse von FELD1 eingetragen. Nun liegt die Segment-Adresse von FELD1 in einer Form vor, in der sie von dem LDS- oder LES-Befehl geladen werden kann. Auf die gleiche Weise wird in die Speichervariable FELD2_ADR die Segment-Adresse von FELD2 eingetragen. Und noch eine »Kleinigkeit« verdient besondere Erwähnung. Es ist die Anweisung

```
ASSUME ES:@DATA
```

Was hat diese Anweisung hier zu suchen? Nun, wie es in Kapitel 10 noch zu erläutern sein wird, ist die ASSUME-Anweisung eine jener Anweisungen, die der Assembler-Programmierung ihren schlechten Ruf eingebracht haben. Nicht, daß diese Anweisung besonders kompliziert ist, doch einem Einsteiger den Sinn dieser Anweisung zu erklären, ist erfahrungsgemäß ein schwieriges Unterfangen, da relativ weit ausgeholt werden muß (auch der Autor dieses Buches hat eine ganze Weile dazu benötigt). Da sich Kapitel 10 daran recht ausführlich und hoffentlich auch erfolgreich versuchen wird und die ASSUME-Anweisung nur selten direkt benötigt wird, soll es hier bei einer knappen Erklärung belassen werden. Die ASSUME-Anweisung teilt dem Assembler in diesem Fall mit, daß das ES-Register mit der Adresse des Datensegments, hier dargestellt durch die vor-definierte und Ihnen hoffentlich wohlbekannte Textkonstante @DATA assoziiert wird. Diese Information benötigt der Assembler für jene Fälle, in denen die Standardzuordnung einer Adressie-rungsart mit einem Segmentregister aufgehoben werden muß. Jedes Segment, auf das innerhalb eines Assemblerprogramms zugegriffen wird, muß mit einem Segmentregister assoziiert sein. Natürlich können Sie nun zu Recht einwenden, daß dies mit den übrigen Segmentregistern ja auch nicht geschieht. Diesen Punkt dürfen Sie sich aber diesmal nicht verbuchen, denn was Sie nicht wissen können, ist der Umstand, daß die .MODEL-Anweisung für Sie unsichtbar folgende ASSUME-Anweisung erzeugt:

```
ASSUME CS:@CODE,DS:@DATA
```

Durch diese ASSUME-Anweisung wird das CS-Register mit dem Programmsegment, reprä sentiert durch die Textkonstante @CODE, und das DS-Register mit dem Datensegment assoziiert.

Zugegeben, das letzte Beispiel ist ein wenig umständlich. So müssen die Stringadressen nicht unbedingt über die Befehle LDS oder LES geladen werden, da sich die Adresse des Datensegments ja ohnehin dank der bekannten Befehlssequenz

```
MOV DX,@DATA
MOV DS,DX
```

im DS-Register befindet. Daß es auch anders geht, zeigt das folgende Beispiel, das dem Beispiel 8.15 entspricht, nur daß diesmal auf die Befehle LDS und LES und die damit verbundenen Komplikationen verzichtet wird.

Beispielprogramm 8.16 – BSP08_16.ASM

Das folgende Beispielprogramm verschiebt, wie Beispiel 8.15, einen ganzen Speicherbereich im Arbeitsspeicher. Allerdings werden die Adressen des Quell- und des Zielstrings auf eine andere Weise zur Verfügung gestellt. Assemblieren und linken Sie das Programm und testen Sie es mit dem Debugger. Bringen Sie das Programm nicht zur Ausführung, da es keinen sichtbaren Effekt zeigt.

```
.MODEL SMALL
    ANZAHL  EQU 200          ; Anzahl der zu verschiebenden Byte
.STACK 100h
.DATA
    FELD1   DB 200 DUP (88)  ; Definition des Quellfeldes
    FELD2   DB 200 DUP (0)   ; Definition des Zielfeldes
.CODE
    ASSUME ES:@DATA
START:
    MOV DX,@DATA
    MOV DS,DX
    MOV ES,DX

    CLD                      ; Lösche Richtungsflag
    LEA SI,FELD1             ; Lade Quellfeldadresse
    LEA DI,FELD2             ; Lade Zielfeldadresse
    MOV  CX,ANZAHL
    REP MOVSB                ; Verschiebe solange bis CX = 0
;
    MOV AH,4Ch
    INT 21h
END START
```

Innerhalb des Datensegments werden zwei 200 Byte umfassende Felder definiert. Jede Speicherzelle des ersten Feldes, das den Quellstring darstellt, wird mit dem Wert 88 initialisiert. Das zweite Feld stellt das Zielfeld dar. Hier wird jede Speicherzelle über den DUP-Operator mit dem Wert 0 initialisiert. Da die beiden Speichervariablen FELD1 und FELD2 den Typ BYTE besitzen, setzt der Assembler den MOVS-Befehl durch den Befehl MOVSB. Die Angabe eines Operanden ist daher nicht erforderlich. Zu Beginn des Programms wird das Richtungsflag über den CLD-Befehl vorsichtshalber gelöscht, das SI-Register über den LEA-Befehl mit der Offsetadresse des ersten Feldes und das DI-Register entsprechend mit der Offsetadresse des zweiten Feldes geladen. Auch in diesem Beispielprogramm ist eine ASSUME-Anweisung erforderlich, die dem Assembler mitteilt, daß das ES-Register das Datensegment, genauer gesagt das Segment mit dem Namen _DATA, adressiert. Ohne diese ASSUME-Anweisung gibt MASM bis zur Version 5.1 eine Fehlermeldung aus. MASM 6.0 braucht die Hilfestellung in Form der ASSUME-Anweisung dagegen nicht mehr.

Bevor wir den MOVS-Befehl im Detail betrachten, sei noch eine kleine Verständnisfrage erlaubt. Ist in Beispielprogramm 8.16 eine explizite Initialisierung des DS-Registers über die beiden MOV-Befehle wirklich notwendig, denn schließlich lädt doch der LDS-Befehl das DS-Register mit der Adresse des Datensegments? Nun, das ist im Prinzip richtig. Allerdings darf nicht vergessen werden, daß für das Funktionieren des LDS-Befehls sich die Adresse des Datensegments bereits im DS-Register befinden muß. Ansonsten kann der benötigte Zeiger nicht korrekt geladen werden. Für den LES-Befehl spielt es dagegen keine Rolle, welchen Wert das ES-Register vor der Ausführung des Befehls besitzt, da auch hier der Zeiger aus dem Datensegment geladen wird. Und letzteres wird bekanntlich über das DS-Register adressiert.

Nach diesem einleitenden Beispiel, das den grundsätzlichen Einsatz der Stringbefehle veranschaulichen sollte, werden im folgenden die einzelnen Stringbefehle vorgestellt. Wir beginnen mit dem MOVS-Befehl, der im folgenden noch einmal, diesmal aber etwas ausführlicher besprochen wird.

Der MOVS-Befehl

Der Befehl MOVS kopiert einen Byte- (MOVSB) oder Wort-Operanden (MOVSW) von einer Speicherzelle, die durch das Registerpaar DS:SI adressiert wird, in eine Speicherzelle, die durch das Registerpaar ES:DI adressiert wird. Entsprechend des Zustandes des Richtungsflags werden das DI- und das SI-Register um eins (Byte-Operand) oder zwei (Wort-Operand) erniedrigt (Richtungsflag = 0) bzw. erhöht (Richtungsflag = 1).

Syntax: MOVS Zieloperand,Quelloperand
      MOVSB
      MOVSW

Der MOVS-Befehl verfügt über zwei nahe Verwandte, bei denen keine Operanden angegeben werden müssen, da hier die Operandengröße explizit festgelegt ist. Es handelt sich um die Befehle MOVSB und MOVSW, die ein Byte oder ein Wort transportieren. Jedesmal, wenn in einem Programm der Befehl MOVS auftaucht, stellt der Assembler anhand der aufgeführten Operanden den Operandentyp fest und ersetzt den »MOVS-Befehl« durch einen MOVSB- oder MOVSW-Befehl. Obwohl für die Verwendung des MOVS-Befehls keine zwingende Notwendigkeit besteht, ist er in manchen Fällen ganz praktisch, da der Assembler zum einen die Gültigkeit der Operanden überprüft und zum anderen auch feststellt, ob auch das ES-Segmentregister durch eine ASSUME-Anweisung initialisiert wurde.

Durch Verwendung eines Segment-Aufhebungs-Operators läßt sich die Segmentzuordnung für den Quellstring aufheben. So transportiert zum Beispiel der Befehl

MOVSB FELD1,CS:FELD2

ein Byte von der Speicherzelle, die durch CS:FELD2 adressiert wird, in eine Speicherzelle, die durch ES:FELD1 adressiert wird. Der Befehl

MOVSW FELD1,ES:FELD2

kopiert ein Wort innerhalb des Segments, das durch das ES-Register adressiert wird, von ES:FELD1 nach ES:FELD2. Anders als die Segmentregisterzuordnung des Quellstrings, läßt sich die Segmentregisterzuordnung des Zielstrings nicht aufheben und bezieht sich stets auf das ES-Register. Um aber dennoch einen String als Zielstring angeben zu können, der sich im Datensegment befindet, muß das ES-Register mit der Adresse des Datensegments geladen werden.

Der CMPS-Befehl

Wie der CMP-Befehl vergleicht auch der CMPS-Befehl zwei Operanden miteinander und zeigt das Resultat durch Setzen der entsprechenden Statusflags im Statusregister an. Wie auch beim MOVS-Befehl existieren drei Varianten des CMPS-Befehls.

Syntax: CMPS Zieloperand, Quelloperand
CMPSB
CMPSW

Der CMPS-Befehl vergleicht zwei Byte-Operanden (CMPSB) oder Wort-Operanden (CMPSW) miteinander, wobei der Zieloperand durch das Registerpaar ES:DI und der Quelloperand durch das Registerpaar DS:SI adressiert wird.

Beim CMPS-Befehl ohne eine Typenangabe entscheidet der Assembler anhand des Operandentypen, ob der Befehl CMPSB- oder der CMPSW-Befehl assembliert wird.

Wichtig: Im Unterschied zum CMP-Befehl wird aber beim CMPS-Befehl der Zieloperand vom Quelloperand abgezogen, so daß die Statusflags bei einigen Vergleichen anders interpretiert werden müssen. Tabelle 8.5 enthält eine Übersicht über die bedingten Sprungbefehle, die auf einen CMPS-Befehl folgen müssen.

Sprungbefehl nach CMPS

Springe wenn ...	Bei Zahlen mit Vorzeichen	Bei Zahlen ohne Vorzeichen
Ziel größer als Quelle	JL	JB
Ziel gleich Quelle	JE	JE
Ziel ungleich Quelle	JNE	JNE
Ziel kleiner als Quelle	JG	JA
Ziel kleiner/gleich Quelle	JGE	JAE
Ziel größer/gleich Quelle	JLE	JBE

Tabelle 8.5: *Bedingte Sprungbefehle nach CMPS*

Durch Verwendung eines der Wiederholungspräfixe REPE oder REPNE läßt sich ein ganzer Datenblock mit einem anderen Datenblock vergleichen. Das Wiederholungspräfix REP ergibt hier keinen Sinn, da üblicherweise ein Vergleich nur solange wiederholt wird, bis eine bestimmte Bedingung wahr oder nicht wahr wird.

Beispielprogramm 8.17 – BSP08_17.ASM

Das folgende Beispielprogramm nimmt einen aus fünf Zeichen bestehenden Eingabestring von der Tastatur entgegen und vergleicht ihn mit einem gespeicherten String. Das Ergebnis des Vergleichs wird ausgegeben. Assemblieren und linken Sie das abgebildete Programm, testen Sie es anschließend mit dem Debugger und bringen Sie es dann zur Ausführung.

```
.MODEL SMALL
.STACK 100h
.DATA
    GEHEIM   DB 'RELAX'
    ANTWORT  DB '* RICHTIG *',10,13,'$'
    INP_BUF  DB  6
        DB  0
        DB  6 DUP (32)
.CODE
        ASSUME ES:_DATA
START:
        MOV DX,@DATA      ; Datensegment initialisieren
        MOV DS,DX
        MOV ES,DX         ; Auch ES muß diesmal geladen werden
        MOV DL,63         ; Ausgabe eines Fragezeichens
        MOV AH,02
        INT 21h
        MOV AH,0Ah        ; Eingabe eines Strings
        MOV DX,OFFSET WORD PTR INP_BUF
        INT 21h
        LEA SI,GEHEIM     ; Offsetadresse des Quellstrings laden
        LEA DI,INP_BUF+2  ; Offsetadresse des Eingabestrings laden
        MOV CX,5          ; Schleifenzähler
    REPE    CMPS GEHEIM,INP_BUF        ; Dies ist der Vergleich
;
        JNZ EXIT          ; keine Übereinstimmung?
        MOV AH,09
        MOV DX,OFFSET WORD PTR ANTWORT
        INT 21h
EXIT:
        MOV AH,4Ch  ·
        INT 21h
END START
```

Beispielprogramm 8.17 macht im Grunde nichts anderes als einen eingegebenen String, der unter der Adresse ES:DI gespeichert wird, mit einem String im Datensegment, der durch das Registerpaar DS:SI adressiert wird, zu vergleichen. Der Vergleich zweier, maximal 65536 Byte großer Strings wird durch den CMPS-Befehl zusammen mit dem Wiederholungspräfix REPE (Repeat while equal – Wiederhole solange gleich) durchgeführt. Dieses Wiederholungspräfix unterscheidet sich von dem Wiederholungspräfix REP durch ein einziges Bit im Opcode (Bild 8.5). Durch die Verwendung des Wiederholungspräfixes REPE wird der Vergleich so lange durchgeführt, bis zwei verglichene Zeichen nicht mehr übereinstimmen oder das CX-Register den Wert Null erreicht hat. Das Wiederholungspräfix REPNE arbeitet genau in der entgegengesetzten Weise. Der Vergleich wird so lange durchgeführt, wie die beiden verglichenen Elemente nicht übereinstimmen oder das CX-Register den Wert Null erreicht hat. Das Ergebnis des letzten Vergleichs wird durch Testen des Nullflags ausgewertet. Waren die zuletzt verglichenen Zeichen identisch (und damit der gesamte String), ist das Nullflag nach dem Verlassen der »Testschleife« noch gesetzt. Ein nicht gesetztes Nullflag zeigt dagegen an, daß die beiden zuletzt verglichenen Zeichen nicht identisch waren. An diesem Beispiel wird sicher auch klar, warum das Wiederholungspräfix REP hier nicht eingesetzt werden kann. Bei Verwendung von REP würde die Testschleife in jedem Fall fünfmal durchlaufen werden. Der Vergleichsbefehl

```
CMPS GEHEIM,INP_BUF
```

kann ohne weiteres durch den CMPSB-Befehl ersetzt werden, da beide Operanden den Typ BYTE besitzen.

Beachten Sie, daß es bei dem Vergleich auf die Groß-/Kleinschreibung ankommt. Beachten Sie ferner, daß in Beispielprogramm 8.17 diesmal auch das ES-Register mit der Adresse des Datensegments geladen wird, da der LEA-Befehl lediglich die Offsetadresse des Eingabepuffers lädt. Kann das ES-Register überhaupt den Eingabepuffer adressieren, da doch laut der Beschreibung der Funktion 0Ah des Interrupts 21h der Eingabepuffer durch das Registerpaar DS:DX adressiert werden muß? Nun, für die Eingabefunktion 0Ah spielt das keine Rolle, da das DS-Register und das ES-Register den gleichen Inhalt aufweisen. Da der CMPS-Befehl aber erwartet, daß der Zielstring über das ES-Register adressiert wird, muß dieses auch entsprechend geladen werden.

Der SCAS-Befehl

Neben dem CMPS-Befehl darf der SCAS-Befehl (»Scan String« – Durchsuchen eines Strings) als der wohl leistungsfähigste Befehl bezeichnet werden, den die 8086/88-CPU zu bieten hat. Der SCAS-Befehl durchsucht einen String, indem er jedes Byte- oder Wort-Element des Strings, das durch das Registerpaar ES:DI adressiert wird, mit dem AL- oder AX-Register vergleicht. In Abhängigkeit vom Zustand des Richtungsflags wird das DI-Register um eins (SCASB) oder um zwei (SCASW) erhöht. Wie alle Stringbefehle existiert auch dieser Befehl in drei verschiedenen Versionen.

Syntax: SCAS   Zieloperand
        SCASB
        SCASW

Um einen String nach einem bestimmten Byte oder Wort zu durchsuchen, muß sich der Suchwert im AL- oder im AX-Register befinden. Durch den SCAS-Befehl wird das über das Registerpaar ES:DI adressierte Stringelement mit dem Inhalt des AL- oder AX-Registers verglichen. Die Statusflags werden dabei auf die gleiche Weise gesetzt wie beim CMPS-Befehl.

Im Zusammenspiel mit den Wiederholungspräfixen REPE oder REPNE lassen sich mit Hilfe des SCAS-Befehls zum Beispiel Tabellen schnell nach einem bestimmten Eintrag oder Textdateien nach einem bestimmten Wort durchsuchen. Auch hier macht die Verwendung des Wiederholungspräfixes REP keinen Sinn, da dieses Präfix stets das Ergebnis des zuletzt durchgeführten Vergleichs in die Statusflags übernehmen würde und den Vergleich erst dann abbricht, wenn das CX-Register den Wert Null enthält (Sie können das REP-Präfix ruhig assemblieren, es hat die gleiche Funktion wie das REPE-Präfix). Je nach Art der Anwendung wird man daher eines der beiden Wiederholungspräfixe REPE oder REPNE verwenden. Allgemein gilt, daß ein Stringbefehl mit einem Wiederholungspräfix sooft ausgeführt wird, bis das CX-Register Null ist. Bei den Stringbefehlen SCAS und CMPS spielt zusätzlich der Zustand des Nullflags eine Rolle, da diese beiden Stringbefehle nur mit den Wiederholungspräfixen REPE oder REPNE eingesetzt werden.

Beispielprogramm 8.18 – BSP08_18.ASM

Das folgende Beispielprogramm durchsucht ein kleines Feld mit Hilfe des SCASB-Befehls nach dem Wert 0 oder 1 (je nachdem, welcher Wert in das AL-Register geladen wird). Bei erfolgreicher Suche wird die Position des gefundenen Wertes im Feld ausgegeben. Assemblieren und linken Sie das Programm, testen Sie es anschließend mit dem Debugger und bringen Sie es zur Ausführung. Variieren Sie die verschiedenen Wiederholungspräfixe und beobachten Sie den Einfluß auf die Anzahl der Durchläufe.

```
.MODEL SMALL
        SUCH_WERT       EQU     2
.STACK 100h
.DATA
        FELD DB 0,2,0,0,1,0,0
        FELD_LAENGE EQU $-FELD
        TEXT1 DB 10,13,'Gefunden bei Position: ','$'
        TEXT2 DB 'Leider nichts gefunden!',10,13,'$'
.CODE
START:
        MOV DX,@DATA            ; DS- und ES-Register initialisieren
        MOV DS,DX
        MOV ES,DX
        LEA DI,FELD             ; Offsetadresse von FELD nach DI
        MOV CX,FELD_LAENGE      ; Anzahl der Feldelemente
        MOV AL,SUCH_WERT        ; Nach diesem Wert soll gesucht werden
  REPNE SCASB                   ; Durchsuchen, bis Übereinstimmung gefunden
        JNE TXT2
        MOV DX,OFFSET TEXT1     ; Einen Text ausgeben
        MOV AH,09
        INT 21h
        MOV DL,CL              ; Aktueller Schleifenzählerstand nach DL
        NEG DL                 ; Position der Übereinstimmung berechnen
        ADD DL,FELD_LAENGE
        ADD DL,'0'             ; Position in ASCII-Code umwandeln
        MOV AH,02             ; Und ausgeben
        INT 21h
        JMP SHORT ENDE
TXT2:
        MOV DX,OFFSET TEXT2
```

```
        MOV AH,09
        INT 21h
ENDE:
        MOV AH,4Ch              ; Zurück zu DOS
        INT 21h
END START
```

Da der SCASB-Befehl ein Feld (oder String, ganz, wie Sie wollen) durchsucht, das durch das Registerpaar ES:DI adressiert wird, muß auch das ES-Register mit der Adresse des Datensegments geladen werden, denn ansonsten würde es noch, wie das DS-Register, auf den Beginn des sogenannten Programm-Segment-Präfix (PSP) zeigen (dieser Umstand ist typisch für EXE-Dateien). Sie sehen, daß Manipulationen an den Segmentregistern innerhalb eines Programms durchaus erlaubt sind. Sie müssen nur dafür sorgen, daß der ursprüngliche Wert des betreffenden Segmentregisters vor der erneuten Verwendung unter Umständen wieder hergestellt werden muß. In dem Beispielprogramm ist es nicht notwendig, da das ES-Register einzig und allein für die Adressierung des durchsuchten Strings verwendet wird.

Der zu suchende Wert wird über die Textkonstante SUCH_WERT festgelegt. Diese wird bei der Assemblierung durch ihren aktuellen Wert ersetzt. Ab der MASM-Version 5.0 ist es mit Hilfe der /DSymbol-Option auch möglich, den Wert einer solchen Konstanten beim Aufruf des Assemblers festzulegen. Um dies einmal ausprobieren zu können, müssen Sie zunächst die EQU-Anweisung aus dem Beispielprogramm 8.18 entfernen (zum Beispiel durch Voranstellen des Kommentarzeichens »;«). Nun kann die Konstante SUCH_WERT auch beim Aufruf des Assemblers festgelegt werden:

```
C>MASM BSP_08/DSUCH_WERT=2;
```

Durch die Option »/DSUCH_WERT=2« wird eine Konstante mit dem Namen SUCH_WERT und dem Wert 2 definiert. Diese Option hat die gleiche Wirkung wie die Verwendung einer EQU-Anweisung innerhalb des Quelltextes.

Die Befehle LODS und STOS

Bei dem Stringbefehl LODS wird ein Byte (LODSB) oder Wort (LODSW) aus einem String, der durch das Registerpaar DS:SI adressiert wird, in das AL-Register (LODSB) oder in das AX-Register (LODSW) geladen. Der STOS-Befehl arbeitet genau umgekehrt. Hier wird ein Byte (STOSB) oder ein Wort (STOSW) aus dem Akkumulator in einem String gespeichert, der durch das Registerpaar ES:DI adressiert wird. Entsprechend dem Zustand des Richtungsflags wird das DI-Register (STOS) oder das SI-Register (LODS) um eins (Byte-Operand) oder zwei (Wort-Operand) erhöht oder erniedrigt. Auch diese beiden Stringbefehle existieren in jeweils drei verschiedenen Versionen.

Syntax:
```
        LODS    Quelloperand
        LODSB
        LODSW
        STOS    Zieloperand
        STOSB
        STOSW
```

Beispielprogramm 8.19 – BSP08_19.ASM

Das folgende Beispielprogramm füllt einen Speicherbereich im Datensegment über den STOS-Befehl mit einem konstanten Wert. Assemblieren und linken Sie das Programm und bringen Sie es zur Ausführung.

```
.MODEL SMALL
.STACK 100h
.DATA
      ZIEL_FELD   DB 200 DUP(0) ; Zu füllendes Feld
    ANZAHL EQU $ - ZIEL_FELD ; Größe des Feldes
.CODE
START:
        MOV DX,@DATA          ; DS initialisieren
        MOV DS,DX
        MOV ES,DX             ; Auch ES muß geladen werden
        LEA DI,ZIEL_FELD      ; Offsetadresse von ZIEL_FELD laden
        MOV AL,77h            ; Füll-Konstante
        MOV CX,ANZAHL         ; CX mit Anzahl laden
    REP     STOSB             ; Feld mit Wert in AL füllen
        MOV AH,4Ch            ; Zurück zu DOS
        INT 21h
END START
```

Der STOSB-Befehl, mit dem das Speicherregister, das durch das Registerpaar ES:DI adressiert wird, mit dem Wert 77h geladen wird, wird genau 200mal ausgeführt. Dieser Wert ist in der Konstanten ANZAHL enthalten, die zuvor durch die EQU-Anweisung definiert wurde. Anders als mit einer DB-Anweisung wird durch die EQU-Anweisung kein Speicherplatz reserviert. Alle über die EQU-Anweisung definierten Konstanten werden beim Assemblieren durch ihre Werte ersetzt. Interessant ist auch, auf welche Weise der Umfang des Feldes bestimmt wird. Er ergibt sich aus der Differenz der Feldadresse und dem Stand des Programmzählers nach der Definition des Feldes. Der aktuelle Stand des Programmzählers (er gibt die momentane Position beim Assemblieren innerhalb des Segments an) wird durch das $-Zeichen, das heißt durch den Adreßzähler, repräsentiert (mehr über den sogenannten »Program Location Counter« »$« erfahren Sie in Kapitel 10.4).

Indirekte Adressierung mit Preinkrement

Während sich der STOS-Befehl noch ganz gut zum Auffüllen zusammenhängender Speicherbereiche eignet, scheint sich für den LODS-Befehl keine allzu zwingende Anwendung zu ergeben. Die Verwendung eines Wiederholungspräfixes bringt nichts, denn der in das AL- oder AX-Register geladene Wert kann dann nicht verarbeitet werden, da er gleich danach durch den nächsten Wert überschrieben werden würde. Bei genauerer Betrachtung ergibt sich jedoch auch für den LODS-Befehl eine Verwendung. Wer sich mit dem Befehlssatz der 680x0er-CPUs ein wenig auskennt, wird bei der Besprechung der Adressierungsarten eine sehr leistungsstarke Adressierungsart vermißt haben, nämlich die indirekte Adressierung mit anschließender In- oder Dekrementierung der effektiven Adresse. Da die 8086/88-CPU nicht über diese Adressierungsart verfügt, muß diese über einen zusätzlichen INC- oder ADD-Befehl nachgebildet werden. Etwas einfacher geht es bei

Verwendung eines LODS- oder STOS-Befehls. Es müssen lediglich ein paar »Einschränkungen« in Kauf genommen werden. So wird der zu ladende Operand stets im AL- oder AX-Register abgelegt, die effektive Adresse muß sich stets im SI- (LODS) oder im DI-Register (STOS) befinden und nicht zuletzt ist diese »Adressierungsart« nur auf einen Transportbefehl beschränkt. Aber immerhin lassen sich durch die Verwendung eines LODS- oder STOS-Befehls anstelle eines MOV-Befehls mit anschließender In- oder Dekrementierung zwischen 4 und 5 Byte einsparen. Ein wenig flexibler ist der Stringbefehl auch, denn die Entscheidung, ob das DI- oder SI-Register anschließend erhöht oder erniedrigt wird, hängt bekanntlich vom Richtungsflag ab. Sogar eine Geschwindigkeitsverbesserung ist möglich, da für den LODS-Befehl nur 1 Byte assembliert wird.

Beispielprogramm 8.20 – BSP08_20.ASM
Das folgende Beispielprogramm gibt den Inhalt einer Tabelle, die sich im Datensegment befindet, über einen LODS-Befehl auf dem Bildschirm aus. Assemblieren und linken Sie das Programm, testen Sie es anschließend mit dem Debugger und bringen Sie es zur Ausführung.

```
.MODEL SMALL
.STACK 100h
.DATA
    TABELLE  DB 'EINE TABELLE, DIE IST LUSTIG!',10,13,'$'
.CODE
START:
    MOV DX,@DATA         ; Datensegment initialisieren
    MOV DS,DX
    MOV ES,DX            ; Auch ES, obwohl eigentlich nicht nötig
    LEA SI,TABELLE       ; Tabellenadresse laden
AGAIN:
    LODS ES:TABELLE      ; Tabellenelement laden
    CMP AL,'$'           ; Vergleiche mit '$'
    JE  EXIT             ; Schluß, wenn identisch
    MOV DL,AL            ; Ausgabe des Tabellenelements
    MOV AH,02
    INT 21h
    JMP AGAIN            ; Nächstes Element holen
EXIT:
    MOV AH,4Ch           ; Zurück zu DOS
    INT 21h
END START
```

Das Beispielprogramm 8.20 bedarf, bis auf eine Ausnahme, sicher keiner besonderen Erklärungen, da es aufgrund der Kommentare praktisch selbsterklärend ist. Es werden alle Elemente der Tabelle bis zum »$«-Zeichen ausgegeben. Der LODS-Befehl lädt ein Byte-Element in das AL-Register, das über das Registerpaar ES:SI adressiert wird, und erhöht das SI-Register anschließend um eins. Moment, wurde bei der Beschreibung des LODS-Befehls nicht behauptet, daß stets ein Stringelement, das durch das Registerpaar DS:SI adressiert wird, in den Akkumulator geladen wird? Richtig, doch in diesem Fall wurde von dem Segment-Aufhebungs-Operator »:ES« Gebrauch gemacht. Dieser Operator assembliert ein 1-Byte-Präfix, das dafür sorgt, daß die CPU beim nachfolgenden LODS-Befehl die Segmentadresse nicht aus dem DS-Registers, sondern aus dem ES-Register holt. Beachten Sie die Syntax des LODS-Befehls:

```
LODS ES:TABELLE          ; Tabellenelement laden
```

Bei Verwendung eines Segment-Aufhebungs-Operators muß stets die typenlose Variante eines Stringbefehls verwendet werden, da nur hier der Operator eingebaut werden darf. Natürlich gibt es im Beispielprogramm 8.20 keinen zwingenden Grund, die Adressierung über das ES-Register durchzuführen. Es sollte lediglich an einem Beispiel gezeigt werden, wie der Segment-Aufhebungs-Operator in Zusammenhang mit den Stringbefehlen eingesetzt wird.

Stringbefehle auf der 80386/486-CPU

Auch wenn in den Kapiteln 6–9 aus Gründen der Übersichtlichkeit bewußt nur die Befehle der 8086/88-CPU besprochen werden, soll bereits an dieser Stelle auf die Erweiterung bei der 80386/486-CPU hingewiesen werden. Da es sich um eine 32-Bit-CPU handelt, sind alle Operationen auch mit 32-Bit-Zahlen möglich. Entsprechend existieren die vorgestellten Stringbefehle auch in einer Variante mit der Bezeichnung MOVSD, CMPSD, SCASD, LODSB und STOSD, die mit einem 32-Bit-Operanden arbeiten und daher rein theoretisch in der Lage sind, bis zu 4 Gbyte große Strings zu bearbeiten. Mehr zu diesen Befehlen in Kapitel 15.5.

8.10 Zusammenfassung

Sprünge, Entscheidungen und Schleifen gehören zu den wichtigsten Programmelementen eines jeden Maschinenprogramms. Die 8086/88-CPU stellt, wie jede CPU, Befehle zur Verfügung, mit denen sich Sprünge im Programm durchführen lassen. Dabei muß zwischen Short-Sprüngen (das Sprungziel befindet sich in einer Entfernung –128 bis +127 Byte), Near-Sprüngen (das Sprungziel befindet sich im gleichen Segment) und Far-Sprüngen (das Sprungziel befindet sich in einem anderen Segment) unterschieden werden.

Eine besondere Art von Sprungbefehl stellt der CALL-Befehl dar. Hier merkt sich die CPU die Rücksprungadresse, in dem sie den Inhalt des IP-Registers (Near-CALL) und den Inhalt des CS-Registers (Far-CALL) auf dem Stack speichert. Das Gegenstück zum CALL-Befehl ist der RET-Befehl, der die zuvor gespeicherte Rückkehradresse wieder vom Stack holt und in das IP-Register (RETN-Befehl) und CS-Register (RETF-Befehl) zurücklädt. Welche der beiden Varianten des RET-Befehls assembliert wird, hängt vom Entfernungstyp der Prozedur ab, der entweder direkt über die PROC-Anweisung oder indirekt über das Speichermodell festgelegt wird.

Eine gewisse »Intelligenz« wird der 8086/88-CPU durch ihre bedingten Sprungbefehle verliehen. Ein bedingter Sprung springt nur dann, wenn eine bestimmte Bedingung erfüllt ist. Bei dieser Bedingung handelt es sich um den Zustand eines oder mehrerer Statusflags. Insgesamt stehen 17 verschiedene Sprungbefehle zur Verfügung. Bedingte Sprünge sind stets vom Typ Short, das heißt, das Sprungziel kann in einem Bereich von –128 bis +127 Byte entfernt liegen. Mit den bedingten Sprungbefehlen lassen sich zum Beispiel Programmschleifen aufbauen. Für die Programmierung von Schleifen stehen aber auch drei spezielle Schleifenbefehle zur Verfügung, die, wie zum Beispiel der LOOP-Befehl, stets das CX-Register als Schleifenzähler verwenden.

Eine häufige Anwendung zum Beispiel in Textprogrammen ist es, ganze Datenblöcke auf einmal zu manipulieren. Diese Aufgabe läßt sich mit den Stringbefehlen schnell und elegant lösen. Die Stringbefehle erlauben das Verschieben von Datenblöcken, den Vergleich zweier Datenblöcke, das Durchsuchen eines Datenblockes nach einem bestimmten Byte oder Wort und das Laden oder Speichern einzelner Datenblockelemente. Ein Datenblock kann, da er über ein Indexregister adressiert wird, bis zu 64 Kbyte groß sein. Nach jeder Ausführung eines Stringbefehls werden die beteiligten Indexregister, das DI- und das SI-Register, so justiert, daß sie bereits auf das nächste Stringelement zeigen. Durch den Zustand des Richtungsflags wird festgelegt, ob die Indexregister erhöht (Richtungsflag = 0) oder erniedrigt (Richtungsflag =1) werden. Bei allen Stringbefehlen wird der Quellstring durch das Registerpaar DS:SI und der Zielstring durch das Registerpaar ES:DI adressiert.

8.11 Übungen

Aufgabe 1:
Ändern Sie das Beispielprogramm 8.5 so, daß die Ausgabe nicht bei »:«, sondern bei »1« anfängt und bis »0« geht.

Aufgabe 2:
Schreiben Sie ein Programm, das den Inhalt der Tabelle aus Beispielprogramm 8.20 umgekehrt ausgibt.

Aufgabe 3:
Schreiben Sie ein Programm, das einen festgelegten Speicherbereich durchsucht und ermittelt, wie oft der Buchstabe »A« (ASCII 65) in diesem Bereich vorkommt. Die Startgrenze des Bereichs kann frei gewählt werden, muß aber innerhalb des Datensegments liegen.

Aufgabe 4:
Bei einem Preisausschreiben dürfen Sie zwischen einem Betrag von 20000 DM und einem Pfennig wählen, der 21 Tage lang verdoppelt wird. Welche Alternative ist die bessere?

Aufgabe 5:
Schreiben Sie ein Programm, das in einem bestimmten Speicherbereich alle Kleinbuchstaben gegen die entsprechenden Großbuchstaben austauscht.

Aufgabe 6:
Ein Datenblock mit 100 Byte ab der Offsetadresse 0 innerhalb des Segments .CODE soll innerhalb des Segments an die Offsetadresse 60 verschoben werden. Wie läßt sich das Problem des Überlappens zweier Datenblöcke lösen?

Die Lösungen zu den Übungen finden Sie im Anhang F.

9 Vom Problem zum Programm

In den letzten drei Kapiteln wurden die wichtigsten Befehle der 8086/88-CPU vorgestellt. Allerdings macht das alleinige Wissen um die Maschinenbefehle noch keinen guten Maschinensprache-Programmierer aus Ihnen. Viel wichtiger ist zum Beispiel die Fähigkeit, die leistungsfähigen Adressierungsarten der 8086/88-CPU einsetzen zu können, die in diesem Kapitel vollständig besprochen werden. Um es nicht bei der reinen Theorie zu belassen, werden einige der am häufigsten in der Maschinensprache-Programmierung auftretenden Probleme wie zum Beispiel der Zugriff auf Tabellen oder Felder an anschaulichen Beispielen zu lösen versucht. Im Vordergrund steht dabei das Thema Programmentwicklung, das heißt die einzelnen Schritte von einem Problem bis zu einem fertigen Programm. Sie lernen in diesem Kapitel einige wichtige Aspekte der Programmentwicklung im allgemeinen und der Entwicklung eines Maschinenprogramms im speziellen kennen.

In diesem Kapitel geht es um:
- den Zugriff auf Felder und Tabellen
- die Verwaltung von Feldern und Tabellen
- die Umwandlung von Zahlen in einen ASCII-String und umgekehrt
- wie man einen Interrupt belegt
- ein Primzahlenprogramm und ein Fakultätsprogramm
- ein Listenverwaltungsprogramm

9.1 Felder und Tabellen

Kaum ein größeres Maschinenprogramm kommt ohne Felder oder Tabellen aus. Zwar wurde in Kapitel 6 bereits auf die Definition von Feldern in einem Assemblerprogramm eingegangen, dennoch soll die Definition an dieser Stelle noch einmal erfolgen. Bei einem Feld handelt es sich um eine Aneinanderreihung von Variablen eines bestimmten Typs, die alle über ein und denselben Namen und einen Index angesprochen werden. Eine Tabelle ist im Prinzip ein Feld, bei der aber bereits jedes Feldelement einen vordefinierten Wert besitzt. Jedes Element eines Feldes oder einer Tabelle wird über einen Index angesprochen. Hierbei handelt es sich um eine Zahl, die von Null bis zur maximalen Anzahl an Elementen in dem Feld oder der Tabelle laufen kann. Felder werden für die unterschiedlichsten Aufgaben eingesetzt. Eine Tabelle dient in der Regel dazu, Werte aufzunehmen, die sich nicht über eine einfache mathematische Beziehung ineinander umwandeln lassen. Ein Beispiel ist die Umwandlung eines Zeichens von einem Code (zum Beispiel ASCII-Code) in einen anderen Code (zum Beispiel EBCDIC-Code), die am vorteilhaftesten über eine Tabelle durchgeführt wird. Auch mathematische Berechnungen werden über Tabellen durchgeführt. Falls Sie zum Beispiel in einem Maschinenprogramm nicht auf einen mathematischen Koprozessor zurückgreifen können und trigonometrische Funktionen nicht über relativ zeitaufwendige Reihenentwicklungen annähern wollen, können Sie die Sinuswerte aller Winkel von 0 bis 90 Grad in einer Tabelle ablegen. Das Berechnen eines Sinus reduziert sich somit auf den Zugriff auf eine Tabelle.

Da letztlich jedes umfangreichere Maschinenprogramm in irgendeiner Form auf Felder oder Tabellen zugreifen muß, wurde die 8086/88-CPU mit leistungsfähigen Adressierungsarten ausgestattet, die einen effektiven Zugriff auf diese Datenstrukturen ermöglichen. Zu diesen Adressierungsarten gehören:

– indirekte Adressierung
– indizierte Adressierung
– basisrelative Adressierung
– basisindizierte Adressierung

Felder

Wie bereits in Kapitel 6.6 gezeigt wurde, ist die Definition eines Feldes in einem Assemblerprogramm kein Problem. Mit Hilfe einer Datenanweisung und dem DUP lassen sich beliebig (sprich maximal 64 Kbyte) große Felder definieren, die bei Bedarf auch mit Initialisierungswerten belegt werden können. So wird zum Beispiel ein aus zehn Worten bestehendes Feld mit dem Namen KARTEI wie folgt definiert:

```
KARTEI DW 10 DUP(?)
```

Wie kann man auf dieses Feld zugreifen? Die Antwort findet man in der indirekten Adressierung.

Indirekte Adressierung

Der Zugriff auf ein beliebiges Feld kann zum Beispiel über einen MOV-Befehl erfolgen. Vorausgesetzt, die Segmentadresse des Datensegments, in dem das Feld definiert ist, befindet sich im DS-Register, wird für den Zugriff auf das Feld nur die Offsetadresse benötigt. Diese kann zum Beispiel über den LEA-Befehl in ein CPU-Register geladen werden:

```
LEA BX,KARTEI
```

Mit der Offsetadresse im BX-Register kann nun über eine indirekte Adressierung auf jedes beliebige Feldelement zugegriffen werden (Bild 9.1):

```
MOV AX,[BX]
```

Dieser MOV-Befehl lädt das erste Feldelement in das AX-Register. Durch fortlaufendes Erhöhen des BX-Registers um zwei, jedes Feldelement umfaßt zwei Byte, erfolgt der Zugriff auf die übrigen Feldelemente:

```
ADD BX,2
MOV AX,[BX]
```

Diese Art des Zugriffs eignet sich natürlich hervorragend für die Verwendung innerhalb einer Schleife. Beispielprogramm 9.1 zeigt eine solche Anwendung.

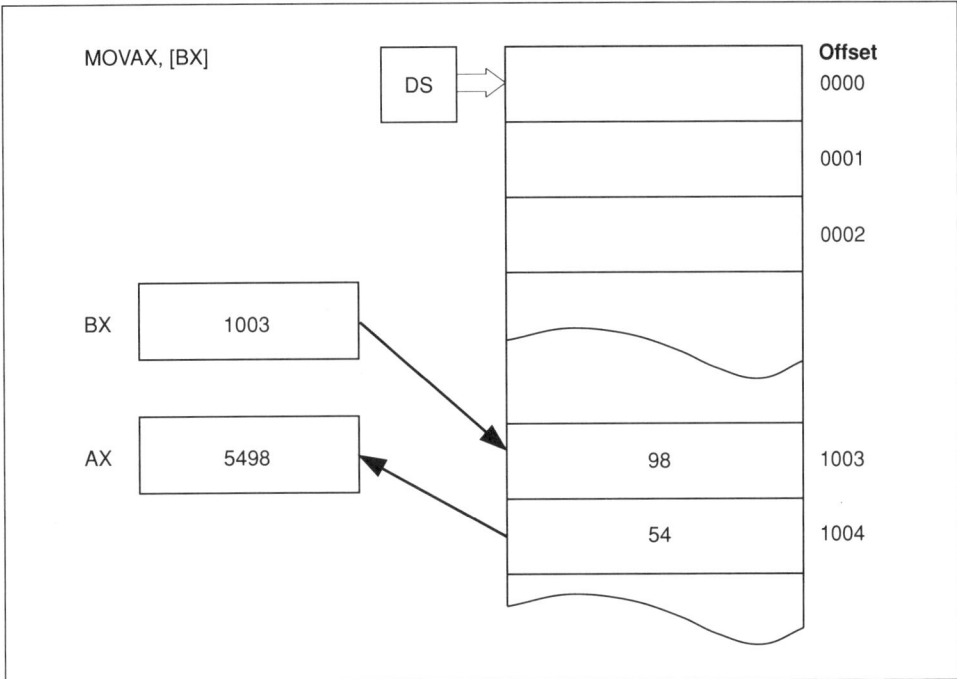

Bild 9.1: *Indirekte Adressierung*

Beispielprogramm 9.1 – BSP09_01.ASM

Das folgende Beispielprogramm legt einen Eingabepuffer an, in dem über eine indirekte Adressierung mit dem BX-Register maximal 20 Zeichen eingegeben werden können. Nach Eingabe der zwanzig Zeichen wird der Pufferinhalt wieder ausgegeben. Assemblieren und linken Sie das Programm, testen Sie es mit dem Debugger und bringen Sie es zur Ausführung.

```
.MODEL SMALL
.STACK 100h
.DATA
    EINGABE_BUF  DB 20 DUP(32)      ; Anlegen eines Eingabepuffers
.CODE
START:
    MOV DX,@DATA                ; Datensegment initialisieren
    MOV DS,DX
    MOV BX,OFFSET EINGABE_BUF ; Lade BX mit Pufferadresse
    MOV CX,20                  ; Lade Schleifenzähler
LABEL1:
    MOV AH,01                  ; Eingabe eines Zeichens
    INT 21h
    MOV BYTE PTR [BX],AL       ; Speichere Zeichen in Puffer
    INC BX                     ; Erhöhe Pufferzeiger
    LOOP LABEL1                ; Zurück wenn CX nicht Null
```

```
        MOV AH,02                 ; Ausgabe einer Leerzeile
        MOV DX,0D0Ah              ; ASCII-Codes für Line feed und Return
        INT 21h                   ; Beide Steuerzeichen für Zeilenvorschub
        XCHG DL,DH                ; ausgeben
        INT 21h
;
        MOV BX,OFFSET EINGABE_BUF ; Lade BX mit Pufferadresse
        MOV CX,20                 ; Lade Schleifenzähler
        MOV AH,02                 ; Ausgabe des Zeichens
LABEL2:
        MOV DL,BYTE PTR [BX]
        INT 21h
        INC BX                    ; Erhöhe Pufferzeiger
        LOOP LABEL2               ; Zurück wenn CX nicht Null
        MOV AH,4Ch                ; Zurück zu DOS
        INT 21h
END START
```

Um das jeweils nächste Zeichen in den Puffer zu speichern oder aus dem Puffer zu lesen, wird das BX-Register über den INC-Befehl inkrementiert. Diese Methode ist jedoch nicht immer empfehlenswert, da nach Beendigung der Schleife die Startadresse des Feldes im BX-Register nicht mehr verfügbar ist und erneut geladen werden muß. In vielen Fällen ist es günstiger, anstelle der indirekten Adressierung eine Adressierungsart zu verwenden, bei der ein Adreßanteil konstant bleiben kann (nämlich die Startadresse des Feldes) und ein anderer Anteil (der Index) veränderlich ist. Da der veränderliche Anteil in einem CPU-Register untergebracht werden kann, läßt sich auf jedes einzelne Element zum Beispiel innerhalb einer Schleife zugreifen. Diese Adressierungsart wird indizierte Adressierung genannt und eignet sich aus den erwähnten Gründen hervorragend für den Zugriff auf Felder (Bild 9.2).

Die indizierte Adressierung
Auch bei der indizierten Adressierung enthält ein CPU-Register, wahlweise das DI- oder das SI-Register, die Offsetadresse der anzusprechenden Speicherzelle. Allerdings kann zusätzlich ein konstanter Wert, ein sogenanntes »Displacement« (zu deutsch »Verschiebewert«) aufgeführt werden. Da es sich bei dem Displacement um eine vorzeichenbehaftete 16-Bit-Zahl handelt, kann sein Wert im Bereich –32768 bis +32767 liegen. Bei der indizierten Adressierung wird also die effektive Adresse aus dem Inhalt des DI- oder des SI-Registers und wahlweise einem Displacement gebildet. Diese Adressierungsart ist für den Zugriff auf Tabellen besonders gut geeignet. Setzt man nämlich den Wert des Displacements gleich der Offsetadresse einer Tabelle, kann man über das Indexregister auf jedes Feldelement zugreifen. So laden die Befehle

```
MOV DI,2
MOV AX,KARTE1+[DI]
```

das zweite Feldelement (der kleinste Feldindex ist üblicherweise 0, das heißt, das Feld beginnt bei der Adresse »KARTE1 + 0«) des Feldes mit dem Namen KARTE1, dessen Offsetadresse als Displacementwert angegeben wird, in das AX-Register. Die Segmentadresse befindet sich bei der indizierten Adressierung stets im DS-Register. Beachten Sie, daß der Assembler, anders als zum Beispiel in C, nicht selbständig die Größe der Feldelemente berücksichtigt. Falls das Feld zum Beispiel aus Wortelementen besteht, muß der Index entsprechend mit zwei multipliziert werden, falls das Feld aus Doppelworten besteht, entsprechend mit vier. Beachten Sie ferner, daß der »+«-Operator keine offizielle Funktion besitzt und in diesem Fall lediglich der besseren Lesbarkeit wegen aufgeführt wurde. Der Assembler nimmt es Ihnen in der Regel nicht übel, wenn Sie diesen Operator einfach weglassen. Man hätte daher den Befehl auch wie folgt formulieren können:

```
MOV AX,KARTE1[DI]
```

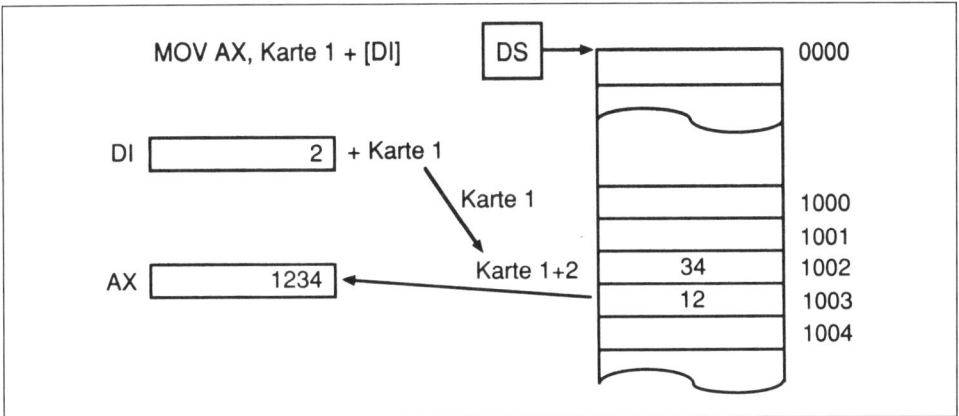

Bild 9.2: *Indizierte Adressierung*

Beispielprogramm 9.2 – BSP09_02.ASM
Das folgende Beispielprogramm wandelt eine Zahl zwischen 0 und 6, die über die Tastatur eingegeben wird, in den entsprechenden Wochentag um. Es kann daher zum Beispiel als Unterprogramm für die Datumsausgabe verwendet werden. Assemblieren und linken Sie das Programm, testen Sie es mit dem Debugger und bringen Sie es zur Ausführung.

```
.MODEL SMALL
.STACK 100h
.DATA
W_TAGE  DW 4F4Dh                ; Definition des Feldes W_TAGE
        DW 4944h
        DW 494Dh
        DW 4F44h
        DW 5246h
        DW 4153h
        DW 4F53h
;
.CODE
START:
        MOV DX,@DATA            ; Datensegment initialisieren
        MOV DS,DX
```

```
L1:
        MOV  DL,0Ah             ; Zeilenvorschub
        MOV  AH,02
        INT  21h
        MOV  DL,0Dh             ; Carriage Return
        INT  21h
        MOV  DL,63              ; Ausgabe eines '?'
        INT  21h
        MOV  AH,01             ; Tastatureingabe
        INT  21h
        SUB  AL,48             ; ASCII -> Zahl
        CMP  AL,7             ; Zahl >= 7
        JAE  ENDE             ; Ja, Abbruch
        MOV  AH,0
        MOV  DI,AX             ; Zahl in DI
        SHL  DI,1             ; Index = Zahl * 2
;
        MOV  DL,0Ah             ; Zeilenvorschub
        MOV  AH,02
        INT  21h
        MOV  DL,0Dh             ; Carriage Return
        INT  21h
;
        MOV  DX,W_TAGE[DI]     ; Lade ASCII-Code für Wochentag
        MOV  AH,02             ; Ausgabe des Namens
        INT  21h
        MOV  DL,DH
        INT  21h
        JMP  SHORT L1          ; Nochmal
ENDE:
        MOV  AH,4Ch            ; Zurück zu DOS
        INT  21h
END START
```

Den Kern des Programms stellt das Feld mit dem Namen »W_TAGE« dar, das die ASCII-Codes der Abkürzungen für die einzelnen Wochentage enthält. Achten Sie auf die Reihenfolge, in der die ASCII-Code-Paare abgespeichert werden, nämlich zuerst das niederwertige Byte und dann das höherwertige Byte! Ferner müssen die ASCII-Codes in hexadezimaler Form angegeben werden, da sie ansonsten nicht in der gewünschten Form abgespeichert werden. Über einen eingegebenen Index wird dann auf das Feld zugegriffen. Der Index wird ins DI-Register geladen und durch Verschieben um eine Position nach links mit zwei multipliziert, da jeder Feldeintrag zwei Byte umfaßt. Das Programm enthält ferner eine simple Eingabeüberprüfung, die bei einem Index größer oder gleich sieben das Programm abbricht. Diese Eingabeüberprüfung wurde durch einen Vergleich der Eingabe mit der Zahl 7 und einem anschließenden JAE-Befehl (»Springe wenn darüber oder gleich«) erreicht, der bei gesetztem Carryflag einen Sprung zu dem Label ENDE durchführt.

Beispielprogramm 9.2 zeigt, wie über die indizierte Adressierung jedes Element eines Feldes angesprochen werden kann. Diese Adressierung wird eingesetzt, wenn die Startadresse eines Feldes festliegt und über einen variablen Index auf die verschiedenen Elemente des Feldes zugegriffen werden muß. Für diesen Zweck eignet sich aber auch die basisrelative Adressierung, die als nächstes vorgestellt werden soll.

Die basisrelative Adressierung

Bei der basisrelativen Adressierung wird die effektive Adresse aus dem Inhalt des BX- oder BP-Registers und wahlweise einem Displacement gebildet (Bild 9.3). Auch die basisrelative Adressierung ist hervorragend für den Zugriff auf Felder und Tabellen geeignet. Dazu ein Beispiel. Durch die Befehle

```
MOV BX,3
MOV AX,FELD1[BX]
```

wird das vierte Byte-Element des Feldes FELD1 in das AX-Register geladen. Auch richtet sich der zu verwendende Index nach der Größe der Feldelemente. Wahrscheinlich werden Sie sich inzwischen fragen, welcher Unterschied zur indizierten Adressierung besteht. Nun, zum einen verwendet die basisrelative Adressierung entweder das BX- oder das BP-Register. Der entscheidende Unterschied besteht aber darin, daß sich bei Verwendung des BP-Registers der Segmentanteil der Adresse im SS-Register befinden muß. Aus diesem Grund eignet sich die basisrelative Adressierung mit dem BP-Register hervorragend für den Zugriff auf den Stack, der ja über das SS-Register adressiert wird.

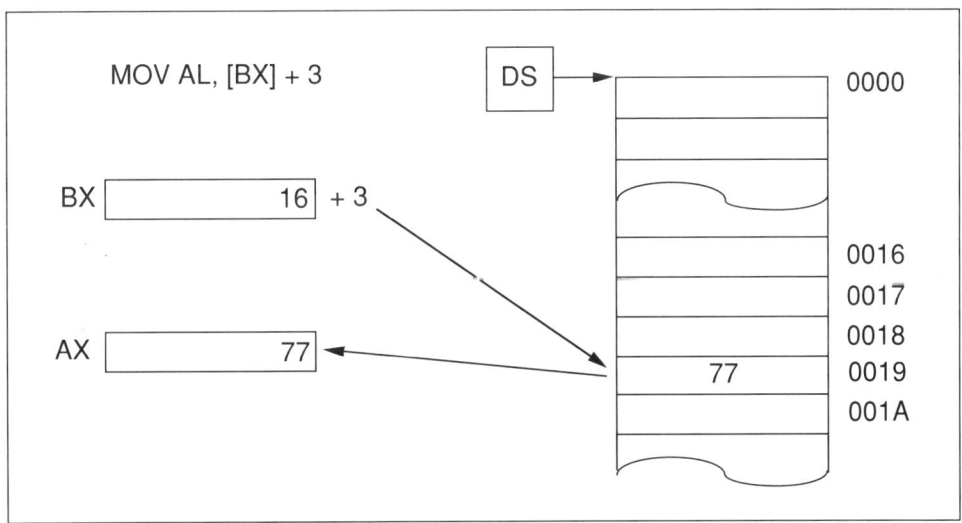

Bild 9.3: *Basisrelative Adressierung*

Wie Sie bereits wissen, erfolgt ein Zugriff auf den Stack in der Regel über das SP-Register. Anscheinend konnten sich die Entwickler bei Intel nicht dazu entschließen, auch das SP-Register in die indirekte Adressierung miteinzubeziehen. So kann, abgesehen von Befehlen wie PUSH und POP, die ja stets nur auf das oberste Stackelement zugreifen, nur über die Basis- und Indexregister auf den Stackbereich zugegriffen werden. Von den vier Registern ist das BP-Register am idealsten für einen Stackzugriff geeignet, da die CPU bei einer indirekten Adressierung mit diesem Register den Segmentanteil aus dem SS-Register holt, dem Segmentregister, das ohnehin auf den Beginn des Stacksegments zeigt. Um über das BP-Register auf den Stack zugreifen zu können, muß zunächst der momentane Wert des SP-Registers, das die Offsetadresse des obersten Stackelements enthält und daher auch als Stackzeiger-Register bezeichnet wird, in das BP-Register geladen werden:

```
MOV BP,SP
```

Damit zeigt nun auch das BP-Register auf das oberste Stackelement. Mit dem Befehl

```
MOV AX,[BP]
```

kann beispielsweise das oberste Stackelement in das AX-Register geladen werden, während der Befehl

```
MOV AX,[BP]+4
```

das dritte Stackelement (jedes Stackelement belegt 2 Byte) in das AX-Register lädt. Beachten Sie, daß ein positives Displacement, in diesem Beispiel +4, verwendet wird, da der Stack in Richtung kleiner werdender Adressen wächst und mit jedem zusätzlichen Stackelement um zwei erniedrigt wird. Grundsätzlich ermöglicht die indirekte Adressierung über das BP-Register, Werte im Stackbereich zu speichern oder aus dem Stackbereich zu lesen, ohne daß der Stackzeiger selber und damit die Ordnung auf dem Stack verändert werden muß. Die Adressierung über das BP-Register wird zum Beispiel beim Zugriff auf Prozedurparameter, die in der Regel auf dem Stack übergeben werden, in die Praxis umgesetzt.

Beispielprogramm 9.3 – BSP09_03.ASM

Das folgende Beispiel veranschaulicht den Zugriff auf den Stack mit Hilfe der basisrelativen Adressierung über das BP-Register. Assemblieren und linken Sie das Programm und testen Sie es mit dem Debugger.

```
.MODEL SMALL
.STACK 100h
.CODE
START:
        MOV AX,1111H        ; Lade Register mit einem Wert
        MOV BX,2222H
        MOV CX,3333H
;
        PUSH AX             ; Lade Stack mit Registerinhalten
        PUSH BX
        PUSH CX
;
        MOV AX,0            ; Lösche Register
        MOV BX,0
        MOV CX,0
```

```
;
        MOV BP,SP               ; Kopiere Stackzeiger
        MOV AX,[BP]             ; Lade 1. Stackelement
        MOV BX,[BP]+2           ; Lade 2. Stackelement
        MOV CX,[BP]+4           ; Lade 3. Stackelement
;
        MOV AH,4Ch
        INT 21h
END START
```

Die letzten Abschnitte haben gezeigt, daß es sich bei der indizierten und basisrelativen Adressierung um Spezialformen der indirekten Adressierung handelt, da hier ein Displacement verwendet wird. Oder anders herum, eine indirekte Adressierung gibt es, streng genommen, nicht, es handelt sich entweder um eine indizierte oder um eine basisrelative Adressierung ohne Displacement (genauer gesagt, erhält das Displacement den Wert Null). Diese Behauptung findet man bestätigt, wenn man sich den Aufbau der CPU-Opcodes betrachtet, die eine indirekte Adressierung verwenden. Auch wenn die basisrelative und indizierte Adressierung durch die Verwendung eines Displacements einen erheblichen Vorteil gegenüber der reinen »indirekten Adressierung« bietet, wäre es manchmal wünschenswert, zusätzlich auch das Displacement variieren zu können. Diese Möglichkeit kann bei der 8086/88-CPU durch die basisindizierte Adressierung realisiert werden.

Die basisindizierte Adressierung

Bei der basisindizierten Adressierung wird die effektive Adresse aus drei (!) verschiedenen Komponenten gebildet: Einem Basisregister (BP oder BX), einem Indexregister (DI oder SI) und einem Displacement. In vielen Fällen wird das Displacement weggelassen (das heißt, es wird automatisch auf Null gesetzt), so daß die effektive Adresse lediglich aus einem Basisregister und einem Indexregister gebildet wird. Unabhängig von der Frage, ob ein Displacement verwendet wird oder nicht, sind bei der basisindizierten Adressierung vier Kombinationen möglich:

```
BX    +    SI    (+ Displacement)
BX    +    DI    (+ Displacement)
BP    +    SI    (+ Displacement)
BP    +    DI    (+ Displacement)
```

Auch bei der basisrelativen Adressierung bilden die Inhalte der verwendeten Register und das Displacement nur die effektive Adresse, das heißt die Offsetadresse des Operanden. Doch in welchem Segmentregister befindet sich die Segmentadresse? Die Antwort auf diese Frage hängt davon ab, ob das BP-Register beteiligt ist. Ist dies der Fall, holt die CPU die Segmentadresse aus dem SS-Register, ansonsten, wie üblich, aus dem DS-Register.

Die basisindizierte Adressierung eignet sich hervorragend zum Zugriff auf zweidimensionale Felder, auf Listen oder Records, kurz, auf alle Datenstrukturen, die wiederum in einzelne Elemente unterteilt sind, das heißt eine Unterstruktur besitzen. Bild 9.4 veranschaulicht das Prinzip der basisrelativen Adressierung.

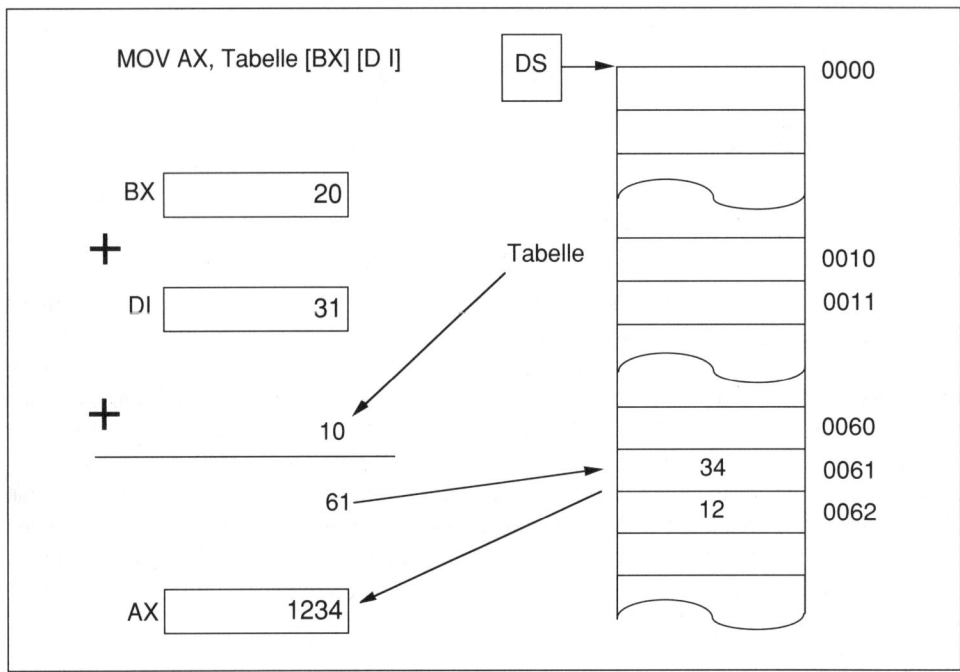

Bild 9.4: *Basisindizierte Adressierung*

Beispielprogramm 9.4 – BSP09_04.ASM

Das folgende Beispiel illustriert eine Anwendung der basisindizierten Adressierung. Das Programm ähnelt Beispielprogramm 9.2. Allerdings besteht hier die Möglichkeit, zwischen einer deutschen und einer englischen Ausgabe zu wählen. Assemblieren und linken Sie das Programm, testen Sie es mit dem Debugger und bringen Sie es zur Ausführung.

```
.MODEL SMALL
.STACK 100h
.DATA
        DT_TAB  DB 'MO'       ; Definition des 1. Feldes
        DB 'DI'
        DB 'MI'
        DB 'DO'
        DB 'FR'
        DB 'SA'
        DB 'SO'
ENG_TAB     DB 'MN'           ; Definition des 2. Feldes
        DB 'TU'
        DB 'WE'
        DB 'TH'
        DB 'FI'
        DB 'ST'
        DB 'SU'
```

```
TEXT    DB 'ENGLISCH/DEUTSCH? (0/1)',10,13,'$'
.CODE
START:
        MOV DX,@DATA
        MOV DS,DX
        MOV DX,OFFSET TEXT    ; Ausgabe des 1. Textes
        MOV AH,09
        INT 21H
        MOV AH,01             ; Tastatureingabe
        INT 21H
        CMP AL,48             ; War es 0 oder 1?
        JZ MARKE1
        LEA BX,DT_TAB         ; Lade deutsche Tabelle
        JMP MARKE2
MARKE1:
        LEA BX,ENG_TAB        ; Lade englische Tabelle
MARKE2:
        MOV DL,10
        MOV AH,02
        INT 21H              ; Zeilenvorsprung
        MOV DL,13
        INT 21H              ; Carriage Return
        MOV DL,63
        MOV AH,02
        INT 21H              ; Ausgabe eines '?'
        MOV AH,01
        INT 21H              ; Tastatureingabe
        SUB AL,48            ; ASCII -> Zahl
        MOV AH,0
        MOV DI,AX            ; Lade Index in DI
        SAL DI,1             ; Index mit 2 multiplizieren
        MOV DX,[BX][DI]      ; Lade DX mit Basisadradresse + Index
        MOV AH,02            ; Ausgabe des Wochentages
        INT 21H
        MOV DL,DH
        INT 21H
;
        MOV AH,4CH
        INT 21H
END START
```

Anders als in Beispiel 9.2 wurden hier die ASCII-Codes der Wochentage direkt als Buchstaben angegeben. Der zentrale Befehl in diesem Programm ist »MOV DX,[BX][DI]«, der das DX-Register mit dem Inhalt der Speicherzelle lädt, deren Adresse sich aus der Summe aus dem Inhalt des BX-Registers (Basisadresse des Feldes) und dem DI-Register, (eingegebener Index) ergibt. Wie bereits erwähnt, ist die Angabe eines Displacements bei der basisindizierten Adressierung optional. Auch in dem obigen Beispiel wurde auf ein Displacement verzichtet.

Tabellen

Tabellen sind vom Aufbau her mit Feldern zu vergleichen, allerdings ändert sich der Inhalt einer Tabelle in der Regel nicht, so daß sich der Zugriff auf das Lesen eines Tabellenelementes beschränkt. Anwendungen für Tabellen finden sich immer dann, wenn ein Wert ohne Umrechnungen in einen anderen Wert umgewandelt werden soll. Als Beispiele wurden bereits die Umwandlung zwischen verschiedenen Codetabellen oder mathematische Berechnungen aufgeführt. In diesem Abschnitt soll eine Anwendung vorgestellt werden, die sicher in der Praxis seltener auftritt, die aber dennoch einen gewissen Reiz ausübt. Die Rede ist von der Verschlüsselung von Daten. Auch wenn es zum Thema »Kryptologie« komplizierte mathematische Theorien gibt, die ganze Bücher füllen, läßt sich ein simpler, aber effektiver Verschlüsselungsmechanismus in ein paar Programmzeilen unterbringen. Zunächst muß aber ein Maschinenbefehl vorgestellt werden, der als eine Art Kuriosität eher ein Schattendasein im Befehlssatz der 8086/88-CPU führt. Es ist der Befehl XLAT, der speziell für die Umsetzung eines Tabellenwertes konzipiert wurde.

Der XLAT-Befehl

Der XLAT-Befehl lädt das AL-Register mit einem Wert aus einer Tabelle, dessen Offsetadresse im BX-Register enthalten ist. Dazu wird der Inhalt des AL-Registers als Offset in diese Tabelle verwendet. Da sich der Index stets im AL-Register befinden muß, ist die Größe der Tabelle auf 256 Byte begrenzt.

Syntax: XLAT [Tabelle]

Befindet sich vor dem Aufruf die Offsetadresse der Feldvariablen TABELLE im BX-Register und zum Beispiel der Wert 7 im AL-Register, so lädt der XLAT-Befehl den Inhalt der Speicherstelle »TABELLE+7« in das AL-Register. Normalerweise benötigt der XLAT-Befehl keine Operanden. In manchen Befehlstabellen und auch in manchen Programmen findet man XLAT-Befehl aber auch mit einem Operanden. Wie auch bei den Stringbefehlen hat dieser Operand keinerlei Funktion für die Ausführung des Befehls. Er soll wahrscheinlich nur sichtbar machen, aus welcher Tabelle der XLAT-Befehl seine Werte holt.

Beispielprogramm 9.5 – BSP09_05.ASM

Das folgende Beispielprogramm verschlüsselt einen eingegebenen Großbuchstaben nach dem durch die Tabelle festgelegten »Verschlüsselungscode« und gibt das Ergebnis aus. Das Programm wird durch die (Esc)-Taste beendet. Assemblieren und linken Sie das Programm, testen Sie es mit dem Debugger und bringen Sie es dann zur Ausführung.

```
.MODEL SMALL
.STACK 100h
.DATA
       GEHEIM  DB 'POIUZTREWQASDFGHJKLMNBVCXY'   ; Verschlüsselungstabelle
.CODE
START:
     MOV DX,@DATA
     MOV DS,DX
```

```
MARKE:
    MOV  BX,OFFSET GEHEIM            ; Lade Startadresse
    MOV  AH,02                       ; Ausgabe einer Leerzeile
    MOV  DX,0A0DH
    INT  21H
    XCHG DL,DH
    INT  21H
    MOV  DL,63                       ; Ausgabe eines '?'
    INT  21H
    MOV  AH,01                       ; Eingabe eines Zeichens
    INT  21H
    CMP  AL,27                       ; War es Esc?
    JE   ENDE                        ; Ja, dann Ende
    SUB  AL,65                       ; ASCII -> Zahl
    XLAT                             ; Umsetzung
    MOV  DL,AL                       ; Ausgabe des
    MOV  AH,02                       ; codierten Zeichens
    INT  21H
    JMP  MARKE                       ; Und Nochmal
ENDE:
    MOV  AH,4CH                      ; Zurück zu DOS
    INT  21H
END START
```

Das Programm erwartet auf die Eingabe eines Zeichens, benutzt den ASCII-Code des Buchstabens als Index auf eine Tabelle und wandelt mit dem XLAT-Befehl den eingegebenen Buchstaben in ein »Geheimzeichen« um. Nach dem gleichen Schema ließe sich auch ein Programm aufbauen, das ein verschlüsseltes Zeichen wieder in Klartext umwandelt. Überlegen Sie sich einmal, welchen Aufbau eine Entschlüsselungstabelle haben müßte (die Lösung finden Sie im Zusammenhang mit den Übungsaufgaben am Ende dieses Kapitels). Auch wenn es sicherlich raffiniertere Verschlüsselungsmechanismen gibt, so stellt das beschriebene Verfahren eine einfache, aber wirkungsvolle Methode dar, um zum Beispiel Textdaten für Dritte unleserlich zu machen.

Normalerweise könnte man es mit dieser Beschreibung des XLAT-Befehls belassen. Doch es gibt noch einige Dinge, die man dem XLAT-Befehl nicht auf den ersten Blick ansieht. Der XLAT-Befehl ist der einzige Befehl, der eine indirekte Adressierung mit einem Byte-Register durchführt. Zudem ist der XLAT-Befehl ein 1-Byte-Befehl, der auf den Speicher zugreift. Was ist daran besonders? Nun, normalerweise muß ein Befehl, der auf den Speicher zugreift, die effektive Adresse des Operanden in seinem Opcode enthalten. Dies hat zweierlei Nachteile: zum einen müssen die Komponenten der effektiven Adresse in die CPU gelesen werden, zum anderen muß die 8086/88-CPU die effektive Adresse auch berechnen. Beides kostet Zeit, weswegen Befehle mit Speicheradressierung nicht zu den Schnellsten gehören (bei den Nachfolge-CPUs wird die Berechnung der EA mit dem Lesen der Adresse durchgeführt und kostet daher keine zusätzlichen Taktzyklen). Eine Ausnahme stellen die Stringbefehle und eben auch der XLAT-Befehl dar. Bereits diese kurze Beschreibung macht deutlich, daß der XLAT-Befehl zu jenen Befehlen gehört, mit denen sich bestimmte Probleme unter Umständen unkonventionell und schnell lösen lassen. Die Kunst der Maschinensprache-Programmierung besteht weniger darin, die Namen und Operanden jedes einzelnen Befehls zu kennen. Vielmehr kommt es darauf an, für ein Problem die besten Befehle zu finden. Wer es zu einem Experten oder gar Guru (dieser inoffizielle »Titel« ist die höchste Auszeichnung für einen Maschinensprachefreak) bringen will, muß sich daher zwangsläufig auch ein wenig mit dem Aufbau der Opcodes beschäftigen.

9.2 Dem Assembler bei der Arbeit zugeschaut

Die Aufgabe eines Assemblers ist es bekanntlich, die Befehls-Mnemonics in einem Assemblerprogramm in die entsprechenden Opcodes umzuwandeln. Wie der Assembler das zustande bringt, wird dem Programmierer meistens nicht im Detail interessieren. Dennoch ist es ganz lehrreich, einmal einen Blick auf den Aufbau der Maschineninstruktionen der 8086/88-CPU zu werfen. Wie Sie wissen, verfügt die 8086/88-CPU über insgesamt 92 verschiedene Maschinenbefehle. Zusammen mit den Adressierungsarten und den Variationsmöglichkeiten der verwendeten Operanden ergeben sich über tausend verschiedene Befehlskombinationen. Jeder Maschinenbefehl, der vom Assembler übersetzt wird, besteht aus mindestens einem bis maximal sechs Byte. Davon macht der Befehl selber ein Byte aus, der Rest besteht aus den Operanden, mit denen der Befehl arbeitet, und einem Byte, das angibt, wo diese Operanden zu finden sind. Bei einfachen Befehlen enthält das erste Befehlsbyte bereits alle Informationen, die die CPU für die Ausführung des Befehls benötigt. Zu diesen Befehlen gehören zum Beispiel Befehle, die mit einem allgemeinen CPU-Register oder dem AX-Register arbeiten. Schauen wir uns zur Einstimmung einen solchen einfachen Befehl an. Als Beispiel wird der Befehl »INC:Aufbau des Opcodes AX« gewählt, der den Inhalt des AX-Registers bekanntlich um eins erhöht. Da neben dem AX-Register auch sieben andere Register als Operand des INC-Befehls in Frage kommen, gibt es auch acht verschiedene Opcode für diesen Befehl. Tabelle 9.1 zeigt die verschiedenen Kombinationen, in denen der INC-Befehl mit einem Registeroperanden auftreten kann.

Befehl	Opcode
INC AX	0 1 0 0 0 0 0 0
INC BX	0 1 0 0 0 0 1 1
INC CX	0 1 0 0 0 0 0 1
INC DX	0 1 0 0 0 0 1 0
INC DI	0 1 0 0 0 1 1 1
INC SI	0 1 0 0 0 1 1 0
INC BP	0 1 0 0 0 1 0 1
INC SP	0 1 0 0 0 1 0 0

Tabelle 9.1: *Die Opcodes des INC-Befehls*

Es fällt auf, daß die linken fünf Bits des Opcodes stets identisch sind. Die drei niederwertigsten Bits ändern sich dagegen von Befehl zu Befehl, da sie das Zielregister festlegen. Damit läßt sich das allgemeine Format des INC-Befehls wie folgt angeben:

```
0 1 0 0 0  Reg
```

wobei das »Reg«-Feld das jeweilige Register festlegt. An diesem Beispiel läßt sich sehr gut veranschaulichen, wie die CPU einen Maschinenbefehl verarbeitet und welche Aufgabe dabei dem

Assembler zukommt. Die CPU kann mit einer Buchstabenfolge wie »INC CX« nichts anfangen. Es ist die Aufgabe des Assemblers, diese Buchstabenfolge in den binären Opcode »0 1 0 0 0 0 0 1« umzuwandeln. Wird dieser Opcode der 8086/88-CPU über den Datenbus zugeführt, zerlegt eine interne Einheit der CPU den Opcode in seine Bestandteile. An den Bits 3–7 erkennt die CPU, daß es sich um einen »INC Register«-Befehl handelt. Die Bits 0–2 legen das Zielregister fest. Ein INC-Befehl mit einem Speicheroperanden als Zieloperanden besitzt einen gänzlich anderen Opcode, denn hier muß die Information für die verwendete Adressierungsart enthalten sein.

Das Gegenstück zu dem INC-Befehl, nämlich der DEC-Befehl, ist analog aufgebaut. Sein allgemeines Format ist

```
0 1 0 0 1   Reg
```

wobei das »Reg«-Feld wiederum das Zielregister festlegt. Nicht immer ist der Opcode eines Maschinenbefehls so einfach aufgebaut wie in den letzten beiden Beispielen. Befehle, wie zum Beispiel der MOV-Befehl, die in einer Vielzahl von Kombinationen und Adressierungsarten eingesetzt werden können, müssen naturgemäß mehr Informationen enthalten, die der für die Entschlüsselung eines Maschinenbefehls zuständigen Einheit der CPU sagen, welche Daten wohin transportiert werden sollen. Solange es darum geht, einen konstanten Wert in ein einzelnes Register zu transportieren, ist auch der Opcode des MOV noch relativ überschaubar:

Byte 1		Byte 2	Byte 3
1 0 1 1 w	Reg	Daten	Daten

(wenn w=1)

Auch hier wird wieder durch das »Reg«-Feld das Zielregister festgelegt, womit eine gewisse Regelmäßigkeit auch bei vollkommen verschiedenen Befehlen zu erkennen ist. Doch neben dem »Reg«-Feld gibt es noch eine Vielzahl weiterer Felder, die die Bedeutung eines Opcodes festlegen. In unserem MOV-Befehl ist nur ein weiteres Feld vertreten, nämlich das »w«-Feld. Dieses Feld bestimmt die Größe der Operanden. Ist das »w«-Feld »0«, werden 8-Bit-Operanden transportiert, ist es dagegen »1«, werden 16-Bit-Operanden transportiert.

Anhand des »w«-Feldes erkennt die CPU auch, ob ein Zugriff auf ein 8-Bit-Register erfolgen soll. In diesem Fall legt das »Reg«-Feld eines der insgesamt acht 8-Bit-Register (AL, AH, BL usw.) fest. Jetzt wird auch klar, warum bei der 8086/88-CPU nicht zum Beispiel auch das DI-Register in zwei getrennte 8-Bit-Register aufgeteilt werden kann. Es ist im Opcode einfach kein Platz mehr verfügbar. Genauso wird deutlich, warum als Operand kein Segmentregister aufgeführt werden kann. Da das »reg«-Feld nur drei Bit umfaßt, lassen sich maximal acht Register kodieren. Zugegeben ist diese Erklärung in diesem speziellen Fall nicht ganz richtig, da die Segmentregister aufgrund der Trennung zwischen Ausführungseinheit und Busschnittstelleneinheit in der CPU nicht wie normale Register behandelt werden können. Dennoch liefert auch der Aufbau der Opcodes eine befriedigende Erklärung. Diese und viele weitere Einschränkungen erklären sich automatisch, wenn man sich den Aufbau des betreffenden Opcodes anschaut.

Ein wenig komplizierter wird die ganze Angelegenheit, wenn der MOV-Befehl den Inhalt eines Registers in ein anderes Register transportieren soll. In diesem Fall muß der Opcode sowohl eine

Information über das Zielregister als auch eine Information über das Quellregister enthalten. Der Opcode weist dann folgenden Aufbau auf:

```
1 0 0 0 1 0 d w  |  mod  reg  r/m
```

Wie man durch einen Vergleich mit dem letzten Opcode leicht feststellen kann, haben beide Opcodes nichts gemeinsam. Auch wenn beide Befehle nach außen den gleichen Namen tragen, handelt es sich für die CPU um zwei vollkommen verschiedene Befehle. Betrachten wir zunächst einmal das zweite Byte des Opcodes. Dies ist das sogenannte »EA-Byte«, das die effektive Adresse festlegt, von der bereits mehrfach die Rede war (Kapitel 5.4). Das EA-Byte beantwortet der CPU die Frage, woher ein Operand kommt und wohin er transportiert werden soll. Tabelle 9.2 zeigt die verschiedenen Variationsmöglichkeiten, die durch das EA-Byte festgelegt werden.

Aufbau des EA-Bytes:

```
7   6   5   4   3   2   1   0
┌───┬───┬───┬───┬───┬───┬───┬───┐
│   │   │   │   │   │   │   │   │
└───┴───┴───┴───┴───┴───┴───┴───┘
  Mod        Reg          R/M
```

R/M-Feld	Bedeutung
000	EA = (BX) + (SI) + DISP
001	EA = (BX) + (DI) + DISP
010	EA = (BP) + (SI) + DISP
011	EA = (BP) + (DI) + DISP
100	EA = (SI) + DISP
101	EA = (DI) + DISP
110	EA = (BP) + DISP.h.*.h.
111	EA = (BX) + DISP

* außer wenn mod=000, dann ist EA=16-Bit-Displacement

Tabelle 9.2: *Das EA-Byte*

Das EA-Byte ist in drei Unterfelder mit den Namen mod-Feld, reg-Feld und r/m unterteilt. Das »r/m«-Feld legt, vereinfacht gesprochen, die zu verwendende Adressierungsart fest. Wie aus Tabelle 9.2 ersichtlich ist, benötigt jeder, der durch das »r/m«-Feld festgelegten Adressierungsarten ein Displacement. Dessen Form und Aussehen wird durch das »mod«-Feld festgelegt. Allerdings mit einer Ausnahme, ist nämlich das »mod«-Feld = 11, wird durch das »r/m«-Feld das zweite Register festgelegt. Dies wird für den Fall benötigt, daß der Inhalt eines Registers in ein anderes Register transportiert wird. Bliebe in diesem Zusammenhang noch die Frage zu klären, woher die CPU weiß, welches der beiden Register das Ziel- und welches das Quellregister ist. Diese Information liefert das »d«-Bit aus dem ersten Opcodebyte. Ist das »d«-Bit gesetzt, legt das »Reg«-Feld das Zielregister fest, ist es nicht gesetzt, übernimmt diese Aufgabe das r/m-Feld. Die Aufgabe des »w«-Bits wurde bereits besprochen. Ist es gesetzt, werden das »reg«- und das »r/m«-Feld dazu benutzt, eines der in Frage kommenden 16-Bit-Register zu spezifizieren. Ansonsten werden durch diese beiden Felder jeweils 8-Bit-Register festgelegt. Eine Auflistung der Bedeutung des »mod«-Feldes, des »reg»-Feldes und »r/m«-Feldes finden Sie im Anhang B.

Zwei abschließende Beispiele sollen veranschaulichen, wie bei einem MOV-Befehl die Adressierungsart des Quell- und des Zieloperanden in den Opcodes codiert werden.

1. Beispiel
```
MOV BX,SP
```

Opcode	:	1 0 0 0 1 0 0 1 1 1 1 0 0 0 1 1
Bit	0-2	:	r/m-Feld —> BX-Register
Bit	3-5	:	reg-Feld —> SP-Register
Bit	6-7	:	mod-Feld = 11 d.h. r/m-Feld legt ein Register fest
Bit	8	:	w-Bit = 1 —> 16-Bit-Daten
Bit	9	:	d-Bit = 0 —> Reg-Feld legt Quellregister fest
Bit	10-15	:	Code für den Befehl MOV

2. Beispiel
```
MOV AX,[BX][SI]+FFFE
```

Opcode	:	1 0 0 0 1 0 1 1 0 1 0 0 0 0 0 0 1 1 1 1 1 1 1 0 (FE)
Bit	0-2	:	R/M-Feld —> EA = (BX) + (SI) + Displacement
Bit	3-5	:	Reg-Feld —> AX-Register
Bit	6-7	:	Mod-Feld —> die niederwertigen 8-Bit des Displacements wurden auf 16-Bit vorzeichenerweitert, da es keine höherwertige Hälfte gibt
Bit	8	:	W-Bit = 1 —> es werden 16-Bit-Daten transportiert
Bit	9	:	D-Bit = 1 —> Reg-Feld legt Zielregister fest
Bit	10-15	:	legen den MOV-Befehl fest

Einem aufmerksamen Leser wird vielleicht der Umstand aufgefallen sein, daß für das Displacement des Quelloperanden anstelle von »FFFE« nur »FE« eingetragen wurde. Der Grund dafür ist der Umstand, daß es sich bei »FFFE« lediglich um den vorzeichenerweiterten Wert von »FE« handelt. Die Zahl »FFFE« wird im obigen Beispiel als −2 (dem Zweierkomplement von FFFEh) interpretiert und daher als 8 Bit Zahl behandelt.

Es ist schon beeindruckend, wie die Entwicklungsingenieure von Intel die vielfältigen Kombinationsmöglichkeiten eines MOV-Befehls unter einen Hut gebracht haben und wie effektiv jedes einzelne Bit im Opcode eines Befehls genutzt wird. Sicherlich ist die Kenntnis des Aufbaus eines Opcodes nicht für das Programmieren in Assembler notwendig. Sie erleichtert aber das Verständnis für die Möglichkeiten der 8086/88-CPU und macht zum Beispiel eher einsichtig, warum der Befehl »MOV AX,[DI]« erlaubt ist, nicht aber der Befehl »MOV AX,[BX][BP]«.

9.3 Komfortable Ein- und Ausgabe

Mit den Möglichkeiten, die uns bislang zur Eingabe und Ausgabe von Zahlen zur Verfügung standen, konnte niemand glücklich werden. So war es bislang gerade einmal möglich, eine Zahl zwischen 0 und 9 auszugeben oder von der Tastatur entgegenzunehmen. Das soll sich nun ändern.

Im folgenden wird eine Möglichkeit vorgestellt, wie eine 16-Bit-Zahl von der Tastatur entgegengenommen und auf dem Bildschirm ausgegeben werden kann.

Eine Ausgaberoutine

Anders als in den vorangegangenen Beispielen soll Ihnen hier keine abtippfertige Lösung vorgestellt werden. Statt dessen sollten Sie selber einmal versuchen, mit Ihren bisherigen Kenntnissen die Lösung Schritt für Schritt zu erarbeiten. Einfach ist es sicherlich nicht, doch da ausschließlich Maschinenbefehle benötigt werden, die in den letzten Kapiteln vorgestellt wurden, sollte es auch nicht allzu schwierig sein. Natürlich müssen Sie keine gebrauchsfertige Lösung hervorzaubern, die allen Ansprüchen gerecht wird. Wir werden im folgenden ebenfalls zunächst ein funktionsfähiges Grundgerüst entwickeln, das dann in einigen Punkten verbessert wird.

Je nachdem, wieviel Programmiererfahrung Sie bereits in anderen Programmiersprachen gesammelt haben, werden Sie über Methoden verfügen, ein bestimmtes Problem in einer Sprache umzusetzen. Zwar gibt es keine universelle Lösungsstrategie, um ein Problem in ein lauffähiges und fehlerfreies Programm umzusetzen, es existiert aber eine Strategie, die sich in der Mehrzahl der Fälle als empfehlenswert erweist. Nach dieser Strategie ist zunächst einmal notwendig, das Problem präzise zu beschreiben:

1. Schritt: Problembeschreibung

Umwandeln einer 16-Bit-Zahl in eine Folge von ASCII-Codes, die den einzelnen Ziffern entsprechen.

Eine solche Problembeschreibung hilft dem Programmierer in vielen Fällen, das eigentliche Problem klarer zu erkennen und stellt manchmal sogar einen ersten Lösungsansatz dar. Als nächstes gilt es, für einen Lösungsweg, den man für gangbar hält, einen Algorithmus, das heißt, eine Folge von Schritten, die zur Lösung des Problems führen, aufzustellen und diesen in Form eines Flußdiagramms oder Programmablaufplans zu formulieren.

2. Schritt: Aufstellen eines Programmablaufplanes

Auch für den Fall, daß Sie keine Flußdiagramme mögen, ist es in jedem Fall empfehlenswert, den Ablauf mit Hilfe einfacher Symbole auf einem Blatt Papier festzuhalten. Dabei kommt es weniger darauf an, bereits konkret bestimmte Maschinenbefehle zu verwenden oder etwa bereits eine Registerzuordnung vorzunehmen. Vielmehr geht es darum, das eingangs gestellte Problem in eine endliche Anzahl von relativ kurzen Schritten zu untergliedern. In komplizierteren Programmen wird man diese Schritte in der Regel in weitere Unterschritte untergliedern und so sukzessive zu immer elementareren Schritten gelangen. Bei einem Miniprogramm wie das, welches Sie gerade zu schreiben im Begriff sind, ist eine weitere Unterteilung nicht erforderlich. Im Falle der Ausgabe einer 16-Bit-Zahl, die in binärer Form in einem Register oder einer Speicherzelle vorliegt, besteht das zentrale Problem darin, die einzelnen Dezimalziffern dieser Zahl zu erhalten und auszugeben.

Doch wie muß man nun konkret vorgehen? Bevor Sie weiterlesen, sollten Sie sich einmal die Mühe machen und versuchen, einen eigenen Lösungsansatz zu skizzieren. Es ist durchaus legitim, wenn Sie diesen Ansatz zunächst in einer Sprache wie Basic umsetzen und das so erhaltene Programm anschließend in Maschinensprache übertragen. Zwar ist diese Methode in der Praxis weniger üblich, doch da es ja in erster Linie um das Erlernen der Maschinensprache geht, sollte man auch solche Hilfsmittel in Betracht ziehen.

Hier ein Tip, wie Sie an das Problem herangehen können:
Sie sollten sich zunächst vor Augen halten, daß eine 16-Bit-Zahl (der Einfachheit halber sollen zunächst nur vorzeichenlose Zahlen betrachtet werden) von 0 bis 65535 gehen und daher aus maximal 5 Dezimalziffern bestehen kann. Eine mögliche Lösung könnte darin bestehen, die auszugebende 16-Bit-Zahl in einer wiederholten Division durch 10000, 1000, 100 und 10 zu teilen, um die jeweils höchstwertige Ziffer abzutrennen. Dieses Verfahren hat Vor- und Nachteile. Als Vorteil wäre zu nennen, daß die Ziffern in der Reihenfolge, in der sie später ausgegeben werden sollen, anfallen. Der eindeutige Nachteil besteht darin, daß vier Divisionen mit vier verschiedenen Divisoren durchgeführt werden müssen. Wenn diese Divisionen in einer Schleife durchgeführt werden sollen, muß auch der Divisor bei jedem Durchlauf durch 10 geteilt werden. Wie wäre es denn, wenn wir die auszugebende Zahl laufend durch 10 teilen und den Rest aufheben? Leider fallen hier die auszugebenden Ziffern in der falschen Reihenfolge an. Aber das ist kein Problem, wenn wir die Ziffern zwischenspeichern und in der richtigen Folge ausgeben. Welche Version ist die »Bessere«? Sie werden im weiteren Verlauf Ihrer Programmiererkarriere noch oft an einen Punkt angelangen, an dem zwischen zwei (oder mehr) Alternativen eine Entscheidung getroffen werden muß. Meistens ist es nicht möglich, bereits im voraus zu beurteilen, welche Alternative zum Beispiel bezüglich der Ausführungsgeschwindigkeit die bessere ist. Wenn es um nichts geht, das heißt, wenn keine Vorgaben eingehalten werden müssen und vor allem wenn Sie Zeit und Lust haben, sollten Sie stets beide Alternativen ausprobieren. Sehen Sie derartige zutreffende Entscheidungen stets als Herausforderung, Ihr Wissen zu vertiefen. So sollten Sie auch in diesem Beispiel beide Alternativen ausprobieren. In diesem Kapitel kann aus Platzgründen leider nur eine Alternative, nämlich die zweite, vorgestellt werden.

Damit wäre grundsätzlich geklärt, auf welche Weise die einzelnen Ziffern der auszugebenden Zahl gebildet werden. Nun müssen noch ein paar Feinheiten besprochen werden. So zum Beispiel, auf welche Weise eine einzelne Ziffer ausgegeben wird. Kein Problem, werden Sie sagen. Nehmen wir doch einfach die Funktion 02 des »INT 21h«-Befehls, denn diese Funktion hat sich bereits in Kapitel 8 bewährt.

Nachdem der Lösungsansatz grob skizziert wurde, sollte nun eine Folge von Schritten in einem möglichst allgemeinen Schema, zum Beispiel in einem Flußdiagramm, dargestellt werden. Bild 9.5 zeigt ein Flußdiagramm, das den Ablauf beschreibt, der im letzten Abschnitt festgelegt wurde. Die Vorteile eines solchen Flußdiagramms liegen vor allem darin, daß Sie nun den Programmablauf in Gedanken durchspielen können und unter Umständen bereits auf Schwachpunkte im Algorithmus aufmerksam werden. Nicht zuletzt ist ein Flußdiagramm auch nach Wochen noch rekonstruierbar (und insbesondere für Außenstehende nachvollziehbar), was man von irgendwelchen Notizen, die vielleicht auf die Rückseite eines Bierdeckels gekritzelt wurden, meistens nicht sagen kann.

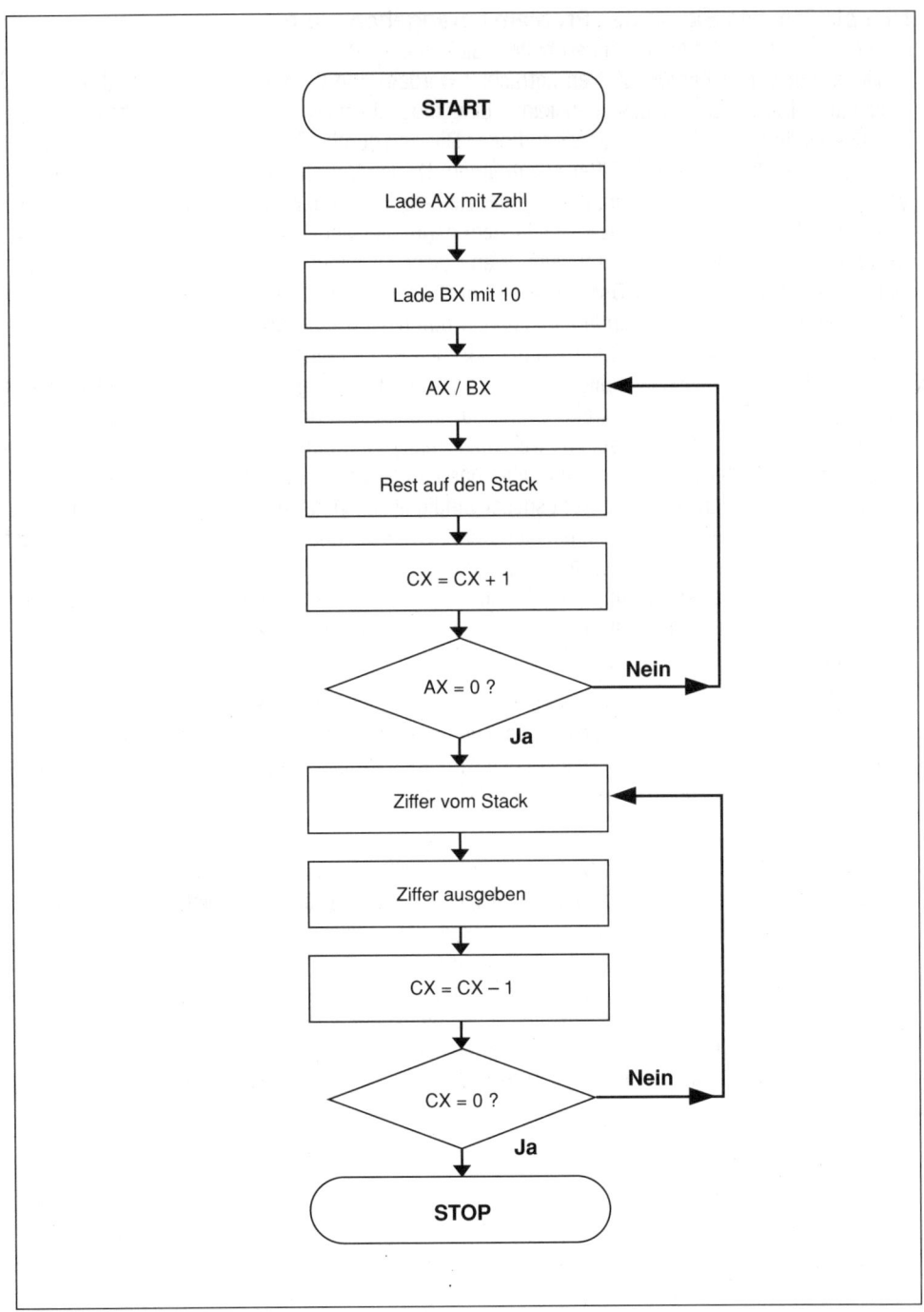

Bild 9.5: *Flußdiagramm für die Ausgabe einer 16-Bit-Zahl*

3. Schritt: Umsetzen des Programmablaufplanes

Nachdem das Flußdiagramm (oder was immer Sie zur Beschreibung des Programmablaufes verwendet haben) steht, kann mit dem Umsetzen des Programmablaufplanes in ein Maschinenprogramm begonnen werden. Diese Phase, die als Kodieren bezeichnet wird, geht in der Regel um so leichter vonstatten, je präziser der Programmablaufplan in Schritt 2 formuliert wurde. Zuvor müssen Sie sich noch bestimmte Implementierungsdetails überlegen, wie zum Beispiel die Segmentanordnung, welche Variablen und Konstanten verwendet werden sollen, welche Register belegt werden sollen usw. Alle diese Dinge stellen einen Anfänger zunächst vor einen Berg von Problemen. Mit zunehmender Erfahrung wird dieser Berg jedoch immer kleiner, und wenn Sie erst Ihr zweiundzwanzigstes Maschinenprogramm geschrieben haben, werden Sie solche Dinge mit einer schlafwandlerischen Sicherheit beherrschen. Doch bevor es soweit ist, sollten Sie möglichst viel von fertigen Programmen lernen. Im folgenden finden Sie daher ein Programm, das der Umsetzung des Flußdiagramms aus Bild 9.5 entspricht und eine akzeptable, wenn auch nicht perfekte (Sie werden schon sehen, warum) Lösung des eingangs formulierten Problems darstellt.

Beispielprogramm 9.6 – BSP09_06.ASM

Das folgende Beispielprogramm gibt eine 16-Bit-Zahl, die sich im AX-Register befindet, auf dem Bildschirm aus. Assemblieren und linken Sie das Programm, testen Sie es mit dem Debugger und bringen Sie es zur Ausführung.

```
.MODEL SMALL
.STACK 100h
.CODE
START:
        MOV AX,7089         ; Diese Zahl soll ausgegeben werden
        MOV BX,10           ; Divisor nach BX laden
        XOR CX,CX           ; Schleifenzähler auf Null
RECH:
        XOR DX,DX           ; Höherwertige Hälfte von AX:DX auf Null
        DIV BX              ; AX durch 10 teilen
        PUSH DX             ; Rest der Division auf den Stack
        INC CX              ; Anzahl der Ziffern zählen
        OR AX,AX            ; Ist Ergebnis schon Null?
        JNE RECH            ; Nein, dann noch einmal
        MOV AH,02           ; Funktionsnummer für Zeichenausgabe
UM:
        POP DX              ; Ziffer wieder vom Stack holen
        ADD DL,'0'          ; In ASCII-Code umwandeln
        INT 21h             ; Und ausgeben
        LOOP UM             ; Schleife wiederholen
        MOV AH,4Ch          ; Zurück zu DOS
        INT 21h
END START
```

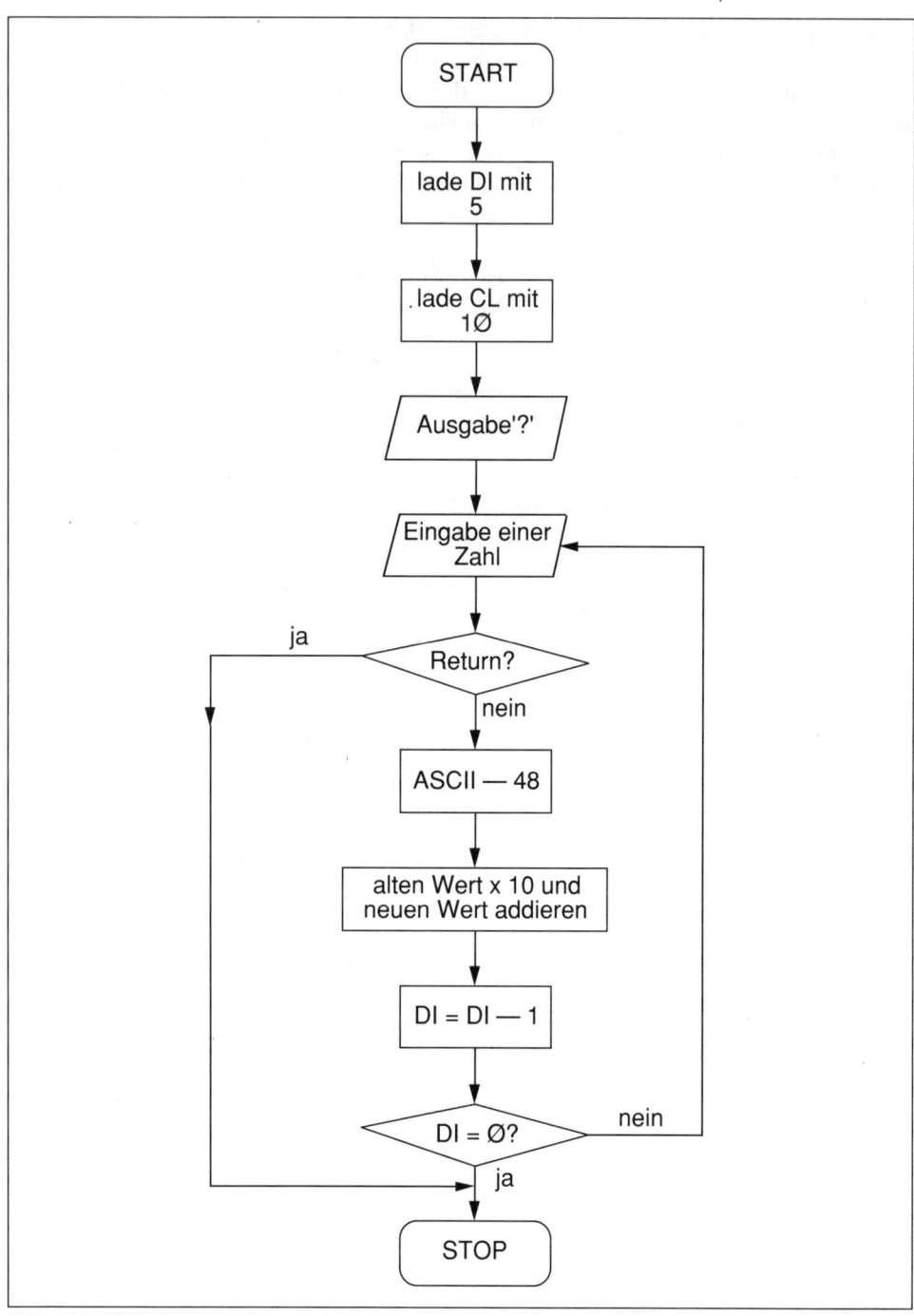

Bild 9.6: *Flußdiagramm für die Eingabe einer 16-Bit-Zahl*

Das Programm beginnt mit dem obligatorischen Startpunkt-Label, das auch nach der END-Anweisung aufgeführt werden muß. Das Umwandlungsprogramm wurde diesmal als Prozedur, das heißt als Unterprogramm definiert, das von einem kleinen Hauptprogramm mittels eines CALL-Befehls aufgerufen wird. Die Umwandlungsroutine geht davon aus, daß sich die auszugebende Zahl im AX-Register befindet.

Das Ausgabeprogramm in Beispiel 9.6 besteht aus zwei Komponenten. Im ersten Teil wird die auszugebende Zahl, die sich im AX-Register befindet, laufend durch 10 geteilt und der Rest der Division vom DX-Register auf den Stack gebracht. Im zweiten Teil der Ausgaberoutine werden alle auf dem Stack gespeicherten Werte wieder geholt und über die Funktion 02h des Interrupts 21h ausgegeben. Die »Last in – First out«-Reihenfolge auf dem Stack erweist sich insofern als günstig, als auch die Divisionsreste in der umgekehrten Reihenfolge anfallen. Woher »weiß« die Umwandlungsroutine, wann die gesamte Zahl umgewandelt ist? Prinzipiell hätte man eine Schleife mit dem Befehl LOOP konstruieren können, die genau fünfmal durchlaufen wird. Das obige Programm arbeitet anders. Hier wird solange eine Division durch 10 durchgeführt, bis das AX-Register eine Null enthält. Diese Bedingung wird über eine ODER-Verknüpfung geprüft, die das Nullflag setzt, sobald der Inhalt des AX-Registers Null ist. Natürlich ist das Programm noch nicht ganz perfekt. So müßte eine Möglichkeit eingebaut werden, auch Zahlen mit einem Vorzeichen ausgeben zu können.

In der Regel ist mit Schritt 3 die Erstellung eines Programms noch nicht beendet. Nun schließt sich eine Testphase an, bei der etwaige Programmfehler behoben werden und die erfahrungsgemäß zwischen 30 und 60 Prozent der gesamten Programmentwicklungszeit beanspruchen kann. Diese Phase sei Ihnen fürs erste erspart, denn das Beispielprogramm 9.6 läuft (hoffentlich) fehlerfrei.

Eine Eingaberoutine
Wo eine Ausgabe ist, muß es auch eine Eingabe geben. Das Problem, eine Eingaberoutine für eine 16-Bit-Zahl zu schreiben, ähnelt dem letzten Beispiel bezüglich des Ablaufes, wenn es auch bei der Implementierung einige Unterschiede gibt. Die einzelnen Schritte bis hin zu einem kompletten Programm sollen diesmal nicht aufgeführt werden. Nehmen Sie aber dieses Beispiel auf alle Fälle zum Anlaß, um noch einmal die erwähnten Schritte zu üben, denn nur so können Sie sich die nötige Sicherheit beim Schreiben von Maschinenprogrammen aneignen. Vielleicht entwerfen Sie einmal zu Übungszwecken ein Flußdiagramm und vergleichen es anschließend mit dem Flußdiagramm aus Bild 9.6. Eine mögliche Lösung für das gesuchte Programm finden Sie in dem Beispielprogramm 9.7.

Beispielprogramm 9.7 – BSP09_07.ASM
Das folgende Beispielprogramm nimmt von der Tastatur eine Eingabe entgegen und legt die eingegebene Zahl, die im Bereich 0 bis 65535 liegen kann, im AX-Register ab. Dieses Beispielprogramm verwendet die Routine aus dem letzten Beispiel, um die eingegebene Zahl wieder auszugeben. Assemblieren und linken Sie das Programm, testen Sie es mit dem Debugger und bringen Sie es zur Ausführung.

```
.MODEL SMALL
.STACK 100h
.CODE
;
; -------------------------------------------------------
; Untermodul zur Eingabe einer 16-Bit-Zahl
; -------------------------------------------------------
;
EINGABE  PROC                    ; Beginn der Eingabeprozedur
    MOV DI,5                 ; Lade Schleifenzähler
    MOV CL,10                ; Lade Teiler
    MOV BX,0
    MOV AH,02                ; Ausgabe eines '?'
    MOV DL,63
    INT 21H
    MOV DX,0
BEGIN:
    MOV AH,01                ; Entgegennahme eines Zeichens
    INT 21H
    CMP AL,0DH               ; War es ein Return?
    JE END_INP               ; Ja, dann Eingabe beendet
    SUB AL,48                ; Zahl = ASCII - 48
    MOV BL,AL
    MOV AX,DX
    MUL CL                   ; Alter Wert * 10
    ADD AX,BX                ; Eingegebenen Wert hinzuaddieren
    MOV DX,AX
    DEC DI                   ; Schleifenzähler erniedrigen
    JNZ BEGIN                ; Wenn nicht Null, dann nochmal
END_INP:
    MOV AX,DX                ; Zahlenwert in AX übergeben
    RET
EINGABE    ENDP              ; Ende der Eingabeprozedur


; -------------------------------------------------------
; Untermodul zur Ausgabe einer 16-Bit-Zahl
; -------------------------------------------------------
AUSGABE    PROC                  ; Beginn der Ausgabeprozedur
        MOV BX,10            ; Divisor nach BX laden
        XOR CX,CX            ; Schleifenzähler auf Null
RECH:       XOR DX,DX        ; Höherwertige Hälfte von AX:DX auf Null
        DIV BX               ; AX durch 10 teilen
        PUSH DX              ; Rest der Division auf den Stack
        INC CX               ; Anzahl der Ziffern zählen
        OR AX,AX             ; Ist Ergebnis schon Null?
        JNE RECH             ; Nein, dann nochmal
        MOV AH,02            ; Funktionsnummer für Zeichenausgabe
```

```
UM:
        POP DX              ; Ziffer wieder vom Stack holen
        ADD DL,'0'          ; In ASCII-Code umwandeln
        INT 21h             ; Und ausgeben
        LOOP UM             ; Schleife wiederholen
        RET
AUSGABE   ENDP
;
START:                               ; Das ist das Hauptprogramm
        CALL EINGABE        ; Eingabeprozedur aufrufen
        PUSH AX             ; Eingabewert zwischenspeichern
        MOV DX,0A0Dh        ; Zeilenvorsprung ausgeben
        MOV AH,02
        INT 21h
        XCHG DH,DL
        INT 21h
        POP AX
        CALL AUSGABE        ; Eingegebene Zahl wieder ausgeben
        MOV AH,4CH          ; Zurück zu DOS
        INT 21H
END START
```

Beispielprogramm 9.7 besteht aus zwei Prozeduren. Die erste Prozedur ist bekannt, es ist die Ausgabefunktion aus Beispielprogramm 9.6. Bei der zweiten Prozedur handelt es sich um eine Eingabefunktion, die eine Zahl zwischen 0 und 65535 von der Tastatur entgegennimmt. Es war bereits davon die Rede, daß ein Programm selten auf Anhieb fehlerfrei läuft. Aus diesem Grund schließt sich an die Codierungsphase (Schritt 3) in der Regel eine Test- und Fehlersuchphase an. Da die Schritte 1 bis 3 bereits an dem letzten Beispiel vorgeführt wurden, soll dieses Beispielprogramm dazu dienen, einmal eine Test- und Fehlersuchphase durchzuführen. Zunächst einmal gilt es, das Programm aus Beispiel 9.7 auf korrektes Ausführungsverhalten zu überprüfen:

```
C>BSP09_07     Return
?123           Return
123
C>
```

Dies scheint zu funktionieren, doch wie sieht es bei einer größeren Zahl aus?

```
C>BSP09_07     Return
?12345         Return
2205
C>
```

Das Beispielprogramm ist alles andere als fehlerfrei. Einer ersten Vermutung nach scheint es Schwierigkeiten bei der Ausgabe von fünfstelligen Zahlen zu geben. Nun gibt es zwei Möglichkeiten, dem Fehler auf die Spur zu kommen. Die erste Lösung ist etwas für Gemütsmenschen und besteht darin, in aller Ruhe einen intensiven Blick auf das Listing zu werfen. Die zweite Lösung ist mehr für Praktiker und soll im folgenden angewendet werden. Was liegt näher, als das fehlerhafte Programm einmal Schritt für Schritt durchzutesten. Dazu benötigen wir den Debugger, der seinem Namen hoffentlich alle Ehren machen wird, indem er die »Wanze« im Programm entfernt.

1. Aufruf des Debuggers

```
C>DEBUG BSP09_07.EXE
```

2. Ausgabe der Registerinhalte

```
-R
AX=0000 BX=0000 CX=005C DX=0000 SP=0100 BP=0000 SI=0000 DI=0000
DS=1D09 ES=1D09 SS=1D1F CS=1D19 IP=0045  NV UP EI PL NZ NA PO NC
1D19:0045 E8B8FF        CALL    0000
```

3. Ausführen des Programms im Einzelschrittmodus

Das es zu aufwendig wäre, das komplette Programm im Einzelschrittmodus abzubilden, wird nur der kritische Bereich, in dem der Fehler zu vermuten ist, aufgeführt. Im folgenden wurde bereits die Ziffernfolge »1234« eingegeben, die sich in Form einer Hexadezimalzahl im DX-Register befindet. Auch die Ziffer 5 wurde bereits eingegeben und befindet sich als Zahlenwert im BX-Register. Als nächstes muß der Inhalt des DX-Registers in das AX-Register kopiert und dort mit 10 multipliziert werden:

```
-T
AX=0105 BX=0005 CX=000A DX=04D2 SP=00FE BP=0000 SI=0000 DI=0001
DS=1D09 ES=1D09 SS=1D1F CS=1D19 IP=001D NV UP EI PL NZ NA PE NC
1D19:001D 8BC2          MOV     AX,DX
-T
AX=04D2 BX=0005 CX=000A DX=04D2 SP=00FE BP=0000 SI=0000 DI=0001
DS=1D09 ES=1D09 SS=1D1F CS=1D19 IP=001F  NV UP EI PL NZ NA PE NC
1D19:001F F6E1          MUL     CL
-T
AX=0834 BX=0005 CX=000A DX=04D2 SP=00FE BP=0000 SI=0000 DI=0001
DS=1D09 ES=1D09 SS=1D1F CS=1D19 IP=0021  OV UP EI PL NZ NA PE CY
1D19:0021 03C3          ADD     AX,BX
```

Damit ist klar, wo der Fehler zu suchen ist. Bis zur Umwandlung der ersten vier Ziffern verläuft alles wie gewünscht. Zu diesem Zeitpunkt enthält das DX-Register die Zahl 1234. Nach Eingabe der Zahl 5 scheint es auch weiterhin keine Probleme zu geben, bis der Befehl »MUL CL« an die Reihe kommt. Er soll das AX-Register mit dem Inhalt 4D2h (1234) mit zehn multiplizieren. Achten Sie nun genau auf die Registerinhalte. Nach der Ausführung des MUL-Befehls enthält das AX-Register den Inhalt 834h (2100) und nicht 3034h (12340), wie es eigentlich zu erwarten gewesen wäre. Anscheinend liegt die Ursache für das fehlerhafte Verhalten an dieser Stelle. Doch warum tritt ein falsches Ergebnis auf?

Nun, die Lösung ist im Grunde simpel. Da der Befehl »MUL CL« eine 8-Bit-Multiplikation durchführt, ist auch nur das AL-Register von der Operation betroffen. Mit anderen Worten, die Multiplikation geht so lange gut, wie der Multiplikand sich auf das AL-Register bezieht (dies ist bis 123 der Fall). Danach wird die Zahl nur noch unvollständig multipliziert und das Ergebnis zwangsläufig verfälscht. Wie kann Abhilfe geschaffen werden?

Dazu muß der Befehl »MUL CL« durch den Befehl »MUL CX« und sinnvollerweise auch der Befehl »MOV CL,10« am Anfang des Programms durch den Befehl »MOV CX,10« ersetzt werden. Doch damit ist es noch nicht getan. Da bei einer 16-Bit-Multiplikation auch das DX-Register benutzt wird, sich aber dort die momentane Zwischensumme befindet, muß das DX-Register vor der Multiplikation gerettet und anschließend wieder hergestellt werden. Dies läßt sich am einfachsten durch einen »PUSH DX«- und einen »POP DX«-Befehl erreichen, durch den der Inhalt des DX-Registers vorübergehend auf dem Stack abgelegt wird. Nach diesen Korrekturen sollte das Programm fehlerfrei laufen.

Dieses Beispiel hat Ihnen hoffentlich anschaulich gezeigt, wie der Debugger als Werkzeug zur Fehlersuche angewendet werden kann. Sollten Sie das Programm nun selbständig zum Laufen bringen, haben Sie bereits einiges über Maschinensprache-Programmierung gelernt. Wenn Sie mit diesem Beispiel noch Schwierigkeiten hatten, sollten Sie sich das Beispielprogramm BSP09_7A.ASM mit der fehlerfreien Version auf Diskette nochmals in Ruhe zu Gemüte führen und auf alle Fälle die Übungsaufgaben am Ende dieses Kapitels durcharbeiten. Es sei an dieser Stelle darauf hingewiesen, daß die Eingaberoutine immer noch verbesserungswürdig ist. Zum einen ist die Eingabefunktion keineswegs optimal gelöst. Sie ist zu umständlich und benutzt zu viele CPU-Register. Mit ein wenig Überlegung lassen sich noch einige Befehle einsparen. Auch die Funktionalität läßt zu wünschen übrig. So ist es mit der Eingaberoutine aus Beispielprogramm 9.7 weder möglich, führende Leerzeichen, ein Minus-Zeichen zur Kennzeichnung negativer Zahlen, ein Plus-Zeichen zur Kennzeichnung positiver Zahlen noch die `Backspace`-Taste zum Löschen fehlerhaft eingegebener Ziffern zu berücksichtigen. Es sei auch darauf hingewiesen, daß diese Erweiterungen (insbesondere das Berücksichtigen der `Backspace`-Taste) für einen Anfänger alles andere als trivial sind. Versuchen Sie sich dennoch einmal an einer verbesserten Eingaberoutine, denn dies ist eine hervorragende Gelegenheit, Ihre bisherigen Kenntnisse anzuwenden.

Neben dem Lern- und Übungseffekt gab es noch einen weiteren Grund, daß eine Ein-/Ausgaberoutine für 16-Bit-Zahlen als Übungsprogramm vorgestellt wurde. Das Betriebssystem stellt dem Benutzer keine solche Routine zur Verfügung. Dem kann jedoch leicht abgeholfen werden, indem man einen freien Interrupt für die beiden Routinen reserviert.

Definieren Sie Ihre eigenen Interrupts

Wenn Sie Interrupts bislang immer mit Ehrfurcht und Respekt betrachtet haben, so wird es Zeit, dem ein Ende zu bereiten. Im Grunde sind Interrupts nur eine andere und in vielen Fällen auch effektivere Lösung, ein Unterprogramm aufzurufen (wenn auch ein paar Einzelheiten mehr zu berücksichtigen sind als bei einem CALL-Aufruf). Wie wäre es denn mit einem neuen Interrupt, der eine 16-Bit-Zahl auf dem Bildschirm ausgibt oder eine solche Zahl von der Tastatur entgegennimmt? Das folgende Beispiel zeigt Ihnen, wie das geht.

Beispielprogramm 9.8 – BSP09_08.ASM

Das nachfolgende Beispielprogramm zeigt, wie sich benutzereigene Interrupts definieren und in einem Programm einbinden lassen. In diesem Programm wird eine Eingaberoutine (Beispielprogramm 9.7 bzw. Beispielprogramm 9.7A) über die DOS-Funktion 25h auf den Interrupt 44h und eine Ausgaberoutine (Beispielprogramm 9.6) auf den Interrupt 45h gelegt. Assemblieren und linken Sie das Programm und bringen Sie es zur Ausführung.

```
.MODEL SMALL
.STACK 100h
.CODE
; ----------------------------------------------------------
; Untermodul zur Eingabe einer 16-Bit-Zahl
; ----------------------------------------------------------
EINGABE PROC
        MOV DI,5                ; Lade Schleifenzähler
        MOV CL,10               ; Lade Teiler
        MOV BX,0
        MOV AH,02               ; Ausgabe eines '?'
        MOV DL,63
        INT 21H
        MOV DX,0
BEGIN:
        MOV AH,01               ; Entgegennahme eines Zeichens
        INT 21H
        CMP AL,0DH              ; War es ein Return?
        JE END_INP             ; Ja, dann Eingabe beendet
        SUB AL,48              ; Zahl = ASCII - 48
        MOV BL,AL
        MOV AX,DX
        MUL CL                 ; Alter Wert * 10
        ADD AX,BX              ; Eingegebenen Wert hinzuaddieren
        MOV DX,AX
        DEC DI                 ; Schleifenzähler erniedrigen
        JNZ BEGIN             ; Wenn nicht Null, dann nochmal
END_INP:
        MOV AX,DX              ; Zahlenwert in AX übergeben
        IRET                  ; Beenden der Interruptroutine
EINGABE         ENDP


; ----------------------------------------------------------
; Untermodul zur Ausgabe einer 16-Bit-Zahl
; ----------------------------------------------------------
AUSGABE         PROC                    ; Beginn der Ausgabeprozedur
        MOV BX,10              ; Divisor nach BX laden
        XOR CX,CX             ; Schleifenzähler auf Null
RECH:
        XOR DX,DX             ; Höherwertige Hälfte von AX:DX auf Null
        DIV BX                ; AX durch 10 teilen
        PUSH DX               ; Rest der Division auf den Stack
        INC CX                ; Anzahl der Ziffern zählen
        OR AX,AX              ; Ist Ergebnis schon Null?
        JNE RECH             ; Nein, dann noch einmal
        MOV AH,02             ; Funktionsnummer für Zeichenausgabe
```

```
UM:
            POP DX                  ; Ziffer wieder vom Stack holen
            ADD DL,'0'              ; In ASCII-Code umwandeln
            INT 21h                 ; Und ausgeben
            LOOP UM                 ; Schleife wiederholen
            IRET                    ; Beenden der Interruptprozedur
AUSGABE         ENDP
;
START:                                  ; Hier beginnt das Hauptprogramm
            MOV AH,25h              ; Funktionsnummer nach AH
            MOV AL,44h              ; Nummer des zu belegenden Interrupts
            PUSH CS
            POP DS                  ; Segmentadresse der Eingabefunktion nach
DS
            LEA DX,EINGABE          ; Offsetadresse der Eingabefunktion nach DX
            INT 21h                 ; Interrupt 44h neu belegen
            MOV AL,45h              ; Nummer des zu belegenden Interrupts
            LEA DX,AUSGABE          ; Offsetadresse der Ausgabefunktion nach DX
            INT 21h                 ; Interrupt 45h neu belegen
            MOV AH,31h              ; DOS-Funktionsnummer nach AH
            MOV DX,OFFSET PGM_END   ; Programmgröße in Byte nach DX
            MOV CL,4                ; Programmgröße / 16 =
            SHR DX,CL               ; Anzahl an Paragraphen
            ADD DX,11h              ; 256 + 16 Byte addieren
            INT 21h                 ; Programm speicherresident beenden
;
PGM_END EQU $                           ; Markiere Programmende
END START
```

Um einen neuen Interrupt zu definieren, muß man sich zunächst einen noch freien Interrupt aussuchen. Die Wahl fiel auf die Interrupts 44h und 45h, da diese im allgemeinen nicht für andere Zwecke verwendet werden. Der nächste Schritt besteht darin, die Adresse der Interruptroutine, also jener Routine, die beim Auftreten des jeweiligen Interrupts ausgeführt werden soll, in die Interruptvektortabelle einzutragen. In dieser Interruptvektortabelle, die die ersten 1024 Byte des Arbeitsspeichers belegt, besteht jeder Interruptvektor aus zwei Komponenten. Der Offsetadresse (IP-Register) und der Segmentadresse (CS-Register) der Interruptroutine. Es muß im obigen Fall die Offsetadresse der Routine EINGABE an der Adresse 110h und die Segmentadresse, das heißt der Inhalt des CS-Registers an der Adresse 112h abgelegt werden. Das Eintragen der Interruptvektortabelle kann im Prinzip »per Hand«, das heißt über eine Reihe von MOV-Befehlen geschehen. Aus verschiedenen Gründen, auf die an dieser Stelle aber nicht näher eingegangen werden soll, ist es jedoch sinnvoller, diese Aufgabe der Funktion 25h des DOS-Interrupts 21h zu übertragen. Diese Funktion erwartet im AL-Register die Nummer des neu zu belegenden Interrupts und im Registerpaar DS:DX die Adresse der Interrupt-Routine.

Wurde die Adresse der neuen Interrupt-Routine in die Interrupt-Vektortabelle eingetragen, bewirkt ein Interrupt 44h, ausgelöst über den Befehl »INT 44h«, den Aufruf der Routine EINGABE. Das gleiche wird mit der Routine AUSGABE durchgeführt, die auf den Interrupt 45h gelegt wird. Damit wäre das Betriebssystem gewissermaßen um zwei neue Interrupts erweitert, die im Prinzip von jedem Anwenderprogramm aus genutzt werden können. Beachten Sie, daß die Interruptroutine mit einem IRET-Befehl beendet werden muß, auch wenn die Routine durch eine PROC-Anweisung eingeleitet wird. Der IRET-Befehl ist der Befehl zur Beendigung einer Interrupt-Routine, der die Rückkehradresse und zusätzlich den alten Inhalt des Statusregisters vom Stack holt, die dort durch den Aufruf des INT-Befehls abgelegt wurden.

Um die neu definierten Interrupts auch von eigenen Programmen aus nutzen zu können, muß noch eine Hürde aus dem Weg geräumt werden. Würde das Programm aus Beispiel 9.8 ganz normal, das heißt über die Befehlssequenz

```
MOV AH,4Ch
INT 21h
```

beendet werden, so wäre ihm keine lange Lebensdauer beschieden, da die Funktion 4Ch den von dem beendeten Programm belegten Speicher wieder freigibt. Das nächste Anwenderprogramm, das in den Speicher geladen wird, würde das Interruptprogramm überschreiben und der Rechner bei Aufruf des Interrupts 44h im »Nirgendwo« verschwinden. Wenn es nicht die Möglichkeit gäbe, ein Programm zu beenden, ohne den Speicherplatz, den es belegt, wieder freizugeben. Dadurch wird dem betroffenen Programm quasi eine Dauerkarte auf einen komfortablen Sitzplatz im Arbeitsspeicher reserviert, an dem es sich, unbehelligt von allem, was danach in den Speicher geladen wird, aufhalten kann. Solche speicherresidenten Programme kann man zum Beispiel durch die Funktion 31h des DOS-Interrupts 21h einrichten (Sie sehen, die DOS-Funktionen können einiges mehr als nur Zeichen ausgeben). Diese Funktion benötigt als Parameter lediglich die Größe des Programms, das speicherresident gemacht werden soll. Diese Größe, die in Form von Paragraphen (16 Byte) angegeben werden muß, wird aus der Größe des Programmsegments berechnet. Die Größe des Programmsegments erhält man am einfachsten, in dem man am Ende des Programmsegments ein Label definiert und diesem Label den aktuellen Wert des Adreßzählers, in Form des »$«-Operators, zuweist. Beim Adreßzähler-Operator handelt es sich um einen speziellen Zähler, der während des Assemblierens stets die momentane Offsetadresse im aktuellen Segment angibt, in die das nächste zu assemblierende Byte eingetragen wird. Nach jeder assemblierten Anweisung wird der $-Operator um die Anzahl an Bytes, die diese Anweisung benötigte, erhöht. Der $-Operator legt somit die Entfernung in Bytes vom Beginn des Segments bis hin zu der Stelle, wo er verwendet wird, fest. Durch die Anweisung

```
PGM_END EQU $
```

als letzte Anweisung in einem Programm, wird der Konstanten PGM_END die letzte Adresse im Programmsegment zugewiesen. Diese Adresse, bei der es sich ja um die Größe des Segments in Bytes handelt, ist aber noch nicht der Wert, den die Funktion 31h benötigt. Da die Größenangabe in Paragraphen erfolgen muß, wird der ermittelte Wert noch über einen SHR-Befehl durch 16 geteilt. Um ein etwaiges Stacksegment zu berücksichtigen, wird dieser Wert noch um 272 (256+16) erhöht.

Betrachten Sie das letzte Beispielprogramm lediglich unter dem Aspekt, eine andere Anwendung für den INT-Befehl zu finden. Es ist in der Praxis innerhalb von normalen Anwenderprogrammen nicht üblich, eigene Funktionen auf freie Interrupts zu legen. Dies bleibt in der Regel speziellen

Treibern oder anderen speicherresidenten Programmen vorbehalten. Wir werden uns damit in Kapitel 12 ausführlicher beschäftigen.

Beispielprogramm 9.9 – BSP09_09.ASM

Das folgende Beispielprogramm verwendet die neu definierten Interrupts 44h und 45h zur Ein- und Ausgabe. Assemblieren und linken Sie das Programm und bringen Sie es zur Ausführung.

```
.MODEL SMALL
.STACK 100h
.DATA
    TEXT1 DB 10,13,'EINGABE DER ERSTEN ZAHL:',13,10,'$'
    TEXT2 DB 10,13,'EINGABE DER ZWEITEN ZAHL:',13,10,'$'
    TEXT3 DB 10,13,'DAS ERGEBNIS IST:','$'
.CODE
START:
    MOV DX,@DATA
    MOV DS,DX
    MOV DX,OFFSET TEXT1      ; Ausgabe des 1. Textes
    MOV AH,09
    INT 21h
;
    INT 44h                  ; Eingabe der 1. Zahl
    PUSH AX                  ; Retten der Eingabe
;
    MOV DX,OFFSET TEXT2      ; Ausgabe des 2. Textes
    MOV AH,09
    INT 21h
;
    INT 44h                  ; Eingabe der 2. Zahl
    POP BX                   ; Holen der 1. Zahl
    ADD AX,BX                ; AX = 1. Zahl + 2. Zahl
    PUSH AX                  ; Retten der Summe
;
    MOV DX,OFFSET TEXT3      ; Ausgabe des 3. Textes
    MOV AH,09
    INT 21h
;
    POP AX                   ; Holen des Ergebnisses
    INT 45h                  ; Ausgabe des Ergebnisses
;
    MOV AH,4CH               ; Dieser Programmteil ist nicht
    INT 21H                  ; speicherresident
END START
```

Dieses Programm macht zur Ein- und Ausgabe einer 16-Bit-Zahl von den Interrupts 44h und 45h Gebrauch. Dieses Programm muß nicht speicherresident sein, es handelt sich vielmehr um ein ganz »normales« Assemblerprogramm.

9.4 Mathematische »Spielereien«

Mit Hilfe der im letzten Abschnitt definierten Routinen lassen sich schon ein paar größere Sprünge machen. Bei vielen Programmen, die für ein Einsteigerbuch geeignet sind, ist eine komfortable Ein-/Ausgabe schon die »halbe Miete«. Was liegt also näher, als einmal ein Programmbeispiel in Maschinensprache auszuprobieren, das zum festen Repertoire beinahe sämtlicher Basic- oder Pascal-Einführungswerke gehört. Die Rede ist von einem Programm zur Primzahlenberechnung, also jener Zahlen, die nur durch eins und durch sich selbst teilbar sind und die schon ganze Generationen von Mathematikern mit der Frage beschäftigt haben, ob es eine regelmäßige Beziehung zwischen Primzahlen gibt. Bekanntlich gibt es keine »Formel« zur Berechnung von Primzahlen (zumindest ist mir keine bekannt), aber (mindestens) zwei grundsätzlich verschiedene Methoden, Primzahlen durch Probieren zu berechnen. Die eine Methode ist einfach zu erklären, aber relativ langsam in der Ausführung. Hier wird eine Zahl durch alle kleineren Zahlen bis einschließlich der Zwei geteilt. Ergibt sich bei einer der Divisionen kein Rest, ist die betreffende Zahl keine Primzahl. Das zweite Verfahren ist ein wenig raffinierter und daher nicht unbedingt auf Anhieb zu durchschauen. Dieses auch als »Sieb des Erathostenes« bekannte Verfahren ist aber weitaus schneller als das zuerst erwähnte Verfahren. Beim »Sieb« wird für alle in Frage kommenden Zahlen ein Eintrag in einem Feld reserviert und alle Elemente werden auf 1 gesetzt. Nun setzt das Programm, beginnend bei der Zahl 3 bis zu einer festgelegten Obergrenze, alle Feldelemente, deren Index ein Vielfaches der Zahl 3 beträgt, auf Null. Da diese Zahlen durch eine Multiplikation zweier ganzer Zahlen entstanden sind, kann es sich nicht um Primzahlen handeln. Das gleiche wird mit der 4, der 5 usw. durchgeführt. Am Schluß des Programms werden aus dem gesamten Feld nur die Zahlen ausgegeben, deren Feldeintrag immer noch eine 1 enthält. Da es von diesen Zahlen keine ganzzahligen Teiler gegeben hat, muß es sich um Primzahlen handeln. Im folgenden sollen beide Verfahren vorgestellt werden, da sich beide Verfahren auch grundsätzlich bezüglich der verwendeten Befehle und Programmiertechniken unterscheiden.

Entwicklung eines Assemblerprogramms am Beispiel eines Primzahlenprogramms

1. Berechnen von Primzahlen durch fortgesetzte Division

Auch bei einem Primzahlenprogramm gibt es keinen Grund, nicht nach der bewährten Methode vorzugehen. Nachdem das Problem bereits spezifiziert wurde, käme jetzt das Aufstellen eines Programmablaufes an die Reihe. Auch wenn ein Algorithmus zur Primzahlenberechnung noch eher in die Kategorie »einfach« fällt, ist es doch nicht so einfach, einen Ansatz zu finden. Für den Fall, daß sich das Aufstellen eines Programmablaufes als zu schwierig herausstellen sollte, kann man auch auf eine andere Methode ausweichen. Spielen Sie den Programmablauf an einem konkreten Beispiel durch und überlegen Sie sich an diesem Beispiel, welche Schritte im einzelnen notwendig sind, um von einem Ergebnis zu den Ausgangswerten zu gelangen.

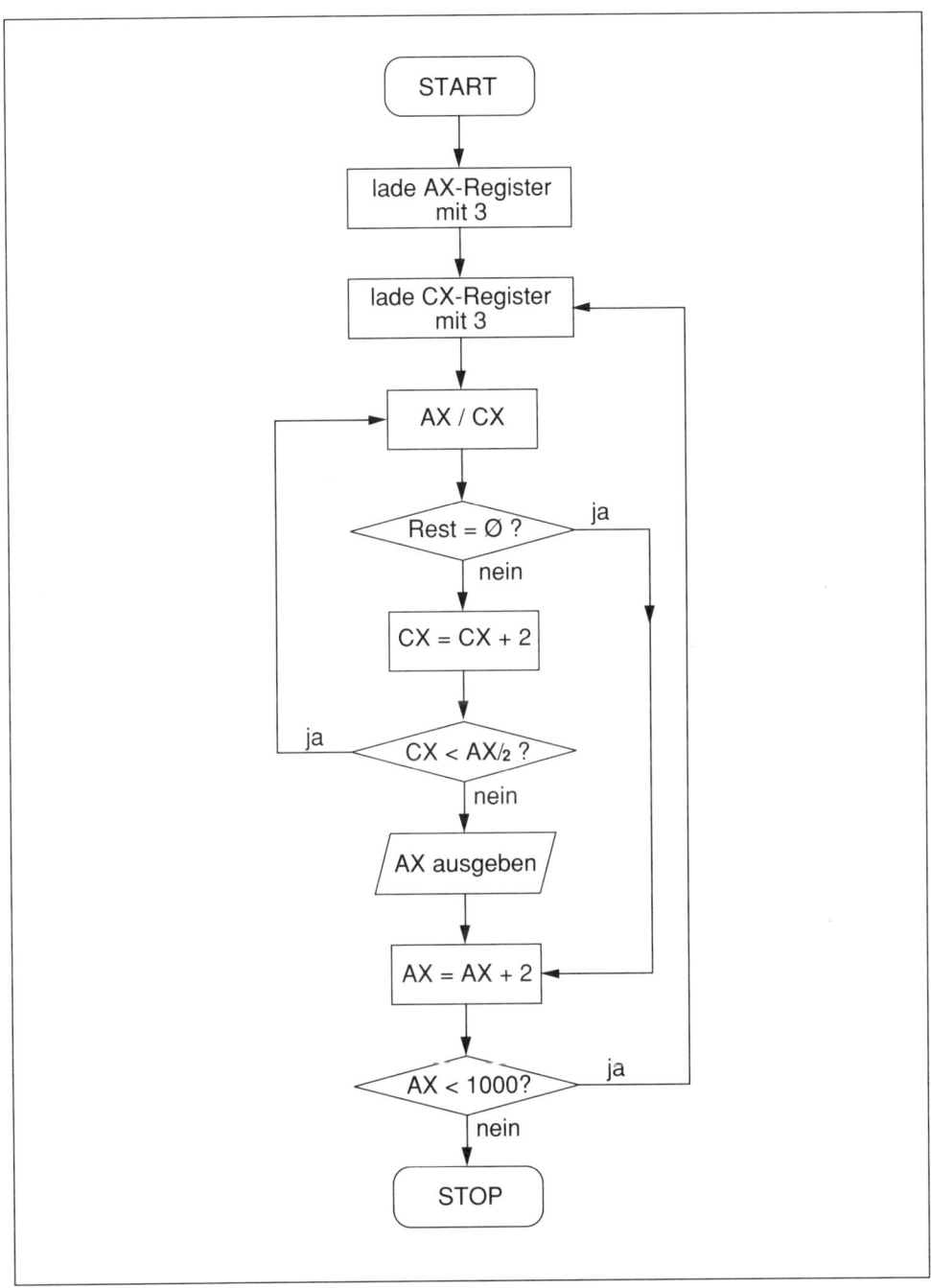

Bild 9.7: *Flußdiagramm für ein Primzahlenprogramm*

Nehmen wir an, daß das Programm gerade bei der Zahl 7 angelangt wäre und als nächstes feststellen müßte, ob es sich bei 7 um eine Primzahl handelt. Dazu müßte die 7, die sich zum Beispiel im AX-Register befinden kann, durch die Zahl 6 geteilt werden. Um festzustellen, ob bei dieser Division ein Rest heraus kam, muß das DX-Register auf 0 geprüft werden, da dieses den Rest einer (16-Bit)-Division enthält. Enthält das DX-Register den Wert 0, ist die zu überprüfende Zahl keine Primzahl und das Programm setzt die Suche mit der Zahl 8 (oder der Zahl 9, wenn die geraden Zahlen ausgelassen werden) fort. War der Inhalt des DX-Registers dagegen ungleich 0, so heißt das noch lange nicht, daß die 7 eine Primzahl ist. Erst muß der Divisionstest mit der 5, der 4 und der 3 fortgesetzt werden (für den Fall, daß auch die geraden Zahlen mit einbezogen werden, muß auch durch 2 geteilt werden). Erst wenn alle Divisionen keine 0 im DX-Register ergaben, handelt es sich bei der Zahl 7 um eine Primzahl und sie kann ausgegeben werden. Nachdem dieses Beispiel in allen Einzelheiten durchleuchtet wurde, dürfte es nicht mehr schwer sein, von diesem speziellen Beispiel zu einem allgemeinen Programmablaufplan, zum Beispiel in Form eines Flußdiagramms, zu gelangen. Bild 9.7 zeigt ein entsprechendes Flußdiagramm.

Beispielprogramm 9.10 – BSP09_10.ASM

Das folgende Beispielprogramm ermittelt die Primzahlen von 1 bis 1000 durch fortgesetzte Division. Assemblieren und linken Sie das Programm, testen Sie es mit dem Debugger und bringen Sie es zur Ausführung.

```
.MODEL SMALL
.STACK 100h
.CODE
AUSGABE PROC
;
;     Hier erfolgt die Ausgaberoutine aus Beispielprogramm 9.6
;
        RET
AUSGABE ENDP
START:
        MOV AX,3            ; Lade AX mit Startzahl
LABEL1:    MOV CX,3         ; Lade CX mit Startteiler
LABEL2:    MOV DX,0         ; Lösche DX wegen Division
        PUSH AX             ; Rette AX
        DIV CX              ; Zahl / Teiler
        POP AX              ; AX zurück
        CMP DX,0            ; Ist der Rest Null?
        JE  NO_PRIM         ; Ja, dann keine Primzahl
        INC CX              ; Erhöhe Teiler um zwei
        INC CX
        MOV BX,AX           ; Teile Zahl in AX durch 2 um das
        SHR BX,1            ; Ende festzustellen
        CMP CX,BX           ; Weitere Divisionen nötig?
        JL  LABEL2          ; Ja, dann zurück
```

```
;
          PUSH AX               ; Zahl ist Primzahl
          MOV AH,02             ; Ausgabe eines
          MOV DL,32             ; Leerzeichens
          INT 21h
          POP AX                ; AX-Register wiederholen
          PUSH AX               ; Und erneut speichern
          CALL AUSGABE          ; Ausgabe der Primzahl
          POP  AX
NO_PRIM:    INC AX              ; Nächste Primzahl
          INC AX                ; mit Ausnahme der geraden Zahlen
          CMP AX,1000           ; Schon 1000 erreicht?
          JL LABEL1             ; Nein, dann zurück
;
          MOV AH,4CH
          INT 21H
END START
```

Normalerweise ist es nicht notwendig, eine zu prüfende Zahl durch alle Zahlen zu teilen, die kleiner als diese Zahl sind. Eine einfache Überlegung zeigt, daß es ausreicht, wenn man die zu prüfende Zahl durch alle Zahlen bis zu der Wurzel der Zahl teilt, da man so unnötige Doppelüberprüfungen vermeidet. (Stellen Sie sich dazu die Zahl 105 vor. Eine Division durch zum Beispiel 35 ist unnötig, da dies bereits durch die Division durch 3 abgedeckt wurde.) Da die Berechnung der Quadratwurzel der zu untersuchenden Zahl das Primzahlenprogramm unnötig komplizert machen würde, wird anstelle der Wurzel die Hälfte der zu untersuchenden Zahl verwendet, wodurch ebenfalls ein (wenn auch wesentlich kleinerer) Zeitgewinn resultiert. Die Hälfte der Zahl im BX-Register wird nun nicht über eine Division durch 2 mit Hilfe des DIV-Befehls, sondern durch ein Rechtsschieben um eine Position über den Befehl »SHR BX,1« realisiert.

2. Berechnen der Primzahlen nach dem Sieb des Erathostenes
Das Primzahlensieb basiert im Grunde auf dem entgegengesetzten Prinzip. Hier werden nicht potentielle Primzahlen durch Divisionen geprüft, vielmehr werden alle Nicht-Primzahlen durch Multiplikationen ausgeschlossen. Dem Sieb-Algorithmus liegt die simple Annahme zugrunde, daß alle ganzzahligen Vielfachen einer Zahl keine Primzahlen sein können. Um zum Beispiel die Primzahlen von 3 bis 8192 zu ermitteln, müssen die Vielfachen aller Zahlen von 3 bis 91 (dies entspricht angenähert der Wurzel von 8192) markiert werden, indem der entsprechende Feldeintrag zum Beispiel mit 0 belegt wird. Selbstverständlich brauchen die Vielfachen von bereits als Nicht-Primzahl markierten Zahlen nicht mehr multipliziert zu werden. So müßte eigentlich, nachdem die 3er Reihe (das heißt 3, 6, 9, 12 usw.) markiert wurde, die 9er Reihe ausgelassen werden, da jede durch 9 teilbare Zahl auch durch drei teilbar ist. Aus diesem Grund müßten zuvor die Vielfachen einer bestimmten Zahl markiert und die Zahl selber geprüft werden, um festzustellen, ob die Zahl bereits markiert wurde. Der Einfachheit halber wird diese Überprüfung nicht durchgeführt, obwohl sich dadurch ein zusätzlicher Zeitgewinn ergäbe.

Beispielprogramm 9.11 – BSP09_11.ASM

Das folgende Beispielprogramm berechnet alle Primzahlen bis 8192 nach dem »Siebverfahren«. Assemblieren und linken Sie das Programm, testen Sie es mit dem Debugger und bringen Sie es zur Ausführung.

```
.MODEL SMALL
.STACK 100h
.DATA
     FELD DB 8192 DUP ('1')   ; Feld definieren und mit '1' belegen
     TEXT DB 'FERTIG!!!',10,13,'$'
.CODE
AUSGABE PROC
;
;    Hier folgt die Ausgaberoutine aus Beispielprogramm 9.6
;
     RET
AUSGABE ENDP
FELD_AUS    PROC                    ; Beginn der Ausgabeprozedur
          MOV DI,3
          MOV BX,OFFSET FELD        ; Lade BX mit Feldadresse
LOOP1:    MOV AL,BYTE PTR [BX][DI]  ; Teste einzelnes Feldelement
          CMP AL,0                  ; ob Null
          JZ LOOP2                  ; Wenn ja, keine Ausgabe
          MOV AH,02                 ; Ausgabe eines
          MOV DL,'0'                ; Leerzeichens
          INT 21h
          MOV AX,DI                 ; Ausgabe der Feldnummer
          PUSH DI                   ; Retten der Register
          PUSH BX
          CALL AUSGABE              ; Ausgabe der Primzahl
          POP BX
          POP DI

LOOP2:    INC DI                    ; Nächstes Feldelement
          CMP DI,8192               ; Ende des Feldes?
          JLE LOOP1                 ; Nein, nochmal
          RET
FELD_AUS    ENDP
;
START:                              ; Beginn des Hauptprogramms
          MOV DX,@DATA
          MOV DS,DX
          MOV BX,OFFSET FELD        ; Lade BX mit Feldadresse
          MOV DX,2
          MOV CX,2
```

```
LOOP3:    MOV AX,DX
          PUSH DX
          MUL CX                   ; Vielfaches von DX
          POP DX
          MOV DI,AX                ; Ende des Feld erreicht?
          CMP AX,8192
          JG LOOP4                 ; Ja, erhöhe DX
          MOV [BX][DI],BYTE PTR 0  ; Feldelement markieren das heißt
          INC CX                   ; keine Primzahl
          JMP SHORT LOOP3          ; Zurück zum Schleifenanfang
LOOP4:    MOV CX,2
          INC DX
          CMP DX,91                ; Alle Vielfache berechnet?
          JLE LOOP3                ; Nein, zum Schleifenanfang
;
          MOV AH,09
          MOV DX,OFFSET TEXT
          INT 21H
;
          CALL FELD_AUS
;
ENDE:     MOV AH,4CH
          INT 21H
END START
```

Beide Primzahlenprogramme unterscheiden sich grundlegend sowohl vom Aufbau her als auch durch ihre Ausführungsgeschwindigkeit. So benötigt das »normale« Primzahlenprogramm zur Berechnung der Primzahlen bis 8192 (ohne Ausgabe) auf einem 4.77-MHz-PC insgesamt 53 Sekunden, während die nicht optimierte Version des »Siebs« die gleiche Leistung in ca. 1,5 Sekunden (!) vollbringt. Dieser Unterschied ist schon beeindruckend, zumal wenn man bedenkt, daß beide Programme in Maschinensprache programmiert wurden, auf der gleichen CPU unter gleichen Bedingungen ausgeführt werden und identische Ergebnisse produzieren.

Entwicklung eines Maschinenprogramms am Beispiel eines Programms zur Fakultätsberechnung

Wo es um Primzahlenprogramme geht, darf auch ein Programm zur Fakultätsberechnung nicht fehlen, obwohl das eine mit dem anderen mathematisch gesehen nichts zu tun hat. Bei der Fakultät einer Zahl handelt es sich bekanntlich um die Multiplikation aller ganzen Zahlen von 1 bis zu der betreffenden Zahl. So berechnet sich die Fakultät der Zahl 8 (auch geschrieben als 8!) zu

$$8! = 1 * 2 * 3 * 4 * 5 * 6 * 7 * 8 = 40320.$$

Die Entwicklung eines Fakultätsprogramms sollte eigentlich keine großen Schwierigkeiten bereiten, denn es handelt sich im Grunde nur um eine einfache Schleife. Probieren Sie zunächst einen eigenen Entwurf, bevor Sie einen Blick auf das Flußdiagramm in Bild 9.8 und auf das Programmlisting in Beispielprogramm 9.12 werfen.

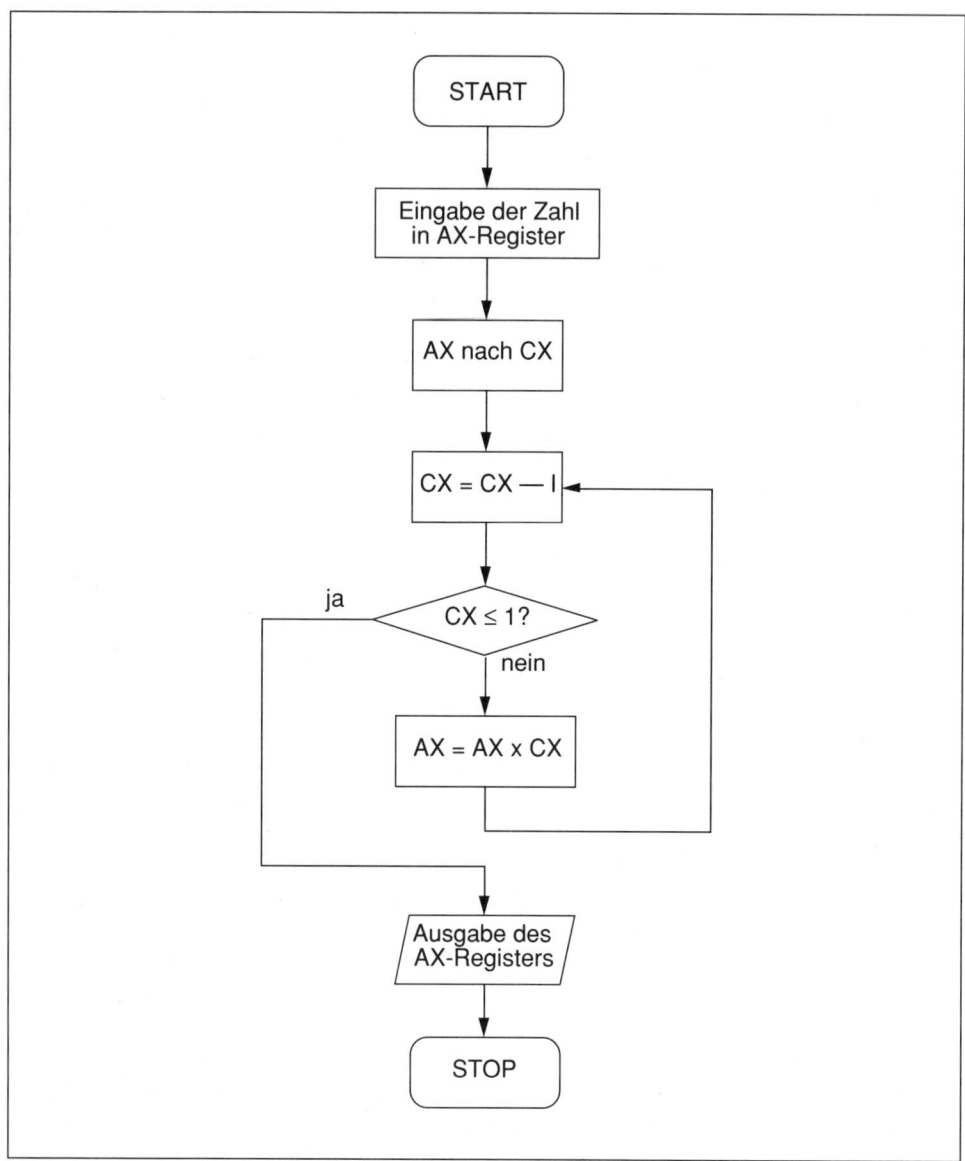

Bild 9.8: *Flußdiagramm für ein Fakultätsprogramm*

Beispielprogramm 9.12 – BSP09_12.ASM

Das folgende Beispielprogramm berechnet die Fakultät einer eingegebenen Zahl. An diesem Programm läßt sich noch ein wenig optimieren, wie im weiteren Textverlauf erläutert wird. Assemblieren und linken Sie das Programm, testen Sie es mit dem Debugger und bringen Sie es zur Ausführung.

```
.MODEL SMALL
.STACK 100h
.CODE
AUSGABE PROC
;
;     Hier folgt die Ausgaberoutine aus Beispielprogramm 9.6
;
        RET
AUSGABE ENDP
EINGABE  PROC                    ; Beginn der Eingabeprozedur
;    Hier folgt die Eingaberoutine aus Beispielprogramm 9.7
;
    RET
EINGABE  ENDP                    ; Ende der Eingabeprozedur
;


START:
        CALL EINGABE    ; Eingabe einer 16-Bit-Zahl
        MOV CX,AX       ; Kopiere Zahl nach CX
LABEL3:   DEC CX        ; Erniedrige CX um eins
        CMP CX,1        ; Ist CX bereits 1?
        JLE LABEL2      ; Ja, dann Ende
        MUL CX          ; Zahl = Zahl * Zahl-1
        JMP LABEL3      ; Wiederhole, wenn Zahl <> Null
LABEL2:
        PUSH AX         ; AX vorübergehend retten
        MOV DX,0D0Ah    ; Zeilenvorsprung ausgeben
        MOV AH,02
        INT 21h
        XCHG DH,DL
        INT 21h
        POP AX
        CALL AUSGABE    ; Ausgabe des Ergebnisses
,
        MOV AH,4CH      ; Zurück zu DOS
        INT 21H                  ;
END START
```

Beim Testen des Beispielprogramms 9.12 werden Sie feststellen, daß das Programm die gewünschte Funktion erfüllt (mit Ausnahme bei Eingabe der Zahlen 0 und 1, wir werden auf diesen Umstand später noch zurückkommen). Doch in den seltensten Fällen ist die Programmentwicklungsphase abgeschlossen, sobald das Programm fehlerfrei läuft oder, genauer gesagt, fehlerfrei zu laufen scheint. Nach dem Motto »Es gibt kein Programm, das sich nicht noch verbessern ließe« beginnt nun eine Phase, bei der es darum geht, das Programm bezüglich des Codeumfangs und der Laufzeit zu optimieren. Ein Blick auf das Listing des Beispielprogramms 9.12 zeigt, daß sich das Programm tatsächlich zumindest vom Codeumfang her optimieren läßt (ob damit auch eine Laufzeitverbesserung verbunden ist, läßt sich oft erst bei der Ausführung eindeutig feststellen). So kann die Befehlsfolge

```
DEC CX
CMP CX,1
JLE LABEL2
```

durch den LOOP-Befehl ersetzt werden, der ja innerhalb des Programms (fast) das gleiche bewirkt. Durch den LOOP-Befehl wird das CX-Register um eins erniedrigt und ein Sprung zu einem Label durchgeführt, falls der Inhalt des CX-Registers ungleich 0 ist. Indem das Erniedrigen des CX-Registers vor den Beginn der Schleife gesetzt wird, entfällt auch ein Sprungbefehl und ein Label. Es versteht sich von selbst, daß Änderungen im Programm auch zu einer Änderung des Programmablaufs führen können. So wird durch das Einführen des LOOP-Befehls die Schleife einmal mehr durchlaufen, da die Abbruchbedingung nun CX=0 und nicht mehr CX=1 heißt. Das AX-Register wird also (unnötigerweise) am Ende stets mit 1 multipliziert. Auch wenn sich für die Programmoptimierung kein allgemeines Rezept angeben läßt, sollten Sie stets eine Regel beherzigen, die Ihnen viel Ärger ersparen kann: Führen Sie Änderungen an einem funktionierenden Programm immer schrittweise durch und testen Sie das Programm nach jeder (!!) wichtigen Änderung. Man vermeidet so den Fall, daß ein funktionierendes Programm durch zu viele Änderungen »kaputt« repariert wird.

Beispielprogramm 9.13 – BSP09_13.ASM

Das folgende Beispielprogramm zeigt eine bezüglich des Codeumfangs geringfügig verbesserte Version des Fakultätsprogramms. Assemblieren und linken Sie das Programm, testen Sie es mit dem Debugger und bringen Sie es zur Ausführung.

```
.MODEL SMALL
.STACK 100h
.CODE
AUSGABE     PROC
;
;     Hier folgt die Ausgaberoutine aus Beispielprogramm 9.6
         RET
AUSGABE     ENDP
EINGABE     PROC                 ; Beginn der Eingabeprozedur
;
;     Hier folgt die Eingabefunktion aus Beispielprogramm 9.8
;
         RET
EINGABE     ENDP                 ; Ende der Eingabeprozedur
START:
            CALL EINGABE         ; Eingabe einer 16-Bit-Zahl
            MOV CX,AX            ; Kopiere Zahl nach CX
            DEC CX               ; Erniedrige CX um eins
LABEL3:
            MUL CX               ; Zahl = Zahl * Zahl-1
            LOOP LABEL3          ; Wiederhole wenn Zahl <> Null
```

```
;
        PUSH AX                 ; AX vorübergehend retten
        MOV DX,0D0Ah
        MOV AH,02
        INT 21h
        XCHG DH,DL
        INT 21h
        POP AX
        CALL AUSGABE            ; Ausgabe des Ergebnisses
;
        MOV AH,4Ch              ; Zurück zu DOS
        INT 21H
END START
```

Exkurs zum Thema Programmierfehler

Programmierfehler lassen sich grundsätzlich in zwei verschiedene Kategorien einteilen: Schreibfehler und logische Fehler. Während sich die ersteren spätestens beim Assemblieren bemerkbar machen und daher leicht zu lokalisieren und zu beheben sind, sieht es bei den logischen Fehlern ganz anders aus. Bei logischen Fehlern handelt es sich in der Regel um Denkfehler, das heißt um einen Fehler in dem Algorithmus, der dem Programm zugrunde liegt. Naturgemäß sind solche Fehler wesentlich schwerer zu lokalisieren und zu beheben. Abhilfe schaffen Programmierwerkzeuge wie zum Beispiel ein symbolischer Debugger, mit dem sich »Bugs« in einem Programm relativ leicht finden lassen. Richtig trickreich wird es erst, wenn ein Programm scheinbar fehlerfrei läuft, sich aber in bestimmten Extremsituationen fehlerhaft verhält. So kann ein solches Programm unter Umständen jahrelang fehlerfrei laufen und erst durch eine Kombination unglücklicher Zufälle ein fehlerhaftes Verhalten zeigen. Um derartige Fehler auszuschließen, müßte einem erstellten Algorithmus eigentlich ein mathematischer Beweis folgen, der das einwandfreie Verhalten in allen denkbaren Situationen garantiert. Doch welcher Programmierer macht das schon oder ist dazu in der Lage?

Auch unser Fakultätsprogramm weist einen Fehler auf. Dieser tritt dann zutage, wenn Sie auf die Idee kommen, die Fakultät der Zahlen 1 oder 0 zu berechnen. Definitionsgemäß ist die Fakultät dieser Zahlen 1, unser Programm liefert jedoch in beiden Fällen das Ergebnis 0. Die Ursache für den Fehler finden Sie relativ leicht mit Hilfe des Debuggers (oder wenn Sie sich nochmals das Listing des Beispielprogramms 9.13 ansehen).

Ebenfalls ein falsches Ergebnis erhalten Sie bei der Eingabe einer Zahl, die größer als acht ist. Allerdings liegt die Ursache für dieses Fehlverhalten nicht in einem fehlerhaftem Algorithmus, sondern wird vielmehr durch die Tatsache begründet, das die Fakultät aller Zahlen größer als acht nicht mehr in einem 16-Bit-Register dargestellt werden kann (zwar kann das Ergebnis einer Multiplikation maximal 32 Bit umfassen, doch kann unsere Ausgaberoutine solche Zahlen nicht mehr verarbeiten). Beispielprogramm 9.14 zeigt ein Fakultätsprogramm, das sowohl den einen Extremfall (Eingabe von 0 oder 1) als auch den anderen Extremfall (Eingabe einer Zahl größer acht) korrekt behandelt.

Beispielprogramm 9.14 – BSP09_14.ASM

Das folgende Beispielprogramm zur Fakultätsberechnung liefert auch bei Eingabe von 0 oder 1 oder einer Zahl größer als 8 ein korrektes Ergebnis. Assemblieren und linken Sie das Programm, testen Sie es mit dem Debugger und bringen Sie es zur Ausführung.

```
.MODEL SMALL
.STACK 100h
.DATA
        TEXT DB 'FEHLER! - EINGABE ZU GROSS',10,13,'$'
.CODE
EINGABE PROC                    ; Beginn der Eingabeprozedur
;
;     Hier folgt die Eingaberoutine aus Beispielprogramm 9.8
;
        RET
EINGABE   ENDP                  ; Ende der Eingabeprozedur
AUSGABE         PROC            ; Beginn der Ausgabeprozedur
;
;     Hier folgt die Ausgaberoutine aus Beispielprogramm 9.6
;
        RET
AUSGABE ENDP
START:
        MOV DX,@DATA            ; Datensegment initialisieren
        MOV DS,DX
        CALL EINGABE            ; Eingabe einer 16-Bit-Zahl
        CMP AX,8                ; Eingabe größer acht?
        JG  FEHLER              ; Ja, Fehlertext ausgeben
        CMP AX,1                ; Eingabe 1 oder 0?
        JLE LABEL2              ; Überspringe Schleife
        MOV CX,AX               ; Kopiere Zahl nach CX
        DEC CX                  ; Erniedrige CX um eins
LABEL3:
        MUL CX                  ; Zahl = Zahl * Zahl-1
        LOOP LABEL3             ; Wiederhole, wenn Zahl <> Null
;
        JMP WEITER
LABEL2:
        OR AX,1                 ; Niederwertigste Bit auf eins
WEITER:
        PUSH AX                 ; AX vorübergehend zwischenspeichern
        MOV DX,0D0Ah            ; Zeilenvorsprung ausgeben
        MOV AH,02
        INT 21h
        XCHG DH,DL
        INT 21h
        POP AX
        CALL AUSGABE            ; Ausgabe des Ergebnisses
```

```
ENDE:
        MOV AH,4CH
        INT 21H
FEHLER:
        MOV DX,OFFSET TEXT
        MOV AH,09
        INT 21H
        JMP ENDE
;
END START
```

Beispielprogramm 9.14 darf mit Recht als fehlerfrei bezeichnet werden. Allerdings hat auch der Codeumfang und die Laufzeit (wenn auch geringfügig) zugenommen. Sie sehen an diesem Beispiel, daß die Entwicklung von Software immer mit dem Schließen von Kompromissen verbunden ist. Urteilen Sie dabei selbst, ob sich der Aufwand im obigen Beispiel gelohnt hat.

9.5 Arbeiten mit Listen

Hinter dem unscheinbaren Begriff der Liste verbirgt sich eine der leistungsfähigsten und am vielseitigsten einsetzbaren Datenstrukturen in der Informatik. Ob es um die Abarbeitung der verschiedensten Prozesse in einem Betriebssystem, die Verwaltung von Datenbanken oder um Anwendungen im Bereich der künstlichen Intelligenz (die listenverarbeitende Programmiersprache LISP sei hier stellvertretend erwähnt) geht, sind Listen ein elementarer Bestandteil. Bei einer Liste handelt es sich vereinfacht gesprochen um ein Feld, deren Größe und Struktur sich während der Programmausführung ändern kann (man spricht auch von einer dynamischen Datenstruktur). Das Besondere an einer Liste ist, daß zwischen den einzelnen Elementen der Liste in der Regel keine Ordnungsbeziehung (ungeordnete Listen) besteht und daß diese Elemente nicht unbedingt nebeneinander liegende Speicherstellen belegen müssen und eine unterschiedliche Größe aufweisen können. In einem solchen Fall enthält jedes Listenelement einen Zeiger auf das nächste Element der Liste. Im folgenden sollen allerdings der Einfachheit halber Listen betrachtet werden, die sowohl einen zusammenhängenden Bereich des Arbeitsspeichers belegen als auch aus gleich großen Elementen aufgebaut sind und daher keinen zusätzlichen Adreßzeiger benötigen. Im Prinzip haben wir es daher wieder mit Feldern zu tun, die aber im Sinne einer Liste verwaltet werden.

Die Vorzüge modularer Programmierung

Stellen Sie sich vor, Sie sind Kursleiter für ein Seminar über Assembler-Programmierung. Neben Ihrer Lehrtätigkeit sind Sie auch noch mit der organisatorischen Abwicklung des Seminars betraut worden. Ihre erste Aufgabe besteht darin, Ihrem Chef eine geordnete Liste aller Teilnehmer vorzulegen. Diese Liste besteht aus sechs Einträgen, die dieselbe Struktur und denselben Umfang aufweisen (Bild 9.9). Jeder Eintrag ist unterteilt in ein Feld für den Nachnamen (12 Zeichen), ein Feld für den Vornamen (10 Zeichen) und ein Feld für das Alter (2 Zeichen). Da die Liste nach dem Zeitpunkt der eingegangenen Anmeldungen aufgestellt wurde, handelt es sich ganz eindeutig um eine ungeordnete Liste. Es wäre Ihrer fachlichen Autorität als Kursleiter äußerst abträglich, wenn Sie dieses Listenverwaltungsprogramm in Basic oder Turbo Pascal schreiben würden. Daher bleibt Ihnen nichts anderes übrig, als ein Maschinenprogramm zu entwerfen. Mit dem, was Sie in den letzten Abschnitten über den Entwurf von Maschinenprogrammen gelernt haben, sollte diese Aufgabe für Sie keine allzu großen Probleme aufwerfen. Aufgrund Ihrer Erfahrungen mit Pascal wissen Sie aber auch, daß größere Programme vorteilhafterweise in einzelne Programm-Module unterteilt werden, die getrennt entwickelt werden. Gliedern Sie daher zunächst das gesamte Problem in einzelne Module, die getrennt entwickelt werden sollen.

Name (12 Zeichen)	Vorname (10 Zeichen)	Alter (2 Zeichen)
1) Mohr	Herbert	37
2) Schmidt	Jochen	27 p
3) Obermayer	Harald	39
4) Holzer	Rainer	43
5) Kern	Roland	41
6) Holzer	Franz	37

Bild 9.9: *Liste der Kursteilnehmer*

1. Der Aufbau der Liste

Da sich ein Listen-Sortierprogramm nicht so einfach aus dem Ärmel schütteln läßt, ist es sinnvoll, schrittweise vorzugehen, d.h. das Programm modular aufzubauen. Die trivialste Aufgabe besteht darin, eine Liste gemäß Bild 9.9 zu definieren und die angemeldeten Teilnehmer einzutragen:

```
.MODEL SMALL
.STACK 100h
.DATA
      LISTE    DB 'MOHR        ','HERBERT   ','37',10,13,'$'
               DB 'SCHMIDT     ','JOCHEN    ','27',10,13,'$'
               DB 'OBERMAYER   ','HARALD    ','39',10,13,'$'
               DB 'HOLZER      ','RAINER    ','43',10,13,'$'
               DB 'KERN        ','ROLAND    ','41',10,13,'$'
               DB 'HOLZER      ','FRANZ     ','37',10,13,'$'
.CODE
         MOV DX,@DATA
         MOV DS,DX
         ....
         hier beginnt das Hauptprogramm
         ....
ENDE:
         MOV AH,4CH
         INT 21H
END START
```

Damit wäre ein Rahmen für das Programm geschaffen, der in den nächsten Schritten gefüllt werden muß. Beachten Sie, daß das Anhängsel »10,13,'$'« an jeden Listeneintrag nicht zwingend erforderlich ist. Es erleichtert lediglich die spätere Ausgabe des Feldes.

2. Das Ausgabemodul

Als erstes wäre es sinnvoll, die Liste der Teilnehmer ausgeben zu können. Diese Aufgabe übernimmt das Programm-Modul AUSGABE. Das Modul AUSGABE wird von einem Untermodul PR_ZEILE unterstützt, das eine Leerzeile auf dem Bildschirm ausgibt:

```
PR_ZEILE        PROC
                MOV AH,02
                MOV DX,0D0AH
                INT 21H
                XCHG DL,DH
                INT 21H
                RET
PR_ZEILE        ENDP
AUSGABE         PROC
                MOV CX,6                 ; Anzahl der Elemente
                MOV DX,OFFSET LISTE      ; Startadresse der Liste
LABEL1:         MOV AH,09                ; Ausgabe eines Elements
                INT 21H
                ADD DX,27                ; nächstes Element
                LOOP LABEL1
                RET                      ; Rückkehr zum Hauptprogramm
AUSGABE         ENDP
```

3. Das Sortiermodul

Nachdem dies noch eher eine der leichteren Übungen war, geht es nun an den Kern des Problems, nämlich dem Sortieren der Liste. Zunächst benötigen Sie einen Sortieralgorithmus, der dem Programm zugrunde gelegt wird. Zwar ließe sich allein mit Sortieralgorithmen ein ganzes Buch füllen, doch geht es uns vor allem um einen Algorithmus, der leicht zu implementieren ist. In diesem Fall empfiehlt sich der sogenannte »Bubble-Sort«-Algorithmus, der sicher nicht zu den schnellsten gehört (ehrlich gesagt, ist er wahrscheinlich eher der langsamste), aber Geschwindigkeit spielt nur eine untergeordnete Rolle, denn schließlich programmieren wir ja in Maschinensprache. Das Prinzip des Bubble-Sort-Algorithmus ist schnell erklärt: Zunächst wird das oberste Element der Liste mit allen übrigen verglichen. Wird dabei ein Element gefunden, das kleiner als das oberste Element ist, tauschen beide Elemente ihre Plätze in der Liste und die Suche wird mit dem neuen Element an oberster Stelle fortgesetzt. Wurden alle Elemente verglichen, ist das zweitoberste Element an der Reihe. Das zweitoberste Element wird wieder mit allen übrigen Elementen der Liste (mit Ausnahme des obersten Elements, denn das ist ja bereits »sortiert«) verglichen, wobei gegebenenfalls ein Vertauschen stattfindet. Nun wiederholt sich der Vorgang mit dem dritten Element der Liste usw. Schließlich wird das vorletzte Element noch mit dem letzten Element verglichen und das Programm beendet, womit nun eine sortierte Liste vorliegt.

Das Prinzip des Bubble-Sort-Algorithmus wird durch das Flußdiagramm in Bild 9.10 wiedergegeben. So schön ein solches Flußdiagramm auch ist, für eine direkte Umsetzung in ein Maschinenprogramm ist es noch zu allgemein gehalten. Als nächstes wäre zu klären, wie die Registerbelegung auszusehen hat. Da der eigentliche Vergleich zweier Felder sinnvollerweise durch den CMPSB-Befehl vorgenommen wird, ergibt sich automatisch folgende Registerbelegung:

DI-Register
Zeiger auf den String, der einsortiert werden soll

SI-Register
Zeiger auf die einzelnen Strings, die mit diesem String verglichen werden sollen

CX-Register
Anzahl der Länge eines Strings, das heißt die Anzahl der Vergleiche pro String

Ferner wird ein Register benötigt, das die Anzahl der Vergleiche registriert. Anstelle eines CPU-Registers wird hier eine Variable mit dem Namen ZAEHLER verwendet, um nicht zu viele Register zu beanspruchen. Damit wären alle wichtigen Voraussetzungen geklärt und dem Definieren des Sortiermoduls steht nichts mehr im Wege:

```
SORT        PROC
        PUSH ES
        PUSH DS
        POP ES
        MOV SI,OFFSET LISTE    ; Lade SI mit Adresse 1. Element
        MOV DI,SI              ; Lade DI mit Adresse 2. Element
        ADD DI,27
        MOV CX,ZAEHLER         ; Lade CX mit Anzahl der Elemente
        CLD                   ; Setze Richtungsflag
LABEL2:     DEC CX            ; Anzahl der Vergleiche
LABEL3:     PUSH CX           ; Rette Registerinhalte
        PUSH DI
        PUSH SI
        MOV CX,24             ; Anzahl der Zeichen pro Element
        REPE CMPSB            ; Vergleiche zwei Elemente
        POP SI               ; Wiederherstellen der Register
        POP DI
        POP CX
        JBE WEITER           ; Vertausche, wenn größer
        PUSH CX              ; Erneut Register retten
        PUSH DI
        PUSH SI
        MOV CX,24            ; Anzahl der zu vertauschenden El.
LABEL4:     MOV AH,[DI]      ; Vertauschen zwei Zeichen
        MOV AL,[SI]
        MOV [DI],AL
        MOV [SI],AH
        INC SI
        INC DI
        LOOP LABEL4          ; Alle Zeichen vertauscht?
        POP SI               ; Register wiederherstellen
        POP DI
        POP CX
```

```
WEITER:     ADD DI,27            ; Zeiger auf nächstes Element
         LOOP LABEL3             ; Letztes Element erreicht?
         ADD SI,27               ; Zeiger auf nächstes Element
         MOV DI,SI
         ADD DI,27
         DEC ZAEHLER             ; Anzahl der zu vergleichenden ; Elemente
         MOV CX,ZAEHLER
         CMP CX,1                ; Alle Elemente verglichen?
         JG LABEL2               ; Nein, dann weiter
         POP ES
         POP DS
         RET                     ; Ende der Sortierroutine
SORT     ENDP
```

Der zentrale Bestandteil der Sortierroutine ist der CMPSB-Befehl, der jeweils ein Zeichen (das durch das DI-Register adressiert wird) mit einem Zeichen vergleicht, das durch das SI-Register adressiert wird. Der Präfix REPE bewirkt, daß der Vergleich so lange ausgeführt wird, bis entweder das CX-Register 0 oder das Nullflag gelöscht wird. Das vorherige Löschen des Richtungsflags durch den CLD-Befehl ist in der Regel nicht nötig, sollte aber dennoch stets durchgeführt werden, um traumatischen Erlebnissen bei der Fehlersuche vorzubeugen. Denn wenn das Richtungsflag einmal in die falsche Richtung zeigen sollte, ist Ihnen ein Fehler vom Typ »Internal Stack failure – System halted.« o.ä. garantiert. Das gleiche gilt für das Retten der Register DI, SI und CX auf dem Stack. Erstere werden durch den Vergleich auf einen unbestimmten Wert gesetzt (Sie können ja nicht wissen, an welcher Position eine Nicht-Übereinstimmung gefunden wird) und müssen daher wieder auf ihren ursprünglichen Wert zurückgesetzt werden. Auch das CX-Register, das »hauptberuflich« als Schleifenzähler fungiert, wird bei dem Vergleichsbefehl benötigt und muß daher zwischenzeitlich auf dem Stack gesichert werden. Schließlich sei noch der JBE-Befehl (Jump if below or equal) erwähnt, der darüber entscheidet, ob zwei Elemente ihren Platz tauschen. Ersetzen Sie diesen Befehl durch den JAE-Befehl (Jump if above or equal), wird die Liste in absteigender Reihenfolge sortiert.

Wie erwähnt, bietet der vorgestellte Bubble-Sort-Algorithmus eigentlich nur den Vorteil, daß er relativ einfach zu implementieren ist. Da die Sortierzeit für ein Element aber beinahe quadratisch mit der Anzahl der Elemente in der Liste steigt, ist der Bubble-Sort-Algorithmus für das Sortieren größerer Listen nur die zweitbeste Lösung. Programme, die mit großen Listen arbeiten, verwenden daher Sortieralgorithmen wie zum Beispiel Quicksort, die um ein Vielfaches schneller sind.

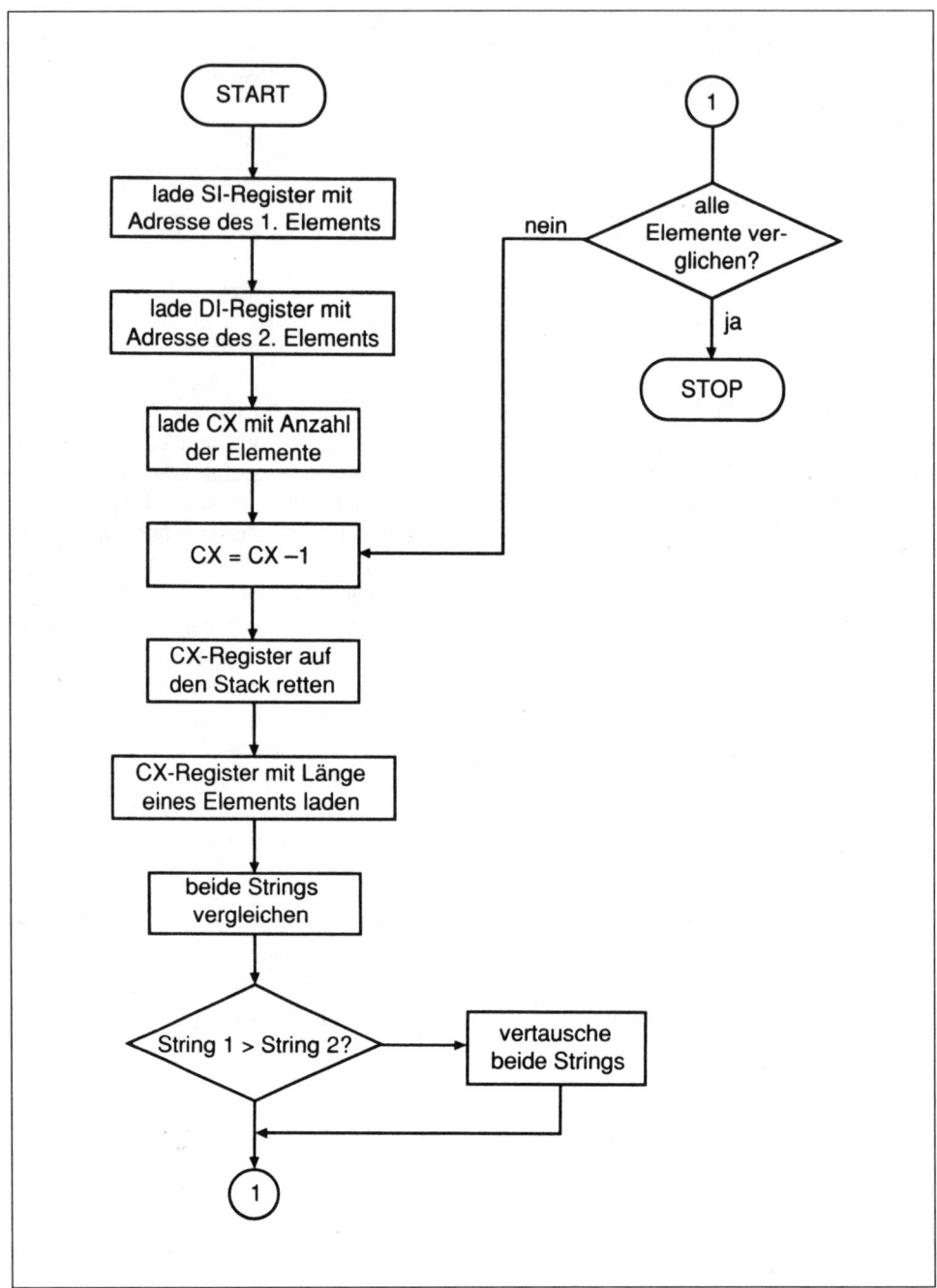

Bild 9.10: *Flußdiagramm für das Bubble-Sort-Verfahren*

4. Das Hauptprogramm

Für das eigentliche Hauptprogramm bleibt nicht mehr viel zu tun, es besteht lediglich aus dem Aufruf der einzelnen Module:

```
START:
        CALL AUSGABE        ; Ausgabe der unsortierten Liste
        CALL SORT           ; Sortieren der Liste
        CALL PR_ZEILE       ; Ausgabe einer Leerzeile
        CALL AUSGABE        ; Ausgabe der sortierten Liste
ENDE:  ....
```

Die vorerst letzte Aufgabe besteht darin, die einzelnen Programm-Module zusammenzustellen, zu assemblieren. Einer Beförderung zum Gesamtseminarleiter steht eigentlich nichts mehr im Wege. Doch im wirklichen Leben kommt alles meistens anders als man denkt. Wider Erwarten haben sich vier weitere Teilnehmer angesagt, die in die Liste aufgenommen werden müssen. Ihr Chef will in der Liste vermerkt haben, ob der betreffende Teilnehmer bereits bezahlt hat und zu guter Letzt bestimmt eine hausinterne Mitteilung des Betriebsrates, daß alle Kurslisten sowohl nach Nachnamen als auch nach Vornamen und Alter der Kursteilnehmer zu ordnen sind. Nachdem Sie die letzte Aufgabe mit Bravour gelöst haben, sehen Sie Ihrer neuen Aufgabe gelassen entgegen. Als erstes wäre die Liste um vier Datensätze zu erweitern und bei jedem Datensatz der Liste ist ein weiteres Feld anzufügen. Damit hat die Liste nun folgenden Aufbau:

```
LISTE   DB 'MOHR          ','HERBERT   ','37','0',10,13,'$'
        ....
        DB 'BECKER        ','HARALD    ','44','0',10,13,'$'
        DB 'HOFMANN       ','ANTON     ','40','1',10,13,'$'
        DB 'HINTERMAYER   ','XAVER     ','42','1',10,13,'$'
        DB 'CORNELIUS     ','FRANK     ','23','0',10,13,'$'
```

Damit wären die ersten beiden Punkte abgehakt. Im Prinzip wäre es natürlich sinnvoller, eine Eingaberoutine einzubauen, so daß jederzeit neue Teilnehmer aufgenommen werden können, ohne daß der Quellcode des Programms geändert werden muß. Da dazu aber auch Disketten-operationen erforderlich wären (sonst hätte die Eingabe neuer Daten wenig Sinn), diese aber erst in Kapitel 12 beschrieben werden, müssen wir im Moment auf diese Möglichkeit verzichten. Bliebe zuletzt noch das Problem, die Teilnehmerliste auch nach Vornamen und Alter getrennt sortieren zu können. Auch dieses Problem ist harmloser, als es sich zunächst anhört.

5. Das Menümodul

Zunächst benötigen Sie ein Menü, um zwischen einem der drei Sortieroptionen auswählen zu können. Die Menütexte können im Variablenteil des Programms, also ganz zu Anfang, definiert werden:

```
OPTION1 DB 'NACH NACHNAMEN SORTIEREN   (1)',10,13,'$'
OPTION2 DB 'NACH VORNAMEN SORTIEREN    (2)',10,13,'$'
OPTION3 DB 'NACH ALTER SORTIEREN       (3)',10,13,'$'
```

Die Ausgabe des Menüs stellt ein weiteres Programmodul dar:

```
MENU        PROC
        CALL PR_ZEILE        ; Ausgabe einer Leerzeile
        MOV AH,09            ; Ausgabe des 1. Menütextes
        MOV DX,OFFSET OPTION1
        INT 21h
        MOV DX,OFFSET OPTION2 ; Ausgabe des 2. Menütextes
        INT 21h
        MOV DX,OFFSET OPTION3 ; Ausgabe des 3. Menütextes
        INT 21h
LABEL5:     CALL PR_ZEILE        ; Ausgabe einer Leerzeile
        MOV DL,62            ; Ausgabe eines '>'-Prompts
        INT 21h
        MOV AH,01            ; Tastatureingabe
        INT 21h
        SUB AL,48           ; Zahl = ASCII - 48
        JS LABEL5           ; Zahl negativ, nochmal
        JZ LABEL5           ; Zahl Null, nochmal
        CMP AL,MENU_MAX     ; Zahl größer als Maximum?
        JG LABEL5           ; Ja, nochmal
        MOV OPTION,AL
        RET
MENU        ENDP
```

Um das Programm flexibler zu gestalten, empfiehlt es sich, Variablen einzuführen, die ebenfalls im Variablenteil definiert werden können:

```
OPTION      DW ?        ; Nummer des ausgewählten Menüpunktes
MENU_MAX    EQU 3       ; Anzahl der möglichen Optionen
```

Um die Liste etwa nach den Vornamen der Teilnehmer zu sortieren, sind nur zwei Änderungen notwendig:

1. Der Vergleich beginnt mit einem Offset von 12
2. Die Anzahl der zu vergleichenden Zeichen beträgt 10

Dies kann problemlos durch das Einführen von zwei weiteren Variablen berücksichtigt werden:

```
FELD_POS    DW ?        ; Offset im Feld, bei dem der Vergleich beginnt
ANZAHL      DW ?        ; Anzahl der zu vergleichenden Zeichen
```

Überlegen Sie einmal selber, an welche Stellen im Programm diese Änderungen eingebaut werden müssen. Nachdem diese Änderungen vorgenommen wurden, könnte man doch eigentlich noch ein Suchmodul integrieren, das das Durchsuchen der Liste nach einem bestimmten Teilnehmer ermöglicht und bei erfolgreicher Suche die übrigen Teilnehmerdaten ausgibt.

Exkurs zum Thema »Suchen in Listen«

Ein anderes Problem, das zum Beispiel in Datenbankprogrammen häufiger auftritt als das Sortieren einer Liste, ist die Suche nach einem bestimmten Listenelement. Auch hier bietet es sich zunächst an, ein Element durch Vergleich mit allen Elementen der Liste zu finden. Dieses sequentielle Suchverfahren wird in unserem Listenprogramm angewendet. Zwar werden bei einer sequentiellen Suche in einer Liste mit n-Elementen im Mittel n/2-Vergleiche durchgeführt, doch spielt dieser Zeitfaktor bei einer Liste mit 10 Elementen keine Rolle. Wie auch das Bubble-Sort-Verfahren ist auch die sequentielle Suche bei größeren Listen mit einigen hundert oder einigen tausend Einträgen nicht mehr vertretbar.

Liegt eine geordnete Liste vor, wird häufig ein Suchverfahren eingesetzt, das als binäre Suche bezeichnet wird. Das Besondere an diesem Suchverfahren ist, daß für eine Suche in einer Liste mit n-Elementen maximal log2(n)-Vergleiche erforderlich sind. Bei einer Liste mit 1024 Einträgen ergibt sich, daß maximal log2(1024) = 10 Vergleiche notwendig sind, um das gesuchte Element zu finden oder um festzustellen, daß das gesuchte Element nicht in der Liste vorhanden ist. Auch der zugrunde liegende Algorithmus ist relativ simpel. Der Zugriff auf ein Listenelement erfolgt stets über einen Index. Dieser Index ist zu Beginn der Suche die Hälfte der Anzahl der Listenelemente. Ist das Listenelement mit diesem Index größer als das gesuchte Element, wird der Index halbiert und zu dem alten Index addiert. Ist das Listenelement kleiner, wird der halbierte Index subtrahiert. Dieser Vorgang wiederholt sich solange, bis entweder der Index Null ist, den maximalen, durch die Anzahl der Elemente festgelegten Wert erreicht hat oder das gesuchte Element gefunden wurde. Voraussetzung ist aber, daß zwischen allen Elementen der Liste eine aufsteigende oder absteigende Ordnungsrelation existiert, das heißt, die einzelnen Elemente müssen in eine Richtung immer kleiner und in die entgegengesetzte Richtung immer größer werden. Aus diesem Grund ist das Prinzip der binären Suche auch nur auf geordnete Listen anwendbar.

Die Bedeutung des binären Suchverfahrens liegt in erster Linie in dem resultierenden Geschwindigkeitsvorteil. Anders als in einer sequentiellen Suche, bei der ein Element nach dem anderen überprüft wird und bei der im Mittel n/2-Vergleiche notwendig sind, benötigt die binäre Suche nur einen Bruchteil der Vergleiche, nämlich log2(n). Die Bezeichnung »binär« ist auf den Umstand zurückzuführen, daß es für einen Vergleich immer nur zwei Alternativen geben kann (es sei denn, die Suche führt zum Erfolg), entweder ist das verglichene Element kleiner oder größer als das gesuchte Element. Würde man den Entscheidungsweg vom Beginn bis zum Erfolg grafisch festhalten, so würde sich eine typische Baumstruktur (»Entscheidungsbaum«) ergeben. Bäume sind wie Listen oder Felder als Datenstruktur aufzufassen und spielen gleichsam eine wichtige Rolle in der Datenverarbeitung. Als (wenn auch sehr verschiedene) Beispiele seien einmal das baumartige hierarchische Dateiensystem in Betriebssystemen wie Unix oder MS-DOS oder das Prinzip der Wissensdarstellung in Prolog erwähnt.

6. Das Suchmodul

Eine Liste wie die vorliegende fordert gerade dazu auf, damit zu arbeiten. Das Sortieren einer Liste ist, wie bereits erwähnt, nur ein Teilaspekt. Viel häufiger kommt es vor, daß eine Liste zum Beispiel nach einem bestimmten Namen durchsucht werden muß. Auch wenn der im letzten Abschnitt vorgestellte binäre Suchalgorithmus effektiver ist als die sequentielle Suche, kommt der Geschwindigkeitsvorteil erst bei größeren Listen zum Tragen, so daß man mit gutem Gewissen auf den etwas einfacher zu implementierenden sequentiellen Suchalgorithmus zurückgreifen kann.

Der Algorithmus (das dazugehörige Flußdiagramm finden Sie in Bild 9.11) ist schnell erklärt. Im Mittelpunkt steht wieder der CMPSB-Befehl, der den eingegebenen String mit allen Nachnamen in der Liste vergleicht. Um einen bestimmten Namen zu suchen, muß nicht der komplette Name eingegeben werden. Um zum Beispiel alle Nachnamen auszugeben, die mit einem »B« beginnen, muß lediglich ein »B« eingegeben werden. Wurden alle Namen, die das Suchkriterium erfüllen, ausgegeben, erscheint die Meldung »Keine weiteren Einträge vorhanden!«. Für den Fall, daß keine Übereinstimmung gefunden wurde, wird die Meldung »Kein Eintrag gefunden!« ausgegeben. Damit diese Meldung nicht auch dann erscheint, wenn zwar eine Übereinstimmung gefunden, aber anschließend keine weiteren Übereinstimmungen gefunden wurden, wird ein Suchflag eingesetzt, das bei der ersten Übereinstimmung gesetzt wird und so obige Meldung unterdrückt.

```
OPTION4        DB 'Suche nach einem Nachnamen  (4)',10,13,'$'
EINGABE_BUF    DB 12               ; Definition des Eingabepuffers
               DB 00
               DB 12 DUP(32);
EINGABE        PROC
               CALL PR_ZEILE       ; Leerzeile ausgeben
               MOV DL,63           ; Ausgabe eines '?'
               INT 21H
               MOV DX,OFFSET EINGABE_BUF    ; Lade Startadresse des Puffers
               MOV AH,0AH          ; Eingabe eines Strings
               INT 21H
               CALL PR_ZEILE       ; Leerzeile ausgeben
               RET
EINGABE        ENDP;
TEXT1          DB 'NAME NICHT GEFUNDEN!!',10,13,'$'
TEXT2          DB 'KEINE WEITEREN EINTRÄGE!!',10,13,'$'
;
SUCHE          PROC
               MOV FIND_FLAG,0     ; Lösche Suchflag
               MOV SI,OFFSET EINGABE_BUF+2  ; Lade Adresse des Eingabestrings
               MOV CX,ZAEHLER1     ; Lade ZAEHLER mit Anzahl der
               MOV ZAEHLER,CX      ; Datensätze
               MOV CX,WORD PTR [SI-1] ; Lade CX mit Anzahl der ein-
               MOV CH,0            ; gegebenen Zeichen
               MOV DI,OFFSET LISTE ; Lade DI mit Startadresse d. Liste
LOOP7:
               PUSH DI             ; Retten der Register
               PUSH SI
               PUSH CX
       REPE    CMPSB               ; Vergleiche beide Strings
               POP CX
               POP SI
               POP DI
               JE GLEICH           ; Beide Strings gleich?
```

```
WEITER:         ADD DI,FELD_LEN      ; Nein, nächster Datensatz
                DEC ZAEHLER          ; Alle Datensätze überprüft?
                CMP ZAEHLER,1
                JGE LOOP7            ; Nein, dann zurück
                CMP FIND_FLAG,0      ; Teste Suchflag
                JNE FERTIG          ; Erfolg, dann aufhören
                MOV DX,OFFSET TEXT1  ; Ausgabe eines Textes
                MOV AH,09
                INT 21H
                RET
FERTIG:         CALL PR_ZEILE        ; Leerzeile ausgeben
                MOV DX,OFFSET TEXT2  ; Ausgabe eines Textes
                MOV AH,09
                INT 21H
                RET
GLEICH:         MOV FIND_FLAG,1      ; Setze Suchflag
                CALL PR_ZEILE        ; Leerzeile ausgeben
                MOV DX,DI            ; Ausgabe des Datensatzes
                MOV AH,09
                INT 21H
                JMP WEITER          ; Und nochmal
SUCHE           ENDP
```

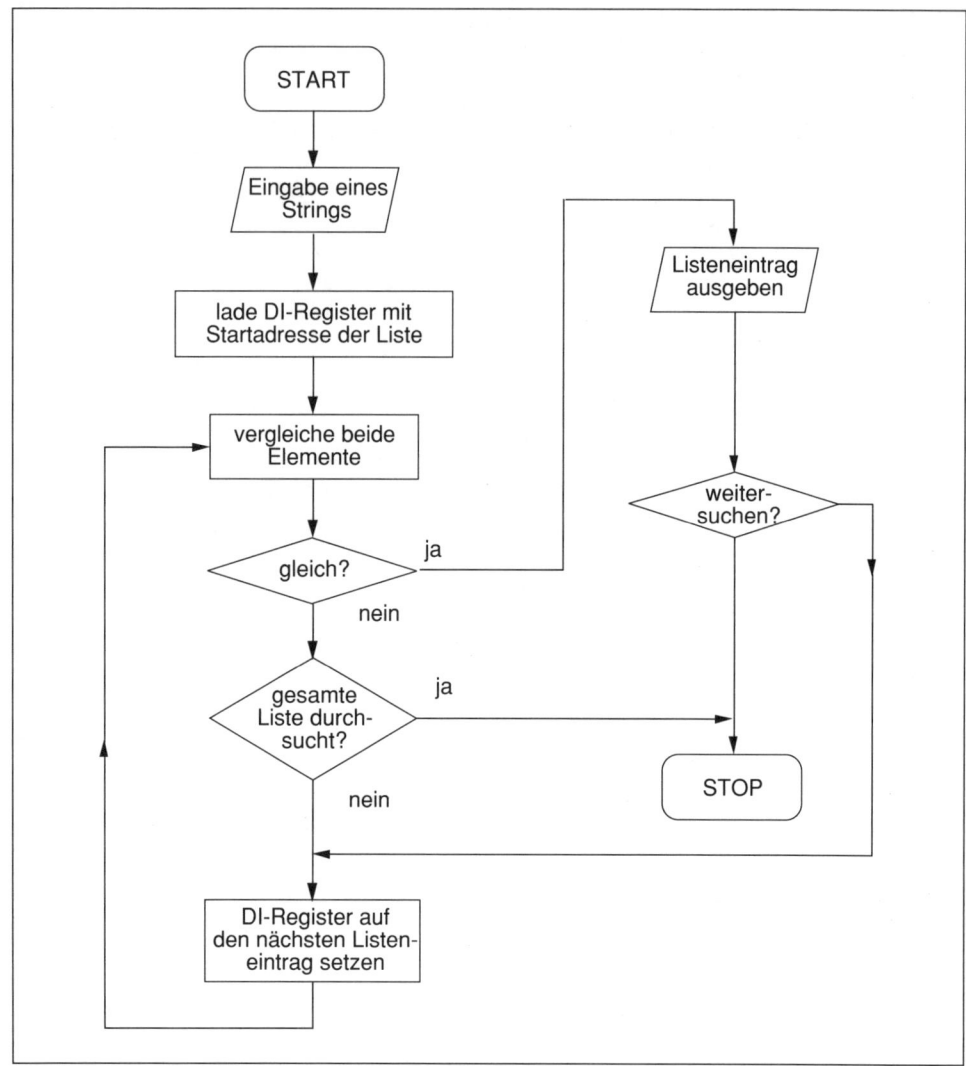

Bild 9.11: *Flußdiagramm für das Suchmodul*

7. Das »Bezahlt/Nicht bezahlt«-Modul

Als letzte Option sollte das Programm noch über eine Möglichkeit verfügen, die Namen aller Teilnehmer, die noch nicht bezahlt haben, ausgeben zu können:

OPTION5 DB 'NICHT BEZAHLT AUSGEBEN (5)',10,13,'$'

Da die Anzahl an Optionen durch die Konstante MENU_MAX festgelegt wird, muß lediglich der Wert dieser Konstanten geändert werden:

MENU_MAX EQU 5

Die Verwendung von Konstanten bringt stets den Vorteil mit sich, daß bei einer Änderung des Konstantenwertes nur die Zuweisung der Konstanten geändert werden müssen und nicht alle Stellen im Programm, an denen der geänderte Wert auftaucht. Zusätzlich muß im Hauptprogramm eine Stelle eingefügt werden, die bei Eingabe von »4« das Programm-Modul BEZAHLT? zur Ausführung bringt.

```
BEZAHLT?        PROC
                MOV DX,OFFSET FELD      ; Lade Startadresse des Feldes
LABEL7:         MOV BX,DX
                ADD BX,27               ; Setze Zeiger auf Bezahlt-Feld
                CMP BYTE PTR [BX],0      ; Ist es Null?
                JNZ NO_PRINT            ; Nein, dann keine Ausgabe
                INT 21H
NO_PRINT:       ADD DX,28               ; Nächster Datensatz
                LOOP LABEL7
                RET
BEZAHLT?        ENDP
```

Damit wäre das Programm fertig. Das komplette Listing finden Sie in Beispielprogramm 9.15. Zugegebenermaßen hat der Umfang des Programms beeindruckende Dimensionen angenommen (keine Angst, Sie brauchen das Programm nicht einzugeben, den Quelltext finden Sie in der Datei BSP09_15.ASM auf der Buchdiskette). Es ist klar, daß ein vergleichbares Basic- oder Pascal-Programm nur einen Bruchteil des Umfangs annehmen würde. Doch dafür haben Sie auch den Vorteil, daß Sie quasi jedes Byte einzeln kontrollieren können, was man bei einem Basic- oder Pascal-Programm meistens nicht sagen kann.

Beispielprogramm 9.15 – BSP09_15.ASM
Das folgende Beispielprogramm stellt ein komplettes Listenverwaltungsprogramm dar, dessen einzelne Module bereits besprochen wurden. Assemblieren und linken Sie das Programm und bringen Sie es zur Ausführung.

```
.MODEL SMALL
.STACK 100h
.DATA
        LISTE   DB 'MOHR        ','HERBERT    ','37',10,13,'$',1
                DB 'SCHMIDT     ','JOCHEN     ','27',10,13,'$',1
                DB 'OBERMAYER   ','HARALD     ','39',10,13,'$',0
                DB 'HOLZER      ','RAINER     ','43',10,13,'$',1
                DB 'KERN        ','ROLAND     ','41',10,13,'$',1
                DB 'HOLZER      ','FRANZ      ','37',10,13,'$',0
                DB 'BECKER      ','HARALD     ','44',10,13,'$',0
                DB 'HOFMANN     ','ANTON      ','40',10,13,'$',0
                DB 'HINTERMAYER ','MARCUS     ','23',10,13,'$',1
                DB 'CORNELIUS   ','FRANK      ','21',10,13,'$',1
        OPTION1 DB 'Nach Nachname sortieren (1)',10,13,'$'
        OPTION2 DB 'Nach Vornamen sortieren (2)',10,13,'$'
        OPTION3 DB 'Nach Alter sortieren    (3)',10,13,'$'
        OPTION4 DB 'Bezahlt?                (4)',10,13,'$'
```

```
    OPTION5  DB 'Nach einem Namen suchen (5)',10,13,'$'
    OPTION6  DB 'Ende                     (6)',10,13,'$'
;
    TEXT1    DB 'NAME NICHT GEFUNDEN!!',10,13,'$'
    TEXT2    DB 'KEINE WEITEREN EINTRÄGE!!',10,13,'$'
;
    EINGABE_BUF DB 12            ; Eingabepuffer für Suche
        DB ?
        DB 12 DUP(' ')
;
    MAX_MENU EQU 6
    FELD_LEN EQU 28
    ZAEHLER    DW 10
    ZAEHLER1   DW 10
    FIND_FLAG  DW 0
    FELD_POS   DW    ?
    ANZAHL     DW    ?
    OPTION     DB    ?
;
.CODE
PR_ZEILE    PROC                 ; Ausgabe einer Leerzeile
        MOV AH,02
        MOV DX,0D0Ah
        INT 21h
        XCHG DH,DL
        INT 21h
        RET
PR_ZEILE ENDP
;
MENU        PROC                 ; Ausgabe des Menüs
        CALL PR_ZEILE
        MOV AH,09
        MOV DX,OFFSET OPTION1
        INT 21H
        MOV DX,OFFSET OPTION2
        INT 21H
        MOV DX,OFFSET OPTION3
        INT 21H
        MOV DX,OFFSET OPTION4
        INT 21H
        MOV DX,OFFSET OPTION5
        INT 21H
        MOV DX,OFFSET OPTION6
        INT 21H
LABEL6:
        CALL PR_ZEILE
        MOV DL,'>'
        INT 21H
```

```
        MOV AH,01
        INT 21H
        SUB AL,'0'
        JS LABEL6
        JZ LABEL6
        CMP AL,MAX_MENU
        JG LABEL6
        MOV OPTION,AL
        RET
MENU        ENDP
;

AUSGABE     PROC                    ; Hauptmodul Menüausgabe
        CALL PR_ZEILE
        MOV CX,ZAEHLER1
        MOV DX,OFFSET LISTE
LOOP1:
        MOV AH,09
        INT 21H
        ADD DX,FELD_LEN
        LOOP LOOP1
        RET
AUSGABE     ENDP
;
SORT        PROC                   ; Sortiermodul
        LEA SI,LISTE            ; Effektive Adresse von LISTE laden
LABEL1:
        MOV DI,SI
        ADD DI,FELD_LEN
        CLD
        MOV CX,ZAEHLER1
        MOV ZAEHLER,CX
LABEL5:
        DEC CX
LABEL2:
        PUSH CX
        PUSH DI
        PUSH SI
        ADD DI,FELD_POS
        ADD SI,FELD_POS
        MOV CX,ANZAHL
    REPE    CMPSB
        POP  SI
        POP  DI
        POP  CX
        JAE CHANGE
```

```
LABEL3:
        ADD DI,FELD_LEN
        LOOP LABEL2
        ADD SI,FELD_LEN
        MOV DI,SI
        ADD DI,FELD_LEN
        DEC ZAEHLER
        MOV CX,ZAEHLER
        CMP CX,1
        JG  LABEL5
        RET
SORT    ENDP
;
CHANGE    PROC                  ; Listenelement vertauschen
        PUSH DI
        PUSH SI
        PUSH CX
        MOV CX,FELD_LEN
LABEL4:
        MOV AH,[DI]
        MOV AL,[SI]
        MOV [DI],AL
        OV [SI],AH
        INC SI
        INC DI
        LOOP LABEL4
        POP CX
        POP SI
        POP DI
        JMP LABEL3
CHANGE    ENDP
;
BEZAHLT?    PROC                ; Bezahlt Ja/Nein? Modul
        CALL PR_ZEILE
        MOV CX,ZAEHLER1
        MOV ZAEHLER,CX
        MOV BX,OFFSET LISTE
LOOP8:
        CMP [BX+FELD_LEN-1],BYTE PTR 0
        JNZ NO_PRINT
        MOV DX,BX
        MOV AH,09
        INT 21H
NO_PRINT:
        ADD BX,FELD_LEN
        LOOP LOOP8
        RET
BEZAHLT?    ENDP
```

```
;
EINGABE    PROC                 ; Eingabemodul
        CALL PR_ZEILE
        MOV DL,'?'
        INT 21h
        MOV DX,OFFSET EINGABE_BUF
        MOV AH,0Ah
        INT 21h
        CALL PR_ZEILE
        RET
EINGABE    ENDP
;
SUCHE    PROC                   ; Suche nach einem Listeneintrag
        MOV FIND_FLAG,0
        MOV CX,ZAEHLER1
        MOV ZAEHLER,CX
        LEA DI,LISTE
        LEA SI,EINGABE_BUF+2
        MOV CH,0
        MOV CL,BYTE PTR [SI-1]
LOOP7:   PUSH DI
        PUSH SI
        PUSH CX
    REPE    CMPSB
        POP CX
        POP SI
        POP DI
        JE GLEICH
WEITER:
        ADD DI,FELD_LEN
        DEC ZAEHLER
        CMP ZAEHLER,1
        JGE LOOP7
        CMP FIND_FLAG,0
        JNE FERTIG
        MOV DX,OFFSET TEXT1
        MOV AH,09
        INT 21h
        RET
FERTIG:
        CALL PR_ZEILE
        MOV DX,OFFSET TEXT2
        MOV AH,09
        INT 21h
        RET
GLEICH:
        MOV FIND_FLAG,1
        CALL PR_ZEILE
```

```
          MOV DX,DI
          MOV AH,09
          INT 21H
          JMP WEITER
SUCHE     ENDP
;
START:
          MOV DX,@DATA
          MOV DS,DX
          MOV ES,DX
;
          CALL MENU
          MOV AL,OPTION
          CMP AL,1
          JG LABEL7
          MOV ANZAHL,12
          MOV FELD_POS,0
          JMP LABEL8
LABEL7:
          CMP AL,2
          JG LABEL9
          MOV ANZAHL,10
          MOV FELD_POS,12
          JMP LABEL8
LABEL9:
          CMP AL,3
          JG LABEL10
          MOV ANZAHL,2
          MOV FELD_POS,22
          JMP LABEL8
LABEL10:
          CMP AL,4
          JG LABEL11
          CALL BEZAHLT?
          JMP START
LABEL11:
          CMP AL,5
          JG ENDE
          CALL EINGABE
          CALL SUCHE
          JMP START
LABEL8:
          CALL SORT
          CALL PR_ZEILE
          CALL AUSGABE
          JMP START
;
```

```
ENDE:
        MOV AH,4CH
        INT 21H
END START
```

Nicht umsonst wurde das Programm in zahlreiche Untermodule aufgeteilt, denn die modulare Programmierung bringt eine Reihe von Vorteilen mit sich:

▨ das Programm wird übersichtlicher
▨ die Fehlersuche wird erleichtert, da einzelne Module unabhängig getestet werden können
▨ das Programm ist leichter zu erweitern
▨ fertige Module können in andere Programme eingebaut werden und brauchen nicht jedesmal neu geschrieben zu werden
▨ das Hauptprogramm besteht im Idealfall nur noch aus einer Reihe von Prozeduraufrufen

Wie geht es weiter?

Wir sind nun an einem wichtigen Punkt angelangt. Nahezu alle Befehle der 8086/88-CPU wurden vorgestellt und mit zahlreichen Beispielen veranschaulicht. Die weitere Vorgehensweise hängt von Ihrem speziellen Interesse ab. Wenn Sie an weiteren Beispielen interessiert sind, sollten Sie mit Kapitel 11 oder 12 fortfahren. Dort werden am Beispiel der Systemprogrammierung unter MS-DOS die Anwendungen der Maschinenbefehle vertieft. Assemblerprogrammierung heißt aber auch, sich mit den Möglichkeiten des Assemblers näher zu beschäftigen. Der Assembler kann wesentlich mehr, als nur Mnemonics in die entsprechenden Opcodes umzuwandeln. Über eine Makrosprache können häufig vorkommende Befehlssequenzen durch Namen ersetzt werden. Über spezielle Datenanweisungen lassen sich auch zusammengesetzte Datentypen, wie zum Beispiel Strukturen, Unions und Bitfelder definieren.

Die Entwicklung umfangreicherer Maschinenprogramme wird erst mit Hilfe eines Assemblers möglich, der dem Programmierer eine ausreichende Unterstützung bei der Programmerstellung bietet. Da sich ein Maschinensprache-Programmierer zwangsläufig auch mit dem Assembler auskennen muß, werden im nächsten Kapitel die wichtigsten Eigenschaften des Microsoft-Makroassemblers und des Turbo-Assemblers besprochen.

9.6 Zusammenfassung

Die Leistungsfähigkeit einer CPU wird nicht allein durch ihren Befehlssatz, sondern auch durch die Adressierungsarten bestimmt, die sie dem Programmierer zur Verfügung stellt. Die 8086/88-CPU verfügt über insgesamt sechs verschiedene Adressierungsarten:

– Registeradressierung
– unmittelbare Adressierung
– direkte Adressierung
– indizierte Adressierung
– basisrelative Adressierung
– basisindizierte Adressierung

Die indirekte Adressierungsart wurde hier nicht mehr aufgeführt, da es sich, wie gezeigt wurde, um einen »Spezialfall« der indizierten oder basisrelativen Adressierung handelt. Die letzten drei Adressierungsarten, bei denen die effektive Adresse des Zieloperanden aus einem (oder zwei) Registerinhalt(en) und wahlweise einem Displacement gebildet wird, eignet sich für den Zugriff auf Datenstrukturen im Arbeitsspeicher, wie zum Beispiel Felder, Tabellen oder Listen.

Die indizierte Adressierung verwendet das DI- oder das SI-Register zusammen mit einem optionalen Displacement, um die effektive Adresse zu berechnen. Bei der basisrelativen Adressierung werden statt dessen das BX- oder das BP-Register verwendet. Wird für die Speicheradressierung das BP-Register verwendet, holt sich die CPU den Segmentanteil nicht aus dem DS-, sondern aus dem SS-Register. Die leistungsfähigste Adressierungsart der 8086/88-CPU ist die basisindizierte Adressierung, bei der die effektive Adresse aus einem Indexregister (DI- oder SI-Register), einem Basisregister (BX- oder BP-Register) und einem optionalen Displacement gebildet wird.

9.7 Übungen

Aufgabe 1:
Machen Sie einen Vorschlag für eine Umwandlungstabelle, die die verschlüsselten Texte aus Beispielprogramm 9.5 wieder entschlüsselt.

Aufgabe 2:
Warum tritt in Beispielprogramm 9.6 nicht das Problem auf, führende Nullen unterdrücken zu müssen?

Aufgabe 3:
Ein Virusprogramm kann durch die Codesequenz »x1« identifiziert werden. Schreiben Sie ein Programm, das den Virus innerhalb des Codesegments aufspürt.

Aufgabe 4:
Unter sogenanntem »selbst modifizierenden Code« wird eine Programmroutine verstanden, die erst durch den Ablauf eines anderen Programms erzeugt wird. Machen Sie einen Vorschlag, wie sich der Befehl »INT 21h« innerhalb eines Programms erzeugen läßt.

Aufgabe 5:
Schreiben Sie ein Programm, das den Inhalt des Statusregisters in seiner binären Form ausgibt.

Aufgabe 6
Nach dem sogenannten »XMODEM-Protokoll«, das in der Datenkommunikation verwendet wird, wird die fehlerfreie Übertragung eines Datenblocks von 256 Byte durch die Summe der übertragenen Bytes und deren Zweierkomplement festgestellt. Schreiben Sie ein Programm, das den Inhalt eines 256 Byte umfassenden Feldes (mit einem beliebigen Inhalt) aufsummiert und das Zweierkomplement von der Summe bildet.

Die Lösungen zu den Übungsaufgaben finden Sie in Anhang F.

10 Mehr über den Assembler

Die letzten Kapitel haben gezeigt, daß für die Erstellung eines Maschinensprache-Programms ein Assembler unbedingt notwendig ist. Auch wenn es theoretisch möglich wäre, einzelne Opcodes etwa »per Hand« mit Hilfe eines Debuggers in den Speicher zu bringen, hat dieses Verfahren keinen praktischen Wert. Zwar erlaubt es der in einem Debugger eingebaute Assembler, kleinere Maschinenprogramme zu assemblieren, doch da der Debugger im allgemeinen keine symbolischen Namen verarbeiten und keine EXE-Dateien erstellen kann, ist diese Möglichkeit nur begrenzt einsetzbar. Kurzum: Ein Assembler ist für den Maschinensprache-Programmierer ein unentbehrliches Arbeitswerkzeug. Allerdings ist der Assembler nur eines von mehreren Programmen, die benötigt werden, damit aus dem Quelltext ein ausführbares Maschinenprogramm wird. Durch die Verwendung der Stapeldatei ASM.BAT wurde bislang verdeckt, daß zum Erstellen eines ablauffähigen Maschinenprogramms auch ein sogenannter »Linker« notwendig ist. Dieses Programm macht aus der vom Assembler erstellten Objektdatei eine ausführbare EXE-Datei. Falls eine COM-Datei gewünscht wird, muß die EXE-Datei durch das MS-DOS-Programm EXE2BIN (ebenfalls für Sie unsichtbar) noch in eine COM-Datei umgewandelt werden. Zudem ist es mit dem Assemblieren und Linken oft allein nicht getan. Für die Fehlersuche kann sich der Anwender vom Assembler Dateien erstellen lassen, die den Assemblierungsprozeß dokumentieren oder die eine Liste aller verwendeten Symbole enthalten. Sie werden in diesem Kapitel lernen, daß ein Assembler ein Arbeitswerkzeug mit sehr vielen Möglichkeiten ist, von denen wir bislang nur einen kleinen Teil genutzt haben.

In diesem Kapitel geht es um:
– den Aufruf des Assemblers
– den Aufruf des Linkers
– den Aufbau eines Programmlistings
– die wichtigsten Assembleranweisungen
– die Arbeitsweise des Linkers
– Arbeiten mit CREF und LIB

10.1 Die Arbeitsweise eines Assemblers

Bedingt durch die Verwendung unserer Stapeldatei ASM.BAT wurde der Assembler bislang stets auf die gleiche Weise aufgerufen. Wie bereits in der Einleitung zu diesem Kapitel angedeutet wurde, ist ein Assembler, wie der Microsoft-Makroassembler oder der Turbo-Assembler von Borland, ein Programm mit sehr vielen Möglichkeiten. Zeit genug, diese Möglichkeiten ein wenig im Detail zu betrachten. Zunächst wird es Sie sicher auch interessieren, von welchen MASM-Versionen oder TASM-Versionen in diesem Kapitel die Rede ist. Alle Beschreibungen in diesem Kapitel beziehen sich, soweit nicht extra darauf hingewiesen wird, auf die MASM-Version 5.1 und die TASM-Version 1.0. Auch Besitzer älterer MASM-Versionen können dieses Kapitel selbstverständlich durcharbeiten, doch gibt es einige Unterschiede zu berücksichtigen, auf die aus Platzgründen leider nicht ausführlich eingegangen werden kann. Diese Unterschiede beziehen sich im wesentlichen auf die Standardsegmentanweisungen, die in Kapitel 10.3 besprochen werden.

Die wenigsten Umstellungsprobleme haben Besitzer der MASM-Version 5.0, die zur Version 5.1 in allen Grundlagen identisch ist (dennoch lohnt es sich auf alle Fälle, auf die Version 5.1 upzudaten). Auch auf die zusätzlichen Features neuerer MASM-Versionen (zum Beispiel der Version 6.0) soll in diesem Kapitel noch nicht eingegangen werden. Hier finden Sie in Anhang J weitere Informationen. Wie sieht es mit Borlands Turbo-Assembler aus? Da die TASM-Version 1.0 (bzw. die Korrektur-Version 1.01) mit der MASM-Version 5.1 weitestgehend kompatibel ist, gelten nahezu alle Beschreibungen in diesem Kapitel auch auf den Turbo-Assembler von Borland. Dies betrifft auch die TASM-Versionen 2.0 und 2.5. Allerdings wurden hier einige Verbesserungen eingebaut, die in diesem Kapitel aber ebenfalls, um das Ganze nicht zu unübersichtlich werden zu lassen, nicht berücksichtigt werden. Halten wir fest, wenn in diesem Kapitel von einem Assembler die Rede ist, ist damit gleichermaßen der Microsoft-Makroassembler als auch der Turbo-Assembler von Borland gemeint.

Der Weg zum ausführbaren Programm

Welche Versionsnummer des Assemblers Sie letztlich einsetzen, spielt für dieses Kapitel ohnehin nur eine untergeordnete Rolle, denn die grundsätzliche Arbeitsweise des Assemblers ist in allen Fällen die gleiche. Schauen wir uns daher zunächst einmal an, wie ein Assembler aus der Quelltextdatei eine ausführbare Programmdatei macht. Normalerweise verläuft die Entwicklung eines Maschinenprogramms in folgenden Schritten:

1. Erstellen der Quelltextdatei
2. Assemblieren der Quelltextdatei
3. Linken der Objektdatei
4. Starten des Programms
(5. Debugging)

Diese einzelnen Schritte sollen anhand von Beispielprogramm 10.1 in die Praxis umgesetzt werden. Bezüglich seines Aufbaus unterscheidet sich dieses Programm nicht von den Programmen, die Sie in den letzten drei Kapiteln kennengelernt haben. Dennoch gibt es einige kleinere Unterschiede. So wird beispielsweise das Speichermodell Large eingesetzt, ein Umstand, von dem noch zu sprechen sein wird. Wir werden dieses Programm im folgenden dazu benutzen, ein paar besondere Eigenschaften des Assemblers kennenzulernen.

Beispielprogramm 10.1 – BSP10_01.ASM

Das folgende Beispielprogramm veranschaulicht die Verwendung mehrerer Segmente in einem Programm. Assemblieren Sie das Programm mit MASM, linken Sie es mit LINK und bringen Sie es zur Ausführung.

```
.MODEL LARGE                   ; Speichermodell ist Large
.STACK
.FARDATA    DATEN1
        TEXT1 DB 'Zur Abwechslung einmal ein Programm ','$'
.FARDATA    DATEN2
        TEXT2 DB 'mit mehreren Segmenten!',10,13,'$'
.CODE    PROG1
```

```
START:
            MOV DX,DATEN1                   ; Adresse von DATEN1
            MOV DS,DX                       ; nach DS
            MOV AH,09
            MOV DX,OFFSET TEXT1             ; TEXT1 ausgeben
            INT 21h
            JMP FAR PTR NEXT               ; Sprung ins andere Segment
.CODE     PROG2
NEXT        LABEL FAR
            MOV DX,DATEN2                   ; Adresse von DATEN2
            MOV DS,DX                       ; nach DS
            MOV DX,OFFSET TEXT2             ; TEXT2 ausgeben
            INT 21h
            MOV AH,4Ch                      ; Zurück zu DOS
            INT 21h
END START
```

Schritt 1: Eingabe des Quelltextes

Der erste Schritt vom Assemblerprogramm, das bis jetzt nur auf einem Blatt Papier existiert, bis zu einem lauffähigen Maschinenprogramm besteht in dem Laden des Editors. Geben Sie nun den Quelltext des Beispielprogramms 10.1 ein und speichern Sie den Text in einer Datei mit dem Namen »BSP10_01.ASM« (Sie finden diese Datei aber auch auf der Buchdiskette). Die Erweiterung ».ASM« zeigt dem Assembler an, daß es sich um eine Quelltextdatei handelt. Wie bei einem Pascal- oder C-Compiler ist es auch dem Assembler (salopp gesprochen) »egal«, auf welche Weise die Quelltextdatei erstellt wurde, wichtig ist lediglich, daß der Programmtext in Form einer Datei mit ASCII-Codes vorliegt. Falls Sie bislang ausschließlich mit einer Interpretersprache wie GW-Basic oder QuickBasic gearbeitet haben, ist erfahrungsgemäß eine gewisse Umstellung in der Denkgewohnheit erforderlich. Beim Arbeiten mit einem Basic-Interpreter findet die Erstellung des Quelltextes (nämlich das Eintippen des Programms oder das Laden eines Programms von Diskette) und die Verarbeitung des Quelltextes (nämlich die Ausführung des Basic-Programms durch den RUN- oder GO-Befehl) innerhalb ein und desselben Programms, dem Basic-Interpreter, statt. Bei einem Assembler, wie auch bei den Compilersprachen, verläuft die Phase der Programmerstellung getrennt von der Phase der Programmübersetzung. Aus diesem Grund benötigen wir zur Eingabe des Quelltextes ein separates Programm. Bei diesem Programm handelt es sich entweder um einen einfachen Editor oder um ein Textverarbeitungsprogramm. Mittlerweile bieten aber sowohl Microsoft, mit der »Programmers Workbench« bei MASM 6.0 und der QuickC-Umgebung beim QuickAssembler, als auch Borland mit ihrer »Integrated Developers Environment« eine integrierte Entwicklungsumgebung an, innerhalb der sowohl die Eingabe des Quelltextes als auch der Aufruf Assemblers erfolgen kann. Falls Sie eine dieser beiden Entwicklungsumgebungen einsetzen, wird natürlich kein separater Editor benötigt.

Falls Sie lieber mit einem Textverarbeitungsprogramm arbeiten möchten, müssen Sie darauf achten, daß beim Abspeichern eine reine ASCII-Datei erstellt wird. Bei Word kann dies über die Option »Nur Text erreicht werden.

Schritt 2: Assemblieren des Quelltextes

Als nächstes muß die Quelltextdatei dem Assembler zum Verarbeiten zugeführt werden. Starten Sie dazu den Assembler. Der Name der Quelltextdatei wird entweder beim Aufruf des Assemblers festgelegt, er kann aber auch über einen Eingabeprompt eingegeben werden:

```
C>MASM
Microsoft (R) Macro Assembler Version 5.10
Copyright (C) Microsoft Corp 1981, 1988. All rights reserved.
Source filename [.ASM]: BSP10_01     Return
```

Der Assembler wartet auf die Eingabe des Namens der Quelltextdatei (englisch »Sourcefile«). Dies wird durch die Ausgabe eines entsprechenden Prompts (in diesem Fall »Source filename«) angezeigt. Unter einem Prompt wird im allgemeinen eine kurze Aufforderung des Systems zu einer Eingabe verstanden. Geben Sie nun den Namen der Datei ein, die den Quelltext enthält (in diesem Fall »BSP10_01«), und beenden Sie die Eingabe durch Betätigen der Return-Taste. Die in eckige Klammern eingerahmte Dateierweiterung ».ASM« zeigt an, daß diese Dateierweiterung nicht miteingegeben werden muß. Für den Fall, daß Sie an dieser Stelle den Dateinamen BSP10_01 eingeben, sucht der Assembler nach einer Datei mit dem Namen BSP10_01.ASM. Sollte sich die Datei mit dem Quelltext auf einem anderen Laufwerk oder in einem anderen Unterverzeichnis befinden, so müssen Sie an dieser Stelle den kompletten Pfadnamen eingeben. Nach der Eingabe des Dateinamens erscheint der nächste Prompt:

```
Object filename [BSP10_01.OBJ]:  Return
```

An dieser Stelle benötigt der Assembler den Namen der Objektdatei, das heißt jener Datei, die den Objektcode enthalten soll. Dabei ist »BSP10_01.OBJ« der Name der Quelltextdatei, der bereits bei der ersten Abfrage festgelegt wurde. Sie können hier entweder einen neuen Dateinamen angeben (sofern Sie keine Erweiterung festlegen, setzt der Assembler die Erweiterung ».OBJ« ein – Objektdateien weisen im Namen stets die Erweiterung ».OBJ« auf) oder aber den Dateinamen beibehalten, den Sie bereits bei der letzten Abfrage eingegeben hatten. In diesem Fall drücken Sie lediglich die Return-Taste, woraufhin der nächste Prompt ausgegeben wird:

```
Source listing [NUL.LST] :  Return
```

Nun wartet der Assembler auf die Eingabe eines Namens für die Programmlistingdatei. Dieser Prompt hat nur für den Fall eine Bedeutung, daß Sie ein Listing des assemblierten Programmes benötigen. Falls dies der Fall sein sollte, legen Sie an dieser Stelle den Namen der Datei fest, in der das vom Assembler erzeugte Listing abgelegt wird. Wir werden auf den Wert eines solchen Listings, in dem zum Beispiel alle aufgetretenen Fehler protokolliert werden, an späterer Stelle noch einmal zurückkommen. Soll der Standardwert (unter einem Standard-, Voreinstellungs- oder Defaultwert versteht man jenen Wert, den ein Programm automatisch einsetzt, wenn der Benutzer keine Angaben macht) in eckigen Klammern verwendet werden, muß lediglich die Return-Taste betätigt werden. Dadurch wird dem Assembler angezeigt, daß kein Listing erstellt werden soll. Statt dessen benutzt der Assembler die NUL-Datei. Die NUL-Datei ist eine besondere MS-DOS-Datei, die im Grunde gar keine Datei ist. Alles, was in diese Datei geschrieben wird, verschwindet wie in einem schwarzen Loch und kann nicht mehr angesprochen werden. Nach dem Betätigen der ⌈Return⌉-Taste sehen Sie den letzten Prompt:

```
Cross-reference  [NUL.CRF] :  Return
```

An dieser Stelle wartet der Assembler auf die Eingabe eines Namens für die Crossreferenzdatei. Auch hier gilt im wesentlichen das, was schon bei der Beschreibung des letzten Prompts gesagt wurde. Für den Fall, daß Sie ein sogenanntes »Crossreferenzlisting« wünschen, können Sie an dieser Stelle den Namen der Datei festlegen, in der das Crossreferenzlisting gespeichert werden soll. Ein Crossreferenzlisting enthält eine Liste aller verwendeten Symbole zusammen mit einer Angabe darüber, in welcher Programmzeile das jeweilige Symbol verwendet wird und unterstützt die Fehlersuche in einem Assemblerprogramm. Da wir im Moment noch darauf verzichten können, betätigen Sie lediglich die ⌈Return⌉-Taste, um dem Assembler mitzuteilen, daß kein Crossreferenzlisting erzeugt werden soll. Nun verfügt der Assembler über alle benötigten Angaben. Hier ist nochmals die komplette Eingabeprozedur auf einen Blick:

```
C>MASM
Source filename  [.ASM]       : BSP10_01  Return
Object filename  [BSP10_01.OBJ]: Return
Source listing   [NUL.LST] :  Return
Cross-reference  [NUL.CRF] :  Return
```

Wahrscheinlich dürfte Ihnen jetzt klar sein, warum für die letzten vier Kapitel die Stapeldatei ASM.BAT eingesetzt wurde. Doch keine Angst, so kompliziert muß man den Aufruf des Assemblers nicht machen. In der Regel muß nämlich lediglich der Name der Quelltextdatei aufgeführt werden und MASM kann wie folgt aufgerufen werden:

```
C>MASM BSP10_01;
```

Durch das Semikolon werden für alle noch einzugebenden Parameter jene Namen eingesetzt, die im obigen Beispiel in den eckigen Klammern zu finden waren. Die Eingabe eines Semikolons entspricht in diesem Fall dem dreimaligen Betätigen der ⌈Return⌉-Taste. Nach dem Betätigen der ⌈Return⌉-Taste beginnt nun der eigentliche Assembliervorgang. Nach Beendigung der Assemblierung zeigt der Assembler alle Fehler an, die während des Assemblierens aufgetreten sind. Falls Sie Beispielprogramm 10.1 korrekt eingegeben haben, sollten Sie folgende Mitteilung erhalten:

```
0  Warning  errors
0  Severe   errors
```

Sie erhalten ferner eine Mitteilung über den belegten und noch freien »Symbol Space«. Dies sind Angaben, die komplett ignoriert werden können und die in neueren MASM-Versionen auch gar nicht mehr erscheinen. Nicht ignorieren sollten Sie dagegen die Fehlermeldungen. Mit »Warning errors« sind jene Fehler gemeint, die auf Abweichungen zwischen dem Programm und den Standardbedingungen des Assemblers zurückzuführen sind. Typisches Beispiel sind zwei nicht übereinstimmende Operandentypen. Der Assembler gibt in diesem Fall eine Warnung aus, um anzuzeigen, daß ein Operandentyp zwangsläufig umgewandelt werden mußte. Dennoch kann das Programm fehlerfrei assembliert werden, so daß Warnings in der Regel ignoriert werden können.

Ganz anders bei den »Severe errors«. Hierbei handelt es sich um schwerwiegende Fehler, die behoben werden müssen. Bei schwerwiegenden Fehlern gibt der Assembler eine kurze Beschreibung des Fehlers, die Fehlernummer (damit können Sie in Kapitel 10.4. oder im Handbuch des MASM eine genauere Erklärung der Fehlerursache nachlesen) und die Programmzeile, in der der Fehler aufgetreten ist, aus. Programmzeilen haben für den Assembler nur insofern eine Bedeutung, als das sie eine Orientierungshilfe innerhalb der Programmlistingdatei bieten. Sie können aber nicht innerhalb des Programms zum Beispiel als Sprungadresse verwendet werden.

Damit ist der Assembliervorgang fehlerfrei durchgeführt worden. Der Assembler hat die Quelltextdatei in eine »Objektdatei« umgewandelt. Obwohl eine Objektdatei bereits assemblierten Maschinencode enthält, kann sie noch nicht über die Eingabe des Dateinamens zur Ausführung gebracht werden. Um aus der Objektdatei ein unter MS-DOS ausführbares Programm zu machen, muß als nächstes der Linker in Aktion treten.

Schritt 3: Linken der Objektdatei

Bei dem Linker handelt es sich um ein vom Assembler unabhängiges Programm, das sowohl mit dem Assembler geliefert wird als auch als MS-DOS-Dienstprogramm verfügbar ist. Die Aufgabe des Linkers (englisch »to link = binden, einfügen«) ist es, die Informationen aus einer Objektdatei zu verarbeiten und eine ausführbare EXE- oder COM-Datei zu erstellen. Im einfachsten Fall muß der Linker lediglich die relative Lage der in einem Programm verwendeten Segmentadressen in den Kopf der EXE-Datei eintragen und diese auf Diskette schreiben. Doch ein Linker muß noch mehr können. Zu seinen weiteren Aufgaben gehört die Verknüpfung mehrerer Objektdateien zu einer ausführbaren Programmdatei oder die Verwaltung von Overlays, das heißt Programm-Modulen, die erst während der Programmausführung nachgeladen werden. Der Linker verarbeitet aber nicht nur die Objektdateien, die von einem Assembler produziert wurden, sondern auch jene, die von einem Compiler erzeugt werden. Da alle diese Objektdateien einen einheitlichen Aufbau besitzen, ist es ohne weiteres möglich (und in der Praxis auch üblich), die Objektdatei eines Assemblers beispielsweise mit der eines C-Compilers zu verknüpfen.

Auf den ersten Blick mag die Notwendigkeit eines Linkers als unnötig erscheinen. Schließlich hätte es doch möglich sein müssen, den Assembler so zu konstruieren, daß er gleich ausführbare EXE- oder COM-Dateien produziert. Dieser Einwand ist auch im Prinzip berechtigt, allerdings nur im Prinzip. Denn der Linker hat noch eine zweite, nicht weniger wichtige Funktion. Der Benutzer kann dem Linker mehrere Objektdateien angeben, die zu einer einzigen Programmdatei »gebunden« werden (daher rührt auch die Bezeichnung des Programms). Wir werden von dieser Möglichkeit allerdings im Moment noch keinen Gebrauch machen, da alle unsere Beispielprogramme lediglich aus einem einzigen Modul bestehen. Detailliertere Informationen zu der Arbeitsweise des Linkers finden Sie im Kapitel 10.5. Der Linker wird in der folgenden Form aufgerufen:

```
C>LINK
Microsoft (R) Overlay Linker  Version 5.0
Copyright (C) Microsoft Corp 1983-1990.  All rights reserved.
Object Modules [.OBJ]:
```

An dieser Stelle benötigt LINK den Namen der Objektdatei. Wie das »s« in »Object Modules« bereits andeutet, können auch mehrere Objektdateien aufgeführt werden, die dann zu einer einzigen Programmdatei »gebunden« werden. Geben Sie an dieser Stelle »BSP10_01« ein. Dies ist der Name der Objektdatei, die der Assembler erzeugt hat. Da der Dateiname keine Erweiterung besitzt, setzt LINK automatisch die Erweiterung ».OBJ« ein. Nach dem Betätigen der (Return)-Taste gibt LINK ein weiteres Prompt aus:

```
Run File   [BSP10_01.EXE] :   Return
```

Für den Namen der ausführbaren Programmdatei hat LINK bereits den Namen »BSP10_01.EXE« gesetzt. Sollten Sie für die Programmdatei einen anderen Namen wünschen, müssen Sie dies an dieser Stelle angeben. Ansonsten können Sie hier die (Return)-Taste betätigen. Unsere Programmdatei erhält dann den Namen »BSP10_01.EXE«. Nach dem Betätigen der (Return)-Taste erscheint der nächste Prompt:

```
List File   [NUL.MAP] :   Return
```

An dieser Stelle haben Sie die Möglichkeit, eine sogenannte »MAP-Datei« erzeugen zu lassen. Eine MAP-Datei enthält in erster Linie Informationen (wie zum Beispiel relative Adresse und Länge) über die in dem Assemblerprogramm verwendeten Segmente. Da wir zunächst ohne MAP-Datei auskommen, betätigen Sie an dieser Stelle lediglich die (Return)-Taste, woraufhin der letzte Prompt erscheint:

```
Libraries   [.LIB] :   Return
```

An dieser Stelle bietet sich dem Benutzer die Möglichkeit, den Namen einer Programmbibliothek anzugeben. Dies ist eine enorm wichtige Eigenschaft des Linkers. Jedes Programm kann nämlich Prozeduren aufrufen, die nicht in dem Programm selber, sondern in einer Programmbibliothek definiert sind. Der Linker ist in der Lage, diese Prozeduren aus der angegebenen Bibliothek in das Programm einzubinden. Wir werden auf das Einbinden von Programmbibliotheken an einer späteren Stelle noch einmal zurückkommen. Betätigen Sie auch hier einfach die (Return)-Taste.

Hier alle Schritte in der Zusammenfassung:
```
C>LINK
Object Modules   [.OBJ]     :   BSP10_01   <Return>
Run File   [BSP10_01.EXE] :   <Return>
List File   [NUL.MAP]     :   <Return>
Libraries   [.LIB]        :   <Return>
```

Auch der Aufruf des Linkers kann erheblich abgekürzt werden:

```
C>LINK BSP10_01;
```

Insgesamt reduziert sich also das Assemblieren und Linken eines Assemblerprogramms mit Hilfe des Microsoft-Makroassemblers auf die Eingabe zweier kurzer Kommandozeilen:

```
C>MASM BPS10_01;
C>LINK BSP10_01;
```

Wenn Sie einmal einen Blick in die Stapeldatei ASM.BAT werfen, werden Sie feststellen, daß der Aufruf beider Programme hier nach dem gleichen Muster durchgeführt wird. Einen kleinen Unterschied gilt es für Besitzer des Turbo Assemblers zu beachten. Hier muß weder beim Aufruf des Assemblers noch beim Aufruf des Linkers ein abschließendes Semikolon eingegeben werden.

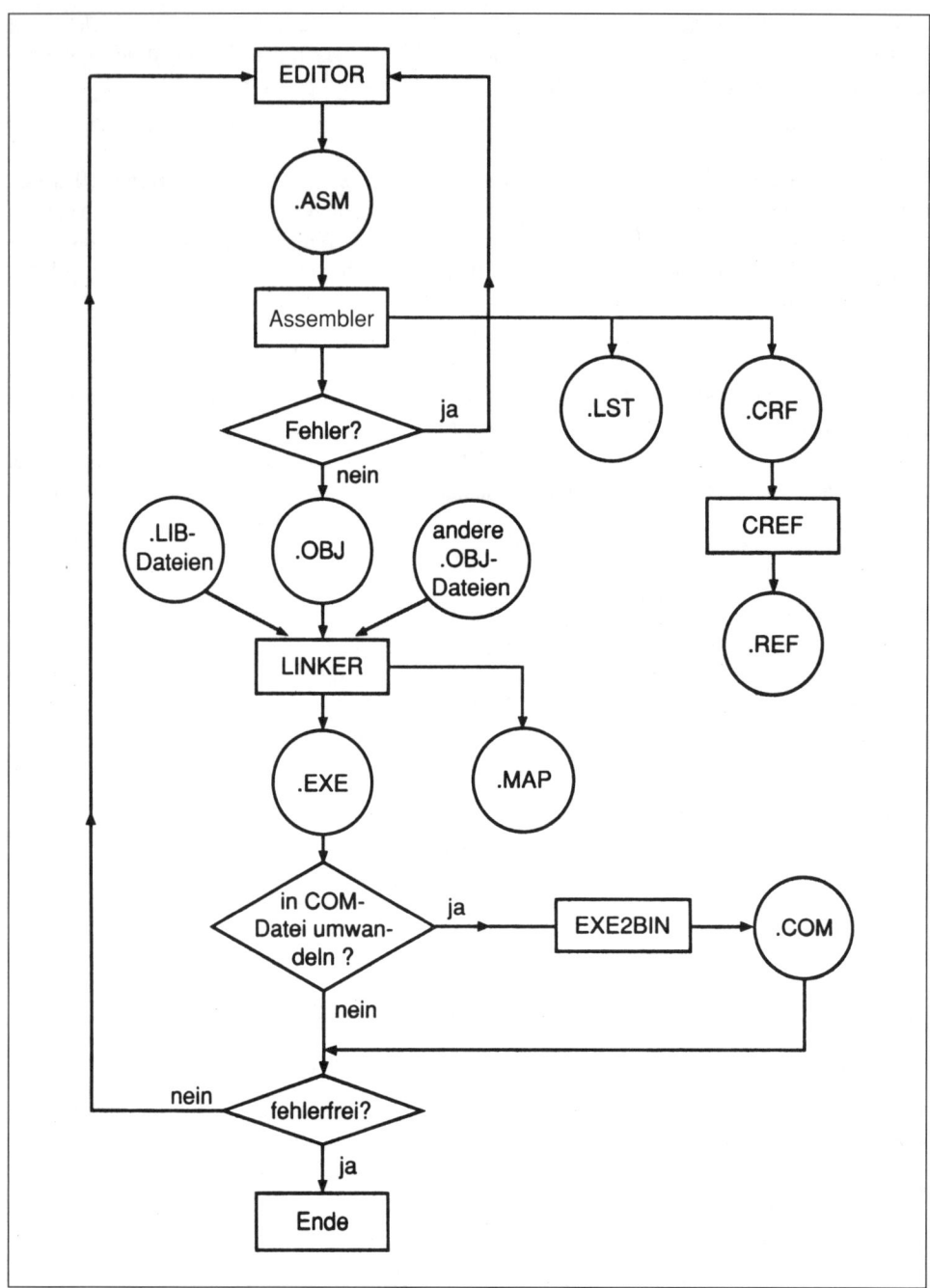

Bild 10.1: *Der Weg zum ausführbaren Programm*

Nun verfügt LINK über alle erforderlichen Informationen und beginnt, eine ausführbare Programmdatei zu erzeugen. Auch an dieser Stelle können Fehler auftreten, die beim Assemblieren (noch) nicht erkannt werden konnten. Sollte alles fehlerfrei verlaufen sein, beendet LINK die Ausführung und MS-DOS meldet sich wie gewohnt zurück.

Schritt 4: Starten des Programms

Das erzeugte ausführbare Maschinenprogramm kann nun einfach durch Eingabe des Namens zur Ausführung gebracht werden:

```
C>BSP10_01   Return
```

Der Weg von der Quelltextdatei bis zur Datei, die ein ausführbares Programm enthält, ist in Bild 10.1 dargestellt. Hier sind auch jene Dateien aufgeführt, die wahlweise vom Assembler oder vom Linker erstellt werden können.

Das Programmlisting

Ein sehr wichtiges Hilfsmittel zur Fehlersuche in einem Assemblerprogramm ist das Programmlisting. Sowohl MASM als auch TASM (und jeder andere Assembler auch) bieten dem Benutzer die Möglichkeit, eine Programmlistingdatei (Erweiterung ».LST«) zu erzeugen. Bislang wurde großzügig darauf verzichtet, da sich zum einen die möglichen Fehlerquellen relativ leicht lokalisieren ließen und zum anderen für das Lesen eines Programmlistings gewisse Grundkenntnisse über die Arbeitsweise eines Assemblers erforderlich sind. Doch ein Programmlisting ist nicht nur zur Fehlersuche interessant. Gerade für den Anfänger enthält es viele wichtige Informationen, die auch Rückschlüsse auf die Arbeitsweise des Assemblers zulassen. Im folgenden soll der Aufbau eines Programmlistings am Beispiel des Beispielprogramms 10.1 besprochen werden. Dazu muß der Quelltext dieses Programms erneut assembliert werden (Sie können ein und dasselbe Programm durchaus mehrmals nacheinander assemblieren. Der Assembler überschreibt dann die alte Objektdatei), wobei diesmal aber auch eine Programmlistingdatei erzeugt wird. Um die gesamte Eingabeprozedur ein wenig abzukürzen, geben wir die Dateien, bei denen wir die Voreinstellung beibehalten wollen, einfach mit einem Komma an:

```
C>MASM BSP10_01,,BSP10_01;   Return
```

Bei der von MASM erzeugten Programmlistingdatei handelt es sich um eine normale Textdatei. Entsprechend kann sie mit jedem Editor oder Textverarbeitungs-Programm bearbeitet werden. Bild 10.2 zeigt den Aufbau des erzeugten Programmlistings. Auch wenn auf einzelne Details an dieser Stelle nicht eingegangen werden soll (dies wird in Kapitel 10.7 nachgeholt), wird der Aufbau einer Programmlistingdatei kurz beschrieben.

```
Microsoft (R) Macro Assembler Version 5.10          03/27/91 09:57:3
                    .MODEL LARGE                        ; Speichermodell ist Large
                    .STACK
                    .FARDATA DATEN1
 0000  5A 75 72 20 41 62       TEXT1 DB 'Zur Abwechslung einmal ein Programm ',' $'
        77 65 63 68 73 65
        6C 75 6E 67 20 65
        69 6E 6D 61 6C 20
        65 69 6E 20 50 72
        6F 67 72 61 6D 6D
        20 24
                    .FARDATA DATEN2
 0000  6D 69 74 20 6D 65       TEXT2 DB 'mit mehreren Segmenten!',10,13,'$'
        68 72 65 72 65 6E
        20 53 65 67 6D 65
        6E 74 65 6E 21 0A
        0D 24
                .CODE PROG1
 0000                 START:
 0000  BA ---- R              MOV DX,DATEN1              ; Adresse von DATEN1
 0003  8E DA            MOV DS,DX                        ; nach DS
 0005  B4 09           MOV AH,09
 0007  BA 0000 R              MOV DX,OFFSET TEXT1        ; TEXT1 ausgeben
 000A  CD 21           INT 21h
 000C  EA 0000 ---- R          JMP FAR PTR NEXT         ; Sprung ins andere Segment
                .CODE PROG2
 0000                 NEXT    LABEL FAR
 0000  BA ---- R              MOV DX,DATEN2             ; Adresse von DATEN2
 0003  8E DA            MOV DS,DX                        ; nach DS
 0005  BA 0000 R              MOV DX,OFFSET TEXT2       ; TEXT2 ausgeben
 0008  CD 21           INT 21h

 000A  B4 4C           MOV AH,4Ch                        ; Zurück zu DOS
 000C  CD 21           INT 21h
                END START
Symbols-1
Segments and Groups:
                N a m e  Length  Align Combine Class
BSP10_01_TEXT . . . . . . . . .    0000   WORD   PUBLIC 'CODE'
DATEN1 . . . . . . . . . . . . .   0026   PARA   NONE   'FAR_DATA'
DATEN2 . . . . . . . . . . . . .   001A   PARA   NONE   'FAR_DATA'
DGROUP . . . . . . . . . . . . .           GROUP
 _DATA . . . . . . . . . . . .     0000   WORD   PUBLIC 'DATA'
 STACK . . . . . . . . . . . .     0400   PARA   STACK  'STACK'
PROG1 . . . . . . . . . . . . .    0011   WORD   PUBLIC 'CODE'
PROG2 . . . . . . . . . . . . .    000E   WORD   PUBLIC 'CODE'
```

```
Symbols:
                    N a m e   Type    Value  Attr
NEXT . . . . . . . . . . . . .        L FAR  0000    PROG2
START  . . . . . . . . . . . .        L NEAR 0000    PROG1
TEXT1  . . . . . . . . . . . .        L BYTE 0000    DATEN1
TEXT2  . . . . . . . . . . . .        L BYTE 0000    DATEN2
@CODE  . . . . . . . . . . . .        TEXT   bsp10_01_TEXT
@CODESIZE  . . . . . . . . . .        TEXT   1
@CPU . . . . . . . . . . . . .        TEXT   0101h
@DATASIZE  . . . . . . . . . .        TEXT   1
@FILENAME  . . . . . . . . . .        TEXT   bsp10_01
@VERSION . . . . . . . . . . .        TEXT   510
       24 Source  Lines
       24 Total   Lines
       26 Symbols
    47772 + 365647 Bytes symbol space free
        0 Warning Errors
        0 Severe  Errors
```

Bild 10.2: *Programmlistingdatei von Beispielprogramm 10.1*

Das Programmlisting in Bild 10.2 läßt sich grob in zwei Abschnitte unterteilen. Der erste Abschnitt enthält den Quelltext des Assemblerprogramms und den vom Assembler erzeugten Maschinencode. Damit läßt sich direkt nachvollziehen, wie jeder einzelne Maschinenbefehl vom Assembler umgesetzt wurde. Eine Zeile des Listings beginnt stets mit einer Zeilennummer (im Bild nicht sichtbar). Diese Zeilennummer ist eine Referenz auf eine bestimmte Programmzeile innerhalb des Listings und wird von anderen Hilfsprogrammen (zum Beispiel CREF.EXE) verwendet. Sie hat ansonsten keine Bedeutung (insbesondere stimmt sie nicht immer mit etwaigen Zeilennummern des Quelltextes überein). Auf die Zeilennummer folgt der Offset des jeweiligen Befehls oder der Datenanweisung innerhalb des Segments. Sie sehen, daß der Offset bei jedem neuen Segment wieder bei Null beginnt. Auf den Wert des Offset folgen die Opcodes des jeweiligen Maschinenbefehls oder die Daten, die von einer speziellen Datenanweisung (zum Beispiel der DB-Anweisung) im Arbeitsspeicher abgelegt wurden.

Allerdings kann nicht jeder Maschinenbefehl vom Assembler in Maschinencode umgesetzt werden. So wird zum Beispiel für den Befehl »MOV DX,DATEN1« die Codefolge »BA ----R« in die Objektdatei eingesetzt. Was hat das zu bedeuten? Nun, bis auf den Opcode des MOV-Befehls (BAh) sind dem Assembler bis zu diesem Zeitpunkt keine Informationen bekannt. Bei »DATEN1« handelt es sich ja um die Segmentadresse des Datensegments mit dem Namen DATEN1. Wohin dieses Segment beim Laden in den Arbeitsspeicher gesetzt wird, kann der Assembler nicht wissen. Er setzt daher für Segmentadressen stets das Symbol »----«, um diesen Umstand anzuzeigen. Das Symbol »R« bedeutet, daß die entsprechende Adresse verschiebbar ist (der Assembler setzt alle Segmente so, daß sie mit einem Offset Null beginnen). Sie finden das »R«-Symbol auch an allen Offsetadressen innerhalb des Programms, da auch diese später verschiebbar sind.

Aus dem Programmlisting sind noch eine Vielzahl weiterer wichtiger Informationen zu entnehmen. Machen Sie vor allem einmal die Mühe, die Definition der insgesamt fünf Segmente nachzuvollziehen und zu überprüfen, auf welche Weise die Segmente in die Symboltabelle am Ende des Programmlistings eingetragen werden. Auch wenn Ihnen die meisten Angaben dort zu diesem Zeitpunkt noch nicht viel sagen dürften, helfen Sie vielleicht, den Segmentbegriff ein wenig mehr zu enträtseln.

10.2 Der allgemeine Aufbau eines Assemblerprogramms

MASM und TASM sind Assembler für die CPUs 8086/8088/80186/80188/80286/80386/80386SX und ab der Version 6.0 bzw. der TASM-Version 2.0 auch für die 80486-CPU. Ferner sind beide Assembler in der Lage, die Instruktionen für die mathematischen Koprozessoren der 80x87-Familie zu verarbeiten. Mit seinen zahlreichen Anweisungen, Optionen und Datentypen besitzt der Assembler gewisse Ähnlichkeiten mit einer, wenn auch relativ primitiven Programmiersprache. So können dank entsprechender Anweisungen in einem Assemblerprogramm einfache Variablen, Felder und sogar zusammengesetzte Datentypen auf Byte- oder Bitebene definiert werden. Darüber bietet der Makroassembler, wie der Name bereits andeutet, die Möglichkeit, Makros zu definieren. Bei einem Makro handelt es sich um einen symbolischen Namen, der für beliebige Befehle, Anweisungen und Operatoren stehen kann. Der Assembler verfügt über spezielle Befehle, mit denen festgelegt werden kann, wie sich ein Makro bei der Umsetzung verhalten soll. Auf diese Weise ist es auch möglich, die Assemblierung eines Programms während der Assemblierung in Abhängigkeit bestimmter Bedingungen zu beeinflussen. Diese fortgeschrittenen Möglichkeiten muß man natürlich nicht nutzen, wenn man den Assembler einsetzt. Wer jedoch größere Assemblerprogramme erstellt, findet in den Makroanweisungen des Assemblers hier eine leistungsfähige und flexible Hilfestellung.

Dieser Abschnitt beschreibt die Syntax und die wichtigsten Assembleranweisungen. Eine vollständige Beschreibung dieser Anweisungen und der wichtigsten Hilfsprogramme, wie zum Beispiel CodeView, LIB oder MAKE, würde den Rahmen dieses Kapitels und auch dieses Buches bei weitem übersteigen. Wer sich für Details interessiert, sei zum Beispiel auf die sehr ausführlichen, aber leider englischsprachigen Handbücher verwiesen.

Die Anatomie eines Assemblerprogramms

Ein Assembler verfügt, wie jede andere Programmiersprache auch, über einen bestimmten Befehlssatz. Vereinbarungsgemäß werden die Befehle des Assemblers als Anweisungen (oder Pseudobefehle) bezeichnet, um sie besser von den Befehlen der CPU, den Maschinenbefehlen, unterscheiden zu können. Zwischen den Anweisungen des Assemblers und den Maschinenbefehlen der CPU besteht ein entscheidender Unterschied. Während die Anweisungen bereits bei der Assemblierung ausgeführt werden und lediglich dazu dienen, die endgültige Form der übersetzten Objektdatei in einer bestimmten Weise zu verändern, gelangen die Maschinenbefehle erst dann zur Ausführung, wenn das assemblierte und gelinkte Maschinenprogramm ausgeführt wird. Einsteiger in die Assemblerprogrammierung ist dieser Umstand nicht immer bewußt. Ein typisches Beispiel ist die Assembler-Konstante @Cpu (ab MASM 5.1). Diese Konstante liefert einen Wert, der dem bei der Assemblierung verwendeten CPU-Typ entspricht. Diese Konstante kann zum Beispiel innerhalb einer bedingten Assembleranweisung verwendet werden, um Maschinenbefehle zu assemblieren, die nur auf bestimmten CPU-Typen vorhanden sind. In einem Assemblerprogramm liest sich das in etwa so:

```
IF (@CPU GT 1)
    PUSH 2
ELSE
    MOV AX,2
    PUSH AX
ENDIF
```

Nur wenn die Konstante @Cpu einen Wert größer 1 besitzt (achten Sie auf den Vergleichsoperator GT, »Greater Than«), wird der Befehl »PUSH 2« assembliert, der ab der 80186-CPU zu finden ist. Ansonsten wird eine entsprechende Befehlssequenz für die 8086/88-CPU assembliert. Für einen unerfahrenen Assemblerprogrammierer erweckt diese Befehlssequenz unter Umständen den Eindruck, daß diese Entscheidung während der Programmausführung getroffen wird und daß sich auf diese Weise ein Programm an den jeweiligen Typ anpassen ließe. Tatsächlich findet die Entscheidung bereits während der Assemblierung statt. In Abhängigkeit vom Wert der Konstanten @Cpu werden entweder der Befehl »PUSH 2« oder die Befehle »MOV AX,2 PUSH AX« assembliert. Bei der späteren Programmausführung hat die IF-Anweisung keine Bedeutung mehr, da sie zu diesem Zeitpunkt nicht mehr existiert. Für einen erfahrenen Anwender ist diese Unterscheidung sicher trivial, ein Einsteiger muß sich erfahrungsgemäß erst daran gewöhnen.

Ein Assemblerprogramm einer Programmzeile besteht, wie jedes andere Programm auch, aus einer bestimmten Anzahl Programmzeilen. Für eine Programmzeile, die durch ein Return (ASCII 0Dh) oder Line feed (ASCII 0Ah) abgeschlossen werden muß, gibt es einen typischen Aufbau:

```
[Namensfeld] [Operationsfeld] [Operandenfeld] [Kommentarfeld]
```

Jede Programmzeile besteht demnach aus vier Feldern. Wie aber die eckigen Klammern bereits andeuten, ist jedes dieser Felder optional und kann daher auch entfallen.

Das Namensfeld

Das Namensfeld dient dazu, eine Programmzeile im Quelltext zu markieren. Eine Programmzeile mit einem Namen kann dann zum Beispiel als Sprungziel von JMP- oder CALL-Befehlen verwendet werden. In diesem Fall spricht man von Adreßlabels und der Name erhält die aktuelle Offsetadresse in dem Segment:

```
SPRUNG_LABEL: MOV AX,BX
```

Auch bei Datenanweisungen steht der Name im Namensfeld für eine Offsetadresse:

```
ZAHLEN_WERT DW 1000
```

Das Namensfeld kann aber auch den Namen eines Makros, einer Konstanten oder eines Segments enthalten:

```
LINE_FEED EQU 0Ah
```

Für einen Namen in einem Assemblerprogramm gelten gewisse Regeln. Diese lauten wie folgt:

- nur die ersten 31 Zeichen des Namens werden berücksichtigt
- der Name kann aus allen Buchstaben, den Ziffern 0..9, und den Sonderzeichen »?«, »@«, »_«, ».« und »$« bestehen
- das erste Zeichen des Namens darf keine Ziffer sein
- ein Punkt darf nur als erstes Zeichen im Namen verwendet werden

Groß oder klein?

Und noch ein zwar trivialer, aber dennoch wichtiger Punkt darf nicht unerwähnt bleiben. Normalerweise spielt die Groß/Kleinschreibung in einem Assemblerprogramm keine Rolle. Der Assembler wandelt grundsätzlich alle Kleinbuchstaben in Großbuchstaben um. Die Symbole TEXT und Text sind beispielsweise identisch. Eine Ausnahmesituation tritt zum Beispiel dann auf, wenn ein Assemblerprogramm mit einem C-Programm verknüpft werden soll, da ein C-Compiler in der Regel zwischen Groß- und Kleinbuchstaben unterscheidet. In diesem Fall muß beim Assemblieren die Option /ML (oder /MX) gesetzt werden, die dafür sorgt, daß Kleinbuchstaben erhalten bleiben. In diesem speziellen Fall sind für den Assembler die Symbole TEXT und Text verschieden.

Das Operationsfeld

Dieses Feld enthält einen Maschinenbefehl, eine Assembleranweisung (kennen Sie den Unterschied?) oder einen Makronamen.

Das Operandenfeld

Der Inhalt des Operandenfeldes wird durch den Inhalt des Operationsfeldes festgelegt. Benötigt der Befehl oder die Anweisung im Operationsfeld einen oder mehrere Operanden, so folgen diese im Operandenfeld.

Das Kommentarfeld

Auch die Angabe eines Kommentarfeldes ist optional. Kommentare, die sich nur über eine Programmzeile erstrecken, beginnen stets mit einem Semikolon. Alle darauffolgenden Zeichen werden vom Assembler ignoriert, so daß es für den Aufbau des Kommentarfeldes keine Einschränkungen gibt. Ein Kommentarfeld ist normalerweise auf eine Zeile beschränkt. Für größere Kommentare empfiehlt sich die Verwendung der COMMENT-Anweisung.

Für die Anordnung der einzelnen Felder in einer Programmzeile gibt es keine Vorgaben. Einzige Einschränkung: Wenn eine Programmzeile über mehrere Bildschirmzeilen verteilt wird, muß jede Zeile, mit Ausnahme der letzten, mit dem sogenannten »Zeilenfortführungsoperator«, einem »\«-Zeichen (Backslash) versehen werden. Dieser Operator steht aber erst ab der MASM-Version 5.1 zur Verfügung. Die Programmzeile

```
SPEZIAL PROC USES DI,SI ZEIGER NEAR PTR ; Hier beginnt der besondere Teil
```

kann auch aufgeteilt werden:

```
SPEZIAL    PROC \
        USES DI,SI \
        ZEIGER NEAR PTR \
        ; Hier beginnt der besondere Teil
```

Ansonsten sollte die oberste Richtlinie bei der Gestaltung einer Programmzeile die Lesbarkeit des Quelltextes sein.

Übersicht über die Assembleranweisungen: In der Übersicht
Die Anweisungen des Assemblers lassen sich in folgende Kategorien einteilen:

– Segmentanweisungen
– Variablen und Konstanten
– Operatoren
– Makroanweisungen
– Anweisungen für die bedingte Assemblierung

Bevor die wichtigsten Assembleranweisungen vorgestellt werden, ist ein Hinweis auf die verwendete Syntax zur Beschreibung der einzelnen Anweisungen notwendig. Eine Assembleranweisung kann keine, einen oder mehrere Operanden benötigen. Die Operanden einer Anweisung werden in eckigen Klammern aufgeführt. Bei manchen Anweisungen kann eine beliebige Anzahl an Operanden folgen. Eine solche Anweisung wird in der Form

```
Anweisung [Operand,,,]
```

dargestellt, wobei die Kommas andeuten, daß auf den ersten Operanden noch eine unbestimmte Anzahl weiterer Operanden folgen kann. Wir beginnen bei der Besprechung der Assembleranweisungen mit den Standard-Segmentanweisungen, denen ein eigener Abschnitt gewidmet ist.

10.3 Die Standard-Segmentanweisungen

Wir kommen nun zu einem etwas heikelen Punkt. Auf der einen Seite sind die Standardsegmentanweisungen, die in diesem Abschnitt vorgestellt werden sollen, für die korrekte Assemblierung eines Programms unentbehrlich. Auf der anderen Seite sind sie aber ein wenig umständlich zu handhaben und haben sicher dazu beigetragen, daß sich Assemblerprogrammierung in den letzten Jahren den Ruf erworben hat, nicht gerade zu den leichtesten Sprachen zu gehören. Aus diesen und noch anderen Gründen hat Microsoft ab der Version 5.0 des Makroassemblers die vereinfachten Segmentanweisungen eingeführt, die von Borlands Turbo Assembler ab der Version 1.0 aus Kompatibilitätsgründen übernommen wurden. Diese Anweisungen sind wesentlich einfacher zu handhaben und wurden daher auch ausschließlich in unseren bisherigen Beispielprogrammen eingesetzt. Die Standard-Segmentanweisungen sind damit aber nicht überflüssig. Im Gegenteil, die vereinfachten Segmentanweisungen, wie zum Beispiel .CODE oder .DATA, sind nichts anderes als Makros, die die entsprechenden Standard-Segmentanweisungen erzeugen. Lange Rede kurzer Sinn, die in diesem Abschnitt vorgestellten Standard-Segmentanweisungen werden für die Assemblerprogrammierung nur noch selten benötigt und können einem Einsteiger auch einiges Kopfzerbrechen bereiten. Wer jedoch tiefer in die Assemblerprogrammierung einsteigen möchte oder wer Listings, die noch für eine ältere MASM-Version erstellt wurden, auch verstehen möchte, kommt um diese Anweisungen nicht herum.

Folgende Anweisungen gehören zu den Standard-Segmentanweisungen:

– SEGMENT
– ENDS
– ASSUME
– GROUP

Die SEGMENT/ENDS-Anweisung

Durch die Anweisungen SEGMENT und ENDS werden der Beginn und das Ende eines Segments festgelegt. Zusätzlich wird das Segment mit einem Namen versehen. Bei einem Segment handelt es sich definitionsgemäß um einen Teil des Arbeitsspeichers, der über ein einzelnes Segment-Register adressiert wird. In einem Segment können beliebige Befehle und/oder Daten untergebracht werden, deren Adressen sich alle auf dasselbe Segmentregister beziehen. Auch wenn eine Trennung zwischen Befehlen und Daten in verschiedenen Segmenten im allgemeinen durchgeführt wird, ist sie jedoch nicht zwingend notwendig. Die allgemeine Syntax für die SEGMENT-Anweisung zur Definition eines Segments lautet:

```
<Name>    SEGMENT [Ausrichtungstyp] [Kombinationstyp]  ['Klassentyp']
   < Hier folgen Befehle und/oder Daten>
<Name>    ENDS
```

Durch »Name« wird der Name des zu definierenden Segments festgelegt. Dabei kann es sich auch um einen Namen handeln, der bereits für ein anderes Segment verwendet wurde. Segmente mit demselben Namen werden wie ein und dasselbe Segment behandelt. Obwohl die Namensgebung frei ist, sollte man im allgemeinen einen Namen wählen, der mit dem Inhalt des Segments in Bezug steht. Für den Assembler und den Linker haben die vom Benutzer gewählten Namen in der Regel allerdings keine Bedeutung.

Auf die SEGMENT-Anweisung können optionale Parameter folgen, die dem Linker mitteilen, wie das betreffende Segment im Speicher anzuordnen ist oder in welcher Reihenfolge die einzelnen Segmente in die zu erzeugende EXE-Datei kopiert werden.

Der Ausrichtungstyp (align type)

legt die Ausrichtung fest, das heißt, welcher Typ von Adresse für die Startadresse des betreffenden Segments im Arbeitsspeicher in Frage kommt. Folgende Ausrichtungen stehen zur Verfügung:

byte   jede Startadresse kann verwendet werden

word   es können nur Startadressen verwendet werden, die auf einer Wortgrenze liegen (das heißt nur gerade Startadressen)

para   es können nur Startadressen verwendet werden, die auf einer Paragraphengrenze (1 Paragraph = 16 Byte) liegen

page   es können nur Startadressen verwendet werden, die auf einer Seitengrenze (1 Seite = 256 Byte) liegen

Falls kein Ausrichtungstyp angegeben wird, setzt der Linker den Typ »para« fest, das heißt, das Segment wird auf die nächste Paragraphengrenze im Arbeitsspeicher gesetzt (jede 16-te Adresse, das heißt eine Speicheradresse, die ohne Rest durch 16 teilbar ist, wird als Paragraphengrenze bezeichnet). Verwechseln Sie die Ausrichtungstypen »byte«, »word« und »page« nicht mit den Datenattributen »BYTE« und »WORD« oder mit der Assembleranweisung »PAGE«. Um die Unterscheidung zu erleichtern, werden die Ausrichtungstypen in diesem Buch klein geschrieben, wenngleich dies natürlich keine Notwendigkeit ist.

Der Kombinationstyp (combine type)

legt fest, auf welche Weise Segmente mit dem gleichen Namen verknüpft (kombiniert) werden. Diese Information benutzt der Linker, um Segmente aus verschiedenen Objektdateien zu verknüpfen, die den gleichen Namen tragen. Folgende Möglichkeiten stehen zur Auswahl:

public alle Segmente mit demselben Namen werden zu einem zusammenhängenden Segment verknüpft. Alle Referenzen auf Adressen und Daten beziehen sich auf dasselbe Segmentregister und werden relativ zum Beginn des neuen Segments festgelegt.

stack alle Segmente mit diesem Namen werden zu einem zusammenhängenden Segment verknüpft. Dieser Typ hat dieselbe Wirkung wie »public«. Der einzige Unterschied besteht darin, daß zusätzlich das SP-Register einen Zeiger auf das Ende des (ersten) Stacksegments enthält und das SS-Register mit der Segmentadresse initialisiert wird. Diesen Kombinationstyp vergibt man in der Regel nur an Stacksegmente.

common alle Segmente mit demselben Namen werden durch diese Angabe auf die gleiche Startadresse gesetzt. Da alle verknüpften Segmente dieselbe Startadresse erhalten, entsteht eine Serie von sich überlappenden Segmenten. Alle Adressen innerhalb der überlappenden Segmente beziehen sich auf die gleiche Basisadresse. Die Länge des entstehenden Segments ist gleich der Länge des längsten Segments. Falls von dem Zusammenfassen zweier Segmente auch Datenanweisungen mit identischen Symbolnamen betroffen sind, so gilt die zuletzt getroffene Datenanweisung.

private dieser Kombinationstyp wird immer dann angenommen, wenn kein anderer Kombinationstyp explizit angegeben wurde. Das betreffende Segment wird mit keinem anderen Segment kombiniert.

at <adresse> alle Variablenadressen in diesem Segment werden auf eine festgelegte Adresse bezogen. Die Adresse kann jeder gültige Ausdruck sein, sie darf aber keine Vorwärtsreferenz enthalten. Der at-Typ wird zum Beispiel verwendet, um bestimmte Bereiche des Arbeitsspeichers, wie etwa den Bildschirmspeicher oder den BIOS-Datenbereich, anzusprechen.

Beispiel

```
SCREEN SEGMENT AT 0B800h
```

Diese SEGMENT-Anweisung definiert ein Segment mit dem Namen SCREEN und setzt die Startadresse des Segments auf die Adresse 0B800h.

Der Klassentyp (class type)

legt fest, in welcher Reihenfolge die einzelnen Segmente vom Linker aus der Objektdatei in die EXE-Datei kopiert werden. Normalerweise wird diese Reihenfolge durch die Anordnung der

Segmente in der Objektdatei festgelegt (sequentielle Reihenfolge). Besitzen aber zwei oder mehr Segmente denselben Klassennamen, werden sie, unabhängig von ihrer Reihenfolge in der Objektdatei, aufeinanderfolgend in die EXE-Datei kopiert. Segmente ohne Klassennamen (sie besitzen den sogenannten »NUL-Klassennamen«) folgen den Segmenten mit einer Klassenangabe. Die Klassenangabe muß stets von einem Apostroph (') eingeschlossen sein.

Was bringt der Klassenname?

Der Klassenname ist neben den Assembleranweisungen .ALPHA und .SEQ, und den entsprechenden Optionen /A und /S, die zweite Möglichkeit, auf die Reihenfolge der einzelnen Segmente in einem Programm Einfluß zu nehmen. Beachten Sie, daß die sequentielle und alphabetische Reihenfolge festlegt, in welcher Reihenfolge die einzelnen Segmente vom Assembler in die Objektdatei übertragen werden. Der Klassenname beeinflußt dagegen die Reihenfolge, in die der Linker die Segmente in die Programmdatei überträgt.

Die möglichen Typenangaben nach einer SEGMENT-Anweisung können durchaus kombiniert werden, wie das nachfolgende Beispiel zeigt, das alle drei Typenangaben enthält:

```
PROG1  SEGMENT  BYTE  PUBLIC  'CODE'
```

Hier wird ein Segment mit dem Namen PROG1 definiert, das im Arbeitsspeicher an jeder Adresse beginnen kann (Ausrichtungstyp byte), das mit allen anderen Segmenten, die den gleichen Namen und ebenfalls den Kombinationstyp public besitzen, kombiniert wird und das zusammen mit allen Segmenten, die den Klassennamen 'CODE' besitzen, in den Speicher geladen wird.

Wann werden die Segmentparameter benötigt?

Die Angabe von Typen zusammen mit einer SEGMENT-Anweisung wird meistens erst dann notwendig, wenn mehrere Programm-Module, die wiederum mehrere Segmente enthalten, zu einem einzigen Programm zusammengebunden werden. Über die Angabe von Kombinationstypen kann nämlich die Verknüpfung der einzelnen Segmente gesteuert werden. Die Reihenfolge der Anordnung der Segmente im Arbeitsspeicher wird zum Beispiel über einen Klassennamen festgelegt. Auch der Zwischenraum zwischen zwei Segmenten kann über den Ausrichtungstyp kontrolliert werden. Bei kleineren Programmen spielen die Typenangaben in der Regel keine Rolle. In diesen Fällen folgen auf die SEGMENT-Anweisung auch keine Parameter.

Wichtig: Wird ein Segment innerhalb eines Programms zum zweiten Mal definiert, das heißt, wird der Name eines bereits definierten Segments ein zweites Mal in einer Segmentdefinition verwendet, werden die Typenangaben der ersten Definition übernommen. Werden bei der zweiten Definition Typenangaben aufgeführt, so dürfen diese nicht den Typenangaben der ersten Segmentdefinition widersprechen. Zum Schluß sei noch darauf hingewiesen, daß Segmente durchaus verschachtelt werden können, sich dabei aber nicht überlappen dürfen.

Die Auswirkung der vereinfachten Segmentanweisungen

Auch die vereinfachten Segmentanweisungen, wie zum Beispiel .CODE oder .DATA, erzeugen Standard-Segmentanweisungen mit bestimmten Typen. Aus Platzgründen kann auf diesen Aspekt hier leider nicht näher eingegangen werden, zumal die verwendeten Typen vom Speichermodell abhängen können und es daher eine Vielzahl von Variationsmöglichkeiten gibt. Wer sich dafür interessiert, findet im Programmlisting in der Symboltabelle folgende Tabelle:

Symbols-1
Segments and Groups:

Name	Length	Align	Combine	Class
BSP10_01_TEXT	0000	WORD	PUBLIC	'CODE'
DATEN1	0026	PARA	NONE	'FAR_DATA'
DATEN2	001A	PARA	NONE	'FAR_DATA'
DGROUP		GROUP		
_DATA	0000	WORD	PUBLIC	'DATA'
STACK	0400	PARA	STACK	'STACK'
PROG1	0011	WORD	PUBLIC	'CODE'
PROG2	000E	WORD	PUBLIC	'CODE'

Aus dieser Tabelle kann zum Beispiel entnommen werden, daß das Segment DATEN1 aus 26h Byte besteht, den Ausrichtungstyp Para, keinen Kombinationstyp (Speichermodell Large) und den Klassennamen 'FAR_DATA' besitzt.

Die GROUP-Anweisung
Durch die GROUP-Anweisung können mehrere Segmente zu einer Segmentgruppe zusammengefaßt werden. Die Tatsache, daß Segmente zu einer Gruppe gehören, hat in erster Linie einen Einfluß auf die Offsetberechnung. In diesem Fall wird die Offsetberechnung eines Symbols nämlich auf den Beginn der Gruppe und nicht mehr auf den Beginn des jeweiligen Segments bezogen. Die Adressen aller Labels und Variablen in den betreffenden Segmenten sind nun relativ zu dem Beginn der Gruppe und nicht mehr relativ zu dem Beginn des Segments, in dem sie definiert wurden. Die Definition einer Gruppe ist denkbar einfach, es müssen lediglich die Segmente auf die GROUP-Anweisung folgen, die zu der Gruppe gehören sollen:

```
<Name>   GROUP   <Liste der Segmentnamen>
```

Beispiel
```
GRUPPE GROUP CODE,DATEN
```

Diese GROUP-Anweisung assoziiert die beiden Segmente CODE und DATEN zu einer Gruppe mit dem Namen GRUPPE. Von einer Verknüpfung kann man allerdings nicht sprechen, da es sich nach wie vor um zwei verschiedene Segmente handelt, die auch nicht direkt aufeinander folgen müssen.

Wichtig: Die GROUP-Anweisung beeinflußt nicht die Reihenfolge, in der die einzelnen Segmente geladen werden, da dies nur durch den Klassentyp oder durch die Reihenfolge, in der die einzelnen Module dem Linker angegeben werden, möglich ist. Segmente, die zu einer Gruppe gehören, müssen nicht nacheinander im Speicher liegen. Es müssen aber alle Segmente einer Gruppe in einen Speicherbereich von 64 Kbyte passen, da sich über die Offsetadresse nach wie vor nicht mehr als 64 Kbyte adressieren lassen. Mit Hilfe der GROUP-Anweisung ist es zum Beispiel möglich, mehrere Segmente in eine COM-Datei zu integrieren. Offiziell darf eine COM-Datei nämlich nur eine Segmentdefinition enthalten. Mit Hilfe der GROUP-Anweisung ist es möglich, diese Limitierung zu umgehen. Ein Beispiel für die Verwendung der GROUP-Anweisung finden Sie in Kapitel 10.7.

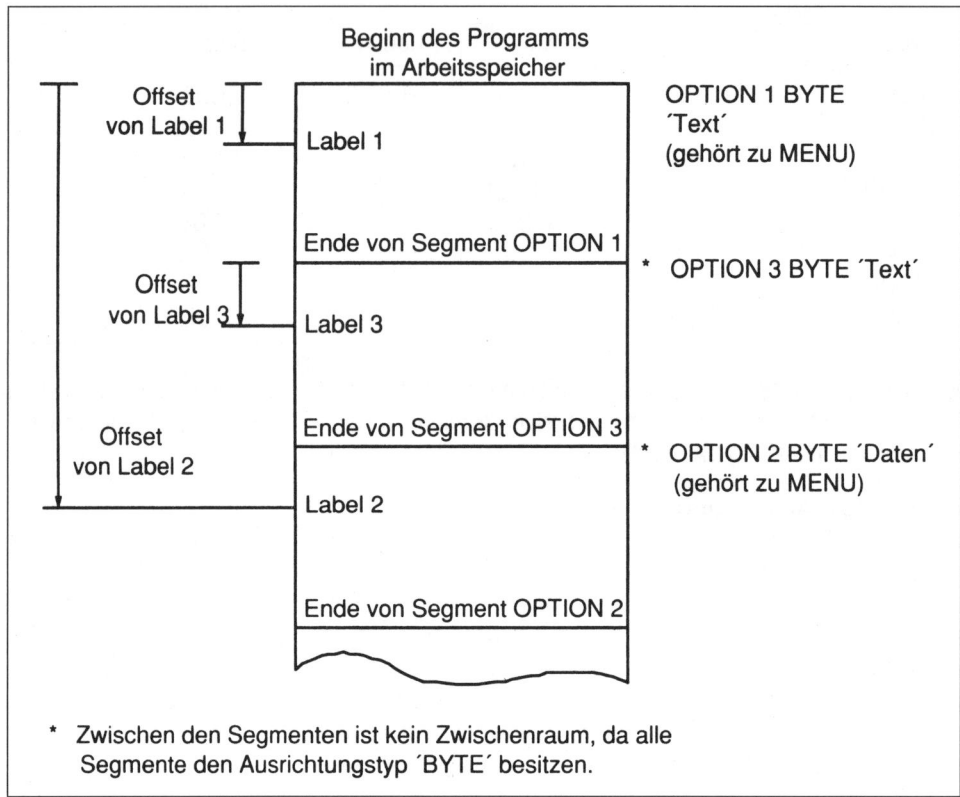

Bild 10.3: *Die Segmentanordnung im Speicher*

Die Anordnung der einzelnen Segmente im Arbeitsspeicher wird Sie am Anfang nicht interessieren. Dennoch ist diese Anordnung nicht unbedeutend. Das folgende Beispiel soll das beschriebene Prinzip veranschaulichen. Es enthält eine Reihe von Anweisungen, die die Anordnung der einzelnen Segmente festlegen soll. In welcher Reihenfolge werden die Segmente geladen?

```
MENU        GROUP   OPTION1,OPTION2
        ASSUME DS:MENU
OPTION1     SEGMENT byte public 'TEXT'
        ...
Label1   DW ?
        ...
```

```
OPTION1      ENDS
OPTION2      SEGMENT byte public 'DATEN'
      ...
Label2   DW ?
      ...
OPTION2      ENDS
OPTION3      SEGMENT byte public 'TEXT'
      ...
Label3   DW ?
      ...
OPTION3      ENDS
```

Die Antwort auf diese etwas knifflige Frage finden Sie in Bild 10.3, das die Anordnung der einzelnen Segmente im Speicher zeigt.

Die ASSUME-Anweisung

In einigen Beispielprogrammen, und auch im letzten Beispiel, wurde die ASSUME-Anweisung eingesetzt. Diese Anweisung teilt dem Assembler mit, welches Segmentregister welches Segment adressiert. Durch diese Festlegung ist der Assembler zum Beispiel in der Lage zu überprüfen, ob beim Zugriff auf ein bestimmtes Datenelement die Standardsegmentzuordnung aufgehoben und ein Segment-Aufhebungs-Präfix assembliert werden muß. Um den Sinn dieser ein wenig kniffligen ASSUME-Anweisung besser zu verstehen, sollten Sie sich daran erinnern, daß bei jedem Zugriff auf den Arbeitsspeicher indirekt ein Segmentregister beteiligt ist. So ist zum Beispiel bei dem Befehl

```
MOV AX,ZAHL
```

der den Inhalt der Speicherzelle mit der Offsetadresse ZAHL in AX-Register lädt, »unsichtbar« das DS-Register beteiligt, da die physikalische Adresse in diesem Fall aus dem Inhalt des DS-Registers (Segment) und dem Offset der Variablen ZAHL gebildet wird. Der Assembler geht dabei davon aus, daß sich ZAHL in einem Segment befindet, das durch das DS-Register adressiert ist. Dies muß aber nicht immer der Fall sein. So kann es auch passieren, daß das DS-Register im Augenblick auf ein anderes Datensegment zeigt und das Segment, in dem sich ZAHL befindet, über das ES-Register adressiert wird. In diesem Fall muß der Assembler ein Segment-Aufhebungs-Präfix assemblieren, das die Standardsegmentzuordnung aufhebt und anstelle des DS-Registers das ES-Register für den Segmentanteil heranzieht.

Nun kommt der springende Punkt. Damit der Assembler »weiß«, welches Segmentregister für welches Segment zuständig ist, muß ihm das über die ASSUME-Anweisung mitgeteilt werden. Nur so ist der Assembler in der Lage, diese Ausnahmefälle zu erkennen.

Syntax: `ASSUME <Segmentregister>:<Segmentname> oder <Gruppenname>,,,`

oder

```
ASSUME NOTHING
```

In einer ASSUME-Anweisung können bis zu vier Segmentregister auf einmal zugeordnet werden (bei der 80386/486-CPU sind es sechs). Da ein Programm durchaus mehr als vier Segmente enthalten kann, kann die ASSUME-Anweisung überall im Programm eingesetzt werden. Eine ASSUME-Anweisung bleibt solange gültig, bis der Assembler auf eine neue ASSUME-Anweisung trifft, die die alte Registerzuordnung aufhebt. Eine getroffene Zuordnung kann für eine bestimmte Anweisung jederzeit durch den sogenannten »Segment-Aufhebungs-Operator« überschrieben werden. Wird als Segmentname das Wort »NOTHING« angegeben, so wird ebenfalls die alte Segmentzuordnung für das betreffende Segmentregister aufgehoben. Die Anweisung »ASSUME NOTHING« hebt alle getroffenen Segmentzuordnungen auf.

Erfahrungsgemäß bereitet es Anfängern einige Schwierigkeiten, sich die Bedeutung der ASSUME-Anweisung vorzustellen. Es sei darauf hingewiesen, daß man diese Anweisung nicht verstanden haben muß, um überragende Assemblerprogramme entwickeln zu können. Insbesondere deswegen nicht, weil die .MODEL-Anweisung automatisch eine passende ASSUME-Anweisung für den Programmierer unsichtbar assembliert. Vor allem sollten Sie sich zunächst merken, daß die ASSUME-Anweisung kein Segmentregister mit einem Wert lädt. Dies muß der Programmierer bei einer EXE-Datei selber über entsprechende MOV-Befehle durchführen (bei einer COM-Datei sind die Segmentregister bereits alle auf den Beginn des Programms im Arbeitsspeicher initialisiert).

Fazit: ASSUME teilt dem Assembler lediglich mit, welches der vier Segmentregister welches Segment adressiert, damit der Assembler für den Fall, daß eine Standardsegmentzuordnung nicht verwendet werden darf, einen entsprechenden Segment-Aufhebungs-Operator einsetzen kann (wir werden auf die ASSUME-Anweisung im Kapitel 10.7 noch einmal zurückkommen). Beim QuickAssembler (der MASM-Version 5.2) und beim Turbo-Assembler ab Version 2.0 gibt es mit .STARTUP (siehe Anhang J) übrigens eine Anweisung, die diese Initialisierung übernimmt und die benötigten MOV-Befehle automatisch erzeugt.

Die ORG-Anweisung

Im Zusammenhang mit den Standard-Segmentanweisungen soll auch die ORG-Anweisung vorgestellt werden, obwohl es sich hier nicht um eine Segmentanweisung handelt. Die ORG-Anweisung setzt den internen Adreßzähler des Assemblers auf einen vorgegebenen Wert. Der Adreßzähler gibt während der Assemblierung (verwechseln Sie daher den Adreßzähler des Assemblers nicht mit dem Befehlszeiger der CPU) die momentane Adresse relativ zum Beginn des aktuellen Segments an. Für jedes assemblierte Byte, dies gilt gleichermaßen für Daten- wie für Befehlsbytes, wird der Adreßzähler um eins erhöht und gibt somit immer jene Offsetadresse an, unter der das nächste Byte eingetragen wird. In manchen Fällen, zum Beispiel innerhalb von COM-Dateien, ist es erforderlich, den Wert des Adreßzählers über die ORG-Anweisung auf eine bestimmte Offsetadresse zu setzen.

Syntax: ORG <Ausdruck>

Der neue Wert des Adreßzählers wird durch den auf die ORG-Anweisung folgenden Ausdruck festgelegt. Für den Ausdruck kann natürlich auch das Adreßzähler-Symbol »$« verwendet werden, das den augenblicklichen Wert des Adreßzählers enthält und so den Adreßzähler relativ zu seinem momentanen Wert verschieben kann.

Beispiel

ORG 100h   setzt den Adreßzähler auf den Wert 100h.

ORG $ + 4   erhöht den Adreßzähler um vier und schafft so einen Zwischenraum von vier Byte, der aber nicht initialisiert ist.

JMP $ + 2   führt einen Sprung um zwei Adressen nach vorne durch (sehr trickreich!).

COM-Dateien enthalten üblicherweise die Anweisung »ORG 100h«, da alle Adreßberechnungen innerhalb einer COM-Datei einen Offset von 256 Byte, die durch den Programm-Segment-Präfix (PSP) belegt werden, berücksichtigen müssen.

Die EVEN-Anweisung
Diese Anweisung sorgt dafür, daß das nächste Befehlsbyte oder das nächste Datenbyte auf eine Wortadresse gesetzt wird. Falls der momentane Wert des Adreßzählers ungerade ist, wird er durch EVEN auf eine gerade Adresse gesetzt und das übersprungene Byte wird durch einen NOP-Befehl (oder ein Nullbyte) gefüllt. Die EVEN-Anweisung darf nicht innerhalb von Segmenten mit dem Ausrichtungstyp »byte« verwendet werden.

Bringen gerade Adressen Vorteile?
Warum sollten Variablen stets auf geraden Adressen beginnen? Zunächst vorweg, keinen Vorteil bringt dies auf einer 8088-CPU (oder V20-CPU), da diese 8-Bit-CPU Daten in jedem Fall nur byteweise lesen kann. Auf allen übrigen 16- und 32-Bit-CPUs kann das Lesen eines Datenelements auch wort- (16 Bit) oder doppelwortweise (32 Bit) erfolgen. Die 8086-CPU kann als 16-Bit-CPU jeweils 16 Bit auf einmal lesen, was natürlich einen Zeitvorteil gegenüber der 8088-CPU bedeutet. Allerdings benötigt sie vier Taktzyklen mehr, wenn ein Wort auf einer ungeraden Adresse liegt. In diesem Fall muß die 8086-CPU zwei Byte-Lesezugriffe nacheinander durchführen. Entsprechendes gilt für die übrigen CPUs. In zeitkritischen Programmen empfiehlt es sich daher, Adressen von Datenvariablen über die EVEN-Anweisung stets auf gerade Adressen zu legen. Innerhalb des Programm-Segments kann diese Regel nicht verallgemeinert werden, da es hier von der Anzahl der Opcodes und dem Zustand der Warteschlange abhängt, ob ein Byte, ein Wort oder gar ein Doppelwort (80386/486-CPU) gelesen werden kann.

Die ALIGN-Anweisung
Ab der MASM-Version 5.0 steht die ALIGN-Anweisung zur Verfügung. Diese Anweisung entspricht im Prinzip der EVEN-Anweisung, nur kann hier der Adreßzähler über einen Parameter auf eine Adresse gesetzt werden, deren Wert ein Vielfaches des aufgeführten Parameters darstellt. Auf diese Weise kann zum Beispiel der Wert des Adreßzählers auf die nächste Parapraphen- (16 Byte) oder Page-Grenze (256 Byte) gesetzt werden.

Zahlen, Konstanten und Variablen
Der Variablenbegriff muß in Assembler ein wenig vorsichtiger verwendet werden als in einer »normalen« Programmiersprache. Der Grund: Der Assembler unterscheidet zwischen Variablen, deren Wert während der Assemblierung gültig ist und Variablen, deren Wert erst bei der Programmausführung eine Bedeutung hat. Letztere haben Sie bereits in Kapitel 6.6 kennengelernt. Diese Variablen werden über eine Datenanweisung definiert, die der Variablen eine bestimmte Anzahl an Bytes im Datensegment reserviert und sie, falls gewünscht, auch mit einem Initialisierungswert versieht.

In diesem Abschnitt sollen jene Variablen vorgestellt werden, die nur während der Assemblierung gültig sind. Diese Variablen sind lediglich als Unterstützung bei der Programmerstellung zu sehen. Es sind vorübergehende Platzhalter für Zahlen oder Texte, denn ihr Variablenname wird bei der Assemblierung durch den aktuellen Wert der Variablen ausgetauscht. Bevor die Anweisungen EQU und = vorgestellt werden, mit denen sich derartige Variablen definieren lassen, müssen zunächst die Formate vorgestellt werden, in denen eine Zahl in einem Assemblerprogramm geschrieben werden kann.

Zahlenformate

Ähnlich wie bei einer Programmiersprache wie Basic oder Pascal kann ein Assembler mit verschiedenen Zahlenformaten arbeiten. Die am häufigsten eingesetzten Zahlen sind vom Typ »Integer«. Die Größe einer Integerzahl hängt von dem Befehl oder der Anweisung ab, die zusammen mit der Integerzahl verwendet wird. Integerzahlen können in verschiedenen Zahlensystemen geschrieben sein, wobei die Zahlenbasis durch einen Buchstaben am Ende der Zahl, dem sogenannten »Basisbezeichner«, gekennzeichnet wird:

Basis	Typ	Ziffern
B	Binär	0 1
Q/O	Oktal	0 1 2 3 4 5 6 7
D	Dezimal	0 1 2 3 4 5 6 7 8 9
H	Hexadezimal	0 1 2 3 4 5 6 7 8 9 A B C D E F

Wichtig: Hexadezimalzahlen werden innerhalb eines Assemblerprogramms mit einem nachfolgenden »h« gekennzeichnet. Die in C übliche Schreibweise »0xZahl« gibt es beim Assembler nicht. Aufzupassen gilt es bei Hexadezimalzahlen, die mit einem Buchstaben beginnen. Damit der Assembler Hexadezimalzahlen wie zum Beispiel »ABCh« von einem Label mit dem Namen ABCh unterscheiden kann, muß bei Hexadezimalzahlen, die mit einem Buchstaben beginnen, immer eine Null vorangestellt werden, da ansonsten die Zahl als Label interpretiert wird. Falsch ist daher die Schreibweise »ABCh« für eine Zahl, richtig dagegen die Schreibweise »0ABCh«.

Die .RADIX-Anweisung

Wird keine Zahlenbasis angegeben, wird entweder die Zahlenbasis 10 oder jene Zahlenbasis zur Berechnung herangezogen, die durch die .RADIX-Anweisung festgelegt wird. Über die .RADIX-Anweisung kann eine beliebige Zahlenbasis im Bereich 2–16 festgelegt werden, die immer dann zur Anwendung kommt, wenn auf eine Zahl kein Basisbezeichner folgt. Hinweis: Ab der MASM-Version 6.0 gelten andere Basisbezeichner, auf die in Anhang J hingewiesen wird.

Realzahlen

Realzahlen sind ein wenig komplizierter aufgebaut als Integerzahlen. Jede Realzahl besteht aus einem Integer- und einem Nachkommaanteil sowie einem Exponenten. Der Aufbau einer Realzahl läßt sich am besten durch die allgemeine Formel

```
[+/-] Ziffern . Ziffern [E [+/-] Ziffern ]
```

beschreiben. Bei den Ziffern handelt es sich um eine beliebige Kombination von Dezimalziffern.

Die Ziffern vor dem Dezimalpunkt stellen den Integeranteil, die Ziffern nach dem Dezimalpunkt den Nachkommaanteil dar. Eine Realzahl kann auch einen vorzeichenbehafteten Exponenten enthalten. Intern werden Realzahlen vom Assembler in das IEEE-Format umgewandelt. Dies ist ein Standardformat, nach dem auch die gängigsten mathematischen Koprozessoren, wie zum Beispiel die Koprozessoren der 80x87-Familie, Fließkommazahlen darstellen. Nach diesem Format werden für eine kurze Realzahl 4 Byte und für eine lange Realzahl 8 Byte verwendet. Diese Formate entsprechen den C-Datentypen float und double. Welches Format verwendet wird, hängt von der Datenanweisung ab, über die die Realzahl definiert wird. Realzahlen können durch die Anweisungen DD, DQ oder DT definiert werden.

Beispiel

```
REAL_KURZ    DD 3.14567    ; Definiert eine kurze Realzahl
```

Während die DD-Anweisung eine 4-Byte-Realzahl definiert, wird über die DQ-Anweisung eine 8-Byte-Realzahl definiert:

```
REAL_LANG    DQ    3.14567
```

In reinen Assemblerprogrammen spielen Realzahlen in der Regel nur dann eine Rolle, wenn ein mathematischer Koprozessor eingesetzt wird. In diesem Fall werden über die DD- und DQ-Anweisung die Variablen definiert, die von den Befehlen des mathematischen Koprozessors als Operanden verwendet werden.

Zeichen- und Stringkonstanten

Zeichenkonstanten bestehen aus einem oder zwei, Stringkonstanten aus zwei oder mehreren ASCII-Zeichen. Sowohl Zeichenkonstanten als auch Stringkonstanten müssen durch Apostrophe (') oder Anführungszeichen (") eingeschlossen werden.

Beispiel

```
TEXT    DB    'Dies ist ein String!'
```

Dies ist eine Stringkonstante. Da diese Stringkonstante auf eine DB-Anweisung folgt, wird jedes Zeichen der Stringkonstanten in Form ihres ASCII-Codes in eine Byte-Speicherzelle eingetragen.

Die EQU-Anweisung

Über die EQU-Anweisung ist es möglich, einem symbolischen Namen eine beliebige Stringkonstante zuzuweisen.

Syntax: `<Name>    EQU    <Ausdruck>`

Der Name des Symbols darf noch nicht in einer vorangegangenen Definition verwendet worden sein.

Beispiel

```
A    EQU    9 * 2
B    EQU    15
C    EQU    'Geben Sie eine Zahl ein!'
```

Die EQU-Anweisung darf nicht mit einer normalen Variablendefinitionsanweisung verwechselt werden. Es handelt sich hier um eine reine Textzuordnung, das heißt, auch numerische Werte und Ausdrücke werden als Texte behandelt. Erst wenn der Assembler den symbolischen Namen, dem über die EQU-Anweisung ein Wert zugeordnet wurde, durch diesen Wert ersetzt, findet eine Auswertung statt:

```
MOV AX,A
INT B
MOV DX,C
```

Aus diesem Grund erhält man erst eine Fehlermeldung, wenn der dritte MOV-Befehl assembliert wird, da dann der Befehl

```
MOV DX,'Geben Sie eine Zahl ein!'
```

assembliert wird, was natürlich nicht gehen kann. Am häufigsten wird die EQU-Anweisung dazu eingesetzt, numerische Werte zu ersetzen:

```
OFFSET      EQU 2
ASCII       EQU 63+OFFSET
CHAR_OUT    EQU 9
DOS         EQU 21H
EXIT        EQU 4CH
;
.CODE
START:      MOV DL,ASCII
            MOV AH,CHAR_OUT
            INT DOS
            MOV AH,EXIT
            INT DOS
END START
```

In diesem Programm, das den Buchstaben »A« auf dem Bildschirm ausgibt, wurden alle numerischen Werte durch Symbole ersetzt. Ferner wird die Verwendung eines sogenannten »Alias« in der Definition des Symbols ASCII demonstriert. Wie aus diesem Beispiel ersichtlich wird, erhöhen symbolische Namen die Lesbarkeit eines Programmes. Außerdem muß bei einer Änderung eines Wertes nur die Definition des Wertes geändert werden und nicht jede Programmzeile, in der der geänderte Wert verwendet wird. Wichtig: Durch die EQU-Anweisung wird kein Speicherplatz in dem assemblierten Maschinenprogramm reserviert. Bei einem über die EQU-Anweisung definierten Symbol handelt es sich lediglich um eine andere Schreibweise für einen numerischen Wert, einen Textstring oder eine Adresse. EQU-Anweisungen dürfen überall im Programm erfolgen, aus Gründen der Übersichtlichkeit werden sie in der Regel zu Beginn des Programms aufgeführt. Allerdings gibt es eine Einschränkung, ein einmal festgelegter Wert kann aber innerhalb des Programms nicht mehr geändert werden.

Die »=«-Anweisung

Über diese Anweisung können numerische Variablen innerhalb eines Assemblerprogramms definiert werden. Wie auch bei Textkonstanten, die über eine EQU-Anweisung definiert werden, haben auch diese Variablen nur während der Assemblierung eine Bedeutung und werden dann vom Assembler durch ihren aktuellen Wert ersetzt. Anders als bei der EQU-Anweisung können Variablen, die durch die »=«-Anweisung definiert werden, ihren Wert innerhalb des Assemblerprogramms beliebig ändern.

Syntax: `<Name>    =    <Ausdruck>`

Der Wert des Ausdrucks darf im 16-Bit-Modus des Assemblers nicht größer als 65535 werden. Bei dem Namen des Symbols kann es sich auch um einen Namen handeln, der zuvor in einer EQU-Anweisung verwendet wurde.

Beispiel

```
N    =    0
N    = N + 1
SCREEN_SIZE    =    (X_LINE * Y_LINE)/N
```

Die LABEL-Anweisung

Wie es der Name bereits andeutet, werden über diese Anweisung Labels definiert, die unter anderem als Sprungziele in einem Sprungbefehl verwendet werden können. In unseren Beispielprogrammen wurden bislang fast ausschließlich Labels mit dem Entfernungstyp Near definiert. Bei diesen Labels ist keine besondere Anweisung erforderlich, denn hier wird der Entfernungstyp durch einen Doppelpunkt gekennzeichnet. Mit Hilfe der LABEL-Anweisung ist es möglich, den Typ eines Labels beliebig festzulegen.

Syntax: `<Name>    LABEL    <Typ>`

Der Typ kann die folgenden Werte annehmen:

```
BYTE WORD DWORD FWORD QWORD TBYTE NEAR FAR und PROC
```

Mit Hilfe der LABEL-Anweisung kann ein Sprunglabel auch den Entfernungstyp Far erhalten:

```
WEIT_WEG    LABEL    FAR
```

Doch nicht nur Sprunglabels werden über die LABEL-Anweisung definiert. Die LABEL-Anweisung bietet auch eine elegante Möglichkeit, ein und derselben Speicherzelle zwei verschiedene Typen zu geben. Damit kann auf eine Speichervariable auf verschiedene Weisen zugegriffen werden, ohne den PTR-Operator verwenden zu müssen:

```
.DATA
TEST1    LABEL    WORD
TEST2    DB 'ABCDEFG'
.CODE
START:
        MOV DX,CODE
        MOV DS,DX
        MOV AX,TEST1
        MOV AL,TEST2
        MOV AH,4Ch
        INT 21h
END START
```

Die Symbole TEST1 und TEST2 stehen für die gleiche (Offset-)Adresse, besitzen aber verschiedene Datentypen. Da TEST1 vom Typ WORD ist, kann es in dem Befehl

```
MOV AX,TEST1
```

als Operand verwendet werden. Auf die gleiche Speicherzelle kann aber auch mit einem 8-Bit-Operanden zugegriffen werden, da TEST2 den Datentyp BYTE besitzt:

```
MOV AL,TEST2
```

Wichtig: Die LABEL-Anweisung reserviert keinen Speicherplatz, sie versieht lediglich die Speicherzelle, die durch den aktuellen Stand des Adreßzählers festgelegt wird, mit einem Namen und einem Typen.

10.4 Operatoren und die wichtigsten Assembleranweisungen

Zwar kann dieses Kapitel kein Ersatz für ein Assemblerhandbuch sein (wenn Sie sich einmal den Umfang des MASM- oder TASM-Handbuchs anschauen, wissen Sie, warum), dennoch soll Sie dieses Kapitel über die wichtigsten Assembleranweisungen und Operatoren informieren.

Assembleroperatoren
Mit einem Operator können während der Assemblierung eine Vielzahl von Berechnungen und Umwandlungen durchgeführt werden. Da ein Operator während der Assemblierung zur Anwendung kommt, kann er auch nur mit Operanden arbeiten, deren Wert zu diesem Zeitpunkt bekannt ist. Die Assembleroperatoren führen nicht nur arithmetische und logische Operationen durch, sondern können auch den Typen von Variablen oder die Adressen von Symbolen ermitteln. Um die Übersicht zu erleichtern, werden die Assembleroperatoren in Gruppen eingeteilt.

Arithmetische, logische und Vergleichsoperatoren
Mit den Rechenoperatoren lassen sich alle Standardrechenoperationen und die logischen Grundfunktionen durchführen. Aber auch Vergleiche sind über Vergleichsoperatoren möglich, wobei noch einmal darauf hingewiesen werden muß, daß sich diese Vergleiche nur mit Operanden durchführen lassen, deren Wert während der Assemblierung bekannt ist. Entsprechend kann das Ergebnis einer Operation oder eines Vergleichs auch nur während der Assemblierung ausgewertet werden. Als Operanden für Assembleroperatoren kommen daher alle Variablen und Konstanten in Frage, die über die »=«- oder EQU-Anweisung definiert wurden, nicht aber Speichervariablen oder Adressen, deren Wert erst bei der Ausführung des Programms ermittelt werden kann.

Was ist ein Ausdruck?
Bevor die einzelnen Operatoren in einer Übersicht vorgestellt werden, muß der Begriff des Ausdrucks erklärt werden, der in diesem Zusammenhang eine wichtige Rolle spielt. Bei allen Syntaxbeschreibungen wird als Operand nämlich stets ein Ausdruck aufgeführt. Ein Ausdruck besteht aus einem oder mehreren Operanden, die durch Null oder mehr Operatoren verknüpft werden. Bei einem Ausdruck kann es sich einfach nur um eine Zahl handeln, es kann aber auch eine beliebige Kombination von Operanden und Operatoren sein, die sich zu einem einzelnen Wert

auflösen lassen. Das Ergebnis eines Ausdrucks ist eine Integerzahl, eine Adresse oder eine Zeichenkette. Realzahlen sind zum Beispiel nicht möglich, da die Assembleroperatoren keine Operationen mit Realzahlen durchführen können.

Tabelle 10.1 und Tabelle 10.2 geben eine Übersicht über die wichtigsten arithmetischen, logischen und Vergleichsoperatoren.

Operator	Bedeutung	Syntax
+	Vorzeichenoperator	+Ausdruck
−	Vorzeichenoperator	−Ausdruck
*	Multiplikation	Ausdruck1*Ausdruck2
/	Division	Ausdruck1/Ausdruck2
MOD	Rest bei der Division	Ausdruck1MODAusdruck2
SHR	Um Anzahl nach rechts schieben	AusdruckSHRAnzahl
SHL	Um Anzahl nach links schieben	AusdruckSHLAnzahl
AND	UND-Verknüpfung	Ausdruck1ANDAusdruck2
OR	ODER-Verknüpfung	Ausdruck1ORAusdruck2
XOR	Exklusiv-Oder-Verknüpfung	Ausdruck1XORAusdruck2
NOT	Invertierung	NOTAusdruck

Anmerkung: Bei den beiden Vorzeichenoperatoren »+« und »−« handelt es sich um sogenannte »unäre Operatoren«, die lediglich das Vorzeichen des Ausdrucks entsprechend ändern.

Tabelle 10.1: *Arithmetische und logische Operatoren*

Operator	Zu prüfende Bedingung
EQ	beide Ausdrücke gleich
NE	beide Ausdrücke nicht gleich
LT	linker Ausdruck kleiner als rechter Ausdruck
LE	linker Ausdruck kleiner oder gleich rechter Ausdruck
GT	rechter Ausdruck größer linker Ausdruck
GE	rechter Ausdruck größer oder gleich linker Ausdruck

Tabelle 10.2: *Vergleichsoperatoren*

Anmerkung:
Vergleichsoperatoren werden in erster Linie im Zusammenhang mit der bedingten Assemblierung verwendet und entscheiden, ob ein bestimmter Programmblock assembliert wird oder nicht. Beachten Sie ferner, daß die Operatoren EQ und NE ihre Operanden als vorzeichenbehaftete 16-Bit-Zahlen (das 16te Bit ist das Vorzeichen) behandeln, während die Operatoren LT, LE, GT und GE ihre Operanden als vorzeichenbehaftete 17-Bit-Zahlen (das 17te Bit ist das Vorzeichen) behandeln. Bei diesen Zahlen ist die höchste darzustellende Zahl 0FFFFh (bei 16-Bit-Zahlen entspräche 0FFFFh dem Wert −1).

Der DUP-Operator

Dieser Operator wird im Zusammenhang mit Datenanweisungen verwendet und dient dazu, Felder mit oder ohne Initialisierungswerten zu definieren.

Syntax: `Anzahl DUP (Wert,,,)`

Durch »Anzahl« wird festgelegt, wie oft der Wert in Klammern definiert werden soll. Bei dem Wert kann es sich um jeden Ausdruck handeln, der eine Integerzahl oder Zeichenkonstante ergibt oder wiederum um einen DUP-Operator.

Beispiel

```
DB 32 DUP(1)
```

definiert einen 32 Byte großen Bereich im Arbeitsspeicher. Jede Byte-Speicherzelle erhält den Initialisierungswert 1.

```
DB 10 DUP ('A','B','C')
```

Diese Anweisung definiert einen 30 Byte großen Bereich im Arbeitsspeicher, wobei sich zehnmal die Bytefolge »65, 66, 67« wiederholt.

Der PTR-Operator

Dieser Operator kann den Typ eines Symbols (zum Beispiel einer Variablen oder eines Labels) festlegen oder vorübergehend einen anderen Wert erhalten.

Syntax: `Typ PTR Ausdruck`

Bei »Ausdruck« handelt es sich um den Namen einer Variablen oder eines Labels. Die in Frage kommenden Typen sind in Tabelle 10.3 aufgelistet. Jedem Typen ist intern ein numerischer Wert zugeordnet, der der Anzahl an Bytes entspricht, die eine Variable mit dem betreffenden Typen im Arbeitsspeicher belegt. Eine gewisse Ausnahme stellen die Entfernungstypen dar, die den Wert 0FFFEh (FAR) und 0FFFFh (NEAR) besitzen. Diese Werte erhält man auch, wenn man den TYPE-Operator auf eine Speichervariable oder ein Label anwendet.

Typ	Wert
BYTE	1
WORD	2
DWORD	4
FWORD	6
QWORD	8
TBYTE	10
NEAR	0FFFFh
FAR	0FFFEh

Tabelle 10.3: *Typenoperanden des PTR-Operators*

Die Entfernungstypen Near und Far werden im allgemeinen nur auf Labels angewendet. Der PTR-Operator wird häufig bei Vorwärtsreferenzen eingesetzt, um den Typ einer Variablen oder eines

Labels festzulegen, die vom Assembler noch nicht verarbeitet wurde und deren Typ dem Assembler daher auch noch nicht bekannt ist. Eine weitere häufige Anwendung für den PTR-Operator ist der Zugriff auf Speichervariablen oder Labels, die ansonsten eine Warnung vom Typ »Operand size match« ergeben würde (bei älteren MASM-Versionen erhielt man hier noch eine Fehlermeldung, das heißt einen »Severe Error«). So wird der PTR-Operator zum Beispiel eingesetzt, um auf das höher- oder niederwertige Byte einer Wortvariablen zugreifen zu können.

Beispiel

```
WERT    DW 1234h
MOV AL,BYTE PTR WERT
MOV AL,BYTE PTR WERT + 1
```

Der Befehl »MOV AL,BYTE PTR WERT« lädt das AL-Register mit 34h, das heißt dem höherwertigen Byte der Wort-Variablen WERT, während der Befehl »MOV AL,BYTE PTR WERT + 1« das AL-Register mit 12h, das heißt mit dem niederwertigen Byte der Wort-Variablen WERT lädt. Ohne den PTR-Operator würde der Assembler in diesem Fall die Warnung »Operand types must match« ausgeben. Da trotz nicht übereinstimmender Datentypen eine Objektdatei erstellt wird, stellt sich natürlich die Frage, wie der Assembler den Befehl ohne PTR-Operator ersetzt. In beiden Fällen wird der Typ des Speicheroperanden dem Typ des Registers angepaßt. Das heißt, der erste Befehl lädt den Wert 34h in das AL-Register, der zweite Befehl entsprechend den Wert 12h. Müßte es nicht genau umgekehrt sein? Nein, weil gemäß der Intel-Konvention ein 16-Bit-Wert im Arbeitsspeicher stets mit dem niederwertigen Byte zuerst abgelegt wird und sich unter der Adresse WERT die Zahl 34h und unter der Adresse WERT+1 entsprechend die Zahl 12h befindet. Im obigen Beispiel wird also auch ohne den PTR-Operator der korrekte Code erzeugt, allerdings ist eine Warnung die Folge.

Auch der PTR-Operator gehört zu jenen Anweisungen, deren Notwendigkeit von einem Anfänger häufig nicht eingesehen wird. Wie auch die ASSUME-Anweisung ist auch dieser Operator ein Beleg für die »Assemblerphilosophie«, nach der dem Programmierer ein Teil der Verantwortung für die Codeerzeugung übertragen wird. In einer Programmiersprache wie Basic oder Pascal können derartige Probleme nicht entstehen, weil der Interpreter oder Compiler aufgrund der ihm zur Verfügung stehenden Zusatzinformation diese Probleme allein regeln kann. Ein Assembler benötigt in diesen Fällen eine zusätzliche Hilfestellung vom Programmierer. Neuere Assembler-Versionen gehen jedoch immer mehr dazu über, sich in diesem Punkt an Hochsprachen-Übersetzer anzugleichen. Das ist auch der Grund, warum ab der MASM-Version 5.0 viele Fehler in Warnungen umgewandelt wurden. Hier trifft der Assembler selbständig die Entscheidung, wie ein bestimmter Befehl umgesetzt werden soll und teilt dies dem Programmierer über eine Warnung mit.

Trotzdem gibt es nach wie vor Situationen, in denen der Assembler auf Hilfe vom Programmierer angewiesen ist. Ein weiteres Beispiel soll dies verdeutlichen. Der Befehl

```
CMP [BX],0
```

vergleicht den Inhalt der durch das BX-Register adressierten Speicherstelle mit Null. Allerdings kann das BX-Register entweder auf eine Byte- oder eine Wort-Speicherzelle zeigen. Die Unterscheidung ist wichtig, da im ersten Fall nur der Inhalt einer Speicherzelle, im zweiten Fall dagegen der Inhalt zweier Speicherzellen mit Null verglichen werden. Da der Assembler eine Unterscheidung aufgrund der in dem Befehl zur Verfügung gestellten Information in diesem Fall nicht treffen kann, muß der Programmierer eingreifen und über den PTR-Operator eine Festlegung treffen. So bezieht sich der Befehl

```
CMP BYTE PTR [BX],0
```

auf eine Byte-Speicherzelle, deren Offsetadresse im BX-Register enthalten ist. Bei dem Befehl

```
CMP [BX],AL
```

ist der PTR-Operator nicht notwendig, da der Assembler nun »weiß«, daß beide Operanden den Typ Byte besitzen. Die Notwendigkeit des PTR-Operators wird auch an dem nächsten Beispiel deutlich. Durch den Befehl

```
CALL WORD PTR [BX]
```

wird ein indirekter Proceduraufruf durchgeführt, wobei die Adresse der Prozedur in der Speicherstelle enthalten ist, die durch das BX-Register adressiert wird. In diesem Fall wird dem Assembler über den PTR-Operator mitgeteilt, daß es sich um einen Near-CALL handelt, das heißt, daß der Zeiger im BX-Register auf eine Wort-Speicherzelle zeigt, die lediglich eine Offsetadresse enthält. Bei einem Far-CALL muß eine Segment-Adresse vorliegen, die bekannterweise 4 Byte umfaßt. Auch dies kann über den PTR-Operator festgelegt werden:

```
CALL DWORD PTR [BX]
```

Durch den PTR-Operator in Zusammenhang mit dem Datentypbezeichner DWORD erfährt der Assembler, daß das BX-Register ein Doppelwort adressiert. Natürlich muß sich unter dieser Adresse auch eine Segment-Adresse befinden, denn dies kann der PTR-Operator natürlich nicht überprüfen. Jedem Daten- oder Entfernungstyp wird übrigens intern eine Zahl zugeordnet, deren Wert man über den TYPE-Operator ermitteln kann.

Beispiel

```
MOV AX,TYPE WERT
```

Dieser MOV-Befehl legt den Wert 2 im AX-Register ab, da es sich bei WERT um eine Wort-Variable handelt und der Datentyp WORD den Wert 2 besitzt. Der TYPE-Operator kann auch verwendet werden, um den geeigneten Typ für den PTR-Operator eines Sprungbefehls zu bestimmen.

Der SEG-Operator
Dieser Operator bestimmt die Segmentadresse eines Ausdrucks.

Syntax: `SEG Ausdruck`

Bei dem Ausdruck kann es sich zum Beispiel um ein Label, eine Variable oder einen Segmentnamen handeln. Der SEG-Operator wird zum Beispiel dann verwendet, wenn in einem Segment die Adresse eines Symbols ermittelt werden soll, daß in einem anderen Segment definiert wurde, dessen Name in dem Modul nicht zur Verfügung steht.

Der OFFSET-Operator
Dieser Operator bestimmt den Offsetwert eines Ausdrucks.

Syntax: `OFFSET Ausdruck`

Auch hier kann es sich bei »Ausdruck« zum Beispiel um ein Label, eine Variable oder einen Segmentnamen handeln. Der durch den OFFSET-Operator ermittelte Wert entspricht dem Abstand in Bytes zwischen dem Beginn des Segments, in dem der verwendete Ausdruck definiert wurde, und der Offsetadresse des Ausdrucks. Unter Verwendung des Segment-Aufhebungs-Operators »:« kann der Abstand in Bytes zwischen dem Ausdruck und einem anderen Segment oder einer Segmentgruppe, die durch die Anweisung GROUP definiert wurde, berechnet werden.

Beispiel
```
MOV BX, OFFSET SEG_GRUPPE:WERT
```

Dieser MOV-Befehl ermittelt den Abstand in Bytes zwischen dem Beginn des Gruppensegments SEG_GRUPPE und der Variablen WERT.

Der Segment-Aufhebungs-Operator
Dieser überaus nützliche Operator, der auch in der Originalform als »Segment-Override-Operator« bezeichnet wird, hebt die Standardzuordnung eines Segments zu einem Segmentregister auf und ermöglicht es so, daß der Segmentanteil der bei einem Speicherzugriff zu bildenden physikalischen Adresse aus dem angegebenen Segmentregister und nicht aus dem Standardsegmentregister geholt wird. Ein Beispiel macht die Bedeutung dieses Operators am besten deutlich.

Beispiel
```
.CODE
    ZAHL DW 0


    ...
    MOV AX,ZAHL
```

In diesem Fall wird eine Variable ZAHL im Codesegment definiert, was unter MS-DOS durchaus erlaubt und in manchen Fällen sogar sehr sinnvoll ist. Es sieht so aus, als würde der folgende MOV-Befehl den Inhalt von ZAHL nach AX transportieren. Tatsächlich zieht die CPU aber den Inhalt des DS-Registers für die Adreßbildung heran. Falls dieser Inhalt nicht mit dem Inhalt des CS-Registers identisch ist, was in EXE-Dateien in der Regel nicht der Fall ist, wird die Adresse falsch berechnet. Abhilfe schafft der Segment-Aufhebungs-Operator:

```
MOV AX,CS:ZAHL
```

Der »:«-Operator weist den Assembler an, vor den MOV-Befehl ein entsprechendes Segment-Aufhebungs-Präfix zu assemblieren, das bei der Ausführung des MOV-Befehls die Standard-Segmentregisterzuordnung in diesem Fall aufhebt und bewirkt, daß die CPU den Segmentanteil nicht aus dem DS-Register, sondern aus dem CS-Register holt. Nicht in jedem Fall lassen sich Standard-Segmentregisterzuordnungen aufheben, so kann zum Beispiel bei einem PUSH- oder POP-Befehl die standardmäßig getroffene Zuordnung zum SS-Register nicht aufgehoben werden. Eine Übersicht über die Standardzuordnungen gibt Tabelle 5.1 in Kapitel 5.4.

Der SIZE-Operator

Dieser Operator ermittelt die Anzahl an Bytes, die für eine Variable reserviert wurde.

Syntax: `SIZE Variable`

Beispiel

```
TEST DB 32 DUP (80)
MOV AX,SIZE TEST
```

Der MOV-Befehl legt im AX-Register den Wert 80 ab, da dies die Größe der Variablen TEST in Bytes ist. Leider sind die Möglichkeiten dieses Operators begrenzt, da zum Beispiel bei verschachtelten DUP-Operatoren nur die Größe der äußersten Ebene berücksichtigt wird.

Makroanweisungen

Ein sehr leistungsfähiges Programmierwerkzeug stellen die Makroanweisungen des Assemblers dar. Übrigens verdankt der Makroassembler seinen Namen der Fähigkeit, Makros verarbeiten zu können, mittlerweile bietet dies aber nahezu jeder erhältliche PC-Assembler, selbstverständlich auch der Turbo-Assembler. Ein Makro besteht aus einer oder mehreren Assembleranweisungen oder CPU-Befehlen, die durch einen Namen zusammengefaßt werden. Wird dieser Name im Quelltext eingefügt, so ersetzt der Assembler beim Assemblieren diesen durch die entsprechenden Anweisungen und Befehle. Umfangreichere Makrodefinitionen werden in einer separaten Datei abgespeichert und beim Assemblieren durch die INCLUDE-Anweisung eingebunden. Im Befehlswortschatz des Assemblers existiert mittlerweile eine eigene primitive »Makrosprache« für die Definition von umfangreicheren Makros. Im Rahmen dieses Buches kann auf die zahlreichen spezielleren Anweisungen und Operatoren leider nicht eingegangen werden. Im folgenden sollen daher nur die Standardanweisungen vorgestellt werden. Der Assembler stellt folgende Anweisungen für das Arbeiten mit Makros zur Verfügung:

MACRO
ENDM
LOCAL
PURGE

Die Definition eines Makros wird durch die Anweisung MACRO eingeleitet und durch die Anweisung ENDM beendet. Ein Makro besitzt daher stets folgenden allgemeinen Aufbau:

```
<Name>     MACRO     [Parameter,,,]
           ...
           Anweisungen/Befehle
           ...
           ENDM
```

Makros werden in erster Linie definiert, um bei der Programmerstellung Zeit zu sparen. Häufig vorkommende Befehlssequenzen können in der Regel vorteilhaft durch ein Makro definiert werden. Anstelle der Befehlssequenz braucht dann nur der Name des Makros aufgeführt werden.

Beispiel

```
EXIT    MACRO
        MOV AH,4Ch
        INT 21h
ENDM
```

Eine ähnliche Anweisung, die dem obigen Makro entspricht, gibt es übrigens auch beim QuickAssembler, sie trägt dort den Namen .EXIT. Überall dort, wo im Quelltext der Name EXIT vorkommt, wird er beim Assemblieren durch die obige Befehlssequenz ersetzt. Dieser Vorgang wird als die »Erweiterung« eines Makro bezeichnet, da der Name des Makros durch die, innerhalb der Makrodefinition aufgeführten Anweisungen und Befehle erweitert, das heißt ersetzt wird.

Bevor es mit der Beschreibung der Makroanweisungen weitergeht, soll auch hier noch einmal darauf hingewiesen werden, daß Makros nur einen Einfluß auf die Assemblierung haben. Sie werden bei der Assemblierung durch die Anweisungen und Befehle ersetzt, die bei der Definition des Makros aufgeführt wurden. Einem assemblierten Programm ist es nicht mehr anzusehen, ob bei der Übersetzung Makros beteiligt waren oder nicht. Des weiteren findet eine Syntaxüberprüfung erst bei der Erweiterung des Makros statt. Wenn innerhalb einer Makrodefinition Fehler gemacht werden, so werden diese an der Stelle im Programm angezeigt, an der die erste Erweiterung des Makros stattfindet.

Parameterübergabe an ein Makro

Einem Makro können wahlweise Parameter übergeben werden. Die Parameternamen, die nach der MACRO-Anweisung aufgeführt werden, dienen als Platzhalter für die Werte, die dem Makro beim Aufruf übergeben werden. Es können so viele Parameter aufgeführt werden, wie in eine Zeile passen. Jeder Parameter muß durch ein Komma von seinem Vorgänger getrennt werden. Der Assembler ersetzt bei der Assemblierung eines Makros alle aufgeführten Parameter durch die übergebenen Werte. Dabei findet aber lediglich ein Austausch der Platzhalter gegen die übergebenen Parameter statt. Es wird weder eine Typenüberprüfung durchgeführt noch wird berücksichtigt, ob zu wenige oder zu viele Parameter übergeben werden.

Beispiel

```
FELD         DB     11H,22H,33H,44H,55H
        ......
HOLE_ELEMENT    MACRO    INDEX
             MOV CL,INDEX
             CMP CL,0
             JL ILLEGAL
             MOV DI,FELD
             MOV AX,INDEX[DI]
             JMP ENDE
ILLEGAL:        CALL FEHLER
ENDE:
             ENDM
```

Die Aufgabe des Makros HOLE_ELEMENT ist es, ein Element aus dem Feld FELD in das AX-Register zu laden. Dabei wird der Index des gewünschten Elements dem Makroaufruf übergeben. Ferner wird geprüft, ob der übergebene Index kleiner als Null ist. Trifft dies zu, wird eine Fehlermeldung ausgegeben. Das Makro kann nun in der folgenden Form aufgerufen werden:

```
HOLE_ELEMENT 1
```

und lädt in diesem Fall das erste Feldelement in das AX-Register. Ein Aufruf des Makros HOLE_ELEMENT bedeutet nun nichts anderes, als daß der Quelltext, der innerhalb der Makrodefinition steht, an die Stelle des Aufrufs kopiert wird. Im obigen Beispiel treten aber Probleme auf, wenn das Makro ein zweites Mal aufgerufen wird. In diesem Fall werden nämlich auch die Definitionen der Labels ILLEGAL und ENDE ein zweites Mal durchgeführt, woraufhin MASM eine Reihe von Fehlermeldungen ausgeben wird, da eine mehrfache Definition von Symbolen nicht erlaubt ist. Einen Ausweg bietet die Makroanweisung LOCAL, die einfach einer Symboldefinition innerhalb eines Makros einen anderen Namen gibt. Dazu muß zunächst die Anweisung

```
LOCAL    ILLEGAL,ENDE
```

direkt auf die MACRO-Anweisung folgen. Der Assembler erzeugt nun bei jedem Aufruf des Makros Dummynamen für die beiden Labels, die anstelle der Labels assembliert werden. Die erzeugten Dummynamen haben stets die Form »??Zahl«, wobei der Wert von Zahl im Bereich von 0000 bis FFFFh liegen kann und bei jeder Neudefinition um eins erhöht wird. Auf diese Weise werden trotz scheinbarer Namensgleichheit nur Labels mit verschieden lautenden Namen definiert. Beim ersten Aufruf von HOLE_ELEMENT erhält das Label ILLEGAL den »Decknamen« ??0000 und das Label ENDE entsprechend ??0001. Beim zweiten Aufruf erhalten die beiden Labels die Namen ??0002 und ??0003 usw. Durch dieses clevere Verfahren wird die doppelte Definition eines Labels verhindert.

Diese Version der LOCAL-Anweisung (es gibt noch eine weitere, die innerhalb von Prozeduren zur Definition lokaler Variablen eingesetzt wird) darf nur innerhalb von Makrodefinitionen eingesetzt werden und muß stets direkt auf die MACRO-Anweisung folgen. Ferner sollten Sie natürlich keine Symbole mit einem Namen der Form ??Zahl verwenden, da es sonst wieder zu Mehrfachdefinitionen kommen kann. Makros können übrigens auch verschachtelt werden. Allerdings kann das innere Makro, das innerhalb eines Makros definiert wurde, nur aufgerufen werden, nachdem das äußere Makro aufgerufen wurde. Die Verschachtelungstiefe wird nur durch den zur Verfügung stehenden Speicherplatz begrenzt.

Umfangreichere Makros gehören in Include-Dateien

Wie bereits erwähnt, werden umfangreichere Makrodefinitionen aus Gründen der Übersichtlichkeit und vor allem, weil diese dann von mehreren Programmen genutzt werden können, in einer separaten Datei abgelegt. Auf diese Weise lassen sich sogenannte »Makrobibliotheken« erstellen. Dies sind Dateien, die eine Vielzahl von Makrodefinitionen enthalten. Der Inhalt einer Makrobibliothek, oder allgemein einer Datei, die Quelltext enthält, wird über eine INCLUDE-Anweisung in das aktuelle Programm integriert. Der Assembler öffnet die angegebene Include-Datei, die in der Regel die Erweiterung ».INC« besitzt, assembliert deren Inhalt und man fährt mit der Übersetzung des Programms fort. So wird durch die Anweisung

```
INCLUDE MATHE.INC
```

der Inhalt der Datei MATHE.INC assembliert. Beachten Sie, daß es für den Aufbau einer Include-Datei bestimmte Regeln gibt. Der Inhalt einer Include-Datei muß stets gegen die entsprechende Include-Anweisung austauschbar sein, ohne daß es zu Problemen kommt. So wird eine Include-Datei in der Regel weder eine .MODEL- noch eine .STACK-Anweisung enthalten, da diese innerhalb des Hauptprogramms aufgeführt werden. Auch darf die Include-Anweisung keine END-Anweisung enthalten, da der Assembler ansonsten die Assemblierung des gesamten Programms mit dieser END-Anweisung beenden würde. Die Definition von Segmenten ist jedoch erlaubt, da Segmente mit identischen Namen und Attributen wie ein und dasselbe Segment behandelt werden.

Die PURGE-Anweisung
Um Speicherplatz zu sparen, können nicht benötigte Makros mit der Anweisung PURGE wieder aus dem Arbeitsspeicher entfernt werden.

Beispiel
```
PURGE SIN,COS,TAN
```

löscht die Makros SIN, COS und TAN aus dem Arbeitsspeicher.

Insgesamt stellen Makros eine simple, aber effektive Methode dar, den Aufbau des Quelltextes zu modularisieren und einmal geschriebene Module in einer Datei speichern und bei Bedarf mit Hilfe der INCLUDE-Anweisung einbinden zu können. Anders als bei einer Prozedur findet bei der Erweiterung eines Makros kein Unterprogrammaufruf statt, der unter Umständen kostbare Ausführungszeit kostet und bei dem in der Regel auch bestimmte Register vorher gerettet und Parameter auf dem Stack übergeben werden müssen. Als Nachteil von Makros wäre der Umstand zu nennen, daß sie bei jedem Aufruf den gesamten Code ihrer Definition an die betreffende Stelle einfügen und daher im allgemeinen wesentlich mehr Speicherplatz belegen als ein vergleichbarer Prozeduraufruf.

Makros für Fortgeschrittene
Die Möglichkeiten von Makros lassen sich durch Verwendung der Makroanweisungen

REPT/ENDM
IRP/ENDM
IRPC/ENDM

und

EXITM

noch erheblich steigern. Über die Anweisungen REPT, IRP und IRPC werden sogenannte Wiederholungsblöcke aufgebaut, über die Anweisung EXITM kann die Erweiterung eines Makros oder eines Wiederholungsblocks vorzeitig abgebrochen werden. Doch was ist ein Wiederholungsblock? Alle Anweisungen innerhalb eines Wiederholungsblockes werden sooft assembliert, wie es durch einen Zähler festgelegt wird. Wiederholungsblöcke sind keine Programmschleifen. Es handelt sich vielmehr um Makros, allerdings mit einem etwas anderen Verhalten und Aufbau. So besitzen Wiederholungsblöcke keinen Namen und können daher auch nur dann mehrfach eingesetzt werden, wenn sie innerhalb einer Makrodefinition aufgeführt sind.

Die REPT/ENDM-Anweisungen

Mit diesen beiden Anweisungen läßt sich ein »Anweisungsblock« beliebig oft assemblieren.

Syntax:
```
REPT    Ausdruck
   ...
   Anweisungen
   ...
ENDM
```

Durch »Ausdruck« wird festgelegt, wie oft die Anweisungen innerhalb der REPT/ENDM-Anweisung assembliert werden sollen. Der Ausdruck muß eine vorzeichenlose 16-Bit-Zahl ergeben.

Beispiel
```
ASCII       =    65
BUCHSTABEN  =    26
REPT BUCHSTABEN
    DB ASCII
    ASCII = ASCII + 1
ENDM
```

In diesem Beispiel werden bei der Assemblierung des Wiederholungsblocks die ASCII-Codes der Buchstaben A bis Z in den Speicher eingetragen.

Die IRP/ENDM-Anweisungen

Auch diese Anweisung ermöglicht, daß ein »Anweisungsblock« wiederholt assembliert wird. Diesmal wird die Anzahl an Wiederholungen durch eine Parameterliste festgelegt.

Syntax:
```
IRP     Dummyname,<Parameter,,,>
   ...
   Anweisungen
   ...
ENDM
```

Innerhalb der spitzen Klammern können beliebig viele Parameter aufgeführt werden, bei denen es sich um Symbole, numerische Werte, Stringkonstanten oder Zeichenkonstanten handeln kann. Die Anzahl der Wiederholungen bei der IRP-Anweisung hängt von der Anzahl der Parameter ab. Bei jeder Wiederholung wird ein Parameter aus der Liste für den Dummyparameter eingesetzt.

Beispiel
```
IRP    Char,<'A','B','C','D','E'>
    DB 2 DUP(Char)
ENDM
```

Bei der Assemblierung dieses Wiederholungsblocks wird im Arbeitsspeicher für jeden Buchstaben der Parameterliste zweimal dessen ASCII-Code eingetragen.

Die IRPC/ENDM-Anweisungen

Bei dieser Anweisung hängt die Anzahl an Wiederholungen von der Länge eines Strings ab. Die IRPC-Anweisung assembliert einen Block von Anweisungen für jedes Zeichen eines Strings, der beim Aufruf übergeben wird.

Syntax: `IRPC    Dummyname,String`

```
        ...
        Anweisungen
        ...
    ENDM
```

Bei dem Dummynamen handelt es sich wieder um einen Platzhalter, der bei jeder Wiederholung durch ein Zeichen des übergebenen Strings ersetzt wird. Wichtig: Der String muß in spitze Klammern »<>« gesetzt werden, wenn er Trennzeichen wie Leerzeichen oder Kommas enthält.

Beispiel

```
n    =    65
IRPC X,ABCDEFGH
    X     EQU n
    MOV   DL,n
    MOV   AH,02
    INT   21h
    n     =    n + 1
ENDM
```

Dieses Beispiel-Makro gibt die Buchstaben A bis H auf dem Bildschirm aus. Zugegebenermaßen hätte man den gleichen Effekt auch mit weniger Aufwand erreichen können, doch dient dieses (wie auch die übrigen Beispiele) in erster Linie dazu, die Wirkung der beschriebenen Befehle und Anweisungen zu veranschaulichen. Bei jeder Wiederholung des Anweisungsblocks wird für den Symbolnamen X ein Buchstabe der Liste eingesetzt, das heißt, innerhalb des Anwendungsblocks wird für jedes X einfach der betreffende Buchstabe gesetzt. Durch die Anweisung »X EQU n« werden insgesamt acht Symbole definiert (A=65, B=66, C=67 usw), das heißt, es werden nacheinander die Anweisungen

```
    A     EQU    65
    B     EQU    66
    C     EQU    67
    usw.
```

assembliert, da für X bei jedem Durchlauf ein anderer Buchstabe des Strings eingesetzt wird. Der Umweg über die EQU-Anweisung ist notwendig, da die direkte Anweisung »MOV DL,X« einen Fehler produzieren würde, denn der Buchstabe, der für X steht, würde als nicht definiertes Symbol erkannt werden. Beachten Sie, daß die Assembler-Variable n bei jedem Durchlauf um eins erhöht werden darf, da sie über die »=«-Anweisung definiert wurde.

Die EXITM-Anweisung

Diese Anweisung bietet die Möglichkeit, ein Makro vorzeitig zu beenden. Die Anweisung EXITM wird stets zusammen mit einer IF-Anweisung (siehe Kapitel 10.4) verwendet, da sie sich ansonsten nicht von der ENDM-Anweisung unterscheiden würde. EXITM bewirkt, daß der Assembler den Makroblock verläßt und mit der nächsten Anweisung nach dem Makroaufruf fortfährt. Alle verbleibenden Anweisungen innerhalb des Makroblocks werden ignoriert.

Beispiel

```
HOLE_ELEMENT    MACRO INDEX
IF    INDEX LT 0
    EXITM
ELSE
    MOV DI,OFFSET FELD
    MOV AL,INDEX[DI]
ENDIF
ENDM
```

Dieses Beispiel kam bereits einmal vor. Diesmal wird die Frage, ob der Index mit dem Namen INDEX kleiner als Null (und damit ungültig) ist, auf eine andere Art und Weise gelöst. Die IF-Anweisung assembliert alle folgenden Anweisungen bis zum nächsten ELSE oder ENDIF nur dann, wenn die auf IF folgende Bedingung erfüllt ist. In diesem Fall wird das Makro abgebrochen, wenn der Index kleiner als Null ist (beachten Sie, daß Sie als Vergleichsoperator nicht das »<«-Zeichen, sondern den relationalen Operator des Assemblers LT verwenden müssen).

Auch an diesem Beispiel können Sie etwas sehr Grundlegendes lernen. In diesem Fall findet nämlich die Überprüfung des Indexes bereits während der Assemblierung statt und es wird eine von zwei möglichen Befehlsfolgen assembliert. Merke: Makroanweisungen wirken nur bei der Assemblierung.

Der Austauschoperator &

Neben den Makroanweisungen kennt der Assembler auch einige Makrooperatoren, von denen stellvertretend der &-Operator vorgestellt wird. Dieser Operator bewirkt, daß der Assembler einen Dummyparameter auch dann durch seinen aktuellen Wert ersetzt, wenn der Assembler den Parameter normalerweise nicht als solchen erkennen würde (zum Beispiel, wenn sich der Dummyparameter in einem String befindet).

Beispiel

```
PRINT_ERROR    MACRO NR,TEXT
               LOCAL LABEL1
               JMP SHORT LABEL1
               ERROR&NR DB 'FEHLER - &NR - &TEXT',10,13,'$'
LABEL1:
               MOV DX,OFFSET ERROR&NR
               MOV AH,09
               INT 21H
               ENDM
```

Damit wäre ein Makro definiert, das äußerst effektiv zur Ausgabe von Fehlermeldungen eingesetzt werden kann. Der Aufruf gestaltet sich extrem simpel, wie die nachfolgenden Beispiele zeigen:

```
PRINT_ERROR 1,<Fehler im System>
PRINT_ERROR 2,<Unidentifiziertes Flugobjekt!>
```

Beide Aufrufe bewirken, daß der Assembler das oben definierte Makro an die Stelle zusammen mit dem übergebenen Wert einsetzt. Beachten Sie, daß hier ein lokales Label mit der LOCAL-Anweisung definiert wurde, um zu verhindern, daß bei der zweiten Definition des Labels LABEL1 eine Fehlermeldung ausgegeben wird. Der Sprungbefehl ist notwendig, da die ASCII-Zeichen ansonsten als Maschinenbefehle interpretiert werden würden. Sollten Sie die letzte Makro-definition als ein wenig unübersichtlich oder gar kompliziert empfinden, hier ein kleiner Tip. Erstellen Sie sich in solchen Fällen immer ein Programmlisting (Assembler-Option /L), da aus diesem genau zu erkennen ist, wie der Assembler einen Befehl, eine Anweisung oder ein Makro umgesetzt hat. Nach dem Motto, was man nicht im Kopf hat, muß man eben im Listing haben.

Bedingte Assemblierung

Bedingte Assemblierung bedeutet, daß die Assemblierung eines Anweisungsblocks von einer Bedingung abhängt, die während (!) des Assemblierens getestet wird. Der Assembler stellt zwei grundsätzlich verschiedene Typen von bedingten Anweisungen zur Verfügung. Die »normalen« bedingten Anweisungen testen eine bestimmte Bedingung und assemblieren den folgenden Anweisungsblock nur, wenn die Bedingung wahr, das heißt erfüllt ist. Die bedingten Fehleranwei-sungen testen ebenfalls eine bestimmte Bedingung, erzeugen aber eine Fehlermeldung, wenn die Bedingung wahr ist. Wie muß man sich die Bedingung vorstellen? Es kann sich zum Beispiel um einen Ausdruck, der entweder Null oder nicht Null ist, eine Variable, die entweder definiert oder nicht definiert ist, oder um einen Makroparameter, für den entweder ein aktueller Wert oder kein Wert übergeben wurde, handeln. Grundsätzlich werden diese Bedingungen aber während der Assemblierung geprüft.

Die IF/ELSE/ENDIF-Anweisungen

Die IF-Anweisung assembliert einen Block von Anweisungen, wenn die folgende Bedingung erfüllt ist. Ansonsten werden die, auf die ELSE-Anweisung (falls vorhanden) folgenden Anweisungen assembliert oder, falls kein ELSE-Zweig existiert, wird mit dem Assemblieren bei den Anwei-sungen nach der ENDIF-Anweisung fortgefahren.

Syntax:
```
IF    <Bedingung>
      ...
      Anweisungen
      ...
[ELSE
      ...
      Anweisungen

      ...]
ENDIF
```

IF-Anweisungen können maximal 255mal verschachtelt werden. Anstelle der IF-Anweisungen können andere Anweisungen eingesetzt werden, die jeweils eine ganz spezielle Situation testen und von denen die wichtigsten im folgenden vorgestellt werden sollen.

Die IF1/IF2-Anweisungen

Die Anweisungen IF1 und IF2 testen den momentanen Assemblerdurchlauf. Bei MASM bis zur Version 5.1 handelt es sich um einen sogenannten »2-Paß-Assembler«, der zwei Durchläufe benötigt, um den Quelltext vollständig zu übersetzen. Die IF1-Anweisung führt den folgenden Anweisungsblock nur beim ersten Durchlauf aus, während die IF2-Anweisung entsprechend die folgenden Anweisungen bis zur nächsten ELSE- oder ENDIF-Anweisung nur beim zweiten Durchlauf ausführt. Bei der MASM-Version 6.0 als auch bei der Version 2.0 des Turbo Assemblers handelt es sich dagegen um Mehr-Pass-Assembler, die stets so viele Läufe durchführen wie notwendig sind, um den Quelltext vollständig zu übersetzen. Phasenfehler, bedingt durch bestimmte Vorwärtsreferenzen, können hier nicht auftreten.

Die IFDEF/IFNDEF-Anweisungen

Die Anweisung IFDEF testet, ob das auf IFDEF folgende Symbol bereits in dem Programm definiert wurde. Die IFDEF-Anweisung führt den folgenden Anweisungsblock nur aus, wenn »Name« bereits definiert worden sind. Dementsprechend führt die IFNDEF-Anweisung einen Anweisungsblock nur aus, wenn »Name« noch nicht definiert wurde.

Syntax: `IFDEF Name`

und

`IFNDEF Name`

Die IFDEF-Anweisung läßt sich vorteilhaft einsetzen, um Doppeldefinitionen von Symbolen zu vermeiden. Sie kann aber auch dazu verwendet werden, das Assemblierverhalten des Assemblers (also auf deutsch, welche Anweisungen assembliert werden und welche nicht) zu beeinflussen. Über die Option »/DSymbol« des Assemblers können Symbole auch erst beim Aufruf des Assemblers definiert werden:

`C>MASM TEST01/D=WERT;`

Bei diesem Aufruf des Assemblers wird ein Symbol mit dem Namen WERT definiert. Das Setzen dieser Option hat die gleiche Wirkung, als würde innerhalb des Programms eine entsprechende EQU-Anweisung aufgeführt werden. Durch den Einsatz der »/DSymbol«-Option können einzelne Symbole erst bei der Assemblierung definiert und das Verhalten des Assemblers über eine IFDEF- oder IFNDEF-Anweisung gesteuert werden, ohne den Quelltext ändern zu müssen.

Die IFB/IFNB-Anweisung

Beide Anweisungen testen ein Argument. Die IFB-Anweisung bewirkt, daß der folgende Anweisungsblock nur assembliert wird, wenn das Argument »leer« ist, das heißt keinen Wert enthält. Die IFNB-Anweisung bewirkt entsprechend, daß der folgende Anweisungsblock nur assembliert wird, wenn das Argument nicht leer ist. Beide Anweisungen werden auf die Parameter von

Makrodefinitionen angewendet. Ein Makroparameter ist leer, wenn ihm bei der Erweiterung des Makros kein Wert übergeben wurde.

Syntax: `IFB <Argument>`

und

`IFNB <Argument>`

Wichtig: Das Argument, bei dem es sich um einen Namen, eine Zahl oder einen Ausdruck handeln kann, muß in spitze Klammern »<>« eingeschlossen werden. Über die IFB-Anweisung kann vermieden werden, daß das Weglassen eines Parameters bei der Erweiterung eines Makros zu einer Fehlersituation führt.

Beispiel
```
DOS_FUN    MACRO FUN_NR
        IFB <FUN_NR>
            MOV AH,4Ch
        ELSE
            MOV AH,FUN_NR
        ENDIF
        ENDM
```

Wird das Makro DOS_FUN etwa in der Form

```
DOS_FUN
```

aufgerufen, das heißt ohne einen aktuellen Parameter, sorgt die IFB-Anweisung dafür, daß in diesem speziellen Fall der Befehl »MOV AH,4Ch« assembliert wird. Für den Fall, daß das Makro in der Form

```
DOS_FUN 02
```

aufgerufen wird, wird der übergebene Parameter in den MOV-Befehl eingetragen.

Bedingte Fehleranweisungen
Der Name dieser Anweisungen ist sicherlich ein wenig irritierend. Die bedingten Fehleranweisungen prüfen bestimmte Bedingungen während (!) der Assemblierung und erzeugen eine Fehlermeldung, wenn die betreffende Bedingung erfüllt oder nicht erfüllt ist. Sie werden in der Regel zur Fehlersuche in einem Assemblerprogramm verwendet, da bestimmte Situationen bereits während der Assemblierung erkannt werden können. Außerdem ist es möglich, an bestimmten Stellen im Programm bewußt Fehler zu erzeugen, um den Assemblierverlauf nachvollziehen zu können. Die bedingten Fehleranweisungen haben nichts mit der späteren Programmausführung zu tun. Wie alle bedingten Assembleranweisungen wirken sie nur während der Assemblierung. Jede Fehleranweisung erzeugt zudem einen Fehlercode, der nach der Beendigung des Programms zum Beispiel über die MS-DOS-Variable ERRORLEVEL abgefragt werden kann.

Anweisung	Syntax	Wann wird ein Fehler erzeugt ?	Code
.ERR		immer	89
.ERR1		nur im 1. Durchlauf	87
.ERR2		nur im 2. Durchlauf	88
.ERRE	<Ausdruck>	Ausdruck Null	90
.ERRNZ	<Ausdruck>	Ausdruck nicht Null	91
.ERRDEF	<Name>	Name definiert	92
.ERRNDEF	<Name>	Name nicht definiert	93
.ERRB	<String>	String leer	94
.ERRNB	<String>	String nicht leer	95
.ERRIDN	<String1> <String2>	beide Strings gleich	96
.ERRDIF	<String1> <String2>	beide Strings nicht gleich	97

Tabelle 10.4: Liste aller bedingten Fehleranweisungen

Mit Ausnahme der .ERR1-Anweisung erzeugen alle übrigen Anweisungen einen »Severe-Error«, der bewirkt, daß der Assembler keine Objektdatei erzeugt. Die .ERR1-Anweisung erzeugt dagegen eine Warnung.

Sonstige Assembleranweisungen

Die INCLUDE-Anweisung
Diese Anweisung ermöglicht es, andere Quelltextdateien beim Assemblieren mit einzubeziehen.

Syntax: INCLUDE Dateiname

Bei »Dateiname« handelt es sich um den Namen einer existierenden Datei, die in der Regel die Erweiterung ».INC« besitzt. Obwohl es möglich ist, für den Dateinamen auch einen kompletten Pfadnamen mitanzugeben, ist es jedoch in der Regel ratsamer, einen Pfadnamen über die Assembleroption /I (siehe Tabelle 10.5) anzugeben, da so die Verwendung von Include-Dateien flexibler gehandhabt werden kann.

Beispiel
```
INCLUDE GRAFIC.ASM
```

Sobald der Assembler auf diese Anweisung trifft, öffnet er die angegebene Datei, assembliert den darin enthaltenen Quelltext und fügt ihn in das Quellprogramm ein. Wird der Assembler in der Form

```
C>MASM TEST/I A:\SUB1;
```

aufgerufen, wird die auf die INCLUDE-Anweisung folgende Datei GRAFIC.ASM in dem Unterverzeichnis SUB1 gesucht. Auf diese Weise können bis zu 10 Suchpfade festgelegt werden, wobei für jeden Suchpfad die /I-Option verwendet wird. Die INCLUDE-Anweisung wird häufig im Zusammenhang mit Makrobibliotheken angewendet, um bestimmte Makros in ein Programm einbeziehen zu können, ohne den Quelltext für diese Makros jedesmal eingeben zu müssen.

Generell gilt folgende Suchreihenfolge:

▓ Zuerst werden die Verzeichnisse durchsucht, die durch die Assembleroption /I (falls verwendet) festgelegt werden.

▓ Als nächstes wird das aktuelle Verzeichnis durchsucht.

▓ Falls die Umgebungsvariable INCLUDE in der AUTOEXEC-Datei definiert wurde, werden schließlich jene Verzeichnisse durchsucht, die durch diese Variable festgelegt werden.

Die Anweisungen .LIST/.XLIST

Durch diese beiden Anweisungen wird festgelegt, welche Teile des Quelltextes in das Programmlisting übertragen werden. Die Anweisung .XLIST führt dazu, daß keine Quelltextzeilen mehr in das Programmlisting übertragen werden. Dieser Zustand kann durch die Anweisung .LIST wieder aufgehoben werden. Diese beiden Anweisungen können zum Beispiel bei umfangreichen Programmen dazu eingesetzt werden, nur einen bestimmten, unter Umständen fehlerhaften Teil des Quelltextes in das Programmlisting zu übertragen, während der Rest des Programmlistings unberücksichtigt bleibt.

Die PAGE-Anweisung

Diese Anweisung wird dazu benutzt, die Zeilenbreite und die Anzahl der Zeilen des Assemblerlistings festzulegen. Für die Anwendung der PAGE-Anweisung gibt es drei Möglichkeiten:

PAGE Länge,Breite
PAGE +
PAGE

In der ersten Variante wird die maximale Anzahl an Zeilen pro Seite (10 bis 255, Standardeinstellung 50) und die maximale Zeilenbreite (60 bis 132, Standardeinstellung 80) festgelegt. Wird nur die Zeilenbreite angegeben, muß der Wert für die Seitenlänge durch ein Komma ersetzt werden. In der zweiten Variante wird die Bereichsnummer erhöht und die Seitenzahl auf 1 gesetzt (Seitenangaben werden in der Form »Bereich-Seite« ausgegeben). Im dritten Fall wird eine neue Seite begonnen und eine Überschrift ausgegeben.

Die TITLE-Anweisung

Diese Anweisung legt den Titel im Programmlisting fest.

Syntax: `TITLE Text`

Der Assembler kopiert den Text, der aus maximal 60 Zeichen bestehen kann, in die erste Zeile jeder neuen Seite des Programmlistings. Es ist nur ein Titel pro Modul erlaubt. Die ersten sechs Zeichen des Titels werden als Modulname verwendet, falls das Modul keine NAME-Anweisung enthält.

Die NAME-Anweisung

Diese Anweisung legt den Namen des augenblicklichen Programm-Modules fest.

Syntax: `NAME Modulname`

Es werden nur die ersten sechs Zeichen des Modulnamens verwendet. Fehlt sowohl die NAME-Anweisung als auch eine TITLE-Anweisung, wird als Voreinstellung der Name »A« eingesetzt.

Die %OUT-Anweisung

Diese Anweisung erlaubt die Ausgabe eines Textes während der Assemblierung.

Syntax: %OUT Text

Mit Hilfe der Anweisungen IF1 und IF2 kann der Text entweder beim ersten Durchlauf oder beim zweiten Durchlauf ausgegeben werden.

Assembleroptionen

Beim Aufruf des Assemblers können zahlreiche Optionen mit angegeben werden, welche die Arbeitsweise des Assemblers festlegen. Tabelle 10.5 gibt eine Übersicht über die wichtigsten Assembleroptionen. Eine Liste alle Optionen können Sie beim Starten des Assemblers über die Option /H abrufen. Die Optionen können überall innerhalb der Kommandozeile des Assemblers eingefügt werden. Den Assembleroptionen geht entweder ein »/«- oder ein »–«-Zeichen voraus. Assembleroptionen können sowohl groß als auch klein geschrieben werden. Aus dem eben erwähnten Grund sollten Dateinamen keinen Bindestrich enthalten, da sie sonst vom Assembler falsch interpretiert würden.

Option	Funktion
/A	Die Segmente werden in alphabetischer Reihenfolge in die Objektdatei geschrieben
/S	Die Segmente werden in Quelltextordnung in die Objektdatei geschrieben
/C	Erzeugt eine Crossreferenz-Datei
/L	Erzeugt ein Assemblerlisting
/D	Erzeugt ein Paß-1-Listing
/I Pfad	Setzt den Suchpfad für INCLUDE-Dateien
/L	Erzeugt eine Programmlisting-Datei
/LA	Erzeugt eine Programmlisting-Datei, in die auch die Auswirkungen der vereinfachten Segmentanweisungen eingetragen werden
/ML	Bei allen Symbolnamen wird zwischen Groß- und Kleinschreibung unterschieden
/MX	Nur bei extern und globalen Symbolen wird zwischen Groß- und Kleinschreibung unterschieden
/T	Unterdrückt alle Meldungen bei erfolgreicher Assemblierung
/X	Schließt im Programmlisting auch die nicht erfüllten Bedingungen ein

Tabelle 10.5: Die wichtigsten Assembleroptionen bei MASM 5.1

Vorwärtsreferenzen

Bei einer Vorwärtsreferenz handelt es sich um einen Bezug auf ein Symbol, das im Quelltext an einer späteren Stelle definiert wird. Trifft der Assembler bei der Umsetzung des Quelltextes im ersten Lauf auf einen unbekannten Namen, so geht er zunächst davon aus, daß es sich um eine Vorwärtsreferenz handelt. Da er in der Regel zu diesem Zeitpunkt noch keine Angaben über den Typ des Symbols machen kann, geht er von bestimmten Standardannahmen aus. Diese

Annahmen basieren im wesentlichen auch auf dem Typ der Anweisung, die eine Vorwärtsreferenz enthält. Der Assembler behandelt die Vorwärtsreferenz beim ersten Durchlauf als ein unaufgelöstes Symbol und versucht dieses Symbol beim zweiten Durchlauf aufzulösen. Obwohl der Assembler Vorwärtsreferenzen prinzipiell zuläßt, kann es dennoch zu Fehlersituationen kommen (dies gilt nicht mehr ab der Version 6.0 des Makroassemblers und ab der Version 2.0 des Turbo-Assemblers, da es sich um Mehr-Paß-Assembler handelt).

Ein Beispiel soll diesen Sachverhalt veranschaulichen. Trifft der Assembler zum Beispiel auf einen JMP-Befehl ohne einen PTR-Operator mit einem Entfernungstypen, der zu einem noch nicht definierten Label springt, so geht er davon aus, daß es sich um einen Sprung mit dem Entfernungstyp Near handelt und reserviert entsprechend 2 Byte für die Sprungadresse. Falls es sich aber beim zweiten Durchlauf herausstellen sollte, daß ein Sprung mit dem Entfernungstyp Far vorliegt, reichen diese zwei Byte nicht aus, da ein Far-JMP stets vier Byte für die Zieladresse benötigt. Das Resultat ist ein sogenannter »Phasenfehler«, der immer dann auftritt, wenn Annahmen, die der Assembler beim ersten Durchlauf getroffen hat, beim zweiten Durchlauf nicht mehr zutreffen. Fehler dieses Typs können recht einfach vermieden werden, wenn der Sprungbefehl mit einem PTR-Operator versehen wird, durch den der Entfernungstyp des Ziellabels explizit festgelegt wird.

MASM-Fehlermeldungen

Sowohl der Makroassembler als auch der Turbo-Assembler können über 100 verschiedene Fehler- und Warnmeldungen ausgeben, von denen die am Anfang sicher am häufigsten auftretenden im folgenden kurz vorgestellt werden sollen. Zwar bezieht sich die Aufstellung auf den Makroassembler, doch existieren in den allermeisten Fällen entsprechende Fehlermeldungen auch beim Turbo-Assembler. Beim Makroassembler muß zusätzlich zwischen den einzelnen Versionen unterschieden werden. Der wohl wichtigste Unterschied ist, daß ab der Version 5.0 zahlreiche Fehler (»Severe-Errors«) in Warnungen umgewandelt werden und damit nicht mehr dazu führen, daß keine Objektdatei erzeugt wird.

Extra characters on line

Die betreffende Zeile enthält überflüssige Zeichen. Überprüfen Sie die Befehlssyntax oder stellen Sie gegebenenfalls fest, ob Ihr Textverarbeitungsprogramm im ASCII-Modus arbeitet.

Redefinition of a symbol

Ein Symbol darf in einem Assemblerprogramm nur einmal definiert werden. Diese Fehlermeldung erscheint beim ersten Durchlauf des Assemblers. Geben Sie einem der beiden Symbole einen neuen Namen. Eventuell liegt auch ein Schreibfehler vor.

Phase error between passes

Dieser Fehler tritt stets dann auf, wenn der Assembler beim ersten Durchlauf von Standardannahmen ausgeht, die beim zweiten Durchlauf nicht mehr zutreffen. Häufigste Fehlerursache ist ein nicht definierter Sprungtyp oder ein vergessener Segment-Aufhebungs-Operator. Verwenden Sie die Assembler-Option /D, um ein Paß-1-Listing zu erzeugen, aus dem die Veränderung wahrscheinlich hervorgeht. Ein Problem bei Phasenfehlern ist nämlich, daß der Assembler nur selten in der Lage ist, die Ursache zu lokalisieren. Phasenfehler sind in der Regel keine Fehler des

Programmierers, sondern ein Resultat der Unzulänglichkeit eines Assemblers. Ab MASM-Version 6.0 bzw. ab TASM-Version 2.0 können Phasenfehler nicht mehr auftreten, da es sich um Mehr-Pass-Assembler handelt, die so viele Läufe durchführen, wie notwendig sind, um ein Programm vollständig zu assemblieren.

Symbol not defined
Ein Symbol wurde nicht definiert. Häufigste Fehlerursache ist eine fehlerhafte Referenz auf ein externes Symbol, das heißt auf ein Symbol, das in einem anderen Modul definiert wurde, oder einfach nur ein Schreibfehler.

Syntax error
Der Assembler ist mit der Schreibweise nicht zufrieden.

Symbol is reserved word
Bestimmte Symbolnamen sollten nicht als Symbolnamen verwendet werden, da sie bereits eine Bedeutung, zum Beispiel als Assembleranweisung, besitzen.

Operand types must match
Falls die Operandentypen in einem Befehl nicht zusammenpassen, gibt der Assembler diese Warnung aus. In diesem Fall trifft der Assembler bestimmte Annahmen, die nicht immer im Sinne des Programmierers sein müssen.

Relative jump out of range
Das Sprungziel eines bedingten Sprungs kann bei der 8086/286-CPU nur innerhalb eines Bereichs von −128 bis +127 Byte vom Sprungbefehl entfernt liegen. Dieser Fehler kann durch Hinzufügen eines direkten Sprungs zu dem außerhalb des Bereichs liegenden Label behoben werden. Bei TASM und bei MASM ab Version 6.0 gibt es zudem die Möglichkeit einer automatischen Sprunganpassung.

Beispiel
```
        JNZ L1          ; Erzeugt einen Fehler
; mehr als 127 Byte Zwischenraum
L1:
        ...
```

Abhilfe schafft:
```
        JZ @F
        JMP LABEL
@@:
; mehr als 127 Byte Zwischenraum
LABEL:
```

Der Turbo-Assembler bietet mit der JUMPS/NOJUMPS-Anweisung eine Möglichkeit, dieses Problem von vornherein auszuschließen, indem die vorgestellte Alternativ-Lösung automatisch assembliert wird, falls ein bedingter Sprung die Sprungweite überschreitet.

No immediate mode

Bestimmte 8086/88-Maschinenbefehle erlauben keinen »Immediate Mode«. So ist es zum Beispiel nicht möglich, ein Segmentregister direkt zu laden. Dies muß stets über einen Umweg geschehen:

```
Falsch :    MOV DS,DATEN
Richtig:    MOV DX,DATEN
            MOV DS,DX
```

No or unreachable CS

Es wurde ein Sprung zu einem Label durchgeführt, das außerhalb des Segments liegt oder es wurde keine ASSUME-Anweisung mit dem CS-Register durchgeführt. Bei der MASM-Version 5.1 und bei der TASM-Version 1.01 ist dies auch notwendig, wenn im Speichermodell Medium oder Large ein zweites Programmsegment über die .CODE-Anweisung definiert wird.

End of file, no END directive

Es fehlt eine END-Anweisung. Unter Umständen wurde auch ein abschließendes Return-Zeichen unterschlagen. Diese Fehlermeldung tritt auch auf, wenn bei einer Makrodefinition oder bei einem Wiederholungsblock die ENDM-Anweisung vergessen wurde, da der Assembler dann den Rest des Programms für einen Teil der Makrodefinition hält.

Data emitted with no segment

Ein Befehl außerhalb eines Segments versucht auf Daten zuzugreifen. Überprüfen Sie die Segmentdefinition oder die Position der ENDS-Anweisungen, sofern Sie mit den Standardsegmentanweisungen arbeiten, in dem Programm. Unter Umständen wurde auch eine Referenz auf ein Symbol durchgeführt, das über das ES-Register adressiert werden soll. In diesem Fall muß bei älteren MASM-Versionen zusätzlich eine ASSUME-Anweisung vom Typ »ASSUME ES:Segmentname« eingefügt werden.

Internal Error

Herzlichen Glückwunsch! Sie haben ein Bug in MASM entdeckt. Schicken Sie eine Postkarte nach Redmont/USA.

Normalerweise sollte jeder Fehler und jede Warnung einen plausiblen Grund haben. Es soll aber auch nicht verschwiegen werden, daß der Makroassembler, auch in der Version 5.1, nicht ganz fehlerfrei ist. Betrachtet man sich die »Bug reports«, die von Microsoft zum Beispiel über den Online-Service CompuServe veröffentlicht werden, so findet man unter Umständen für manches »merkwürdiges« Verhalten des Makroassemblers eine Erklärung. Zur Ehrenrettung des Microsoft Makroassemblers muß aber dazu gesagt werden, daß auch der Turbo Assembler nicht fehlerfrei ist. Ganz nach dem Motto "it's not a bug, it's a feature".

10.5 Der Linker

Die Objektdatei, die das Ergebnis des erfolgreichen Assembliervorganges ist, enthält noch kein ausführbares Programm. Es ist die Aufgabe eines weiteren Programms, des Linkers, aus der Objektdatei eine ausführbare Programmdatei zu machen. Auf den genauen Aufbau einer

Objektdatei kann an dieser Stelle nicht eingegangen werden, denn er ist recht kompliziert. Wer mehr zu diesem Thema wissen möchte, findet im MS-DOS-3.3-Programmierhandbuch (Markt&Technik, 90498) entsprechende Informationen. In diesem Buch soll der Linker aus erwähnten Gründen als »black box« behandelt werden, die eine oder mehrere Objektdatei(en) in eine ausführbare Programmdatei umwandelt. Das Borland-Pendant zum DOS-Linker LINK.EXE heißt TLINK.EXE. Auch wenn es gewisse Unterschiede zwischen beiden Programmen gibt und sich auch das Objektdateiformat geringfügig unterscheidet, spielen diese Unterschiede für die Assemblerprogrammierung keine Rolle.

Die Arbeitsweise des Linkers

Der Linker macht aus der Objektdatei eine ausführbare Programmdatei, indem er die Programm- und Datensegmente in der Art und Weise zusammensetzt, wie es durch die Anweisungen im Quelltext festgelegt wurde. Diese zusammengesetzten Segmente bilden ein sogenanntes »ausführbares Abbild« (executable image) des Programms, das bei Aufruf der EXE-Datei in den Arbeitsspeicher geladen wird. Aus diesem Grund legt die Reihenfolge und die Art und Weise, in der die einzelnen Segmente in die EXE-Datei kopiert werden, gleichzeitig auch fest, in welcher Reihenfolge und wie die Segmente in den Speicher geladen werden. Der Programmierer kann diese Faktoren beeinflussen, indem er die Standardsegmentanweisungen verwendet und die SEGMENT-Anweisungen mit Klassentypen versieht, die die Reihenfolge der Segmente festlegen und/oder einen Kombinations- oder Ausrichtungstyp angibt, der die Zu- und Anordnung der einzelnen Segmente im Speicher festlegt. Ferner kann dem Linker über die GROUP-Anweisung mitgeteilt werden, bestimmte Segmente zu Gruppen zusammenzufassen (falls Ihnen die Bedeutung dieser Faktoren noch nicht klar ist, finden Sie in Bild 10.3 ein Beispiel, das den Einfluß dieser Faktoren veranschaulichen soll). Es muß aber dazu gesagt werden, daß die eben aufgezählten Faktoren in mehr als 95% aller Fälle keine Rolle spielen dürften und man ruhigen Gewissens obige Festlegungen durch Verwendung der vereinfachten Segmentanweisungen dem Assembler überlassen kann.

Die DOSSEG-Anweisung

Dies ist eine Anweisung, die in sehr vielen Beispielprogrammen zu finden ist, deren Bedeutung aber nicht allen Programmierern klar sein dürfte. Zunächst vorweg, dies ist eine Anweisung, auf die man verzichten kann. Durch die DOSSEG-Anweisung wird die sogenannte »DOS-Standardsegmentordnung« festgelegt. Diese Segmentordnung wird von allen Microsoft-Compilern eingehalten. Die DOSSEG-Anweisung legt also eine bestimmte Reihenfolge der einzelnen Segmente in der Programmdatei fest. Hält sich ein Programm an diese Reihenfolge, ist gewährleistet, daß bestimmte Effekte, wie zum Beispiel die Berechnung der Programmgröße während der Ausführung, funktionieren. Verwendet ein Programm die DOSSEG-Anweisung nicht, heißt das nicht automatisch, daß die DOS-Standardsegmentordnung nicht eingehalten wird. Es kann allerdings passieren, daß die Segmente eine andere Reihenfolge einnehmen. In mehr als 95% der Fälle bedeutet dies keinerlei Nachteile.

Syntax: DOSSEG

Durch diese Anweisung wird folgende Segmentreihenfolge in der Programmdatei festgelegt:

1. Alle Segmente mit dem Klassennamen 'CODE'
2. Alle Segmente, die nicht den Klassennamen 'CODE' besitzen und die nicht zur Segmentgruppe DGROUP gehören.
3. Segmente, die nicht zu DGROUP gehören, werden in folgender Reihenfolge angeordnet:
   a. Alle Segmente mit der Klasse BEGDATA
   b. Alle Segmente, die nicht zur Klasse BEGDATA, BSS oder STACK gehören.
   c. Segmente mit dem Klassennamen 'BSS'
   d. Segmente mit dem Klassennamen 'STACK'

Die Anweisung DOSSEG hat den gleichen Effekt wie die Linker-Option /DOSSEG.

Einbinden externer Module

Es wurde bereits erwähnt, daß der Linker in der Lage ist, auch mehrere Objektdateien zu einer EXE-Datei zu verknüpfen. Die Namen der einzelnen Objektdateien müssen dem Linker beim Aufruf übergeben werden. Dies kann einmal innerhalb der Kommandozeile geschehen, indem die einzelnen Dateinamen durch ein »+«-Zeichen oder ein Leerzeichen getrennt werden. So wird zum Beispiel durch die Anweisung

```
C>LINK TEST + MODUL1 + MODUL2 + MODUL3,H_PROG; <Return>
```

die Datei TEST.OBJ mit den Dateien MODUL1.OBJ, MODUL2.OBJ und MODUL3.OBJ zu einer Programmdatei H_PROG.EXE gebunden. Das Ergebnis ist eine Datei mit dem Namen TEST.EXE, da dies der Name der ersten aufgeführten Datei ist und keine EXE-Datei explizit aufgeführt wurde.

Eine Antwortdatei spart Tipparbeit

Dem Linker können die benötigten Dateinamen aber auch über eine sogenannte »Antwortdatei« zugeführt werden. Die Antwortdatei enthält alle Angaben, die normalerweise über die Tastatur eingegeben werden müßten. In diesem Fall wird der Linker mit folgender Anweisung aufgerufen:

```
LINK @Dateiname <Return>
```

wobei »Dateiname« der Name der Antwortdatei ist.

Externe Referenzen

Bevor mehrere Objektmodule verknüpft werden können, gilt es, bestimmte Probleme zu lösen. Wie kann zum Beispiel vom Modul A auf eine Variable X zugegriffen werden, die in dem Modul B definiert ist. Wird das Modul A mit einem Befehl, wie zum Beispiel

```
MOV AX,X
```

assembliert, wäre normalerweise eine Fehlermeldung die Folge, da der Assembler das Symbol X nicht finden kann. Eine Lösung besteht darin, das Symbol über die EXTRN-Anweisung als extern zu deklarieren und dem Assembler damit mitzuteilen, daß sich dieses Symbol in einem anderen Modul befindet und es sich also um ein externes Symbol handelt. Somit ergibt sich bereits eine wichtige Forderung für die Verknüpfung mehrerer Module: Alle Labels oder Variablen, kurz alle Symbole, auf die von einem anderen Programm aus zugegriffen wird, müssen über die PUBLIC-

Anweisung als global deklariert werden. Nur auf ein globales Symbol kann von einem anderen Modul aus zugegriffen werden. Technisch wird dies dadurch realisiert, indem der Name eines globalen Symbols in die Objektdatei übertragen wird. Dadurch steht der Name dem Linker zur Verfügung, der diesen Namen dann mit allen noch nicht aufgelösten externen Referenzen, das heißt mit Symbolen, die über die EXTRN-Anweisung als extern deklariert wurden, vergleicht.

Die PUBLIC-Anweisung

Über diese Anweisung wird ein Symbol als global, das heißt als von einem anderen Modul aus zugänglich, deklariert. Der Name und der Typ globaler Symbole wird vom Assembler in die Objektdatei übertragen, so daß der Linker diese Information für die Auflösung externer Referenzen in anderen Modulen benutzen kann.

Syntax: PUBLIC Name

Bei »Name« handelt es sich um eine Variable, ein Label oder ein absolutes Symbol, das in der gleichen Quelltextdatei definiert wird. Falls es sich bei »Name« um ein absolutes Symbol handelt, so darf es nur ein 1- oder 2-Byte-Zahlenwert oder ein String sein. Eine Typenangabe ist nicht erforderlich, da dem Assembler der Typ des betreffenden Symbols bereits bekannt ist.

Die EXTRN-Anweisung

Durch diese Anweisung wird ein Symbol als extern, das heißt als in einem anderen Modul definiert, erklärt.

Syntax: EXTRN Name:Typ

Da der Assembler für das noch nicht definierte externe Symbol auch Platz reservieren muß, ist eine Typenangabe erforderlich. Für »Typ« gibt es folgende Möglichkeiten:

BYTE, WORD, DWORD, FWORD, QWORD, TBYTE und ABS

oder

NEAR, FAR und PROC

Der Typ ABS wird für Konstanten verwendet, die über eine EQU- oder »=«-Anweisung definiert wurden.

Wichtig: Bei Sprunglabels mit dem Entfernungstyp Near und Speichervariablen muß die EXTRN-Anweisung in demselben Segment erfolgen, in dem auch das betreffende Label oder die betreffende Variable verwendet wird. Lediglich bei Far-Labels und bei Konstanten spielt es keine Rolle, an welcher Stelle im Programm die EXTRN-Anweisung aufgeführt wird.

Halten wir zusammenfassend fest: Um ein Symbol einem anderen Modul zugänglich zu machen, muß diese über die PUBLIC-Anweisung als global deklariert werden. In dem Modul, von dem der Zugriff erfolgen soll, wird die betreffende Variable über die EXTRN-Anweisung als extern deklariert. Damit wird dem Assembler mitgeteilt, daß diese Variable in einem Modul definiert wird.

Wie sieht es mit Segmenten aus?

Auch Segmente können als »public« deklariert werden. Dies ist die Voraussetzung, damit der Linker mehrere Segmente, die den gleichen Namen besitzen, miteinander zu einem einzigen Segment verknüpfen kann. Die Deklaration eines Segments als »public« geschieht, darüber wurde in Kapitel 10.3 berichtet, über den Kombinationstyp public, wenn die SEGMENT-Anweisung zur Definition des Segments verwendet wird. Doch wie sieht es bei den vereinfachten Segment-anweisungen, wie zum Beispiel .CODE, aus, bei denen die Angabe von Parametern ja nicht möglich ist? Nun, hier sorgt der Assembler automatisch dafür, daß das Segment den Kombinationstyp public erhält. Unter der Voraussetzung, daß das Speichermodell Small vereinbart wurde, erzeugt die Anweisung .CODE folgende SEGMENT-Anweisung:

```
_TEXT SEGMENT WORD PUBLIC 'CODE'
```

Mit anderen Worten, ein durch die .CODE-Anweisung definiertes Segment besitzt den Namen _TEXT, den Ausrichtungstyp word, den Kombinationstyp public und den Klassennamen 'CODE'. So einfach ist das.

Beispielprogramm 10.2 – BSP10_02.ASM

Das folgende Beispiel zeigt, wie eine Prozedur, die in einem Modul definiert wird, von einem anderen Modul aus aufgerufen wird. Assemblieren und linken Sie die einzelnen Module nach den folgenden Anweisungen.

1. Definition eines Programm-Moduls

```
TITLE PUBLIC_MODUL
;
ANZAHL     EQU     3
.MODEL SMALL
.CODE
PUBLIC     TEXT_AUS,ANZAHL        ; Definition der globalen Symbole
;
TEXT_AUS     PROC
        MOV CX,ANZAHL
AUSGABE:
        MOV AH,09
        INT 21H
        LOOP AUSGABE
        RET
TEXT_AUS     ENDP
END
```

Beispielprogramm 10.3 – BSP10_03.ASM

Das folgende Beispielprogramm stellt ein »Hauptmodul« dar, das eine Prozedur in einem externen Modul aufruft. Assemblieren und linken Sie die Module nach den folgenden Anweisungen.

2. Definition des Hauptmoduls

```
TITLE MAIN_MODUL
.MODEL SMALL
EXTRN TEXT_AUS:NEAR,ANZAHL:ABS    ; Festlegen der externen Referenzen
;
.STACK 100h
.DATA
        TEXT1 DB 'DIES IST DER ERSTE AUFRUF !',10,13,'$'
        TEXT2 DB 'DIES IST DER ZWEITE AUFRUF !',10,13,'$'
;
.CODE
START:
        MOV DX,@DATA
        MOV DS,DX
        MOV DX,OFFSET TEXT1
        CALL TEXT_AUS
        MOV DX,OFFSET TEXT2
        CALL TEXT_AUS
        MOV AH,4CH
        INT 21H
END START
```

Als nächstes werden beide Module von Assembler in Objektdateien umgewandelt:

```
C>MASM BSP10_02/T/L;
C>MASM BSP10_03/T/L;
```

Über die Assembler-Option /L wird ein Programmlisting erzeugt, die Option /T sorgt lediglich dafür, daß der Assembler keine (im Grunde überflüssigen) Meldungen auf dem Bildschirm ausgibt.

Werfen Sie einmal einen Blick auf das erzeugte Programmlisting in Bild 10.4 (das wieder ein wenig auf ein übersichtlicheres Format gekürzt wurde). Sie finden dort einige wichtige Informationen, die die Zusammenhänge verdeutlichen.

1. Programmlisting zu Beispielprogramm 10.2

```
Microsoft (R) Macro Assembler Version 5.10        03/28/91 12:28:0
                TITLE PUBLIC_MODUL
                ;
 = 0003                 ANZAHL     EQU  3
                .MODEL SMALL
                .CODE
                PUBLIC    TEXT_AUS,ANZAHL      ; Definition der globalen Symbole
 ;
 0000                    TEXT_AUS  PROC
 0000   B9 0003                  MOV CX,ANZAHL
```

```
0003                    AUSGABE:
0003  B4 09                 MOV AH,09
0005  CD 21                 INT 21H
0007  E2 FA                 LOOP AUSGABE
0009  C3                    RET
000A                    TEXT_AUS ENDP
              END
Segments and Groups:
N a m e      Length Align  Combine      Class
DGROUP . . . .      GROUP
  _DATA. . . .      0000   WORD   PUBLIC 'DATA'
_TEXT . . . .       000A   WORD   PUBLIC 'CODE'
Symbols:
N a m e      Type   Value  Attr
ANZAHL . . . .      NUMBER 0003   Global
AUSGABE  . . .      L NEAR 0003   _TEXT
TEXT_AUS . . . .    N PROC 0000   _TEXT  Global Length = 000A
@CODE  . . .        TEXT   _TEXT
@CODESIZE  . .      TEXT   0
@CPU . . . . . .    TEXT   0101h
@DATASIZE . . .     TEXT   0
@FILENAME  . .      TEXT   bsp10_02
@VERSION . . . .    TEXT   510
```

2. Programmlisting zu Beispielprogramm 10.3

```
Microsoft (R) Macro Assembler Version 5.10   03/28/91 12:28:1
              TITLE MAIN_MODUL
              .MODEL SMALL

              EXTRN TEXT_AUS:NEAR,ANZAHL:ABS   ; Festlegen der externen Referenzen
              ;
              .STACK 100h
              .DATA
0000  44 49 45 53 20 49        TEXT1 DB 'DIES IST DER ERSTE AUFRUF !',10,13,'$'
      53 54 20 44 45 52
      20 45 52 53 54 45                             .
      20 41 55 46 52 55
      46 20 21 0A 0D 24
001E  44 49 45 53 20 49        TEXT2 DB 'DIES IST DER ZWEITE AUFRUF !',10,13,'$'
      53 54 20 44 45 52
      20 5A 57 45 49 54
      45 20 41 55 46 52
      55 46 20 21 0A 0D
      24
              ;
              .CODE
```

```
0000                    START:
0000    BA ---- R               MOV DX,@DATA
0003    8E DA                   MOV DS,DX
0005    BA 0000 R               MOV DX,OFFSET TEXT1
0008    E8 0000 E               CALL TEXT_AUS
000B    BA 001E R               MOV DX,OFFSET TEXT2
000E    E8 0000 E               CALL TEXT_AUS

0011    B4 4C                   MOV AH,4CH
0013    CD 21                   INT 21H
                    END START
Segments and Groups:
N a m e       Length Align  Combine     Class
DGROUP . . . .        GROUP
 _DATA . . .          003D  WORD   PUBLIC 'DATA'
 STACK  . . .         0100  PARA   STACK  'STACK'
_TEXT  . . . .        0015  WORD   PUBLIC 'CODE'
Symbols:
N a m e       Type   Value Attr
ANZAHL . . . .       NUMBER 0000   Communal
START  . . . .       L NEAR 0000   _TEXT
TEXT1  . . . .       L BYTE 0000   _DATA
TEXT2  . . . .       L BYTE 001E   _DATA
TEXT_AUS . . .       L NEAR 0000   External
@CODE  . . . .       TEXT   _TEXT
@CODESIZE  . .       TEXT   0
@CPU . . . . .       TEXT   0101h
@DATASIZE  . .       TEXT   0
@FILENAME  . .       TEXT   bsp10_03
@VERSION . . .       TEXT   510
```

Bild 10.4: *Programmlistingdatei der Module BSP10_02 und BSP10_03*

Wie aus dem Programmlisting zu entnehmen ist, wird zum Beispiel das Symbol TEXT_AUS als »Global« bezeichnet. Im Hauptmodul wird dieses Symbol dagegen als »Extern« bezeichnet und innerhalb des Listings mit einem »E« gekennzeichnet.

Der Linker fügt zusammen, was zusammen gehört

Jetzt tritt der Linker in Aktion, der beide Programm-Module zu einer ausführbaren Programmdatei bindet:

```
C>LINK BSP10_03 + BSP10_02;
```

Das gebundene Programm kann nun durch Eingabe des Namens zur Ausführung gebracht werden:

```
C>BSP10_03
```

Beachten Sie, daß die Reihenfolge, in der die einzelnen Objektdateien dem Linker übergeben werden, keine Rolle spielt. Sie legt lediglich den Namen der EXE-Datei fest, da, sofern keine EXE-Datei explizit angegeben wird, der Name der EXE-Datei gleich dem Namen des ersten Moduls ist.

Linker-Optionen

Auch der Linker LINK.EXE kann mit zahlreichen Optionen aufgerufen werden. Allerdings haben die allermeisten Optionen für Anfänger im allgemeinen und für Assemblerprogrammierer im speziellen keine Bedeutung. Der Grund: Der Linker wird auch dazu eingesetzt, den Output der Hochsprachencompiler, bei dem es sich auch um Objektdateien mit dem gleichen prinzipiellen Aufbau handelt, in ausführbare EXE-Dateien umzuwandeln. Folgende Optionen, die übrigens auch beim Turbo-Linker TLINK zu finden sind, sind auch für den Assemblerprogrammierer interessant:

/HE   Hilfe-Option, gibt eine Liste der verfügbaren Optionen aus.

/P   bewirkt, daß LINK vor dem Schreiben der EXE-Datei anhält, so daß der Benutzer Gelegenheit erhält, die Diskette zu wechseln.

/M   bewirkt, daß LINK eine MAP-Datei mit allen PUBLIC-Symbolen erzeugt. Aus der MAP-Datei kann zum Beispiel die Reihenfolge und die Größe der Segmente entnommen werden.

/NOI   bewirkt, daß LINK zwischen Groß- und Kleinbuchstaben unterscheidet, was normalerweise nicht der Fall ist. Durch Setzen dieser Option behandelt LINK zum Beispiel die Symbole START und Start als zwei verschiedene Symbole.

/H   bewirkt, daß die Startadresse des von LINK erzeugten Programms an die höchstmögliche Adresse des Arbeitsspeichers gesetzt wird. Ohne diese Option wird das Programm an die niedrigste verfügbare Speicheradresse geladen.

/TINY   bewirkt, daß der Linker eine COM-Datei erzeugt. Das Hilfsprogramm EXE2BIN ist in diesem Fall nicht erforderlich. Voraussetzung ist, daß beim Assemblieren alle Bedingungen für eine COM-Datei erfüllt sind oder daß das Speichermodell Tiny verwendet wurde, welches aber erst beim QuickAssembler zur Verfügung steht.

Die MAP-Datei

Der Linker ist in der Lage, bei Bedarf eine sogenannte »MAP-Datei« zu erzeugen. Die MAP-Datei enthält die Startadresse des Programmes und die Namen, Ladeadressen und Länge aller Segmente und Segmentgruppen in einer EXE-Datei. Wird der Linker mit der /M[AP]-Option aufgerufen, enthält die MAP-Datei zusätzlich die Namen und Ladeadressen aller Public-Symbole. Ein Beispiel für eine MAP-Datei finden Sie in Kapitel 10.7.

Die in der MAP-Datei enthaltenen Startadressen sind keine tatsächlichen Startadressen, da diese erst beim Laden des Programms durch den MS-DOS-Lader, einer Routine, deren Aufgabe es ist, Programmdateien in den Arbeitsspeicher zu laden und zur Ausführung zu bringen, festgelegt werden. Vielmehr handelt es sich um Byte-Offsets relativ zu dem Beginn des ersten Segments. Wenn Sie sich einmal die Startadresse des zweiten Segments anschauen, werden Sie feststellen, daß hier ein Zwischenraum zum ersten Segment besteht. Dieser Zwischenraum ist auf den Umstand zurückzuführen, daß beide Segmente den Ausrichtungstyp »para« besitzen und daher auf Paragraphenadressen beginnen müssen.

10.6 Hilfsprogramme für die Assemblerprogrammierung

Neben einem Assembler und einem Linker gibt es noch eine Reihe weiterer Programme, die den Programmieralltag eines Assemblerprogrammierers erleichtern. Diese Programme müssen nicht extra erworben werden, da sie in der Regel mit dem Assembler ausgeliefert werden. Die wichtigsten Programme für den Makroassembler, nämlich

- das Crossreferenz-Utility CREF.EXE
- der Bibliotheksmanager LIB.EXE
- EXE2BIN.EXE

werden im folgenden kurz vorgestellt.

Das Crossreferenz-Utility CREF

Bei einer Crossreferenzdatei handelt es sich um eine alphabetische Liste aller Symbole, die in einem Assemblerprogramm verwendet werden. Zu jedem Symbol sind die Zeilennummern angegeben, in denen eine Referenz, das heißt ein Bezug, auf das Symbol enthalten ist. Eine Crossreferenz ist in erster Linie eine Hilfe zur Fehlersuche, da sich so relativ leicht verfolgen läßt, wo zum Beispiel eine Variable einen fehlerhaften Wert zugewiesen bekommt. Die Crossreferenzdatei wird bereits beim Aufruf des Assemblers erstellt. Diese Crossreferenzdatei, sie besitzt, falls nichts anderes festgelegt wird, die Erweiterung ».CRF«, liegt aber noch in einer nicht lesbaren Form vor. Sie muß zunächst mit Hilfe des Programms CREF.EXE in eine lesbare ASCII-Datei umgewandelt werden. CREF.EXE wird in der folgenden Form aufgerufen:

```
CREF Crossreferenzdatei [,Crossreferenzlisting] [;]
```

»Crossreferenzdatei« ist der Name der vom Assembler erstellten Crossreferenzdatei. Die optionale Angabe »Crossreferenzlisting« legt den Namen der zu erstellenden Crossreferenzlistingdatei fest. Falls Sie hier keinen Namen, sondern ein Semikolon angeben, setzt CREF den Namen der Crossreferenzdatei ein und hängt an diesen die Erweiterung ».REF«.

Aufruf von CREF über Prompts

In der einfachsten Form wird CREF durch Eingabe des Dateinamens aufgerufen. Es erscheinen folgende Prompts:

```
C>CREF [Return]
Cross-Reference [.CRF] :
Listing [Dateiname.REF] :
```

Beim ersten Prompt erwartet CREF den Namen der vom Assembler erzeugten Crossreferenzdatei. Falls Sie keine Erweiterung festlegen, setzt CREF die Erweiterung ».CRF« ein. Der zweite Prompt ist optional und erwartet die Eingabe eines Namens für die Datei, die das Crossreferenzlisting enthält. Falls Sie hier keinen Namen angeben, setzt CREF den Dateinamen mit der Erweiterung ».REF« ein. Wesentlich praktischer ist es allerdings, die notwendigen Angaben in der Kommandozeile festzulegen.

Um auch ein praktisches Beispiel für den Einsatz von CREF.EXE vorführen zu können, wird das Beispielprogramm 10.3 noch einmal assembliert, diesmal wird aber eine Crossreferenzlistingdatei erzeugt. Um die Datei BSP10_03.CRF in eine lesbare ASCII-Datei umzuwandeln, ist folgender Aufruf notwendig:

```
C>CREF
Microsoft (R) Cross-Reference Utility  Version 5.10
Copyright (C) Microsoft Corp 1981-1985, 1987.  All rights reserved.
Cross-Reference [.CRF]: bsp10_03
Listing [bsp10_03.ref]:  Return

13 Symbols
C>CREF EINGABE;
```

CREF hat nun eine Datei mit dem Namen BSP10_03.REF erzeugt und gibt zum Schluß die Anzahl der Symbole, die das Programm enthält, aus. Das Ergebnis ist in Abbildung 10.6 zu finden.

```
Microsoft Cross-Reference   Version 5.10        Wed Nov 28 12:47:01 1990
MAIN_MODUL

Symbol Cross-Reference       (# definition, + modification)   Cref-1

@CPU . . . . . . . . . . . .     1#
@VERSION . . . . . . . . . .     1#

ANZAHL . . . . . . . . . . .     4#

CODE . . . . . . . . . . . .     11

DATA . . . . . . . . . . . .     7
DGROUP . . . . . . . . . . .     13

STACK. . . . . . . . . . . .     6#     6
START. . . . . . . . . . . .     12#    22

TEXT1. . . . . . . . . . . .     8#     15
TEXT2. . . . . . . . . . . .     9#     17
TEXT_AUS . . . . . . . . . .     4#     16     18

_DATA. . . . . . . . . . . .     7#
_TEXT. . . . . . . . . . . .     11#

 13 Symbols
```

Bild 10.5: *Crossreferenzlisting zu Beispielprogramm 10.3*

Das Lesen des Crossreferenzlistings sollte eigentlich keine Schwierigkeiten bereiten. Zu jedem Symbol finden Sie eine Reihe von Zahlen. Hierbei handelt es sich um Zeilennummern innerhalb des Programmlistings, in denen das betreffende Symbol auftaucht. Wird an die Zeilennummer ein »#« angehängt, so bedeutet dies, daß in dieser Zeile das Symbol definiert wird, wird dagegen ein »+« angehängt, so wird das betreffende Symbol in der angegebenen Zeile geändert.

Der Bibliotheksmanager LIB

Die Aufgabe eines Bibliotheksmanagers ist es, Programmbibliotheken zu verwalten. Eine Programmbibliothek ist eine Datei, die eine oder mehrere Programmroutinen enthält, die ihr in Form von Objektdateien einverleibt wurden. Jedes Programm, welches eines dieser Routinen benötigt, ruft diese Routinen als externe Routinen auf. Es ist die Aufgabe des Linkers, die entsprechenden Routinen aus der Programmbibliothek herauszusuchen und in das Programm zu integrieren. Für den Aufbau und die Pflege einer Programmbibliothek ist der Bibliotheksmanager zuständig. Auch der Turbo Assembler enthält einen Bibliotheksmanager mit dem Namen TLIB.EXE. Dieser entspricht zwar bezüglich seiner Funktion dem MASM-Pendant LIB.EXE, besitzt aber eine unterschiedliche Syntax. Die Vorzüge von LIB.EXE werden am besten an einem konkreten Beispiel deutlich. Vielleicht erinnern Sie sich noch an die beiden Beispielprogramme aus Kapitel 9 zur Ein- und Ausgabe einer 16-Bit-Zahl. Beide Programme sollen nun in eine Bibliothek eingetragen werden. Anschließend wird ein neues Programm erstellt, welches beim Linken auf das Bibliotheksmodul mit den beiden Routinen zurückgreift. Um die beiden Programme aus Kapitel 9 überhaupt als Objektmodule irgendwo einbinden zu können, müssen zunächst ein paar kleine Änderungen am Quelltext der Programme vorgenommen werden. Falls Ihnen dazu nichts mehr einfällt, lesen Sie diesen Abschnitt noch einmal in Kapitel 10.5 unter dem Stichwort »PUBLIC/EXTRN« nach. Konkret geht es darum, die beiden Prozedurnamen EINGABE und AUSGABE über die PUBLIC-Anweisung als global zu deklarieren. Beispiel 10.4 zeigt das endgültige Aussehen des neuen Programm-Moduls, welches allerdings nicht für die direkte Ausführung vorgesehen ist. Vielmehr müssen diese Routinen von einem anderen Modul, dem Hauptmodul, aufgerufen werden. Es ist die Aufgabe des Hauptmoduls, Formalitäten, wie zum Beispiel die Definition eines Stacksegments oder die Rückkehr zum Betriebssystem, zu regeln.

Beispielprogramm 10.4 – BSP10_04.ASM

Das folgende Beispielprogramm stellt den Quelltext für ein Bibliotheksmodul dar, das im folgenden erstellt werden soll. Assemblieren Sie das Programm, so daß es in Form einer Objektdatei vorliegt.

```
TITLE LIB_TEST
;
.MODEL SMALL
.CODE
PUBLIC     EINGABE,AUSGABE
;

EINGABE    PROC                 ; Beginn der Eingabeprozedur
```

```
; Hier folgt die Eingabefunktion aus Beispielprogramm 9.6
;
        RET
EINGABE    ENDP                    ; Ende der Eingabeprozedur

AUSGABE    PROC                    ; Beginn der Ausgabeprozedur
;
; Hier folgt die Ausgabefunktion aus Beispielprogramm 9.7
;
        RET
AUSGABE    ENDP
;
END
```

Sie sehen an Beispielprogramm 10.4, daß es nicht zur Ausführung vorgesehen ist. So wird weder ein Startpunktlabel definiert noch enthält es einen Rückkehrbefehl zu MS-DOS. Statt dessen soll es von dem zweiten Modul, dem Hauptprogramm, aufgerufen werden. Spätestens beim Linken des Hauptmoduls müssen aber die externen Referenzen auf die Prozeduren EINGABE und AUSGABE aufgelöst werden. Dies wird über die Angabe eines Bibliotheksnamens auf den entsprechenden LINK-Prompt (wissen Sie noch, welcher das ist?). Damit das aber möglich ist, muß diese Bibliotheksdatei zunächst mit Hilfe des LIB-Managers erstellt werden.

Beispielprogramm 10.5 – BSP10_05.ASM
Das folgende Beispielprogramm stellt das Hauptmodul dar, welches Beispielprogramm 10.4 einbinden soll. Assemblieren Sie das Programm, so daß es in Form einer Objektdatei vorliegt.

```
TITLE MAIN_MODUL

.MODEL SMALL
EXIT            EQU 4Ch
DO_DOS  MACRO  FN_NR
        MOV AH,FN_NR
        INT 21H
ENDM
;
.STACK 100h
;
EXTRN   EINGABE:NEAR,AUSGABE:NEAR  ; Festlegen der externen Symbole
;
.CODE
START:
        CALL EINGABE    ; Externe Eingabe aufrufen
        PUSH AX         ; AX retten
        MOV DX,0D0Ah    ; Leerzeile ausgeben
        MOV AH,02
        INT 21h
        XCHG DH,DL
        INT 21h
```

```
        POP AX          ; AX wiederholen
        INC AX          ; AX um eins erhöhen
        CALL AUSGABE    ; Externe Ausgabe aufrufen
DO_DOS  EXIT
END START                               ; Hier muß ein
Startpunktlabel angegeben werden
```

Damit das Untermodul in das Hauptmodul mit Hilfe des LIB-Managers eingebunden werden kann, muß zuerst das Untermodul in die Bibliothek aufgenommen werden.

Aufruf des LIB-Managers

Wie bei fast allen anderen Assembler-Hilfsprogrammen gibt es auch für LIB mehrere Möglichkeiten des Aufrufs, die aber an dieser Stelle nicht ausführlich erläutert werden sollen. Rufen Sie LIB einfach durch Eingabe des Programmnamens auf:

```
C>LIB
Microsoft (R) Library Manager  Version 3.17
Copyright (C) Microsoft Corp 1983-1990. All rights reserved.

Library name:
```

An dieser Stelle benötigt LIB den Namen der zu bearbeitenden Bibliothek. Da noch keine Bibliothek existiert, wird LIB der Name einer zu erstellenden Bibliothek mit dem Namen IN_OUT übergeben. Da der Dateiname keine Erweiterung enthält, setzt LIB die Erweiterung ».LIB« ein. Falls eine Datei mit dem Namen IN_OUT.LIB noch nicht existiert, erhalten Sie die Meldung

```
Library file does not exist. Create?  Y  <Return>
```

Bestätigen Sie mit »Y«, um die Datei zu erstellen. Nun kann mit der Bibliothek gearbeitet werden, woraufhin LIB den nächsten Prompt ausgibt:

```
Operations: +BSP10_04  <Return>
```

Das eingegebene Kommando ist »+«, welches bewirkt, daß das nachfolgende Programm-Modul in die Bibliothek aufgenommen wird. »+« ist eines von mehreren LIB-Kommandos, die in Tabelle 10.6 enthalten sind. Für den Fall, daß die Symbole aus der Datei BSP10_04.OBJ bereits in der Bibliothek IN_OUT.LIB existieren, gibt LIB eine entsprechende Meldung aus.

Syntax	Bedeutung
+ Objektdatei	fügt die angegebene Objektdatei an das Ende der Bibliothek
– Modulname	löscht den angegebenen Modulnamen aus der Bibliothek
–+ Modulname	ersetzt den angegebenen Modulnamen durch ein neues Modul mit dem gleichen Namen
* Modulname	kopiert ein Modul aus der Bibliothek in eine Objektdatei mit dem gleichen Namen
–* Modulname	entfernt ein Modul aus der Bibliothek und speichert es in einer Objektdatei
+ Bibliothek	fügt den Inhalt einer Bibliothek zu der aktuellen Bibliothek
;	führt einen sogenannten »Konsistenz-Test« durch. Bei diesem Test wird geprüft, ob der Inhalt einer Bibliothek brauchbar ist. LIB führt einen solchen Test jedesmal durch, wenn ein neues Modul zu einer Bibliothek hinzugefügt wird.

Tabelle 10.6: *Übersicht der LIB-Kommandos*

Damit wäre die Arbeit mit LIB fast beendet. Für den Fall, daß mehrere Kommandos ausgeführt werden sollen, müssen diese in der gleichen Zeile nebeneinander aufgeführt werden. Auf das Betätigen der (Return)-Taste erscheint dann der Prompt:

```
List file: IN_OUT.BIB
```

IN_OUT.BIB ist der Name einer Datei, die eine Art Inhaltsverzeichnis der Bibliothek IN_OUT.LIB enthält. Das Inhaltsverzeichnis enthält eine Liste aller Public-Symbole und eine Liste aller Module in der Bibliothek. Die Erweiterung ».BIB« wurde frei gewählt, da LIB in diesem Fall keine Standard-Erweiterung zur Verfügung stellt. Wenn Sie kein Inhaltsverzeichnis benötigen, betätigen Sie einfach die (Return)-Taste. Falls Sie bei den »Prompt-Operations« keine Angaben gemacht haben, wird LIB beendet. Ansonsten erhalten Sie den letzten Prompt:

```
Output library:  (Return)
```

An dieser Stelle kann der Name einer neuen Bibliothek angegeben werden, die die alte Bibliothek ersetzt. Falls die alte Bibliothek beibehalten werden soll, wird lediglich die (Return)-Taste betätigt. LIB erzeugt dabei automatisch von der augenblicklichen Bibliothek eine Sicherheitskopie, die die Erweiterung ».BAK« erhält. Damit wäre die Programmbibliothek erstellt. Natürlich soll sie auch eingesetzt werden. Dazu benutzen wir das Programm aus Beispiel 10.5, welches auf die Routinen EINGABE und AUSGABE zurückgreift. Es wird vorausgesetzt, daß bereits eine assemblierte Datei mit dem Namen BSP10_05.OBJ existiert. Dieses Programm wird nun durch den Linker mit der Bibliothek verknüpft:

```
C>LINK
Microsoft (R) Overlay Linker  Version 3.64
Copyright (C) Microsoft Corp 1983-1988.  All rights reserved.
Object Modules [.OBJ]: BSP10_05 (Return)
Run File [BSP10_05.EXE]: (Return)
List File [NUL.MAP]  : (Return)
Libraries            : IN_OUT
```

Die letzte Zeile hat es in sich. LINK öffnet die angegebene Bibliothek IN_OUT.LIB, sucht dort nach den externen Referenzen, die in der Datei BSP10_05 angegeben wurden und bindet sie in die Programmdatei ein. Die entstandene Programmdatei kann nun aufgerufen werden:

```
C>BSP10_05 Return
```

Sie sehen, daß durch Verwendung von Bibliotheken in Zusammenhang mit dem LIB-Programm dem Linker eine gewisse »Intelligenz« verliehen wird und der Benutzer nicht mehr jedes Programm-Modul einzeln aufführen muß.

EXE2BIN

Mit Hilfe von EXE2BIN.EXE kann eine EXE-Datei in eine BIN- oder COM-Datei umgewandelt werden. Dies ist allerdings nur möglich, wenn die EXE-Datei folgende Voraussetzungen erfüllt:

- Sie sollte nur aus einem Programmsegment bestehen. Es dürfen keine Referenzen auf andere Segmente, zum Beispiel über den Befehl »MOV DX,@DATA«, enthalten sein.
- Sie darf kein Stacksegment enthalten.
- Das Programm muß über die Anweisung »ORG 100h« bei der Offsetadresse 100h beginnen, da beim Laden einer COM-Datei in den Arbeitsspeicher das IP-Register auf 100h gesetzt wird.
- Auf die END-Anweisung muß ein Startpunktlabel folgen, welches die erste Anweisung in der Datei markiert.

Es soll gleich darauf hingewiesen werden, daß diese Bedingungen kein absolutes Muß darstellen. Es gibt stets Tricks, mit denen man diese Bedingungen umgehen kann. Um Probleme aber von vornherein auszuschließen, sollten Sie darauf achten, daß diese Bedingungen erfüllt sind. Mit zunehmender Erfahrung werden Sie die Notwendigkeit der einzelnen Bedingungen besser einschätzen lernen.

Das Programm EXE2BIN (sprich »EXE to BIN«) kann natürlich auch verwendet werden, um eine EXE-Datei in eine BIN-Datei umzuwandeln, dies ist sogar, wie der Name auch impliziert, der eigentliche Zweck dieses Programms. EXE2BIN wird stets in der Form:

```
EXE2BIN <Quelldatei> <Zieldatei>
```

aufgerufen. Falls bei der Quelldatei keine Erweiterung angegeben wird, nimmt EXE2BIN die Erweiterung ».EXE« an. Bei der Zieldatei wird dagegen die Erweiterung ».BIN« angenommen, falls diese nicht spezifiziert wird. Um die Datei KEINEXE.EXE in eine COM-Datei umzuwandeln, ist folgender Aufruf erforderlich:

```
C>EXE2BIN KEINEXE KEINEXE.COM
```

10.7 Ein kleines Assembler-Praktikum

Daß dieses Kapitel überwiegend aus Theorie bestand, hat vor allem zwei Gründe. Zum einen wurden in diesem Kapitel eine Fülle neuer Anweisungen vorgestellt. Sollte jeder dieser Anweisungen mit einem umfangreichen Beispiel vorgestellt werden, dann hätte dieses Buch sehr schnell den Umfang einer mittleren Enzyklopädie angenommen. Wer mehr über den Makroassembler oder über den Turbo-Assembler wissen möchte, findet in Anhang I Literaturhinweise. Zum anderen handelt es sich bei den Anweisungen des Assemblers größtenteils um Anweisungen, die Sie am Anfang sowieso seltener einsetzen werden. Mit zunehmender Erfahrung sind Sie in der Lage, diese Anweisungen auch ohne ein erklärendes Beispielprogramm einsetzen zu können. Trotzdem sollen Sie mit dem Assembler nicht ganz allein gelassen werden. Aus diesem Grund wird zum Abschluß des Kapitels ein Beispiel vorgestellt, welches ein Thema behandelt, das einem Anfänger erfahrungsgemäß am meisten Verständnisschwierigkeiten bereitet. Es geht um die Segmentierung eines Programms mit Hilfe der Standardsegmentanweisungen. Obwohl diese Anweisungen, dank der vereinfachten Segmentanweisungen, nur noch selten wirklich benötigt werden, ist das Verständnis dieser Anweisungen für die virtuose Handhabung von Assembler und Linker eine Voraussetzung.

Beispielprogramm 10.6 – BSP10_06.ASM

Das folgende Beispielprogramm veranschaulicht die Verwendung mehrerer Segmente mit unterschiedlichen Attributen in einem Assemblerprogramm. Es werden die Standardsegmentanweisungen aus Kapitel 10.3 verwendet. Assemblieren und linken Sie das Programm, testen Sie es mit dem Debugger und bringen Sie es zur Ausführung.

```
TITLE     SEGMENT TEST
;
STACK     SEGMENT  STACK
          DW 64 DUP(?)
STACK     ENDS
;
DEUTSCH    SEGMENT BYTE  'TEXTE'
          DUMMY DD  ?
          TEXT1 DB 'WÄHLEN SIE EINE OPTION !',10,13,'$'
DEUTSCH    ENDS
;
PROG1     SEGMENT  PUBLIC 'CODE'
          ASSUME CS:PROG1,DS:DEUTSCH,ES:ENGLISCH
START:    MOV DX,DEUTSCH
          MOV DS,DX
          MOV DX,OFFSET TEXT1
          MOV AH,09H
          INT 21H
PROG1         ENDS
;
ENGLISCH    SEGMENT BYTE  'TEXTE'
          TEXT2  DB 'CHOOSE AN OPTION !',10,13,'$'
ENGLISCH    ENDS
;
PROG2    SEGMENT  PUBLIC  'CODE'
          ASSUME CS:PROG2
          MOV DX,ENGLISCH
          MOV DS,DX
          MOV DX,OFFSET TEXT2
          MOV AH,09H
```

```
        INT 21H
        MOV AH,4CH
        INT 21H
PROG2   ENDS
END START
```

Assemblieren und linken Sie das Programm in folgender Weise:

```
C>MASM BSP10_06, ,BSP10_06,BSP10_06   Return
C>LINK BSP10_06, ,BSP10_06;
```

Durch diese Kommandozeile wird neben einer EXE-Datei auch eine MAP-Datei, eine LST-Datei und eine CRF-Datei erstellt, deren Anwendung im folgenden Abschnitt geübt wird.

Die Funktion des Beispielprogramms 10.6 ist schnell erklärt. Bei seiner Ausführung werden die beiden definierten Texte ausgegeben. Uns soll im folgenden vielmehr die Frage interessieren, welche Funktion die einzelnen SEGMENT-Anweisungen haben. Diese und andere Angaben lassen sich zum Beispiel aus dem Programmlisting, das heißt aus der Datei BSP10_06.LST entnehmen.

Auswerten des Programmlistings

In Bild 10.6 sehen Sie das Programmlisting des Programms BSP10_06.ASM. Wie aus dem Listing ersichtlich ist, entspricht die Reihenfolge der einzelnen Segmente exakt der Reihenfolge, die im Quelltext festgelegt wurde. Dies ist auch nicht weiter verwunderlich, denn die Reihenfolge der Segmente innerhalb der Programmdatei wird erst durch den Linker festgelegt. Der Linker orientiert sich dabei an den Klassentypen, die ein Segment im Speicher enthält. Normalerweise, das heißt ohne Angabe von Klassentypen werden die einzelnen Segmente in der Reihenfolge ihres Auftretens in die Programmdatei eingetragen. Diese Reihenfolge kann jedoch durch die Angabe eines Klassentyps beeinflußt werden. So werden alle Segmente mit dem gleichen Klassentyp nacheinander in die Programmdatei eingetragen, unabhängig ihrer Reihenfolge in der Quelltextdatei. Im Beispielprogramm 10.6 weisen bis auf das Stacksegment alle Segmente einen Klassentyp auf. In diesem Fall müßten zuerst die beiden Datensegmente DEUTSCH und ENGLISCH (Klassentyp »TEXTE«) und danach die beiden Codesegmente PROG1 und PROG2 (Klassentyp »CODE«) in die Programmdatei eingetragen werden. Diese Vermutung wird durch die MAP-Datei bestätigt, wie wir im nächsten Abschnitt sehen werden. Zuvor soll untersucht werden, welche zusätzlichen Informationen sich aus dem Programmlisting herausholen lassen.

Neben dem erzeugten Objektcode enthält die Programmlistingdatei auch eine Auflistung der verwendeten Symbole und Segmente zusammen mit dem Typ, dem Wert und dem Attribut des jeweiligen Symbols. So läßt sich zum Beispiel ablesen, daß das Segment DEUTSCH einen Umfang von 31 Byte (1Fh) aufweist, den Ausrichtungstyp BYTE besitzt, das heißt auf einer Byteadresse beginnt, keinen Kombinationstyp besitzt und zu der Klasse »TEXTE« gehört. Über das Symbol TEXT1 erfahren wir aus dem Programmlisting zum Beispiel, daß es vom Typ BYTE ist und mit einem Offset von 4 im Segment DEUTSCH beginnt. Diese Information läßt sich bei einem kleinen Programm noch ohne Probleme aus dem Quelltext herauslesen. Bei größeren Programmen stellt die Programmlistingdatei jedoch eine wichtige Hilfsquelle zur Fehlersuche und Programmdokumentation dar, da sich aus der Programmlistingdatei häufig ein scheinbar »unerklärliches« Verhalten des Assemblers nachvollziehen läßt.

```
Microsoft (R) Macro Assembler Version 5.10          03/28/91 13:30:5

 1                  TITLE     SEGMENT TEST
 2                  ;
 3 0000                    STACK     SEGMENT STACK
 4 0000  0040[                       DW   64 DUP(?)
 5      ????
 6          ]
 7
 8 0080               STACK     ENDS
 9                  ;
10 0000              DEUTSCH  SEGMENT BYTE  'TEXTE'
     11 0000  00000000                        DUMMY  DD  ?
     12 0004  57 8E 48 4C 45 4E            TEXT1  DB 'WÄHLEN SIE EINE
OPTION !',10,13,'$'
13      20 53 49 45 20 45
14      49 4E 45 20 4F 50
15      54 49 4F 4E 20 21
16      0A 0D 24
17 001F              DEUTSCH  ENDS
18                  ;
19 0000              PROG1    SEGMENT  PUBLIC 'CODE'
20                      ASSUME CS:PROG1,DS:DEUTSCH,ES:ENGLISCH
21 0000  BA ---- R       START:    MOV DX,DEUTSCH
22 0003  8E DA                     MOV DS,DX
23 0005  BA 0004 R                 MOV DX,OFFSET TEXT1
24 0008  B4 09                     MOV AH,09H
25 000A  CD 21                     INT 21H
26 000C              PROG1    ENDS
27                  ;
28 0000              ENGLISCH SEGMENT BYTE 'TEXTE'
29 0000  43 48 4F 4F 53 45        TEXT2  DB 'CHOOSE AN OPTION
!',10,13,'$'
30      20 41 4E 20 4F 50
31      54 49 4F 4E 20 21
32      0A 0D 24
33 0015              ENGLISCH ENDS
34                  ;
35 0000              PROG2    SEGMENT  PUBLIC  'CODE'
36                      ASSUME CS:PROG2
37 0000  BA ---- R                MOV DX,ENGLISCH
38 0003  8E DA                    MOV DS,DX
39 0005  BA 0000 R                MOV DX,OFFSET TEXT2
40 0008  B4 09                    MOV AH,09H
41 000A  CD 21                    INT 21H
42 000C  B4 4C                    MOV AH,4CH
43 000E  CD 21                    INT 21H
44 0010              PROG2    ENDS
45                      END START
```

```
Segments and Groups:
N a m e   Length       Align Combine     Class
DEUTSCH . . . . 001F   BYTE  NONE   'TEXTE'
ENGLISCH  . . . 0015   BYTE  NONE   'TEXTE'
PROG1 . . . . . 000C   PARA  PUBLIC      'CODE'
PROG2  . . . . 0010    PARA  PUBLIC      'CODE'
STACK  . . . . 0080    PARA  STACK

Symbols:
N a m e    Type  Value Attr
DUMMY  . . . .   LDWORD       0000  DEUTSCH

START  . . . .   L NEAR       0000  PROG1

TEXT1  . . . .   L BYTE       0004  DEUTSCH
TEXT2  . . . . .        L BYTE       0000  ENGLISCH

@CPU  . . . . . .       TEXT  0101h
@FILENAME  . . .        TEXT  bsp10_06
@VERSION . . . .        TEXT  510
```

Bild 10.6: *Programmlisting von Beispielprogramm 10.6*

Die MAP-Datei

Die MAP-Datei wird vom Linker erzeugt und besitzt, wenn nichts anderes festgelegt wird, die Erweiterung ».MAP«. Sie enthält Angaben über den Beginn, das Ende, die Länge und nicht zuletzt die Reihenfolge der einzelnen Segmente. Bild 10.7 zeigt die MAP-Datei, die der Linker für Beispielprogramm 10.6 erstellt hat. Sie sehen, daß die einzelnen Segmente nach ihren Klassentypen getrennt geladen wurden. So wurden zuerst das Stacksegment und das Segment DEUTSCH geladen, da es sich um die ersten beiden Segmente im Quelltext handelt. Als nächstes wird allerdings nicht das Segment PROG1 geladen, sondern das Segment ENGLISCH, da es den gleichen Klassentyp wie das Segment DEUTSCH aufweist. Erst danach werden die beiden Segmente PROG1 und PROG2 in die Programmdatei geladen. Wenn Sie sich nochmals Bild 10.7 genau anschauen, werden Sie vielleicht feststellen, daß zum Beispiel das Segment ENGLISCH an der (relativen!) Adresse 0B3h endet, das folgende Segment PROG1 aber erst an der Adresse 0C0 beginnt. Worauf ist dieser Zwischenraum zurückzuführen? Nun, die Antwort ist einfach (und wurde bereits an anderer Stelle in diesem Kapitel gegeben). Der Zwischenraum ist auf den Umstand zurückzuführen, daß das Segment PROG1 den Ausrichtungstyp »para« besitzt. Mit anderen Worten, das Segment PROG1 kann immer nur auf einer Paragraphenadresse, das heißt auf einer Adresse, die glatt durch 16 teilbar ist, beginnen. Würde PROG1 den Ausrichtungstyp BYTE besitzen, würde kein Zwischenraum existieren.

Schließlich enthält die MAP-Datei die Adresse des sogenannten »Program Entry Points«, das heißt jene Adresse, die durch das Startpunktlabel festgelegt wird. Wie ist die Adresse »000C:0000h« zu deuten? Wenn Sie sich das Programmlisting ansehen, stellen Sie fest, daß sich das Startpunktlabel START im Segment PROG1 befindet. Dieses Segment beginnt laut MAP-Datei bei der Adresse 0C0h. Dies ist aber nur eine andere Schreibweise für die Adresse »000C:0000h« (multiplizieren Sie den Segmentanteil mit 10h), so daß die Bedeutung dieser Adresse geklärt wäre.

Bei 0Ch handelt es sich allerdings nur um die relative Segmentadresse, die sich aus der Größe aller vorausgehenden Segmente (080h + 1Fh + 15h = 0B4h, aufgerundet auf die nächste Paragraphenadresse = 0C0h) ergibt. Absolute Segmentadressen werden erst beim Laden des Programms in den Arbeitsspeicher vergeben.

Start	Stop	Length	Name	Class
00000H	0007FH	00080H	STACK	
00080H	0009EH	0001FH	DEUTSCH	TEXTE
0009FH	000B3H	00015H	ENGLISCH	TEXTE
000C0H	000CBH	0000CH	PROG1	CODE
000D0H	000DFH	00010H	PROG2	CODE
Program entry point at 000C:0000				

Bild 10.7: *Die MAP-Datei des Beispielprogramms 10.6*

Wie der Assembler kann auch der Linker nicht wissen, an welche absolute Adresse das Programm einmal geladen wird. Dies wird, wie bereits mehrfach erwähnt, erst durch den sogenannten MS-DOS-Lader festgelegt und hängt unter anderem davon ab, welche Programme, zum Beispiel Treiber und TSR-Programme, sich bereits im Arbeitsspeicher befinden. Zu den Aufgaben des MS-DOS-Laders gehört es auch, die Verschiebe-Informationen auszuwerten, die in der EXE-Datei enthalten sind (COM-Dateien können nicht mehr verschoben werden und enthalten daher keine Verschiebe-Information). Das Resultat dieses Prozesses können Sie sich jederzeit anschauen. Sie müssen dazu nur, zum Beispiel mit Hilfe des Debuggers, die EXE-Datei laden und disassemblieren:

```
C>DEBUG BSP10_06.EXE
-U
0FB5:0000   BAB10F      MOV DX,0FB1     ; Segmentadresse DEUTSCH
0FB5:0003   8EDA        MOV DS,DX       ; in DS-Register laden
0FB5:0005   BA0400      MOV DX,0004     ; Offset von TEXT1 nach DX
0FB5:0008   B409        MOV AH,09
0FB5:000A   CD21        INT 21
0FB5:000C   0000        ADD [BX+SI],AL  ; Zwischenraum besteht aus
0FB5:000E   0000        ADD [BX+SI],AL  ; vier Nullbyte
0FB5:0010   BAB30F      MOV DX,0FB3     ; Segmentadresse ENGLISCH
0FB5:0013   8EDA        MOV DS,DX       ; in DS-Register laden
0FB5:0015   BA0000      MOV DX,0000     ; Offset von TEXT2 nach DX
0FB5:0018   B409        MOV AH,09
usw.
```

Sie sehen an diesem Beispiel sehr gut, daß der Assembler zahlreiche Hilfsmittel zur Verfügung stellt, die die Arbeitsweise des Assemblers und des Linkers ein wenig »entmystifizieren«.

Die Crossreferenzliste

Ein sehr nützliches Hilfsmittel zur Fehlersuche in einem Assemblerprogramm ist eine Crossreferenzliste. Darunter wird eine ASCII-Datei verstanden, die eine alphabetische Liste aller in einem Programm verwendeten Symbole enthält. Darüber hinaus werden zu jedem Symbol die Zeilennummern aufgeführt, in denen eine Referenz auf das betreffende Symbol enthalten ist. Sie müssen dabei zwischen einer Crossreferenzdatei und einer Crossreferenzliste unterscheiden. Erstere wird durch den Assembler erzeugt (Erweiterung ».CRF«) und enthält die einzelnen Symbole in einer nicht oder schwer lesbaren Form, während es sich bei letzterer um eine ASCII-Datei handelt, die von dem Hilfsprogramm CREF erstellt wird (Erweiterung ».REF«). CREF wandelt die Crossreferenzdatei, die in Beispiel 10.6 von MASM erzeugt wurde, in ein Crossreferenzlisting um:

```
C>CREF
Microsoft (R) Cross-Reference Utility  Version 5.10
Copyright (C) Microsoft Corp 1981-1985, 1987.  All rights reserved.
Cross-Reference [.CRF]: bsp10_06
Listing [bsp10_06.ref]:   Return

13 Symbols
```

Bild 10.8 enthält die Crossreferenzliste BSP10_06.REF, die von CREF.EXE aus der Datei BSP10_06.CRF erstellt wurde. Die Liste ist sicherlich selbsterklärend. Hinter jedem Symbolnamen sind die Zeilennummer des Programmlistings (nicht der Quelltextdatei!) aufgeführt, in denen eine Referenz auf das betreffende Symbol gemacht wird. Eine Zahl mit einem »#«-Zeichen bedeutet, daß das Symbol in dieser Zeile definiert wird. So schön eine Crossreferenzliste auch ist, einen praktischen Nutzen hat sie allerdings erst in größeren Programmen.

```
Microsoft Cross-Reference   Version 5.10        Wed Mar 27 13:50:09 1991
SEGMENT TEST

Symbol Cross-Reference      (# definition, + modification)    Cref-1

@CPU . . . . .        1#
@VERSION . . .        1#

CODE . . . . .        12      25

DEUTSCH. . . .        7#      10      13      14
DUMMY. . . . .        8#

ENGLISCH . . . . .    13      21#     23      27

PROG1. . . . . .      12#     13      19
PROG2. . . . . .      25#     26      34

STACK. . . . . .       3#      5
START. . . . . .      14#     35

TEXT1. . . . . .       9#     16
TEXT2. . . . . .      22#     29
TEXTE. . . . . .       7      21

 13 Symbols
```

Bild 10.8: *Crossreferenzliste zu Beispielprogramm 10.6*

GROUP kann sehr nützlich sein

Die Assembleranweisung GROUP wurde bereits kurz besprochen, ansonsten aber eher links liegengelassen. Nicht ganz zu Unrecht, denn dank der .MODEL-Anweisung, welche automatisch eine GROUP-Anweisung erzeugt, muß diese Anweisung nur noch in sehr seltenen Fällen vom Programmierer aufgeführt werden. Dennoch bietet die GROUP-Anweisung einige sehr interessante Möglichkeiten. Um diese Möglichkeiten einschätzen zu können, sollte man aber die Bedeutung der SEGMENT-Anweisung verstanden haben, da GROUP auf diese Anweisung aufbaut. Mit Hilfe der GROUP-Anweisung ist es möglich, auch in einer COM-Datei mehrere Segmente einsetzen zu können. Normalerweise darf eine COM-Datei nur ein einzelnes Segment enthalten, in dem der Stack, die Daten und der Programmcode untergebracht werden. Der Grund hängt mit dem Aufbau einer COM-Datei und dem MS-DOS-Lader zusammen. Eine COM-Datei enthält neben dem Maschinencode und den Daten keine weiteren Informationen. Angenommen, eine COM-Datei würde einen Bezug auf ein weiteres Segment enthalten, so könnte diese Referenz weder bei der Assemblierung noch beim Linken aufgelöst werden, da absolute Adressen erst vom DOS-Lader vergeben werden und der COM-Datei die benötigte Verschiebeinformation fehlt. Die Aufgabe des DOS-Laders ist es unter anderem, eine Startadresse für das zu ladende Programm im Speicher festzulegen und alle Segmente an diese Startadresse anzupassen. Dazu benötigt der DOS-Lader aber Informationen über die relative Lage der einzelnen Segmente zueinander. Diese Information ist bei einer EXE-Datei in deren Kopf enthalten. Da eine COM-Datei aber keine zusätzlichen Informationen und daher auch keinen Kopf besitzt, stehen dem MS-DOS-Lader diese Informationen hier nicht zur Verfügung. Eine COM-Datei darf daher nicht mehr als ein Segment enthalten, da für die Adressierung jedes weiteren Segments eine Initialisierung eines Segmentregisters erforderlich wäre, die aber aus den erwähnten Gründen nicht möglich ist. So darf der Befehl

```
MOV DX,@DATA
```

in einer COM-Datei nicht vorkommen, da die Referenz auf das Datensegment in Form der Konstanten @DATA vom DOS-Lader nicht aufgelöst werden kann. Ist es dagegen möglich, die Adresse des Datensegments auf eine andere Weise zu berechnen, ist ein Zugriff auf das Datensegment möglich. In diesem Fall kann auch eine COM-Datei mehrere Segmente enthalten. Ein Widerspruch? Nicht unbedingt, denn dies ist eine jener berühmten Ausnahmen und nicht die Regel.

Was hat das Ganze mit der GROUP-Anweisung zu tun? Da die GROUP-Anweisung mehrere Segmente zusammenfaßt und alle beteiligten Segmente über eine Basis, das heißt über ein und dasselbe Segmentregister adressiert werden, ist eine zusätzliche Initialisierung von Segmentregistern nicht erforderlich. Das Problem, daß in einer COM-Datei keine Referenzen auf zusätzliche Segmente möglich sind, wird dadurch umgangen, daß alle Segmente die gleiche Segmentadresse erhalten. Jede Referenz auf ein anderes Segment ist damit eine Referenz auf ein- und dieselbe Segmentadresse. Beispielprogramm 10.7 zeigt, welche Konsequenzen sich aus der Verwendung der GROUP-Anweisung für den Aufbau einer COM-Datei ergeben.

Beispielprogramm 10.7 – BSP10_07.ASM

Das folgende Beispielprogramm demonstriert die Anwendung der GROUP-Anweisung an einem neuen alten Beispiel, nämlich der Ausgabe eines kleinen Textes. Assemblieren Sie und linken Sie das Programm, wandeln Sie es entweder mit einer entsprechenden Linker-Option (falls vorhanden) oder mit EXE2BIN in eine COM-Datei um und testen Sie es mit dem Debugger.

```
GRUPPE          GROUP CODE,DATEN
;
CODE                SEGMENT
                ORG 100h
                ASSUME CS:GRUPPE,DS:GRUPPE
START:
        MOV DX,OFFSET GRUPPE:TEXT
        MOV AH,09
        INT 21h
        MOV AH,4Ch
        INT 21h
CODE            ENDS
;
DATEN      SEGMENT
        TEXT DB 'SO NÜTZLICH IST EIN DATENSEGMENT !',10,13,'$'
DATEN      ENDS
END START
```

Durch die GROUP-Anweisung ist es möglich, mehrere Segmente in ein einzelnes »übergeordnetes« Segment zu packen, welches sich wie ein einzelnes Segment verhält (die einzige Bedingung ist, daß auch die Gruppe nicht 64 Kbyte Umfang überschreitet). Von entscheidender Bedeutung ist in diesem Zusammenhang die Anweisung

```
MOV DX,OFFSET GRUPPE:TEXT
```

die den Offset des Symbols TEXT relativ zum Beginn der Gruppe (und nicht zu dem Beginn des Segments DATEN, in dem TEXT definiert wurde) in das DX-Register lädt. Probieren Sie mit Hilfe des Debuggers einmal aus, was passiert, wenn Sie den Segment-Aufhebungs-Operator »:« weglassen und die Anweisung in der Form:

```
MOV DX,OFFSET TEXT
```

assemblieren. Machen Sie sich einmal die Mühe, das Programm mit Hilfe des Debuggers im Einzelschrittmodus auszuführen, um festzustellen, welche Adresse der DOS-Lader in diesem Fall für den Offset einsetzt. Sie sehen an diesem Beispiel hoffentlich, daß es gar nicht so schwierig ist, mehrere Segmente über eine GROUP-Anweisung zu verwalten.

Ein kurzes Assemblerprogramm

Zum Abschluß dieses umfangreichen Kapitels soll einmal gezeigt werden, daß es auch mit den Standardsegmentanweisungen gar nicht immer so kompliziert sein muß, ein lauffähiges Assemblerprogramm zu erstellen. Das folgende Programm stellt sicher eines der einfachsten denkbaren Assemblerprogramme dar, die zudem etwas Sichtbares produzieren:

```
CODE    SEGMENT
    MOV DL,88
    MOV AH,02
    INT 21H
    INT 20H              ; Rückkehr zu DOS einmal anders
CODE    ENDS
END
```

Vielleicht hilft das »Programmchen«, mögliche Frustrationen abzubauen, denn es funktioniert auch ohne eine .MODEL- oder ASSUME-Anweisung. Wenn Sie wollen, können Sie alle Ihre Assemblerprogramme so schreiben, Sie dürfen aber weder einen Sprungbefehl (CS-Register) noch ein Label verwenden, was den Praxiswert dieser Methode dann doch ein wenig einschränkt.

10.8 Zusammenfassung

An der Entstehung eines ausführbaren Maschinenprogramms ist neben dem Assembler stets auch ein Linker beteiligt. Zunächst wird der Quelltext des Programms mit Hilfe des Editors in einer Datei, der Quelltextdatei, abgespeichert. Als nächstes tritt der Assembler in Aktion, welcher den Quelltext in eine Objektdatei umwandelt. Diese wird dann vom Linker in eine ausführbare Programmdatei (EXE-Datei) umgewandelt. Die Aufgabe des Linkers besteht im wesentlichen darin, die EXE-Datei mit bestimmten Verschiebe-Informationen zu versehen, die es dem MS-DOS-Lader ermöglichen, die Programmdatei in jeden Teil des Arbeitsspeichers zu laden. Die Aufgabe des Linkers besteht aber auch darin, mehrere Objektdateien zu einer einzigen Programmdatei zu verknüpfen. Ein Assembler erstellt aber nicht nur eine Objektdatei. Auf Wunsch kann er auch eine Programmlisting- und eine Crossreferenzdatei produzieren. Während eine Programmlistingdatei ein Protokoll des Assembliervorganges enthält, sind in einer Crossreferenzdatei alle in dem Programm enthaltenen Symbole enthalten.

Die nächsten Kapitel beschäftigen sich mit der praktischen Anwendung der Assemblerprogrammierung unter dem Betriebssystem MS-DOS. Im nächsten Kapitel wird zunächst der Aufbau von MS-DOS etwas genauer unter die Lupe genommen. In den darauffolgenden Kapiteln wird diese Theorie dann in die Praxis umgesetzt, um einige mehr oder weniger nützliche Utilities zu entwickeln.

10.9 Übungen

Aufgabe 1:

Das folgende Beispielprogramm enthält eine vorgegebene Segmentzuordnung. In welcher Reihenfolge werden die einzelnen Segmente später geladen? Wie läßt sich das überprüfen?

```
PROG1      SEGMENT  'X1'
             . . .
PROG1      ENDS
;
DATEN1     SEGMENT 'ABC'
             . . .
DATEN1     ENDS
;
PROG2      SEGMENT 'X1'
             . . .
PROG2      ENDS
;
DATEN2     SEGMENT BYTE
             . . .
DATEN2     ENDS
```

Aufgabe 2:

Nachfolgend sehen Sie eine Zeile aus einem Programmlisting. Welche Bedeutung hat der Buchstabe »R«, warum ist für die Adresse kein Wert angegeben?

```
0000 BA - - - - R    MOV DX,WERT
```

Um was handelt es sich bei WERT?

Aufgabe 3:

Welche Funktion hat der OFFSET-Operator?

Aufgabe 4:

Betrachten Sie sich das folgende Beispielprogramm:

```
DATEN1     SEGMENT PUBLIC
                   WERT1   DW 77H
DATEN1     ENDS
;
DATEN2     SEGMENT PUBLIC
                   WERT2   DW 99H
DATEN2     ENDS
;
     STACK     SEGMENT STACK
                   DW 64 DUP(?)
STACK      ENDS
;
CODE       SEGMENT
ASSUME     CS:CODE,DS:DATEN1,ES:DATEN2,SS:STACK
```

```
START:
                MOV DX,DATEN1
                MOV DS,DX
                MOV DX,DATEN2
                MOV ES,DX
                MOV AX,WERT1
                MOV BX,ES:WERT2
                MOV AH,4CH
                INT 21H
CODE     ENDS
END START
```

a) Welche Bedeutung hat die PUBLIC-Anweisung in diesem Fall?
b) Welches Segmentregister ist für das Segment DATEN2 zuständig?
c) Welche Funktion hat der Befehl »MOV BX,ES:WERT2«?
d) Kann man diesen Befehl auch durch »MOV BX,WERT2« ersetzen?
e) Muß das Stacksegment in der ASSUME-Anweisung aufgeführt werden?

Die Lösungen zu den Übungen finden Sie in Anhang F.

11 MS-DOS-ABC

Was hat Maschinensprache-Programmierung mit dem Betriebssystem MS-DOS zu tun? Eine ganze Menge, denn sobald ein Maschinenprogramm in irgendeiner Form mit seiner Außenwelt, das heißt mit den Peripheriegeräten des Rechners in Verbindung treten will, ist es auf Routinen des Betriebssystems angewiesen. Kenntnisse über den internen Aufbau von MS-DOS, dem Standard-Betriebssystem für IBM-PCs und Kompatible, sind daher für jeden Maschinensprache-programmierer, der auf diesen Systemen Programme entwickeln will, eine notwendige Voraussetzung. Dieses Kapitel gibt Ihnen eine Übersicht über den Aufbau von MS-DOS, seine wichtigsten Komponenten und seine Schnittstellen, die von selbstentwickelten Maschinenprogrammen genutzt werden können, um zum Beispiel den Bildschirm anzusteuern, Daten auf Diskette zu schreiben oder eigene Gerätetreiber zu installieren. Dabei geht es in erster Linie um eine erste Übersicht. Details zu den interessantesten Bereichen und vor allem praktische Anwendungen finden Sie dagegen im nächsten Kapitel.

In diesem Kapitel lernen Sie etwas über:
– die wichtigsten Komponenten von MS-DOS
– den Bootvorgang
– die BIOS-Interrupts
– die Aufgabe des DOS
– den Kommandointerpreter
– den MS-DOS-Lader
– den Unterschied zwischen EXE- und COM-Dateien

11.1 Ein kurzer Überblick über den MS-DOS-Stammbaum

Der Urvater des heutigen MS-DOS 5.0 war ein Betriebssystem mit dem Namen DOS-86, das 1980 ursprünglich für den Zweck entwickelt wurde, eine Kompatibilität von CP/M-80-Rechnern zu 8086/88-Rechnern herzustellen. Kurz vor der Markteinführung des IBM-PCs im Herbst 1981 wurde DOS-86 von Microsoft gekauft, umgeschrieben und als MS-DOS 1.0 veröffentlicht. IBM übernahm MS-DOS 1.0 und machte es unter dem Namen PC-DOS 1.0 zum Betriebssystem für ihre PCs. MS-DOS 1.0 hatte mit dem heutigen MS-DOS noch nicht sehr viel gemeinsam und war im Grunde ein verbessertes CP/M-80, das auf den 8086/88 angepaßt wurde. MS-DOS 2.0, das zwei Jahre später auf den Markt kam, war daher ein vollkommen neues Betriebssystem, das zwar auf der einen Seite immer noch eine gewisse Kompatibilität zu MS-DOS 1.0 und damit auch zu CP/M aufrecht erhielt, sich aber auf der anderen Seite durch Unix-ähnliche Eigenschaften, wie zum Beispiel ein hierarchisches Dateisystem, der Verwendung von »Handles« für den Zugriff auf Dateien oder der Möglichkeit, Gerätetreiber zu installieren, grundlegend von CP/M bzw. MS-DOS 1.0 unterschied. Die verbesserte Version 2.11 war offiziell bis 1984, bei uns in Deutschland sogar noch bis Ende 1986, die MS-DOS-Version, die mit den meisten Kompatiblen-PCs ausgeliefert wurde. Mit der Einführung des IBM-AT 1984 kam die Version 3.0 auf den Markt, die sich von 2.11 durch die Möglichkeit, mit größeren Festplatten und einem 1.2-Mbyte-Diskettenlaufwerk arbeiten zu können und vor allem durch seine Netzwerkfähigkeit unterschied. Mitte 1986 wurde die Version 3.1 durch 3.2 ersetzt, die zusätzlich 3,5-Zoll-Laufwerke unterstützt. Seit 1987 ist die MS-DOS-Version 3.3 erhältlich, die sicherlich heute, das heißt 1991, noch auf der Mehrzahl der PC-Systeme installiert ist. Zu den wesentlichsten Erneuerungen bei Version 3.3 gehören ein FASTOPEN-Befehl, der einen schnellen Zugriff auf Dateien ermöglicht, die kurz vorher geschlossen wurden (dies ist zum Beispiel in Netzwerken sinnvoll, wo einzelne Dateien durch verschiedene Benutzer sehr oft kurz nacheinander geöffnet und wieder geschlossen werden), die Möglichkeit, Batch-Dateien zu verschachteln und ein wesentlich benutzerfreundlicherer BACKUP-Befehl. Ein Nachteil der Version 3.3, nämlich nur Festplatten bis zu 32 Mbyte verwalten zu können, wurde durch die Nach-folgeversion 4.0 (bzw. 4.01) behoben. Diese DOS-Version wurde erstmals auch mit einer, wenngleich recht primitiven, grafischen Benutzeroberfläche ausgeliefert. Mittlerweile existiert MS-DOS in der Version 5.0 und ein Ende der Entwicklung ist trotz der nun doch zunehmenden Popularität von OS/2 nicht abzusehen. Die Version 5.0 zeichnet sich vor allem durch eine stark verbesserte grafische Benutzeroberfläche und eine wesentlich effizientere Speicherverwaltung aus. Dank HIMEM.SYS, einem Extended-Memory-Treiber, kann ein Teil von MS-DOS auf ATs und 80386/486-PCs in die ersten 64 Kbyte (streng genommen sind es 16 Byte weniger), die auch im Real-Modus adressiert werden können, geladen werden. Auf diese Weise werden etwa 40 Kbyte im Arbeitsspeicher für Anwenderprogramme frei.

11.2 Was ist MS-DOS?

Nun, zunächst nichts anderes als ein ca. 40 Kbyte (diese Größe ist abhängig von der jeweiligen Version und den geladenen Gerätetreibern) großes Maschinenprogramm. Diese Beschreibung ist sicher nicht sehr hilfreich, darum soll MS-DOS im folgenden Abschnitt ausführlicher beschrieben werden.

MS-DOS ist das Standard-Betriebssystem für alle PCs, XTs, ATs, 386/486-PCs und PS/2-Modelle. Zwar werden die PS/2-Modelle von IBM mit PC-DOS ausgeliefert, doch haben die geringfügigen Unterschiede zwischen diesen beiden Varianten für dieses Buch keine Bedeutung, so daß MS-DOS und PC-DOS als identisch betrachtet werden können. MS-DOS befindet sich in der Regel auf einer Diskette oder einer Festplatte, neuerdings auch im ROM, in Form der drei Dateien

- IO.SYS
- MSDOS.SYS
- COMMAND.COM

Beim Einschalten des Rechners werden diese drei Dateien, sofern sie nicht bereits im ROM existieren, in den Arbeitsspeicher geladen. Welche Funktion die einzelnen Dateien haben, wird noch zu besprechen sein. Obwohl sich MS-DOS bezüglich seines Aufbaus erheblich von anderen PC-Betriebssystemen wie zum Beispiel Unix oder OS/2 unterscheidet, haben alle diese Betriebs-systeme grundsätzlich die gleichen Aufgaben. Dazu gehören:

– die Koordination der einzelnen Peripheriegeräte
– die Verwaltung der Dateien
– die Kommunikation mit dem Benutzer

Bei MS-DOS werden diese Aufgaben von verschiedenen Systemkomponenten übernommen. Obwohl häufig nur von dem Betriebssystem MS-DOS als ganzem die Rede ist, unterteilt sich MS-DOS in drei Komponenten:

1. das BIOS
2. den DOS-Kern (oder einfach nur DOS)
3. den Kommandointerpreter (COMMAND.COM)

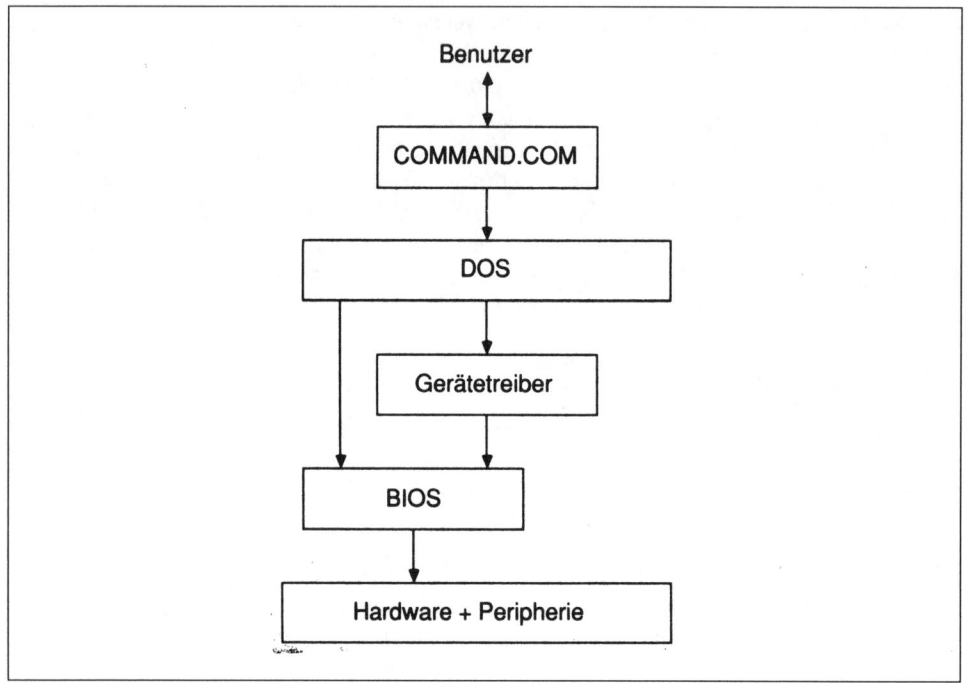

Bild 11.1: *Das Betriebssystem MS-DOS*

Bild 11.1 veranschaulicht, in welcher Weise die einzelnen Komponenten zusammenarbeiten. Wie sich aus dem Bild erkennen läßt, besteht ein Betriebssystem wie MS-DOS aus verschiedenen Ebenen, die hierarchisch aufeinander aufbauen. Die Komponenten, die die einzelnen Ebenen darstellen, sollen im folgenden nur kurz vorgestellt werden, ihre genaue Funktion wird in den nächsten Abschnitten ausführlich besprochen. Die unterste Ebene des Betriebssystems, das sogenannte BIOS (Basic Input Output System), stellt den hardwareabhängigen Teil des Betriebssystems dar. Bei dem BIOS handelt es sich vereinfacht dargestellt um eine Reihe von Programmroutinen und Datenbereichen, die so elementare Funktionen übernehmen wie zum Beispiel die Ansteuerung des Bildschirms oder des Diskettenkontrollers. Diese Routinen müssen stets an den speziellen Aufbau des jeweiligen Peripheriegerätes angepaßt sein und sind deswegen größtenteils hardwareabhängig. Da das BIOS die Software ist, die der PC ständig benötigt, wird das BIOS im ROM-Speicher abgelegt. Nicht nur PCs besitzen ein BIOS, sondern selbstverständlich auch andere Computer, wie zum Beispiel ein Amiga oder ein Atari ST. Das BIOS ist nicht zu verwechseln mit dem DOS-BIOS, das sich auf der MS-DOS-Systemdiskette in einer »versteckten« Datei befindet und beim Booten des Systems in den Arbeitsspeicher geladen wird. Das DOS-BIOS enthält zusätzliche hardwareabhängige Funktionen, die das (ROM-) BIOS ergänzen. Über dem BIOS liegt der sogenannte »DOS-Kern«, der im folgenden einfach nur als DOS bezeichnet wird. Anders als das BIOS ist das DOS weitestgehend hardwareunabhängig. Auch das DOS übernimmt wichtige Systemfunktionen, die allerdings nicht mehr so primitiv sind wie die Funktionen, die das BIOS zur Verfügung stellt. Die wichtigsten Aufgaben des DOS sind, wie sich aus dem Namen (DOS = »Disk Operation System«) bereits ableiten läßt, die Dateiverwaltung auf Diskette und Festplatte, aber auch die Verwaltung des Arbeitsspeichers.

Welchen Vorteil bringt die Aufteilung des Betriebssystems in einen hardwareabhängigen und einen hardwareunabhängigen Teil? Die Antwort ist in der Tatsache zu suchen, daß kein Computertyp dem anderen auf das Haar gleicht. Dies hat zum einen urheberrechtliche Gründe, zum anderen ist die Hardware aufgrund technischer Verbesserungen einem ständigen Wandel unterworfen. Daher existieren zwischen den einzelnen Computertypen mehr oder weniger große Unterschiede in der Hardware. Dem Betriebssystem fällt die Aufgabe zu, diese Hardwareunterschiede wieder auszugleichen, so daß der Benutzer auf den verschiedenen Computertypen eine identische Programmierumgebung vorfindet. Ein Betriebssystem sollte daher auf möglichst vielen verschiedenen Rechnersystemen einsatzfähig sein. Dadurch wird gewährleistet, daß ein Programm, das unter diesem Betriebssystem entwickelt wurde, auch auf diesen Rechnern lauffähig ist. Bestes Beispiel ist MS-DOS, der Industriestandard für Rechner, die auf der 80x86-CPU-Familie von Intel basieren. Da es aber auf der anderen Seite zu aufwendig wäre, für jeden neuen Rechnertyp das gesamte Betriebssystem anzupassen, wird statt dessen nur der hardwareabhängige Teil (das BIOS) angepaßt, während der Rest des Betriebssystems (das DOS) weitestgehend unverändert übernommen werden kann. Das DOS »weiß« im Grunde gar nichts von der Hardware, sondern führt alle Zugriffe auf die Hardware über das BIOS durch. Das BIOS stellt definierte Schnittstellen zur Verfügung, über die sowohl das DOS als auch Anwenderprogramme auf die einzelnen Hardwarekomponenten zugreifen können. Nur wenn sich ein Anwenderprogramm an diese Schnittstellen hält, wird gewährleistet, daß ein Programm auf allen MS-DOS-Rechnern lauffähig ist.

MS-DOS muß in der Lage sein, mit den verschiedensten Hardwarekomponenten arbeiten zu können. Dazu gehören zum einen jene Komponenten, über die jeder PC verfügt, wie zum Beispiel Tastatur, Bildschirm oder ein Diskettenlaufwerk. Dazu gehören aber auch etwas exotischere Komponenten wie zum Beispiel eine Maus, ein Plotter, ein Fax-Gerät oder eine Sprachausgabe. Da das BIOS nicht für alle in Frage kommenden Komponenten, um die sich ein PC erweitern läßt, gerüstet sein kann, sondern sich nur auf die elementarsten Ein-/Ausgabefunktionen beschränkt, muß MS-DOS um Module erweitert werden, die die Kommunikation zwischen den Geräten und dem BIOS und dem DOS herstellen. Diese Programmroutinen werden als Gerätetreiber (englisch »Device Driver«) bezeichnet und sind eine wichtige Voraussetzung für die Hardwareunabhängigkeit von MS-DOS. Während des sogenannten »Bootvorgangs« (mehr dazu im nächsten Abschnitt) werden die wichtigsten Gerätetreiber für Tastatur, Bildschirm, Schnittstellen,

Drucker und Diskettenlaufwerk oder Festplatte geladen und installiert. Der Benutzer kann darüber hinaus weitere Gerätetreiber installieren, indem er die Namen dieser Programme in die CONFIG.SYS-Datei einträgt. So enthalten zum Beispiel viele CONFIG.SYS-Dateien den Befehl

```
DEVICE=ANSI.SYS
```

der den Treiber für die erweiterte Bildschirmausgabe lädt, installiert und dadurch den standardmäßig vorhandenen Tastatur-/Bildschirmtreiber ersetzt.

Die oberste Ebene des Betriebssystems stellt der sogenannte Kommandointerpreter (der in manchen Büchern auch als »Shell« bezeichnet wird) dar. Seine Aufgabe ist es, Benutzerkommandos entgegenzunehmen und auszuführen. Er wird daher auch als das Bindeglied oder in der Fachsprache als die Schnittstelle zwischen dem Benutzer und dem System bezeichnet. In MS-DOS ist der Kommandointerpreter ein Programm mit dem Namen COMMAND.COM. Nach dem Einschalten des PCs wird MS-DOS im Rahmen des Bootvorganges geladen. Als eine der letzten Aktionen des Bootvorganges wird schließlich COMMAND.COM von Diskette oder Festplatte geladen und gestartet. Der Kommandointerpreter meldet sich daraufhin mit dem Systemprompt (zum Beispiel C>), der aus der Angabe des aktiven Laufwerks und dem »>«-Zeichen besteht. Letzteres zeigt an, das der Kommandointerpreter auf Ihre Eingabe wartet.

Wie Sie sehen, ist ein Betriebssystem wie MS-DOS ein relativ komplexes Programm, das aus verschiedenen, im Grunde voneinander unabhängigen Komponenten besteht, die jede für sich einen bestimmten Platz und eine bestimmte Funktion im Arbeitsspeicher des PCs haben. Dafür, daß sich alle Komponenten an ihrem richtigen Platz im Speicher befinden, wird während des Bootvorganges gesorgt, der im folgenden ausführlicher besprochen wird.

11.3 Das Booten des Betriebssystems

Sie sind es gewohnt, daß nach dem Einschalten Ihres PCs mit einer kurzen Verzögerung die Copyright-Meldung auf dem Bildschirm erscheint, unter Umständen die AUTOEXEC-Datei ausgeführt wird, die ein Anwenderprogramm startet oder sich einfach nur der Systemprompt C> oder A> meldet und das System auf ihre Eingaben wartet. Was Sie nicht sehen können, sind eine ganze Reihe von Vorgängen, die nach dem Einschalten des PCs ablaufen und die dafür sorgen, daß aus einem im Grunde nutzlosen PC (der über keinerlei »Intelligenz« verfügt) ein PC wird, der in der Lage ist, auf Benutzerkommandos zu reagieren. Diese Vorgänge, die sich nach dem Einschalten des PCs abspielen und die unter dem Begriff »Booten« zusammengefaßt werden, sollen im folgenden detaillierter beschrieben werden. Auch die Bedeutung dieses Begriffes wird in diesem Zusammenhang hoffentlich klarer werden.

Nach jedem Einschalten des PCs oder einem Warmstart beginnt die CPU, ein Programm an der festen Adresse 0FFFF:0000h (0FFFF0h) im Arbeitsspeicher des Computers auszuführen. Dies ist nicht MS-DOS-spezifisch, sondern eine allgemeine Eigenschaft der 8086/88-CPU. Jeder Systementwickler muß dafür sorgen, daß diese Adresse im ROM-Speicher des Systems liegt und daß sich unter dieser Adresse eine ausführbare Maschinenroutine befindet. In den meisten Fällen befindet sich dort lediglich ein Sprungbefehl auf die sogenannte POST-Routine (»Power On Self Tests«), die einen Test der wichtigsten Hardwarekomponenten des Systems vornimmt und die

Konfiguration des Systems bestimmt. Der Test ist notwendig, da so Hardwarefehler, wie zum Beispiel defekte Speicherchips oder eine nicht funktionsfähige Grafikkarte, rechtzeitig erkannt werden und nicht zu schwer lokalisierbaren Fehlern bei der Ausführung eines Programms führen. Der Testroutine schließt sich die sogenannte »Bootstrap-Routine« an, die sich ebenfalls im ROM-Speicher des Rechners befindet und die den eigentlichen Bootvorgang einleitet. Diese Routine lädt als erstes den Bootsektor (der erste Sektor auf der Diskette oder Festplatte) in den Speicher und bringt das darin befindliche Programm zur Ausführung. Dieses Programm stellt fest, ob es sich bei der Diskette im Standardlaufwerk um eine bootfähige Diskette handelt, das heißt ob es sich bei den ersten beiden Dateien auf der Diskette um die Systemdateien IO.SYS und MSDOS.SYS handelt (bei einem Original-IBM-PC heißen dieses Dateien IBMBIO.COM und IBMDOS.COM). Wundern Sie sich nicht, daß Ihnen diese Dateien noch nicht aufgefallen sind. Als sogenannte »versteckte Systemdateien« werden sie beim Listen des Inhaltsverzeichnisses mit DIR nicht angezeigt. Sie können aber mit Hilfsprogrammen, wie zum Beispiel dem Norton Commander, sichtbar gemacht werden und beim Formatieren einer Diskette mit der Option /S oder nachträglich über das MS-DOS-Kommando SYS übertragen werden.

Kann die Bootroutine die beiden Dateien IO.SYS und MSDOS.SYS nicht auf dem Standardlaufwerk finden und befindet sich in diesem Laufwerk eine Diskette, wird der Benutzer aufgefordert, eine andere Diskette einzulegen. Enthält das Standardlaufwerk dagegen keine Diskette, versucht die Bootroutine, von der Festplatte (sofern vorhanden) zu booten. Auch hier müssen zunächst die beiden Dateien IO.SYS und MSDOS.SYS lokalisiert werden. Gelingt dies, werden beide Dateien in den Speicher geladen und das Programm IO.SYS wird zur Ausführung gebracht. Ansonsten wird der Bootvorgang mit einer Fehlermeldung vom Typ »Keine Systemdiskette oder System-diskette defekt« abgebrochen (bei einem Original-IBM-PC wird statt dessen das eingebaute ROM-Basic aktiviert). Die Datei IO.SYS besteht aus zwei getrennten Programmen, dem DOS-BIOS und SYSINIT. Das DOS-BIOS stellt eine Erweiterung des ROM-BIOS dar und enthält unter anderem die residenten Gerätetreiber für Tastatur, Bildschirm und die übrigen Standardgeräte. SYSINIT, das zur Systeminitialisierung dient, muß zunächst die Größe des verfügbaren Arbeitsspeichers feststellen und lädt sich dann in den obersten Bereich des Arbeitsspeichers. Als nächstes wird der DOS-Kern, der sich noch als MSDOS.SYS im Arbeitsspeicher befindet, an eine endgültige Position geladen. Dabei wird der ursprüngliche Code von SYSINIT überschrieben. SYSINIT, das sich nun im oberen Bereich des Arbeitsspeichers befindet, ruft eine Initialisierungsroutine in MSDOS.SYS auf, die unter anderem dafür sorgt, daß interne MS-DOS-Arbeitsbereiche einge-richtet, alle angeschlossenen Peripheriegeräte getestet, die dazugehörigen Gerätetreiber initia-lisiert, die Interruptvektoren 20h bis 2Fh gesetzt werden und die Standard-Ein-/Ausgabegeräte festgelegt werden. Bevor die Routine zu SYSINIT zurückkehrt, wird die MS-DOS-Copyright-Mitteilung auf dem Bildschirm ausgegeben.

Zu diesem Zeitpunkt ist das Betriebssystem funktionsbereit. SYSINIT lädt als nächstes, sofern vorhanden, die Datei CONFIG.SYS in den Speicher und wertet die darin enthaltenen Informationen aus. Die CONFIG.SYS-Datei bietet dem Benutzer die Möglichkeit, eine individuelle Benutzerum-gebung festzulegen und verleiht dem PC dadurch ein hohes Maß an Flexibilität. So kann zum Beispiel innerhalb der CONFIG.SYS-Datei eine spezielle Landessprache ausgewählt, es können Standardparameter wie zum Beispiel die Größe des Diskettenpuffers festgelegt oder es können spezielle Gerätetreiber etwa zum Ansteuern einer Maus hinzugeladen werden. Die CONFIG.SYS-Datei bietet auch Laien die Möglichkeit, innerhalb weniger Sekunden zum Beispiel den Treiber für eine neue Festplatte zu installieren. Der Benutzer muß dazu lediglich in die CONFIG.SYS-Datei ein Kommando wie zum Beispiel »DEVICE=HD1.SYS« eintragen. Dieses Kommando bewirkt, daß beim Booten ein Gerätetreiber mit dem Namen HD1.SYS geladen wird, der MS-DOS in die Lage versetzt, mit der neuen Festplatte zu arbeiten.

Doch zurück zu der Beschreibung des Bootvorgangs. Als seine letzte Amtshandlung ruft SYSINIT den bereits installierten MS-DOS-Lader (die Funktion 4Bh des Interrupts 21h) auf, der als erstes die Datei COMMAND.COM in den Arbeitsspeicher lädt und startet. Genau wie IO.SYS und MSDOS.SYS muß auch COMMAND.COM auf jeder bootfähigen Diskette vorhanden sein. Bei der Datei COMMAND.COM handelt es sich um den Kommandointerpreter, dessen Aufgabe es unter anderem ist, Eingaben von der Tastatur entgegenzunehmen und auszuführen. COMMAND.COM liegt im Arbeitsspeicher in zwei Komponenten vor: einem residenten Teil und einem transienten Teil. Erster befindet sich im unteren Bereich des Arbeitsspeichers und ist permanent vorhanden. Letzterer befindet sich im oberen Teil des Arbeitsspeichers und wird durch Anwenderprogramme, die diesen Teil des Arbeitsspeichers benötigen, überschrieben. Immer wenn ein solches Programm beendet wird, muß der transiente Teil von COMMAND.COM von Diskette oder Festplatte nachgeladen werden.

Nachdem COMMAND.COM von SYSINIT in den Speicher geladen und gestartet wurde, wird SYSINIT selber durch den transienten Teil des Kommandointerpreters überschrieben. Anschließend sucht COMMAND.COM nach der AUTOEXEC.BAT-Datei. Diese Datei kann eine vom Benutzer definierte Startsequenz enthalten, die zum Beispiel eine Begrüßungsmeldung ausgibt, einen anderen Kommandointerpreter oder ein Anwenderprogramm lädt oder einfach nur den Suchpfad festlegt. Sowohl die CONFIG.SYS-Datei als auch die AUTOEXEC.BAT-Datei müssen nicht auf der Bootdiskette vorhanden sein. Schließlich gibt COMMAND.COM den Systemprompt aus und wartet auf Ihre Eingabe. Damit ist der Bootvorgang abgeschlossen. Bild 11.2 illustriert noch einmal (allerdings ein wenig vereinfacht) den eben beschriebenen Bootvorgang.

Nach dem Einschalten des PCs laufen folgende Schritte ab:

Nach der Beendigung des Bootvorgangs ist der Arbeitsspeicher des PCs in einer bestimmten Art und Weise belegt. Diese Speicherbelegung (die sogenannte »Memory Map«) können Sie dem Bild 11.3 entnehmen. Auch wenn diese Angaben von Fall zu Fall variieren können, so erhalten Sie doch eine ungefähre Vorstellung von der Belegung des Arbeitsspeichers Ihres PCs. Bereits an dieser Stelle soll darauf hingewiesen werden, daß die Aufteilung des Arbeitsspeichers unabhängig von der Größe des verfügbaren RAM-Speichers ist. MS-DOS kann in der jetzigen Form nicht mehr als 640 Kbyte RAM direkt nutzen. Auch wenn Ihr PC über 1, 2 oder 8 Mbyte verfügt, entspricht die Aufteilung des Arbeitsspeichers der in Bild 11.3.

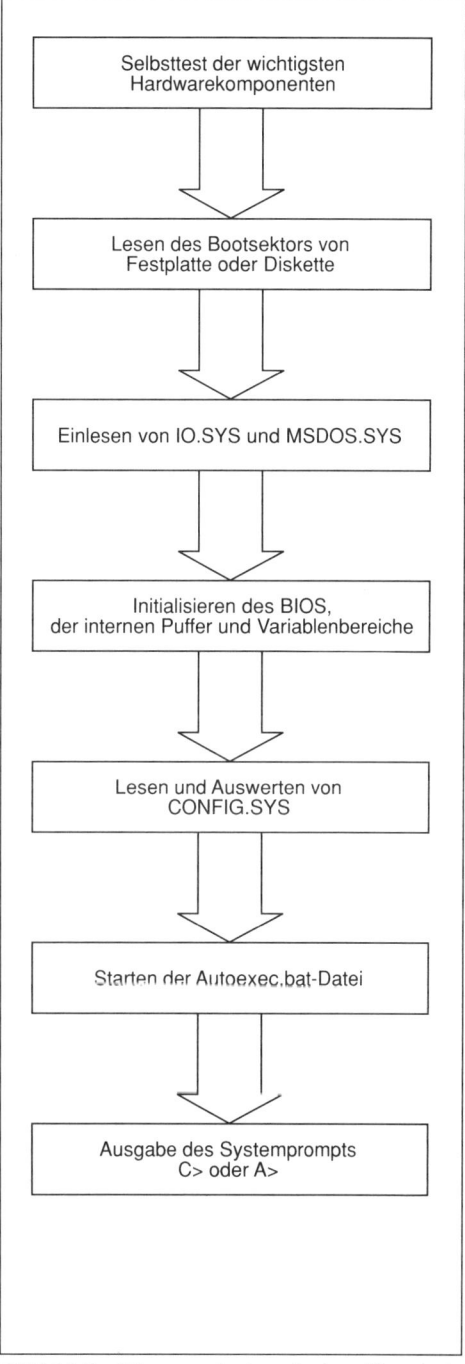

Bild 11.2: *Was passiert nach dem Einschalten des PC?*

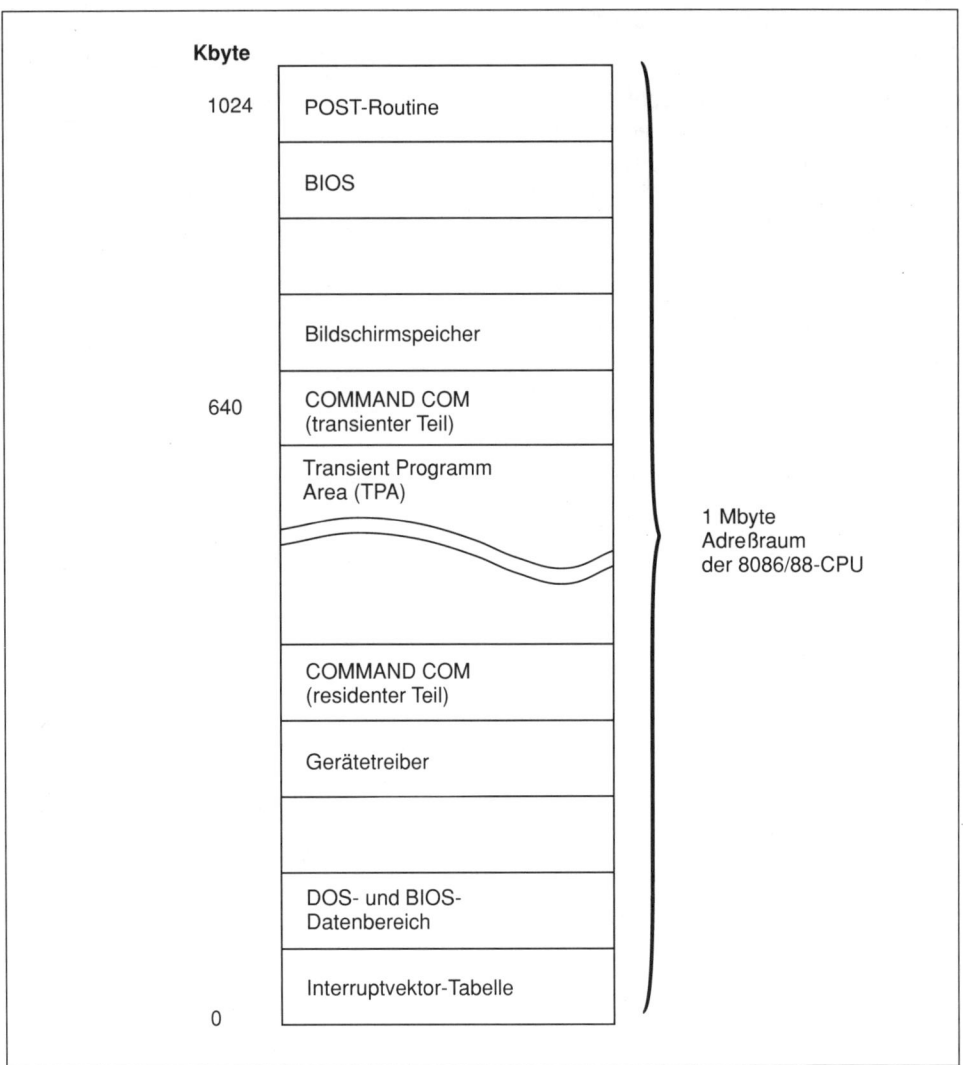

Bild 11.3: *Speicherbelegung nach dem Booten*

Sie sehen an der Beschreibung des Bootvorganges, daß sich das Betriebssystem nach dem Einschalten des PC selber aufbaut. Auf diesen Umstand weist auch der Begriff »Booten« hin, der mittlerweile anstandslos in den neudeutschen Sprachwortschatz aufgenommen wurde. Allerdings konnte die wortwörtliche Übersetzung dieses Begriffes bislang noch nicht eindeutig geklärt werden. Nicht wörtlich übersetzt heißt es entweder »sich die Stiefel anziehen« oder irgend etwas oder jemanden »einen Fußtritt geben«. Für welche Übersetzung Sie sich auch entscheiden mögen, beide beschreiben den Sachverhalt eigentlich ganz gut.

Nach der Beschreibung des Bootvorganges, dessen genauer Ablauf nur in den seltensten Fällen für den Programmierer von Bedeutung ist, ist nun die Beschreibung des Betriebssystems an der Reihe. Gemäß des hierarchischen Aufbaus beginnen wir mit der untersten Ebene, dem BIOS.

11.4 Das BIOS

Bei dem BIOS (BIOS steht für »Basic Input Output System«) handelt es sich im wesentlichen um eine Sammlung von Routinen, die elementare Systemfunktionen ausführen. Das BIOS versetzt den Maschinensprache-Programmierer in die Lage, elementare Ein-/Ausgabeoperationen wie zum Beispiel den Zugriff auf Disketten- oder Festplattenspeicher durchführen zu können, ohne die speziellen Eigenschaften dieser Geräte kennen zu müssen. Damit ist die Aufgabe des BIOS bereits grob umschrieben. Es stellt elementare Funktionen für die Kommunikation zwischen der CPU und den Peripheriegeräten wie zum Beispiel Bildschirm, Tastatur, Drucker und Diskettenlaufwerk zur Verfügung. Der größte Teil des BIOS ist im ROM-Speicher des PC untergebracht und beginnt in der Regel bei der Adresse 0FE000h (Sie können sich die BIOS-Routinen dort ohne weiteres mit Hilfe eines Disassemblers oder des Debuggers übersetzen lassen). Der Rest des BIOS wird während des Bootvorgangs aus der Datei IO.SYS (bzw. IBMBIO.COM) in den Arbeitsspeicher geladen. Das BIOS wird von dem Hersteller des PC zur Verfügung gestellt und kann daher von Computertyp zu Computertyp variieren. Nur die wenigsten PC-Hersteller verfügen über ein eigenes BIOS, sondern lizenzieren statt dessen das BIOS eines BIOS-Herstellers. Das Original-BIOS stammt natürlich von IBM. Die ersten Clone-Hersteller mußten das sicher ungewöhnliche Problem lösen, das BIOS zu kopieren ohne gegen irgendwelche Urheberrechte zu verstoßen. Angeblich löste die US-Firma Phoenix dieses Problem, indem sie einen Programmierer, der noch nie zuvor mit einem PC gearbeitet hatte, in den kanadischen Wäldern, abgeschnitten von der Zivilisation, an die Entwicklung eines eigenen BIOS setzte. Auf diese Weise sollte von vornherein der Vorwurf entkräftet werden, es könne sich um eine Kopie des IBM-BIOS handeln. Neben dem Phoenix-BIOS haben sich in der PC-Welt, insbesondere bei ATs und 386/486-PCs, die BIOSe von Award und American Megatrend Inc. (AMI) etabliert. Auch beim BIOS gibt es eine technische Weiterentwicklung. So ist es bei ATs und 386/486er-PCs mittlerweile selbstverständlich, daß der Anwender die wichtigsten Systemparameter, wie zum Beispiel die Anzahl der Laufwerke oder ein Paßwort, über ein Menü einstellen kann. Trotz derartiger technischer Weiterentwicklungen muß aber die Schnittstelle zum DOS bzw. den Anwenderprogrammen gleich bleiben.

An einem BIOS gibt es nichts Geheimnisvolles. Es handelt sich um ein etwas umfangreicheres Maschinenprogramm, das eine Vielzahl von Routinen für den direkten Zugriff auf die PC-Hardware zur Verfügung stellt. Ein komplettes BIOS-Listing finden Sie zum Beispiel im Technischen Referenz-Handbuch des Original-IBM-PC. Für den Systemprogrammierer stellt ein BIOS-Listing ein wichtiges Hilfsmittel dar, da hier Byte für Byte nachzulesen ist, wie sich der PC in allen Hardwareangelegenheiten verhält. Außerdem lernt man nebenbei noch einige Tricks der Maschinenspracheprogrammierung. Nicht zu finden sind hier allerdings Routinen für speziellere Anwendungen, wie zum Beispiel die Ansteuerung einer VGA-Karte, da hierfür ein eigenes BIOS auf der Grafikkarte existiert. Dieses BIOS, und alle weiteren, werden beim Systemstart zu einem BIOS »vereint«, so daß es für den Programmierer keine Rolle spielt, wo sich der jeweilige Teil des BIOS befindet.

Auch das DOS bedient sich der BIOS-Routinen, um so einfache Dinge zu erledigen wie zum Beispiel eine Zeichenausgabe auf dem Bildschirm. So ruft die Ausgabefunktion 2 des Interrupts 21h zur Ausgabe eines Zeichens auf dem Bildschirm (wie sie in den Programmbeispielen der letzten Kapitel verwendet wurde) letztlich eine BIOS-Funktion auf, um das Zeichen auszugeben (da jeder DOS-Funktion letztlich eine BIOS-Funktion folgt, sind DOS-Funktionen relativ langsam).

Der Aufruf der BIOS-Funktionen

Die einzelnen BIOS-Funktionen werden über Interrupts aufgerufen (die genauen Hintergründe eines Interruptaufrufes wurden bereits in Kapitel 5 besprochen), wobei die benötigten Daten zuvor in den CPU-Registern übergeben werden müssen. Die Interruptfunktionen des BIOS lassen sich in insgesamt fünf Gruppen aufteilen:

1. Interrupts der 8086/88-CPU (0-7h)
2. Interrupts des Interruptbausteins PIC 8259A (8-0Fh)
3. BIOS-Interrupts (10h-1A)
4. Benutzerdefinierbare Interrupts (1Bh-1Ch)
5. BIOS-Parameter (1Dh-1Fh)

Aus diesen fünf Gruppen sollen die wichtigsten Interrupts im folgenden kurz besprochen werden. Dabei geht es vor allem um eine kurze Beschreibung, die Ihnen einen Eindruck von den Möglichkeiten der BIOS-Funktionen vermitteln soll (eine ausführlichere Beschreibung der einzelnen Interruptaufrufe finden Sie im Anhang C). Die BIOS-Interrupts sind aber nur ein Teil der Interrupts, mit denen ein PC arbeitet. Je nachdem, ob ein Interrupt von der Hardware (zum Beispiel der 8086/88-CPU oder dem 8259A-Baustein) oder der Software (BIOS, DOS oder Anwenderprogramme) erzeugt wird, lassen sich die Interrupts in zwei Kategorien aufteilen: in Hardwareinterrupts und Softwareinterrupts. Beginnen wir zunächst mit den Hardwareinterrupts, auch wenn sie, streng genommen, nicht zum BIOS gehören:

Die Hardwareinterrupts

Die ersten vier Interrupts werden durch die CPU selber ausgelöst und müssen daher in jedem 8086/88-System mit einer passenden Interruptroutine, die im einfachsten Fall nur aus einem IRET-Befehl besteht, belegt sein.

Interrupt 0 – Divisionsüberlauf

Der Interrupt 0 wird immer dann ausgeführt, wenn ein Divisionsüberlauf eintritt (siehe Kapitel 7.3). MS-DOS initialisiert diesen Interrupt so, daß beim Auftreten des Interrupts 0 ein laufendes Programm abgebrochen und die Mitteilung »Divisions Überlauf« ausgegeben wird.

Interrupt 01 – Einzelschritt

Dieser Interrupt wird bei gesetztem Einzelschrittflag im Statusregister der CPU nach jeder Ausführung eines Maschinenbefehls aufgerufen. Die Interruptroutine löscht als erstes das Einzelschrittflag, um zu vermeiden, daß auch innerhalb der Interruptroutine nach jedem Maschinenbefehl (eine Ausnahme stellen Befehle mit einem Präfix, wie zum Beispiel REP, dar) ein erneuter Interrupt ausgeführt wird. Anschließend werden die Befehle der Interruptroutine ausgeführt, durch die zum Beispiel die Inhalte der CPU-Register ausgegeben werden können.

Nach Beendigung der Interruptroutine wird das Einzelschrittflag wieder gesetzt, damit auch der nächste Maschinenbefehl im Einzelschrittmodus ausgeführt werden kann. Dieser Vorgang wiederholt sich so lange, bis das Einzelschrittflag vom Benutzer zurückgesetzt wird. Beachten Sie, daß es dafür keinen speziellen Befehl gibt. Das Setzen oder Rücksetzen dieses Flags erfolgt daher zum Beispiel durch Kopieren des Flagregisters auf den Stack und anschließender ODER-Verknüpfung. Durch das Zurücktransportieren des Stackinhaltes in das Statusregister wird das Einzelschrittflag gesetzt.

Interrupt 02 – Nicht maskierbarer Interrupt (NMI)
Dieser Interrupt ist für schwerwiegende Systemfehler (zum Beispiel defekte Speicherchips) oder für den mathematischen Koprozessor reserviert. Ein nicht maskierbarer Interrupt (NMI) kann normalerweise nicht durch die Software unterdrückt werden und hat von allen möglichen Interrupts die höchste Priorität. Das Löschen eines nicht maskierbaren Interrupts ist nur durch einen Neustart des Systems möglich. Ein NMI-Interrupt kann auch durch einen mathematischen Koprozessor ausgelöst werden. In manchen ATs kann der NMI-Interrupt durch Setzen von Bit 7 des CMOS-RAM-Ports mit der Adresse 70h verhindert werden. Dies sollte allerdings nur in Ausnahmefällen durchgeführt werden.

Interrupt 03 – Haltepunkt
Dieser Interrupt bewirkt, daß die Ausführung eines Maschinenprogramms angehalten und eine spezielle Routine ausgeführt wird. Neben dem INTO-Befehl wird auch dieser Interrupt über einen speziellen Ein-Byte-Maschinenbefehl (Opcode 0CCh) ausgelöst. Über diesen Interrupt können in einem Maschinenprogramm sogenannte Haltepunkte (englisch »Breakpoints«) gesetzt werden. Trifft die CPU bei der Ausführung eines Maschinenprogramms auf einen solchen Haltepunkt, führt sie einen Interrupt 3 aus. Im Rahmen dieser Interruptroutine können zum Beispiel wichtige CPU-Register oder der Inhalt eines bestimmten Speicherbereichs ausgegeben werden. Es kann aber auch eine Timerroutine aufgerufen werden, mit deren Hilfe die Ausführungszeit einer Routine gestoppt werden kann. Normalerweise wird dieser Interrupt von DOS nicht benutzt. Der dazugehörige Vektor zeigt in diesem Fall auf einen IRET-Befehl.

Interrupt 04 – Überlauf
Dieser Interrupt wird durch den INTO-Befehl (Interrupt on Overflow) ausgelöst. Dieser Befehl führt immer dann einen Interrupt aus, wenn das Überlaufflag im Statusregister der CPU (zum Beispiel nach einer Multiplikation mit zu großen Operanden) gesetzt wurde.

Interrupt 05 – Hardcopy des Bildschirms
Dieser Interrupt wird beim Betätigen der ⟨PrtScr⟩- oder ⟨Druck⟩-Taste (bei einer deutschen Tastatur) ausgelöst und bewirkt die Ausgabe des momentanen Bildschirminhaltes auf einem angeschlossenen Drucker. Da dazu eine spezielle Routine notwendig ist, die die Hardcopy ausgibt, handelt es sich eigentlich bereits um einen BIOS-Interrupt. Dieser Interrupt kann natürlich auch innerhalb eines Programms ausgeführt werden. Die Speicherstelle 0050:0000h im sogenannten »BIOS-RAM-Bereich« gibt darüber Auskunft, ob eine Hardcopy ausgegeben werden konnte oder nicht. Sie enthält eine »0«, wenn der Druckvorgang erfolgreich ausgeführt wurde, ansonsten eine »1«. Ungünstigerweise wird dieser Interrupt bei den Nachfolge-CPUs 80186-486 auch durch den BOUND-Befehl belegt, so daß sich unter Umständen Überschneidungen ergeben können.

8259A-Interrupts

Die folgenden Interrupts werden durch den Interrupt-Kontroller (PIC) 8259A ausgelöst, der in jedem PC zu finden ist. Seine Aufgabe ist es, maximal acht (bzw. 16 bei einem AT oder 386/486-PC) auszuwerten und einen Interrupt auf den INTR-Eingang der CPU weiterzuleiten. Löst eines der acht (bzw. 16) angeschlossenen Geräte einen Interrupt beim 8259A aus, so gibt der Baustein diesen Interrupt zusammen mit einer Interruptnummer, die für den Aufruf der entsprechenden Interruptroutine genutzt wird, an die 8086/88-CPU weiter. Die CPU multipliziert die Interruptnummer mit vier und erhält so die Adresse der auszuführenden Routine in der Interruptvektortabelle.

Interrupt 08 – 8253-Systemzeitgeber

Der Zeitgeberbaustein 8253 gehört, neben der 8086/88-CPU und dem 8259A-Interruptkontroller, zu den wichtigsten Bausteinen auf der Hauptplatine des PC. Durch den Taktgeber des Systems erhält der 8253 pro Sekunde 1.193.180 Impulse (dies ist ein Viertel der Taktfrequenz von 4,77 MHz, der Standardtaktfrequenz des Original-PC). Nach jeweils 65536 Impulsen, also ca. 18,2mal pro Sekunde, löst der Zeitgeber einen Interrupt 8 aus, der durch den 8259A an die 8086/88-CPU weitergeleitet wird. Mit anderen Worten wird alle 54,9 Millisekunden eine spezielle BIOS-Routine aufgerufen, die unter anderem die Systemuhr inkrementiert und das Laufwerk kontrolliert. Der Zeitgeber kann aber auch für sehr genaue Zeitmessungen (im Mikrosekundenbereich) oder für Verzögerungsschleifen benutzt werden.

Interrupt 09 – Tastatur

Bei jedem Betätigen einer Taste löst der Tastaturprozessor 8048 einen Interrupt 9 beim Interruptbaustein 8259A aus, der die Interruptanforderung an die CPU weitergibt. Die entsprechende BIOS-Routine liest den Tastaturcode der betätigten Taste von einem E/A-Port und speichert das dazugehörige Zeichen in dem Tastaturpuffer des Systems (sofern dort noch ein Platz frei ist). Normalerweise wird ein Anwenderprogramm eingegebene Zeichen nicht direkt aus dem Tastaturpuffer lesen, sondern diese Aufgabe dem Interrupt 16h überlassen, der »nichts« anderes macht als ein Zeichen aus dem Tastaturpuffer zu holen. Es gibt jedoch einige Anwendungen, wie zum Beispiel speicherresidente Programme, die durch eine bestimmte Taste aktiviert werden und die sich diesen Interrupt auf eine eigene Routine legen, um vor dem BIOS einen Tastendruck auswerten zu können.

Die Softwareinterrupts

Bei den folgenden Interrupts handelt es sich um Softwareinterrupts. Die Unterscheidung zu den Hardwareinterrupts ist von elementarer Bedeutung für das Verständnis der Arbeitsweise von BIOS und DOS. Anders als ein Hardwareinterrupt, der im Grunde »jederzeit« auftreten kann, werden Softwareinterrupts innerhalb eines Programms über den INT-Befehl gezielt aufgerufen, um eine bestimmte Funktion zu realisieren. Bezüglich des Ablaufs der Interruptroutine unterscheiden sie sich allerdings nicht von Hardwareinterrupts.

BIOS-Interrupts

Die folgenden Interrupts werden von BIOS-Funktionen belegt. Tabelle 11.1 gibt eine Übersicht über die einzelnen BIOS-Interrupts, die in erster Linie für elementare Ein-/Ausgabeoperationen verwendet werden. Die meisten dieser Interrupts führen über eine Funktionsnummer, die im AH-Register übergeben wird, eine Reihe von Unterfunktionen aus.

Interrupt Nr.	Funktion
10h	Bildschirmsteuerung
11h	Feststellen der Konfiguration
12h	Feststellen der RAM-Speichergröße
13h	Disketten- und Festplattenzugriff
14h	Schnittstellensteuerung
15h	u.a. Zugriff auf Extended-Memory bei ATs
16h	Tastaturabfrage
17h	Druckersteuerung
1Ah	Uhrzeit lesen/setzen

Tabelle 11.1: *Die wichtigsten BIOS-Interrupts*

Beginnen wir mit einer Beschreibung der BIOS-Interrupts zur Ansteuerung der wichtigsten Peripheriegeräte:

– Bildschirm
– Tastatur
– Diskette/Festplatte
– Serielle Schnittstelle
– Drucker
– Systemuhr

Interrupt 10h – Bildschirmausgabe

Dies ist der zentrale Interrupt für die Ausgabe von Zeichen und Grafik auf dem Bildschirm. Der Interrupt 10h führt in der Standardversion insgesamt 16 verschiedene Aus- und Eingabe-operationen mit dem Bildschirm durch. In Tabelle 11.2 werden diese Operationen zusammen-gefaßt, eine detaillierte Beschreibung finden Sie in Anhang C. Bei allen PCs, die mit einer EGA-oder VGA-Karte ausgerüstet sind, wird dieser Interrupt auf das BIOS der Grafikkarte umgelegt. Für den Benutzer ist diese Erweiterung vollkommen transparent. Neben den Grundfunktionen stehen nun zusätzliche Funktionen für die speziellen Grafikmodi der EGA- oder VGA-Karte zur Verfügung.

Diese kurze Übersicht vermittelt bereits den Eindruck, daß die Funktionen des Interrupts 10h tatsächlich sehr elementar sind. Wann immer Sie in einem Maschinenprogramm eine umfang-reichere Bildschirmausgabe durchführen wollen, sollten Sie auf diesen Interrupt zurückgreifen. Als Alternative bieten sich entweder die Funktionen des Interrupts 21h an (relativ langsam) oder aber der direkte Zugriff auf den Bildschirmspeicher (hardwareabhängig).

Funktionsnummer	Funktion
0	Setzen des Videomodus
1	Cursorzeilen setzen
2	Cursor positionieren
3	Cursorposition lesen
4	Lichtstiftposition lesen
5	Aktive Bildschirmseite auswählen
6	Aktive Seite aufwärts scrollen
7	Aktive Seite abwärts scrollen
8	Zeichen an Cursorposition lesen
9	Zeichen an Cursorposition schreiben
10	Zeichen an Cursorposition schreiben
11	Bildschirmfarben einstellen
12	Grafikpunkt setzen
13	Grafikpunkt lesen
14	Zeichen an Cursorposition schreiben
15	Bildschirmstatus lesen

Tabelle 11.2: *Bildschirm-Ein-/Ausgabe mit INT 10h*

Interrupt 16h – Tastatur

Dieser Interrupt dient zum Auslesen des Tastaturpuffers. Die Tastatur eines PC enthält einen eigenen Mikroprozessor, den Intel 8048 oder einen Verwandten, der einen Tastendruck auswertet und einen speziellen Code (den sogenannten »Scancode«) an die Zentraleinheit schickt. Bekanntlich macht die Tastatur über den Interrupt 9h darauf aufmerksam, daß eine Taste gedrückt wurde, deren Code an Port 60h zur Verfügung steht. Das BIOS nimmt den Scancode entgegen und wandelt ihn in den entsprechenden ASCII-Code um. Das BIOS muß dabei berücksichtigen, daß stets auch eine der Steuertasten wie SHIFT oder ALT gleichzeitig gedrückt werden kann. In diesem Fall wird ein sogenannter »erweiterter Tastaturcode« übergeben, der aus einer Null und dem erweiterten Code besteht. Das BIOS speichert entweder den Scancode und den ASCII-Code oder den erweiterten Tastaturcode im Tastaturpuffer des Systems. Dieser Tastaturpuffer befindet sich im sogenannten »BIOS-Variablenbereich« (mehr dazu in Kapitel 12) und kann maximal 32 Byte oder 16 Tastencodes aufnehmen (ist der Puffer voll, wird jedes weitere eingegebene Zeichen ignoriert und es ertönt ein Piepston). Auch beim Loslassen einer Taste wird übrigens ein Scancode (der Scancode der Taste +128) erzeugt. Wird eine Taste längere Zeit gedrückt, erzeugt der Tastaturprozessor 8048 ein sich wiederholendes Signal des Scancodes, so als würde die entsprechende Taste fortlaufend gedrückt werden. Fassen wir kurz zusammen: Beim Betätigen einer Taste holt das BIOS den entsprechenden Scancode von der Tastatur und legt ihn in einem internen Puffer ab. Für das BIOS ist die Angelegenheit damit erledigt. Ein Anwenderprogramm, das auf eine Tastatureingabe wartet, muß sich seine Eingabe aus dem Tastaturpuffer holen. Dazu steht der Interrupt 16h zur Verfügung. Hinter dem Interrupt 16h stehen drei Funktionen, die

– ein Zeichen aus dem Tastaturpuffer lesen
– prüfen, ob ein Zeichen im Tastaturpuffer steht
– den Status der Tastatur ermitteln

Bislang wurde in den Beispielprogrammen der Kapitel 8 bis 10 eine Tastatureingabe über die Funktion 01 des Interrupts 21h durchgeführt. Dieser Interrupt ruft den DOS-Tastaturtreiber auf, der wiederum den Interrupt 16h aufruft. Anders als der Interrupt 16h, der lediglich ein Zeichen von der Tastatur einliest, wird bei der Funktion 01 des Interrupts 21h das eingelesene Zeichen gleichzeitig auch ausgegeben (Echo-Funktion). Auch wenn der Interrupt 16h normalerweise die unterste Eingabeebene darstellt, kann es in manchen Fällen erforderlich sein, noch eine Ebene tiefer zu gehen und eine Tastatureingabe unter Umgehung des Interrupts 16h direkt aus dem Tastaturpuffer zu lesen, bevor sie das BIOS verarbeiten kann. Ein solcher Fall wird im nächsten Kapitel im Zusammenhang mit einem speicherresidenten Programm vorgestellt.

Interrupt 13h – Disketten-/Festplattenzugriff

Dies ist der »zentrale« Interrupt für alle Zugriffe auf die Diskette und Festplatte. Da sich allein über die Funktion und die Verwaltung einer Festplatte ein ganzes Buch schreiben ließe (und auch bereits geschrieben worden ist), soll die Festplatte in diesem Kapitel nicht weiter behandelt werden und nur auf die Verwaltung der Diskettenlaufwerke eingegangen werden. Für den Zugriff auf beide Speichermedien über DOS- oder BIOS-Interrupts ist ohnehin in den seltensten Fällen eine Unterscheidung notwendig, da die Software dafür sorgt, daß diese technisch völlig unterschiedlichen Komponenten als ein und dasselbe Gerät behandelt werden können.

Um die Funktionsweise des Interrupts 13h besser verstehen zu können, sind ein paar erklärende Worte über die Aufteilung einer Diskette erforderlich. Jede Diskettenseite besteht bei einer einfachen Diskette (double sided, double density) aus 40 Spuren (englisch »Tracks«). Jede Spur besteht wiederum aus 9 Sektoren. Die Spuren werden von 0 bis 39 durchnumeriert, wobei sich Spur 0 am äußeren Ende der Diskette befindet. Eine Diskette wird beidseitig beschrieben und bietet normalerweise eine Kapazität von 360 Kbyte. Dieser Aufbau, der als das Diskettenformat bezeichnet wird, ist allerdings nur für das DOS von Bedeutung. Falls man den Diskettenkontroller direkt programmiert, können beliebige Formate verwendet werden, die dann aber unter Umständen vom DOS nicht mehr gelesen werden können.

Über den Interrupt 13h werden sechs Funktionen für die Diskettenverwaltung und 14 Funktionen für die Verwaltung der Festplatte zur Verfügung gestellt. Damit Sie sich ein besseres Bild von der Nützlichkeit und der Anwendung des Interrupts 13h machen können, sollen zwei Funktionen stellvertretend vorgestellt werden:

Funktion 2: Lesen von Sektoren

Die Funktion 2 liest einen oder mehrere Sektoren von der Diskette (oder Festplatte) in den Arbeitsspeicher. Vor dem Funktionsaufruf muß festgelegt werden, von welcher Stelle der Diskette an Daten gelesen werden sollen. Ferner muß die Anzahl der zu lesenden Sektoren und die Adresse eines Puffers festgelegt werden, in den die Daten übertragen werden sollen. Falls das Lesen fehlerfrei gelang, ist das Carryflag gelöscht. Ansonsten ist das Carryflag gesetzt und das AH-Register enthält einen Fehlercode. Wie es bei allen BIOS- und DOS-Interrupts üblich ist, werden alle benötigten Parameter in den Registern der 8086/88-CPU übergeben. Für die Funktion 2 ergibt sich folgende Registerbelegung:

Registerbelegung vor dem Aufruf:

AH = 2
DL = Nummer des Diskettenlaufwerks (0-3)
DH = Nummer der Diskettenseite (0 oder 1)
CH = Nummer der Spur
CL = Nummer des Sektors
AL = Anzahl der zu lesenden Sektoren
ES = Segmentadresse des Puffers
BX = Offsetadresse des Puffers

Registerbelegung nach dem Aufruf:

AH = Fehlercode, falls Carry = 1
AL = Anzahl der gelesenen Sektoren

Die von der Diskette gelesenen Daten werden in einem Puffer abgelegt, der durch das Registerpaar ES:BX adressiert wird. Sie sehen an diesem Beispiel, daß es gar nicht so schwer ist, über BIOS-Routinen elementare Disketten/Festplattenoperationen in eigenen Maschinenprogrammen durchzuführen. Das gilt auch für die nächste Funktion des Interrupts 13h, mit der ein oder mehrere Sektor(en) formatiert werden können.

Funktion 5: Diskette formatieren

Registerbelegung vor dem Aufruf:

AH = 5
DL = Nummer des Diskettenlaufwerks (0-3)
DH = Nummer der Diskettenseite (0 oder 1)
CH = Nummer der Spur
AL = Anzahl der zu formatierenden Sektoren
ES = Segmentadresse des Puffers
BX = Offsetadresse des Puffers

Registerbelegung nach dem Aufruf:

AH = Fehlercode, falls Carry = 1
AL = Anzahl der zu formatierenden Sektoren

Durch diese Funktion wird eine komplette Spur formatiert. Auch hier zeigt ein gelöschtes Carryflag eine fehlerfreie Operation an. Trat ein Fehler beim Formatieren auf, wird das Carryflag gesetzt und das AH-Register erhält den Fehlertyp. Der Puffer, dessen Adresse im ES:BX-Registerpaar übergeben wird, enthält für jede zu formatierende Spur eine aus 4 Byte bestehende Information:

1. Nummer der Spur
2. Nummer der Seite
3. Sektornummer
4. Bytes pro Sektor (128, 256, 512, 1024)

Bei einem PC-Laufwerk enthält ein Sektor stets 512 Byte, es ist jedoch auch möglich, eine andere Sektorgröße auszuwählen.

Interrupt 14h – Serielle Schnittstelle

Dieser Interrupt ermöglicht die Programmierung der seriellen Schnittstelle. An die serielle Schnittstelle wird in der Regel ein Modem, eine Maus oder ein Drucker angeschlossen sein. Von allen Standard-Peripheriegeräten eines PC wird die serielle Schnittstelle am wenigsten unterstützt. Der schwerwiegendste Nachteil ist die fehlende Pufferung. Sendet ein externes Gerät Daten schneller als der PC sie verarbeiten kann, gehen unter Umständen Zeichen verloren. Jedes Programm, das Daten über die serielle Schnittstelle sendet oder empfängt, muß daher eine eigene Routine zur Verfügung stellen, die die Original-Routinen des BIOS ersetzt. Die wichtigste Funktion des Interrupt 14h ist die Funktion 0 zur Initialisierung der Schnittstelle, die unter anderem die Übertragungsgeschwindigkeit in Baud (110 bis 9600) und das Datenformat der Übertragung festlegt. Funktion 0 liefert nach dem Aufruf den Status der Schnittstelle zurück.

Interrupt 17h – Drucker (parallel)

Dieser Interrupt dient zur Ansteuerung der an den PC angeschlossenen (parallelen) Drucker. Der Interrupt 17h stellt folgende drei Funktionen zur Verfügung:

– ein Zeichen auf dem Drucker ausgeben
– Drucker initialisieren
– Druckerstatus abfragen

Die Nummer des anzusteuernden Druckers wird im DX-Register übergeben. Vor dem Beginn einer Druckerausgabe wird der Drucker in der Regel initialisiert. Jede der drei Funktionen gibt den Druckerstatus im AH-Register zurück, aus dem zum Beispiel zu ersehen ist, ob der Drucker eingeschaltet ist oder ob der Drucker über Papier verfügt.

Interrupt 1Ah – Datum und Zeit

Auch die Systemuhr des PC wird vom BIOS als »Gerät« behandelt. Mit dem Interrupt 1Ah kann die Systemzeit gelesen oder gesetzt werden. Bekanntlich wird der Systemzeitzähler 18,2mal pro Sekunde erhöht. Der höherwertige Teil des Zählers ist nach dem Aufruf der Funktion im CX-Register und der niederwertige Teil des Zählers im DX-Register enthalten. Ein Beispiel für den Zugriff auf die Systemzeituhr finden Sie im nächsten Kapitel. ATs verfügen über eine batteriegepufferte Echtzeituhr, deren Werte im CMOS-RAM des ATs gespeichert werden, und die über erweiterte Funktionen des Interrupts 1Ah gelesen und gesetzt wird

Weitere BIOS-Funktionen

Neben den elementaren Funktionen zur Ansteuerung der Peripheriegeräte stellt das BIOS noch einige Systemfunktionen zur Verfügung, die innerhalb von Anwenderprogrammen nur selten eingesetzt werden.

Interrupt 11h – Konfiguration feststellen

Dieser Interrupt dient zum Feststellen der Systemkonfiguration während des Bootvorganges. Nach der Ausführung dieses Interrupts enthält das AX-Register eine 16-Bit-Zahl, bei der jedes Bit eine bestimmte Bedeutung hat. Aus dieser Zahl kann zum Beispiel die Anzahl der Diskettenlaufwerke, die Größe des RAM-Speichers auf der Hauptplatine oder der Videomodus beim Systemstart bestimmt werden.

Die Routine des Interrupts 11h liest die Konfiguration aus einer Speicherzelle im BIOS-Datenbereich mit der Adresse 0040:0010h. Der dort enthaltene Wert wird beim Booten des Systems durch die in Kapitel 11.3 beschriebene Initialisierungsroutine eingetragen.

Interrupt 12h – Größe des Arbeitsspeichers ermitteln

Durch diesen Interrupt wird die Größe des konventionellen Arbeitsspeichers (nicht eingeschlossen ist Extended Memory) ermittelt. Nach der Ausführung dieses Interrupts enthält das AX-Register die Größe des Systemspeichers in Kbyte. Auch dieser Wert wird aus einer Speicherzelle des BIOS-Datenbereichs gelesen (Adresse 0040:0013h), der beim Booten des PC ermittelt wurde.

Interrupt 15h – Systemservice

Dieser Interrupt, der beim Original-PC noch für die Ansteuerung des Kassettenmotors vorgesehen war, erfüllt bei ATs und 386/486er PCs wichtige Systemfunktionen. Über diesen Interrupt ist zum Beispiel ein Umschalten in den Protected-Modus oder das Verschieben eines Speicherblocks nach und von Extended-Memory möglich. Wir werden auf einige Funktionen dieses Interrupts in Kapitel 15, in dem der Protected-Modus ausführlicher besprochen wird, noch zurückkommen.

Interrupt 19h – Bootvorgang einleiten

Dieser Interrupt führt einen Warmstart aus und bootet das Betriebssystem. Der Interrupt wird auch durch die Tastenkombination (Ctrl)-(Alt)-(Del) aufgerufen.

BIOS-Parameter-Interrupts

Bei den drei Interrupts 1Dh, 1Eh und 1Fh handelt es sich um nicht aufrufbare Interrupts. Vielmehr zeigen die entsprechenden Interruptvektoren auf wichtige Datentabellen, die vom BIOS benutzt werden.

Interrupt 1Dh – Videotabelle

Der Interruptvektor dieses Interrupts, der an der Speicherstelle 0000:0074h abgelegt ist, zeigt auf eine Tabelle von Werten, die für die Unterstützung der Grafikkarte benötigt werden.

Interrupt 1Eh – Laufwerkstabelle

Der Interruptvektor dieses Interrupts, der an der Speicherstelle 0000:0078h abgelegt ist, zeigt auf eine Tabelle von Werten, die das BIOS für den Zugriff auf die am PC angeschlossenen Diskettenlaufwerke benötigt. Die Original-Tabelle umfaßt 11 Byte und befindet sich im ROM. Durch Ändern des Interruptvektors können aber auch andere Laufwerkstabellen mit anderen Laufwerksparametern aktiviert werden. Auch für die Festplattenlaufwerke existiert eine Parametertabelle, die durch den Vektor des Interrupts 41h adressiert wird. Bei ATs und 386/486-PCs gibt es zusätzlich eine erweiterte Parametertabelle im ROM, in der die gängigsten Festplattentypen eingetragen sind.

Interrupt 1Fh – Zeichentabelle

Der an der Speicherstelle 0000:007Ch abgelegte Interruptvektor des Interrupts 1Fh ist als Zeiger auf eine Tabelle mit Grafikzeichen vorgesehen. Normalerweise enthält diese Speicherstelle eine 0. Sie kann jedoch zum Beispiel durch das MS-DOS-Kommando GRAFTABL initialisiert werden. GRAFTABL lädt eine Tabelle mit Grafiksymbolen für die ASCII-Zeichen 128 bis 255 in den

Speicher, die im Grafikmodus auf dem Bildschirm ausgegeben werden können. Der Benutzer kann an der Speicherstelle 0000:007Ch jedoch auch einen Zeiger auf eine eigene Zeichentabelle eintragen.

Eingriff in das BIOS

Die Möglichkeiten das BIOS zu »patchen«, das heißt einzelne Befehle zu verändern, sind naturgemäß sehr begrenzt, da sich das BIOS im ROM befindet. Zwar sind Änderungen am BIOS, zum Beispiel an der Festplattenparametertabelle, durchaus möglich, allerdings muß dann das komplette BIOS-ROM ausgetauscht werden (in der Zeitschrift c't wurde vor einigen Jahren ein spezielles BIOS für die V20-CPU vorgestellt, das in jedem PC oder XT eingesetzt werden kann und welches die zusätzlichen Möglichkeiten dieser CPU unterstützt). Doch auch ohne das BIOS komplett auszutauschen, gibt es (wenn auch begrenzte) Möglichkeiten, eigene Maschinenroutinen in das System zu integrieren. Zum einen ist es möglich, BIOS-Interrupts mit eigenen Routinen zu belegen. Dabei muß man selbstverständlich nicht die komplette Interruptroutine ersetzen. In der Regel wird die neue »BIOS-Routine« lediglich aus einer Abfrage und einer eigenen Routine bestehen. Die Abfrage prüft zum Beispiel, ob das AH-Register einen speziellen Wert enthält. Ist das der Fall, wird die eigene BIOS-Erweiterung ausgeführt. Anschließend wird die normale BIOS-Routine ausgeführt.

Interrupts 1Bh – Control Break

Es gibt noch zwei weitere Möglichkeiten, das BIOS zu erweitern, ohne einen direkten Eingriff durchführen zu müssen. Das BIOS bietet mit den Interrupts 1Bh und 1Ch zwei Interrupts an, mit denen sich sehr interessante Anwendungen realisieren lassen. Der Interrupt 1Bh wird jedesmal ausgeführt, wenn über die Tastatur die Tastenkombination <Control>+<Break> betätigt wird. Die aufgerufene Interruptroutine (in der Regel handelt es sich hierbei um die gleiche Routine, die auch durch den DOS-Interrupt 23h adressiert wird) setzt dabei lediglich ein Flag im BIOS-Variablenbereich, das von der nächsten DOS-Ein-/Ausgaberoutine überprüft wird. Dadurch wird das aktuelle Programm unterbrochen, sobald eine dieser Ein-/Ausgaberoutinen aufgerufen wird. Bei der Abarbeitung einer Stapeldatei wird die Mitteilung »Stapeldatei abbrechen (J/N)?« ausgegeben. Der Interrupt 1Bh kann aber auch vom Benutzer für eigene Zwecke eingesetzt (um zum Beispiel beim Betätigen von `Ctrl`-`Break` eine Benutzerroutine zur Ausführung zu bringen) oder ganz ausgeschaltet werden, um zum Beispiel die Unterbrechung eines Programms über `Control`+`Break` zu verhindern.

Interrupts 1Ch – Periodischer Timer

Auch über den zweiten Interrupt, den Interrupt 1Ch, läßt sich das Verhalten des Betriebssystems erweitern. Dieser Interrupt wird im Anschluß an jeden Aufruf des Zeitgeber-Interrupts 8h (also ca. 18,2mal pro Sekunde) aufgerufen. Normalerweise zeigt dieser Interrupt auf einen IRET-Befehl und ist somit wirkungslos. Der Programmierer kann diesen Interrupt jedoch auf eine eigene Routine legen und so erreichen, daß an den Anschluß eines jeden Timer-Interrupts diese Routine ausgeführt wird. Die Einsatzmöglichkeiten für diesen Interrupt sind äußerst vielseitig. Überall dort, wo bestimmte Vorgänge regelmäßig ausgeführt werden müssen, läßt sich dieser Interrupt einsetzen.

11.5 Das DOS

Das DOS ist der hardwareunabhängige Teil des Betriebssystems, der beim Booten von der Diskette oder Festplatte in Form der Datei MSDOS.SYS geladen wird. Auch die Funktionen des DOS werden über Interrupts aufgerufen. Hierfür sind die Interrupts 20h–67h vorgesehen. Bevor allerdings die wichtigsten DOS-Interrupts vorgestellt werden, sollen zunächst die Aufgaben des DOS kurz beschrieben werden. Wie bereits erwähnt, besteht DOS aus mehreren Komponenten. Dazu zählt in erster Linie das hardwareabhängige DOS-BIOS (enthalten in der Datei IO.SYS), der hardwareunabhängige DOS-Kern (enthalten in der Datei MSDOS.SYS) und der Kommandointerpreter (enthalten in der Datei COMMAND.COM). Zu den Aufgaben des DOS gehören:

– Ein-/Ausgabeoperationen
– Dateiverwaltung
– Das Laden anderer Programme
– Speicherverwaltung
– Systemfunktionen
– Zugriff auf die Systemuhr

Alle diese Funktionen stellt DOS über den Interrupt 21h zur Verfügung. Hierbei handelt es sich um eine Art »Sammelinterrupt«, bei dem die gewünschte Funktion über eine Funktionsnummer im AH-Register ausgewählt wird. Im folgenden soll keine Auflistung der Funktionen des DOS-Interrupts 21h folgen, sondern vielmehr die oben aufgezählten Funktionsgruppen genauer beschrieben werden.

Ein-/Ausgabeoperationen

Zu den Ein-/Ausgabeoperationen zählen jene Funktionen, die einzelne Zeichen zum Beispiel auf dem Bildschirm oder auf dem Drucker ausgeben oder ein Zeichen von der Tastatur oder der seriellen Schnittstelle einlesen. Viele dieser Funktionen existieren auch im BIOS, andere hingegen, wie zum Beispiel die Eingabe einer Zeichenkette, nur im DOS. DOS kommuniziert mit den Peripheriegeräten über die Gerätetreiber. DOS enthält Gerätetreiber für folgende Geräte:

– Tastatur und Bildschirm (CON)
– Drucker (PRN)
– Serielle Schnittstelle (AUX)
– Uhr (CLOCK)

Das Wort in Klammern ist die Bezeichnung, die DOS für diese Geräte verwendet. Die Begriffe CON und AUX bedürfen unter Umständen einer Erläuterung. Mit CON wird die Konsole, das heißt die Kombination von Tastatur und Bildschirm und mit AUX (Auxiliary = »Hilfsgeräte«) wird die serielle Schnittstelle bezeichnet, an die die zusätzlichen Peripheriegeräte wie zum Beispiel Modem, Maus oder ein Drucker angeschlossen werden. Der Datenaustausch zwischen DOS und einem dieser Geräte läuft über die vorhandenen Gerätetreiber. Die Gerätetreiber wiederum greifen auf die Routinen des ROM-BIOS zurück, die schließlich direkt die jeweilige Hardware ansteuern (oder »treiben«, um einmal den Fachausdruck zu verwenden). Das Zusammenspiel zwischen DOS, den Gerätetreibern, dem ROM-BIOS und der Hardware wird am besten am Beispiel der Tastatureingabe deutlich.

Eine Tastatureingabe wird von DOS über die Funktion 01 des Interrupt 21h durchgeführt. Diese Funktion ruft den Tastaturtreiber des DOS auf. Hierbei handelt es sich entweder um eine Standardroutine des DOS oder aber um einen nachträglich installierten Tastatur-/Bildschirmtreiber wie zum Beispiel ANSI.SYS, der in der Lage ist, spezielle Steuercodes zu verarbeiten und unter anderem auch eine komfortable Bildschirmausgabe ermöglicht. Der Tastaturtreiber greift über den Interrupt 16h auf eine Routine des BIOS zurück, um ein Zeichen aus dem Tastaturpuffer zu lesen. Mit dem Hardware-Interrupt 9h, der bei jedem Betätigen einer Taste ausgelöst wird, wird schließlich die unterste Ebene, die Hardwareebene erreicht. Anhand dieses Ablaufes ist leicht einzusehen, daß der Interrupt 21h keine Informationen über den Aufbau der Tastatur oder der Programmierung des Tastaturprozessors benötigt. Diese Hardwareunabhängigkeit bleibt bis zu der Ebene der BIOS-Routine 16h bestehen. Erst der Interrupt 9h, der direkt mit dem Tastaturprozessor in Verbindung steht, ist von der verwendeten Hardware abhängig. Natürlich kann ein Anwenderprogramm das DOS umgehen und direkt das BIOS oder auf einer noch tieferen Systemebene direkt die Hardware ansprechen. Zwar läßt sich so durchaus eine Geschwindigkeitssteigerung erreichen, gleichzeitig geht aber unter Umständen eine Kompatibilität zu anderen MS-DOS-Rechnern mit einem unterschiedlichen ROM-BIOS verloren.

Die Gerätetreiber

Auch wenn dieses Buch nicht auf die Programmierung der Gerätetreiber eingehen kann, soll an dieser Stelle zumindest eine kurze Beschreibung zu diesem im Grunde sehr wichtigen Bereich gegeben werden. DOS unterteilt seine Gerätetreiber grundsätzlich in zwei Kategorien: in Treiber, die einzelne Zeichen übertragen (»character device drivers«) und in Treiber, die ganze Datenblöcke übertragen (»block device drivers«). Während Zeichen-Gerätetreiber für Tastatur, Bildschirm, Drucker und serielle Schnittstelle zuständig sind, dienen Block-Gerätetreiber zur Kommunikation mit Massenspeichern wie Festplatte, Diskette oder Bandlaufwerk.

Das Besondere an den Gerätetreibern ist, daß jederzeit neue Gerätetreiber zu DOS hinzugefügt werden können. Hat DOS einen neuen Gerätetreiber während des Bootvorganges »erkannt«, wird dieser zum Bestandteil des Betriebssystems und kann genauso genutzt werden wie die bereits vorhandenen Routinen. Dadurch wird es möglich, neue Geräte, wie zum Beispiel einen Streamer, durch Hinzufügen eines entsprechenden Gerätetreibers zu integrieren, ohne DOS selber modifizieren zu müssen. Auch der Benutzer kann neue Gerätetreiber gegen alte austauschen oder eigene Gerätetreiber installieren. Das Erstellen eines Gerätetreibers erfolgt wie nach einem Kochrezept durch Einhalten vorgegebener Regeln. Wenn es auch nicht so schwierig ist, zum Beispiel einen Gerätetreiber für eine RAM-Disk zu installieren, so erfordert diese Aufgabe doch profunde Kenntnisse der Maschinensprache und über den Aufbau von DOS. Wer sich näher über dieses Thema informieren möchte, findet in Anhang I Literaturhinweise.

Die Dateiverwaltungsfunktionen

Es wurde bereits im Zusammenhang mit den BIOS-Funktionen auf den physikalischen Aufbau einer Diskette eingegangen. Auch wenn in der folgenden Beschreibung stets von der Diskette die Rede ist, so beziehen sich diese Angaben, sofern sie die Programmierung betreffen, auch auf die Festplatte. Wie Sie wissen, besteht eine auf einem PC formatierte Diskette normalerweise aus zwei Seiten, wobei jede Seite 40 Spuren (oder 80 Spuren bei High Density Disketten) enthält. Jede Spur ist wiederum in 9 Sektoren unterteilt, die jeweils 512 Byte aufnehmen können. Die BIOS-Funktionen des Interrupts 13h für den Disketten- bzw. Festplattenzugriff lesen, schreiben und formatieren jeweils einen oder mehrere Sektoren. Der Anwender arbeitet dagegen in der Regel nicht mit Sektoren. Er verwendet logische Datenstrukturen, die als Dateien bezeichnet werden. Eine Datei besteht zwar aus einem oder mehreren Sektoren (wobei die einzelnen Sektoren nicht unbedingt aufeinander folgen müssen), der Anwender greift auf den Inhalt einer Datei aber ausschließlich über den Dateinamen oder ein Handle (mehr dazu später) zu. Es ist eine der Aufgaben von DOS, die einzelnen Sektoren, die zu einer Datei gehören, zu verwalten. Dazu muß DOS stets bekannt sein, welche Sektoren zu einer bestimmten Datei gehören oder wo sich diese Sektoren auf der Diskette befinden (Spur-Nr. und Sektor-Nr.). Genauso muß DOS beim Anlegen neuer Dateien wissen, welche Sektoren noch frei sind und beim Löschen einer Datei die belegten Sektoren wieder freigeben. Diese Information speichert DOS in der sogenannten »File Allocation Table« (FAT). Die FAT enthält eine Art Verzeichnis mit der Belegung jedes einzelnen Sektors. Aus Gründen der Effizienz arbeitet die FAT allerdings nicht mit einzelnen Sektoren, sondern faßt jeweils mehrere (bei einem PC sind es zwei) aufeinanderfolgende Sektoren zu einem sogenannten »Cluster« zusammen. Neben der Belegt-/Nichtbelegt-Information enthält der Eintrag eines Clusters auch einen Zeiger auf den nächsten Cluster der Datei, so daß alle zusammengehörenden Cluster einer Datei wie Perlen auf einer Kette miteinander verbunden sind.

Die FAT sagt aber nur etwas darüber aus, ob ein Cluster belegt ist oder nicht, aber nicht, zu welcher Datei der Cluster gehört. Der Bezug zu einer bestimmten Datei wird über das Directory (Inhaltsverzeichnis) hergestellt, welches Sie zum Beispiel durch das MS-DOS-Kommando DIR auf dem Bildschirm ausgeben können. Das Directory, das ebenfalls in Form einer Tabelle auf jeder formatierten Diskette enthalten ist, enthält für jede Datei und für jedes Unterverzeichnis einen Eintrag (unter MS-DOS können neben einem Hauptverzeichnis auch eine bestimmte Anzahl sogenannter »Unterverzeichnisse« existieren. Eine Diskette oder eine Festplatte enthält für das Hauptverzeichnis und für jedes Unterverzeichnis ein eigenes Directory). Dieser Eintrag enthält so wichtige Informationen, wie zum Beispiel den Dateinamen, das Datum und die Uhrzeit der letzten Änderung, die Größe der Datei, ein Attribut-Byte und die Nummer des Clusters in der FAT, der die ersten Daten der Datei enthält.

Zwei Dinge sind im Zusammenhang mit dem Directory-Eintrag erwähnenswert. Zum einen kann das Namensfeld des Directory-Eintrages auch andere Informationen enthalten, nämlich dann, wenn der betreffende Eintrag sich nicht mehr auf eine Datei bezieht. So besitzen die ersten beiden Einträge eines Unterverzeichnisses den Wert 2Eh (bzw. zweimal 2Eh) im Namensfeld. Ihnen sind sicher schon einmal die ersten beiden »Dateien« eines Unterverzeichnisses aufgefallen, deren Namen aus einem und zwei Punkten (ASCII Code 2Eh) besteht. Diese beiden Einträge, die übrigens nicht gelöscht werden können, bauen die baumartige Dateistruktur von DOS auf und ermöglichen DOS, den Weg von einem Unterverzeichnis zum Hauptverzeichnis herzustellen. Beim Löschen einer Datei wird in das erste Byte des Namensfeldes der Wert E5h eingetragen und der Zeiger auf den ersten Cluster wird in der FAT gelöscht. Alle anderen Informationen (also auch der gesamte Inhalt der Datei) bleibt dagegen erhalten. Diesen Umstand kann man sich zunutze machen, um versehentlich gelöschte Dateien zu »retten«.

Der Directory-Eintrag einer Datei enthält ferner ein sogenanntes »Attribut-Byte«, das ein paar sehr nützliche Informationen enthält. Aus dem Attribut-Byte ist zum Beispiel zu entnehmen, ob die Datei schreibgeschützt ist oder ob es sich um eine »versteckte« Datei, das heißt eine Datei, die beim Listen mit dem DIR-Kommando nicht angezeigt wird, handelt.

Neben der FAT und dem Directory benötigt eine Diskette auch einen sogenannten »Bootsektor«. Der Bootsektor, der bereits einmal kurz im Zusammenhang mit dem Bootvorgang erwähnt wurde, ist immer im ersten Sektor auf der Diskette enthalten. Der Bootsektor enthält unter anderem eine kleine Routine, die den Bootvorgang einleitet. Die Aufgabe dieser Routine wurde bereits in Kapitel 11.4 beschrieben. Auch wenn jede Diskette einen Bootsektor enthält, ist nicht jede Diskette auch automatisch bootfähig, da dies immer einen speziellen Eintrag im Bootsektor (einen Sprungbefehl auf die Bootstrap-Routine) und das Vorhandensein der Dateien IO.SYS, MSDOS.SYS und COMMAND.COM voraussetzt.

Zusammenfassend läßt sich feststellen: Jede unter MS-DOS formatierte Diskette enthält zur Verwaltung der auf ihr gespeicherten Information drei Tabellen:

– den Bootsektor
– die File Allocation Table (FAT)
– das Directory für jedes Verzeichnis

Der Umgang mit Dateien
Damit wären die wichtigsten Voraussetzungen geschaffen und es kann die Frage beantwortet werden, wie man unter DOS mit Dateien arbeiten kann. DOS stellt dazu eine Reihe von Funktionen zur Verfügung, die ausschließlich über den Dateinamen auf eine Datei zugreifen. Dazu gehören Funktionen zum

– Erstellen und Löschen einer Datei
– Öffnen und Schließen einer Datei
– Lesen und Schreiben von Daten
– Umbenennen einer Datei

Natürlich rufen diese Funktionen letztendlich die elementaren BIOS-Funktionen zum Datentransfer zwischen der CPU und dem Disketten/Festplatten-Kontroller-Baustein auf, allerdings bleiben diese Vorgänge dem Benutzer verborgen. Neben diesen elementaren Dateiverwaltungsfunktionen, stellt DOS weitere Funktionen zur Unterstützung des hierarchischen Dateisystems zur Verfügung und die Aufgaben die zum Beispiel das Festlegen eines Suchpfades oder das Ändern eines Unterverzeichnisses ermöglichen. Dazu gehören Funktionen, die

– ein Unterverzeichnis erstellen
– ein (leeres) Unterverzeichnis löschen
– den Pfad für ein Verzeichnis setzen
– ein aktuelles Verzeichnis ermitteln

Tabelle 11.3 enthält eine Übersicht über die wichtigsten Dateiverwaltungsfunktionen des DOS.

Funktionsnummer .	Funktion
3Ch	Erstellen einer Datei
3Dh	Öffnen einer Datei
3Eh	Schließen einer Datei
3Fh	Aus einer Datei lesen
40h	In eine Datei schreiben
41h	Datei löschen
42h	Dateizeiger setzen
43h	Dateiattribute lesen/ändern
56h	Datei umbenennen
57h	Zeit und Datum lesen/ändern
39h	Unterverzeichnis anlegen
3Ah	Unterverzeichnis löschen
3Bh	Aktuelles Verzeichnis setzen
47h	Aktuelles Verzeichnis ermitteln
5Ah	Temporäre Datei erzeugen
5Bh	Datei erzeugen, falls sie noch nicht existiert

Tabelle 11.3: DOS-Dateifunktionen

Jede Datei besitzt einen Griff

Das Prinzip, nachdem unter DOS auf Dateien zugegriffen wird, basiert auf der Vergabe eines Handles, das heißt einer Zahl zwischen 0 und der maximalen Anzahl gleichzeitig geöffneter Dateien, an jede geöffnete Datei. Was sich dahinter verbirgt soll im folgenden kurz vorgestellt werden. Beim Erstellen oder Öffnen einer Datei wird an die Datei, sofern diese erstellt oder geöffnet werden konnte, ein sogenanntes Handle vergeben. Hierbei handelt es sich um eine 16-Bit-Zahl. Ein Handle ist damit eine Kennziffer, die einer geöffneten Datei zugeordnet wird. Während für das Erstellen oder Öffnen einer Datei noch der Dateiname benötigt wird, können alle übrigen Zugriffe, wie zum Beispiel Lesen, Schreiben oder Schließen, über das Handle durchgeführt werden.

Was hat es mit den Handles auf sich?

Die Dateiverwaltungsfunktionen von DOS werden in vielen Büchern noch in zwei Gruppen eingeteilt, die teilweise identische Funktionen zur Verfügung stellen. Die eine Gruppe von Funktionen greift über einen sogenannten »File Control Block« (FBC) auf eine Datei zu. Diese Funktionen stehen bereits seit der MS-DOS-Version 1.0 zur Verfügung und dienten in erster Linie dazu, eine Kompatibilität zu CP/M herzustellen. Da die FCB-Funktionen total veraltet sind, nicht das hierarchische Dateisystem unterstützen und auch ansonsten keine signifikanten Vorteile bieten, sollen sie in diesem Buch nicht weiter berücksichtigt werden. Auch Programmierer sollten diese Funktionen aus Kompatibilitätsgründen nicht verwenden, obwohl diese Funktionen in manchen Programmlistings aus Büchern oder Zeitschriften noch zu finden sind.

Die andere Gruppe von Funktionen, die seit der MS-DOS-Version 2.0 existieren, verwenden dagegen Handles für den Zugriff auf Dateien. Die offizielle Übersetzung für Handle lautet »Bezug«, der Begriff läßt sich aber auch mit »Griff« übersetzen, was den Sachverhalt ein wenig besser beschreibt, denn das Handle ist bildlich gesehen der Griff zum »Anfassen« einer Datei. Ein Handle dient zur einfachen Identifikation einer Datei. Beim Öffnen oder Erstellen einer Datei ordnet DOS der Datei ein Handle zu, das durch die Funktion Öffnen (3Dh) oder Erstellen (3Ch) im AX-Register übergeben wird. Von nun an laufen alle Zugriffe wie zum Beispiel das Schreiben in eine Datei über dieses Handle, das in der Regel von dem Benutzerprogramm verwaltet werden muß. Erst beim Schließen der betreffenden Datei wird das Handle wieder freigegeben und kann einer anderen Datei zugeordnet werden. Die maximale Anzahl von verfügbaren Handles, und damit die maximale Anzahl an gleichzeitig geöffneten Dateien, wird von DOS auf zwei Wegen limitiert. Zum einen durch den Eintrag FILES in der CONFIG.SYS-Datei. Standardmäßig beträgt die Anzahl der für alle aktiven »Programme« (der Begriff »Prozeß« wäre hier angebrachter) zur Verfügung stehenden Handles 8. Über den FILES-Befehl kann dieser Wert jedoch auf maximal 255 heraufgesetzt werden. So legt der Befehl

```
FILES=25
```

in der CONFIG.SYS-Datei fest, daß insgesamt 25 Dateien gleichzeitig geöffnet werden können. Wurde diese Festlegung einmal getroffen, gibt es keine Möglichkeit, sie wieder in einem Programm zu ändern. Die einzige Möglichkeit besteht darin, die CONFIG.SYS-Datei zu ändern und das System neu zu starten. Die maximale Anzahl an Handles für ein einzelnes Programm (oder besser »Prozeß«, das heißt, ein von einem Anwendungsprogramm nachträglich geladenes Programm) beträgt bis MS-DOS-Version 3.2 zwanzig. Ab MS-DOS 3.3 besteht die Möglichkeit, diese Zahl durch die Funktion 67h des Interrupts 21h bei Bedarf zu erhöhen. Die maximale Anzahl der auf diese Weise reservierten Handles hängt von dem zur Verfügung stehenden Speicherplatz ab, da alle Handles in eine Tabelle im Arbeitsspeicher eingetragen werden. Es soll bereits an dieser Stelle erwähnt werden, daß nicht nur Dateien ein Handle erhalten können, sondern auch Geräte, wie zum Beispiel Tastatur oder Bildschirm, da DOS auch diese Geräte als Dateien ansieht.

Der Zugriff auf eine Datei
Der Zugriff auf eine Datei läuft in der Regel nach folgendem Schema ab:

1. Öffnen der Datei
Diese Aufgabe übernimmt die Funktion 3Dh, die im DS einen Zeiger auf den Pfadnamen benötigt. Das im AX-Register übergebene Handle muß im allgemeinen vom Anwenderprogramm für künftige Zugriffe gespeichert werden.

2. Lesen aus der Datei oder Schreiben in die Datei.
Das Lesen aus einer Datei erfolgt mit der Funktion 3Fh, das Schreiben in eine Datei mit der Funktion 40h. Beide Funktionen benötigen als Parameter die Adresse eines Puffers, aus dem gelesen oder in den geschrieben werden soll, die Anzahl der zu lesenden oder zu schreibenden Bytes und das Datei-Handle.

3. Schließen der Datei

Jede geöffnete Datei muß, oder besser sollte, am Ende wieder geschlossen werden. Diese Aufgabe übernimmt die Funktion 3Eh, die dazu lediglich das Handle benötigt. Das Schließen einer Datei ist zum einen notwendig, um einen Datenverlust zu verhindern, da die neue Größe einer Datei erst beim Schließen in das Directory eingetragen wird. Zum anderen wird beim Schließen einer Datei das Handle wieder freigegeben.

Bei jeder dieser Operationen zeigt ein gesetztes Carryflag einen Fehler an. In diesem Fall enthält das AX-Register einen Fehlercode, aus dem die Fehlerursache hervorgeht. Die Lese-Schreibe-Operationen erfolgen in der Regel sequentiell, das heißt sie beginnen an der aktuellen Position des Dateizeigers, der die momentane Lese-Schreibe-Position festlegt. Mit Hilfe der Funktion 42h kann der Dateizeiger manipuliert und so auch ein wahlfreier Zugriff erreicht werden.

Ein-/Ausgabeoperationen mit Handles

Auch für die Ein-/Ausgabeoperationen existieren unter MS-DOS zwei unterschiedliche Gruppen, die nach außen hin das gleiche bewirken. Bislang hatten Sie es mit jenen Ein-/Ausgabefunktionen zu tun, bei denen für jedes Eingabe- und Ausgabegerät eine eigene Funktion existiert. Es ist aber auch möglich, über ein Handle auf Peripherieeinheiten, wie zum Beispiel Tastatur oder Bildschirm, zuzugreifen. DOS ordnet nämlich jedem Standardperipheriegerät ein sogenanntes »Standard-handle« zu.

Handle-Nummer	Gerät
0	Standard-Eingabegerät (CON) normalerweise Tastatur
1	Standard-Ausgabegerät (CON) normalerweise Bildschirm
2	Standardgerät zur Fehlerausgabe (CON) normalerweise Bildschirm
3	Standard-Schnittstelle, seriell (AUX)
4	Standarddrucker (PRN)

Um zum Beispiel von der Tastatur Zeichen entgegennehmen zu können, kann die Funktion 3Fh (Datei lesen) verwendet werden. Dazu muß der Funktion lediglich neben der Pufferadresse, und der Anzahl der zu lesenden Zeichen, das Handle 0 (Tastatur) übergeben werden. Daten von der Tastatur können in zwei verschiedenen Modi übertragen werden, die als »Raw-Modus« (deutsch »Roh«) und als »Cooked-Modus« (deutsch »gekocht bzw. gar«) bezeichnet werden. Im Raw-Modus wird jedes Zeichen wie es eingegeben wurde, im Tastaturpuffer abgelegt (so bewirkt zum Beispiel die ⌐Return⌐-Taste keinen Abbruch der Eingabe, sondern es wird lediglich ihr ASCII-Code im Puffer abgelegt). Im Cooked-Modus wird dagegen untersucht, ob es sich bei einem eingegebenen Zeichen um ein Steuerzeichen handelt (zum Beispiel ⌐Backspace⌐ oder ⌐Ctrl⌐⌐C⌐) und gegebenenfalls entsprechend reagiert. Normalerweise betreibt DOS sowohl die Tastatur als auch den Bildschirm im Cooked-Modus. Der Benutzer kann die Ein- oder Ausgabe jedoch auch auf den Raw-Modus umstellen, um zum Beispiel die Bildschirmausgabe zu beschleunigen.

Auf den ersten Blick mag die Verwendung von Handle-Funktionen zur Ein-/Ausgabe unnötig kompliziert erscheinen. Dies trifft allerdings nur auf kleine Programme zu. Bei größeren Programmen bieten die Handle-Funktionen ein äußerst flexibles Werkzeug, Ein-/Ausgabeoperationen durchzuführen, da ein und dieselbe Operation durch Verwenden eines Standardhandles auf beliebige Ein-/Ausgabegeräte umgeleitet werden kann. So ist es zum Beispiel denkbar, bei einem Programm, das umfangreiche Tastatureingaben (zum Beispiel eine Reihe von Meßwerten) entgegennehmen soll, diese zunächst in einer Datei zu speichern. Bei der erneuten Eingabe der Meßwerte (zum Beispiel zu Testzwecken) müssen nun nicht die ganzen Werte erneut eingegeben werden. Statt dessen reicht es aus, das Handle der Eingabefunktion zu ändern, so daß diese die Daten von der Diskette liest. Beispiele für die Dateiverwaltung und für Ein-/Ausgabeoperationen mit Hilfe von Handles finden Sie im Kapitel 12.

Das Laden und Starten von Programmen

Neben der Fähigkeit, Ein-/Ausgabeoperationen durchzuführen und auf Dateien zuzugreifen, muß DOS auch in der Lage sein, Anwenderprogramme zu laden. Bei den einfachen 8-Bit-Computern á la Commodore 64 oder Apple II, waren die Verhältnisse noch überschaubar. Dort wurde bereits beim Schreiben eines Maschinenprogramms festgelegt, an welche Stelle im Arbeitsspeicher ein Programm geladen werden soll. Das Laden eines Programms beschränkte sich nur noch auf das Lesen der einzelnen Bytes in den Arbeitsspeicher. Bei DOS und bei allen »modernen« Betriebssystemen sieht alles ganz anders aus. Da DOS einen Arbeitsspeicher von maximal 640 Kbyte verwalten kann, ist es nicht sinnvoll, einem Programm einen festen Platz im Arbeitsspeicher zuzuweisen, denn dadurch ginge ein großes Stück Flexibilität verloren. Mit anderen Worten: Wohin ein Programm im Arbeitsspeicher geladen wird, entscheidet sich in der Regel erst kurz vor dem Aufruf des betreffenden Programms (es gibt Ausnahmen, doch davon später mehr) und richtet sich nach Faktoren, wie zum Beispiel die Anzahl und der Umfang der bereits geladenen Programme (auch wenn MS-DOS kein Multitasking-Betriebssystem ist, besteht dennoch die Möglichkeit, mehrere Programme gleichzeitig im Arbeitsspeicher zu halten). Alle Anwenderprogramme sind daher verschiebbar (relokatibel), das heißt sie enthalten keine absoluten Sprungadressen innerhalb des Programms. Statt dessen enthalten sie Informationen, die DOS nach dem Laden des Programms auswertet, um alle Programmadressen (insbesondere die Inhalte der Segmentregister) an die neue Umgebung anzupassen. Zwei Beispiele sollen diese sehr wichtige Eigenschaft von DOS veranschaulichen. Betrachten Sie sich dazu den Sprungbefehl

```
JMP ENDE
```

Da es sich hier um einen Sprung vom Typ Near handelt, wird als Sprungziel nur eine relative Entfernungsangabe (siehe Kapitel 8.2) eingesetzt. Mit anderen Worten, unabhängig davon, in welches der theoretisch denkbaren 65 536 verschiedenen Segmente der JMP-Befehl geladen wird, eine Anpassung des Sprungziels ist nicht erforderlich, da die Entfernung relativ zum Sprungbefehl angegeben wird. Dies gilt auch für alle bedingten Sprungbefehle sowie für alle CALL-Befehle vom Typ Near. Bei Sprüngen mit dem Entfernungstyp Far sieht das ganz anders aus. Diese sind nicht positionsunabhängig, da hier eine feste Segment-Adresse in den Opcode assembliert wird, wenngleich dies aus dem Sprungbefehl selber nicht ersichtlich wird:

```
JMP FAR PTR WEIT_WEG
```

Da die absolute Zieladresse bei der Assemblierung noch nicht bekannt ist, kann der Assembler den Segmentanteil der Zieladresse auch noch nicht festlegen. Statt dessen trägt er hier eine 0 ein, legt aber in der Objektdatei die Information ab, daß diese Adresse noch angepaßt werden muß. Auch der Linker kann hier keine endgültige Adresse eintragen. Er trägt vielmehr ebenfalls, diesmal in den Kopf der EXE-Datei, die Mitteilung ein, daß diese Adresse noch angepaßt werden muß. Erst der DOS-Lader, jene Routine, welche bei der Eingabe des Namens einer Programmdatei aufgerufen wird, ist in der Lage, eine endgültige Adresse im Arbeitsspeicher festzulegen. Der DOS-Lader ermittelt zunächst einen freien Speicherblock im Arbeitsspeicher. Als nächstes muß er den Kopf der EXE-Datei auswerten und alle nicht aufgelösten Segmentadressen an die aktuelle Startadresse des Programms im Arbeitsspeicher anpassen. Dabei müssen unter Umständen auch noch Offsetadressen angepaßt werden, da ein Segment nicht immer mit der Offsetadresse 0 beginnen kann.

Eltern- und Kinder-Programme
DOS bezeichnet das gerade aktive Programm als »Eltern«-Programm. Ein Eltern-Programm kann jederzeit ein weiteres »Kind«-Programm aufrufen. Nach dem Aufruf wird die Kontrolle an das Kind-Programm übergeben. Erst wenn das Kind-Programm beendet wird, zum Beispiel durch die Funktion 4Ch des Interrupts 21h, wird die Programmausführung wieder an das Eltern-Programm übertragen. Ein Kind-Programm kann wiederum ein weiteres Kind-Programm aufrufen, wobei das Kind-Programm dann zum Eltern-Programm wird. Dieser Vorgang läßt sich beliebig fortsetzen und wird nur durch den zur Verfügung stehenden Arbeitsspeicher begrenzt. Wenn Ihnen das Ganze auch beim ersten Durchlesen als äußerst verwirrend erscheinen mag, trösten Sie sich damit, daß es in einem echten Multitasking-Betriebssystem wie zum Beispiel OS/2 noch viel komplizierter zugeht, da hier mehrere Eltern- und Kinder-Programme (die dann als Prozesse bezeichnet werden) gleichzeitig aktiv sein können.

Die Exec-Funktion
Das Laden eines Programms wird stets durch die sogenannte »Exec-Funktion« (Interrupt 21h – Funktion 4Bh) durchgeführt. Diese Funktion entspricht im wesentlichen dem DOS-Lader, von dem bereits mehrfach die Rede war. Immer wenn Sie ein Programm durch Eingabe des Programmnamens zur Ausführung bringen wollen, ruft COMMAND.COM die Exec-Funktion aus. Damit die Exec-Funktion weiß, welches Programm ausgeführt werden soll, muß COMMAND.COM den Programmnamen übergeben. Dies kann entweder durch den »Kommandostring« oder durch den »Environmentblock« geschehen. Nach Beendigung des Programms wird die Kontrolle wieder an COMMAND.COM übergeben (gegebenenfalls muß der transiente Teil von COMMAND.COM nachgeladen werden, falls er durch das geladene Programm überschrieben wurde). Darüber hinaus bieten mittlerweile nahezu alle Anwenderprogramme die Möglichkeit, innerhalb des Programms weitere Programme, zum Beispiel irgendwelche MS-DOS-Dienstprogramme aufzurufen (hier ruft also ein Kind-Programm ein weiteres Kind-Programm auf). Auch wenn sich über die Möglichkeiten der Exec-Funktion ein ganzes Kapitel füllen ließe, sollen die wichtigsten Eigenschaften im folgenden nur kurz besprochen werden. Wie bei jeder DOS-Funktion müssen auch vor dem Aufruf der Exec-Funktion bestimmte Parameter bereit gestellt werden. Wie üblich wird die Funktionsnummer im AH-Register übergeben. Das AL-Register enthält den Modus (0 oder 3), in dem die Exec-Funktion arbeiten soll. Eine 0 bedeutet, daß das betreffende Programm geladen und ausgeführt werden soll. Eine 3 bedeutet hingegen, daß das Programm lediglich als sogenanntes »Overlay« an eine bestimmte Adresse in einem Speicherbereich, der bereits zu dem Eltern-Programm gehört, geladen aber nicht gestartet wird. Für den Aufruf benötigt die Exec-Funktion die Adressen zweier Datenobjekte, die in einem Register übergeben werden:

DS:DX zeigt auf den Pfadnamen des auszuführenden Programms

ES:BX zeigt auf den Parameterblock, der die Adressen folgender »Objekte« enthält:
– des Environment-Blocks
– des übergebenen Kommandostrings
– der beiden File-Control-Blocks

Während der Kommandostring stets aus einer Folge von ASCII-Codes besteht (zum Beispiel zusätzliche Dateinamen, mit denen das aufzurufende Programm arbeiten soll), gehen die Möglichkeiten des Environmentblocks wesentlich weiter. Er kann bis zu 32 Kbyte umfassen und enthält in der Regel Informationen, die über Umgebungsvariablen gesetzt werden, und die ein Eltern-Programm an das aufzurufende Kind-Programm übergeben möchte, oder besser gesagt muß.

Eine wichtige Voraussetzung für die erfolgreiche Ausführung der Exec-Funktion ist, daß genügend freier Speicherplatz für das aufzurufende Programm zur Verfügung steht. Dieser wichtige Aspekt wird im nächsten Abschnitt besprochen.

Speicherverwaltung
Es wurde bereits kurz angesprochen, daß sich ein Betriebssystem wie MS-DOS erheblich von den alten 8-Bit-Betriebssystemen unterscheidet. Die meisten Unterschiede werden durch die Tatsache bedingt, daß einem Betriebssystem wie MS-DOS im Real-Modus der 80x86-CPUs theoretisch maximal 640 Kbyte für Anwenderprogramme zur Verfügung stehen. MS-DOS ist daher darauf angewiesen, stets über den noch zur Verfügung stehenden Arbeitsspeicher auf dem laufenden zu sein. So muß zum Beispiel vor dem Aufruf eines Programms durch die Exec-Funktion genügend Speicherplatz zur Verfügung stehen, der dann für das geladene Programm reserviert wird. Umgekehrt muß der von einem Programm belegte Speicherplatz nach Beendigung dieses Programms wieder freigegeben werden (eine Ausnahme stellen die speicherresidenten Programme dar, die auch nach Beendigung im Speicher verbleiben), damit der freigewordene Speicherplatz an andere Programme vergeben werden kann. Anders als bei der Verwaltung des Diskettenspeichers gibt es hier keine Tabelle, aus der die Belegung jedes einzelnen Speicherblocks zu entnehmen ist. Statt dessen wird der zur Verfügung stehende Speicher aus den Informationen berechnet, die in sogenannten »Memory Control Blocks« (MCB) enthalten sind. DOS unterteilt den gesamten Arbeitsspeicher in mehr oder weniger große Speicherblöcke. Jedem Speicherblock geht eine 16 Byte große Datenstruktur (MCB) voraus, die in manchen, vor allem englischsprachigen, Büchern auch als »Arena Header« bezeichnet wird. Ein MCB besteht aus einem Kopf, einen Zeiger auf den dazugehörigen PSP und einer Längenangabe in Paragraphen, aus die sich der von dem jeweiligen Memory-Control-Block verwaltete Speicherbereich berechnen läßt. Die MCBs verketten bildlich gesehen die einzelnen Speicherblöcke des Arbeitsspeichers. Mit anderen Worten, kennt DOS die Adresse eines MCBs, kann es aus der darin enthaltenen Information die Adresse des nächsten MCB berechnen. Das bedeutet aber auch, daß die MCBs die kritischen Teile der Speicherverwaltung darstellen. Wird ein MCB versehentlich zerstört, findet DOS den dazugehörigen (und auch folgende) Speicherbereich nicht wieder. Die Verwaltung des Arbeitsspeichers im allgemeinen und der Aufbau eines MCB im speziellen gehört bereits in den Bereich »DOS für Fortgeschrittene«. Wer sich mit diesem Bereich beschäftigen möchte oder muß, ist größtenteils

auf Eigeninitiative (oder Zeitschriftenartikel) angewiesen, da dieser Teil des DOS von Microsoft nur sehr spärlich oder gar nicht dokumentiert wird. Da der Benutzer aber so gut wie nie mit den MCBs konfrontiert wird, brauchen Sie sich um diese internen Details keine Gedanken zu machen.

Wenn ein neues Programm in den Arbeitsspeicher geladen werden soll, muß DOS den Platz dafür zur Verfügung stellen. DOS ermittelt dazu den »letzten« MCB im Speicher. Aus der Seg-mentadresse dieses MCBs und der darin gespeicherten Größenangabe kann DOS die Adresse des darauffolgenden freien Speicherbereichs berechnen. Allerdings läßt sich der Speicherbedarf eines zu ladenden Programms nicht immer korrekt voraussagen. Einen Extremfall stellen zum Beispiel COM-Dateien dar, die grundsätzlich keine Informationen über den benötigten Speicherbedarf enthalten. MS-DOS geht daher beim Laden von COM-Dateien von dem ungünstigsten Fall aus und reserviert für eine COM-Datei den gesamten zur Verfügung stehenden Speicherplatz. Ein solches Programm muß dann mit Hilfe der Funktion 49h diesen Speicherplatz wieder freigeben. Bei einer EXE-Datei wird der Speicherbedarf aus der Information berechnet, die im Kopf der EXE-Datei enthalten ist (eine COM-Datei verfügt bekanntlich über keinen solchen Vorspann). Hier wird über den Eintrag MAX_ALLOC, der übrigens vom Linker gesetzt werden muß, die maximale Anzahl an Paragraphen festgelegt, die das Programm bei der Ausführung benötigt. Steht dieser Speicherplatz nicht zur Verfügung, wird der EXE-Datei der größte verfügbare Speicherblock zugewiesen. Dieser muß aber mindestens der Größe entsprechen, die über MIN_ALLOC, einem weiteren Eintrag im Kopf der EXE-Datei festgelegt wird. Kann auch diese Bedingung nicht erfüllt werden, bricht die Ausführung der EXE-Datei mit einer Fehlermeldung vom Typ »Nicht genügend Speicherplatz vorhanden« ab.

Der Benutzerbereich (Transient-Program-Area)

MS-DOS teilt den zur Verfügung stehenden Arbeitsspeicher des PC in zwei Bereiche ein. Da wäre zum einen der Bereich, den MS-DOS für seinen eigenen Bedarf benötigt. Dieser Bereich enthält unter anderem die Interrupt-Vektoren, die BIOS-Variablen, zusätzlich installierte Gerätetreiber oder den residenten Teil des Kommandointerpreters. Der Rest des nutzbaren Speichers steht Anwen-derprogrammen zur Verfügung und wird als der transiente Bereich des Arbeitsspeichers, oder kurz als TPA (für »Transient Program Area«) bezeichnet. Die Bezeichnung »transient« deutet wieder auf den Umstand hin, daß die dort abgespeicherten Programme in der Regel eine begrenzte Lebensdauer haben und der von ihnen belegte Speicherplatz nach Beendigung wieder freigegeben wird. Normalerweise weist DOS selbständig einem zu ladenden Programm den benötigten Speicherplatz in der TPA zu oder bricht mit einer Fehlermeldung ab, wenn nicht mehr genügend Speicherplatz zur Verfügung steht. Es gibt aber auch Fälle, bei denen das Anwenderprogramm selbständig Speicherplatz reservieren (zum Beispiel wenn innerhalb eines Programms zusätzlicher Datenspeicher benötigt wird) oder freigeben muß (zum Beispiel wenn innerhalb einer COM-Datei ein weiteres Programm geladen werden soll). In diesen und anderen Fällen kann ein An-wenderprogramm auf drei spezielle DOS-Funktionen des Interrupts 21h zur Speicherverwaltung zurückgreifen:

– Funktion 48h – Speicherplatz reservieren
– Funktion 49h – Speicherplatz freigeben
– Funktion 4Ah – Größe eines Speicherbereichs ändern

Funktion 48h – Reservierung von Speicherplatz

Diese Funktion reserviert einen bestimmten Speicherbereich innerhalb der TPA. Im BX-Register wird dazu die Anzahl der zu reservierenden Paragraphen (16 Byte) übergeben. Ist noch genügend Speicherplatz vorhanden, wird die Segmentadresse des reservierten Speicherblocks im AX-Register übergeben. Ansonsten zeigt ein gesetztes Carryflag an, daß der Speicherbereich nicht reserviert werden konnte, wobei das AX-Register dann einen Fehlercode enthält. In diesem Fall enthält das BX-Register die Anzahl der noch zur Verfügung stehenden Paragraphen in dem größten noch zur Verfügung stehenden Speicherblock.

Funktion 49h – Speicherplatz freigeben

Diese Funktion gibt Speicherplatz wieder frei, der zuvor durch die Funktion 48h reserviert wurde. Dazu muß im ES-Register die Segmentadresse des Speicherbereichs enthalten sein, der freigegeben werden soll. Die Größe des freizugebenden Speicherbereichs muß nicht angegeben werden, da DOS sie aus dem Memory-Control-Block des reservierten Bereichs entnehmen kann. Ein gesetztes Carryflag zeigt an, daß DOS den Memory-Control-Block nicht mehr finden konnte, bzw. daß der angegebene Speicherbereich zuvor nicht reserviert wurde.

Funktion 4Ah – Größe eines Speicherbereichs ändern

Diese Funktion bietet die Möglichkeit, einen Speicherbereich zu vergrößern oder zu verkleinern, der zuvor mit der Funktion 48h reserviert wurde. Das BX-Register enthält die Anzahl an Paragraphen, die der neue Speicherbereich umfassen soll. Das ES-Register enthält die Segmentadresse des Speicherbereichs, der zuvor reserviert wurde. Ein gesetztes Carryflag zeigt an, daß die Größe des Speichers nicht verändert werden konnte. Das AX-Register enthält in diesem Fall wieder einen Fehlercode, der darüber Auskunft gibt, ob der Memory-Control-Block zerstört wurde oder einfach nicht mehr genügend Speicherplatz vorhanden ist. Das BX-Register enthält in diesem Fall die Anzahl der noch zur Verfügung stehenden Paragraphen in dem größten zusammenhängenden Speicherblock, so daß die Funktion 4Ah mit diesem Wert erneut aufgerufen werden kann.

Die eben beschriebenen Funktionen werden auch vom DOS selber verwendet, um zum Beispiel für ein zu ladendes Programm den benötigten Speicherplatz zu reservieren oder diesen Speicherplatz nach Beendigung des Programms wieder freizugeben.

Speicherresidente Programme

Eine besondere Ausnahme stellen die sogenannten »speicherresidenten Programme« dar, die oft auch als TSR-Programme bezeichnet werden, wobei TSR für »Terminate und Stay resident«, zu deutsch »beenden und resident (im Arbeitsspeicher) bleiben«. Hierbei handelt es sich um Programme, die nach dem Laden im Speicher verbleiben und nicht von anderen Programmen überschrieben werden können. Im allgemeinen soll ein Programm den Speicherplatz, den es in der TPA belegt, nach seiner Beendigung wieder freigeben, damit dieser Speicherplatz von anderen Programmen genutzt werden kann. Es gibt aber auch Situationen, in denen genau das Gegenteil erwünscht ist, zum Beispiel soll ein Programm zwar beendet, aber noch im Speicher verbleiben und bei Bedarf wieder aktiviert werden. Beispiele für solche Programme sind Gerätetreiber oder zusätzlich installierte Interruptroutinen, die passiv im »Hintergrund« bleiben, bis sie entweder durch einen speziellen Aufruf oder durch einen Interrupt aktiviert werden. Residente Programme, wie zum Beispiel SideKick, aber auch zahlreiche kleine Utilities erfreuen sich einer enormen Beliebtheit, da sie den Anwender in die Lage versetzen, ohne allzu großen Aufwand die Möglichkeiten von DOS zu erweitern. Residente Programme werden entweder mit der Funktion 31h des Interrupts 21h oder mit dem Interrupt 27h erzeugt (mehr dazu im nächsten Kapitel).

11.6 Der Kommandointerpreter COMMAND.COM

Der Kommandointerpreter stellt die Verbindung, das heißt die Schnittstelle, zwischen dem Benutzer und dem Betriebssystem her. Der Kommandointerpreter, der in der Regel in der Datei COMMAND.COM enthalten ist, ist im Grunde nichts anderes als ein spezielles Programm, welches Eingaben über die Tastatur entgegennimmt und auswertet. COMMAND.COM kann vom Benutzer auch durch einen anderen Kommandointerpreter, zum Beispiel 4DOS, ersetzt werden. Alternative Kommandointerpreter bieten in der Regel zusätzliche Befehle und wesentlich mehr Komfort als der etwas spärliche COMMAND.COM. Dazu muß in der CONFIG.SYS-Datei das Kommando

```
SHELL=NAME
```

eingefügt werden, wobei »NAME« der Name des neuen Kommandointerpreters ist. Das SHELL-Kommando wird nicht nur dazu benutzt, einen neuen Kommandointerpreter festzulegen. Es kann zum Beispiel auch dazu dienen über die Option /E die Größe des Umgebungsbereichs zu erhöhen:

```
SHELL=C:\DOS\COMMAND.COM /E:2048
```

Durch dieses Kommando wird die Größe des Umgebungsbereichs auf 2048 Byte erhöht, was in der Regel ausreichend sein sollte. Der Kommandointerpreter COMMAND.COM besteht aus drei Komponenten:

– einem residenten Teil
– einem transienten Teil
– einem Initialisierungsteil

Beim Booten des Systems wird COMMAND.COM in Form zweier separater Module in den Arbeitsspeicher geladen. Direkt oberhalb des DOS wird der residente Teil abgelegt, während der transiente Teil an das obere Ende des Speichers kopiert wird. Der residente Teil enthält den Kern von COMMAND.COM, der ständig verfügbar sein muß, um zum Beispiel auf ein »Ctrl-C« oder einen kritischen Fehler reagieren zu können. Der transiente Teil gibt den System-Prompt aus und enthält häufig verwendete Kommandos, wie zum Beispiel DIR, DEL oder TYPE, und die Tastatureingaberoutine des Kommandointerpreters. Auch hier heißt transient soviel wie flüchtig und beschreibt den Umstand, daß der transiente Teil bei Bedarf von Anwenderprogrammen überschrieben werden kann, um den Arbeitsspeicher effektiver zu nutzen. Nach Beendigung eines Anwenderprogramms stellt der residente Teil des Kommandointerpreters fest, ob der transiente Teil überschrieben wurde und lädt diesen Teil aus der COMMAND.COM-Datei von Diskette oder Festplatte. Ist COMMAND.COM aus irgendeinem Grund nicht auf Diskette vorhanden, wird der Benutzer aufgefordert, eine Diskette mit COMMAND.COM einzulegen. Bild 11.4 veranschaulicht die Arbeitsweise des Kommandointerpreters.

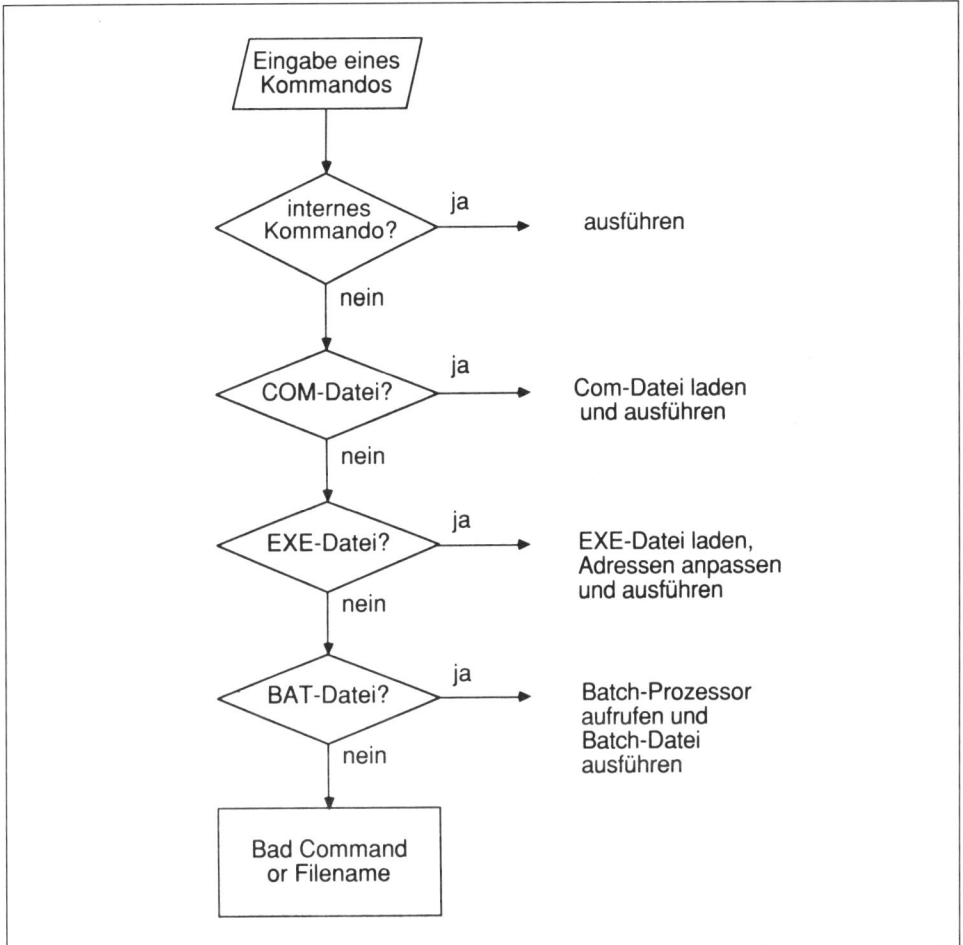

Bild 11.4 *Arbeitsweise von COMMAND.COM*

Aus Bild 11.4 wird ersichtlich, daß COMMAND.COM in der Lage ist, drei verschiedene Arten der Eingabe auszuwerten:

– Interne Kommandos
– Externe Kommandos
– Stapeldateien

Die internen Kommandos gehören zum festen Befehlssatz des Kommandointerpreters. Bei externen Kommandos handelt es sich um Programme, die auf der Diskette oder Festplatte gespeichert sind, wie zum Beispiel FORMAT.EXE oder BACKUP.EXE, aber auch Anwenderprogramme werden im weiteren Sinn als externe Kommandos aufgefaßt. Der Kommandointerpreter wird stets durch eine Benutzereingabe aktiviert. Um eine Tastatureingabe (oder eine Zeile einer Stapeldatei) auszuwerten, überprüft COMMAND.COM zunächst, ob es sich bei der Eingabe um ein internes Kommando handelt. Ist dies nicht der Fall, geht COMMAND.COM davon aus, daß es sich um ein externes Kommando oder eine Stapeldatei handelt und sucht nach einem entsprechenden Programmnamen im aktuellen Unterverzeichnis sowie in allen Verzeichnissen, die durch den MS-DOS-Befehl PATH festgelegt wurden. Dabei wird zuerst nach einer Datei mit der Erweiterung ».COM«, dann nach einer Datei mit der Erweiterung ».EXE« und schließlich nach einer Datei mit der Erweiterung ».BAT« gesucht. Findet COMMAND.COM eine Datei mit dem passenden Namen, wird sie zur Ausführung gebracht, andernfalls eine Fehlermeldung ausgegeben.

Im einfachsten Fall handelt es sich um eine Stapeldatei (Erweiterung ».BAT«). Dies ist nichts anderes als eine Textdatei, die externe oder interne Kommandos oder den Aufruf einer weiteren Stapeldatei (ab MS-DOS-Version 3.3) enthält. Der Name »Stapel« (englisch »Batch«) leitet sich von dem Umstand ab, daß die einzelnen Zeilen einer Stapeldatei wie ein Stapel aufeinandergelegter Kommandos behandelt wird. Diese Kommandos werden vom Stapel-Interpreter innerhalb von COMMAND.COM so ausgeführt, als seien sie direkt über die Tastatur eingegeben worden. MS-DOS verfügt dazu über eine »Mini-Programmiersprache«, die das Erstellen von Stapel-Programmen erlaubt. Ein Anschauungsbeispiel für Stapel-Programmierung finden Sie übrigens in der Datei ASM.BAT, deren Inhalt Sie sich einmal ausgeben lassen sollten.

Bei Dateien mit der Erweiterung ».COM« oder ».EXE« handelt es sich um Programmdateien, die ausführbaren Maschinencode enthalten. Falls COMMAND.COM auf eine Datei mit der Endung ».COM« oder ».EXE« trifft, ruft es zunächst die entsprechenden DOS-Funktionen auf, die den Speicherplatz für das zu ladende Programm zur Verfügung stellen. Anschließend wird mit Hilfe der DOS-Funktion Exec das gewünschte Programm geladen. Die Exec-Funktion baut dabei im Arbeitsspeicher zunächst (in der Regel direkt oberhalb des residenten Teils des Kommandointerpreters) einen 256 Byte umfassenden »Programmkopf« auf, der als PSP (Programm-Segment-Präfix) bezeichnet wird. Der PSP enthält wichtige Informationen, die die Exec-Funktion für die Ausführung des Programms benötigt, die aber auch von dem Programm selber verwendet werden können. Danach lädt die Exec-Funktion das eigentliche Programm in die TPA, initialisiert die Segment-Register und bringt das Programm zur Ausführung, indem sie das Registerpaar CS:IP entweder mit der Adresse des Startpunktlabels (EXE-Dateien) oder das IP-Register mit 100h lädt (COM-Dateien). Zur Beendigung des Programms wird von diesem eine spezielle DOS-Funktion, zum Beispiel 4Ch, aufgerufen, die die Kontrolle wieder an COMMAND.COM (oder allgemein an das aufrufende Programm) übergibt. Da MS-DOS ein Singletasking-Betriebssystem ist, hat ein über die Exec-Funktion aufgerufenes Programm normalerweise die volle Kontrolle über das System und seine Ressourcen. Mit Ausnahme des Systeminterrupts, der für das Stellen der Systemuhr zuständig ist, oder des Tastatureingabeinterrupts, wird die CPU durch keinen anderen Prozeß beansprucht.

Der Programm-Segment-Präfix (PSP)

Jedem Programm, welches über die Exec-Funktion geladen wurde, geht im Arbeitsspeicher ein 256 Byte großer Block voraus, der als Programm-Segment-Präfix (PSP) bezeichnet wird. In diesem Block sind wichtige Informationen über das Programm im Arbeitsspeicher enthalten. Der allgemeine Aufbau des PSP ist in Bild 11.5 zu finden, der im folgenden besprochen werden soll.

Bereits aus Abbildung 11.5 wird deutlich, daß nur die wenigsten Byte innerhalb des PSP wirklich eine Funktion haben. Die ersten beiden Bytes 0 und 1 enthalten den Befehl »INT 20h«, mit dem

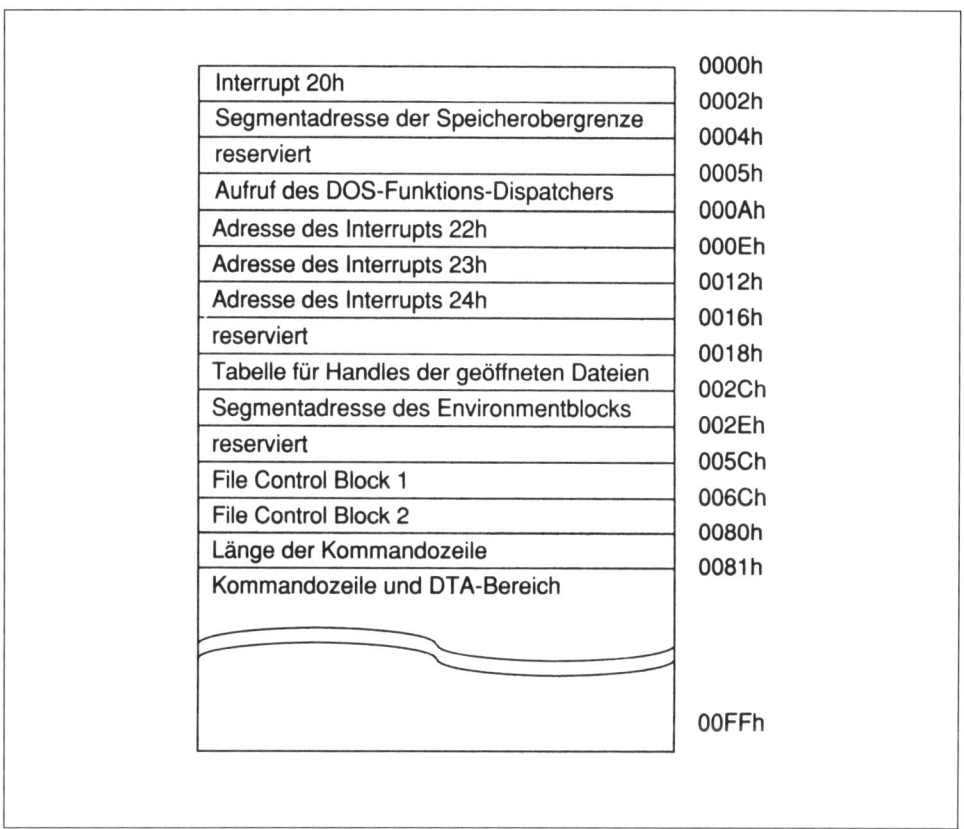

Interrupt 20h	0000h
Segmentadresse der Speicherobergrenze	0002h
reserviert	0004h
Aufruf des DOS-Funktions-Dispatchers	0005h
Adresse des Interrupts 22h	000Ah
Adresse des Interrupts 23h	000Eh
Adresse des Interrupts 24h	0012h
reserviert	0016h
Tabelle für Handles der geöffneten Dateien	0018h
Segmentadresse des Environmentblocks	002Ch
reserviert	002Eh
File Control Block 1	005Ch
File Control Block 2	006Ch
Länge der Kommandozeile	0080h
Kommandozeile und DTA-Bereich	0081h
	00FFh

Bild 11.5: *Der Aufbau des PSP*

ein COM-Programm beendet werden kann. Dieser Interrupt ist nun nicht etwa eine Gedächtnis-stütze für Programmierer, die nicht mehr wissen, wie sie ihr Programm beenden sollen, sondern vielmehr ein Überbleibsel aus der DOS-Version 1.0, die bekanntlich große Ähnlichkeiten zu CP/M aufwies und die eine Kompatibilität zu dem Kontrollbereich der CP/M-Programme herstellen sollte (da das DS-Register stets auf den Beginn des PSP zeigt, ist es durch das Laden des DS-Registers auf den Stack und einem anschließenden RET-Befehl möglich, das Programm zu verlassen). Das gleiche gilt wahrscheinlich auch für den Far-CALL auf den Interrupt 21h, der sich an der Speicherstelle 5 im PSP befindet.

Speicherstelle 2 enthält eine 16-Bit-Zahl, die die Segmentadresse des obersten Endes, des für das Programm reservierten Arbeitsspeichers festlegt. Falls ein Programm zusätzlichen Speicher benötigen sollte, kann es mit Hilfe dieses Wertes feststellen, ob noch Speicherplatz verfügbar ist. Generell sollte aber statt dessen auf die bereits vorgestellten DOS-Funktionen zurückgegriffen werden. Die Speicherstellen 0Ah bis 15 h enthalten die Adresse von drei wichtigen Interrupt-Vektoren. Es handelt sich um die Adressen der Routinen des Interrupts 22h zur Beendigung eines Programms, des Interrupts 23h zur Reaktion auf ein »Ctrl-C« und des Interrupts 24h (»critical error handler«), der auf einen sogenannten »kritischen Fehler« reagiert. Diese Vektoren dienen lediglich zur Sicherheit von DOS. Sollte nämlich ein Programm diese Vektoren beabsichtigt oder unbeabsichtigt ändern, so werden sie von DOS durch die im PSP gespeicherten Originale nach Beendigung des Programms wieder ersetzt.

Speicherstelle 18h enthält einen Zeiger auf eine Tabelle, die die Handles der zur Zeit geöffneten Dateien beinhaltet. Da es ab der DOS-Version 3.3 auch möglich ist, mehr als 20 Handles zu vergeben, ist hier ein Zeiger auf eine neue Handle-Tabelle enthalten. Die Speicherstelle bei 2Ch enthält die Segmentadresse des Environmentblocks. Dieser Datenblock enthält wichtige Informationen, die ein Programm bei seiner Ausführung benötigen könnte, wie zum Beispiel den aktuellen Suchpfad für den Kommandoprozessor auf Diskette oder Festplatte. Jedes Programm verfügt über einen solchen Environmentblock, der dem zugeordneten Programm vorausgeht. Die übrigen Speicherstellen bis 80h sind reserviert oder enthalten die beiden File-Control-Blocks (FCB), die noch aus Gründen der CP/M-Kompatibilität enthalten sind, aber für heutige Anwendungen wohl keine Rolle mehr spielen dürften.

Reserved = Betreten verboten?

Zwar sollte ein Programmierer, insbesondere natürlich ein Maschinenprogrammierer, immer dann stutzig werden, wenn in einer offiziellen Dokumentation das Wort »reserved« auftaucht, doch gibt es auch Grund zur Vorsicht. Tatsächlich werden einige Bereiche des PSP, darunter zum Beispiel die Handle-Tabelle, von Microsoft nicht offiziell dokumentiert. Dahinter steckt nun nicht immer der Wunsch, dem Programmierer das Leben so schwer wie möglich zu machen. Vielmehr will sich Microsoft, oder allgemein ein Hersteller, eine Hintertür für mögliche Änderungen offen halten. Bei einem nicht offiziell dokumentierten Bereich muß sich Microsoft nicht gegenüber zigtausenden von Programmierern rechtfertigen, wenn es durch Änderungen zu Inkompatibilitäten kommen sollte. Statt dessen kann sich die Firma, zu recht, auf den Standpunkt stellen, daß jemand, der sich in verbotene Bereiche begibt, dies auf eigenes Risiko tut und selber die Folgen zu tragen hat. Wahrscheinlich sind aus diesem Grund auch niemals die genauen Details über die Speicherkontrollblöcke (MCBs) veröffentlicht worden, weil noch zu Zeiten von MS-DOS 2.11 Pläne für ein Multitasking-DOS durch die Entwicklungsabteilungen bei Microsoft geisterten. Tatsächlich gab es eine solche Version mit dem Namen DOS 5.0 vor einigen Jahren für OEMs, das heißt PC-Herstellern zum Testen. Veröffentlicht ist diese DOS-Version bis heute nicht (statt dessen beglückte uns Microsoft mit OS/2). Hätte Microsoft die Spezifikation für die Speicherverwaltung offengelegt, hätten etliche Spezialisten Mittel und Wege gefunden, diese Speicherverwaltung unter Umgehung der DOS-Funktionen zu optimieren. Mit einer Aufwärtskompatibilität zu einem neuen DOS mit einer anderen Speicherverwaltung wäre es aber dann sehr wahrscheinlich vorbei gewesen.

Doch zurück zum PSP. Ab der Speicherstelle 81h wird es wieder für den Programmierer interessant. Hier ist alles das gespeichert, was beim Aufruf des Programms mit dem Dateinamen eingegeben wird. Dieses »alles das« wird als Kommandostring bezeichnet und enthält zum Beispiel Parameter, die beim Aufruf eines Programms übergeben werden. Die Länge des Kommandostrings ist in Speicherstelle 80h enthalten. Würden Sie zum Beispiel die Kommandozeile »DEBUG TEST.COM« eingeben, würde die Parameterzeile »TEST.COM« mit einem führenden Zählbyte an der Adresse 80h im PSP gespeichert werden. DEBUG nutzt diese Information, um das Programm TEST.COM in den Arbeitsspeicher zu laden. Auch in eigenen Programmen können

Sie auf diesen Bereich zugreifen. Sowohl COM- als auch EXE-Dateien enthalten sowohl das DS- als auch das ES-Register nach dem Start die Adresse des PSP. Ein Zugriff auf den PSP ist so leicht möglich. Damit ist die Besprechung des PSP komplett. Praktische Beispiele für das Arbeiten mit dem PSP werden Sie im nächsten Kapitel kennenlernen.

Unterschied zwischen COM- und EXE-Dateien

Auch wenn sich für den reinen Benutzer nach außen hin COM-Dateien zu EXE-Dateien und EXE-Dateien zu COM-Dateien ähnlich verhalten und beide Programmtypen mit der Exec-Funktion geladen und gestartet werden, sind beide Dateitypen völlig verschieden aufgebaut und sollten im allgemeinen nicht in einen Topf geworfen werden.

Die COM-Datei

Der augenfälligste Unterschied zwischen beiden Programmdateitypen liegt im Inhalt der Datei. COM-Dateien enthalten ein direktes Abbild des assemblierten oder kompilierten Maschinenprogramms, das heißt sie enthalten puren Maschinencode und keinerlei zusätzliche Informationen. Nicht einmal durch ein Identifikationsbyte kann man dem Inhalt der Datei ansehen, daß es sich um eine COM-Datei handelt. Dieses Fehlen an zusätzlicher Information bringt natürlich einige Beschränkungen mit sich, von denen die wichtigsten schon im letzten Kapitel angesprochen wurden. So besteht eine COM-Datei »offiziell« nur aus einem einzigen Segment, dem Programmsegment. Stacksegment und Datensegment müssen in ein und demselben physikalischen Segment untergebracht werden. Damit ergibt sich eine maximale Größe von 64 Kbyte für eine COM-Datei. Größere Programme können aber, die uralten WordStar-Versionen haben das gezeigt, über eine Overlay-Verwaltung diese Limitierung umgehen.

Beim Laden einer COM-Datei in den Arbeitsspeicher initialisiert der DOS-Lader die Segment-Register so, daß sie alle auf den PSP zeigen. Das Stackzeiger-Register SP zeigt auf den letzten verfügbaren Speicherplatz im Segment (es erhält dazu den Wert 0FFFEh), so daß der Stack automatisch an das Ende des Segments gelegt wird. Zusätzlich wird auf dem Stack von DOS eine Null abgelegt (daher auch der Stackzeigerwert 0FFFEh). Dieses Nullwort ist eine Voraussetzung dafür, daß ein Programm über einen RET-Befehl beendet werden kann, was allerdings nur sehr selten praktiziert wird. DOS beginnt die Ausführung einer COM-Datei stets mit einem Offset von 100h das heißt direkt oberhalb des PSP. Da eine COM-Datei kein Kopffeld besitzt, welches die Adresse eines Startpunktes enthalten könnte, gilt dies für alle COM-Dateien. Der Programmierer muß dafür sorgen, daß sich an der Adresse 100h relativ zum Beginn des Segments ein ausführbarer Maschinenbefehl befindet. Damit alle Adreßangaben, wie zum Beispiel Sprungbefehle oder Symboldefinitionen, bei der Assemblierung diesen Offset berücksichtigen, muß am Anfang eines Programms, das in eine COM-Datei umgewandelt werden soll, die Anweisung »ORG 100h« aufgeführt werden. Eine COM-Datei kann aus mehreren Objektmodulen gebunden werden. Alle diese Objektmodule müssen denselben Codesegmentnamen und denselben Klassentyp verwenden. Da eine COM-Datei aus erwähnten Gründen nicht größer als 64 Kbyte werden kann, müssen alle Sprünge und Prozeduraufrufe den Entfernungstyp Near besitzen.

Die EXE-Datei

Die markanteste Eigenschaft einer EXE-Datei ist, daß sie beliebig groß werden und damit (zumindest theoretisch) aus beliebig vielen Segmenten bestehen kann. Daher wird bei einer EXE-Datei in der Regel der Code-, der Daten- und der Stackbereich in getrennten Segmenten untergebracht. Ein Programm in einer EXE-Datei ist aber nicht direkt ausführbar, auch wenn eine EXE-Datei Maschinencode enthält. Vielmehr·müssen alle Sprungadressen und Adreßreferenzen vom DOS-Lader in ihre endgültige Form übersetzt werden. Die benötigte Information entnimmt der DOS-Lader dem Kopf der EXE-Datei, welcher Informationen enthält, die dort vom Linker abgelegt wurden. Der Kopf besitzt eine typische Struktur, die man sich zum Beispiel mit dem Hilfsprogramm EXEHDR.EXE, welches neueren MASM-Versionen und in einer modifizierten Version auch dem Turbo Assembler beigelegt ist, anschauen kann.

Das Kopffeld einer EXE-Datei enthält neben der Verschiebeinformation auch die Initialisierungswerte für das CS-, IP-, SS- und das SP-Register. Lediglich das DS- und das ES-Register zeigen nach dem Start einer EXE-Datei auf den PSP. In der Regel müssen diese Register innerhalb des Programms mit der Adresse eines Segments, zum Beispiel des Datensegments, geladen werden. Dies geschieht normalerweise über die bereits hinlänglich bekannte Befehlssequenz:

```
MOV DX,@DATA
MOV DS,DX
```

Das CS-Register und das IP-Register adressieren das Startpunktlabel, welches der END-Anweisung folgen muß. Ohne ein Startpunktlabel wird das IP-Register auf Null gesetzt, so daß die Programmausführung mit dem ersten Befehl im Codesegment beginnt. Ein Stacksegment wird in einem Programm, das in eine EXE-Datei umgewandelt werden soll, in der Regel über die .STACK-Anweisung definiert. Ein solchermaßen definiertes Segment erhält automatisch den Kombinationstyp STACK. Dadurch wird das Registerpaar SS:SP automatisch beim Laden der EXE-Datei initialisiert (die dafür benötigte Information ist im EXE-Kopf enthalten). Die Kopfgröße ist unter anderem abhängig von der Anzahl der Adreßinformationen, die beim Laden der EXE-Datei angepaßt (reloziert) werden müssen, beträgt aber stets ein Vielfaches von 512. Die wichtigsten Unterschiede zwischen COM- und EXE-Dateien sind in Tabelle 11.4 zusammengefaßt.

Merkmale	COM-Datei	EXE-Datei
Maximale Größe	64 Kbyte	Unbegrenzt
Startpunkt	PSP:100h	Wird durch Startpunktlabel festgelegt
Registerinhalte nach dem Laden:		
CS-Register	PSP	Segment,welches das Startpunktlabel enthält
IP-Register	100h	Offset des Startpunktlabels
DS-Register	PSP	PSP
ES-Register	PSP	PSP
SS-Register	PSP	Segment mit STACK-Attribut
SP-Register	FFFEh	Größe des Stacksegments

Tabelle 11.4: *Unterschiede zwischen COM- und EXE-Dateien*

Zusammenfassend läßt sich festhalten, daß eine COM-Datei ein wenig unkomplizierter zu handhaben ist als eine vergleichbare EXE-Datei. Für ältere MASM-Versionen (vor Version 5.0) galt noch, daß COM-Dateien schneller erstellt werden können. Mit den vereinfachten Segmentanweisungen wurde dieser Unterschied aber weitestgehend aufgehoben. Für speziellere Anwendungen, zum Beispiel TSR-Programme, sind COM-Dateien in der Regel die bessere Wahl, da hier nur ein Segment-Register, nämlich das CS-Register, verwaltet werden muß. Viele der Beispielprogramme, die in den nächsten Kapiteln vorgestellt werden, wurden aus Gründen der Einfachheit als COM-Dateien erstellt.

Im Hinblick auf eine Übertragbarkeit nach OS/2, dem Betriebssystem für 80286/386/486-CPUs, können allerdings nur EXE-Dateien eingesetzt werden, da COM-Dateien unter diesem Betriebssystem grundsätzlich nicht lauffähig sind. Dies gilt auch für Windows-Applikationen, wo die EXE-Datei um zusätzliche Informationen erweitert wird.

Was bedeutet Verschiebbarkeit?

Zum Abschluß dieses Kapitels soll eine Frage beantwortet werden, die etwas mit der elementarsten Eigenschaft eines Betriebssystems wie MS-DOS zu tun hat, nämlich mit der Verschiebbarkeit von Programmen, genauer gesagt mit der Verschiebbarkeit von absoluten Adressen. Wie Sie bereits wissen, wird die Adresse, an die ein Programm im Arbeitsspeicher geladen wird, erst beim Laden des Programms durch den DOS-Lader festgelegt. Weder eine EXE-Datei noch eine COM-Datei verfügt über diese Information (eine Ausnahme stellen Segmente mit dem Kombinationstyp AT dar). Damit der DOS-Lader den einzelnen Segmenten eines Programms eine absolute Adresse zuordnen kann (er benutzt dazu auch, wie es sich gehört, die Funktion 48h des Interrupts 21h), benötigt er Informationen über die Anordnung der einzelnen Segmente in diesem Programm. Diese Information entnimmt er aus einer Verschiebetabelle, die in dem Kopffeld einer EXE-Datei enthalten ist. Da eine COM-Datei dieses Kopffeld nicht enthält, können auch in einer COM-Datei nicht mehrere Segmente angesprochen werden. Das heißt nun nicht, daß eine COM-Datei nicht mehrere Segmente enthalten darf. Es ist nur nicht möglich, innerhalb des Programms eine Referenz auf ein Segment zu benutzen, da der DOS-Lader diese Referenz nicht auflösen kann. Ein kleines Beispiel, welches allerdings die in Kapitel 10 vorgestellten Standard-Segmentanweisungen verwendet, soll diesen Sachverhalt verdeutlichen:

```
CODE         SEGMENT
             ASSUME CS:CODE,DS:DATEN
             ORG 100h
START:
             MOV AH,09
             MOV DX,OFFSET TEXT
             INT 21H
             INT 20H
CODE         ENDS
;
DATEN        SEGMENT
             TEXT DB 'GUTEN TAG!',10,13,'$'
DATEN        ENDS
```

An diesem Programm ist eigentlich nichts auszusetzen, vor allem wird es vom Linker oder von EXE2BIN anstandslos in eine COM-Datei umgewandelt, obwohl es mehrere Segmentdefinitionen enthält. Allerdings arbeitet es nicht korrekt. Das Problem liegt in dem Befehl

```
MOV DX,OFFSET TEXT
```

welcher den Offset des Symbols TEXT in das DX-Register laden soll. Da ein Offset eines Symbols aber immer relativ zu dem Segment, in welchem das Symbol definiert wurde, berechnet wird, erhält das DX-Register in diesem Fall den Wert 0. Schuld daran ist das DS-Register, welches immer noch auf den Beginn des PSP und nicht auf das Datensegment zeigt. Gelänge es jetzt, die Adresse des Segments DATEN in das DS-Register zu bringen, wäre das Problem gelöst. Doch sobald Sie den Befehl

```
MOV DX,DATEN
```

in das Programm einfügen, kann das Programm über EXE2BIN (oder über die Linker-Option /AT, falls Ihr Linker über diese Option bereits verfügt) nicht mehr in eine COM-Datei umgewandelt werden (probieren Sie es einmal aus!). Der Grund liegt darin, daß der DOS-Lader (bzw. der Linker oder das Programm EXE2BIN) über keine Informationen betreffend der Anordnung des Segments DATEN verfügt und folglich die Adresse dieses Segments nicht berechnen, geschweige denn in das DX- und damit in das DS-Register laden kann.

Dennoch ist nicht alles verloren, denn es gibt mehrere Möglichkeiten den DOS-Lader zu überlisten. Eine Möglichkeit wurde bereits in Kapitel 10.7 mit der GROUP-Anweisung vorgeführt. Eine weitere Möglichkeit besteht darin, die Offset-Berechnung des Symbols TEXT auf eine andere Weise durchzuführen. Das folgende Beispiel zeigt wie:

```
CODE        SEGMENT
        ASSUME CS:CODE,DS:DATEN
        ORG 100H
START:
        MOV AH,09
        MOV DX,OFFSET C_ENDE
        INT 21H
        INT 20H
C_ENDE:                         ; dies ist der "Trick"
CODE    ENDS
;
DATEN       SEGMENT  BYTE
        TEXT DB 'NUN FUNKTIONIERT'S !!',10,07,13,'$'
DATEN   ENDS
END START
```

Durch die Definition des Labels C_ENDE, dessen Adresse im obigen Beispiel mit der Adresse des Symbols TEXT identisch ist (dank dem Ausrichtungstyp BYTE, der das Segment DATEN direkt hinter das Segment CODE setzt), kann der Offset von TEXT nun direkt berechnet werden.

Das obige Beispiel soll kein »Rezept« für hartnäckige EXE-Dateien sein, die sich nicht in COM-Dateien umwandeln lassen. Vielmehr soll es helfen, die Hintergründe, die beim Laden einer Datei in den Arbeitsspeicher eine Rolle spielen, ein wenig zu durchleuchten und vor allem den wichtigsten Unterschied zwischen COM- und EXE-Dateien zu veranschaulichen.

Damit wäre die Reise durch das Betriebssystem MS-DOS beendet. Sicher gäbe es noch sehr viel mehr zu berichten. So ist zum Beispiel die Programmierung der Gerätetreiber ein Kapitel für sich, auch wurde die Netzwerkfähigkeit von MS-DOS mit keinem Wort erwähnt. Diese und weitere vertiefende Informationen können Sie zum Beispiel dem Microsoft-Referenzhandbuch entnehmen (siehe Literaturhinweise im Anhang I).

Eine ausführliche Beschreibung der wichtigsten BIOS- und DOS-Interrupts finden Sie im Anhang C. Auch wenn dieses Kapitel bei weitem nicht alle Detailfragen beantworten konnte, sind Sie mit den wichtigsten Grundlagen von MS-DOS vertraut gemacht worden. Um die praktische Anwendung dieser Grundlagen soll es im nächsten Kapitel gehen.

11.7 Zusammenfassung

Das Betriebssystem MS-DOS besteht aus drei Komponenten, dem BIOS, dem DOS und dem Kommandointerpreter COMMAND.COM. Während das BIOS (Basic Input Output System) den hardwareabhängigen Teil darstellt und so elementare Aufgaben übernimmt, wie zum Beispiel die Ein- und Ausgabe einzelner Zeichen, obliegen dem weitestgehend hardwareunabhängigen DOS komplexere Aufgaben wie zum Beispiel die Dateiverwaltung, die Speicherverwaltung oder das Laden eines Programms in den Arbeitsspeicher. Sowohl die Funktionen des BIOS, als auch die Funktionen des DOS können von einem Anwenderprogramm über einen INT-Befehl aufgerufen werden. Bei dem Kommandointerpreter COMMAND.COM handelt es sich um ein MS-DOS-Programm, welches die Schnittstelle zwischen dem Benutzer und dem DOS herstellt. Jede dieser Komponenten besitzt einen bestimmten Platz im Arbeitsspeicher, der ihr beim Booten des Systems zugewiesen wird.

11.8 Übungen

Aufgabe 1:
In welchem Fall kann ein Programm durch einen einfachen RET-Befehl beendet werden?

Aufgabe 2:
Ist das folgende Programm als COM-Datei korrekt lauffähig? Wenn nein, warum nicht?

```
CODE            SEGMENT
        ASSUME CS:CODE,DS:DATEN
START:          MOV AH,09
        MOV DX,OFFSET TEXT
        INT 21H
        MOV AH,4CH
        INT 21H
CODE            ENDS
;
DATEN           SEGMENT
        TEXT DB 'SCHON WIEDER DIESES BEISPIEL!',10,13,'$`
DATEN           ENDS
END
```

Aufgabe 3:
Welche Informationen muß jede Diskette enthalten, die unter MS-DOS formatiert wurde?

Aufgabe 4:
Welche Nach- und Vorteile bietet ein DOS-Funktionsaufruf gegenüber einem gleichwertigen BIOS-Funktionsaufruf?

Aufgabe 5:
Kann ein Maschinenprogramm, welches auf einem »nicht-kompatiblen« MS-DOS-Computer, wie zum Beispiel dem Wang-PC oder dem PC von Texas Instrument, die beide eine 8086/88-CPU enthalten (und beide nicht mehr verkauft werden), auch auf einem Original-IBM-PC oder einem 100% kompatiblen laufen?

Die Lösungen zu den Übungen finden Sie in Anhang F.

12 MS-DOS-Programmierung

Nachdem im letzten Kapitel die theoretischen Grundlagen des Betriebssystems MS-DOS dargestellt wurden, geht es in diesem Kapitel um die praktischen Anwendung. Programmieren unter
MS-DOS heißt im wesentlichen die Anwendung von DOS- und BIOS-Funktionen in eigenen
Programmen und der Zugriff auf Datenbereiche, die vom DOS oder BIOS verwaltet werden. Die
Funktionen übernehmen so wichtige Aufgaben wie die Bildschirmausgabe oder den Zugriff auf
das Diskettenlaufwerk. Sie werden lernen, daß Maschinensprache für den Aufruf von Betriebssystemroutinen optimal geeignet sind. Neben dem Einsatz wichtiger DOS- und BIOS-Routinen
geht es insbesondere um die praktische Anwendung der Assembler- und Maschinenbefehle. Daß
nebenbei ein paar nützliche Utilities abfallen, ist selbstverständlich. Während für die ersten Kapitel
dieses Buches ausschließlich die vereinfachten Segmentanweisungen zur Anwendung kamen,
wird in diesem Kapitel bei einigen Beispielprogrammen auf die Standardsegmentanweisungen
zurückgegriffen, die in Kapitel 10.3 ausführlich besprochen wurden. Zum einen bringen bei COM-
Dateien die vereinfachten Segmentanweisungen kaum nennenswerte Vorteile, zum anderen
können so auch Leser mit älteren MASM-Versionen die Beispielprogramme ohne Änderungen
assemblieren.

Im einzelnen geht es um:
– einen Funktionstastenmanager
– eine Sektorlupe
– ein Filterprogramm
– den Zugriff auf das Directory
– die Änderung des Dateiattributs
– residente Programme
– einen simplen Kopierschutz
– Zugriff auf den Bildschirmspeicher

12.1 Rund um die Tastatur

Kein PC kommt ohne eine Tastatur aus. Trotz stark zunehmender Popularität von Mäusen und
Trackballs bleibt die Tastatur das Haupteingabemedium eines PC. Grund genug sich ein wenig
näher mit diesem Eingabemedium zu beschäftigen. Bereits im letzten Kapitel wurden die
grundsätzlichen Zusammenhänge zwischen der Tastatur und dem BIOS, das heißt dem Teil des
Betriebssystems, der für die Kommunikation mit den einzelnen Peripheriegeräten zuständig ist,
erläutert. Diesmal soll es uns aber in erster Linie um die praktische Anwendung gehen.

Ein Tastenmanager
Eine Standard-PC-Tastatur verfügt lediglich über 83 Tasten, bei einer AT-Tastatur sind es in der
Regel 102. Dazu gehören auch die zehn oder zwölf Funktionstasten F1 bis F12. Diese werden,
bis auf wenige Ausnahmen, von MS-DOS normalerweise links gelassen, das heißt ihnen wird keine
sinnvolle Funktion zugeordnet. Zwar ist es durchaus möglich, einzelnen Funktionstasten mit

eigenen Funktionen zu belegen, allerdings funktioniert dies nur so lange, wie kein anderes Programm diese Belegung wieder aufhebt. Der Grund für diese Kurzlebigkeit ist der Umstand, daß die Funktionstastenbelegung nur auf der DOS-Ebene durchgeführt wird. Jedes Programm, das diese Ebene umgeht (und das tut zum Beispiel jedes Textverarbeitungsprogramm), umgeht damit auch die vereinbarte Belegung. Das ist irgendwie ärgerlich, denn es gibt Dutzende von Anwendungen, in denen man gerne durch Drücken einer Taste oder einer Tastenkombination eine bestimmte Befehlsfolge ausführen lassen möchte. Da es in Maschinensprache nur sehr wenig gibt, was es nicht gibt, existiert auch für dieses Problem eine ganze Reihe von Lösungen. Die meisten dieser Lösungen bestehen im wesentlichen darin, eingegebene Zeichen nicht vom DOS aus, sondern direkt von der untersten Ebene des Systems, dem Tastaturpuffer, zu lesen.

Wie reagiert der PC auf einen Tastendruck?

Bereits im letzten Kapitel wurde erläutert, welche Folgen ein Tastendruck hat. Auch dieser Abschnitt beschäftigt sich noch einmal mit diesem Thema, diesmal aber mehr aus der Perspektive des Programmierers. Jedesmal, wenn Sie eine Taste betätigen und das Interrupt-Freigabeflag im Status-Register der CPU gesetzt ist (was normalerweise immer der Fall ist), wird der Interrupt 9 ausgelöst. Dieser Interrupt unterbricht die 8086/88-CPU bei ihrer momentanen Tätigkeit und bringt eine Routine zur Ausführung, deren Aufgabe es ist, den Scancode, das heißt eine Nummer für die gedrückte Taste und deren ASCII-Code, zu ermitteln und beide im Tastaturpuffer abzulegen. Die Interruptroutine des Interrupts 9 liegt im ROM-Speicher des Systems und beginnt in einem Standard-PC-BIOS bei der Adresse 0F000:E987h (lassen Sie sich diese Routine ruhig einmal mit Hilfe des Debuggers disassemblieren). Die Aufgabe dieser Routine besteht im wesentlichen darin, den Scancode (bei PCs und XTs eine Zahl zwischen 1 und 83) über den E/A-Port 60h einzulesen. Mit Hilfe einer Tabelle, die ebenfalls im ROM (in einem Standard-PC-BIOS unter der Adresse 0F000:E896h) abgelegt ist, wird der Scancode in den dazugehörigen ASCII-Code umgewandelt und beide Codes werden im Tastaturpuffer abgelegt. Nicht jede Taste hinterläßt eine Spur im Tastaturpuffer. Ein Beispiel ist die ⟨Shift⟩-Taste, die zwar wie jede Taste einen Interrupt 9 auslöst, aber von der BIOS-Routine nicht im Tastaturpuffer gespeichert wird.

Die Organisation des Tastaturpuffers

Für die folgenden Betrachtungen stellt der BIOS-Datenbereich eine wichtige Rolle dar. In diesem Bereich speichert das BIOS Parameter ab, die für die einzelnen Funktionen benötigt werden. Es handelt sich also um einen Teil des RAMs. Der BIOS-Datenbereich umfaßt etwas mehr als 256 Byte und beginnt bei der Adresse 0040:0000h, oder in einer anderen Schreibweise, bei der Adresse 00400h, das heißt dieser Bereich folgt direkt auf die Interrupt-Vektortabelle, die bekanntlich den Bereich 0-003FFh belegt. Der Tastaturpuffer ist im BIOS-Variablenbereich ab der Adresse 0040:001Eh (0041Eh) zu finden. Er umfaßt 32 Byte und kann damit maximal 16 Zeichen auf einmal aufnehmen. Um auf den Tastaturpuffer durch eine eigene Routine zugreifen zu können, ist es zunächst einmal notwendig, dessen Aufbau zu verstehen. Der Tastaturpuffer wird vom BIOS mit Hilfe von zwei Variablen verwaltet, deren aktueller Wert ebenfalls im BIOS-Variablenbereich gespeichert ist. Die eine Variable wird als »Head«, das heißt der Kopf des Tastaturpuffers bezeichnet und legt die Position im Tastaturpuffer fest, aus der das nächste Zeichen gelesen wird. Die andere Variable wird als »Tail«1 bezeichnet. Ihr Inhalt zeigt auf die Position vor dem Zeichen, das als letztes eingegeben wurde und kennzeichnet so die Position im Puffer, an der das nächste

Zeichen gespeichert wird. Sowohl der aktuelle Wert von Head als auch der aktuelle Wert von Tail ist im BIOS-Variablenbereich enthalten und kann dort zum Beispiel für eigene Tastaturroutinen genutzt werden. Der Wert von Head befindet sich unter der Adresse 0040:001Ah, der Wert von Tail unter der Adresse 0040:001Ch. Beide Werte stellen einen Offset vom Segmentbeginn zu der jeweiligen Position im Tastaturpuffer dar. Dies muß bei der Programmierung beachtet werden. Genauso sollten Sie stets darauf achten, daß eigene Tastaturroutinen genau wie das BIOS auch, die Werte von Head und von Tail aktualisieren müssen. Falls Sie zum Beispiel ein Zeichen im Tastaturpuffer abspeichern, so müssen Sie den Wert von Tail für jedes abgelegte Zeichen um zwei erhöhen, da das Zeichen ansonsten vom BIOS nicht verarbeitet werden kann. Die Adresse des Tastaturpuffers ist wie die Länge des Tastaturpuffers ebenfalls im BIOS-Variablenbereich gespeichert. Letztere ist unter der Adresse 0040:0082h gespeichert, während die Adresse des Tastaturpuffers unter der Adresse 0040:0080h zu finden ist.

Zwar ließe sich Head gut als »Kopf« des Puffers übersetzen, doch wird dies bei Tail, dessen deutsche Übersetzung »Schwanz« oder »Schluß« gleichkommt, etwas schwerer. Der Einfachheit halber und der besseren Lesbarkeit wegen werden daher im folgenden die englischen Bezeichnungen beibehalten. Sowohl Head als auch Tail sind Variablen, die immer auf eine bestimmte Position innerhalb des Tastaturpuffers zeigen. Tail darf daher nicht mit dem physikalischen Ende des Puffers, das heißt der höchsten Adresse im Tastaturpuffer, verwechselt werden.

Wird ein Zeichen in den Tastaturpuffer geschrieben, wird Tail um zwei erhöht, um so auf die nächste Position des Puffers zu zeigen. Handelt es sich bei dieser Position bereits um das Ende des Puffers, wird Tail wieder auf den Anfang des Tastaturpuffers gesetzt. Wird ein Zeichen aus dem Tastaturpuffer gelesen, wird Head um zwei erhöht, um auf das als nächstes zu lesende Zeichen zu zeigen. Auch hier wird Head wieder auf den Beginn des Tastaturpuffers gesetzt, sobald dessen Wert das Ende des Puffers erreicht hat. Bildlich gesehen läuft Head stets hinter Tail her, sobald er ihn erreicht hat, sind alle Zeichen gelesen und der Tastaturpuffer ist leer. Der Tastaturpuffer ist daher als ein »Ringpuffer« anzusehen, der eigentlich keinen Anfang und auch kein Ende besitzt. Natürlich kann auch ein Ringpuffer irgendwann einmal (konkret nach 16 eingegebenen Zeichen) gefüllt sein, so daß keine weiteren Zeichen mehr aufgenommen werden können. Das BIOS erkennt dies daran, daß der Wert von Tails um zwei kleiner ist, als der Wert von Head, bzw. daß Tail auf das Ende des Tastaturpuffers zeigt, wenn Head auf den Beginn des Tastaturpuffers zeigt. Jedes weitere eingegebene Zeichen wird dann ignoriert und die Überfüllung durch einen Piepston angezeigt.

Bild 12.1 zeigt wie sich die Werte von Head und Tail verändern, wenn Zeichen in dem Tastaturpuffer abgelegt oder wenn Zeichen aus dem Tastaturpuffer gelesen werden. Dies ist keineswegs ein sich abwechselnder Prozeß. So passiert es häufig, daß der Tastaturpuffer durch Zeichen gefüllt wird, die erst einige Zeit später von einem Anwenderprogramm gelesen werden.

Die Aufgabe des Tastenmanagers

Zurück zu unserem Tastenmanager. Das Ziel dieses kleinen Entwicklungsprojekts soll es sein, einer Funktionstaste (oder allgemein einer beliebigen Taste) ein DOS-Kommando zuordnen zu können. Da diese Zuordnung unabhängig von DOS oder einem gerade ablaufenden Anwenderprogramm sein soll, muß sie auf der untersten Ebene durchgeführt werden.

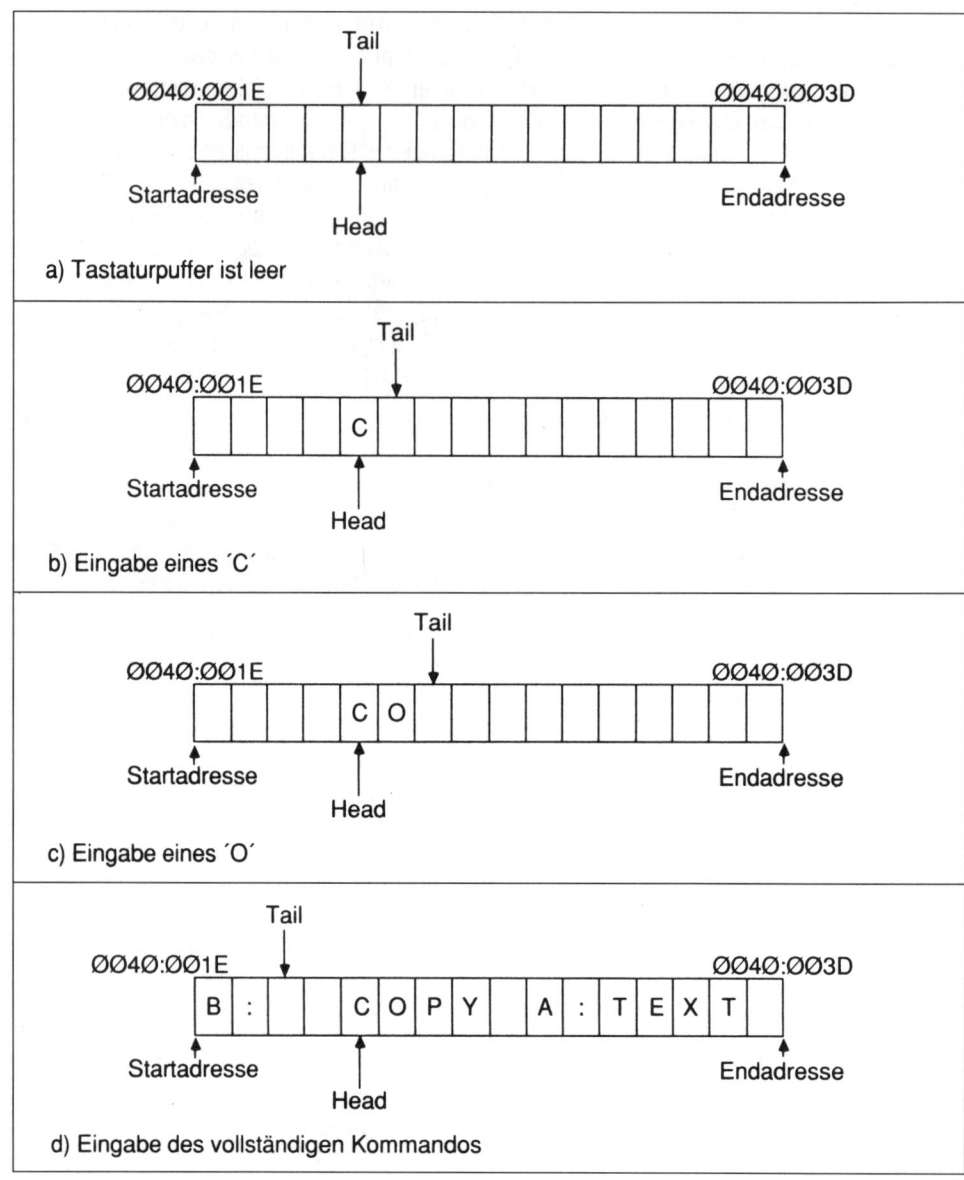

a) Tastaturpuffer ist leer

b) Eingabe eines ´C´

c) Eingabe eines ´O´

d) Eingabe des vollständigen Kommandos

Bild 12.1: *Verwaltung des Tastaturpuffers*

Dazu wird als erstes der Tastatur-Interrupt 9h auf eine eigene Routine gelegt. Die Aufgabe dieser Routine besteht darin, zunächst einmal die »normale« Tastatureingaberoutine aufzurufen, die den Scancode und den ASCII-Code der gedrückten Taste im Tastaturpuffer ablegt. Die Tastatureingaberoutine kehrt in unser Programm zurück, das dann feststellt, ob überhaupt etwas eingegeben wurde (bestimmte Tasten hinterlassen bekanntlich keine Spur im Tastaturpuffer), das eingegebene Zeichen untersucht und schließlich entscheidet, ob es sich um eine Taste handelt, auf die eine spezielle Aktion erfolgen soll. Ist dies nicht der Fall, wird die Routine beendet und die Programmausführung fährt an der Stelle fort, wo sie durch den Interrupt 9h unterbrochen wurde. Handelt es sich bei dem eingegebenen Zeichen aber um ein vereinbartes Zeichen, schreibt unser Programm die ASCII-Codes eines festgelegten Befehls in den Tastaturpuffer, so als würde dasselbe Kommando in dem Augenblick über die Tastatur eingegeben werden. Der Umfang des auszuführenden Kommandos ist auf 16 Zeichen beschränkt, da sich nicht mehr Zeichen auf einmal in dem Tastaturpuffer unterbringen lassen (es wird später allerdings auch eine Möglichkeit beschrieben, wie sich auch längere Kommandos zuordnen lassen).

Der Tastenmanager sitzt also im »Hintergrund« (das heißt, er ist nicht der aktive Prozeß) und untersucht jede gedrückte Taste, ob sie in einer Tabelle enthalten ist, unabhängig von einem aktiven Anwenderprogramm. Damit er das kann, muß er ständig im Speicher vorhanden sein. Das Stichwort heißt speicherresident und sollte bei Ihnen bestimmte (hoffentlich keine traumatischen) Erinnerungen auslösen, da dieses Thema bereits in Kapitel 9 kurz angesprochen wurde. Der Tastenmanager besteht damit aus zwei im Prinzip voneinander unabhängigen Modulen. Einem Initialisierungsmodul, das zunächst die Adresse des ursprünglichen Interrupts 9h rettet, dann die neue Routine auf den Interrupt 9h legt und schließlich das Hauptmodul speicherresident macht. Danach wird das Initialisierungsmodul nicht mehr benötigt und kann wieder aus dem Speicher entfernt werden. Das Hauptmodul befindet sich dagegen an einem sicheren Platz im Speicher und wird durch jeden Tastendruck aktiviert.

Der Aufbau des Tastenmanagers

Das Programm beginnt mit einem Datenteil, in der alle benötigten Daten und Zeiger initialisiert werden:

```
TAST_ANZ        EQU    10
```

Dies ist die maximale Anzahl an Tasten, denen ein Kommando zugeordnet werden kann. Diese Zahl kann bei Bedarf erhöht werden.

```
COMMAND_SIZE    EQU    16
```

COMMAND SIZE ist die maximale Größe eines Kommandos, das einer Taste zugeordnet wird. Diese Zahl kann nicht so ohne weiteres erhöht werden, da der Tastaturpuffer auf einmal nur maximal 16 Zeichen aufnehmen kann. Das eigentliche Programm beginnt mit einem Segment, das an der Adresse 0:0h beginnt:

```
INT_VEKTOR_TAB    SEGMENT AT 00h
          ORG 9*4
            INT_09    LABEL WORD
INT_VEKTOR_TAB    ENDS
```

Normalerweise lädt DOS ein Segment an eine Stelle im Arbeitsspeicher, die erst beim Laden durch die aktuelle Belegung des Arbeitsspeichers festgelegt wird. Durch den Kombinationstyp AT, der auf die SEGMENT-Anweisung folgt (siehe Kapitel 10.3), kann DOS aber gezwungen werden, das Segment an einer bestimmten Adresse beginnen zu lassen. Das Segment INT_VEKTOR_TAB ist einzig und allein dazu da, das Symbol INT_09 zu definieren, dessen Adresse mit der des Eintrags des Interrupts 9h in der Interrupt-Vektortabelle identisch ist. Durch den Segmentparameter »AT 00h« wird die Segmentadresse auf 0000h, das heißt den Beginn der Interrupt-Vektortabelle gesetzt. Die anschließende Anweisung »ORG 9*4« bewirkt, daß innerhalb des Segments ein Offset von 9*4 = 36 Byte erzeugt wird. Dies ist genau die Adresse, unter der die Adresse der Interruptroutine des Interrupts 9h gespeichert ist. Grund genug, an dieser Stelle ein Label mit dem Namen INT_09 zu definieren. Wir werden dieses Label später benutzen, um an dieser Adresse die Adresse unseres Tastenmanagers abzuspeichern. Derselbe »Trick« wird auch bei der Definition des nächsten Segments angewendet.

BIOS_VARIABLEN	SEGMENT AT 40h	
ORG	1Ah	;Offset innerhalb des Segments
TASTATUR_HEAD	DW ?	;Aktueller Wert des Kopfes
TASTATUR_TAIL	DW ?	;Aktueller Wert des Endes
TAST_BUFFER	DW 16 DUP(?)	;Tastaturpuffer
TAST_BUF_ENDE	LABEL WORD	;Ende des Tastaturpuffers
BIOS_VARIABLEN	ENDS	

Das Segment BIOS_VARIABLEN ist ebenfalls ein Hilfssegment, das ausschließlich dazu dient, Daten aufzunehmen. Auch hier wird durch den Ausrichtungstyp »AT 40h« das Segment auf eine spezielle Adresse, diesmal den Beginn des BIOS-Variablenbereichs, gesetzt. Der durch die Anweisung »ORG 1Ah« erzeugte Offset bewirkt, daß die Adresse der nächsten beiden Datenanweisungen »TASTATUR_HEAD DW ?« und »TASTATUR_TAIL DW ?« mit den Speicherstellen im BIOS-Variablenbereich übereinstimmen, die den aktuellen Wert von Head bzw. von Tail des Tastaturpuffers enthalten. Das gleiche gilt auch für den Tastaturpuffer, dessen Adresse durch die nächste Anweisung definiert wird. Wie auch bei den beiden letzten Anweisungen, definiert diese Anweisung keine neue Variable. So wird durch die Anweisung »TAST_BUFFER DW 16 DUP(?)« kein neuer Tastaturpuffer definiert, denn dieser existiert bereits. Die Anweisung schafft lediglich eine Möglichkeit innerhalb des Programms auf diesen Bereich zuzugreifen. Als letzte Anweisung wird in diesem Segment das physikalische Ende, das heißt die höchste Adresse des Tastaturpuffers, definiert. Dieser Wert wird später im Hauptprogramm dazu benutzt, um festzustellen, ob Tail das Ende des Tastaturpuffers erreicht hat.

Damit wären alle benötigten Variablen und Labels definiert und das Programm kann beginnen:

```
CODE        SEGMENT
       ASSUME CS:CODE
START:    JMP INIT
```

Zu diesem Teil gibt es nicht viel zu sagen. Der erste Befehl ist ein Sprung zu der Initialisierungsroutine, deren Aufgaben bereits besprochen wurden. Um das logische Verständnis für den Programmablauf zu erleichtern, soll diese Routine als nächstes besprochen werden.

Der Initialisierungsteil
Der Initialisierungsteil des speicherresidenten Programms beginnt bei dem Label INIT. Als erstes muß der Tastatur-Interrupt 9h auf unsere Tastaturroutine gesetzt werden:

```
INIT:
ASSUME DS:INT_VEKTOR_TAB
MOV DX,INT_VEKTOR_TAB
MOV DS,DX
CLI
```

Die ASSUME-Anweisung ordnet dem DS-Register das Segment INT_VEKTOR_TAB zu. Dies ist aber lediglich eine Mitteilung an den Assembler. Um über das DS-Register auch auf das vereinbarte Segment zugreifen zu können, muß das DS-Register auch mit der Segmentadresse von INT_VEKTOR_TAB geladen werden. Dies übernehmen die beiden folgenden MOV-Befehle, die die Startadresse der Interrupt-Vektortabelle in das DS-Register laden (im Grunde hätte man auch den Wert 0 direkt in das DX-Register laden können). Der Befehl CLI (Clear Interrupt-Flag) setzt das Interrupt-Flag im Status-Register der CPU auf 0 und verhindert so, daß der folgende Programmteil durch einen Interrupt unterbrochen werden kann. Die Notwendigkeit des CLI-Befehls wird deutlich, wenn Sie sich einmal die nächsten sechs Anweisungen betrachten:

```
MOV AX,INT_09            ; Speichere die Offsetadresse des Interrupts 9
MOV TASTATUR_INT,AX
MOV AX,INT_09[2]         ; Speichere die Segmentadresse des Interrupts 9h
MOV TASTATUR_INT[2],AX
```

Damit ist die ursprüngliche Adresse der Interrupt-Routine in der Variablen TASTATUR_INT gespeichert, so daß in die Vektortabelle nun die Adresse unserer Routine eingetragen werden kann:

```
MOV INT_09,OFFSET TAST_PRUEF
MOV INT_09[2],CS
STI
```

Würde während der Abarbeitung dieser Befehle ein Tastaturinterrupt auftreten, so würde die CPU die Ausführung unterbrechen und unter Umständen eine bereits geänderte Offsetadresse, aber noch die Original-Segmentadresse der Interrupt-Routine hinterlassen, die dann unweigerlich zu einem Absturz führt. Nach dem die Interrupt-Vektoren endgültig geändert worden sind, können die für das System »lebensnotwendigen« Interrupts durch den Befehl STI (Set Interrupt Flag) wieder zugelassen werden.

Als nächstes werden die BIOS-Variablen initialisiert und der Tastaturpuffer wird gelöscht:

```
ASSUME DS:BIOS_VARIABLEN
MOV DX,BIOS_VARIABLEN
MOV DS,DX
MOV BX,OFFSET TAST_BUFFER    ; Sowohl Head als auch Tail werden
MOV TASTBUF_HEAD,BX          ; auf den Beginn des Tastatur-
MOV TASTBUF_TAIL,BX          ; puffers gesetzt
```

Die neue ASSUME-Anweisung hebt die alte ASSUME-Anweisung auf. Würde jetzt aber auf eine Variable oder ein Label in dem Segment BIOS_VARIABLEN zugegriffen werden, würde der alte Inhalt des DS-Registers, der nach wie vor auf das Segment INT_VEKTOR_TAB zeigt, der Adreßberechnung zugrunde gelegt werden. Deswegen muß auch hier das DS-Register erst mit der Segmentadresse des Segments geladen werden. Nun können die nachfolgenden Befehle korrekt auf das Segment BIOS_VARIABLEN, das heißt auf den BIOS-Variablenbereich zugreifen. Ihre Aufgabe ist es, den Tastaturpuffer zu löschen. Dies geschieht am einfachsten dadurch, indem der Wert von Tail und von Head gleich gesetzt werden.

Damit wäre die Initialisierung abgeschlossen. Als letzte Amtshandlung muß das Initialisierungsmodul dafür sorgen, daß das Hauptmodul, (wir werden es noch detaillierter besprechen) speicherresident gemacht wird. Eine bewährte Methode ist die Verwendung des Interrupts 27h. Ihm muß lediglich die letzte Adresse des Programms, das speicherresident gemacht werden soll, übergeben werden:

```
MOV DX,OFFSET INIT      ; Dies ist die letzte Adresse des Haupt-
INT 27h                 ; moduls, das nun speicherresident ist
Das Hauptprogramm
```

Den einen oder anderen Leser wird vielleicht der Umstand stutzig machen, daß das Initialisierungsmodul nicht mehr zu dem Hauptprogramm zurückkehrt. Dies ist nicht notwendig, da die Aufgabe des Initialisierungsprogramms einzig und allein darin bestand, bestimmte Vektoren zu initialisieren, den Tastaturpuffer zu löschen und das Hauptprogramm speicherresident zu machen. Dieses Hauptprogramm soll aber nicht schon bei der Initialisierung, sondern jedesmal, wenn eine Taste gedrückt wird, aktiv werden. Werfen wir nun einen Blick auf das Hauptprogramm:

```
JMP INIT                ; Sprung zu der Initialisierungsroutine
TAST_CODES  DW 0000     ; Hier beginnt ein Datenfeld, in dem die
            DW 0000     ; einzelnen Tastaturcodes gespeichert
            DW 0000     ; werden, auf die das Programm aktiv
            DW 0000     ; werden soll
            DW 0000
            DW 0000
            DW 0000
            DW 0000
            DW 0000
            DW 4400h    ; Dies ist der Tastencode der F10-Taste
```

Das Hauptmodul beginnt mit einem Datenfeld, in dem die Tastaturcodes gespeichert werden, auf die das Programm reagieren soll. Jedesmal, wenn eine Taste betätigt wird, prüft das Programm, ob sich der Code in dieser Tabelle befindet. Ist das der Fall, wird über die Nummer des Eintrages aus der nächsten Tabelle die Scan- und ASCII-Codes des auszuführenden Kommandos bestimmt und in den Tastaturpuffer geschrieben:

```
COMMANDS    DW 16 DUP(0)
            DW 16 DUP(0)
            DW 16 DUP(0)
            DW 16 DUP(0)
            DW 16 DUP(0)
            DW 16 DUP(0)
            DW 16 DUP(0)
            DW 16 DUP(0)
            DW 16 DUP(0)
            DW 2044h,1749h,1352h,1C0Dh, 12 DUP(0) ; 'DIR <Return>'
```

Wie die Tastencodetabelle enthält auch die Kommandotabelle nur einen einzigen Eintrag. Durch diesen Eintrag wird der Taste F10 das Kommando DIR zugeordnet. Dem Scan- bzw. ASCII-Code des Kommandonamens muß ein Return-Zeichen folgen, falls das Kommando auch ausgeführt werden soll. Ansonsten würde die Zeichenfolge »DIR« lediglich auf dem Bildschirm erscheinen, ohne daß etwas passiert.

Jeder Eintrag in der Kommandotabelle besteht aus sechzehn Worten, von denen jedes Wort den Scancode und den ASCII-Code des Zeichens aufnimmt. Besteht ein Kommando aus weniger als sechzehn Zeichen, sollten die übrigen Stellen mit Nullen aufgefüllt werden, da dann die Programmschleife entsprechend eher abgebrochen wird. Wie auch die Tastencodetabelle könnte auch die Kommandotabelle einfacher aufgebaut werden. So würde die Anweisung

```
COMMANDS     DW     160 DUP (4)
```

den gleichen Effekt haben. Die im Programm verwendete Form hat lediglich den Vorteil, daß so Tastencodes einfacher in die Tabelle eingetragen werden können. Das gleiche gilt auch für die Kommandotabelle. Schließlich wird noch eine Variable definiert, in der später durch das Initialisierungsmodul die ursprüngliche Adresse des Interrupts 9h eingetragen wird:

```
TASTATUR_INT    DW   2 DUP(?)
```

Nun kann das Hauptprogramm TAST_PRUEF beginnen:

```
TAST_PRUEF    PROC
              PUSH DS               ; Retten der Register
              PUSH SI
              PUSH DI
              PUSH DX
              PUSH CX
              PUSH BX
              PUSH AX
```

Das Retten der Register ist unbedingt notwendig, da die Routine TAST_PRUEF als Interrupt-Routine in allen denkbaren Situationen aufgerufen werden kann und nicht das Programm, das sie unterbricht, in irgendeiner Form verändern sollte. Die auf dem Stack geretteten Register werden am Ende der Routine durch entsprechende POP-Befehle wieder hergestellt. Bei dem nächsten Befehl handelt es sich um

```
PUSHF
```

Er kopiert den Inhalt des Status-Registers auf den Stack. Für ihn existiert allerdings kein entsprechender POPF-Befehl im Programm, da dieser Befehl durch die als nächste aufrufende Tastatureingaberoutine durchgeführt wird. Bei dieser Routine handelt es sich um die Originalroutine, die normalerweise bei einem Interrupt 9h ausgeführt wird. Sie endet wie alle Interrupt-Routinen mit dem Befehl IRET. Dieser Befehl unterscheidet sich von seinem Gegenstück bei Unterprogrammaufrufen, dem Befehl RET, nur dadurch, daß zusätzlich zu der Rücksprungadresse der Inhalt des Status-Registers vom Stack geholt wird (dies entspricht der Ausführung eines POPF-Befehls). Da die ehemalige Interrupt-Routine durch einen CALL-Befehl aufgerufen wird, aber durch einen IRET-Befehl zurückkehrt, ist der zusätzliche PUSHF-Befehl notwendig. Durch Ausführen dieser Routine wird das Zeichen, durch dessen Eingabe unser Programm erst aktiv geworden ist, in den Tastaturpuffer geholt. Sofern es sich nicht um eine jener Tasten (wie zum Beispiel die ⌈Shift⌉-Taste) handelt, die keinen Tastencode erzeugen, steht der Scancode und der ASCII-Code nun im Tastaturpuffer zur Verfügung, wo sie durch den Tastenmanager ausgewertet werden können:

```
CALL DWORD PTR TASTATUR_INT        ; Hole ein Zeichen in den Puffer
ASSUME DS:BIOS_VARIABLEN           ; Initialisiere und lade das DS-
MOV DX,BIOS_VARIABLEN              ; Register mit der Adresse des
MOV DS,DX                          ; Segments BIOS_VARIABLEN
```

Nachdem das Segment BIOS_VARIABLEN initialisiert wurde, wird festgestellt, ob ein Zeichen im Tastaturpuffer eingetroffen ist:

```
MOV BX,TASTBUF_TAIL                ; Lade BX mit dem Tail
CMP BX,TASTBUF_HEAD                ; Vergleiche Tail mit Head
JE ENDE                            ; Beide gleich, dann Schluß
```

Für die Abfrage, wird Head mit Tail verglichen. Sind beide Werte gleich, hat sich im Tastaturpuffer nichts geändert und unser Programm kann seine Arbeit beenden. Wenn nicht, muß das eingegebene Zeichen zunächst einmal in das AX-Register gebracht werden, um es später mit allen Einträgen aus der Tastaturcodetabelle vergleichen zu können:

```
SUB BX,2                           ; Position des eingegebenen Zeichens
CMP BX,OFFSET TAST_BUFFER          ; Außerhalb des Pufferbereichs?
JAE BUF_OK                         ; Nein, dann OK
MOV BX,OFFSET TAST_BUF_ENDE        ; Setze Position auf das Ende
SUB BX,2                           ; Position des eingegebenen Zeichens
```

Die Position des eingegebenen Zeichens kann durch Subtraktion von 2 von dem Wert des Tails erreicht werden. Dabei kann es aber zu Problemen kommen, wenn Tail auf den Anfang des Tastaturpuffers fiel. In diesem Fall führt eine Subtraktion von 2 zu einer Adresse, die außerhalb des Tastaturpuffers liegt. Entsprechend dem Ringpufferprinzip ist die korrekte Adresse des eingegebenen Zeichens dann die Adresse »Ende des Tastaturpuffers −2«. Nachdem die Adresse des eingegebenen Zeichens im Tastaturpuffer bestimmt ist, kann dieses in das AX-Register geladen werden:

```
BUF_OK:
    MOV AX,[BX]
```

Mit dem Scancode und dem ASCII-Code des eingegebenen Zeichens im AX-Register kann nun die Tastaturcodetabelle durchsucht werden:

```
LEA SI,TAST_CODES                  ; Lade die Startadresse der Tabelle
MOV CX,TAST_ANZAHL                 ; Anzahl der zu überprüfenden Tasten
LAB_1:
CMP AX,CS:[SI]                     ; Vergleiche das AX Register mit einem
                                   ; Tabellenwert
JE GEFUNDEN                        ; Gleich, dann gefunden
LOOP LAB_1                         ; Nicht gefunden, dann nochmal
JMP ENDE                           ; Taste ist nicht in der Tabelle
```

Die einzelnen Tabelleneinträge werden innerhalb einer kleinen Schleife überprüft. Achten Sie auf den Segment-Override-Operator in dem Befehl »CMP AX,CS:[SI]«. Dieser Operator ist notwendig, da der Assembler normalerweise das DS-Register als Grundlage für die Adreßberechnung heranziehen würde. Da sich die Daten, das heißt die Tabelle mit den Tastaturcodes aber in dem CODE-Segment befindet, für das das CS-Register zuständig ist, muß dies dem Assembler über den Segment-Override-Operator mitgeteilt werden. Wird kein übereinstimmender Tabelleneintrag gefunden, ist die Angelegenheit erledigt und das Programm beendet seine Arbeit. Wurde dagegen eine Übereinstimmung gefunden, muß die Adresse des dazugehörigen Kommandos berechnet werden:

```
GEFUNDEN:
CLI                        ; Keine Interrupts erlaubt
LEA SI,COMMANDS            ; Startadresse der Kommandotabelle
NEG CX                     ; Bestimme die Nummer des Eintrages
ADD CX,TAST_ANZ            ; Berechne die Startadresse in der
MOV AX,CX                  ; Kommandotabelle
MOV CX,COMMAND_SIZE
MUL CL
ADD SI,AX
```

Durch einen kleinen Trick wird die Position innerhalb der Kommandotabelle berechnet. Bekanntlich beginnt die Suchschleife ihre Suche mit der maximalen Anzahl an Tabelleneinträgen im CX-Register. Wurde zum Beispiel bei dem siebten Tabelleneintrag eine Übereinstimmung gefunden, enthält das CX-Register den Wert 3. Um von diesem Wert auf die Zahl 7 zu kommen, muß der Inhalt des CX-Registers negiert und anschließend die maximale Anzahl an Tabelleneinträgen addiert werden. Die Operationen »NEG CX« und »ADD CX,10« entsprechen vom Ergebnis her der Operation »SUB 10,CX«, die allerdings bei der 8086/88-CPU, wie bereits in Kapitel 7.3 gezeigt wurde, nicht möglich ist. Nun steht die Adresse des Kommandos im SI-Register und der Tastaturpuffer kann mit dem dort gespeicherten String aus Scancodes und ASCII-Codes gefüllt werden:

```
FUELLEN:
MOV  AX,CS:[SI]            ; Lade Tabelleneintrag
ADD SI,2                   ; Adresse des nächsten Eintrages
CMP AX,0                   ; Schon zu Ende?
JE ENDE                    ; Ja, dann Schluß
MOV DX,BX                  ; Testen, ob Ende des Puffers erreicht
ADD DX,2
CMP DX,OFFSET TAST_BUF_ENDE
JL BUF_OK2                 ; Nein, dann alles OK
MOV DX,OFFSET TAST_BUFFER  ; Ja, dann Adresse auf Pufferanfang ; setzen
BUF_OK2:
CMP DX,TASTBUF_HEAD        ; Ist der Tastaturpuffer voll?
JE ENDE                    ; Ja, dann Ende
MOV [BX],AX                ; Speichere Zeichen im Puffer
MOV BX,DX                  ; Lade BX mit der Adresse, unter der das
                           ; nächste Zeichen gespeichert wird
MOV TASTBUF_TAIL,BX        ; Tail aktualisieren
JMP FUELLEN                ; Nächstes Zeichen holen
```

Auch beim Füllen des Tastaturpuffers kann es passieren, daß die Adresse, unter der das nächste Zeichen gespeichert werden soll, außerhalb des Puffers liegt. In diesem Fall entspricht die nächste Speicheradresse im DX-Register ganz einfach dem Beginn des Tastaturpuffers. Der Abbruch der Füllroutine kann durch zwei verschiedene Ereignisse erreicht werden. Zum einen durch eine 0 in der Kommandotabelle und zum anderen, wenn der Tastaturpuffer voll ist. In diesem Fall ist der nächste Wert des Tails, der sich stets im DX-Register befindet, gleich dem Wert des Heads, und dies heißt nichts anderes als »Tastaturpuffer voll«. Wurde der Tastaturpuffer mit allen Werten aus dem entsprechenden Eintrag in der Kommandotabelle gefüllt, kann unsere Routine die Arbeit beenden. Zuvor müssen allerdings alle am Anfang auf den Stack geretteten Werte wieder in die entsprechenden Register geladen werden:

```
ENDE:
POP AX                       ; Register zurückladen
POP BX
POP CX
POP DX
POP DI
POP SI
POP DS
STI                          ; Nun sind Interrupts wieder erlaubt
IRET                         ; Rückkehr vom Interrupthandler
TASTUR_PRUEF   ENDP          ; Ende der Prozedur ;
INIT:                        ; Hier beginnt die Initialisierungsroutine
....
```

Das Programm wird (wie es sich für einen Interrupt-Handler gehört) durch den Befehl IRET beendet. Es bliebe noch zu erwähnen, daß während der Tastaturpuffer mit Zeichen gefüllt wird, keine Interrupts zugelassen sind. Sonst könnte es nämlich passieren, daß die Zeichen aus der Kommandotabelle mit den über die Tastatur eingegebenen Zeichen vermischt werden.

Damit wäre das Wichtigste über die Funktion des Tastenmanagers gesagt. Das komplette Programm finden Sie in Beispielprogramm 12.1, das Flußdiagramm ist in Bild 12.2 enthalten.

```
C>MASM BSP12_01;
C>LINK BSP12_01;
```

Nach dem Aufruf des Programms sind die in dem Programm vereinbarten Tasten aktiv. In der vorliegenden Version können Sie zehn beliebigen Tasten einem Kommando aus maximal 16 Zeichen zuordnen, das beim Betätigen der jeweiligen Taste ausgeführt wird. Neben reinen ASCII-Codes können einer Taste auch ganze Befehlssequenzen zugeordnet werden. Ein Beispiel soll die Leistungsfähigkeit des Tastenmanagers verdeutlichen. Das Textverarbeitungsprogramm Word bietet bekanntlich die Möglichkeit, während der Bearbeitung eines Textes auf MS-DOS-Funktionen wie zum Beispiel der Ausgabe des Inhaltsverzeichnisses einer Diskette oder der Festplatte zurückzugreifen. Dazu muß nacheinander die ESC-Taste und zweimal die Taste ⒝ betätigt werden. Anschließend wird der Name des MS-DOS-Kommandos (in diesem Fall DIR) eingegeben und die ⒭Return⒭-Taste betätigt. Diese Sequenz besteht aus insgesamt sieben Tastendrücken und kann zum Beispiel durch den Tastenmanager der Taste F10 zugeordnet werden. Jedesmal, wenn Sie innerhalb von Word die F10-Taste betätigen, wird das Inhaltsverzeichnis des gerade aktuellen Verzeichnisses ausgegeben. Auf diese Weise lassen sich Anwenderprogramme um nahezu beliebige Funktionen ergänzen. Sie sollten allerdings darauf achten, daß Sie keine wichtigen Funktionstasten des jeweiligen Anwenderprogramms umdefinieren. Denn der Tastenmanager hat immer dann Vorrang, wenn er die eingegebenen Tasten vor jedem anderen Programm zu »sehen« bekommt.

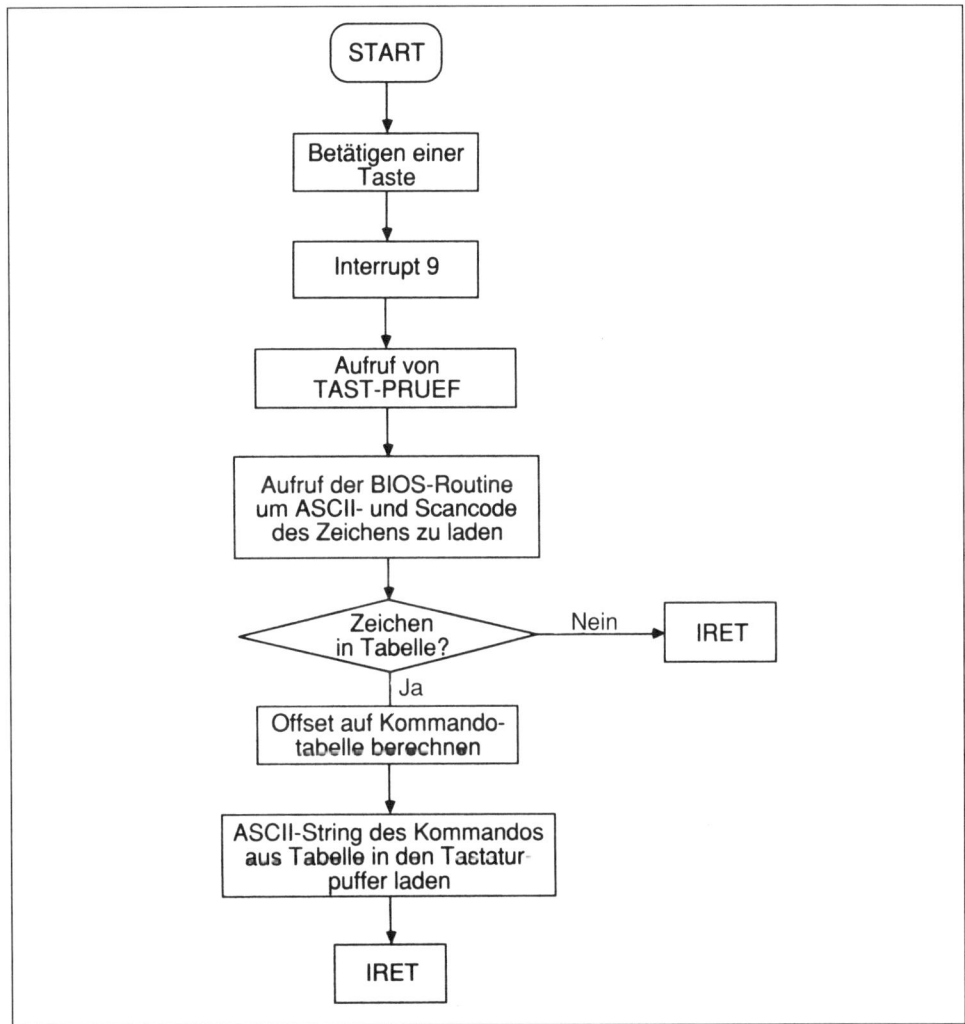

Bild 12.2: *Flußdiagramm des Tastenmanagers*

Beispielprogramm 12.1 – BSP12_01.ASM

Bei dem folgenden Beispielprogramm handelt es sich um die vollständige Version des im letzten Abschnitt besprochenen Tastenmanagers. Für dieses Beispiel wurden die in Kapitel 10.3 vorgestellten Standard-Segmentanweisungen verwendet. Assemblieren und linken Sie das Programm und bringen Sie es zur Ausführung.

```
TITLE FUNKTIONSTASTEN MANAGER
;-------------------------------------------------------
;     Dieses Programm belegt die Funktionstasten (oder
;     andere Tasten) mit DOS-Kommandos
;-------------------------------------------------------
OFFS            EQU 3EH
TAST_ANZ        EQU  10            ; Anzahl der belegbaren Tasten
COMMAND_SIZE    EQU  16            ; maximale Größe eines Kommandos ;
INT_VEKTOR_TAB  SEGMENT   AT 00H   ; Adresse des Tastatureingabe-
                ORG 9*4            ; Interrupts
INT_09          LABEL  WORD
INT_VEKTOR_TAB  ENDS
;
BIOS_VARIABLEN SEGMENT AT 40H      ; BIOS Variablenbereich
                ORG 1AH
TASTBUF_HEAD    DW ?               ; Adresse des 'Heads'
TASTBUF_TAIL    DW ?               ; Adresse des 'Tails'
TAST_BUFFER     DW 16 DUP (?)      ; Tastatureingabepuffer
TAST_BUF_ENDE   LABEL WORD         ; Adresse des Endes des
                                   ; Tastatureingabepuffers
BIOS_VARIABLEN ENDS
;
STACK           SEGMENT STACK      ; Das Stacksegment nicht
                DW 100 DUP(?)      ; vergessen !
STACK           ENDS
;
CODE            SEGMENT
                ASSUME CS:CODE
START:          JMP INIT           ; Initialisierung
TAST_CODES      DW 0000            ; Scan- und ASCII-Codes
                DW 0.000           ; der Funktionstasten
                DW 0000
                DW 0000
                DW 0000
                DW 0000
                DW 0000
                DW 0000
                DW 0000
                DW 4400H
;
```

```
; Scan- und ASCII-Codes der auszuführenden Kommandos
;
COMMANDS       DW 16 DUP(0)               ; Codes des F1-Kommandos
               DW 16 DUP(0)               ; Codes des F2-Kommandos
               DW 16 DUP(0)               ; Codes des F3-Kommandos
               DW 16 DUP(0)               ; usw.
               DW 16 DUP(0)
               DW 16 DUP(0)
               DW 16 DUP(0)
               DW 16 DUP(0)
               DW 16 DUP(0)
               DW 2044h,1749h,1352h,1C0Dh, 12 DUP(0)
;
TASTATUR_INT DW  2 DUP(1)                 ; Platzhalter für die Adresse
                                          ; d. original Tastaturinterrupts
TAST_PRUEF     PROC
               PUSH DS                    ; Register retten
               PUSH SI
               PUSH DI
               PUSH DX
               PUSH CX
               PUSH BX
               PUSH AX
               PUSHF
               ASSUME DS:BIOS_VARIABLEN   ; BIOS Variablen Seg-
               MOV DX,BIOS_VARIABLEN      ; ment initialisieren
               MOV DS,DX
               CALL DWORD PTR TASTATUR_INT    ; Tastaturinterrupt
;
               MOV BX,TASTBUF_TAIL        ; Feststellen, ob ein
               CMP BX,TASTBUF_HEAD        ; Zeichen eingegeben
               JNE NEUES_ZEICHEN          ; wurde
               JMP ENDE                   ; Nein, dann Schluß
NEUES_ZEICHEN:
               SUB BX,2                   ; Position des Zeichens
               CMP BX,OFFSET TAST_BUFFER  ; Über den Puffer hinaus?
               JAE BUF_OK                 ; Nein, dann OK
               MOV BX,OFFS  ;   ET TAST_BUF_ENDE ; Ja, korrigieren
               SUB BX,2
BUF_OK:        MOV AX,[BX]                ; Lade Zeichencode in AX
               LEA SI,TAST_CODES          ; Ist es eine der festge-
               MOV CX,TAST_ANZ            ; legten Tasten?
LAB_1:         CMP AX,CS:[SI]
               JE  GEFUNDEN               ; Ja
               ADD SI,2                   ; Nächsten Eintrag
               LOOP LAB_1                 ; Und nochmal
               JMP ENDE                   ; Code nicht gefunden
```

```
GEFUNDEN:     CLI                              ; Jetzt wird der Tastatur-
              LEA SI,COMMANDS                  ; puffer mit dem dazuge-
              NEG CX                           ; hörigen Kommando gefüllt
              ADD CX,TAST_ANZ                  ; Schleife vorbereiten
              MOV AX,CX
              MOV CX,COMMAND_SIZE*2            ; Startadresse des Kommando-
              MUL CL                           ; strings berechnen
              ADD SI,AX
FUELLEN:      MOV AX,CS:[SI]                   ; Ein Zeichen aus Tabelle
              ADD SI,2                         ; laden
              CMP AX,0                         ; Alle Zeichen drin?
              JE ENDE                          ; Ja, dann Schluß
              MOV DX,BX                        ; Testen, ob Ende des
              ADD DX,2                         ; Puffers erreicht
              CMP DX,OFFS                      ; ET TAST_BUF_ENDE
              JL BUF_OK2                       ; Nein, dann ok
              MOV DX,OFFSET TAST_BUFFER        ; Ja, korrigieren
BUF_OK2:
              CMP DX,TASTBUF_HEAD              ; Puffer voll?
              JE ENDE
              MOV [BX],AX                      ; Zeichen in Puffer
              MOV BX,DX                        ; Aktuelle Pufferposition
              MOV TASTBUF_TAIL,BX             ; Tail anpassen
              JMP FUELLEN                      ; Und nochmal
ENDE:
              POP AX                           ; Register wiederherstellen
              POP BX
              POP CX
              POP DX
              POP DI
              POP SI
              POP DS
              STI                              ; Interrupts wieder zulassen
              IRET                             ; Rückkehr vom Interrupt-
                                               ; handler
TAST_PRUEF    ENDP                             ; Ende des residenten Teils
;
INIT:                                          ; Initialisierungsroutine
        ASSUME DS:INT_VEKTOR_TAB               ; DS auf das INT_VEKTOR_TAB
        MOV DX,INT_VEKTOR_TAB                  ; Segment setzen
        MOV DS,DX
        CLI                                    ; Keine Interrupts erlaubt
        MOV AX,INT_09                          ; Tastaturinterrupt speichern
        MOV TASTATUR_INT,AX
        MOV AX,INT_09[2]
        MOV TASTATUR_INT[2],AX
        MOV INT_09,OFFSET TAST_PRUEF           ; Neue Routine auf den alten
        MOV INT_09[2],CS                       ; Tastaturinterrupt setzen
```

```
        STI                             ; Interrupts wieder erlaubt
;
        ASSUME DS:BIOS_VARIABLEN        ; DS auf das BIOS_VARIABLEN
        MOV DX,BIOS_VARIABLEN           ; Segment setzen
        MOV DS,DX
        MOV BX,OFFSET TAST_BUFFER       ; Tastaturpuffer löschen
        MOV TASTBUF_HEAD,BX
        MOV TASTBUF_TAIL,BX
        MOV DX,OFFSET INIT              ; letzte Adresse
        ADD DX,200h                     ; Stacksegment und »Sicherheitsabstand«
                                        ; nicht vergessen
        INT 27H                         ; Programm wird speicher-
CODE    ENDS                            ; resident
        END START
```

Wie geht es weiter?

Der Tastenmanager ließe sich durchaus noch erweitern. Zum einen kann die Anzahl der vereinbarten Tasten durch Ändern der Konstante TAST_ANZ erhöht werden, so daß es zum Beispiel möglich ist, die gesamte Tastatur neu zu belegen. Ebenfalls ließe sich die Anzahl der Zeichen für ein einzelnes Kommando erhöhen. Allerdings besteht hier das Problem, daß der Tastaturpuffer nur maximal 16 Tasten speichern kann. Auf den ersten Blick scheint dieses Problem nicht lösbar zu sein, denn die Lage und die Größe des Tastaturpuffers wird durch das BIOS festgelegt, das sich bekanntlich im ROM-Speicher befindet. Dennoch existiert auch für dieses Problem eine Lösung. Zum einen wäre es möglich, den Tastaturpuffer in einen anderen Bereich des RAM-Speichers zu legen und ihn entsprechend zu vergrößern. Dazu muß die neue Startadresse des Tastaturpuffers an der Speicherstelle 0040:0080h im BIOS-Variablenbereich und seine neue Länge an der Speicherstelle 0040:0082h vermerkt werden. Diese Methode weist aber den entscheidenden Nachteil auf, daß alle Programme, die direkt auf den Tastaturpuffer zugreifen, nun nicht mehr funktionieren. Es gibt noch eine andere Lösung, die die Lage und die Größe des Tastaturpuffers beibehält und die gar nicht einmal so kompliziert ist. Sobald ein Kommando mehr als sechzehn Zeichen umfaßt, werden so viele Zeichen gespeichert wie in den Tastaturpuffer hineinpassen. Das Programm muß sich aber merken, an welcher Stelle die Abspeicherung des Kommandostrings abgebrochen wurde. Die Abspeicherung der übrigen Zeichen wird dann fortgesetzt, wenn durch das Auslesen von Zeichen wieder Platz geschaffen wurde. Nur woher soll das Programm wissen, wann das der Fall ist?

Die Antwort auf diese Frage liegt in dem Interrupt 1Ch, der ca. 18,2mal in der Sekunde aufgerufen wird, und der dazu da ist, benutzerdefinierte Routinen auszuführen. Normalerweise passiert bei der Ausführung dieses Interrupts nicht viel, da die dazugehörige Interrupt-Routine lediglich aus einem IRET-Befehl besteht. Genau wie der Tastaturinterrupt kann auch dieser Interrupt auf eine Benutzerroutine gelegt werden, deren Aufgabe darin besteht, zu überprüfen, ob im Tastaturpuffer Platz ist und wenn dies zutrifft, noch ausbleibende Zeichen dort abzuspeichern. Auf diese Weise müßten sich nahezu beliebig lange Kommandos im Tastaturpuffer unterbringen lassen. Mit Ihrem bisherigen Wissen sollten Sie eigentlich in der Lage sein, ein solches Problem zu lösen. Versuchen Sie es einmal, denn vor allem durch das Knacken härterer Nüsse lernen Sie sehr viel über die Tricks und die Tücken der Maschinensprache-Programmierung.

12.2 Der Diskette auf der Spur

Nicht minder wichtig als die Tastatur ist das Disketten- und Festplattenlaufwerk des PC. Auch hier bieten sich für den Benutzer zahlreiche Möglichkeiten, in eigenen Programmen Zugriffe über DOS-Funktionen auf Diskette oder Festplatte durchzuführen. Bevor einige Beispiele für solche Zugriffe vorgestellt werden, muß auch hier zunächst geklärt werden, wie das DOS selber auf Diskettendaten zugreift.

Wie Sie aus dem letzten Kapitel wissen, verfügt eine PC-Diskette in der Regel über zwei Seiten, die als Seite 0 und Seite 1 bezeichnet werden (das ist natürlich ein Scherz, auch einseitige Disketten besitzen zwei Seiten). Jede dieser Seiten besteht bei einer 360-Kbyte-Diskette aus 40 Spuren, die wiederum in 9 Sektoren unterteilt sind. Da ein Sektor normalerweise (dieser Wert kann vom Benutzer bei Bedarf geändert werden) 512 Byte umfaßt, ergibt sich, daß pro Spur 4,5 Kbyte und auf einer doppelseitigen Diskette damit insgesamt 360 Kbyte gespeichert werden können. Um die Bezeichnung der einzelnen Sektoren zu vereinfachen, werden logische Sektornummer verwendet, die bei einer doppelseitigen 40-Spur-Diskette von 0 bis 719 (2*40*9 = 720) gehen. Damit DOS auf die Daten einer Diskette zugreifen kann, enthält jede MS-DOS-Diskette folgende Informationen:

- einen Boot-Sektor
- eine File Allocation Table (FAT)
- ein Directory
- unter Umständen die Systemdateien IO.SYS und MSDOS.SYS, falls es sich um eine Boot-Diskette handelt

Jede dieser Datenelemente enthält wichtige Informationen, die DOS für die Verwaltung der Diskettendaten benötigt. Der Aufbau und der Inhalt der einzelnen Datenelemente auf Diskette soll im folgenden besprochen werden.

Eine Sektorlupe

Um die nachfolgende Theorie besser nachvollziehen zu können, ist es äußerst nützlich, wenn man sich den Inhalt einzelner Sektoren auf dem Bildschirm ausgeben kann. Zwar gibt es zahlreiche Utility-Programme, die das Editieren eines Sektors auf Diskette oder Festplatte mit allerlei zusätzlichem Komfort unterstützen und ließe sich zur Not auch DEBUG einsetzen, doch gilt in diesem Buch die Devise »Selbermachen führt zum Erfolg«. Im folgenden wird daher eine »Sektorlupe« vorgestellt, die den Inhalt eines kompletten Sektors auf dem Bildschirm ausgibt. Auch dieses Programm hat wie der Tastenmanager im Zusammenhang mit diesem Einführungsbuch zweierlei Funktionen. Im Vordergrund steht der Lern- und Übungseffekt, das heißt insbesondere wird gezeigt, wie sich der direkte Zugriff auf die Diskette durchführen läßt. Dennoch fällt für Sie nebenbei auch ein nützliches Dienstprogramm ab, das Sie bei Bedarf erweitern können.

Das Programm beginnt mit der Definition einiger Konstanten, die einzig und allein die Funktion haben, die Lesbarkeit des Programms zu erhöhen:

```
DOS      EQU   21H    ; Definition von Konstanten
EXIT     EQU   4CH
SPACE    EQU   20H
```

Als nächstes folgen zwei Makros zur Ausgabe eines Zeichens und einer Leerzeile. Auch sie sind streng genommen überflüssig, erhöhen aber die Lesbarkeit des Assemblerlistings ungemein, wie Sie selbst feststellen werden:

```
PRINT_CHR  MACRO  CHAR
           MOV DL,CHAR
           MOV AH,02
           INT DOS
           ENDM
```

Dieses Makro ist relativ einfach aufgebaut, da es nur ein einzelnes Zeichen ausgeben soll. Auch das nächste Makro zur Ausgabe einer Leerzeile ist simpel:

```
NEW_LINE   MACRO
           MOV DX,0D0Ah
           MOV AH,02
           INT 21h
           XCHG DH,DL
           INT 21h
           ENDM
```

Im Datensegment des Programms wird neben dem Puffer, in dem der gelesene Sektor unter-gebracht wird, auch ein ASCII-String definiert:

```
PUFFER  DB  512 DUP(32)        ; Sektorpuffer
SEKT_NR DW  ?                  ; Sektornummer
NUM_STR DB  '0123456789ABCDEF'
```

Der ASCII-String wird in der Prozedur HEX_OUT benötigt, die eine 8-Bit-Zahl im AL-Register auf dem Bildschirm ausgibt:

```
HEX_OUT PROC                   ; Ausgabe einer 8-Bit-Zahl in Hexform
        PUSH  DI               ; Retten wichtiger Register
        PUSH  CX
        PUSH  DX
        MOV   CL,10H           ; Teile Zahl in AX durch 10
        DIV   CL
        XOR   BX,BX            ; BX löschen
        MOV   BL,AH            ; Lade BL mit dem Rest
        XOR   AH,AH            ; Lösche AH
        MOV   DI,AX            ; Ergebnis der Division in DI
        MOV   DL,NUM_STR[DI]   ; Zahl in ASCII-Code umwandeln
        MOV   AH,02            ; ASCII ausgeben
        INT   DOS
        MOV   DI,BX            ; Zweite Zahl ausgeben
        MOV   DL,NUM_STR[DI]   ; Zahl in ASCII-Code umwandeln
        INT   DOS
```

```
        POP  BX              ;  Register wieder herstellen
        POP  CX
        POP  DI
        RET
HEX_OUT ENDP
```

Der Kern der Routine HEX_OUT besteht aus einer Division der Zahl im AX-Register durch 10. Dabei wird das Ergebnis im AL- und der Rest im AH-Register übergeben. Sowohl das Ergebnis, als auch der Rest werden als Offset auf den ASCII-String benutzt, der die Ziffern 0 bis A enthält. So wird durch den Befehl »MOV DL,NUM_STR[DI]« der n-te ASCII-Code in das DL-Register geladen, wobei der Wert von n im DI-Register enthalten ist. Durch diesen ASCII-String wird das Problem umgangen, daß bei den Ziffern null bis neun 48 und bei den Buchstaben »A« bis »F« 55 addiert werden muß, um den entsprechenden ASCII-Code zu erhalten.

Bei der nachfolgenden Prozedur, die eine dreistellige Dezimalzahl entgegennimmt, besteht dieses Problem nicht, da nur die Ziffern 0 bis 9 zulässig sind.

```
GET_NUM     PROC              ; Eingabe einer dreistelligen Zahl
            CLC               ; Fehlerflag auf Null
            XOR BX,BX
            MOV CX,4          ; Maximale Eingabe
GET1:
            MOV AH,01         ; Eingabe eines Zeichens
            INT 21h
            CMP AL,0Dh        ; Ist es Carriage Return?
            JE GET2           ; Ja, dann Schluß
            SUB AL,'0'        ; ASCII in Zahl umwandeln
            JS ERR_GET        ; Kleiner Null, dann Fehler
            CMP AL,9          ; Größer 9, dann Fehler
            JG ERR_GET
            CBW               ; AL vorzeichengerecht erweitern
            PUSH AX           ; AX vorübergehend retten
            SHL BX,1          ; BX mal 10
            MOV AX,BX
            SHL BX,1
            SHL BX,1
            ADD BX,AX
            POP AX
            ADD BX,AX
            LOOP GET1
ERR_GET:
            STC               ; Fehlerflag setzen
GET2:
            MOV AX,BX         ; Ergebnis in AX
            RET
GET_NUM     ENDP
```

Beide Prozeduren werden von der Prozedur DISP_SECTOR verwendet, um den Inhalt des Sektorpuffers PUFFER auszugeben.

```
DISP_SECTOR     PROC                        ; Ausgabe des Sektorpuffers
                MOV BX,OFFSET PUFFER        ; Pufferadresse laden
                MOV CX,32                   ; Schleifenzähler
LAB_1:          MOV DI,0                    ; Spaltennummer
LAB_2:          XOR AX,AX                   ; Lösche AX
                MOV AL,[BX][DI]             ; Lade AH mit Byte aus Puffer
                CALL HEX_OUT                ; Ausgabe des Bytes
                PRINT_CHR SPACE            ; Ausgabe eines Leerzeichens
                INC DI                      ; Nächste Spalte
                CMP DI,15                   ; Letzte Spalte?
                JLE LAB_2                   ; Nein, nochmal
;
                MOV DX,OFFSET STRING1
                MOV AH,09
                INT 21h
                MOV DI,0                    ; Spaltenzähler auf Null
LAB_5:          MOV DL,BYTE PTR [BX][DI]    ; Nochmal das Byte aus dem
                                           ; Puffer laden
                AND DL,01111111B            ; Bit 7 auf Null setzen
                CMP DL,32                   ; Ist es kleiner als 32?
                JGE LAB_4                   ; Ja, dann einen '*' einsetzen
                MOV DL,46
LAB_4:          MOV AH,02                   ; Ausgabe des ASCII-Zeichens
                INT DOS
                INC DI                      ; Nächste Spalte
                CMP DI,15                   ; Letzte Spalte?
                JLE LAB_5                   ; Nein, nochmal
;
                ADD BX,DI                   ; Nächste Zeile
                NEW_LINE                    ; Ausgabe einer Leerzeile
                CMP CX,15                   ; Die Hälfte ausgegeben?
                JNE LAB_7                   ; Nein, dann normal weiter
                NEW_LINE                    ; Ausgabe einer Leerzeile
                MOV DX,OFFSET STRING2       ; Weiter suchen?
                MOV AH,09
                INT 21h
                MOV AH,01                   ; Zeichen entgegennehmen
                INT DOS
                CMP AL,'J'                  ; Ist es ein 'J'?
                JE LAB_7                    ; Ja, dann noch einmal
                CMP AL,'j'                  ; Ist es ein 'j'?
                JNE END_SUB                 ; Nein, dann Ende der Ausgabe
                NEW_LINE
                NEW_LINE
```

```
LAB_7:
                LOOP LAB_1
END_SUB:
                RET
DISP_SECTOR     ENDP
```

Die Prozedur DISP_SECTOR enthält nicht viel Neues. Ihre Aufgabe ist es, die 512 Byte des Sektorpuffers in Form zweier 16*16-Tabellen auszugeben. Ausgegeben wird sowohl der Zahlenwert in Hexadezimalform, als auch der dazugehörige ASCII-Code, sofern dieser größer als 31 und kleiner als 127 ist.

Da die meiste Arbeit durch die eben beschriebenen Prozeduren erledigt wurde, bleibt dem »Hauptprogramm« nur noch diese Prozeduren aufzurufen und den gewünschten Sektor zu lesen.

```
START:
                MOV DX,@DATA            ; Datensegment initialisieren
                MOV DS,DX
M1:
                MOV DX,OFFSET STRING3
                MOV AH,09
                INT 21h
                CALL GET_NUM           ; Eingabe der Sektornummer
                JNC M2                 ; Kein Fehler, dann weiter
                MOV DX,OFFSET STRING5   ; Fehler bei der Eingabe
                MOV AH,09
                INT 21h
                JMP M1
M2:
                MOV SEKT_NR,AX         ; Lade Sektornummer
                NEW_LINE               ; Ausgabe von zwei Leerzeilen;
                NEW_LINE

                MOV AL,0               ; Laufwerk A
                MOV CX,1              ; Einen Sektor lesen
                MOV DX,SEKT_NR        ; Sektornummer
                MOV BX,OFFSET PUFFER   ; Adresse des Puffers
                INT 25H               ; Sektor lesen
                JC LAB_8
                POPF                  ; Stack korrigieren
                CALL DISP_SECTOR       ; Puffer ausgeben ;
ENDE:
                MOV AH,EXIT           ; Zurück zu DOS
                INT DOS
```

```
LAB_8:                                            ; Ausgabe einer Fehlermeldung
            NEW_LINE
            MOV DX,OFFSET STRING4
            MOV AH,09
            INT 21h
            JMP ENDE
END START
```

Die Interrupts 25h und 26h

Das Lesen eines Sektors wird durch den Interrupt 25h durchgeführt, dem folgende Parameter übergeben werden müssen:

AL: Laufwerksangabe (0 = A, 1 = B usw.)
CX: Anzahl der zu lesenden Sektoren
DX: Nummer des ersten zu lesenden logischen Sektors
DS: Segmentadresse des Puffers
BX: Offsetadresse des Puffers

Bei einer erfolgreichen Leseoperation ist das Carryflag gelöscht. Ein gesetztes Fehlerflag zeigt dagegen an, daß beim Versuch, den oder die gewünschten Sektor(en) zu lesen, ein Fehler auftrat. Wenn Sie diesen Interrupt, wie auch den Interrupt 26h für das Schreiben eines Sektors, für ein eigenes Programm verwenden, gilt es eine Besonderheit zu beachten. Aus irgendeinem Grund hat der Stackzeiger nach dem Aufruf der beiden Interrupts einen um zwei kleineren Wert, da sich das Statusregister der CPU noch auf dem Stack befindet. Um zu vermeiden, daß der Stack überläuft, muß nach jedem Aufruf des Interrupts 25h oder des Interrupts 26h zunächst durch das Carryflag auf einen etwaigen Fehler geprüft werden. Trat kein Fehler auf, kann der Stack durch den Befehl POPF korrigiert werden (würde man den POPF-Befehl vor der Fehlerabfrage ausführen, so könnte durch das Statusflag auf dem Stack, das ja nichts über den Zustand nach der Lese-Schreibe-Operation aussagt, ein verfälschtes Ergebnis entstehen). Eine andere Möglichkeit besteht darin, in jedem Fall durch den Befehl »ADD SP,2« den Stackzeiger um zwei zu erhöhen.

Analog zu Interrupt 25h ist der Interrupt 26h für das absolute Schreiben eines oder mehrerer Sektor(en) aufgebaut (eine Übersicht über die wichtigsten DOS- und BIOS-Interrupts finden Sie im Anhang C).

Beispielprogramm 12.2 – BSP12_02.ASM

Im folgenden finden Sie das komplette Programmlisting der Sektorlupe, die im letzten Abschnitt beschrieben wurde. Bei diesem Programm handelt es sich um eine EXE-Datei. Assemblieren und linken Sie das Programm und bringen Sie es zur Ausführung.

```
TITLE SEKTOR_LUPE
;***********************************************************
; Mit Hilfe der Sektorlupe ist es möglich, einzelne Sektoren
; von Diskette oder Festplatte zu lesen und darzustellen
;***********************************************************
;
.MODEL SMALL
DOS        EQU  21H              ; Definition von Konstanten
EXIT       EQU  4CH
SPACE      EQU  20H
;
PRINT_CHR  MACRO CHAR            ; Makro für die Zeichenausgabe
           MOV DL,CHAR
           MOV AH,02
           INT DOS
           ENDM
;
NEW_LINE   MACRO                 ; Ausgabe einer Leerzeile
           MOV DX,0D0Ah
           MOV AH,02
           INT 21h
           XCHG DH,DL
           INT 21h
           ENDM
;
.STACK
.DATA
;
        PUFFER    DB 512 DUP(32)    ; Puffer für den Sektor
        SEKT_NR   DW ?              ; Nummer des Sektors
        NUM_STR   DB '0123456789ABCDEF','$'
        STRING1   DB '        ','$'
        STRING2   DB '***  WEITER (J/N)  ***','$'
        STRING3   DB 'SEKTORNUMMER: (000..720)? ','$'
        STRING4   DB 'FEHLER BEIM LESEN EINES SEKTORS!!!',10,13,'$'
        STRING5   DB 10,13,'Fehler bei der Eingabe - Bitte
wiederholen!',10,13,'$'
;
.CODE
;------------------------------------------------------------
; Diese Routine gibt eine zweistellige Hexadezimalzahl auf
; dem Bildschirm aus.
; Benutzte Register: AX,BX,CX,DX,DI
;------------------------------------------------------------
HEX_OUT       PROC                ; Ausgabe einer Hexzahl - Zahl in AX
              PUSH DI             ; Retten wichtiger Register
              PUSH CX
              PUSH BX
```

```
                MOV CL,10H          ; Teile Zahl durch 10
                DIV CL              ; Ergebnis in AH - Rest in AL
                XOR BX,BX           ; BX Löschen
                MOV BL,AH
                XOR AH,AH
                MOV DI,AX
                MOV DL,NUM_STR[DI]   ; Zahl in ASCII umwandeln
                MOV AH,02           ; ASCII ausgeben
                INT DOS
                MOV DI,BX           ; Zweite Zahl ausgeben
                MOV DL,NUM_STR[DI]
                INT DOS
                POP BX              ; Register wieder herstellen
                POP CX
                POP DI
                RET
HEX_OUT         ENDP

;
;-----------------------------------------------------------------
; Diese Routine nimmt eine Zahl entgegen und legt den Wert der Zahl
; im AX-Register ab. Gesetztes Carryflag = Fehler bei der Eingabe
; Benutzte Register: AX,BX,CX
;-----------------------------------------------------------------
GET_NUM         PROC                ; Eingabe einer dreistelligen Zahl
                CLC                 ; Fehlerflag auf Null
                XOR BX,BX
                MOV CX,4            ; Maximale Eingabe
GET1:
                MOV AH,01           ; Eingabe eines Zeichens
                INT 21h
                CMP AL,0Dh          ; Ist es Carriage Return?
                JE GET2             ; Ja, dann Schluß
                SUB AL,'0'          ; ASCII in Zahl umwandeln
                JS ERR_GET          ; Kleiner Null, dann Fehler
                CMP AL,9            ; Größer 9, dann Fehler
                JG ERR_GET
                CBW                 ; AL vorzeichengerecht erweitern
                PUSH AX             ; AX vorübergehend retten
                SHL BX,1            ; BX mal 10
                MOV AX,BX
                SHL BX,1
                SHL BX,1
                ADD BX,AX
                POP AX
                ADD BX,AX
                LOOP GET1
```

```
ERR_GET:
                STC                         ; Fehlerflag setzen
GET2:
                MOV AX,BX                   ; Ergebnis in AX
                RET
GET_NUM         ENDP
;
;-------------------------------------------------------------
; Diese Routine gibt den Inhalt eines Sektors auf dem Bild-
; schirm aus.
; Benutzte Register: AX,BX,CX,DX,DI
;-------------------------------------------------------------
DISP_SECTOR     PROC        ; Ausgabe des Sektorpuffers
                MOV BX,OFFSET PUFFER        ; Pufferadresse laden
                MOV CX,32                   ; Schleifenzähler
LAB_1:          MOV DI,0                    ; Spaltennummer
LAB_2:          XOR AX,AX                   ; Lösche AX
                MOV AL,[BX][DI]             ; Lade AH mit Byte aus Puffer
                CALL HEX_OUT                ; Ausgabe des Bytes
                PRINT_CHR SPACE             ; Ausgabe eines Leerzeichens
                INC DI                      ; Nächste Spalte
                CMP DI,15                   ; Letzte Spalte?
                JLE LAB_2                   ; Nein, noch mal
;
                MOV DX,OFFSET STRING1
                MOV AH,09
                INT 21h
                MOV DI,0                    ; Spaltenzähler auf Null
LAB_5:          MOV DL,BYTE PTR [BX][DI]    ; Nochmal das Byte aus dem
                                            ; Puffer laden
                AND DL,01111111B            ; Bit 7 auf Null setzen
                CMP DL,32                   ; Ist es kleiner als 32?
                JGE LAB_4                   ; Ja, dann einen '*' einsetzen
                MOV DL,46
LAB_4:          MOV AH,02                   ; Ausgabe des ASCII-Zeichens
                INT DOS
                INC DI                      ; Nächste Spalte
                CMP DI,15                   ; Letzte Spalte?
                JLE LAB_5                   ; Nein, nochmal
;
                ADD BX,DI                   ; Nächste Zeile
                NEW_LINE                    ; Ausgabe einer Leerzeile
                CMP CX,15                   ; Die Hälfte ausgegeben?
                JNE LAB_7                   ; Nein, dann normal weiter
                NEW_LINE                    ; Ausgabe einer Leerzeile
                MOV DX,OFFSET STRING2       ; Weiter suchen?
                MOV AH,09
```

```
                INT 21h
                MOV AH,01              ; Zeichen entgegennehmen
                INT DOS
                CMP AL,'J'             ; Ist es ein 'J'?
                JE LAB_7               ; Ja, dann noch einmal
                CMP AL,'j'             ; Ist es ein 'j'?
                JNE END_SUB            ; Nein, dann Ende der Ausgabe
                NEW_LINE
                NEW_LINE
LAB_7:
                LOOP LAB_1
END_SUB:
                RET
DISP_SECTOR     ENDP
;-----------------------------------------------------------
; Beginn des Hauptprogramms
;-----------------------------------------------------------
START:
                MOV DX,@DATA           ; Datensegment initialisieren
                MOV DS,DX
M1:
                MOV DX,OFFSET STRING3
                MOV AH,09
                INT 21h
                CALL GET_NUM           ; Eingabe der Sektornummer
                JNC M2                 ; Kein Fehler, dann weiter
                MOV DX,OFFSET STRING5  ; Fehler bei der Eingabe
                MOV AH,09
                INT 21h
                JMP M1
M2:
                MOV SEKT_NR,AX         ; Lade Sektornummer
                NEW_LINE               ; Ausgabe von zwei Leerzeilen
                NEW_LINE
;
                MOV AL,0               ; Laufwerk A
                MOV CX,1               ; Einen Sektor lesen
                MOV DX,SEKT_NR         ; Sektornummer
                MOV BX,OFFSET PUFFER   ; Adresse des Puffers
                INT 25H                ; Sektor lesen
                JC LAB_8
                POPF                   ; Stack korrigieren
                CALL DISP_SECTOR       ; Puffer ausgeben
;
ENDE:
                MOV AH,EXIT            ; Zurück zu DOS
                INT DOS
```

```
LAB_8:                                    ; Ausgabe einer Fehlermeldung
                NEW_LINE
                MOV DX,OFFSET STRING4
                MOV AH,09
                INT 21h
                JMP ENDE
END START
```

Arbeiten mit der Sektorlupe

Die Sektorlupe stellt das primitive Grundgerüst eines Diskettenmonitors dar. Die Aufgabe eines Diskettenmonitors ist das Lesen, Editieren und Zurückschreiben von Sektoren. Weiterhin kann man mit einem solchen Programm auch einzelne Spuren formatieren oder individuelle Formate einstellen. Doch auch in der jetzigen Form kann die Sektorlupe nützliche Dienste leisten. So läßt sich auf einen Blick der Inhalt des Bootsektors einer Diskette inspizieren. Virenprogramme, die sich über den Bootsektor in das System einschleichen, können so unter Umständen erkannt werden. Doch auch weniger spektakuläre Anwendungen sind möglich. In den nächsten Abschnitten wird mit Hilfe der Sektorlupe die File Allocation Table (FAT) und das Directory inspiziert.

Mit Hilfe der Speicherlupe läßt sich nun der Inhalt eines beliebigen logischen Sektors auf Laufwerk A oder Laufwerk B (in diesem Fall muß der Quellcode entsprechend abgeändert werden) auslesen.

Warnung:

Natürlich kann die Speicherlupe auch auf Sektoren der Festplatte (nach entsprechender Änderung der Parameter) zugreifen. Allerdings wird Anfängern von solchen oder ähnlichen Aktionen im Zusammenhang mit der Festplatte dringend abgeraten, da unbedachte Eingaben oder ein falscher Parameter unter Umständen verheerende Folgen für den Inhalt der Festplatte haben können.

Der Bootsektor

Der Bootsektor einer Diskette befindet sich stets im logischen Sektor 0 (denken Sie daran, daß die logische Sektornumerierung nicht immer mit der physikalischen Numerierung der Sektoren übereinstimmen muß). Der Bootsektor, der immer den gleichen Aufbau aufweist und beim Formatieren der Diskette angelegt wird, enthält alle wichtigen Informationen, die zum Zugriff auf die Datenstrukturen der Diskette benötigt werden. Bild 12.3 zeigt den Inhalt des Bootsektors. Der Bootsektor beginnt mit einem Sprungbefehl auf die Bootstrap-Routine im hinteren Teil des Bootsektors, die für das Booten des Systems verantwortlich ist. Die Bootstrap-Routine, die von einer kurzen ROM-Routine nach dem Einschalten des Rechners ausgeführt wird, stellt fest, ob sich die beiden Systemdateien IO.SYS und MSDOS.SYS auf der Diskette befinden und lädt diese gegebenenfalls in den Speicher. Da jede Diskette einen Bootsektor enthält, ist auch jede Diskette im Prinzip bootfähig. Voraussetzung ist aber, daß sich auf der Diskette auch die beiden eben erwähnten Systemdateien sowie ein Kommandointerpreter befinden. Auf den Sprungbefehl folgen zahlreiche wichtige Parameter, wie zum Beispiel das physikalische Format des Mediums, das heißt die Anzahl an Sektoren pro Spur, die Anzahl an Bytes pro Sektor usw. Ein Bootsektor endet immer mit der Bytefolge »55h AAh«. Mit Hilfe der Sektorlupe können Sie sich den Inhalt eines Bootsektors anschauen. Legen Sie dazu eine beliebige formatierte Diskette in Laufwerk A, rufen Sie die Sektorlupe auf und wählen Sie als Sektor den Sektor 0, das heißt den Sektor, der den Bootsektor enthält.

```
C>BSP12_02      [Return]
```

Geben Sie die Sektornummer ein (000...719): 0
Auf dem Bildschirm erscheint nun der Inhalt des Bootsektors der Diskette in Laufwerk A. Außer der DOS-Versionsnummer und einer Textfehlermeldung ist auf den ersten Blick nicht viel zu erkennen. Sie können sich die Bootroutine jedoch disassemblieren lassen. Dazu müssen Sie lediglich die Sektorlupe unter dem Debugger laufen lassen:

```
C>DEBUG BSP12_02.EXE
-G
Programm terminated normally
-
```

Um den Pufferinhalt ausgeben zu können, müssen Sie seinen Offset im Datensegment kennen. Aus dem Programmlisting ist zu entnehmen, daß der Puffer gleich zu Beginn des Datensegments definiert wird und demnach den Offset 0 besitzen müßte. Da aber der Linker die relativen Offsets verändern kann (so beginnen Datensegmente manchmal mit einem Offset von 16), ist es besser, auf Nummer Sicher zu gehen. Durch Disassemblieren des Programms läßt sich die Offsetadresse nämlich schnell feststellen. Aussichtsreichster Kandidat ist der Befehl »MOV BX,PUFFER«, der die Offsetadresse des Puffers in das BX-Register lädt. Um nicht das komplette Programm disassemblieren zu müssen, sollte man sich zunächst grob orientieren:

```
-R
AX=0000 BX=0000 CX=03D4 DX=0000 SP=0400 BP=0000 SI=0000 DI=0000
DS=1D09 ES=1D09 SS=1D57 CS=1D19 IP=00D3 NV UP EI PL NZ NA PO NC
1D19:00D3 BA2C1D        MOV     DX,1D2C
```

Dem Inhalt des IP-Registers ist zu entnehmen, daß die Programmausführung bei der Offsetadresse 00D3h im Codesegment beginnt. Der gesuchte MOV-Befehl ist daher ab der Adresse 100h zu erwarten:

```
-U 100
1D19:0100 CD21          INT     21
1D19:0102 86F2          XCHG    DH,DL
1D19:0104 CD21          INT     21
1D19:0106 B000          MOV     AL,00
1D19:0108 B90100        MOV     CX,0001
1D19:010B 8B160202      MOV     DX,[0202]
1D19:010F BB0200        MOV     BX,0002
1D19:0112 CD25          INT     25
1D19:0114 7208          JB      011E
1D19:0116 9D            POPF
1D19:0117 E834FF        CALL    004E
1D19:011A B44C          MOV     AH,4C
1D19:011C CD21          INT     21
1D19:011E BA0A0D        MOV     DX,0D0A
```

Der gesuchte MOV-Befehl, der die Pufferadresse in das BX-Register lädt lautet »MOV BX,0002«, das heißt der Puffer besitzt die Offsetadresse 0002. Einzelne Teil des Puffers können Sie nun ebenfalls mit dem U-Kommando »U« disassemblieren.

Byte	Inhalt
0-2	Near- oder Short-JMP zur Boot-Routine
3-10	MS-DOS-Versionsnummer als ASCII-String
11-12	Anzahl der Bytes pro Sektor
13	Anzahl Sektoren pro Cluster
14-15	Anzahl der Bootsektoren
16	Anzahl der Kopien der FAT
17-18	Eintrag des Root-Directory
19-20	Anzahl der Sektoren auf der Diskette
21	Disktyp (Media Descriptor)
22-23	Anzahl der Sektoren in der FAT
24-25	Anzahl der Sektoren pro Spur
26-27	Anzahl der Seiten auf der Diskette
28-29	Anzahl der reservierten Sektoren
Ab MS-DOS-Version 4.0:	
29-31	Anzahl der reservierten Sektoren
32-35	Gesamtzahl der Sektoren in dem Volume (Volume > 32 Mbyte)
36	Physikalische Laufwerksnummer
37	Reserviert
38	Erweiterte Boot-Kennzeichen-Record
39-42	32-Bit-Volume ID
43-53	Volume-Label
56	Reserviert
62	Beginn der Bootstrap-Routine

Bild 12.3: *Der Aufbau des Bootsektors*

Für den Disktyp (Media Deskriptor) existieren folgende Codes:

F0h 3,5"-Diskette, 2 Seiten, 18 Sektoren (ab DOS 3.3)
F8h Festplatte
F9h 3,5"-Diskette, 2 Seiten, 9 Sektoren oder 5,25"-Diskette, 2 Seiten, 15 Sektoren
FCh 1 Seite, 9 Sektoren
FDh 2 Seiten, 9 Sektoren

Die File Allocation Table (FAT)

Wie Sie wissen unterteilt DOS den Inhalt einer Datei auf Diskette in sogenannte »Cluster« (deutsch »Haufen«). Ein Cluster ist nichts anderes als eine Gruppe von aufeinanderfolgenden Sektoren. Bei einem zweiseitigen Diskettenlaufwerk besteht ein Cluster stets aus 2 Sektoren, bei einer 20-Mbyte-Festplatte sind es zum Beispiel 4 Sektoren. Die Verwendung von Clustern dient in erster Linie der Vereinfachung, da DOS sich so nicht um jeden einzelnen Sektor kümmern muß. Ein Cluster ist sozusagen die kleinste Einheit von Daten auf der Diskette. Auch wenn eine Datei nur aus drei Byte besteht, belegt sie ein ganzes Cluster, das heißt 1024 Byte auf der Diskette. DOS verwaltet die

Cluster einer Diskette mit Hilfe der FAT. Die File Allocation Table, oder kurz FAT genannt, enthält die Information über den Zustand jedes einzelnen Clusters. Damit ist DOS stets darüber informiert, ob ein Cluster frei, belegt oder gar defekt ist. Um auf eine Datei zugreifen zu können, muß DOS wissen, welche Cluster zu einer bestimmten Datei gehören. Dazu erhält es aus dem Directory-Eintrag der Datei die Information, wo der erste Cluster der Datei in der FAT zu finden ist. Dieser erste FAT-Eintrag gibt zum einen über den Zustand des Clusters Auskunft und enthält zum anderen einen Zeiger auf den nächsten Clustereintrag in der FAT, der zu dieser Datei gehört (sofern ein weiterer Cluster existiert). Auf diese Weise sind alle Cluster einer Datei durch eine Kette von Zeigern miteinander verbunden. Der letzte Cluster einer Datei enthält anstelle eines Zeigers einen Wert, der das Ende der Cluster-Kette anzeigt. Bild 12.4 zeigt den typischen Aufbau eines FAT-Eintrages. Unter DOS kann ein FAT-Eintrag aus 12 oder 16 Bit bestehen. Die 12-Bit-FAT wird in erster Linie für Disketten, während die 16-Bit-FAT bei Festplatten eingesetzt wird. Entsprechend ihrer Größe kann die 12-Bit-FAT bis zu 4096 und die 16-Bit-FAT bis zu 65536 Cluster verwalten. Wenn Sie sich die FAT Ihrer Diskette mit Hilfe der Speicherlupe anschauen, müssen Sie berücksichtigen, daß aufgrund der 12-Bit-Größe jeweils drei Byte die Informationen für zwei Cluster enthalten. Bliebe noch zu erwähnen, daß ein Diskettenlaufwerk stets zwei (oder mehr) identische FATs enthält, um für den Fall, daß eine FAT beschädigt wird, eine Kopie zur Verfügung zu haben. Denn ohne eine FAT kann DOS auf den Inhalt einer Diskette nicht zugreifen, auch wenn alle Dateien unbeschädigt und in dem korrekten Format vorliegen. Übrigens vergleicht auch das MS-DOS-Hilfsprogramm CHKDSK die einzelnen Kopien der FATs miteinander und ist so in der Lage etwaige Diskettenfehler festzustellen.

Wert	Bedeutung
(0)000h	Cluster ist frei
(0)001h	Cluster ist belegt
(0)002h-(F)FEFh	Cluster ist belegt. Die Zahl ist ein Zeiger auf den nächsten Cluster in der Kette
(F)FF0h-(F)FF6h	Cluster ist reserviert, das heißt weder frei noch Teil einer Kette
(F)FF7h	Cluster ist zerstört
(F)FF8h-(F)FFFh	Cluster ist das Ende einer Kette

Anmerkung: Die ersten drei (bei einer 12-Bit-FAT) und die ersten vier (bei einer 16-Bit-FAT) Byte einer FAT sind reserviert. Das erste Byte ist der sogenannte »Media Deskriptor«, dies ist ein Byte, das den Diskettentyp festlegt. So enthält zum Beispiel die FAT einer doppelseitigen Diskette ein FDh als erstes Byte. Die beiden anderen Byte enthalten den Wert FFh. Die Zahl in Klammern vor dem Wert eines FAT-Eintrags bezieht sich auf eine 16-Bit-FAT.

Bild 12.4: Der Aufbau einer 12-Bit-FAT

Das Hauptverzeichnis

Das Hauptverzeichnis (englisch »root directory«) ist die dritte Datenstruktur, die von DOS stets benötigt wird, um Dateien auf einer Diskette verwalten zu können. Das Hauptverzeichnis, das direkt auf die FATs folgt, ist das Inhaltsverzeichnis einer Diskette oder Festplatte. Es enthält Informationen über alle Dateien und Verzeichnisse auf einer Diskette. Jeder Eintrag im Hauptverzeichnis belegt 32 Byte (Bild 12.5). Wie aus der Abbildung zu entnehmen ist, enthält ein Eintrag alle wichtigen Informationen über den Zustand einer Datei. Dazu gehören neben dem Dateinamen auch das Dateiattribut, auf das später noch ausführlicher eingegangen wird, die Zeit und das Datum der letzten Änderung, die Dateigröße und zuletzt ein Zeiger auf den ersten Eintrag in der FAT. Dieser Eintrag stellt die Verbindung zwischen dem Dateinamen und den Clustern, die zu dieser Datei gehören, her. Ohne einen solchen Zeiger wäre DOS nicht in der Lage, eine Beziehung zwischen dem Dateinamen und dem Inhalt der Datei herzustellen.

Byte	Bedeutung
0-10	Dateiname mit Erweiterung, aber ohne den Punkt
11	Dateiattribut
12-21	Reserviert bzw. unbenutzt
22-23	Zeit der letzten Änderung
24-35	Datum der letzten Änderung
26-27	Zeiger auf den 1. Cluster in der FAT
28-31	Größe der Datei (4 Byte)

Bild 12.5: *Der Aufbau eines Eintrages im Hauptverzeichnis*

Anmerkungen:
Das erste Byte im Dateinamen kann eine besondere Bedeutung haben:

0 dies ist der letzte Eintrag im Hauptverzeichnis. Alle folgenden Einträge sind unbenutzt.

2Eh das erste Zeichen ist ein Punkt und das zweite Zeichen ein Leerzeichen. Es handelt sich um einen Eintrag für das aktuelle oder das Eltern-Verzeichnis. Falls das zweite Byte auch den Wert 2Eh besitzt, enthält das Cluster-Feld im Eintrag die Clusternummer des Eltern-Verzeichnisses. Eine Null in diesem Eintrag bedeutet, daß es sich um das Stammverzeichnis handelt. Über diesen Eintrag wird das hierarchische Dateisystem auf einer Diskette oder Festplatte organisiert.

E5h die betreffende Datei wurde gelöscht. Das Ändern dieses Bytes ist der erste Schritt, um eine gelöschte Datei wieder herzustellen. Darüber hinaus müssen die gelöschten Einträge in der FAT wieder repariert werden, was nicht immer möglich ist.

Wie Bild 12.5 zu entnehmen ist, enthält ein Eintrag im Hauptverzeichnis auch eine Information über das Datum der Erstellung bzw. der letzten Änderung. Die Zeitangabe wird in folgender Form codiert:

```
15 14 13 12 11 10  9  8  7  6  5  4  3  2  1  0
< Stunden    > < Minuten      >  <Sekunden/2 >
```

Das Datum wird in folgender Form codiert:

```
15 14 13 12 11 10  9  8  7  6  5  4  3  2  1  0
<  Jahr - 1980     > < Monate >  <   Tag     >
```

Auch zur Größenangabe ist eine Anmerkung erforderlich. Der in den Byte 28–31 gespeicherte Wert gibt nicht immer die tatsächliche Größe der Datei wieder, da dieser Wert immer von dem Programm aktualisiert werden muß, das zuletzt auf die Datei zugegriffen hat. Über das Attributbyte wird der interne Typ der Datei festgelegt. Das Attributbyte kann folgende Werte annehmen:

Wert	Bedeutung
0	Nur-Lese-Datei
1	Versteckte Datei
2	System-Datei
3	Volume-Label
4	Unterverzeichnis
5	Archiv-Bit
6	Reserviert
7	Reserviert

Was passiert beim Löschen einer Datei?

Für einen unerfahrenen Anwender hat das Löschen einer Datei immer etwas Endgültiges an sich. Doch wenn eine Datei einmal versehentlich gelöscht wurde, ist noch lange nicht alles verloren. In diesem Fall heißt es erst einmal Ruhe bewahren, denn tatsächlich bleibt der Inhalt der Datei vollkommen intakt. DOS verliert lediglich jegliche »Erinnerung« an die gelöschte Datei, da alle Cluster, die zu der betreffenden Datei gehörten, wieder als frei gekennzeichnet werden. Außerdem wird in das erste Byte des Directory-Eintrags der Datei der Wert E5h geschrieben, um anzuzeigen, daß der Hauptverzeichnis-Eintrag zu einer gelöschten Datei gehört. Das Hauptverzeichnis stellt demnach den Ausgangspunkt dar, um eine durch das Kommando DEL gelöschte Datei wieder zu restaurieren. Der erste Schritt besteht darin, aus der E5h im ersten Byte des Dateinamens wieder den ersten Buchstaben des Dateinamens zu machen, so daß DOS diesen Eintrag wieder einer Datei zuordnen kann. Damit ist aber noch nicht viel gewonnen. Als nächstes muß die Cluster-Kette wieder hergestellt werden. Über den Hauptverzeichnis-Eintrag erhält man einen Zeiger auf den ersten Cluster in der FAT. Dieser Cluster wurde von DOS durch das Löschen in der FAT als frei markiert. Hier muß nun wieder ein Zeiger auf den nächsten Cluster in der FAT eingetragen werden. Die Kunst des Restaurierens besteht im wesentlichen darin, den jeweils nächsten Cluster der gelöschten Datei in der FAT zu finden. Normalerweise kann man davon ausgehen, daß die nächsten Nachbar-Cluster in der FAT mit einer 0 als Inhalt, ehemals zu der gelöschten Datei gehört haben. Ein Programm, wie zum Beispiel die Norton Utilities, macht nichts anderes, als ausgehend von dem Cluster-Feld im Hauptverzeichnis, das auf den ersten Cluster zeigt, den Weg über den Cluster mit dem Inhalt 0 zurückzuverfolgen und in die Cluster wieder Zeiger auf ihre Nachfolger einzutragen. Da die Größe der gelöschten Datei ebenfalls dem Eintrag im Hauptverzeichnis entnommen werden kann, weiß das Programm, wie lange es dieses Spiel wiederholen muß. Ein Programm, das die Cluster einer gelöschten Datei restauriert, ist nicht sehr schwierig zu schreiben und wurde bereits mehrfach in Büchern und Zeitschriften veröffentlicht. Mit Ihren bisherigen Kenntnissen der Maschinensprache und vor allem der Art und Weise, wie DOS Diskettenspeicher verwaltet, sollten Sie in der Lage sein ein »UNDELTE«-Kommando zu realisieren. Allerdings ist ein Erfolg nicht garantiert. Voraussetzung für einen Erfolg ist in allen Fällen, daß nach dem Löschen keine neuen Dateien auf die Diskette geschrieben wurden. Denn wenn ein vormals freier Cluster erneut belegt wurde, gibt es keine Möglichkeit festzustellen, ob er in seinem »Vorleben« Bestandteil der gelöschten Datei gewesen ist. Ebenfalls schlechte Karten hat man, wenn die Datei oder die gesamte Diskette sehr häufig beschrieben wurde. In diesem Fall sind nämlich die einzelnen Cluster wahrscheinlich über die gesamte Diskette zerstreut und das »Zusammenflicken« der einzelnen Cluster wird mehr zu einer Art Glücksspiel.

Wie arbeitet das DIR-Kommando?

Wenn man sich den Aufbau des Hauptverzeichnisses anschaut, wird schnell klar, wie ein Kommando wie DIR arbeiten muß. Seine Aufgabe besteht im wesentlichen darin, den Inhalt des Hauptverzeichnisses auf dem Bildschirm auszugeben, denn alles das, was DIR anzeigt, ist dort enthalten. Doch DIR muß noch mehr können. So muß zum Beispiel das Kommando »DIR *.ASM« nur die Dateien auflisten, die die Erweiterung ».ASM« aufweisen. Der Parameter »*« steht in diesem Fall für einen beliebigen Dateinamen. Das DIR-Kommando greift dabei auf die Funktionen 4Eh und 4Fh des Interrupts 21h zurück. Diese beiden Funktionen sollen im folgenden vorgestellt werden, da sie sich auch hervorragend in eigenen Programmen einsetzen lassen:

Funktion 4Eh – Suche nach dem ersten übereinstimmenden Dateinamen
Funktion 4Fh – Suche nach weiteren Übereinstimmungen

Die Funktion 4Eh prüft, ob sich ein vorgegebener Dateiname im Hauptdirectory oder in dem angegebenen Directory befindet. Um diese Funktion nutzen zu können, muß zuvor der Aufbau der sogenannten »Disk Transfer Area« (DTA) geklärt werden. Bei der DTA handelt es sich um einen aus 43 Byte bestehenden Puffer, der folgende Information über eine Datei enthält:

Byte-Nr.	Bedeutung
0-20	Reserviert für MS-DOS
21	Attributbyte der gefundenen Datei
22-23	Zeit der letzten Änderung
24-25	Datum der letzten Änderung
26-27	Niederwertiges Wort der Dateigröße
28-29	Höherwertiges Wort der Dateigröße
30-42	Vollständiger Dateiname mit Erweiterung

Die DTA stellt somit eine Art »Steckbrief« einer Datei dar und ist gleichzeitig ein Datenbereich, auf den Anwenderprogramme bequem zugreifen können. Die Adresse der DTA wird in der Regel vom Programmierer über die Funktion 1Ah des Interrupts 21h gesetzt:

Funktion 1Ah: **Setzen der DTA-Adresse**
Aufruf mit   AH   = 1Ah
                    DS:DX = Segment- und Offsetadresse der DTA
Rückgabewerte   Keine

Beim Aufruf dieser Funktion wird die Adresse des DTA-Puffers, bei dem es sich um einen 43 Byte großen Bereich im Datensegment handeln wird, im Registerpaar DS:DX übergeben. Der Aufruf der Funktion 1Ah ist die Voraussetzung dafür, daß DOS mit einem vom Programmierer definierten DTA-Puffer arbeiten kann. Nun kann die bereits erwähnte Funktion zum Auffinden eines übereinstimmenden Dateinamens aufgerufen werden.

Funktion 4Fh: Suche nach einem übereinstimmenden Dateinamen

Aufruf mit	AH	= 4Fh
	CX	= Attributbyte der gesuchten Datei
	DS:DX	= Segment des Dateinamens
Rückgabewerte	Carryflag	= 0
	Dateiname wurde gefunden	
	Carryflag	= 1
	Keine Datei gefunden, AX enthält Fehlercode	

Falls eine Datei mit dem vorgegebenen Dateinamen gefunden wird, ist das Carryflag nach dem Ausführen der Funktion nicht gesetzt. In diesem Fall ist die DTA mit den Daten der Datei gefüllt. Ein gesetztes Carryflag zeigt dagegen an, daß eine Datei mit dem angegebenen Namen nicht gefunden wurde. Das AX-Register enthält dann einen Fehlercode (zum Beispiel den Wert 2 für einen ungültigen Suchpfad oder den Wert 12h, falls keine Datei gefunden wird).

Wurde ein Dateiname gefunden, kann mit der Funktion 4Fh nach weiteren Übereinstimmungen gesucht werden. Die Funktion 4Fh macht natürlich nur Sinn, wenn in dem Dateinamen eine Wildcard vorkommt, da es ansonsten ja nur einen Dateinamen gibt, der mit dem Suchnamen übereinstimmt. Der Aufruf der Funktion 4Fh gestaltet sich ein wenig einfacher, da die benötigten Parameter bereits beim Aufruf der Funktion 4Eh, die mindestens einmal vor dem Aufruf der Funktion 4Fh ausgeführt werden muß, übergeben wurden.

Funktion 4Fh: Suche nach weiteren Übereinstimmungen

Aufruf mit	AH	= 4Fh
Rückgabewerte	Carryflag	= 0
	Datei wurde gefunden	
	Carryflag	= 1
	Keine weitere Datei gefunden, AX enthält Fehlercode	

Die Funktion 4Fh füllt die DTA mit den Daten der gefundenen Datei und löscht das Carryflag, um eine erfolgreiche Suche anzuzeigen. Wurden keine weiteren Übereinstimmungen gefunden, wird dies durch ein gesetztes Carryflag angezeigt.

Welchen Nutzen kann man aus diesen beiden Funktionen ziehen, denn eigentlich sind die gelieferten Informationen, die beide Funktionen stets in der DTA ablegen, allesamt auch im Hauptverzeichnis enthalten? Ein Vorteil dieser Funktionen ist, daß sie dem Benutzer die Suche im Directory abnehmen. Ihr größter Pluspunkt liegt aber darin, daß im Dateinamen Wildcards (die Zeichen »*« und »?«) enthalten sein dürfen. Damit können Funktionen in Maschinensprache realisiert werden, die unter MS-DOS eine Selbstverständlichkeit sind, wie zum Beispiel die Suche nach allen Dateinamen mit einer bestimmten Endung. Mit diesen beiden Funktionen wird im nächsten Abschnitt ein hoffentlich nützliches Utility-Programm aufgebaut.

DIR einmal anders

Mit dem jetzigen Wissen sind wir in der Lage, eine DIR-Funktion auch in eigene Programme einzubauen. Dies kann unter Umständen nützlich sein, da so der transiente Teil des Kommandointerpreters COMMAND.COM, der diese Funktion normalerweise enthält, nicht im Speicher vorhanden sein muß. Es lassen sich aber auch Funktionen realisieren, die mit DIR nicht möglich sind. Aufgrund der Tatsache, daß ein Dateiname nicht länger als acht Zeichen sein kann, gibt der Dateiname nicht immer Aufschluß über den Inhalt einer Datei. So richtet sich zum Beispiel die Namensgebung der Übungsprogramme in diesem Buch nach dem jeweiligen Kapitel. Ein Name wie BSP12_01.ASM sagt nicht unbedingt etwas über den Inhalt dieser Datei aus. Um diesen zu eruieren, mußte bislang der Inhalt der Datei zum Beispiel durch das Kommando TYPE ausgegeben werden. Im folgenden wird ein Programm vorgestellt, das eine Inhaltsangabe aller Dateien mit der Erweiterung »ASM« ausgibt. Dabei wird vorausgesetzt, daß bei diesen Dateien die erste Zeile eine Angabe über den Titel (zum Beispiel mit einer TITLE-Anweisung) enthält.

Da es sich bei dem Programm diesmal wieder um eine EXE-Datei handelt, wird mit Hilfe der vereinfachten Segmentanweisungen ein separates Stack- und Datensegment definiert:

```
.STACK 100
.DATA
        DTA_BUF    DB 44 DUP(0)           ; DTA Puffer
        SUCH_STR   DB 'C:\MASM\*.ASM',0 ; Suchname
        PRINT_BUF  DB 36 DUP(32)          ; Puffer für Titelzeile
        NAME_BUF   DB 12 DUP(32)          ; Puffer für Dateiname
                   DB ': ','$'
        HANDLE     DW ?
        TEXT1      DB 'FEHLER BEIM ÖFFNEN DER DATEI',10,13,'$'
        TEXT2      DB 'FEHLER BEIM LESEN DER DATEI',10,13,'$'
        TEXT3      DB 'FEHLER BEIM SCHLIESSEN DER DATEI',10,13,'$'
        TEXT4      DB 'KEINE DATEI GEFUNDEN ',10,13,'$'
        TEXT5      DB 'KEINE WEITEREN DATEIEN GEFUNDEN ',10,13,'$';
```

Das Datensegment enthält alle Daten, die für das Programm benötigt werden. Dazu gehört neben dem DTA-Puffer (der ein Null-Byte zusätzlich enthält, damit der Dateiname bereits für den späteren Zugriff in der richtigen Form vorliegt), den Suchstring und einen Puffer, in den die Titelzeile eingelesen wird. Das Programm beginnt mit der Definition von zwei Prozeduren zur Ausgabe des dazugehörigen Dateinamens und der Titelzeile:

```
PRINT_NAME    PROC
              CLD                       ; Setze Richtungsflag
              LEA SI,DTA_BUF[30]        ; Lade Adresse des Quellstrings
              LEA DI,NAME_BUF           ; Lade Adresse des Zielpuffers
              MOV CX,12                 ; Zielpuffer löschen
              MOV AL,' '
        REP   STOSB
              LEA DI,NAME_BUF           ; Adresse wird erneut benötigt
              MOV CX,12                 ; Anzahl der Bytes
```

```
PR1:
                LODSB                           ; Ein Byte von DS:SI nach ES:DI
                STOSB
                OR AL,AL                        ; Nullbyte erreicht?
                LOOPNE PR1                      ; Nein, dann weiter
                MOV DX,OFFSET NAME_BUF          ; Ausgabe des Dateinamens
                MOV AH,09
                INT 21H
                RET
PRINT_NAME      ENDP
```

Die Aufgabe dieser Prozedur ist es, den Dateinamen auszugeben. Dazu wird der Dateiname, der sich ja nach der erfolgreichen Suche ab der Position 30 relativ zu dem Beginn des DTA-Puffers befindet, in einen anderen Puffer kopiert. Dieser Puffer enthält an seinem Ende neben dem obligatorischen »$«-Zeichen noch einen kurzen String, der aus zwei Leerzeichen und einem Doppelpunkt besteht.

Die zweite Prozedur ist ein wenig umfangreicher. Ihre Aufgabe ist es, die eingelesene Titelzeile auszugeben. Nun gibt es ja für die Titelzeile keine Begrenzung. Um die Ausgabe übersichtlich zu halten, werden nur die Zeichen bis zum ersten Return-Zeichen (ASCII = 0Dh), maximal aber 32 Zeichen, ausgegeben. Um die Titelzeile überhaupt lesen zu können, muß als erstes die Datei geöffnet werden:

```
PRINT_TITLE     PROC
                MOV AH,3DH                      ; DOS-Funktion öffnen
                MOV AL,2                        ; Lese-Schreibe-Zugriff
                MOV DX,OFFSET DTA_BUF[30]
                INT 21H
                JC  ERROR1
                MOV HANDLE,AX                   ; Handle speichern
;
```

Nachdem die Datei geöffnet wurde, werden 32 Zeichen gelesen:

```
                MOV AH,3FH                      ; DOS Funktion lesen
                MOV BX,HANDLE                   ; Handle übergeben
                MOV CX,32                       ; 32 Zeichen lesen
                MOV DX,OFFSET PRINT_BUF         ; Adr. des Lesepuffers
                INT 21H
                JC  ERROR2                      ; Fehler beim Lesen?
```

Als nächstes werden die gelesenen Bytes nach dem ersten Return-Zeichen durchsucht:

```
                LEA DI,PRINT_BUF                ; Adresse des Ausgabepuffers
                MOV AL,0DH                      ; Code des gesuchten Zeichens
REPNE SCASB                                     ; Suche nach 0Dh im Puffer
                NEG CX                          ; Position im Puffer
                ADD CX,32                       ; berechnen
```

Der Befehl »REPNE SCASB« bedarf einer genaueren Erläuterung, auch wenn es sich im Grunde um eine Wiederholung handelt, da dieser Befehl bereits in Kapitel 8 vorgestellt wurde. Der SCASB-Befehl durchsucht den durch das DI-Register adressierten String nach dem Zeichen im AL-Register. Die automatische Suchwiederholung wird durch den Zusatz REPNE erreicht, die bewirkt, daß die Suche so lange wiederholt wird, bis entweder das CX-Register Null oder eine Übereinstimmung gefunden wird. Der Befehl CLD soll sicherstellen, daß der String in Richtung größer werdender Adressen durchsucht wird. Da das CX-Register mit 32 beginnt und bei jedem Vergleich um 1 erniedrigt wird, enthält es am Ende der Suche noch nicht die Position des Return-Zeichens (sofern eines gefunden wurde) innerhalb des Puffers. Diese kann aber einfach durch Negieren des CX-Registers und Addition von 32 erhalten werden. Nun muß an das Ende des auszugebenden Strings noch der Code für das »$«-Zeichen gehängt werden, da dies die Voraussetzung für die Ausgabe mit der Funktion 09h ist. Außerdem wird an das Ende des Strings der Code für Line feed (ASCII 0Ah) gehängt, da dies nicht jedes Textverarbeitungsprogramm automatisch durchführt.

```
        MOV   BX,CX
        MOV   AX,0A0DH                  ; Leerzeile ausgeben
        MOV   WORD PTR PRINT_BUF[BX],AX
        ADD   BX,2
        MOV   AL,'$'                    ; Ein '$'an den String hängen
        MOV   PRINT_BUF[BX],AL
;
        MOV   AH,09                     ; String ausgeben
        INT   21H
;
```

Durch den Befehl »MOV PRNT_BUF[BX],AL« wird der Inhalt des AL-Registers in die Speicherstelle geladen, deren Adresse sich aus dem Offset von PRINT_BUF und dem Inhalt des BX-Registers ergibt. Nun muß die Datei noch geschlossen werden:

```
        MOV   AH,3EH                    ; DOS-Funktion Schließen
        MOV   BX,HANDLE
        INT   21H
        JC    ERROR3                    ; Fehler beim Schließen?
;
        RET
```

und die möglichen Fehlerquellen müssen berücksichtigt werden:

```
ERROR1:     MOV DX,OFFSET TEXT1
     JMP  SHORT ERROR
ERROR2:     MOV DX,OFFSET TEXT2
     JMP  SHORT ERROR
ERROR3:     MOV BX,OFFSET TEXT3
ERROR:     MOV AH,09
     INT  21H
     RET
PRINT_TITLE     ENDP
```

Da die meiste Arbeit durch die beiden Prozeduren erledigt wurde, bleibt für das Hauptprogramm nicht mehr allzuviel übrig:

```
START:
    MOV DX,DATEN        ; Initialisierung d. Segmente
    MOV DS,DX
    MOV ES,DX
```

Nachdem sowohl das DS-, als auch das ES-Register auf das Segment Daten (das ES-Register wird lediglich für den SCASB-Befehl benötigt) zeigen, muß der DTA-Puffer initialisiert werden:

```
MOV DX,OFFSET DTA_BUF
MOV AH,1Ah
INT 21h
```

Als nächstes wird nach dem ersten übereinstimmenden Dateinamen gesucht. Diesem Dateinamen wird das Attribut 0 zugeordnet. Dadurch werden nur normale Dateien bei der Suche berücksichtigt. Auf die Bedeutung des Attributbytes wird im nächsten Abschnitt noch ausführlicher eingegangen.

```
MOV CX,0                ; Attribut Normal
MOV DX,OFFSET SUCH_STR  ; Adresse des Suchstrings
MOV AH,4Eh              ; Funktion Suchen
INT 21h
JC  NO_MATCH            ; Gefunden?
```

Neben dem Attributbyte wird der Funktion die Adresse des Dateinamens übergeben. Der Dateiname enthält in diesem Fall das Wildcard-Zeichen »*«, was bewirkt, daß alle Dateinamen mit der Endung ».ASM« gesucht werden. Wurde keine Übereinstimmung gefunden, zu erkennen an einem gesetzten Carryflag, wird das Programm verlassen. Ansonsten werden die beiden Prozeduren zur Ausgabe des Dateinamens und der Titelzeile aufgerufen:

```
CALL PRINT_NAME
CALL PRINT_TITEL
```

Nun geht es darum, weitere Übereinstimmungen zu finden. Das wird durch die Funktion 4Fh erledigt. Der Aufruf dieser Funktion setzt aber voraus, daß ein DTA-Puffer mit allen benötigten Informationen existiert, da der Funktion selber keine Parameter übergeben werden müssen:

```
LAB1:
        MOV AH,4Fh      ; Funktion Weiter suchen
        INT 21h
        JC  NO_MATCH1 ; Keine weiteren gefunden?
        CALL PRINT_NAME
        CALL PRINT_TITEL
        JMP SHORT LAB1
```

Bei dieser Schleife handelt es sich im Prinzip um eine Endlosschleife. Sie kann nur dadurch verlassen werden, daß irgendwann einmal keine passenden Dateinamen mehr gefunden werden und infolgedessen das Carryflag gesetzt wird. Zum Schluß müssen noch die Fälle berücksichtigt werden, bei denen keine Übereinstimmung gefunden wurde:

```
NO_MATCH:
                MOV DX,OFFSET TEXT4
                MOV AH,09
                INT 21h
NO_MATCH1:
                MOV DX,OFFSET TEXT5
                MOV AH,09
                INT 21h
ENDE:
                MOV AH,4Ch
                INT 21h
END START
```

Das komplette Listing finden Sie in Beispielprogramm 12.3.

Beispielprogramm 12.3 – BSP12_03.ASM

Im folgenden ist das komplette Programmlisting für das im letzten Abschnitt besprochene Programm zur Ausgabe eines »Inhaltsverzeichnisses« von Assemblerquelltexten abgebildet. Assemblieren und linken Sie Programm und bringen Sie es zur Ausführung. Beachten Sie, daß der Suchpfad und die Erweiterung der zu durchsuchenden Dateien im Programmtext festgelegt ist:

```
TITLE DIR EINMAL ANDERS
;************************************************************
; Dieses Programm gibt die Titelzeilen aller Dateien aus,
; die durch die Variable SUCH_STR festgelegt werden.
; ***********************************************************
.MODEL SMALL
.STACK 100
.DATA
        DTA_BUF   DB 44 DUP(0)              ; DTA Puffer
        SUCH_STR  DB 'C:\MASM\*.ASM',0      ; Suchname
        PRINT_BUF DB 36 DUP(32)             ; Puffer für Titelzeile
        NAME_BUF  DB 12 DUP(32)             ; Puffer für Dateiname
                  DB ': ','$'
        HANDLE    DW ?
        TEXT1     DB 'FEHLER BEIM ÖFFNEN DER DATEI',10,13,'$'
        TEXT2     DB 'FEHLER BEIM LESEN DER DATEI',10,13,'$'
        TEXT3     DB 'FEHLER BEIM SCHLIESSEN DER DATEI',10,13,'$'
        TEXT4     DB 'KEINE DATEI GEFUNDEN ',10,13,'$'
        TEXT5     DB 'KEINE WEITEREN DATEIEN GEFUNDEN ',10,13,'$'
;
.CODE
; --------------------------------------------------------------
; Diese Prozedur gibt den Namen einer Datei aus dem DTA-Puffer
; aus.
; --------------------------------------------------------------
```

```
PRINT_NAME      PROC
                CLD                              ; Setze Richtungsflag
                LEA SI,DTA_BUF[30]               ; Lade Adresse des Quellstrings
                LEA DI,NAME_BUF                  ; Lade Adresse des Zielpuffers
                MOV CX,12                        ; Zielpuffer löschen
                MOV AL,' '
        REP     STOSB
                LEA DI,NAME_BUF                  ; Adresse wird erneut benötigt
                MOV CX,12                        ; Anzahl der Bytes
PR1:
                LODSB                            ; Ein Byte von DS:SI nach ES:DI
                STOSB
                OR AL,AL                         ; Nullbyte erreicht?
                LOOPNE PR1                       ; Nein, dann weiter
                MOV DX,OFFSET NAME_BUF           ; Ausgabe des Dateinamens
                MOV AH,09
                INT 21H
                RET
PRINT_NAME      ENDP
;
; ---------------------------------------------------------
; Diese Prozedur gibt die erste Zeile einer Datei aus, die
; eine Angabe über den Titel enthalten sollte.
; ---------------------------------------------------------
PRINT_TITLE     PROC
                MOV AH,3DH                       ; DOS-Funktion öffnen
                MOV AL,2                         ; Lese-Schreibe-Zugriff
                MOV DX,OFFSET DTA_BUF[30]
                INT 21H
                JC ERROR1
                MOV HANDLE,AX                    ; Handle speichern
  ;
                MOV AH,3FH                       ; DOS Funktion lesen
                MOV DX,HANDLE                    ; Handle übergeben
                MOV CX,32                        ; 32 Zeichen lesen
                MOV DX,OFFSET PRINT_BUF          ; Adr. des Lesepuffers
                INT 21H
                JC ERROR2                        ; Fehler beim Lesen?
                LEA DI,PRINT_BUF                 ; Adresse des Ausgabepuffers
                MOV AL,0DH                       ; Code des gesuchten Zeichens
        REPNE   SCASB                            ; Suche nach 0Dh im Puffer
                NEG CX                           ; Position im Puffer
                ADD CX,32                        ; berechnen
                MOV BX,CX
                MOV AX,0A0DH                     ; Leerzeile ausgeben
                MOV WORD PTR PRINT_BUF[BX],AX
                ADD BX,2
                MOV AL,'$'                       ; Ein '$'an den String hängen
                MOV PRINT_BUF[BX],AL
```

```
;
            MOV AH,09                    ; String ausgeben
            INT 21H
;
            MOV AH,3EH                   ; DOS-Funktion Schließen
            MOV BX,HANDLE
            INT 21H
            JC   ERROR3                  ; Fehler beim Schließen?
;
            RET
ERROR1:     MOV DX,OFFSET TEXT1
            JMP SHORT ERROR
ERROR2:     MOV DX,OFFSET TEXT2
            JMP SHORT ERROR
ERROR3:     MOV BX,OFFSET TEXT3
ERROR:      MOV AH,09
            INT 21H
            RET
PRINT_TITLE ENDP
;
; ----------------------------------------------------------
; Hier beginnt das Hauptprogramm
; ----------------------------------------------------------
START:
        MOV  DX,@DATA                ; DS- und ES-Register mit Adresse des
        MOV  DS,DX                   ; Datensegments initialisieren
        MOV  ES,DX                   ;
        MOV  DX,OFFSET DTA_BUF       ; DTA Puffer anlegen
        MOV  AH,1AH
        INT  21H
        MOV  CX,0                    ; Attribut Normal
        MOV  DX,OFFSET SUCH_STR      ; Adresse des Suchstrings
        MOV  AH,4EH                  ; DOS-Funktion suchen
        INT  21H
        JC   NO_MATCH                ; Nichts gefunden?
;
; Datei gefunden - Jetzt Titelzeile ausgeben
;
        CALL PRINT_NAME
        CALL PRINT_TITLE
LAB1:
        MOV  AH,4FH                  ; DOS-Funktion Weiter suchen
        INT  21H
        JC   NO_MATCH1               ; Nichts gefunden?
        CALL PRINT_NAME
        CALL PRINT_TITLE
        JMP  SHORT LAB1
;
```

```
NO_MATCH:
        MOV DX,OFFSET TEXT4
        MOV AH,09
        INT 21H
        JMP SHORT ENDE
;
NO_MATCH1:
        MOV DX,OFFSET TEXT5
        MOV AH,09
        INT 21H
;
ENDE:
        MOV AH,4CH
        INT 21H
END START
```

Wie geht es weiter?

Mit Beispielprogramm 12.3 steht Ihnen ein nützliches Hilfsmittel zur Verfügung, wenn es darum geht, einen Überblick über den Inhalt Ihrer Quelltextdateien zu erhalten. Durch Ändern des Suchstrings läßt sich der Inhalt beliebiger Dateien ausgeben, sofern es sich um Quelltextdateien handelt, die mit einer Titelzeile beginnen. Auch dieses Programm ist noch verbesserungswürdig. So wäre es sicher eine sinnvolle Übung, das Programm aus Gründen der Übersichtlichkeit so zu erweitern, daß zum Beispiel alle sechzehn oder zwanzig Ausgaben die Abfrage »Weiter? (J(N)« erscheint, auf die Sie entweder ein »J« oder ein »N« eingeben können, um die Ausgabe fortzuführen bzw. abzubrechen. Auch wenn diese Erweiterung nicht unbedingt notwendig ist (schließlich können Sie die Ausgabe auch mit CRTL-S anhalten oder mit CTRL-Break abbrechen), stellt sie doch eine gute Möglichkeit dar, Ihre bisherigen Maschinensprachkenntnisse anzuwenden.

Das Dateiattribut

Über das Dateiattribut (Attributbyte), von dem bereits mehrmals die Rede war, wird die Eigenschaft einer Datei festgelegt. Unter MS-DOS kann eine Datei mehrere Eigenschaften besitzen, sie kann zum Beispiel als schreibgeschützt deklariert oder als versteckte Datei »unsichtbar« gemacht werden. Bild 12.6 zeigt die möglichen Zustände des Dateiattributs. Unter MS-DOS haben Sie es in der Regel mit normalen Dateien zu tun (Attribut 0 oder 32). Doch es gibt auch Ausnahmen. Dazu gehören zum Beispiel die beiden Systemdateien IO.SYS und MSDOS.SYS (bzw. IBMBIO.COM und IBMDOS.COM). Daß sie beim Listen mit DIR nicht erscheinen, verdanken sie einzig und allein ihrem Dateiattribut, das sie als »versteckt« und als »Systemdatei« deklariert. An diesen beiden Dateien wird auch deutlich, daß einzelne Dateiattribute auch kombiniert werden können.

Wie das Dateiattribut weiter zeigt, muß es sich bei einem Eintrag im Hauptverzeichnis nicht unbedingt um eine Datei handeln. Auch Unterverzeichnisse oder der Volume-Name belegen einen ganz normalen Eintrag. Lediglich das Dateiattribut unterscheidet sie von den Einträgen für eine Datei. Ist zum Beispiel bei einem Unterverzeichnis zusätzlich noch das Bit 1 gesetzt, kann das Unterverzeichnis zwar angesprochen werden, es wird aber beim Listen mit DIR nicht angezeigt. Bei einem Directory-Eintrag kann es sich auch um den Volume-Namen handeln. Um den Begriff des Volumes (sprich: Wolljuhm) zu erklären, muß ein wenig weiter ausgeholt werden. DOS behandelt jeden Massenspeicher als ein Volume, die durch einen Buchstaben unterschieden werden. So erhält das Volume Diskettenlaufwerk den Buchstaben A oder B, das Volume Festplatte den Buchstaben C, das Volume RAM-Disk den Buchstaben E usw. Ein Massenspeicher wie eine Festplatte kann bei Bedarf in mehrere Volumes unterteilt werden (bei einer Diskette geht dies im Prinzip auch, es ist aber aufgrund der begrenzten Speicherkapazität nicht sinnvoll). Ein Volume ist daher mehr als ein logischer Massenspeicher zu sehen, der unabhängig von dem physikalischen Medium auf dem er enthalten ist, aus einem Hauptverzeichnis (dem Root-Directory) besteht, das wiederum Dateien oder Unterverzeichnisse enthalten kann. Ein Volume kann (und damit kommen wir zu dem Zusammenhang mit dem Dateiattribut) einen Namen erhalten. Der Volume-Name wird beim Formatieren festgelegt und beim Listen mit DIR oder speziell durch die Anweisung VOL angezeigt. Der Name des Volumes ist in einem eigenen Eintrag im Hauptverzeichnis enthalten. Dafür, daß DOS diesen Volume-Namen von einem Dateieintrag unterscheiden kann, sorgt das Volumebit im Dateiattribut. Bliebe zum Schluß noch die Bedeutung des Archivierungsbits zu klären. Dieses Bit wird beim Erstellen oder Modifizieren einer Datei auf »1« gesetzt (wenn Sie sich einmal das Hauptverzeichnis einer Diskette mit der Speicherlupe anschauen, werden Sie feststellen, daß der Wert des Attributbytes der meisten Dateien 20h beträgt, es handelt sich also um normale Dateien, deren Archivierungsbit gesetzt ist). Bei Erstellen einer Sicherheitskopie (zum Beispiel durch das MS-DOS-Programm Backup) wird das Archivierungsbit auf »0« gesetzt, um anzuzeigen, daß die betreffende Datei in ihrer jetzigen Form bereits gesichert wurde und beim erneuten Sichern nicht mehr berücksichtigt werden muß. Ist das Bit dagegen »1«, wurde die betreffende Datei geändert und muß folglich erneut gesichert werden.

Byte	Bedeutung
0	Normale Datei
1	Datei ist schreibgeschützt
2	Versteckte Datei
4	Systemdatei
8	Volume Namen
16	Unterverzeichnis
32	Archivierungsbit
64	reserviert
128	reserviert

Bild 12.6: *Das Dateiattribut*

Ein (sehr) simpler Kopierschutz

Nachdem die Bedeutung des Dateiattributs geklärt ist, stellt sich natürlich auch hier die Frage, welchen Nutzen der Anwender aus diesem Byte ziehen kann. Für den Anwender sind eigentlich nur die ersten drei Bits interessant. Die übrigen Bits sind fast ausschließlich für DOS-interne Zwecke bestimmt und sollten nicht manipuliert werden. Eine nützliche Anwendung ist zum Beispiel das Verstecken von Dateien. Auf diese Weise läßt sich ein primitiver »Kopierschutz« realisieren, denn die betreffende Datei kann nicht mehr gelistet oder durch den COPY-Befehl kopiert werden.

Prinzipiell wäre es möglich, das Dateiattribut durch den direkten Zugriff auf das Hauptverzeichnis zu verändern. Es geht aber auch einfacher, wenn man sich der Funktion 43h des Interrupts 21h bedient, mit der sich das Dateiattribut einer Datei lesen oder setzen läßt. Die Funktion wird in der folgenden Form aufgerufen:

Funktion 43h: Setzen oder Lesen des Dateiattributs

Aufruf mit	AH	= 43h
	AL	= 0; Dateiattribut lesen
		= 1; Dateiattribut setzen
	CX	= Neues Attribut (wenn AL = 1)
	DS:DX	= Segment des Dateinamens
Rückgabewerte	Carryflag	= 0
	CX	= Dateiattribut
	Carryflag	= 1
	AX	= Fehlercode

Ein gelöschtes Carryflag zeigt eine erfolgreiche Durchführung an. In diesem Fall enthält das CX-Register das Attribut beim Lesen (AL = 0). Konnte das Dateiattribut nicht gelesen oder geändert werden, ist das Carryflag gesetzt und das AX-Register enthält einen Fehlercode.

Beispielprogramm 12.4 – BSP12_04.ASM

Das folgende kleine Beispielprogramm demonstriert, wie sich eine Datei mit Hilfe der Funktion 43h »unsichtbar« machen läßt. Assemblieren und linken Sie das Programm und bringen Sie es zur Ausführung. Voraussetzung für den korrekten Ablauf des Programms ist allerdings, daß sich in einem Unterverzeichnis C:\MASM eine Datei namens TEST.ASM befindet.

```
TITLE DATEI-ATTRIBUT ÄNDERN
; ------------------------------------------------------------
; Dieses Programm setzt das Attributbyte der Datei, die durch
; die Variable DATEI_NAME festgelegt wird auf »unsichtbar«
; ------------------------------------------------------------
.MODEL SMALL
.STACK 100h
.DATA
        DATEI_NAME DB 'C:\MASM\TEST.ASM',0
        TEXT1      DB 'ATTRIBUT WURDE AUF UNSICHTBAR GESETZT!',10,13,'$'
        TEXT2      DB 'FEHLER BEIM ATTRIBUT ÄNDERN!',10,13,'$'
.CODE
START:
        MOV DX,@DATA
        MOV DS,DX
        MOV AH,43h               ; Funktionsnummer
        MOV AL,01                ; Attribut setzen
        MOV CX,02                ; Versteckte Datei
        MOV DX,OFFSET DATEI_NAME
        INT 21h
```

```
        JC   ERROR                      ; Fehler beim Setzen?
        MOV  DX,OFFSET TEXT1
        MOV  AH,09
        INT  21h
ENDE:
        MOV  AH,4Ch
        INT  21h
ERROR:
        MOV  DX,OFFSET TEXT2
        MOV  AH,09
        INT  21h
        JMP  ENDE
END START
```

Beachten Sie, daß der Name der zu versteckenden Datei innerhalb des Programms festgelegt wird (er lautet schlicht und einfach TEST.ASM). Dadurch wird der Gebrauchswert des Programms zwar ein wenig eingeschränkt (Sie können also immer nur das gleiche Programm unsichtbar machen, und das auch nur einmal), es vereinfacht aber den Aufbau des Programms. Wie an einem späteren Beispiel gezeigt wird, ist es ohne weiteres möglich, den Dateinamen in der Kommandozeile zu übergeben und innerhalb des Programms auszuwerten. Wenn Sie sich daran erinnern, daß zusätzliche Parameter, die einer Datei beim Aufruf übergeben werden, im Programm-Segment-Präfix (PSP) ab dem Offset 80h zu finden sind, und daß der PSP nach dem Start sowohl über das DS- als auch über das ES-Register adressiert werden kann, haben Sie den größten Teil des Problems bereits gelöst. Wenn Sie nun noch entsprechende Optionen einbauen, zum Beispiel /+ und /−, über die festgelegt werden kann, ob eine Datei unsichtbar oder sichtbar gemacht werden soll, haben Sie bereits ein richtiges Hilfsprogramm (ein ähnliches Programm finden Sie auch in der Lösung zur Übungsaufgabe 14.1 in Anhang F). Es muß allerdings dazu gesagt werden, daß dieser »Kopierschutz« nicht von langer Dauer ist, denn beim Kopieren einer Datei mit dem COPY-Befehl wird ein Dateiattribut wie »Nur lesen« nicht mitübertragen. Ganz nebenbei sei auch erwähnt, daß sich ein ähnlicher Effekt natürlich auch über das MS-DOS-Kommando ATTRIB erzielen läßt.

12.3 Dateiverwaltung in Maschinensprache

Bislang wurde ausschließlich der Zugriff auf einzelne Daten auf der Diskette besprochen. Glücklicherweise muß sich der Programmierer beim Zugriff auf Diskettendaten nicht um einzelne Sektoren oder Cluster kümmern. Er greift auf die Daten einer Datei ausschließlich über den Dateinamen und ein Handle zu. Die Organisation und der Zugriff auf Dateien ist eine Aufgabe, die vom DOS übernommen wird. Lediglich das Schreiben oder Lesen eines oder mehrerer Sektoren wird durch das BIOS durchgeführt, das vom DOS die erforderlichen Anweisungen erhält. Der Zugriff auf eine Datei erfolgt über eine Reihe von DOS-Funktionen, die unter anderem das Erstellen, Öffnen, Lesen/Schreiben oder Schließen der Datei übernehmen. Der Anwender muß bei einem Dateizugriff auf Maschinenspracheebene neben dem Dateinamen, der für das Öffnen oder Erstellen der Datei benötigt wird, lediglich das Handle verwalten, das DOS beim Öffnen oder Erstellen einer Datei übergibt. Der Zugriff auf eine Datei zum Lesen bzw. Schreiben von Daten läuft in folgenden Schritten ab:

1. Anlegen eines Puffers

Legen Sie zunächst einen Puffer an, der die zu lesenden Daten aufnehmen soll bzw. der die zu schreibenden Daten enthält. Auch wenn Sie nur ein einzelnes Zeichen lesen oder schreiben wollen, benötigen Sie einen Puffer, der dieses Zeichen enthält. Definieren Sie den Namen der Datei als Stringkonstante über die DB-Anweisung.

2. Erstellen oder Öffnen der Datei

Falls Sie eine Datei erstellen wollen, verwenden Sie die Funktion 3Ch oder die Funktion 5Bh. Letztere Funktion erstellt eine Datei nur dann, wenn eine Datei mit dem gleichen Namen noch nicht existiert, während die erste Funktion in einem solchen Fall den Inhalt der existierenden Datei löscht.

Falls Sie mit einer bereits existierenden Datei arbeiten möchten, muß diese durch die Funktion 3Dh geöffnet werden. DOS möchte ferner beim Erstellen der Datei das Dateiattribut und beim Öffnen einer Datei den Zugriffsmodus wissen. Wählen Sie als Dateiattribut im Normalfall eine 0 (normale Datei) und als Zugriffsmodus eine 2 (Lesen/Schreiben). In beiden Fällen muß DOS ein mit einer 0 abgeschlossener Dateiname übergeben werden.

Sollte es beim Erstellen oder Öffnen der Datei zu einem Fehler kommen, zeigt DOS dies stets durch ein gesetztes Carryflag an. Das Prüfen des Carryflags ist die einfachste Methode um festzustellen, ob beim Zugriff auf eine Datei ein Fehler auftrat. Die Art des Fehlers (wie zum Beispiel Datei nicht gefunden oder Datei schreibgeschützt) kann aus dem Fehlercode entnommen werden, der dann im AX-Register übergeben wird. Verlief das Öffnen oder Erstellen der Datei fehlerfrei, das heißt ist das Carryflag nicht gesetzt, erhalten Sie im AX-Register das Dateihandle. Das Dateihandle sollten Sie an einem sicheren Ort speichern (zum Beispiel in einer Variablen), da es den Schlüssel für alle weiteren Dateizugriffe, wie auch für das Schließen der Datei darstellt.

3. Lesen und Schreiben von Daten

Das Lesen aus der Datei und das Schreiben in die Datei wird mit Hilfe der Funktion 3Fh (Lesen) und der Funktion 40h (Schreiben) durchgeführt. In beiden Fällen benötigt die Funktion drei Parameter:

– das Dateihandle
– die Anzahl der zu lesenden oder zu schreibenden Bytes
– die Adresse eines Puffers

Bei der zu übergebenden Adresse handelt es sich um die Adresse des Puffers, der die gelesenen Bytes aufnimmt bzw. der die zu schreibenden Bytes enthält. Auch beim Lese-Schreib-Zugriff können Fehler auftreten, die durch ein gesetztes Carryflag angezeigt werden. Konnte der Lese-Schreib-Zugriff einwandfrei durchgeführt werden, enthält das AX-Register die Anzahl der gelesenen oder geschriebenen Bytes. Das Carryflag kann aber nicht alle Fehlerquellen anzeigen. So kann es zum Beispiel passieren, daß beim Lesen das Ende der Datei erreicht wurde oder beim Schreiben der Datenträger keine Daten mehr aufnehmen kann. Zwar ist in diesem Fall das Carryflag nicht gesetzt, das AX-Register enthält aber eine Null, woraus sich die Fehlerursache ableiten läßt.

4. Schließen der Datei

Jede Datei, die geöffnet wurde, muß auch irgendwann einmal wieder geschlossen werden. Zum einen, um mögliche Datenverluste zu verhindern, die daraus resultieren können, daß DOS den internen Diskettenpuffer nicht auf den Datenträger überträgt oder die File Allocation Table (FAT) nicht aktualisiert, und zum anderen, um das Dateihandle wieder freizugeben (es steht normalerweise nur eine begrenzte Anzahl an Dateihandles zur Verfügung). Für das Schließen steht die Funktion 3Eh zur Verfügung. Dieser Funktion muß lediglich das Dateihandle übergeben werden. Tritt dabei ein Fehler auf (falsches Handle oder Datei ist bereits geschlossen), wird dies wieder durch ein gesetztes Carryflag angezeigt.

Mit dem vorgestellten »Kochrezept« können Sie die meisten Standardprobleme im Zusammenhang mit dem Zugriff auf Dateien lösen. Die möglichen Anwendungen in Maschinensprache sind praktisch unbegrenzt und reichen von dem Abspeichern eingelesener Meßwerte über eine serielle Schnittstelle bis hin zu einem Datenbankprogramm, auch wenn sich letzteres wahrscheinlich vorteilhafter in einer Hochsprache realisieren läßt.

Wahlweiser Zugriff auf Dateien

Neben dem sequentiellen Lesen und Schreiben erlaubt DOS auch den wahlweisen Zugriff auf einzelne Datenelemente einer Datei Zugriff. Der Schlüssel für diese Art des Zugriffs ist der Dateizeiger, der stets die aktuelle Schreib- oder Leseposition innerhalb einer Datei festlegt. Der Dateizeiger kann mit Hilfe der Funktion 42h innerhalb der Datei auf die Position gesetzt werden, von der aus gelesen oder geschrieben werden soll. Eine praktische Anwendung dieser Funktion wäre zum Beispiel im Zusammenhang mit dem Listenverwaltungsprogramm aus Kapitel 9 denkbar. Im folgenden soll der Zugriff auf eine Datei an einem konkreten Beispiel ausprobiert werden.

Beispielprogramm 12.5 – BSP12_05.ASM

Im folgenden soll ein Programm entwickelt werden, das den Inhalt einer Textdatei liest, alle Kleinbuchstaben in Großbuchstaben umwandelt und den Inhalt in eine andere Datei schreibt. Überlegen Sie sich einen möglichen Lösungsansatz und verfolgen Sie den hier vorgeschlagenen Weg Schritt für Schritt.

Ansatz:

1. Definieren Sie den Puffer und die Variablen, die Sie für das Programm benötigen:

```
.DATA
        Q_DATEI   DB 'Name der Quelldatei',0
        Z_DATEI   DB 'Name der Zieldatei',0
        HANDLE1   DW ?
        HANDLE2   DW ?
        B_BUF     DB ?
```

Das Datensegment enthält den Namen der Quell- und der Zieldatei, zwei Variablen, die die beiden Handles speichern (es werden zwei Dateien geöffnet) sowie einen »Puffer«, der aus lediglich einem Byte besteht, da ja nur ein Byte gelesen oder geschrieben wird.

2. Definieren Sie die Module für den Dateizugriff

Zunächst ein kleines Makro, das den Aufruf der DOS-Funktionen innerhalb des Programms vereinfachen soll:

```
DOS   MACRO   FN_NR
      MOV AH,FN_NR
      INT 21h
      ENDM
```

Diesem »Minimakro« wird als Parameter die Funktionsnummer übergeben, worauf es den entsprechenden Aufruf durchführt. Um das Programm selber optimal lesbar zu machen, sollten die einzelnen Funktionsnummern als Konstanten definiert werden:

```
OEFFNEN      EQU    3Dh
ERSTELLEN    EQU    5Bh
SCHLIESSEN   EQU    3Eh
LESEN        EQU    3Fh
SCHREIBEN    EQU    40h
EXIT         EQU    4Ch
AUSGABE      EQU    09h
```

Nun steht dem Schreiben der einzelnen Funktionen nichts mehr im Weg. Als erstes muß die Quelldatei geöffnet und die Zieldatei erstellt werden:

```
MOV DX,OFFSET Q_DATEI        ; Adresse des Dateinamens
MOV AL,0                     ; Nur Lese-Zugriff
DOS OEFFNEN                  ; DOS-Funktion öffnen
JC  ERROR                    ; Fehlerroutine, wenn Carryflag gesetzt
MOV HANDLE1,AX               ; Dateihandle speichern
MOV DX,OFFSET Z_DATEI        ; Adresse des Dateinamens
MOV CX,0                     ; Normale Datei
DOS ERSTELLEN                ; DOS-Funktion erstellen
JC  ERROR                    ; Fehlerroutine, wenn Carryflag gesetzt
MOV HANDLE2,AX               ; Dateihandle speichern
```

Falls beim Erstellen oder Öffnen der Datei ein Fehler auftreten sollte, springt das Programm zu einer Fehlerroutine, die noch definiert werden muß. Als nächstes muß der Lese- oder Schreib-Zugriff durchgeführt werden. Entsprechend der Aufgabenstellung wird jeweils ein Byte gelesen, geprüft, ob es sich um einen Kleinbuchstaben (ASCII-Codes 96 - 122) handelt, wenn ja, wird von dessen ASCII-Code 32 abgezogen und das Byte in die Zieldatei geschrieben. Bliebe noch die Frage zu klären, wie oft dieser Vorgang wiederholt werden muß.

Diese Frage läßt sich leicht beantworten, wenn Sie sich nochmals die Lese-Funktion 3Fh anschauen. Das Ende der Datei wird dort nämlich durch eine 0 im AX-Register angezeigt. Mit anderen Worten: Die »Lesen-Umwandeln-Schreiben«-Schleife muß solange wiederholt werden, wie das Carryflag gelöscht und der Inhalt des AX-Registers ungleich 0 ist.

```
        MOV CX,1                    ; Anzahl der zu lesenden bzw. zu schreibenden Bytes
LAB1:
        MOV BX,HANDLE1              ; Handle der Quelldatei
        MOV DX,OFFSET B_BUF         ; Pufferadresse
        DOS LESEN                   ; DOS-Funktion lesen
        JC ERROR                    ; Fehlerroutine, wenn Carryflag gesetzt
        CMP AX,0                    ; Ende der Datei?
        JE DATEI_ENDE               ; Ja, dann Schluß
        CMP B_BUF,96                ; Gelesenes Zeichen < 96?
        JLE LAB2                    ; Ja, nicht umwandeln
        CMP B_BUF,122               ; Gelesenes Zeichen > 122?
        JG LAB2                     ; Ja, nicht umwandeln
        SUB B_BUF,32                ; Aus klein mache groß
LAB2:
        MOV BX,HANDLE2              ; Handle der Zieldatei
        DOS SCHREIBEN               ; DOS-Funktion schreiben
        JC ERROR                    ; Fehlerroutine, wenn Carryflag gesetzt
        JMP SHORT LAB1              ; Auf ein neues
```

Damit wäre der Großteil des Programms abgehandelt. Nun müssen beide Dateien noch geschlossen und eine kleine Fehlerroutine angehängt werden.

```
DATEI_ENDE:
        MOV BX,HANDLE1             ; Quelldatei schließen
        DOS SCHLIESSEN            ; DOS-Funktion schließen
        JC  ERROR                 ; Man kann nie wissen
        MOV BX,HANDLE2            ; Zieldatei schließen
        DOS SCHLIESSEN            ; DOS-Funktion schließen
        JC  ERROR                 ; Siehe oben
        ASSUME DS:TEXTE
        MOV  DX,TEXTE             ; Lade DS mit Segmentadresse
        MOV  DS,DX
        MOV DX,OFFSET TEXT1       ; Ausgabe einer Erfolgsmeldung
        DOS AUSGABE
ENDE:
        DOS EXIT                  ; Zurück zu DOS
```

Hier das komplette Listing, das auf der Buchdiskette in der Datei BSP12_05.ASM enthalten ist. In diesem Listing wurde zum einen eine etwas umfangreichere Fehlerabfrage eingebaut, zum anderen wurde der Name der Quell- und der Zieldatei im Datensegment festgelegt. Setzen Sie für den Namen der Quelldatei den Namen einer Textdatei mit Kleinbuchstaben ein. Die Zieldatei darf noch nicht existieren, da ansonsten eine Fehlermeldung die Folge ist.

```
TITLE MAKE_IT_BIG
; ----------------------------------------------------------
; Dieses Programm wandelt alle Kleinbuchstaben einer Text-
; datei in Großbuchstaben um. Der Name der Quelldatei und
; der Name der Zieldatei werden im Programm festgelegt.
; ----------------------------------------------------------
```

```
.MODEL SMALL
DOS   MACRO FN_NR              ; Ein Makro für den DOS-Aufruf
      MOV AH,FN_NR
      INT 21h
      ENDM
;
OEFFNEN     EQU 3Dh            ; Konstanten für DOS-Funktionen
ERSTELLEN   EQU 5Bh
SCHLIESSEN  EQU 3Eh
LESEN       EQU 3Fh
SCHREIBEN   EQU 40h
EXIT        EQU 4Ch
AUSGABE     EQU 09h
.STACK 100h
.DATA
      TEXT1     DB 'ALLE BYTES GESCHRIEBEN!',10,13,'$'
      ERR_TEXT1 DB 'FEHLER BEIM ÖFFNEN DER DATEI!',10,13,'$'
      ERR_TEXT2 DB 'FEHLER BEIM ERSTELLEN DER DATEI!',10,13,'$'
      ERR_TEXT3 DB 'FEHLER BEIM LESEN DER DATEI!',10,13,'$'
      ERR_TEXT4 DB 'FEHLER BEIM SCHREIBEN DER DATEI!',10,13,'$'
      ERR_TEXT5 DB 'FEHLER BEIM SCHLIESSEN DER DATEI!',10,13,'$'
      Q_DATEI DB 'XX.TXT',0
      Z_DATEI DB 'XX.BIG',0
      HANDLE1 DW ?
      HANDLE2 DW ?
      B_BUF   DB ?
;
.CODE
START:
      MOV DX,@DATA             ; DS-Register laden
      MOV DS,DX
      MOV DX,OFFSET Q_DATEI    ; Adresse des Quelldateinamens
      MOV AL,0                 ; Nur-Lese-Zugriff
      DOS OEFFNEN
      JC  ERROR1               ; Fehler beim Öffnen?
      MOV HANDLE1,AX           ; Handle speichern
      MOV DX,OFFSET Z_DATEI    ; Adresse des Zieldateinamens
      MOV CX,0                 ; Normale Datei
      DOS ERSTELLEN
      JC  ERROR2               ; Fehler beim Erstellen?
      MOV HANDLE2,AX           ; Handle speichern
;
      MOV CX,1                 ; 1 Byte aus Quelldatei lesen
LAB1: MOV BX,HANDLE1
      MOV DX,OFFSET B_BUF      ; Adresse des Lesepuffers
      DOS LESEN
      JC  ERROR3               ; Fehler beim Lesen?
```

```
        CMP  AX,0                  ; Datei leer?
        JE   DATEI_ENDE
        CMP  B_BUF,96              ; ASCII-Code <= 96?
        JLE  LAB2
        CMP  B_BUF,122             ; ASCII-Code > 122?
        JG   LAB2
        SUB  B_BUF,32              ; 32 abziehen
LAB2:   MOV  BX,HANDLE2            ; 1 Byte schreiben
        DOS  SCHREIBEN
        JC   ERROR4                ; Fehler beim Schreiben?
        JMP  SHORT LAB1
DATEI_ENDE:
        MOV  BX,HANDLE1
        DOS  SCHLIESSEN
        JC   ERROR5                ; Fehler beim Schließen?
        MOV  BX,HANDLE2
        DOS  SCHLIESSEN
        JC   ERROR5                ; Fehler beim Schließen?
        MOV  DX,OFFSET TEXT1
ENDE:
        DOS  AUSGABE
        DOS  EXIT
; -------------------------------------------------------
; Hier werden eventuelle Fehler ausgewertet
; -------------------------------------------------------
ERROR1:
        MOV  DX,OFFSET ERR_TEXT1
        JMP  ENDE
ERROR2:
        MOV  DX,OFFSET ERR_TEXT2
        JMP  ENDE
ERROR3:
        MOV  DX,OFFSET ERR_TEXT3
        JMP  ENDE
ERROR4:
        MOV  DX,OFFSET ERR_TEXT4
        JMP  ENDE
ERROR5:
        MOV  DX,OFFSET ERR_TEXT5
        JMP  ENDE
END START
```

Sinnvolle Erweiterungen

Kein Programm ist perfekt, schon gar nicht das Programm aus der letzten Übung. So gibt das Programm immer dann eine Fehlermeldung aus, wenn die Zieldatei bereits existiert. Natürlich wäre es besser, wenn das Programm eine bereits existierende Datei einfach überschreiben würde. Noch besser wäre es, wenn das Programm zuerst fragen würde, ob es eine bereits existierende Datei überschreiben soll. Was sicher am meisten stört ist der Umstand, daß sowohl die Quelldatei als auch die Zieldatei im Quelltext festgelegt werden und nicht vom Benutzer frei wählbar sind. Das ist ungefähr das gleiche, als wollte Ihnen jemand ein Textverarbeitungsprogramm verkaufen, das nur mit einer einzigen Datei arbeitet. Wie läßt sich diese unbefriedigende Situation ändern?

Nun, es müßte eine Möglichkeit gefunden werden, dem Programm die Namen der Quell- und der Zieldatei als Parameter zu übergeben. Mit anderen Worten, es muß der Kommandozeilenstring ausgewertet werden. Wie das geht, wurde bereits im letzten Kapitel erwähnt. Erinnern Sie sich noch an den PSP (wenn nicht, lesen Sie noch einmal Kapitel 11.6 nach)? Der PSP, ein Parameterblock von 256 Byte Umfang, der jedem Programm im Arbeitsspeicher (nicht auf der Diskette) vorausgeht und der von DOS automatisch angelegt wird, enthält einen bestimmten Bereich, in dem alle dem aufgerufenen Programm übergebenen Parameter enthalten sind. Dieser Bereich beginnt bei der Adresse 80h relativ zu dem Beginn des PSP. Wir müssen nichts anderes tun, als die in diesem Bereich enthaltenen Dateinamen zum Beispiel in einen kleinen Puffer zu schreiben. Doch wie greifen wir auf den PSP zu?

Auch diese Frage wurde bereits im letzten Kapitel beantwortet. Eine Lösung ist das ES-Register, das bei einer EXE-Datei nach dem Laden stets auf den Beginn des PSP zeigt. Zu dem Inhalt des ES-Registers muß lediglich ein Offset auf den Kommandostring im PSP addiert werden und schon haben wir einen Zeiger auf die übergebenen Dateinamen. Eine andere, vielleicht patentere Lösung ist der Interrupt 21h Funktion 62h, der die Segmentadresse des PSP im BX-Register übergibt. Wir werden uns aus didaktischen Gründen (Sie werden noch sehen warum) für die erstere Lösung entscheiden (in der Praxis sollten Sie aber mit der Funktion 62h arbeiten), und schon können wir dem Programm beliebige Parameter übergeben. Ganz so sorglos können wir allerdings nicht ans Werk gehen. Wie im richtigen Leben, erhalten wir mit der gewonnenen Freiheit gleichzeitig auch ein zusätzliches Maß an Verantwortung. So sollte das Programm sicherstellen, daß stets zwei Dateinamen übergeben werden, und daß die Eingabe nicht durch zusätzliche Leerzeichen oder ähnlichem durcheinander gebracht werden kann. Ansonsten kann nicht viel schiefgehen, da die DOS-Funktion 5Bh bekanntlich verhindert, daß eine bereits existierende Datei versehentlich (oder mit Absicht) überschrieben wird.

Das Einbinden des neuen Moduls
Bevor allerdings das angekündigte Modul vorgestellt wird, muß die Frage geklärt werden, auf welche Weise das neue Modul mit Beispielprogramm 12.5 verknüpft werden soll. Sie werden im weiteren Verlauf Ihrer Karriere als Assemblerprogrammierer noch öfter vor dem Problem stehen, ein bereits bestehendes, funktionierendes Programm um ein Programm-Modul erweitern zu müssen. Die naheliegendste Lösung, die sich anbietet, ist es, das Programm-Modul einfach an der Stelle in das Assemblerprogramm zu integrieren, an der es seinen Dienst verrichten soll. Doch diese Lösung ist nicht immer vorteilhaft. Das Assemblerprogramm wird dadurch relativ lang, was sich ungünstig auf die Assemblierzeit auswirkt und vor allem muß, um das neue Modul zu testen, jedesmal das gesamte Programm assembliert und gelinkt werden. Wesentlich günstiger ist es, das neue Modul getrennt zu assemblieren und durch den Linker einbinden zu lassen. Dazu müssen aber am Hauptprogramm ein paar Änderungen vorgenommen werden. So müssen alle Variablen im Untermodul, die im Hauptmodul benötigt werden, mit der Anweisung PUBLIC als global deklariert werden. Umgekehrt müssen dem Assembler alle externen Referenzen durch die Anweisung EXTRN mitgeteilt werden. Ferner ist es vorteilhafter, die beiden Dateinamenpuffer nicht im Hauptmodul, sondern im Untermodul zu definieren. Schließlich muß noch das Segment im

Hauptmodul, das eine externe Referenz enthält, und das Segment im Untermodul, in dem sich das dazugehörige Symbol befindet, mit dem Attribut public versehen werden. Letzteres wird aber wenn Sie die vereinfachten Segmentanweisungen verwenden vom Assembler automatisch durchgeführt.

Beispielprogramm 12.6 – BSP12_06.ASM

Das folgende Beispielprogramm stellt eine Erweiterung für das Beispielprogramms 12.5 dar und ermöglicht, daß dem Programm nun die Dateinamen bei seinem Aufruf übergeben werden können. Es wurde speziell zum Einbinden in das Hauptprogramm konzipiert und ist daher allein nicht lauffähig. Assemblieren und linken Sie dieses Programm und das Beispielprogramm 12.7 nach den noch folgenden Anweisungen.

```
TITLE MAKE_IT_BIT PART TWO
; ------------------------------------------------------------
; Dieses Modul wertet Parameter aus, die von DOS beim Aufruf
; eines Programms im PSP abgelegt werden. Es werden zwei
; Dateinamen erwartet und diese in zwei Puffern abgelegt.
; Dieses Modul ist nur als Prozedur eines anderen Programms,
; aber nicht allein lauffähig.
; ------------------------------------------------------------
.MODEL SMALL
PSP_OFS EQU 80H                       ; Offset auf Beginn der
                                      ; Kommandozeile im PSP
; ------------------------------------------------------------
; die Definition der beiden Dateinamenpuffer wird nun nicht im
; Hauptmodul, sondern im Untermodul durchgeführt!
; ------------------------------------------------------------
;
.DATA
PUBLIC  Q_DATEI,Z_DATEI               ; Beide Puffer werden als global
        Q_DATEI DB 12 DUP(32)         ; deklariert
        Z_DATEI DB 12 DUP(32)
;
.CODE
PUBLIC          GET_FILENAME          ; Die Prozedur wird als global deklariert
GET_FILENAME    PROC                  ; Beginn der Prozedur
                MOV DI,PSP_OFS        ; Lade Offset in PSP
                XOR CX,CX             ; Lösche CX
                MOV CL,BYTE PTR ES:[DI] ; Lade CL mit Länge der Kommandozeile
                JCXZ FEHLER           ; Keine Zeichen, Fehler!
                ADD CX,2              ; Erhöhe die Anzahl um zwei
                INC DI                ; Zeige auf das erste Zeichen im PSP
                MOV AL,32             ; Ignoriere führende Leerzeichen
           REPE SCASB                 ; DI zeigt danach auf das zweite Nicht-
                                      ; Leerzeichen
                DEC DI                ; Nun zeigt DI wieder auf das erste
;
                LEA SI,Q_DATEI        ; Lade Puffer der Quelldatei
```

```
LAB_2:          MOV AL,BYTE PTR ES:[DI]        ; Lade alle Zeichen bis zum
                MOV BYTE PTR[SI],AL            ; nächsten Leerzeichen in
                CMP AL,32                      ; den Puffer
                JE  LAB_5
                CMP AL,0DH                     ; Ist ein Return dabei?
                JE FEHLER                      ; Ja, Fehler!
                INC SI                         ; Zeiger auf nächstes Byte im Puffer
                INC DI
                LOOP LAB_2
LAB_5:
                MOV BYTE PTR [SI],0            ; Hänge eine 0 an den Namen
                JCXZ FEHLER                    ; Keine Zeichen mehr da?
;
        REPE    SCASB                          ; Etwaige Leerzeichen überspringen
                DEC DI
                JCXZ FEHLER                    ; Keine Zeichen mehr da?
;
                LEA SI,Z_DATEI                 ; Lade Adresse des Puffers
LAB_4:          MOV AL,BYTE PTR ES:[DI]        ; Lade alle Zeichen bis
                MOV BYTE PTR[SI],AL            ; zum Ende der Eingabe oder
                CMP AL,32                      ; bis zum nächsten Leerzeichen
                JE LAB_6
                INC SI
                INC DI
                LOOP LAB_4
LAB_6:
                MOV BYTE PTR [SI],0            ; Hänge eine 0 an den Namen
                CLC                            ; Eingabe ist ok!
ENDE:           RET                            ; Ende
;
FEHLER:
                STC                            ; Fehler bei der Eingabe!
                RET                            ; Ende
GET_FILENAME    ENDP
END                                            ; Hier muß kein Startpunktlabel stehen!
```

Wenn Sie sich Beispielprogramm 12.6 näher betrachten, werden Sie feststellen, daß es nicht für die Ausführung geeignet ist. So fehlt zum Beispiel eine Möglichkeit zu DOS zurückzukehren (die Prozedur wird lediglich über einen RET-Befehl beendet). Dies ist aber auch gar nicht erforderlich, da das Modul später in das Hauptprogramm eingebunden werden soll. Die »Kommunikation« zwischen dem Untermodul und dem Hauptmodul erfolgt über das Carryflag. Falls ein fehlerhafter Dateiname eingegeben wurde, ist das Carryflag gesetzt. War alles in Ordnung, ist es dagegen nicht gesetzt.

Eine beabsichtigte Übung in diesem Beispiel war der Umgang mit dem Segment-Aufhebungs-Operator (es wurde ja bereits so etwas angedeutet). Dieser Operator wird immer dann notwendig, wenn die CPU automatisch auf das DS-Register zugreifen will, die Adreßberechnung aber mit dem ES-Register stattfinden muß. Bei der Verwendung der DOS-Funktion 62h des Interrupts sind solche Klimmzüge überflüssig, da die Segmentadresse des PSP gleich im BX-Register übergeben wird und von dort bequem weiter verarbeitet werden kann. Soll die Adresse des PSP innerhalb eines Programms ermittelt werden und wurden sowohl das DS- als auch das ES-Register mit neuen Werten belegt, stellt die Funktion 62h ohnehin den einzig gangbaren Weg dar.

Beispielprogramm 12.7 – BSP12_07.ASM

Das folgende Beispielprogramm stellt das besprochene Hauptmodul dar. Das Programm enthält einen Aufruf der Prozedur GET_FILENAME, die sich im Beispielprogramm 12.6 befindet. Beide Module müssen daher in Form ihrer Objektdateien miteinander verknüpft werden.

```
TITLE MAKE_IT_BIG PART TWO - HAUPTMODUL
; ---------------------------------------------------------
;
; ---------------------------------------------------------
.MODEL SMALL
;
DOS   MACRO FN_NR
      MOV AH,FN_NR
      INT 21h
      ENDM
;
EXTRN Q_DATEI:BYTE,Z_DATEI:BYTE,GET_FILENAME:NEAR
;
OEFFNEN     EQU 3Dh              ; Konstanten für DOS-Funktionen
ERSTELLEN   EQU 5Bh
SCHLIESSEN  EQU 3Eh
LESEN       EQU 3Fh
SCHREIBEN   EQU 40h
EXIT        EQU 4Ch
AUSGABE     EQU 09h
EINGABE     EQU 01h
;
.STACK 100h
.DATA
        TEXT1     DB 'ALLE BYTES GESCHRIEBEN!',10,13,'$'
        TEXT2     DB 'DATEI EXISTIERT BEREITS. ÜBERSCHREIBEN (J/N)?','$'
        ERR_TEXT1 DB 'FEHLER BEIM ÖFFNEN DER DATEI!',10,13,'$'
        ERR_TEXT2 DB 'FEHLER BEIM ERSTELLEN DER DATEI!',10,13,'$'
        ERR_TEXT3 DB 'FEHLER BEIM LESEN DER DATEI!',10,13,'$'
        ERR_TEXT4 DB 'FEHLER BEIM SCHREIBEN DER DATEI!',10,13,'$'
        ERR_TEXT5 DB 'FEHLER BEIM SCHLIESSEN DER DATEI!',10,13,'$'
        ERR_TEXT6 DB 'FEHLER BEI DER EINGABE!',10,13,'$'
        HANDLE1   DW ?
        HANDLE2   DW ?
        B_BUF     DB ?
;
.CODE
```

```
START:
        MOV DX,@DATA            ; Datensegment initialisieren
        MOV DS,DX
        CALL GET_FILENAME
        JNC LAB_7               ; Kein Fehler bei der Eingabe
        JMP ERROR6
;
LAB_7:
        MOV DX,OFFSET Q_DATEI   ; Adresse des Quelldateinamens
        MOV AL,0                ; Nur-Lese-Zugriff
        DOS OEFFNEN
        JNC LAB_10
        JMP ERROR1              ; Fehler beim Öffnen?
LAB_10:
        MOV HANDLE1,AX          ; Handle speichern
        MOV DX,OFFSET Z_DATEI   ; Adresse des Zieldateinamens
        MOV CX,0                ; Normale Datei
        DOS ERSTELLEN
        JC FILE_EXIST?          ; Fehler beim Erstellen?
        MOV HANDLE2,AX          ; Handle speichern
OVERWRITE:                      ; Datei wurde überschrieben
        MOV CX,1                ; 1 Byte aus Quelldatei lesen
LAB_8:
        MOV BX,HANDLE1
        MOV DX,OFFSET B_BUF     ; Adresse des Lesepuffers
        DOS LESEN
        JNC LAB_11
        JMP ERROR3              ; Fehler beim Lesen?
LAB_11:
        CMP AX,0                ; Datei leer?
        JE DATEI_ENDE
        CMP B_BUF,'a'           ; ASCII-Code <= 96?
        JLE LAB_9
        CMP B_BUF,'z'           ; ASCII-Code > 122?
        JG LAB_9
        SUB B_BUF,32            ; 32 abziehen
LAB_9:
        MOV BX,HANDLE2          ; 1 Byte schreiben
        DOS SCHREIBEN
        JC ERROR4               ; Fehler beim Schreiben?
        JMP LAB_8
DATEI_ENDE:
        MOV BX,HANDLE1
        DOS SCHLIESSEN
        JC ERROR5               ; Fehler beim Schließen?
        MOV BX,HANDLE2
        DOS SCHLIESSEN
```

```
        JC ERROR5               ; Fehler beim Schließen?
        MOV DX,OFFSET TEXT1
ENDE1:
        DOS AUSGABE
ENDE2:
        DOS EXIT
FILE_EXIST?:                    ; Was passiert, wenn Datei existiert?
        CMP AX,50h              ; Ist es der entsprechende Fehlercode?
        JNE ERROR2              ; Nein, dann anderer Fehler
        MOV DX,OFFSET TEXT2
        DOS AUSGABE
        DOS EINGABE
        CMP AL,'j'
        JE WEITER
        CMP AL,'J'
        JNE ENDE2
WEITER:
        MOV DX,0A0Dh            ; Leerzeile ausgeben
        MOV AH,02h
        INT 21h
        XCHG DH,DL
        INT 21h
        MOV DX,OFFSET Z_DATEI ; Datei soll überschrieben werden
        MOV CX,0                ; Dateiattribut Normal
        MOV AH,3Ch              ; Datei erstellen oder auf Null reduzieren
        INT 21h
        JC ERROR2               ; Fehler beim Erstellen der Datei
        MOV HANDLE2,AX
        JMP OVERWRITE           ; Weiter mit Programm
; ----------------------------------------------------------
; Hier werden eventuelle Fehler ausgewertet
; ----------------------------------------------------------
ERROR1:
        MOV DX,OFFSET ERR_TEXT1
        JMP ENDE1
ERROR2:
        MOV DX,OFFSET ERR_TEXT2
        JMP ENDE1
ERROR3:
        MOV DX,OFFSET ERR_TEXT3
        JMP ENDE1
ERROR4:
        MOV DX,OFFSET ERR_TEXT4
        JMP ENDE1
ERROR5:
        MOV DX,OFFSET ERR_TEXT5
        JMP ENDE1
```

```
ERROR6:
        MOV DX,OFFSET ERR_TEXT6
        JMP ENDE1
END START
```

Beide Module müssen zunächst getrennt assembliert werden, so daß beide als Objektdateien vorliegen:

```
C>MASM BSP12_06;
C>MASM BSP12_07;
```

Nun tritt der Linker in Aktion, der beide Objektmodule zu einem einzigen ausführbaren Programm bindet:

```
C>LINK BSP12_07 + BSP12_06;
```

Das entstandene Programm BSP12_07.EXE kann nun zum Beispiel in der Form

```
C>BSP12_07 TEST1.TXT TEST2.TXT  Return
```

aufgerufen werden, wobei TEST1.TXT der Name der umzuwandelnden Datei ist und TEST2.TXT der Name der Zieldatei ist, in der der umgewandelte Text abgelegt wird. Das Programm BSP12_07.EXE erstellt eine neue Datei mit dem Namen TEST2.TXT, in der alle Kleinbuchstaben der Datei TEST1.TXT in Großbuchstaben umgewandelt wurden. Ein solches Programm wird auch als Filter bezeichnet. Unter einem Filter versteht man in diesem Zusammenhang allgemein ein Programm, das den Inhalt einer Datei in einer bestimmten Weise umwandelt. So gibt es Filter, die Dateien komprimieren, Daten verschlüsseln oder ein wenig exotischere Filter, die aus einer Datei führende Leerzeichen und Leerzeilen entfernen. Auch MS-DOS stellt drei Filterprogramme zur Verfügung:

FIND Durchsucht Dateien nach einer bestimmten Zeichenfolge
MORE Gibt einen Text seitenweise aus
SORT Sortiert Texte oder Daten, die über die Tastatur eingegeben wurden oder die aus einer Datei stammen.

Ein wesentliches Merkmal von Filtern ist die Möglichkeit, die Ein-/Ausgabe auf ein anderes Gerät umleiten zu können. Normalerweise werden Zeichen über das Standardeingabegerät Tastatur eingelesen und über das Standardausgabegerät Bildschirm wieder ausgegeben. Der Benutzer hat jedoch die Möglichkeit, die Eingabe mittels des »<«-Zeichens und die Ausgabe mittels des »>«-Zeichens auf eine beliebige Datei umzulenken. Umgekehrt ist es auch möglich, Ausgaben (die für eine Datei bestimmt sind) auf dem Bildschirm auszugeben. Die folgende Eingabe

```
C>BSP12_07 TEST1.TXT CON
```

hat zur Folge, daß der umgewandelte Inhalt der Datei TEST1.TXT auf dem Bildschirm ausgegeben wird. Möglich wird dies dadurch, daß MS-DOS auch physikalische Geräte wie die Tastatur oder Bildschirm als »Dateien« behandelt und ihnen konsequenterweise Dateihandles zuweist. MS-DOS reserviert für die Standardein-/ausgabegeräte stets fünf Handles (Kapitel 11.5), die im Zusammenhang mit den Dateifunktionen des DOS zur Ansteuerung dieser Geräte verwendet werden können.

Kommen wir noch einmal zurück auf das Beispielprogramm 12.7. Jedes Programm, das Parameter entgegennimmt, muß sich gegen fehlerhafte Eingaben schützen. In dem Beispielprogramm wurde gegen die meisten Arten von Eingabefehlern vorgesorgt. So bricht das Programm mit einer Fehlermeldung ab, wenn kein oder nur ein Dateiname übergeben wurde. Auch der Fall, daß die angegebene Zieldatei bereits existiert wird nun abgefangen. In diesem Fall erscheint die Meldung »DATEI EXISTIERT BEREITS. ÜBERSCHREIBEN (J/N)?«. Selbstverständlich (wie könnte es auch anders sein) sind weitere Erweiterungen denkbar. So wäre es nicht schlecht, wenn das Programm eine Standard-Dateierweiterung anbieten würde. Falls beim Aufruf des Programms bei einem Dateinamen keine Erweiterung angegeben werden würde, setzt das Programm zum Beispiel automatisch die Erweiterung ».TXT« (oder ».ASM«) ein. Des weiteren könnte man eine Option einbauen, die bewirkt, daß Kleinbuchstaben nur außerhalb von Kommentarzeilen umgewandelt werden. Wird die erweiterte Version des Programms dann zum Beispiel in der Form

```
C>BSP12_X6 TEST_ALT TEST_NEU /-K
```

aufgerufen, werden alle Buchstaben der der Datei TEST_ALT.ASM, mit Ausnahme der Buchstaben, die auf ein Kommentarzeichen folgen, in Großbuchstaben umgewandelt (bei BSP12_X6 handelt es sich lediglich um einen Beispielnamen, eine entsprechende Datei ist auf der Buchdiskette nicht enthalten). Versuchen Sie sich einmal an dieser Erweiterung, wenn Sie das nächste Wochenende noch nichts vorhaben. Es lohnt sich auf alle Fälle, denn es kann nicht oft genug darauf hingewiesen werden, daß sich ein echtes Lernerfolgserlebnis bei solchen etwas kniffligeren Aufgaben einstellt.

12.4 Der Bildschirm

Viel wurde bislang noch nicht über den Bildschirm geschrieben. Dies liegt nun nicht etwa daran, daß es über den Bildschirm nichts zu schreiben gäbe. Im Gegenteil! Berücksichtigt man die zahlreichen unterschiedlichen Grafikkarten, die in einen PC eingebaut werden können, wird dieses Thema so komplex, daß sich ganze Bücher füllen ließen. Für einen Anfänger sind aber die Funktionsweise einer VGA-Karte oder die einzelnen Grafikmodi einer Hercules-Karte zunächst relativ unerheblich. Detailfragen werden im nächsten Kapitel beantwortet, wo die Hercules-Monochrom-Karte im Detail vorgestellt wird. Im folgenden sollen zunächst die verschiedenen Ebenen gezeigt werden, auf denen in einem Maschinenprogramm eine Bildschirmausgabe durchgeführt werden kann. Ganz grob lassen sich die zur Verfügung stehenden Optionen zur Bildschirmausgabe in folgende Kategorien einteilen:

– über DOS-Funktionen
– über ANSI-Funktionen
– über BIOS-Funktionen
– über einen direkten Zugriff auf den Bildschirmspeicher

Die DOS-Funktionen
Sämtliche Bildschirmausgaben wurden bislang über die DOS-Funktionen 02 und 09 durchgeführt. Für einfache Anwendungen fährt man mit diesen Funktionen ganz gut, doch mindestens ein Problem dürfte Ihnen sicherlich schon aufgefallen sein. Wie bei einer Schreibmaschine erfolgt die

Ausgabe immer an der nächsten freien Bildschirmzeile. An eine beliebige Anordnung der einzelnen Ausgaben oder gar an eine formatierte Ausgabe war bislang nicht zu denken. Wenn Sie sich einmal die Liste der DOS-Funktionen in Anhang C betrachten, werden Sie feststellen, daß es derartige Funktionen unter DOS gar nicht gibt. Prinzipiell sind, und das zeigen abertausende von Programmen, derartige Dinge möglich. Allerdings nicht mit den Funktionen, die über den Interrupt 21h aufgerufen werden. Wir werden in den nächsten Abschnitten einige Alternativen kennenlernen. Zuvor soll kurz darauf hingewiesen werden, daß die DOS-Funktionen 02 und 09 selbst unter den DOS-Funktionen nicht immer die optimalste Lösung sind. Es wurde ja im letzten Abschnitt darauf hingewiesen, daß DOS alle Geräte, wie Bildschirm, Tastatur und Disketten/Festplattenspeicher, im Prinzip gleich behandelt. Eine Bildschirmausgabe ist daher auch über die Dateifunktionen 3Fh und 40h möglich. Diese Variante bietet den Vorteil, daß die Ausgabe durch Angabe eines anderen Handles auf den Drucker oder eine Datei umgelenkt werden kann. Ein Öffnen der »Datei« Bildschirm ist nicht nötig, bei der Anwendung einer Dateifunktion zur Bildschirmausgabe muß lediglich für das Handle das Standardhandle des Bildschirms, in diesem Fall 1, angegeben werden.

Die ANSI-Funktionen

Eine interessante Alternative zur Bildschirmausgabe stellen die ANSI-Funktionen dar. Diese Funktionen stehen ab DOS-Version 2.0 in Form des Treibers ANSI.SYS zur Verfügung. Vorausgesetzt dieser Treiber wurde über die CONFIG.SYS-Datei geladen, stehen mehrere Dutzend Funktionen zur Verfügung, die über ein ESC-Zeichen aktiviert werden.

Der Vorteil der ANSI-Funktionen liegt in der Standardisierung. Wie der Name ANSI (»American National Standard Institut«, also das Pendant zu unserem Deutschen Institut für Normung) bereits sagt, sind diese Funktionen offiziell genormt und auf einer Vielzahl von Computertypen (vom Atari ST bis zu Minicomputern) einsetzbar. Ein Programm, das Bildschirmausgaben ausschließlich über diese Funktionen durchführt, sollte daher auf jedem Computer laufen, der über einen ANSI-Treiber verfügt. Zwar muß das Programm auf diesem Computer neu übersetzt werden, eine Anpassung der Bildschirmausgaben ist nicht erforderlich. Auf die ANSI-Funktionen soll an dieser Stelle nicht weiter eingegangen werden, da sie für einen Maschinensprache-Programmierer keine wesentlichen Vorteile gegenüber den noch zu besprechenden BIOS-Funktionen bieten. Im Gegenteil, da alle Ausgaben über einen Treiber laufen, sind sie relativ langsam. Für alle Leser, die es dennoch interessiert, werden in dem folgenden Beispielprogramm ein paar Effekte mit den ANSI-Funktionen demonstriert.

Beispielprogramm 12.8 – BSP12_08.ASM

Das folgende Beispielprogramm demonstriert die Anwendung einiger ANSI-Funktionen. Voraussetzung ist, daß der Treiber ANSI.SYS in der CONFIG.SYS-Datei geladen wurde. Assemblieren und linken Sie das Programm und bringen Sie es zur Ausführung.

```
.MODEL SMALL
        ESC_CODE = 1Bh
PRINT   MACRO ASCII_CODE
        MOV DL,ASCII_CODE
        MOV AH,02
        INT 21h
```

```
        ENDM
.STACK 100h
.DATA
        TEXT DB 'Textausgabe einmal anders !',10,13,'$'
.CODE
START:
        MOV DX,@DATA      ; Datensegment initialisieren
        MOV DS,DX
;
; Die Ausgabe der Sequenz ESC [ 2 J löscht den Bildschirm
;
        PRINT ESC_CODE
        PRINT '['
        PRINT '2'
        PRINT 'J'
;
; Die Ausgabe der Sequenz ESC [ 1 2 B verschiebt den Cursor 12 Zeilen
; nach unten
;
        PRINT ESC_CODE
        PRINT '['
        PRINT '1'
        PRINT '2'
        PRINT 'B'
;
; Die Ausgabe der Sequenz ESC [ 2 8 C verschiebt den Cursor 28 Spalten
; nach rechts
;
        PRINT ESC_CODE
        PRINT '['
        PRINT '2'
        PRINT '8'
        PRINT 'C'
;
; Die Ausgabe der Sequenz ESC [ 5 m setzt das Bildschirmattribut auf
; blinken
;
        PRINT ESC_CODE
        PRINT '['
        PRINT '5'
        PRINT 'm'
        MOV DX,OFFSET TEXT
        MOV AH,09
        INT 21h
        MOV AH,07        ; Warten auf eine Taste ohne Echo
        INT 21h
;
```

```
; Die Ausgabe der Sequenz ESC [ 0 m schaltet das Blinken wieder ab
;
        PRINT ESC_CODE
        PRINT '['
        PRINT '0'
        PRINT 'm'
        MOV AH,4Ch
        INT 21h
END START
```

Die BIOS-Funktionen zur Bildschirmausgabe

Auch das BIOS stellt für den Zugriff auf den Bildschirm eine Reihe von Funktionen zur Verfügung, die über den Interrupt 10h aufgerufen werden. Die Anzahl der dort abrufbaren Funktionen hängt von der Grafikkarte ab. Während sich die BIOS-Funktionen einer Monochrom- oder CGA-Karte ausschließlich im System-BIOS befinden, besitzt eine EGA- oder VGA-Karte ein eigenes BIOS, das beim Starten des Rechners in den Interrupt 10h »eingehängt« wird. Die Hercules-Monochrom-Karte wird vom BIOS leider nicht unterstützt, mehr dazu im nächsten Kapitel. Für den Programmierer stellt sich diese BIOS-Erweiterung lediglich durch zusätzliche Funktionen dar, die über den Interrupt 10h aufgerufen werden können. Von der Vielzahl der Funktionen, die über den Interrupt 10h zur Verfügung stehen, werden die wichtigsten im folgenden kurz vorgestellt. Eine vollständigere Übersicht über die BIOS-Funktionen finden Sie in Anhang C.

Die wichtigsten Funktionen des Interrupts 10h

Eine Funktion des Interrupts 10h wird über eine Funktionsnummer im AH-Register selektiert. Einige Funktionen besitzen Unterfunktionen, die über eine Unterfunktionsnummer im AL-Register aufgerufen werden. Die Inhalte der Register BX, CX und DX werden durch den Aufruf einer »INT 10h«-Funktion nicht verändert, während dies bei den übrigen Registern, insbesondere den Registern DI und SI, nicht der Fall sein muß.

Funktion 0:	Videomodus festlegen	
Aufruf mit	AH	= 0
	AL	= Modus
Rückgabewerte	keine	

Diese Funktion initialisiert einen Videomodus. Die Anzahl der zur Verfügung stehenden Videomodi hängt von der verwendeten Grafikkarte ab. Da durch diese Funktion auch der Bildschirm gelöscht wird, kann das Einstellen des gleichen Videomodi als einfache Bildschirmlösch-Funktion eingesetzt werden. In Tabelle 12.1 werden die wichtigsten Modi aufgeführt, die auf einer Standard-VGA-Karte zur Verfügung stehen. Auch Besitzer einer CGA- oder EGA-Karte können, bis auf die reinen VGA, diese Modi nutzen, allerdings mit teilweise modifizierten Pixelauflösungen.

Nummer	Bildschirm-Modus
00	40x25, Text, 16 Farben
02	80x25, Text, 16 Farben
03	80x25, Text, 16 Farben (9x16 Matrix)
05	320x200, Grafik, 4 Farben
06	640x200, Grafik, 2 Farben
07	80x25, Monochrom-Standardmodus
0Dh	320x200, Grafik, 16 Farben
0Eh	640x200, Grafik, 16 Farben
0Fh	640x350, Grafik, Mono
10h	640x350, Grafik, 16 Farben
11h	640x480, Grafik, 2 Farben
12h	640x480, Grafik, 16 Farben
13h	320x200, Grafik, 256 Farben

Tabelle 12.1: Die wichtigsten VGA-Modi

Nach dem Einschalten ist bei einem angeschlossenen (anlogen) Monochrom-Monitor Modus 7 und einem (analogen) Farbmonitor Modus 3 aktiv. Nicht immer werden alle möglichen Modi auch durch das BIOS unterstützt. Bei vielen VGA-Karten stehen zusätzliche Modi zwar im Prinzip zur Verfügung, sie müssen aber durch direkte Programmierung der entsprechenden Kontrollregister aktiviert werden.

Funktion 15: Videomodus lesen

Aufruf mit	AH	= 15
Rückgabewerte	AL	= Videomodus
	AH	= Anzahl der Zeichen pro Zeile
	BH	= Nummer der aktuellen Bildschirmseite

Im BH-Register wird die Nummer der aktiven Bildschirmseite übergeben. Je nach Videokarte und Modus besteht die Möglichkeit zwischen verschiedenen Bildschirmseiten zu wählen (mehr dazu in Kapitel 13). Der Standardwert für die Nummer der Bildschirmseite ist 0.

Funktion 1: Größe des Cursors setzen
Mit dieser Funktion können die Start- und die Endzeile (damit sind die Zeilen innerhalb der Zeichenmatrix gemeint) des Cursors und damit seine Größe verändert werden.

Aufruf mit	AH	= 1
	CH	= Startzeile des Cursors
	CL	= Endzeile des Cursors
Rückgabewerte	keine	

Die Werte für die Start- und die Endzeile hängen von dem aktiven Modus ab. In einem Modus mit einer 9*14-Matrix pro Zeichen beträgt der unterste Wert der Startzeile 0 und der oberste Wert der Endzeile 13, in einem Modus mit einer 8x8-Matrix liegen die entsprechenden Werte bei 0 und 7. Die Werte für die Cursorgröße werden im BIOS-Datenbereich unter der Adresse 0040:0060h gespeichert.

Funktion 2: Cursorposition setzen

Diese Funktion setzt den Cursor, das heißt die Position für die Bildschirmausgabe an die angegebene Position.

Aufruf mit	AH	= 2
	BH	= Nummer der Bildschirmseite
	DH	= Zeile (Y-Position)
	DL	= Spalte (X-Position)
Rückgabewerte	keine	

Mit Hilfe der Funktion 2 besteht in Maschinenprogrammen die Möglichkeit, die Bildschirmausgabe auf einer bestimmten Bildschirmseite bei einer vorgegebenen Position beginnen zu lassen. Die linke obere Ecke besitzt die Koordinaten 0/0, während die rechte untere Ecke die Koordinaten 79/24 besitzt. Für jede der in dem jeweiligen Bildschirmmodus erlaubten Anzahl an Bildschirmseiten kann eine eigene Cursorposition definiert werden. Beim Umschalten zwischen mehreren Seiten bleibt die Cursorposition seit dem letzten Umschalten daher erhalten. Der Cursor kann auch im Grafikmodus positioniert werden, er bleibt in diesem Fall allerdings unsichtbar. Durch Angabe eines Wertes außerhalb der Koordinaten (zum Beispiel 0/25) kann der Cursor auch ausgeschaltet werden.

Funktion 3: Cursorposition lesen

Diese Funktion bestimmt zum einen die aktuelle Bildschirmposition des Cursors, und zum anderen die Start- und die Endzeile des Cursors.

Aufruf mit	AH	= 3
	BH	= Nummer der Bildschirmseite
Rückgabewerte	DH	= Y-Position des Cursors
	DL	= X-Position des Cursors
	CH	= Anfangszeile des Cursors
	CL	= Endzeile des Cursors

Neben der aktuellen Position des Cursors auf dem Bildschirm, liefert diese Funktion auch die Größe des Cursors, die ja durch die Anfangs- und die Endzeile festgelegt wird.

Funktion 9: Ein Zeichen ausgeben

Mit dieser Funktion kann ein Zeichen an der aktuellen Cursorposition ausgegeben werden. In dieser eher unscheinbaren Funktion stecken einige sehr interessante Möglichkeiten, die diese Funktion von der entsprechenden DOS-Funktion zur Ausgabe eines Zeichens unterscheidet. Grundsätzlich ist es möglich, mit dieser Funktion auch in einem Grafikmodus Zeichen auf dem Bildschirm auszugeben. Ferner kann die Bildschirmseite ausgewählt werden, auf der die Ausgabe erfolgen soll. So ist es ohne weiteres möglich, Zeichen auf eine nicht aktive Seite zu schreiben und diese dann durch die Funktion 5 des Interrupts 10h (»Bildschirmseite auswählen«) zu aktivieren. Außerdem muß bei dieser Funktion das Attribut des auszugebenden Zeichens mitangegeben werden. Damit kann ein Zeichen wahlweise unterstrichen, blinkend oder in einer bestimmten Farbe ausgegeben werden. Als letztes »Bonbon« kann im CX-Register eine Zahl übergeben werden, die festlegt, wie oft das Zeichen ausgegeben werden soll. Nachteilig bei dieser Funktion ist allerdings der Umstand, daß der Cursor, anders als bei der Funktion 14, nicht automatisch positioniert wird.

Aufruf mit	AH	= 9
	AL	= ASCII-Code des Zeichens
	BL	= Attribut des Zeichens
	BH	= Nummer der Bildschirmseite
	CX	= Anzahl der hintereinander auszugebenden Zeichen
Rückgabewerte	keine	

In den CGA-Grafikmodi wird die Adresse der Bitmatrix, die zur Darstellung der Zeichen mit einem ASCII-Code zwischen 80h und FFh verwendet wird, unter der Adresse 0000:007Ch, das heißt dem Interrupt-Vektor 1Fh, gespeichert. Durch Ändern dieser Adresse kann eine andere Bitmatrix aktiviert und so ein vollkommen neuer Zeichensatz verwendet werden. In den EGA- und VGA-Modi befindet sich ein entsprechender Zeiger unter der Adresse des Interrupts 43h.

Funktion 10: Zeichen ausgeben

Diese Funktion unterscheidet sich von der Funktion 9 nur dadurch, daß kein Bildschirmattribut angegeben werden muß, sondern das alte Attribut der Bildschirmposition, in der das Zeichen geschrieben wird, beibehalten wird.

Funktion 14: Zeichen ausgeben

Anders als die Funktionen 9 und 10 werden bei dieser Ausgabefunktion bestimmte ASCII-Codes als Steuerzeichen (zum Beispiel ASCII 7 für Beep oder ASCII 8 für Backspace) interpretiert. Außerdem wird nach der Ausgabe der Cursor auf die nächste Ausgabeposition gesetzt.

Beispielprogramm 12.9 – BSP12_09.ASM

Das folgende Beispielprogramm demonstriert die Anwendungen einiger Funktionen des BIOS-Interrupts 10h. Assemblieren und linken Sie das Programm und bringen Sie es zur Ausführung.

```
TITLE TEST DES BIOS INTERRUPTS 10H
;-----------------------------------------------------------
; In diesem Programm werden einige Makros definiert, die die
; Einbindung der Funktion des Video-Interrupts 10h erleichtern.
; -----------------------------------------------------------
;
.MODEL SMALL
PRINT   MACRO TEXT,ATTRIBUT       ; Makro für die Textausgabe
        LOCAL LAB1,ENDE           ; Lokale Label definieren
        LEA DI,TEXT               ; Startadresse d. Textes laden
LAB1:   MOV AH,09                 ; Funktionsnummer
        MOV BL,ATTRIBUT           ; Attribut laden
        MOV BH,0                  ; Bildschirmseite
        MOV CX,1                  ; Anzahl d. Zeichen
        MOV AL,[DI]               ; ASCII-Code d. Zeichens laden
        INT 10H                   ; Zeichen ausgeben
        INC DI                    ; Nächstes Zeichen
        CMP AL,0                  ; Ist ASCII-Code = 0?
        JE  ENDE                  ; Ja, dann Ende
        MOV AH,3                  ; Cursorposition ermitteln
        INT 10H
```

```
        INC DL                      ; X-Position um eins erhöhen
        MOV AH,2                    ; Cursorposition setzen
        INT 10H
        JMP SHORT LAB1              ; Und nochmal
ENDE:
        ENDM
;
GOTOXY  MACRO XPOS,YPOS            ; Makro zum Setzen des Cursors
        MOV  AH,2
        MOV  BH,0
        MOV  DH,YPOS
        MOV  DL,XPOS
        INT  10H
        ENDM
;
CLEAR   MACRO                     ; Makro für Bildschirm löschen
        MOV AX,0700
        INT 10H
        ENDM
;
BLINKEN EQU 0F0H                  ; Attribut Konstanten
NORMAL  EQU 07
HELL    EQU 15
;
.STACK 100h
.DATA
        TEXT1 DB 'DIES ALLES LÄSST SICH',0
        TEXT2 DB 'MIT DEM INTERRUPT 10H',0
        TEXT3 DB 'ANFANGEN.',0
.CODE
START:
        MOV DX,@DATA              ; Datensegment initialisieren
        MOV DS,DX
        CLEAR                     ; Bildschirm löschen
        GOTOXY 10,6               ; 1. Text hell ausgeben
        PRINT TEXT1,HELL
        GOTOXY 20,12              ; 2. Text normal ausgeben
        PRINT TEXT2,NORMAL
        GOTOXY 30,18             ; 3. Text blinkend ausgeben
        PRINT TEXT3,BLINKEN
        MOV AH,4CH
        INT 21H
END START
```

Der direkte Zugriff auf den Bildschirm

Alle bisher vorgestellten Methoden besitzen einen gemeinsamen Nachteil: sie sind relativ langsam, da stets ein Umweg über einen Treiber und über den DOS-Interrupt 21h in Kauf genommen werden muß. Gerade in einem Maschinenprogramm bietet es sich aber an, die Hardware-Nähe zu nutzen und den Bildschirm direkt anzusprechen. Dazu müssen zunächst ein paar grundsätzliche Dinge erläutert werden.

Wie wird ein Zeichen auf dem Bildschirm dargestellt?
Auch wenn für einen PC mittlerweile etwa ein Dutzend verschiedener Grafikkartentypen mit teilweise recht unterschiedlichen Leistungsmerkmalen angeboten werden, haben alle diese Karten in der Regel eines gemeinsam: einen Textmodus mit einer Darstellung von 80x25 Zeichen. Zwar können in diesem Modus lediglich die bekannten Text- und Sonderzeichen, also keine Bitgrafik dargestellt werden, doch ist dies für die viele Anwendungen mehr als ausreichend. Im folgenden wird erläutert, wie der Bildschirmspeicher in diesem Textmodus organisiert ist.

Für jedes Zeichen, das auf dem Bildschirm dargestellt wird, existiert ein spezieller Code in einem Teil des Arbeitsspeichers, der als Bildschirmspeicher oder Video-RAM bezeichnet wird. Die Größe dieses Bereichs wird durch die Anzahl der darstellbaren Zeichen festgelegt, wobei, aus noch zu erläuternden Gründen, für jedes Zeichen auf dem Bildschirm (auch Leerzeichen zählen) zwei Byte im Bildschirmspeicher belegt werden. Obwohl der Bildschirmspeicher nicht direkter Bestandteil des Arbeitsspeichers ist, sondern sich auf der Grafikkarte befindet (sofern die Grafikkarte nicht auf der Hauptplatine integriert ist), wird er wie ein »normaler« Bereich des Arbeitsspeichers angesprochen. Der Bildschirmspeicher für den Textmodus 80x25 beginnt bei der Original-Monochromkarte bei der Adresse 0B000:0000h. Bei CGA-, EGA- oder VGA-Karten, die diesen Modus ebenfalls bieten, beginnt der Bildschirmspeicher allerdings bei der Adresse 0B8000:0000h. Da die Monochromkarte nur noch sehr selten anzutreffen ist, beziehen sich alle folgenden Beispiele auf die zuletzt genannte Adresse.

Die Lage des Bildschirmspeichers ist übrigens der Grund, warum MS-DOS nur 640 Kbyte direkt verwalten kann. Da der Bildschirmspeicher anderer Grafikkarten, zum Beispiel der VGA-Karte, bereits bei der Adresse 0A000:0000h beginnt, muß der Arbeitsspeicher zwangsläufig bei dieser Adresse enden. 0A000:0000h (oder 0A0000h) entspricht im Dezimalsystem 655360 oder 640k, daher dieser »magische« Wert. Die »Schuld« an der Speicherknappheit eines DOS-PC liegt also bei den Entwicklern des IBM-PC. Fairerweise muß aber dazu gesagt werden, daß 1981 wohl selbst die kühnsten Visionäre nicht voraussehen konnten, daß einige Jahre später 640 Kbyte nicht mehr ausreichen würden (die allerersten IBM-PCs wurden mit lächerlichen 16 Kbyte ausgeliefert). Und selbst wenn die Entwickler den Bildschirmspeicher in den obersten Speicherbereich gelegt hätten, wer wäre heute mit den dann zur Verfügung stehenden etwa 900 Kbyte (ein Teil muß nach wie vor für das BIOS abgezogen werden) zufrieden?

Zusätzlich zu dem Zeichencode wird im Bildschirm für jedes Zeichen ein sogenanntes »Attributbyte« gespeichert, das die Farbe und die Darstellungsform des Zeichens festlegt. Der Aufbau des Attributbytes ist in Bild 12.7 dargestellt. Dieses Attributbyte gilt auch für den Monochrom-Modus, allerdings besitzen die Werte für Vordergrund- und Hintergrundfarbe dann eine andere Bedeutung.

1. Monochrom-Textmodus 80x25

2. Farb-Textmodus 40x25 oder 80x25

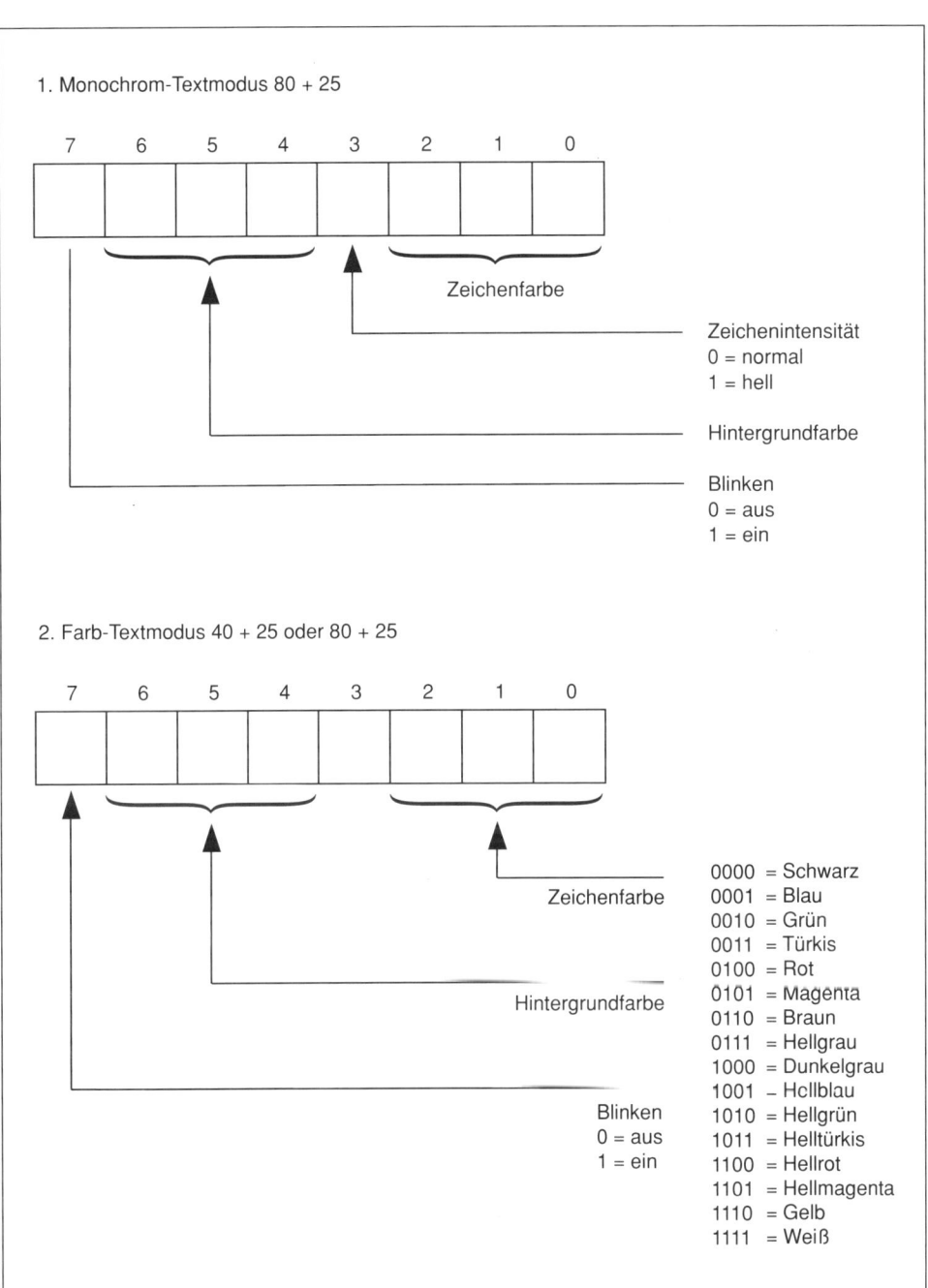

Bild 12.7: *Das Attributbyte im 80x25-Modus*

Da sich im 80x25-Modus maximal 2000 Zeichen darstellen lassen, belegt der Bildschirmspeicher in diesem Modus insgesamt 4000 Byte (2000 Byte für die Zeichencodes und 2000 Byte für die Attributbytes). Und weil die CPU mit derartigen »krummen« Werten nichts anfangen kann, werden für den Bildschirmspeicher 4 Kbyte von der Adresse 0B800:0000h bis zur Adresse 0B800:0FFFh reserviert.

Halten wir fest: Für jedes der 2000 Zeichen, die im 80x25-Textmodus auf dem Bildschirm dargestellt werden können, existiert im Bildschirmspeicher, der entweder bei der Adresse 0B000:0000h (Monochromkarte) oder bei der Adresse 0B800:0000h (CGA, EGA und VGA) beginnt, ein Byte für den Zeichencode und ein Byte für das Attribut des Zeichens. Über den Zeichencode kann der Videokontroller, jener Baustein, der für die Darstellung der Zeichen auf dem Bildschirm zuständig ist, auf die Zeichentabelle im ROM zugreifen, die die Punktmatrix des darzustellenden Zeichens enthält und diese Information an den Bildschirm weitergeben. Das Attributbyte enthält zusätzliche Informationen für den Videokontroller, die das Aussehen des Zeichens festlegen.

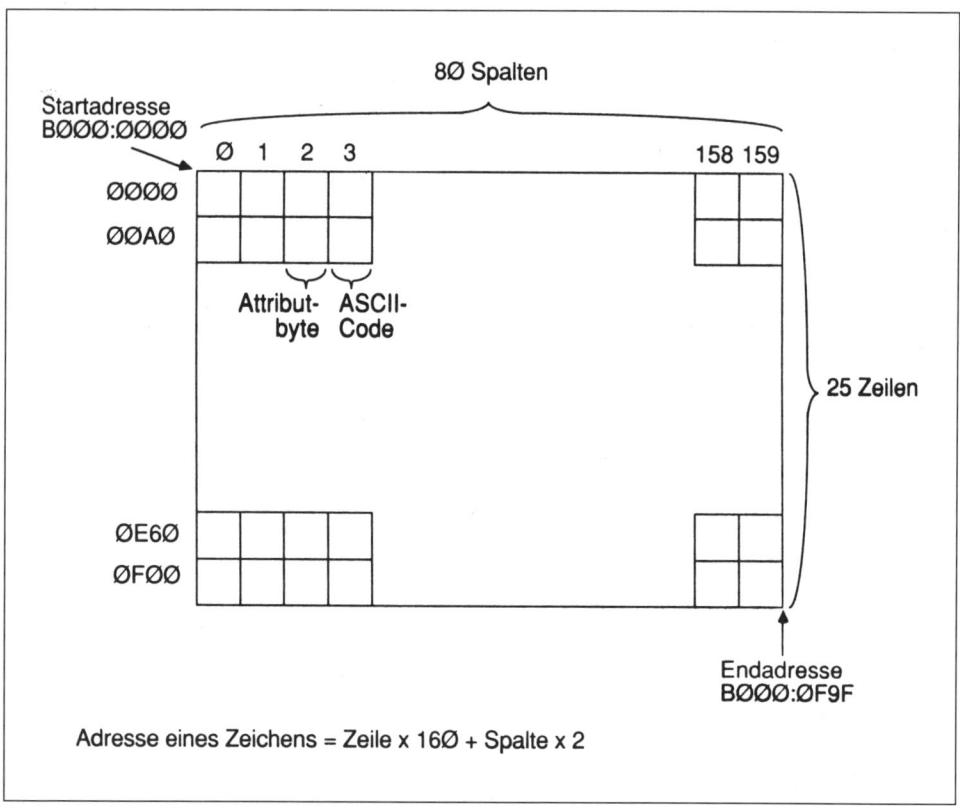

Bild 12.8: *Bildschirmspeicheraufbau im Textmodus*

Der Zugriff auf den Bildschirmspeicher

Da die Adresse des Bildschirmspeichers nun bekannt ist, steht einem direkten Zugriff nichts mehr im Weg. Bliebe noch die Frage zu klären, wie sich die Adresse eines einzelnen Zeichens im Bildschirmspeicher berechnet. Wie Sie wissen, umfaßt der Bildschirmspeicher im Textmodus insgesamt 4000 Byte (Bild 12.8). In jeder der 25 Bildschirmzeilen können 80 Zeichen dargestellt werden, das heißt, pro Zeile werden 160 Byte belegt. Damit läßt sich die Adresse eines bestimmten Zeichens, abhängig von seiner Position, auf dem Bildschirm nach einer relativ simplen Formel berechnen:

```
Adresse = Zeile * 160 + Spalte * 2
```

Der resultierende Wert wird als Offset in den Bildschirmspeicherbereich benutzt. Die Segmentadresse steht fest und beträgt in diesem Modus 0B800h (oder 0B000h bei einer Monochromkarte). Die Bildschirmausgabe durch den direkten Zugriff auf den Bildschirmspeicher soll im folgenden an einem kleinen Beispiel veranschaulicht werden.

Beispielprogramm 12.10 – BSP12_10.ASM

Das folgende Beispielprogramm gibt 2000 Zeichen auf dem Bildschirm durch Schreiben in den Bildschirmspeicher aus. Beachten Sie, daß sich die Adresse des Bildschirmspeichers auf eine CGA-, EGA- oder VGA-Karte bezieht. Sollten Sie noch mit einer Monochromkarte arbeiten, muß die Adresse des Bildschirmspeichers »0B0000000h« betragen. Assemblieren und linken Sie das Programm und bringen Sie es zur Ausführung.

```
TITLE SCREEN TEST
;
.MODEL SMALL
.STACK 100h
.DATA
        SCREEN DD 0B8000000H      ; Bildschirmspeicheradresse für CGA, EGA
                                  ; und VGA
.CODE
START:
        MOV DX,@DATA
        MOV DS,DX
        MOV AX,8701H              ; Attribut = 87h, ASCII = 1
        LES DI,SCREEN            ; Startadresse des Bildschirms
        MOV CX,2000              ; Anzahl der Worte
   REP  STOSW                    ; Bildschirmausgabe
;
        MOV AH,4CH               ; Zurück zu DOS
        INT 21H
END START
```

Dies ist ein gutes Beispiel für die Nützlichkeit des Stringbefehls STOSW, der den Inhalt des AX-Registers in der durch das Registerpaar ES (nicht DS!) adressierten Speicherstelle ablegt. Das Wiederholungspräfix REP sorgt dafür, daß dieser Vorgang so lange wiederholt wird, bis der Inhalt des CX-Registers 0 wird. Das ES- und das DI-Register werden durch den LES-Befehl geladen, der die höherwertige Hälfte eines 32-Bit-Zeigers in das ES-Register und die niederwertige Hälfte dieses

Zeigers in das DI-Register lädt. Dies ist nicht die einzige Möglichkeit, um direkt auf den Bildschirmspeicher zuzugreifen. Eine Alternative, bei der für den Bildschirmspeicher ein eigenes Segment definiert wird, werden Sie im nächsten Kapitel kennenlernen.

Das Programm beginnt mit einem Makro, das eigentlich den Titel »Makro des Monats« verdient hätte, da es die Ausgabe eines beliebigen Textes, der mit einer »0« enden muß, mit einem beliebigen Attribut ermöglicht. Ein wenig störend wirkt sich der Umstand aus, daß nach jeder Ausgabe eines Zeichens der Cursor positioniert werden muß. Da das Makro nicht wissen kann, wo sich der Cursor gerade befindet, muß es die Position des Cursors zunächst feststellen und die Position dann um 1 erhöhen. Dabei wird aber ein Zeilenumbruch nicht berücksichtigt. Der auszugebende Text darf daher nicht über eine Zeile hinausgehen. Ein weiteres Manko, das die Anwendbarkeit des Makros ein wenig einschränkt, ist der Umstand, daß das Bildschirmattribut gesetzt und nicht mit dem bereits existierenden Attribut kombiniert wird. Aber es handelt sich ja auch nur um eine »Demoversion«. Dennoch sollten Sie die vorgestellten Makros, unter Umständen in einer optimierten Version, ruhig auch in Ihren eigenen Maschinenprogrammen verwenden, denn die Lesbarkeit des Quelltextes wird dadurch enorm verbessert.

```
Funktion 6:        Nach oben scrollen
Funktion 7:        Nach unten scrollen
```

Hinter diesen beiden Funktionen steckt wesentlich mehr, als es zunächst den Anschein hat. Zum einen sind sie dazu da, den Bildschirm zu scrollen. Unter dem Begriff »scrollen« wird das Verschieben des gesamten Bildschirms um eine oder mehrere Textzeilen nach oben oder unten verstanden, wenn der Cursor außerhalb des Bildschirms bewegt wird. So wird ein Scrollen nach oben immer dann durchgeführt, wenn sich der Cursor in der untersten Zeile befindet und die Return-Taste betätigt wird. In diesem Fall wird der gesamte Bildschirm um eine Zeile nach oben verschoben und die unterste Zeile des Bildschirms wird gelöscht. Die Möglichkeiten dieser beiden Funktionen gehen aber über das einfache Scrollen des Bildschirms weit hinaus. Da sie zusätzlich die Möglichkeit bieten, den Ausschnitt des Bildschirms, der gescrollt werden soll, zu begrenzen, stellen diese beiden Funktionen die Grundlage für das Verwalten von Bildschirmfenstern dar, wo nur ein bestimmter Ausschnitt des Bildschirms für die Ein-/Ausgabe aktiviert wird (dazu finden Sie im nächsten Kapitel ein Beispiel).

12.5 Die Druckerausgabe

Neben dem Bildschirm ist der Drucker sicherlich das zweitwichtigste Ausgabegerät. Die Ansteuerung eines Druckers ist relativ problemlos, solange es um die Ausgabe einfacher Texte geht. Um ein Zeichen auf dem Drucker auszugeben, kann zum einen auf die Funktion 05h des Interrupts 21h zurückgegriffen werden. Diese Funktion hat aber den Nachteil, daß sie sich stets auf den LPT1-Drucker bezieht. Außerdem läßt sich über diese Funktion nicht der Status des Druckers abfragen. Wesentlich flexibler ist dagegen der BIOS-Interrupt 17h, bei dem einer der drei an einen Parallelport des PC anschließbaren Drucker explizit angesprochen wird. Wie Sie bereits aus dem letzten Kapitel wissen, stellt der Interrupt 17h drei Funktionen zur Verfügung, die den Drucker initialisieren, ein Zeichen auf dem Drucker über die parallele Schnittstelle ausgeben und den Druckerstatus lesen. Das folgende kleine Beispielprogramm demonstriert, wie eine Zeichenkette auf dem Drucker ausgegeben wird. Dabei wird zum einen die BIOS-Funktion und als Vergleich dazu die DOS-Funktion 40h (Datei schreiben) verwendet. Wenn Sie sich jetzt fragen, was diese Funktion mit der Druckerausgabe zu tun hat, sollten Sie den vorletzten Abschnitt noch einmal lesen. Dort wurde nämlich erwähnt, daß die DOS-Funktionen »Datei lesen« und »Datei schreiben« unter Verwendung eines der Standard-Handle auch für die Ausgabe auf dem Bildschirm oder dem Drucker verwendet werden kann.

Beispielprogramm 12.11 – BSP12_11.ASM

Das folgende Programm demonstriert die Druckerausgabe zum einen mit Hilfe der BIOS-Funktion 17h und zum anderen mit Hilfe der DOS-Funktion 40h (Datei schreiben). Assemblieren und linken Sie das Programm und bringen Sie es zur Ausführung.

```
TITLE PRINTER TEST
; ----------------------------------------------------------
; Dieses Programm demonstriert den Zugriff auf einen Drucker
; am Parallelport einmal über den Interrupt 17h, und ein
; anderes Mal über die Funktion 40h des Interrupts 21h.
; ----------------------------------------------------------
.MODEL SMALL
.STACK 100h
.DATA
        TEXT1 DB 'GUTEN TAG!!',10,13
        TEXT2 DB 'DRUCKER NICHT BEREIT!!',10,13,'$'
        TEXT3 DB 'FEHLER BEI DATEIZUGRIFF!!',10,13,'$'
.CODE
START:
        MOV DX,@DATA        ; Datensegment initialisieren
        MOV DS,DX
        MOV AH,01           ; Funktion initialisieren
        MOV DX,00           ; Drucker LPT1 auswählen
        INT 17H
        AND AH,16           ; Ist Drucker ON-LINE?
        JNZ ERROR           ; Nein, Fehler!
        MOV CX,14           ; 14 Zeichen ausgeben
        LEA DI,TEXT1        ; Adresse des Textes laden
LAB1:
        MOV AH,00           ; Funktion Ausgabe
        MOV AL,CS:[DI]      ; AL mit Zeichen laden
        INT 17H             ; Zeichen ausgeben
        INC DI
        LOOP LAB1           ; Und nochmal
; ----------------------------------------------------------
; Jetzt wird der gleiche Text durch die Funktion 40h ausgegeben
; ----------------------------------------------------------
        MOV DX,OFFSET TEXT1 ; Offset des Textes laden
        MOV BX,04           ; Handle für Drucker
        MOV AH,40H          ; Funktion Datei schreiben
        MOV CX,14           ; Anzahl der Zeichen
        INT 21H
```

```
        JC ERROR1               ; Fehler bei Dateizugriff
;
ENDE:   MOV AH,4CH
        INT 21H
ERROR:  MOV DX,OFFSET TEXT2
        MOV AH,09
        INT 21H
        JMP SHORT ENDE
ERROR1: MOV DX,OFFSET TEXT3
        MOV AH,09
        INT 21H
        JMP ENDE
END START
```

Wer eigene Drucker-Routinen schreibt, muß auch den Status des Druckers überprüfen. So hat es wenig Sinn, Zeichen an den Drucker zu schicken, wenn der Drucker nicht betriebsbereit ist oder kein Papier mehr enthält. Diese und noch andere Informationen kann man dem Statusbyte des Druckers entnehmen. Es wird bei jeder Ausgabe eines Zeichens durch den Interrupt 17h im AH-Register übergeben und enthält folgenden Aufbau:

Bit	Bedeutung
0	gesetzt -> Time-out-Fehler
1	reserviert
2	reserviert
3	gesetzt -> Übertragungsfehler
4	gesetzt -> ON-LINE, nicht gesetzt -> OFF-LINE
5	gesetzt -> Kein Papier mehr
6	gesetzt -> Empfangsbestätigung
7	nicht gesetzt -> Drucker beschäftigt (busy)

Das folgende Beispielprogramm zeigt, wozu das Statusbyte verwendet werden kann. Das Programm prüft ständig, selbstverständlich im Hintergrund (ohne ein gerade aktives Programm zu stören), ob der Drucker eingeschaltet, das heißt ON-LINE, oder ausgeschaltet, das heißt OFF-LINE ist und gibt eine entsprechende Meldung auf dem Bildschirm aus.

Der »Ticker«-Interrupt

Das größte Problem beim Lösen der nächsten Aufgabe liegt weniger im Überprüfen des Druckerstatus. Auch wie ein Programm speicherresident gemacht wird, dürfte Sie nur ein müdes Lächeln kosten. Problematisch wird es schon eher bei der Forderung, daß das Programm im Hintergrund periodisch etwas durchführen soll, ohne aber ständig aktiv sein zu können. Da MS-DOS bekanntlich kein Multitasking-Betriebssystem ist, kann immer nur ein Programm »gleichzeitig« abgearbeitet werden. Gesucht ist also ein speicherresidentes Programm, das in regelmäßigen Abständen ohne Zutun des Benutzers aktiviert wird. Die Lösung für dieses Problem liegt in dem Interrupt 1Ch, der manchmal auch etwas respektlos als »Ticker-Interrupt« bezeichnet wird. Was hat es damit auf sich?

Wie Sie wissen, wird ca. 18,2mal pro Sekunde der Timer-Interrupt 8h aufgerufen. Seine Aufgabe besteht unter anderem darin, die Systemzeit zu aktualisieren. Nachdem der Interrupt 8h seine Arbeit beendet hat, ruft er den Interrupt 1Ch auf. Normalerweise könnte er sich diesen Aufruf sparen, denn der Interrupt 1Ch zeigt lediglich auf einen IRET-Befehl, so daß rein gar nichts passiert. Doch die Entwickler von MS-DOS hatten mit diesem Interrupt etwas Besonderes im Sinn. Er soll dem Benutzer die Möglichkeit geben, bestimmte Routinen ohne großen Aufwand periodisch ausführen zu lassen. Der Benutzer muß dazu lediglich die Adresse des Interrupts 1Ch in der Vektortabelle auf eine eigene Routine legen, die mit einem IRET-Befehl endet und schon wird diese Routine in schönster Regelmäßigkeit und ohne Zutun des Benutzers ausgeführt. Zwischen zwei Aufrufen des Timer-Interrupts liegen ca. 55 ms (diese Zeit ergibt sich aus dem Kehrwert von 18,2). Mit anderen Worten: Es steht ein »Zeitfenster« von 55 ms bis zum nächsten Auftreten des Timer-Interrupts zur Verfügung. Dies ist für die CPU eine relativ lange Zeitspanne, in der sich immerhin ca. 15 000 Instruktionen ausführen lassen (diese Zahl wurde unter der Voraussetzung errechnet, daß eine Instruktion im Durchschnitt 10 Taktzyklen benötigt und kann dementsprechend relativ stark schwanken). Allerdings sollten Sie für eigene Routinen berücksichtigen, daß DOS selber einen Teil dieses Zeitfensters für interne Vorgänge benötigt.

Den Interrupt 1Ch sollten Sie sich für alle Dinge vormerken, die der PC für Sie automatisch und vor allem regelmäßig ausführen soll. Sei es, die aktuelle Uhrzeit auf dem Bildschirm auszugeben oder einen Eingabeport periodisch zu überwachen, der Interrupt 1Ch ist (wahrscheinlich) die Lösung Ihrer Probleme.

Alles klar, werden Sie denken. Nehmen wir den Interrupt 17h, um den Druckerstatus zu checken, den Interrupt 21h um einen lockeren Spruch auszugeben, wenn das ON-LINE-Bit nicht gesetzt ist, legen die Routine auf den Interrupt 1Ch, machen das Ganze noch mit Hilfe des Interrupts 27h speicherresident und die Angelegenheit ist erledigt. Ohne Ihren Enthusiasmus allzusehr dämpfen zu wollen, muß an dieser Stelle gesagt werden, daß es ganz so einfach leider nicht geht. Warum, soll im folgenden erläutert werden.

Stellen Sie sich vor, Ihre selbstgebastelte Timerroutine hat soeben den Interrupt 21h aufgerufen, um einen kleinen String auf dem Bildschirm auszugeben. Wie es Timer-Interrupts nun einmal so an sich haben, tauchen sie just in dem Moment wieder auf, wo man am wenigsten mit ihnen rechnet. So zum Beispiel dann, wenn Ihre Ausgaberoutine in den (Un-)Tiefen des Interrupts 21h verschwunden ist. Wie wird Ihr Programm reagieren? Es wird seine Arbeit unterbrechen und sich um den Interrupt kümmern. Damit wird zum einen die Timerroutine des BIOS ausgeführt werden (was noch nicht so tragisch wäre). Im Anschluß an diese Timerroutine ist aber wieder der Interrupts 1Ch an der Reihe. Was nun passiert werden Sie bereits erahnen. Im weiteren Verlauf wird erneut der Interrupt 21h aufgerufen. Da der erneute Aufruf des Interrupts 21h die Interrupt-Routine nicht mehr so vorfindet, wie er sie eigentlich vorfinden sollte (der erste Aufruf des Interrupt 21h hat unter anderem bestimmte interne Variablen und die internen System-Stacks verändert), kann eine gerade aktive Routine des DOS sich nicht selbst aufrufen (DOS ist nicht oder sehr stark eingeschränkt reentrant (dies ist der Fachausdruck, der Routinen beschreibt, die von mehreren Programmen gleichzeitig genutzt werden können, ohne daß es zu Komplikationen kommt). Reentrant ist nicht zu verwechseln mit rekursiv. Aus diesem Grund nimmt der weitere Verlauf des Programms kein gutes Ende. In der Regel erscheinen nun irgendwelche obskure Fehlermeldungen, der Bildschirm wird dunkel, kurz das System ist abgestürzt. Um dererlei Pannen zu verhindern, sollten Sie DOS-Interrupts (wie zum Beispiel den Interrupt 21h) innerhalb einer Timer-Interruptroutine am Anfang tunlichst vermeiden. Es gibt einige Tricks, mit denen man auch diese Probleme in den Griff kriegen kann, doch würden eine Beschreibung den Rahmen dieses Buches bei weitem sprengen (Sie haben es erraten, diese nette Formulierung soll sie auf ein Fortgeschrittenen-Buch vertrösten). Verwenden Sie statt dessen die Routinen des BIOS (bei denen es solche Probleme nicht gibt), oder greifen Sie direkt auf den Bildschirmspeicher zu (was natürlich anders geartete Probleme mit sich bringen kann). Letztere Methode wird in dem folgenden Beispielprogramm eingesetzt.

Um das Programm möglichst nicht zu verkomplizieren, wird es als COM-Datei aufgebaut. Im allgemeinen lassen sich speicherresidente Programme am besten in Form von COM-Dateien schreiben, da hier lediglich der Inhalt des CS-Registers berücksichtigt werden muß. Zusätzlich werden wieder die Standardsegmentanweisungen verwendet, da diesmal speziellere Segmentparameter gesetzt werden müssen und es aus didaktischen Gründen wenig Sinn macht, die vereinfachten Segmentanweisungen mit den Standardsegmentanweisungen zu vermischen (obwohl es durchaus erlaubt ist). Da in zwei Fällen auf Daten außerhalb des Programmsegments, nämlich auf die Interrupt-Vektortabelle und auf den Bildschirmspeicher zurückgegriffen werden muß, werden zunächst einmal zwei zusätzliche Segmente definiert, um den Zugriff zu erleichtern:

```
INT_VEKTOR_TAB SEGMENT AT 00H
            ORG 1CH*4
        INT_1CH LABEL WORD      ; Adresse d. Int. 1Ch in der Tabelle
INT_VEKTOR_TAB ENDS
SCREEN     SEGMENT AT 0B800H
            ORG 120              ; Dies ist die Ausgabeposition
PRINT_POS LABEL WORD
SCREEN     ENDS
```

Das Segment SCREEN dient einzig und allein dem Zweck, auf den Bildschirmspeicher zugreifen zu können. Dieses Problem hätte auch auf andere Weise gelöst werden können, doch wenn man mit Segmenten arbeiten kann, sollte man es auch nutzen. Beachten Sie, daß hier als Segmentadresse 0B800h eingetragen wird, Besitzer einer Monochromkarte müssen diesen Wert auf 0B000h setzen. Das Segment INT_VEKTOR_TAB ist ein alter Bekannter und soll dazu dienen, über die Adresse des Labels INT_1CH den Interrupt auf eine neue Adresse zu legen. Das Programmsegment CODE beginnt mit einem Sprung zu dem nichtresidenten Teil, das heißt zu der Initialisierungsroutine, deren Aufgabe darin besteht, den Interrupt 1Ch umzulegen und das Hauptprogramm speicherresident zu machen.

```
CODE   SEGMENT
        ASSUME CS:CODE,DS:CODE,ES:SCREEN
        ORG 100h
ENTRY: JMP INIT
```

Schauen wir uns zunächst einmal die Initialisierungsroutine an:

```
INIT:
        ASSUME DS:INT_VEKTOR_TAB    ; DS-Register initialisieren
        MOV DX,INT_VEKTOR_TAB       ; und laden
```

```
        MOV DS,DX
        CLI                         ; Keine Interrupts
        MOV DX,OFFSET STATUS        ; Lade DX mit Offsetadresse
        MOV INT_1CH,DX              ; Lade Int-Vektor mit Offset
        MOV DX,CS                   ; Lade DX mit Segmentadresse
        MOV INT_1CH[2],DX           ; Lade Int-Vektor mit Segment
        STI                         ; Interrupts wieder erlaubt
        MOV DX,OFFSET INIT          ; Lade letzte Adresse des
                                    ; speicherresidenten Teils
        MOV CL,4                    ; Teile Offset durch 4
        SHR DX,CL
        INC DX                      ; Ergebnis um eins erhöhen
        MOV AH,31h                  ; Mache speicherresident
        INT 21h
CODE    ENDS
        END ENTRY
```

Anstelle des Interrupts 27h wird diesmal die Funktion 31h des Interrupts 21h verwendet, um das Programm speicherresident zu machen. Diese Funktion bietet unter anderem den Vorteil, daß sie beliebig viel Speicherplatz reservieren kann. Anders als dem Interrupt 27h, muß dieser Funktion der zu reservierende Speicherplatz in Paragraphen (16 Byte) angegeben werden. Daher ist vor dem Aufruf der Funktion eine kleine Umrechnung erforderlich. Wie üblich wird zunächst ein Interrupt, in diesem Fall der Interrupt 1Ch, auf eine eigene Routine, in diesem Fall STATUS, gelegt. Beim direkten Zugriff auf die Interrupt-Vektortabelle dürfen keine Interrupts auftreten, da ansonsten unter Umständen auf einen nur teilweise ersetzten Vektor zurückgegriffen wird. Aus diesem, und auch anderen Gründen, sollte ein Interrupt-Vektor stets mit der Funktion 25h des Interrupts 21h umgebogen werden. Diese Funktion, die bereits in Kapitel 9.3 eingesetzt wurde, muß aber noch kurz vorgestellt werden. Falls ein aktiver Interrupt-Vektor überschrieben wird, sollte der alte Vektor zwischengespeichert werden, damit er am Ende des Programms wieder hergestellt werden kann. Auch dazu gibt es eine fertige Funktion. Es ist die Funktion 35h, die zuerst an der Reihe ist:

Funktion 35h: Interrupt-Vektor bestimmen
Diese Funktion ermittelt die Adresse eines Interrupts.

Aufruf mit	AH	= 35h
	AL	= Interrupt-Nummer
Rückgabewerte	FS:BX	= Segment der Interrupt-Routine

Funktion 25h: Interrupt-Vektor setzen
Trägt die Adresse einer Routine in die Interrupt-Vektortabelle ein.

Aufruf mit	AH	= 25h
	AL	= Interrupt-Nummer
	DS:DX	= Segment der neuen Interrupt-Routine
Rückgabewerte	keine	

Die Verwendung dieser Funktionen wird jedem empfohlen, der auf Kompatibilität seiner Programme bedacht ist. Außerdem würde ihr Einsatz unser Programm zugegebenermaßen ein wenig vereinfachen. Allerdings ist der Lerneffekt bei dieser Funktion wesentlich geringer, da das Austauschen des Interrupt-Vektors praktisch unsichtbar vorgenommen wird und die kleinen, aber subtilen Gemeinheiten, die sich die DOS-Entwickler für die Programmierer ausgedacht haben, nicht zur Sprache kommen. Doch zurück zu unserem Drucker-Statusprogramm. Als nächstes werden die auszugebenden Texte festgelegt:

```
TEXT1 DB 'DRUCKER AN'
TEXT2 DB 'DRUCKER AUS'
```

Nun kann das Hauptprogramm, das speicherresident gemacht wird, definiert werden:

```
STATUS PROC
       PUSH DS                   ; Retten wichtiger Register
       PUSH ES
       PUSH AX
       PUSH CX
       PUSH DX
       PUSH DI
       PUSH SI
       MOV DX,SCREEN             ; ES-Register initialisieren
       MOV ES,DX
       MOV AH,02                 ; Druckerstatus prüfen
       MOV DX,00
       INT 17H
       AND AH,16                 ; Drucker ON-LINE?
       JNZ LAB1                  ; Ja, dann zu LAB1
       LEA SI,TEXT2              ; Adresse des 2. Textes laden
       JMP SHORT LAB2
LAB1:
       LEA SI,TEXT1              ; Adresse des 1. Textes laden
LAB2:  LEA DI,ES:PRINT_POS       ; Lade DI mit Zieladresse
       MOV CX,11                 ; Anzahl der auszugebenden Zeichen
       CLI                       ; Keine Interrupts zulassen
LAB3:  MOV AH,CS:[SI]            ; Ein Zeichen laden
       MOV ES:[DI],AH            ; Ein Zeichen in den Bildschirmpuffer
       ; schreiben
       INC DI                    ; Zähler erhöhen
       INC SI
       MOV AH,0F0H               ; Bildschirmattribut laden
       MOV ES:[DI],AH            ; Ebenfalls speichern
       INC DI
       LOOP LAB3                 ; Und nochmal
       STI                       ; Interrupts wieder erlauben
       POP SI                    ; Register wieder herstellen
       POP DI
       POP DX
       POP CX
       POP AX
```

```
        POP ES
        POP DS
        IRET                         ; Rückkehr vom Interrupt
STATUS ENDP
```

Das war alles. Wenn Sie Beispielprogramm 12.12 zur Ausführung bringen, erscheint, in Abhängigkeit des Zustandes Ihres Druckers, auf dem Bildschirm die Meldung »DRUCKER AN« oder »DRUCKER AUS«. Sobald Sie Ihren Drucker ein- oder ausschalten, wird unverzüglich (auch wenn ein anderes Programm gerade ausgeführt wird) die Anzeige entsprechend geändert. Natürlich darf dieses andere Programm nicht in einem anderen Grafikmodus betrieben werden und nicht selber den Ticker-Interrupt verbiegen.

Beispielprogramm 12.12 – BSP12_12.ASM

Das folgende Programm gibt den Druckerstatus laufend in der rechten oberen Ecke des Bildschirms aus. Da es sich um ein speicherresidentes Programm handelt, wurde es als COM-Datei aufgebaut. Assemblieren und linken Sie das Programm, wandeln Sie es mit EXE2BIN (oder einer Linker-Option) in eine COM-Datei um und bringen Sie es zur Ausführung.

```
TITLE PRINT STATUS - second version
;----------------------------------------------------------
; Dieses TSR-Programm prüft laufend, ob ein Drucker an LPT1
; aktiv ist oder nicht.
;----------------------------------------------------------
INT_VEKTOR_TAB SEGMENT AT 00H        ; Segment für Int.-Vektoren
               ORG 1CH*4
               INT_1CH LABEL WORD
INT_VEKTOR_TAB ENDS
SCREEN         SEGMENT AT 0B800H     ; Segment für Bildschirmspeicher
               ORG 120               ; Offset zur Ausgabeposition
PRINT_POS      LABEL WORD            ; Label für Ausgabeposition
SCREEN         ENDS
;
CODE    SEGMENT
        ASSUME CS:CODE,DS:CODE,ES:SCREEN
        ORG 100H
START: JMP INIT                      ; Initialisierungsmodul aufrufen
        TEXT1 DB 'DRUCKER AN '
        TEXT2 DD 'DRUCKER AUS'
STATUS PROC
        PUSH DS                      ; Wichtige Register retten
        PUSH ES
        PUSH AX
        PUSH CX
        PUSH DX
        PUSH DI
        PUSH SI
        MOV DX,SCREEN                ; ES mit Adresse des Bildschirm-
        MOV ES,DX                    ; speichers laden
```

```
            MOV AH,02                    ; Druckerstatus testen
            MOV DX,00
            INT 17H
            AND AH,16
            JNZ LAB1                      ; Springe, wenn Drucker an
            LEA SI,TEXT2                  ; Adresse von TEXT2
            JMP SHORT LAB2
LAB1:
            LEA SI,TEXT1                  ; Adresse von TEXT1
LAB2:       LEA DI,ES:PRINT_POS           ; DI mit Offset im Bildschirmspeicher
                                          ; laden
            MOV CX,11                     ; 11 Zeichen ausgeben
            CLI                           ; Interrupts sperren
LAB3:       MOV AH,CS:[SI]                ; AH mit ASCII-Code laden
            MOV ES:[DI],AH                ; Im Bildschirmspeicher ablegen
            INC DI                        ; Zeiger inkrementieren
            INC SI
            MOV AH,0F0H                   ; Blinkstatus im Bildschirmspeicher
            MOV ES:[DI],AH                ; ablegen
            INC DI
            LOOP LAB3
            STI                           ; Interrupts freigeben
            POP SI                        ; Register wieder herstellen
            POP DI
            POP DX
            POP CX
            POP AX
            POP ES
            POP DS
            IRET
STATUS ENDP
;
INIT:                                     ; Beginn d. Initialisierungsmoduls
            ASSUME DS:INT_VEKTOR_TAB
            MOV DX,INT_VEKTOR_TAB         ; DS initialisieren
            MOV DS,DX
            CLI                           ; Interrupts sperren
            MOV DX,OFFSET STATUS          ; Druckerroutine auf den
            MOV INT_1CH,DX                ; Interrupt 1Ch legen
            MOV DX,CS
            MOV INT_1CH[2],DX
            STI                           ; Interrupts wieder zulassen
;
            MOV DX,OFFSET INIT            ; Anzahl der Paragraphen
            MOV CL,4                      ; berechnen und das Programm
            SHR DX,CL                     ; speicherresident machen
            INC DX
```

```
        MOV AH,31h
        INT 21h
CODE    ENDS
END START
```

Zu diesem Programm sind noch ein paar kleine Anmerkungen erforderlich. Zum einen ist die Methode den Status des Druckers festzustellen, nicht immer hundertprozentig sicher. So kann in manchen Fällen ein nicht angeschlossenes Druckerkabel den Zustand »Drucker aktiv« simulieren. Zum anderen benimmt sich unser TSR-Programm, wie viele TSR-Programme, nicht ganz »anständig«. Keine Angst, es ist durchaus jugendfrei, doch beachtet es, aus Gründen der Einfachheit, nicht alle Regeln, die ein TSR-Programm beachten muß um mit allen übrigen Programmen und vor allem auch mit anderen TSR-Programmen klar zu kommen. Sie sollten dieses Programm daher in der Praxis eher mit Vorbehalt einsetzen und sich nicht wundern, wenn es einmal zu einem Absturz kommt.

Die Geister, die ich rief

Beispielprogramm 12.12 zeigt recht schön die Möglichkeiten von sogenannten »TSRs« (Terminate-and-stay-resident) oder auf deutsch speicherresidenten Programmen. Sie laufen weitestgehend unabhängig von einem gerade aktiven Programm, obwohl sie natürlich in ihren Möglichkeiten, insbesondere was den Diskettenzugriff angeht, eingeschränkt sind. Aufgrund ihrer Vielseitigkeit erfreuen sich TSRs einer enormen Popularität unter MS-DOS-Programmierern. Bekanntestes Beispiel ist sicher SideKick von Borland, das durch einen Tastendruck aktiviert wird und zum Beispiel einen Notizblock oder einen Taschenrechner auf den Bildschirm zaubert. Sobald SideKick deaktiviert wird, stellt es den ursprünglichen Bildschirm wieder her. Ein Nachteil von SideKick, wie von anderen TSRs auch, ist der Umstand, daß es zwangsläufig Interrupt-Vektoren verbiegt und damit nicht mit jedem Programm zusammenarbeiten kann. Nicht jedes TSR kann vom Benutzer ein- und ausgeschaltet werden. Ein Beispiel für ein passives TSR ist zum Beispiel das MS-DOS-Kommando FASTOPEN, das Informationen über geöffnete Dateien speichert und so den Zugriff auf erst kürzlich geschlossene Dateien beschleunigt. Es ließe sich noch einiges mehr über TSRs, insbesondere über das Zusammenspiel mehrerer TSRs sagen, doch wäre sicher ein Einsteigerbuch nicht der geeignete Ort dazu. Statt dessen soll ein Thema kurz angeschnitten werden, von dem bislang noch nicht die Rede war: Wie wird man speicherresidente Programme wieder los? Diesen Wunsch wird vielleicht mancher Leser nach dem Starten des Beispielprogramms 12.12 verspüren, denn die Statusausgabe läßt sich nur durch einen Systemneustart abschalten. Das gleiche gilt auch für Beispielprogramm 12.1, das die Funktionstastenbelegung nicht wieder rückgängig machen kann. Jedes richtige TSR-Programm verfügt daher über zwei zusätzliche Komponenten:

1. Eine Möglichkeit festzustellen, ob das gleiche TSR-Programm bereits installiert ist. Dies läßt sich zum Beispiel durch Prüfen eines Flags oder des eigenen Interrupt-Vektors feststellen. Ist ein TSR bereits installiert, muß es kein zweites Mal installiert werden.
2. Eine Deinstallierungsroutine.

Die Deinstallierungsroutine muß sich innerhalb des TSR befinden und wird in der Regel durch eine spezielle Tastenkombination aktiviert. Ihre Aufgabe besteht im wesentlichen darin, alte verbogene Interrupt-Vektoren wieder herzustellen, den reservierten Speicher durch die Funktion 49h

(Release memory) wieder freizugeben, den Inhalt der Segment-Register wieder herzustellen und das Programm durch die Funktion 4Ch zu beenden. In der Regel wird das Programm eine kurze Meldung ausgeben, um den Benutzer darüber zu informieren, daß das TSR nicht mehr aktiv ist. Folgende Schritte sind in der Regel für eine Deinstallierung notwendig:

- Wiederherstellen aller verbogenen Interrupt-Vektoren.

- Freigabe des Speicherblocks, der durch den Umgebungsblock des TSR belegt wird. Die Adresse dieses Umgebungsblocks befindet sich unter dem Offset 2Ch im PSP des TSR. Diese Adresse muß in das ES-Register geladen und die Funktion 49h (»Speicherblock freigeben«) aufgerufen werden.

- Freigabe des Speicherblocks, der durch das TSR selber belegt wird. Diese Adresse erhält man durch die Adresse des PSP, die wiederum über die Funktion 62h des Interrupts 21h ermittelt werden kann. Auch diese Adresse muß der Funktion 49h im ES-Register übergeben werden.

Zugegeben, zwischen den hier gegebenen und gutgemeinten Ratschlägen und einer praktischen Realisierung können noch Welten liegen. Doch gerade die TSR-Programmierung ist ein Bereich, in dem man selber Erfahrungen sammeln muß. Anwendungsfertige Kochrezepte helfen unter Umständen eine Anwendung schneller zu realisieren, einen Lerneffekt bieten sie jedoch nicht. Aus diesem Grund sollten Sie diesen Bereich auf eigene Faust erkunden und sich zumindest ab und zu an die hier erteilten Ratschläge erinnern.

12.6 Auf den guten Ton kommt es an

Wenn man einem PC auch viele gute Seiten nachsagen kann, seine musikalischen Fähigkeiten gehören sicher nicht dazu. Da mag sicher der Umstand eine Rolle gespielt haben, daß der IBM-PC in erster Linie als Computer für »ernsthafte« Anwendung konzipiert wurde und die Tonerzeugung dabei nur selten eine Rolle spielt. Nun, die klanglichen Defizite taten dem Verkaufserfolg anscheinend keinen Abbruch. Nichtsdestotrotz kann man auch in ernsthaften Anwendungen des öfteren in die Verlegenheit kommen, einen Ton (und sei es nur einen kurzen Piep), etwa als Untermalung einer Fehlermeldung, erzeugen zu müssen. Im folgenden wird daher beschrieben, wie sich auch einem PC, ohne Soundblaster-Karte, ein paar Töne entlocken lassen.

Ein Ton ist physikalisch gesehen eine Schwingung mit einer mehr oder weniger konstanten Frequenz. Die Frequenz ist eine physikalische Größe und gibt die Anzahl der Schwingungen pro Sekunde an (in der Praxis überlagern sich zahlreiche Obertöne mit einem ganzzähligen Vielfachen der Frequenz des Grundtones). Wenn zum Beispiel der eingebaute Lautsprecher des PC einen Ton erzeugt, so bewegt sich die Membran des Lautsprechers mit einer bestimmten Frequenz vor und zurück und erzeugt so Schallwellen, die unser Ohr als Ton wahrnimmt. Um mit dem PC einen Ton zu erzeugen, muß dem Lautsprecher mehr oder weniger regelmäßig ein Impuls zugeführt werden. Da der PC, anders als die meisten Heimcomputer, über keinen speziellen Soundbaustein verfügt, muß ein anderer Baustein für diese Aufgabe einspringen. Unter dem etwa halben Dutzend Bausteinen, die, zumindest theoretisch, auf der Hauptplatine ihren Dienst verrichten, ist einer für diese Aufgabe besonders prädestiniert. Es handelt sich um den Timer-Baustein 8253 (in ATs findet man den kompatiblen 8254), dessen großer Vorzug darin besteht, vom Benutzer programmiert werden zu können. Dieser Timer besteht aus drei voneinander unabhängigen 16-Bit-Zählern (Timer 0–2). Zwar ist es die Hauptaufgabe dieses Bausteins, die interne Uhr zu steuern, den Direct-Memory-Transfer (DMA) zu synchronisieren, den Timerinterrupt auszulösen und vielen PCs auch das Refresh der DRAMs zu übernehmen, doch ist der 8253 damit nicht voll ausgelastet. Wir brauchen dem 8253 lediglich mitzuteilen, einen Impuls eine bestimmte Anzahl oft in der Sekunde zu erzeugen und diesen Impuls auf den Lautsprecher weiterleiten. Ganz so einfach geht es aber nicht, denn der 8253 kann mit der Größe Frequenz nichts anfangen. Sie muß erst über die Formel

```
Zähler = 1.193.181 / Frequenz
```

umgerechnet werden. Dieser Wert entspricht der Anzahl an Impulsen, die der 8253 warten soll, bis er einen Impuls für den Lautsprecher erzeugt.

Die Programmierung des 8253

Wie mit allen Peripheriebausteinen, erfolgt die Kommunikation der 8086/88-CPU mit dem 8253. Der Timer wird im wesentlichen über die Ports 40h-43h (beim 8254 auch Port 44h) angesprochen, wobei für unseren Zweck nur die Register 42h und 43h von Interesse sind. Vereinfacht ausgedrückt wird dem Timer über Port 43h mitgeteilt, daß er mit der Erzeugung eines Impulses beginnen soll und die Frequenz dieses Impulses über den Port 42h an den Timer schickt. Auch der Lautsprecher wird über einen separaten Port angesteuert, das heißt ein- oder ausgeschaltet. Es ist der Port 61h, bei dem es sich um den Ein-/Ausgabeport des 8255, eines äußerst universell einsetzbaren Ein-/Ausgabebausteins, handelt. Zu den vielfältigen Aufgaben des 8255 gehört auch die Ansteuerung des Lautsprechers über Port 61h. Von dem Port 61h (wie alle Ports der 8086/88-CPU ist auch dieser Port 8 Bit breit) entscheidet Bit 1 und Bit 0, ob der Lautsprecher eingeschaltet ist oder nicht:

```
Bit 1 – Lautsprecher aktiv (Bit = 1)
Bit 0 – Timer 2 ist mit Lautsprecher verbunden (Bit = 1)
```

Mit anderen Worten, der Lautsprecher erzeugt so lange einen Ton, der durch den Timer 2 des 8253 erzeugt wird, wie diese beiden Bits auf »1« gesetzt sind. Genug der Theorie. Das folgende Beispielprogramm zeigt, wie ein Ton mit einstellbarer Frequenz und Länge erzeugt wird.

Beispielprogramm 12.13   BSP12_13.ASM

Das folgende Beispielprogramm demonstriert die Tonerzeugung auf einem PC. Die Frequenz des Tones wird in Hertz angegeben (im Bereich zwischen 21 bis 65535) und im DI-Register gespeichert, die Länge des Tones (im Bereich zwischen 0 und 65535) wird im BX-Register übergeben. Assemblieren und linken Sie das Programm und bringen Sie es zur Austührung.

```
TITLE BEEP
;---------------------------------------------------------
; Dieses Programm steuert den eingebauten Lautsprecher des
; PC direkt über E/A-Port 60h an. Die Frequenz des Tones
; wird über den Timer 2 des 8253 erzeugt.
;---------------------------------------------------------
.MODEL SMALL
.STACK 100h
.CODE
```

```
START:
        MOV DI,440              ; Frequenz des Tones
        MOV BX,10               ; Dauer des Tones in 0,2 Sek.
        MOV AL,182              ; Timer initialisieren
        OUT 43H,AL
        MOV DX,12H              ; Zeitschleife festlegen
        MOV AX,34DCh            ; Frequenz umrechnen
        DIV DI
        OUT 42H,AL             ; Umgerechnete Frequenz an den
        MOV AL,AH              ; Timer schicken
        OUT 42H,AL
        IN  AL,61H             ; Inhalt des Ports 61h retten
        MOV AH,AL
        OR  AL,3              ; Lautsprecher einschalten
        OUT 61H,AL
WARTE:
        MOV CX,0DAD4h           ; Zeitschleife 200 Millisekunden
LAB1:
        LOOP LAB1
        DEC BX                 ; Zähler erniedrigen
        JNZ WARTE              ; Ausschalten?
        MOV AL,AH              ; Port 61h wieder herstellen
        OUT 61H,AL             ; das heißt Lautsprecher aus
ENDE:
        MOV AH,4CH             ; Zurück zu DOS
        INT 21H
END START
```

Sicher werden Ihnen einige Werte, die in diesem Programm verwendet wurden, ein wenig merkwürdig vorkommen. Die Funktion des Programms ist schnell beschrieben. Es schaltet den Lautsprecher über Port 61h für eine festgelegte Zeit an. Dazu werden die beiden niederwertigsten Bits des Ports 61h durch den Befehl »OR AL,3« gesetzt, wobei sich im AL-Register der Inhalt des Ports 61h befindet. Die Dauer des Tones beträgt stets ein Vielfaches von 0,2 Sekunden. Wie wird dieser Wert berechnet? Nun, einfach aus Zeit, die die 8086/88-CPU benötigt, um die Befehle, die die Warteschleife enthält, auszuführen. Diese Schleife besteht aus einem MOV- und einem LOOP-Befehl. Während der MOV-Befehl stets in vier Taktzyklen ausgeführt wird, benötigt der LOOP-Befehl 17 Taktzyklen, wenn die Verzweigung stattfindet, und 5 Taktzyklen, wenn die Verzweigung nicht stattfindet. Daraus ergibt sich eine kleine Formel zur Berechnung des Zählerwertes:

$$17 * (N-1) + 5 + 4 * 210*10-9 = 0,2 \text{ Sekunden}$$

n ist die Anzahl der Wiederholungen, die die Schleife ausführen muß, um eine Verzögerung von 0,2 Sekunden zu erzielen. Die 210*10–9 entspricht der Dauer eines Taktzyklus auf einem PC mit 4,77 MHz Taktfrequenz. Wenn die Taktfrequenz Ihres PC von diesem Wert abweichen sollte (was sehr wahrscheinlich der Fall ist), müssen Sie die Dauer eines Taktzyklus aus dem Kehrwert der Taktfrequenz berechnen. Wenn man diese Formel nach n auflöst, ergibt sich ein Wert von ca. 56020. Um eine Verzögerung zu erreichen, die ein Vielfaches von 0,2 Sekunden beträgt, muß die

Warteschleife entsprechend oft ausgeführt werden (gegebenenfalls lassen sich ein paar NOP-Befehle in die Warteschleife einschieben, um die Zeitkonstante zu erhöhen). Bliebe noch die Erzeugung der Frequenz zu klären. Aus der eingangs erwähnten Formel ergibt sich, daß die Zahl 1193180 durch die gewählte Frequenz geteilt werden muß. Das Ergebnis wird durch zwei aufeinanderfolgende OUT-Befehle auf den Port 42h ausgegeben, der für die Timer zuständig ist. Aufgrund der Formel ergibt sich ferner, daß die kleinste erzeugbare Frequenz 18 Hz beträgt, da dies der kleinste Wert ist, durch den sich 1193180 teilen läßt, ohne einen Überlauf bei der Division in der CPU zu erzeugen. Das vorgestellte Programm ist eine Art Grundgerüst, auf dem sich ohne weiteres auch komplexere Klangmuster erzeugen lassen. Um diese Routine auch von anderen Programmen nutzen zu können, besteht zum einen die Möglichkeit, das Programm als Prozedur zu schreiben und den Prozedurnamen mit der PUBLIC-Anweisung als global zu deklarieren, so daß die Routine mit dem Linker in ein anderes Programm eingebunden werden kann. Wie in Kapitel 10 gezeigt wurde, können Sie diese Routine auch mit Hilfe des Bibliotheksmanagers LIB (bzw. TBLIB beim Turbo Assembler) in eine Programmbibliothek integrieren. Zum anderen besteht die Möglichkeit, die Ton-Routine, wie in Kapitel 8.3 gezeigt, auf einen freien Interrupt zu legen und die Routine selber als speicherresidentes Programm zu installieren. Beide Alternativen haben ihre Vor- und Nachteile, doch sollten Sie ruhig einmal beide ausprobieren.

12.7 Wie spät ist es?

Diese, übrigens rein rhetorische, Frage ist für den PC gar nicht einmal so leicht zu beantworten. Noch vor gar nicht allzu langer Zeit war für einen PC eine eingebaute Echtzeituhr (eine Echtzeituhr ist eine Uhr, die stets die aktuelle Zeit und das aktuelle Datum angibt und die dank eines kleinen Akkus unabhängig vom Rest des PC arbeitet) keine Selbstverständlichkeit. Mittlerweile verfügt jeder AT und 386/486-PC über eine solche Uhr, deren aktueller Wert im CMOS-RAM gespeichert ist. Der Kern der Echtzeituhr ist in vielen Fällen ein Baustein mit der Bezeichnung MC 146818A. Dieser Chip besitzt nicht nur eine Uhrenfunktion, sondern stellt auch die 64 Byte CMOS-RAM zur Verfügung, von denen die ersten 12 Byte das Datum und die Uhrzeit enthalten und über eine entsprechende BIOS-Funktion gelesen oder beschrieben werden können. Auch PC/XTs können mit einer Echtzeituhr nachgerüstet werden, allerdings läßt sich diese Uhr nicht über eine BIOS-Funktion stellen. Für diese Uhr wird vom Hersteller der Karte ein kleines Programm mitgeliefert, das diese Aufgabe übernimmt.

Der Interrupt 1Ah

Doch auch ohne eine richtige Echzeituhr muß man auf die echte Uhrzeit nicht verzichten und es ist sogar eine relativ genaue Zeitmessung möglich. Grundlage stellt der bereits mehrmals erwähnte Timerinterrupt 8h dar, der 18,2mal pro Sekunde ausgeführt wird. Der Timerinterrupt erhöht bei jedem Aufruf die sogenannte »Systemuhr« um eins. Bei der Systemuhr handelt es sich einfach um einen 32-Bit-Zähler, der im BIOS-Variablenbereich unter den Adressen 0040:006Ch bis 0040:006Fh untergebracht ist. Dieser Zähler, bei dem es sich genauer gesagt um die Anzahl an Timerticks nach Mitternacht handelt, wird vom BIOS und DOS als Grundlage für eine Zeitmessung benutzt. Das XT-BIOS bietet dem Programmierer über den Interrupt 1Ah zwei Funktionen zum Lesen und Setzen der Systemzeit.

Funktion 00: **Systemzeit lesen**

Aufruf mit	AH	= 0
Rückgabewerte	CX	= Höherwertiges Wort des Zählers
	DX	= Niederwertiges Wort des Zählers
	AL	= 0, wenn weniger als 24 Stunden seit dem letzten Auslesen vergangen sind.

Funktion 01: **Systemzeit setzen**

Aufruf mit	AH	= 1
	CX	= Höherwertiges Wort des Zählers
	DX	= Niederwertiges Wort des Zählers
Rückgabewerte	keine	

In einem AT-BIOS findet man darüber hinaus noch Funktionen, die für das Lesen und Setzen der Echtzeituhr bzw. einer Alarmfunktion angewendet werden. Wir werden auf diese Funktionen im nächsten Abschnitt noch zurückkommen. Wer innerhalb eines Maschinenprogramms, insbesondere innerhalb eines speicherresidenten Programms, auf die Systemzeit zugreifen möchte, wird in den meisten Fällen auf den BIOS-Interrupt 1Ah zurückgreifen (die Systemzeit kann auch über die Funktionen 2Ch und 2Dh des Interrupts 21h gelesen oder gesetzt werden). Doch wie läßt sich der erhaltene 32-Bit-Wert in die aktuelle Systemzeit umrechnen?

Zunächst einmal muß man wissen, daß die Systemzeit bei einem PC (sofern dieser nicht über eine Echtzeituhr verfügt) nach dem Booten auf 0 gesetzt wird. Es ist normalerweise die Aufgabe des Benutzers zum Beispiel durch die MS-DOS-Kommandos DATE und TIME die aktuelle Zeit zu setzen. Sofern die Systemzeit nicht gesetzt wird, bezieht sich ihr Wert immer auf die Zeit, die seit dem letzen Systemstart oder Neustart vergangen ist. Der durch die Funktion 0 des Interrupts 1Ah gelesene Wert enthält im CX-Register die Anzahl der Stunden. Wie läßt sich der Wert im DX-Register interpretieren?

Wenn man davon ausgeht, daß dieser Wert 18,2mal pro Sekunde erhöht wird, kann man leicht die Zeit ausrechnen, die durch das Register maximal angezeigt werden kann. Sie ergibt sich durch die Multiplikation von 1/18,2 = 0,054945 mit 65536. Man erhält als Ergebnis die Zahl 3600. Dies ist genau die Anzahl der Sekunden pro Stunde. Sobald das DX-Register einmal durchlaufen ist, wird das CX-Register um 1 erhöht, da eine Stunde vergangen ist. Die Anzahl der Minuten läßt sich so nach folgender Formel berechnen:

```
Anzahl der Minuten  =  DX * 60 / 65536
```

und die Anzahl an Sekunden nach einer ähnlichen Formel:

```
Anzahl der Sekunden  = DX * 3600 / 65536
```

Das folgende Beispielprogramm wendet die obige Formel an, um die aktuelle Systemzeit (allerdings ohne die Sekunden) auszugeben. Auch wenn dieses Programm nichts sonderlich Spektakuläres bewirkt, sollten Sie das Programm einmal Befehl für Befehl nachvollziehen, da es ein gutes Beispiel für den effektiven Einsatz einer Reihe von 8086/88-Maschinenbefehlen ist.

Beispielprogramm 12.14 – BSP12_14.ASM

Das folgende Beispielprogramm gibt die aktuelle Systemzeit, die über den BIOS-Interrupt 1Ah ermittelt wird, auf dem Bildschirm aus. Assemblieren und linken Sie das Programm und bringen Sie es zur Ausführung.

```
TITLE AUSGABE DER SYSTEMZEIT
;-----------------------------------------------------------
; Dieses Programm benutzt den Interrupt 1Ah zur Ermittlung
; der aktuellen Systemzeit.
;-----------------------------------------------------------
;
.MODEL SMALL
.STACK 100h
.CODE
START:
        MOV AH,0                ; Lesen der Systemuhr
        INT 1AH
LAB1:   CMP CX,12               ; Anzahl der Stunden > 12?
        JLE STD_OK              ; Nein, dann weiter
        SUB CX,12               ; Stunden = Stunden - 12
        JMP SHORT LAB1
STD_OK:
        MOV AX,CX
        AAM                     ; Dual in BCD umwandeln
        MOV CX,AX
        ADD CX,3030H            ; Zahl in ASCII umwandeln
        MOV AH,02               ; Zahl ausgeben
        PUSH DX                 ; DX retten
        MOV DL,CH
        INT 21H
        MOV DL,CL
        INT 21H
        MOV DL,':'              ; einen ':' ausgeben
        INT 21H
        POP AX                  ; DX in AX speichern
;
        MOV CX,8                ; AX durch 256 teilen
        SHR AX,CL
        MOV DX,60               ; AL mit 60 multiplizieren
        MUL DL
        SHR AX,CL               ; AX durch 256 teilen
;
        AAM                     ; Dual in BCD umwandeln
        ADD AX,3030H            ; Zahl in ASCII umwandeln
        MOV DX,AX               ; Zahl ausgeben
        MOV AH,02
        XCHG DL,DH
        INT 21H
```

```
        XCHG DL,DH
        INT 21H
        MOV AH,4CH              ; Zurück zu DOS
        INT 21H
END START
```

Zunächst wird über den Interrupt 1Ah die Systemzeit in das CX-(Stunden) und das DX-(Minuten und Sekunden)Register gelesen. Obwohl es nur selten vorkommen dürfte, daß Ihr PC länger als 12 Stunden ununterbrochen in Betrieb ist (es sei denn, Sie sind im Begriff, ein Buch über Maschinensprache-Programmierung zu schreiben), wird dennoch geprüft, ob der Wert des Stundenzählers größer als 12 ist. Ist dies der Fall, wird so lange 12 abgezogen, bis der Wert kleiner als 12 ist. Nun, wo sich die korrekte Anzahl an Stunden im CX-Register befindet, tritt der Befehl AAM in Aktion. Er macht aus der Dualzahl im CL-Register zwei BCD-Ziffern, die im CH- und CL-Register abgelegt werden. Durch eine Addition von 3030h zum CX-Register werden die beiden BCD-Ziffern in die entsprechenden ASCII-Codes umgewandelt und der Wert für die Stunden kann ausgegeben werden. Anschließend müssen die Minuten gemäß der obigen Formel umgerechnet werden. Im allgemeinen erfordern Multiplikationen und Divisionen in Maschinensprache eine sorgfältige Planung. Bei diesen Operationen sollten Sie stets den Rechenvorgang auf einem Blatt Papier durchspielen, denn nur so läßt sich bei umfangreicheren Berechnungen sicherstellen, daß eine Operation richtig und mit einem Minimum an Aufwand durchgeführt wird. So ist es zum Beispiel bei der Division durch 65536 erforderlich, diese in zwei Schritten durchzuführen. Würde man die Zahl im DX-Register in einem durch 65536 teilen und anschließend mit 60 multiplizieren, würden zwangsläufig wichtige Stellen verlorengehen. Statt dessen wird die Zahl erst durch 256 geteilt, dann mit 60 multipliziert und schließlich erneut durch 256 geteilt. Die Division wird durch ein achtmaliges »Verschieben« der Zahl um eine Bitposition nach rechts erreicht, wodurch ein weiteres Mal deutlich wird, daß der (zeitaufwendige) DIV-Befehl in vielen Fällen gar nicht benötigt wird. Nach der Umrechnung in Minuten befinden sich eine Zahl zwischen 0 und 59 im AL-Register. Auch diese Zahl wird mit Hilfe des AAM-Befehls in zwei BCD-Ziffern umgewandelt, die durch eine Addition von 30h wiederum in die entsprechenden ASCII-Codes zur Ausgabe umgewandelt werden.

Nachdem die Systemzeit berechnet wurde, stellt sich natürlich die berechtigte Frage, wozu selbige eingesetzt werden kann. DOS selber benutzt die Systemzeit, um das aktuelle Datum und die aktuelle Zeit bei dem Abspeichern einer Datei in das Hauptverzeichnis der Diskette bzw. Festplatte einzutragen. Dies bleibt meistens auch die einzige Aufgabe der Systemuhr innerhalb des DOS. Auch in Anwenderprogrammen wird man nicht allzu oft in die Verlegenheit kommen, mit der Systemzeit arbeiten zu müssen. Dennoch kann es in manchen Programmen ganz nützlich sein, über die aktuelle Zeit Bescheid zu wissen. So sind zum Beispiel kleinere Alarmprogramme denkbar, die zu einem vorgegebenen Zeitpunkt eine bestimmte Aktion auslösen. Eine solche Alarmfunktion können auch Datenübertragungsprogramme nutzen, die ihre Daten täglich zu einer festgelegten Zeit (meistens in der Nacht) übertragen, wobei der Verbindungsaufbau selbstverständlich vom PC übernommen wird.

Echtzeit auf ATs

Für Besitzer eines ATs (bzw. 386/486er-PC) läßt sich eine Alarmfunktion relativ leicht realisieren, da das AT-BIOS eine passende Funktion zur Verfügung stellt. Es ist die Funktion 06 des Interrupts 1Ah, über die ein Zeitpunkt vorgegeben werden kann, zu dem ein Alarm ausgelöst wird.

Interrupt 1Ah – Funktion 06: Alarmzeit setzen

Aufruf mit	AH	= 06
	CH	= Stunden (im BCD-Format)
	CL	= Minuten (im BCD-Format)
	DH	= Sekunden (im BCD-Format)
Rückgabewerte	AH	= 00
	AL	= 00
	Carryflag	= 0 Alarm gesetzt
	Carryflag	= 1 Alarm ist bereits gesetzt

Interrupt 1Ah – Funktion 07: Alarm rücksetzen

Aufruf mit	AH	= 07
Rückgabewerte	AH	= 00
	Carryflag	= 0 Alarm zurückgesetzt
	Carryflag	= 1 Fehler

Die Funktion 06 initialisiert den Interrupt 70h, der durch den Uhrenbaustein MC 146818A (oder einem kompatiblen Baustein) etwa 1024mal pro Sekunde ausgelöst wird. Dieser Hardware-Interrupt, der das Pendant des Interrupts 8 des Timerbausteins 8253/54 darstellt, ruft jedesmal den Interrupt 4Ah auf. Diese Interrupt-Routine besteht normalerweise lediglich aus einem IRET-Befehl, kann aber durch eine benutzerdefinierte Routine ausgetauscht werden. Ein Interrupt 4Ah wird auch nach dem Ablauf der Alarmzeit ausgelöst, womit klar ist, auf welche Weise die Alarmfunktion des Uhrenbausteins genutzt werden kann: Definieren Sie eine Alarmfunktion, legen Sie die Adresse der Funktion auf den Interrupt-Vektor des Interrupts 4Ah und setzen Sie die Alarmzeit über die Funktion 06 des Interrupts 1Ah. Zuvor ist es sinnvoll, eine unter Umständen bereits gesetzte Alarmfunktion über die Funktion 07 des Interrupts 1Ah zurückzusetzen.

Beispielprogramm 12.15 – BSP12_15.ASM

Das Beispielprogramm demonstriert eine Anwendung für die Alarmfunktion 06 des Interrupts 1Ah. Da diese BIOS-Funktion in der Regel nur in einem AT-BIOS zu finden ist, kann sie auf PCs und XTs leider nicht eingesetzt werden. Assemblieren und linken Sie das Programm und bringen Sie es zur Ausführung. Zu dem festgelegten Zeitpunkt wird die Alarmfunktion aktiviert und ein kurzer Ton erzeugt.

```
.MODEL SMALL
.STACK 100h
.DATA
        TEXT DB 'Alarmfunktion kann nicht zurückgesetzt werden!',10,13,'$'
.CODE
```

```
; ----------------------------------------------------------
; Diese Routine wird bei jedem Interrupt .4Ah ausgeführt
; ----------------------------------------------------------
INT4A_HANDLER   PROC
                MOV DI,440              ; Frequenz des Tones
                MOV BX,10               ; Dauer des Tones in 0,2 Sek.
                MOV AL,182              ; Timer initialisieren
                OUT 43h,AL
                MOV DX,12h              ; Zeitschleife festlegen
                MOV AX,34DCh            ; Frequenz umrechnen
                DIV DI
                OUT 42h,AL              ; Umgerechnete Frequenz an den
                MOV AL,AH               ; Timer schicken
                OUT 42h,AL
                IN AL,61h               ; Inhalt des Ports 61h retten
                MOV AH,AL
                OR AL,3                 ; Lautsprecher einschalten
                OUT 61h,AL
WARTE:
                MOV CX,0DAD4h           ; Zeitschleife 200 Millisekunden
LAB1:
                LOOP LAB1
                DEC BX                  ; Zähler erniedrigen
                JNZ WARTE               ; Ausschalten?
                MOV AL,AH               ; Port 61h wieder herstellen
                OUT 61H,AL              ; das heißt Lautsprecher aus
                IRET                    ; Ende der Interrupt-Routine
INT4A_HANDLER   ENDP
; ----------------------------------------------------------
; Dies ist der Initialisierungsteil des TSR-Programms
; ----------------------------------------------------------
START:
                MOV AH,25h              ; Interrupt-Vektor 4Ah setzen
                MOV AL,4Ah
                PUSH CS
                POP DS
                MOV DX,OFFSET INT4A_HANDLER
                INT 21h
                MOV AH,07               ; Alarm zurücksetzen
                INT 1Ah
                JC ERROR                ; Fehler ?
                MOV AH,06               ; Alarmzeit setzen
                MOV CH,12h              ; 12:00:00 ist Alarm
                MOV CL,00
                MOV DH,00
                INT 1Ah
```

```
                MOV AH,31h                  ; Programm resident machen
                MOV DX,OFFSET END_OF_SEG
                MOV CL,4
                SHR DX,CL
                ADD DX,10h                  ; 16 Paragraphen für Stacksegment
                ADD DX,05                   ; 5 Paragraphen für Datensegment
                INT 21h
ERROR:
                MOV DX,@DATA                 ; Datensegment doch initialisieren
                MOV DS,DX
                MOV DX,OFFSET TEXT           ; Fehlermeldung ausgeben
                MOV AH,09
                INT 21h
                MOV AH,4Ch                   ; Kein Alarm, daher zurück zu DOS
                INT 21h
END_OF_SEG      EQU $
END START
```

Dieses Programm legt Beispielprogramm 12.13, das einen kurzen Ton erzeugt, auf Interrupt 4Ah und setzt anschließend die Alarmfunktion auf eine bestimmte Zeit. Da die Alarm-Routine permanent im Arbeitsspeicher vorhanden sein muß, wird das Programm speicherresident gemacht. Die Methode zur Berechnung des benötigten Arbeitsspeichers ist zugegeben nicht ganz korrekt, da nur von ungefähren Größen ausgegangen wird. Um diesen Wert genau berechnen zu können, muß die Anordnung der Segmente im Speicher bekannt sein, die wiederum von Faktoren abhängt, auf die an dieser Stelle nicht eingegangen werden soll. Mit dem geschätzten Bedarf sollte es aber keine Probleme geben. Beachten Sie, daß innerhalb des Interrupts 4Ah, wie bereits in Kapitel 12.6 kurz erläutert wurde, nur dann DOS-Interrupts ausgeführt werden dürfen, wenn sicher ist, daß der Interrupt 4Ah selber keine DOS-Funktion unterbrochen hat. Der Grund: DOS ist nicht reentrant, das heißt eine DOS-Funktion kann keine andere DOS-Funktion aufrufen. Entweder man stellt sicher, daß beim Aufruf des Interrupts 4Ah keine andere DOS-Funktion aktiv ist, oder man beschränkt sich auf nicht DOS-Funktionen (eine Textausgabe über eine BIOS-Funktion wäre eine Alternative). Da es in Beispielprogramm 12.15 nur um eine Demonstration der Alarmfunktion geht, wurde die zweite Alternative gewählt.

Ausblick
Damit wäre unser Ausflug durch die Innenwelt des PC beendet. Sicherlich konnten nicht alle Gebiete der »Systemprogrammierung« besprochen werden. So wurde mit keinem Wort auf den Aufbau und die Programmierung der residenten Gerätetreiber eingegangen. Auch Peripheriegeräte, wie zum Beispiel die Maus oder das Expanded- und Extended-Memory, wurden nicht berücksichtigt. Aufgeschoben ist jedoch nicht aufgehoben. Der zweite Teil dieses Buches wird auf diese Bereiche ausführlich eingehen. Dennoch hat Ihnen dieses Kapitel hoffentlich auf anschauliche Weise das Zusammenspiel zwischen dem Betriebssystem MS-DOS und seinen Komponenten DOS und BIOS und den Peripheriegeräten wie Tastatur, Diskettenlaufwerk oder Bildschirm vermittelt und Sie vor allem in die Lage versetzt, diese Geräte von Maschinenspracheebene anzusprechen.

13 Der PC als Grafikkünstler

Ein Thema, das bislang (bewußt) vernachlässigt wurde, ist die Grafik. Auch wenn ein PC bei oberflächlicher Betrachtung nicht den Eindruck erweckt, seine Grafikfähigkeiten könnten mit denen eines Macintosh oder eines Amiga mithalten, so ist dies mittlerweile sicherlich ein Trugschluß. So lassen sich mit einer Standard-VGA-Karte, die inzwischen bei der Grundausstattung eines PC die Regel darstellt, Auflösungen von 640x480 Punkten erzielen und das mit 256 verschiedenen Farben. Zudem kann der Programmierer einer VGA-Karte aus einer Palette von 265144 verschiedenen Farbtönen auswählen. Und wenn dies immer noch nicht ausreichen sollte, stehen im oberen Leistungsbereich Grafikkarten zur Verfügung mit einer Auflösung von 1024x768, einem 24-Bit-True-Color-Modus mit bis zu 16,2 Millionen Farben bei einer Auflösung von 512x480 (und das auf einem normalen VGA-Monitor) und zusätzlich einigen Mbyte RAM-Speicher auf der Karte. Auch der Preis dieser Grafikkarten liegt in Regionen, die auch für einen Privatanwender erschwinglich werden. Einen PC als »Grafik-Workstation« einzusetzen ist daher mittlerweile weniger eine Frage des Geldes, sondern vielmehr eine Frage der Programmierung. Um die Vorzüge einer leistungsfähigen Grafikkarte auch einem größeren Anwenderkreis zugänglich zu machen, müssen Treiber vorhanden sein, die das PC-BIOS um die neuen Funktionen erweitern. Doch auch ein Treiber stellt selten alle Features einer leistungsfähigen Grafikkarte zur Verfügung. Hier hilft, vorausgesetzt man ist mit der Hardware der Grafikkarte vertraut, in vielen Fällen nur die nötige Eigeninitiative in Form eines Maschinenprogramms weiter.

In diesem Kapitel sollen daher die notwendigen Grundlagen der Grafikprogrammierung in Maschinensprache vermittelt werden. Sie werden lernen, wie Sie elementare Operationen, wie zum Beispiel die Initialisierung eines bestimmten Grafikmodus und das Zeichnen einfacher Objekte durchführen können. Dazu werden einige Grafikmakros vorgestellt, die ohne weiteres als Grundlage für anspruchsvollere Grafikprojekte wie zum Beispiel einen Funktionenplotter, die beliebten Fraktale oder 3-D-Darstellungen verwendet werden können. Als Grafikkarte wird die Herculeskarte, oder eine Grafikkarte mit Hercules-Emulationsmodus, vorausgesetzt.

In diesem Kapitel geht es um:
– eine kurze Übersicht über die wichtigsten Grafikkarten
– die Programmierung der Herculeskarte
– den Aufbau einer kleinen Grafikbibliothek
– den Vorteil mehrerer Grafikseiten
– die Grundlagen der Fenstertechnik

13.1 Was bedeutet MDA, CGA, EGA, Hercules oder VGA?

In seiner noch relativ jungen Geschichte hat der PC bereits einige Grafikstandards kommen und gehen gesehen. Für die Grafikfähigkeit eines PC ist nicht die CPU zuständig, obwohl diese in der Regel alle Grafikoperationen ausführt. Die grafischen Talente des PC werden vielmehr durch die Grafikkarte (eine andere Bezeichnung ist Grafikadapter) festgelegt. Diese befindet sich in den meisten Fällen in Form einer Zusatzkarte in einem Steckplatz des PC, sie kann aber auch, wie zum

Beispiel bei den meisten PS/2-Modellen, bereits auf der Hauptplatine integriert sein. Die Grafikkarte enthält als wichtigsten Baustein den Videokontroller (CRTC). Seine Aufgabe ist es vereinfacht ausgedrückt, eine Bildinformation, zum Beispiel in Form eines Buchstabens, von der CPU entgegenzunehmen und diesen auf dem angeschlossenen Bildschirm darzustellen. Mit anderen Worten, der Videokontroller ist für die direkte Ansteuerung des Bildschirms zuständig. Auch ein Videokontroller ist programmierbar. Er verfügt über interne Register, deren Inhalte unter anderem den aktuellen Grafikmodus festlegen. Wie noch gezeigt wird, bedeutet der Wechsel zwischen zwei Grafikmodi diese Register mit neuen Werten zu belegen, eine ideale Betätigung für einen Maschinensprache-Programmierer. Glücklicherweise übernimmt diese Aufgabe in der Regel das BIOS oder eine BIOS-Erweiterung, die sich auf der Grafikkarte befindet. Doch bevor es zu speziell wird, zunächst ein kurzer Rückblick auf die Entwicklung der PC-Grafikkarten.

Als der IBM-PC am 11. August 1981 das Licht der Welt erblickte, war die Welt der EDV in eher grauen (besser monochromen) Farbtönen gezeichnet. Farbige Computergrafik war die Domäne weniger, teuerer Spezialrechner mit kaum billigeren Monitoren. Auch wenn es damals bereits einen Apple II mit eingebauter Farbgrafik gab, war die Grafikfähigkeit eines Mikrocomputers wie dem IBM-PC allenfalls von sekundärem Interesse. In Anbetracht der Tatsache, daß der IBM-PC als Geschäftscomputer die meiste Zeit damit verbringen würde, nüchterne Zahlenstatistiken, Firmenbilanzen oder Geschäftsbriefe auszugeben und ein Farbmonitor ohnehin kaum bezahlbar war, wurde der IBM-PC mit einer schlichten Monochromkarte, der MDA-Karte (»Monochrom Display Adapter«) ausgestattet, deren bescheidene Fähigkeit darin bestand, 25 Textzeilen mit jeweils 80 Zeichen auf dem Bildschirm darzustellen. Ohne daß exakte Zahlen vorliegen, dürften auch heute noch viele Anwendungen eines PC in erster Linie für diese Monochromkarte geschrieben werden. Natürlich blieb die Entwicklung nicht stehen und mit dem Preisverfall der benötigten Bausteine kam eine Farbgrafikkarte mit dem Namen CGA (»Colour Grafics Adapter«) für den IBM-PC auf den Markt, die zum erstenmal Farbe ins Spiel brachte. Neben der Fähigkeit, 16 verschiedene Farben darstellen zu können, besitzt die CGA-Karte mehrere Grafikmodi, die Punktgrafiken mit einer Auflösung von 320*200-Punkten mit vier Farben und 640*200-Punkten mit zwei Farben erlauben. Die CGA-Karte brachte allerdings den Nachteil einer schlechteren Textdarstellung mit sich, da für die Textausgabe nur eine 8*8-Matrix im Gegensatz zu einer 9x14-Matrix bei der Monochromkarte zur Verfügung stand.

Eine weitere Verbesserung der Grafikleistung wurde 1982, also bereits ein Jahr nach der Einführung des IBM-PC, durch die Hercules-Monochrom-Karte möglich. Wenn auch nur zweifarbig, lassen sich mit der HGA-Karte (»Hercules Graphics Adapter«) Grafiken mit einer Auflösung von 720*348 Punkten erstellen. Außerdem kann die Herculeskarte zwei Grafikseiten verwalten. Damit läßt sich eine Grafikseite darstellen, während die zweite bereits (für den Betrachter unsichtbar) aufgebaut wird. Die Hercules-Monochrom-Karte ist, wie die CGA-Karte auch, zusätzlich in der Lage die alte Monochrom-Karte zu emulieren, so daß letztere beim Vorhandensein einer Hercules- oder CGA-Karte überflüssig wird. Leider litt die Herculeskarte unter dem IBM-spezifischen »not invented here«-Syndrom (auf deutsch »bei uns nicht erfunden«-Syndrom) und wurde dementsprechend oft nicht von Standardsoftware unterstützt. So gibt es bis heute (meines Wissens) keine BIOS-Version, die die Hercules-Monochrom-Karte unterstützt. Trotz dieser Tatsache gelang es Hercules in der PC-Welt einen zweiten Standard zu etablieren. Die Nachfolger der Hercules-Monochrom-Karte, die Hercules Graphics CardPlus und die IncolorCard, waren weit weniger erfolgreich. Der nächste Schritt in der »Evolution« der Grafikkarten stellt die EGA-Karte dar. EGA steht für »Enhanced Graphics Adapter« (also verbesserte Grafikkarte), womit der Umstand beschrieben wird, daß die EGA-Karte wesentlich leistungsfähiger als ihre Vorgängerin (das heißt die CGA-Karte) ist. So sind leistungsfähige EGA-Karten in der Lage, bei einer Auflösung von 640*350 Punkten immerhin noch 16 Farben darzustellen. Außerdem enthält eine EGA-Karte mindestens 256 Kbyte RAM-Speicher »on board«, so daß in der Regel mehrere Bildschirmseiten verwaltet werden können. Mit einer Zeichenmatrix von 14*8 ist zusätzlich eine zufriedenstellende Textausgabe möglich. Das Revolutionäre an der EGA-Karte war im Grunde weniger die erhöhte Auflösung oder die größere Farbenauswahl. Der entscheidende Punkt, der dem Anwender allerdings verborgen bleibt, ist die Tatsache, daß die Farbzuordnung zwischen einem Bildschirmpunkt und dem Farbwert über Tabellen geschieht. Auf diese Weise ist es möglich, durch die Änderung eines einzigen Tabelleneintrages die komplette Farbe eines Bildschirms zu ändern. Neben den Standardkarten MDA, CGA, HGA und EGA tummelten sich zu der Zeit auch einige weitere Kürzel in der Grafiklandschaft. Beispiele sind unter anderem die PEGA-Karte, eine erweiterte EGA-Karte von Video Seven, oder die AGA-Karte (Advanced Graphics Adapter), die vor allem in Commodore-PCs eingesetzt wurde. Diese Grafikkarte besitzt neben einem CGA-, auch einen Hercules- und eine speziellen EGA-ähnlichen Modus.

Als echte zweite Generation bei den Grafikkarten muß die VGA-Karte bezeichnet werden, die heutzutage als der Standard für Grafikkarten angesehen werden muß. Bei der VGA-Karte wurde vor allem das Prinzip der Farbzuordnung weiter verbessert. Die VGA-Karte (Video Array Graphics) wurde 1987 mit den PS/2-Modellen, den wenig erfolgreichen PC-Nachfolgern, vorgestellt und erfreute sich alsbald auch in der Kompatiblen-Welt größter Beliebtheit. Standard-VGA-Karten bieten eine Auflösung von 640x480 Punkten. Es können 256 verschiedene Farben gleichzeitig dargestellt werden, die aus einer Palette von 262144 Farbtönen ausgewählt werden. Da auch bei einer VGA-Karte die Farbzuordnung über Tabellen durchgeführt wird, lassen sich die eindrucksvollsten Farbeffekte mit minimalem Programmieraufwand erzielen. Wesentlichster Unterschied zur EGA-Karte sind die analogen Ausgangssignale der VGA-Karte, die eine wesentlich größere Farbenvielfalt ermöglichen, aber dafür auch nur von einem Analog- oder Mehrfrequenz-Monitor verarbeitet werden können.

Wie sieht die Zukunft aus?

Heutzutage, das heißt im Jahre 1991, ist auch eine VGA-Karte längst nicht mehr »State of the Art«. Zwar wird seitens der Industrie versucht mit Super-VGA- und VESA-Standard (VESA steht für »Video Electronics Standards Association«) neue Kaufanreize zu schaffen, die Zukunft liegt aber eindeutig bei den intelligenten Grafikkarten. Diese Karten beeindrucken nicht so sehr mit extrem hohen Auflösungen (1024x768 ist in der Regel das Limit, was aber auch schon von Super-VGA-Karten erreicht wird), sondern durch die Tatsache, daß alle primitiven Grafikoperationen, wie zum Beispiel das Ziehen einer Linie, von einer eigenen CPU, der Grafik-CPU, durchgeführt wird. Auf diese Weise lassen sich Grafikoperationen erheblich beschleunigen, da die CPU von diesen Dingen entlastet wird. Natürlich ist die Programmierung solcher CPUs ein wenig komplizierter. Doch dank standardisierter Softwareschnittstellen zu C und Assembler, beschränkt sich die Ausführung einer Grafikoperation oder die Initialisierung eines Grafikmodus auf einen simplen Funktionsaufruf. Aussichtsreichste Kandidaten für einen Standard ist die Softwareschnittstelle AI (Application Interface), die auf dem 8514/A-Adapter (der Anhang »/A« ist wichtig, denn 8514 ist die Typenbezeichnung eines Monitors) von IBM aufbaut, und das TIGA-Interface (TIGA steht für Texas Instruments Graphics Adapter) für alle Grafikkarten mit einer 34010- oder 34020-CPU von Texas Instruments. Von beiden Systemen wird den TIGA-Karten die größten Chancen eingeräumt den künftigen PC-Grafikstandard zu stellen.

Mit der Einführung des PS/2 Modells 90 wurde eine neue Runde im Rennen der Grafikstandards eingeläutet. Die PCs dieser Modellfamilie werden mit einer XGA-Grafikkarte ausgeliefert. XGA steht für »Extended Graphics Adapter« und ist bei IBM der Nachfolger des VGA-Standards. Da alles, was von IBM kommt in der PC-Welt Nachahmer findet, dürfte die XGA-Karte bei der Frage eines kommenden Standards für Grafikkarten eine wichtige Rolle spielen. Der XGA-Grafikadapter, der bei den PS2/90-Modellen auf der Hauptplatine untergebracht ist, basiert auf dem 8514/A-Standard. Das bedeutet eine Auflösung von 1024x768 Punkten bei 256 verschiedenen Farben. Anders als die meisten Karten nach dem 8514/A-Standard, und vor allem anders als die Original 8514/A-Karte von IBM, unterstützt XGA selbstverständlich alle VGA-Modi zusätzlich eines 640x480-Modus mit 65000 gleichzeitig darstellbaren Farben.

Exkurs: Welche Rolle spielt der Monitor?
Bereits an dieser Stelle sei darauf verwiesen, daß die grafischen Fähigkeiten eines PC nicht nur durch die möglichen Auflösungen der Grafikkarte bestimmt wird. Eine schnelle Ernüchterung folgt meistens, wenn es um die Auswahl des Monitors geht. So lassen sich hohe Auflösungen nur mit hochwertigen Monitoren darstellen, da eine hohe Auflösung auch (teilweise extrem) hohe Anforderungen an den Monitor stellt. Leider haben sich die Monitorpreise noch nicht an das Preisniveau von Super-VGA-Karten angepaßt, so daß grafische Höhenflüge zur Zeit noch manchem Anwender versagt bleiben.

Damit Sie den Zusammenhang zwischen Monitor und Grafikkarte besser beurteilen können, wird im folgenden kurz auf die Funktionsweise eines Monitors eingegangen. Für den Bildaufbau wird im Monitor ein Elektronenstrahl erzeugt, der mit einer festgelegten Frequenz horizontal und vertikal über die Bildfläche abgelenkt wird. Zur Synchronisation dieser beiden Frequenzen sendet die Grafikkarte Signale mit einer festen Frequenz. Da diese Frequenz von der Karte und vom Grafikmodus abhängt, kann nicht jeder Monitor jeden Grafikmodus verarbeiten. Im Extremfall kann der Monitor sogar beschädigt werden. Tabelle 13.1 gibt eine Übersicht über die Ablenkfrequenzen der wichtigsten Grafikkarten.

Grafikkarte	Horizontale Frequenz	Vertikale-Frequenz (Bildwiederholfrequenz)
MDA	18.432 kHz	50 Hz (720x350)
CGA	15.750 kHz	60 Hz
Hercules	18.432 kHz	50 Hz (720x350)
EGA	22.000 kHz	60 Hz
VGA	31.500 kHz	70 Hz
VGA	31.500 kHz	60 Hz (640x480)
SuperVGA	35.000 kHz	60 Hz (800x600)
8514/A	31.500 kHz	70 Hz
8514/A	31.500 kHz	43,5 Hz (1024x768)

Tabelle 13.1: Ablenkfrequenz der wichtigsten Grafikkarten

Die vertikale Frequenz gibt an, wie oft das gesamte Bild in der Sekunde aufgebaut werden kann. Je größer diese Frequenz ist, desto öfter wird das Bild in der Sekunde aufgebaut, desto ruhiger erscheint es. Als optimal wird eine vertikale Frequenz von mindestens 70 Hz empfohlen. Die horizontale Frequenz bestimmt die Auflösung. Je schneller eine einzelne Bildschirmzeile (»scan line«) aufgebaut wird, desto mehr Zeilen und desto längere Zeilen können in einem Bildschirmaufbau dargestellt werden, desto größer ist die Auflösung. Auch aus Tabelle 13.1 wird deutlich, daß es einen Zusammenhang zwischen der Auflösung und der Frequenz geben muß. Dieser Zusammenhang kann durch einfache Formeln berechnet werden.

Vertikale Auflösung

Die vertikale Auflösung, das heißt die maximale Anzahl an Bildschirmzeilen, die dargestellt werden können, berechnet sich aus dem Quotienten aus horizontaler und vertikaler Frequenz:

$$\text{Anzahl der Bildschirmzeilen} = \frac{\text{Horizontale Frequenz}}{\text{Vertikale Frequenz}}$$

Für eine Monochrom-Karte ergibt sich damit eine vertikale Auflösung von

$$\frac{18.432 \text{ kHz (Zeilen pro Sekunde)}}{50 \text{ Hz (Bilder pro Sekunde)}} = 368 \text{ Zeilen}$$

Da nicht alle Bildschirmzeilen zur Darstellung eines Bildes verwendet werden können, sondern ein Rand von ca. 5% berücksichtigt werden muß, ergibt sich eine Auflösung von 350 Bildschirmzeilen. Bei einer 9x14-Zeichenmatrix kommt man auf insgesamt 25 Textzeilen.

Horizontale Auflösung

Die horizontale Auflösung, das heißt die maximale Anzahl an Pixel pro Bildschirmzeile, berechnet sich aus dem Quotienten der Video-Frequenz und der horizontalen Frequenz. Die Video-Frequenz ist vereinfacht ausgedrückt, die Anzahl an Pixel, die eine Grafikkarte pro Sekunde erzeugen kann.

$$\text{Anzahl der Pixel pro Zeile} = \frac{\text{Videofrequenz}}{\text{Horizontale Frequenz}}$$

Für eine Monochrom-Karte ergibt sich damit:

$$\frac{16.257 \text{ MHz}}{18.432 \text{ kHz}} = 882 \text{ Pixel pro Zeile}$$

Auch bei diesem Wert muß wieder ein Randbereich von 10 bis 15% abgezogen werden, der aus technischen Gründen nicht dargestellt werden kann. Damit ergeben sich 720 Pixel pro Zeile. Bei einer 9x14-Zeichenmatrix kommt man auf 80 Zeichen pro Zeile, womit sich die Auflösung von 80x25 Zeichen einer Monochromkarte erklärt.

Ein Monitor muß in der Lage sein, sowohl die vertikale als auch die horizontale Frequenz einer Grafikkarte zu verarbeiten. Die vertikale Frequenz, also die Anzahl der Bildwiederholungen pro Sekunde, liegt in der Regel bei 60 Hz. Eine einfache Monochrom-Karte bringt lediglich 50 Hz, während eine VGA-Karte in den meisten Modi 70 Hz schafft. Wie Tabelle 13.1 zeigt, gibt es auch bei der horizontalen Frequenz starke Schwankungen. Die kleinste Frequenz stammt von einer CGA-Karte und liegt bei 15.575 kHz, die größte von einer SuperVGA, diese liegt bei 35 kHz. Ein Mehrfrequenz-(Multiscan-)Monitor muß daher in der Lage sein, diesen Frequenzbereich zu verarbeiten. Normale Mehrfrequenz-Monitore, wie der Multisync II von NEC, können sich auf einen horizontalen Bereich von 15,5 bis 31,5 kHz und einen vertikalen Bereich von 50 bis 80 Hz automatisch einstellen (daher die Bezeichnung »Multisync«). Damit kann laut Datenblatt des Herstellers eine maximale Auflösung von 800x600 dargestellt werden, in der Praxis dürfte es damit aber laut Tabelle 13.1 Probleme geben. Monitore der Spitzenklasse, wie zum Beispiel der Eizo T660, ein 20-Zoll-Monitor, bieten eine Horizontalfrequenz bis 78 kHz und eine Videobandbreite von 120 MHz (die Bandbreite eines Monitors ist der Bereich zwischen der niedrigsten und der höchsten Frequenz, die der Monitor verarbeiten kann). Es sei zum Schluß erwähnt, daß die Qualität eines Monitors und die maximal darstellbare Auflösung auch vom Pixelabstand und der sogenannten Konvergenz bestimmt wird. Auch muß es nicht immer ein Mehrfrequenz-Monitor sein. Wer ausschließlich mit VGA-Karten arbeitet, ist auch mit einem preiswerteren Festfrequenz-Monitor, wie zum Beispiel der Multisync 2A von NEC, bestens bedient.

Und noch ein Hinweis in eigener Sache
Der Entwicklung der Grafikkarten sollte sich auch die Programmierung anpassen. So hat es wenig Sinn einen Programmierkurs über die CGA-Karte durchzuführen, wenn diese Karte de facto zum alten Eisen gehört. Da VGA-Karten mittlerweile zur Standardausrüstung der meisten PCs gehören, muß sich auch die Programmierung darauf einstellen. Leider läßt sich aber die Programmierung einer VGA-Karte nicht auf die schnelle erklären. Insbesondere dann, wenn es um jene Aspekte der Programmierung geht, in denen die Maschinensprache ihre wahren Vorteile entfalten kann. Um den Umfang dieses Buches, das wie Sie feststellen können, bereits relativ umfangreich ist, im Rahmen des Machbaren zu halten, mußte auf die Darstellung der VGA-Karte verzichtet und auf den Nachfolgeband verschoben werden. Statt dessen wird in diesem Kapitel relativ ausführlich die Programmierung der Hercules-Monochrom-Karte besprochen. Auch wenn diese Karte sicherlich nicht dem Stand der Technik entspricht, so erfreut sie sich nach wie vor einer großen Beliebtheit, da sie beinahe standardmäßig als Alternative zur VGA-Karte mit allen ATs und 386er-PCs ausgeliefert wird.

13.2 Die Programmierung der Herculeskarte

Wenn man bei der Programmierung von Grafikkarten, wie der EGA- oder VGA-Karte für die Durchführung von Elementaroperationen noch auf die Unterstützung des BIOS rechnen kann, so ist man bei der Programmierung der Herculeskarte völlig auf sich allein gestellt. Eine Herculeskarte wird von einem BIOS wie eine normale Monochromkarte behandelt. Selbst so primitive Operationen wie das Initialisieren eines Grafikmodi oder das Setzen eines Punktes muß der Programmierer daher selber übernehmen. Das setzt zum einen genaue Kenntnisse über die beteiligten Kontrollregister und E/A-Ports, aber auch gute Kenntnisse der Register des Videokontrollers 6845, dem Herzstück einer Herculeskarte (wie auch einer CGA- und Monochrom-Karte), voraus. Im folgenden werden zunächst die allgemeine Aufgabe und wichtigsten Register dieses Bausteins und der allgemeine Aufbau des Bildschirmspeichers einer Herculeskarte besprochen. Anschließend werden elementare Routinen für das Setzen eines Punktes oder das Zeichnen einer Linie vorgestellt.

Videokontroller intern

Diesen kurzen Abschnitt können Sie überspringen, wenn Sie weniger an technischen Details als an der Programmierung interessiert sind. Der Videokontroller ist nicht nur für die Umsetzung der Text- und Grafikinformation, die er aus dem Bildschirmspeicher entnimmt, zuständig, er muß auch die horizontalen und vertikalen Synchronisationsimpulse für den Elektronenstrahl erzeugen. Der Videokontroller erzeugt beide Synchronisationssignale mit Hilfe externer Taktgeneratoren und muß zudem, während sich der Elektronenstrahl zeilenweise über den Bildschirm bewegt, zum richtigen Zeitpunkt die richtige Information aus dem Bildschirmspeicher holen. Durch seine internen Register wird festgelegt, daß bei einer festgelegten Auflösung die horizontalen und vertikalen Frequenzanforderungen des Monitors erfüllt werden. Bei TTL-Monitoren steht diese Anforderung fest, so daß Abweichungen nicht erlaubt sind. Weniger kritisch ist es hingegen bei Multifrequenz-Monitoren, da diese sich auf eine Grafikkarte, natürlich in gewissen Grenzen, selbständig einstellen können.

Zur Darstellung eines Bildes bewegt der Videokontroller Zeile für Zeile über den Bildschirm. Intern teilt der Videokontroller eine Zeile in einen sichtbaren und einen unsichtbaren Bereich ein. Im unsichtbaren Bereich wird der Elektronenstrahl dunkel geschaltet (»Overscan-Bereich«) und nach einem horizontalen Synchronisations-Impuls zum Anfang der nächsten Zeile geführt (Horizontal retrace). Auch vertikal gibt es intern mehr Zeilen als dargestellt werden können, das heißt, die Anzahl der Bildschirmzeilen (»scan lines«) ist höher als die angegebene Auflösung im Y-Bereich. Hat der Elektronenstrahl die unterste Zeile erreicht, muß er wieder auf die oberste Zeile gesetzt werden (»Vertical retrace«). Diese Zeitspanne wird auch als »Frame Flyback Time« (zu deutsch »Bildrücklaufzeit«) bezeichnet. Hinter dieser imposant klingenden Bezeichnung verbirgt sich vereinfacht (und damit nicht ganz richtig) erklärt die Zeitspanne zwischen dem Erzeugen der letzten Bildschirmzeile und einem Zeitpunkt kurz vor dem Erzeugen der ersten Bildschirmzeile des nächsten Bildes (bei einer Herculeskarte wird 50mal pro Sekunde ein neues Bild aufgebaut, wobei ein Bild aus über 348 Bildschirmzeilen besteht).

Kennt man die Daten des angeschlossenen Monitors, kann man die notwendigen Registerwerte berechnen. Eine entsprechende Anleitung findet man zum Beispiel im Datenblatt des 6845, der im Original übrigens von Motorola stammt.

Die Modi der Herculeskarte

Die Herculeskarte kann in einem Text- und in einem Grafikmodus betrieben werden. Der Textmodus entspricht dem Textmodus der Monochromkarte, das heißt er bietet die übliche 80x25-Darstellung. Im Grafikmodus ist eine Auflösung von 720*348 Punkten möglich. Sowohl im Textmodus, als auch im Grafikmodus können zwei Bildschirmseiten verwaltet werden. Der Modus wird durch das Kontrollregister des 6845 Videokontrollers festgelegt. Wie alle Register dieses Bausteins, wird es über einen E/A-Port, der die Adresse 3B8h besitzt, angesprochen. Den Aufbau des Kontrollregisters können Sie Bild 13.1 entnehmen.

Bit	Bedeutung
1	0 = Textmodus 1 = Grafikmodus
3	0 = Bildschirm aus 1 = Bildschirm an
5	0 = Blinken aus 1 = Blinken an
7	0 = Bildschirmseite 1 1 = Bildschirmseite 2
Die Bits 0, 2, 4 und 6 sind nicht belegt.	

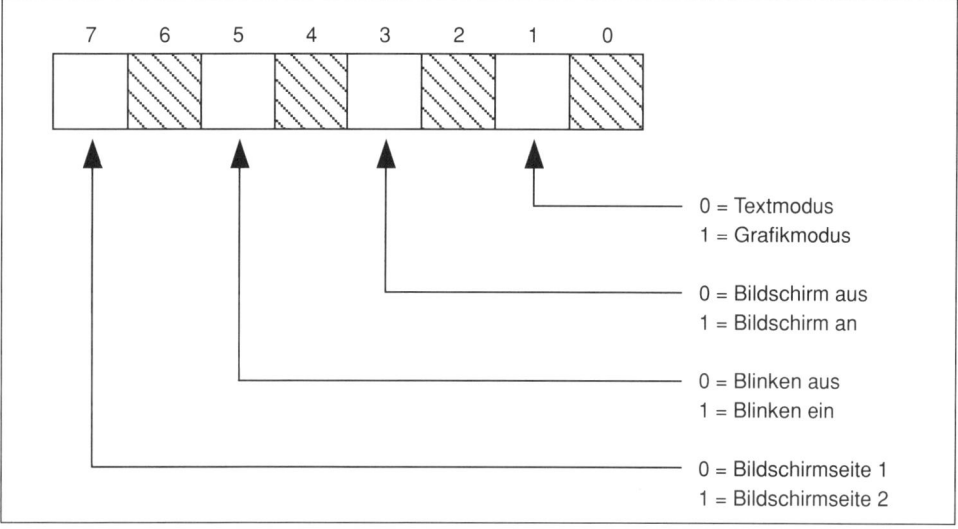

Bild 13.1: *Kontrollregister der Herculeskarte 3B8h*

Die Herculeskarte verfügt ferner über ein Statusregister (Nur-Lese-Register) unter der Adresse 3BAh (Bild 13.2), von dem aber nur drei Bits eine Bedeutung haben.

Bit	Bedeutung
0	0 = Horizontales Synchronisations-Signal aus 1 = Horizontales Synchronisations-Signal an
3	0 = Aktueller Punkt aus 1 = Aktueller Punkt an
7	0 = Vertikales Synchronisations-Signal aus 1 = Vertikales Synchronisations-Signal an

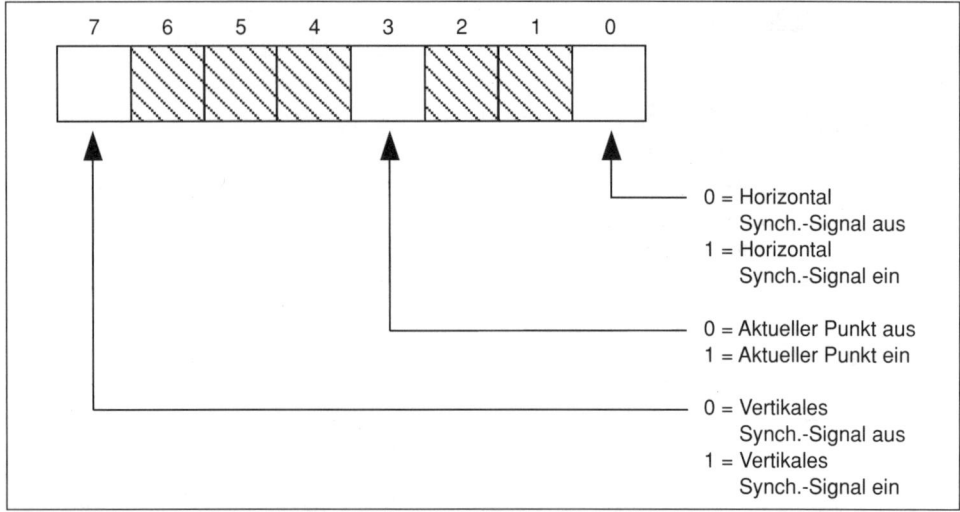

Bild 13.2: *Statusregister der Herculeskarte 3BAh*

Schließlich verfügt die Herculeskarte noch über ein Konfigurationsregister (Nur-Schreibe-Register), das über die Adresse 3BFh angesprochen wird. Von diesem Register haben nur die ersten beiden Bits eine Bedeutung (Bild 13.3).

Bit	Bedeutung
0	0 = Setzen des Monochrom-Grafikmodus nicht möglich 1 = Setzen des Monochrom-Grafikmodus möglich
1	0 = Setzen des Seitenbits (3B8h Bit 7) nicht möglich 1 = Setzen des Seitenbits (3B8h Bit 7) möglich

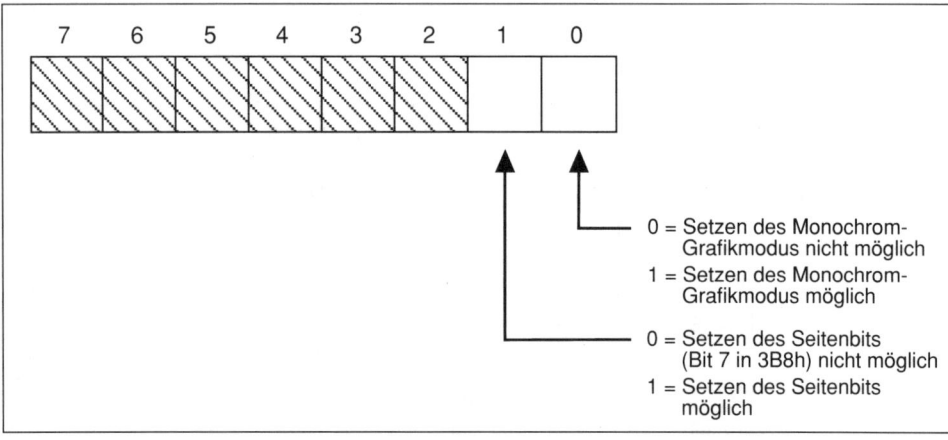

Bild 13.3: *Konfigurationsregister der Herculeskarte 3BFh*

Bit 0 legt fest, ob ein Einschalten des Grafikmodus möglich ist und damit das Bit 1 im Kontrollregister 3B8h eine Bedeutung hat. Bit 1 legt fest, ob eine zweite Bildschirmseite aktiviert werden kann.

Der Aufbau des Bildschirmspeichers

Der Bildschirmspeicher der Herculeskarte beginnt bei der Adresse 0B000:0000h (0B0000h) und umfaßt einen Bereich von insgesamt 64 Kbyte, wobei die erste Seite den Bereich 0B000:0000h bis 0B000:7FFFh und die zweite Seite den Bereich 0B000:8000h bis 0B000:FFFF belegt. Beachten Sie, daß durch die Lage des Bildschirmspeichers auch die Größe des unter MS-DOS verfügbaren Arbeitsspeichers begrenzt wird. Je höher der Bildschirmspeicher im Arbeitsspeicher beginnt, desto mehr Speicher ist unter DOS direkt adressierbar. Da der Bildschirmspeicher einer Herculeskarte bei 0B000:0000h beginnt, das heißt bei der Adresse 720896, also 65536 Byte weiter, stehen auch zusätzliche 64 Kbyte zur Verfügung, sofern dieser Bereich mit RAM ausgestattet ist. Doch zurück zu der Besprechung der Herculeskarte.

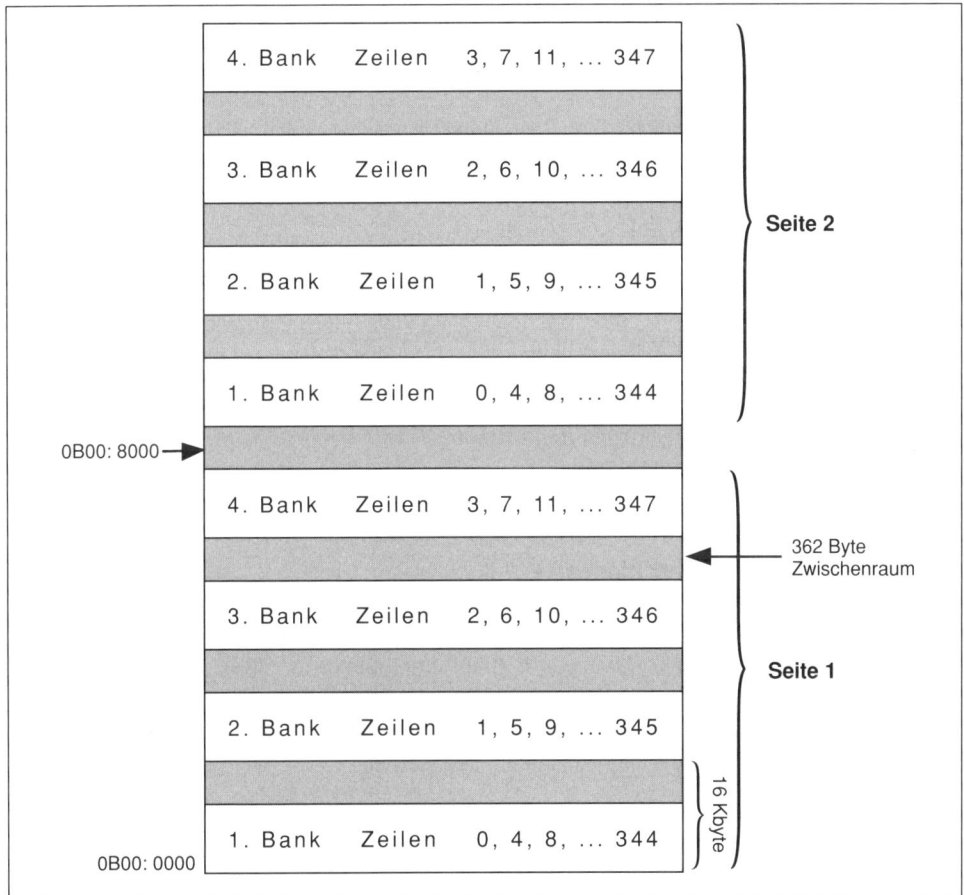

Bild 13.4: *Bildschirmspeicheraufbau bei der Herculeskarte*

Für jede Bildschirmseite stehen 32 Kbyte zur Verfügung. Während im Grafikmodus insgesamt 720*348 = 250560 Bits oder 31320 Byte benötigt werden, beträgt der Speicherbedarf im Textmodus pro Seite lediglich 4000 Byte, da für jedes Zeichen der ASCII-Code und ein Attributbyte abgespeichert wird.

Im Grafikmodus wird der Zustand jedes einzelnen Bits im Video-RAM abgespeichert, wobei jeweils acht Bit zu einem Byte zusammengefaßt werden. Die Aufteilung des Bildschirmspeichers im Grafikmodus fällt ein wenig aus dem Rahmen. Normalerweise sollte man vermuten, daß die Bitinformationen für die Bildschirmzeilen 0 bis 347 aufeinander folgen. Tatsächlich ist der Bildschirmspeicher einer Seite im Grafikmodus in vier Speicherbereiche (Bänke) von jeweils 8 Kbyte Größe unterteilt. Die erste Bank nimmt alle Bildschirmzeilen auf, die ohne Rest durch 4 teilbar sind (0, 4, 8, 12 usw.). Die übrigen drei Bänke enthalten die Informationen für die darauffolgenden Zeilen, das heißt die zweite Bank enthält die Informationen der Zeilen 1, 5, 9, 13 usw., die dritte Bank enthält die Informationen der Zeilen 2, 6, 10, 14 usw. und schließlich die vierte Bank die Informationen der Zeilen 3, 7, 11, 15 usw. Dieses Splitting muß natürlich beim direkten Zugriff auf den Bildschirmspeicher berücksichtigt werden. Jede Bildschirmzeile enthält die Informationen für 720 Bildpunkte und umfaßt daher 720 Bit oder 90 Byte. Bild 13.4 illustriert den Aufbau des Bildschirmspeichers der Herculeskarte.

Wie auch aus Bild 13.4 ersichtlich ist, muß ein »Interleavefaktor« von 4 auch bei der Berechnung einer Pixeladresse berücksichtigt werden. Für die Adressierung eines Bildschirmpunktes ergibt sich damit folgende kleine Formel:

```
Speicheradresse = 8192 * (Y Mod 4) + 90 * INT(Y/4) + INT(X/8)
```

Der Rest bei der Division der Y-Koordinate, das heißt der Zeilennummer durch vier legt die Bank fest. Der Ausdruck »90 * INT(Y/4)« legt den Beginn der Bildschirmzeile fest, während der Ausdruck »INT(X/8)« den Offset innerhalb der Bildschirmzeile darstellt. Ist die Adresse des Bytes innerhalb des Bildschirmspeichers bekannt, kann die Position des Bits innerhalb der Speicherzelle durch folgende Formel berechnet werden:

```
Bit Nr.   =    7 - (X Mod 8)
```

Die X-Koordinate muß im Bereich 0 bis 719 und die Y-Koordinate im Bereich 0 bis 347 liegen.

Die Initialisierung der Herculeskarte
Die Initialisierungsprozedur der Herculeskarte geschieht über die Programmierung bestimmter Register des 6845. Grundsätzlich sollten Sie während des Zugriffs auf den Videokontroller die Bildschirmausgabe durch Löschen von Bit 3 im Kontrollregister 3B8h abschalten. Da die Initialisierung der Herculeskarte in jedem Programm benötigt wird, lohnt es sich eigene Makros zu definieren. Diese Makros können zum Beispiel in einer separaten Datei untergebracht und bei Bedarf über eine INCLUDE-Anweisung eingebunden werden.

Die Initialisierung des Kontrollregisters 3B8h
Der erste Schritt ist es stets über das Kontrollregister 3B8h den gewünschten Modus festzulegen. Um in den Grafikmodus zu gelangen, muß im Kontrollregister 3B8h Bit 1 auf 1 gesetzt werden.

Grundsätzlich sollte während einer Änderung des Modus die Bildschirmdarstellung vorübergehend abgeschaltet werden. Dazu muß Bit 3 im Kontrollregister auf 0 gesetzt werden. Dadurch wird verhindert, daß der Bildschirm durch die anschließende Programmierung des Videokontrollers unter Umständen Schaden nimmt. Nachdem der Zugriff auf den Videokontroller abgeschlossen wurde, kann das Bit 3 im Kontrollregister wieder auf 1 gesetzt werden:

```
KONT_REG        EQU 3B8H
SCREEN_OFF      MACRO
        MOV DX,KONTRL_REG
        IN AL,DX
        AND AL,11110111b
        OUT DX,AL
        ENDM
SCREEN_ON       MACRO
        MOV DX,KONTRL_REG
        IN AL,DX
        OR AL,00001000b
        OUT DX,AL
        ENDM
```

Beachten Sie, daß die Adresse des Kontrollregisters in das DX-Register geladen wird. Der eigentliche Zugriff auf das Kontrollregister erfolgt durch den Befehl

```
OUT DX,AL
```

wobei das AL-Register den auszugebenden Wert enthält. Das nächste Makro heißt SET_3B8H und setzt das Kontrollregister auf einen gewünschten Wert:

```
SET_3B8H        MACRO MODE
        MOV DX,KONTRL_REG
        MOV AL,MODE
        OUT DX,AL
        ENDM
```

Das Setzen des Kontrollregisters ist der erste Schritt innerhalb einer Prozedur zur Initialisierung eines Grafikmodi. Als nächstes müssen die internen Register des 6845 mit den benötigten Werten geladen werden.

Programmierung des 6845

Mit der Initialisierung des Kontrollregisters allein ist es noch nicht getan. Als nächstes muß der Videokontroller über den neuen Grafikmodus informiert werden. Normalerweise, das heißt bei CGA-, EGA- oder VGA-Adapter, geschieht dies über eine entsprechende BIOS-Funktion. Steht diese jedoch nicht zur Verfügung, müssen die benötigten Werte per Hand eingetragen werden. Es soll an dieser Stelle noch einmal darauf hingewiesen werden, daß bei der direkten Programmierung des Videokontrollers äußerste Vorsicht anzuwenden ist. Vergewissern Sie sich zweimal, welche Werte letztlich eingetragen werden und prüfen Sie jeden Wert kritisch. Im, allerdings sehr seltenen, Extremfall kann ein falscher Wert zur Zerstörung des Monitors führen. Schalten Sie daher den Monitor sofort ab, sobald sich verdächtige Anzeichen (etwa ein starkes

Flimmern oder merkwürdige Geräusche) bemerkbar machen. Fassen Sie diesen Hinweis bitte als Vorsichtsmaßnahme auf, einen Grund zur Panik oder zur übertriebenen Vorsicht gibt es allerdings nicht. Die Programmierung des Videokontrollers ist eine Standardoperation, die vom BIOS oder von Anwenderprogrammen immer dann durchgeführt wird, wenn ein Grafikmodus geändert wird. Auch eine Variation der hier aufgeführten Werte ist denkbar. Achten Sie lediglich darauf, daß keine Extremwerte eingetragen werden. Dann sollte in der Regel nichts schiefgehen. Tabelle 13.2 gibt eine Übersicht über die Register des 6845, die bei der Programmierung beteiligt sind. Zu jedem Register sind die Standardwerte aufgeführt, die dort für den Text- und den Grafikmodus enthalten sein müssen.

Reg.-Nr.	Bedeutung	Standardeinstellung	Text 720*348
0	Horizontal-Zeichen gesamt	97	53
1	Horizontal-Zeichen angezeigt	80	45
2	Hor. Synch.-Signal nach ... Zeichen	82	46
3	Breite d. hor.-Synch.-Sign. in Zeichen	15	7
4	Vertikal-Zeichen gesamt	25	91
5	Vertikal-Zeichen total justiert	6	2
6	Vertikal-Zeichen angezeigt	25	87
7	Ver. Synch.-Signal nach ... Zeichen	25	87
8	Verflechtungsmodus	2	2
9	Anzahl der Scanzeilen pro Zeile	13	3
10	Startzeile des blinkenden Cursors	13	6
11	Endzeile des blinkenden Cursors	7	7
12	Höherwertige Byte der Startadresse der Bildschirmseite	0	0
13	Niederwertige Byte der Startadresse der Bildschirmseite	0	0
14	Höherwertige Byte der Cursoradresse	0	0
15	Niederwertige Byte der Cursoradresse	0	0
16	Reserviert		
17	Reserviert		

Tabelle 13.2: *Registerbelegung des 6845*

Bei der Programmierung des 6845 geht es darum, zwölf konstante Werte in zwölf Register einzutragen, die wie das Kontrollregister ebenfalls über einen Ein-/Ausgabeport angesprochen werden. Während die Nummer des gewünschten Registers über das Port 3B4h ausgewählt wird, wird der Inhalt dieses Registers über das Port 3B5h gelesen oder geschrieben. Um zum Beispiel den Wert 97 in das Register Nr. 0 zu schreiben, ist folgende Befehlssequenz notwendig:

```
CLI                      ; Keine Interrupts zulassen
MOV DX,3B4h              ; Adresse des Indexregisters
MOV AL,10
OUT DX,AL                ; Nummer des Registers ausgeben
JMP SHORT $+2            ; Kleine E/A-Pause einlegen
MOV DX,3B5h              ; Adresse des Datenregisters
MOV AL,97
OUT DX,AL                ; Datenwert ausgeben
STI                      ; Interrupts wieder erlaubt
```

Um zu verhindern, daß die Umprogrammierung des Videokontrollers durch einen Interrupt unterbrochen werden kann, sollten während des Zugriffs auf ein 6845-Register keine Interrupts zugelassen werden. Da viele E/A-Ports zwischen zwei Zugriffen eine kleine Pause (im Nanosekundenbereich) benötigen, wird zwischen den beiden OUT-Befehlen ein Sprung durchgeführt.

Beachten Sie, daß die Adresse des Kontrollregisters in das DX-Register geladen wird. Der eigentliche Zugriff auf das Kontrollregister erfolgt durch den Befehl

```
OUT DX,AL
```

wobei das AL-Register den auszugebenden Wert enthält.

Zwecks Vereinfachung wird zunächst eine allgemeine Routine vorgestellt, die einen Wert, der sich im AH-Register befindet, in ein Register des 6845 schreibt, wobei sich die Nummer des 6845-Registers im AL-Register befindet.

```
INDEX_REG   EQU 03B4H          ; Adresse des 6845 Indexregisters
DATEN_REG   EQU 03B5H          ; Adresse des 6845 Datenregisters
SET_6845REG PROC
            MOV DX,INDEX_REG   ; Adresse des Indexregisters
            OUT DX,AL          ; Register anwählen
            JMP SHORT $+2      ; Kurze E/A Pause einlegen
            MOV DX,DATEN_REG   ; Adresse des Datenregisters
            MOV AL,AH          ; AL mit Wert laden
            OUT DX,AL          ; Register mit Wert laden
            RET
SET_6845REG ENDP
```

Innerhalb der Prozedur SET_6845REG wird eine kurze »Pause« von etwa 15 Taktzyklen eingelegt, die für den Schreibzugriff auf den 6845 benötigt wird. Als nächstes wird eine Tabelle angelegt, die die Werte enthält, durch die der 6845 in den Grafikmodus geschaltet wird. Da in diesem Fall nur die ersten zwölf Register eine Bedeutung haben, werden auch nur zwölf Werte benötigt. Neben einer Tabelle für den Grafikmodus wird auch eine Tabelle angelegt, die die Werte für den Textmodus aufnehmen soll:

```
GRAF_TAB    DB 53, 45, 46, 07, 91, 02,
            DB 87, 87, 02, 03, 00, 00,
TEXT_TAB    DB 97, 80, 82, 15, 25, 06
            DB 25, 25, 02, 13, 11, 12
```

Aus dieser Tabelle holt die folgende Prozedur die einzelnen Werte und trägt sie in die Register des 6845 ein:

```
INIT_6845     PROC
              SET_3B8H BL          ; Kontrollregister initialisieren
              MOV CX,12            ; Schleifenzähler laden
              XOR BH,BH            ; Registerzähler auf 0
     LAB1:    LODSB                ; Ein Tabellenelement laden
              MOV AH,AL            ; Datenwert nach AH transportieren
              MOV AL,BH            ; Registernummer nach AL
              CALL SET_6845REG     ; Register setzen
              INC BH               ; Registerzähler erhöhen
              LOOP LAB1            ; Und nochmal
              OR BL,8              ; Bildschirm wieder ein
              SET_3B8H BL          ; Dazu Kontrollregister ändern
              RET
INIT_6845     ENDP
```

Da es vielleicht in Vergessenheit geraten sein könnte, daß es sich bei der Adresse 3B8h nicht um die Adresse eines Speicherregisters, sondern um die Adresse eines Portregisters handelt, wird zunächst ein kleines Makro für dem Zugriff auf das Kontrollregister angegeben:

```
KONTRL_REG    EQU 3B8H
SET_3B8H      MACRO  MODE
              MOV DX,KONTRL_REG    ; Adresse des Kontr. Reg. in DX
              MOV AL,MODE          ; Modus in AL
              OUT DX,AL            ; Inhalt von AL ausgeben
              ENDM
```

Das Setzen des Kontrollregisters ist der erste Schritt innerhalb einer Prozedur zur Initialisierung des hochauflösenden Grafikmodus.

Eine kleine Zusammenfassung
Um durch ein Maschinenprogramm den Grafikmodus der Herculeskarte zu initialisieren, sind stets zwei Schritte erforderlich:

1. Die Initialisierung des Kontrollregisters 3B8h
2. Die Programmierung der internen Register des 6845

Aktivieren des Grafikmodus
Damit sind alle Bausteine vorhanden, um den Grafikmodus der Herculeskarte aktivieren und die Herculeskarte auch wieder in den Textmodus schalten zu können.

```
SET_720x348   PROC                 ; Grafikmodus einschalten
              MOV BL,2H            ; Kontrollregister setzen
              LEA SI,GRAF_TAB      ; Adresse der Tabelle laden
              JMP INIT_6845        ; 6845 initialisieren
              ENDP
SET_80x25     PROC                 ; Textmodus einschalten
```

```
            MOV BL,20H              ; Kontrollregister setzen
            LEA SI,TEXT_TAB         ; Adresse der Tabelle laden

            JMP INIT_6845           ; 6845 initialisieren
            ENDP
```

Mit Hilfe dieser Routinen kann nun ein Rahmengerüst aufgebaut werden, der für jedes Programm, das auf die Herculeskarte zugreift, verwendet werden kann.

Beispielprogramm 13.1 – BSP13_01.ASM

Das folgende Beispielprogramm enthält zwei Prozeduren zur Initialisierung der beiden Modi der Herculeskarte. Das Programm ist aufgrund seines Aufbaus allein nicht lauffähig, es soll vielmehr in Form einer Objektdatei über das Programm LIB wie in Kapitel 10.6 beschrieben in eine Programmbibliothek mit dem Namen HERCU.LIB eingebunden werden. Assemblieren Sie das Programm und binden Sie es über LIB (bzw. TLIB) in eine Programmbibliothek ein.

```
TITLE Hercules GRAFIK - Grundgerüst
;
; -----------------------------------------------------------------------------
; Dieses Programm stellt ein Grundgerüst für die Ansteuerung der Herculeskarte
; dar. Dieses Grundgerüst muß im folgenden um Routinen zum Löschen des Bild-
; schirms, Setzen von Punkten, Zeichnen von Linien usw. erweitert werden.
; -----------------------------------------------------------------------------
.MODEL SMALL
KONTRL_REG   EQU   3B8H
INDEX_REG    EQU   3B4H
DATEN_REG    EQU   3B5H
;
SET_3B8H     MACRO MODE
             MOV DX,KONTRL_REG    ; Adresse des Ausgabeports
             MOV AL,MODE          ; Kontrollwort in AL
             OUT DX,AL            ; Inhalt von AL ausgeben
             ENDM
;
.DATA
        GRAF_TAB DB 53, 45, 46, 07, 91, 02
                 DB 87, 87, 02, 03, 00, 00
        TEXT_TAB DD 97, 80, 82, 15,  25, 6
                 DB 25, 25,  2, 13, 11,  12
;
.CODE
PUBLIC SET_720x348, SET_80x25
SET_720x348 PROC               ; Grafikmodus ein
             MOV DX,@DATA      ; Datensegment initialisieren für Tabelle
             MOV DS,DX
```

```
              MOV AL,00000011b      ; Grafikmodus und 2. Bildschirmseite
              MOV DX,03BFh          ; im Konfigurationsregister
              OUT DX,AL             ; aktivieren
              MOV BL,00000010b      ; Kontrollregister setzen
              LEA SI,GRAF_TAB       ; Adresse der Registerwerte
              JMP SHORT INIT_6845
SET_720x348 ENDP
;
SET_80x25   PROC                    ; Textmodus ein
              MOV AL,0              ; Grafikmodus und 2. Bildschirmseite
              MOV DX,03BFh          ; abschalten
              OUT DX,AL
              MOV BL,20h            ; Kontrollregister setzen
              LEA SI,TEXT_TAB       ; Adresse der Registerwerte
SET_80x25   ENDP
;
INIT_6845   PROC
              SET_3B8H BL
              MOV CX,12             ; Schleifenzähler laden
              XOR BH,BH             ; Registernummer auf Null
LAB1:         LODSB                 ; Ein Tabellenelement laden
              MOV AH,AL             ; Wert nach AH
              MOV AL,BH             ; Registernummer nach AL
              CALL SET_REG          ; Register setzen
              INC BH                ; Registernummer erhöhen
              LOOP LAB1
              OR BL,8               ; Bildschirm wieder ein
              SET_3B8H BL
              RET
INIT_6845   ENDP
;
SET_REG     PROC                    ; Register = AL, Datenwert = AH
              MOV DX,3B4H           ; Adreßliste des 6845
              OUT DX,AL             ; Register anwählen
              JMP SHORT $+2         ; Kurze Pause
              INC DX                ; Datenregister des 6845
              MOV AL,AH             ; Datenwert in AL
              OUT DX,AL             ; Datenwert ausgeben
              RET
SET_REG     ENDP
END
```

Beispielprogramm 13.1 wurde bewußt nicht als ausführbare Programmdatei konzipiert. Es handelt sich vielmehr um ein Programm-Modul, das in Form seiner Objektdatei in eine Programmbibliothek eingebunden werden soll. Dies hat den entscheidenden Vorteil, daß beim Erstellen eines Programms, das diese und die noch kommenden Prozeduren nutzen möchte, lediglich beim Linken der Name der Programmbibliothek angegeben werden muß. Die gewünschten Routinen können dann über einen CALL-Befehl aufgerufen werden. Der einzige zusätzliche Aufwand besteht darin, die Prozeduren der Bibliothek in dem aufrufenden Programm über die EXTRN-Anweisung als extern zu deklarieren.

Der Bibliotheksmanager tritt in Aktion

Das Arbeiten mit einem Bibliotheksmanager, der die Programmbibliothek verwaltet, wurde bereits in Kapitel 10.6 am Beispiel von LIB.EXE, dem Microsoft Bibliotheksmanager, vorgeführt. Auch für das folgende Beispiel soll wieder LIB verwendet werden. Der Aufruf des Bibliotheksmanagers erfolgt durch Eingabe seines Namens:

```
C>LIB
Microsoft (R) Library Manager Version 3.17
Copyright (C) Microsoft Corp 1983-1990. All rights reserved.
Library name: HERCU.LIB <return>
Library does not exist. Create? (y/n) Y <return>
Operations: +BSP13_01.OBJ <return>
List file: HERCU.BLI <return>
```

Als erstes fragt LIB nach dem Namen der Programmbibliothek. Da eine Bibliothek mit dem Namen HERCU.LIB noch nicht existiert, muß diese erstellt werden. Durch die Operation »+BSP13_01.OBJ« wird die Objektdatei in die Programmbibliothek integriert. In die List-Datei HERCU.BLI (die Erweiterung kann frei gewählt werden) wird eine Liste aller Prozeduren und Objektmodule eingetragen. Auch die folgenden Prozeduren sollen in die Programmbibliothek HERCU.LIB eingetragen werden, wobei aber der Aufruf von LIB nicht mehr so ausführlich beschrieben wird.

Grafikroutinen für die Herculeskarte

Neben Routinen zur Initialisierung des Grafikmodi, müssen bei der Herculeskarte auch für elementare Operationen, wie zum Beispiel das Setzen eines einzelnen Punktes oder das Zeichnen einer Linie, eigene Routinen verwendet werden. Beim Erstellen dieser Routinen sollte darauf geachtet werden, daß diese möglichst universell einsetzbar sind und ohne größere Änderungen zum Beispiel auch auf VGA-Karten übertragen werden können. Im folgenden werden eine Reihe von wichtigen Grafikprimitiven vorgestellt, die in eine Programmbibliothek eingebunden werden sollen. Wir beginnen mit der sicherlich elementarsten Routine von allen, nämlich einer Routine, die einen einzelnen Punkt (Pixel) im Grafikmodus setzt oder löscht. Dabei wird die X-Koordinate des Pixels im BX- und die Y-Koordinate im DX-Register übergeben. Bei der Realisierung dieser Routine muß im wesentlichen die zu Anfang dieses Abschnittes abgebildete Formel zur Berechnung der Bildschirmspeicheradresse aus den Koordinaten eines Punktes in ein Maschinensprachprogramm umgesetzt werden. Bevor Sie weiterlesen sollten Sie auf alle Fälle einmal versuchen, diese Formel auf eigene Faust zu »knacken«. Solche und ähnliche Situationen stellen eine hervorragende Gelegenheit dar Ihr Maschinensprachewissen zu überprüfen und sind gleichzeitig ein anschauliches Beispiel für einige binärarithmetische »Rechenkunststücke«. Als erstes gilt es, jene Register, die innerhalb der Routine verändert werden, auf dem Stack zu sichern. Dadurch wird gewährleistet, daß die Routine universell und in jeder Gelegenheit eingesetzt werden kann, ohne unerwünschte Seiteneffekte befürchten zu müssen.

```
SCREEN1          EQU 0B000H     ; Adresse d. Bildschirmspeichers
SETXY               PROC        ; BX = X-Koordinate  DX = Y-Koordinate
         PUSH AX                ; Wichtige Register retten
         PUSH BX
         PUSH CX
         PUSH DX
         PUSH ES
         PUSH DI
```

Bevor die eigentliche Berechnung durchgeführt werden kann, müssen noch einige Vorbereitungen getroffen werden:

```
MOV CX,SCREEN1     ; Segmentadresse der Seite 1
MOV ES,CX          ; ES mit Segmentadresse laden
MOV AX,DX          ; Y-Koordinate kopieren
```

Durch diese MOV-Befehle wird die Adresse des Bildschirmspeichers der Herculeskarte in das ES-Register geladen und die Y-Koordinate zwecks Umrechnung in das AX-Register kopiert. Nun muß die Formel Stück für Stück umgesetzt werden. Als erstes wird der Ausdruck »Y Mod 4«, das heißt der Rest der Division der Y-Koordinate durch 4 berechnet. Das Ergebnis, das die Nummer der Bank innerhalb des Bildschirmspeichers festlegt, kann durch eine einfache UND-Verknüpfung erhalten werden:

```
AND DX,11b
```

Das Ergebnis wird mit 8192 multipliziert. Ein MUL-Befehl wäre nicht empfehlenswert, da er auf einer 8086/88-CPU bis zu 133 Taktzyklen benötigen würde (auf den übrigen CPUs ist er deutlich schneller). Ein wenig schneller geht es mit einem Schiebebefehl, der bekanntlich eine Multiplikation (Schieben nach links) oder eine Division (Schieben nach rechts) durch 2 bewirkt. Um eine Zahl mit 8192 zu multiplizieren, müßte man diese Zahl um dreizehn Positionen nach links verschieben, da $2^{13} = 8192$ ist. Den gleichen Effekt hat aber auch eine Verschiebung um drei Positionen nach rechts, (wenn die rechts herausgeschobenen Bits auf der linken Seite wieder eingefügt werden), so daß wir uns für diese Alternative entscheiden, die insgesamt (laut Datenbuch) nur 20 Taktzyklen benötigt:

```
MOV CL,3     ; Anzahl der Verschiebungen
ROR DX,CL    ; Rotation um drei nach rechts ohne Carry
```

Als nächstes wird der Term »90 * INT(Y/4)« berechnet. Auch eine Division durch 4 kann durch zweimaliges Verschieben nach rechts durchgeführt werden. Diesmal wird aber der SHR-Befehl verwendet, da die herausgeschobenen Bits nicht mehr auf der anderen Seite hineingeschoben werden sollen. Die Multiplikation mit 90 wird sinnvollerweise ebenfalls in mehrere Schiebeoperationen aufgeteilt. Dazu muß man lediglich die Operation »90 * INT(Y/4)« in der Form »(64+16+8+2) * INT(Y/4)« schreiben und das Ergebnis der Multiplikation von INT(Y/4) mit jeder Zahl innerhalb der Klammer aufsummieren. Das hört sich kompliziert an, ist es aber nicht, wenn man sich die folgenden Befehle anschaut:

```
SHR AX,1            ; AX geteilt durch vier
SHR AX,1
MOV DI,AX           ; INT(Y/4) nach DI
SHL DI,1            ; INT(Y/4) * 2
SHL AX,1            ; INT(Y/4) * 8
SHL AX,1
SHL AX,1
ADD DI,AX           ; Aufsummieren
SHL AX,1            ; INT(Y/4) * 16
ADD DI,AX           ; Aufsummieren
SHL AX,1            ; INT(Y/4) * 64
SHL AX,1
ADD DI,AX           ; Aufsummieren
```

Damit wäre auch der zweite Ausdruck in der Formel abgehakt und die beiden Zwischenergebnisse können aufsummiert werden:

```
ADD DI,DX           ; 8192 * (Y Mod 4) + 90 * INT(Y/4)
```

Im DI-Register befindet sich nun die Adresse des ersten Bytes der Bildschirmzeile. Was noch fehlt, ist der Offset innerhalb dieser Zeile, der durch den Ausdruck »INT(X/8)« berechnet wird:

```
MOV AX,BX           ; BX nach AX kopieren
MOV CL,3            ; X-Koordinate geteilt durch 8
SHR AX,CL
ADD DI,AX           ; Aufsummieren
```

Damit befindet sich im DI-Register die Bildschirmspeicheradresse, unter der der zu setzende Punkt zu finden ist. Da sich unter dieser Adresse aber acht Punkte befinden, muß als nächstes die Bitnummer des zu setzenden Punktes nach der Formel »7 – X Mod 8« berechnet werden:

```
MOV CL,7
AND BX,7            ; Rest von X geteilt durch 8
SUB CL,BL           ; 7 - X Mod 8
```

Durch die Bitnummer wird schließlich der Wert festgelegt, mit der der Inhalt der berechneten Bildschirmspeicheradresse ODER verknüpft werden muß, um den gewünschten Punkt zu setzen. Ein Beispiel soll diese Überlegung veranschaulichen. Um zum Beispiel das Bit 4 in einem Register zu setzen, muß der Inhalt dieses Registers mit 16 nach der ODER-Regel verknüpft werden:

```
MOV AH,1            ; Berechne 2CL , CL = Bitnummer
SHL AH,CL
```

Jetzt ist sowohl die Adresse im Bildschirmspeicher (DI-Register) als auch der Wert mit der der Inhalt dieser Speicherstelle maskiert werden muß bekannt und der Punkt kann gesetzt werden:

```
MOV AL,ES:[DI]      ; Inhalt der Speicherstelle laden
OR AL,AH            ; Bit setzen
MOV ES:[DI],AL      ; Neuen Inhalt wieder speichern
```

Zum Schluß müssen noch die eingangs auf dem Stack geretteten Register wieder hergestellt werden und die Routine zum Setzen eines Bildschirmpunktes ist fertig:

```
            POP DI
            POP ES
            POP DX
            POP CX
            POP BX
            POP AX
            RET
SETXY       ENDP
```

Mit der Prozedur SETXY läßt sich bereits eine Menge anfangen. Bis zu einer praktischen Vorführung kommt, müssen aber erst noch ein paar weitere Grafikprimitive vorgestellt werden.

Löschen des Grafikbildschirms

Bevor irgendwelche Grafiken auf den Bildschirm der Herculeskarte gezaubert werden, sollte dieser zunächst einmal gelöscht werden. Erfolgt die Initialisierung eines Grafikmodi über eine BIOS-Funktion geschieht dies automatisch, wenn nicht, muß man sich mit einer kleinen Routine behelfen. Die folgende Prozedur löscht den Grafikbildschirm der Herculeskarte:

```
CLEAR       PROC
            PUSH ES          ; ES retten
            XOR AX,AX        ; AX löschen
            XOR DI,DI        ; Offsetregister löschen
            MOV BX,0B000H    ; Segmentregister laden
            MOV ES,BX
            MOV CX,4000h     ; Die ganzen 16 Kbyte löschen
            REP STOSW
            POP ES           ; ES wieder herstellen
            RET
CLEAR       ENDP
```

Beispielprogramm 13.2 – BSP13_02.ASM

Das folgende Beispielprogramm enthält eine Prozedur zum Setzen oder Löschen eines Pixels im Grafikbildschirm der Herculeskarte und eine Prozedur zum Löschen des Grafikbildschirms. Das Programme ist aufgrund seines Aufbaus allein nicht lauffähig, es soll vielmehr in Form einer Objektdatei über das Programm LIB wie in Kapitel 10.6 beschrieben in eine Programmbibliothek mit dem Namen HERCU.LIB eingebunden werden. Assemblieren Sie das Programm und binden Sie es über LIB (bzw. TLIB) in eine Programmbibliothek ein.

```
TITLE HERCULES - Funktionen SETXY und CLEAR
; ------------------------------------------------------------------------
; Dieses Programm enthält zwei Prozeduren zum Setzen eines Pixels und zum
Löschen des Grafikbildschirms.
; Beide Routinen werden in Form einer Objektdatei in die Programmbibliothek
HERCU.LIB eingebunden.
```

```
; Parameter vor dem Aufruf:      AX = Farbwert (0 löschen, 1 setzen)
;                                CX = Y-Koordinate
;                                DX = X-Koordinate
; Rückgabewerte:                 keine
;
; --------------------------------------------------------------------------
.MODEL SMALL
SCREEN1    EQU 0B000H
.CODE
PUBLIC SETXY, CLEAR
SETXY      PROC
           PUSH ES              ; Wichtige Register retten
           PUSH BX
           PUSH DI
           PUSH BP              ; Stackrahmen aufbauen
           MOV BP,SP
           SUB SP,2
           MOV [BP-2],AX        ; Modus zwischenspeichern
           MOV AX,SCREEN1       ; Segmentadresse der 1. Bild-
           MOV ES,AX            ; schirmseite laden
           MOV AX,CX            ; Y-Koordinate kopieren
           MOV BX,CX
           AND BX,11B           ; Y MOD 4
           MOV CX,3
           ROR BX,CL            ; * 8192
           SHR AX,1             ; Y / 4  in AX
           SHR AX,1
           MOV DI,AX
           SHL DI,1             ; Y / 4 * 2
           SHL AX,CL            ; Y / 4 * 8
           ADD DI,AX
           SHL AX,1             ; Y / 4 * 16
           ADD DI,AX
           SHL AX,1             ; Y / 4 * 64
           SHL AX,1
           ADD DI,AX
           ADD DI,BX            ; Adresse der Bildschirmzeile
;
           MOV AX,DX            ; X-Koordinate nach AX
           MOV CL,3             ; X-Koordinate / 8
           SHR AX,CL
           ADD DI,AX            ; Bildschirmspeicheradresse
;
           MOV CL,7
           AND DX,7             ; Rest von X / 8
           SUB CL,DL            ; 7 - X Mod 8
           MOV AH,1             ; Bitnummer berechnen
           SHL AH,CL
```

```
                MOV AL,ES:[DI]          ; Byte laden
                CMP WORD PTR [BP-2],1   ; Bit setzen?
                JNE SET1                ; Nein, löschen
                OR AL,AH                ; Bit setzen
                JMP SHORT SET2
SET1:
                XOR AL,AH               ; Bit löschen
SET2:
                MOV ES:[DI],AL          ; Byte zurückspeichern
;
                MOV SP,BP
                POP BP
                POP DI                  ; Register wieder herstellen
                POP BX
                POP ES
                RET
SETXY           ENDP
;
CLEAR           PROC                    ; Löschen des Bildschirmspeichers
                PUSH ES                 ; Register retten
                PUSH AX
                PUSH CX
                PUSH DI
                MOV AX,SCREEN1          ; Adresse der 1. Bildschirmseite
                MOV ES,AX               ; nach DI
                XOR DI,DI
                XOR AX,AX               ; Überall eine 0 speichern
                MOV CX,4000h            ; Insgesamt 32768 Byte
        REP     STOSW
                POP DI
                POP CX
                POP AX
                POP ES
                RET
CLEAR           ENDP
END
```

Mit den bereits vorgestellten Routinen lassen sich schon einige kleinere Effekte realisieren. Das nächste Beispielprogramm führt einen solchen Effekt vor und zeigt vor allem, welche Vorteile man von einer Programmbibliothek hat.

Beispielprogramm 13.3 – BSP13_03.ASM

Das folgende Beispielprogramm zeichnet mit Hilfe der Prozedur SETXY eine geometrische Figur auf dem Bildschirm. Es benutzt dabei die bereits vorgestellten Funktionen der Programmbibliothek HERCU.LIB. Assemblieren Sie das Programm.

```
TITLE HERCULES-DEMO I
;-------------------------------------------------------------------------
; Dieses Programm zeigt eine kleine Anwendung für die Prozedur SETXY
;-------------------------------------------------------------------------
.MODEL SMALL
.STACK 100h
.DATA
        X_POS   DW 10
        Y_POS   DW 10
        X_LIMIT DW 720
        Y_LIMIT DW 340
        ZAEHLER DW 0
.CODE
        EXTRN LINIE:NEAR,CLEAR:NEAR,SET_720x348:NEAR,SET_80x25:NEAR
        EXTRN SETXY:NEAR
START:
        MOV DX,@DATA            ; Datensegment initialisieren
        MOV DS,DX
        CALL SET_720x348        ; Hercules-Grafikmodus aktivieren
        CALL CLEAR
S0:
        SUB X_LIMIT,20          ; Eine geometrische Figur zeichnen
        MOV ZAEHLER,0
S1:
        MOV CX,Y_POS
        MOV DX,X_POS
        MOV DI,1
        CALL SETXY
        INC X_POS
        INC ZAEHLER
        MOV AX,ZAEHLER
        CMP AX,X_LIMIT
        JLE S1
        SUB Y_LIMIT,20
        MOV ZAEHLER,0
S2:
        MOV CX,Y_POS
        MOV DX,X_POS
        MOV DI,1
        CALL SETXY
        INC Y_POS
        INC ZAEHLER
        MOV AX,ZAEHLER
        CMP AX,Y_LIMIT
        JLE S2
        SUB X_LIMIT,20
        MOV ZAEHLER,0
```

```
S3:
        MOV CX,Y_POS
        MOV DX,X_POS
        MOV DI,1
        CALL SETXY
        DEC X_POS
        INC ZAEHLER
        MOV AX,ZAEHLER
        CMP AX,X_LIMIT
        JLE S3
        SUB Y_LIMIT,20
        MOV ZAEHLER,0
S4:
        MOV CX,Y_POS
        MOV DX,X_POS
        MOV DI,1
        CALL SETXY
        DEC Y_POS
        INC ZAEHLER
        MOV AX,ZAEHLER
        CMP AX,Y_LIMIT
        JLE S4
        CMP Y_LIMIT,20
        JL ENDE
        JMP S0
ENDE:
        MOV AH,01               ; Auf Tastendruck warten
        INT 21h
        CALL CLEAR
        CALL SET_80x25          ; Wieder in Textmodus
        MOV AH,4Ch              ; Zurück zu DOS
        INT 21h
END START
```

Beispielprogramm 13.3 liegt bislang nur als Objektdatei vor. Um es in eine ausführbare Programmdatei umzuwandeln muß der Linker in Aktion treten. Dieser benötigt diesmal aber auch den Namen unserer Programmbibliothek, so daß der Aufruf sich wie folgt gestaltet:

```
C>LINK BSP13_03,,,HERCU;
```

Das war alles. Durch die Angabe einer Programmbibliothek wird der Linker veranlaßt, diese nach den externen Prozeduren zu durchsuchen und diese in das Programm zu integrieren. Von den vielen Vorzügen einer Programmbibliothek sollen zusammenfassend drei der wichtigsten aufgeführt werden:

■ Man muß nicht wissen, wo eine bestimmte Prozedur abgelegt wurde. Das Suchen nach einer Prozedur übernimmt der Linker.

▓ Das Linken wird vereinfacht, da nicht alle beteiligten Module in der Kommandozeile aufgeführt werden müssen.

▓ Der Bibliotheksmanager übernimmt die Verwaltung der in der Programmbibliothek befindlichen Module und Prozeduren.

Letzteres wird eindrucksvoll durch die Listing-Datei HERCU.BLI belegt, die in Bild 13.5 zu finden ist. Aus diesem Listing wird deutlich, daß der Bibliotheksmanager sowohl über die enthaltenen Module als auch über die darin enthalten (globalen) Prozeduren Buch führt.

```
CLEAR.............bsp13_02          LINIE.............bsp13_03
SETXY.............bsp13_02          SET_720X348.......bsp13_01
SET_80X25.........bsp13_01          SET_PUNKT.........bsp13_03
bsp13_01          Offset: 00000010H  Code and data size: 5eH
   SET_720X348        SET_80X25
bsp13_02          Offset: 00000120H  Code and data size: 78H
   CLEAR             SETXY
bsp13_03          Offset: 00000220H  Code and data size: 14cH
   LINIE             SET_PUNKT
```

Bild 13.5: *Der Inhalt eines Bibliothekslistings*

Zeichnen einer Linie mit der Herculeskarte

Das Zeichnen einer Linie ist ein wenig kniffliger als das Setzen eines Punktes, denn es sollen nicht nur horizontale oder vertikale Linien, sondern beliebigen Linie gezeichnet werden können. Falls Sie in der Schule im Mathematikunterricht aufgepaßt haben, wissen Sie, daß sich jede Gerade durch eine Geradengleichung

```
Y = M * X + N
```

beschreiben läßt. Eigentlich wäre es naheliegend, diese Formel einer Routine zum Zeichnen einer Gerade zugrunde zu legen. Allerdings hat dieses Verfahren ein paar Nachteile. So kommen durch Umstellen der Formel zwangsläufig Zahlen mit einem Nachkommaanteil ins Spiel. Außerdem ist nicht so ohne weiteres gewährleistet, daß eine zusammenhängende Gerade entsteht. So kann es beispielsweise passieren, daß bei Geraden mit einer sehr kleinen oder sehr großen Steigung der Funktionswert der Geraden Lücken aufweist. Da aber das Zeichnen von Geraden, oder besser gesagt die Verbindung zweier Punkte durch eine Gerade, zu einer der elementarsten Aufgaben in der Computergrafik gehört, haben sich findige Köpfe Algorithmen ausgedacht, die zwei Grundanforderungen erfüllen. Zum einen stellen sie ideale Geraden dar, das heißt Geraden, die einen lückenlosen Verlauf aufweisen, und zum anderen verwenden sie ausschließlich Integerzahlen bzw. Additionen und Subtraktionen (und keine Multiplikationen oder Divisionen), wodurch sich eine sehr hohe Ausführungsgeschwindigkeit ergibt. Im folgenden soll eine Implementation des sogenannten »Bresenham Algorithmus« vorgestellt werden, der durch seine Einfachheit besticht. Daß der Code dennoch auf den ersten Blick recht umfangreich wirken mag, liegt in erster Linie daran, daß Sie noch nicht versucht haben, das gleiche Problem »konventionell«, das heißt unter Zugrundelegung einer Geradengleichung zu lösen. Selbstverständlich kann das Beispielprogramm 13.3 auch für andere Grafikkarten verwendet werden. Es müssen in diesem Fall allerdings ein paar

Parameter angepaßt werden. Der Bresenham-Algorithmus selber soll hier nicht ausführlich vorgestellt werden.

Eine Voraussetzung für die Anwendbarkeit des Bresenham-Algorithmus ist, daß die Steigung der Geraden zwischen 0 und 1 liegt. Die Gerade wird durch eine Folge von Iterationen der X- bzw. Y-Koordinate erzeugt, wobei bei jedem Durchlauf geprüft wird, ob eine Erhöhung in X- bzw. Y-Richtung stattfinden muß. Wer sich tiefergehend über diesen Algorithmus im speziellen oder Computergrafik-Algorithmen im allgemeinen informieren möchte, findet in Anhang I Hinweise auf zwei ausgezeichnete Bücher.

Beispielprogramm 13.4 – BSP13_04.ASM

Das folgende Beispielprogramm stellt eine Implementation des Bresenham-Algorithmus zum Zeichnen einer Linie dar. Assemblieren Sie das Programm mit MASM 5.1 und binden Sie es in die Programmbibliothek HERCU.LIB ein.

```
TITLE HERCULES - Funktion LINIE
;-------------------------------------------------------------------------------
; Dieses Modul enthält die Prozedur LINIE zum Zeichnen einer Linie nach dem
; Bresenham-Algorithmus.
; Aufruf mit
;                       AX = X1
;                       BX = Y1
;                       CX = X2
;                       DX = Y2
;                       DI = Modus (0 löschen, 1 setzen)
; Rückgabewerte         keine
;-------------------------------------------------------------------------------
.MODEL SMALL,PASCAL
;-------------------------------------------------------------------------------
; Der Parameter PASCAL bewirkt bei MASM 5.1, daß automatisch ein Stackrahmen
; assembliert wird und die LOCAL-Anweisung und der USES-Parameter erlaubt
; sind.
; Der Parameter C geht nicht, da er allen globalen Symbolen einen
; Unterstrich
; voranstellt.
;-------------------------------------------------------------------------------
SCREEN1 EQU 0B000h
.CODE
PUBLIC LINIE
LINIE   PROC            ; Beginn der Prozedur
;-------------------------------------------------------------
; Zu Beginn der Prozedur werden eine Reihe von lokalen Variablen
; zur Zwischenspeicherung von Werten definiert.
;-------------------------------------------------------------
        LOCAL X1:WORD, Y1:WORD, X2:WORD, Y2:WORD, MODUS:WORD
        LOCAL S1:WORD, S2:WORD, S3:WORD, S4:WORD
```

```
            MOV X1,AX        ; Übergebene Parameter sichern
            MOV Y1,BX
            MOV X2,CX
            MOV Y2,DX
            MOV MODUS,DI
            MOV AX,X2        ; Differenz X2 - X1 nach AX
            SUB AX,X1
            JNS LAB1
            NEG AX           ; Vorzeichentausch
LAB1:
            MOV BX,Y2        ; Differenz von Y2 - Y1 nach BX
            SUB BX,Y1
            JNS LAB2
            NEG BX           ; Vorzeichentausch
LAB2:
            CMP AX,BX        ; Steigung <= 1?
            JGE LAB3A        ; Ja
            JMP LAB20        ; Nein
LAB3A:
            MOV CX,X1        ; Ist X1 <= X2?
            CMP CX,X2
            JG LAB4
            MOV CX,1         ; X steigt
            JMP SHORT LAB5
LAB4:
            MOV CX,-1        ; X fällt
LAB5:
            MOV DX,Y1        ; Ist Y1 <= Y2
            CMP DX,Y2
            JG LAB6
            MOV DX,1         ; Y steigt
            JMP SHORT LAB7
LAB6:
            MOV DX,-1        ; Y fällt
LAB7:
            MOV S1,CX        ; Steigung auf dem Stack speichern
            MOV S2,DX
            ADD DX,DX        ; Steigung berechnen
            MOV S3,BX
            SUB BX,AX
            MOV CX,BX
            SUB CX,AX
            MOV S4,CX
            MOV AX,MODUS     ; Ersten Punkt setzen
            MOV CX,X1
            MOV DX,Y1
            CALL SET_PUNKT   ; Funktion zum Setzen eines Punktes
```

```
LAB8:
        CMP  CX,X2          ; Weitere Punkte?
        JZ  LAB3
        ADD  CX,S1          ; X-Koordinate erhöhen
        OR  BX,BX           ; Entscheiden, ob Y-Koordinate erhöht
        JNS  LAB10          ; wird
        ADD  BX,S3
        JMP  SHORT LAB11
LAB10:
        ADD  BX,S4          ; Nächsten Punkt ausgeben
        ADD  DX,S2
LAB11:
        CALL SET_PUNKT      ; Funktion zum Setzen eines Punktes
        JMP  SHORT LAB8
LAB20:
;-----------------------------------------------------------
; Dieser Teil wird durchlaufen, wenn die Steigung > 1 ist
;-----------------------------------------------------------
        MOV  CX,Y1          ; Steigung ist > 1
        CMP  CX,Y2          ; Ist Y1 <= Y2?
        JG  LAB12
        MOV  CX,1           ; Y steigt
        JMP  SHORT LAB13
LAB12:
        MOV  CX,-1          ; Y fällt
LAB13:
        MOV  DX,X1          ; Ist X1 <= X2?
        CMP  DX,X2
        JG  LAB14
        MOV  DX,1           ; X steigt
        JMP  SHORT LAB15
LAB14:
        MOV  DX,-1          ; X fällt
LAB15:
        MOV  S1,CX          ; Steigung auf dem Stack speichern
        MOV  S2,DX
        ADD  AX,AX          ; Steigung berechnen
        MOV  S3,AX
        SUB  AX,BX
        MOV  CX,AX
        SUB  CX,BX
        MOV  S4,CX
        MOV  BX,AX
        MOV  AX,MODUS       ; 1. Punkt ausgeben
        MOV  CX,X1
        MOV  DX,Y1
        CALL SET_PUNKT      ; Diese Funktion setzt einen Punkt
```

```
LAB16:
        CMP DX,Y2        ; Weitere Punkte ausgeben?
        JZ LAB3
        ADD DX,S1
        OR BX,BX
        JNS LAB18
        ADD BX,S3
        JMP SHORT LAB19
LAB18:
        ADD BX,S4
        ADD CX,S2
LAB19:
        CALL SET_PUNKT  ; Diese Funktion setzt einen Punkt
        JMP SHORT LAB16
;
LAB3:
        RET              ; Zurück zum Hauptprogramm
LINIE   ENDP
; --------------------------------------------------------------------------
; Prozedur zum Setzen eines Punktes (leicht modifiziert gegenüber SETXY)
; Aufruf mit:   AX      =       Modus (0= löschen, 1 = schreiben)
;               CX      =       X-Koordinate
;               DX      =       Y-Koordinate
; --------------------------------------------------------------------------
SET_PUNKT  PROC USES ES AX BX CX DX DI
; --------------------------------------------------------------------------
; Über den USES-Parameter werden die folgenden Register während der
; Prozedur auf den Stack gerettet.
; --------------------------------------------------------------------------
        MOV SI,AX           ; Modus zwischenspeichern
        MOV AX,SCREEN1      ; Segmentadresse der 1. Bild-
        MOV ES,AX           ; schirmseite laden
        XCHG CX,DX
        MOV AX,CX           ; Y Koordinate kopieren
        MOV BX,CX
        AND BX,11B          ; Y MOD 4
        MOV CX,3
        ROR BX,CL           ; * 8192
        SHR AX,1            ; Y / 4  in AX
        SHR AX,1
        MOV DI,AX
        SHL DI,1            ; Y / 4 * 2
        SHL AX,CL           ; Y / 4 * 8
        ADD DI,AX
        SHL AX,1            ; Y / 4 * 16
        ADD DI,AX
        SHL AX,1            ; Y / 4 * 64
        SHL AX,1
        ADD DI,AX
```

```
                ADD DI,BX              ; Adresse der Bildschirmzeile
;
                MOV AX,DX              ; X-Koordinate nach AX
                MOV CL,3              ; X-Koordinate / 8
                SHR AX,CL
                ADD DI,AX              ; Bildschirmspeicheradresse
;
                MOV CL,7
                AND DX,7              ; Rest von X / 8
                SUB CL,DL            ; 7 - X Mod 8
                MOV AH,1              ; Bitnummer berechnen
                SHL AH,CL
                MOV AL,ES:[DI]        ; Byte laden
                CMP SI,1              ; Bit setzen?
                JNE SET1              ; Nein, löschen
                OR AL,AH              ; Bit setzen
                JMP SHORT SET2
SET1:
                XOR AL,AH            ; Bit löschen
SET2:
                MOV ES:[DI],AL        ; Byte zurückspeichern
                RET                  ; Zurück zum Hauptprogramm
SET_PUNKT       ENDP
END
```

Es fällt auf, daß auf die .MODEL-Anweisung der Parameter PASCAL folgt. Lassen sich durch diesen Parameter nicht irritieren, er hat nichts mit der Programmiersprache Pascal zu tun. Er soll lediglich bewirken, daß die für den Aufbau eines Stackrahmens erforderlichen Befehle automatisch assembliert werden, und daß Anweisungen, wie zum Beispiel LOCAL, erlaubt sind. Ohne den PASCAL-Parameter hätten die Befehle für den Aufbau eines Stackrahmens direkt eingegeben werden müssen, wodurch das Programm ein bißchen umfangreicher geworden wäre. Der Sprachparameter »C« ist in diesem Fall nicht erlaubt, da, wie in Kapitel 14 noch zu erläutern sein wird, dieser zur Folge hat, daß der Assembler allen globalen Symbolen einen C-typischen Unterstrich »_« voranstellt. Die Prozedur LINIE hieße dann intern _LINIE und könnte vom Linker nicht mehr zugeordnet werden.

In Beispielprogramm 13.4 wird zur Zwischenspeicherung von Parametern vom Stack Gebrauch gemacht. Durch die LOCAL-Anweisung wird auf dem Stack ein bestimmter Bereich reserviert und es werden Textkonstanten vom Typ »[BP-x]« für den Zugriff auf den Stack definiert. Auch dazu erfahren Sie mehr in Kapitel 14.

Auch Beispielprogramm 13.4, genauer gesagt die Prozedur LINIE soll in die Programmbibliothek HERCU.LIB eingebunden werden:

```
C>MASM BSP13_04;
C>LIB HERCU +BSP13_04,HERCU.BLI;
```

Sie sehen an diesem Beispiel, daß es ein wenig einfacher ist, den Bibliotheksmanager in einer einzigen Zeile aufzurufen.

Beispielprogramm 13.5 – BSP13_05.ASM

Dieses Beispielprogramm demonstriert die Anwendung der Prozedur LINIE aus Beispielprogramm 13.4. Nach der Ausführung dieses Programms auf einem PC mit Herculeskarte oder einer Grafikkarte mit Herculesmodus werden ein paar Linien gezeichnet. Assemblieren Sie das Programm, linken Sie es mit der Bibliothek HERCU.LIB und bringen Sie es zur Ausführung.

```
TITLE HERCULES DEMO II
; ----------------------------------------------------------
; Dieses Programm ist eine Anwendung der Funktion LINIE aus
; der Funktionsbibliothek HERCU.LIB. Bei seiner Ausführung
; zeichnet es einige Linien auf dem Bildschirm.
; ----------------------------------------------------------
.MODEL SMALL
.STACK 100h
                ANZAHL = 17
.DATA
                X1_POS      DW      ?
                Y1_POS      DW      ?
                X2_POS      DW      ?
                Y2_POS      DW      ?
.CODE
        EXTRN SET_720x348:NEAR, SET_80x25:NEAR, CLEAR:NEAR
        EXTRN LINIE:NEAR
START:
        MOV DX,@DATA            ; Datensegment initialisieren
        MOV DS,DX
        CALL SET_720x348        ; Ab in den Grafikmodus
        CALL CLEAR              ; Bildschirmspeicher aufräumen
        MOV X1_POS,1            ; Anfangswerte vorgeben
        MOV Y1_POS,1
        MOV X2_POS,719
        MOV Y2_POS,347
        MOV CX,ANZAHL
S1:
        PUSH CX                 ; Ein paar Linien zeichnen
        MOV AX,X1_POS
        MOV BX,Y1_POS
        MOV CX,X2_POS
        MOV DX,Y2_POS
        MOV DI,1
        CALL LINIE
        ADD Y1_POS,20
        SUB Y2_POS,20
        POP CX
        LOOP S1
        MOV AH,01              ; Auf Taste warten
        INT 21h
```

```
        CALL SET_80x25          ; Zurück in Textmodus
        CALL CLEAR
        MOV AH,4Ch              ; Und zurück zu DOS
        INT 21h
END START
```

13.3 Textausgabe auf der Herculeskarte

Da die Herculeskarte nicht durch das BIOS unterstützt wird, ist auch keine Textausgabe mit Hilfe einer BIOS-Funktion möglich. Doch ist dies kein Grund um zu verzweifeln, da sich eine Textausgaberoutine relativ leicht konstruieren läßt. Dazu müssen Sie wissen, daß für jedes Zeichen mit einem ASCII-Code zwischen 0 und 127 eine interne 8*8-Zeichenmatrix im ROM-Speicher ab der Adresse 0F000:FA6Eh existiert. Ein Programm, das auf einer Herculeskarte Texte ausgeben möchte, muß lediglich die in der Zeichentabelle gespeicherte Information für jedes auszugebende Zeichen in den Bildschirmspeicher kopieren. Die folgende Prozedur zeigt, wie sich eine Zeichenausgabe realisieren läßt.

Für den Zugriff auf die Zeichentabelle im ROM-Speicher muß deren Segmentadresse 0F000h in ein Segment-Register und die Offsetadresse 0FA6Eh in ein Offset-Register geladen werden:

```
MOV DX,0F000h
MOV ES,DX
MOV DI,0FA6Eh
```

Nun kann zum Beispiel über einen Befehl wie

```
MOV AL,ES:[DI]
```

auf die Zeichentabelle zugegriffen werden. Die Prozedur zur Zeichenausgabe beginnt wieder einmal mit dem Sichern wichtiger Register:

```
ZEICHEN PROC
        PUSH SI         ; Sichern wichtiger Register
        PUSH DX
        PUSH BX
```

Außerdem werden die übergebenen Parameter in den definierten Variablen gespeichert. An dieser Stelle muß auch die Frage geklärt werden, in welchem Bereich sich die X- und Y-Koordinate bewegen darf. Da von einer 8*8-Zeichenmatrix pro Zeichen ausgegangen wird, lassen sich pro Zeile 90 Zeichen darstellen. Dementsprechend wird die X-Koordinate auf einen Bereich von 0 bis 89 festgelegt. Die Y-Koordinate kann dagegen in einem Bereich von 0 bis 349 liegen, so daß maximal 43 Zeilen dargestellt werden können. Der X- und der Y-Wert beziehen sich auf den linken oberen Rand des Zeichens. Sie sollten bei der Parameterübergabe auf die Einhaltung des festgelegten Bereichs achten, da das Programm keine diesbezüglichen Überprüfungen durchführt. Genauso ist es ohne allzu großen Aufwand möglich, die Zeichen in einer beliebigen Größe darzustellen, doch wäre eine solche Routine für den Anfang unnötig kompliziert.

```
MOV X1,BX          ; Speichern der X- und Y-Koordinate
MOV Y1,DX
MOV ASCII,CH       ; Übergabe des Zeichencodes
XOR BH,BH
MOV BL,CH
```

Nachdem die benötigten Parameter übergeben worden sind, muß aus dem ASCII-Code der Offset innerhalb der Zeichentabelle berechnet werden. Da jedes Zeichen aus einer 8*8-Matrix besteht, das heißt 8 Byte in der Tabelle belegt, muß der ASCII-Code des auszugebenden Zeichens lediglich mit acht multipliziert werden:

```
MOV CL,3
SHL BX,CL
```

Aus dem berechneten Offset und der Startadresse der Zeichentabelle wird nun die Adresse berechnet, unter der die Information für das auszugebende Zeichen zu finden ist:

```
MOV DI,CHAR_OFF
ADD DI,BX
```

Als nächstes gilt es, die acht Byte, die die Information für das auszugebende Zeichen enthalten, in den Bildschirmspeicher zu kopieren. Dazu wird das ES-Register mit der Adresse des Segments CHAR_TAB geladen, das die Zeichentabelle enthält:

```
MOV DX,CHAR_SEG
MOV ES,DX
```

Durch den Befehl

```
MOV AL,ES:[DI]
```

wird das erste Byte aus der Zeichentabelle in das AL-Register geladen. Dieses Byte soll nun an der richtigen Stelle im Bildschirmspeicher abgelegt werden. Dazu muß die Adresse im Bildschirmspeicher berechnet werden. Erledigt wird diese Aufgabe durch die Routine LINE_ADR. Da diese Routine lediglich ein Ausschnitt aus der Routine SETXY ist, die bereits besprochen wurde, soll die Routine LINE_ADR an dieser Stelle nicht im Detail erläutert werden. Den Quelltext finden Sie in Beispielprogramm 13.6. Es sei erwähnt, daß die Operation »90 * INT(Y/4)« diesmal durch einen MUL-Befehl gelöst wurde, da die Ausgabe von Text nicht zeitkritisch ist. Der Routine LINE_ADR wird im DX-Register die Y-Koordinate übergeben und wir erhalten nach Beendigung die entsprechende Bildschirmspeicheradresse der Zeile im DI-Register. Zu dieser Adresse muß noch die X-Koordinate der Textausgabe addiert werden, um die endgültige Adresse im Bildschirmspeicher zu erhalten:

```
MOV DX,Y1          ; Y-Koordinate in DX
CALL LINE_ADR      ; Adresse d. Bildschirmzeile berechnen
ADD DI,Y1          ; X-Koordinate addieren
```

Da jetzt die Adresse im Bildschirmspeicher bekannt ist, kann das Byte aus der Zeichentabelle endlich abgespeichert werden. Auch diesmal wird das ES-Register zur Adressierung des Segments, das den Bildschirmspeicher der Herculeskarte enthält, verwendet. Auch diesmal muß das ES-Register zuvor initialisiert werden:

```
MOV DX,SCREEN1
MOV ES,DX
STOSB
```

Der Befehl STOSB speichert den Inhalt des AL-Registers in der Speicherstelle, die durch das Registerpaar ES:DI adressiert wird. Zum Schluß müssen noch die Zeiger auf die Zeichentabelle und den Bildschirmspeicher erhöht, die Schleife beendet und die eingangs auf dem Stack geretteten Register zurückgeholt werden:

```
INC SI       ; Erhöhe Zeiger auf Zeichentabelle
INC Y1       ; Erhöhe Zeiger auf Bildschirmspeicher
LOOP CHAR1
POP BX
POP DX
POP SI
RET
ZEICHEN    ENDP
```

Damit wäre die Routine zur Ausgabe von Zeichen im Herculesgrafik-Modus komplett. Eine praktische Anwendung für diese Routine finden Sie im nächsten Abschnitt. Beachten Sie bitte, daß Beispielprogramm 13.6 geringfügig von dem hier besprochenen Ablauf abweicht. Am Prinzip der Programmausführung hat sich jedoch nichts geändert.

Ein kleines Demoprogramm

Zum Abschluß dieses Abschnittes soll mit Beispielprogramm 13.6 ein »kleines« Demoprogramm vorgestellt werden, das einen etwas umfangreicheren Zugriff auf die Herculeskarte veranschaulicht. Nachdem Sie das Beispielprogramm 13.6 assembliert, gelinkt und gestartet haben, wird ein Schachbrett auf dem Bildschirm ausgegeben. Auch Beispielprogramm 13.6 greift auf Funktionen der Bibliothek HERCU.LIB zu. Das Linken des Programms muß daher wie folgt durchgeführt werden:

```
C>LINK BSP13_06,,,HERCU;
```

Beispielprogramm 13.6 – BSP13_06.ASM

Das folgende Beispielprogramm demonstriert anschaulich, wie die Herculeskarte von Maschinensprache aus angesprochen werden kann. Bei Aufruf des Programms wird ein Schachbrett mit Beschriftung ausgegeben. Die Ausgabe eines beliebigen Textes an einer beliebigen Position wird durch die Prozedur PRINT durchgeführt. Assemblieren und linken Sie das Programm mit der Programmbibliothek HERCU.LIB und bringen Sie es auf einem PC zur Ausführung, der eine Herculeskarte oder eine Grafikkarte mit Hercules-Modus besitzt.

```
TITLE Hercules GRAFIK-DEMO III
; -----------------------------------------------------------------------
; Dieses Programm gibt ein Schachbrett mit Beschriftung auf einer
Herculeskarte
; im Grafikmodus aus.
; -----------------------------------------------------------------------
.MODEL SMALL
.STACK 100h

WARTE   MACRO                   ; Warten auf einen Tastendruck
        MOV AH,01
        INT 21H
        ENDM
;
SCREEN1 EQU 0B000H              ; Segmentadresse des Bildschirmpuffers
CHAR_SEG EQU 0F000h             ; Segmentadresse der Zeichentabelle
CHAR_OFF EQU 0FA6Eh             ; Offsetadresse der Zeichentabelle
;
.DATA
TEXT1       DB '**  HERCULES GRAFIK DEMO  **',0
Y1          DW 0        ; Hilfsvariable für die Textausgabe
X_POS       DW 0        ; X-Koordinate
Y_POS       DW 0        ; Y-Koordinate
ASCII       DB 0        ; Auszugebendes Zeichen
LAENGE      DW 0        ; Länge einer Linie
HOEHE       DW 0        ; Höhe eines zu füllenden Rechtecks
BREITE      DW 0        ; Breite eines zu füllenden Rechtecks
H_FLAG      DW 0        ; Hilfsflag
;
.CODE
        EXTRN SET_720x348:NEAR, SET_80x25:NEAR, CLEAR:NEAR
        EXTRN SETXY:NEAR
LINE_ADR PROC                   ; Adresse einer Bildschirmzeile berechnen
        PUSH AX
        PUSH BX
        PUSH CX
        PUSH DX
        PUSH ES
        MOV CX,SCREEN1
        MOV ES,CX
        MOV AX,DX
        AND DX,11B          ;  Y MOD 4
        MOV CL,3            ;  * 8192
        ROR DX,CL
        SHR AX,1           ; Y / 4  in AX
        SHR AX,1
        MOV CL,90          ; * 90
        MUL CL
```

```
               MOV DI,AX
               ADD DI,DX            ; Adresse der Bildschirmzeile
LA1:
               POP ES
               POP DX
               POP CX
               POP BX
               POP AX
               RET
LINE_ADR ENDP
;
ZEICHEN  PROC                       ; Ausgabe eines Zeichens
               PUSH BX
               PUSH CX
               PUSH DX
               PUSH SI
               MOV BX,X_POS          ; X-Koordinate in BX
               MOV DX,Y_POS          ; Y-Koordinate in DX
               MOV Y1,DX             ; Y-Koordinate zwischenspeichern
               MOV BL,ASCII          ; ASCII-Code zwischenspeichern
               XOR BH,BH
               MOV CL,3              ; Offset zu Zeichentabelle berechnen
               SHL BX,CL
               MOV SI,CHAR_OFF
               ADD SI,BX             ; Adresse des Zeichens in SI
               MOV CX,8              ; Acht Zeilen ausgeben
CHAR1:
               MOV DX,CHAR_SEG
               MOV ES,DX
               MOV AL,ES:[SI]        ; Byte aus der Zeichentabelle laden
               MOV DX,Y1             ; Adresse der Bildschirmzeile berechnen
               CALL LINE_ADR
               ADD DI,X_POS          ; X-Position addieren
               MOV DX,SCREEN1        ; Adresse der Bildschirmseite laden
               MOV ES,DX
               STOSB                 ; Zeichen im Bildschirmspeicher speichern
               INC SI                ; Nächste Position in d. Zeichentabelle
               INC Y1                ; Nächste Bildschirmzeile
               LOOP CHAR1
               POP SI
               POP DX
               POP CX
               POP BX
               RET
ZEICHEN  ENDP
;
V_LINE   PROC                       ; Zeichnen einer senkrechten Linie
```

```
        PUSH AX
        PUSH BX
        PUSH CX
        PUSH DX
        MOV BX,LAENGE       ; Länge der Linie
        MOV DX,X_POS        ; X-Koordinate des Startpunktes
        MOV CX,Y_POS        ; Y-Koordinate des Startpunktes
        MOV AX,1            ; Modus
VLIN1:
        CALL SETXY          ; Punkt setzen
        INC CX              ; Y-Koordinate erhöhen
        DEC BX              ; Zähler erniedrigen
        JNZ VLIN1           ; Schleife wiederholen?
        POP DX
        POP CX
        POP BX
        POP AX
        RET
V_LINE  ENDP
;
H_LINE  PROC                ; Zeichnen einer waagrechten Linie
        PUSH AX
        PUSH BX
        PUSH CX
        PUSH DX
        MOV BX,LAENGE       ; Länge der Linie
        MOV DX,X_POS        ; X-Koordinate des Startpunktes
        MOV CX,Y_POS        ; Y-Koordinate des Startpunktes
        MOV AX,1
HLIN1:
        CALL SETXY          ; Punkt setzen
        INC DX              ; X-Koordinate erhöhen
        DEC BX              ; Zähler erniedrigen
        JNZ HLIN1           ; Schleife wiederholen?
        POP DX
        POP CX
        POP BX
        POP AX
        RET
H_LINE  ENDP
;
FILL    PROC                ; Füllen eines Rechteckes
        PUSH AX
        PUSH BX
        PUSH CX
        PUSH DX
        MOV CX,Y_POS        ; Y-Koordinate des linken oberen Punktes
        MOV BX,HOEHE        ; Höhe des Rechtecks
```

```
F1:
        PUSH BX            ; Höhe auf dem Stack speichern
        MOV DX,X_POS       ; X-Koordinate des linken oberen Punktes
        MOV BX,BREITE      ; Breite des Rechtecks
        MOV AX,1           ; Modus
F2:
        CALL SETXY         ; Punkt setzen
        INC DX             ; X-Koordinate erhöhen
        DEC BX
        JNZ F2

        INC CX             ; Y-Koordinate erhöhen
        POP BX
        DEC BX
        JNZ F1

        POP DX             ; Register wieder herstellen
        POP CX
        POP BX
        POP AX
        RET
FILL    ENDP
;
PRINT   PROC
        MOV CH,[SI]        ; Ein Zeichen aus dem String laden
        MOV ASCII,CH
        CALL ZEICHEN       ; Zeichen ausgeben
        INC X_POS          ; X-Koordinate erhöhen
        INC SI             ; Nächstes Zeichen
        CMP ASCII,0        ; Letztes Zeichen?
        JNE PRINT          ; Nein, weiter mit Ausgabe
        RET
PRINT   ENDP
;
START:                     ; Beginn d. Hauptprogramms
        MOV DX,@DATA
        MOV DS,DX

        CALL SET_720x348
        CALL CLEAR         ; Bildschirm löschen
;
        MOV X_POS,26
        MOV Y_POS,10
        LEA SI,TEXT1
        CALL PRINT
;
```

```
            MOV CX,11        ; 11 waagrechte Linien ausgeben
            MOV Y_POS,60     ; Y-Koordinate d. Startpunktes
            MOV X_POS,100    ; X-Koordinate d. Startpunktes
            MOV LAENGE,400   ; Länge der Linie
B1:         CALL H_LINE      ; Linie zeichnen
            ADD Y_POS,20     ; Nächste Linie
            LOOP B1

            MOV CX,11        ; 11 senkrechte Linien ausgeben
            MOV Y_POS,60     ; Y-Koordinate d. Startpunktes
            MOV X_POS,100    ; X-Koordinate d. Startpunktes
            MOV LAENGE,200   ; Länge der Linie
B2:
            CALL V_LINE      ; Linie zeichnen
            ADD X_POS,40     ; Nächste Linie
            LOOP B2

            MOV H_FLAG,1     ; Hilfsflag setzen
            MOV CX,10        ; 10 Zeilen
            MOV X_POS,100    ; X-Koordinate d. Startpunktes
            MOV Y_POS,60     ; Y-Koordinate d. Startpunktes
            MOV HOEHE,20     ; Höhe des zu füllenden Rechtecks
            MOV BREITE,40    ; Breite des zu füllenden Rechtecks
F4:
            PUSH CX          ; Schleifenzähler auf dem Stack speichern
            MOV CX,5         ; 5 Rechtecke pro Zeile
F3:
            CALL FILL        ; Ein Rechteck ausgeben
            ADD X_POS,80     ; Nächstes Rechteck
            LOOP F3

            ADD Y_POS,20     ; Nächste Zeile
            NEG H_FLAG       ; Flag für Einrücken testen
            CMP H_FLAG,-1    ; Ist es -1?
            JNE F5           ; Ja, dann X-Koordinate + 40
            MOV X_POS,140
            JMP SHORT F6
F5:
            MOV X_POS,100    ; Normaler Beginn
F6:
            POP CX           ; Zeilenzähler wieder herstellen
            LOOP F4

            MOV CX,10        ; Zehn Zahlen waagrecht ausgeben
            MOV X_POS,15     ; Beginn der Ausgabe
            MOV Y_POS,50
            MOV ASCII,48     ; Beginn mit der '0'
```

```
F8:
          CALL ZEICHEN      ; Zeichen ausgeben
          INC ASCII         ; Nächstes Zeichen
          ADD X_POS,5       ; X-Koordinate erhöhen
          LOOP F8

          MOV CX,10         ; Zehn Buchstaben senkrecht ausgeben
          MOV X_POS,10      ; Beginn der Ausgabe
          MOV Y_POS,66
          MOV ASCII,65      ; Beginn mit einem 'A'
F9:
          CALL ZEICHEN      ; Zeichen ausgeben
          INC ASCII         ; Nächstes Zeichen
          ADD Y_POS,20      ; Erhöhe Y-Koordinate
          LOOP F9
;
          WARTE             ; Warte auf einen Tastendruck
;
          CALL CLEAR
          CALL SET_80x25    ; Zurück in den Textmodus
;
ENDE:
          MOV AH,4CH
          INT 21H
END START
```

Auch dieses Programm müßte in die Programmbibliothek HERCU.LIB eingebunden werden, so daß die Prozedur PRINT zur Ausgabe eines Textes im Grafikmodus von anderen Programmen genutzt werden kann. Überlegen Sie sich einmal, wie das Programm modifiziert werden muß, damit die Prozedur PRINT universell einsetzbar ist.

Ein Trick mit doppeltem Boden

Fast alle Grafikkarten, mit Ausnahme der Original-Monochromkarte, erlauben die Verwaltung mehrerer Bildschirmseiten. Eine Bildschirmseite ist ein Teil des Bildschirmspeichers, der einen kompletten Bildschirm aufnehmen kann. Da ein PC in der Regel nur über einen Monitor verfügt, kann auch nur eine Bildschirmseite gleichzeitig dargestellt werden. Durch Umschalten zwischen verschiedenen Seiten können aber verschiedene Bildschirminhalte nacheinander dargestellt werden. Auch die Herculeskarte kann zwei Text- oder Grafikseiten verwalten. Die Tatsache, daß nur zwei Textseiten verwaltet werden können ist nicht ganz einsichtig, da eine Textseite im Bildschirmspeicher nur 4000 Byte belegt und theoretisch 16 Seiten nebeneinander im 64 Kbyte großen Bildschirmspeicher Platz haben. Die Umschaltung zwischen den beiden Bildschirmseiten muß durch die direkte Programmierung des Videokontrollers erfolgen, da auch diese Funktion nicht vom BIOS unterstützt wird.

Was ist zu tun, um die zweite Seite der Herculeskarte anzusprechen?

Zunächst muß das Konfigurationsregister 3BFh mit dem Wert 3 belegt werden, um auch die zweite Seite zu aktivieren. Nun kann ein Zugriff auf die Herculeskarte wahlweise auf die erste oder auf die zweite Bildschirmseite erfolgen. Auf welche Seite ein Zugriff erfolgt, wird ganz einfach durch die Offsetadresse beim Zugriff auf den Bildschirmspeicher festgelegt. Beträgt der Offset 0, wird auf das erste Byte der ersten Grafikseite zugegriffen, beträgt der Offset 8000h, wird auf das erste Byte der zweiten Grafikseite der Herculeskarte zugegriffen. Zusätzlich muß, um die zweite Seite zu aktivieren, zum einen Bit 7 im Kontrollregister 3B8h der Herculeskarte gesetzt und zum anderen das Register 12 des Videokontrollers 6845 mit dem höherwertigen Byte des Offsets der zweiten Bildschirmseite belegt werden. Da die zweite Grafikseite bei der Adresse 0B000:8000h beginnt, beträgt der Wert dieses Bytes 80. Das Verwalten zweier Grafikseiten bringt verschiedene Vorteile mit sich. Zum einen kann eine kompliziertere Grafik im »Hintergrund«, das heißt auf der zweiten Grafikseite erstellt werden, während die erste Grafikseite auf dem Bildschirm dargestellt wird. Zum anderen lassen sich durch ein schnelles Umschalten zwischen zwei Seiten spezielle grafische Effekte erzielen. Beide Vorteile werden durch Beispielprogramm 13.7 genutzt, welches das Schachbrett aus Beispielprogramm 13.6 auf der zweiten Grafikseite erstellt. Nach der Fertigstellung der Grafik kann durch Betätigen einer Taste die Bildschirmausgabe auf die zweite Seite umgestellt werden. Da dieses, doch relativ umfangreiche Programm sich nur unwesentlich von Beispielprogramm 13.6 unterscheidet, wurde auf einen Abdruck verzichtet. Sie finden den Quelltext zu diesem Programm jedoch vollständig auf der Buchdiskette in der Datei BSP13_07.ASM. Im folgenden sollen lediglich die wichtigsten Unterschiede kurz erläutert werden:

1. Es wird eine Variable SEITE eingeführt, die die gerade aktive Bildschirmseite festlegt.

2. In Abhängigkeit der Variable SEITE wird bei allen Prozeduren, die direkt auf den Bildschirmspeicher der Herculeskarte zugreifen, entschieden, ob zu dem Offset auf dem Bildschirmspeicher (in der Regel das DI-Register) durch den Befehl »OR DI,8000h« der Betrag 8000h addiert wird.

3. Beim Aktivieren der zweiten Grafikseite wird das Register 12 des 6845 mit dem Wert 80h belegt, der das höherwertige Byte des Offsets zur zweiten Grafikseite darstellt.

Ansonsten ist die Verwaltung zweier Grafikseiten unproblematisch. Es kann allerdings zu Überschneidungen kommen, wenn gleichzeitig mit der Herculeskarte eine Grafikkarte betrieben wird, da sich der Bildschirmspeicherbereich der zweiten Grafikseite mit dem Bildschirmspeicherbereich der Grafikkarte überschneidet.

Ausblick

Damit wäre die Besprechung der Herculeskarte komplett. Obwohl unsere Programmbibliothek HERCU.LIB nun die wichtigsten Grundfunktionen enthält, ist sie natürlich noch nicht vollständig. Neben der Prozedur PRINT zur Ausgabe eines Textes im Grafikmodus, fehlen vor allem Funktionen zur Darstellung eines Kreises oder einer Ellipse und Funktionen zum Verschieben von Teilen des Bildschirmspeichers. Auch sind die bereits vorhandenen Funktionen keineswegs optimiert. Durch geschicktere Programmierung läßt sich die Geschwindigkeit sicher noch steigern. Sie sehen, für einen Maschinensprache-Programmierer gibt es noch viel zu tun. Es lohnt sich aus mehreren Gründen. In erster Linie lernen Sie mehr über die Maschinensprache der 8086/88-CPU, denn gerade bei Grafikoperationen kann die richtige Wahl eines Maschinenbefehls deutliche Geschwindigkeitsvorteile bringen. Zudem verfügen Sie über eine Programmbibliothek, die in der Praxis zur

Ansteuerung der Herculeskarte eingesetzt werden kann. Grundsätzlich sind die einzelnen Funktionen auch auf eine VGA-Karte übertragbar. Es sind natürlich gewisse Modifikationen erforderlich. Auch der Aufruf der hier vorgestellten Grafikfunktionen von einer Hochsprache, wie QuickC oder Turbo Pascal, ist möglich. Wie das geht erfahren Sie in Kapitel 14.

13.4 Grundlagen der Fenstertechnik

Auch wenn die Möglichkeiten der Fenstertechnik bereits relativ alt sind, wurden sie auf einem PC in den Anfangsjahren kaum genutzt. Diese Einstellung, die weniger auf das mangelnde Interesse bei den Anwendern als vielmehr auf eine mangelnde Phantasie bei den Programmierern zurückzuführen ist, hat sich in den letzten Jahren jedoch stark geändert. Immer mehr Anwenderprogramme kommen auf den Markt, bei denen die Fenstertechnik zum festen Bestandteil der Benutzeroberfläche gehört. Mit der Einführung von Windows 3.0 scheinen sich grafische Benutzeroberflächen, oder kurz und knapp (und vor allem vornehmer) GUIs (für »Graphical User Interfaces«) endgültig zu etablieren. Was tut ein Maschinensprache-Programmierer, wenn er diese Technik in seine Programme einbauen möchte?

Anders als ein C- oder Pascal-Programmierer kann er in der Regel nicht auf eine fertige Funktionsbibliothek zurückgreifen. Es hat daher wenig Sinn eine komplette Fensterverwaltung in Assembler zu realisieren. Zwar lassen sich durchaus Geschwindigkeitsvorteile erzielen, es ist jedoch fraglich, ob sich diese für den Anwender auszahlen und vor allem, ob sie den erhöhten Entwicklungsaufwand rechtfertigen. Eine PC-Applikation mit komfortabler Fensterverwaltung oder gar eine Windows-Applikation wird man daher fast ausnahmslos in C, C++ oder Turbo Pascal realisieren und nur extrem zeitkritische Routinen in Maschinensprache programmieren.

Dennoch gibt es auch in reinen Maschinensprache-Programmen Situationen, in denen es sinnvoll ist eine Ein- oder Ausgabe in einem Fenster durchzuführen. Glücklicherweise ist es gar nicht so schwer, einzelne Fenster in eigene Maschinenprogramme einzubauen. Die Aktivierung eines Bildschirmfensters läuft in den meisten Fällen nach folgendem Schema ab:

1. Speichern des Bildschirmbereichs, in dem das Fenster dargestellt werden soll.

2. Zeichnen eines Rahmens für das zu öffnende Fenster.

3. Ausgabe des momentanen Fensterinhalts auf dem Bildschirm.

Beispielprogramm 13.7 stellt ein Grundgerüst für ein Programm dar, das bei Aufruf den Inhalt eines Textpuffers auf dem Bildschirmfensters innerhalb eines Fensters ausgibt und die Eingabe eines Textes in dem Fensterausschnitt ermöglicht.

Beispielprogramm 13.7 – BSP13_07.ASM
Das folgende Programm gibt bei Aufruf den Inhalt eines Textpuffers in einem Bildschirmfenster aus. In dieses Bildschirmfenster kann nun ein Text eingegeben werden. Nach Betätigen der $\boxed{\text{ESC}}$-Taste verschwindet das Fenster und der ursprüngliche Bildschirminhalt wird wieder hergestellt. Assemblieren und linken Sie das Programm und bringen Sie es zur Ausführung.

```
TITLE FENSTER TECHNIK
;-------------------------------------------------------------------------
; Dieses Programm öffnet im Textmodus ein Fenster auf dem Bildschirm. In
; dieses Fenster kann ein Text eingegeben werden. Nach Betätigen der Esc-
; Taste verschwindet das Fenster und wird nach Betätigen einer weiteren
; Taste wieder dargestellt.
;-------------------------------------------------------------------------
.MODEL SMALL
.STACK 100h
            SCREEN EQU 0B800h        ; Segmentadresse des Video-RAMs
SET_CURSOR  MACRO X,Y                ; Setzen des Cursors
            MOV DL,X
            MOV DH,Y
            MOV BH,0
            MOV AH,2
            INT 10H
            ENDM
;
SAVE_CURSOR MACRO                    ; Sichern der momentanen Cursorposition
            MOV BH,0
            MOV AH,3
            INT 10H
            MOV X_POS,DL
            MOV Y_POS,DH
            ENDM
;
WARTE       MACRO                    ; Warten auf einen Tastendruck
            MOV AH,01
            INT 21H
            ENDM
;
.DATA
        SAVE_BUF  DW 320 DUP(?)        ; Puffer für Bildschirminhalt
        FRAME_BUF DW 240 DUP(0320H)  ; Puffer für das Fenster
        ZEILE1    DB '                                    ','$'
        ZEILE2    DB '                                    ','$'
        ZEILE3    DB '                                    ','$'
        X_POS     DB 0     ; Zwischenspeicher für Cursorposition
        Y_POS     DB 0     ; Zwischenspeicher für Cursorposition
        LINE_POS  DB 0     ; Spaltenzähler innerhalb d. Fensters
        LINE_NR   DB 0     ; Zeilenzähler innerhalb d. Fensters
;
.CODE
```

```
FRAME     PROC                    ; Zeichnen des Fensterrahmens
          SET_CURSOR 30,10
          LEA DX,ZEILE1
          MOV AH,09
          INT 21h
          MOV CX,11
FR1:
          SET_CURSOR 30,CL
          LEA DX,ZEILE2
          MOV AH,09
          INT 21h
          INC CX
          CMP CX,18
          JLE FR1
          SET_CURSOR 30,19
          LEA DX,ZEILE3
          MOV AH,09
          INT 21h
          RET
FRAME     ENDP
;
SAVE_SCR  PROC                    ; Sichern des Bildschirminhalts
          PUSH DS
          MOV DX,SCREEN           ; DS mit Adresse des Bildschirmspeichersegments
                                  ; laden
          MOV DS,DX
          MOV SI,1660             ; Startpunkt im Bildschirmspeicher
          LEA DI,SAVE_BUF         ; Offset laden
          MOV CX,10               ; Es sind 10 Zeilen
SV1:      PUSH CX                 ; mit jeweils
          MOV CX,32               ; 32 Zeichen zu sichern
     REP  MOVSW
          ADD SI,96               ; Adresse der nächsten Zeile
          POP CX
          LOOP SV1
          POP DS
          RET
SAVE_SCR  ENDP
;
GET_SCR   PROC                    ; Bildschirminhalt wieder herstellen
          PUSH ES                 ; ES-Register retten
          MOV DX,SCREEN           ; ES-Register wird für Zugriff auf
                                  ; Bildschirmspeicher benutzt
          MOV ES,DX
          MOV DI,1660             ; Startpunkt im Bildschirmspeicher
          LEA SI,SAVE_BUF         ; Offset laden
          MOV CX,10               ; Es werden insgesamt 10 Zeilen
```

```
GT1:        PUSH CX             ; mit jeweils
            MOV CX,32           ; 32 Zeichen zurückgespeichert
      REP   MOVSW
            ADD DI,96           ; Adresse der nächsten Zeile
            POP CX
            LOOP GT1
            POP ES
            RET
GET_SCR  ENDP
;
SCR_INP PROC                    ; Eingaberoutine für Fenster
            MOV LINE_POS,31     ; Startposition festlegen
            MOV LINE_NR,11
            LEA DI,FRAME_BUF    ; Adr. des Puffers in DI-Register
SCR1:       SET_CURSOR LINE_POS,LINE_NR
            MOV AH,01           ; Eingabe eines Zeichens
            INT 21H
            CMP AL,27           ; Ist es ESC?
            JE END1             ; Ja, dann Ende
            CMP AL,13           ; Ist es Return?
            JE SCR4             ; Ja, neue Zeile
            CMP AL,08           ; Ist es Backspace
            JE SCR5             ; Ja, dann letztes Zeichen löschen
            MOV AH,7            ; Attribut für Zeichen
            MOV [DI],AX         ; Zeichen speichern
            CMP LINE_POS,60     ; Ende der Zeile erreicht?
            JL  SCR2            ; Nein
            CMP LINE_NR,18      ; Letzte Zeile?
            JE SCR1             ; Nein
            INC LINE_NR         ; Zeilennummer erhöhen
            MOV LINE_POS,31     ; Auf Zeilenanfang gehen
            ADD DI,2            ; Pufferzeiger erhöhen
            JMP SHORT SCR1
SCR2:       ADD DI,2            ; Pufferzeiger erhöhen
            INC LINE_POS        ; Spaltennummer erhöhen
            JMP SHORT SCR1      ; Cursor setzen und erneute Eingabe
SCR4:       MOV AL,LINE_POS     ; Return verarbeiten
            SUB AL,31           ; Zeilenanfang berechnen
            SHL AL,1
            XOR AH,AH
            SUB DI,AX           ; Pufferzeiger auf Zeilenanfang
            MOV LINE_POS,31     ; Auf Zeilenanfang
            CMP LINE_NR,18      ; Letzte Zeile ?
            JE SCR1             ; Ja, nichts passiert
            ADD DI,60           ; Adresse der nächsten Zeile
            INC LINE_NR         ; Nächste Zeile
            JMP SHORT SCR1
```

```
SCR5:    CMP LINE_POS,31      ; Backspace verarbeiten
         JE SCR1
         DEC LINE_POS         ; Eine Spalte zurückgehen
         MOV AL,32            ; Ein Leerzeichen im Puffer
         SUB DI,2             ; eintragen
         MOV [DI],AL
         MOV DL,08            ; Backspace ausgeben
         MOV AH,02
         INT 21H
         JMP SCR1
END1:    RET
SCR_INP ENDP
;
SHOW_SCR PROC                 ; Fensterinhalt ausgeben
         PUSH ES              ; ES-Register sichern
         MOV DX,SCREEN        ; Über ES-Register wird auf Bildschirmspeicher
zugegriffen
         MOV ES,DX
         MOV DI,1822          ; Startpunkt der Bildschirmausgabe
         LEA SI,FRAME_BUF
         MOV CX,8             ; Es werden 8 Zeilen
MV1:     PUSH CX              ; mit jeweils
         MOV CX,30            ; 30 Zeichen ausgegeben
  REP    MOVSW
         ADD DI,100           ; Adresse der nächsten Zeile
         POP CX
         LOOP MV1
         POP ES
         RET
SHOW_SCR ENDP
;
START:                       ; Beginn des Hauptprogramms
         MOV DX,@DATA
         MOV DS,DX
         MOV ES,DX

         SAVE_CURSOR          ; Cursorposition sichern
         CALL SAVE_SCR        ; Bildschirmausschnitt sichern
         CALL FRAME           ; Rahmen zeichnen
         CALL SHOW_SCR        ; Fensterpuffer ausgeben
;
         CALL SCR_INP         ; Eingabe in das Fenster
         CALL GET_SCR         ; Alten Bildschirm wieder herstellen
         WARTE                ; Auf Tastendruck warten
         CALL SAVE_SCR        ; Bildschirmausschnitt sichern
         CALL FRAME           ; Rahmen zeichnen
         CALL SHOW_SCR        ; Fensterpuffer ausgeben
```

```
        WARTE                   ; Auf Tastendruck warten
;
        CALL GET_SCR            ; Alten Bildschirm wiederherstellen
        SET_CURSOR X_POS,Y_POS  ; Cursor wieder setzen
;
ENDE:
        MOV AH,4CH              ; Zurück zu MS-DOS
        INT 21H
END START
```

Bei Aufruf des Programms wird ein Bildschirmfenster eröffnet. In dieses Fenster kann nun ein Text eingegeben werden. Bei Betätigen der (ESC)-Taste verschwindet das Fenster und der ursprüngliche Bildschirminhalt wird wieder hergestellt. Wird nun erneut eine Taste betätigt, wird der Inhalt des Fensters erneut auf dem Bildschirm ausgegeben. Diesmal ist allerdings keine Texteingabe möglich. Auf das Betätigen einer Taste erscheint statt dessen wieder der alte Bildschirminhalt. Beispielprogramm 13.7 ist zugegebenermaßen nur von geringem praktischem Wert. Es läßt sich jedoch leicht ändern oder erweitern, da alle wesentlichen Routinen als Prozeduren konzipiert wurden. So dürfte es mit Ihren bisherigen Kenntnissen nicht allzu schwer fallen, das Programm speicherresident zu machen, so daß es auf einen Tastendruck innerhalb jedes anderen Programms aufgerufen werden kann. Allerdings müssen Sie in diesem Fall die DOS-Funktionen zur Ausgabe von Text bzw. zur Eingabe eines Zeichens durch entsprechende BIOS-Funktionen oder einen direkten Zugriff auf den Bildschirm bzw. die Tastatur ersetzen, da der Aufruf von DOS-Funktionen innerhalb eines speicherresidenten Programms bekanntlich zu Problemen führt. Des weiteren kann über die Funktionen 6 und 7 des BIOS-Interrupts 10h das Fenster auch nach oben oder nach unten gescrollt werden. Das Besondere an diesen beiden Funktionen ist, daß der zu scrollende Bildschirmbereich beliebig festgelegt werden kann und so auch Teilbereiche des Bildschirms unabhängig vom Rest des Bildschirms gescrollt werden können. Schließlich kann der Inhalt des Fensterpuffers auf Diskette gespeichert und bei Bedarf wieder geladen werden.

13.5 Zusammenfassung

Da es in diesem Kapitel im wesentlichen um die Programmierung der monochromen Herculeskarte ging, sollen die wichtigsten Eigenschaften diese Karte noch einmal in einer Übersicht zusammengefaßt werden.

Die Herculeskarte

Modus	Anzahl der Seiten	Anzahl der Farben
80*25 Zeichen (Text)	2	2
720*348 Punkte (Grafik)	2	2
Adresse des Bildschirmspeichers	0B000:0000h Seite 0	
	0B000:8000h Seite 1	
Adresse des Kontroll-Registers	Port 3B8h	
Adresse des Status-Registers	Port 3BAh	
Adresse des Konfigurations-Reg.	Port 3BFh	
Adressen des Videokontrollers	Port 3B4h bzw. 3B5h	

13.6 Übungen

Aufgabe 1:

Entwickeln Sie ein Programm, das den Bildschirm der Herculeskarte nach einer bestimmten vorgegebenen Zeitspanne abschaltet und auf Tastendruck wieder einschaltet. Das Programm soll speicherresident gemacht werden.

Die Lösung zu der Übungsaufgabe finden Sie in Anhang F.

14 Hallo, Assembler!

Die letzten Kapitel haben zwei wesentliche Dinge gezeigt. Zum einen, daß sich im Prinzip jedes Problem in Maschinensprache lösen läßt, und daß Maschinensprache in der Regel den größtmöglichen Geschwindigkeitsvorteil garantiert, da der Programmierer die Maschinenbefehle der CPU gezielt an das zu lösende Problem anpassen kann. Zum anderen wurde aber auch klar, daß der Aufwand für die Lösung eines bestimmten Problems in Maschinensprache relativ hoch ist. Selbst eine einfache Routine zur Ausgabe einer 16-Bit-Zahl besteht bereits aus über einem Dutzend Maschinenbefehlen. Als Fazit einer fiktiven Diskussion »Maschinensprache Pro und Contra« läßt sich feststellen, daß der ausschließliche Einsatz von Maschinensprache, insbesondere bei größeren Programmen, nur in den seltensten Fällen sinnvoll ist. Auf der anderen Seite gibt es zahlreiche (Teil-)Anwendungen, bei denen der Einsatz von Maschinensprache Vorteile bringt. Was ist also zu tun? Als Kompromiß bietet es sich an, ein Programmierprojekt in einer leistungsfähigen Hochsprache, wie C, Pascal oder Modula-2, zu realisieren und nur jene Teile, bei denen der Einsatz von Maschinensprache deutliche Vorteile bringt, eben auch in Maschinensprache zu schreiben. In diesem Kapitel soll am Beispiel von QuickC und Turbo Pascal gezeigt werden, wie Hochsprachenprogramme mit Maschinensprache erweitert werden können.

Da das Prinzip der Einbindung relativ einfach ist und zudem in den allermeisten Fällen nach dem gleichen Schema verläuft, werden am Ende ein allgemeiner Rahmen und ein »Kochrezept« vorgestellt, die für die meisten Anwendungen unbesehen übernommen werden können. Der Rahmen und das Kochrezept können mit geringfügigen Änderungen auch für andere Programmiersprachen, wie zum Beispiel Modula-2 oder Fortran, übernommen werden. Für die jeweiligen Pendants von QuickC und Turbo Pascal, Turbo C++ und QuickPascal, dürften die hier beschriebenen Sachverhalte, mit geringfügigen Ausnahmen, uneingeschränkt gelten.

In diesem Kapitel geht es um:
– die Vor- und Nachteile der Einbindung von Maschinensprache
– die Verwendung von Inline-Code bei QuickC und Turbo Pascal
– die Hochsprachenschnittstelle des Assemblers
– Parameterübergabe an Assemblerprozeduren
– die Hintergründe der .MODEL-Anweisung
– das Speichermodell TPASCAL

14.1 Warum überhaupt Maschinensprache?

Diese Frage mag in einem Maschinensprachebuch in Kapitel 14 etwas fehl am Platz erscheinen, denn solche grundlegenden Dinge sollten bereits im ersten Kapitel oder in der Einleitung geklärt werden. Außerdem werden Leser, die sich bis zu diesem Kapitel vorgearbeitet haben, die Vorzüge der Maschinensprache gegenüber der Hochsprache sicher nicht mehr in Frage stellen. Für einen reinen Hochsprachenprogrammierer, für den die Maschinensprache naturgemäß von höchstens sekundärem Interesse ist, ist dagegen die Frage, ob für die Lösung eines bestimmten Problems wirklich Maschinensprache eingesetzt werden muß, oder ob das Problem nicht auch vollständig in der Hochsprache gelöst werden kann, mehr als berechtigt. Noch vor einigen Jahren hatte das

Thema »Pro und Contra Maschinensprache« zu hitzigen Debatten geführt. Mittlerweile hat sich die Kontroverse merklich entspannt, wofür mehrere Gründe verantwortlich sind. Zum einen werden Hochsprachencompiler immer leistungsfähiger. Compiler wie QuickC 2.5, Turbo Pascal 6.0 oder der Modula-2-Compiler von Stony Brooks lassen sowohl was Programmierkomfort als auch die Qualität des erzeugten Codes betrifft für den Programmierer unter MS-DOS kaum noch Wünsche offen. Zum anderen, weil die Einbindung von Maschinensprache in ein Hochsprachenprogramm dank komfortabler Schnittstellen erheblich vereinfacht worden ist. Sowohl bei QuickC als auch bei Turbo Pascal kann der Assembler mittlerweile auch über die Entwicklungsumgebung aufgerufen werden. Der Programmierer muß für die Entwicklung eines Assemblerprogramms daher nicht mehr seine vertraute »Umgebung« verlassen. Die »mentale Schwelle« für den Einsatz von Maschinensprache wird dadurch herabgesetzt. Alle diese Gründe haben dazu geführt, daß in eine »gemischtsprachige Programmierung« auch Assembler miteinbezogen werden. Gemischtsprachige Programmierung bedeutet in diesem Zusammenhang, daß mehrere Module, die in verschiedenen Sprachen erstellt wurden, zu einer einzigen EXE-Datei verknüpft werden. Trotzdem ist die Frage, ob sich die Einbindung von Assembler-Routinen in einen Hochsprachenprogramm überhaupt lohnt, nicht immer leicht zu treffen. Hier muß von Fall zu Fall entschieden werden, ob die Vorteile der Maschinensprache-Programmierung, wie zum Beispiel

– eine erhöhte Ausführungsgeschwindigkeit
– ein kompakterer Code
– ein direkterer Zugriff auf die Hardware

die unbestrittenen Nachteile der Maschinensprache, wie zum Beispiel
– ein erhöhter Entwicklungsaufwand, der überproportional mit der Größe des Projekts ansteigt
– eine geringere Portabilität auf andere CPUs

aufwiegen. Hinzu kommt, daß die eben aufgezählten Vorteile sich am Ende nicht immer unbedingt auch als tatsächliche Vorteile erweisen. So kann sich eine vermeintliche Optimierung durch Einbindung von Maschinensprache am Ende als so geringfügig herausstellen, daß der Aufwand in keinem vernünftigem Verhältnis zum Resultat steht. Um eine objektive Entscheidung treffen zu können, ist der Programmierer oft darauf angewiesen, die Ausführungszeit zu optimierender Programmteile nach jeder Optimierung entweder mit einer »Stoppuhr« zu messen oder mit einem Profiler zu bestimmen. Fazit: Der Einsatz von Maschinensprache in einem Hochsprachenprogramm muß stets an einem praktischen Nutzen gemessen werden. Auch wenn man zu dem Entschluß kommen sollte, für ein bestimmtes Projekt ganz auf Maschinensprache zu verzichten, ist es in jedem Fall nützlich, die dahinterstehenden Techniken zu kennen.

Gemischtsprachige Programmierung funktioniert auch anders herum, nämlich in Form der Einbindung von Hochsprachemodule in ein Maschinenprogramm. Aus der Sicht des Maschinensprache-Programmierers sind die Gründe für eine gemischtsprachige Programmierung naheliegend. Auf die Dauer kann es nämlich recht ermüdend sein, sich um jede Kleinigkeit selber kümmern zu müssen. Dies macht sich insbesondere dann bemerkbar, wenn man eben einmal schnell eine kleine Maschinenroutine ausprobieren möchte und dann die notwendigen Ein-/Ausgaberoutinen erst aus einer Programmbibliothek einbinden oder gar eintippen muß. Zwar stehen auch für Assemblerprogrammierer umfangreiche und leistungsfähige Programmbibliotheken zur Verfügung, kurioserweise werden diese aber nicht mit dem Assembler geliefert, sondern müssen von Drittanbietern separat erworben werden. Was liegt daher näher als die im Grunde trivialen, aber notwendigen Aufgaben wie etwa formatierte Bildschirmausgabe oder Dateiverwaltung einem Hochsprachenprogramm zu übertragen und nur die zeitkritischen und/ oder hardwarenahen Programmteile von einer Maschinenroutine ausführen zu lassen. Die Vorteile liegen auf der Hand. Ein Hochsprachen-Programm ist leicht zu erstellen und zu kompilieren, da hier in der Regel eine integrierte Entwicklungsumgebung zur Verfügung steht. Auch die Fehlersuche wird erheblich erleichtert, da dank des komfortablen Debuggers auch hier mit den Datenstrukturen der Hochsprache gearbeitet werden kann.

Wann werden Maschinenroutinen wirklich benötigt?

Führt man alle denkbaren Gründe, die für den Einsatz von Maschinensprache sprechen, einmal in einer Art »Hitliste« auf, so dürfte der Geschwindigkeitsvorteil ganz oben zu finden sein. Natürlich ist bei vielen Hochsprachenprogrammierern die Versuchung groß, eigene Programme durch geschickten Einbau von Maschinensprache zu tunen. Doch an welchen Stellen ist der Einsatz von Maschinenroutinen wirklich sinnvoll? Eine Tastaturabfrage in einem Pascal-Programm durch eine entsprechende Maschinenroutine zu ersetzen macht wenig Sinn, da der gewonnene Geschwindigkeitsvorteil nicht genutzt werden kann. Nach einer alten Erfahrungsregel verbringt ein Programm etwa 90% seiner Zeit damit etwa 10% des Programms auszuführen. Mit anderen Worten, nur ein sehr kleiner Teil eines Programms ist geschwindigkeitsbestimmend. Eine Geschwindigkeitsoptimierung muß bei diesen kritischen 10% ansetzen, die restlichen 90% können im allgemeinen vernachlässigt werden, denn eine Optimierung bringt hier keine Geschwindigkeitsvorteile. Natürlich ist diese Regel nicht allgemeingültig, sie zeigt aber worauf es ankommt. Bei einer effektiven Optimierung ist es entscheidend, jene Programmteile zu optimieren, für die das Programm viel Zeit verwendet. Doch wie findet man diese Bereiche? Hier leistet ein sogenannter Profiler gute Dienste. Dies ist ein Hilfsprogramm, das genau anzeigt, wie lange eine bestimmte Prozedur oder Funktion eines Programms zur Ausführung benötigt. Der Turbo Debugger enthält ab der Version 2.0 einen leistungsfähigen Profiler, den Turbo Profiler, mit dem derartige Analysen durchgeführt werden können. Hat man mit Hilfe des Profilers Programmteile identifiziert, die relativ lange zur Ausführung benötigen, kann man diese Schritt für Schritt durch entsprechende Maschinenroutinen ersetzen. Ob dabei tatsächlich etwas gewonnen wurde, kann man dann mit Hilfe des Profilers überprüfen.

Wie wird's gemacht?

Genug der langen Vorreden. Im folgenden sollen Schritt für Schritt die bei der gemischtsprachigen Programmierung anzuwendenden Techniken vorgestellt werden. Einem Turbo-Pascal- oder QuickC-Programmierer stehen grundsätzlich zwei Möglichkeiten offen, seine Programme mit Maschinenroutinen zu erweitern. Zum einen können über sogenannte Inline-Anweisungen Maschinenbefehle direkt in ein Programm eingebaut werden. Die Maschinenbefehle werden entweder direkt in eine Funktion oder Prozedur eingebaut oder können als eigene Funktion oder Prozedur definiert werden. In beiden Fällen werden die Maschinenbefehle bereits bei der Kompilierung zum Bestandteil des Programms. Diese Variante ist zu empfehlen, wenn kleinere und vor allem einfache Routinen integriert werden sollen. Als Nachteil wäre zu nennen, daß mit den Inline-Anweisungen nur ein Bruchteil der Möglichkeiten eines Assemblers zur Verfügung stehen. Bei älteren Turbo-Pascal-Versionen war es zudem erforderlich, die Maschinenbefehle in Form ihrer Opcodes einzugeben, was eine umständliche und vor allem fehlerträchtige Umrechnung zur Folge hatte. Die zweite, und wesentlich flexiblere Methode, besteht darin, ein Turbo-Pascal- oder QuickC-Programm mit einem Assemblerprogramm zu verknüpfen. Hier wird das Assemblermodul zunächst separat erstellt und assembliert, so daß es in Form einer Objektdatei vorliegt. Durch den Linker wird diese Objektdatei dann mit der Objektdatei verknüpft, die der Hochsprachencompiler erzeugt hat. Die Maschinenbefehle werden in diesem Fall in Form einer Assemblerprozedur zur Ausführung gebracht, die innerhalb des Hochsprachenprogramms als extern deklariert und dann wie eine normale Prozedur aufgerufen wird.

14.2 QuickC und die Maschinensprache

In diesem Kapitel werden die Möglichkeiten betrachtet, die einem QuickC-Programmierer zur Verfügung stehen. Auch Turbo-C-Programmierer (das gilt natürlich auch für Turbo C++) dürfen sich angesprochen fühlen, da die Verhältnisse hier sehr ähnlich liegen. Wir beginnen mit dem Inline-Code, da dies für kleinere Maschinenroutinen in der Regel den einfachsten Weg darstellt.

Inline-Code
Obwohl C eine sehr maschinennahe Sprache ist, gibt es eine Vielzahl von Situationen, in denen erst die direkte Einbindung von Maschinensprache einem Programm den letzten Schliff gibt. Auch wenn es über entsprechende Bibliotheksfunktionen möglich ist, Interrupt-Aufrufe direkt in ein C-Programm einzubauen, wird durch diese Funktionen oft viel überflüssiger Code erzeugt. Was liegt näher, als die benötigten Befehle direkt in das C-Programm einzubauen. Nicht immer ist es dafür notwendig, das Maschinenspracheprogramm mit Hilfe eines Assemblers zu übersetzen. Vor allem, wenn das Maschinenprogramm nur aus wenigen Befehlen besteht ist die Verwendung von Inline-Code in der Regel die bessere Wahl. Es soll gleich zu Beginn vorausgestellt werden, daß es schwer möglich ist zwischen dem Anwendungsbereich für Inline-Code und dem für externen Assemblerprozeduren eine Grenze zu ziehen. Insbesondere der QuickAssembler, der in den Versionen 2.01 und 2.51 über die Entwicklungsumgebung aufgerufen werden kann, reduziert den Aufwand, der für die Umsetzung eines Assemblerprogramms betrieben werden muß, erheblich. Für einen Programmierer, der bereits Erfahrung mit Maschinensprache gesammelt hat, ist es daher am sinnvollsten auch kleinere Maschinenroutinen mit dem QuickAssembler zu erstellen und diese über den Linker in das C-Programm zu integrieren. Lediglich kleinere »Ausbesserungen« einer Funktion sollten über Inline-Code vorgenommen werden. Wenn das oberste Gebot allerdings Ausführungsgeschwindigkeit heißt, ist Inline-Code unter Umständen auch bei etwas größeren Routinen die bessere Wahl. Hier entfällt nämlich der relativ zeitaufwendige Prozeduraufruf in Form eines CALL/RET-Befehlspaares. Da beim großen C-Compiler von Microsoft beliebige Funktionen auch direkt in die aufrufende Funktion, das heißt unter Wegfall des CALL/RET-Befehlspaars, integriert werden können, muß auch dieser Vorteil wieder relativiert werden. Fazit: Eine typische Anwendung für Inline-Code gibt es sicher nicht. Bei größeren Maschinenprogrammen empfiehlt es sich in jedem Fall auf eine externe Assemblerprozedur zurückzugreifen. Ansonsten müssen die Vor- und Nachteile von Fall zu Fall abgewogen werden.

Das Schlüsselwort _asm
Über das Schlüsselwort _asm können beliebige Maschinenbefehle in ein C-Programm integriert werden. Dieses Schlüsselwort wird zwar nicht durch den ANSI-Standard definiert, ist aber bei vielen C-Compilern zu finden.

Beispiel
```
_asm    mov ah,5
_asm    mov al,1
_asm    int 10h
oder
_asm    {
        mov ah,5
        mov al,1
        int 10h
        }
```

Für einen C-Programmierer ist sicherlich die Tatsache ungewöhnlich, daß Hexadezimalzahlen in einem Maschinenbefehl durch ein angehängtes »h« gekennzeichnet werden. Ebenso ungewohnt ist der Umstand, daß bei Symbolnamen innerhalb von Inline-Code nicht mehr zwischen Groß- und Kleinschreibung unterschieden wird. So wird in beiden Fällen das gleiche Beispiel angesprochen:

```
unsigned Zahl int;
_asm    {
        mov ax,Zahl
        mov bx,10
        mul bx
        mov ZAHL,ax
        }
```

Neben einfachen Variablen können zum Beispiel auch Konstanten, Labels, Funktionsnamen und Makros in Inline-Anweisungen aufgeführt werden. Allerdings gibt es auch ein paar Einschränkungen. So hat zum Beispiel der Dereferenzierungsoperator »*« keine Wirkung auf Zeigervariablen, da dieser Operator in Assembler unbekannt ist. Auch gilt innerhalb von Inline-Anweisungen nicht die Regel, daß der Name eines Feldes gleichzeitig für die Adresse des ersten Feldelements steht. Ferner muß bei Funktionen zuerst der Prototyp deklariert worden sein, bevor diese in einer Inline-Anweisung aufgerufen werden dürfen.

Vorsicht beim Registerzugriff
Nicht alle CPU-Register dürfen innerhalb von Inline-Anweisungen unbedacht benutzt werden. Da die Register DS, ES, DI, SI, BP und SP in der Regel auch von dem ausführenden C-Programm benutzt werden, sollten diese Befehle durch entsprechende PUSH-Befehle zu Beginn der Inline-Anweisung auf den Stack gerettet werden. Vergessen Sie dabei nicht, daß diese Register am Ende in der umgekehrten Reihenfolge wieder hergestellt werden müssen.

Ein Beispiel
Um Sie als mittlerweile erfahrenen Assemblerprogrammierer nicht über Gebühr zu langweilen, soll der Einsatz von Inline-Code als nächstes an einigen Beispielen demonstriert werden.

Beispielprogramm 14.1 – BSP14_01.C

Das erste Beispiel ermittelt den CPU-Typ, auf den das Programm ausgeführt wird. Es handelt sich um ein C-Programm mit Inline-Code. Die für die Ermittlung des CPU-Typs notwendigen Tests werden dabei Inline-Anweisungen übertragen. Kompilieren Sie das Programm mit einem C-Compiler, der über das Schlüsselwort _asm verfügt, linken Sie es und bringen Sie es zur Ausführung.

```
#include <stdio.h>
main()
{
    int CpuTyp = 0;
    _asm    {
        xor ax,ax
        push ax
        popf
        pushf
        pop ax
        and ax,0F000h
        cmp ax,0F000h
        je CPU_8086
        mov ax,0F000h
        push ax
        popf
        pushf
        pop ax
        and ax,0F000h
        jz CPU_80286
        mov CpuTyp,3
        jmp ende
CPU_80286:
        mov CpuTyp,2
        jmp ende
CPU_8086:
        mov CpuTyp,1
ende:
    }
    printf("\nDer CPU-Typ ist: %d",CpuTyp);
}
```

In diesem Beispiel wird über eine Folge von PUSH- und POP-Befehlen, die auf das Flag-Register zugreifen, der CPU-Typ ermittelt. Am Ende der _asm-Anweisung erhält die Variable CpuTyp den Wert 1, wenn es sich um eine 8086/88/V20/V30-CPU handelt, den Wert 2, wenn es sich um eine 80286-CPU handelt und den Wert 3, wenn eine 80386/486-CPU vorliegt. Eine weitere Differenzierung, zum Beispiel zwischen 8086, 8088 und V20 ist durchaus möglich, soll aber in diesem Fall aus Gründen der Übersichtlichkeit nicht durchgeführt werden. Natürlich stellt sich bei diesem Beispiel die Frage, ob es nicht zweckmäßiger ist die Maschinenroutine in Form einer externen Funktion aufrufen und diese dann von einem Assembler übersetzen zu lassen. Probieren Sie diese Variante ruhig einmal selber aus und vergleichen Sie Vor- und Nachteile.

Die Flags sichtbar gemacht

Auch etwas ungewöhnlichere Probleme lassen sich mit Inline-Code lösen. Kennen Sie eine C-Funktion, die den Inhalt des Flag-Register der CPU ausgibt? Nun, wenn nicht finden Sie im folgenden eine Lösung. Den Inhalt des Flag-Registers zu erhalten ist nicht weiter schwer:

```
unsigned short Flags;
_asm \
{
    pushf
    pop Flags
}
```

Durch den PUSHF-Befehl wird der Inhalt des Flag-Registers auf den Stack gebracht und von dort in die Variable Flags geladen. Der Befehl LAHF kann nicht verwendet werden, da dieser nur die untere Hälfte des Flag-Registers anspricht. Kann man die Statusflags anzeigen, läßt sich wunderbar nachvollziehen, welche Auswirkungen einzelne Befehle oder Funktionen auf die Statusflags haben.

Beispielprogramm 14.2 – BSP14_02.C

Das folgende Beispiel gibt den aktuellen Inhalt der Statusflags aus. Es handelt sich um ein C-Programm mit Inline-Code. Kompilieren Sie das Programm mit einem Compiler, der über die _asm-Anweisung verfügt, linken Sie es und bringen Sie es zur Ausführung.

```
#include <stdio.h>
void GetFlags(int, char *);
main()
{
    int i;
    unsigned short Flags;
    char FlagFeld[17];
    _asm \
    {
        pushf
        pop Flags
    }
    GetFlags(Flags, FlagFeld);
    puts("\n      15 14 13 12 11 10 09 08 07 06 05 04 03 02 01 00");
    puts("            -- -- -- -- OF DF IF TF SF ZF -- AF -- PF -- CF");
    printf("Flags: ");
    for (i=15; i >= 0; i--)
     printf(" %c ",FlagFeld[i]);
}
void GetFlags(int n, char *p)
{
    int i;
    for (i=0; i < 16; i++, n>>=1)
     p[i] = (n & 1) + '0';
}
```

Wie bereits erwähnt wurde, kann man sich mit der Funktion GetFlags() aus Beispielprogramm 14.2 jederzeit in einem C-Programm den aktuellen Zustand der Flags anzeigen lassen. Auf diese Weise läßt sich die Auswirkung der einzelnen Maschinenbefehle auf die Flags auch in einem C-Programm jederzeit, und vor allem ohne Debugger, nachvollziehen:

```
_asm \
{
    mov ax,0
    or ax,ax
}
```

Welche Flags werden durch den OR-Befehl beeinflußt? Auf alle Fälle das Nullflag, da das AX-Register den Wert 0 enthält:

```
C>BSP14_02

       15 14 13 12 11 10 09 08 07 06 05 04 03 02 01 00
       -- -- -- -- OF DF IF TF SF ZF -- AF -- PF -- CF
Flags:  0  1  1  1  0  0  1  0  0  1  0  0  0  1  1  0
```

Achten Sie darauf, daß auf den zu testenden Befehl direkt die Befehlsfolge »PUSHF«, »POP Flags« folgen muß, da jeder dazwischenliegende Befehl die Flags beeinflussen kann. Neben dem Nullflag sind auch das Interrupt-Freigabeflag und das Paritätsflag gesetzt. Auch Bit Nr. 1 ist gesetzt, allerdings kommt diesen Bit keine Bedeutung zu, da es keinem Flag entspricht.

Ist Maschinensprache wirklich schneller?
Das nächste Beispiel soll den Beweis antreten, daß durch die Einbeziehung von Maschinensprache tatsächlich ein Geschwindigkeitsvorteil erzielt werden kann, aber nicht automatisch erzielt werden muß. Für derartige Geschwindigkeitsmessungen eignen sich natürlich besonders gut Funktionen, die bestimmte Anweisungen in einer Schleife sehr oft wiederholen. Für unser Benchmark-Beispiel wird daher auch eine Funktion verwendet, die ein Feld mit einem bestimmten Wert auffüllt. Diese Funktion wird einmal in C, einmal mit der Bibliotheksfunktion memset() und einmal durch eine Inline-Funktion realisiert. Auf den ersten Blick möchte man vermuten, daß die Assemblerfunktion das Rennen macht, doch lassen Sie sich überraschen.

Beispielprogramm 14.3 – BSP14_03.C
Das folgende Beispielprogramm führt ein und dieselbe Funktion auf drei verschiedenen Wegen durch. Es handelt sich um ein C-Programm mit Inline-Code. Kompilieren Sie das Programm mit einem Compiler, der das Schlüsselwort _asm besitzt, linken Sie es und bringen Sie es zur Ausführung.

```
#include <stdio.h>
#include <time.h>
#include <memory.h>
#define SIZE 10000
#define ANZAHL 1000
char Feld[SIZE];
main()
```

```
{
    clock_t start, end;
    double t1,t2,t3;
    register int i,j;
    char *ZeigerAufFeld = Feld;
    start = clock();
    for (j=0; j < ANZAHL; j++)
     for (i=0; i < SIZE; i++)
      Feld[i] = 'X';
    end = clock();
    t1 = (end - start) / (double) CLK_TCK;
    start = clock();
    for (j=0; j < ANZAHL; j++)
      memset(Feld, 'x', SIZE);
    end = clock();
    t2 = (end - start) / (double) CLK_TCK;
    start = clock();
    for (j=0; j < ANZAHL; j++)
    _asm     \
    {
        push di
        push es
        mov ax,ds
        mov es,ax
        mov di,BYTE PTR ZeigerAufFeld
        mov ax,8888h
        mov cx,SIZE
        rep stosb
        pop es
        pop di
    }
    end = clock();
    t3 = (end - start) / (double) CLK_TCK;
    printf("\nC-Funktion t1 = %0.2f",t1);
    printf("\nmemset()   t2 = %0.2f",t2);
    printf("\nInline     t3 = %0.2f",t3);
}
```

Nach der Ausführung dieses Programms ergibt sich folgendes Bild:

```
C-Funktion t1   =    12,09
memset()   t2   =    1,31
Inline     t3   =    2,59
```

Überraschenderweise zeigt die Zeitmessung, daß nicht die Inline-Funktion, sondern die Funktion memset() am schnellsten ausgeführt wird. Woran kann das liegen? Nun, auch die Bibliotheksfunktionen des C-Compilers sind in Maschinensprache programmiert. In diesem speziellen Fall muß die Funktion memset() effektiver programmiert worden sein als unsere Inline-Funktion. Doch dies ist kein Grund um zu verzweifeln, denn schließlich steht einem als Maschinenprogrammierer eine umfangreiche Trickkiste zur Verfügung. Ein Blick in das Programmlisting offenbart auch gleich eine entscheidende Schwachstelle in der Inline-Funktion. Haben Sie es schon entdeckt? Es ist der Befehl

```
REP STOSB
```

der das Auffüllen des Feldes byteweise vornimmt. Nun, das muß doch nicht sein. Wie wäre es denn, wenn statt dessen die Version

```
REP STOSW
```

eingesetzt wird, die das Feld wortweise füllt und damit doppelt so schnell sein sollte. Das nächste Beispielprogramm ist mit dem vorhergehenden Beispiel weitestgehend identisch. Allerdings wurde in der Inline-Funktion der Befehl STOSB gegen den Befehl STOSW ausgetauscht. Doch, Vorsicht! Mit dem Austauschen des Befehls allein ist es nicht getan. Da nun pro Schleifendurchlauf jeweils ein Wort gespeichert wird, muß natürlich auch die Anzahl der Durchläufe halbiert werden:

```
MOV CX,SIZE/2
REP STOSW
```

Jetzt wird es spannend! Hat der Austausch eines einzigen Befehls tatsächlich eine Auswirkung? Führen Sie diese Änderung durch, kompilieren und linken Sie das Programm erneut und bringen Sie es zur Ausführung:

```
C-Funktion t1   =   12,08
memset()   t2   =   1,32
Inline     t3   =   1,32
```

Tatsächlich ist die Inline-Funktion etwa um den Faktor 2 schneller geworden und hat mit der memset()-Funktion gleichgezogen. Dabei darf aber nicht vergessen werden, daß die memset()-Funktion lediglich Variablen vom Typ char speichert, während unsere Inline-Funktion mit Werten vom Typ Word arbeitet. Sicherlich ließe sich die Inline-Funktion noch weiter optimieren. In diesem Zusammenhang ging es jedoch lediglich darum, zwei Dinge zu verdeutlichen:

– Nicht immer ist Maschinensprache schneller.
– Auch mit einfachen Mitteln läßt sich ein erheblicher Effekt erzielen.

Punkt 1 muß insofern relativiert werden, als daß es sich ja auch bei der Funktion der Laufzeitbibliothek um Maschinensprache handelt. Auch ein C-Programm ist im weiteren Sinne ein Maschinenprogramm. Da es aber das Produkt eines automatisierten Übersetzungsvorganges ist, ist es in vielen Fällen bei weitem nicht so effektiv wie ein handgeschriebenes Maschinenprogramm.

Einbindung externer Assemblerroutinen
In diesem Abschnitt geht es um die Verknüpfung eines C-Programms mit einem Assemblerprogramm. Als C-Compiler wurde der QuickC-Compiler ausgewählt, zumal dieser Compiler in den Versionen 2.01 und 2.51 auch über einen eigenen Assembler verfügt, der innerhalb der Entwicklungsoberfläche aufgerufen werden kann. Dieser Assembler ist der QuickAssembler, der inoffiziell auch als MASM 5.2 bezeichnet wird. Er ist kompatibel zu MASM 5.1, kann allerdings die Befehle

der 80386/486-CPU, sowie des mathematischen Koprozessors 80387 nicht verarbeiten. Auch wenn es sich beim QuickAssembler nicht um ein eigenständiges Programm, sondern um eine Overlay-Datei handelt, gelten auch für ihn die hier beschriebenen Verhältnisse. Diese sind ohnehin so allgemeingültig, daß sie auch auf andere C-Compiler, wie zum Beispiel Turbo C oder TopSpeed C, angewendet werden können. Zu Turbo C ist anzumerken, daß hier die Einbindung eines Assemblerprogramms anders durchgeführt wird als bei Turbo Pascal. Auch wenn es auf den ersten Blick überraschen mag, bestehen zwischen diesen beiden Turbo-Sprachen trotz der gemeinsamen Herkunft in punkto Einbindung von Maschinensprache teilweise erhebliche Unterschiede.

Das Prinzip der Verknüpfung

Bereits im letzten Abschnitt wurde das allgemeine Prinzip der Verknüpfung gemischtsprachiger Module erläutert (der Modul wird in diesem Zusammenhang anstelle des Begriffs Objektdatei verwendet). Um die von einem Compiler erzeugten Objektdateien erfolgreich mit Objektdateien verknüpfen zu können, die von einem Assembler stammen, müssen bestimmte Bedingungen erfüllt sein:

▓ Alle beteiligten Objektdateien müssen den gleichen prinzipiellen Aufbau aufweisen. Hier hat sich das Microsoft-Objekt-Module-Format als Standard etabliert, was von der überwiegenden Mehrheit der für PCs erhältlichen Compiler und Assembler eingehalten wird.

▓ Damit zwei Segmente aus zwei Modulen miteinander verknüpft werden können, müssen sie den gleichen Namen besitzen. Die Verknüpfung zweier Segmente ist keine zwingende Voraussetzung für die Verknüpfung zweier Module, sie ist aber eine Voraussetzung dafür, daß für den Datenaustausch zwischen beiden Modulen Near-JMPs und Near-Zeiger verwendet werden können,

Daß alle beteiligten Objektdateien den gleichen Aufbau aufweisen müssen, wurde bereits erwähnt. Dies ist zwar eine Grundvoraussetzung, sie garantiert aber noch nicht, daß die einzelnen Module auch miteinander klar kommen. Die nächste Ebene ist die Segmentebene. Auch ein C-Programm besteht aus einem oder mehreren Segmenten, wenngleich der Programmierer es nicht direkt mit den Segmenten zu tun hat. In der Regel besteht ein C-Programm aus einem Programm-, einem Daten- und einem Stacksegment. Auch in den meisten Assemblerprogrammen, die Beispielprogramme in diesem Buch beweisen es, werden diese drei Segmente verwendet, wobei das Stacksegment in einem Assemblerprogramm bewußt entfällt, wenn dieses mit einem Hochsprachenprogramm verknüpft werden soll.

Wenn man beabsichtigt ein C-Programm mit einem Assemblerprogramm zu verknüpfen, ist es sinnvoll auch die beteiligten Segmente zu verknüpfen, so daß die resultierende EXE-Datei auch nur aus einem Programm-, einem Daten- und einem Stacksegment besteht. Die Verknüpfung der Segmente wird vom Linker durchgeführt. Wie in Kapitel 10.3 zu lesen ist, kann die Art und Weise der Verknüpfung vom Programmierer über den Kombinationstyp gezielt gesteuert werden. Nun kann weder ein C-Programmierer noch ein Assemblerprogrammierer, der die vereinfachten Segmentanweisungen verwendet, den Kombinationstyp eines Segments direkt setzen. Dieser wird vielmehr indirekt über das Speichermodell gesetzt. Verwenden beide Programme zum Beispiel das Speichermodell Small, ist automatisch gewährleistet, daß die beteiligten Segmente verknüpft werden können. In beiden Modulen wird dann nämlich standardmäßig mit Near-Adressen und Near-Zeigern gearbeitet. Konkret bedeutet dies, daß das Programmsegment des C-Programms mit dem Programmsegment des Assemblerprogramms zu einem einzigen Segment verknüpft werden muß, denn ansonsten sind keine Near-Sprünge zwischen beiden Programmen möglich. Das gleiche gilt auch für das Daten- und das Stacksegment. Wie in Kapitel 10.3 besprochen wurde, verknüpft der Linker grundsätzlich nur Segmente mit identischen Segmentnamen und dem Kombinationstyp Public. Damit hätten wir eine weitere Voraussetzung gefunden: Die Segment-namen müssen in dem C- und in dem Assemblerprogramm übereinstimmen und alle zu ver-knüpfenden Segmente müssen den Kombinationstyp Public besitzen. Die Namen der Segmente in einem C-Programm können Sie Tabelle 14.1 entnehmen. Tabelle 14.1 enthält für das Speichermodell Small neben den Segmentnamen auch die Attribute, die die einzelnen Segmente besitzen, und die vom Assemblerprogramm übernommen werden müssen.

Name	Bedeutung
_BSS	Uninitialisierte Daten (mit Ausnahme von Daten, die als Far deklariert werden). Dieses Segment wird in einem Assemblerprogramm von der Anweisung .DATA? definiert.
_DATA	Uninitialisierte und initialisierte globale Daten sowie statische Daten vom Typ Near. Dieses Segment wird in einem Assemblerprogramm von der Anweisung .DATA definiert.
STACK	Stacksegment. Dieses Segment wird in einem Assemblerprogramm von der Anweisung STACK definiert.
CONST	Konstanten, wie zum Beispiel Fließkommakonstanten. Dieses Segment wird in einem Assemblerprogramm von der Anweisung .CONST definiert.
_TEXT	Programmsegment. Dieses Segment wird in einem Assemblerprogramm von der Anweisung .CODE definiert.
Anmerkung	Die Segmente _DATA, CONST und _BSS gehören zur Segmentgruppe DGROUP.

Tabelle 14.1: Segmentnamen in einem C-Programm

Anweisung	Name	Kombinationstyp	Ausrichtungstyp	Klassenname
.CODE	_TEXT	PUBLIC	WORD	'CODE'
.DATA	_DATA	PUBLIC	WORD	'DATA'
.STACK	STACK	STACK	PARA	'STACK'
.DATA?	_BSS	PUBLIC	WORD	'BSS'
.CONST	CONST	PUBLIC	WORD	'CONST'

Tabelle 14.2: Segmentnamen und Attribute

Fassen wir zwischendurch einmal zusammen: Es ist die Aufgabe des Linkers, verschiedene Segmente aus verschiedenen Modulen zu einem einzigen Segment zu verknüpfen. Voraussetzung ist, daß die Namen der Segmente übereinstimmen, und daß alle Segmente den Kombinationstyp

Public besitzen. Natürlich darf auch die Gesamtgröße des entstehenden Segments 64 Kbyte nicht überschreiten. In einem Assemblerprogramm kann der Name und der Kombinationstyp eines Segments, wie Kapitel 10.3 gezeigt hat, direkt über die Segment-Anweisung festgelegt werden. Doch wie sieht es bei den vereinfachten Segmentanweisungen aus? Wie es der »Zufall« will, erzeugen die vereinfachten Segmentanweisungen die gleichen Segmentnamen und Segmentattribute wie ein C-Compiler (genauer gesagt, wie der Microsoft C-Compiler). Die genauen Namen und Attribute hängen dabei vom verwendeten Speichermodell ab. So assembliert die Anweisung .CODE unter dem Speichermodell Small ein Segment mit dem Namen _TEXT, das den Kombinationstyp Public besitzt. Natürlich ist dies kein echter Zufall. Die vereinfachten Segmentanweisungen sollen nicht nur den Aufbau eines Assemblerprogramms, sondern auch die gemischtsprachige Programmierung erleichtern.

Fazit:
Der C-Compiler vergibt an seine Segmente bestimmte Namen und Attribute. Wenn ein C-Programm bei Verwendung des Speichermodells Small, der Standardeinstellung bei QuickC, kompiliert wird, erhält das Codesegment den Namen _TEXT, das Datensegment den Namen _DATA und das Stacksegment den Namen STACK. Damit ein Assemblerprogramm mit einem C-Programm erfolgreich verknüpft werden kann, muß es die gleichen Segmentnamen und Segmentattribute verwenden. Die Einhaltung dieser Konventionen wird bei Verwendung der vereinfachten Segmentanweisungen automatisch eingehalten.

Das Prinzip der Parameterübergabe
Damit wäre nach der Objektdatei-Ebene auch die Segmentebene geklärt. Nun muß als nächstes betrachtet werden, auf welche Weise der Aufruf einer Assemblerprozedur in einem C-Programm erfolgt. Eine externe Assemblerprozedur wird in einem C-Programm auf die gleiche Weise wie eine C-Funktion aufgerufen:

```
FunName(a,b,c);
```

An diesem Aufruf deutet nichts darauf hin, daß es sich bei »FunName« um eine externe Assemblerprozedur handelt. Auch die Funktionsparameter a, b und c werden auf die gleiche Weise übergeben, wie beim Aufruf einer C-Funktion. Die einzelnen Details der Parameterübergabe auf dem Stack und des Funktionsaufrufs werden vom C-Compiler übernommen. Die einzige »Formalität«, die ein C-Programmierer beachten muß, ist es die Assemblerprozedur im Funktionsprototyp als extern zu deklarieren:

```
extern FunName(int a, int b, int c);
```

Wie aus dieser kurzen Beschreibung deutlich wurde, sind auf der Seite des C-Programms keine besonderen Vorkehrungen zu treffen. Wie sieht es auf der Seite des Assemblerprogramms aus? Es war bereits davon die Rede, daß für die Segmente des Assemblerprogramms nicht nur die Namen der entsprechenden Segmente des C-Compilers, sondern auch deren Attribute, wie zum Beispiel die Kombinationstypen, übernommen werden müssen. Doch dies ist nur die halbe Miete. Nicht weniger wichtig ist die Parameterübergabe zwischen dem C- und dem Assemblerprogramm. Sofern es in dem C-Programm nicht anders vereinbart wird, werden Funktionsparameter vor dem Aufruf einer Funktion grundsätzlich auf dem Stack abgelegt. Dies gilt auch für den Aufruf einer externen Assemblerprozedur. Um innerhalb der Assemblerprozedur einen Zugriff auf die Stackparameter durchführen zu können, muß deren relative Position auf dem Stack bekannt sein. Die relative Lage der einzelnen Parameter hängt von der Gesamtzahl der Parameter, von der Größe der einzelnen Parameter in Bytes und natürlich auch vom Entfernungstyp der Prozedur ab, da diese die Größe der Rückkehradresse beeinflußt. Mit anderen Worten, um die Adresse eines Stackparameters zu bestimmen, muß normalerweise die Anzahl der bereits auf dem Stack befindlichen Werte zusammengezählt werden. Doch der Fortschritt macht auch vor der Assemblerprogrammierung nicht halt. Seit der Version 5.1 verfügt der Makroassembler neben den vereinfachten Segmentanweisungen auch über Anweisungen, die den Datenaustausch zwischen Hochsprachen- und Assemblerprogrammen erheblich erleichtern (diese Anweisungen standen im Prinzip auch schon bei der Version 5.0 zur Verfügung, dort aber nur in Form von Makros, die in der Datei MIXED.INC zu finden waren). Diese Anweisungen, die unter dem Begriff »Hochsprachenschnittstelle« zusammengefaßt werden, gewährleisten, daß die lästigen aber notwendigen formalen Vereinbarungen auf ein absolutes Minimum reduziert werden. Welche Vorteile diese Anweisungen im einzelnen bringen, soll im nächsten Abschnitt näher untersucht werden.

Die Hochsprachenschnittstelle des Assemblers

Die Anweisungen der Hochsprachenschnittstelle sorgen zum einen dafür, daß die von einem Hochsprachen-Compiler erwarteten Konventionen auch ohne Zutun des Programmierers eingehalten werden. Zum anderen erleichtern sie den Zugriff auf den Stackparameter, in dem sie zum Beispiel die Definition von Prozedurvariablen oder lokaler Variablen ermöglichen. Es soll noch einmal darauf hingewiesen werden, daß diese Anweisungen selbstverständlich auch beim Turbo Assembler übernommen und teilweise auch erweitert wurden (100% kompatibel sind beide Assembler in diesem Bereich aber nicht).

Unter einer Schnittstelle versteht man allgemein ein Gerät oder ein Programm, das die Kommunikation, das heißt den Datenaustausch, zwischen zwei verschiedenartigen Geräten, in diesem Fall Softwaremodulen, erlaubt. Die Hochsprachenschnittstelle des Assemblers soll die Verknüpfung von Objektdateien, die zum Beispiel von einem C-Compiler erstellt wurden, mit Objektdateien des Assemblers ermöglichen. Die Hochsprachenschnittstelle muß unter anderem aber auch regeln, auf welche Weise Parameter zwischen den einzelnen Modulen übergeben werden. Die Hochsprachenschnittstelle wird in einem Assemblerprogramm im wesentlichen durch die .MODEL-Anweisung realisiert. In der uns bekannten Form sorgt sie dafür, daß alle definierten Segmente Namen und Parameter erhalten, die mit denen eines C-Programms zusammenpassen. Doch das ist noch nicht alles. Die erweiterte Form der .MODEL-Anweisung assembliert auch die notwendigen Maschinenbefehle für einen Zugriff auf den Stack. Neben der erweiterten .MODEL-Anweisung gehören zu den Anweisungen der Hochsprachenschnittstelle auch die erweiterte PROC-Anweisung und die LOCAL-Anweisung zur Definition lokaler Variablen.

Die erweiterte .MODEL-Anweisung

Die Hochsprachenschnittstelle des Makroassemblers für C-Programme wird ab der Version 5.1 durch den Sprachparameter »C« aktiviert, der auf die .MODEL-Anweisung folgen muß (ähnliche Parameter gibt es auch für die Microsoft-Sprachen Basic, Cobol, Fortran und Pascal). So sorgt die Anweisung

```
.MODEL SMALL,C
```

dafür, daß die von einem C-Compiler erwarteten Konventionen eingehalten werden. Um welche Konventionen es sich dabei im einzelnen handelt, wird in den nächsten Abschnitten besprochen.

Der Aufbau der Assemblerprozedur

Dank der Anweisungen der Hochsprachenschnittstelle lassen sich die für die Einbindung eines Assemblerprogramms in ein C-Programm notwendigen Formalismen erheblich reduzieren. Genau wie in Kapitel 6 für ein eigenständiges Assemblerprogramm, läßt sich auch hier ein allgemeiner Rahmen aufstellen, der in etwa 95% aller Fälle übernommen werden kann. Dieser Rahmen, der auf der Buchdiskette in der Datei RAHMEN2.ASM (für MASM 4.0 und älter) bzw. RAHMEN3.ASM (ab MASM 5.0) enthalten ist, ist in Bild 14.1 zu sehen.

a) für MASM 4.0 und älter

```
_STACK     SEGMENT STACK PARA 'STACK'
       DW 1000 DUP (0)
_STACK     ENDS
_DATA      SEGMENT PUBLIC WORD 'DATA'
_DATA      ENDS
_BSS       SEGMENT PUBLIC WORD 'BSS'
_BSS       ENDS
CONST      SEGMENT PUBLIC WORD 'CONST'
CONST      ENDS
DGROUP     GROUP _DATA, _BSS
_TEXT      SEGMENT
       ASSUME CS:_TEXT,DS:_DATA
FunName    PROC
    PUSH BP     ; Aufbau eines Stackrahmens
    MOV BP,SP
    SUB SP,n    ; n = Anzahl der Bytes für lokale Variablen
    ...
    MOV SP,BP  ; SP-Register wieder herstellen
    POP BP     ; Stackrahmen entfernen
    RET        ; Rückkehr zur C-Funktion
FunName    ENDP
_TEXT ENDS
END
```

b) für MASM 5.1 (und höher) und TASM ab 1.0

```
.MODEL SMALL,C
.STACK 100h
.DATA
; Hier werden initialisierte Daten aufgeführt
.DATA?
; Hier werden uninitialisierte Daten aufgeführt
.CONST
; Hier werden konstante Daten aufgeführt
.CODE
FunName     PROC    USES DI SI \
        WERT1:TYP, WERT2:TYP
        LOCAL VAR1:TYP, VAR2:TYP
    ...
    RET
FunName     ENDP
END
```

Bild 14.1: *Ein allgemeiner Rahmen*

Der Standardrahmen aus Bild 14.1 liegt in zwei Versionen vor. Variante a) verwendet die Standard-Segmentanweisungen. Diese Variante soll in diesem Kapitel nicht sehr ausführlich besprochen werden, da die meisten Leser inzwischen über MASM 5.1 verfügen dürften und die Standard-Segmentanweisungen in Kapitel 10.3 ausführlich besprochen wurden. Variante b) verwendet dagegen die vereinfachten Segmentanweisungen. Zwar gibt es in Zusammenhang mit den vereinfachten Segmentanweisungen nichts, was sich nicht auch mit den Standard-Segment-anweisungen realisieren ließe, doch vereinfachen sich die Dinge erheblich, wenn Sie die verein-fachten Segmentanweisungen einsetzen. Das setzt natürlich den Turbo Assembler oder den Makroassembler ab der Version 5.0 (besser 5.1) voraus. Achten Sie darauf, daß es sich bei der Angabe »TYP« in Bild 14.1b um keinen gültigen Assemblerausdruck handelt. Hier muß vielmehr der jeweilige Typ der zu definierenden Variablen (WORD, DWORD usw.) eingesetzt werden. Das gleiche gilt für den Prozedurnamen, der selbstverständlich frei gewählt werden kann, und für die zu rettenden CPU-Register.

Im Standardrahmen mit den vereinfachten Segmentanweisungen wird das Speichermodell Small verwendet. Diese Vereinbarung sollte für die meisten Anwendungen übernommen werden kön-nen. Natürlich muß das in dem Assemblerprogramm verwendete Speichermodell an das Speichermodell des C-Programms angepaßt werden. Falls es aus irgendeinem Grund erforderlich sein sollte, in dem C-Programm ein anderes Speichermodell zu verwenden, muß auch das Assemblerprogramm entsprechend angepaßt werden. Entweder man wählt auch hier das gleiche Speichermodell über die .MODEL-Anweisung, oder man paßt alle Prozeduren entsprechend an (Stichwort: Entfernungstyp). Das Speichermodell in dem Assemblerprogramm ist unter anderem auch dafür verantwortlich, welche Variante des RET-Befehls assembliert wird. Für die Speicher-modelle Tiny, Small und Compact wird ein RETN-Befehl (ersteres gibt es nur beim QuickAssem-bler und bei MASM ab Version 6.0) und für die Speichermodelle Medium, Large und Huge der RETF-Befehl assembliert. Wenn Sie eine ältere MASM-Version verwenden oder mit den Standard-

Segmentanweisungen arbeiten, können Sie den gleichen Effekt erzielen, wenn Sie die PROC-Anweisung mit dem notwendigen Entfernungstyp versehen.

Die Segmente .DATA? und .CONST

Der Standardrahmen aus Bild 14.1 enthält einige Segmente, die nur selten verwendet werden, und die daher auch ersatzlos gestrichen werden können. Gemeint sind die Segmentanweisungen .DATA? und .CONST. Über die .DATA?-Anweisung wird ein Datensegment mit uninitialisierten Daten definiert. Zwar unterscheidet der C-Compiler zwecks einer effektiveren Nutzung des Datensegments zwischen initialisierten und uninitialisierten Daten, innerhalb des Assembler-programms ist diese Unterscheidung aber nicht zwingend notwendig. Das gleiche gilt für das Segment, das über die .CONST-Anweisung definiert wird. In diesem Segment können Konstanten, wie zum Beispiel Fließkommakonstanten, untergebracht werden. Eine Voraussetzung ist dies aber auch nicht. Falls Sie mit MASM 4.0 oder älter arbeiten, müssen Sie die erforderlichen Segment-namen und vor allem die dazugehörigen Segmentparameter aus einer Tabelle entnehmen, in der zu jedem Speichermodell die von den vereinfachten Segmentanweisungen erzeugten Segment-namen und Segmentparameter aufgeführt sind. Eine solche Tabelle finden Sie zum Beispiel im MASM-Handbuch. Da diese Tabelle relativ umfangreich ist und ohnehin in der Praxis in den meisten Fällen lediglich das Speichermodell Small verwendet wird, ist in Tabelle 14.2 auch lediglich dieses Speichermodell aufgeführt.

Die Prozedur muß global sein

Die von dem C-Programm aufzurufende Assemblerprozedur muß über die PUBLIC-Anweisung als global deklariert werden, damit der Assembler den Prozedurnamen in die Objektdatei überträgt. Bis zur Version 5.0 mußte dies noch explizit geschehen. Ab der Version 5.1 wird dies automatisch durchgeführt, wenn auf die .MODEL-Anweisung ein Sprachparameter folgt. Variablen, die in dem Assemblerprogramm definiert und auf die von dem C-Programm aus zugegriffen werden soll, müssen aber nach wie vor über die PUBLIC-Anweisung als global deklariert werden. Daten oder Prozeduren, die nicht innerhalb des Assemblerprogramms definiert sind, die aber von dem Assemblerprogramm benutzt werden sollen, müssen dagegen mit der EXTRN-Anweisung als extern deklariert werden.

Auf die Schreibweise kommt es an

Zu guter Letzt noch eine Anmerkung zur Schreibweise von Symbolnamen. Es wurde bereits darauf hingewiesen, daß ein C-Compiler zwischen Groß- und Kleinschreibung unterscheidet. Diesem Umstand muß sich der Assembler anpassen. Falls die externe Assemblerprozedur im C-Programm zum Beispiel »Test« genannt wird, muß diese Schreibweise auch im Assemblerprogramm verwendet werden. Damit der Assembler nicht alle Buchstaben des Symbolnamens in Groß-buchstaben umwandelt, muß das Assemblerprogramm entweder mit der Option /ML oder mit der Option /MX assembliert werden. Während die Option /ML bewirkt, daß bei allen Symbolnamen die Groß-/Kleinschreibung erhalten bleibt, bezieht sich die Option /MX nur auf globale und externe Symbole. Zusätzlich erwartet ein C-Compiler, daß jeder Symbolname mit einem Unter-streichungssymbol »_« beginnt. Um eine Variable oder Prozedur, die in einem C-Programm deklariert wird in einem Assemblerprogramm ansprechen zu können, muß der Name der Variablen oder Prozedur zwangsläufig auch mit einem »_«-Zeichen beginnen. Diese Konvention wird vom Assembler automatisch eingehalten, wenn auf die .MODEL-Anweisung der Sprachparameter »C«

folgt. Bei Verwendung der Standardsegmentanweisungen muß der Programmierer dagegen selber für die Einhaltung dieser Konventionen sorgen.

Die Assemblerprozedur wird aufgerufen

Wie jede andere C-Funktion wird auch eine externe Assemblerprozedur über einen CALL-Befehl aufgerufen. Auch der Aufruf von C-Funktionen aus einem Assemblerprogramm ist ohne weiteres möglich, allerdings sind hierfür detailliertere C-Kenntnisse erforderlich, so daß auf diese Variante hier nicht näher eingegangen werden soll. Vor dem Aufruf einer Assemblerprozedur werden etwaige Funktionsparameter auf den Stack »gepusht«. Der Aufruf der Funktion FunName(a,b,c) wird vom Compiler daher wie folgt umgesetzt:

```
MOV AX,c
PUSH AX
MOV AX,b
PUSH AX
MOV AX,a
PUSH AX
CALL FunName
ADD SP,6
...
```

Es ist die Aufgabe der Assemblerprozedur auf die auf dem Stack befindlichen Parameter zuzugreifen. Wie dies geschieht, wird im nächsten Abschnitt besprochen.

Wie werden Parameter übergeben?

Bei der Parameterübergabe spielt zum einen die Art und Weise, wie der Compiler Parameter auf dem Stack ablegt eine Rolle. Von Bedeutung ist aber auch die Reihenfolge, in der die übergebenen Parameter auf dem Stack abgelegt werden. Basic, Fortran und Pascal übergeben die Parameter einer Funktion in der Reihenfolge, die durch die Parameterliste festgelegt wird, das heißt von links nach rechts. Ein C-Programm übergibt die Parameter in der umgekehrten Reihenfolge, das heißt von rechts nach links. Grundsätzlich gibt es in einem Hochsprachenprogramm zwei verschiedene Arten der Parameterübergabe:

– Parameterübergabe: Call by reference über eine Referenz (»Call by reference«)
– Parameterübergabe: Call by value über einen Wert (»Call by value«)

1. Parameterübergabe über eine Referenz

Bei dieser Methode wird ein Zeiger auf den Parameter übergeben. Auf diese Weise kann auf den übergebenen Parameter direkt zugegriffen und dessen Wert auch verändert werden. In C werden zum Beispiel Felder und Strings auf diese Weise übergeben. Anstelle eines kompletten Feldes wird also nur ein Zeiger auf das Feld auf dem Stack abgelegt. Bei der Parameterübergabe über eine Referenz wird noch einmal zwischen einer Near- und einer Far-Referenz unterschieden. Bei der Near-Referenz wird lediglich die Offsetadresse des Parameters übergeben, während bei einer Far-Referenz sowohl die Offsetadresse als auch die Segmentadresse übergeben wird.

2. Parameterübergabe über einen Wert

Bei dieser Methode wird nur der Wert einer Variablen oder Konstanten übergeben, nicht aber deren Adresse. Die aufgerufene Routine hat in diesem Fall keine Möglichkeit, den Parameter selber zu verändern. In C werden alle skalaren Datentypen, wie zum Beispiel einfache Variablen, auf diese Weise übergeben.

Es versteht sich von selbst, daß die aufgerufene Routine, in diesem Fall die Assemblerprozedur, und die aufrufende Routine, in diesem Fall die C-Funktion, die gleiche Art der Parameterübergabe verwenden müssen. In einem C-Programm werden alle Daten, mit Ausnahme von Feldern und Strukturen, über ihren Wert übergeben. Bei Feldern und Strukturen wird eine Referenz, das heißt eine Adresse auf dem Stack abgelegt. Ob es sich bei der Adresse um einen Near- oder um einen Far-Zeiger handelt, hängt selbstverständlich vom Speichermodell ab, oder davon, ob beim Funktionsprototyp eines der Schlüsselwörter near, far oder huge verwendet wurde. Hier noch einmal zur Wiederholung: Bei den Speichermodellen Small und Medium wird standardmäßig ein Near-Zeiger, bei den Speichermodellen Compact, Large und Huge dagegen standardmäßig ein Far-Zeiger übergeben.

Der Zugriff auf die Stackparameter
Die Art und Weise der Parameterübergabe sagt zwar etwas darüber aus, in welcher Form die Parameter auf den Stack gelangen, ungeklärt ist aber noch die Frage, wie ein Zugriff auf diese Parameter innerhalb des Assemblerprogramms erfolgt. Nachdem die Assemblerprozedur von dem C-Programm über einen CALL-Befehl aufgerufen wurde, wird die Kontrolle an die Assemblerprozedur übertragen, das heißt der erste Maschinenbefehl innerhalb der Prozedur gelangt zur Ausführung. Da das SS-Register bereits innerhalb des C-Programms mit der Segmentadresse des Stacks geladen wurde, ist die wichtigste Voraussetzung für einen Zugriff auf den Stack gegeben. Nun muß noch geklärt werden, wie das aufgerufene Programme an die einzelnen Parameter herankommt. Um auf Stackparameter zugreifen zu können, muß die Assemblerprozedur als erstes einen sogenannten »Stackrahmen« aufbauen. Ein Stackrahmen ist nichts anderes als eine feste Bezugsadresse auf dem Stack, die sich in der Regel im BP-Register befindet, die als Basis für die Adressierung verwendet wird. Der Stackrahmen ermöglicht zum einen die Adressierung der übergebenen Prozedurparameter und reserviert zum anderen einen Teil des Stacks für die Speicherung der Rückkehradresse und von lokalen Variablen. Obwohl der Stack über das SP-Register adressiert wird, kann das SP-Register für diese Zwecke nicht verwendet werden, da es nicht als Indexregister eingesetzt werden darf. Aus diesem Grund muß der Inhalt des SP-Registers in das BP-Register kopiert werden (dessen Inhalt zuvor wiederum auf den Stack gerettet wurde):

```
PUSH BP
MOV BP,SP
...
```

Mehr ist für die Einrichtung eines Stackrahmens nicht notwendig. Der Inhalt des BP-Registers bleibt für die Dauer der Prozedur konstant und dient als Basisadresse für alle Zugriffe auf lokale Daten, die sich auf dem Stack befinden. Der Inhalt des BP-Registers muß aber zuvor gerettet werden, da er von dem aufrufenden Programm nach Beendigung der Assemblerroutine benötigt wird. Für den Fall, daß innerhalb der Assemblerprozedur auch lokale Variablen benötigt werden, ist eine weitere Anweisung erforderlich. Doch davon nachher mehr. Am Ende der Prozedur muß der Stackrahmen auch wieder verschwinden, das heißt der für die Parameterübergabe reservierte Bereich des Stacks muß wieder freigegeben werden. Hierfür reicht es aus, den Befehl

```
POP BP
```

ausführen, der den alten Wert des BP-Registers wiederherstellt. Wundern Sie sich jetzt nicht, warum Ihnen diese Befehle in vielen Assemblerprogrammen, die von einer Hochsprache aufgerufen werden, noch nicht aufgefallen sind. Diese Maschinenbefehle werden nämlich vom Assembler automatisch assembliert, wenn auf die .MODEL-Anweisung ein Sprachparameter folgt.

Wir wissen nun, daß auf übergebene Stackparameter über eine indirekte Adressierung mit dem BP-Register zugegriffen wird. Dabei wird ein positiver Offset verwendet um die einzelnen Parameter zu adressieren. Doch warum ist der Offset positiv? Weil nach dem Ablegen der einzelnen Parameter einige zusätzliche Werte, wie gesehen, auf dem Stack abgelegt wurden und der Stackzeiger stets in Richtung kleiner werdender Adressen »wächst«. Um auf einen Wert zuzugreifen, der bereits auf dem Stack abgelegt wurde, ist daher ein positiver Offset notwendig. Anders sieht es bei lokalen Variablen aus. Diese werden ja erzeugt, nachdem das SP-Register in das BP-Register übertragen wurde. Da auch für den Zugriff auf lokale Variablen das BP-Register zuständig ist, dieses aber nichts mehr von dem aktuellen Stand des Stackzeigers im SP-Register »weiß«, benötigen wir in diesem Fall einen negativen Offset. Doch zurück zu den übergebenen Parametern. Wie erhält man die Offsets der einzelnen Stackparameter? Für die Berechnung des Stackoffsets des n-ten Stackparameters gilt folgende Formel:

Stackoffset = 2 (für das BP-Register)

+

Größe der Rückkehradresse

+

Gesamtgröße aller Parameter zwischen n und BP

Wie sich diese Formel in der Praxis anwenden läßt, wird an dem folgenden Beispiel deutlich.

Eine Near-Prozedur wird mit zwei Parametern aufgerufen, bei denen es sich jeweils um 2-Byte-Werte handelt. Für den 2. Parameter berechnet sich der Stackoffset wie folgt:

Stackoffset = 2

+

2 (Größe der Rückkehradresse)

+

2 (Größe des 1. Parameter)

6 Byte Offset

Auf den zweiten Parameter, der demnach den relativen Stackoffset +6 besitzt, kann daher durch folgenden Befehl zugegriffen werden:

```
MOV AX, [BP+6]
```

während für den Zugriff auf den ersten Parameter, der den relativen Stackoffset +4 besitzt, folgender Befehl verwendet werden kann:

```
MOV CX, [BP+4]
```

Damit Sie die hier beschriebenen Verhältnisse besser nachvollziehen können, ist in Bild 14.2 der Stackrahmen für dieses Beispiel abgebildet. Der benötigte Offset läßt sich einfach berechnen, wenn man weiß, daß der übergebene Parameter in Form einer 16-Bit Zahl vorliegt. Doch nicht immer liegen die Verhältnisse so einfach, denn die Form des übergebenen Parameters hängt von dem jeweiligen Datentyp ab und variiert zudem von Sprache zu Sprache. Aus der Tabelle 14.3 können Sie entnehmen, in welcher Form die einzelnen Datentypen von einem C-Programm übergeben werden.

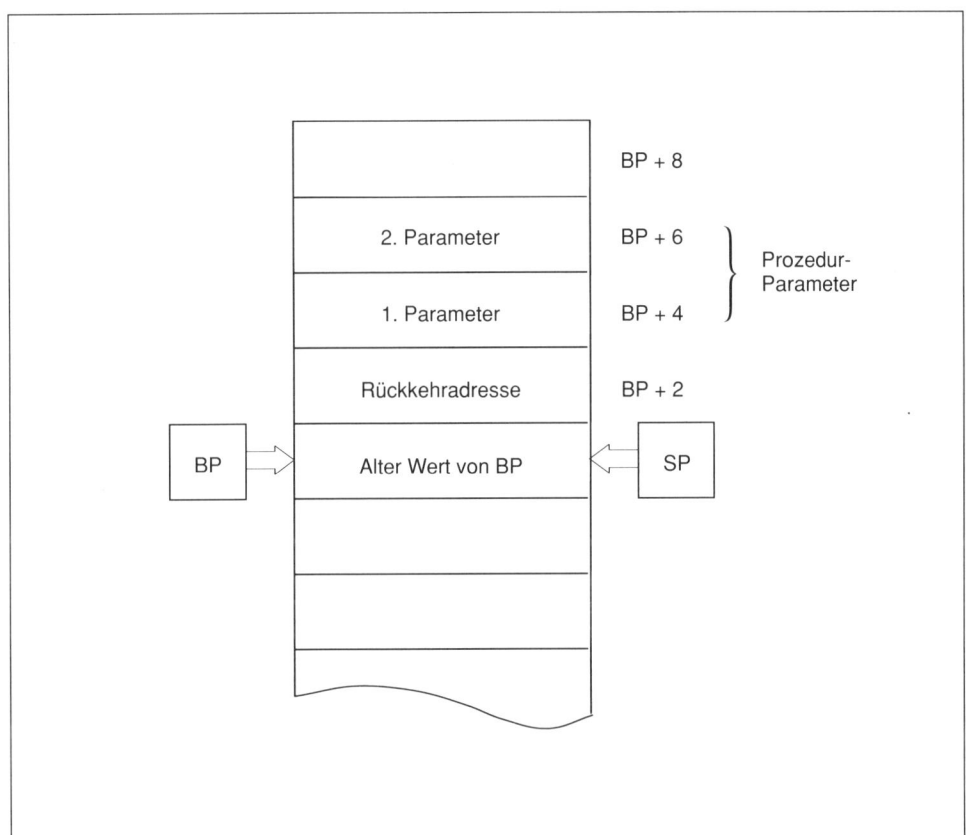

Bild 14.2: *Stackrahmen für eine Beispielprozedur*

Datentyp	Umwandlung in	Stackgröße
char	int	Wort
char vorzeichenlos	int vorzeichenlos	Wort
short		Wort
short vorzeichenlos		Wort
int		Wort
int vorzeichenlos		Wort
long		Doppelwort
long vorzeichenlos		Doppelwort
float	Doppelwort	64 Bit
double		Wort
Near-Zeiger		Wort
Far-Zeiger		Doppelwort
Feld	Zeiger auf das Feld	Wort
String	Zeiger auf String	Wort
Struktur		n Worte

Tabelle 14.3: *Parameterübergabe, Übersicht eines C-Programms*

Deklaration lokaler Variablen

Auch innerhalb einer Assemblerprozedur können, wie zum Beispiel in einer C-Funktion, lokale Variablen definiert werden. Voraussetzung für die Definition lokaler Variablen ist, daß auf dem Stack entsprechend Platz geschaffen wurde. Dies kann zum Beispiel durch einen SUB-Befehl geschehen, der die Anzahl der benötigten Bytes vom Inhalt des SP-Registers abzieht:

```
SUB SP,n
```

Bei »n« handelt es sich um die Anzahl an Bytes, die auf dem Stack für lokale Variablen reserviert werden sollen. Auch dieser Befehl wird automatisch vor dem RET-Befehl assembliert, wenn auf die .MODEL-Anweisung ein Sprachparameter folgt. Warum wird hier überhaupt ein Wert subtrahiert? Da der Stackzeiger bei jedem PUSH-Befehl erniedrigt wird, wird so verhindert, daß nachfolgende PUSH-Befehle den Bereich der lokalen Variablen überschreiben. Mit anderen Worten, wird der Stackzeiger innerhalb einer Prozedur durch einen SUB-Befehl erniedrigt, wird Speicherplatz auf dem Stack geschaffen, der vor dem Zugriff durch PUSH-Befehle sicher ist. Auf die lokalen Variablen kann nun auf verschiedene Weise zugegriffen werden:

Über das BP-Register

Die naheliegendste Möglichkeit ist der direkte Zugriff auf die auf dem Stack befindlichen lokalen Variablen über das BP-Register, diesmal allerdings mit einem negativen Offset:

```
MOV WORD PTR [BP-2],AX
```

oder

```
MOV WORD PTR [BP-4],AX
```

Durch den ersten Befehl wird der Inhalt des AX-Registers in einer lokalen Variable auf dem Stack gespeichert, die sich unter der Adresse »SS:[BP-2]« befindet. Der zweite Befehl speichert den Inhalt des AX-Registers in eine lokale Stackvariable, die sich unter der Adresse »SS:[BP-4]« befindet. Dieses Verfahren besitzt den offensichtlichen Nachteil, daß der Programmierer die Offsets der lokalen Variablen selber ausrechnen muß. Ein wenig einfacher geht es, wenn man diese Arbeit dem Assembler überträgt.

Adressierung über symbolische Namen
Ab der Version 5.1 bietet MASM die Möglichkeit, »richtige« lokale Variablen definieren zu können. Diese werden durch eine spezielle Anweisung mit dem Namen LOCAL definiert und können dann über ihren Namen angesprochen werden, ohne daß der Programmierer den genauen Offset auf dem Stack kennen muß.

Die LOCAL-Anweisung
Über die LOCAL-Anweisung können beliebig viele lokale Variablen deklariert werden. Der Assembler benötigt lediglich den Namen und den Typ der lokalen Variable und berechnet die relative Position der einzelnen lokalen Variablen sowie die Gesamtzahl in Bytes, die alle lokalen Variablen auf dem Stack belegen. Die LOCAL-Anweisung assembliert auch den »SUB SP,n«-Befehl, der den benötigten Platz auf dem Stack schafft. Eine Initialisierung der lokalen Variablen wird allerdings nicht durchgeführt.

Syntax: `LOCAL VarDef [,VarDef]...`

Bei »VarDef« handelt es sich um die Bezeichnung der zu definierenden lokalen Variable. Jede Variablendefinition hat folgende Form:

`Variablenname [ [Zähler] ] [:[[NEAR | FAR] PTR] Typ]] ...`

Der Syntaxaufbau ist zugegebenermaßen auf den ersten Blick recht verwirrend. Wie Sie aber aus dem Beispiel ersehen können, ist der Einsatz der LOCAL-Anweisung relativ unproblematisch. Bei »Variablenname« handelt es sich um den Namen der lokalen Variable. MASM definiert für diese Variable automatisch ein Textmakro vom Typ »[BP-x]«, wobei es sich bei x um die relative Lage der lokalen Variable auf dem Stack handelt. Über den Variablennamen kann der Zugriff auf die lokale Variable durchgeführt werden. Der optionale Wert »Zähler« legt die Anzahl der Elemente des angegebenen Typs fest, die auf dem Stack abgelegt werden sollen. Auf diese Weise lassen sich auch lokale Felder auf dem Stack definieren. Beachten Sie, daß der Zählerwert von eckigen Klammern umschlossen werden muß. Dies geht aus der obigen Syntaxbeschreibung leider nicht eindeutig hervor. Schließlich benötigt der Assembler noch den Typ der Variablen, der durch den Parameter »Typ« festgelegt wird. Diese Angabe ist sehr wichtig, denn durch sie weiß der Assembler bei welcher relativen Adresse sich die nächste lokale Variable befindet. Für den Typ gibt es folgende Möglichkeiten: WORD, DWORD, FWORD, QWORD, TBYTE oder der Name einer Struktur, die durch die STRUC-Anweisung definiert wurde. Falls es sich um einen Zeiger handelt, können die Entfernungstypen NEAR und FAR aufgeführt werden, denen aber der PTR-Operator folgen muß.

Beispiel

```
.MODEL SMALL,C
.CODE
TestProc    PROC
        LOCAL WERT1:WORD,WERT2:DWORD
        MOV WERT1,1234h
        LES BX,WERT2
        ...
        RET
TestProc    ENDP
```

In diesem kleinen Beispiel werden zwei lokale Variablen mit dem Namen WERT1 und WERT2 und den Typen WORD und DWORD definiert. Wie ein Blick in das Programmlisting (verwenden Sie beim Assemblieren entweder die Option /L oder die Option /LA) bestätigt, erhält die Variable WERT1 den Wert »[BP-02]« und die Variable WERT2 den Wert »[BP-04]«. Außerdem wird durch die LOCAL-Anweisung der Befehl »SUB SP,6« assembliert, der 6 Byte auf dem Stack reserviert. Beachten Sie, daß die relative Lage der lokalen Variablen unabhängig vom Speichermodell ist, da die negativen Offsets der lokalen Variable nach der Einrichtung des Stackrahmens vergeben werden. Die Verhältnisse auf dem Stack nach der Definition zweier lokaler Variablen zeigt Bild 14.3.

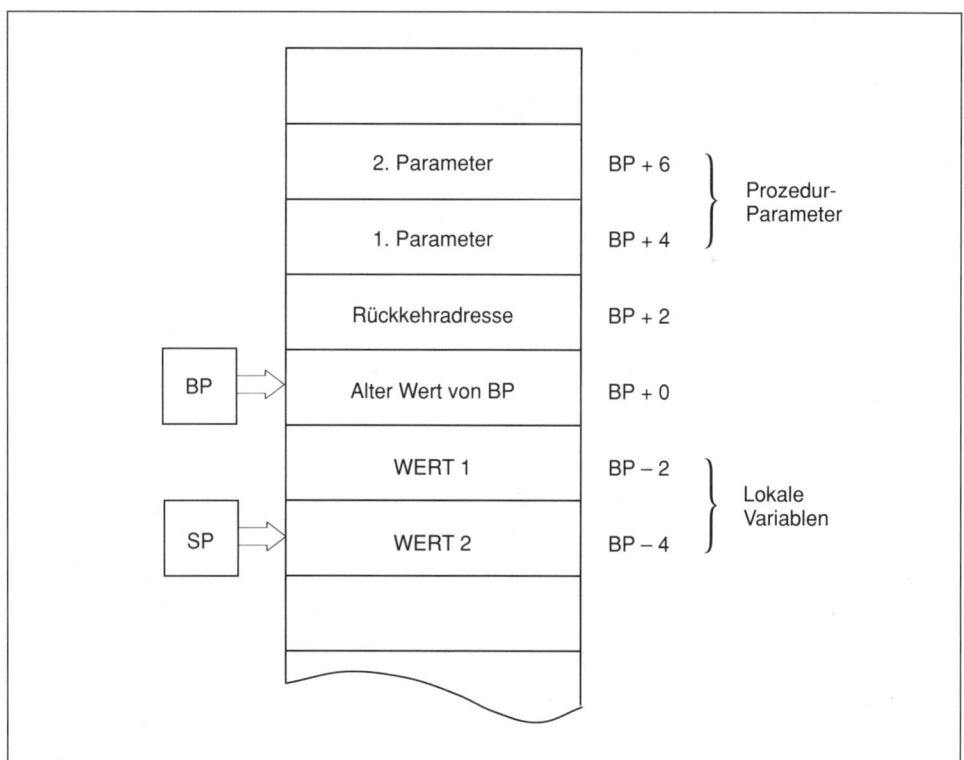

Bild 14.3: *Lokale Variablen auf dem Stack*

Am Ende der Prozedur verlieren die lokalen Variablen auch in einem Assemblerprogramm ihre Gültigkeit und müssen wieder vom Stack entfernt werden. Am einfachsten erreicht man dies, indem man den alten Inhalt des SP-Registers, das zu Beginn der Prozedur in das BP-Register übertragen wurde, wiederherstellt:

```
MOV SP,BP
```

Dieser Befehl wird automatisch vor dem abschließenden RET-Befehl assembliert, wenn zu Beginn der Prozedur eine LOCAL-Abweisung ausgeführt wurde.

Retten von CPU-Registern

Da das C-Programm natürlich auch die CPU-Register benutzt, kann es unter Umständen zu Problemen kommen wenn die Assemblerprozedur die Inhalte bestimmter Register verändert. Eine von einem C-Programm aufgerufene Assemblerprozedur darf im allgemeinen folgende Register nicht verändern: DI, SI, DS, SS und BP. Falls daher Ihre Assemblerroutine mit diesen Registern arbeiten soll, müssen diese Register vorher auf dem Stack gerettet (mit dem BP-Register wurde das ja bereits durchgeführt) und am Ende der Prozedur wieder hergestellt werden. Um die Berechnung der Stackoffsets der übergebenen Stackparameter nicht zu beeinflussen, wird das Retten der einzelnen Register durchgeführt nachdem der Stackrahmen installiert und Speicherplatz für lokale Daten (sofern vorhanden) reserviert wurde:

```
PUSH BP      ; BP retten
MOV BP,SP    ; Stackrahmen einrichten
SUB SP,4     ; Platz für lokale Daten
PUSH SI      ; SI-Register retten
PUSH DI      ; DI-Register retten
...
POP DI       ; DI-Register wiederherstellen
POP SI       ; SI-Register wiederherstellen
RET
```

Denken Sie daran, daß die geretteten Register am Ende in umgekehrter Reihenfolge wieder hergestellt werden müssen. Um auf dem Stack die Übersicht nicht zu verlieren, sollten Sie sich Stackbelegung zu den wichtigsten Phasen (nach dem Aufruf der Prozedur und vor dem Verlassen der Prozedur) auf ein Blatt Papier aufmalen.

PROC rettet Register automatisch

Ab der MASM-Version 5.1 müssen Sie das Retten etwaiger Register nicht mehr selber vornehmen, sondern können auch diese Arbeit der PROC-Anweisung übertragen. Diese bietet nämlich den Parameter USES, über den die benötigten PUSH- und POP-Befehle automatisch erzeugt werden. Auf den USES-Parameter folgen die Namen der CPU-Register (ohne trennende Kommata) die für die Dauer der Prozedur auf den Stack gerettet werden sollen.

Beispiel

```
TestProc    PROC  USES DI SI, WERT1:WORD
    ...
    RET
TestProc    ENDP
```

Dank des USES-Parameter werden die Befehle »PUSH DI« und »PUSH SI« zu Beginn der Prozedur und die Befehle »POP SI« und »POP DI« am Ende der Prozedur automatisch assembliert.

Nachdem nun das BP-Register auf dem Stack abgelegt und Platz für lokale Variablen geschaffen wurde, befinden sich dort auch noch die Werte der geretteten Register. Daß diese Werte aber keinen Einfluß auf den Zugriff auf die lokalen Daten oder die bereits vor dem Aufruf übergebenen Parameter haben, zeigt Bild 14.4.

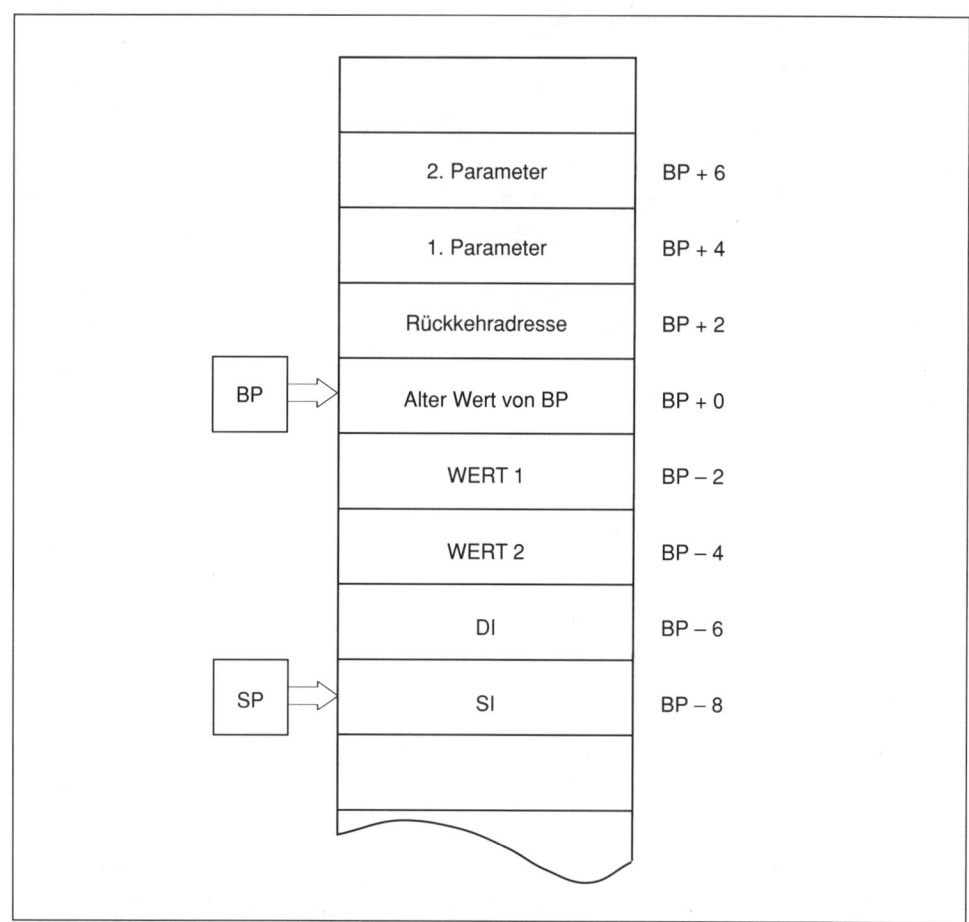

Bild 14.4: *Der Stack nach dem Retten von CPU-Registern*

Rückgabe eines Funktionswert an ein C-Programm
Wie eine normale C-Funktion muß auch eine Assemblerprozedur, die von einem C-Programm aufgerufen wird, einen Wert zurückgeben können. Damit ist es dann möglich, eine Assemblerprozedur in der Form

```
x = FunName(a,b,c);
```

aufzurufen, wobei der Compiler dafür sorgt, daß der Rückgabewert der Funktion FunName() der Variablen x zugeordnet wird. Eine aufrufende C-Funktion erwartet, daß sich der Rückgabewert im AX-Register oder im Registerpaar AX:DX befindet. Aus Tabelle 14.4 geht hervor, wo die Standard-Datentypen in C abgelegt werden. Im Falle einer 32-Bit-Zahl oder einer »Segment-Adresse« wird der höherwertige Anteil (Segmentanteil) im DX-Register und der niederwertige Anteil (Offsetanteil) im AX-Register übergeben. Nicht viel anders sieht es aus, wenn der zurückgegebene Wert größer als vier Bytes ist, das heißt wenn zum Beispiel ein String, eine Fließkommazahl oder ein Feld übergeben wird. In diesem Fall wird ein Zeiger auf das Datenobjekt Registerpaar DX übergeben.

Typ	Ort der Rückgabe
char	AX
char vorzeichenlos	AX
short	AX
short vorzeichenlos	AX
int	AX
int vorzeichenlos	AX
long	AX:DX
long vorzeichenlos	X:DX
Struktur (Zeiger)	AX (Near) oder AX:DX (Far)
Float (Zeiger)	AX (Near) oder AX:DX (Far)
Double (Zeiger)	AX (Near) oder AX:DX (Far)
Near-Zeiger	AX
Far-Zeiger	AX:DX

Tabelle 14.4: *Rückgabewerte an eine C-Funktion*

Stackkorrektur

Nachdem eine C-Funktion über einen RET-Befehl beendet wird, muß die aufrufende Funktion dafür sorgen, daß der Stack wieder im alten Zustand vorliegt. Konkret bedeutet dies, daß alle vor dem Aufruf übergebenen Parameter vom Stack entfernt werden müssen. Diese Stackkorrektur wird über einen Befehl vom Typ »ADD SP,n«, der den Stackzeiger um die Anzahl der belegten Bytes erhöht, durchgeführt. Da die Stackkorrektur in C stets die Aufgabe der aufrufenden Funktion ist, darf sie nicht von der Assemblerprozedur vorgenommen werden.

Verlassen der Assemblerprozedur

Nach Beendigung der Assemblerprozedur erfolgt die Rückkehr zu der aufrufenden C-Funktion über einen RET-Befehl. Auch hier gilt es, gewisse Regeln einzuhalten. Diese Regeln sind jedoch im wesentlichen eine Zusammenfassung von dem, was schon zu den übrigen Punkten geschrieben wurde.

▦ Zu Beginn der Assemblerprozedur gerettete CPU-Register müssen über entsprechende POP-Befehle wiederhergestellt werden. Dabei müssen die einzelnen POP-Befehle in der umgekehrten Reihenfolge aufgeführt werden, wie die PUSH-Befehle zu Beginn der Prozedur.

▓ Falls auf dem Stack Platz für lokale Daten reserviert wurde, muß dieser Platz nun wieder freigegeben werden. Dies geschieht einfach dadurch, indem man den Inhalt des BP-Registers mit dem Befehl »MOV SP,BP« in das SP-Register lädt. Wenn Ihnen dieser Schritt nicht auf Anhieb klar ist, werfen Sie noch einmal einen Blick auf die Bild 14.5. Daraus geht hervor, daß das BP-Register den »eingefrorenen« Wert des Stackzeigers vor dem Einrichten eines lokalen Datenbereichs enthält.

▓ Der alte Inhalt des BP-Registers muß durch den Befehl »POP BP« wiederhergestellt werden. Dieser Befehl ist immer dann notwendig, wenn der Assemblerprozedur Parameter übergeben wurden und ein Stackrahmen aufgebaut wurde.

▓ Die Rückkehr zur aufrufenden Prozedur wird durch einen RET-Befehl durchgeführt. Der Befehl »RET n«, der n zum Inhalt des SP-Registers addiert, darf nicht verwendet werden, da die aufrufende C-Funktion für das Aufräumen des Stacks verantwortlich ist.

Falls auf die .MODEL-Anweisung ein Sprachparameter folgt, werden die hier aufgezählten Anweisungen automatisch durch den RET-Befehl assembliert. Dies bringt natürlich Probleme, wenn die Assemblerprozedur eine weitere Prozedur aufruft. Auch hier wird der komplette Stackrahmen ein weiteres Mal assembliert. Falls innerhalb der zweiten Prozedur auf Prozedurparameter zugegriffen werden soll, kann es dann natürlich zu Problemen kommen da die Berechnungsgrundlage, genauer gesagt der Inhalt des BP-Registers, nicht mehr stimmt.

Der Nebel lichtet sich

Jetzt dürfte es Ihnen bereits etwas klarer sein, was es mit den erwähnten Konventionen auf sich hat. Fassen wir noch einmal zusammen: Damit ein C-Programm eine Assembler-Routine erfolgreich aufrufen kann, sind gewisse Voraussetzungen zu erfüllen. Dazu gehören allgemeine Voraussetzungen, wie zum Beispiel übereinstimmende Segmentnamen und der Kombinationstyp Public, den jedes verknüpfende Segment besitzen muß. Auch das Speichermodell spielt eine wichtige Rolle, die im folgenden kurz erläutert wird.

Die Rolle des Speichermodells

Damit ein Assemblerprogramm mit einem C-Programm verknüpft werden kann, müssen beide das gleiche Speichermodell bei der gemischtsprachigen Programmierung verwenden. Dies ist eine Voraussetzung, die im allgemeinen erfüllt sein sollte, obgleich es möglich ist, innerhalb eines C- oder Assemblerprogramms ein gemischtes Speichermodell zu verwenden. Der Quick C-Compiler unterstützt alle in Kapitel 10.4 vorgestellten Speichermodelle, und ab der Version 2.0 auch das Modell Tiny (letzteres wird vom großen C-Compiler erst ab der Version 6.0 unterstützt). Falls kein Speichermodell explizit festgelegt wird, wird das Modell Small als Standardeinstellung verwendet. Dieses Modell sollte für die viele Anwendungen ausreichend sein. Eine Ausnahme stellen Programme dar, deren Programm- oder Datenbereich größer als 64 Kbyte wird. In diesem Fall kann das Speichermodell entweder über die Entwicklungsumgebung des Compilers oder über die Compiler Option /A ausgewählt werden. Des weiteren besteht innerhalb eines C-Programms die Möglichkeit mit Hilfe der Schlüsselworte Near, Far und Huge das Speichermodell für eine einzelne Anweisung oder Funktion zu ändern.

Ein kleines Beispiel

Damit wären alle notwendigen Formalitäten geklärt. Nach soviel Theorie soll erst einmal ein Beispiel folgen. Wir beschäftigen uns im folgenden mit einem einfachen, um nicht zu sagen trivialen Beispiel, da es in erster Linie darum geht, die eben dargestellten Regeln in die Praxis umzusetzen.

Welche Vorbereitungen innerhalb des Assemblerprogramms getroffen werden müssen, wurde im letzten Abschnitt ausführlich dargelegt. Wie Sie gesehen haben, sind keine speziellen Befehle erforderlich, das heißt Sie können die Assemblerroutine sowohl mit MASM 4.0 (oder älter) als auch mit einer neueren Version assemblieren. Ab MASM 5.1 stehen Anweisungen zur Verfügung, die den Aufwand erheblich reduzieren und vor allem formale Fehler vermeiden helfen. Aus zwei Gründen werden die folgenden Beispiele zum einen auf die herkömmliche Weise (das heißt mit den erweiterten Segmentanweisungen) und zum anderen mit den neuen Anweisungen vorgestellt. Der erste Grund ist, daß damit auch Besitzer älterer MASM-Versionen diese Beispiele nachvollziehen können. Doch auch Besitzer neuerer MASM-Versionen werden hoffentlich von dieser Darstellungsweise profitieren. Sie lernen so die Hintergründe der vereinfachten Segmentanweisungen kennen und sind damit auch für Spezialanwendungen gerüstet, bei denen die vereinfachten Segmentanweisungen nicht ausreichen.

Beispielprogramm 14.4 – BSP14_04.C

Das folgende Beispiel zeigt ein C-Programm, das eine Assembler-Routine mit dem Namen »mittel« aufruft. Die Assembler-Routine soll den Mittelwert von drei übergebenen Integervariablen bilden und das Ergebnis wieder zurückgeben. Auch wenn das Beispiel nicht sehr aufregend ist und in dieser Form sicher kaum in der Praxis Anwendung finden wird, zeigt es doch recht gut wie sich die im letzten Abschnitt beschriebenen Regeln in die Praxis umsetzen lassen. Hier zunächst das C-Programm:

```
#include <stdio.h>
extern int mittel(int, int, int);
main()
{
printf("\nDer Mittelwert beträgt%d",mittel(12,23,45));
}
```

Das C-Programm ist schnell abgehandelt. Als erstes wird die Funktion mittel() als extern deklariert, da sie nicht innerhalb des C-Programms definiert wird. Die Funktion main() besteht lediglich aus der Ausgabefunktion printf(), die die Funktion mittel() mit drei Parametern aufruft. Sie sehen an diesem Beispiel, daß es sich hier um ein ganz »normales« C-Programm handelt. Die Parameterübergabe erfolgt über einen »Call by value«, das heißt die einzelnen Parameter werden als direkte Werte übergeben.

Der Aufruf des C-Compilers

Der C-Compiler wird wie gewohnt aufgerufen, allerdings soll die Datei in diesem Fall nicht gelinkt werden, so daß die Compiler-Option -c benutzt wird:

```
C>QCL -c BSP14_04.C
```

Bei »BSP14_04.C« handelt es sich um den Namen der Quelltextdatei, die die Endung ».C« enthalten muß. Falls das C-Programm fehlerfrei kompiliert wurde, liegt es nun als Objektdatei vor. Auch das Assemblerprogramm muß nun assembliert werden, damit es ebenfalls als Objektdatei vorliegt. Ab der Version 6.0 des C-Compilers können beim Aufruf übrigens auch ASM-Dateien aufgeführt werden, woraufhin CL.EXE dann selbständig MASM aufruft (sofern vorhanden).

Welche besonderen Vorbereitungen in dem Assemblerprogramm zu treffen sind, sollte bereits klar sein. Im Beispielprogramm 14.5 finden Sie die Assembler-Routine »mittel« in zwei Ausführungen. Sie sehen an diesen Beispielen ganz gut, daß die seit der Version 5.1 eingeführte Anweisungen der Hochsprachenschnittstelle eine gewisse Programmiererleichterung mit sich bringt. Diese Arbeitserleichterung, das geht aus den abgebildeten Beispielen sicher nur andeutungsweise hervor, ist dabei um so beträchtlicher, je umfangreicher die Anwendungen werden.

Beispielprogramm 14.5 – BSP14_05.ASM

Das folgende Assemblerprogramm ist nicht als eigenständiges Assemblerprogramm konzipiert, sondern soll als Assemblerprozedur von dem C-Programm aus Beispielprogramm 14.4 aufgerufen werden. Variante a) enthält die Standard-Segmentanweisungen und kann auch mit MASM 4.0 und älter assembliert werden, während für Variante b) MASM ab Version 5.1 der Turbo Assembler erforderlich ist.

a) für MASM-Version 4.0

```
_TEXT    SEGMENT  WORD PUBLIC 'CODE'
         ASSUME CS:_TEXT
_mittel PROC               ; Hier beginnt die Prozedur
         PUSH BP           ; Retten des BP-Registers
         MOV BP,SP         ; »Einfrieren« des Stackzeigers
         MOV AX,[BP+4]     ; Der erste Wert nach AX
         ADD AX,[BP+6]     ; Den zweiten Wert dazu addieren
         ADD AX,[BP+8]     ; Und auch den dritten
         XOR DX,DX         ; DX für Division löschen
         MOV BX,3          ; Das Ganze wird durch 3 geteilt
         DIV BX            ; Der Rückgabewert ist in AX
         POP BP            ; Jetzt muß BP wiederhergestellt werden
         RET               ; Rückkehr zum C-Programm
_mittel ENDP
         END
```

b) für MASM-Version 5.1 und höher

```
.MODEL SMALL,C
.CODE
mittel  PROC  WERT1:WORD,WERT2:WORD,WERT3:WORD
                           ; Hier beginnt die Prozedur
         MOV AX,WERT1      ; Der erste Wert nach AX
         ADD AX,WERT2      ; Den zweiten Wert dazu addieren
         ADD AX,WERT3      ; Und auch den dritten
         XOR DX,DX         ; DX für Division löschen
         MOV BX,3          ; Das Ganze wird durch 3 geteilt
```

```
        DIV BX              ; Der Rückgabewert ist in AX
        RET                 ; Rückkehr zum C-Programm
mittel  ENDP
        END
```

Innerhalb des C-Programms wird die Routine »mittel« (genauer gesagt »_mittel«) über einen üblichen CALL-Befehl aufgerufen. Zuvor legt das C-Programm, für Sie unsichtbar, die übergebenen Parameter über entsprechende PUSH-Befehle auf dem Stack ab. Nach Beendigung der Assembler-Routine wird der Stack durch den Befehl »ADD SP,n« wieder korrigiert, wobei es sich bei n um die Anzahl an Bytes handelt, die vor dem Aufruf der Assembler-Routine auf dem Stack belegt wurden.

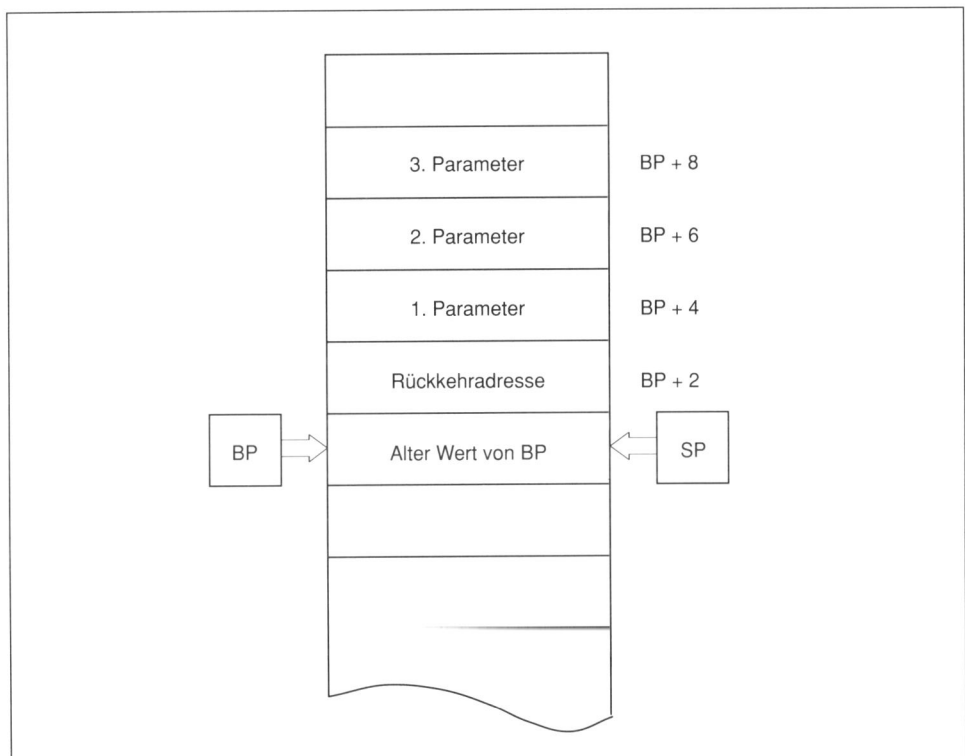

Bild 14.5: *Der Stack nach dem Aufruf von mittel()*

Aufruf des Assemblers und Linkers

Auch das Assemblerprogramm muß zunächst mit der /MX-Option assembliert werden, damit die Groß-/Kleinschreibung beim Prozedurnamen »mittel« erhalten bleibt:

```
C>MASM /MX BSP14_05;
```

Jetzt liegen die beiden Objektdateien BSP14_04.OBJ und BSP14_05.OBJ vor, die vom Linker zu einer einzigen Programmdatei verknüpft werden:

```
C>LINK BSP14_04 BSP14_05;
```

Das entstandene Programm heißt BSP14_04.EXE und kann nun durch Eingabe seines Namens zur Ausführung gebracht werden. Der Vollständigkeit halber ist in Bild 14.5 noch einmal die Stackbelegung nach dem Aufruf der Funktion mittel() und dem Aufbau des Stackrahmens zu entnehmen.

Arbeiten mit CodeView

Nichts geht bekanntlich über einen anschaulichen Unterricht, bei dem der (oder die) Lernende Schritt für Schritt die dargebrachte Theorie nachvollziehen kann. Dem steht auch hier nichts im Wege, wenn man sich einmal die Mühe macht, die Beispielprogramme in diesem Buch (und natürlich auch Ihre selbstentworfenen Programme) mit Hilfe eines Debuggers auszuprobieren. Natürlich kommt man mit einem bescheidenen Debugger á la DEBUG nicht sehr weit. Für gehobene Ansprüche muß es dann schon CodeView (am besten ab Version 3.0) oder der Turbo Debugger (am besten ab Version 1.5) sein. Mit Hilfe eines Debuggers läßt sich nämlich zum Beispiel genau nachvollziehen, welche Vorbereitungen das C-Programm trifft, bevor die eingebundene Assemblerprozedur aufgerufen wird. Auch die Assemblerprozedur kann selbstverständlich im Einzelschritt ausgeführt werden. Dabei ist es besonders instruktiv zu verfolgen, welche Auswirkungen zum Beispiel die einzelnen Befehle auf den Stack haben. Da Debugger, wie CodeView oder der Turbo Debugger, die gleichzeitige Darstellung von Quelltext und Maschinencode erlauben, läßt sich so wunderschön untersuchen, wie der C-Compiler die einzelnen C-Anweisungen umgesetzt hat. Um ein Debugging mit CodeView (oder Turbo Debugger) auch auf Quelltextebene durchführen zu können, müssen in die Objektdatei zusätzliche Informationen eingebaut werden. Dies wird beim QuickC-Compiler durch Setzen der Option -Zi erreicht:

```
C>QCL -Zi BSP14_04.C BSP14_05.ASM
```

Die Option /Zi sorgt zum einen dafür, daß in die Objektdateien die benötigte Quelltextinformation übertragen wird. Gleichzeitig setzt sie beim anschließenden Aufruf des QuickC-Linkers die Option /CO, die bewirkt, daß der Linker die EXE-Datei für das Arbeiten mit CodeView vorbereitet (ein erneutes Setzen dieser Option ist daher nicht erforderlich). Bild 14.6 zeigt einen Ausschnitt aus einer CodeView-Session mit dem Beispielprogramm BSP14_04.EXE direkt nach dem Aufruf der Assemblerprozedur »mittel«. Achten Sie dabei auf das Local-Fenster des Debuggers, in dem die übergebenen Prozedurparameter mit ihren relativen Stackoffsets und ihren aktuellen Werten dargestellt sind.

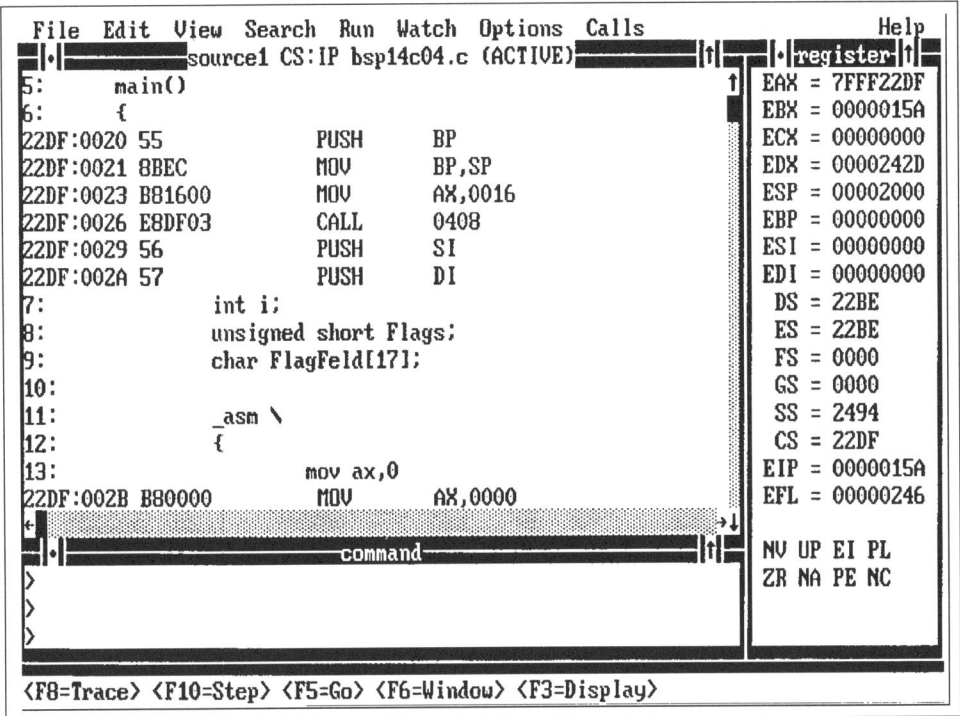

Bild 14.6: *Ein Ausschnitt aus einer CodeView-Session*

Ausblick

Das letzte Beispiel konnte natürlich nur andeuten, welche praktischen Vorteile die Einbindung von Maschinensprache für einen C-Programmierer bringt. In der Praxis wird man Maschinenroutinen aus den eingangs erwähnten Gründen nur für zeitkritische Programmteile, wie zum Beispiel das Suchen in einer Liste oder das Sortieren eines größeren Feldes, einsetzen. Hier lassen sich teilweise erhebliche Geschwindigkeitsvorteile erzielen.

Ein »Kochrezept« für C-Programme

Das folgende Kochrezept soll eine Art Checkliste darstellen, die bei der Verknüpfung eines C-Programms mit einem Assemblerprogramm eine Hilfestellung bietet. Von Fall zu Fall ist es erforderlich, einzelne Punkte in dieser Liste zu modifizieren. In der Mehrheit der Anwendungen kann dieses Rezept jedoch nahezu unverändert übernommen werden.

a) Vorbereitungen im C-Programm

1. Deklaration der Assemblerprozedur als extern

Die aufzurufende Assemblerprozedur muß innerhalb des C-Programms als extern deklariert werden. Beispiel:

```
extern FunName(Prozedurparameter);
```

b) Vorbereitungen im Assemblerprogramm

1. Versehen der .MODEL-Anweisung mit einem Sprachparameter

Der notwendige Formalismus kann in dem Assemblerprogramm auf ein Minimum reduziert werden, falls auf die .MODEL-Anweisung der Sprachparameter »C« folgt. Dieser Parameter paßt das Assemblerprogramm an die Namens- und Übergabekonventionen des C-Compilers an.

Beispiel

```
.MODEL SMALL,C
```

Die Wahl des Speichermodells richtet sich in der Regel nach dem Speichermodell, das der C-Compiler verwendet (Standardeinstellung bei QuickC ist Small).

2. Definition eines Datensegments (falls erforderlich)

Falls innerhalb des Assemblerprogramms eigene statische Datenelemente benötigt werden, muß ein Datensegment über die .DATA-Anweisung definiert werden. Lokale Variablen werden über die LOCAL-Anweisung definiert.

3. Definition eines Programmsegments

Innerhalb des Programmsegments, das wie üblich über die .CODE-Anweisung definiert wird, wird die Assemblerprozedur definiert.

4. Definition der Assemblerprozedur

Die Assemblerprozedur wird durch die PROC-Anweisung eingeleitet. Auf die PROC-Anweisung können spezielle Parameter zum Retten von CPU-Registern und zur Definition von Prozedurvariablen folgen. Mit Hilfe des »\«-Operators kann sich die PROC-Anweisung auch über mehrere Programmzeilen erstrecken.

```
FunName     PROC      \
    . . .
    RET
FunName     ENDP
```

5. Retten von CPU-Register

Falls CPU-Register gerettet werden müssen, kann innerhalb der PROC-Anweisung der USES-Parameter folgen, der die folgenden CPU-Register vorübergehend auf dem Stack rettet. Für jedes hier aufgeführte Register wird automatisch ein PUSH- und POP-Befehl assembliert.

Beispiel

```
FunName     PROC      USES DI SI \
```

6. Definition von Prozedurparametern

Falls die Assemblerprozedur auf übergebene Funktionsparameter zugreifen muß, kann für jeden übergebenen Funktionsparameter über die PROC-Anweisung eine Variable definiert werden.

Beispiel

```
FunName     PROC      USES DI SI \
        WERT1:WORD, WERT2:DWORD
```

7. Definition lokaler Variablen

Über die LOCAL-Anweisung ist die Definition lokaler Variablen möglich. Der Assembler erzeugt in diesem Fall automatisch einen SUB-Befehl, der das SP-Register um die Anzahl der belegten Bytes erniedrigt. Am Ende der Prozedur wird das SP-Register über den Befehl »MOV SP,BP«, der ebenfalls automatisch assembliert wird, wieder auf den alten Stand gebracht.

Beispiel

```
FunName    PROC    USES DI SI \
           WERT1:WORD, WERT2:DWORD
           LOCAL L1:WORD, L2:DWORD[10]
```

8. Beenden der Assemblerprozedur

Die Assemblerprozedur wird über einen einfachen RET-Befehl beendet, der die Rückkehr zu der aufrufenden C-Funktion durchführt. Je nach Entfernungstyp der Prozedur assembliert der Assembler entweder den Befehl RETN (Near-Prozedur) oder den Befehl RETF (Far-Prozedur).

14.3 Turbo Pascal und Maschinensprache

Wie QuickC bietet auch Turbo Pascal dem Programmierer zwei grundsätzlich verschiedene Pascal-Programme mit einzelnen Maschinensprachebefehlen oder ganzen Routinen zu erweitern. Neben der Einbindung von Inline-Code über die Inline-Anweisung können auch Objektdateien, die von einem Assembler erzeugt wurden, in Pascal-Programme eingebunden werden.

Verwendung von Inline-Code

Um Maschinenroutinen in Turbo-Pascal-Programme einzubinden ist, wie beim C-Compiler, nicht unbedingt ein Assembler erforderlich. Einzelne Befehle oder kleinere Routinen lassen sich oft vorteilhafter mit Hilfe der Inline-Anweisung oder noch besser mit der asm-Anweisung einbinden. Letztere steht ab Version 6.0 des Turbo-Pascal-Compilers zur Verfügung. Obwohl die asm-Anweisung die Inline-Anweisung überflüssig macht, wird letztere doch noch vorgestellt, da sicherlich einige Leser noch mit einer älteren Turbo-Pascal-Version arbeiten dürften.

Die Inline-Anweisung

Über die Inline-Anweisung lassen sich Maschinenbefehle, im folgenden als Inline-Code bezeichnet, in ein Pascal-Programm integrieren. Die Inline-Anweisung ist recht primitiv und bewirkt im Grunde nichts anderes, als daß die nachfolgenden Bytes oder Worte direkt in das Pascal-Programm, genauer gesagt in den vom Compiler erzeugten Code, eingetragen werden. Bei den Bytes oder Worten kann es sich um Maschinenopcodes, Konstanten oder Adressen handeln. Einschränkungen gibt es dabei keine, mit anderen Worten, dem Programmierer steht es vollkommen frei, welche Maschinenbefehle er innerhalb einer Inline-Anweisung ausführen läßt. Damit wird bereits ein Nachteil von Inline-Code deutlich. Da es keine Kontrolle durch den Compiler gibt, können etwaige Fehler auch nicht bei der Kompilierung erkannt werden. Bevor allerdings auf die Vor- und Nachteile von Inline-Code ausführlicher eingegangen wird, soll zunächst die Anwendung der Inline-Anweisung besprochen werden. Diese läßt sich problemlos einsetzen, wie auch die Syntaxbeschreibung zeigt:

```
Inline(
    Inline-Element/
    Inline-Element/
    ...
    Inline-Element
    )
```

Bei einem Inline-Element kann es sich, wie bereits erwähnt, um den Opcode eines Maschinenbefehls, um einen Bezeichner oder um eine numerische Konstante handeln. Jedes Inline-Element
wird durch einen Schrägstrich von seinem Nachfolger getrennt. Der Opcode eines Maschinenbefehls muß entweder in dezimaler oder hexadezimaler Form aufgeführt werden, womit ein
weiterer Nachteil der Inline-Anweisung zu Tage tritt. Jeder Maschinenbefehl muß nämlich zunächst vom Programmierer in seinen Opcode umgewandelt werden. Eine Liste aller Opcodes
findet man in entsprechenden Befehlstabellen (oder in Anhang B dieses Buches). Da dies auf die
Dauer recht mühselig werden kann und sich zudem leicht Fehler einschleichen, ist es empfehlenswert, die Opcodes mit Hilfe eines Debuggers wie dem Turbo Debugger (ein einfacher
Debugger wie DEBUG.EXE tut es aber auch) zu ermitteln. Da jeder Debugger auch einen kleinen
Assembler enthält, kann man so die gesuchten Opcodes leicht herausbekommen. Zwar muß man
die Opcodes auch dann immer noch per Hand eingeben (es gibt auch Utility-Programme, die
einem diese Arbeit abnehmen), doch hat man zumindest schon einmal die recht umständliche und
vor allem fehleranfällige Umwandlung gespart. Eine Alternative zur Verwendung eines Debuggers
besteht darin, die Umwandlung von einem Assembler übernehmen zu lassen, denn schließlich ist
dies ja die Hauptaufgabe eines Assemblers. Da man diesmal aber nicht an dem Objektcode,
sondern an den Opcodes (ein kleiner, aber feiner Unterschied) interessiert ist, muß man sich ein
Programmlisting erstellen lassen, in dem die Opcodes (in ASCII-Form) aufgeführt sind. Vielleicht
haben die Entwickler des Turbo Assemblers daran bereits gedacht als sie ihn mit der Möglichkeit
versahen über die Angabe der NUL-Datei die Erzeugung einer Objektdatei zu unterdrücken. Wird
TASM nämlich in der Form

```
C>TASM NUL,TEST
```

aufgerufen, so wird die Datei TEST.ASM zwar assembliert, es wird aber lediglich eine
Programmlistingdatei mit dem Namen TEST.LST und keine Objektdatei erstellt. Über das Block-
Read-Kommando der Entwicklungsumgebung kann der Inhalt der Programmlistingdatei nun in
das Pascal-Programm übernommen werden, wobei bis auf die Opcodes der Rest des Listings
natürlich wieder entfernt werden muß. Sehr komfortabel ist diese Methode zwar auch nicht, aber
zumindest können sich hier keine Tippfehler mehr einschleichen. Wesentlich sinnvoller ist es
sicherlich, auf Version 6.x des Compilers upzudaten, da hier die CPU-Mnemonics direkt eingegeben werden können. Doch nun zu unserem ersten Beispiel.

Dieses ist extrem einfach gehalten und dennoch in manchen Fällen ganz nützlich. Es geht hier vor
allem darum, den grundsätzlichen Einsatz der Inline-Anweisung zu verdeutlichen. Durch die erste
Inline-Anweisung wird der Maschinenbefehl CLI (Opcode $FA) in ein Pascal-Programm einge-
tragen. Dieser Befehl löscht das Interrupt-Freigabeflag im Status-Register der CPU und bewirkt,
daß alle danach folgenden Hardware-Interrupts (mit Ausnahme des NMI) von der CPU ignoriert
werden. Davon sind unter anderem der Tastatur-Interrupt, der ein Zeichen von der Tastatur in den

Tastaturpuffer überträgt, und der Timer-Interrupt, der die interne BIOS-Uhr aktualisiert, betroffen. Einzige Ausnahme ist der NMI-Interrupt (NMI steht für »Nicht maskierbaren Interrupt«), der für schwerwiegende Systemfehler vorbehalten ist und auch bei gelöschtem Interrupt-Freigabeflag bedient wird. Um das System nicht in diesem Zustand zu belassen, wird gleich anschließend über eine weitere Inline-Anweisung der Maschinenbefehl STI (Opcode $FB) in das Programm eingetragen, der das Interrupt-Flag wieder setzt.

Beispielprogramm 14.6 – BSP14_06.PAS
Das folgende Beispielprogramm zeigt eine einfache Anwendung des Inline-Befehls. Für die Umsetzung des Programms wird ein Turbo-Pascal- oder QuickPascal-Compiler benötigt.

```
program test0;
begin
    inline(
    $FA        { CLI }
    );
    inline(
    $FB        { STI }
    );
end.
```

Das war auch schon alles. Über die beiden Inline-Anweisungen werden die Opcodes $FA und $FB direkt in das Programm eingetragen. Dies bewirkt, daß bei der Ausführung der beiden Inline-Anweisungen die Maschinenbefehle CLI und STI ausgeführt werden. Die geschweiften Klammern haben übrigens für das Programm keine Funktion, denn es handelt sich ja um Kommentarklammern. Sie stellen lediglich eine kleine Hilfe dar, indem sie daran erinnern um welche Maschinenbefehle es sich handelt. Bei dieser Gelegenheit soll auch gleich auf zwei typische Fehlerquellen in Zusammenhang mit den Kommentarklammern einer Inline-Anweisung hingewiesen werden. Zum einen ist es aus Gründen der besseren Lesbarkeit sinnvoll, bei Änderung der Opcodes auch die Kommentare entsprechend anzupassen. Auch darf man nicht, und das ist die zweite Fehlermöglichkeit, der Illusion erliegen, daß eine Änderung der Kommentarklammern auch eine Änderung der Opcodes zur Folge hat (schön wär's, aber soweit ist Turbo Pascal noch nicht).

Innerhalb der Inlne-Anwelsung kann auch auf Bezelchner des Pascal-Programms Bezug genommen werden. Im nächsten Beispiel wird ein Variablenbezeichner in eine Inline-Anweisung eingebaut. Der 8086/88-Maschinenbefehl

```
INC ZAHL
```

der den Inhalt der Variablen Zahl um 1 erhöht, soll über einen Inline-Befehl realisiert werden. Der Opcode des INC-Befehls lautet:

```
FF 06 xxxx
```

wobei »xxxx« für die Offsetadresse der Variablen steht. Normalerweise müßte man diese Offsetadresse berechnen und in den Opcode eintragen. Innerhalb eines Pascal-Programms ist dies jedoch nicht nötig, da der Compiler diese Berechnung übernimmt. Hier kann der Name der betreffenden Variable direkt aufgeführt werden.

Beispielprogramm 14.7 – BSP14_07.PAS

Das folgende Beispielprogramm zeigt, wie innerhalb von Inline-Code auf Bezeichner zugegriffen wird. Für die Ausführung des Programms wird ein Turbo- oder QuickPascal-Compiler benötigt.

```
program test1;
var
   Zahl : integer;
begin
   Zahl:= 1;
   inline(
   $FF/$06/Zahl     { INC Zahl  }
   );
   writeln('Der neue Wert ist: ',Zahl);
end.
```

Dieses Beispiel zeigt, daß auch Variablen (oder allgemein Bezeichner) in einer Inline-Anweisung aufgeführt werden können, wobei der Compiler die (16-Bit-)Offsetadresse des Bezeichners im Intel-Format (mit dem niederwertigen Byte zuerst) ablegt. Eine Ausnahme stellen lokale Variablen oder Funktions- und Prozedurparameter dar. Da diese Variablen nicht im Datensegment, sondern im Stacksegment abgelegt werden, erzeugt der Compiler hier keinen Offset, sondern einen Ausdruck vom Typ »[BP+n]«, wobei es sich bei n um einen relativen Stackoffset handelt. Damit wird die betreffende Variable indirekt über das BP-Register adressiert, was natürlich nur funktionieren kann, wenn das BP-Register zuvor mit dem Wert des Stackzeigers geladen wurde.

Fassen wir zwischendurch zusammen: Innerhalb einer Inline-Anweisung können im Prinzip beliebige Maschinenopcodes, Daten oder Adressen aufgeführt werden. Für jeden Opcode wird ein Byte, für ein Datenelement werden je nach Größe ein oder zwei Bytes und für eine Adresse zwei Bytes reserviert.

Die Inline-Operatoren < und >

Bei Datenelementen kann es manchmal wünschenswert sein, auf die Anzahl der eingetragenen Bytes einen Einfluß nehmen zu können. Turbo Pascal stellt hierfür die Operatoren < und > zur Verfügung:

```
<     speichert nur das niederwertige Byte einer 16-Bit-Zahl.
>     erweitert ein Byte als eine 16-Bit-Zahl, wobei die höherwertige
      Hälfte auf 0 gesetzt wird.
```

Welche Register dürfen benutzt werden?

Über eine Inline-Anweisung eingebundener Inline-Code muß natürlich auch auf CPU-Register zugreifen können. Dabei muß generell beachtet werden, daß die Register BP, SP, SS und DS durch den Inline-Code nicht verändert werden dürfen. Sollte eine Inline-Routine den Inhalt dieser Register dennoch verändern, so müssen diese Register zuvor durch entsprechende PUSH-Befehle gerettet und am Ende über POP-Befehle wieder hergestellt werden.

Ein kleines Beispiel zur Optimierung

Das erste »richtige« Beispielprogramm soll andeuten, welche Optimierungsmöglichkeiten durch die Einbeziehung von Inline-Code dem Turbo-Pascal-Programmierer zur Verfügung stehen. Die

Optimierung von Programmen ist ein sehr weitgefaßter Bereich, von dem das folgende Beispiel folglich nur einen sehr kleinen Ausschnitt anspricht. Ein Bereich, in dem eine Optimierung bezüglich der Ausführungsgeschwindigkeit häufig sinnvoll ist sind umfangreiche arithmetische Operationen. Aufgrund der begrenzten Anzahl an CPU-Registern muß der Compiler zwangsläufig beteiligte Variablen im Speicher halten. Da Speicherzugriffe grundsätzlich mehr Zeit kosten als ein Zugriff auf ein CPU-Register lassen sich durch geschickte Umstellungen arithmetischer Ausdrükke oftmals wertvolle Mikro- oder Millisekunden einsparen. Betrachten Sie zunächst den folgenden Programmausschnitt, in dem die Multiplikation einer Variablen mit 10 durchgeführt wird:

```
Zahl := 3;
Zahl := Zahl * 10;
```

Normalerweise wird die Ausführungszeit eines solch simplen Befehls keine Rolle spielen. In komplizierteren Berechnungen, zum Beispiel wenn es um komplexere Grafikoperationen wie der Rotation dreidimensionaler Körper geht, summieren sich derartige Operationen sehr schnell zu beträchtlichen Zeitfaktoren auf. Unter Umständen kann es daher sinnvoll sein, einzelne Operationen nachträglich zu optimieren. Schauen wir zunächst einmal mit Hilfe eines Debuggers (am optimalsten läßt sich dazu der Turbo Debugger einsetzen), wie der Compiler diesen Befehl übersetzt hat:

```
MOV WORD PTR [003E],0003
MOV AX,[003E]
MOV CX,000A
IMUL CX
MOV [003E],AX
```

Zuerst wird der Inhalt der Variablen Zahl durch den Befehl

```
MOV WORD PTR [003E],0003
```

mit dem Wert 3 geladen. Bei »003Eh« handelt es sich um die Offsetadresse der Variablen und bei »WORD PTR« um einen Hinweis des (Turbo) Debuggers, daß es sich um eine Wortoperation handelt. Während der nächste MOV-Befehl den Inhalt der Variablen in das AX-Register überträgt, lädt der darauffolgende MOV-Befehl das CX-Register mit 10. Nun wird durch den IMUL-Befehl die Multiplikation zweier vorzeichenbehafteter Zahlen durchgeführt und das Ergebnis, das sich im AX-Register befindet, anschließend wieder in der Variablen Zahl abgespeichert. Ein Blick in eine 8086/88-Befehlstabelle zeigt, daß der IMUL-Befehl ca. 130 Taktzyklen benötigt (die Dauer eines Taktzyklus hängt direkt mit der Taktfrequenz des PC zusammen und beträgt bei einem 8 MHz PC $1/8 * 106 = 125$ Nanosekunden). Der IMUL-Befehl ist damit einer der langsamsten 8086/88-Befehle überhaupt und in zeitkritischen Anwendungen sicher nicht die beste Lösung. Aber wie könnte man die Multiplikation mit 10 noch durchführen? Eine Alternative bieten die Schiebebefehle der 8086/88-CPU. Verschiebt man nämlich einen Operanden um eine Position nach links, so entspricht dies einer Multiplikation mit zwei. Verschiebt man ihn um drei Stellen nach links kommt dies einer Multiplikation mit acht gleich. Nun muß noch zweimal der ursprüngliche Operand addiert werden und die Multiplikation mit 10 ist fertig. Damit könnte eine Maschinenroutine, die die Variable Zahl mit 10 multipliziert wie folgt aussehen:

```
MOV AX,Zahl     ; Operand nach AX
MOV BX,AX       ; Operand zwischenspeichern
MOV CL,3        ; Anzahl der Verschiebungen
SHL AX,CL       ; Multiplikation mit 8
ADD BX,AX       ; Und zweimal den ursprünglichen
ADD BX,AX       ; Wert addieren
MOV Zahl,AX     ; Ergebnis zurück in Variable
```

Diese Maschinenroutine soll nun in Inline-Code umgewandelt werden. Falls Sie noch nicht über Turbo Pascal 6.0 (oder höher) verfügen muß, wie zu Beginn dieses Kapitels bereits erwähnt wurde, ein Debugger bemüht werden. Falls Sie den Turbo Debugger besitzen, rufen Sie diesen zunächst auf:

```
C>TD
```

Nachdem die Arbeitsoberfläche erschienen ist, können Sie die oben aufgeführten Befehle direkt eingeben. Der Variablennamen »Zahl« muß aber durch den Ausdruck »WORD PTR [0000]« ersetzt werden, da der Turbo Debugger natürlich eine Variable Zahl nicht kennt. Der Debugger macht aus dem Befehl

```
MOV AX,WORD PTR [0000]
```

die Opcodes

```
A1    00    00
```

wobei es sich bei »0000« um die Offsetadresse handelt. Wenn Sie den Opcode in die Inline-Anweisung übertragen, müssen Sie diese »0000« wieder durch den Variablennamen Zahl ersetzen:

```
$A1/Zahl/
```

Mit den übrigen Befehlen muß entsprechend verfahren werden. Auch der kleine Debugger DEBUG kann für die Umwandlung verwendet werden. Rufen Sie DEBUG zunächst auf und schalten Sie ihn in den Assembler-Modus:

```
C>DEBUG
-A Return
CS:0100 MOV AX,[0000]
CS:0103 MOV BX,AX
CS:0105 MOV CL,3
CS:0107 SHL AX,CL
CS:0109 ADD AX,BX
CS:010B ADD AX,BX
CS:010D MOV [0000],AX Return
CS:0110 Return
-
```

Nachdem alle Befehle eingegeben wurden, muß die Eingabe durch nochmaliges Betätigen der ⌷Return⌷-Taste abgebrochen werden. Anschließend können durch den DEBUG-Befehl

```
-U 100 L 10
```

die Opcodes des assemblierten Programms aufgelistet werden.

Beispielprogramm 14.8 – BSP14_08.PAS

Das folgende Beispielprogramm faßt die eben besprochene Optimierung zusammen. Für die Ausführung dieses Programms wird ein Turbo-Pascal- oder ein QuickPascal-Compiler benötigt.

```
program test3;
var
    Zahl : integer;
begin
    zahl:= 3;
    inline(
    $A1/Zahl/        { MOV AX,Zahl }
    $8B/$D8/         { MOV BX,AX   }
    $B1/$03/         { MOV CL,3    }
    $D3/$E0/         { SHL AX,CL   }
    $03/$C3/         { ADD AX,BX   }
    $03/$C3/         { ADD AX,BX   }
    $A3/Zahl);       { MOV Zahl,AX }
    writeln('Das Ergebnis ist: ',zahl);
end.
```

Natürlich wird Sie jetzt die Frage interessieren, ob denn die Multiplikation nun tatsächlich schneller geworden ist. Die genaueste Antwort erhält man, wenn man beide Operationen mit einer entsprechenden Timer-Funktion mißt. Aber auch ein Blick in eine Befehlstabelle liefert zumindest einen ungefähren Wert. Zwar darf man die dort angegebenen Taktzyklen nicht einfach zusammenzählen, denn dann wird die Speicherzugriffszeit, die bei einem 8088-System pro Byte und bei einem 8086-System pro Wort immerhin 4 Taktzyklen beträgt, nicht berücksichtigt. Auf der anderen Seite spielt diese Zugriffszeit nur dann eine Rolle, wenn sich der Befehl noch nicht in der 4 Byte umfassenden (6 Byte beim 8086) Warteschlange befindet, was der Fall sein kann, aber nicht sein muß. Ohne hier auf Detailfragen eingehen zu wollen lassen sich für beide Versionen folgende Angaben machen:

1. Normale Multiplikation: ca. 132 Taktzyklen
2. Optimierte Version I: ca. 46 Taktzyklen

Damit ist die optimierte Version in etwa um den Faktor 3 schneller als die nicht optimierte Version. Mit einer derartigen Steigerung kann man mehr als zufrieden sein, denn normalerweise bewegen sich die Zeitgewinne, die aus einer Optimierung resultieren in kleineren Dimensionen.

Übrigens muß man für eine Geschwindigkeitsoptimierung in Turbo Pascal nicht unbedingt auf Maschinensprache zurückgreifen. Bezogen auf das letzte Beispiel erhält man eine ähnliche Geschwindigkeitsverbesserung wenn man auf die Schiebeoperatoren SHL und SHR zurückgreift.

Obige Multiplikation mit 30 könnte in Pascal also auch so aussehen:

```
Zahl := (Zahl SHL 3) + (Zahl SHL 1)
```

Schauen wir auch hier einmal, wie der Compiler diesen Befehl übersetzt hat:

```
MOV AX,[003E]        ; Wert von ZAHL laden
SHL AX,1             ; Zahl * 2
MOV DX,AX            ; Ergebnis zwischenspeichern
MOV AX,[003E]        ; Wert von Zahl laden
MOV CX,3             ; Zahl * 8
SHL AX,CL
ADD AX,DX            ; Zwischenergebnisse addieren
MOV [003E],AX        ; Ergebnis abspeichern
```

Auch wenn es vielleicht nur Mikrosekunden sind, so ist die handoptimierte Version doch ein wenig schneller und effektiver. Insbesondere der (überflüssige) zweite »MOV AX,[003E]«-Befehl kostet Zeit, da hier ein Speicherzugriff durchgeführt werden muß.

Eigentlich könnte man es bei diesem Ergebnis belassen, doch wenn es um wirkliche Optimierung geht, lohnt es sich in der Regel, das Programm noch einmal zu überprüfen. Im Falle einer Multiplikation mit 10 ist noch eine weitere Optimierung denkbar:

```
MOV BX,AX            ; Operand laden
ADD AX,AX            ; Operand * 2
ADD AX,AX            ; Operand * 4
ADD AX,BX            ; Operand * 5
ADD AX,AX            ; Operand * 10
```

Wie schnell mag wohl diese Version ausgeführt werden? Zählt man einfach die Angaben aus der Befehlstabelle zusammen, ergeben sich 14 Taktzyklen. Berücksichtigt man aber die Zeit, die für das Laden eines Befehlsbytes (4 Taktzyklen beim 8088) benötigt wird und addiert diese Zahl immer dann dazu, wenn die Ausführungszeit eines Befehls kleiner oder gleich 4 Taktzyklen ist, so erhält man ganze 40 Taktzyklen, also beinahe den dreifachen Wert! (Diesen Wert kann man in der Regel, das heißt wenn die Mehrheit der Befehle in 4 oder weniger Taktzyklen ausgeführt wird, auch einfacher erhalten, in dem man die Anzahl der beteiligten Bytes mit 4 multipliziert.) Eine Messung mit einem hochauflösenden Timer bestätigt diesen Wert, so daß dank der weiteren Optimierung folgendes Ergebnis entsteht:

3. Optimierte Version 3:   41 Taktzyklen

An diesem Beispiel können Sie zwei wichtige Dinge lernen:

1. Geben Sie sich nie mit der ersten Optimierung zufrieden, wenn Sie an einer wirklichen Optimierung interessiert sind.

2. Die Ausführungszeit eines Maschinenbefehls erfahren Sie nur in Ausnahmefällen (das heißt bei relativ langsamen Befehlen, da hier die Ladezeit kaum ins Gewicht fällt) aus dem Datenbuch. Sie muß vielmehr mit einem hochauflösenden Timer, das heißt einer Meßfunktion mit einer Auflösung im Mikrosekundenbereich, gemessen werden.

Zum Abschluß dieses, hoffentlich aufschlußreichen Abschnitts, muß darauf hingewiesen werden, daß sich alle hier gemachten Taktzyklenangaben auf die 8088-CPU beziehen. Bei den übrigen CPUs der 80x86-Familie und auch bei der, ansonsten voll kompatiblen, V20-CPU gelten oft vollkommen andere Rahmenbedingungen, da bei diesen CPUs der Mikrocode teilweise erheblich optimiert wurde und die Maschinenbefehle dadurch deutlich weniger Taktzyklen für die Ausführung benötigen. Außerdem muß berücksichtigt werden, daß die einzelnen Beispiele mit Hilfe der Turbo-Pascal-Version 5.5 übersetzt wurden. Es ist durchaus möglich, daß neuere Versionen des Compilers einen optimaleren Code erzeugen.

Die asm-Anweisung

Zu den Glanzlichtern der Version 6.0 des Turbo Pascal-Compilers gehört, neben Integrated Development Environment und Turbo Vision, der integrierte Assembler. Zwar kann man diesen Assembler noch nicht mit dem Turbo Assembler vergleichen, immerhin lassen sich aber die CPU-Mnemonics direkt eingeben, was einen erheblichen Fortschritt gegenüber der Inline-Anweisung darstellt. Die asm-Anweisung besitzt folgende allgemeine Syntax:

```
asm
    Statement <Separator Statement>
end
```

Bei »Statement« handelt es sich um eine Assembler-Anweisung. Assembliert werden können übrigens alle Befehle der 8086/87/286- und 80287-CPUs. Sollen 8087-Befehle assembliert werden, muß zuvor die Compiler-Anweisung {$N+}, sollen 80286-Befehle ausgeführt werden, die Compiler-Anweisung {$G+} ausgeführt werden. 80287-Befehle werden dementsprechend nur assembliert, wenn zuvor die Compiler-Anweisung {$G+,N+} ausgeführt wurde. Bei »Separator« handelt es sich um ein Trennzeichen. Als Trennzeichen kommen ein Semikolon, ein Zeilenumbruch oder ein Pascal-Kommentar in Frage. Für »Statement« gilt folgende Syntax:

```
{Label ":" } <Prefix> { Opcode {Operand < "," Operand } }
```

Bei »Label« handelt es sich um eine Sprungmarke, die zum Beispiel als Sprungziel von Sprungbefehlen verwendet werden kann. »Prefix« ist ein Präfix-Byte, zum Beispiel REP, das dem Maschinenbefehl vorausgeht. Auch Segment-Aufhebungs-Operatoren lassen sich damit assemblieren (siehe Tabelle 14.5) Bei »Opcode« handelt es sich um den Maschinenbefehl und bei »Operand« um den oder die Operanden.

Beispiel

```
label ENDE;
asm
    MOV AX,4300h
    INT 2Fh
    CMP AL,80h
    JNE @1
    MOV AX,1
```

```
@1:
    JMP ENDE
    MOV AX,0
ENDE:
end;
```

Dieses Beispiel, das prüft, ob der Treiber HIMEM.SYS installiert wurde, zeigt gleichzeitig auf die Verwendung von lokalen und normalen Labels. Lokale Labels beginnen stets mit einem »@«-Zeichen und sind nur innerhalb einer asm-Anweisung gültig. Normale Labels können dagegen auch außerhalb einer asm-Anweisung angesprochen werden. Lokale Labels müssen zudem nicht über eine Label-Anweisung deklariert werden.

Präfix	Bedeutung
LOCK	Bus sperren
REP	Wiederholungspräfix
REPE/REPZ	"
REPNE/REPNZ	"
SEGCS	CS-Segmentaufhebung
SEGDS	DS-Segmentaufhebung
SEGES	ES-Segmentaufhebung
SEGSS	SS-Segmentaufhebung

Tabelle 14.5: Erlaubte Präfixe in der asm-Anweisung

Automatische Sprunganpassung

Der integrierte Assembler bemüht sich stets den optimalsten Sprungbefehl zu assemblieren. Standardmäßig sind daher alle Sprünge vom Typ Short, was für die meisten Fälle ausreichend sein sollte. Liegt das Ziellabel außerhalb der Reichweite eines Short-JMPs (–128 bis +127 Byte), wird automatisch ein Near-JMP assembliert. Ein Near- oder Far-JMP kann über die Angabe »NEAR PTR« und »FAR PTR« auch erzwungen werden:

```
JMP NEAR PTR Ziel
JMP FAR PTR Ziel
```

Datenanweisungen

Innerhalb einer asm-Anweisung können auch Datenbereiche angelegt werden. Dazu stehen die Anweisungen DB, DW und DD zur Verfügung. Datenbereiche, die über diese Datenanweisungen definiert werden, werden jedoch stets in das Programmsegment eingetragen.

Beispiel

```
asm
    jmp @1
    text: Byte;
    DB 'So geht's auch!',10,13,'$'
```

```
@1:
    push ds
    push cs
    pop ds
    mov dx,offset text
    mov ah,09
    int 21h
    pop ds
end;
```

In diesem Beispiel wird, zugegeben relativ umständlich, ein Text ausgegeben, der innerhalb der asm-Anweisung über die DB-Anweisung definiert wird. Anders als in einem richtigen Assembler darf den Datenanweisungen kein Symbolname vorausgehen. Es ist aber möglich, ein normales Label zu definieren, dessen Adresse dann über den OFFSET-Operator ermittelt wird.

Assembleroperatoren

Innerhalb einer asm-Anweisung stehen eine Reihe von Operatoren zur Verfügung, die in Tabelle 14.6 sortiert nach abfallenden Prioritäten aufgelistet sind.

Operator	Bedeutung
&	Der nachfolgende Bezeichner wird als ein benutzerdefiniertes Symbol behandelt.
.	Strukturfeld-Operator
HIGH	Liefert die höherwertigen 8 Bit eines Operanden.
LOW	Liefert die niederwertigen 8 Bit eines Operanden.
+	Unäres Plus
−	Unäres Minus, negiert den folgenden Wert.
:	Segment-Aufhebungs-Operator
OFFSET	Liefert den Offset des folgenden Ausdrucks.
SEGMENT	Liefert den Segmentanteil des folgenden Ausdrucks.
TYPE	Bestimmt den Typ des folgenden Ausdrucks.
PTR	Führt einen Speicherzugriff mit dem angegebenen Typ auf den folgenden Ausdruck durch.
*	Multiplikation
/	Division
MOD	Rest einer Division
SHL	Logisches links Schieben
SHR	Logisches rechts Schieben
+	Addition
−	Subtraktion
NOT	Bitweises negieren
AND	Logisches UND
OR	Logisches ODER
XOR	Logisches EXOR

Tabelle 14.6: *Inline-Assembleroperatoren*

Assemblerfunktionen und Assemblerprozeduren

Eine asm-Anweisung kann auch direkt in eine Funktion oder Prozedur eingebaut werden. In diesem Fall entfällt die begin/end-Anweisung.

Beispiel

```
function Addition (A,B: Integer): Integer; assembler;
    asm
        MOV AX,A
        ADD AX,B
    end;
```

In diesem winzigen Beispiel wird eine Funktion mit zwei Parametern deklariert. Innerhalb der Funktion werden beide Parameter durch einen ADD-Befehl addiert. Das Ergebnis der Addition befindet sich im AX-Registers. Dies ist genau jenes Register, in dem der Compiler den (16-Bit-) Rückgabewert einer Funktion erwartet. Falls die Funktion oder Prozedur Parameter besitzt, werden automatisch folgende Befehle zum Aufbau und Entfernen eines sogenannten Stackrahmens assembliert:

```
PUSH BP
MOV BP,SP
SUB SP,n1        ; Falls lokale Variablen definiert werden
...
MOV SP,BP        ; Falls lokale Variablen definiert werden
POP BP
RET n2
```

Falls zusätzlich auch lokale Variablen innerhalb der Funktion oder Prozedur definiert werden, wird über den Befehl »SUB SP,n« für n Bytes auf dem Stack Platz geschaffen. Bei n handelt es sich um die Gesamtgröße der zu definierenden lokalen Variablen. Am Ende der Prozedur wird dieser Stackbereich durch die Befehle »MOV SP,BP« und »POP BP«, die die alten Werte des SP- und des BP-Registers wieder herstellen, gelöscht.

Die Bedeutung dieser Befehle wird im nächsten Abschnitt, in dem es um die Verknüpfung von Turbo-Pascal-Programmen mit externen Assemblerprozeduren geht noch ausführlicher besprochen. Dann wird auch auf die Rückgabe eines Funktionswertes eingegangen. Die dort beschriebenen Verhältnisse gelten nämlich auch für die Einbindung der asm-Anweisung in eine Funktion oder Prozedur.

Einbindung externer Assemblerroutinen

Die Verwendung von Inline-Code ist nur eine Möglichkeit, ein Turbo-Pascal-Programm um Maschinensprache-Elemente zu erweitern. Zwar erlaubt Turbo Pascal ab Version 6.0 auch die direkte Verwendung von CPU-Mnemonics, für größere Routinen ist ein Assembler dennoch die bessere Wahl. In diesem Abschnitt wird übrigens ausnahmsweise der Turbo Assembler (TASM) von Borland bevorzugt, weil dieser besser an die »Besonderheiten« von Turbo Pascal angepaßt ist. Zwar lassen sich alle in diesem Abschnitt vorgestellten Beispiele prinzipiell auch mit dem Makroassembler von Microsoft umsetzen, ein wenig leichter geht es jedoch mit dem Turbo Assembler. Da die meisten Turbo-Pascal-Programmierer wahrscheinlich ohnehin TASM favorisieren dürften, sollte dies hoffentlich keine Umstellungsprobleme bereiten.

Kommen wir gleich auf den Punkt. Wenn Sie bereits den letzten Abschnitt über die Verknüpfung von QuickC mit Maschinensprache durchgearbeitet haben, dürften Ihnen die wichtigsten Grundlagen bereits vertraut sein. Da dies aber nicht unbedingt vorausgesetzt werden kann, werden einige grundlegende Dinge noch einmal wiederholt. Damit Ihnen die recht trockene Theorie nicht den Spaß am Programmieren verdirbt, soll zunächst einmal ein Beispiel vorgestellt werden. Für die meisten Anwendungen ist das Wissen um die theoretischen Hintergründe der Verknüpfung gar nicht einmal unbedingt notwendig (schaden tut es natürlich auch nicht).

Ein erstes Beispiel

Um das Prinzip der Verknüpfung zu verdeutlichen, wird als erstes ein winzig kleines Pascal-Programm vorgestellt, das im Grunde nichts anderes macht als eine Maschinenroutine mit dem Namen TU_NIX aufzurufen, die separat mit Hilfe des Assemblers erstellt wurde. Die vom Assembler erstellte Objektdatei besitzt den Namen BSP14_10.OBJ und muß bei der Kompilierung des Pascal-Programms bereits vorliegen. Das Assemblerprogramm wird im Beispielprogramm 14.10 besprochen.

Beispielprogramm 14.9 – BSP14_09.PAS

Das folgende Beispielprogramm enthält ein kleines Pascal-Programm, das eine noch kleinere Assemblerprozedur aufruft. Der Name der Assemblerprozedur deutet bereits dezent an, daß hier nicht allzu viel passiert. Tatsächlich passiert hier überhaupt nichts, doch ist dies nicht weiter schlimm, denn es geht im Moment nur darum, das Prinzip zu verdeutlichen.

```
program mini;
{$F+}
procedure tu_nix;external;
{$L BSP14_10.OBJ}
{$F-}
begin
 tu_nix;
end.
```

Sie sehen an dem Beispielprogramm 14.9, daß nicht zuviel versprochen wurde. Innerhalb des Pascal-Programms wird lediglich die Assemblerprozedur TU_NIX aufgerufen. Diese muß als extern deklariert werden, damit der Compiler weiß, daß die betreffende Prozedur außerhalb des Programms definiert wurde. Über die Compiler-Anweisung $L wird dem Compiler gesagt die Objektdatei mit dem Namen BSP14_10.OBJ in das kompilierte Programm zu integrieren. Natürlich muß diese Objektdatei zu diesem Zeitpunkt bereits vorliegen, daß heißt von dem Turbo Assembler erfolgreich übersetzt worden sein.

Durch den Prozeduraufruf »tu_nix« wird die Maschinenroutine aufgerufen. Eine Parameterübergabe findet noch nicht statt, doch keine Angst, wir kommen darauf natürlich noch zurück. Und noch eine kleine Formalität gilt es zu beachten. Über die Compiler-Anweisungen $F+ und $F– wird die Prozedur TU_NIX explizit als Far deklariert. Dies ist notwendig, damit der Compiler die Assemblerprozedur auch über einen Far-CALL aufruft (auch die Assemblerprozedur wird nämlich als Far deklariert). Das wäre auf der Seite des Pascal-Programms erst einmal alles. Bereits an diesem ersten Beispiel wird deutlich, daß innerhalb des Pascal-Programms, mit Ausnahme der Compiler-Anweisungen, keine besonderen Vorbereitungen getroffen werden müssen. Man sagt dem Compiler lediglich, daß es sich bei der aufzurufenden Prozedur (oder Funktion) um eine externe Far-Prozedur handelt, bindet die Objektdatei, in der die betreffende Prozedur enthalten ist, über die $L-Anweisung ein und ruft zu guter Letzt die Prozedur irgendwann auch einmal auf. Der Aufruf einer externen Assemblerprozedur unterscheidet sich damit, wie auch bei QuickC, nicht von dem Aufruf einer »normalen« Pascal-Prozedur. Betrachten wir nun das Assemblerprogramm. Es wurde ja bereits angedeutet, daß in der Maschinenroutine nicht allzu viel passieren soll, daher ist auch das Assemblerprogramm in Beispielprogramm 18.10 sehr einfach aufgebaut. Die Verwendung der vereinfachten Segmentanweisungen ist zwar keine Voraussetzung, vereinfacht aber den Programmaufbau noch ein wenig. Außerdem werden auf diese Weise jene Konventionen eingehalten, die der Turbo-Pascal-Compiler erwartet.

Beispielprogramm 14.10 – BSP14_10.ASM

```
.MODEL TPASCAL
.CODE
    PUBLIC TU_NIX
TU_NIX    PROC
    MOV AX,AX
    NOP
    RET
TU_NIX    ENDP
END
```

Als erstes fällt wahrscheinlich der (noch) unbekannte Parameter der .MODEL-Anweisung auf. Über die Anweisung ».MODEL TPASCAL« wird das Speichermodell TPASCAL vereinbart. Durch dieses Speichermodell, das noch ausführlicher besprochen wird, vereinfachen sich die Vorbereitungen erheblich, die getroffen werden müssen um das Assemblermodul mit dem Pascal-Modul verknüpfen zu können. Auf die .MODEL-Anweisung folgt die .CODE-Anweisung zur Definition eines Codesegments. Es wird weder ein Stacksegment noch ein Datensegment benötigt. Ersteres nicht, weil ein Stacksegment bereits durch den Compiler definiert wird, letzteres nicht, weil in dem Assemblerprogramm keine statischen Daten, das heißt Daten, die auch außerhalb der Prozedur gültig sind, vorkommen. Die erste Anweisung innerhalb des Codesegments ist PUBLIC, durch die die Prozedur TU_NIX als global deklariert wird. Diese Anweisung ist bereits aus Kapitel 10.4 bekannt. Nur globale Symbole werden vom Assembler in die Objektdatei übertragen und können dann vom Linker, dem später die Aufgabe zuteil wird, alle beteiligten Module zu verknüpfen, aufgelöst werden.

Sicher wird es Sie auch interessieren, ob die beiden Maschinenbefehle in der Prozedur TU_NIX eine besondere Bedeutung haben. Die Antwort lautet Nein. Diese Befehle wurden lediglich aufgeführt, damit innerhalb der Prozedur überhaupt irgendetwas passiert (der Sinn und Zweck leerer Prozeduren läßt sich unter Berücksichtigung gewisser didaktischer Vorgaben oft nur schwer vermitteln). Beendet wird die Prozedur durch einen RET-Befehl, der die Rückkehr zu dem Pascal-Programm durchführt. Die sonst übliche Befehlssequenz

```
MOV AH,4Ch
INT 21h
```

darf hier nicht verwendet werden, da die Prozedur TU_NIX ja nicht ins DOS, sondern in das aufrufende Pascal-Programm zurückkehren soll.

Der Assembler tritt in Aktion

Zwar sind sowohl das Pascal- als auch das Assemblerprogramm auf dem Papier fertig, in der Praxis müssen beide Module aber noch zusammenfinden. Dazu muß das Assemblerprogramm als erstes übersetzt werden damit es als Objektdatei vorliegt:

```
C>TASM BSP14_10
```

Das Ergebnis der Assemblierung ist, sofern das Assemblerprogramm keine Tippfehler enthält (was bei der Größe des Programms nicht sehr wahrscheinlich ist), eine Objektdatei mit dem Namen BSP14_10.OBJ. Diese Objektdatei wird dann bei der Kompilierung über die $L-Anweisung in das Pascal-Programm integriert. Dabei spielt es keine Rolle, ob das Pascal-Programm innerhalb der integrierten Entwicklungsumgebung oder über die Kommandozeilenversion des Turbo-Pascal-Compilers umgesetzt wird. Im letzteren Fall wird der Compiler wie üblich aufgerufen:

```
C>TPC BSP14_09.PAS
```

Nun liegt das Programm als ausführbare Datei mit dem Namen BSP14_09.EXE vor und kann zur Ausführung gebracht werden.

Sie sehen, besonders schwierig ist die Verknüpfung von Turbo Pascal mit Maschinenprogrammen wirklich nicht. Natürlich wurden bei dem ersten Beispiel noch keine Parameter übergeben, doch auch dieser Zusatz wird das Ganze nicht weiter verkomplizieren. Beschäftigen wir uns zunächst noch etwas ausführlicher mit dem Speichermodell TPASCAL. Um auf einen Blick erkennen zu können, welche Auswirkungen dieses Speichermodell im einzelnen hat, betrachten Sie sich das Assemblerlisting, das aber zunächst über die Assembleroption /L erstellt werden muß:

```
C>TASM BSP14_10/L
```

Aus dem Programmlisting, das auszugsweise in Bild 14.7 zu sehen ist, können Sie zum Beispiel entnehmen, daß die Prozedur TU_NIX als Far deklariert wurde, ohne daß dies im Assembler-programm explizit aufgeführt wurde. Dies ist eine direkte Folge des Speichermodells TPASCAL. Bei dem RET-Befehl am Ende der Prozedur handelt es sich folglich auch um einen RETF-Befehl, denn eine Prozedur, die über einen Far-CALL aufgerufen wird muß auch über einen RETF-Befehl beendet werden.

Die Tatsache, daß es sich hier um eine Far-Prozedur handelt, spielt natürlich für die Adressierung der Prozedurparameter auf dem Stack eine wichtige Rolle, wir werden darauf noch zurückkommen. Aus der Symboltabelle im Assemblerlisting geht ferner hervor, daß das Codesegment nun »CODE« heißt und nicht mehr »_TEXT« wie noch bei Verwendung des Speichermodells Small. Auch der Turbo-Pascal-Compiler nennt sein Programmsegment »CODE«, womit die Herkunft dieses Namens klar sein dürfte. Bezüglich der Größe der Daten- und Programmzeiger entspricht das Speichermodell TPASCAL übrigens dem Speichermodell Medium. Auch dies kann man dem Programmlisting entnehmen. Während die Systemkonstante @CODESIZE den Wert 1 (Medium, Large oder Huge) besitzt, weist die Systemkonstante @DATASIZE den Wert 0 (Small oder Medium) auf. Sprünge sind damit standardmäßig stets vom Typ Far, während Zeiger vom Typ Near sind.

```
    1 0000                                  .MODEL TPASCAL
    2 0000                                  .CODE
    3                                             PUBLIC TU_NIX
    4 0000                                  TU_NIX PROC
    5 0000    55 8B EC 8B C0                      MOV AX,AX
    6 0005    90                                  NOP
    7 0006    5D CB                               RET
    8 0008                                  TU_NIX   ENDP
    9                                       END
Symbol Name                          Type    Value
@CODE                                Text    CODE
@CODESIZE                            Text    1
@CPU                                 Text    0101H
@CURSEG                              Text    CODE
@DATA                                Text    DATA
@DATASIZE                            Text    0
@FILENAME                            Text    TU_NIX
@WORDSIZE                            Text    2
TU_NIX                               Far     CODE:0000
Groups & Segments                    Bit Size Align   Combine Class
CODE                                 16  0008 Byte     Public
DATA                                 16  0000 Word     Public
```

Bild 14.7: *Das Programmlisting von BSP14_10.ASM*

Wenn Sie sich das Programmlisting genau betrachten, werden Sie feststellen, daß auch die üblichen Befehle für den Aufbau eines Stackrahmens assembliert wurden:

```
PUSH BP
MOV BP,SP
...
POP BP
```

Leider werden die Mnemonics dieser Befehle beim Turbo Assembler fälschlicherweise nicht in das Programmlisting übertragen, die Option /LA ist hier also wirkungslos. Einen wichtigen Unterschied gilt es bei der Version 1.01 des Turbo Assemblers zu beachten, hier werden die Befehle für den Aufbau eines Stackrahmens nicht mehr automatisch erzeugt (davon später mehr). Bei dieser Version funktioniert dafür die Option /LA ein wenig besser, so daß diese Befehle, sofern das Speichermodell TPASCAL verwendet wird, nun auch im Programmlisting erscheinen.

Und jetzt einmal mit Parametern

Nachdem das Prinzip der Verknüpfung eines Pascal-Programms mit einem Assemblerprogramm grundsätzlich geklärt wurde, kommt nun die nächste Herausforderung auf Sie zu. Jetzt sollen von dem Turbo-Pascal-Programm Parameter an das Assemblerprogramm empfangen und auch wieder zurück übergeben werden. Auch dazu gleich wieder ein Beispiel. Beginnen wir mit dem Pascal-Programm.

Beispielprogramm 14.11 – BSP14_11.PAS

Das folgende Pascal-Programm ruft eine Assemblerfunktion mit dem Namen TU_ETWAS auf und übergibt an diese Funktion einen Parameter. An der Deklaration hat sich im Prinzip nicht viel geändert, mit dem kleinen, aber entscheidenden Unterschied, daß nun zusätzlich Parameter aufgeführt werden. Für die Ausführung des Programms wird ein Turbo oder ein QuickPascal-Compiler benötigt.

```
program fakult;
var
    n,ergebnis: integer;
    {$f+}
    function tu_etwas(n:word):word;external;
    {$l bsp9_04.obj}
    {$f-}
begin
    write('Geben Sie eine Zahl ein:');
    readln(n);
    ergebnis:= tu_etwas(n);
    writeln('Das Ergebnis ist:',ergebnis);
    readln;
end.
```

Das Pascal-Programm übergibt beim Aufruf der Funktion TU_ETWAS einen Integer-Wert an die Assemblerfunktion aus Beispielprogramm 14.12 und erhält auch wieder einen Integer-Wert zurück. Betrachten wir zunächst, was mit dem übergebenen Wert passiert. Wie bei fast allen Prozedur- oder Funktionsaufrufen in fast allen Hochsprachen, werden auch hier die Parameter auf dem Stack abgelegt. Damit das aufgerufene Maschinenprogramm mit dem übergebenen Wert überhaupt arbeiten kann, muß es auf den Stack zugreifen. Dazu muß aber bekannt sein, wo sich der betreffende Parameter auf dem Stack befindet. Schauen wird doch einmal, welche Werte überhaupt auf dem Stack abgelegt wurden. Zunächst werden die zu übergebenden Funktionsparameter (in diesem Fall ist es nur einer) über PUSH-Befehle auf dem Stack gebracht. Als nächstes wird ein CALL-Befehl ausgeführt, durch den eine Rückkehradresse auf dem Stack abgelegt wird. Da es sich um einen Far-CALL handelt, werden insgesamt vier Bytes auf dem Stack, genauer gesagt »oberhalb« der bereits auf dem Stack befindlichen Parameter, abgelegt. Als nächstes wird, bedingt durch den Befehl »PUSH BP«, der Inhalt des BP-Registers auf den Stack »gepusht«. Nun sind bereits sechs Bytes oberhalb der Parameter zu berücksichtigen. Da die Frage, wie man prinzipiell auf diese Parameter zugreifen kann, bereits geklärt wurde, soll es hier nicht so spannend gemacht werden. Sie wissen bereits, daß das SP-Register für die indirekte Adressierung nicht verwendet werden kann. Dafür muß das BP-Register einspringen. Die Adressierung der Parameter erfolgt dabei über einen positiven Offset, da der Stack in Richtung kleiner werdender Adressen wächst. Im obigen Beispielprogramm wurde ein einziger Parameter vom Typ Word übergeben. Dieser befindet sich sechs Bytes oberhalb des Stackzeigers im BP-Register, so daß dieser Parameter zum Beispiel durch folgenden Befehl adressiert werden kann:

```
MOV AX, [BP+6]
```

Natürlich ist die Berechnung der Stackoffsets ein wenig umständlich. Etwas einfacher geht es aber mit der ARG-Anweisung des Turbo Assemblers.

```
Die ARG-Anweisung
```

Diese Anweisung erlaubt den Zugriff auf Stackparameter über einen symbolischen Bezeichner, in dem die ARG-Anweisung für den Ausdruck »[BP+6]« eine eigene Textkonstante definiert. Beim Makroassembler gibt es diese Anweisung zwar nicht, der gleiche Effekt läßt sich jedoch auch über die PROC-Anweisung erzielen.

Syntax: `ARG Argument [,Argument] ... [=Symbol] [RETURNS Argument [,Argument] ]`

Für den Prozedurparameter »Argument« gilt folgende Syntax:

```
ArgName [:[Distanz] PTR] Typ]
```

Bei »ArgName« handelt es sich um den Namen eines Prozedurparameters. Selbstverständlich muß dieser Name nicht mit dem Namen übereinstimmen, der in dem Pascal-Programm beim Aufruf der Assemblerroutine verwendet wurde. Der Grund: Die ARG-Anweisung definiert lediglich ein Textmakro, das den Zugriff auf den Stack vereinfacht. Die übrigen Angaben sind optional. Wird kein Typ aufgeführt, setzt der Assembler den Typ WORD. Der PTR-Operator ist dann erforderlich, wenn es sich bei dem übergebenen Parameter um einen Zeiger handelt. Der Assembler erzeugt in diesem Fall die entsprechende Information für den Turbo Debugger. Die Art und Weise, wie auf diesen Zeiger zugegriffen wird liegt nach wie vor im Ermessen des Programmierers. Es werden also keine speziellen Befehle assembliert.

Wie aus der Syntaxbeschreibung hervorgeht, können auf die ARG-Anweisung noch zusätzliche Parameter folgen. So läßt sich zum Beispiel die Gesamtzahl der reservierten Bytes einer Variablen zuweisen:

```
ARG P1:WORD, P2:DWORD = GESAMT
```

In diesem Fall erhält die Variable GESAMT den Wert 6, da auf dem Stack 6 Byte für Prozedurparameter reserviert wurden. Über die Option RETURN kann ferner ein Prozedurparameter von der »Stackreinigung« ausgenommen werden. Dies ist bei der Übergabe von Strings wichtig. Turbo Pascal übergibt für einen String einen Zeiger und erwartet, daß sich dieser Zeiger bei der Rückkehr der Prozedur noch auf dem Stack befindet. Es ist daher erforderlich, den Wert n in dem abschließenden Befehl »RET n« so zu wählen, daß der Zeiger auf dem Stack verbleibt. Wir werden darauf noch einmal mit einem Beispiel zurückkommen.

Der Name der Textkonstanten, die über die ARG-Anweisung definiert wird, spielt, wie bereits erwähnt, keine Rolle und muß vor allem nicht mit dem Namen des Funktionsparameters in dem Pascal-Programm übereinstimmen:

```
ARG WERT:WORD
```

Damit wäre das einzubindende Assemblerprogramm TU_ETWAS größtenteils geklärt. Noch nicht geklärt wurde, was das Programm überhaupt machen soll. Um auch hier die Dinge nicht unnötig zu verkomplizieren, berechnet das Maschinenprogramm die Fakultät von dem übergebenen Wert und gibt das Ergebnis an das aufrufende Programm zurück. In fast allen Fällen ist der Ort für die Rückgabe eines Funktionswertes das AX-Register. Das Pascal-Programm »weiß« das und holt sich den Funktionswert ERGEBNIS daher automatisch aus dem AX-Register.

Beispielprogramm 14.12 - BSP14_12.ASM

```
.MODEL TPASCAL
.CODE
    PUBLIC TU_ETWAS
TU_ETWAS PROC                ; Beginn der Prozedur
            ARG WERT:WORD    ; Textmakro für Prozedurparameter
            MOV AX,WERT      ; Prozedurparameter nach AX
            MOV CX,AX        ; Und als Schleifenzähler nach CX
            DEC CX
L1:         MUL CX           ; N = N * (N-1)
            LOOP L1
            RET              ; Rückkehr zum Pascal-Programm
TU_ETWAS ENDP               ; Ende der Prozedur
END
```

Bei dem Assemblerprogramm handelt es sich um eine recht simple Version eines Fakultätsprogramms. So werden zum Beispiel die Spezialfälle »n=0« und »n=1« nicht abgefragt. Außerdem führt ein Wert von n größer als 7 zu einem »merkwürdigen« Ergebnis:

```
C>BSP14_12
```

Geben Sie eine Zahl ein: 8

```
-25216
```

Wie kommt dieses falsche Ergebnis zustande? Nun, die Antwort ist simpel. Turbo Pascal behandelt die Variable n als Integer, das heißt als eine vorzeichenbehaftete 16-Bit-Zahl, deren Wert nur im Bereich −32767 bis +32768 liegen kann. Abhilfe kann man schaffen, indem man die Variable n als Variable vom Typ »Word«, das heißt als vorzeichenlose Zahl betrachtet. Aber auch das geht nicht lange gut, denn bereits die Eingabe von

```
C>BSP14_12
```

Geben Sie eine Zahl ein: 9

```
35200
```

führt wieder zu einem falschen Ergebnis. Diesmal ist jedoch nicht das Pascal-Programm schuld. Die Ursache liegt vielmehr am MUL-Befehl des Assemblerprogramms, der lediglich 16-Bit-Zahlen multiplizieren kann. Sobald das Ergebnis 65535 überschreitet, wird der im DX-Register entstandene höherwertige 16-Bit-Anteil bei der nächsten Multiplikation nicht mehr berücksichtigt.

Das Speichermodell TPASCAL

Da das Speichermodell TPASCAL für das Zusammenspiel zwischen einem Pascal-Programm und einem Assemblerprogramm von entscheidender Bedeutung ist, sollen die Auswirkungen dieses Speichermodells noch einmal in einer Übersicht zusammengefaßt werden. Das Speichermodell

TPASCAL paßt das Assemblerprogramm automatisch an die Segment- und Übergabekonvention eines Turbo-Pascal-Programms an. Die Verwendung dieses Speichermodells ist keine zwingende Voraussetzung (man kann auf dieses Speichermodell genauso verzichten wie auch auf die vereinfachten Segmentanweisungen), sie hilft allerdings in der Regel viel Arbeit sparen, da es den Programmierer von der Beachtung lästiger Formalismen befreit, die häufig auch die Ursache von hartnäckigen Fehlern sind. Im einzelnen bewirkt das Speichermodell TPASCAL:

- Das Codesegment erhält den Namen CODE.

- Das Datensegment erhält den Namen DATA.

- Prozeduren werden als Far deklariert.

- Prozeduren werden mit einem RETF-Befehl beendet.

- Falls Prozedurparameter über eine PROC- oder ARG-Anweisung deklariert wurden, wird ein »RETF n«-Befehl assembliert, wobei n durch die Größe der Argumente in Bytes der ARG- oder PROC-Anweisung festgelegt wird.

- Es werden Befehle assembliert, die einen Stackrahmen aufbauen, das heißt alle Stackparameter werden über das BP-Register adressiert. Der erste Stackparameter hat einen Offset von »+6«, da sich ebenfalls die Rückkehradresse (4 Byte) und der Inhalt des BP-Registers auf dem Stack befinden.

- Falls eine LOCAL-Anweisung verwendet wurde, wird ein »SUB SP,n«-Befehl assembliert, wobei »n« die Anzahl der auf dem Stack zu reservierenden Bytes darstellt. In diesem Fall wird am Ende der Prozedur der Befehl »PUSH BP« zum Wiederherstellen des BP-Registers eingefügt.

- Prozedurparameter werden durch das Pascal-Programm von links nach rechts übergeben. Dies hat zur Folge, daß das direkt auf die ARG-Anweisung folgende Symbol den höchsten Stackoffset erhält.

Sie sehen, daß durch das Speichermodell TPASCAL eine ganze Reihe von Dingen erledigt werden, die ohne diesen Parameter »per Hand« durchgeführt werden müssen. Falls keine zwingenden Gründe dagegen sprechen, sollten Sie dieses Speichermodell daher immer verwenden, wenn eine Assemblerroutine in ein Turbo-Pascal-Programm eingebunden werden soll.

Es geht auch ohne

Um zu beweisen, daß das Speichermodell TPASCAL tatsächlich nicht zwingend notwendig ist, wird im Beispielprogramm 14.13 das letzte Beispielprogramm TU_ETWAS noch einmal aufgeführt, nur diesmal ohne die explizite Verwendung des Speichermodells TPASCAL. Dies ist besonders für Leser interessant, die entweder den Makroassembler von Microsoft, der dieses Speichermodell bekanntlich nicht kennt (oder besser nicht kennen will), oder die Standard-Segmentanweisungen (oder auch beides) verwenden möchten. Um letztere kommt man ohne das Speichermodell TPASCAL sowieso nicht herum, da bei den vereinfachten Segmentanweisungen die Segmentparameter fest vorgegeben werden.

Beispielprogramm 14.13 – BSP14_13.ASM

```
CODE SEGMENT BYTE PUBLIC
      ASSUME CS:CODE,DS:NOTHING
      PUBLIC TU_ETWAS      ; Prozedurname wird global deklariert
TU_ETWAS PROC FAR         ; Beginn der Far-Prozedur
      ARG WERT:WORD        ; Definition eines Textmakros
      PUSH BP              ; Stackrahmen aufbauen
      MOV BP,SP
      MOV AX,WERT          ; Prozedurparameter nach AX
      MOV CX,AX
      DEC CX
L1:   MUL CX
      LOOP L1
      POP BP               ; BP wieder herstellen
      RET 02               ; Stackparameter »löschen«
TU_ETWAS ENDP
CODE ENDS
END
```

Sie sehen an Beispielprogramm 14.13, daß die vereinfachten Segmentanweisungen und vor allem die .MODEL-Anweisung diesmal nicht verwendet werden können. Der Grund dafür ist, daß diese Anweisungen bereits bestimmte Namen für das Code- und das Datensegment (letzteres kommt in dem Beispielprogramm 14.13 zwar nicht vor) vorgeben, Turbo Pascal aber die Segmentnamen »CODE« für das Programm-Segment und »DATA« für das Datensegment erwartet. Statt dessen wird die Standard-Segmentanweisung SEGMENT, die in Kapitel 10.3 ausführlich besprochen wird, verwendet, die die Festlegung eines beliebigen Segmentnamens und beliebiger Segmentattribute erlaubt. Beachten Sie ferner, daß diesmal die Befehle zum Aufbau eines Stackrahmens explizit aufgeführt werden müssen. Außerdem muß am Ende des Programms der Befehl »RET 2« assembliert werden, da Turbo Pascal erwartet, daß übergebene Prozedurparameter vor Beendigung der Prozedur vom Stack entfernt werden.

Natürlich ist es auch möglich, die Anweisung ».MODEL TPASCAL« zusammen mit den Standard-Segmentanweisungen zu kombinieren, wenngleich dies den Programmaufbau nur unnötig verkompliziert. In diesem Fall dürfen aber die Befehle zum Aufbau des Stackrahmens nicht innerhalb der Assemblerprozedur aufgeführt werden, da sie ansonsten unter Umständen doppelt assembliert werden würden. Dies wäre nicht unbedingt tragisch, allerdings wird der doppelte BP-Registerinhalt auf dem Stack nicht bei der Offsetberechnung berücksichtigt. Folglich werden die Prozedurparameter nicht mehr korrekt adressiert.

Die Reihenfolge der Parameterübergabe

ist für die Verknüpfung verschiedener Module natürlich von grundlegender Bedeutung. Prozedur- und Funktionsparameter können entweder von links nach rechts (dies bezieht sich auf die Reihenfolge der Parameter beim Aufruf der Prozedur oder Funktion) oder von rechts nach links übergeben werden. Turbo Pascal übergibt die Parameter stets in der Reihenfolge ihrer Deklaration, das heißt von links nach rechts auf den Stack. Betrachten Sie dazu einmal folgende Prozedurdeklaration:

```
procedure ass1(p1,p2,p3:word);external;
```

Beim Aufruf der Prozedur ASS1 werden die drei Prozedurparameter von links nach rechts auf dem Stack abgelegt. In diesem konkreten Beispiel bedeutet das, daß zuerst der Wert von P1, dann der Wert von P2 und schließlich der Wert von P3 auf dem Stack abgelegt wird (über die Art und Weise der Parameterübergabe wurde noch gar nicht gesprochen, dies wird im nächsten Abschnitt nachgeholt). Da der Stack bekanntlich in Richtung kleiner werdender Adressen wächst, erhält der Parameter P3 (relativ zum Stackzeiger im BP-Register) den kleinsten Offset, während der Parameter P1 den größten Offset enthält. In Bild 14.8 ist die Stackbelegung nach dem Aufruf der Prozedur ASS1 aufgeführt.

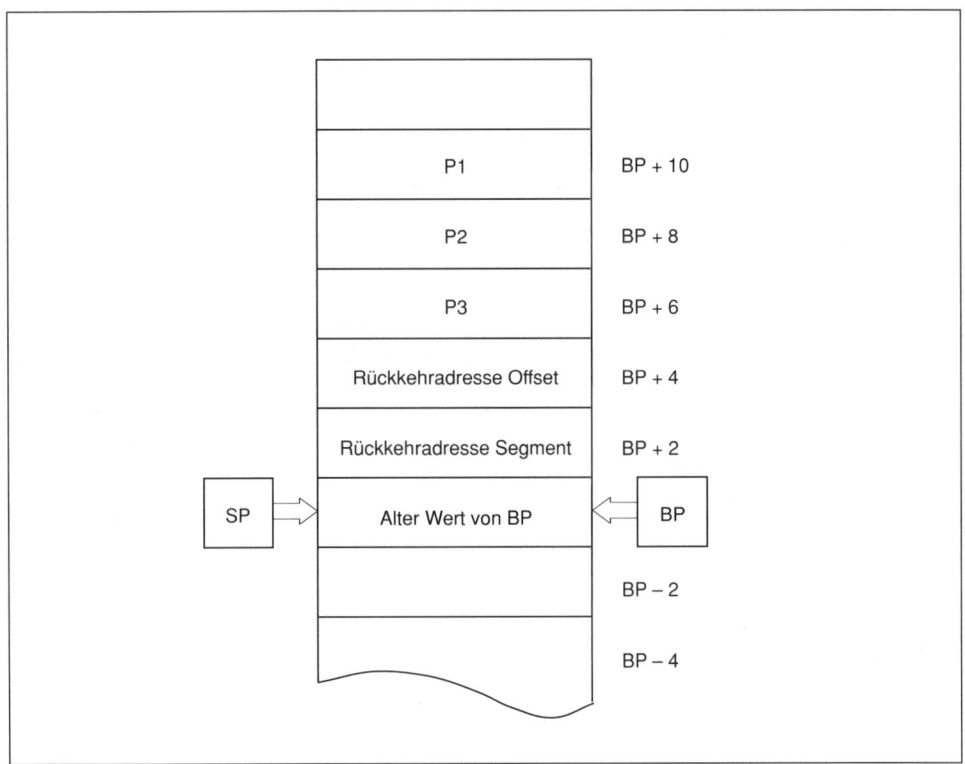

Bild 14.8: *Stackbelegung nach dem Aufruf von ASS1*

Falls die ARG-Anweisung verwendet wird, ist das Speichermodell TPASCAL von entscheidender Bedeutung. Ohne dieses Speichermodell werden durch die Anweisung

```
ARG P1:WORD,P2:WORD,P3:WORD
```

folgende Textmakros definiert:

```
P1: [BP+0006]
P2: [BP+0008]
P3: [BP+000A]
```

Sie sehen, dies ist genau die falsche Reihenfolge, da die ARG-Anweisung normalerweise dem ganz links stehenden Parameter auch den niedrigsten Offset zuweist. Entweder man schreibt die ARG-Anweisung wie folgt:

```
ARG P3:WORD,P2:WORD,P1:WORD
```

oder man verwendet das Speichermodell TPASCAL (was ohnehin sinnvoll ist) und muß sich um die Reihenfolge der Parameter keine Gedanken machen. In diesem Fall werden nämlich (dies läßt sich auch aus dem Programmlisting entnehmen) durch die ARG-Anweisung die Offsets korrekt zugewiesen:

```
P1:  [BP+000A]
P2:  [BP+0008]
P3:  [BP+0006]
```

Wie werden Parameter übergeben?

Turbo Pascal unterscheidet grundsätzlich zwischen Wertparametern und Variablenparametern. Wertparameter werden, wie der Name bereits sagt, in Form ihres Wertes auf dem Stack abgelegt, während bei Variablenparametern ein Far-Zeiger auf das betreffende Objekt übergeben wird. Die meisten Parameter werden bei Turbo Pascal (wie auch bei Turbo C) als Wertparameter übergeben. Variablenparameter werden dann verwendet, wenn der Prozedur- oder Funktionsparameter als var deklariert wird. Zu den Wertparametern gehören zum Beispiel die skalaren Datentypen BOOLEAN, CHAR, SHORTINT, BYTE, INTEGER, WORD und LONGINT. Hierbei gilt zu beachten, daß auch Byte-Werte als 16-Bit-Zahl auf dem Stack abgelegt werden. Allerdings enthält hier das höherwertige Byte keine signifikante Information (es ist aber nicht zwingend 0). Ein Wort-Wert wird direkt auf den Stack gepusht, während bei einem Doppelwort-Wert (32 Bit) entsprechend der Intel-Konvention das höherwertige Wort zuerst auf den Stack geschoben wird und daher auch die höhere Adresse auf dem Stack erhält. Auch Wert-Parameter vom Typ REAL werden in Form eines 6-Byte-Feldes auf dem Stack übergeben. Eine gewisse Ausnahme stellen Strings dar. Hier wird generell ein Far-Zeiger auf den betreffenden String übergeben. Es liegt damit in der Verantwortung des Assemblerprogramms (oder allgemein des aufgerufenen Programms) auf welche Weise der String verarbeitet wird. Änderungen an einem String können daher, anders als bei den skalaren Datentypen, auch Auswirkungen auf das Pascal-Programm haben. Die verschiedenen Übergabeformen, die auch in Band II des Turbo-Pascal-Handbuchs sehr ausführlich beschrieben werden, sind noch einmal in Tabelle 14.8 zusammengefaßt.

Datentyp	Übergabeform
BOOLEAN	WORD
CHAR	WORD
SHORTINT	WORD
BYTE	WORD
INTEGER	WORD
WORD	WORD
LONGINT	DWORD
Unterbereichs- und Aufzählungstypen	
REALs	6 Byte
SINGLE	DWORD
DOUBLE	8 Byte
EXTENDED	10 Byte
COMP	8 Byte
Zeiger	4-Byte-Zeiger
Strings	4-Byte-Zeiger
Records und Arrays	
1, 2 oder 4 Byte	WORD oder DWORD
jede andere Größe	4-Byte-Zeiger
Mengen	4-Byte-Zeiger

Tabelle 14.8: *Parameterübergabe bei Turbo Pascal*

Übergabe von Zeigern
Zeiger, dazu gehören auch VAR-Parameter, werden von Turbo Pascal stets als Far-Zeiger übergeben. Hier wird zuerst der Segmentanteil und dann der Offsetanteil auf dem Stack abgelegt. Auf übergebene Zeiger kann innerhalb des Assemblerprogramms recht bequem mit den Maschinenbefehlen LDS und LES zugegriffen werden.

Beispiel
```
.MODEL TPASCAL
.CODE
P1  PROC
    ARG ZEIGER:FAR
    ...
    LDS DX,DWORD PTR ZEIGER
    ...
```

Zuerst wird über die ARG-Anweisung ein Textmakro mit dem Wert »[BP+06]« definiert. Dieses Textmakro wird dann innerhalb des LDS-Befehls benutzt, um auf den auf dem Stack befindlichen Zeiger zuzugreifen. Durch den LDS-Befehl wird der Segmentanteil unter der Adresse SS:[BP+08] in das DS-Register und der Offsetanteil unter der Adresse SS:[BP+06] in das DX-Register geladen.

Rückgabe von Funktionswerten

Bereits am Beispiel des Fakultätsprogramms wurde deutlich, auf welche Weise eine Assemblerprozedur Werte an die aufrufende Pascal-Funktion zurückgibt. Der Übergabeort ist dabei entweder
das AX-Register oder das Registerpaar DX:AX. Generell werden skalare Byte-Werte im AL-
Register, Wort-Werte im AX-Register und Doppelwort-Werte im Registerpaar DX:AX übergeben,
wobei die höherwertige Hälfte im DX-Register abgelegt wird.

Datenbereiche im Assemblerprogramm

In manchen Fällen ist es erforderlich, auch innerhalb des Assemblerprogramms Datenbereiche
zu definieren. Dafür gibt es grundsätzlich zwei Möglichkeiten. Zum einen lassen sich mit Hilfe der
LOCAL-Anweisung lokale Variablen auf dem Stack definieren. Diese lokalen Variablen können zum
Beispiel bequem für die Zwischenspeicherung von Werten während der Ausführung der Prozedur
verwendet werden. Da die LOCAL-Anweisung bereits in Kapitel 14.1 im Zusammenhang mit der
Verknüpfung eines Assemblermoduls mit einem QuickC-Modul vorgestellt wurde, wird sie hier
einfach als bekannt vorausgesetzt. Sowohl der Makroassembler als auch der Turbo Assembler
verwenden eine nahezu identische LOCAL-Anweisung. Allerdings besteht bei TASM, genau wie
bei der ARG-Anweisung, zusätzlich die Möglichkeit die Gesamtzahl der für lokale Variablen
reservierten Bytes einer Variablen zuzuweisen:

```
LOCAL L1:WORD, L2:WORD:20 = GESAMT
```

In diesem Beispiel erhält die Variable GESAMT den Wert 42, da insgesamt 42 Byte auf dem Stack
reserviert wurden. Doch zurück zur Definition von Datenbereichen in einer Assemblerprozedur,
die von einem Turbo-Pascal-Programm aufgerufen wird. Die zweite Alternative stellt die Definition
sogenannter statischer Datenbereiche dar, die, anders als über die LOCAL-Anweisung definierte
Datenbereiche, auch noch nach Beendigung der Prozedur existieren. Sofern es sich um
uninitialisierte Daten handelt, können diese in einem separaten Datensegment untergebracht
werden. Dieses Datensegment trägt den Namen DATA und kann (beim Speichermodell TPASCAL)
entweder über eine vereinfachte Segmentanweisung

```
.DATA
```

oder mit Hilfe einer Standard-Segmentanweisung definiert werden:

```
DATA SEGMENT WORD PUBLIC
```

Falls Ihnen die Standard-Segmentanweisungen noch ein wenig »mysteriös« vorkommt, trösten
Sie sich damit, daß es in den meisten Fällen keinen Grund gibt, auf diese Anweisungen zurückzugreifen. Mit den vereinfachten Segmentanweisungen sind Sie in der Regel bestens bedient. Und
falls Sie es dennoch interessiert, finden Sie in Kapitel 10.3 eine ausführliche Beschreibung der
Standard-Segmentanweisungen.

Es wurde bereits erwähnt, daß innerhalb des Datensegments nur uninitialisierte Daten definiert
werden können. So sind zum Beispiel folgende Definitionen erlaubt:

```
.DATA
    WERT1 DW ?
    WERT2 DW ?
```

während die nächste Definition dagegen nicht erlaubt ist:

```
.DATA
    X_POS DB 0
```

Falls man jedoch einer Speichervariablen im Datensegment einen Wert zuweist, erscheint, sofern das TPASCAL-Speichermodell verwendet wird, die Fehlermeldung »Directive ignored in Turbo Pascal model«. Ohne das Speichermodell TPASCAL erscheint diese Fehlermeldung zwar nicht, der Wert der Variablen wird aber vom Linker ignoriert. Initialisierte Daten können aber im Codesegment definiert werden. Hierbei gilt es aber zu beachten, daß nun nicht mehr das DS-Register (dieses zeigt ja noch auf das Turbo-Pascal-Segment DATA), sondern das CS-Register für den Segmentanteil zuständig ist. Entweder rettet man das DS-Register zwischenzeitlich auf dem Stack und lädt das CS-Register in das DS-Register oder man behilft sich mit einem Segment-Aufhebungs-Operator. In Beispielprogramm 14.14 wird letztere Methode angewendet.

Beispielprogramm 14.14 – BSP14_14.ASM

```
.MODEL TPASCAL
.DATA
        ERGEBNIS DB ?
.CODE
        FELD DB 11h,22h,33h,44h,55h
SUMME PROC
        PUBLIC SUMME
        MOV DI,0
        MOV ERGEBNIS,0
        MOV CX,5
L1:
        MOV AL,CS:FELD[DI]
        ADD ERGEBNIS,AL
        INC DI
        LOOP L1
        XOR AX,AX
        MOV AL,ERGEBNIS
        RET
SUMME ENDP
END
```

In diesem kleinen Beispiel finden zwei Zugriffe auf Datenbereiche statt. Zuerst wird durch den Befehl

```
MOV ERGEBNIS,0
```

in die Speichervariable ERGEBNIS eine 0 eingetragen. Hier liefert das DS-Register den Segment-anteil. Das DS-Register muß nicht initialisiert werden, da dies bereits innerhalb des Turbo-Pascal-Programms geschehen ist. Der nächste Zugriff auf ein Datenelement wird durch den Befehl

```
MOV AL,CS:FELD[DI]
```

durchgeführt, der das AL-Register mit dem Inhalt der Speicherstelle lädt, die durch den Inhalt des DI-Registers und dem Offset der Speichervariablen FELD adressiert wird. Würde auch hier das

DS-Register herangezogen, wäre eine falsche Offsetberechnung die Folge, da FELD im Code-segment definiert wurde. Also muß der Segment-Override-Operator einspringen, der bewirkt, daß der Inhalt des CS-Registers für den Segmentanteil verwendet wird.

Strings

Eine Ausnahme stellen wieder einmal Strings dar. Das Ergebnis einer String-Funktion wird nämlich in einem von dem Turbo Pascal-Programm vor dem Aufruf der Funktion angelegten Speicher-bereich zurückgegeben. Vor dem Aufruf der Funktion wird vom Pascal-Programm als erstes ein Far-Zeiger auf diesen Bereich übergeben (dieser Zeiger gehört aber nicht zur Parameterliste, sofern überhaupt eine existiert). In diesem speziell angelegten Speicherbereich wird der String im typischen Pascal-Format, das heißt mit einem vorausgehenden Längenbyte, das die Anzahl der Zeichen enthält, abgelegt. Hier kann der String durch das Assemblerprogramm bei Bedarf verändert werden. Turbo Pascal erwartet aber am Ende der Funktion, daß sich der Stringzeiger immer noch auf dem Stack befindet. Falls daher die übergebenen Parameter mit Hilfe der ARG-Anweisung deklariert wurden, kann es zu Problemen kommen. Die ARG-Anweisung sorgt nämlich dafür, daß am Ende der Prozedur ein »RETF n«-Befehl assembliert wird, wobei »n« für die Gesamtgröße, der durch die ARG-Anweisung deklarierten Parameter steht. Um aber den Stringzeiger von dieser Stackkorrektur auszunehmen, muß die RETURNS-Option der ARG-Anweisung verwendet werden:

```
ARG WERT1:BYTE:2,WERT2:WORD RETURNS STRING_ADR:DWORD
```

Durch diese Anweisung wird der Stackzeiger am Ende der Prozedur durch den »RETF n«-Befehl nur um vier erhöht, das heißt es wird der Befehl »RETF 4« assembliert. Der Stringzeiger, der durch das aufrufende Turbo-Pascal-Programm auf dem Stack abgelegt wurde, wird durch das Symbol STRING_ADR mit dem Wert [BP+000A] adressiert und bleibt auch nach der Rückkehr zum Pascal-Programm auf dem Stack erhalten. Erst das Pascal-Programm nimmt diesen Zeiger wieder vom Stack. Im Grunde bewirkt der Zusatz RETURNS nichts anderes, als daß ebenfalls ein Textmakro mit einem entsprechenden Wert definiert wird. Allerdings geht die Größe des Datenobjekts nicht in die Berechnung der Gesamtgröße der Stackparameter ein, die am Ende der Prozedur dazu benutzt wird, den Wert n zu berechnen, der dann zum SP-Register addiert wird (sicher sind Sie auch der Meinung, daß der Autor eine gewisse Vorliebe für Schachtelsätze besitzt).

Welche Register dürfen benutzt werden?

Natürlich muß auch die Frage geklärt sein, welche Register von der aufgerufenen Assembler-routine frei benutzt werden dürfen und welche Register gegebenenfalls auf dem Stack gerettet werden müssen. Von den Segment-Registern kann das ES-Register frei verwendet werden, während das DS-Register auf dem Stack zwischengespeichert werden muß, falls es mit einem neuen Wert belegt werden soll. Das SS-Register darf ebenfalls nicht verändert werden, da es zur Adressierung des Stacks benutzt wird. Von den übrigen Registern können, mit Ausnahme des BP-Registers, in der Regel alle frei verwendet werden. Um das BP-Register brauchen Sie sich jedoch keine Gedanken machen, da bei Verwendung des Speichermodells TPASCAL ja in der Regel eine Befehlssequenz assembliert wird, die das BP-Register auf den Stack rettet und wieder vom Stack holt. In manchen Fällen kann es notwendig sein, auch das DI- und das SI-Register zwischen-zuspeichern. Für diesen Fall ist es nützlich, auf eine Option der PROC-Anweisung zurückzugreifen. Folgt nämlich auf die PROC-Anweisung der Parameter USES, können hier Register aufgeführt werden, die dann automatisch, das heißt ohne Zutun des Programmierers auf dem Stack gerettet werden. Der USES-Parameter hat aber nur dann eine Wirkung, wenn entweder der TPASCAL-Parameter verwendet wird, oder wenn auf das Speichermodell ein Sprachparameter folgt, zum Beispiel ».MODEL SMALL,C«. Ansonsten wird der Parameter USES ignoriert.

Da die PUSH-Befehle durch den USES-Parameter nach dem Aufbau des Stackrahmens assembliert werden, spielen die zusätzlichen Registerwerte auf dem Stack für die Adressierung etwaiger Prozedurparameter oder lokaler Variablen keine Rolle. Warum? Nun, weil über das BP-Register die Parameter oberhalb des SP-Registers adressiert werden. Jeder weitere PUSH-Befehl legt jedoch Werte unterhalb dieses Bereichs ab, da der Stackzeiger ja vor der Ausführung eines PUSH-Befehls um zwei erniedrigt wird. Auch für die Reservierung lokaler Variablen hat das zusätzliche Speichern irgendwelcher Register auf dem Stack keine Bedeutung, da durch die LOCAL-Anweisung entweder automatisch oder explizit durch einen SUB-Befehl der Stackzeiger im SP-Register um die Gesamtzahl der auf dem Stack reservierten Bytes erniedrigt wird. Zu einer Überschneidung kann es daher nicht kommen.

Vorsicht bei TPASCAL!
Bei Verwendung des Speichermodells TPASCAL ist Vorsicht geboten, da sich dieser Parameter bei der TASM-Version 1.0 anders verhält als bei der nachfolgenden Version 1.01. In der Version 1.0 werden die Befehle für den Stackrahmen immer dann assembliert, wenn die Prozedur einen Maschinenbefehl (scheinbar mit Ausnahme des NOP-Befehls) enthält. In der Version 1.01 werden diese Befehle aber nur noch assembliert, wenn auf die PROC-Anweisung die Deklaration eines Parameters folgt, oder wenn die ARG-Anweisung innerhalb der Prozedur aufgeführt wird. Verwendet man aus irgendeinem Grund diese Anweisung nicht oder deklariert man nach der PROC-Anweisung keine Parameter, wird durch TPASCAL kein Stackrahmen aufgebaut. Dieser Umstand ist insofern ärgerlich, als daß weder im TASM-Handbuch noch in der README-Datei zur Version 1.01 auf diese Änderung hingewiesen wird. Ein Programm, das für die Version 1.0 geschrieben wurde, ist damit unter Umständen unter der Version 1.01 nicht lauffähig. Wenn man dieses Verhalten kennt, ist aber alles nur noch halb so schlimm. Damit sich ein Assemblerprogramm unabhängig von der verwendeten TASM-Version korrekt verhält, sollte man eine Abfrage einbauen, die zunächst die Versionsnummer des Turbo Assemblers prüft. Durch die Anweisungen

```
if low ??version
    push bp
    mov bp,sp
endif
```

wird über den LOW-Operator des Assemblers geprüft, ob das niederwertige Byte der Versionsnummer, die durch die numerische Textkonstante ??version geliefert wird, ungleich 0 ist. Ist dies der Fall, liegt eine andere TASM-Version als 1.0 vor und die Befehle für den Stackrahmen müssen separat assembliert werden. Eine entsprechende Abfrage muß auch am Ende des Programms aufgeführt werden, wo es darum geht, den Befehl »POP BP« gegebenenfalls zusätzlich zu assemblieren:

```
if low ??version
    pop bp
endif
```

Beachten Sie, daß diese Abfrage nur für eine Unterscheidung der Versionen 1.0 und 1.01 hilfreich ist. Falls Sie bereits mit der Version 2.0 arbeiten, muß diese Überprüfung durch eine Abfrage des höherwertigen Byte der Versionsnummer entsprechend erweitert werden.

Ein »Kochrezept« für Turbo-Pascal-Programme

Nachdem Sie soviel für die Hintergründe bei der Einbindung eines Assemblerprogramms in ein Turbo-Pascal-Programm erfahren haben, ist es an der Zeit, die einzelnen Fakten zu ordnen und zu einer Art »Kochrezept« zusammenzustellen. Dieses Kochrezept kann in den allermeisten Fällen direkt übernommen werden. Ein solcher Rahmen entledigt den Programmierer von lästigen Formalitäten und erlaubt ihm sich auf das zu konzentrieren, worauf es eigentlich ankommt, nämlich die Lösung eines Problems. Folgende Schritte müssen zur Einbindung einer Assembler-routine in ein Turbo-Pascal-Programm durchgeführt werden:

a) im Turbo Pascal-Programm

1. Deklaration der Assemblerprozedur oder Assemblerfunktion

Beispiel

```
{$f+}
function ass_name(n:word):word;external;
{$l x.obj}
{$f-}
```

In diesem Gerüst wird eine Funktion mit dem Namen ass_name, die sich in der Objektdatei x.obj befindet, aufgerufen.

b) im Assemblerprogramm

1. Die .MODEL-Anweisung mit Speichermodell TPASCAL

```
.MODEL TPASCAL
```

2. Definition des Codesegments

```
.CODE
```

3. Definition der Prozedur

Beispiel

```
ASS_NAME PROC
       ...
ASS_NAME   ENDP
```

4. Deklaration des Prozedurnamens als global

Beispiel

```
PUBLIC ASS_NAME
```

5. Definition von Prozedurvariablen

Beispiel

```
ARG P1:WORD, P2:DWORD
```

6. Definition von Symbolen für lokale Variablen, sofern benötigt

Beispiel

```
LOCAL W1:WORD,W2:WORD
```

7. Berücksichtigung der beiden »PROC-Versionen«

Falls unter der TASM-Version 1.01 auf die PROC-Anweisung keine Parameter folgen und auch nicht die ARG-Anweisung verwendet wird, muß ein Stackrahmen vom Programmierer aufgebaut werden, sofern an die Prozedur Parameter übergeben werden:

```
ASS_NAME    PROC
        PUSH BP
        MOV BP,SP
        ...
        POP BP
        RET
ASS_NAME    ENDP
```

In diesem Fall muß auch die Reservierung von Speicherplatz für etwaige lokale Variablen per Hand durchgeführt werden:

```
ASS_NAME    PROC
        PUSH BP
        MOV BP,SP
        SUB SP,<Anzahl der Bytes>
        ...
        MOV SP,BP
        POP BP
        RET
ASS_NAME    ENDP
```

8. Rückkehr zum Pascal-Programm über den Befehl

```
RET
```

9. Beenden des Programms

```
END
```

14.4 Zusammenfassung

Um die Vorteile einer Hochsprache mit den Vorteilen der Maschinensprache zu kombinieren, gibt es prinzipiell zwei Möglichkeiten. Über sogenannten Inline-Code können einzelne Maschinenbefehle direkt in das Hochsprachenprogramm eingebaut werden. Die Übersetzung der Maschinenbefehle muß entweder per Hand erfolgen oder wird vom Compiler übernommen. Diese Methode ist einfach zu realisieren, bietet aber den Nachteil, daß der Komfort eines Assemblers nicht genutzt werden kann. Größere Routinen werden in der Regel daher nicht über Inline-Code integriert. Bei der zweiten Variante wird das Hochsprachenprogramm mit einem Assemblerprogramm verknüpft. Beide Module werden getrennt übersetzt und anschließend in Form von Objektdateien durch den Linker zu einer EXE-Datei verknüpft. Hier wird zwar ein separater Assembler benötigt, doch lassen sich so wesentlich größere Assemblermodule einbinden. Diese Art der gemischt-sprachigen Programmierung wird über die Hochsprachenschnittstelle des Assemblers realisiert. Sowohl der Microsoft Makroassembler (ab Version 5.0) als auch der Turbo Assembler stellen Anweisungen zur Verfügung, mit deren Hilfe die notwendigen Formalismen auf ein Minimum reduziert werden. Im einzelnen müssen für eine erfolgreiche Verknüpfung folgende Bedingungen erfüllt sein:

1. Die einzelnen Module müssen in der Regel das gleiche Speichermodell verwenden. Konkret heißt das, daß Zeiger und Adressen vom gleichen Typ sein müssen. Eine Prozedur, die durch einen Far-RET-Befehl beendet wird, darf nicht durch einen Near-CALL-Befehl aufgerufen werden.

2. Die Module müssen den gleichen Segmentnamen und den Kombinationstyp Public besitzen, damit sie der Linker verknüpfen kann. Werden zum Beispiel zwei Datensegmente aus zwei verschiedenen Modulen bei Verwendung des Speichermodells Small miteinander verknüpft, können alle Datenobjekte aus beiden Modulen über einen Near-Zeiger adressiert werden. Entsprechendes gilt für Sprünge in Codesegmenten.

3. Alle Symbolnamen in einem Assemblerprogramm, auf die von einem anderen Modul zugegriffen wird, müssen über die PUBLIC-Anweisung als global deklariert werden, damit sie vom Assembler in die Objektdatei übertragen werden.

4. Falls Parameter übergeben werden, müssen die Übergabekonventionen des aufrufenden Programms eingehalten werden. Sowohl bei QuickC als auch bei Turbo Pascal werden die Parameter auf dem Stack übergeben. Ein Zugriff auf die Stackparameter wird stets über das BP-Register durchgeführt.

5. Die Rückkehr zu dem aufrufenden Programm wird durch einen RET-Befehl durchgeführt. Je nach Speichermodell wird es sich um einen RETN- oder RETF-Befehl handeln. Während eine Assemblerprozedur, die von einem Turbo-Pascal-Programm aufgerufen wird, den Stack vor Beendigung der Prozedur »aufräumen« muß, ist hierfür bei QuickC die aufrufende C-Funktion verantwortlich.

Alle die unter den Punkten 1 bis 5 aufgeführten Konventionen werden automatisch vom Assembler eingehalten, wenn die .MODEL-Anweisung und die vereinfachten Segmentanweisungen zum Einsatz kommen.

14.5 Übung

Aufgabe 1:
Entwickeln Sie eine Assemblerprozedur, die von einem C-Programm aufgerufen wird, und deren Aufgabe es ist, das Dateiattribut einer Datei zu ändern. Sowohl das Attribut als auch der Name der Datei sollen der Assemblerprozedur als Parameter übergeben werden.

Die Lösung zur Übungsaufgabe finden Sie in Anhang F.

15 Die Programmierung der 80286/386-CPU

In den letzten Kapiteln haben Sie das Wichtigste über die Programmierung der 8088- und 8086-CPU gelernt. Viele Leser werden inzwischen einen PC mit 80286-, 80386SX-, 80386- oder gar 80486-CPU besitzen. Diese Leser wird es sicher interessieren, welche zusätzlichen Möglichkeiten sich für die Maschinensprache-Programmierung ergeben. Pauschal lassen sich diese Neuerungen für den Maschinensprache-Programmierer in einem Satz beschreiben: Es gibt eine Vielzahl von Erweiterungen, der größte Teil dieser Erweiterungen läßt sich aber unter MS-DOS direkt nicht nutzen. Anders als die 8086/88-CPU können nämlich die CPUs 80286-486 in zwei grundsätzlich verschiedenen Betriebsarten arbeiten, im sogenannten Real-Modus, der Standardbetriebsart der 80x86-CPUs, und im sogenannten Protected-Modus, indem mehr Befehle und ein wesentlich größerer Arbeitsspeicher zur Verfügung stehen. Vereinfacht läßt sich sagen, daß MS-DOS und alle Programme, die unter MS-DOS aufgerufen werden, im Real-Modus arbeiten, während der Protected-Modus für Betriebssysteme wie OS/2 oder Unix vorbehalten ist. Wie sich der Protected-Modus in einem Maschinenprogramm unter MS-DOS nutzen läßt, soll in diesem Kapitel besprochen werden. Natürlich wird aber auch gezeigt, welche zusätzlichen Möglichkeiten die CPUs 80286 und 80386 für einen Maschinensprache-Programmierer im Real-Modus zu bieten haben. Die Nutzung des Protected-Modus ist übrigens (noch) eine weitere Domäne der Maschinensprache programmierung, denn ein Umschalten in den Protected-Modus wird von gängigen Programmiersprachen nicht unterstützt. Die erforderlichen Zugriffe auf die verantwortlichen CPU-Register müssen in einem Hochsprachenprogramm per Inline-Code durchgeführt werden, was sich mit den in Kapitel 14 vermittelten Kenntnissen relativ leicht durchführen lassen müßte.

Sie lernen in diesem Kapitel etwas über:
– die zusätzlichen Befehle der 80286-CPU im Real-Modus
– die Programmierung der 80286-CPU im Protected-Modus
– die Adressierung von bis zu 16 Mbyte
– die zusätzlichen Befehle der 80386-CPU im Real-Modus
– Programmieren mit 32 Bit
– die neuen Befehle der 80486-CPU

15.1 Viel Fortschritt, wenig Nutzen

Die 80286-CPU, vor allem aber die Nachfolgerinnen 80386 und 80486 beeindrucken mit erstaunlichen Leistungsdaten. Von 32-Bit-Registern, Multitasking und einem (virtuell) adressierbaren Speicher von unglaublichen 64 Terrabyte (!), das heißt 64 * 1024 * 1024 Mbyte ist da die Rede. Das Beste daran, es handelt sich nicht um die Leistungsdaten einer Großrechner-CPU, deren Anschaffungspreis sich in der Größenordnung siebenstelliger Beträge bewegt, sondern um die eines PC, der heute bereits ab 1500 DM zu erhalten ist. Natürlich stellt sich die Frage, wie ein Programmierer diese zusätzlichen Rechenleistungen nutzen kann. Da es in diesem Buch in erster

Linie um die Programmierung in Maschinensprache geht, soll in diesem Kapitel diese Frage auch aus der Sicht eines Maschinensprache-Programmierers beantwortet werden. Zunächst muß der Euphorie, die angesichts der beeindrucken den Leistungsdaten einer 80386- oder auch 80286-CPU aufkommt, ein gehöriger Dämpfer versetzt werden. Unter MS-DOS lassen sich nur ein Bruchteil dieser Möglichkeiten nutzen. Der Grund: Unter MS-DOS werden die 80286/486-CPUs in den allermeisten Fällen lediglich im Real-Modus betrieben und verhalten sich damit wie schnelle 8086/88-CPUs, allerdings mit ein paar zusätzlichen Möglichkeiten. Doch diese zusätzlichen Möglichkeiten sind auch nicht zu verachten, wir werden uns damit im weiteren Verlauf dieses Kapitels noch ausführlicher beschäftigen. Natürlich ist es in einem Maschinensprache-Programm grundsätzlich kein Problem, die CPU in den Protected-Modus zu schalten, wo dann, zumindest theoretisch, Multitasking und Gigabytes an adressierbaren Speicher warten. Die Betonung liegt aber auf theoretisch, denn das Umschalten in den Protected-Modus ist wie der Eintritt in eine neue Welt, die mit der alten Welt, sprich der Real-Modus-Programmierung, nicht mehr viel gemeinsam hat. Ohne ein geeignetes Betriebssystem, welches die CPU bei den wichtigsten E/A-Operationen unterstützt und die Verwaltung der stets benötigten Datenstrukturen im Protected-Modus über- nimmt, ohne ein BIOS für den Protected-Modus, welches die dringend benötigten Routinen für den Zugriff auf die lebensnotwendige Hardware, wie etwa Bildschirm und Tastatur, zur Verfügung stellt, ist die Programmierung im Protected-Modus sehr aufwendig. Damit soll nicht gesagt werden, daß die Programmierung im Protected-Modus für einen Programmierer nicht be- herrschbar ist. Es soll lediglich darauf hingewiesen werden, daß sich der Programmierer ohne eine Unterstützung durch BIOS und Betriebssystem um eine Vielzahl von organisatorischen Dingen kümmern muß. Ein Protected-Modus-Betriebssystem wie OS/2 nimmt dem Programmierer diese Bürde ab. OS/2 wurde ursprünglich für die 80286-CPU entwickelt und nutzt ab der Version 2.0 auch die erweiterten Möglichkeiten der 80386/486-CPU. Unter OS/2 entspricht die Maschinen- sprache-Programmierung im Protected-Modus in etwa der im Real-Modus unter MS-DOS, wenngleich es auch unter OS/2 noch eine Reihe von Dingen zu berücksichtigen gilt, die das Programmieren in Maschinensprache nicht gerade zu einem Vergnügen machen.

Und selbst wenn man nach gründlichem Überlegen dazu bereit ist, alle Mühen der Protected-Modus-Programmierung auf sich zu nehmen, kommt noch ein weiterer Faktor erschwerend hinzu. Die Notwendigkeit der Maschinensprache-Programmierung ist unter einem Betriebssystem wie OS/2 sehr gering. Gab es unter MS-DOS noch eine Vielzahl von Dingen, die sich elegant und vor allem vorteilhafter in Maschinensprache erledigen ließen, so wird man unter OS/2 nur noch sehr wenig finden, was sich nicht in einer Hochsprache wie C besser und vor allem mit weniger Aufwand erledigen ließe. Sicherlich, auch unter OS/2 ist ein gut durchdachtes Maschinenpro- gramm in puncto Geschwindigkeit durch einen Compiler, und sei er auch noch so optimierend, nicht zu schlagen. Doch stellt man den Programmieraufwand, der für ein Maschinensprache- programm zu veranschlagen ist, dem Programmieraufwand gegenüber, den man für ein ver- gleichbares Hochsprachenprogramm benötigt, so lohnt sich die Maschinensprache-Programmie- rung nur in den seltensten Fällen. Wer also von einem relativ simplen Betriebssystem, wie es MS-DOS nun einmal ist, auf ein Multitasking-Betriebssystem wie OS/2 oder Unix umsteigen möchte, wird ziemlich schnell die Erfahrung machen, daß hier C (oder Modula-2) für fast alle Anwendungen die Sprache der Wahl ist und daß die übrigen Sprachen nur noch eine untergeordnete Rolle spielen.

Diese Einleitung soll natürlich nicht abschreckend wirken, auch wenn sie vielleicht mitunter den Anschein gemacht haben könnte, daß dem Leser die Programmierung im Protected-Modus bereits von vornherein ausgeredet werden soll. Sie sollen vielmehr darauf vorbereitet werden, daß die Möglichkeiten der Maschinensprache-Programmierung im Protected-Modus sehr realistisch eingeschätzt werden müssen. Der Lernaufwand ist sehr hoch, der praktische Nutzen dagegen für den normalen Anwender eher gering. Aus diesem Grund finden Sie in diesem Kapitel auch nicht eine vollständige Übersicht über die 80286- und 80386-CPU, sondern es werden vielmehr nur jene Bereiche behandelt, die für einen Maschinensprache-Programmierer mit soliden Grundkenntnissen umsetzbar sind. Trotz allen anfänglichen Hürden, mit denen sich ein Einsteiger konfrontiert sieht, ist die Programmierung im Protected-Modus eine lohnenswerte Herausforderung. Wenn man das hinzugewonnene Wissen vielleicht noch nicht sofort in eigene Super-Programme umsetzen kann, so benötigt man es auf alle Fälle, um die internen Abläufe in einem Betriebssystem wie OS/2 oder einer Betriebssystemerweiterung wie Windows 3.0 verstehen zu können. Und nicht zuletzt kann Ihnen kein »Guru« mehr erzählen, wie ungeheuer kompliziert die Programmierung im Protected-Modus ist.

Wenn Sie sich also trotz der eingangs aufgeführten Warnungen in das Abenteuer der Maschinensprache-Programmierung stürzen wollen, dann sollten Sie dieses Kapitel sehr genau studieren. Natürlich, und auch das muß vorangestellt werden, kann dieses Kapitel die Grundlagen der Programmierung im Protected-Modus aus Platzgründen nicht in der vielleicht notwendigen Ausführlichkeit behandeln. Insbesondere die Möglichkeit des Multitaskings (und der damit verbundenen Vergabe von Zugriffsprivilegien) und die Fähigkeit der 80386/486-CPUs, mehrere 8086-CPUs virtuell »simulieren« zu können, kann hier leider nicht beschrieben werden. Allein mit dieser Thematik könnte man ein eigenes Buch füllen. Die folgenden Abschnitte sollen Sie vielmehr in die Lage versetzen, die Möglichkeiten der 80286/486-CPU besser einschätzen und so grundsätzliche Dinge, wie zum Beispiel die Adressierung von Extended-Memory im Protected-Modus, verstehen zu können. Übrigens, auch wenn Sie einen PC mit 8088/86-CPU besitzen, lohnt es sich den folgenden Abschnitt zu lesen. Dies gilt natürlich auch für Besitzer einer 80386- oder 80486-CPU, denn diese bauen, wie könnte es auch anders sein, auf der Architektur der 80286-CPU auf.

15.2 Ein allgemeiner Überblick

Alle Dinge, die bislang in diesem Buch über Maschinensprache geschrieben wurden, bezogen sich nahezu ausschließlich auf die 8088- und die für den Programmierer in der Regel identische 8086-CPU. Doch die 80x86-Familie, zu der diese CPUs gehören, besitzt noch eine Reihe weiterer Mitglieder. Dazu zählen in erster Linie die CPUs 80186, 80188, 80286, 80386, 80386SX und 80486. Da die CPUs 80186 und 80188 lediglich einige zusätzliche Befehle bieten, die auch in den Nachfolge-CPUs enthalten sind, sollen diese beiden CPUs nicht gesondert erwähnt werden. Auch entferntere Verwandte, wie zum Beispiel die 80376-CPU (ein 80386-kompatibler Mikrokontroller ohne Real-Modus), sollen hier nicht ausführlicher vorgestellt werden. Ähnliches gilt für die 80486- und 80586-CPU. Erstere nicht, weil sie für den Programmierer, neben integriertem Cache-Kontroller und mathematischem Koprozessor, nur sechs neue Befehle bietet, letztere nicht, weil sie von Intel erst 1992 offiziell vorgestellt wird. Im Vordergrund stehen daher die CPUs 80286 und 80386. Letztere umfaßt auch die CPU 80386SX, welche befehlskompatibel ist und sich nur durch einen 16-Bit-Datenbus und kleineren Taktfrequenzen (16 und 20 Mhz) von ihrer größeren

Schwester unterscheidet. Betrachten wir zunächst die 80286-CPU. Diese CPU kam im Jahre 1982 auf den Markt und bot erstmals neben dem Real-Modus eine weitere Betriebsart, den Protected-Modus. Während sich die 80286-CPU im Real-Modus wie eine schnelle 8086-(oder genauer gesagt 80186-) CPU, allerdings mit einigen kleineren Unterschieden, verhält, stehen im Protected-Modus eine Reihe zusätzlicher Fähigkeiten zur Verfügung. Dazu zählt vor allem ein direkt adressierbarer Arbeitsspeicher von 16 Mbyte, die Möglichkeit einer virtuellen Speicherverwaltung und die Unterstützung von Multitasking durch hardwaremäßiges Taskswitching und Schutzmechanismen vor unerlaubtem Zugriff.

Die Register der 80286

Bereits bei den Registern muß zwischen Real- und Protected-Modus unterschieden werden. Während im Real-Modus mit dem Maschinen-Status-Register (MWS-Register) gegenüber der 8086/88-CPU lediglich ein neues Register hinzugekommen ist, gibt es im Protected-Modus eine ganze Reihe zusätzlicher Register, die allerdings ausnahmslos spezielle Funktionen besitzen und daher nicht als allgemeine Register verwendet werden können. Da diese Register, wie auch das MSW-Register, im Abschnitt über den Protected-Modus ausführlicher besprochen werden, gibt es zum Thema CPU-Register nicht viel Neues zu berichten. Nach wie vor stehen ausschließlich 16-Bit-Register zur Verfügung. Da wie bei der 8086-CPU der Arbeitsspeicher über einen 16-Bit-Datenbus angesprochen wird, handelt es sich auch bei der 80286-CPU um eine 16-Bit-CPU.

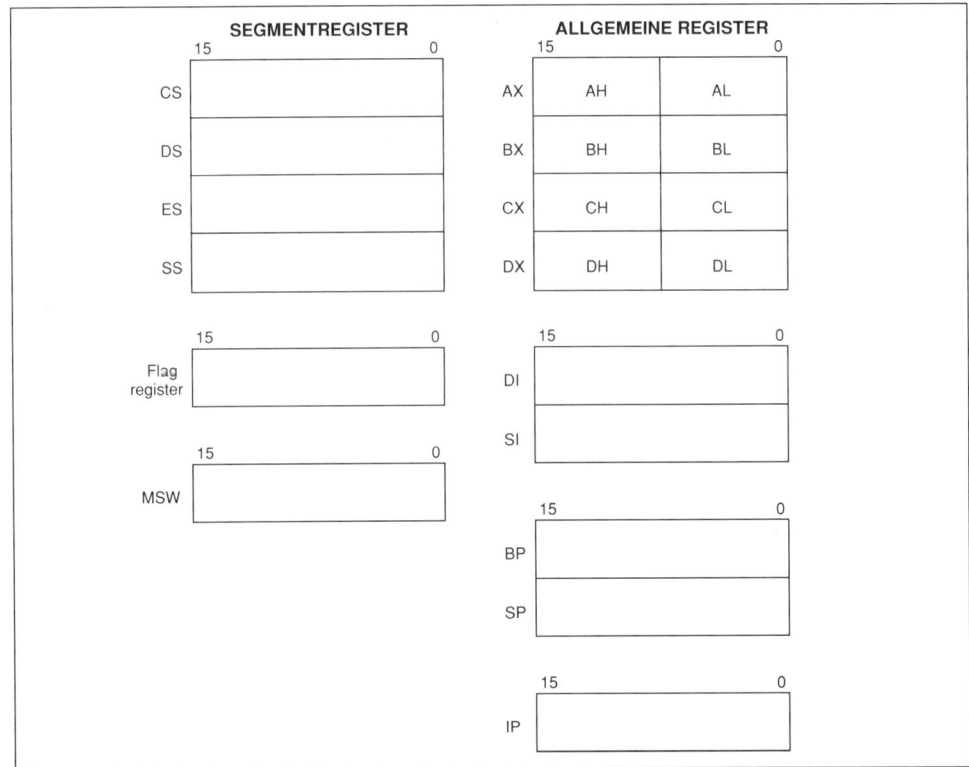

Bild 15.1: *Die Register der 80286-CPU*

Erweitertes Statusregister

Das Statusregister der 80286-CPU enthält drei zusätzliche Bits, die bei der 8086/88-CPU noch keine Bedeutung hatten und die im Protected-Modus bestimmte Funktionen erfüllen (über diese Bits ist es zum Beispiel möglich, eine 8086-CPU von einer 80286-CPU zu unterscheiden). Im einzelnen handelt es sich um:

– die Privilegstufen-Bits IOPL (Bit 12 und Bit 13)
– das Verschachtelungstatus-Flag NT (Bit 14)

Die Privilegstufen-Bits IOPL

Diese beiden IOPL-Bits (»Input Output Privileg Level«) legen die aktuelle Prioritätsstufe beim Zugriff auf den E/A-Speicherbereich fest. Anders als im Real-Modus kann im Protected-Modus jedes Segment mit einer Prioritätsstufe zwischen 0 und 3 versehen werden, wobei 0 die höchste und entsprechend 3 die niedrigere Privilegstufe ist. Die Prioritätsstufe des ausführenden Codesegments (CPL) und der Wert der IOPL-Bits legen fest, ob diese beiden Bits durch einen POPF- oder IRET-Befehl, welche ja beide einen Wert vom Stack in das Flagregister übertragen, verändert werden können. Über die IOPL-Bits kann verhindert werden, daß eine Applikation oder ein Gerätetreiber mit niedrigerer Priorität auf E/A-Ports und damit auf die Systemhardware zugreifen kann. Folgende Befehle können nur ausgeführt werden, wenn CPL ≤ IOPL ist:

» IN   – Eingabe von einem E/A-Port
» INS   – Stringeingabe von einem E/A-Port
» OUT   – Ausgabe auf einem E/A-Port
» OUTS – Stringausgabe auf einem E/A-Port
» CLI   – Löschen des Interruptfreigabeflags
» STI   – Setzen des Interruptfreigabeflags

Diese Befehle heißen laut Intel-Handbuch auch »sensitiv«, weil sie von dem Wert des IOPL-Feldes im Statusregister der CPU abhängen und damit von einem Programm niedriger Priorität nicht ausgeführt werden können. Sollte ein solches Programm dennoch einen dieser Befehle ausführen wollen, ist eine Zugriffsverletzung in Form eines speziellen Interrupts die Folge, der vom Betriebssystem entsprechend abgefangen werden kann.

Das Verschachtelungstatus-Flag (NT-Flag)

Dieses Flag wird von der CPU benutzt, um festzustellen, ob eine Interruptroutine zu einem anderen Task zurückkehren muß. Das NT-Flag beeinflußt damit den IRET-Befehl. Ist das NT-Flag gesetzt, wird bei der Ausführung des IRET-Befehls ein Taskwechsel zu dem zuletzt ausgeführten Task durchgeführt.

Die interne Struktur der 80286-CPU

Betrachtet man die 80286-CPU einmal nicht als eine schnelle 8086-CPU, gibt es einige interessante neue Eigenschaften, die im folgenden kurz vorgestellt werden sollen. Während die 8086/88-CPU lediglich über eine Bus-Schnittstellen-Einheit (BSE) für die Adressierung des Arbeitsspeichers und eine Ausführungseinheit (AE) für die Ausführung eines Maschinenbefehls verfügt, sind bei der 80286-CPU intern zwei neue Einheiten hinzugekommen:

– die Befehlseinheit (BE)
– die Adreßeinheit (ADE)

Die Befehlseinheit dient in erster Linie dazu, die Leistungsfähigkeit des internen Pipelining (siehe Kapitel 5) zu steigern. Noch einmal zur Wiederholung: Unter Pipelining wird jener Vorgang verstanden, bei dem die CPU während der Befehlsausführung gleichzeitig bereits nachfolgende Befehle aus dem Arbeitsspeicher in eine interne Warteschlange lädt. Auch die 80286-CPU verfügt über eine interne Warteschlange, die ebenfalls 6 Byte aufnehmen kann. Allerdings ist die BE der 80286-CPU in der Lage, einen Befehl gleichzeitig auch zu decodieren, während die AE einen Befehl ausführt, was einen zusätzlichen Geschwindigkeitsvorteil bedeutet.

Die Adreßeinheit ADE übernimmt die Adressierung des Arbeitsspeichers, die im Protected-Modus sehr viel aufwendiger ist als im Real-Modus. Damit die kompliziertere Adreßberechnung die Ausführungsgeschwindigkeit nicht beeinträchtigt, wird diese Berechnung von einer speziellen CPU-Komponenten durchgeführt und beansprucht damit nicht zusätzliche Taktzyklen.

Neue Befehle der 80286-CPU
Natürlich verfügt die 80286 im Real-Modus-CPU über eine Reihe neuer Befehle. Von diesen 23 neuen Befehlen (siehe Tabelle 15.1) sind allerdings nicht alle im Real-Modus verfügbar. Wer bereits eine V20- oder V30-CPU programmiert hat, wird alte Bekannte wieder entdecken, denn sämtliche Real-Modus-Befehle des 80286 stehen auch auf diesen CPUs zur Verfügung (umgekehrt gilt dies aber nicht, da der Befehlssatz der V20/V30-CPUs größer ist).

Befehl	Bedeutung
ARPL*	RPL-Feld eines Selektors ändern
BOUND	Register auf Grenzwert testen
CLTS	TS-Bit im Maschinenstatus-Register auf Null setzen
ENTER	Stackrahmen anlegen
INS	String auf E/A-Port ausgeben
LAR*	Zugriffsrechte eines Selektors laden
LEAVE	Stackrahmen vom Stack entfernen
LGDT	GDT-Register laden
LIDT	IDT-Register laden
LLDT*	LDT-Register laden
LMSW	MSW-Register laden
LSL*	Segmentgrenze in Register laden
LTR*	TR-Register laden
OUTS	String auf E/A-Port ausgeben
POPA	Alle Register auf den Stack bringen
PUSHA	Alle Register vom Stack holen
SGDT	GDT-Register speichern
SIDT	IDT-Register speichern
SLDT*	LDT-Register speichern
SMSW	MSW-Register speichern
STR*	TR-Register speichern
VERR*	Segment auf Lese-Freigabe prüfen
VERW*	Segment auf Schreib-Freigabe prüfen
LOADALL	Alle CPU-Register initialisieren**

* – nur im Protected-Modus ausführbar
** – undokumentierter Befehl

Tabelle 15.1: *Neue Befehle der 80286-CPU*

Befehle, die mit einem »*« versehen wurden, sind Protected-Modus-Befehle, die nur im Protected-Modus ausgeführt werden können. Der größte Teil der in Tabelle 15.1 aufgeführten Befehle ist privilegiert, das heißt, sie können im Protected-Modus nur von einem Programm ausgeführt werden, das mit der höchsten Privilegstufe läuft. Auch auf diese Weise wird verhindert, daß ein Anwenderprogramm auf Strukturen des Betriebssystems zugreifen kann.

Unterschiede zum Real-Modus der 8086/88-CPU

Auch wenn man lediglich im Real-Modus der 80286-CPU programmieren möchte, gibt es neben den zusätzlichen Befehlen einige mehr oder weniger wichtige Änderungen zu beachten:

– Ausnahmen statt Interrupts

Eine besondere Form der Interrupts sind die sogenannten »Ausnahmen« (engl. »Exceptions«). Während ein Interrupt zufällig und im Prinzip jederzeit (in der Regel ausgelöst durch eine externe Komponente am INTR-Eingang der CPU) während der Programmausführung auftreten kann, sind Ausnahmen die Folge eines bestimmten Befehls oder einer bestimmten Fehlersituation in der CPU (zum Beispiel Divisionsüberlauf). Ausnahmen werden in zwei Gruppen eingeteilt:

– CPU-bezogene Ausnahmen

Diese Ausnahmen werden durch die CPU verursacht und wiederum unterteilt in Faults, Traps und Aborts. Die Unterscheidung ist recht einfach. Ein Fault wird vor dem Befehl ausgeführt, der zu einem Fault geführt hat. Auf diese Weise erhält die Interruptroutine Gelegenheit, die Fehlerursache zu korrigieren, da anschließend der fehlerverursachende Befehl erneut ausgeführt wird. Ein Trap wird dagegen nach dem Befehl ausgeführt, der den Trap ausgelöst hat (daher die Bezeichnung, engl. »trap« = Falle). Bei einem Abort kann die Fehlerursache in der Regel keinem speziellen Befehl zugeordnet werden. Aborts sind daher Hardwarefehlern vorbehalten.

– Programmbezogene Ausnahmen

Diese Ausnahmen werden gezielt durch einen Maschinenbefehl, wie zum Beispiel INTO, INT 3, INT oder BOUND, erzeugt.

Wenngleich Ausnahmen eine wichtige Rolle im Protected-Modus spielen, haben sie auch im Real-Modus eine Bedeutung. So ist zum Beispiel immer dann ein Interrupt 6 die Folge, wenn ein Protected-Modus-Befehl oder ein illegaler Opcode zur Ausführung gelangt. Ein Interrupt 13 wird dagegen ausgeführt, wenn die effektive Adresse den Wert 0FFFFh überschreitet (zum Beispiel bei einem Überlauf im Datensegment).

– Der Befehl »PUSH SP« arbeitet anders

Bei der 80286-CPU wird der Inhalt des SP-Registers vor dem Erniedrigen um zwei auf den Stack gebracht. Bei der 8086/88-CPU wird dagegen der erniedrigte Wert des Stackzeigers auf den Stack geladen. Um den gleichen Effekt wie bei einer 8086/88-CPU zu erzielen, ist daher folgende Befehlssequenz erforderlich:

```
PUSH BP        ; Wert von BP auf den Stack
MOV BP,SP      ; Wert von SP nach BP
XCHG BP,[SP]   ; BP zurück und Stackzeiger auf den Stack
```

– Das Statusregister hat einen anderen Wert

Während die oberen 4 Bit des Flagregisters bei der 8086/88-CPU stets den Wert »1111« besitzen, haben diese 4 Bit bei der 80286-CPU im Real-Modus den Wert »0000«. Dies kann man auch dazu benuzen, beide CPUs durch eine entsprechende Abfrage softwaremäßig zu unterscheiden.

– Segmentüberlauf

Ein Segmentüberlauf, das heißt ein Übergang des Offsets von FFFFh nach 0000, führt zu einer Ausnahme (engl.»Exception«) mit der Nummer 13. Bei einem Stacksegment wird in diesem Fall die Ausnahme 12 ausgelöst.

– Illegale Opcodes sind illegal

Während auch nicht definierte Opcodes bei der 8086/88-CPU ausgeführt werden und teilweise auch eine Wirkung haben, führen diese bei der 80286-CPU grundsätzlich zu einem Fehlerinterrupt 6 (Ausnahme 6). Auf diese Weise kann der Befehlssatz der CPU um neue Befehle ergänzt werden.

Interrupts
Wie bei der 8086/88-CPU sind auch bei der 80286-CPU einer Reihe von Interrupts feste Bedeutungen zugeordnet. Bei der 80286-CPU haben dies die ersten 32 Interrupts oder sie sind für künftige Erweiterungen reserviert (siehe Tabelle 15.2). Da die Entwickler des IBM-PC einige dieser Interrupts leider in mangelnder Voraussicht mit BIOS-Funktionen belegt haben, kann es im Prinzip zu Überschneidungen kommen. So wird immer dann versucht, eine Hardcopy des Bildschirms auszugeben, wenn der BOUND-Befehl der 80286-CPU einen Interrupt 5 auslöst, da die Hardcopy-Funktion ebenfalls über einen Interrupt 5 ausgelöst wird. Falls man daher den BOUND-Befehl einsetzt, muß die Interruptroutine des Interrupt 5 entsprechend modifiziert werden.

Interrupt-Nr.	Bedeutung
0	Divisions-Überlauf*
1	Einzelschritt-Interrupt*
2	Nicht maskierbarer Interrupt (NMI)*
3	Haltepunkt-Interrupt*
4	INTO-Befehl *
5	Bereichsüberschreitung (BOUND-Befehl)
6	Illegaler Opcode
7	Koprozessor nicht vorhanden
8	Doppelter Fault aufgetreten
9	Koprozessor-Segment-Überlauf
0Ah	Ungültiges Tasksegment
0Bh	Angesprochenes Segment nicht vorhanden
0Ch	Stack-Unter- oder Überlauf
0Dh	Allgemeine Zugriffsverletzung
0Eh	Reserviert
0Fh	Reserviert
10h	Koprozessor-Fehler
11-1Fh	Reserviert

* wie bei der 8088/86-CPU

Tabelle 15.2: *Vordefinierte Interrupts*

Wortzugriffe

Die 8028-CPU ist, wie auch bereits die 8086/186-CPU und anders als die 8088/188-CPU, eine 16-Bit-CPU mit einem 16-Bit-Datenbus. Folglich kann sie durch einen Speicherzugriff ein 16-Bit-Wort lesen oder schreiben. Allerdings ist dies nur möglich, wenn sich das Wort auf einer geraden Adresse befindet. Ansonsten sind, wie bei einer 8-Bit-CPU, zwei aufeinanderfolgende Zugriffe erforderlich, was natürlich zusätzliche Taktzyklen kostet. Um die Performance-Vorteile einer 16-Bit-CPU nicht unnötig zu verschenken, empfiehlt es sich daher, alle Datenelemente auf geraden Adressen beginnen zu lassen, was zum Beispiel durch die Assembler-Anweisung EVEN realisiert werden kann. Auch sollte man stets darauf achten, daß der Stackzeiger keine ungeraden Werte annehmen kann, da ansonsten auch hier jeder Stackzugriff in Form zweier aufeinanderfolgender 8-Bit-Zugriffe durchgeführt werden muß.

15.3 Die Programmierung der 80286-CPU im Real-Modus

So beeindruckend die Leistungen einer 80386-CPU auch sein mögen, man sollte dabei nicht vergessen, daß auch die 80286-CPU etliche Verbesserungen gegenüber ihrer Vorgängerin aufzuweisen hat. Einen Teil dieser Verbesserungen lassen sich auch im Real-Modus, das heißt unter MS-DOS nutzen. Zu diesen Verbesserungen gehören in erster Linie eine Reihe neuer Befehle, die im folgenden in einer Übersicht vorgestellt werden sollen. Auch wenn diese Befehle bereits in Tabelle 15.1 zusammengefaßt wurden, sind sie aus Gründen der besseren Übersicht noch einmal in Tabelle 15.3 aufgeführt worden. In dieser Tabelle sind aber nicht jene Befehle enthalten, die sich zwar im Real-Modus nutzen lassen, die aber nur im Zusammenhang mit dem Protected-Modus eingesetzt werden. Die Befehle aus Tabelle 15.3 finden Sie bereits bei der 80186/88-CPU, der direkten Nachfolgerin der 8086-CPU. Da diese CPU aber im PC-Bereich zwar auf einigen intelligenten Zusatzboards, bis auf wenige Ausnahmen (zum Beispiel im Tandy 2000), nicht aber als Haupt-CPU verwendet wird, wird bei der folgenden Beschreibung nicht zwischen der 80186/88-CPU und der 80286-CPU unterschieden. Doch es sind nicht nur neue Befehle hinzugekommen. Auch einige bereits existierende Befehle wurden überarbeitet und mit neuen Eigenschaften versehen. Diese verbesserten Befehle sind in Tabelle 15.3b zusammengefaßt.

Befehl	Bedeutung
BOUND	Register auf Grenzwert testen
ENTER	Stackrahmen anlegen
INS	String auf E/A-Port ausgeben
LEAVE	Stackrahmen vom Stack entfernen
OUTS	String auf E/A-Port ausgeben
POPA	Alle Register auf den Stack bringen
PUSHA	Alle Register vom Stack holen

Tabelle 15.3a: Neue Real-Modus-Befehle des 80286

Befehl	Verbesserung
IMUL	Multiplikation mit konstantem Faktor
	Zieloperand muß nicht Akkumulator sein
PUSH	Unmittelbarer Operand erlaubt
RCL/RCR	Unmittelbarer 8-Bit-Operand erlaubt
ROL/ROR	" "
SAL/SHL	" "
SAR/SHR	" "

Tabelle 15.3b: *Verbesserte 8086/88-Befehle des 80286:*

Der BOUND-Befehl

Der BOUND-Befehl prüft, ob sich ein Wert in einem Register, innerhalb der Grenzen befindet, die durch einen Speicheroperanden festgelegt werden.

Syntax: `BOUND Reg16,Mem16`

Der zweite Operand zeigt auf einen 32-Bit-Operanden, dessen untere 16-Bit-Hälfte die untere Grenze und dessen obere 16-Bit-Hälfte die obere Grenze darstellt. Liegt der Registerwert außerhalb des festgelegten Bereichs, wird ein Interrupt 05 erzeugt. Da dieser Interrupt aber unter MS-DOS für die Ausgabe des Bildschirminhaltes auf einem Drucker vorgesehen ist, darf dieser Befehl nicht so ohne weiteres ausgeführt werden. Vielmehr muß die Interruptroutine 5 so modifiziert werden, daß zu Beginn der Routine geprüft wird, ob der Interrupt durch die »Druck«-Taste auf der Tastatur oder durch den BOUND-Befehl ausgelöst wurde.

Und noch eine Besonderheit gilt es zu berücksichtigen. Nach Abarbeitung der Interruptroutine zeigt das IP-Register nicht wie gewohnt auf den folgenden Befehl, sondern immer noch auf den BOUND-Befehl, welcher den Interrupt ausgelöst hat. Mit anderen Worten, falls die Interruptroutine nicht dafür sorgt, daß die für den Interrupt verantwortliche Grenzüberschreitung aufgehoben wird, wird der Interrupt 5 erneut ausgeführt.

Mit Hilfe des BOUND-Befehls läßt sich zum Beispiel überprüfen, ob bei einem Zugriff auf ein Feld die Feldgrenzen überschritten werden. Üblicherweise werden dabei die einzuhaltenden Feldgrenzen in der Speicherzelle vor dem Beginn des Feldes untergebracht. Beispielprogramm 15.1 zeigt eine Anwendung für den BOUND-Befehl.

Beispielprogramm 15.1 – BSP15_01.ASM

Dieses Beispielprogramm zeigt eine Anwendung für den BOUND-Befehl, der ab der 80186/88-CPU zur Verfügung steht. Assemblieren und linken Sie das Programm, testen Sie es mit einem Debugger, der den BOUND-Befehl darstellen kann, und bringen Sie es auf einem PC mit einer 80186-486-CPU zur Ausführung.

```
; -----------------------------------------------------------
; Beispiel für den BOUND-Befehl 1/11/90
; -----------------------------------------------------------
  .MODEL SMALL              ; Speichermodell Large, da mehrere Codesegmente
.STACK 100h
```

```
.DATA
        OLD_INT5_OFF    DW      ?           ; Platz für alten Interruptvektor
        OLD_INT5_SEG    DW      ?
        FELD_LIMITS     LABEL   DWORD    ; Hier stehen die Feldgrenzen
        FELD_LIMIT_LOW  DW      0
        FELD_LIMIT_HIGH DW      5
        FELD            DW      5 DUP(0) ; Dies ist das Feld
INT5_HANDLER_ADR LABEL  DWORD
                        DW OFFSET INT5_HANDLER
                        DW SEG INT5_HANDLER
.CODE
        .286                     ; 80286-Befehle assemblieren
START:
        MOV DX,@DATA             ; Datensegment initialisieren
        MOV DS,DX
;
; Alten Interrupt 5 Handler retten
;
        MOV AH,35h
        MOV AL,05
        INT 21h
        MOV OLD_INT5_OFF,BX
        MOV OLD_INT5_SEG,ES
;
; Interrupt 5 auf eigenen Handler setzen
;
        MOV AH,25h
        MOV AL,05
        LDS DX,INT5_HANDLER_ADR
        INT 21h
        MOV DX,@DATA             ; Datensegment erneut initialisieren
        MOV DS,DX
        MOV AX,0                 ; Feldgrenzen prüfen
        BOUND AX,FELD_LIMITS
        MOV AX,1                 ; Feldgrenzen prüfen
        BOUND AX,FELD_LIMITS
        MOV AX,5                 ; Feldgrenzen prüfen
        BOUND AX,FELD_LIMITS
        MOV AX,7                 ; Feldgrenzen prüfen
        BOUND AX,DWORD PTR FELD_LIMITS
;
; Alten Interrupt 5 wieder herstellen
;
        MOV AH,25h
        MOV AL,05
        MOV BX,OLD_INT5_OFF
        MOV DX,OLD_INT5_SEG
        MOV DS,DX
```

```
        MOV DX,BX
        INT 21h
        MOV AH,4Ch              ; Programmende
        INT 21h
;
; Hier beginnt der Interrupthandler
;
INT5_HANDLER:
        STI                     ; Interrupts wieder zulassen
        PUSH DS                 ; Wichtige Register retten
        PUSH DX
        PUSH AX
        MOV DX,CS               ; Eine Meldung ausgeben
        MOV DS,DX
        MOV DX,OFFSET TEXT1
        MOV AH,09
        INT 21h
;
; Zahl im AX-Register ausgeben
;
        POP AX
        XOR CX,CX
        MOV BX,10
INT5_1:
        XOR DX,DX
        DIV BX
        ADD DL,'0'
        PUSH DX
        INC CX
        OR AX,AX
        JNZ INT5_1
        MOV AH,02
INT5_2:
        POP DX
        INT 21h
        LOOP INT5_2
        MOV DX,OFFSET TEXT2     ; Zweiten Teil der Meldung ausgeben
        MOV AH,09
        INT 21h
        XOR AX,AX               ; Feldgrenze auf Null für BOUND-Befehl
        POP DX
        POP DS
        IRET                    ; Ende der Interruptroutine
TEXT1   DB 'Feldüberschreitung - AX: ','$'
TEXT2   DB ' Index=0 angenommen!',10,13,'$'
END START
```

Obwohl es in diesem Beispielprogramm im Grunde nur um die Ausführung von einigen BOUND-Befehlen geht, ist es relativ umfangreich geworden. Das hat mehrere Gründe. Zum einen ist es notwendig, einen eigenen Handler für den Interrupt 5 zu installieren. Da über diesen Interrupt normalerweise eine Hardcopy des Bildschirms ausgegeben wird, würde jede Bereichsüberschreitung automatisch zu einer Druckerausgabe führen. Da dies in der Regel ein wenig störend wirken dürfte, wird über die Funktion 35h des Interrupts 21h eine neue Interruptroutine installiert. Es ist die Interruptroutine INT5_HANDLER, deren Adresse über die Funktion 35h in die Interruptvektortabelle eingetragen wird. Im Prinzip ließe sich das auch durch einen direkten Zugriff auf die Interruptvektortabelle durchführen, doch ist dies die sichere Methode, die in jedem Fall zu empfehlen ist. Die neue Interruptroutine beginnt bei dem Label INT5_HANDLER. Innerhalb dieser Routine wird lediglich ein kurzer Text und der Inhalt des AX-Registers, welcher in diesem Fall zum Überlauf geführt hat, ausgegeben. Die Rückkehr zum (bewußt) unterbrochenen Hauptprogramm muß durch einen IRET-Befehl durchgeführt werden, da durch den Aufruf der Interruptroutine auch das Flagregister auf den Stack gelangt. Alternativ könnte man zwar auch die Befehlsfolge

```
POPF
RETF
```

ausführen, doch bringt dies keine Vorteile. Achten Sie darauf, daß die Interruptroutine auch das AX-Register auf einen Wert setzen muß, der sich innerhalb der über die Variablen FELD_LIMIT_LOW und FELD_LIMIT_HIGH festgelegten Grenzen (in diesem Fall 0 und 5) befinden muß. Ansonsten wird der Interrupt-Handler endlos durchlaufen, da die CPU beim Interrupt 5 zum BOUND-Befehl und nicht zu dem Befehl, der auf den BOUND-Befehl folgt, zurückkehrt. Damit soll erreicht werden, daß ein ungültiger Feldindex keine Chance hat, Unheil anzurichten. Obwohl der BOUND-Befehl eigentlich recht praktisch ist, findet man ihn in der Praxis so gut wie nie. Der Grund dürfte hauptsächlich darin liegen, daß ein Programm, welches den BOUND-Befehl einsetzt, nicht mehr auf einer 8086/88-CPU lauffähig ist.

Neben einer praktischen Anwendung für den BOUND-Befehl bietet Beispielprogramm 15.1 noch einige andere, nicht minder interessante Lerneffekte. Betrachten Sie einmal die Methode, nach der die Adresse der neuen Interruptroutine gesetzt wird:

```
MOV AH,25h
MOV AL,05
LDS DX,INT5_HANDLER_ADR
INT 21h
```

Die Funktion 25h erwartet bekanntlich die Adresse der neuen Interruptroutine im Registerpaar DS:DX. Dort wird sie recht elegant (Vorsicht, Eigenlob!) über den LDS-Befehl geladen. Doch, was lädt der LDS-Befehl eigentlich? Dieser Befehl lädt einen 32-Bit-Zeiger, der sich in der Variablen INT5_HANDLER_ADR befindet, welche wiederum im Datensegment definiert ist:

```
INT5_HANDLER_ADR LABEL   DWORD
                 DW OFFSET INT5_HANDLER
                 DW SEG INT5_HANDLER
```

Das zusätzliche Label INT5_HANDLER_ADR ist notwendig, da der LDS-Befehl eine Speichervariable vom Typ DWORD erwartet. Geht das Ganze nicht auch einfacher? Im Prinzip ja, allerdings nicht ohne Fallen. Natürlich kann man die Adresse des Interrupthandlers auch direkt laden:

```
MOV DX,SEG INT5_HANDLER
MOV DS,DX
MOV DX,OFFSET INT5_HANDLER
```

Leider führt der erste Befehl (bei MASM 5.x und älter sowie bei TASM 1.x) zu einem der berüchtigten Phasenfehler. Warum? Nun, weil der Assembler davon ausgeht, daß sich die folgende Speichervariable im DS-Register befindet. Tatsächlich ist das Label INT5_HANDLER aber im Codesegment untergebracht, weswegen der Assembler das Segment-Aufhebungs-Präfix »CS:« einfügen muß. Für dieses 1-Byte-Präfix ist aber kein Platz, daher der Phasenfehler. Für diese peinliche Situation (aus der Sicht des Assemblers) bietet sich eine scheinbare Lösung:

```
MOV DX,SEG CS:INT5_HANDLER
MOV DS,DX
MOV DX,OFFSET INT5_HANDLER
```

Nun ist zwar der Assembler zufrieden, doch der Linker beschwert sich mit einer höchst seltsamen und zudem (meiner Meinung nach) recht selten auftretenden Fehlermeldung:

```
fatal error L1101: invalid object module pos: 166 Record type: 48E0
```

Die Ursachen für dieses Verhalten sollen hier nicht weiter erforscht werden, da wir uns dann in Bereiche begeben würden, in denen, mit Ausnahme der Entwickler des Microsoft Linkers und einiger Gurus (Autor ausgeschlossen), niemand mehr so recht durchblicken würde. Belassen wir es daher der Einfachheit entweder mit der ursprünglichen Variante oder mit folgender Befehlssequenz

```
MOV DX,CS
MOV DS,DX
MOV DX,OFFSET INT5_HANDLER
```

denn schließlich wissen wir, daß sich das Label INT5_HANDLER im gleichen Codesegment befindet und daher der Inhalt des CS-Registers stets die Segmentadresse von INT5_HANDLER enthält. Da dies aber nicht immer gewährleistet sein muß, ist die Verwendung des LDS-Befehls, siehe Programmlisting, wahrscheinlich die beste Lösung.

Die Befehle ENTER und LEAVE

Mit diesen beiden Befehlen wird der für die Parameterübergabe an eine Prozedur notwendige Stackrahmen aufgebaut und wieder entfernt. Besonders in Kapitel 14, in dem es ja um die gemischtsprachige Programmierung ging, wurde deutlich, daß Parameter an eine Prozedur üblicherweise auf dem Stack übergeben werden. Diese Parameter werden in der Regel über das BP-Register adressiert, da das SP-Register nicht für die indirekte Adressierung verwendet werden kann (daran hat sich auch bei der 80286-CPU nichts geändert). Innerhalb einer aufgerufenen Prozedur stellt das BP-Register die Basis für alle Zugriffe auf den Stack dar. Auch lokale Variablen, das heißt Variablen, die innerhalb der Prozedur angelegt werden, werden über das BP-Register adressiert. Dazu ist es aber zuvor notwendig, das SP-Register um die Anzahl der für die lokalen Variablen benötigten Bytes zu reduzieren, damit dieser Speicherplatz nicht durch etwaige PUSH- oder POP-Befehle überschrieben werden kann. Eine Prozedur wird daher in vielen Fällen durch die inzwischen sicher hinlänglich bekannte Befehlssequenz

```
PUSH BP
MOV BP,SP
SUB SP,n
```

eingeleitet, welche einen »Stackrahmen« (Sie haben recht, die Anführungsstriche sind inzwischen überflüssig) aufbaut, und durch die Befehlssequenz

```
MOV SP,BP
POP BP
```

wieder beendet, welcher den alten Inhalt des SP-Registers wieder herstellt und den Stackrahmen wieder entfernt. Da diese Befehle innerhalb jeder Prozedur benötigt werden, die auf Stack-parameter zugreift, sie andererseits aber etliche Taktzyklen veranschlagen, haben sich die Entwickler bei Intel etwas einfallen lassen. Die Befehle ENTER und LEAVE übernehmen dieses Auf- und Abbauen des Stackrahmens. Zusätzlich kann auch Platz für lokale Variablen auf dem Stack reserviert werden. Beide Befehle machen nichts anderes, als die bereits bekannten Befehlsfolgen, mit denen eine Prozedur eingeleitet und wieder beendet wird. Der eigentliche Vorteil dieser Befehle liegt darin, daß sie ein wenig schneller ausgeführt werden und zudem Platz sparen.

Syntax: `ENTER    Imm16,0 [1]`
              `ENTER    Imm16,Imm8`
              `LEAVE`

Der ENTER-Befehl rettet zunächst das BP-Register auf den Stack. Über den ersten Parameter wird festgelegt, wie viele Byte für lokale Variablen reserviert werden sollen. Um diesen Wert wird das SP-Register dann erniedrigt. Werden keine lokalen Variablen benötigt, wird hier eine Null aufge-führt. Der zweite Parameter legt die Verschachtelungstiefe der Prozedur fest und bestimmt so, ob eine Prozedur auch auf Prozedurparameter der aufrufenden Prozedur zugreifen darf. Dieser Wert sollte bei eigenständigen Assemblerroutinen und bei Assemblerroutinen, die von einem C-, Basic- oder Fortran-Programm aufgerufen werden, stets Null betragen, so daß der ENTER-Befehl im einfachsten Fall in der Form

```
ENTER 0,0
```

eingesetzt wird. Ein über den ENTER-Befehl aufgebauter Stackrahmen kann durch den LEAVE-Befehl wieder entfernt werden. Dieser Befehl stellt zudem den alten Wert des SP-Registers, den dieses direkt nach dem Eintritt in die Prozedur besaß, wieder her.

Beispiel
```
TEST_PROC    PROC
        ENTER 4,0
        ...
```

```
        LEAVE
        RET
TEST_PROC    END
```

Diese Befehlsfolge entspricht der Befehlsfolge

```
TEST_PROC    PROC
        PUSH BP
        MOV BP,SP
        SUB_SP,4

        ...
        MOV SP,BP
        POP BP
        RET
TEST_PROC    ENDP
```

Davon können Sie sich beim Makroassembler (ab Version 5.0) auch durch Setzen der Option /LA überzeugen, welche ein erweitertes Programmlisting erzeugt. Übrigens denkt auch der Assembler ab und zu einmal selbständig mit. Werden die zusätzlichen Befehle der 80286-, 80386- oder 80486-CPU über die Anweisungen .286, .386 oder .486 aktiviert, wird ein Stackrahmen automatisch über die Befehle ENTER und LEAVE erzeugt.

Wie auch beim BOUND-Befehl werden die Befehle ENTER und LEAVE aufgrund der fehlenden Abwärtskompatibilität nur relativ selten eingesetzt. Als Maschinensprache-Programmierer sollten Sie von diesen Befehlen ruhig Gebrauch machen, wenn bei Ihnen feststeht, daß Ihre Programme nicht auf einer 8086/88-CPU ausgeführt werden sollen.

Die Befehle INS und OUTS
Während die Befehle IN und OUT lediglich ein einzelnes Byte oder Wort von einem E/A-Port lesen oder auf einem E/A-Port ausgeben, können die Befehle INS und OUTS in Kombination mit dem Wiederholungspräfix REP einen maximal 65 536 Byte großen String über einen E/A-Port ein- oder ausgeben. Die Befehle INS und OUTS gehören damit in die Gruppe der Stringbefehle, denn auch die Adressierung der Quell- und Zieloperanden wird auf die gleiche Weise durchgeführt wie bei den übrigen Stringbefehlen (siehe Kapitel 8). Bei beiden Befehlen muß sich sowohl die Adresse des E/A-Ports im DX-Register als auch der Quell- und der Zieloperand im Arbeitsspeicher befinden. Das Akkumulatorregister (AX- oder AL-Register) spielt hier also keine Rolle.

Syntax:
```
INS [ES:]Ziel,DX
INSB
INSW
OUTS DX,[Segreg:]Quelle
OUTSB
OUTSW
```

Beim INS-Befehl wird die Adresse des zu lesenden E/A-Ports durch das DX-Register festgelegt, der Zielstring, in dem das gelesene Byte oder Wort gespeichert werden soll, durch das Registerpaar ES:DI. Das gilt auch dann, wenn auf den INS-Befehl ein Operand folgt. Dieser dient lediglich dazu, die Größe des Zieloperanden festzulegen. Wie alle Stringbefehle existieren auch für den INS-Befehl zwei weitere Varianten. Es sind die Befehle INSB und INSW, die keine Operanden benötigen, da hier die Operandengröße explizit festgelegt wird. Für jedes gelesene Element wird das DI-Register um die Größe des gelesenen Operanden erhöht (Richtungsflag nicht gesetzt) oder erniedrigt (Richtungsflag gelöscht).

Beispiel

```
REP INSB                ; liest ein Byte nach ES:DI
REP INSW                ; liest ein Wort nach ES:DI
ZIEL_FELD DB DUP 10 (?)
INS ES:ZIEL_FELD,DX     ; liest ein Byte nach ES:ZIEL_FELD
```

Beim OUTS-Befehl wird der auf dem E/A-Port auszugebende String durch das Registerpaar DS:SI adressiert, während die Adresse des E/A-Ports im DX-Register enthalten sein muß. Wie beim INS-Befehl dient auch hier der Operand lediglich dazu, die Operandengröße festzulegen. Die Verwendung eines Segment-Aufhebungs-Operators ist beim OUTS-Befehl erlaubt. Auf die Befehle OUTSB und OUTSW folgen keine Operanden, da hier die Operandengröße explizit festgelegt wird. Für jedes ausgegebene Element wird das SI-Register entsprechend um die Größe des geschriebenen Operanden erhöht (Richtungsflag nicht gesetzt) oder erniedrigt (Richtungsflag gelöscht).

Beispiel

```
REP OUTSB    ; gibt ein Byte von ES:DI aus
REP OUTSW    ; gibt ein Wort von ES:DI aus
QUELL_FELD DW DUP 10 (?)
OUTS DSS:QUELL_FELD,DX    ; gibt ein Wort von DS:QUELL_FELD aus
```

Wie bei allen Stringbefehlen können auch die Befehle INS und OUTS in Zusammenhang mit dem Wiederholungspräfix REP maximal 65 535mal wiederholt werden. Die Anzahl der Wiederholungen wird dabei durch das CX-Register festgelegt, welches bei jedem Durchlauf automatisch um eins erniedrigt wird.

Der Vorteil der Befehle INS und OUTS liegt in erster Linie darin, daß es möglich ist, einen Speicherwert direkt, das heißt ohne Umweg über das Akkumulatorregister, auf einem E/A-Port auszugeben oder von einem E/A-Port einzulesen. Für die Verwendung eines Wiederholungspräfixes gibt es jedoch keine echte Anwendung in der PC-Programmierung, da es nur sehr selten erforderlich ist (eine Ausnahme stellen manche Grafikkarten dar), direkt benachbarte E/A-Ports durch direkt aufeinanderfolgende Lese- oder Schreiboperationen zu programmieren.

Der erweiterte PUSH-Befehl

Eine bekannte Einschränkung des PUSH-Befehls bei der 8086/88-CPU ist es, daß keine Konstanten direkt auf den Stack transportiert werden können. Bei der 80286-CPU wurde diese Beschränkung aufgehoben, so daß es sich bei dem Operanden nun auch um einen unmittelbaren Wert handeln kann.

Syntax: `PUSH 16-Bit-Konstante`

Beispiel

```
PUSH 1
PUSH 0
CALL DosExit
```

Diese Befehlssequenz stammt aus einem OS/2-Programm und zeigt, wie durch die Parameterübergabe auf dem Stack eine Betriebssystemfunktion, in diesem Fall die Funktion DosExit, aufgerufen wird.

Die Befehle PUSHA und POPA

In vielen Prozeduren ist es erforderlich, den Inhalt einiger oder aller allgemeinen Register zwischenzeitlich auf dem Stack zu sichern. Normalerweise geschieht dies über eine Reihe von PUSH- und POP-Befehlen. Einfacher und in der Regel auch schneller, geht es mit Hilfe der Befehle PUSHA und POPA, die alle allgemeinen Register auf den Stack retten und wieder vom Stack holen.

Syntax: PUSHA
POPA

Der PUSHA-Befehl rettet die Register AX, CX, DX, BX, SP, BP, SI und DI (in dieser Reihenfolge) auf den Stack. Dementsprechend wird der Stackzeiger um 16 erniedrigt. Bei dem auf den Stack geretteten Wert des SP-Registers handelt es sich jedoch noch um den Wert, den das SP-Register vor der Ausführung des PUSHA-Befehls besaß. Der POPA-Befehl macht den PUSHA-Befehl wieder rückgängig und lädt die obersten 16 Byte auf dem Stack in die Register DI, SI, BP, SP, BX, DX, CX und AX. Auch hier erfährt das SP-Register eine Ausnahmebehandlung. Der Wert für das SP-Register wird zwar vom Stack geholt, aber nicht in das SP-Register geladen, da danach die Adressierung des Stacks nicht mehr korrekt durchgeführt werden könnte.

Die verbesserte Multiplikation

Ein weiterer Schwachpunkt der 8086/88-CPU sind die eingeschränkten Multiplikationsbefehle. So muß sich bekanntlich stets ein Operand im AL- oder AX-Register befinden, eine Multiplikation mit einer Konstanten ist nur über den Umweg einer Speicher-Multiplikation möglich. Zwar hat sich an dem MUL-Befehl auch bei der 80286-CPU nichts geändert (er wird aber erheblich schneller ausgeführt), der IMUL-Befehl zur Multiplikation vorzeichenbehafteter Zahlen wurde jedoch stark erweitert. Zum einen kann der zweite Operand nun auch ein unmittelbarer Operand sein. Damit wird zum Beispiel die Multiplikation eines Registers innerhalb einer Schleife mit einem konstanten Faktor erheblich einfacher:

```
        MOV CX,05       ; Eingabe einer fünfstelligen Zahl nach DI
        XOR DI,DI
L1:
        MOV AH,01
        INT 21h
        SUB AL,'0'
        IMUL DI,10
        CBW
        ADD DI,AX
        LOOP L1
```

Des weiteren muß sich der Zieloperand nicht mehr unbedingt im AX-Register befinden. Ferner ist es möglich, zwei Operanden zu multiplizieren und das Ergebnis in einem Register abzuspeichern, welches an der Multiplikation nicht beteiligt ist. In dieser Varianten mit drei Operanden stellt der erste Operand ein Register dar, in welchem das Ergebnis abgelegt wird. Die folgenden beiden Operanden stellen die zu multiplizierenden Operanden dar, wobei es sich beim zweiten Operanden um ein Register oder eine Speicherstelle handeln kann, während der dritte Operand ein unmittelbarer Wert sein muß.

Beispiel
```
IMUL    CX,[BP]+02,1000
```

Durch diesen Befehl wird der Inhalt der Speicherzelle, die durch die Adresse »SS:BP+02« adressiert wird, mit 1000 multipliziert.

Probleme mit POPF
Keine der größeren CPUs ist wahrscheinlich 100% fehlerfrei, auch die 80286-CPU, zumindest frühere Bauserien einiger Hersteller, blieben von Bugs nicht verschont. Ein unter Umständen schwerwiegendes Problem kann bei der Verwendung des POPF-Befehls auftreten. Dieser Befehl kann nämlich in manchen Fällen auch dann durch einen Interrupt unterbrochen werden, wenn dieser vorher durch Löschen des Interruptfreigabe-Flags im Statusregister der CPU gesperrt worden ist. Da Situationen, in denen kein Interrupt auftreten darf, normalerweise recht selten sind und die Wahrscheinlichkeit, daß gerade bei der Ausführung des ebenfalls nicht sehr häufig verwendeten POPF-Befehls ein Interrupt auftritt, ist nicht sehr groß ist, wird es wahrscheinlich nur in seltenen Fällen zu echten Problemen kommen. Falls diese Situation aber gerade dann auftritt, wenn das Betriebssystem eine kritische Operation, wie zum Beispiel einen Schreibzugriff auf die Festplatte, durchführt, ist eine irreparable Schädigung nicht ganz ausgeschlossen. Daher ist es nützlich, dieses Problem zu kennen und für den Fall der Fälle eine Lösung parat zu haben.

Die Aufgabe des POPF-Befehls ist schnell beschrieben. Er soll das oberste Wort auf dem Stack in das Flagregister der CPU übertragen. Um einen Ersatz für den POPF-Befehl zu finden, wird ein Befehl benötigt, der ebenfalls das Flagregister lädt. Der SAHF-Befehl kommt nicht in Frage, da dieser nur die unteren 8 Bit dieses Registers anspricht. Gibt es sonst noch einen Kandidaten? Nun, es gibt tatsächlich noch einen Befehl. Es handelt sich allerdings um einen Befehl, dem man es auf Anhieb wahrscheinlich nicht unbedingt ansehen würde. Um die Spannung nicht in das Unendliche zu steigern, soll der Name dieses Befehls auch gleich verraten werden. Es ist der IRET-Befehl, welcher die Rückkehr einer Interruptroutine zur unterbrochenen Programmstelle durchführt. Anders als beim POPF-Befehl kann dieser Befehl nicht durch einen Interrupt unterbrochen werden.

Das »Problem«, welches mit dem IRET-Befehl verbunden ist, besteht darin, daß dieser Befehl nicht nur einen Wert in das Flagregister lädt, sondern zuvor jeweils auch einen Wert in das IP- und das CS-Register und damit einen Sprung bewirkt. Um den IRET-Befehl als Ersatz für den POPF-Befehl nutzen zu können, müssen daher zuvor zwei Dummy-Werte auf dem Stack abgelegt werden. Dies läßt sich am einfachsten über einen Far-CALL-Befehl erreichen. Damit ergibt sich für den POPF-Ersatz folgende Befehlssequenz:

```
     JMP L1
L2:
     IRET
L1:
     CALL FAR PTR L2
     . . .
```

Diese drei Befehle haben es in sich. Zunächst wird ein ganz normaler Sprung zu dem Label L1 durchgeführt. Dieser Sprung ist erforderlich, um den folgenden IRET-Befehl zu übergehen. Anschließend wird über einen CALL-Befehl das Label L2 angesprungen. Da es sich um einen CALL-Befehl mit dem Entfernungstyp Far handelt, werden sowohl eine Offset- als auch eine Segmentadresse auf den Stack transportiert. Innerhalb der »Prozedur« wird sofort über den IRET-Befehl ein Sprung zu dem ersten Befehl durchgeführt, der auf den CALL-Befehl folgt. Dabei wird auch ein Wort vom Stack in das Flagregister übertragen, womit der eigentliche Zweck dieser kleinen Routine erfüllt wäre. Natürlich muß sich dieser Wert bereits vor der Ausführung der obigen Befehlssequenz auf dem Stack finden. Was sich während der Ausführung der obigen Befehlssequenz auf dem Stack abspielt, macht Bild 15.2 deutlich.

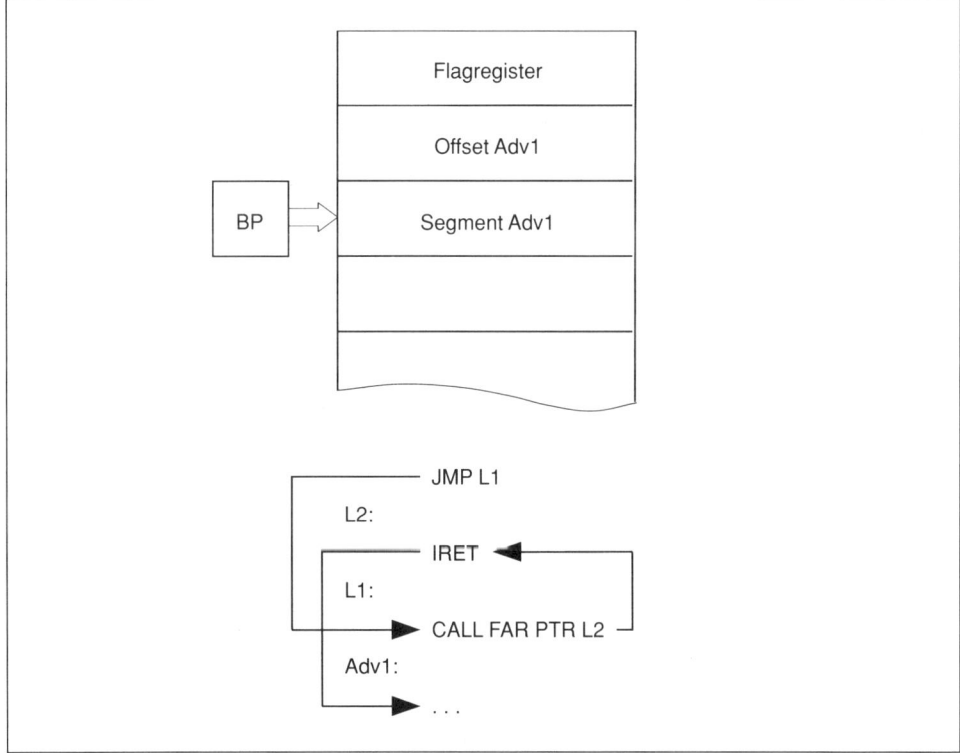

Bild 15.2: *Verhältnisse auf dem Stack bei der POPF-Emulation*

Selbstverständlich ist dies nicht die einzige Möglichkeit, den POPF-Befehl zu emulieren. So wäre es zum Beispiel denkbar, die Zieladresse des Rückkehrbefehls direkt zu manipulieren, wodurch der JMP-Befehl entfällt:

```
        PUSH CS
        MOV AX,OFFSET L1
        PUSH AX
        IRET
L1:
        ...
```

Der reichlich zweckentfremdete IRET-Befehl führt in diesem Fall einen Sprung zum Label L1 durch, wobei natürlich wieder ein drittes Wort vom Stack genommen und in das Flagregister transportiert wird. Die zuletzt vorgestellte Lösung ist zwar ein wenig kürzer und sicher auch schneller, doch es wird das AX-Register verändert, was der richtige POPF-Befehl aber nicht macht. Wer auf eine Abwärtskompatibilität keinen Wert legt, kann einen weiteren Befehl einsparen:

```
        PUSH CS
        PUSH OFFSET L1
        IRET
L1:
        ...
```

In diesem Fall wird auch kein Register beansprucht, so daß man hier beinahe von einer idealen Emulation des POPF-Befehls sprechen könnte, wenn das Wörtchen »wenn« nicht wäre, welches in diesem Fall »8088/86-CPU« heißt, auf der die hier verwendete Variante des PUSH-Befehle nicht lauffähig ist. Bleiben wir daher kompatibel und bauen die erste Variante, da diese auch kein CPU-Register belegt, in ein kleines Makro ein:

```
ERSATZ_POPF     MACRO
        LOCAL SPRUNG_ZU_CALL,IRET_LABEL
        JMP SPRUNG_ZU_CALL
IRET_LABEL:
        IRET
SPRUNG_ZU_CALL:
        PUSH CS
        CALL IRET_LABEL
        ENDM
```

Vergessen Sie nicht, die beiden Labels innerhalb der Makrodefinition als lokal zu deklarieren, damit das Makro mehrmals verwendet, das heißt erweitert werden kann. In diesem Makro wurde übrigens der Far-CALL zu IRET_LABEL durch die etwas schnellere, aber gleichwertige Variante

```
PUSH CS
CALL IRET_LABEL
```

ersetzt.

15.4 Die Programmierung der 80286-CPU im Protected-Modus

Bereits die neuen Befehle der 80286-CPU im Real-Modus bringen einige Verbesserungen für die Programmierung mit sich. Richtig spannend wird es allerdings erst im Protected-Modus, geht es hier doch um einen adressierbaren Arbeitsspeicher von 16 Mbyte und sogar richtigem Multitasking. Doch dem Erfolg steht bekanntlich der Schweiß und nicht zuletzt eine Menge Lehrgeld in Form vorprogrammierter Abstürze entgegen. Um etwaige Frustrationen am Anfang in vertretbaren Grenzen zu halten, werden in diesem Buch nur jene Möglichkeiten der 80286-CPU vorgestellt, die für einen Maschinensprache-Programmierer, der keine Ambitionen hegt, eigene Betriebssysteme zu entwicklen, interessant sind. Betrachten Sie dies bitte nicht als ein Zeichen mangelnder Kompetenz von seiten des Autors. Eine vollständige Beschreibung der 80286-CPU, die sich vor allem didaktisch vom Intel-Datenbuch abhebt, würde den Rahmen dieses Buches bei weitem sprengen. Und auch ohne Multitasking und virtueller Speicherverwaltung läßt sich im Protected-Modus, und das sei versprochen, einiges anfangen.

Liest man sich die Beschreibung der Funktionsweise der 80286-CPU im Protected-Modus das erste Mal durch, wird sich wahrscheinlich sofort die Frage aufdrängen, warum um alles in der Welt die Entwickler auf so »merkwürdige« Einfälle wie Selektoren, Deskriptoren oder Zugriffsprivilegien gekommen sind und nicht einfach die 8086-CPU um neue Befehle, größere Register und damit auch um einen größeren adressierbaren Speicher erweitert haben? Um diese Frage zu beantworten, muß ein kurzer Ausflug in die Welt der Großrechner gemacht werden. Aus der Sicht eines PC-Programmierers vergißt man allzu schnell, daß für fast alle Errungenschaften im PC-Bereich eine bereits seit Jahren existierende Technologie im Bereich der Großrechner Pate gestanden hat. Es ist klar, daß in einem Bereich, in dem ein einzelner Rechner mehrere Millionen DM kostet, ein weit größerer Aufwand bei der Entwicklung neuer Technologien betrieben wird als im PC-Bereich, wo ohnehin die Mehrheit der »Hersteller« fertige Standardkonzepte übernehmen. Nahezu alle CPUs, die heutzutage in PCs eingesetzt werden, leiten sich in ihren wichtigsten Eigenschaften von CPUs ab, die in Großrechnern eingesetzt werden. Auf einem Großrechner arbeiten in der Regel mehrere Dutzend Anwender und teilen sich die Ressourcen des Rechners. Es liegt auf der Hand, daß gewisse Mechanismen entwickelt werden müssen, die diese konkurrierenden Zugriffe abwickeln. Zum einen muß die zur Verfügung stehende Rechenzeit auf die einzelnen Benutzer nach einem bestimmten Schlüssel verteilt werden, zum anderen muß gewährleistet sein, daß die einzelnen »Jobs« der aktiven Benutzer sich nicht gegenseitig »ins Gehege« kommen können. Zum einen muß daher ein Mechanismus gefunden werden, der es erlaubt, einen Job oder besser gesagt einen Task, in möglichst minimaler Zeit gegen einen anderen Task auszutauschen (Voraussetzung für Multitasking), zum anderen darf zum Beispiel nicht jeder Schreibbefehl auf jeden Bereich des Arbeitsspeichers zugreifen können, da sich in diesem Speicherbereich zum Beispiel Teile des Betriebssystems befinden könnten, auf die ein normaler Benutzer nicht zugreifen darf. Diese beiden Mechanismen, nämlich das Wechseln eines Tasks und die Vergabe von Zugriffsprivilegien, wurden bei der 80286-CPU durch Hardwarefunktionen realisiert. Im Prinzip wäre es denkbar, diese Mechanismen auch über die Software zu realisieren, doch würde dadurch die Arbeitsgeschwindigkeit so weit herabgesetzt, daß ein vernünftiges Arbeiten kaum noch möglich wäre.

Um die Absicht bei der Entwicklung der 80286-CPU besser einschätzen zu können, muß berücksichtigt werden, daß die Entwicklung wahrscheinlich bereits 1979 oder 1980 begann, zu einem Zeitpunkt also, als es den PC noch gar nicht gab und über die Zukunft der Mikrorechner nur spekuliert werden konnte. Ziel der Entwickler des 80286 war es wahrscheinlich, eine Hardwareplattform für das Multitasking-Betriebssystem Unix zu schaffen. Allerdings konnten (oder wollten) die Entwickler damals nicht absehen, welche Hürden einer Verbreitung von Unix im PC-Bereich im Wege stehen. Ein zu hoher Hardwareaufwand (Festplatte, Arbeitsspeicher usw.), die damalige mangelnde Akzeptanz (oder besser Notwendigkeit) von Unix im PC-Bereich und die trotz Hardwareunterstützung immer noch unbefriedigende Performance verhinderten jedoch, daß sich Unix (bzw. Xenix, die Unix-Variante von Microsoft) auf 80286-Systemen durchsetzen konnte. So werden bis heute die Protected-Modus-Fähigkeiten der 80286 in mehr als 90% aller Anwendungen nicht genutzt. Kennt man diese Hintergründe, ist es wahrscheinlich ein wenig leichter, die Bedeutung des Protected-Modus zu verstehen. Genug der philosophischen Betrachtungen, die, zugegeben, recht wenig mit der Programmierung zu tun haben. Um die Funktionsweise der 80286-CPU und deren Programmierung im Protected-Modus zu verstehen, beginnen wir im übernächsten Abschnitt mit dem grundlegendsten Bereich. Zunächst soll kurz erläutert werden, was es mit der Bezeichnung »Protected-Modus« auf sich hat.

Warum eigentlich Protected?

Sicher wird es Sie auch interessieren, was der Begriff »Protected-Modus« zu bedeuteten hat. Dieser bedeutet übersetzt soviel wie »geschützter Modus«, womit Sie wahrscheinlich genauso schlau sind wie zuvor. Die Bezeichnung »geschützt« bezieht sich auf den Umstand, daß in diesem Modus alle Speicherbereiche vor einem unberechtigten Zugriff geschützt werden können. Auch im Protected-Modus gibt es Segmente, wenngleich bei der 80386/486-CPU ein einzelnes Segment bis zu 4 Gbyte groß werden kann, so daß auch die größten Programme mit einem einzigen Segment auskommen können. Für jedes Segment kann aber nun eine Größenangabe festgelegt werden, die zwischen 0 und der maximalen Größe liegen kann. Überschreitet ein Zugriff diese Größe, ist ein spezieller Interrupt die Folge. Zusätzlich kann zum Beispiel festgelegt werden, ob in ein Segment geschrieben werden darf. Auf diese Weise können Teile des Betriebssystems absolut sicher gemacht werden, da jeder unerlaubte Schreibzugriff auf ein Segment durch einen Interrupt abgefangen wird. Virenprogramme haben es dadurch extrem schwer, da unerwünschte Manipulationen an Betriebssystemroutinen im Prinzip völlig unterbunden werden können, und, wenn überhaupt, nur noch aufgrund von Fehlern im Betriebssystem eine Chance haben.

Um die Vorzüge des geschützten Modus aber erst einmal nutzen zu können, muß ein Betriebssystem vorhanden sein, das diese Schutzmechanismen aufbaut. Und da sieht es unter MS-DOS ziemlich trübe aus, denn bis auf ein paar eher dilettantische Ausnahmen (die Rede ist von der Funktion 87h des BIOS-Interrupts 15h) läßt das Betriebssystem den Protected-Modus links liegen. Wenn wir daher in den folgenden Abschnitten einige zaghafte Erkundungen im Protected-Modus unternehmen, können wir von den eben aufgezählten Vorzügen nur träumen. Ohne ein Betriebssystem, wie etwa OS/2, lassen sich die angenehmen Eigenschaften des Protected-Modus nicht einmal annähernd nutzen. Doch ist dies kein Grund zum verzagen (oder um auf OS/2 umzusteigen), auch mit den uns zur Verfügung stehenden Mitteln wird es hoffentlich spannend genug.

Die Adressierung des Arbeitsspeichers

Protected- und Real-Modus unterscheiden sich vor allem in der Art und Weise, wie der Arbeitsspeicher adressiert wird. Bekanntlich kann die 80286-CPU dank eines 24-Bit-Adreßbusses im Protected-Modus 16 Mbyte adressieren. Für die Adressierung einer einzelnen Speicherzelle wird also stets eine 24-Bit-Adresse benötigt. Trotz des erheblich größeren Arbeitsspeichers existieren auch im Protected-Modus nach wie vor Segmente, die, wie auch im Real-Modus, nicht größer als 64 Kbyte werden können. Trotz dieser Segmentierung liegt die physikalische 24-Bit-Adresse aber als 24-Bit-Wert in der CPU vor und muß nicht wie im Real-Modus durch eine Adreßumrechnung gebildet werden. Jede Speicherzelle wird im Protected-Modus über eine 24-Bit-Basisadresse und einem 16-Bit-Offset adressiert. Letzterer wird einfach zur Basisadresse addiert, wodurch sich die endgültige 24-Bit-Adresse ergibt.

Selektor und Deskriptor

Der Schlüssel zum Verständnis der Adressierung im Protected-Modus liegt in den zwei Begriffen Selektor und Deskriptor, die im folgenden erläutert werden. Im Real-Modus wird ein Segment lediglich durch die Segmentadresse, die sich stets in einem der vier Segmentregister befindet, »beschrieben«. Die Segmentadresse gibt die Startadresse des Segments im Arbeitsspeicher an. Zusammen mit einem Offset wird die endgültige physikalische 20-Bit-Adresse gebildet. Im Protected-Modus hat der Inhalt eines Segmentregisters eine ganz andere Bedeutung. Hier werden die oberen 13 Bit eines Segmentregisters als ein Index auf eine Tabelle im Arbeitsspeicher verwendet. Die Tabelle enthält 8 Byte große Datenelemente, die als Deskriptoren bezeichnet werden. Die Adressierung eines Segments wird mit dem Inhalt eines Deskriptors durchgeführt. Da durch den Inhalt des Segmentregisters ein Deskriptor aus einer Tabelle ausgewählt wird, heißt er auch Selektor (Bild 15.3).

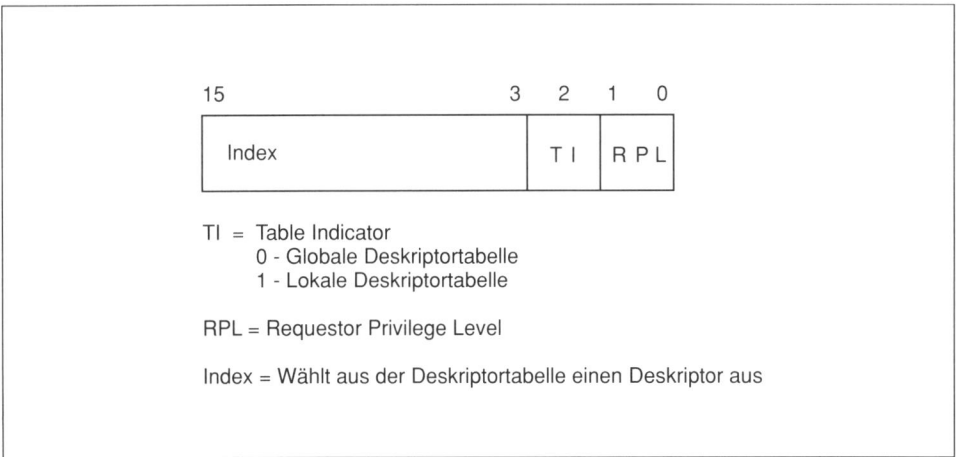

Bild 15.3: *Aufbau eines Selektors*

Der Begriff des »Deskriptor« spielt in der Protected-Modus-Programmierung eine sehr wichtige Rolle, denn alle Zugriffe auf ein Segment werden über einen Deskriptor durchgeführt. Warum das so ist, wird schnell deutlich, wenn man sich den Aufbau eines Deskriptors betrachtet (Bild 15.4).

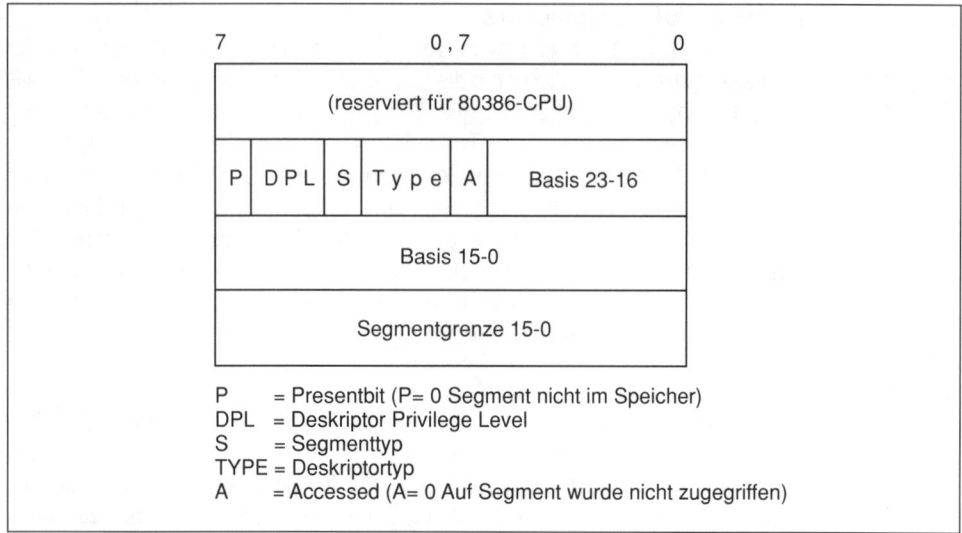

Bild 15.4: *Aufbau eines Deskriptors*

Wie aus Bild 15.4 ersichtlich wird, legt ein Deskriptor zum einen die Startadresse eines Segments im Arbeitsspeicher fest. Er enthält auch, und das ist bemerkenswert, eine Angabe über die Segmentgröße und, das ist noch bemerkenswerter, eine Festlegung der Zugriffsrechte. Was unter dem Zugriffsrecht zu verstehen ist, wird noch zu erläutern sein. Halten wir zwischendurch einmal fest: Bei einem Deskriptor oder einem »Beschreiber«, um einmal die deutsche Bezeichnung zu verwenden, handelt es sich um ein 8-Byte-Datenelement, das alle Informationen über ein Segment enthält, die die CPU für den Zugriff benötigt. Die ersten 16 Bit des Deskriptors enthalten die maximale Segmentgröße (die Größe eines Segments kann zwischen 0 und 65535 Byte liegen), die folgenden 24 Bit legen die Adresse des Segments fest, während die abschließenden 8 Bit unter anderem die Zugriffsrechte enthalten. Die letzten beiden Bytes sind bei der 80286-CPU grundsätzlich Null. Ein Deskriptor wird über einen 13-Bit-Selektor ausgewählt, der sich in einem der vier Segmentregister befindet.

Segmentregister sind erweitert

Nun wäre es äußerst zeitaufwendig, wenn die CPU bei jedem Speicherzugriff zunächst eine 8-Byte-Datenstruktur aus dem Arbeitsspeicher laden und auswerten müßte. Daher existiert zu jedem Segmentregister ein zusätzliches 6-Byte-Register, in das ein kompletter Deskriptor geladen werden kann. Dieses 6-Byte-Register (Byte 6 und 7 müssen nicht geladen werden, da sie bei der 80286-CPU stets den Wert Null besitzen und dazu dienen, einen 80286-Deskriptor von einem 80386-Deskriptor zu unterscheiden) wird auch als erweitertes Segmentregister, Segment-Cache-Register oder Schattenregister bezeichnet. Ein direkter Zugriff auf diese Register ist nicht möglich. Ein Segment-Cache-Register wird im Protected-Modus vielmehr immer dann geladen, wenn ein Segmentregister mit einem Wert, das heißt mit einem Selektor geladen wird. Betrachten Sie sich dazu die Befehlsfolge

```
MOV DX,40h
MOV DS,DX
```

Der erste Befehl lädt den Wert 40h in das DX-Register und wird im Protected-Modus als auch im Real-Modus gleich ausgeführt. Entscheidend ist der zweite Befehl, der den Wert 40h in das DS-Register lädt. Im Real-Modus wird die 40h als Segmentadresse aufgefaßt, im Protected-Modus dagegen betrachtet die CPU diesen Wert als einen Selektor, dessen obere 13 Bit einen Deskriptor aus einer Deskriptortabelle auswählen. In Abhängigkeit vom TI-Bit des Selektors (Bild 15.4) wird entweder die Globale Deskriptortabelle (GDT) oder die Lokale Deskriptortabelle (LDT) des aktuellen Tasks angesprochen. Da in diesem Fall das TI-Bit Null ist, findet ein Zugriff auf die GDT statt. Aus der GDT wird nun der achte Deskriptor, das heißt der Deskriptor mit dem Offset 40h, in das DS-Cache-Register geladen. Alle Zugriffe auf das Segment, dessen Deskriptor sich jetzt im DS-Cache-Register befindet, finden nun über das Cache-Register statt. Wird zum Beispiel der Befehl

```
MOV AX,[100h]
```

durchgeführt, muß die CPU zunächst prüfen, ob das Byte mit der Offsetadresse 100h noch innerhalb des Segments liegt. Diese Information ist ja ebenfalls in Form der Segmentgröße im Deskriptor gespeichert. Anschließend werden die Zugriffsberechtigung des aktuellen Codesegments, das den MOV-Befehl enthält, überprüft und es wird über die 24-Bit-Adresse im DS-Cache-Register ein Zugriff durchgeführt. Da sich alle benötigten Informationen im DS-Cache-Register befinden, kann der Zugriff ohne Zeitverlust durchgeführt werden. Das Prinzip der Adressierung läßt sich damit wie folgt zusammenfassen: Bei jedem Zugriff auf den Arbeitsspeicher ist, genau wie im Real-Modus, ein Segmentregister beteiligt. Allerdings enthält ein Segment-register im Protected-Modus keine Adresse, sondern einen Selektor, das heißt einen Index, der auf einen Deskriptor zeigt. Der Deskriptor enthält neben der 24-Bit-Segmentadresse auch die Segmentgröße und eine Angabe über die Zugriffsrechte des betreffenden Segments. Dieser Deskriptor wird beim Laden des Segmentregisters mit dem erwähnten Selektor in ein 6 Byte großes Segment-Cache-Register der CPU geladen. Muß die CPU auf den Arbeitsspeicher zu-greifen, wird die Segmentadresse aus dem Segment-Cache-Register mit dem Offset zur end-gültigen physikalischen 24-Bit-Adresse kombiniert. Dieses Prinzip der Adressierung wird durch Bild 15.5 veranschaulicht.

Aus dem Prinzip der Adressierung im Protected-Modus läßt sich eine weitere wichtige Konse-quenz ableiten: Es gibt keine absoluten Speicheradressen. Da jede Speicherzelle über den Umweg eines Deskriptors adressiert wird, weiß ein Task nicht, auf welche physikalische Speicherzelle ein Zugriff tatsächlich erfolgt. Diese Information kann man zwar über den Umweg eines Deskriptors erfragen, in der Praxis wird eine absolute Adresse aber nur in den seltensten Fällen benötigt. Aus diesem Grund arbeiten Real-Modus-Programme, die einen direkten Zugriff auf den Speicher durchführen, im Protected-Modus in der Regel nicht:

```
MOV DX,0B800h
MOV ES,DX
MOV DI,0
MOV ES:[DI],'X'
```

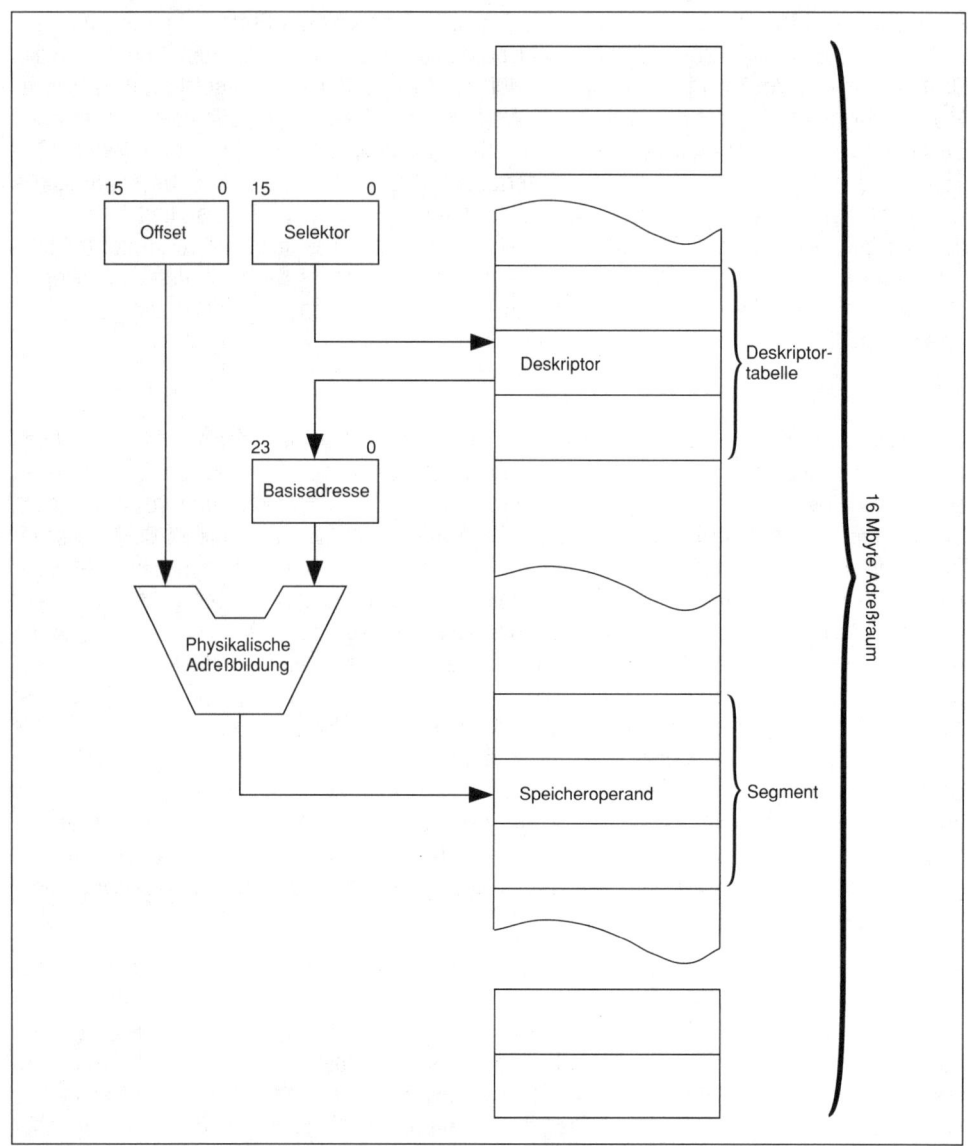

Bild 15.5: *Adressierung im Protected-Modus der 80286-CPU*

Im Real-Modus speichert diese Befehlssequenz den ASCII-Code von »X« direkt im Bildschirmspeichersegment. Wird diese Befehlssequenz dagegen im Protected-Modus ausgeführt, wird der Wert 0B800h als Selektor interpretiert. Da für die Auswahl eines Selektors nur die oberen 13 Bit eine Rolle spielen, wird aus der GDT der Deskriptor mit dem Index 1700h zur Adressierung herangezogen. Da es diesen Deskriptor aber aller Wahrscheinlichkeit nach nicht geben wird, ist ein Fehler-Interrupt, genauer gesagt eine Ausnahme, die Folge. Natürlich kann man diese Ausnahme abfangen und auf einen korrekt durchgeführten Bildschirmspeicherzugriff um-lenken. Doch läßt sich auf diese Weise nicht jede denkbare unsaubere Programmierung abfangen. Ähnliches gilt auch für die Arithmetik mit Segmentadressen, die aus erwähnten Gründen im Protected-Modus ohne spezielle Tricks nicht durchgeführt werden kann.

Die Adresse einer Deskriptortabelle

Natürlich muß auch die Adresse einer Deskriptortabelle festgelegt werden. Dies geschieht über spezielle Register, von denen noch die Rede sein wird. Die maximale Anzahl an Deskriptoren ergibt sich durch ein einfaches Rechenexempel. Da jeder Deskriptor 8 Byte umfaßt und ein Segment nicht größer als 64 Kbyte werden kann, passen maximal 8192 Deskriptoren in eine Deskriptor-tabelle. Dadurch erklärt sich auch, daß in einem Selektor nur 13 Bit zur Auswahl eines Deskriptors herangezogen werden. Es soll bereits an dieser Stelle erwähnt werden, daß es mehrere Deskriptortypen gibt. Folglich existieren auch mehrere Deskriptortabellen im Arbeitsspeicher. Neben einer GDT benötigt ein Programm im Protected-Modus stets auch eine Interrupt-Deskriptor-Tabelle (IDT). Die IDT ist das Pendant zur Interruptvektortabelle im Real-Modus. Anders als im Real-Modus enthält auch die IDT Deskriptoren, die in diesem Zusammenhang als »Gates« bezeichnet werden. Dies ist keine Widmung an den Microsoft-Chef, sondern beschreibt lediglich die Funktion des Deskriptors. Die Bezeichnung Gate, oder auf deutsch Tor, wurde nicht zufällig gewählt. Aufgrund der Möglichkeit, Zugriffsbeschränkungen durch Vergabe von Privile-gien zu verfügen, darf eine weniger privilegierte Routine nicht so ohne weiteres eine höher privilegierte Routine anspringen. Doch zurück zum Aufbau der IDT. Da es auch im Protected-Modus nur maximal 256 verschiedene Interrupts gibt, die hier auch Ausnahmen (engl. »Exceptions«) heißen können, ist die Größe der IDT auf 256 * 8 = 2048 Byte begrenzt. Da die Adresse der IDT ebenfalls über ein spezielles Register festgelegt wird, kann die IDT im Speicher beliebig verschoben werden und muß nicht bei der Adresse 0000 beginnen.

Die Frage, auf welche die Startadressen der einzelnen Deskriptortabellen im Arbeitsspeicher festgelegt werden, wurde bislang noch nicht beantwortet. Die Beantwortung dieser Frage führt automatisch zu drei zusätzlichen Registern IDTR, LDTR und GDTR, die im Protected-Modus zur Verfügung stehen und die die Adressen der IDT, LDT und der GDT enthalten. Anders als die Segment-Cache-Register können diese Register über spezielle Maschinenbefehle direkt ange-sprochen werden:

LGDT	lädt einen Wert in das GDT-Register
SGDT	speichert den Inhalt des GDT-Registers
LIDT	lädt einen Wert in das IDT-Register
SIDT	speichert den Inhalt des IDT-Registers
LLDT	lädt einen Wert in das LDT-Register
SLDT	speichert den Inhalt des LDT-Registers

Wie Bild 15.7 zeigt, handelt es sich bei den Registern IDT und GDT um »40-Bit-Register«, in denen neben der 24-Bit-Startadresse auch eine 16-Bit-Segmentgröße gespeichert ist. Daraus folgt, daß sich auch diese Deskriptortabellen an einer beliebigen Stelle im Arbeitsspeicher befinden können.

Entsprechendes gilt auch für die LDT. Allerdings enthält das LDT-Register keine Adresse, sondern einen 16-Bit-Selektor, der auf einen Deskriptor in der GDT zeigt. Erst dieser Deskriptor enthält die 24-Bit-Adresse der LDT.

Und noch eine Ausnahme gilt es zu berücksichtigen. Die Befehle LLDT und SLDT stehen nur im Protected-Modus zur Verfügung, werden diese Befehle im Real-Modus ausgeführt, ist ein Interrupt 06 (»Unerlaubter Opcode«) die Folge. Dies gilt natürlich nicht für die Befehle LIDT und LGDT, da sowohl die Adresse der IDT als auch die Adresse der GDT in die entsprechenden Register geladen werden müssen, bevor die CPU in den Protected-Modus geschaltet wird. Ein kleines Beispiel soll die Anwendung des LGDT-Befehls verdeutlichen.

```
.286P
.DATA
    GDT_ADR     LABEL FWORD
                DW   48           ; Größe der GDT
                DD   00B6C820     ; Startadresse der GDT
.CODE
    LGDT GDT_ADR
```

In diesem kleinen Beispiel wird die Adresse einer GDT aus dem Datensegment in das GDT-Register geladen. Achten Sie auf die Assembler-Anweisung .286P. Diese Anweisung ermöglicht, daß auch die Befehle der 80286-CPU für den Protected-Modus assembliert werden können. Eine entsprechende Anweisung gibt es auch für die CPUs 80386 und 80486. Übrigens kann die Adresse der IDT, das heißt der Interruptvektortabelle, auch im Real-Modus über den LIDT-Befehl geändert werden. Ein praktischer Nutzen ergibt sich dadurch wohl nicht.

Mehr über Selektoren

Wenngleich der allgemeine Aufbau eines Selektors bereits vorgestellt wurde, sollen die drei Komponenten eines Selektors noch etwas ausführlicher besprochen werden. Die erste Komponente ist leicht abgehandelt, es ist der 13-Bit-Index, durch den ein Deskriptor in einer Deskriptortabelle ausgewählt wird. Ob es sich dabei um die Globale-Deskriptortabelle (GDT) oder eine Lokale-Deskriptortabelle (LDT) handelt, wird durch das TI-Bit (»Table Indicator«) festgelegt. Ist das TI-Bit »0«, wird die GDT adressiert, ansonsten eine LDT. Während die Deskriptoren der GDT von jedem Task aus angesprochen werden können, enthält die LDT Deskriptoren, die nur von bestimmten Tasks aus zugänglich sind. Jeder Task kann in einem Multitaskingsystem seine eigene private LDT besitzen. Da das Thema Multitasking in diesem Buch aus den bereits erwähnten Gründen nicht behandelt wird, brauchen wir die LDT für unsere Beispielprogramme nicht zu berücksichtigen. Die dritte Komponente wird als RPL-Feld bezeichnet (RPL steht für »Requestors Privilege Level« oder auf deutsch »gewünschte Privilegstufe«) und wird für eine Überprüfung der Zugriffsberechtigung verwendet. Über das RPL-Feld kann verhindert werden, daß eine Routine niedriger Priorität eine Routine höherer Priorität aufrufen kann. Auf diese Weise ist zum Beispiel ein Protected-Modus-Betriebssystem in der Lage, den Einsprung einer weniger privilegierten Routine zu unterbinden. Das RPL-Feld enthält, sofern kein hardwaremäßiges Multitasking durchgeführt wird, den Wert 0.

Mehr über Deskriptoren

Es wurde bereits erwähnt, daß es mehrere Typen von Deskriptoren gibt. Genauer gesagt, sind es vier:

– Daten-Segment-Deskriptor
– Ausführbares-Segment-Deskriptor
– System-Segment-Deskriptor
– Gate-Deskriptor

Ein Daten-Segment-Deskriptor adressiert ein Segment, das Daten für das Betriebssystem oder für Anwendungsprogramme enthält. Es ist das Pendant zum Datensegment im Real-Modus. Zu dieser Kategorie gehören übrigens auch Stacksegmente. Die Ausführbares-Segment-Deskriptoren (dies ist die, zugegeben etwas ungelenkige, Übersetzung von »Executable-Segment-Descriptor«) adressieren Segmente, die ausführbaren Code, das heißt Maschinenbefehle enthalten. Auf diese Segmente ist normalerweise kein Schreibzugriff erlaubt. Legt man jedoch ein Datensegment auf die gleiche Adresse, kann über dieses »Alias-Segment« ein Zugriff durchgeführt werden. System-Segment-Deskriptoren adressieren Segmente mit Datenstrukturen, die direkt von der Hardware benutzt werden (wie zum Beispiel Deskriptortabellen). Die Funktion eines Gate-Deskriptors ist nicht so einfach zu beschreiben. Zusammengefaßt läßt sich sagen, daß über einen Gate-Deskriptor ein zusätzlicher Einsprungpunkt in ein Segment zur Verfügung gestellt wird. Da der Datensegment-Deskriptor bereits in Bild 15.4 vorgestellt wurde, werden in Bild 15.6 die verbleibenden drei Deskriptoren aufgeführt.

Die CPU-Register im Protected-Modus

Bei den CPU-Registern, die im Protected-Modus zusätzlich zur Verfügung stehen, handelt es sich ausnahmslos um Spezialregister, die zudem in einigen Fällen nur indirekt geladen werden können. Die Aufgabe dieser Register ist die Verwaltung der Datenstrukturen im Arbeitsspeicher, die für die Ausführung eines Programms im Protected-Modus benötigt werden. Bild 15.7 auf Seite 684 gibt eine vollständige Übersicht über die Register der 80286-CPU, wobei auch noch einmal die Real-Modus-Register aufgeführt sind.

Das Maschinenstatuswort-Register (MSW-Register)

Das MSW-Register ist bei der 80286-CPU neu hinzugekommen. Es soll bereits an dieser Stelle darauf hingewiesen werden, daß dieses Register bei der 80386-CPU in CR0-Register umbenannt wurde. Von den 16 Bit des MSW-Registers haben aber nur die ersten vier Bits eine Bedeutung:

Das Protected-Modus-Enable-Bit (PE-Bit, Bit 0)

Durch dieses Bit wird der Protected-Modus aktiviert. Damit ein Programm im Protected-Modus auch ausgeführt werden kann, müssen eine Reihe weiterer Vorbereitungen getroffen werden, wie zum Beispiel das Einrichten einer GDT und einer IDT im Arbeitsspeicher. Ein gesetztes PE-Bit kann bei der 80286-CPU nur durch ein Reset wieder gelöscht werden.

Das Koprozessor-Überwachungs-Bit (Bit 1)

Ein gesetztes Bit bewirkt, daß die CPU davon ausgeht, daß ein mathematischer Koprozessor (der in Originalhandbüchern auch als »processor extension« bezeichnet wird) vorhanden ist. Ein WAIT-Befehl erzeugt eine »Koprozessor nicht vorhanden«-Ausnahme (Ausnahme 7).

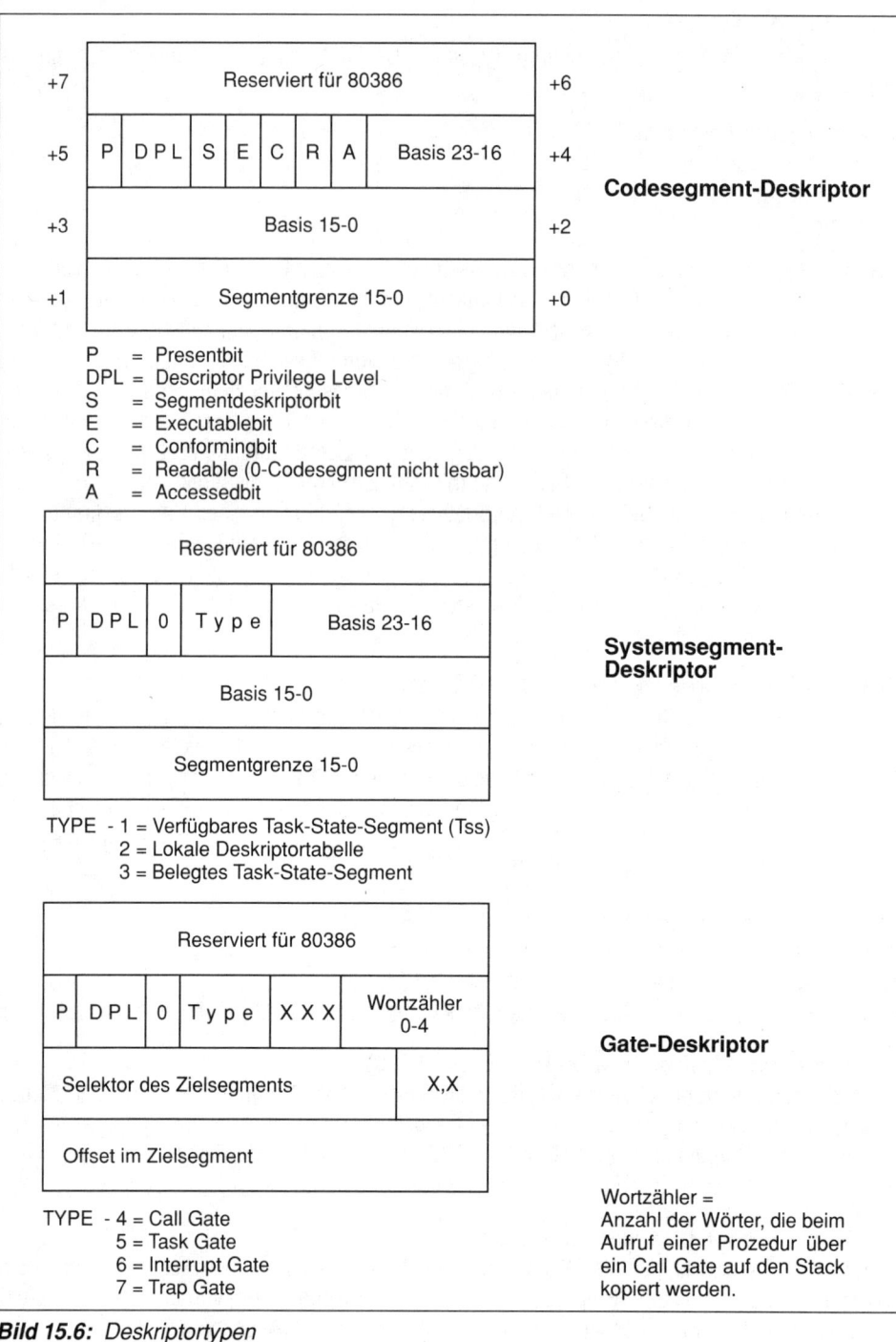

+7 | Reserviert für 80386 | +6

+5 | P | D P L | S | E | C | R | A | Basis 23-16 | +4

+3 | Basis 15-0 | +2

+1 | Segmentgrenze 15-0 | +0

Codesegment-Deskriptor

P   = Presentbit
DPL = Descriptor Privilege Level
S   = Segmentdeskriptorbit
E   = Executablebit
C   = Conformingbit
R   = Readable (0-Codesegment nicht lesbar)
A   = Accessedbit

Reserviert für 80386

P | D P L | 0 | T y p e | Basis 23-16

Basis 15-0

Segmentgrenze 15-0

Systemsegment-Deskriptor

TYPE - 1 = Verfügbares Task-State-Segment (Tss)
       2 = Lokale Deskriptortabelle
       3 = Belegtes Task-State-Segment

Reserviert für 80386

P | D P L | 0 | T y p e | X X X | Wortzähler 0-4

Selektor des Zielsegments | X,X

Offset im Zielsegment

Gate-Deskriptor

TYPE - 4 = Call Gate
       5 = Task Gate
       6 = Interrupt Gate
       7 = Trap Gate

Wortzähler =
Anzahl der Wörter, die beim
Aufruf einer Prozedur über
ein Call Gate auf den Stack
kopiert werden.

Bild 15.6: *Deskriptortypen*

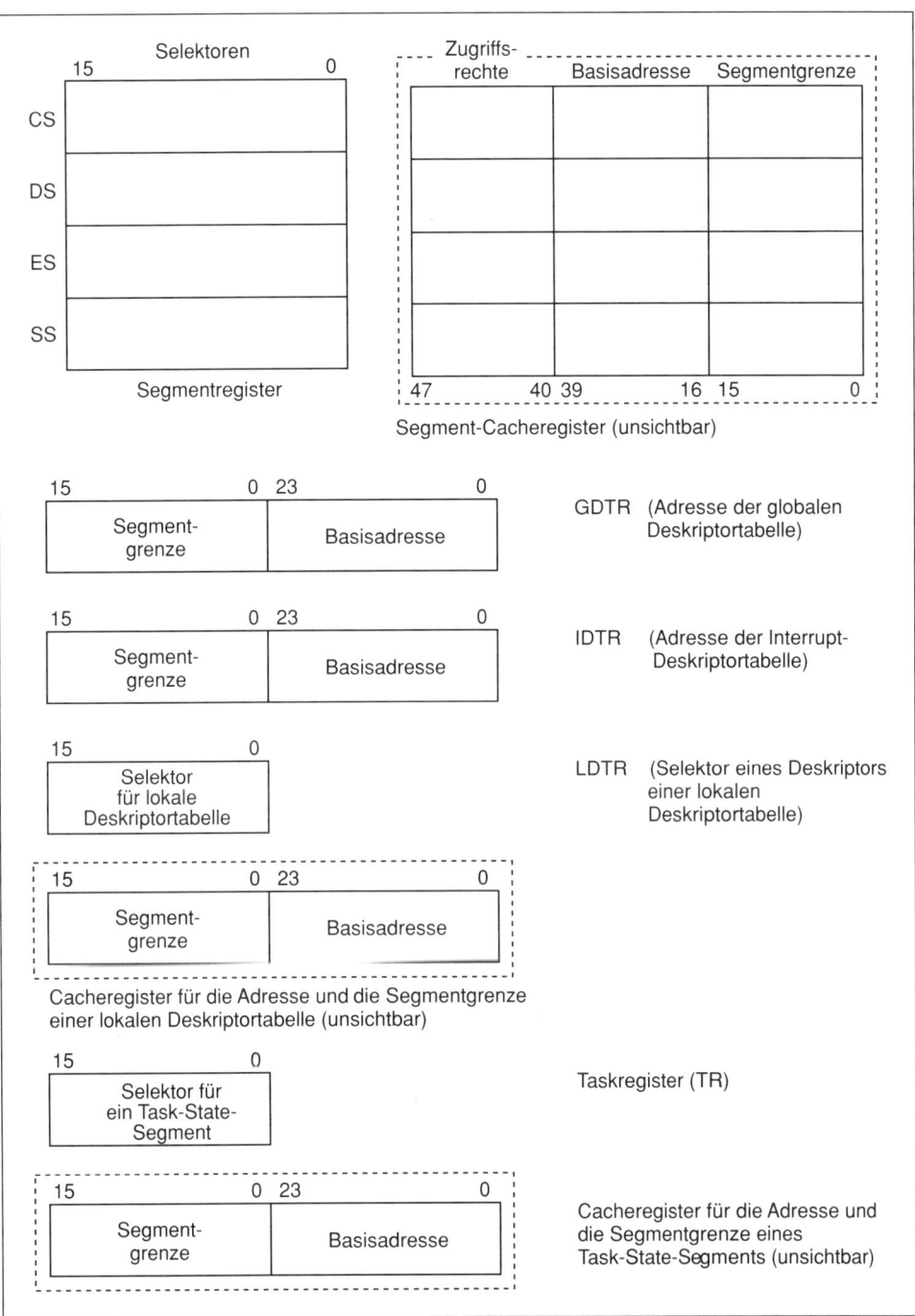

Bild 15.7: *Die Register der 80286-CPU im Überblick*

Das Koprozessor-Emulations-Bit (Bit 2)

Ein gesetztes Bit bewirkt, daß ein ESC-Befehl eine »Koprozessor nicht vorhanden«-Ausnahme (Ausnahme 7) erzeugt. Auf diese Weise lassen sich die Befehle eines mathematischen Koprozessors durch entsprechende 80x86-Routinen emulieren.

Das Task-Wechsel-Bit (TS-Bit, Bit 3)

Dieses Bit wird bei jedem Task-Wechsel gesetzt. Ein gesetztes Bit bewirkt, daß der nächste Befehl eines mathematischen Koprozessors (ESC oder WAIT) einen Interrupt 7 (»Coprocessor not available«) erzeugt. Innerhalb dieser Interruptroutine können die Koprozessorregister des alten Tasks abgespeichert und die Koprozessorregister des neuen Task geladen werden. Auf diese Weise wird sichergestellt, daß der mathematische Koprozessor einen Taskwechsel mitbekommt (die Inhalte der Koprozessorregister werden zusammenfassend als »Kontext« bezeichnet). Das TS-Bit sollte innerhalb der Interruptroutine des Interrupts 7 über den CLTS-Befehl wieder gelöscht werden, damit nicht der nächste Koprozessorbefehl erneut einen Interrupt 7 auslöst.

Die Befehle LMSW und SMSW

Der Inhalt des MSW-Registers kann durch die Befehle LMSW und SMSW gelesen oder geschrieben werden.

LMSW   lädt einen Wert in das MSW-Register
SMSW   speichert den Inhalt des MWS-Registers

Beide Befehle können auch im Real-Modus ausgeführt werden, allerdings darf hier die Segmentadresse des Operanden nicht größer als 0FFFFh sein, da ansonsten ein Interrupt 13 die Folge ist.

Der Weg in den Protected-Modus

Nachdem das Prinzip der Speicheradressierung im Protected-Modus nun hoffentlich hinlänglich beschrieben wurde, dürfte es Sie sicher brennend interessieren, wie Sie die 80286-CPU in den Protected-Modus schalten können. Nun, im Prinzip ist dazu nichts anderes erforderlich, als das PE-Bit (Bit 0) im MWS-Register zu setzen. Damit die CPU im Protected-Modus aber überhaupt einen einzigen Befehl ausführen kann und nicht gleich darauf abstürzt, müssen gewisse Voraussetzungen erfüllt sein. Zu diesen notwendigen Vorbereitungen gehören unter anderem:

- Es muß eine GDT eingerichtet sein, die unter anderem einen Deskriptor für das Codesegment enthält.
- Es muß eine IDT eingerichtet sein, die die Deskriptoren für die wichtigsten Hardwareinterrupts enthält.
- Die Interrupts müssen deaktiviert werden.
- Gleich nach dem Einschalten des Protected-Modus muß ein Far-JMP ausgeführt werden, um die Warteschlange zu leeren und das CS-Cache-Register gleichzeitig mit dem Deskriptor des Codesegments zu initialisieren.

Die Funktion 89h des Interrupts 15h

Um das Umschalten in den Protected-Modus ein wenig zu vereinfachen, stellt das AT-BIOS die Funktion 89h des Interrupts 15h zur Verfügung. Diese Funktion schaltet die CPU in den Protected-

Modus, wobei die eben beschriebenen Schritte automatisch ausgeführt werden. Diese Funktion benötigt für den Aufruf lediglich die Segmentadresse einer GDT mit acht Deskriptoren und eine Angabe darüber, wo sich in der IDT die ersten 32 Interruptadressen befinden.

Funktion 89h – Protected-Modus einschalten

Aufruf mit: AH = 89
BH = Index in die Interrupt-Deskriptor-Tabelle (IDT), der die Startadresse der ersten 8 Hardware-Interrupts festlegt.
BL = Index in die IDT, der die Startadresse der zweiten 8 Hardware-Interrupts festlegt.
ES:SI = Zeiger auf die GDT.

Rückkehr mit: CF = 0 Kein Fehler
CF = 1 Fehler

Das Registerpaar ES:SI zeigt auf die GDT, die dementsprechend vor dem Aufruf der BIOS-Funktion angelegt worden sein muß. Diese GDT muß bereits acht Deskriptoren enthalten, die in Tabelle 15.4 zusammengefaßt sind.

Deskriptor-Nr.	Offset	Bedeutung
0	00h	Dummy. Wird mit 0 initialisiert.
1	08h	Deskriptor auf diese GDT.
2	10h	Deskriptor auf die IDT.
3	18h	Deskriptor auf das Datensegment
4	20h	Deskriptor auf das Extrasegment
5	28h	Deskriptor auf das Stacksegment
6	30h	Deskriptor auf das Codesegment, zu dem die Funktion zurückkehrt.
7	38h	Deskriptor für das BIOS-Segment, um die Funktion auszuführen (wird vom BIOS initialisiert).

Tabelle 15.4: *Aufbau der GDT vor der Initialisierung*

Mit Ausnahme des Deskriptors 7, der für das BIOS-Codesegment zuständig ist, müssen alle Deskriptoren vor dem Aufruf der BIOS-Funktion 89h initialisiert werden. Deskriptor 0 ist ein Dummy-Deskriptor. Er hat keine Funktion und wird daher mit Null initialisiert. Die folgenden beiden Deskriptoren sind für die GDT und die IDT zuständig. Hier ist es wichtig, die Größe der Deskriptortabellen korrekt anzugeben, da ansonsten ein Zugriff auf einzelne Deskriptoren nicht durchgeführt werden kann. Ob die Deskriptoren für das Daten-, Extra- und Stacksegment wichtig sind, hängt von der Applikation ab. Im allgemeinen wird man die Segmentgrenze auf 0FFFFh setzen und als Startadresse den aktuellen Inhalt der Segmentregister übergeben. Beachten Sie, daß die Basisadresse eines Segments in einem Deskriptor als 24-Bit-Adresse angegeben werden muß. Eine Segmentadresse muß daher durch Multiplikation des Segmentanteils mit 16 und anschließender Addition des Offsetanteils umgewandelt werden. Machen Sie sich um diese Details im Moment noch keine Gedanken, in Beispielprogramm 15.2 wird diese Umrechnung praktisch demonstriert.

Die Zugriffsrechte aller Datensegmente können auf den Wert 92h gesetzt werden. Das Segment wird damit als im Speicher vorhanden und als beschreibbar markiert. Zusätzlich erhält es die höchste Privilegstufe, nämlich Null. Eine Ausnahme stellt der Deskriptor für das Codesegment dar. Dieses Segment wird als lesbar markiert und erhält daher für das Zugriffsrecht einen anderen Wert.

Angenommen, die CPU wurde glücklich in den Protected-Modus gebracht. Wie geht es nun weiter? Zuerst die schlechte Nachricht, im Protected-Modus können weder DOS-Funktionen noch BIOS-Funktionen aufgerufen werden. Zum einen, weil die entsprechenden Deskriptoren in der IDT nicht initialisiert sind. Zum anderen, weil sich die meisten Routinen des DOS oder BIOS nicht Protected-Modus-konform verhalten und zum Beispiel auf Speicherbereiche direkt zugreifen. Im Protected-Modus ist dies aber nicht möglich, da ein Zugriff auf den Arbeitsspeicher stets über einen Deskriptor erfolgen muß. Zwar stürzt das Programm dadurch nicht ab, es ist aber eine sogenannte Ausnahme die Folge, was letztlich auf das gleiche hinausläuft. Fazit: Ein Programm, das im Protected-Modus Tastatureingaben, Bildschirmausgaben oder gar Diskettenoperationen durchführen möchte, benötigt ein eigenes BIOS. OS/2 löst dieses Problem auf Nicht-PS/2-Maschinen durch Einbinden eines eigenen BIOS als Treiber (PS/2-Geräte besitzen eine spezielle BIOS-Erweiterung). Doch es gibt auch eine (relativ) gute Nachricht. Um bestimmte Eigenschaften des Protected-Modus, wie zum Beispiel den erheblich größeren Arbeitsspeicher, nutzen zu können, muß ein Programm nicht vollständig im Protected-Modus ausgeführt werden. So ist es durchaus denkbar, die CPU vor jedem Aufruf einer DOS- oder BIOS-Funktion in den Real-Modus zurückzuschalten. Nach diesem Prinzip arbeiten zum Beispiel die sogenannten DOS-Extender, die die Ausführung eines Programms im Protected-Modus auch unter MS-DOS ermöglichen.

So langsam dürfte sich der Verdacht erhärten, daß der Protected-Modus so toll nun doch wieder nicht sein kann. Zwar ist es durchaus möglich, ein eigenes BIOS zu entwerfen, daß zwar nicht die Finessen eines kommerziellen BIOS besitzt, das aber alle wichtigen E/A-Operationen durchführen kann. Doch ist das die Mühe wert? Wir werden in unseren Beispielprogrammen daher auch von dieser Möglichkeit absehen und lediglich einige Möglichkeiten des Protected-Modus gezielt nutzen.

Straße ohne Wiederkehr

Was durch diese Zwischenüberschrift so markant umschrieben wurde, läßt sich etwas nüchterner auf die einfache Formel bringen »Eine Rückkehr in den Real-Modus ist bei der 80286-CPU nicht vorgesehen«. Pause. Falls Sie es noch nicht wußten, dürften Sie nun etwas perplex sein. Warum um alles in der Welt kann man nicht mehr in den Real-Modus zurück? Nun, die Entwickler der 80286-CPU dürften diese Möglichkeit entweder vergessen oder bewußt ausgelassen haben. Ursprünglich wurde die 80286-CPU als reine Protected-Modus-CPU konzipiert, die den Real-Modus lediglich zur Initialisierung des Protected-Modus benötigt. Wer sollte auch im Vollbesitz seiner geistigen Kräfte von 16 Mbyte Adreßspeicher, Zugriffsüberwachung, Multitasking etc. auf 1 Mbyte Adreßspeicher und Null-Komfort zurückschalten wollen? Doch es kam bekanntlich alles ganz anders. Die 80286-CPU wurde von IBM in ihren ATs als schnelle 8086-CPU mißbraucht, MS-DOS und damit auch der Real-Modus hielten sich hartnäckig (und werden uns auch noch die nächsten Jahre, wenn nicht Jahrzehnte beglücken, ist es nicht tragisch?), und vom Protected-Modus wollte niemand etwas wissen. Die Entwickler bei Intel müssen in tiefe Depressionen verfallen sein, als sie sahen, wieviel Mühe sie investiert hatten und wie wenig daraus gemacht wurde. Lange Rede, kurzer Sinn. Das PE-Bit im MWS-Register kann nicht direkt auf Null gesetzt werden, eine Rückkehr in den Real-Modus ist bei der 80286-CPU (bei der 80386/486-CPU sieht es glücklicherweise anders aus) daher nur über den Umweg eines Reset möglich!

Das mag beim ersten Lesen recht unglaublich klingen, jedoch wird dieses Verfahren von allen Programmen, die den Protected-Modus vorübergehend nutzen (und das sind bereits einige), genutzt. Dabei darf allerdings nicht vergessen werden, daß sich ein Reset auf einem AT grundsätzlich von einem Reset auf einem PC/XT unterscheidet. Ein AT verfügt nämlich mit dem CMOS-RAM des Uhrenbausteins über einen RAM-Speicher, der auch nach einem Reset seinen Inhalt behält. Indem vor dem zwecks Umschaltung in den Real-Modus ausgeführten Reset der Wert 05 in die Speicherzelle 0Fh des CMOS-RAM geschrieben wird, kann die CPU erkennen, ob der Reset wegen einem Zurückschalten in den Real-Modus durchgeführt wurde. Die komplette Warmstart-Prozedur wird in diesem Fall also nicht durchlaufen. Statt dessen wird ein direkter Sprung zu einer Routine durchgeführt, deren Segment-Adresse sich im BIOS-Datenbereich in den Speicherzellen 0040:0067h und 0040:0069h befindet.

Üblicherweise wird der Reset über den Tastaturkontroller 8042 durchgeführt. Dazu muß lediglich der Wert 0FEh auf dem E/A-Port 64h ausgegeben werden:

```
MOV AL,0FEh
OUT 64h,AL
```

Ein auf diese Weise ausgelöster Reset in Zusammenhang mit dem Eintragen eines Wertes in das CMOS-RAM führt also dazu, daß die Programmausführung bei der Adresse fortgesetzt wird, die zuvor in den Speicherzellen 0040:0067h und 0040:0069h abgelegt wurde. Der Reset selber ist bei der Programmausführung nicht erkennbar. Der Tastaturkontroller ist übrigens nicht die einzige Möglichkeit, einen Reset auszuführen, durch einen sogenannten »Tripple Fault«, das heißt beim Auftreten einer Ausnahme während der Abarbeitung einer Doppel-Ausnahme läßt sich ebenfalls ein Reset erreichen. Eine solche Dreifach-Ausnahme erreicht man zum Beispiel, indem man die Größe der IDT auf Null setzt und anschließend einen Interrupt erzeugt. Da der Deskriptor dieses Interrupts aufgrund der Größenbeschränkung nicht gelesen werden kann, ist ein doppelter Fault (Interrupt 8) die Folge. Weil auch dieser Interrupt aus den gleichen Gründen nicht ausgeführt werden kann, wirft die CPU resigniert das Handtuch und geht in den »Shut-Down«-Modus über, aus dem sie nur durch einen Reset wieder befreit werden kann.

Beispielprogramm 15.2 – BSP15_02.ASM

Das folgende Beispielprogramm demonstriert das Umschalten der 80286-CPU in den Protected-Modus. Nach dem Umschalten des Protected-Modus wird ein Text und kurzer Ton ausgegeben. Ein Fehler-Interrupt wird durch eine Reihe von Tönen höherer Frequenz angezeigt. Assemblieren Sie das Programm mit MASM 5.1, linken Sie es und bringen Sie es auf einem PC mit 80286-, 80386- oder 80486-CPU zur Ausführung.

```
; ==========================================================
; Dieses Programm schaltet über die Funktion 89h des Interrupts 15h
; in den Protected-Modus, gibt einen Text und einen Ton aus und kehrt
; über einen Tastaturkontroller-Reset in den Real-Modus zurück.
; ==========================================================
.MODEL SMALL,C
.286                            ; Befehle der 80286-CPU zulassen
.STACK
    GDT_SIZE        =  9        ; Anzahl der Deskriptoren in der GDT
    IDT_SIZE        = 14        ; Anzahl der Deskriptoren in der IDT
    CODE_DESCRIPT   = 48        ; Deskriptor-Index für Codesegment
    SCREEN          = 64        ; Deskriptor-Index für Screensegment
IDT_DESCRIPT    MACRO    LIMIT,BASE_LOW,BASE_HIGH,ACCESS
        DW       LIMIT
        DW       BASE_LOW
        DB       BASE_HIGH
        DB       ACCESS
        DW       0
        ENDM
.DATA
    MASK1_8259A DB ?
    MASK2_8259A DB ?
    GDT_ADR LABEL WORD
;
; Deskriptor Nr. 0  - Dummy-Deskriptor
;
        DW 0
        DW 0
        DB 0
        DB 0
        DW 0
;
; Deskriptor Nr. 1 - Deskriptor für GDT
;
        DW GDT_SIZE * 8
        DW ?
        DB ?
        DB 092h
        DW 0
;
; Deskriptor Nr. 2 - Deskriptor für IDT
;
        DW IDT_SIZE * 8
        DW ?
        DB ?
        DB 092h
        DW 0
```

```
;
; Deskriptor Nr. 3 - Deskriptor für Datensegment
;
        DW 0FFFFh
        DW ?
        DB ?
        DB 092h
        DW 0
;
; Deskriptor Nr. 4 - Deskriptor für Extrasegment
;
        DW 0FFFFh
        DW ?
        DB ?
        DB 092h
        DW 0
;
; Deskriptor Nr. 5 - Deskriptor für Stacksegment
;
        DW 0FFFFh
        DW ?
        DB ?
        DB 092h
        DW 0
;
; Deskriptor Nr. 6 - Deskriptor auf das Programmcodesegment
;
        DW 0FFFFh
        DW ?
        DB ?
        DB 09Ah
        DW 0
;
; Deskriptor Nr. 7 - Deskriptor für BIOS-Segment
;
        DW 0
        DW 0
        DB 0
        DB 0
        DW 0
;
; Deskriptor Nr. 8 - Deskriptor für BIOS-Segment
;
        DW 2000h
        DW 0
        DB 0
        DB 92h
        DW 0
```

```
; ----------------------------------------------------------
; Vierzehn Interrupt Deskriptoren definieren
; ----------------------------------------------------------
    IDT_ADR LABEL WORD
    IDT_DESCRIPT FAULT00,CODE_DESCRIPT,0,86h
    IDT_DESCRIPT FAULT01,CODE_DESCRIPT,0,86h
    IDT_DESCRIPT FAULT02,CODE_DESCRIPT,0,86h
    IDT_DESCRIPT FAULT03,CODE_DESCRIPT,0,86h
    IDT_DESCRIPT FAULT04,CODE_DESCRIPT,0,86h
    IDT_DESCRIPT FAULT05,CODE_DESCRIPT,0,86h
    IDT_DESCRIPT FAULT06,CODE_DESCRIPT,0,86h
    IDT_DESCRIPT FAULT07,CODE_DESCRIPT,0,86h
    IDT_DESCRIPT FAULT08,CODE_DESCRIPT,0,86h
    IDT_DESCRIPT FAULT09,CODE_DESCRIPT,0,86h
    IDT_DESCRIPT FAULT10,CODE_DESCRIPT,0,86h
    IDT_DESCRIPT FAULT11,CODE_DESCRIPT,0,86h
    IDT_DESCRIPT FAULT12,CODE_DESCRIPT,0,86h
    IDT_DESCRIPT FAULT13,CODE_DESCRIPT,0,86h
.CODE
    DS_SAVE    DW ?
    ES_SAVE    DW ?
    SS_SAVE    DW ?
    STRING     DB 'ICH BIN IM PROTECTED-MODUS!'
    STRING_LEN = $ - STRING
BEEP    PROC    FREQUENZ:WORD
    MOV DI,FREQUENZ            ; Frequenz des Tones
    MOV BX,10                  ; Dauer des Tones in 0.2 Sek.
    MOV AL,182                 ; Timer initialisieren
    OUT 43H,AL
    MOV DX,12H                 ; Zeitschleife festlegen
    MOV AX,34DCh               ; Frequenz umrechnen
    DIV DI
    OUT 42H,AL                 ; Umgerechnete Frequenz an den
    MOV AL,AH                  ; Timer schicken
    OUT 42H,AL
    IN  AL,61H                 ; Inhalt des Ports 61h retten
    MOV AH,AL
    OR AL,3                    ; Lautsprecher einschalten
    OUT 61H,AL
WARTE:
    MOV CX,0DAD4h              ; Zeitschleife ca. 200 Millisekunden
@@:
    LOOP @B
    DEC BX                     ; Zähler erniedrigen
    JNZ WARTE                  ; Ausschalten ?
    MOV AL,AH                  ; Port 61h wieder herstellen
    OUT 61H,AL                 ; das heißt, Lautsprecher aus
```

```
        RET
BEEP    ENDP
; ----------------------------------------------------------
; Rechnet eine Segment:Offset-Adresse in eine 24-Bit-Adresse
; um, die in der GDT abgelegt wird.
; ----------------------------------------------------------
SET_GDT_BASE    PROC BASE_OFF:WORD,BASE_SEG:WORD,GDT_NR:WORD
        PUSH AX
        PUSH CX
        PUSH DX
        PUSH DI
        MOV AX,BASE_SEG
        MOV DX,16
        MUL DX
        ADD AX,BASE_OFF
        ADC DL,0
        MOV DI,GDT_NR
        MOV CL,3
        SHL DI,CL
        ADD DI,2
        MOV GDT_ADR[DI],AX
        ADD DI,2
        MOV BYTE PTR GDT_ADR[DI],DL
        POP DI
        POP DX
        POP CX
        POP AX
        RET
SET_GDT_BASE    ENDP
; ----------------------------------------------------------
; Hier beginnen die Interrupt-Routinen 1-14
; ----------------------------------------------------------
FAULT13:
        PUSH 1000
        CALL BEEP
        MOV CX,0FFFFh
@@:
        LOOP @B
FAULT12:
        PUSH 1000
        CALL BEEP
        MOV CX,0FFFFh
@@:
        LOOP @B
FAULT11:
        PUSH 1000
        CALL BEEP
        MOV CX,0FFFFh
```

```
@@:
        NOP
        NOP
        NOP
        LOOP @B
FAULT10:
        PUSH 1000
        CALL BEEP
        MOV CX,0FFFFh
@@:
        NOP
        NOP
        NOP
        LOOP @B
FAULT09:
        PUSH 1000
        CALL BEEP
        MOV CX,0FFFFh
@@:
        NOP
        NOP
        NOP
        LOOP @B
FAULT08:
        PUSH 1000
        CALL BEEP
        MOV CX,0FFFFh
@@:
        NOP
        NOP
        NOP
        LOOP @B
FAULT07:
        PUSH 1000
        CALL BEEP
        MOV CX,0FFFFh
@@:
        NOP
        NOP
        NOP
        LOOP @B
FAULT06:
        PUSH 1000
        CALL BEEP
        MOV CX,0FFFFh
@@:
        NOP
        NOP
```

```
              NOP
              LOOP  @B
FAULT05:
              PUSH  1000
              CALL  BEEP
              MOV   CX,0FFFFh
@@:
              NOP
              NOP
              NOP
              LOOP  @B
FAULT04:
              PUSH  1000
              CALL  BEEP
              MOV   CX,0FFFFh
@@:
              NOP
              NOP
              NOP
              LOOP  @B
FAULT03:
              PUSH  1000
              CALL  BEEP
              MOV   CX,0FFFFh
@@:
              NOP
              NOP
              NOP
              LOOP  @B
FAULT02:
              PUSH  1000
              CALL  BEEP
              MOV   CX,0FFFFh
@@:
              NOP
              NOP
              NOP
              LOOP  @B
FAULT01:
              PUSH  1000
              CALL  BEEP
              MOV   CX,0FFFFh
@@:
              NOP
              NOP
              NOP
              LOOP  @B
```

```
FAULT00:
        PUSH 1000
        CALL BEEP
        MOV CX,0FFFFh
@@:
        NOP
        NOP
        NOP
        LOOP @B
        POP BX
        POP BX
        POP BX
        POP BX
; ------------------------------------------------------------
; Durchführen eines Reset
; ------------------------------------------------------------
        MOV AL,0FEh
        OUT 64h,AL
        HLT
; ------------------------------------------------------------
; Hier nach einem Reset der Real-Modus wieder eingeleitet.
; ------------------------------------------------------------
PROC_MODE_EXIT:
        MOV AX,CS:DS_SAVE
        MOV DS,AX
        MOV AX,CS:ES_SAVE
        MOV ES,AX
        MOV AX,CS:SS_SAVE
        MOV SS,AX
        MOV AL,MASK1_8259A
        OUT 021h,AL
        MOV AL,MASK2_8259A
        OUT 0A1h,AL
        JMP ENDE
; ------------------------------------------------------------
; Gibt die Zeichenkette STRING an einer festen Position auf
; dem Bildschirm aus.
; ------------------------------------------------------------
DISPLAY         PROC
        MOV DX,SCREEN           ; Deskriptor für Screen laden
        MOV ES,DX
        MOV DI,5                ; Reihe
        MOV CL,4
        SHL DI,CL
        MOV AX,DI
        SHL DI,1
        SHL DI,1
```

```
        ADD DI,AX
        ADD DI,20              ; Spalte
        SHL DI,1
        LEA SI,STRING
        MOV CX,STRING_LEN
@@:
        MOV AL,CS:[SI]
        MOV ES:[DI],AL
        ADD DI,2
        INC SI
        LOOP @B
        RET
DISPLAY         ENDP
; ----------------------------------------------------------
; Hier beginnt das Programm
; ----------------------------------------------------------
START:
; ----------------------------------------------------------
; Initialisierung
; ----------------------------------------------------------
        MOV DX,@DATA
        MOV DS,DX
; ----------------------------------------------------------
; Die Basisadresse für die globalen Deskriptoren definieren
; ----------------------------------------------------------
        PUSH 1
        PUSH DS
        PUSH OFFSET GDT_ADR
        CALL SET_GDT_BASE
        ADD SP,6
        PUSH 2
        PUSH DS
        PUSH OFFSET IDT_ADR
        CALL SET_GDT_BASE
        ADD SP,6
        PUSH 3
        PUSH DS
        PUSH 0
        CALL SET_GDT_BASE
        ADD SP,6
        PUSH 4
        PUSH DS
        PUSH 0
        CALL SET_GDT_BASE
        ADD SP,6
        PUSH 5
        PUSH SS
```

```
        PUSH 0
        CALL SET_GDT_BASE
        ADD SP,6
        PUSH 6
        PUSH CS
        PUSH 0
        CALL SET_GDT_BASE
        ADD SP,6
; ------------------------------------------------------------
; Deskriptor 8 ist für das Screen-Segment zuständig, falls ein
; Monochromadapter verwendet wird, muß 0B000h eingesetzt werden.
; ------------------------------------------------------------
        PUSH 8
        PUSH 0B800h
        PUSH 0
        CALL SET_GDT_BASE
        ADD SP,6
; ------------------------------------------------------------
; Segmentregister für den Real-Modus retten
; ------------------------------------------------------------
        MOV AX,DS
        MOV CS:DS_SAVE,AX
        MOV AX,ES
        MOV CS:ES_SAVE,AX
        MOV AX,SS
        MOV CS:SS_SAVE,AX
; ------------------------------------------------------------
; 8259A-Register retten
; ------------------------------------------------------------
        IN AL,021h
        MOV MASK1_8259A,AL
        IN AL,0A1h
        MOV MASK2_8259A,AL
; ------------------------------------------------------------
; CMOS für Neustart markieren, damit kein Warmstart erfolgt
; ------------------------------------------------------------
        MOV AL,0Fh
        OUT 70h,AL
        MOV AL,05h
        OUT 71h,AL
; ------------------------------------------------------------
; Sprungvektor für Neustart setzen
; ------------------------------------------------------------
        PUSH DS
        MOV DX,0040h
        MOV DS,DX
        MOV DI,067h
```

```
        MOV DX,OFFSET PROC_MODE_EXIT
        MOV [DI],DX
        ADD DI,2
        MOV DX,CS
        MOV [DI],DX
        POP DS
; --------------------------------------------------------
; In den Protected-Modus schalten
; --------------------------------------------------------
        MOV DX,DS
        MOV ES,DX
        LEA SI,GDT_ADR
        MOV BH,00
        MOV BL,08
        MOV AH,89h
        MOV CX,0FFFFh           ; Zeitschleife
@@:
        LOOP @B
        INT 15h
        PUSH 440
        CALL BEEP
        CALL DISPLAY            ; Textausgabe
        MOV AL,0FEh             ; Reset durchführen
        OUT 064h,AL
        HLT
ENDE:
        MOV AH,01               ; Warten auf Tastendruck
        INT 21h
        MOV AH,4Ch              ; Zurück zu DOS
        INT 21h
END START
```

Dieses Programm ist aufgrund seiner Kommentare und der, ungeachtet der relativen Größe, doch einfachen Struktur sicherlich größtenteils selbsterklärend. Beachten Sie, daß in der IDT jeder der möglichen 14 Interrupts eingetragen ist. Das Auftreten eines bestimmten Interrupts kann an der Anzahl der erzeugten (hohen) Töne erkannt werden, die mit der Nummer des Interrupts identisch ist. Auf diese Weise können Sie einmal mit verschiedenen Zugriffsverletzungen experimentieren und prüfen, wie die CPU darauf reagiert. So wäre es zum Beispiel denkbar, die Größe des Datensegments auf 100 zu setzen und auf die Speicherzelle 102 zuzugreifen. Welcher Interrupt wird in diesem Fall ausgelöst?

Der LOADALL-Befehl

Die Beschreibung des Protected-Modus der 80286-CPU wäre ohne den »mysteriösen« LOADALL-Befehl nicht vollständig. Das Attribut mysteriös soll auf den Umstand hindeuten, daß dieser Befehl offiziell nicht existiert. Es handelt sich vielmehr um einen undokumentierten Befehl der 80286-CPU, der von den Intel-Entwicklern für Testzwecke verwendet und aus irgendwelchen Gründen nicht entfernt wurde. Inzwischen wurde das Geheimnis aber gelüftet und der LOADALL-Befehl bereits in zahlreichen Artikeln (zum Beispiel c't 11/90) ausführlich beschrieben. Daß es sich mittlerweile um einen offiziellen Befehl handelt, beweist auch die Tatsache, daß DOS-Programme, wie zum Beispiel RAMDRIVE.SYS, diesen Befehl benutzen. Eine Kleinigkeit gilt es aber zu beachten, dieser Befehl existiert nur auf der 80286-CPU. Viele BIOS-Hersteller haben daher für die 80386/486-CPU entsprechende Emulationen eingebaut, so daß dieser Befehl auch hier genutzt werden kann (eine Garantie gibt es dafür aber nicht). Der LOADALL-Befehl ist deswegen so interessant, weil er es ermöglicht, die vollen 16 Mbyte der 80286-CPU zu nutzen, ohne die CPU im Protected-Modus betreiben zu müssen.

Die Funktion des LOADALL-Befehls ist schnell beschrieben. Er lädt sämtliche CPU-Register mit Werten, die ab der Adresse 0:800h abgelegt sind. Mit anderen Worten, über den LOADALL-Befehl können alle jene Register initialisiert werden, die normalerweise nur im Protected-Modus zugänglich sind. Damit ist es zum Beispiel möglich, das ES-Cache-Register mit einer Segmentgröße von 16 Mbyte zu initialisieren. Dadurch läßt sich über das ES-Register ein 16 Mbyte großer Arbeitsspeicher auch im Real-Modus adressieren.

Um zum Beispiel die für die Adressierung im Protected-Modus lebenswichtigen Segment-Cache-Register mit Deskriptoren zu laden, müssen die entsprechenden Werte zuvor ab der Adresse 0:800h eingetragen werden. Der Aufbau dieses Bereichs ist in Tabelle 15.5 zu sehen. Dieser Bereich ist übrigens seit DOS 3.3 für den LOADALL-Befehl reserviert, ein weiteres Indiz dafür, daß dieser Befehl bereits offiziellen Charakter besitzt.

Adresse (hex)	Verwendung	Adresse	Verwendung
800-805	nicht belegt	82C-82D	SP
806-807	MSW	82E-82F	BX
808-815	nicht belegt	830-831	DX
816-817	TR	832-833	CX
818-819	Flags	834-835	AX
81A-81B	IP	836-83B	ES-Cache
81C-81D	LDT	83C-841	CS-Cache
81E-820	DS	842-847	SS-Cache
820-821	SS	848-84D	DS-Cache
822-823	CS	84E-853	GDTR-Cache
824-825	ES	854-859	LDTR-Cache
826-827	DI	85A-85F	IDTR-Cache
828-829	SI	860-865	TSS-Cache
82A-82B	BP		

Tabelle 15.5: *Aufbau des Segments ab Adresse 80h:0000*

Von den insgesamt 102 Byte, die in der Tabelle 15.5 enthalten sind, werden für die Adressierung des Extended-Memory, das heißt des Speicherbereichs oberhalb der 1-Mbyte-Grenze, nur wenige Einträge benötigt. Dazu gehören neben den Deskriptoren für die GDT und die IDT natürlich auch jene Deskriptoren, über die die vier Standardsegmente (Code-, Daten-, Extra- und Stacksegment) adressiert werden.

Was zu beachten ist

Ein paar Kleinigkeiten gilt es beim Einsatz des, ansonsten vollkommen unproblematischen LOADALL-Befehls zu beachten. Da es sich noch um einen undokumentierten CPU-Befehl handelt, kennt weder der Makroassembler noch der Turbo-Assembler das Mnemonic. Das ist jedoch weiter kein Problem, da ein kleines Makro den gewünschten Erfolg bringt:

```
LOADALL
MACRO

DB 0Fh, 05h
        ENDM
```

Über die DB-Anweisung werden die beiden Opcodebytes des LOADALL-Befehls in den Speicher eingetragen. Beim Vorbereiten der Segmentdeskriptor-Cache-Register muß berücksichtigt werden, daß ein Deskriptor einen etwas anderen Aufbau aufweist:

Byte 0–2   Legt in aufsteigender Reihenfolge, das heißt mit dem niederwertigsten Byte zuerst, die 24-Bit-Startadresse des Segments fest.

Byte 3   Enthält die Zugriffsrechte.

Byte 4–5   Gibt die Segmentgröße an.

Freischalten der A20-Leitung

Eine Voraussetzung für den Zugriff auf Extended-Memory ist eine Freischaltung der A20-Leitung der CPU. Im Real-Modus besteht die physikalische Adresse bekanntlich aus 20 Bits, so daß die Adreßleitungen A0 bis A19 ausreichen. Aufgrund der speziellen Adreßarithmetik ist es jedoch auch möglich, 21 Bit große Adressen zu bilden:

```
Segment 0FFFF * 16 + Offset 0FFFFh = 10FFFEHh (1114095)
```

Wie dieses Rechenbeispiel zeigt, lassen sich auch im Real-Modus Adressen erzeugen, die größer als 1 Mbyte sind und folglich 21 Adreßbits benötigen. Verfügt die CPU über mehr als 20 Adreßleitungen, was ab der 80286-CPU der Fall ist, können auch im Real-Modus zusätzliche 65 536 – 16 Byte adressiert werden. Dieser Bereich wird als »High Memory Area« (kurz HMA) bezeichnet und zum Beispiel von Extended-Memory-Treibern wie HIMEM.SYS genutzt. Voraussetzung ist, daß unter DOS die 21. Adreßleitung A20 freigeschaltet ist. Normalerweise ist dies nicht der Fall, da unter DOS ein »Umbrucheffekt« beim Überschreiten der 1 Mbyte-Grenze aus Rücksichtnahme auf bestimmte Programme erhalten bleiben soll. Wer daher im Real-Modus auf HMA oder Extended-Memory zugreifen möchte, muß die A20-Leitung selber freischalten. Dies geschieht über den 8042-Tastaturprozessor zum Beispiel wie folgt:

```
; Freischalten der A20-Leitung
CLI                     ; Keine Interrupts
CALL WAIT_8042
JNZ ERROR_8042
MOV AL,0D1h
OUT 64h,AL
CALL WAIT_8042
JNZ ERROR_8042
```

```
MOV AL, 0DFh
OUT 60h, AL
CALL WAIT_8042
JNZ ERROR_8042
MOV AL, 0FFh
OUT 64h, AL
CALL WAIT_8042
JNZ ERROR_8042
STI                     ; Jetzt wieder Interrupts
...
WAIT_8042    PROC
        XOR CX, CX      ; Zähler setzen
@@:
        IN AL, 64h      ; 8042 bereit?
        AND AL, 2
        LOOPNZ @B       ; Nein, dann weiter bis Timeout
        RET             ; Zurück mit Nullflag
WAIT_8042    ENDP
```

Sie sehen, daß das Freischalten der A20-Leitung über eine Reihe von OUT-Befehlen erfolgt. Zwischen den einzelnen OUT-Befehlen ist es erforderlich, darauf zu warten, daß der 8042 eine etwaige Tastatureingabe vollständig abgearbeitet hat. Speziell für diesen Zweck ist die Prozedur WAIT_8042 da, die auf den 8042 wartet und im Falle eines Timeout dies durch ein gelöschtes Nullflag signalisiert. Die hier beschriebene Methode zum Freischalten von A20 ist leider nicht ganz hardwareunabhängig. Auf »exotischeren« Rechnern, wie zum Beispiel dem Olivetti M28 oder dem HP Vectra, muß dieses Verfahren geringfügig modifiziert werden. Am besten verfährt man daher, wenn man das Aktivieren und Deaktivieren der A20-Leitung über die entsprechenden Funktionen des HIMEM.SYS-Treibers durchführt.

Anwendungen für den LOADALL-Befehl

Wie bereits angedeutet, kann man über den LOADALL-Befehl das Extended-Memory eines AT oder 386/486er-PC auch im Real-Modus nutzen. Als praktische Anwendung bietet es sich an, die relativ langsame MoveBlock-Funktion des BIOS (Funktion 87h des Interrupts 15h) zu ersetzen. Ganz nebenbei bietet der LOADALL-Befehl natürlich auch eine Möglichkeit, die CPU für den Protected-Modus vorzubereiten. Ein Pendant zum LOADALL-Befehl, also etwa ein SAVEALL-Befehl, gibt es übrigens nach bisherigen Erkenntnissen nicht.

15.5 Die 80386-CPU im Real-Modus

Die 80386 ist eine reine 32-Bit-CPU. Sie ist aufwärtskompatibel zur 8086/88-CPU und natürlich zur 80286-CPU. Alle Maschinenprogramme, die für die 8086/88-CPU erstellt wurden, laufen daher auch auf der 80386-CPU. Auch im Real-Modus bringt die 32-Bit-Architektur erhebliche Vorteile. Dazu zählen unter anderem:

− zahlreiche neue Befehle
− leistungsfähigere Adressierungsarten

- maximal 4 Gbyte große Segmente
- 32-Bit-Register
- 32-Bit-Arithmetik
- 32-Bit-Speicherzugriffe

Zwar bleibt trotz der 32-Bit-Register der adressierbare Arbeitsspeicher im Real-Modus offiziell auf 1 Mbyte beschränkt, doch gibt es auch hier, wie bei der 80286-CPU, Mittel und Wege, diese Limitierung ohne allzu großen Aufwand zu umgehen. Damit lassen sich dann auch unter MS-DOS bis zu 4 Gbyte große Segmente adressieren. Die 80386-CPU besitzt, ähnlich der 8086-CPU, auch eine kleinere Schwester in Form der 80386SX-CPU. Beide CPUs sind 100% befehlskompatibel. Obwohl es sich auch bei der 80386SX-CPU um eine 32-Bit-CPU handelt, besitzt diese nur einen 16-Bit-Datenbus (zur Bezeichnung 80388 konnte sich Intel anscheinend nicht entschließen). Alle Zugriffe auf den Arbeitsspeicher können daher nur über zwei aufeinanderfolgende 16-Bit-Zugriffe abgewickelt werden. Da dies natürlich zusätzliche Taktzyklen kostet, ist die 80386SX-CPU nicht so leistungsfähig wie ihre größere Schwester. Zudem wird die 80386SX-CPU nur mit den Taktfrequenzen 16 und 20 Mhz angeboten, während es die 80386-CPU zusätzlich in einer 25- und in einer 33-MHz-Varianten gibt. Für den weiteren Verlauf dieses Kapitels können die CPUs 80386SX und 80386 (die von Intel auch als 80386DX bezeichnet wird) als identisch angesehen werden. Da beide CPUs befehlskompatibel sind, macht auch der Assembler keinen Unterschied.

Viele der neuen Fähigkeiten der 80386-CPU lassen sich bereits im Real-Modus, das heißt auch unter MS-DOS nutzen. Mit anderen Worten, es sind auch in der Maschinensprache-Programmierung keine besonderen Klimmzüge erforderlich, um die Möglichkeiten einer modernen 32-Bit-CPU kennenzulernen. In diesem Abschnitt wird zunächst ein kurzer Überblick über die neuen Befehle der 80386-CPU im Real-Modus gegeben. Dabei werden natürlich auch anschauliche Beispiele vorgeführt, die mit diesen Befehlen arbeiten. Alle Beschreibungen in diesem Abschnitt beziehen sich übrigens auch auf die 80486-CPU, da auch diese CPU aufwärtskompatibel ist. Um diese Beispielprogramme ausführen zu können, benötigen Sie einen PC mit 80386- oder 80386SX-CPU, der unter MS-DOS läuft. Ein PC mit 80486-CPU »tut« es natürlich auch. Um die Beispielprogramme assemblieren zu können, benötigen Sie lediglich einen Assembler, der in der Lage ist, die Befehle der 80386-CPU zu verarbeiten. Dies ist bei allen Versionen des Turbo-Assemblers und ab der Version 5.0 des Microsoft-Makroassemblers der Fall. Sollten Sie noch mit einer älteren MASM-Version arbeiten, ist es also höchste Zeit für ein Update. Zwar ist es prinzipiell durch Voranstellen entsprechender Präfixe möglich, auch mit älteren MASM-Versionen viele 80386-Befehle zu assemblieren. Da aber in diesem Fall keine Fehlerüberprüfung zur Verfügung steht und die 32-Bit-Mnemonics nicht im Listing erscheinen, schaffen Sie sich mit Sicherheit mehr Probleme als es dem eingesparten Update-Preis oder der Neuanschaffung des MASM in der Version 5.1 oder 6.0 wert ist.

Welchen Linker Sie einsetzen, spielt keine Rolle. Zwar gibt es für den 32-Bit-Modus der 80386-CPU auch spezielle Linker, doch beziehen sich die zusätzlichen Eigenschaften dieser Linker lediglich auf die im 32-Bit-Modus erheblich erweiterte Speicherverwaltung. Für die Beispielprogramme in diesem Buch ist daher jede Linker-Version gleichermaßen geeignet.

Um die Unterschiede zwischen 16- und 32-Bit-Programmierung zu veranschaulichen, wird auch ein Debugger benötigt. DEBUG kann leider nur bedingt eingesetzt werden, da dieser Debugger weder 80386-Befehle assemblieren kann noch 80386-Befehle oder die erweiterten 32-Bit-Register anzeigt. Statt dessen muß entweder auf den Turbo Debugger oder auf CodeView (ab Version 3.0) zurückgegriffen werden. Beim Turbo Debugger können die 32-Bit-Register im CPU-Fenster über »Alt-F10« aktiviert werden.

Und noch ein Hinweis, bevor es losgeht. Wenn Sie einen der neuen 80386-Befehle in einem Programm verwenden, sollten Sie stets daran denken, daß Sie damit die Abwärtskompatibilität zur 8088/86- oder 80286-CPU aufgeben. Mit anderen Worten, Programme mit diesen Befehlen sind nicht mehr auf XTs oder ATs lauffähig. Zum Üben und Kennenlernen sollten derartige Erwägungen aber keine Rolle spielen, denn Programmieren lernt man nur durch Ausprobieren. In Hinblick auf kommende Versionen von Windows und OS/2 ist es für einen Programmierer auf alle Fälle ratsam, sich früh genug mit der 80386-Programmierung vertraut zu machen.

Das Wichtigste im Überblick

Was ist denn nun alles so toll bei der 80386-CPU? Nun, um es gleich vorweg zu nehmen, es ist eine ganz Menge. 80386-Programmierung im Real-Modus ist im Grunde so wie Maschinen-sprache-Programmierung auf einem PC von Anfang an hätte sein sollen. Betrachtet man den Befehlssatz einer 68000-CPU und ihre 32-Bit-Register, die nur wenig später als die 8086-CPU auf den Markt kam, so werden einige Versäumnisse der Intel-Entwickler bei der 80286-CPU über-deutlich. Berücksichtigt man ferner, daß die 68000er-CPU bei der Vorstellung der 80286-CPU bereits erfolgreich auf dem Markt eingeführt war, so muß man sich fragen, warum die 80286-CPU, sieht man einmal von dem Protected-Modus ab, mit solch bescheidenen Verbesserungen aufwartete. Doch dies alles ist längst Geschichte, der 80386-CPU, obwohl selber schon mehr als fünf Jahre alt, gehört die Zukunft. Auf die wichtigsten Neuerungen wird in den folgenden Abschnitten noch ausführlicher eingegangen. Natürlich muß auch im Real-Modus ein Umstieg von der 8086/88-CPU bzw. der 80286-CPU auf die 80386-spezifischen Befehle Schritt für Schritt erfolgen. Die Neuerungen der 80386-CPU lassen sich auf drei Punkte zusammenfassen: 32-Bit-Register, eine erweiterte Adressierung und neue Maschinenbefehle. Fast alle Befehle aus dem Befehlssatz der 8086/88- und 80286-CPU wurden an die 32-Bit-Register der 80386-CPU an-gepaßt. Es sind aber auch eine Reihe neuer Befehle hinzugekommen, die in Tabelle 15.6 zu-sammengefaßt sind. Damit Sie die zusätzlichen Fähigkeiten der 80386-CPU besser einschätzen können, erfolgt zunächst eine kurze Übersicht über die wichtigsten Neuerungen, die für einen Maschinensprache-Programmierer von Bedeutung sind:

– Alle CPU-Register sind 32 Bit breit. Die 32-Bit-Register werden durch ein vorangestelltes »E« gekennzeichnet. So bezeichnet EAX die 32-Bit-Version des AX-Registers. Alle allgemeinen Register können aber nach wie vor als 16- oder 8-Bit-Register angesprochen werden. In 16-Bit-Segmenten wird bei Verwendung der 32-Bit-Register das Präfix 66h vorangestellt.

– Der PUSHA-Befehl der 80286-CPU wurde entsprechend erweitert. Die neue Variante heißt PUSHAD und sichert alle allgemeinen 32-Bit-Register auf den Stack. Analog werden mit dem POPAD-Befehl alle auf dem Stack geretteten Registerinhalte wieder in die entsprechenden 32-Bit-Register geladen.

– Das Flagregister wurde ebenfalls auf 32 Bit erweitert und heißt nun EFLAGS-Register. Damit gibt es auch zwei neue Befehle, die auf dieses Register direkt zugreifen. Während der Befehl POPFD ein Doppelwort vom Stack nimmt und im EFLAGS-Register speichert, transportiert der PUSHFD-Befehl den Inhalt des EFLAGS-Registers auf den Stack.

- Es gibt zwei neue Segmentregister mit den Namen FS und GS. Es handelt sich um allgemein verwendbare Segmentregister, die bei keiner Adressierungsart implizit eingesetzt werden.

- Entsprechend stehen mit den Befehlen LFS und LGS auch zwei neue Ladebefehle für das Laden eines Far-Zeigers zur Verfügung. Zusätzlich gibt es nun auch den Befehl LSS, der einen Far-Zeiger in das SS-Register und das angegebene Register lädt.

- Die 80386-CPU verfügt über neun Spezialregister, die auch im Real-Modus angesprochen werden können. Hierbei handelt es sich um die Kontrollregister CR0, CR2 und CR3, die Debug-Register DR0, DR1, DR2, DR3, DR6 und DR7 und die Test-Register TR6 und TR7. Der Zugriff auf diese Register erfolgt über einen »normalen« MOV-Befehl. Da es sich aber, wie bereits erwähnt, um Spezialregister handelt, die in der Regel nur in sehr speziellen Programmen (zum Beispiel Debuggern) eingesetzt werden, soll auf diese Register hier auch nicht weiter einge-gangen werden.

- Für die Speicheradressierung können nun auch die allgemeinen Register AX, BX, CX und DX und ihre 32-Bit-Versionen EAX, EBX, ECX und EDX verwendet werden.

- Es gibt eine neue und sehr leistungsfähige Adressierungsart: die skalierte Adressierung. Hier wird der Inhalt eines Indexregisters zur Bildung der Offsetadresse mit 2, 4 oder 8 multipliziert. Diese Adressierungsart erleichtert den Zugriff auf Felder mit einer konstanten Elementgröße.

- Mehr Indexregister. Als Indexregister können neben den Registern DI und SI nun auch die allgemeinen Register AX, BX, CX, DX und BP eingesetzt werden. Auch die übliche Einschrän-kung der 8086/88-CPU, daß bei der basisindizierten Adressierung ein Indexregister nur mit einem Basisregister kombiniert werden darf, existiert nicht mehr. Das SP-Register darf dagegen nach wie vor nicht als Indexregister verwendet werden. Die gleichen Erweiterungen und Einschränkungen gelten auch für die 32-Bit-Versionen dieser Register. Innerhalb eines 16-Bit-Segments wird durch den Assembler allen Befehlen mit 32-Bit-Adressierung das Präfix 67h vorangestellt.

- Es gibt zwei neue Datentypen, die von der CPU direkt unterstützt werden: Bit-Feld und Bit-String. Bei einem Bit-Feld handelt es sich um eine zusammenhängende Folge von Bits. Ein Bit-Feld kann an einer beliebigen Position in einem Operanden beginnen und bis zu 32 Bit umfassen. Bei einem Bit-String handelt es sich ebenfalls um eine zusammenhängende Folge von Bits, die in einem beliebigen Byte im Arbeitsspeicher an einer beliebigen Position beginnen kann. Ein Bit-String kann maximal 2 hoch 32-1, das heißt 4 Gbit groß sein.

- Bedingte Sprungbefehle können auch vom Typ Near sein und besitzen damit eine Reichweite von −32768 bis +32767 Byte.

– Der LOOP-Befehl kann auch auf das ECX-Register angewendet werden, was einen erheblich größeren Spielraum bei der Programmierung von Schleifen erlaubt. Da der Assembler aber anscheinend einen LOOPD-Befehl nicht kennen will, muß dieser durch Voranstellen des Präfixes 67h (zum Beispiel durch die Anweisung DB 67h) »emuliert« werden.

– Die Stringbefehle können mit Doppelwort-Operanden arbeiten. Diese Befehle heißen entsprechend SCASD, LODSD, MOVSD, SCASD und STOSD. Ein String, das heißt eine zusammenhängende Folge von Bytes, Wörtern oder Doppelwörtern, kann damit bis zu 4 Gbyte groß werden.

– Entsprechend der erweiterten Stringbefehle gibt es auch für die Ein/Ausgabe eines Strings über die E/A-Ports zwei neue Befehlsvarianten. Es sind dies die Befehle INSD und OUTSD, die einen String mit Doppelwortoperanden über einen E/A-Port ein- und ausgeben.

– Mit Hilfe der Bit-Befehle BT, BTC, BTR und BTS kann der Zustand eines einzelnen Bits getestet und in das Carryflag übertragen werden. Anschließend wird das getestete Bit entweder gesetzt, gelöscht oder komplementiert.

– Mit Hilfe der Bit-Befehle BSF und BSR kann die Position des ersten gesetzten Bits in einem Operanden bestimmt werden.

– Die bedingten Setzbefehle »SETcc« setzen den Inhalt eines Operanden in Abhängigkeit einer Bedingung »cc«, das heißt dem Zustand bestimmter Statusflags entweder auf Null oder auf Eins. Zu jedem bedingten Sprungbefehl (mit Ausnahme des JCXZ-Befehls) gibt es ein Pendant in Form eines bedingten Setzbefehls.

– Die Befehle MOVSX und MOVZX verschieben einen Operanden in ein Register und führen gleichzeitig eine vorzeichenrichtige Erweiterung durch (MOVSX) oder setzen die höherwertige Hälfte des Zielregisters auf Null (MOVZX). Damit ist es zum Beispiel möglich, einen 8-Bit-Operanden durch einen einzigen Befehl in ein 32-Bit-Register zu laden.

– Die Konversionsbefehle arbeiten nun auch mit 32-Bit-Operanden. Der Befehl CWDE wandelt einen vorzeichenbehafteten Wortoperanden im AX-Register vorzeichenrichtig in einen Doppelwortoperanden im EAX-Register um. Der Befehl CDQ wandelt einen vorzeichenbehafteten Doppelwortoperanden im EAX-Register vorzeichenrichtig in einen 64-Bit-Operanden (Quadwort), der im Registerpaar EDX:EAX abgelegt wird, um.

– Um das ECX-Register zu berücksichtigen, gibt es zusätzlich den bedingten Sprungbefehl JECXZ, der einen Sprung durchführt, wenn das ECX-Register Null ist.

– Der IMUL-Befehl wurde um eine zusätzliche Variante erweitert. Jetzt ist es möglich, ein 16- oder 32-Bit-Quellregister oder einen 16- oder 32-Bit-Quellspeicheroperanden mit einem Zielregister der gleichen Größe zu multiplizieren.

– Um die Rückkehr von einer Interruptroutine innerhalb eines 32-Bit-Segments zu ermöglichen, gibt es nun den Befehl IRETD.

Befehl	Bedeutung
MOVSX	Verschieben mit vorzeichenrichtiger Erweiterung
MOVZX	Verschieben mit Null-Erweiterung
LFS, LGS	Laden eines Far-Zeigers
SHLD, SHRD	Verschieben eines Doppelwortes
BT	Bit testen
BTC	Bit testen und komplementieren
BTS	Bit testen und setzen
BTR	Bit testen und rücksetzen
BSF	Bit-Feld vorwärts durchsuchen
BSR	Bit-Feld rückwärts durchsuchen
SETcc	Byte-Setzen, wenn Bedingung erfüllt

Tabelle 15.6: *Die zusätzlichen 80386-Real-Modus-Befehle*

64 Kbyte oder 4 Gbyte? Oder die Adressierung im Real-Modus

Betrachtet man sich die 32-Bit-Register, die ja auch bei der Adressierung eingesetzt werden können, stößt man sehr schnell auf eine entscheidende Frage. Da ein Index prinzipiell 32 Bit groß sein kann, müßte es doch ohne Probleme möglich sein, mehr als 1 Mbyte direkt zu adressieren. Existiert die berüchtigte 640-Kbyte-Barriere unter MS-DOS auf einem 80386/486-PC denn überhaupt noch? Die Antwort lautet leider ja. Zum einen wird die 640-Kbyte-Grenze unter MS-DOS durch die Lage der Bildschirmadapter bedingt, zum anderen kann die 80386/486-CPU im Real-Modus (normalerweise) nach wie vor nur 1 Mbyte adressieren. Im Protected-Modus kann die Größe eines Codesegments wahlweise 64 Kbyte oder 4 Gbyte betragen. Dies wird durch das D-Bit im Deskriptor eines Codesegments festgelegt. Ist dieses Bit gelöscht, beträgt die Standardsegmentgröße 64 Kbyte, was auch im Real-Modus der Fall ist. Doch was passiert im folgenden Fall:

```
MOV EDI,2000000
MOV EAX,[EDI]
```

Nun, prinzipiell adressiert das EDI-Register eine Speicherzelle mit der Offsetadresse 2.000.000. Doch da für die Adressierung nur 20 Adreßleitungen zur Verfügung stehen, kommt es zu einem sogenannten »Wrap-around«, das heißt einem Umbrucheffekt, bei dem eine Speicherzelle im 64-Kbyte-Segment adressiert wird, deren Adresse sich aus dem Rest einer Division von 2.000.000 durch 65536 ergibt. Allerdings gibt es die Möglichkeit, das 21. Adreßbit per Software freizuschalten. In diesem Fall können im Real-Modus zusätzliche 66520 Byte adressiert werden, wenn der Segmentanteil den Wert 0FFFFh besitzt. Es ist abzusehen, daß künftige Versionen von MS-DOS und DR-DOS diese Barriere radikal durchbrechen werden und die vollen Adressierungsmöglichkeiten der 80386-CPU auch unter DOS zur Verfügung stellen.

Die Präfixe 66h und 67h

Von diesen Präfixen 66h und 67hn war bereits die Rede. Obwohl eine effektive Adresse im Real-Modus den Wert 0FFFFh nicht überschreiten darf, kann dennoch auch im Real-Modus eine

Adressierung mit 32-Bit-Segmenten durchgeführt werden (die höherwertige Hälfte muß in diesem Fall auf Null gesetzt werden). Da diese Adressierung aber, wenn nichts anderes über den USE-Parameter vereinbart wird, innerhalb eines 64-Kbyte-Segments durchgeführt wird, muß der CPU über den Präfix 67h mitgeteilt werden, daß für den folgenden Befehl eine 32-Bit-Adressierung durchgeführt wird. Einen entsprechenden Präfix, es ist der Präfix 66h, gibt es auch für die Verwendung von 32-Bit-Registern. Wir werden auf beide Präfixe im Zusammenhang mit der Besprechung der USE-Parameter noch zurückkommen.

Vorsicht Ausnahme!

Eine effektive Adresse größer als 65535, die zum Beispiel durch einen zu hohen Wert in einem 32-Bit-Indexregister entstehen kann, wird von der 80386/486-CPU in einer besonderen Weise geahndet. Jedesmal, wenn beim Zugriff auf den Arbeitsspeicher eine solche Adresse beteiligt ist, wird ein Interrupt 13 ausgelöst. Dieser Interrupt spielt im Protected-Modus die Rolle des »general protection fault«, das heißt eines Interrupts, der für allgemeine Zugriffsverletzungen zuständig ist. Doch auch im Real-Modus hat dieser Interrupt, wenngleich eine eingeschränkte, Bedeutung. Damit steht dem Programmierer auch im Real-Modus die Möglichkeit zur Verfügung, Zugriffe, die über die Grenzen eines Segments hinausgehen, abzufangen. Natürlich sollen diese Interrupts, die unter DOS vom BIOS belegt werden, nicht bei jedem Segmentüberlauf, der von manchen Programmen auch bewußt durchgeführt wird, ausgelöst werden. Dies ist wahrscheinlich der Grund, warum im Zusammenhang mit dem DS- und dem ES-Register unter DOS kein Interrupt bei Überlauf der effektiven Adresse ausgelöst werden kann. Dies ist lediglich mit dem FS- und dem GS-Register möglich.

Beispielprogramm 15.3 – BSP15_03.ASM

Dieses Beispielprogramm demonstriert die Auswirkung eines Segmentüberlaufs bei der 80386/486-CPU. Assemblieren und linken Sie das Programm, testen Sie es mit CodeView oder dem Turbo Debugger und bringen Sie es auf einem PC mit 80386/486-CPU zur Ausführung.

```
.MODEL SMALL
.386
.STACK
.DATA
        OLD_INT13 DW ?          ; Hier wird der alte Interruptvektor
                  DW ?          ; gespeichert
.CODE
START:
        MOV DX,@DATA            ; Datensegment initialisieren
        MOV DS,DX
        MOV AX,350Dh            ; Alten Interruptvektor holen
        INT 21h
        MOV OLD_INT13,ES        ; und speichern
        MOV OLD_INT13+2,BX
        MOV AX,250Dh            ; Neue Routine auf den Interrupt 13
        PUSH CS                 ; setzen
        POP DS
        LEA DX,INT13_HANDLER
        INT 21h
```

```
        MOV DX,1000h                ; Segmentwert in FS-Register laden
        MOV FS,DX
        MOV DI,0FFFFh               ; Zu großer Index nach DI
        MOV AX,FS:[DI]              ; Segmentüberschreitung !!!
        MOV DX,@DATA                ; Datensegment erneut initialisieren
        MOV DS,DX
        MOV AX,250Dh                ; Alten Interruptvektor wieder herstellen
        MOV DX,OLD_INT13
        MOV DS,DX
        MOV DX,OLD_INT13+2
        INT 21h
ENDE:
        MOV AH,4Ch                  ; Programm beenden
        INT 21h
INT13_HANDLER LABEL DWORD          ; Hier beginnt die neue Int13-Routine
        STI
        PUSH DS
        PUSH CS
        POP DS
        LEA DX,TEXT
        MOV AH,09
        INT 21h
        XOR DI,DI                   ; Wichtig, Interruptursache korrigieren!
        POP DS
        IRET
        TEXT DB 'Interrupt 13 aufgetreten!',10,13,'$'
_TEXT   ENDS
END START
```

In Beispielprogramm 15.3 wird zunächst eine eigene Routine auf den Interrupt 13 gelegt. Anschließend wird in das FS-Register ein Wert, in das DI-Register der Wert 0FFFFh geladen und der Befehl

```
MOV AX,FS:[DI]
```

Führt dieser Befehl zu einem Segmentüberlauf? Ja, weil ein Wortzugriff stattfindet und sich das zweite Byte nicht mehr in dem Segment befindet. In Folge dieses Überlaufs wird Interrupt 13 aufgerufen und eine kleine Meldung ausgegeben. Beachten Sie, daß die Interruptursache unbedingt innerhalb der Interruptroutine korrigiert werden muß (dies geschieht in dem Beispiel durch Rücksetzen des DI-Registers). Es handelt sich hier nämlich um einen »erneut startbaren« Interrupt, der nach Beendigung der Interruptroutine zu dem Befehl zurückkehrt, der den Interrupt verursacht hat. Würden wir das DI-Register nicht auf Null setzen, wäre eine endlose Folge von Interrupts 13 die Konsequenz.

Fassen wir kurz zusammen: Ein Segment kann bei der 80386/486-CPU im Real-Modus offiziell nicht größer als 64 Kbyte werden. Im Protected-Modus der 80386/486-CPU kann ein Segment dagegen maximal 4 Gbyte groß werden. Bei Codesegmenten wird die Standardgröße über das D-Bit im Codesegmentdeskriptor festgelegt. Damit sind auch im Protected-Modus der 80386-CPU

64 Kbyte große Segmente möglich, was die Kompatibilität zur 80286-CPU gewährleistet. Auch im Real-Modus kann man mit einem Trick mit 4 Gbyte großen Segmenten arbeiten. Dazu muß man in den Protected-Modus umschalten, einen Deskriptor mit der Segmentgröße 4 Gbyte definieren und diesen Deskriptor zum Beispiel in das FS-Register laden. Schaltet man anschließend in den Real-Modus zurück, gilt die festgelegte Segmentgröße nach wie vor und es steht ein theoretisch 4 Gbyte großes Segment zur Verfügung. Welche Konsequenzen die unterschiedlichen Segmentgrößen für die Assemblerprogrammierung haben, führt automatisch zur Besprechung der Segmentparameter USE16 und USE32.

Die Segmentparameter USE16 und USE32

Über diese Parameter, die bereits in Kapitel 10.3 kurz angesprochen wurden, wird die Standardgröße eines Segments festgelegt. Beide Parameter werden stets als Parameter der SEGMENT-Anweisung aufgeführt:

```
TEST    SEGMENT USE16
        . . .
```

Der USE16-Parameter legt die maximale Größe eines Segments auf 64 Kbyte fest, während beim USE32-Parameter die maximale Größe eines Segments 4 Gbyte betragen kann.

Welcher USE-Parameter gültig ist, hängt eng mit der Verwendung der Assembleranweisung .386 zusammen. Normalerweise, das heißt ohne diese Anweisung, ist die maximale Größe eines Segments 64 Kbyte. Wird diese Anweisung in Zusammenhang mit den Standardsegmentanweisungen verwendet, beträgt die Segmentgröße 4 Gbyte, das heißt, der USE32-Parameter ist die Standardeinstellung. Etwas anders sieht es bei Verwendung der vereinfachten Segmentanweisungen aus. Da die SEGMENT-Anweisung nicht explizit aufgeführt wird, sondern indirekt durch die vereinfachten Segmentanweisungen assembliert wird, kann der USE-Parameter nicht direkt eingesetzt werden. Hier kommt es auf die Reihenfolge der .386- und der .MODEL-Anweisung an. Wird die .386-Anweisung zuerst aufgeführt, wird eine Segmentgröße von 4 Gbyte festgelegt, wird dagegen zuerst die .MODEL-Anweisung aufgeführt, beträgt die Segmentgröße 64 Kbyte. Dies ist auch ganz einsichtig, denn durch die .MODEL-Anweisung werden bereits ein Code- und ein Datensegment mit bestimmten Attributen definiert. Bei der erneuten Definition dieser Segmente, zum Beispiel durch die .CODE-Anweisung, können die einmal festgelegten Parameter nicht mehr geändert werden.

Doch welchen Einfluß haben die USE-Parameter auf die Programmierung? Für die folgenden Beispiele werden die Standardsegmentanweisungen verwendet, da hier der Einfluß des USE-Parameters deutlicher wird. Im ersten Beispiel wird ein Segment mit dem USE16-Parameter definiert:

```
.386
_TEXT1  SEGMENT USE16
        ASSUME CS:_TEXT1
        n = 123456789
        adr = $
        DB 1000000 DUP(?)
        MOV EAX,1
```

```
              MOV AX,[EDI]
              MOV EAX,[EDI]
              MOV EAX,EBX
              MOV AX,BX
_TEXT1  ENDS
```

Da durch den USE16-Parameter ein 64-Kbyte-Segment definiert wird, sind zwei Fehlermeldungen die Folge. So kann die Anweisung

```
DB 1000000 DUP(?)
```

nicht assembliert werden, da die Segmentgrenzen überschritten werden. Wesentlich wichtiger ist die Frage, welche Präfixe assembliert wurden. Dies läßt sich durch einen Blick in das Programmlisting leicht feststellen:

```
                 .386
0000                  _TEXT1  SEGMENT USE16
                          ASSUME CS:_TEXT1
= 075BCD15                n = 123456789
= 0000                    adr = $
0000   000F4240[         DB 1000000 DUP(?) ]

mini07.ASM(7): error A2050: Value out of range
000F4240  66| B8 00000001    MOV EAX,1
000F4246  67| 8B 07          MOV AX,[EDI]
000F4249  67| 66| 8B 07         MOV EAX,[EDI]
000F424D  66| 8B C3          MOV EAX,EBX
000F4250  8B C3              MOV AX,BX
000F4252              _TEXT1  ENDS
mini07.ASM(13): error A2102: Segment near (or at) 64K limit
```

Wie dieser Ausschnitt aus dem Programmlisting zeigt, hat der Assembler vor jeden 32-Bit-Befehl entweder das Präfix 66h (Registergröße 32 Bit) oder das Präfix 67h (Adreßgröße 32 Bit) gesetzt. In einem Fall werden sogar beide Präfixe assembliert. Dies ist notwendig, weil die Standardgröße des Segments 64 Kbyte beträgt und ein 32-Bit-Zugriff eines besonderen Präfixes bedarf. Es ist einleuchtend, daß durch die Assemblierung dieser Präfixe ein Programm unnötig groß wird. Daran kann der USE32-Parameter etwas ändern, wie das folgende Beispiel zeigt. Es wird das gleiche Segment definiert wie aus dem letzten Beispiel, allerdings mit dem USE32-Parameter. Das Programmlisting macht den Unterschied deutlich:

```
0000                  _TEXT2 SEGMENT USE32
                          ASSUME CS:_TEXT1
= 075BCD15                n = 123456789
= 0000                    adr = $
0000   000F4240[         DB 1000000 DUP(?)
000F4240  B8 00000001       MOV EAX,1
000F4245  66| 8B 07         MOV AX,[EDI]
000F4248  8B 07             MOV EAX,[EDI]
000F424A  8B C3             MOV EAX,EBX
```

```
000F424C  66| 8B C3    MOV AX,BX
000F424F                _TEXT2 ENDS
          END
```

Als erstes fällt auf, daß die DB-Anweisung anstandslos assembliert wurde und der Assembler ein 1 Million Byte großes Feld angelegt hat. Theoretisch könnte man mit diesem Feld auch arbeiten, doch leider spielt die Speicherverwaltung von MS-DOS da nicht mit, da der größtmögliche Speicherblock, der über die Funktion 48h des Interrupts 21h angefordert werden kann, unter MS-DOS 5.0 deutlich unter 600 Kbyte liegt. Wie sieht es mit den Präfixen aus? Wie zu erkennen ist, wurde der Präfix 66h nur in zwei Fällen assembliert, da die Standardgröße des Segments nun 32 Bit beträgt. In beiden Fällen war es erforderlich, einen 16-Bit-Zugriff durchzuführen. Damit wird deutlich, daß die Präfixe 66h und 67h in beide Richtungen wirken können. Beträgt die Standardsegmentgröße 16 Bit, bewirken diese Präfixe einen 32-Bit-Zugriff, beträgt die Standardsegmentgröße dagegen 32 Bit, bewirken sie das Gegenteil, nämlich einen 16-Bit-Zugriff.

Auch wenn es den Assembler nicht stört, mit 32-Bit-Segmenten zu arbeiten, sollten diese unter MS-DOS nicht verwendet werden. Die Frage, welcher der beiden USE-Parameter zu verwenden ist, ist damit eindeutig. Unter MS-DOS sollte stets der USE16-Parameter verwendet werden, da die Segmentgröße hier 64 Kbyte beträgt. Folgendes hinlänglich bekannte Programm läuft zum Beispiel unter MS-DOS nicht, wenn der USE32-Parameter verwendet wird:

```
.386
.MODEL SMALL
.STACK
.DATA
        TEXT DB 'USE16 oder USE32, das ist hier die Frage!',10,13,'$'
.CODE
        MOV DX,@DATA
        MOV DS,DX
        LEA DX,TEXT
        MOV AH,09
        INT 21h
        MOV AH,4Ch
        INT 21h
END
```

Wird das Programm in dieser Form assembliert, wird allen Befehlen, die mit 16-Bit-Registern arbeiten, der Präfix 66h vorausgestellt, welcher einen 16-Bit-Zugriff erwirken soll. Führt man dieses Programm jedoch aus, kommt es zu einem Absturz. Der Grund dürfte darin liegen, daß unter MS-DOS die Segmentgröße ja 64 Kbyte beträgt und der Präfix 66h fälschlicherweise einen 32-Bit-Zugriff erwirkt. In diesem Fall werden aber die Opcode des »MOV DX,DS«-Befehls noch als Operanden des ersten MOV-Befehls interpretiert, was natürlich nicht gut gehen kann.

Alles ist 32 Bit

Der einfachste, aber grundlegendste Unterschied betrifft die Registergröße der 80386-CPU. Auch im Real-Modus sind alle Register 32 Bit breit. Neue Registernamen gibt es allerdings nicht, statt dessen geht jedem der 32-Bit-Register ein »E« voraus. Bild 15.8 gibt eine Übersicht über den Registersatz der 80386-CPU.

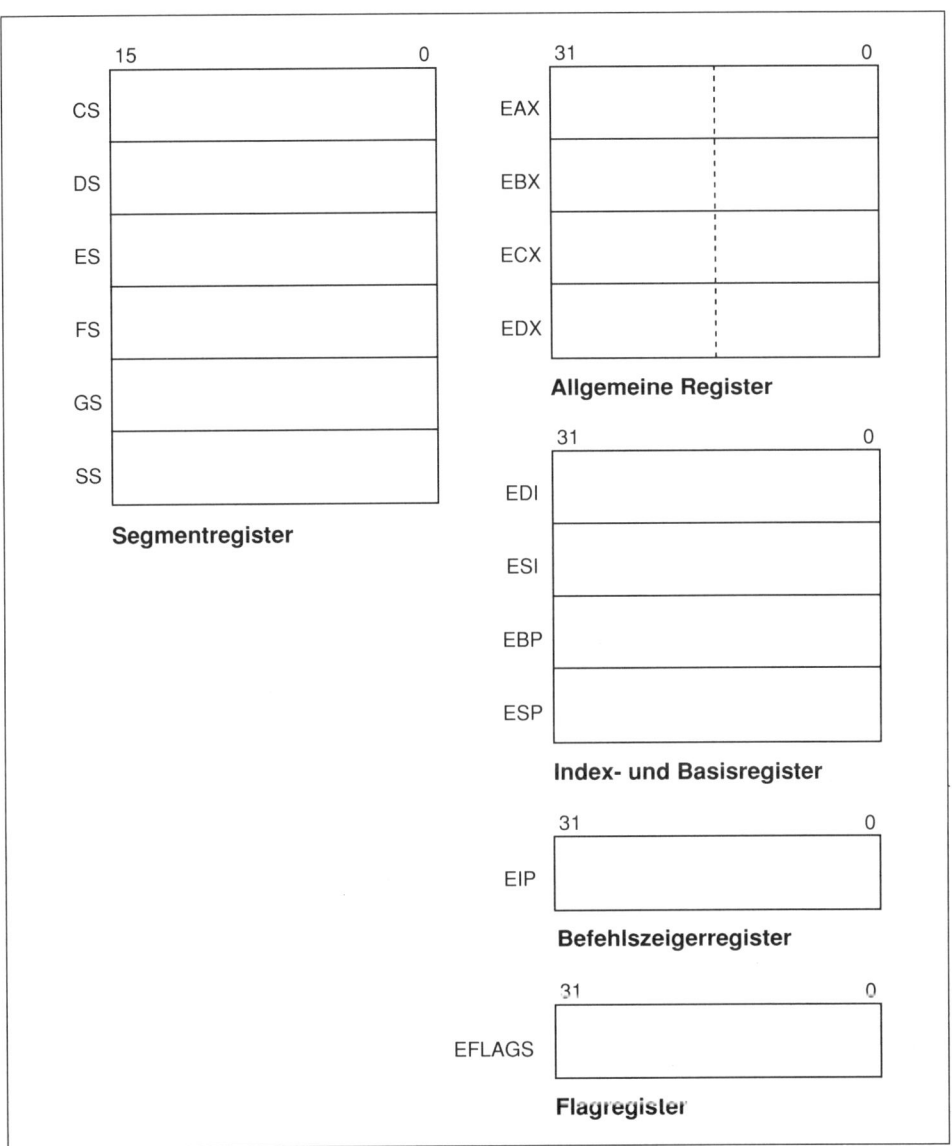

Bild 15.8: *Der Registersatz der 80386-CPU*

Ein 32-Bit-Register kann wahlweise auch als 16- oder 8-Bit-Register angesprochen werden. Die aus den Kapiteln über die 8086/88-Programmierung bekannten CPU-Register sind Bestandteil der 32-Bit-Register. So kann beispielsweise die niederwertige Hälfte des EAX-Registers auch über das AX-Register angesprochen werden. Entsprechend wird bei einem Zugriff auf das AL-Register das niederwertigste Byte des EAX-Registers angesprochen (siehe Bild 15.9).

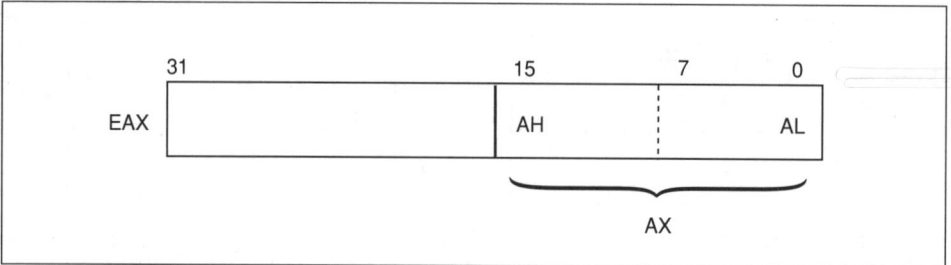

Bild 15.9: *Aufbau des EAX-Registers*

Neue Segment-Aufhebungs-Präfixe

Bedingt durch den 32-Bit-Adressierungs-Modus werden auch zusätzliche Segment-Aufhebungs-Präfixe (»Segment-Override-Präfixe«) benötigt, welche in Abhängigkeit der Standardsegment-größe für einen speziellen Befehl einen 32-Bit- oder einen 16-Bit-Zugriff durchführen. Eine Übersicht über alle zur Verfügung stehenden Präfixe gibt Tabelle 15.7.

Präfix-Opcode	Bedeutung
2Eh	CS-Segment-Aufhebung
36h	SS-Segment-Aufhebung
3Eh	DS-Segment-Aufhebung
26h	ES-Segment-Aufhebung
64h	FS-Segment-Aufhebung
65h	GS-Segment-Aufhebung
66h	Operanden-Größe ist 32 Bit (oder 16 Bit)
67h	Adreß-Größe ist 32 Bit (oder 16 Bit)

Tabelle 15.7: *Segment-Aufhebungs-Präfixe*

Auf die Bedeutung der Präfixe 66h und 67h wurde bereits im Zusammenhang mit der Besprechung der Parameter USE16 und USE32 eingegangen. Beide Präfixe werden in der Regel vom Assembler generiert und müssen nicht separat aufgeführt werden. Lediglich wenn ein Assembler die 80386-Befehle nicht zur Verfügung stellen kann, können durch Verwendung dieser Präfixe auch 32-Bit-Befehle mit 32-Bit-Registern und/oder 32-Bit-Adressierung assembliert werden.

Es soll noch einmal darauf hingewiesen werden, daß der maximal adressierbare Arbeitsspeicher im Real-Modus nach wie vor auf 1 Mbyte begrenzt ist. Mit anderen Worten, auch wenn über den USE32-Parameter eine 32-Bit-Segmentgröße eingetragen wird, bleibt die Begrenzung auf 1 Mbyte bestehen. Zwar können auch die 32-Bit-Register zur Adressierung verwendet werden, es muß aber sichergestellt sein, daß die höherwertigen 16 Bit auf Null gesetzt sind. Ansonsten ist, wie auch bei der 80286-CPU, der Ausnahme-Interrupt 13 die Folge. Es ist allerdings, und auch das wurde bereits erwähnt, über einen kleinen Trick möglich, auch im Real-Modus mit maximal 4 Gbyte großen Segmenten zu arbeiten.

Die aktuelle Segmentgröße kann auch aus dem Programmlisting entnommen werden, wie der folgende kurze Ausschnitt aus einem Programmlisting zeigt:

Segments and Groups:

N a m e	Size	Length	Align	Combine	Class
DGROUP	. . . .	GROUP			
_DATA	. . . .	16 Bit	0000	WORD	PUBLIC 'DATA'
_TEXT	. . . .	16 Bit	0004	WORD	PUBLIC 'CODE'

Wird die .386-Anweisung zusammen mit den Standard-Segmentanweisungen eingesetzt, beträgt, sofern nichts anderes vereinbart wird, die Segmentgröße automatisch 32 Bit. Der Standardausrichtungstyp eines Segments ist nun DWORD und nicht mehr WORD wie bei 16-Bit-Segmenten. Bei Verwendung der vereinfachten Segmentanweisungen beträgt die Standard-Segmentgröße auch beim Einsatz der .386-Anweisung 16 Bit, da die .CODE-Anweisung eine SEGMENT-Anweisung ohne den USE32-Parameter assembliert. Im Programmlisting findet man daher überall dort, wo 32-Bit-Register oder eine 32-Bit-Adressierung verwendet werden, die Präfixe 66h und 67h. Diese Präfixe teilen der CPU mit, daß 32-Bit-Register bzw. eine 32-Bit-Adressierung angewendet werden. Nehmen wir als Beispiel den Befehl

```
MOV EDX,[EAX]
```

Das EAX-Register enthält einen Zeiger auf ein 32-Bit-Objekt im Arbeitsspeicher. Unabhängig davon, ob der 16-Bit- oder der 32-Bit-Modus aktiv ist, enthält das EAX-Register lediglich die Offsetadresse des Quelloperanden. Die höherwertige Hälfte des EAX-Registers muß im Real-Modus auf Null gesetzt sein.

Woher kommt das Standardsegmentregister?
An dem Prinzip der Speicheradressierung hat sich im Real-Modus auch bei der 80386/486-CPU nichts geändert, das heißt, die Segmentadresse wird bei einem Speicherzugriff nach wie vor aus dem DS- oder SS-Register geholt, und, wenn ein Segment-Aufhebungs-Operator eingesetzt wird, auch aus dem CS-, FS- oder GS-Register. Die Wahl des Standardsegmentregisters, das zur Bildung der physikalischen Adresse herangezogen wird, richtet sich, wie bei der 8086/88-CPU, nach dem Typ des Basisregisters. Nur wenn es sich bei dem Basisregister um das EBP- oder das ESP-Register handelt, wird der Segmentanteil aus dem SS-Register genommen, in allen anderen Fällen wird das DS-Register herangezogen.

Wenn zur Festlegung der effektiven Adresse zwei Register verwendet werden, ist das Register mit einem Skalierungsfaktor stets das Indexregister, das andere Register ist dann das Basisregister. Wird keine Skalierung verwendet, ist das erste aufgeführte Register das Basisregister. Wird nur ein Register aufgeführt, ist dieses das Basisregister, unabhängig davon, ob eine Skalierung verwendet wird oder nicht. Hier einige Beispiele:

```
MOV EAX,[EDX] [EBP]     ; Basis: EDX – DS-Register
MOV EAX [EDX*1] [EBP]   ; Basis: EBP – SS-Register
MOV EAX,[EDX] [EBP*4]   ; Basis: EDX – DS-Register
MOV EAX,[EBP] [EDX]     ; Basis: EBP – SS-Register
MOV EAX,[EBP]           ; Basis: EBP – SS-Register
```

Neue Register

Bei den allgemeinen Registern hat sich, wie auch Bild 15.8 zeigt, grundsätzlich nichts geändert. Es sind allerdings mit den Registern FS und GS zwei neue Segmentregister hinzugekommen. Eine spezielle Aufgabe kommt diesen Segmentregistern aber nicht zu, es handelt sich daher um in der Regel frei verwendbare Segmentregister. Insbesondere gibt es keine Speicheradressierung, die diese beiden Register implizit einbezieht. Mit anderen Worten, diese Segmentregister werden nur dann zur Adreßbildung herangezogen, wenn ein Befehl einen der beiden Segment-Aufhebungs-Operatoren »FS:« oder »GS:« enthält.

Erweitertes Flagregister

Auch das Flagregister, es trägt den Namen EFLAGS, ist nun 32 Bit breit. Wie Bild 15.10 auf der nächsten Seite zeigt, ist gegenüber der 80286-CPU mit dem VM-Flag lediglich ein neues Flag hinzugekommen. Das Maschinenstatuswort (MSW) der 80286-CPU wurde in das Flagregister integriert. Da das MSW bereits im letzten Abschnitt besprochen wurde, soll lediglich das neue VM-Flag kurz vorgestellt werden. Durch Setzen dieses Flags wird der virtuelle 8086-Modus der 80386-CPU aktiviert. Bei diesem Modus handelt es sich um einen der leistungsfähigsten Eigenschaften der 80386-CPU. In dem virtuellen 8086-Modus ist die CPU in der Lage, mehrere 8086-CPUs zu emulieren. Mit anderen Worten, es ist möglich, mehrere 8086-Programme im Multitasking-Betrieb auszuführen, wobei jede dieser Programme unter den gleichen Rahmenbedingungen ausgeführt wird, wie auf einer echten 8086-CPU. Trotzdem können nach wie vor etliche Vorteile der 80386-CPU genutzt werden. Da der virtuelle 8086-Modus eng mit dem Protected-Modus zusammenhängt, entsprechend umfangreiche Vorbereitungen zu treffen sind, um den virtuellen 8086-Modus zu aktivieren und zudem ein Monitorprogramm benötigt wird, das im Protected-Modus läuft und die Aktivitäten eines 8086-Programms überwacht, wird diese Betriebsart in diesem Buch nicht ausführlicher besprochen.

Programmieren mit 32-Bit

Für einen Maschinensprache-Programmierer, der die 80386-CPU im Real-Modus programmiert, ergeben sich keine wesentlichen Änderungen. Der allgemeine Aufbau eines Assemblerprogramms ist mit dem bei der 8086/88-Programmierung bis auf eine Ausnahme identisch: Der Assembler benötigt die Anweisung ».386« (oder ».486« bei TASM 2.x und MASM 6.0), um die 80386-Mnemonics zu aktivieren. Beachten Sie, daß diese Anweisung keinerlei Einfluß auf die CPU hat. Sie sagt dem Assembler lediglich, daß bei der Assemblierung nun auch die Mnemonics der 80386-CPU zur Verfügung stehen müssen. Daher kann ein 80386/486-Programm im Prinzip auch auf einem XT mit 8088-CPU assembliert werden. Auch bei den BIOS- und DOS-Aufrufen hat sich nichts geändert, denn sowohl das BIOS als auch das DOS sind ausschließlich 16 Bit orientiert. So werden nach wie vor sämtliche Parameter von Betriebssystemfunktionen in 16-Bit-Registern übergeben. Da ansonsten alles beim alten bleibt, können wir gleich mit der Programmierung einsteigen. Das erste Beispiel, das Ihnen sicherlich bekannt vorkommen dürfte, soll zeigen, welche Vorteile sich durch die Verwendung von 32-Bit-Registern ergeben.

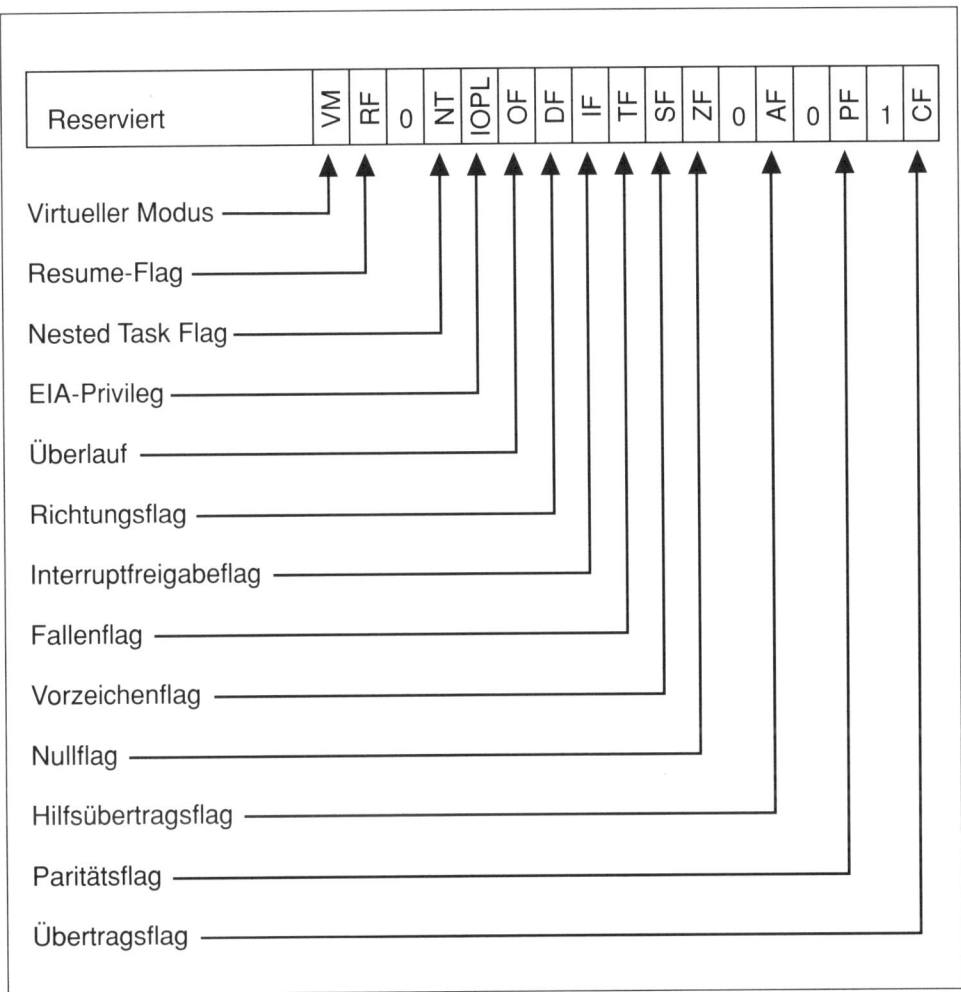

Bild 15.10: *Das EFLAGS-Register*

Eine Ausgaberoutine für 32-Bit-Zahlen

Um überhaupt »sichtbare« Ergebnisse beim Arbeiten mit 32 Bit Zahlen produzieren zu können, wird zunächst einmal eine Ausgaberoutine benötigt. An dieser Routine wird auch der Umgang mit den 32-Bit-Registern deutlich. Wenn Sie das Beispielprogramm 15.4 mit dem Beispielprogramm 9.7 aus Kapitel 9.3 vergleichen, werden Sie feststellen, daß sich auch bei der 32-Bit-Programmierung grundsätzlich nichts geändert hat. Damit die CPU weiß, daß in einem 16-Bit-Segment ein 32-Bit-Zugriff erfolgt, stellt der Assembler jedem Befehl, der mit einem 32-Bit-Register arbeitet, ein Präfix mit dem Wert 66h voraus.

Beispielprogramm 15.4 – BSP15_04.ASM

Im folgenden Programm wird eine einfache 32-Bit-Ausgabe durchgeführt. Assemblieren und linken Sie das Programm, testen Sie es mit CodeView oder dem Turbo Debugger und bringen Sie es auf einem PC mit 80386/486-CPU zur Ausführung.

```asm
; -----------------------------------------------------------
; Programm zur Ausgabe einer 32-Bit-Zahl
; -----------------------------------------------------------
;
.MODEL SMALL
        .386                    ; 80386-Befehle assemblieren
.STACK 100h
.CODE
HEX32_OUT  PROC                 ; Auszugebende Zahl ist in EAX
        OR EAX,EAX              ; Vorzeichen testen
        JNS DIV_LAD            ; Nicht negativ, dann weiter
        PUSH AX
        MOV DL,'-'              ; Minuszeichen ausgeben
        MOV AH,02h
        INT 21h
        POP AX
        NEG EAX                 ; Vorzeichen umkehren
DIV_LAD:
        MOV EBX,10              ; Divisor laden
        XOR ECX,ECX            ; ECX auf Null
UM:
        XOR EDX,EDX            ; EDX auf Null
        DIV EBX                 ; 64 Bit Division
        ADD DL,30h             ; Rest in ASCII umwandeln
        PUSH DX                 ; Auf dem Stack sichern
        INC ECX                 ; Zähler erhöhen
        OR EAX,EAX             ; Ergebnis bereits Null
        JNE UM                 ; Nein, dann wieder zurück
        MOV AH,02              ; Ausgabe eines Zeichens
AUS:
        POP DX                  ; Letzten Rest vom Stack
        INT 21h                 ; und ausgeben
        LOOP AUS                ; Schleife wiederholen
        RET                     ; Zurück zum Hauptprogramm
HEX32_OUT ENDP
START:
        MOV EAX,123456789       ; Diese Zahl wird ausgegeben
        CALL HEX32_OUT
        MOV AH,4Ch             ; Zurück zu DOS
        INT 21h
END START
```

Beispielprogramm 15.4 enthält eine Prozedur mit dem Namen HEX32_OUT, die eine 32-Bit-Zahl im Register EAX auf dem Bildschirm ausgibt. Die Zahl im EAX-Register wird als vorzeichenbehaftete Zahl interpretiert, so daß auch negative Zahlen ausgegeben werden können. An Beispielprogramm 15.4 wird auch deutlich, daß es problemlos möglich ist, auf ein und dasselbe Register über einen 8-Bit-, über einen 16-Bit- und über einen 32-Bit-Befehl zuzugreifen. Wie ein kurzer Ausschnitt aus dem Programmlisting zeigt, stellt der Assembler allen Befehlen, die mit 32-Bit-Registern arbeiten, ein entsprechendes Präfix voraus:

```
0000   66|  B8 499602D2            MOV EAX,1234567890
0006   66|  BB 0000000A            MOV EBX,10
000C   66|  33 C9                  XOR ECX,ECX
000F                      @@:
000F   66|  33 D2                  XOR EDX,EDX
0012   66|  F7 F3                  DIV EBX
```

Eine Eingaberoutine für 32-Bit-Zahlen

Natürlich benötigen wir auch eine Eingaberoutine für 32-Bit-Zahlen. Fassen Sie dies bitte einmal als eine kleine Übung auf, um Ihr bereits erlerntes Wissen über die 80386-CPU anzuwenden. Ein kleiner Tip: Sie müssen lediglich die Eingaberoutine aus Beispielprogramm 9.7 (bzw. 9.8) auf 32-Bit-Register anpassen. Eine fertige Routine finden Sie in Beispielprogramm 15.5. Da in diesem Kapitel bereits profunde Maschinensprache-Kenntnisse vorausgesetzt werden dürfen, wurde die Eingaberoutine ein wenig erweitert. So werden zum Beispiel nicht numerische Zeichen erkannt und über eine Fehlermeldung angezeigt. Auch können nun negative Zahlen eingegeben werden, da auf ein Vorzeichen geprüft wird. Schließlich ist es auch möglich, Hexadezimalzahlen (gekennzeichnet durch ein vorausgehendes »$«) einzugeben.

Zur Umsetzung des Beispielprogramms 15.5 ist eine kurze Anmerkung erforderlich, da innerhalb des Programms die Prozedur HEX_OUT32 aufgerufen wird, die aber nicht innerhalb des Programms definiert wird. Die besagte Prozedur finden Sie in der Datei HEX32OUT.ASM, die sich auf der Buchdiskette befindet. Es handelt sich im wesentlichen um das Beispielprogramm 15.4, das allerdings so modifiziert wurde, daß es als Prozedur von einem anderen Modul aufgerufen werden kann. Um HEX32OUT.ASM mit Beispielprogramm 15.5 verknüpfen zu können, muß die Datei HEX32OUT.ASM zunächst assembliert werden:

```
C>MASM HEX32OUT;
```

Nun liegt HEX32OUT als Objektdatei vor und kann (wie in Kapitel 10.5 beschrieben) vom Linker mit der Datei BSP15_05.OBJ verknüpft werden:

```
C>LINK BSP15_05+HEX32OUT;
```

Beispielprogramm 15.5 – BSP15_05.ASM

Das folgende Beispielprogramm stellt eine Eingaberoutine zur Eingabe einer vorzeichenbehafteten 32-Bit-Zahl dar. Assemblieren Sie das Programm mit MASM 5.1, linken Sie es mit dem Modul HEX32OUT.OBJ und testen Sie es mit CodeView oder dem Turbo Debugger und bringen Sie es auf einem PC mit 80386/486-CPU zur Ausführung.

```
        .MODEL SMALL
        .386                            ; 80386-Befehle assemblieren
        .STACK 100h
        .DATA
            INP_BUF     DB 12           ; Eingabepuffer für Funktion 0Ah
                        DB ?
                        DB 12 DUP (?)
            TEXT1       DB 'Fehler bei der Eingabe!',10,13,'$'
            SIGN_FLAG DB 0
            FAKTOR      DW 0
        .CODE
        EXTRN HEX32_OUT:NEAR            ; Diese Prozedur ist extern
        NEW_LINE        PROC            ; Ausgabe einer Leerzeile
                        PUSH AX         ; Register retten
                        PUSH DX
                        MOV DX,0D0Ah
                        MOV AH,02h
                        INT 21h
                        XCHG DH,DL
                        INT 21h
                        POP DX
                        POP AX
                        RET
        NEW_LINE        ENDP
        START:
            MOV DX,@DATA                ; Datensegment initialisieren
            MOV DS,DX
            MOV DL,'?'                  ; Fragezeichen ausgeben
            MOV AH,02
            INT 21h
            MOV DX,OFFSET INP_BUF       ; String eingeben
            MOV AH,0Ah
            INT 21h
            MOVZX ECX,INP_BUF[1]        ; Anzahl der Zeichen nach ECX
            MOV BX,1                    ; Stringzeiger initialisieren
        L1:
            INC BX                      ; Zeiger auf erstes Zeichen
            CMP INP_BUF[BX],'+'         ; Ist es ein '+'?
            JE L1                       ; Ja, dann weiter
            CMP INP_BUF[BX],'-'         ; Ist es ein '-'?
            JNE @F                      ; Nein, dann weiter
            XOR SIGN_FLAG,0FFh          ; Vorzeichen merken
            JMP L1                      ; Auf weitere Vorzeichen prüfen
        @@:
            XOR EDI,EDI                 ; EDI auf Null
            MOV FAKTOR,10               ; Faktor für Multiplikation laden
            CMP INP_BUF[BX],'$'         ; Nächstes Zeichen ein $?
```

```
        JNE L2                     ; Nein, dann weiter
        MOV FAKTOR,16              ; Eingabe einer Hexzahl
        INC BX                     ; Zeiger auf nächstes Zeichen
L2:
        IMUL EDI,DWORD PTR FAKTOR  ; Faktor laden
        MOVZX EAX,INP_BUF[BX]      ; Erstes Zeichen nach EAX
        CMP AL,'0'                 ; Mit '0' vergleichen
        JL FEHLER                  ; Kleiner, dann Fehler
        CMP AL,'9'                 ; Mit '9' vergleichen
        JLE @F                     ; Kleiner gleich, dann weiter
        CMP FAKTOR,16              ; Eingabe einer Hexzahl?
        JNE FEHLER                 ; Nein, dann Fehler
        CMP AL,'F'                 ; Größer als 'F'?
        JG FEHLER                  ; Ja, dann Fehler
@@:
        INC BX                     ; Zeiger auf nächstes Zeichen
        SUB AL,'0'                 ; ASCII in Zahl umwandeln
        CMP AL,9                   ; Größer als 9?
        JLE @F                     ; Nein, dann weiter
        SUB AL,07                  ; Zahl lag zwischen A und F
@@:
        ADD EDI,EAX                ; Abgetrennte Zahl aufsummieren
        CMP INP_BUF[BX],0Dh        ; Ende der Eingabe erreicht?
        JNE L2                     ; Nein, dann zurück
        CALL NEW_LINE              ; Leerzeile ausgeben
        CMP SIGN_FLAG,0            ; Vorzeichen testen
        JE @F                      ; Positiv, dann weiter
        NEG EDI                    ; Vorzeichen umkehren
@@:
        MOV EAX,EDI                ; EDI nach EAX
        CALL HEX32_OUT             ; Ausgabeprozedur aufrufen
ENDE:
        MOV AH,4Ch                 ; Zurück zu DOS
        INT 21h
FEHLER:                           ; Fehler bei der Eingabe
        MOV DX,OFFSET TEXT1
        MOV AH,09
        INT 21h
        JMP START                  ; Eingabe wiederholen
END START
```

Auch an Beispielprogramm 15.5 werden wieder einige Vorzüge der 80386-Programmierung im Real-Modus deutlich. So wird durch den Befehl

```
MOVZX ECX,INP_BUF[1]
```

ein Byte aus dem Arbeitsspeicher in das ECX-Register geladen. Die oberen drei Byte des 32-Bit-Registers werden dabei automatisch auf Null gesetzt. Auf älteren CPUs wäre hierfür noch ein zusätzlicher Befehl erforderlich gewesen. Der MOVZX-Befehl funktioniert sogar mit den Registern DI und SI, so daß es endlich auch möglich ist, einen Byte-Wert in diese Register zu laden, ohne das höherwertige Byte des Quelloperanden auf Null setzen zu müssen.

Ein sehr subtiler Fehler!

Beispielprogramm 15.5 enthält einen sehr subtilen Fehler, der sich bei der Ausführung des Programms deutlich bemerkbar macht. Scheinbar wird eine eingegebene Zahl falsch umgewandelt. Führt man das Programm mit CodeView oder auch mit DEBUG (wobei dann allerdings nur 16-Bit-Register angezeigt werden) aus, kann der Fehler beliebig reproduziert werden. Doch nun kommt der Clou. Führt man das Programm unter dem Turbo Debugger aus, läuft das Programm auf einmal fehlerfrei! Woran kann das wohl liegen? Die Ursache findet man, wenn man das Programm sehr aufmerksam im Einzelschrittmodus ausführt. Dann stellt man nämlich fest, daß der Befehl

```
IMUL EDI,DWORD PTR FAKTOR
```

falsch ausgeführt wird. Warum? Nun, weil die Variable FAKTOR als Wort-Variable definiert ist, der IMUL-Befehl aber eine Variable vom Typ DWORD erwartet. Zwar sorgt der PTR-Operator dafür, daß der Assembler nicht meckert, tatsächlich wird beim Zugriff auf FAKTOR aber ein 32-Bit-Wert gelesen. Da für FAKTOR aber nur 16 Bit reserviert wurden, gelangt ein mehr oder weniger zufälliger 16-Bit-Wert in die obere Hälfte des EAX-Registers. Damit wäre der Fehler klar erkannt. Abhilfe schafft man ganz einfach, indem man zum Beispiel FAKTOR als Variable vom Typ DWORD definiert:

```
FAKTOR DD 0
```

Doch warum läuft das Programm unter dem Turbo Debugger auch mit einer Wort-Variablen korrekt? Ganz einfach, weil der Turbo Debugger das Datensegment mit Nullen initialisiert. Die fehlerhafte Wirkung des IMUL-Befehls wird dadurch unbeabsichtigt aufgehoben. Die Übereifrigkeit des Turbo Debuggers führt anscheinend dazu, daß ein existierender Fehler nicht erkannt wird. Doch darauf muß man erst einmal kommen.

Eine kleine Erweiterung

Obwohl die Ausgaberoutine aus Beispielprogramm 15.5 bereits ein wenig Komfort aufweist, ist sie natürlich noch verbesserungswürdig. So könnte man zum Beispiel auch die Eingabe von Binärzahlen zulassen. Diese müssen durch ein vorangestelltes »b« gekennzeichnet werden. Schließlich könnte man auch die Eingabe von Kommazahlen oder Zahlen mit Exponenten zulassen. Probieren Sie diese Erweiterungen ruhig einmal aus.

Bitbefehle

Anders als ihre Vorgängerinnen verfügt die 80386-CPU über sechs Befehle, die auf einzelne Bits in einem Wort oder Doppelwort zugreifen (Tabelle 15.8). Interessanterweise gibt es ähnliche Befehle auch bei der V20/V30-CPU, dem Pendant zur 8088/8086-CPU von der Firma NEC.

Befehl	Bedeutung
BSF	Nach einem Bit vorwärts suchen
BSR	Nach einem Bit rückwärts suchen
BT	Zustand eines Bits testen
BTC	Zustand eines Bits testen und komplementieren
BTR	Zustand eines Bits testen und löschen
BTS	Zustand eines Bits testen und setzen

Tabelle 15.8: Die Bitbefehle der 80386/486-CPU

Wie Tabelle 15.8 zeigt, lassen sich diese sechs Befehle in zwei Kategorien einteilen: Befehle, die nach einem gesetzten Bit suchen und Befehle, die den Zustand eines bestimmten Bits testen und dieses Bit anschließend manipulieren.

Natürlich stellt sich die berechtigte Frage nach einer sinnvollen Anwendung dieser Befehle. Nun, diese Befehle können grundsätzlich auf größere Datenbereiche angewendet werden, die bitweise strukturiert sind. Grundsätzlich lassen sich die Funktionen der Bitbefehle auch durch entsprechende logische Verknüpfungen erzielen. Die Bitbefehle werden allerdings schneller ausgeführt und sollten daher, wie auch die Stringbefehle aus Kapitel 8, immer dann eingesetzt werden, wenn es besonders auf Geschwindigkeit ankommt. Anwendungen ergeben sich daher zum Beispiel bei der Verarbeitung von Grafikinformation. Da Beispiele aus diesem Bereich nur dann einen Sinn ergeben, wenn auch die geeignete Programmierumgebung zur Verfügung steht, wurden die Beispielprogramme zu den Bitbefehlen der 80386-CPU bewußt einfach gehalten. Bei diesen Beispielprogrammen geht es folglich lediglich darum, den grundsätzlichen Einsatz dieser Befehle zu demonstrieren, so daß Sie deren Wirkung mit Hilfe eines geeigneten Debuggers nachvollziehen können.

Suchen nach einem gesetzten Bit

Über die Befehle BSF und BSR wird nach dem ersten gesetzten Bit in einem Operanden gesucht. Beide Befehle unterscheiden sich einzig durch die Suchrichtung. Während der Befehl BSF (»Bit Scan Forward«) die Suche mit Bit 0 beginnt, startet der BSR-Befehl (»Bit Scan Reverse«) die Suche bei dem höchstwertigsten Bit, das heißt bei Bit 15 im Falle eines Wortoperanden und bei Bit 31 im Falle eines Doppelwort-Operanden.

Syntax: `BSF Register16,Operand16`
`BSF Register32,Operand32`
`BSR Register16,Operand16`
`BSR Register32,Operand32`

In beiden Fällen wird das Nullflag gesetzt, wenn in dem Operanden kein gesetztes Bit gefunden wird. Der Inhalt des Zielregisters ändert sich in diesem Fall nicht. Ansonsten wird das Nullflag gelöscht und das angegebene Zielregister wird mit der Position des ersten gesetzten Bits des geprüften Speicherwortes oder Speicherdoppelwortes geladen. Anhand des Nullflags läßt sich also ablesen, ob überhaupt ein Bit in dem Operanden gesetzt ist. Eine Null im Zielregister kann ja auch bedeuten, daß das Bit Nr. 0 (BSF-Befehl) oder das höchstwertigste Bit (BSR-Befehl) gesetzt ist.

Beispiel

```
.DATA
BIT_FELD DD 10000001100000011000000110000001
.CODE
        ...

        BSF EAX,BIT_FELD
        JZ KEIN_BIT_GESETZT
        ...
KEIN_BIT_GESETZ:
        ...
```

Durch den BSF-Befehl wird die 32-Bit-Speichervariable BIT_FELD nach dem ersten gesetzten Bit durchsucht und die Position dieses Bits, sofern vorhanden, in das EAX-Register übertragen. Die Abfrage des Nullflags überprüft, ob überhaupt ein Bit in dem Operanden gesetzt ist.

Testen und Manipulieren eines Bits (BTS, BTR und BTC)

Mit Hilfe dieser Befehle wird der Zustand eines einzelnen Bits in einem Wort- oder Doppelwort-Operanden getestet und dieser Wert in das Carryflag übertragen. Anschließend wird das betreffende Bit entweder gelöscht (BTR-Befehl), gesetzt (BTS-Befehl) oder komplementiert (BTC-Befehl). Über den BT-Befehl ist es möglich, lediglich den Zustand eines Bits zu testen. Da diese Bitbefehle den Zustand des getesteten Bits in das Carryflag übertragen, wird in der Regel ein bedingter Sprung (zum Beispiel der JC-Befehl) folgen, der einen Sprung in Abhängigkeit des Zustands des getesteten Bits durchführt.

Beispielprogramm 15.6 – BSP15_06.ASM

Dieses Beispielprogramm demonstriert den Einsatz einiger Bitbefehle. Assemblieren und linken Sie das Programm, testen Sie es mit CodeView oder dem Turbo Debugger und bringen Sie es auf einem PC mit 80386/486-CPU zur Ausführung.

```
; -------------------------------------------------------------
; Beispielprogramm für die 80386-Bit-Befehle
; -------------------------------------------------------------
;
.MODEL SMALL
.386
.STACK 100h
.DATA
;                     76543210765432107654321076543210
        BIT_FELD DD 00001111000011110000111100001111b
        TEXT1    DB 10,13,'Vorher:  ','$'
        TEXT2    DB 10,13,'Nachher: ','$'
        TEXT3    DB 10,13,'Ein Bit gefunden bei Position: ','$'
        TEXT4    DB 10,13,'Bitte Taste für weiter!','$'
.CODE
START:
        MOV DX,@DATA                  ; Datensegment initialisieren
        MOV DS,DX
```

```
              MOV DX,OFFSET TEXT1            ; Text ausgeben
              MOV AH,09
              INT 21h
              CALL FELD_AUSGABE             ; Bitfeld ausgeben
SUCHEN:
              BSF EBX,BIT_FELD              ; Nach gesetztem Bit suchen
              JE ENDE                       ; Wenn Bitfeld leer, dann Ende
              MOV AH,09                     ; Text ausgeben
              MOV DX,OFFSET TEXT3
              INT 21h
              BTR BIT_FELD,EBX              ; Gesetztes Bit zurücksetzen
              MOV AX,BX                     ; Bitposition ausgeben
              AAM                           ; AH = AL /10 AL = mod AL/10
              MOV DX,AX
              ADD DX,3030h
              XCHG DH,DL
              MOV AH,02
              INT 21h
              XCHG DH,DL
              INT 21h
              MOV AH,09                     ; Text ausgeben
              MOV DX,OFFSET TEXT4
              INT 21h
              MOV AH,01                     ; Auf Taste warten
              INT 21h
              JMP SHORT SUCHEN
ENDE:
              MOV DX,OFFSET TEXT2           ; Text ausgeben
              MOV AH,09
              INT 21h
              CALL FELD_AUSGABE             ; Bitfeld ausgeben
              MOV AH,4Ch                    ; Ende
              INT 21h
FELD_AUSGABE    PROC                        ; Bitfeld ausgeben
                MOV ECX,31                  ; Schleifenzähler laden
                MOV AH,02                   ; Ein Zeichen ausgeben
L1:
                MOV DL,'0'                  ; ASCII-Code für '0'
                BT BIT_FELD,ECX             ; Bitzustand testen
                JNC NEU_SCHLEIFE            ; Wenn Null, dann weiter
                INC DL                      ; Nun ASCII-Code für '1'
NEU_SCHLEIFE:
                INT 21h
                DEC ECX
                JNS L1                      ; Erneuter Schleifendurchlauf
                RET                         ; Zurück zum Hauptprogramm
FELD_AUSGABE    ENDP
END START
```

In diesem Beispielprogramm wird eine Doppelwort-Variable mit dem Namen BIT_FELD definiert. Der Inhalt dieser Variablen ist bitorientiert. Über den BSF-Befehl wird diese Variable nach gesetzten Bits durchsucht und deren relative Position ausgegeben. Damit die gefundenen Bits beim nächsten Durchlauf nicht noch einmal gefunden werden, werden sie durch den BTC-Befehl auf Null gesetzt. Die Schleife bricht ab, wenn die Variable BIT_FELD Null ist, das heißt keine gesetzten Bits mehr enthält.

Die Bitbefehle der 80386-CPU sind Spezialbefehle, die nur relativ selten wirklich benötigt werden. Sie sollen die 80386-CPU in einigen Spezialfällen, wie zum Beispiel bei der Verarbeitung von Grafikdaten, Geschwindigkeitsvorteile verschaffen. In der täglichen Praxis kann man sie in der Regel links liegen lassen. Ähnliches gilt auch für die »bedingten Byte-Setzbefehle«, die im folgenden vorgestellt werden.

Die bedingten Setzbefehle

Diese Befehle setzen ein Byte in einem Register oder einer Speicherzelle in Abhängigkeit von einer Bedingung entweder auf Null oder auf Eins. Wie Tabelle 15.9 zeigt, sind die getesteten Bedingungen nahezu identisch mit jenen Bedingungen, die durch die bedingten Sprungbefehle getestet werden, so daß man die bedingten Setzbefehle der 80386-CPU als nahe Verwandte der bedingten Sprungbefehle bezeichnen kann (was immer das beim Verständnis helfen mag). Lediglich ein Pendant zum bedingten Sprungbefehl JCXZ fehlt. Dementsprechend geht den bedingten Setzbefehlen im allgemeinen ein CMP-, TEST- oder Bittest-Befehl voraus, der die Statusflags setzt.

Befehl	Setze, wenn	Zu prüfende Bedingung
SETA	Darüber	CF=0 und ZF=0
SETAE	Darüber oder gleich	CF=0
SETB	Darunter	CF=1
SETBE	Darunter oder gleich	CF=1 oder ZF=1
SETC	Carry	CF=1
SETE	Gleich	ZF=1
SETG	Größer	ZF=0 oder SF=OF
SETGE	Größer oder gleich	SF=OF
SETL	Kleiner	SF<>OF
SETLE	Kleiner oder gleich	ZF=1 oder SF<>OF
SETNA	Nicht darüber	CF=1
SETNAE	Nicht darüber oder gleich	CF=1
SETNB	Nicht darunter	CF=0
SETNBE	Nicht darunter oder gleich	CF=0 und ZF=0
SETNC	Kein Carry	CF=0
SETNE	Ungleich	ZF=0
SETNG	Nicht größer	ZF=1 oder SF<>OF
SETNGE	Nicht größer oder gleich	SF<>OF
SETNL	Nicht kleiner	SF=OF
SETNLE	Nicht kleiner oder gleich	ZF=0 und SF=OF
SETNO	Kein Überlauf	OF=0

Befehl	Setze, wenn	Zu prüfende Bedingung
SETNP	Keine Parität	PF=0
SETNS	Nicht negativ	SF=0
SETNZ	Nicht Null	ZF=0
SETO	Überlauf	OF=1
SETP	Parität	PF=1
SETPE	Gerade Parität	PF=1
SETPO	Ungerade Parität	PF=0
SETS	Negativ	SF=1
SETZ	Null	ZF=1

Tabelle 15.9: *Die bedingten Setzbefehle*

Beispiel

```
.DATA
      FLAG    DB ?
      WERT    DW ?
.CODE
      ...
      CMP WERT,2000
      SETG FLAG
```

Der SETG-Befehl trägt eine »1« in die Variable FLAG ein, wenn die Variable WERT größer als 2000 ist. Ansonsten wird eine »0« in das BL-Register eingetragen. Auch diese Anwendung ist zugegebenermaßen nicht sehr aufregend, darüber hinaus könnte man das gleiche Resultat auch durch einen bedingten Sprungbefehl erzielen. Doch auch hier gilt, was schon bei den Bitbefehlen der 80386-CPU vermutet wurde. Es handelt sich um Befehle für speziellere Anwendungen. Bei manchen Programmiersprachen, wie zum Beispiel Basic, wird ein »Wahr«-Wert durch eine –1 dargestellt. In diesem Fall muß auf den SETcc-Befehl ein NEG-Befehl folgen:

```
NEG FLAG
```

Mit Hilfe dieser Befehle ist es möglich, boolesche Werte zu erzeugen, ohne einen bedingten Sprungbefehl einzusetzen. Gerade der Umsetzung von Hochsprachen-Kommandos kommen diese Maschinenbefehle entgegen. Hier ein Beispiel aus C:

```
int x,y;
y = x > 0;
```

Zunächst werden zwei Variablen x und y (beide vom Typ int) deklariert. In der nächsten Anweisung wird der Variablen y ein boolescher Wert zugewiesen, der sich aus dem Vergleich »x größer 0« ergibt. Wie läßt sich dieser Vergleich in Maschinensprache umsetzen? Unter der Voraussetzung, daß sich die Variable x im EAX-Register und die Variable y im EBX-Register befinden soll, wäre folgende Lösung denkbar:

```
MOV EBX, 0
OR  EAX, EAX
```

```
        JNS L1
        INC EBX
L1:
    ...
```

Zunächst wird die Variable y vorsorglich auf Null gesetzt. Anschließend wird der Inhalt des EAX-Registers durch den OR-Befehl überprüft. Dieser Befehl setzt bekanntlich alle Statusflags in Abhängigkeit des Operanden, ohne aber den Operanden selber zu verändern. Der Ausgang dieser Operation wird nun durch den JNS-Befehl abgefragt. War der Inhalt des EAX-Registers kleiner als Null, wird der folgende INC-Befehl übersprungen. Fazit: Ist der Inhalt des EAX-Registers kleiner als Null, enthält das EBX-Register eine Null, ansonsten eine Eins. Der gleiche Effekt läßt sich erheblich kürzer durch einen bedingten Setzbefehl erzielen:

```
MOV EBX, 0
OR EAX, EAX
SETS BL
```

In diesem Fall wird im BL-Register eine »1« gespeichert, wenn der Inhalt des EAX-Registers negativ ist. Diese Variante ist nicht nur kürzer, sondern auch schneller, da unter anderem der relativ zeitaufwendige Sprung (denken Sie stets daran, Sprünge leeren die Warteschlange) vermieden wird. Wenn es auf Geschwindigkeit ankommt, sollte man die bedingten Setzbefehle auf alle Fälle berücksichtigen.

Als Assembler-Programmierer sollten Sie diese Vorteile nicht nur zur Kenntnis nehmen, sondern auch nutzen. Die meisten der für PCs verfügbaren Compiler können diese Vorteile noch nicht nutzen, da diese Compiler lediglich Code für den kleinsten gemeinsamen Nenner, nämlich für die 8088/86-CPUs erzeugen. Lediglich einige Compiler der etwas höheren Preis- und Leistungsklasse, wie zum Beispiel WATCOM C/386, unterstützen den vollen Befehlssatz der 80386-CPU. Natürlich laufen diese Programme dann nicht mehr auf einer 8088- oder 80286-CPU. Betrachtet man den Verbreitungsgrad von PCs mit einer 80386/486-CPU muß dies nicht unbedingt ein Nachteil sein.

Große Sprünge sind erlaubt

Wen hat es bei der 8086/88-CPU, aber auch bei der 80286-CPU, noch nicht gestört, daß bedingte Sprungbefehle grundsätzlich vom Typ Short sind, daß heißt, die Reichweite eines bedingten Sprungs auf −128 bis +127 Byte vom Sprungbefehl entfernt begrenzt ist? Nun, bei der 80386-CPU wurde mit dieser Begrenzung radikal Schluß gemacht. Standardmäßig sind hier alle bedingten Sprünge vom Typ Near. Das Sprungziel eines bedingten Sprungs kann damit im Real-Modus −32768 bis +32767 Byte vom Sprungbefehl entfernt sein. Um Speicherplatz zu sparen, sind jedoch auch Sprünge vom Typ Short möglich, diese müssen dann durch den Entfernungstyp Short deklariert werden.

Trotz dieser erhöhten Reichweite darf aber nicht vergessen werden, daß ein Near-Sprung stets nur innerhalb ein und desselben Segments stattfinden kann. Ein Sprung in ein anderes Segment ist auch bei der 80386-CPU mit einem bedingten Sprungbefehl nicht möglich. Hier muß der hinlänglich bekannte Notbehelf eingesetzt werden. Der Befehl

```
JNZ ANDERES_SEGMENT
```

ist nicht erlaubt, statt dessen muß auch bei der 80386/486-CPU die Befehlssequenz

```
    JZ L1
    JMP ANDERES_SEGMENT
L1:
    ...
```

verwendet werden. Auch bei den Schleifenbefehlen kann wahlweise ein Short- oder ein Near-Sprung durchgeführt werden. Eine Ausnahme stellen die Befehle JCXZ und JECXZ dar. Hier ist nach wie vor nur ein Short-Sprung möglich.

Neue MOV-Befehle

Bei der 80386-CPU gibt es drei verschiedene Registertypen:

– Byte-Register
– Wort-Register
– Doppelwort-Register

Oft kommt es vor, daß ein Byte-Register in ein Wort- oder Doppelwort-Register oder ein Wort-Register in ein Doppelwort-Register geladen werden soll. In vielen Fällen soll gleichzeitig die höherwertige Hälfte des Zielregisters auf Null gesetzt werden. Normalerweise ist dazu ein zusätzlicher MOV-Befehl oder ein XOR-Befehl erforderlich, da bei einem normalen MOV-Befehl stets beide Operanden die gleiche Größe besitzen müssen. Einfacher geht es mit dem MOVZX-Befehl. Dieser Befehl transportiert einen 8- oder 16-Bit-Operanden in ein 16- oder 32-Bit-Zielregister, wobei die höherwertige Hälfte im Zielregister gleichzeitig auf Null gesetzt wird. Da dies nur bei vorzeichenlosen Zahlen richtig funktioniert (bei vorzeichenbehafteten Zahlen würde unter Umständen das Vorzeichen verlorengehen), gibt es noch den Befehl MOVSX. Dieser extrem praktische Befehl führt mit dem Quelloperanden eine vorzeichenrichtige Erweiterung durch. Dadurch ist gewährleistet, daß die höherwertige Hälfte des Zielregisters, die durch einen normalen MOV-Befehl nicht beeinflußt wird, nicht das Vorzeichen und damit den Wert des Operanden verfälscht.

Beispiel

```
MOVZX EAX,AL
MOVSX EBX,BH
```

Stringbefehle arbeiten mit Doppelwort-Operanden

Unter der 80386-CPU ist »alles« 32 Bit. Folglich müssen auch die Stringbefehle in der Lage sein, pro Operation 32 Bit zu verarbeiten. Die 32-Bit-Varianten der Stringbefehle sind an einem angehängten »D« zu erkennen (Tabelle 15.10).

Befehl	Bedeutung
CMPSD	Stringelemente vergleichen
LODSD	Stringelement laden
MOVSD	String kopieren
SCASD	String durchsuchen
STOSD	Stringelement speichern

Tabelle 15.10: *Die 32-Bit-Stringbefehle*

Die 32-Bit-Versionen der Stringbefehle arbeiten mit den Registern EDI und ESI, die die Offsetadresse des Ziel- und Quellstrings enthalten. Bei Verwendung eines Wiederholungspräfixes, wie zum Beispiel REP, wird in Abhängigkeit vom Richtungsflag entsprechend das ECX-Register um eins erhöht oder erniedrigt. Mit den 32-Bit-Versionen der Stringbefehle lassen sich theoretisch bis zu 4 Gbyte große Strings in einem (!) einzigen Befehl bearbeiten.

Adressierung mit Skalierung
Nicht nur, daß bei der 80386-CPU auch im Real-Modus sämtliche allgemein verwendbaren Register für die Adressierung eingesetzt werden können, mit Hilfe der sogenannten Skalierung steht sogar eine neue und vor allem sehr leistungsfähige Adressierungsart zur Verfügung.

Bei der skalierten Adressierung kann ein beliebiges Indexregister mit einem konstanten Multiplikator versehen werden. Der Multiplikator kann die Werte 2, 4 und 8 annehmen. Über diesen Multiplikator ist es zum Beispiel möglich, auf Felder innerhalb einer Schleife zuzugreifen, ohne daß die Adresse des nächsten Feldelements separat berechnet werden muß. Hier ein kleines Beispiel:

```
.MODEL SMALL
.386
.STACK 100h
    FELD_GROESSE EQU 5
.DATA
    FELD DD 1000h,2000h,3000h,4000h,5000h

.CODE
    MOV DX,@DATA
    MOV DS,DX
    MOV ECX,FELD_GROESSE-1
    XOR EAX,EAX
L1:
    ADD EAX,FELD[ECX * 4]
    LOOP L1
    MOV AH,4Ch
    INT 21h
END
```

In diesem kleinen Programm wird der Inhalt eines Feldes im EAX-Register aufaddiert. Alles, was dazu benötigt wird, ist der Befehl

```
ADD EAX,FELD[ECX * 4]
```

welcher die Speicherzelle, die durch die Beziehung »Offsetadresse von FELD + 4 * Inhalt von ECX« adressiert wird, anspricht. Den gleichen Effekt kann man zwar auch ohne die skalierte Adressierung erreichen, doch ist diese Variante wesentlich schneller.

Bildung der effektiven Adresse
Bereits in Kapitel 5 wurde gezeigt, auf welche Weise die effektive Adresse gebildet werden kann. Hier noch einmal zur Erinnerung: Die effektive Adresse ist jene Adresse, die den Offsetanteil bei der Berechnung der physikalischen Adresse bildet. Kapitel 5 bezog sich noch ausschließlich auf

die Verhältnisse der 8086/88-CPU. Dort kann die effektive Adresse lediglich aus einem 16-Bit-Displacement, aus einem Basis- oder Indexregister oder aus einer Kombination von Basis-, Indexregister und Displacement gebildet werden. Bei der 80386-CPU sind, bedingt durch die skalierte Adressierung und der Tatsache, daß nun auch alle übrigen allgemeinen Register für die Bildung der effektiven Adresse herangezogen werden können, neue Möglichkeiten dazu gekommen. Eine Übersicht über die einzelnen Varianten zur Berechnung der effektiven Adresse gibt Tabelle 15.11. Die komplexeste Adressierungsart, die nun zur Verfügung steht, ist die basisindizierte Adressierung mit einem Displacement und Skalierung. Hier wird die effektive Adresse aus einem Basisregister, einem skalierten Indexregister und einem Displacement gebildet:

```
MOV EAX,[EBX] + [ECX * 4] + FELD
```

Anders als noch bei den Vorgänger-CPUs kann es sich auch bei dem Basisregister um ein beliebiges allgemeines Register handeln. Vielleicht werden Sie sich fragen, wie die 80386-CPU alle die von der 8086/88-CPU bekannten Beschränkungen bei der Adressierung aufheben konnte. Nun, die Antwort liegt in der Größe der Opcodes. Ein 80386-Befehl kann nun, inklusive der zahlreichen Präfixe, bis zu 15 Byte umfassen. Für die erweiterten Adressierungsmöglichkeiten ist im wesentlichen ein weiteres Byte im Opcode mit der Bezeichnung »Scaled Index Base« verantwortlich. Durch dieses Byte wird zum einen ein etwaiger Skalierungsfaktor, zum anderen das Indexregister bei der indizierten Adressierung festgelegt. In diesem Byte sind zwei Bits für den Skalierungsfaktor und jeweils drei Bits für das Index- und das Basisregister vorgesehen. Somit wird zum einen klar, warum für den Skalierungsfaktor nur vier Werte erlaubt sind (1, 2, 4 und 8) und warum maximal 7 Index- und 8 Basisregister zur Verfügung stehen. Das Geheimnis um die Möglichkeiten einer CPU liegt im Aufbau der Opcodes.

Segment +	Basis +	(Index * Skalierung) +		Displacement
	EAX	EAX		
CS	ECX	ECX	1	Kein Displacement
DS	EDX	EDX		
ES+	EBX	+	EBX	*2+8-Bit-Displacement
FS	ESP	---		
GS	EBP	EBP	4	
SS	ESI	ESI	+	32-Bit-Displacement
EDI	EDI	8		

Tabelle 15.11: *Bildung der effektiven Adresse*

Drei Dinge müssen Sie sich im Zusammenhang mit der Adressierung auch bei der 80386/486-CPU stets merken:

– Alle Segmentregister sind auch bei der 80386-CPU nur 16 Bit breit.
– Das ESP-Register kann nicht als Indexregister verwendet werden, das heißt eine Skalierung mit dem ESP-Register ist nicht möglich. Das ESP-Register kann allerdings als Basisregister eingesetzt werden, so daß innerhalb einer Prozedur eine Adressierung der Stackparameter auch ohne den ansonsten üblichen Stackrahmen erfolgen kann.

– Wenn das ESP- oder das EBP-Register als Basisregister verwendet werden, wird der Segmentanteil aus dem SS-Register geholt.

Adressierung von Stackparametern

Natürlich wäre es schön, wenn sich auch beim Stackzugriff etwas verbessert hätte. Wie im letzten Abschnitt erwähnt wurde, kann das erweiterte Stackzeiger-Register ESP nach wie vor nicht als Indexregister verwendet werden. Man kann es aber als Basisregister benutzen, was die Adressierung von Stackparametern innerhalb einer Prozedur ein wenig vereinfacht:

```
.MODEL SMALL
.386
    ...
    PUSH AX
    PUSH    BX
    CALL TEST_PROC
    ...
TEST_PROC       PROC
        MOVZX EBX,WORD PTR [ESP+6]
        MOVZX ECX,WORD PTR [ESP+4]


        ...
        RET
TEST_PROC       END
```

Vor dem Aufruf der Prozedur werden zwei 16-Bit-Werte auf dem Stack abgelegt. Innerhalb der Prozedur, die aufgrund des Speichermodells Small über einen Near-CALL aufgerufen wurde, wird über den Befehl

```
MOVZX EBX,WORD PTR [ESP+6]
```

der erste übergebene Wert in das EBX-Register transportiert. Der Aufbau eines Stackrahmens über die Befehlsfolge

```
PUSH EBP
MOV EBP,ESP
```

ist nicht erforderlich, da bei der 80386/486-CPU das ESP-Register für die indirekte Adressierung mit einem Displacement eingesetzt werden kann. Dies setzt allerdings voraus, daß sich das ESP-Register innerhalb der Prozedur nicht ändert. Da dies nicht immer gewährleistet ist, sollten auch Prozedurparameter nach wie vor über das BP- oder das EBP-Register zugegriffen werden.

Schieben in Doppelworten mit SHLD und SHRD

Wie nützlich Schiebebefehle sein können, hat Kapitel 7 bereits gezeigt. Bei der 80386/486-CPU stehen zwei zusätzliche Befehle zur Verfügung, mit denen eine Folge von Bits aus einem 16- oder 32-Bit-Register in ein Wort oder Doppelwort »geschoben« werden kann:

SHLD	Links verschieben eines Doppelwortes
SHRD	Rechts verschieben eines Doppelwortes

Syntax:
```
SHLD   r/m16,  Reg16,  Imm8
SHLD   r/m32,  Reg32,  Imm8
SHLD   r/m16,  Reg16,  CL
SHLD   r/m32,  Reg32,  CL
SHRD   r/m16,  Reg16,  Imm8
SHRD   r/m32,  Reg32,  Imm8
SHRD   r/m16,  Reg16,  CL
SHRD   r/m32,  Reg32,  CL
```

Jeder der beiden Befehle benötigt drei Operanden. Der erste Operand ist der Zieloperand. In diesen Operand wird eine Bitfolge aus dem zweiten Operanden geschoben. Die Anzahl der geschobenen Bits wird durch den dritten Operanden festgelegt, bei dem es sich entweder um eine 8-Bit-Konstante oder den Inhalt des CL-Registers handelt. Ein Wert größer als 32 wird durch 32 geteilt und der Rest als Schiebewert verwendet.

Beide Befehle unterscheiden sich also lediglich durch die Schieberichtung. Der SHLD-Befehl verschiebt den ersten Operanden um die Anzahl an Positionen nach links, die durch den dritten Operanden festgelegt werden. Die dadurch frei gewordenen Positionen im ersten Operanden werden durch eine entsprechende Anzahl an Bits aus dem zweiten Operanden, beginnend mit dem höchstwertigsten Bit (Bit 15 oder 31), aufgefüllt. Beim SHRD-Befehl ist es genau umgekehrt. Hier wird der erste Operand um die Anzahl an Positionen, die durch den dritten Operanden festgelegt wird, nach rechts verschoben. Die freigewordenen Positionen werden mit der entsprechenden Anzahl an Bits aus dem zweiten Operanden, beginnend mit dem niederwertigsten Bit (Bit 0), aufgefüllt.

Der Einfluß auf die Flags
Das Vorzeichen-, das Null- und das Paritätsflag werden entsprechend dem Inhalt des Zieloperanden nach der Operation gesetzt. Der Zustand des Carryflags entspricht dem Zustand des letzten herausgeschobenen Bits. Wie bei den normalen Schiebebefehlen auch, hängt der Zustand des Überlauflags davon ab, ob um eine Position oder um mehrere Positionen geschoben wurde. Das Überlauflag nimmt nur dann einen definierten Zustand an, wenn um eine Position geschoben wurde. In diesem Fall ist es gesetzt, wenn ein Vorzeichenwechsel aufgetreten ist, ansonsten ist es gelöscht.

Wie bereits erwähnt, kann die Anzahl der Verschiebungen wahlweise durch eine 8-Bit-Konstante oder über das CL-Register festgelegt werden. Beachten Sie aber, daß ein dreimaliges Verschieben um eine Position nicht einem einmaligen Verschieben mit dem Wert 3 im CL-Register entspricht. Im ersten Fall wird dreimal das gleiche Bit in das Zielregister geschoben, während im zweiten Fall einmal ein 3-Bit-Wert in das Zielregister geschoben wird.

Beispielprogramm 15.7 – BSP15_07.ASM
Das folgende Beispielprogramm zeigt eine recht einfache Anwendung für die Schiebebefehle SHLD und SHRD. In ein 32-Bitfeld wird ein aus 3 Bit bestehendes Bitmuster hineingeschoben. Die Schieberichtung wird über eine »Kommandozeilenoption« festgelegt. Folgt auf den Dateinamen ein »R« oder ein »r«, wird der SHRD-Befehl eingesetzt, ansonsten der SHLD-Befehl. Assemblieren und linken Sie das Programm mit MASM 5.1, testen Sie es mit CodeView oder dem Turbo Debugger und bringen Sie es auf einem PC mit 80386/486-CPU zur Ausführung.

```
; -----------------------------------------------------------
; Beispielprogramm für die Befehle SHRD und SHLD
; -----------------------------------------------------------
STACK  SEGMENT STACK          ; Stacksegment definieren
    DW 100h DUP (?)
STACK  ENDS
_DATA SEGMENT
;                        7654321076543210765432107654 3210
    BIT_QUELL_FELD  DD 11000000000000000000000000000101b
    BIT_ZIEL_FELD   DD 00000000000000001110000000000000b
    TEXT1           DB 10,13,'Zielregister vorher    : ','$'
    TEXT2           DB 10,13,'Nach einer Verschiebung : ','$'
    SCHIEBE_FLAG    DW 0
_DATA ENDS
.386                          ; 80386-Mnemonics zulassen
_TEXT   SEGMENT USE16
    ASSUME CS:_TEXT, DS:_DATA
START:
    MOV DX,_DATA              ; Datensegment initialisieren
    MOV DS,DX
    MOV SCHIEBE_FLAG,0        ; Richtungsflag löschen
    MOV DI,80h               ; Adresse des Zählbytes im PSP
    CMP ES:[DI],BYTE PTR 0    ; Enthält Kommandozeile Zeichen?
    JZ L1                    ; Nein, dann weiter
    MOVZX ECX,BYTE PTR ES:[DI] ; Zählbyte erweitert nach ECX
@@:
    INC DI                   ; Zeiger auf nächstes Zeichen
    CMP ES:[DI],BYTE PTR ' ' ; Solange wiederholen, bis kein
    LOOPE @B                 ; Leerzeichen mehr
    CMP ES:[DI],BYTE PTR 'R' ; Ist es ein 'R'?
    JNZ @F                   ; Nein, dann weiter
    MOV SCHIEBE_FLAG,1       ; Merken
    JMP SHORT L1
@@:
    CMP ES:[DI],BYTE PTR 'r' ; Ist es ein 'r' ?
    JNZ L1
    MOV SCHIEBE_FLAG,1       ; Merken
L1:
    MOV DX,OFFSET TEXT1      ; Text ausgeben
    MOV AH,09
    INT 21h
    MOV EDI,BIT_ZIEL_FELD    ; Bit-Feld vorher ausgeben
    CALL FELD_AUSGABE
    MOV ECX,5               ; Fünfmal jeweils drei Bits aus
@@:                        ; dem Quellfeld hineinschieben
    PUSH ECX                ; Schleifenzähler retten
    MOV ECX,BIT_QUELL_FELD
```

```
        CMP SCHIEBE_FLAG,1
        JNZ LINKS_SCHIEBEN
        SHRD BIT_ZIEL_FELD,ECX,3
        JMP SHORT WEITER
LINKS_SCHIEBEN:
        SHLD BIT_ZIEL_FELD,ECX,3
WEITER:
        MOV DX,OFFSET TEXT2         ; Text ausgeben
        MOV AH,09
        INT 21h
        MOV EDI,BIT_ZIEL_FELD       ; Bit-Feld nachher ausgeben
        CALL FELD_AUSGABE
        POP ECX                     ; Schleife erneut durchlaufen
        LOOP @B
ENDE:
        MOV AH,4Ch                  ; Programmende
        INT 21h
FELD_AUSGABE    PROC                ; Bitfeld ausgeben
        MOV ECX,31                  ; Schleifenzähler laden
        MOV AH,02                   ; Ein Zeichen ausgeben
F1:
        MOV DL,'0'                  ; ASCII-Code für '0'
        BT EDI,ECX                  ; Bitzustand testen
        JNC @F                      ; Wenn Null, dann weiter
        INC DL                      ; Nun ASCII-Code für '1'
@@:
        INT 21h
        DEC ECX
        JNS F1                      ; Erneuter Schleifendurchlauf
        RET                         ; Zurück zum Hauptprogramm
FELD_AUSGABE    ENDP
_TEXT   ENDS
END START
```

Für Beispielprogramm 15.7 wurden die Standardsegmentanweisungen eingesetzt, da hier der USE-Parameter variiert werden kann. Achten Sie darauf, daß Sie hier ein separates Stacksegment definieren müssen.

Mit den Schiebebefehlen SHLD und SHRD kann man weiterhin:

– Ein Bit-Feld aus einem Register an eine beliebige Bit-Position im Speicher setzen, ohne die übrigen Bits dabei zu beeinflussen.

– Ein Bit-Feld an einer beliebigen Position aus einem Bit-String im Arbeitsspeicher in ein Register übertragen, ohne die übrigen Bits zu beeinflussen.

Flexiblere Multiplikation mit IMUL

Der IMUL-Befehl, der bereits bei der 80286-CPU erheblich erweitert wurde, ist um eine vierte Variante reicher. Wurde bereits bei der 80286-CPU die lästige Beschränkung aufgehoben, daß sich ein Operand stets im AL- oder AX-Register befinden muß, so können bei der 80386-CPU nun auch zwei beliebige allgemeine Register oder ein Register und eine Speicherzelle ohne einen konstanten Faktor multipliziert werden. Nach wie vor muß aber der Zieloperand in einem Register abgelegt werden.

Syntax:
```
IMUL Reg16,Reg16
IMUL Reg32,Reg32
IMUL Reg16,Mem16
IMUL Reg32,Mem32
```

In beiden Fällen werden das Carry- und das Überlaufflag gesetzt, wenn das Ergebnis nicht in das Zielregister (16 oder 32 Bit) paßt. Da die unteren 16 bzw. 32 Bit des Ergebnisses sowohl bei einer vorzeichenlosen als auch bei einer vorzeichenbehafteten Multiplikation identisch sind, kann diese Version des IMUL-Befehls auch zur Multiplikation vorzeichenloser Zahlen eingesetzt werden.

Beispiel
```
.MODEL SMALL
.386
.STACK
.DATA
        ZAHL1   DW      12345
        ZAHL2   DD      11111111h
.CODE
        MOV DX,@DATA
        MOV DS,DX
        MOV DI,2
        IMUL DI,ZAHL1
        MOV EBX,3
        IMUL EBX,ZAHL2
        MOV AH,4Ch
        INT 21h
END
```

Dank der 32-Bit-Register ist mit dem IMUL-Befehl ohne weiteres eine 64-Bit-Multiplikation möglich:

```
MOV EAX,20000000h
MOV EBX,40000000h
IMUL EBX
```

Das Ergebnis dieser Multiplikation wird im Registerpaar EAX:EDX abgelegt. Eine Multiplikation mit einem 64-Bit-Ergebnis ist also nur möglich, wenn sich ein Operand im EAX-Register befindet. Würde anstelle des EAX-Registers zum Beispiel das ECX-Register verwendet werden, wäre ein Überlauf die Folge und die höherwertigen Bits, die nicht mehr in das ECX-Register passen, gingen verloren. Auch die Angabe eines unabhängigen Zielregisters ist mit 32-Bit-Registern möglich:

```
IMUL EBX,ECX,2
```

In diesem Fall wird der Inhalt des ECX-Registers mit 2 multipliziert und das Ergebnis im EBX-Register abgelegt. Dennoch gibt es auch beim IMUL-Befehl nach wie vor ein paar kleinere

Einschränkungen. Wird der IMUL-Befehl mit zwei Operanden eingesetzt, muß es sich beim Quelloperanden um einen Operanden gleicher_ Größe oder um einen unmittelbaren 8-Bit-Wert handeln. Folgende Varianten des IMUL-Befehls sind daher offiziell nicht erlaubt:

```
IMUL EBX,300
IMUL EDI,BX
IMUL CX,DL
```

Dennoch werden diese drei Befehle assembliert. Im ersten Fall wird die Zahl 300 auf eine 32-Bit-Zahl erweitert. In den beiden anderen Fällen wird die Registergröße eines Operanden einfach angepaßt und eine entsprechende Warnung ausgegeben.

Soviel zum Thema 80386-Programmierung im Real-Modus. Dieser Abschnitt sollte Ihnen in erster Linie eine Übersicht über die zusätzlichen Befehle der 80386-CPU im Real-Modus geben. Es handelt sich durchweg um sehr leistungsfähige Befehle, die alle Vorteile einer 32-Bit-CPU nutzen. Viele dieser Befehle sind allgemein verwendbar und bringen auch in kleineren Programmen echte Vorteile. Nutzen Sie diese Befehle, sofern Sie über einen PC mit 80386/486-CPU verfügen, wann immer es möglich und sinnvoll ist, in Ihren eigenen Programmen. Zwar sind diese Programme nicht mehr auf einer 8086/80286-CPU lauffähig, doch dürfte dieser »Nachteil« nur in seltensten Fällen von echter Bedeutung sein.

15.6 Überblick über die 80386-CPU im Protected-Modus

Wenn Sie den Abschnitt über die Programmierung der 80286-CPU im Protected-Modus durchgearbeitet haben, sind Ihnen die grundsätzlichen Neuerungen bereits vertraut. Die 80386-CPU ist auch im Protected-Modus kompatibel zur 80286-CPU. Dementsprechend gelten bezüglich der Speicheradressierung die gleichen Verhältnisse. Wichtigster Unterschied: Der Aufbau eines Deskriptors hat sich ein wenig geändert, da die Startadresse eines Segments nun eine 32-Bit-Adresse ist. Anders als man zunächst vermuten würde, wird die Segmentgröße durch einen 20-Bit-Wert dargestellt. Dennoch beträgt die maximale Größe eines Segments 4 Gbyte. Ist nämlich das sogenannte »Granularitäts-Bit«, kurz G-Bit, gesetzt, wird die Segmentgröße in Einheiten von 4 Kbyte interpretiert, was eine maximale Segmentgröße von $2^{20} * 2^{12} = 2^{32} = 4$ Gbyte ergibt. Ist das G-Bit dagegen gelöscht, wird die Segmentgröße in Bytes interpretiert, wodurch sich eine maximale Segmentgröße von 1 Mbyte ergibt. Das G-Bit hat jedoch nur einen Einfluß auf die Segmentgröße, die Startadresse des Segments wird dadurch nicht beeinflußt.

Der Aufbau eines Segmentdeskriptors bei der 80386/486-CPU ist in Bild 15.11 zu finden. Falls es sich bei dem Deskriptor um einen Codesegmentdeskriptor handelt, ist ferner das D-Bit bemerkenswert. Von diesem Bit war bereits im letzten Abschnitt mehrfach die Rede, da es festlegt, ob ein Codesegment 64 Kbyte (80286-kompatibel) oder 4 Gbyte groß werden kann. Wie schafft es die 80386/486-CPU überhaupt, zwischen den 80286- und den 80386-Deskriptoren zu unterscheiden? Ganz einfach anhand des höherwertigsten Wortes, das bei 80286-Deskriptoren Null sein muß. Ist dieses Wort nicht Null, geht die CPU von einem 80386/486-Deskriptor aus.

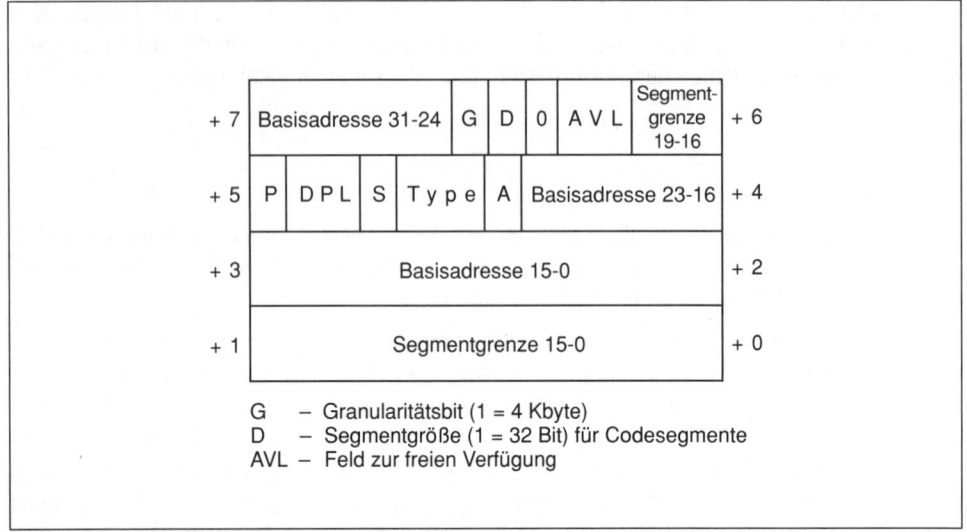

Bild 15.11: *Aufbau eines 80386/486-Deskriptors*

Das Umschalten zwischen Protected- und Real-Modus

ist bei der 80386/486-CPU ein wenig einfacher als bei der 80286-CPU. Anders als bei ihrer Vorgängerin kann die CPU durch Setzen oder Löschen des PE-Bits im CR0-Register beliebig zwischen Protected- und Real-Modus geschaltet werden. Ein Umweg über einen Reset ist hier nicht nötig:

```
MOV EAX,CR0
OR EAX,1
MOV CR0,EAX
```

Diese Befehlsfolge schaltet die CPU in den Protected-Modus, während die nächste Befehlsfolge den Real-Modus aktiviert:

```
MOV EAX,CR0
AND EAX,07FFFFFFEh          ( AND EAX,NOT 1)
MOV CR0,EAX
```

Ein wenig einfacher geht es mit dem BTR-Befehl, der ein spezielles Bit in das Carryflag überträgt und es anschließend zurücksetzt:

```
MOV EAX,CR0
BTR EAX,0
MOV CR0,EAX
```

Natürlich müssen auch bei der 80386/486-CPU bestimmte Deskriptoren in der GDT und IDT initialisiert und die Register GDTR und IDTR mit der Adresse der GDT bzw. IDT initialisiert werden. Dieser Vorgang entspricht jedoch im wesentlichen dem, der bereits in Kapitel 15.4 bei der 80286-CPU besprochen wurde. Da die Umschaltung in den Protected-Modus diesmal nicht von einer

BIOS-Funktion übernommen wird, müssen noch zwei weitere Kleinigkeiten beachtet werden. Zum einen müssen Interrupts durch Löschen des Interruptfreigabeflags unterdrückt werden. Da unser Beispielprogramm 15.8 keine IDT enthält und daher auf keinen Interrupt reagieren kann, dürfen Interrupts erst wieder im Real-Modus zugelassen werden. In der Praxis ist dieses Verfahren natürlich nicht brauchbar. Beachten Sie ferner, daß die Interrupts im Real-Modus erst zugelassen werden dürfen, nachdem das SS-Register, das ja zwischenzeitlich mit dem Wert 10h geladen wurde, wieder seinen alten Wert erhalten hat. Die zweite Kleinigkeit hat etwas mit der internen Warteschlange der CPU zu tun. Da diese Warteschlange nach dem Umschalten in den Protected-Modus noch Real-Modus-Befehle enthalten könnte, muß unmittelbar nach dem Aktivieren des Protected-Modus ein Sprung stattfinden. Da dieser Sprungbefehl als Zieladresse aber einen Selektor erwartet, müssen die Opcodes »per Hand«, das heißt über eine DB-Anweisung, in den Arbeitsspeicher eingetragen werden:

```
DB 0EAh, 0, 0, 8, 0
```

Diese Bytefolge entspricht einem JMP-Befehl, der einen Sprung zu dem Codesegment durchführt, dessen Deskriptor den Index 8 in der GDT besitzt. Durch den JMP-Befehl wird gleichzeitig das CS-Cache-Register mit dem Deskriptor des Codesegments geladen. Dieser Far-JMP-Befehl geht davon aus, daß der erste Protected-Modus mit dem Offset 0 beginnt. Da dies nicht der Fall sein muß, trägt man hier besser ein Label ein, das den ersten Befehl im Protected-Modus adressiert:

```
        DB 0EAh
        DW (OFFSET PMODE)
        DW 8
PMODE:
```

Das letzte Beispielprogramm zeigt, wie die 80386/486-CPU in den Protected-Modus und vor allem wieder zurück in den Real-Modus geschaltet werden kann.

Beispielprogramm 15.8 – BSP15_08.ASM

Das folgende Beispielprogramm zeigt, wie die 80386-CPU mit minimalem Aufwand in den Protected-Modus und wieder zurück in den Real-Modus geschaltet werden kann. Assemblieren und linken Sie das Programm mit MASM 5.1, testen Sie es mit CodeView oder dem Turbo Debugger und bringen Sie es auf einem PC mit 80386/486-CPU zur Ausführung.

```
; -------------------------------------------------------
; Dieses Programm schaltet in den 386er-Protected-Modus, gibt
; einen Ton aus und kehrt wieder in den Real-Modus zurück
; -------------------------------------------------------
.386P                           ; Auch 80386-Protected-Modus-Befehle
STACK   SEGMENT STACK           ; Ein Stacksegment wird benötigt
    DW 100h DUP (?)
STACK   ENDS
DESCRIPTOR      STRUC           ; Strukturtyp für den Deskriptor
        LIMIT0_15       DW ?
        BASIS0_15       DW ?
        BASIS16_23      DB ?
```

```
        ZUGRIFF          DB ?
        EXTRA            DB ?
        BASIS24_31       DB ?
DESCRIPTOR        ENDS
CODE    SEGMENT USE16         ; Definition eines 16-Bit-Codesegments
    ASSUME CS:CODE,DS:CODE
    SS_SAVE DW ?              ; Variable für SS-Register
    DS_SAVE DW ?              ; Variable für DS-Register
    GDT_ADR LABEL FWORD       ; Hier wird die Adresse der GDT gespeichert
        DW 32                 ; Größe der GDT
        DD  ?                 ; Startadresse der GDT
    GDT_START LABEL DWORD     ; Hier beginnt die GDT
    D0 DESCRIPTOR <0,0,0,0,0,0>                ; Offset  0 - Dummy-Deskriptor
    D1 DESCRIPTOR <0FFFFh,,,09Ah,00h,0>     ; Offset  8 - Deskriptor für
Codesegment
    D2 DESCRIPTOR <0FFFFh,,,092h,00h,0>      ; Offset 10h - Deskriptor für
Stacksegment
START:
    MOV AX,CS                ; Datensegment initialisieren
    MOV DS,AX
    MOV DS_SAVE,AX           ; DS sichern
    MOV RSEG,AX              ; Sprungbefehl vorbereiten
    AND EAX,0FFFFh           ; 24-Bit-Basisadresse von Deskriptor 1 eintragen
    SHL EAX,4
    MOV EBX,EAX
    SHR EAX,16
    MOV D1.BASIS0_15,BX
    MOV D1.BASIS16_23,AL
    MOV AX,SS               ; 24-Bit-Basisadresse von Deskriptor 2 eintragen
    MOV SS_SAVE,AX
    AND EAX,0FFFFh
    SHL EAX,4
    MOV EBX,EAX
    SHR EAX,16
    MOV D2.BASIS0_15,BX
    MOV D2.BASIS16_23,AL
    MOV AX,CS               ; 24-Bit-Adresse der GDT vorbereiten
    AND EAX,0FFFFh
    SHL EAX,4
    ADD EAX,OFFSET GDT_START
    MOV DWORD PTR GDT_ADR+2,EAX
    LGDT GDT_ADR             ; Adresse der GDT nach GDTR
    CLI                      ; Keine Interrupts bitte
    MOV EAX,CR0              ; Auf in den Protected-Modus
    OR EAX,1                 ; Bit 0 auf "1"
    MOV CR0,EAX
    DB 0EAh                  ; CS über Far-JMP mit Selektor 8 laden
```

```
        DW (OFFSET PMODE)
        DW 8
PMODE:
        MOV DX,10h              ; SS mit Selektor 10h laden
        MOV SS,DX
        PUSH 440                ; Frequenz übergeben
        CALL BEEP
        ADD SP,2
        PUSH 880
        CALL BEEP
        ADD SP,2
        PUSH 280
        CALL BEEP
        ADD SP,2
        MOV EAX,CR0             ; Und nun wieder zurück in den Real-Modus
        BTR EAX,0               ; Dazu Bit 0 auf "0"
        MOV CR0,EAX
        DB 0EAh                 ; Ein Far-JMP um die Warteschlange zu leeren
        DW (OFFSET RMODE)
RSEG    DW 0
RMODE:                          ; Das war's
        MOV AX,SS_SAVE          ; SS und DS wieder herstellen
        MOV SS,AX
        MOV AX,DS_SAVE
        MOV DS,AX
        STI                     ; Erst jetzt wieder Interrupts erlaubt
        MOV AH,01               ; Auf Taste warten
        INT 21h
        MOV AH,4Ch              ; Dann fertig
        INT 21h
        FREQUENZ EQU [BP+04]
BEEP    PROC
        PUSH BP
        MOV BP,3P
        MOV DI,FREQUENZ         ; Frequenz des Tones
        MOV BX,10               ; Dauer des Tones in 0.2 Sek.
        MOV AL,182              ; Timer initialisieren
        OUT 43H,AL
        MOV DX,12H              ; Zeitschleife festlegen
        MOV AX,34DCh            ; Frequenz umrechnen
        DIV DI
        OUT 42H,AL              ; Umgerechnete Frequenz an den
        MOV AL,AH               ; Timer schicken
        OUT 42H,AL
        IN  AL,61H              ; Inhalt des Ports 61h retten
        MOV AH,AL
        OR  AL,3                ; Lautsprecher einschalten
        OUT 61H,AL
```

```
WARTE:
    MOV CX,0DAD4h              ; Zeitschleife ca. 200 Millisekunden
@@:
    LOOP @B
    DEC BX                     ; Zähler erniedrigen
    JNZ WARTE                  ; Ausschalten ?
    MOV AL,AH                  ; Port 61h wieder herstellen
    OUT 61H,AL                 ; das heißt Lautsprecher aus
    POP BP
    RET
BEEP     ENDP
CODE     ENDS
END START
```

Betrachten Sie dieses Programm als ein Grundgerüst, das Sie bei Bedarf um zusätzliche Funktionen erweitern können. So können Sie zum Beispiel einen zusätzlichen Deskriptor für ein Datensegment definieren. Wenn Sie die Segmentgröße in diesem Deskriptor auf den maximalen Wert und das Granularitätsbit auf »1« setzen, steht Ihnen ein 4 Gbyte-Segment zur Verfügung. Wenn Sie dann den dazugehörigen Selektor zum Beispiel in das FS-Register laden und wieder in den Real-Modus zurückschalten, steht Ihnen auch im Real-Modus ein maximal 4 Gbyte großes Segment zur Verfügung, das über das FS-Register adressiert werden kann. Zwar wird man selten in die Verlegenheit kommen, die vollen 4 Gbyte nutzen zu müssen, doch lassen sich nun die 2, 4 oder 8 Mbyte Extended-Memory Ihres PC direkt ansprechen.

15.7 Was ist neu bei der 80486-CPU?

Wenn bereits die 80386-CPU, die immerhin schon seit 1985 auf dem Markt ist, als "Super-CPU" gelten muß, was bietet dann erst die 80486-CPU? Nun, obwohl die 80486-CPU in der Regel doppelt so schnell ist wie ihre Vorgängerin, ist für den Maschinensprache-Programmierer nicht allzuviel Neues dabei. So ist der Großteil der Performance-Verbesserungen auf eine schnellere Ausführungseinheit, den integrierten Fließkommaprozessor und die ebenfalls auf dem Chip integrierte Cache-Einheit zurückzuführen. Die 80486-CPU kann daher als eine Kombination der 80386-CPU, des mathematischen Koprozessors 80387 und des Cache-Controllers 82385 betrachtet werden. Zusätzlich wurden noch 8 Kbyte Cache-Speicher auf dem Chip integriert. In einem sogenannten »Burst-Mode« kann die 80486-CPU Daten mit der doppelten Geschwindigkeit einer 80386-CPU aus dem Arbeitsspeicher lesen. Spektakuläre Neuerungen bei der Programmierung gibt es dagegen nicht, denn der Befehlsumfang wurde nur geringfügig erweitert. Folgende 6 Befehle sind neu hinzugekommen:

– Austauschen zweier Bytes (BSWAP)
– Austauschen und addieren (XADD)
– Vergleichen und austauschen (CMPXCHG)
– Zurücksetzen des Cache (INVD)
– Zurücksetzen und zurückschreiben des Cache (WBINVD)
– Zurücksetzen eines TLB-Eintrags (INVLPG)

Die letzten drei 80486-Befehle beziehen sich auf den internen Cache. Sie werden daher auch fast ausschließlich in Systemprogrammen eingesetzt, die direkt auf den Cache zugreifen und auch in diesem Buch nicht ausführlicher besprochen werden. Die zusätzlichen Befehle der 80486-CPU können vom Turbo-Assembler ab Version 2.0 und von MASM ab Version 6.0 verarbeitet werden. Auch neuere Versionen des Turbo Debuggers (zum Beispiel Version 2.5) unterstützen diese Befehle.

Der BWSAP-Befehl

Dieser Befehl vertauscht die Bytes in einem 32-Bit-Register. Genauer gesagt, wird das vierte Byte mit dem ersten Byte und das dritte Byte mit dem zweiten Byte vertauscht. Auf diese Weise kann in einem einzigen Befehl das Intel-typische Operandenformat (das auch als »little endian« bezeichnet wird) in jenes Format umgewandelt werden, das zum Beispiel von den Motorola-CPUs der 68000er-Familie verwendet wird. In diesem »big endian«-Format wird eine Zahl so abgespeichert, wie sie geschrieben wird, das heißt, das höchstwertigste Byte wird in einem Doppelwort unter Position 0 abgespeichert.

Beispiel

```
BSWAP EAX
```

Der XADD-Befehl

Dieser Befehl addiert den Quelloperanden zum Zieloperanden und speichert gleichzeitig den Originalwert des Zieloperanden im Quelloperanden. Es handelt sich also um einen ADD-Befehl, bei dem der Originalwert des Zieloperanden durch die Vertauschung erhalten bleibt. Die Statusflags werden entsprechend dem Ergebnis der Addition gesetzt.

Beispiel

```
XADD TABELLE[EDI],AX
XADD AX,BX
```

Der CMPXCHG-Befehl

Dieser Befehl vergleicht den Zieloperanden mit dem Akkumulator (AL-, AX- oder EAX-Register). Wenn beide Operanden gleich sind, wird der Quelloperand in den Zieloperanden und der Zieloperand In den Akkumulator kopiert. Entsprechend dem Ergebnis des Vergleichs werden die Statusflags gesetzt.

Beispiel

```
CMPXCHG TABELLE[EDI],BL
CMPXCHG AX,BX
```

Das erweiterte EFLAGS:Bei 80486-CPU-Register

Bedingt durch die zusätzlichen Hardwarekomponenten, die auf der CPU integriert wurden, mußte auch das EFLAGS-Register erweitert werden. Das bislang unbenutzte Bit 18 wird nun für die Steuerung eines »Alignment checks« (siehe nächster Abschnitt) verwendet. Auch das Kontrollregister CR0 wurde um fünf neue Flags erweitert. Dazu gehören vor allem drei Flags zur Steuerung des Cache-Kontrollers und ein zusätzliches Ausrichtungs-Flag, das im Zusammenhang mit der Durchführung eines Alignment-Checks zusammen mit dem entsprechenden Flag im EFLAGS-Register gesetzt sein muß. Schließlich gibt es noch das NE-Flag (»Numeric Exception«), das festlegt, ob Interrupts des mathematischen Koprozessors durch den Interrupt 10h (NE-Flag = 1) oder durch Aktivieren einer CPU-Leitung (NE-Flag = 0) angezeigt werden.

Der »Alignment Check Interrupt«

Eine interessante Neuerung bietet der sogenannte »Ausrichtungs-Prüf-Interrupt« (Interrupt 11h). Es handelt sich um einen Interrupt, der immer dann ausgelöst wird, wenn ein unpassender Speicherzugriff durchgeführt wird. Ein solcher Zugriff liegt zum Beispiel vor, wenn ein Wort-Zugriff auf eine ungerade Adresse oder ein Doppelwort-Zugriff auf eine Adresse, die nicht an einer Doppelwortgrenze liegt, durchgeführt wird. Ein Interrupt 17 wird aber nur durchgeführt, wenn das AC-Flag im EFLAGS-Register gesetzt ist und das Programm auf der niedrigsten Privilegstufe 3 läuft. Ist das AC-Flag auf Null oder läuft das Programm mit einer höheren Privilegstufe, hat ein unpassender Zugriff auf den Arbeitsspeicher keine Folgen. Da es sich bei dem Interrupt 17 um einen sogenannten »Fault«, das heißt um einen Interrupt, der vor dem Befehl, der den Interrupt auslöst, ausgeführt wird, hat der Programmierer in der Interruptroutine (dem sogenannten »Fault-Handler«) die Gelegenheit den Speicherzugriff zu korrigieren.

Falls dieser Interrupt auch unter DOS verwendet wird, muß die Interruptroutine des Interrupts 17 (11h) entsprechend erweitert werden, da dieser Interrupt vom BIOS für die Ermittlung der Gerätekonfiguration verwendet wird.

Der interne Cache

Bei einem Cache-Speicher handelt es sich um einen zusätzlichen Speicher zur Unterstützung der CPU, in dem Befehle und Daten gespeichert werden, die von der CPU kurz zuvor benutzt wurden. Damit wird dem Umstand Rechnung getragen, daß bestimmte Befehle und Daten häufiger benutzt werden als andere. Dies wird besonders in einer kleinen Programmschleife deutlich, wo eine kleine Gruppe von Befehlen oder Daten relativ häufig nacheinander angesprochen werden. Befinden sich diese Daten und Befehle bereits in einem Cache-Speicher, kann die CPU sehr viel schneller auf sie zugreifen, als wenn sie sich im regulären Arbeitsspeicher befinden würden. Bei einem Cache-Speicher handelt es sich nämlich um sehr schnelles statisches RAM mit einer Zugriffszeit zwischen 20 und 40 ns (die dynamischen RAMs des Arbeitsspeichers besitzen eine Zugriffszeit zwischen 70 und 100 ns), das im Falle der 80486-CPU auf der CPU untergebracht ist. Die Größe des Cache-Speichers variiert in der Regel zwischen 1 Kbyte und 64 Kbyte. Wenn die 80486-CPU einen Zugriff auf den Arbeitsspeicher durchführt, prüft sie zunächst, ob sich die gewünschten Befehle oder Daten bereits im internen Cache befinden. Ist das nicht der Fall, werden die Daten aus dem Arbeitsspeicher gelesen und im Cache untergebracht. Beim nächsten Zugriff können die Daten dann aus dem Cache geholt werden. Ein solcher Treffer wird in der Fachsprache als »hit« bezeichnet, das nicht Vorhandensein der Daten im Cache entsprechend als »miss«. Die Effektivität eines Caches wird durch die Hit-Rate ausgedrückt. Intels 80486-CPU besitzt laut Datenblatt eine Hit-Rate von etwa 90% (!).

Zwar läßt sich das Prinzip eines Cache recht einfach beschreiben, in der Praxis bringt die Verwendung eines Cache aber zahlreiche Implikationen mit sich. So muß der Cache-Kontroller aufgrund der begrenzten Cache-Größe stets entscheiden, ob Daten in einem Cache aufbewahrt werden sollen oder nicht. Außerdem kann es passieren, daß der Wert ein und derselben Speicherzelle im Cache einen anderen Wert besitzt als in der Speicherzelle. Die 80486-CPU besitzt daher einen sogenannten »Write-Through-Cache«. Hier wird der Wert einer Speicherzelle, der sich momentan im Cache befindet, sowohl im Cache als auch im Arbeitsspeicher aktualisiert. Dieses Verfahren dauert zwar ein wenig länger, stellt dafür aber sicher, daß Daten im Cache stets mit den korrespondierenden Daten im Arbeitsspeicher übereinstimmen. Falls erforderlich, kann der Cache auch komplett abgeschaltet werden, was in der Regel aber einen deutlichen Performance-Verlust bedeutet.

15.8 Ausblick

Dieses Kapitel konnte leider nur einen kleinen Teil der Möglichkeiten der 80286- und vor allem natürlich der 80386/486-CPU beleuchten. Insbesondere die Programmierung im Protected-Modus wurde relativ kurz abgehandelt. Leider ist auch in einem umfassenden Einführungsbuch der Platz begrenzt. Doch aufgehoben ist nicht ganz aufgeschoben. Die fortgeschritteneren Themen sind daher für den zweiten Teil dieses Buches vorgesehen. Wenn sich die erweiterten Möglichkeiten der 80286-CPU für einen Maschinensprache-Programmierer im wesentlichen auf einen erweiterten Arbeitsspeicher von bis zu 16 Mbyte beschränken, so gibt es bei der 80386/486-CPU eine Fülle von Neuerungen. Besonders tritt dabei das Paging hervor, das heißt die seitenweise Verwaltung des Arbeitsspeichers und natürlich der virtuelle 8086-Modus. Auch dies sind Gebiete, die von einem Maschinensprache-Programmierer in Angriff genommen werden können.

Die weitere Entwicklung bleibt spannend. Nach einem von Intel veröffentlichten Zeitplan soll die 80586-CPU im Jahre 1992 und die 80686-CPU im Jahre 1995 folgen. Da Intel mit Vorabinformationen erfahrungsgemäß äußerst sparsam ist, sind über die 80586-CPU bislang auch nur Gerüchte im Umlauf. Danach soll, und das wird kaum jemanden verwundern, die Aufwärtskompatibilität erhalten bleiben. Ferner sollen Grafikprimitive, die grafische Oberflächen, wie zum Beispiel Windows, direkt unterstützen, als Maschinenbefehle implementiert werden. Branchenkenner bezeichnen die geplanten Erweiterungen als äußerst aggressiv. Dazu zählen auch schnellere Varianten der bereits exisitierenden CPUs. Während die 80386-CPU für den Low-End-Bereich, das heißt für den klassischen PC-Markt positioniert wird, setzt Intel für anspruchsvollere Anwendungen (CAD, Engineering, Desktop Publishing) auf schnellere Versionen der 80486-CPU. Bereits 1991 soll eine 50 MHz-Version der 80486-CPU auf den Markt kommen, eine 80- und sogar eine 100 MHz-Version sollen im nächsten Jahr folgen.

Sicherlich muß auch auf den zunehmenden Einsatz von PC's in Netzwerken, Kommunikationseinrichtungen und Multimedia-Anwendungen bereits auf Maschinenebene Rücksicht genommen werden. Es würde daher nicht überraschen, wenn die nächsten CPUs bereits entsprechend darauf vorbereitet würden. Als Maschinensprache-Programmierer muß man diese Entwicklung mit gemischten Gefühlen betrachten. Auf der einen Seite benötigt man lediglich einen Assembler, um die neuesten CPUs programmieren zu können. Man ist daher in der Lage, ohne auf die Upgrades der Compiler-Hersteller warten zu müssen, alle neuen Features zu nutzen. Auf der anderen Seite wurde bereits bei der 80286-CPU eine Komplexitätsstufe erreicht, die für einen »Freizeit-Programmierer« (diese Bezeichnung ist in keinster Weise abwertend gemeint und soll lediglich den zur Verfügung stehenden Zeitaufwand beschreiben) kaum noch zu bewältigen ist. Super-CPUs, wie zum Beispiel die i860 von Intel, in Maschinensprache zu programmieren, erfordert daher einen sehr hohen zeitlichen Aufwand. Ist man jedoch von der Faszination der Maschinensprache gefangen, spielen solche rationellen Erwägungen nur eine untergeordnete Rolle. Sicher ist auch, daß DOS- und Windows-Versionen der Zukunft verstärkt die speziellen Eigenschaften der 80386/486-CPU nutzen werden. Sich rechtzeitig mit deren Programmierung vertraut zu machen, kann daher kein Fehler sein. Es bleibt eine spannende Frage, die Rolle die Maschinensprache-Programmierung unter diesen Betriebssystemen spielen wird. Um mit den Worten eines bekannten Ex-Team-Chefs zu reden: Schauen wir halt einmal, in welche Richtung die Entwicklung gehen wird.

15.9 Zusammenfassung

Anstelle einer umfassenden Zusammenfassung sollen im folgenden noch einmal wichtige, aber nicht so offensichtliche Unterschiede zwischen der 8086-CPU und der 80386-CPU im Real-Modus aufgeführt werden. Diese Unterscheidungen gelten natürlich auch für die 80486-CPU, aus Gründen der Übersichtlichkeit ist im folgenden aber nur von der 80386-CPU die Rede. Folgende Unterschiede gilt es bei der Programmierung der 80386-CPU zu berücksichtigen:

– Nicht definierte Opcodes der 8086-CPU, die auch bei der 80386-CPU nicht belegt sind, führen hier zu einem Interrupt 6 (»Illegal Opcode«)
– Bei der Berechnung der effektiven Adresse fallen keine zusätzlichen Taktzyklen an.
– Bei einem Divisionsüberlauf (Interrupt 0) zeigt das Registerpaar CS:EIP auf dem Stack nach dem Aufruf der Interruptroutine auf den Befehl, der den Interrupt verursacht hat. Bei der 8086/88-CPU zeigt das Registerpaar CS:IP bereits auf den nächsten Befehl.
– Bei der Ausführung des Befehls »PUSH SP« wird der Inhalt des SP-Registers erst auf den Stack transportiert und dann um zwei erniedrigt. Bei der 8086-CPU wird der um zwei erniedrigte Wert auf den Stack transportiert (was nicht ganz korrekt ist).
– Bei Schiebe- und Rotationsbefehlen kann die Anzahl an Verschiebungen oder Rotationen nicht größer als 31 werden, da dieser Operand entsprechend maskiert wird. Bei der 8086-CPU kann diese Anzahl theoretisch maximal 255 betragen.
– Wird der Inhalt des Flagregisters bei der 8086-CPU auf den Stack gebracht, besitzen die Bits 12–15 stets den Wert »1«.
– Ein Überschreiten der Segmentgrenze, das heißt ein Offset, der von 65535 nach 0 geht oder von 0 nach 65535, führt immer zu einem Ausnahmeinterrupt (Interrupt 12 oder 13). Bei der 8086-CPU hat dieser Adreßumbruch keine Folgen.
– Die 8086-CPU kann nur einen Adreßraum von 1 Mbyte adressieren, bei der 80386-CPU können auch im Real-Modus zusätzliche 65 520 Byte angesprochen werden, wenn das Segmentregister den Wert 0FFFFh enthält. Voraussetzung bei einem PC ist aber, daß an dieser Stelle Extended Memory vorhanden ist und daß die 21. Adreßleitung der CPU freigeschaltet wird.

Folgende zusätzliche Unterschiede gilt es zu berücksichtigen, wenn die 80386-CPU im virtuellen 8086-Modus betrieben wird:

– Alle E/A-Befehle unterliegen den gleichen Privilegsüberprüfungen wie im Protected-Modus.
– Alle Interrupts werden nach den gleichen Mechanismen ausgeführt wie im Protected-Modus. Real-Modus-Interrupts, zum Beispiel wenn eine DOS-Applikation im virtuellen 8086-Modus läuft, müssen daher entsprechend umgesetzt werden.
– Schließlich muß die 80386-CPU nicht nur eine 8086-CPU, sondern auch eine 80286-CPU emulieren können.

16 Das Geheimnis des Erfolges

Der Weg zum Erlernen einer Programmiersprache ist mühsam und wird in der Regel von zahlreichen Rückschlägen begleitet. Da macht auch die Assemblersprache keine Ausnahme. Wenn auch die Regel gilt, daß man aus Fehlern am besten lernt, kann man auf der anderen Seite den größten Teil der möglichen Frustrationen dadurch vermeiden, in dem man ein paar »goldene« Regeln der Assembler-Programmierung beherzigt. Diese Regeln sind selbstverständlich nicht in allen »Lebenslagen« gültig, sie lassen sich aber auf die meisten zu erstellenden Programme anwenden. Sie werden im weiteren Verlauf Ihrer Karriere als Assembler-Programmierer die Erfahrung machen, daß man auch ein Maschinensprache-Programm auf verschiedene Weisen schreiben kann, kurz und effektiv oder umfangreich und umständlich. Die Fähigkeit, die Möglichkeiten eines einzelnen Maschinenbefehls oder einer Sequenz von Maschinenbefehlen effektiv zu nutzen, unterscheidet im wesentlichen einen erfahrenen Programmierer von einem Anfänger.

Dieses Kapitel soll Ihnen ein paar wichtige Hilfestellungen für die alltägliche Programmierpraxis geben. Auch wenn Sie nicht gerade beabsichtigen, sich bei einer der Entwicklungsabteilungen von Microsoft zu bewerben, ist es auch für den privaten Gebrauch von Vorteil, sich einen guten Programmierstil anzueignen. Fassen Sie dieses Kapitel mehr als einen Ratgeber auf und weniger als eine Reihe von Vorschriften, die es unbedingt einzuhalten gilt. Nichts ist der Weisheit letzter Schluß und schon gar nicht Tips zum Thema »Wie schreibe ich ein Programm?«. Vieles von dem, was in diesem Kapitel geboten wird, mag Ihnen bereits vertraut sein. Manche Ratschläge werden Sie vielleicht schon seit langem unbewußt befolgt haben, anderen wiederum sind Ihnen vielleicht neu.

16.1 Was ist ein guter Programmierer?

Diese Frage ist sicher nicht eindeutig zu beantworten. Ein bekannter Software-Entwickler hat einmal gesagt, daß ein guter Programmierer Programme schreibt, die ästhetisch sind und die funktionieren. Ein hervorragender Programmierer macht das gleiche, nur schneller. Gerade der, zugegebenermaßen etwas vage Begriff der Ästhetik ist ein wesentlicher Gesichtspunkt für das, was die Qualität eines Programmierers ausmacht. Die Fähigkeit und das Bestreben, ästhetisch schöne Programme zu schreiben, läßt sich nicht durch das Studium eines einzelnen Buches erlernen. Sie ist vielmehr eine Fähigkeit, die sich erst im Verlauf einer langen Programmierpraxis entwickelt. Klammert man einmal die Ästhetik aus, so bleibt, daß sich ein gutes Programm dadurch auszeichnet, daß es funktioniert, daß es keine unnötigen »Schnörkel« enthält und daß es das, was es macht, schnell macht.

Die folgenden »Grundregeln« werden sicher nicht über Nacht einen versierten Programmierer aus Ihnen machen. Sie können Ihnen aber helfen, einige der typischen Frustrationen von Einsteigern zu vermeiden.

Grundsatz 1:
Einfachheit statt Universallösung. Lösen Sie das Problem so einfach wie möglich. Solange Sie nicht in der Lage sind, das Problem zu vereinfachen, haben Sie es nicht verstanden.

Grundsatz 2:
Ein Programm soll das leisten, was von ihm verlangt wird. Nicht mehr und auf keinen Fall weniger.

Grundsatz 3:
Entwickeln Sie Ihre Programme modular. Der modulare Aufbau weist viele Vorteile auf, die im Verlauf dieses Kapitels noch erläutert werden. Eine modulare Lösung ist immer einer nicht modularen Lösung überlegen.

Grundsatz 4:
Versuchen Sie nicht, eine universalisierte Lösung zu schreiben. Beschränken Sie sich zunächst darauf, was das Programm wirklich können muß und nicht, was es alles in Zukunft können sollte. Aufgrund der Modularisierung von Programmen sollte eine spätere Erweiterung leicht möglich sein. Voraussetzung ist aber, daß das Programm erst einmal fehlerfrei läuft.

Grundsatz 5:
Erfinden Sie das Rad nicht neu. Entwerfen Sie allgemein verwendbare Module, die sich auch in anderen Lösungen verwenden lassen.

Grundsatz 6:
Versuchen Sie, bequem zu werden. Ein Hang zur »kreativen Bequemlichkeit« ist häufig die Triebfeder für effektives Programmieren. Je einfacher eine bestimmte Lösung ist, je allgemeiner verwendbar ein bestimmtes Modul ist, desto mehr Arbeit sparen Sie bei der Implementation eines größeren Programms.

Grundsatz 7:
Dokumentieren Sie Ihre Programme. Dies ist keine Forderung von Pedanten oder »Ordnungs-fanatikern«, sondern eine schlichte Notwendigkeit. Dokumentierter Code hilft Ihnen, Ihre Produktivität zu erhöhen, indem Sie ein Programm-Modul auch nach Wochen oder Monaten noch verwenden bzw. debuggen können, ohne den gesamten Aufbau neu nachvollziehen zu müssen. Die Dokumentation von Programmen ist auch eine geistige Auseinandersetzung mit dem erstellten Code und hilft unter anderem, Schwachstellen ausfindig zu machen.

Grundsatz 8:
Versuchen Sie unkonventionell zu denken. Nicht immer sind bewährte Programmiertechniken die besten Lösungen. Gerade die Assemblersprache ist eine Sprache, die Ihnen naturgemäß sehr viele Freiheiten läßt. Nutzen Sie diese Freiheiten, indem Sie öfter einmal mit neuen Methoden experimentieren.

Grundsatz 9:
Halten Sie Ihre Programme einfach!

16.2 Die Lehre der kleinen Schritte

Wahrscheinlich kennen Sie das Sprichwort »Auch eine Reise von 1000 Kilometern beginnt mit einem ersten Schritt«. Auch wenn dieses Sprichwort ebenso für die Erstellung eines größeren Maschinenprogramms seine Gültigkeit hat, sollten Sie dabei das Ziel nicht aus den Augen verlieren. Es ist deswegen ganz gut, sich einmal die einzelnen Schritte, die von einem meist diffusen Problem zu einem fertigen Maschinenprogramm führen, zu vergegenwärtigen.

Die einzelnen Phasen des Programmentwurfs

Auch wenn es unbestritten nicht möglich ist, ein allgemeines Rezept für das Erstellen von Programmen aufzustellen, gibt es doch einen Ablauf, der für das Erstellen der meisten Programme ähnlich und damit typisch ist. Nach dem Motto »Irgendein Ansatz ist besser als kein Ansatz« läßt sich tatsächlich eine Folge von Schritten festhalten, die im folgenden als die einzelnen Phasen des Programmentwurfs vorgestellt werden sollen.

1. Problemanalyse

Nicht immer ist das eigentliche Problem klar erkennbar. Eine Problemanalyse hilft zum Beispiel, die erforderliche Vorgehensweise festzulegen und den Zeitbedarf abzuschätzen. Sie ist aber auch notwendig, um etwaige Ausnahmesituationen erfassen zu können.

2. Festlegen des Programmablaufes (Aufstellen eines Algorithmus)

Ist Ihnen erst klar, wie das Problem prinzipiell zu lösen ist, geht es als nächstes um die Aufstellung eines Ablaufplanes. Hierbei handelt es sich um die Entwurfsphase, in der die einzelnen Schritte festgelegt werden, die zur Lösung des Problems führen sollen. Die Folge dieser Schritte zur Lösung eines bestimmten Problems wird als Algorithmus bezeichnet. Ein Algorithmus (das Wort hat sich übrigens aus dem Namen eines persischen Gelehrten mit dem Namen AL-KHWARISMI abgeleitet, der im Jahre 830 eines der ersten Informatikbücher verfaßte) ist eine Art »Zwischending« zwischen einer Beschreibung in Umgangssprache:

```
»Schalte die Heizung ab, wenn es wärmer als 25 Grad wird«
```

und der entsprechenden Computeranweisung:

```
IF TEMP > 25 THEN HEIZUNG AUS
```

Zum Aufstellen eines Algorithmus existieren gewisse Hilfsmittel, die verhindern sollen, daß der Algorithmus zu vage und unpräzise formuliert und eine spätere Umsetzung in ein Programm damit unnötig erschwert wird. Zu diesen Hilfsmitteln gehören zum Beispiel Flußdiagramme und Struktogramme. Beide Hilfsmittel sind nicht unumstritten, es gibt sogar gute Programmierer, die von sich behaupten, noch nie mit einem Flußdiagramm, geschweige denn mit einem Struktogramm, gearbeitet zu haben. Ob Sie zur Formulierung des Algorithmus Flußdiagramme, Struktogramme oder eigene Symbole verwenden, ist eher nebensächlich. Wichtig ist, daß es Ihnen gelingt, das Problem in eine Folge von Schritten zu zerlegen, die, nacheinander ausgeführt, die gewünschte Aufgabe lösen können oder zumindest lösen sollten. Dabei sollten die einzelnen Schritte möglichst allgemein und nicht mit den speziellen Befehlen einer Programmiersprache formuliert werden. Je nach Komplexität der gestellten Aufgabe werden diese Schritte sehr grob (für eine komplexe

Aufgabe) oder bereits relativ fein (für eine weniger komplexe Aufgabe) sein. Obwohl der Begriff »komplex« ebenfalls schwierig zu klassifizieren ist, gibt es doch ungefähre Richtgrößen. So ist zum Beispiel das Erstellen eines Textverarbeitungsprogramms eine komplexe Aufgabe, während zum Beispiel das Erstellen eines Druckertreibers eher als eine einfache Aufgabe anzusehen ist. Projekte, wie zum Beispiel der Entwurf eines Betriebssystems, sind dagegen so komplex, daß sie nur selten von einem einzigen Programmierer übernommen werden können (dies sind typische Team-Projekte, für die wiederum ganz andere Gesetzmäßigkeiten gelten).

3. Teilen Sie die Aufgabe in kleinere Module

Oberstes Prinzip bei der Erstellung eines Programms sollte stets die Modularität des Programms, das heißt die Aufteilung des Programms in einzelne, kleinere Module sein. Die Modularisierung eines Programms bringt verschiedene Vorteile mit sich:

– ein Modul ist kompakter und erleichtert daher die Fehlersuche
– einzelne Module können unabhängig voneinander assembliert und getestet werden
– bestimmte Module (wie zum Beispiel ein Eingabemodul) müssen nur einmal geschrieben werden und können daher auch in anderen Programmen als Bausteine verwendet werden.
– In einem modularen Programm können einzelne Module gegen neue und unter Umständen bessere Module ausgetauscht werden, ohne daß die übrigen Module modifiziert werden müssen.

Letztlich führt der modulorientierte Ansatz zum objektorientierten Ansatz. Während eine bloße Modularisierung lediglich eine Strukturierung des Codes bedeutet, hat der objektorientierte Ansatz einen direkten Einfluß auf die Programmierung, da Objekte nur über streng definierte Schnittstellen, die Nachrichten, mit anderen Objekten kommunizieren können. Doch zieht der objektorientierte Ansatz zahlreiche Implikationen nach sich und erfordert vor allem gewisse Sprachelemente, die die gängigsten Hochsprachen und natürlich auch die Assemblersprache nicht besitzen. Außerdem erfordert objektorientiertes Programmieren eine völlig neue Denkweise bei der Konzeption eines Programms.

Grundsätzlich läßt sich jedes Problem in eine bestimmte Anzahl von Unterproblemen, die, jedes für sich, später in Form eines Programm-Moduls implementiert werden können, unterteilen. Je nach Komplexität der gestellten Aufgabe lassen sich auch diese Unterprobleme in weitere, noch kleinere und enger spezifizierte Unterprobleme verfeinern. Dieser »iterative Prozeß« in der Entwurfsphase wird erfahrungsgemäß so lange fortgesetzt, bis eine weitere Verfeinerung entweder nicht mehr sinnvoll oder gar nicht mehr möglich ist. Da die Entwurfsphase mit einem allgemeinen Modul begonnen wurde, das dann Schritt für Schritt verfeinert wird, wird diese Vorgehensweise auch als TOP-DOWN-Design bezeichnet. Wir haben diesen TOP-DOWN-Entwurf bereits in Kapitel 9 auf ein konkretes Beispiel angewendet. Damals mag Ihnen diese Vorgehensweise vielleicht als ein wenig »künstlich« vorgekommen sein, denn das Problem hätte sicher auch ohne theoretische Vorüberlegungen und ohne Einhaltung des TOP-DOWN-Prinzips gelöst werden können. Dies ist sicher richtig, allerdings müssen Sie berücksichtigen, daß alle in diesem Kapitel gemachten Aussagen sich generell auf größere bzw. große Programme beziehen (was mit »groß« gemeint ist, wurde ja bereits angedeutet). Kleine Programme, wie fast ausnahmslos alle Beispielprogramme in diesem Buch, lassen sich auch ohne die Einhaltung gewisser Regeln genauso gut oder genauso schlecht entwerfen wie mit den in diesem Kapitel beschriebenen Regeln. Bei großen Programmen macht sich dagegen eine schlechte Strategie als Zeitfaktor, und eng damit verbunden auch als Kostenfaktor, bemerkbar, der manchmal den Erfolg eines Projekts in Frage stellen kann.

4. Beginnen Sie mit den elementarsten Modulen

Nachdem die Entwurfsphase abgeschlossen ist, beginnt die Implementationsphase. Idealerweise sollte die Implementationsphase erst beginnen, wenn die Entwurfsphase vollständig beendet wurde. In der Praxis sieht es allerdings so aus, daß die Implementationsphase meist sehr viel eher begonnen wird. Dies hat manchmal den Vorteil, daß gewisse Erfahrungen, die bei der Implementation einzelner Module gemacht werden, die weitere Entwurfsphase beeinflussen können.

Ob man die Implementationsphase bei den elementarsten Modulen beginnt und anschließend die Module definiert, die auf diesen Modulen aufbauen usw., oder ob genau der umgekehrte Weg eingeschlagen wird, ist eine Ermessensfrage. Im ersten Fall gelangt man (ausgehend von den elementarsten Modulen) zu immer globaleren Modulen, bis schließlich das Hauptmodul definiert wird. Dieses Hauptmodul besteht im Prinzip nur noch aus der Definition der benötigten Variablen und einem Aufruf der einzelnen Module. Da der Verlauf der Implementationsphase mit den elementarsten Modulen beginnt und sich darauf aufbauend an die Spitze arbeitet, wird das dahinterstehende Prinzip als BOTTOM UP bezeichnet. Genauso ist der umgekehrte Weg gangbar, bei dem zuerst das Hauptmodul definiert wird, um eine Grundstruktur des Programms vorzugeben. So kann man einzelne Untermodule als »Dummymodule«, das heißt als leere Prozeduren schreiben, die lediglich aus einem RET-Befehl bestehen. Mit der sukzessiven Verfeinerung dieses Programms werden bei diesem TOP-DOWN-Design die einzelnen Module Schritt für Schritt mit Inhalt gefüllt.

5. Testen des Programms und etwaige Fehlerbeseitigung

An die Entwurfsphase schließt sich die Testphase an. Da kaum ein Programm auf Anhieb fehlerfrei läuft, gilt es, in der Testphase offensichtliche (zum Beispiel eine falsche Ausgabe) und auch versteckte (zum Beispiel die Reaktion des Programms auf eine unbeabsichtigte falsche Eingabe) zu erkennen und zu beheben. Sie sehen, daß die Testphase eng verbunden mit dem Vorgang des Debugging, das heißt der Fehlerbehebung in einem Programm ist. Erfahrungsgemäß beansprucht die Testphase zwischen 30 und 70 Prozent der gesamten Entwicklungszeit eines Programms.

6. Optimierung

Läuft ein Programm erst fehlerfrei, ist die Phase der Programmentwicklung noch lange nicht beendet. Insbesondere im kommerziellen Bereich schließt sich an die (erfolgreiche) Testphase eine Phase an, die als Optimierung bezeichnet wird. In dieser Phase gilt es, das Programm sowohl bezüglich seiner Laufzeit (Ausführungsgeschwindigkeit) als auch bezüglich seines Codeumfangs zu optimieren.

7. Dokumentation

Schließlich und letztendlich muß ein Programm auch dokumentiert werden. Damit ist weniger das Erstellen eines Benutzerhandbuchs für einen Endbenutzer, sondern vielmehr die interne Dokumentation des Programmablaufs und der Schnittstellen des Programms für den Programmierer gemeint. Damit ein Programmierer auch noch Wochen später erkennen kann, welche Bedeutung ein bestimmter Programmteil hat, ist eine aussagekräftige Dokumentation eine Zeitinvestition, die sich in jedem Fall auszahlt.

Damit wäre das Ziel, nämlich ein lauffähiges und fehlerfreies Programm zu erstellen, erreicht und die Reise, die zu Beginn dieses Kapitels mit dem ersten Schritt begann, beendet. Damit die eben beschriebenen Hinweise nicht in der Schublade »Ganz nett, aber was soll ich damit anfangen?« landen, wird zunächst der vorgestellte Ablauf an einem relativ konkreten Beispiel erläutert. Anschließend erfahren Sie, wie die einzelnen Phasen der Programmerstellung mit einem Assembler gelöst werden können.

Ein konkretes Beispiel

Ein beliebtes Beispiel für die anschauliche Darstellung der Programm-Entwicklungsphasen ist das Erstellen eines Editors. Zum einen, weil es sich bei einem Editor um ein überschaubar, leicht verständliches und auch nützliches Programm handelt und zum anderen, weil sich ein Editor hervorragend modularisieren läßt. Im Grunde stellt das Erstellen eines Editors eine Art »Gesellenprüfung« für Assembler-Programmierer dar, die jeder angehende Assembler-Programmierer mindestens einmal ansatzweise durchgeführt haben sollte. Nicht zuletzt müssen bei der Erstellung eines Editors auch alle wichtigen Bereiche der Systemprogrammierung unter MS-DOS berücksichtigt werden:

– den Zugriff auf den Bildschirmspeicher
– die Verwaltung des Diskettenspeichers
– die Ansteuerung des Druckers
– die Organisation des Arbeitsspeichers

1. Problemanalyse

Zuerst muß grob spezifiziert werden, welche Aufgaben das Programm erledigen soll. Dazu ist es hilfreich, einfach eine Liste der Tätigkeiten zu erstellen, die der Editor ausführen soll:

Bei einem Editor handelt es sich um ein Programm zur Eingabe, zum Editieren und zum Abspeichern von Text.

Damit wäre die Phase der Problemanalyse abgeschlossen. Auch wenn die Problemanalyse in diesem Fall trivial erscheinen mag, stellt sie bei anderen Problemen bereits einen großen Schritt in Richtung auf ein lauffähiges Programm dar.

2. Erstellen des Programmablaufplanes

Wie sieht ein Flußdiagramm für einen Editor aus? Diese Frage ist falsch gestellt, denn es geht nicht um die Aufstellung eines Flußdiagramms für das komplette Programm. Dieses wäre zum einen zu umfangreich, als daß man einen praktischen Nutzen daraus ziehen könnte, und zum anderen ist es zu diesem Zeitpunkt noch nicht möglich, alle Einzelheiten abzusehen. Vielmehr geht es darum, einen allgemeinen Ablauf festzulegen, der bereits als Grundlage für die Implementationsphase verwendet werden kann. Das mögliche Aussehen eines solchen Ablaufplanes ist in Bild 16.1 auf der nächsten Seite zu sehen. Wie aus der Abbildung zu entnehmen ist, ist dieser Ablauf extrem einfach gehalten und enthält keinerlei programmtechnische Details.

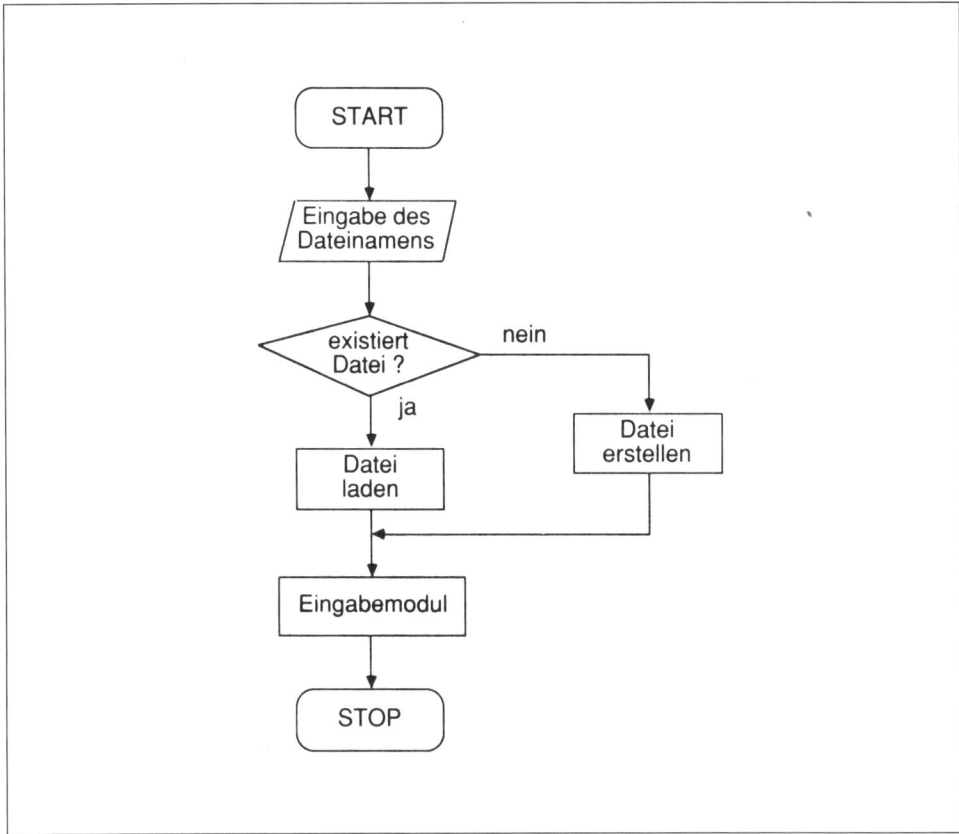

Bild 16.1: *Der erste Programmablaufplan des Editors*

Dies ist auch nicht weiter schlimm, denn es geht nur darum, einen ersten Anhaltspunkt für die spätere Implementation zu erhalten. Unter Umständen kann es sich sogar bei der späteren Implementation herausstellen, daß dieser Entwurf nicht realisierbar ist. In diesem Fall muß wieder bei dieser Stelle begonnen werden.

3. Die sukzessive Verfeinerung
Wie Bild 16.1 zeigt, ist der bisherige Entwurf noch viel zu allgemein, um bereits als Grundlage für eine Implementation verwendet werden zu können. Aus diesem Grund sind weitere Verfeinerungen notwendig. Diese Verfeinerung soll stellvertretend mit dem Modul »Auswerten der Eingabe« vorgenommen werden. Bild 16.2 zeigt den entstandenen Programmablaufplan. Auch dieser Ablauf ist noch zu allgemein, um von praktischem Nutzen zu sein. Wir führen daher noch eine weitere Verfeinerung durch, deren Ablaufplan in Bild 16.3 zu sehen ist.

4. Implementationsphase
Der Ablauf aus Bild 16.3 ist nun für eine Implementation geeignet. Jetzt wird mit der Codierung, das heißt dem konkreten Umsetzen des Programmablaufplanes in ein Programm begonnen. Für den Ablauf aus Bild 16.3 würde ein Programm folgendermaßen aussehen:

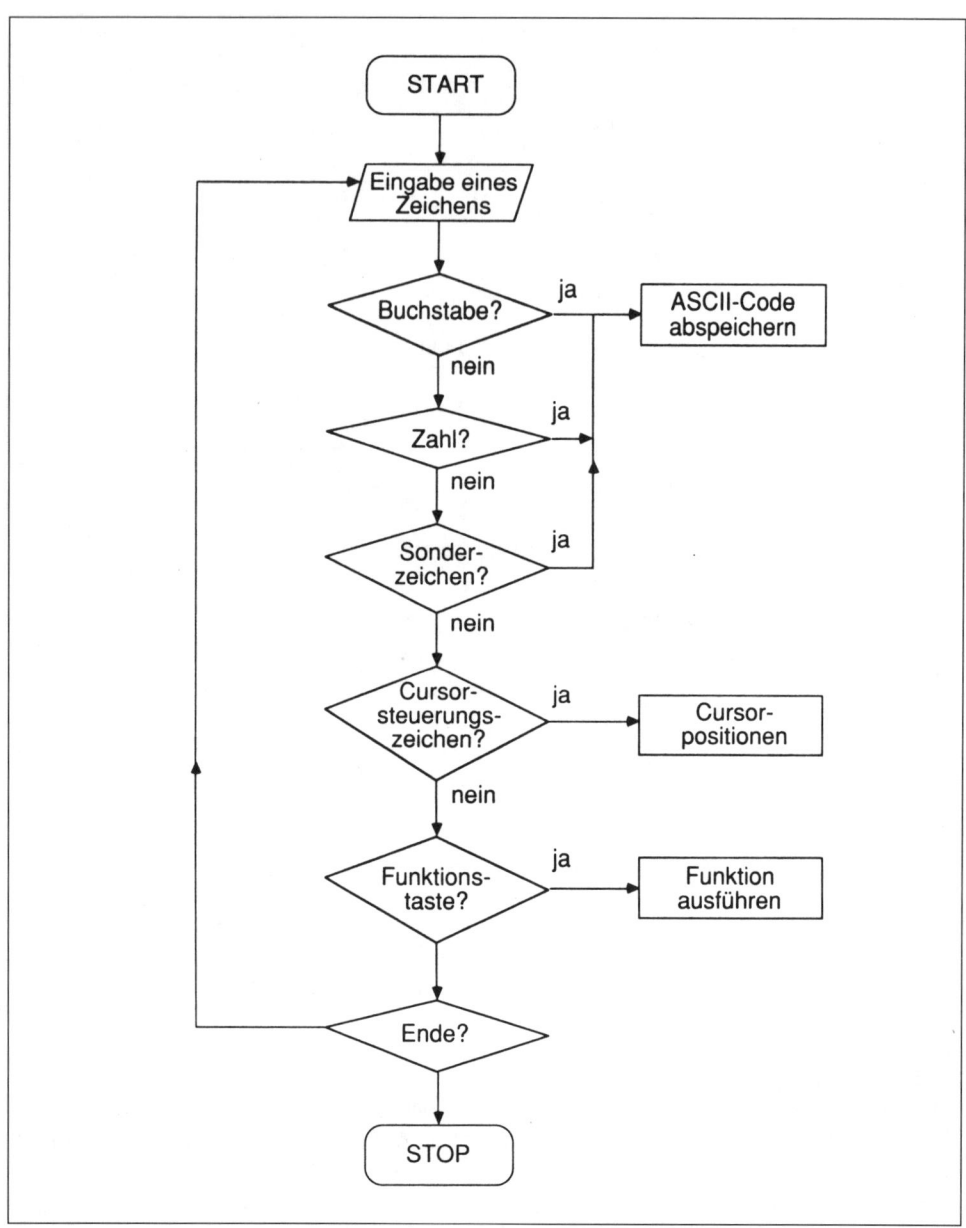

Bild 16.2: *Eine weitere Verfeinerung des Ablaufplanes*

```
TITLE  LADE_MODUL
EXTRN DATEI_NAME:BYTE,HANDLE:ABS
PUBLIC LADE_DATEI
.CODE
```

```
LADE_DATEI  PROC
            MOV DX,DATEN      ; Adresse d. DATEN Segments laden
            MOV DS,DX
            MOV DX,OFFSET DATEI_NAME
            MOV AH,3Dh        ; Datei öffnen
            MOV AL,2
            INT 21h
            ....
            Es folgen Befehle zum Laden und zum Schließen
            der Datei
            ...
            RET
LADE_DATEI  ENDP
END
```

Bild 16.3: *Ein erster Implementationsentwurf*

Dieses Programm kann bereits assembliert werden. Voraussetzung dafür, daß es von einem »Hauptmodul« aufgerufen werden kann, ist, daß alle globalen Symbole, auf die von einem anderen Modul zugegriffen wird, mit der PUBLIC-Anweisung deklariert werden und daß alle Symboldefinitionen, die nicht in diesem Modul gemacht werden, eingangs als extern deklariert werden, damit der Assembler beim Assemblieren dieses Moduls keine Fehlermeldung erzeugt. Voraussetzung ist auch, daß das Programmsegment den Kombinationstyp public (nicht zu verwechseln mit der PUBLIC-Anweisung) trägt, damit der Linker das Segment mit allen anderen Segmenten des Programms, die ebenfalls den Namen CODE und den Kombinationstyp public aufweisen, zu einem einzigen zusammenhängenden Segment verknüpfen kann. Diese Voraussetzung wird durch die Verwendung der vereinfachten Segmentanweisungen automatisch erfüllt.

Damit wäre die Implementation des Lade-Moduls abgeschlossen. Als nächstes sollte das Lade-Modul auch getestet werden, denn je kleiner ein zu testendes Programm ist, desto leichter läßt sich ein etwaiger Fehler beheben. Das ist eigentlich selbstverständlich, soll aber der Vollständigkeit wegen auch erwähnt werden.

5. Testen eines erstellten Moduls

Um ein einzelnes Modul testen zu können, auch wenn das gesamte Programm noch nicht fertiggestellt ist, ist eine »Testumgebung« erforderlich. Die Testumgebung stellt den Rahmen zur Verfügung, in dem das Modul aufgerufen werden kann. Für das Beispiel des Lade-Moduls muß die Testumgebung lediglich die Symbole und Variablen zur Verfügung stellen, die das Programm zum Arbeiten benötigt:

```
TITLE MAIN MODULE
;
.MODEL LARGE
.DATA
        FILE_NAME   DB 64 DUP(?)
        TEXT_BUFFER DB 10000 DUP(?)
        HANDLE      DW ?
```

```
EXTRN DATEI_LADEN:NEAR
PUBLIC FILE_NAME,HANDLE,TEXT_BUFFER
.CODE
START:
        ...
        CALL DATEI_LADEN
        JC   ERROR
        ...
ERROR:
END START
```

Mehr ist für die Testumgebung im Moment nicht notwendig. Nun werden beide Module assembliert und mit Hilfe des Linkers zu einer EXE-Datei gebunden. Der eigentliche Testvorgang wird mit Hilfe des Debuggers ausgeführt. Der Debugger wird dabei von zwei Dateien unterstützt:

– der Programmlistingdatei, die zum einen die vom Assembler erzeugten Opcodes und zum anderen auch eine Liste der verwendeten Segmente und Symbole enthält;
– der MAP-Datei, die die relative Startadresse der einzelnen Segmente, der Größe und vor allem deren Anordnung in der Programmdatei enthält.

Beide Dateien sind unverzichtbare Voraussetzungen, wenn es darum geht, ein umfangreicheres Programm mit Hilfe von DEBUG auszuführen, da der Debugger bekanntlich nur ein Minimum an Informationen über das auszuführende Programm zur Verfügung stellt. Anders sieht es natürlich bei Debugging-Tools wie Turbo Debugger, AFD-Pro oder CodeView aus, die sich sowohl bezüglich der Leistungsfähigkeit als auch im Preis um Größenordnungen von DEBUG unterscheiden. Unabhängig, welchen Debugger Sie verwenden, sollten Sie generell folgenden Grundsatz beherzigen:

Beherrschen Sie Ihren Debugger. Der virtuose Umgang mit den Befehlen Ihres Debuggers spart sehr viel Zeit und steigert letztlich die Produktivität.

Damit soll die Beschreibung des Entwicklungsvorganges beendet werden. Im folgenden wird die nicht weniger interessante Frage untersucht, inwieweit ein Assembler Ihnen bei der Entwicklung eines Programms entgegenkommt bzw. welche Besonderheiten bei der Programmentwicklung in Assembler zu berücksichtigen sind.

16.3 Wie sieht es in der Praxis aus?

Zuerst die schlechte Nachricht. Die Verwendung eines Assemblers zur Programmerstellung zwingt den Programmierer, wie fast alle typischen Compilersprachen auch, in den klassischen Edit-Compile-Link-Go-Zyklus. Damit ist gemeint, daß ein Programm zunächst einmal mit Hilfe des Editors erstellt werden muß. Der Quelltext wird als nächstes vom Assembler assembliert und in eine Objektdatei umgewandelt. Erfahrungsgemäß treten hier die meisten Fehler auf, so daß der Programmierer bereits hier den eben erwähnten Zyklus verläßt und erneut mit dem Editieren beginnt. Lief alles fehlerfrei, muß die Objektdatei mit Hilfe des Linkers in eine Programmdatei umgewandelt werden. Auch hier können (wenn auch seltener) Fehler auftreten, die den Programmierer zwingen, erneut mit dem Editieren zu beginnen. Ist das Programm erst fehlerfrei, heißt das noch lange nicht, daß alles nach Ihren Wünschen verlaufen muß. Nun können sogenannte »Laufzeitfehler« auftreten, das heißt Fehler bei der Ausführung des Programms. Auch diese Fehler lassen sich nur dadurch beheben, daß Sie den Editor erneut aufrufen und den eben beschriebenen Zyklus wiederholen. Jeder Fehler, und sei er noch so klein, wie zum Beispiel das Fehlen eines Leerzeichens bei der Ausgabe, führt zu einem erneuten Durchlaufen des sogenannten »ECLG-Zyklusses« (in diesem Zusammenhang kann man mit gutem Gewissen die Begriffe kompilieren und assemblieren synonym verwenden).

Es liegt auf der Hand, daß dieser Umstand die Entwicklungszeit eines Maschinenprogramms enorm erhöhen kann und nicht gerade zur Popularität von Assembler als Entwicklungssprache beiträgt. Allerdings bleibt die Entwicklung auch bei den Assemblern nicht stehen. Von Microsoft wird mittlerweile mit dem QuickAssembler ein MASM kompatibler Assembler mit integrierter Entwicklungsoberfläche angeboten. Auch MASM selber wird ab Version 6.0 mit einer integrierten Arbeitsoberfläche, der Programmers Workbench, ausgeliefert. Das Assemblieren und Linken eines Programms reduziert sich damit auf einen Tastendruck. Auch der Debugger kann selbstverständlich innerhalb der Entwicklungsumgebung aufgerufen werden. Für Assembler-programmierer wird damit ähnlicher Komfort geboten, der einst Turbo Pascal zum Durchbruch verholfen hat.

Läßt sich in Assembler modular programmieren?
Nachdem die Modularisierung die ganze Zeit so gelobt worden ist, stellt sich natürlich die Frage, inwieweit der Assembler die Modularisierung unterstützt. Um es gleich vorweg zu nehmen: Auch die Assemblersprache eignet sich zur modularen Programmierung. Damit ist aber nicht jene strenge Modularisierung gemeint, wie man sie in Sprachen wie zum Beispiel MODULA-2 findet. Vielmehr ist von einer Aufteilung eines Programms in einzelne Module und einer weiteren Verfeinerung in Prozeduren die Rede. Dazu werden die einzelnen Module zunächst mit Hilfe des Assemblers in Objektdateien umgewandelt. Gegebenenfalls können die einzelnen Module an-schließend einzeln gelinkt werden, um die Module mit Hilfe des Debuggers zu testen. Sind die einzelnen Module fehlerfrei, werden Sie mit Hilfe des Linkers zu einer einzigen Programmdatei gebunden. Voraussetzung für das Zusammenbinden ist, daß alle Symbole, die von einem anderen Modul aufgerufen werden, mit der PUBLIC-Anweisung als global deklariert wurden und daß andererseits diese Symbole in dem Modul, in welchem der Aufruf erfolgt, mit der EXTRN-Anweisung als extern definiert wurden.

Läßt sich in Assembler strukturiert programmieren?
Ein weiterer Punkt, der in einer Diskussion »Assemblersprache contra Hochsprache« häufig aufgeführt ist, ist die Möglichkeit der strukturierten Programmierung. Obwohl die strukturierte Programmierung, streng genommen, eng verbunden ist mit der Möglichkeit modular program-mieren zu können bzw. von letzterer eigentlich gar nicht getrennt betrachtet werden kann, wird unter strukturierter Programmierung häufig nur die Möglichkeit verstanden, bestimmte Strukturworte verwenden zu können. Damit soll die Frage, inwieweit ein Assembler strukturierte Programmierung zuläßt, auch unter diesem Gesichtspunkt betrachtet werden. Ab Version 6.0 verfügt der Microsoft-Makroassembler über Strukturworte, wie zum Beispiel .IF, .WHILE und .REPEAT, mit deren Hilfe sich hochsprachenähnliche Strukturen aufbauen lassen.

Doch auch ohne diese Hilfsworte, die letztlich nur die entsprechenden bedingten Sprungbefehle assemblieren, läßt sich der berüchtigte »Spaghetticode«, der aus einer Vielzahl von Sprungbefehlen besteht, die quer durcheinander springen, vermeiden. Gliedern Sie Ihr Programm vielmehr in einzelne Blöcke (auch hier tritt das modulare Prinzip, diesmal auf einer tieferen Ebene, wieder auf). Zwar werden Sie auch in Assembler nicht um die Verwendung von Sprungbefehlen herumkommen, doch wird bei einem überlegten Einsatz die Lesbarkeit des Programms nicht so stark beeinträchtigt. Ein Beispiel soll dies verdeutlichen. Ein typisches Strukturwort aus Hochsprachen wie Basic oder Pascal ist die REPEAT-... UNTIL-Anweisung, die zum Beispiel in der folgenden Form eingesetzt wird:

```
REPEAT
        ...
        <Befehle>
        ...
UNTIL WERT < 100
```

In diesem Fall werden die Anweisungen zwischen REPEAT und UNTIL so lange wiederholt, bis die Variable WERT größer oder gleich 100 wird. Diese Struktur in Assembler zu realisieren, ist nicht weiter schwierig, wie das folgende Beispiel zeigt:

```
REPEAT:
        ...
        <Befehle>
        ...
        CMP WERT,100
        JL  REPEAT
        ...
```

Damit ist zwar noch lange nicht gesagt, daß Assembler eine strukturierte Sprache ist. Es zeigt aber, daß sich Programmstrukturen aus Hochsprachen auch in Assembler realisieren lassen. Sogar objektorientierte Eigenschaften wurden schon auf den Assembler übertragen, wobei natürlich auch hier einige Abstriche gemacht werden müssen.

Eine weitere Möglichkeit, die Lesbarkeit eines Assemblerprogramms zu erhöhen und gleichzeitig auch die Entwicklungszeit zu reduzieren, stellt die Verwendung von Makros dar. So läßt sich zum Beispiel für jeden DOS- bzw. BIOS-Aufruf ein Makro konstruieren. Daß damit tatsächlich die Lesbarkeit eines Programms erhöht wird, zeigt ein Beispiel deutlich:

```
...
DATEI_OEFFNEN
WENN_FEHLER BEIM_OEFFNEN     ERROR1
DATEI_LESEN
WENN_FEHLER BEIM_LESEN       ERROR1
DATEI_SCHLIESSEN
WENN_FEHLER BEIM_SCHLIESSEN  ERROR1
...
```

Auch bei WENN_FEHLER handelt es sich um ein Makro, das folgendermaßen aufgebaut sein könnte:

```
WENN_FEHLER MACRO CODE,LABEL
            MOV AX,CODE
            JC  LABEL
            MOV AX,0
            ENDM
```

Bei den Symbolen BEIM_OEFFNEN, BEIM_LESEN usw. handelt es sich schlicht und einfach um Konstanten, die mit Hilfe der EQU-Anweisung definiert worden sind:

```
BEIM_LESEN   EQU 1
BEIM_OEFFNEN EQU 2
usw.
```

Hier ein Tip zum Thema Makros. Verwenden Sie Makros nur gezielt. Der zu häufige Einsatz von Makros kann zwar die Lesbarkeit des Quelltextes erhöhen, verstellt aber unter Umständen den Blick für wesentliche Fakten und erschwert auf alle Fälle die Lesbarkeit des assemblierten Maschinenprogramms.

Es läuft und was nun?

Hier wären wir wieder bei einem Thema, das bereits zu Beginn dieses Kapitels angesprochen wurde. Es geht um die Ästhetik, jenen ominösen Begriff, der Programmieren in die Nähe eines künstlerischen Schaffensprozesses, wie zum Beispiel dem Modellieren von Ton oder dem Komponieren eines Musikstücks, bringt. Ein exzellenter Programmierer verwendet seine Werkzeuge wie ein Maler seine Pinsel. Genau wie ein Maler sich nicht mit dem bloßen Erstellen eines Bildes zufriedengibt, sondern versucht, ein perfektes Abbild einer Vision, die in seinem Kopf existiert, zu kreieren, versucht auch ein Programmierer, sich nicht mit dem bloßen Funktionieren eines Programms zufriedenzugeben. Statt dessen wird er versuchen, das Programm zu optimieren, es schneller und kürzer zu machen. Ob sich dieser Aufwand lohnt, ist letzten Endes eine rein persönliche Entscheidung, die von Fall zu Fall abgewogen werden muß. Neben den ästhetischen Gesichtspunkten gibt es aber auch eine Reihe praktischer Erwägungen, die für das Optimieren von Maschinenprogrammen sprechen. Die Rede ist von der Laufzeitoptimierung. Im folgenden werden einige Beispiele vorgestellt, die Ihnen helfen sollen, bei einer 8088-CPU überflüssige Taktzyklen einzusparen (ein Teil der Beispiele wurde einem Artikel von Tom Disque, erschienen in Dr. Dobbs Journal, Juli 1987, entnommen).

Das Verschieben von Speicherblöcken läßt sich am schnellsten mit Hilfe des MOVS-Befehls durchführen. Dieser kann sowohl Bytes als auch Worte transportieren. Es liegt scheinbar auf der Hand, daß sich mit Wort-Argumenten mehr Daten in der gleichen Zeit transportieren lassen als mit Byte-Argumenten. Doch nicht immer liegt der zu transportierende Datenblock in Wortform vor. Das folgende Beispiel zeigt, wie sich auch Bytes mit dem MOVSW-Befehl vorteilhaft verschieben lassen. Dabei wird vorausgesetzt, daß sich die Adresse des Quelldatenblocks im SI-Register, die des Zieldatenblocks im DI-Register und die Anzahl der zu transportierenden Bytes im CX-Register befindet. Anstelle des Befehls:

```
REP  MOVSB ; Alle Bytes transportieren
wird die folgende Befehlssequenz verwendet:
```

```
        SHR   CX,1    ; Anzahl der Bytes durch 2
        JNC   LAB     ; War die Anzahl ungerade ?
        MOVSB         ; Ja, erstes Byte verschieben
LAB:    JCXZ ENDE     ; Bereits alles verschoben ?
        REP MOVSW     ; Nein, Rest verschieben
```

Auf diese Weise lassen sich mehr Daten pro Zeiteinheit transportieren. Daß die Entscheidung für eine bestimmte Implementierung oft gar nicht einmal so einfach ist, zeigt das nächste Beispiel, das selbst unter Experten nicht unstrittig ist:

Für das Vertauschen zweier Segmentregister wird manchmal die Befehlsfolge:

```
PUSH CS
POP  ES
```

verwendet, die in diesem Fall den Inhalt des CS-Registers in das ES-Register lädt. Eine andere Möglichkeit stellt auch die Befehlsfolge:

```
MOV AX,CS
MOV ES,AX
```

Welche ist die kürzere und welche die schnellere Alternative? Nun, die erste Frage läßt sich leicht beantworten, die erste Alternative besteht aus 2 Byte, während die beiden MOV-Befehle insgesamt 4 Byte belegen. Doch wie sieht es mit der Ausführungsgeschwindigkeit aus? Ein Blick in die Tabelle (zum Beispiel Anhang B) zeigt, daß beide Befehle jeweils 4 Taktzyklen benötigen. Das macht also insgesamt acht Taktzyklen für die Ausführung beider Befehle. Dabei sind aber noch nicht die Taktzyklen für das Lesen der Opcodes aus dem Speicher berücksichtigt. Pro Speicherzyklus (das heißt Lesen oder Schreiben eines Bytes) benötigt die 8088-CPU immerhin 4 Taktzyklen. Damit kämen für die vier Instruktionen noch einmal 16 Taktzyklen hinzu, so daß sich eine Gesamtausführungszeit von 20 Taktzyklen ergibt. Dies gilt allerdings nur, wenn die 4-Byte-Warteschlange des 8088 leer ist, da ansonsten der Speicherzugriff entfällt. Die erste Alternative benötigt 10 Taktzyklen (PUSH) plus 8 Taktzyklen (POP). Außerdem müssen zwei Speicherzugriffe für die Operanden durchgeführt werden, die noch mal 2*4 = 8 Taktzyklen benötigen. Damit ergibt sich bereits eine Ausführungszeit von 26 Taktzyklen, die deutlich über der Ausführungszeit der zweiten Alternative liegt.

Ein anderes Beispiel, das sehr häufig noch optimiert werden kann, ist die Multiplikation. So ist es bei der 8088/86-CPU in vielen Fällen günstiger, anstelle eines MUL-Befehls entsprechende Schiebebefehle zu verwenden. Um den Inhalt des AL-Registers mit 16 zu multiplizieren, wäre folgender Befehl geeignet:

```
MOV CL,4
SHL AX,CL
```

Denkbar wäre aber auch:

```
SHL AX,1
SHL AX,1
SHL AX,1
SHL AX,1
```

Für welche Möglichkeit sollte man sich entscheiden? Im ersten Fall werden 28 Taktzyklen (4 für den MOV-Befehl und 8 + 4 .* 4 = 24 für den SHL-Befehl benötigt). Doch wie lange dauert die Ausführung der zweiten Befehlsfolge? Laut Tabelle (Anhang B) 8 Taktzyklen, also deutlich weniger. Doch muß wiederum berücksichtigt werden, daß zusätzliche Speicherzyklen für das Lesen der hinzugekommenen Opcodebytes benötigt werden. Um den Zeitbedarf abschätzen zu können, soll einmal vorgeführt werden, wie der 8088 diese vier Befehle ausführt.

Zuerst wird der erste Befehl aus dem Speicher gelesen. Dazu werden 8 Taktzyklen benötigt. Nun wird der Befehl ausgeführt, was eigentlich nur 2 Taktzyklen in Anspruch nimmt. Da die BIU aber in der Zwischenzeit den nächsten Befehl liest, was wieder 8 Taktzyklen in Anspruch nimmt, muß die EU insgesamt 8 Taktzyklen auf die Ausführung des zweiten Befehls warten. Dieser Vorgang wiederholt sich insgesamt viermal, so daß sich eine gesamte Ausführungszeit von 32 Taktzyklen ergibt. Kurioserweise spielt also die Ausführungsgeschwindigkeit eines Befehls bei der 8088-CPU dann keine Rolle, wenn das Lesen des nächsten Befehls länger dauert als die eigentliche Ausführung des Befehls. Bei der 8086-CPU sehen die Verhältnisse ein wenig anders aus, da die 8086-CPU in einem Lesezyklus über seinen 16-Bit-Datenbus ein ganzes Wort lesen kann. Noch anders verhält es sich bei den Nachfolge-CPUs, insbesondere bei der 80386/486-CPU. Zum einen besitzen diese CPUs eine viel größere Warteschlange, zum anderen wurden alle Befehle erheblich optimiert und benötigen sehr viel weniger Taktzyklen zur Ausführung als noch bei der 8086/88-CPU.

Damit soll das Thema »Taktzyklen« beendet werden. Es hat hoffentlich eindrucksvoll demonstriert, daß die Berechnung der tatsächlichen Ausführungsgeschwindigkeit gar nicht so einfach ist, wie es zunächst den Anschein hat. Tatsächlich ist es sogar relativ unmöglich, auf einer 8086/88-CPU die exakte Ausführungszeit zu berechnen. Aufgrund des schwer voraussagbaren Einflusses der internen Warteschlange kann es sogar passieren, daß ein und dieselbe Befehlssequenz unterschiedlich ausgeführt wird. Wer daher genau wissen möchte, wie viele Taktzyklen eine bestimmte Routine zur Ausführung benötigt, muß diese mit einem hochauflösenden Timer messen. Doch werden Sie wahrscheinlich in den seltensten Fällen in die Verlegenheit kommen, Taktzyklen zählen zu müssen, denn Anwendungen, bei denen es tatsächlich auf Milli- oder gar Mikrosekunden ankommt, sind extrem selten. Oft liegt die Lösung, die zur Optimierung eines Programmteils führt, auch in der simplen Umstellung dieses Programmteils. Betrachten Sie dazu einmal das folgende Beispiel und überlegen Sie sich, was man an diesem Beispiel optimieren könnte:

```
SUB0        PROC
            CALL SUB1
            RET
...
SUB1        PROC
            ...
            RET
```

Es fällt sofort auf, daß man sich einen RET-Befehl sparen kann, wenn man den Befehl »CALL SUB1« durch den Befehl »JMP SUB1« ersetzt. In diesem Fall ist nämlich der folgende RET-Befehl überflüssig, da die Rückkehr zu der nächst höheren Ebene (die im Bild nicht zu sehen ist) durch den RET-Befehl des angesprungenen Unterprogramms ausgeführt wird. Auch wenn dieses Beispiel in der Form sicher selten auftreten wird, zeigt es doch sehr schön, wie sich ein Programmteil durch eine unkonventionelle Idee nicht unerheblich verbessern läßt.

16.4 Ausblick

Wir sind damit am Ende einer Reise angelangt, die Sie durch die wichtigsten Bereiche der Maschinensprache-Programmierung und des Betriebssystems MS-DOS geführt haben. Wie bereits eingangs erwähnt, ist dieses Buch in erster Linie als ein Einsteigerbuch konzipiert. Manches, was vielleicht für das perfekte Erlernen der Maschinensprache oder der Assemblersprache (kennen Sie nun den Unterschied?) notwendig ist, konnte in diesem Buch nicht dargestellt werden. Bliebe die Frage zu klären, wie geht es weiter und was man tun sollte, um die erworbenen Kenntnisse weiter zu vertiefen?

Bill Gates, bekannt als Gründer und Firmenchef von Microsoft, der nach eigener Aussage einen Teil seiner Programmiererfahrung aus Listings sammelte, die er in den Mülleimern eines Rechenzentrums fand, empfiehlt, Programme zu lesen, die von anderen Programmierern geschrieben wurden, und aus diesen Programmen zu lernen. Wenn dies zwar nicht Ihren Aufstieg zum Multimilliardär garantiert, hilft es Ihnen sicher, den Umgang mit den verschiedenen Maschinenbefehlen zu verbessern. An Anschauungsmaterial sollte es Ihnen dabei nicht mangeln. Bestes Beispiel ist das kommentierte BIOS-Listing von IBM oder einem anderen OEM-Hersteller, das eine Fülle interessanter Programmiertechniken, insbesondere beim Zugriff auf die Hardware, bietet. Andere Quellen, wenn auch bei weitem nicht so ergiebig, sind Listings aus Fachzeitschriften oder auch der Quellcode von Public-Domain-Programmen. Viele Hersteller von Toolboxen liefern diese auch mit Quellcode aus, was für einen angehenden Programmierer ebenfalls eine Fülle professioneller Programmiertechniken bietet.

Einen Grundsatz sollten Sie zum Abschluß immer beherzigen. Wie für fast alle anderen Bereiche, gilt auch für die Assembler-Programmierung der Grundsatz »Nur durch ständiges Üben erlangt man Perfektion« und durchläuft die einzelnen Stationen vom Neuling über den erfahrenen Programmierer bis zum Experten und schließlich zum Guru. Bleiben Sie daher am Ball, es lohnt sich.

A Anhang

ASCII- und Scancode-Tabellen

Die ASCII-Codes

Abk./Zeichen	Dez/Hex/Bin
NUL `^@`	000_D / 000_H / 00000000_B
SOH `^A`	001_D / 001_H / 00000001_B
STX `^B`	002_D / 002_H / 00000010_B
ETX `^C`	003_D / 003_H / 00000011_B
EOT `^D`	004_D / 004_H / 00000100_B
ENQ `^E`	005_D / 005_H / 00000101_B
ACK `^F`	006_D / 006_H / 00000110_B
BEL `^G`	007_D / 007_H / 00000111_B
BS `^H`	008_D / 010_H / 00001000_B
HT `^I`	009_D / 011_H / 00001001_B
LF `^J`	010_D / 012_H / 00001010_B
VT `^K`	011_D / 013_H / 00001011_B
FF `^L`	012_D / 014_H / 00001100_B
CR `^M`	013_D / 015_H / 00001101_B
SO `^N`	014_D / 016_H / 00001110_B
SI `^O`	015_D / 017_H / 00001111_B
DLE `^P`	016_D / 020_H / 00010000_B
DC1 `^Q`	017_D / 021_H / 00010001_B
DC2 `^R`	018_D / 022_H / 00010010_B
DC3 `^S`	019_D / 023_H / 00010011_B
DC4 `^T`	020_D / 024_H / 00010100_B
NAK `^U`	021_D / 025_H / 00010101_B
SYN `^V`	022_D / 026_H / 00010110_B
ETB `^W`	023_D / 027_H / 00010111_B
CAN `^X`	024_D / 030_H / 00011000_B
EM `^Y`	025_D / 031_H / 00011001_B
SUB `^Z`	026_D / 032_H / 00011010_B
ESC `^[`	027_D / 033_H / 00011011_B
FS `^\`	028_D / 034_H / 00011100_B
GS `^]`	029_D / 035_H / 00011101_B
RS `^^`	030_D / 036_H / 00011110_B
US `^_`	031_D / 037_H / 00011111_B
' '	032_D / 020_H / 00100000_B
'!'	033_D / 021_H / 00100001_B
'"'	034_D / 022_H / 00100010_B
'#'	035_D / 023_H / 00100011_B
'$'	036_D / 024_H / 00100100_B
'%'	037_D / 025_H / 00100101_B
'&'	038_D / 026_H / 00100110_B
'''	039_D / 027_H / 00100111_B
'('	040_D / 028_H / 00101000_B
')'	041_D / 029_H / 00101001_B
'*'	042_D / $02A_H$ / 00101010_B
'+'	043_D / $02B_H$ / 00101011_B
','	044_D / $02C_H$ / 00101100_B
'-'	045_D / $02D_H$ / 00101101_B
'.'	046_D / $02E_H$ / 00101110_B
'/'	047_D / $02F_H$ / 00101111_B
'0'	048_D / 030_H / 00110000_B
'1'	049_D / 031_H / 00110001_B
'2'	050_D / 032_H / 00110010_B
'3'	051_D / 033_H / 00110011_B
'4'	052_D / 034_H / 00110100_B
'5'	053_D / 035_H / 00110101_B
'6'	054_D / 036_H / 00110110_B
'7'	055_D / 037_H / 00110111_B
'8'	056_D / 038_H / 00111000_B
'9'	057_D / 039_H / 00111001_B
':'	058_D / $03A_H$ / 00111010_B
';'	059_D / $03B_H$ / 00111011_B
'<'	060_D / $03C_H$ / 00111100_B
'='	061_D / $03D_H$ / 00111101_B
'>'	062_D / $03E_H$ / 00111110_B
'?'	063_D / $03F_H$ / 00111111_B
'@'	064_D / 040_H / 01000000_B
'A'	065_D / 041_H / 01000001_B
'B'	066_D / 042_H / 01000010_B
'C'	067_D / 043_H / 01000011_B
'D'	068_D / 044_H / 01000100_B
'E'	069_D / 045_H / 01000101_B
'F'	070_D / 046_H / 01000110_B
'G'	071_D / 047_H / 01000111_B
'H'	072_D / 048_H / 01001000_B
'I'	073_D / 049_H / 01001001_B
'J'	074_D / $04A_H$ / 01001010_B
'K'	075_D / $04B_H$ / 01001011_B
'L'	076_D / $04C_H$ / 01001100_B
'M'	077_D / $04D_H$ / 01001101_B
'N'	078_D / $04E_H$ / 01001110_B
'O'	079_D / $04F_H$ / 01001111_B
'P'	080_D / 050_H / 01010000_B
'Q'	081_D / 051_H / 01010001_B
'R'	082_D / 052_H / 01010010_B
'S'	083_D / 053_H / 01010011_B
'T'	084_D / 054_H / 01010100_B
'U'	085_D / 055_H / 01010101_B
'V'	086_D / 056_H / 01010110_B
'W'	087_D / 057_H / 01010111_B
'X'	088_D / 058_H / 01011000_B
'Y'	089_D / 059_H / 01011001_B
'Z'	090_D / $05A_H$ / 01011010_B
'Ä'	091_D / $05B_H$ / 01011011_B
'Ö'	092_D / $05C_H$ / 01011100_B
'Ü'	093_D / $05D_H$ / 01011101_B
'^'	094_D / $05E_H$ / 01011110_B
'_'	095_D / $05F_H$ / 01011111_B
'`'	096_D / 060_H / 01100000_B
'a'	097_D / 061_H / 01100001_B
'b'	098_D / 062_H / 01100010_B
'c'	099_D / 063_H / 01100011_B
'd'	100_D / 064_H / 01100100_B
'e'	101_D / 065_H / 01100101_B
'f'	102_D / 066_H / 01100110_B
'g'	103_D / 067_H / 01100111_B
'h'	104_D / 068_H / 01101000_B
'i'	105_D / 069_H / 01101001_B
'j'	106_D / $06A_H$ / 01101010_B
'k'	107_D / $06B_H$ / 01101011_B
'l'	108_D / $06C_H$ / 01101100_B
'm'	109_D / $06D_H$ / 01101101_B
'n'	110_D / $06E_H$ / 01101110_B
'o'	111_D / $06F_H$ / 01101111_B
'p'	112_D / 070_H / 01110000_B
'q'	113_D / 071_H / 01110001_B
'r'	114_D / 072_H / 01110010_B
's'	115_D / 073_H / 01110011_B
't'	116_D / 074_H / 01110100_B
'u'	117_D / 075_H / 01110101_B
'v'	118_D / 076_H / 01110110_B
'w'	119_D / 077_H / 01110111_B
'x'	120_D / 078_H / 01111000_B
'y'	121_D / 079_H / 01111001_B
'z'	122_D / $07A_H$ / 01111010_B
'ä'	123_D / $07B_H$ / 01111011_B
'ö'	124_D / $07C_H$ / 01111100_B
'ü'	125_D / $07D_H$ / 01111101_B
'ß'	126_D / $07E_H$ / 01111110_B
' '	127_D / $07F_H$ / 01111111_B

PC-Code-Tabelle mit Zeichendarstellung

Zeichen	Dez	Okt	Hex	Binär	ASCII
Ç	128	200	80	10000000	^@
ü	129	201	81	10000001	^A
é	130	202	82	10000010	^B
â	131	203	83	10000011	^C
ä	132	204	84	10000100	^D
à	133	205	85	10000101	^E
å	134	206	86	10000110	^F
ç	135	207	87	10000111	^G
ê	136	210	88	10001000	^H
ë	137	211	89	10001001	^I
è	138	212	8A	10001010	^J
ï	139	213	8B	10001011	^K
î	140	214	8C	10001100	^L
ì	141	215	8D	10001101	^M
Ä	142	216	8E	10001110	^N
Å	143	217	8F	10001111	^O
É	144	220	90	10010000	^P
æ	145	221	91	10010001	^Q
Æ	146	222	92	10010010	^R
ô	147	223	93	10010011	^S
ö	148	224	94	10010100	^T
ò	149	225	95	10010101	^U
û	150	226	96	10010110	^V
ù	151	227	97	10010111	^W
ÿ	152	230	98	10011000	^X
Ö	153	231	99	10011001	^Y
Ü	154	232	9A	10011010	^Z
¢	155	233	9B	10011011	^[
£	156	234	9C	10011100	^\
¥	157	235	9D	10011101	^]
₧	158	236	9E	10011110	^^
ƒ	159	237	9F	10011111	^_
á	160	240	A0	10100000	(space)
í	161	241	A1	10100001	!
ó	162	242	A2	10100010	"
ú	163	243	A3	10100011	#
ñ	164	244	A4	10100100	$
Ñ	165	245	A5	10100101	%
ª	166	246	A6	10100110	&
º	167	247	A7	10100111	'
¿	168	250	A8	10101000	(
⌐	169	251	A9	10101001	)
¬	170	252	AA	10101010	*
½	171	253	AB	10101011	+
¼	172	254	AC	10101100	,
¡	173	255	AD	10101101	-
«	174	256	AE	10101110	.
»	175	257	AF	10101111	/
░	176	260	B0	10110000	0
▒	177	261	B1	10110001	1
▓	178	262	B2	10110010	2
│	179	263	B3	10110011	3
┤	180	264	B4	10110100	4
╡	181	265	B5	10110101	5
╢	182	266	B6	10110110	6
╖	183	267	B7	10110111	7
╕	184	270	B8	10111000	8
╣	185	271	B9	10111001	9
║	186	272	BA	10111010	:
╗	187	273	BB	10111011	;
╝	188	274	BC	10111100	<
╜	189	275	BD	10111101	=
╛	190	276	BE	10111110	>
┐	191	277	BF	10111111	?
└	192	300	C0	11000000	@
┴	193	301	C1	11000001	A
┬	194	302	C2	11000010	B
├	195	303	C3	11000011	C
─	196	304	C4	11000100	D
┼	197	305	C5	11000101	E
╞	198	306	C6	11000110	F
╟	199	307	C7	11000111	G
╚	200	310	C8	11001000	H
╔	201	311	C9	11001001	I
╩	202	312	CA	11001010	J
╦	203	313	CB	11001011	K
╠	204	314	CC	11001100	L
═	205	315	CD	11001101	M
╬	206	316	CE	11001110	N
╧	207	317	CF	11001111	O
╨	208	320	D0	11010000	P
╤	209	321	D1	11010001	Q
╥	210	322	D2	11010010	R
╙	211	323	D3	11010011	S
╘	212	324	D4	11010100	T
╒	213	325	D5	11010101	U
╓	214	326	D6	11010110	V
╫	215	327	D7	11010111	W
╪	216	330	D8	11011000	X
┘	217	331	D9	11011001	Y
┌	218	332	DA	11011010	Z
█	219	333	DB	11011011	[
▄	220	334	DC	11011100	\
▌	221	335	DD	11011101	]
▐	222	336	DE	11011110	^
▀	223	337	DF	11011111	_
α	224	340	E0	11100000	`
ß	225	341	E1	11100001	a
Γ	226	342	E2	11100010	b
π	227	343	E3	11100011	c
Σ	228	344	E4	11100100	d
σ	229	345	E5	11100101	e
µ	230	346	E6	11100110	f
τ	231	347	E7	11100111	g
Φ	232	350	E8	11101000	h
Θ	233	351	E9	11101001	i
Ω	234	352	EA	11101010	j
δ	235	353	EB	11101011	k
∞	236	354	EC	11101100	l
φ	237	355	ED	11101101	m
ε	238	356	EE	11101110	n
∩	239	357	EF	11101111	o
≡	240	360	F0	11110000	p
±	241	361	F1	11110001	q
≥	242	362	F2	11110010	r
≤	243	363	F3	11110011	s
⌠	244	364	F4	11110100	t
⌡	245	365	F5	11110101	u
÷	246	366	F6	11110110	v
≈	247	367	F7	11110111	w
°	248	370	F8	11111000	x
∙	249	371	F9	11111001	y
·	250	372	FA	11111010	z
√	251	373	FB	11111011	{
ⁿ	252	374	FC	11111100	|
²	253	375	FD	11111101	}
■	254	376	FE	11111110	~
(leer)	255	377	FF	11111111	

Die Scancodes (PC und XT)

Dez	Hex	Normal	Shift	Ctrl	Alt
01	01	ESC	ESC	ESC	ESC
02	02	1	!	–	X
03	03	2	"	–	X
04	04	3	§	–	X
05	05	4	$	–	X
06	06	5	%	–	X
07	07	6	&	–	X
08	08	7	/	–	X
09	09	8	(	–	X
10	0A	9	)	–	X
11	0B	0	=	–	X
12	0C	ß	?	–	X
13	0D	´	`	–	X
14	0E	Backsp.	Backsp.	DEL	X

Dez	Hex	Normal	Shift	Ctrl	Alt
15	0F	TAB	x	–	–
16	10	q	Q	DC1	x
17	11	w	W	ETB	x
18	12	e	E	ENQ	x
19	13	r	R	DC2	x
20	14	t	T	DC4	x
21	15	z	Z	SUB	x
22	16	u	U	NAK	x
23	17	i	I	HT	x
24	18	o	O	SI	x
25	19	p	P	DLE	x
26	1A	ü	Ü	–	x
27	1B	+	*	–	–
28	1C	CR	CR	LF	–
29	1D Ctrl	–	–	–	–
30	1E	a	A	SOH	x
31	1F	s	S	DC3	x
32	20	d	D	EOT	x
33	21	f	F	ACK	x
34	22	g	G	BEL	x
35	23	h	H	BS	x
36	24	j	J	LF	x
37	25	k	K	VT	x
38	26	l	L	FF	x
39	27	ö	Ö	–	x
40	28	ä	Ä	–	x
41	29	#	^	–	–
42	2A Shift	–	–	–	–
43	2B	‹,	>	–	–
44	2C	y	Y	EM	x
45	2D	x	X	CAN	x
46	2E	c	C	ETX	x
47	2F	v	V	SYN	x
48	30	b	B	STX	x
49	31	n	N	SO	x
50	32	m	M	CR	x
51	33	,	;	–	–
52	34	.	:	–	–
53	35	–	–	US	–
54	36 Shift	–	–	–	–
55	37	*	X	x	–
56	38 Alt	–	–	–	–

Dez	Hex	Normal	Shift	Ctrl	Alt
57	39	SP	SP	SP	SP
58	3A Caps Lock	–	–	–	–
59	3B F1	x	x	x	x
60	3C F2	x	x	x	x
61	3D F3	x	x	x	x
62	3E F4	x	x	x	x
63	3F F5	x	x	x	x
64	40 F6	x	x	x	x
65	41 F7	x	x	x	x
66	42 F8	x	x	x	x
67	43 F9	x	x	x	x
68	44 F10	x	x	x	x
69	45 NumLock	–	–	X	–
70	46 ScrollLock	–	–	X	–

Tastencodes für die Tasten 71–83

Dez	Hex	NumLock	Normal	Alt	Ctrl
71	47	7	Home	x	Bildschirm löschen
72	48	8	Curs.Up	x	–
73	49	9	Pg.Up	x	Textanfang und Home
74	4A	–	–	–	–
75	4B	4	Curs.Left	x	vorheriges Wort
76	4C	5	–	x	–
77	4D	6	Curs.Right	x	nächstes Wort
78	4F	+	+	x	–
79	50	1	End	x	Ende d. Zeile löschen
80	51	2	Curs.Down	x	–
81	52	3	Pg.Down	x	Bildschirmende löschen
82	53	.	Del	X	X
x – Siehe bei erweiterte Tastaturcodes					
X – Siehe bei Sondertastenkombinationen					

Erweiterte Tastencodes

Jeder Tastendruck erzeugt 2 Byte, den ASCII-Code (AL-Register) und den Tastencode (AH-Register). Eine Ausnahme stellen die Nicht-ASCII-Tasten dar, die einen Zeichencode von 0 (AL-Register) und einen sogenannten »erweiterten Code« (AH-Register) übergeben.

Die Scancodes (AT)

Erweiterter Code	Funktion
3	NUL-Zeichen
F	Backtab
10–19	`Alt` Q, W, E, R, T, Z, U, I, O, P
1E–26	`Alt` A, S, D, F, G, H, J, K, L
2C–32	`Alt` Y, X, C, V, B, N, M
3B–44	F1-F10
47	`Home`
48	`↑`
49	`PgUp`
4B	`←`
4D	`→`
4F	`End`
50	`↓`
51	`PgDn`
52	`Ins`
53	`Del`
54–5D	F11–F20 (F1–F10 + `Shift`)
5E–67	F21–F30 (F1–F10 + `Ctrl`)
68–71	F31–F40 (F1–F10 + `Alt`)
72	`Ctrl` `PrtSc` (Druckerausgabe ein/aus)
73	`Ctrl` `←`
74	`Ctrl` `→`
75	`Ctrl` `End`
76	`Ctrl` `PgDown`
77	`Ctrl` `Home`
78–83	`Alt` 1, 2, 3, 4, 5, 6, 7, 8, 9, 0, ß'
84	`Ctrl` `PgUp`

Sondertastenkombinationen

`Alt`	`Ctrl`	`Del`	setzt das System zurück (Neustart des Systems)
`Ctrl`	`Break`		ruft Interrupt 1Bh auf
`Ctrl`	`NumLock`		wartet auf Tastendruck
`Shift`	`PrtSc`		ruft Interrupt 5 (Bildschirmhardcopy) auf

Die Tasten `Shift`, `Ctrl`, `NumLock`, `ScrollLock`, `CapsLock`, `Alt` und `Ins` erzeugen keinen Tastaturcode. Ihr Zustand kann über das Tastatur-Statusbyte abgefragt werden.

B Anhang

Der Befehlssatz der
80x86-CPUs

Einleitung

Im folgenden werden die Maschinenbefehle der 80x86-CPU in alphabetischer Folge aufgeführt. Achten Sie darauf, daß es für manche Befehle mehrere Bezeichnungen gibt. So finden Sie beispielsweise den JNA-Befehl bei der Beschreibung des Befehls JBE, da beide Befehle den gleichen Opcode besitzen und daher identisch sind.

Um ohne allzu viele weitschweifende Erklärungen auskommen zu können, wurden zahlreiche Abkürzungen eingeführt, die im folgenden erläutert werden:

Akkumulator oder Akku	= EAX-, AX- oder AL-Register
Disp	= Vorzeichenbehaftete Zahl, die im Bereich −128-+127 (8 Bit) oder −32768-+32767 (16 Bit) liegen kann.
Operand8	= 8-Bit-Operand (Register oder Speicher)
Speicher8	= 8-Bit-Speicherzelle
Speicher16	= 16-Bit-Speicherzelle
Speicher32	= 32-Bit-Speicherzelle
Speicher64	= 64-Bit-Speicherzelle
Reg8	= 8-Bit-Register
Reg16	= 16-Bit-Register
Reg32	= 32-Bit-Register

Für die Flags des Flagregisters sind folgende Zustände möglich:

U	= Undefiniert
X	= Das Flag wird in Abhängigkeit des Ergebnisses gesetzt
−	= Das Flag bleibt unverändert
0	= Flag ist gelöscht
1	= Flag ist gesetzt

Springen oder nicht springen

Bei Befehlen, die einen Sprung in Abhängigkeit einer Bedingung durchführen, erhöht sich die Anzahl der Taktzyklen, wenn ein Sprung durchgeführt wird. In diesem Fall wird zusätzlich zur Anzahl der Taktzyklen, die benötigt werden, falls der Befehl springt, auch die Anzahl an Taktzyklen im Falle, daß kein Sprung stattfindet, angegeben. Letzterer Wert wird durch die Abkürzung »kS« (kein Sprung) gekennzeichnet.

Der CPU-Typ

Da in diesem Anhang die Befehle der CPUs 8086/88, 80286, 80386 und 80486 zusammengefaßt werden, ist zu jedem Befehl aufgeführt, auf welchen CPUs er ausgeführt werden kann. Befehle ohne eine Angabe sind auf allen CPUs der 80x86-Familie ausführbar. Bei allen anderen Befehlen gilt folgende Einteilung:

- 186   ab 80186 oder 80188
- 286   ab 80286
- 286P   –ab 80286 im Protected-Modus
- 386   –ab 80386
- 486   –ab 80486

Beachten Sie bitte, daß bei vielen Befehlen eine Differenzierung zwischen 16- und 32-Bit-Registern notwendig ist. Aus Platzgründen kann nicht bei jedem Befehl zwischen der 16- und der 32-Bit-Version unterschieden werden. Diese Unterscheidung wird in diesem Anhang nur aufgeführt, wenn sich auch ein unterschiedliches Ausführungsverhalten ergibt.

Die Ausführungsgeschwindigkeit

Auch bei der Ausführungsgeschwindigkeit muß zwischen den einzelnen CPU-Typen unter-schieden werden. Zu jedem Maschinenbefehl finden Sie die Ausführungsgeschwindigkeit des Befehls in Taktzyklen angegeben. In dieser Spalte befinden sich drei Angaben, die sich auf die 8086-, 80286- und 80386-CPU beziehen. Etwaige Unterschiede, die sich bei der 80486-CPU ergeben, werden nicht aufgeführt. Bei einem 8-MHz-AT beträgt die Dauer eines Taktzyklusses ca. 125 ns. Bei Befehlen, die auf den Speicher zugreifen, muß bei der 8086/88-CPU eine effektive Adresse (EA) berechnet werden, was zusätzliche Taktzyklen kostet. Bei den Nachfolge-CPUs wird die Berechnung der EA von einer speziellen Hardware-Einheit übernommen, so daß keine zusätz-lichen Taktzyklen anfallen. Für die Berechnung der effektiven Adresse ergeben sich bei der 8086/88-CPU folgende Zeiten:

Effektive Adresse	Taktzyklen
Displacement	6
Basis- oder Indexregister	5
Basis- oder Indexregister mit Displ.	9
Basis- + Indexregister (BP/DI oder BX/SI)	7
Basis- + Indexregister (BP/SI oder BX/DI)	8
Basis- + Indexregister + Displacement (BP + DI + Disp. oder BX + SI + Disp.)	11
Basis- + Indexregister + Displacement (BP + SI + Disp. oder BX + DI + Disp.)	12

Zusätzliche Taktzyklen:

Wort-Zugriff bei der 8086-CPU auf eine ungerade Adresse   4
Verwendung eines Segment-Override-Operators   2

Weiterhin müssen bei Wiederholungsanweisungen unter Umständen zusätzliche Taktzyklen für den Zugriff auf den Speicher addiert werden. Bei der 8088-CPU beziehen sich alle Angaben auf

8-Bit-Operationen, da diese CPU nur 8 Bit auf einmal lesen kann. Immer wenn die 8088-CPU ein 16-Bit-Wort lesen muß, werden 4 zusätzliche Taktzyklen für den Speicherzugriff benötigt.

Bei der 80286/386-CPU:
Bei der Ausführung eines Befehls auf einer 80286/386/486-CPU kann sich die Anzahl der Taktzyklen noch um den »m-Faktor« erhöhen. Dieser Faktor entsteht durch den Umstand, daß die Ausführungsgeschwindigkeit eines Sprungs im Programm von der Größe des nächsten Befehls abhängt. Bei der 80286-CPU wird diese Größe durch die Anzahl an Bytes festgelegt, bei der 80386/486-CPU durch die Anzahl an Komponenten, aus denen sich der Opcode zusammensetzt.

Die Maschinenbefehle in alphabetischer Reihenfolge

AAA   *ASCII-Korrektur nach einer Addition (ASCII Adjust After Addition)*

Syntax: AAA

Beschreibung: Der Befehl AAA wandelt den Inhalt des AL-Registers in eine ungepackte BCD-Zahl. Wenn der Inhalt des AL-Registers größer als 9 ist, wird AH um 1 erhöht und das Carry- und das Hilfscarryflag gesetzt. Ansonsten sind beide Flags gelöscht.

```
Operanden:     Taktzyklen:
Keine          8/3/4
Flags:         O   D   I   T   S   Z   A   P   C
               U   -   -   -   U   U   X   U   X
```

Bemerkung: AAA untersucht die niederwertigen vier Bits in AL. Wenn diese Bits eine gültige BCD-Zahl darstellen, werden die vier höherwertigen Bits von AL und die Flags AF und CF zurückgesetzt. Enthalten die vier niederwertigen Bits jedoch einen Wert größer als 9 oder steht AF auf 1, muß die Zahl justiert werden. In diesem Fall wird CF gesetzt und das AH-Register erhöht, um den Überlauf anzuzeigen.

AAD   *ASCII-Korrektur vor einer Division (ASCII Adjust Before Division)*

Syntax: AAD

Beschreibung: AAD wandelt einen ungepackten Dividenden, dessen höherwertige Ziffer sich im AH- und dessen niederwertige Ziffer sich im AL-Register befindet, durch eine Multiplikation mit 10 in einen binären Wert um, der im AX-Register abgelegt wird.

```
Operanden:     Taktzyklen:
Keine          60/14/19
Flags:         O   D   I   T   S   Z   A   P   C
               U   -   -   -   X   X   U   X   U
```

Bemerkung: AAD muß stets vor einer Division mit BCD-Zahlen ausgeführt werden, um zu gewährleisten, daß das Ergebnis der Division ebenfalls eine gültige BCD-Zahl darstellt. AAD kann auch angewandt werden, um ungepackte BCD-Zahlen in Hexadezimalzahlen umzuwandeln.

Das zweite Opcodebyte hat den Wert 10, also den Wert des Multiplikators. Es ist eine nicht dokumentierte Eigenschaft der 8086/88-CPU, das hier auch ein anderer Wert eingetragen werden kann, der dann bei der Multiplikation verwendet wird. Dies funktioniert aber nicht bei den NEC-CPUs V20 und V30.

AAM

ASCII-Korrektur nach der Multiplikation
(ASCII Adjust After Multiplication)

Syntax: **AAM**

Beschreibung: AAM wandelt eine 8-Bit-Zahl, die sich im AL-Register befindet und die nicht größer als 100 sein darf, durch eine Division durch 10 in eine ungepackte BCD-Zahl um, dessen höherwertige Ziffer im AH- und dessen niederwertige Ziffer im AL-Register abgelegt wird.

```
Operanden:      Taktzyklen:
Keine           83/16/17
Flags:          O   D   I   T   S   Z   A   P   C
                U   -   -   -   X   X   U   X   U
```

Bemerkung: Da die 8088/86-CPU über keinen Befehl zur Multiplikation von BCD-Zahlen verfügt, müssen diese mit einem MUL-Befehl multipliziert werden. Ist das Ergebnis kleiner 100, kann es mit AAM in zwei ungepackte BCD-Zahlen zurückverwandelt werden.

Das zweite Opcodebyte hat den Wert 10, also den Wert des Divisors. Es ist eine nicht dokumentierte Eigenschaft der 8086/88-CPU, das hier auch ein anderer Wert eingetragen werden kann, der dann bei der Division verwendet wird.

AAS

ASCII-Korrektur nach einer Subtraktion (ASCII Adjust After Subtraction)

Syntax: **AAS**

Beschreibung: AAS wandelt den Inhalt des AL-Registers in eine ungepackte Dezimalzahl um.

```
Operanden:      Taktzyklen:
Keine           8/3/4
Flags:          O   D   I   T   S   Z   A   P   C
                U   -   -   -   U   U   X   U   X
```

Bemerkung: AAS justiert das Ergebnis einer Subtraktion zweier BCD Zahlen, wobei sich das Ergebnis der Subtraktion im AL-Register befinden muß. Dazu untersucht AAS die vier niederwertigen Bits von AL. Wenn diese Bits eine gültige BCD-Ziffer darstellen, werden die vier höherwertigen Bits von AL auf Null gesetzt und die Flags CF und AF werden zurückgesetzt. Enthalten die vier niederwertigen Bits von AL dagegen eine Zahl größer als 9, d.h. keine gültige BCD-Zahl oder steht AF auf 1, muß das Ergebnis justiert werden. Infolgedessen wird AH um 1 erniedrigt und AF und CF werden gesetzt.

ADC

Addition mit Übertrag (Add with Carry)

Syntax: **ADC Zieloperand,Quelloperand**

Beschreibung: ADC addiert den Quelloperanden zum Zieloperanden und legt das Ergebnis im Zieloperanden ab. Bei der Addition wird zusätzlich das Carryflag mitaddiert.

```
Operanden:       Taktzyklen:
Reg,Reg          3/2/2
Reg,Speicher     9+EA/7/6
Speicher,Reg     16+EA/7/7
Reg,Imm          4/3/2
Speicher,Imm     17+EA/7/7
Akku,Imm         4/3/2
Flags:           O   D   I   T   S   Z   A   P   C
                 X   -   -   -   X   X   X   X   X
```

Bemerkung: Keine

ADD

Addition ohne Carry (Integer Addition)

Syntax: **ADD Zieloperand,Quelloperand**

Beschreibung: Addiert den Quelloperanden zum Zieloperanden und legt das Ergebnis im Zieloperanden ab.

```
Operanden:       Taktzyklen:
Reg,Reg          3/2/2
Reg,Speicher     9+EA/7/6
Speicher,Reg     16+EA/7/7
Reg,Imm          4/3/2
Speicher,Imm     17+EA/7/7
Akku,Imm         4/3/2
Flags:           O   D   I   T   S   Z   A   P   C
                 X   -   -   -   X   X   X   X   X
```

Bemerkung: Keine

AND

Logische UND-Verknüpfung (Boolean AND)

Syntax: **AND Zieloperand,Quelloperand**

Beschreibung: AND verknüpft den Zieloperanden bitweise nach der UND-Verknüpfungsregel mit dem Quelloperanden und legt das Ergebnis im Zieloperanden ab.

```
Operanden:        Taktzyklen:
Reg,Reg           3/2/2
Reg,Speicher      9+EA/7/6
Speicher,Reg      16+EA/7/7
Reg,Imm           4/3/2
Speicher,Imm      17+EA/7/7
Akku,Imm          4/3/2
Flags:            O   D   I   T   S   Z   A   P   C
                  0   -   -   -   X   X   U   X   0
```

Bemerkung: AND wird häufig dazu benutzt, bestimmte Bits in einem Operanden zu löschen. Dies kann auf 80386/486-CPUs aber einfacher durch die Bitbefehle erreicht werden.

ARPL

Anpassen des RPL-Feldes eines Selektors (286P)
(Adjust RPL Field of Selector)

Syntax: **ARPL Zielselektor,Quellselektor**

Beschreibung: Dieser Befehl prüft, ob das RPL-Feld (Bit 0 und 1 eines Selektors) des Zielselektors kleiner ist als das RPL-Feld des Quellselektors, daß heißt, ob der Zielselektor höher privilegiert ist. Wenn dies der Fall ist, wird das RPL-Feld des Zielselektors gleich dem RPL-Feld des Quellselektors gesetzt, das heißt, die Privilegstufe des Zielselektors wird an die (niedriger) Privilegstufe des Quellselektors angepaßt.

```
Operanden:        Taktzyklen:
Reg,Reg           -/10/20
Speicher,Reg      -/11/21
Flags:            O   D   I   T   S   Z   A   P   C
                  -   -   -   -   -   X   -   -   -
```

Bemerkung: Beim Zieloperanden handelt es sich um einen 16-Bit-Selektor, der in einem Register oder einer Speicherzelle enthalten sein kann. Der Quelloperand, bei dem es sich ebenfalls um einen 16-Bit-Selektor handelt, muß sich stets in einem Register befinden. Das Nullflag wird gesetzt, wenn das RPL-Feld im Zieloperand höher privilegiert ist und durch ARPL angepaßt wurde. ARPL kann nur im Protected-Modus ausgeführt werden.

BOUND

Grenzwertüberprüfung eines Feldindices (186) (Check Array Boundaries)

Syntax: **Index,Adresse der Feldgrenzen**

Beschreibung: Überprüft, ob sich ein Feldindex innerhalb festgelegter Grenzen befindet. Der Index kann sich entweder in einem 16- oder einem 32-Bit-Register befinden. Die zu überprüfenden Feldgrenzen befinden sich in einer Speicherzelle, die durch den Quelloperanden adressiert wird. Es handelt sich entweder um eine 32-Bit- oder um eine 64-Bit-Speicherzelle (32-Bit-Feldgrenzen ab 80386).

```
Operanden:        Taktzyklen:
Reg16,Speicher32  -/13kS/10kS
Reg32,Speicher64  -/13ks/10kS
Flags:            O  D  I  T  S  Z  A  P  C
                  -  -  -  -  -  -  -  -  -
```

Bemerkung: Falls sich der zu überprüfende Index außerhalb der Feldgrenzen befindet, wird ein Interrupt 5 ausgelöst. Da dieser Interrupt unter MS-DOS durch die Bildschirm-Hardcopy-Funktion belegt ist, muß die Interruptroutine entsprechend modifiziert werden, wenn der Interrupt 5 auch unter MS-DOS genutzt werden soll.

BSF
Durchsuchen eines Bildfeldes vorwärts (386) (Bit Scan Forward)

Syntax: **BSF Quelloperand,Zieloperand**

Beschreibung: Durchsucht einen Operanden nach dem ersten gesetzten Bit. Die Nummer dieses Bits wird in den Zieloperanden übertragen.

```
Operanden:        Taktzyklen:
Reg16,Reg16       -/-/10+3n
Reg32,Reg32       -/-/10+3n
Reg16,Speicher16  -/-/10+3n
Reg32,Speicher32  -/-/10+3n
Flags:            O  D  I  T  S  Z  A  P  C
                  -  -  -  -  -  X  -  -  -
```

Bemerkung: BSF beginnt die Suche mit dem ersten Bit des Quelloperanden. Wird ein gesetztes Bit gefunden, wird das Nullflag gesetzt, ansonsten wird es gelöscht.

BSR
Durchsuchen eines Bitfeldes rückwärts (386) (Bit Scan Reverse)

Syntax: **BSR Quelloperand,Zieloperand**

Beschreibung: Durchsucht einen Operanden nach dem ersten gesetzten Bit. Die Nummer dieses Bits wird in den Zieloperanden übertragen.

```
Operanden:        Taktzyklen:
Reg16,Reg16       -/-/10+3n
Reg32,Reg32       -/-/10+3n
Reg16,Speicher16  -/-/10+3n
Reg32,Speicher32  -/-/10+3n
Flags:            O  D  I  T  S  Z  A  P  C
                  -  -  -  -  -  X  -  -  -
```

Bemerkung: BSR beginnt die Suche mit dem höchstwertigsten Bit des Quelloperanden. Wird ein gesetztes Bit gefunden, wird das Nullflag gesetzt, ansonsten wird es gelöscht.

BT

Testen eines Bits (386) (Bit Test)

Syntax: **BT Quelloperand,Zieloperand**

Beschreibung: Testet ein Bit im Quelloperanden und überträgt es in das Carryflag. Die Nummer des zu testenden Bits wird durch den Zieloperanden festgelegt.

```
Operanden:         Taktzyklen:
Reg16,Imm8         -/-/3
Speicher16,Imm8    -/-/6
Reg16,Reg16        -/-/3
Mem16,Reg16        -/-/12
Flags:             O   D   I   T   S   Z   A   P   C
                   -   -   -   -   -   -   -   -   X
```

Bemerkung: Die Nummer des zu testenden Bits wird entweder durch eine 8-Bit-Zahl oder ein 16-Bit-Register festgelegt. Der BT-Befehl kopiert das zu testende Flag in das Carryflag.

BTC

Testen eines Bits und komplementieren (386)
(Bit Test and Complement)

Syntax: **BTC Quelloperand,Zieloperand**

Beschreibung: Testet ein Bit im Quelloperanden und überträgt es in das Carryflag. Das getestete Bit wird invertiert. Die Nummer des zu testenden Bits wird durch den Zieloperanden festgelegt.

```
Operanden:         Taktzyklen:
Reg16,Imm8         -/-/6
Speicher16,Imm8    -/-/8
Reg16,Reg16        -/-/6
Mem16,Reg16        -/-/13
Flags:             O   D   I   T   S   Z   A   P   C
                   -   -   -   -   -   -   -   -   X
```

Bemerkung: Die Nummer des zu testenden Bits wird entweder durch eine 8-Bit-Zahl oder ein 16-Bit-Register festgelegt. Der BTC-Befehl kopiert das zu testende Flag in das Carryflag und invertiert es anschließend.

BTR

Testen eines Bits und rücksetzen (386) (Bit Test and Reset)

Syntax: **BTR Quelloperand,Zieloperand**

Beschreibung: Testet ein Bit im Quelloperanden und überträgt es in das Carryflag. Das getestete Bit wird zurückgesetzt. Die Nummer des zu testenden Bits wird durch den Zieloperanden festgelegt.

```
Operanden:        Taktzyklen:
Reg16,Imm8        -/-/6
Speicher16,Imm8   -/-/8
Reg16,Reg16       -/-/6
Mem16,Reg16       -/-/13
Flags:            O   D   I   T   S   Z   A   P   C
                  -   -   -   -   -   -   -   -   X
```

Bemerkung: Die Nummer des zu testenden Bits wird entweder durch eine 8-Bit-Zahl oder ein 16-Bit-Register festgelegt. Der BTR-Befehl kopiert das zu testende Flag in das Carryflag und setzt es anschließend zurück.

BTS
Testen eines Bits und setzen (386) (Bit Test and Set)

Syntax: **BTS Quelloperand,Zieloperand**

Beschreibung: Testet ein Bit im Quelloperanden und überträgt es in das Carryflag. Das getestete Bit wird gesetzt. Die Nummer des zu testenden Bits wird durch den Zieloperanden festgelegt.

```
Operanden:        Taktzyklen:
Reg16,Imm8        -/-/6
Speicher16,Imm8   -/-/8
Reg16,Reg16       -/-/6
Mem16,Reg16       -/-/13
Flags:            O   D   I   T   S   Z   A   P   C
                  -   -   -   -   -   -   -   -   X
```

Bemerkung: Die Nummer des zu testenden Bits wird entweder durch eine 8-Bit-Zahl oder ein 16-Bit-Register festgelegt. Der BTS-Befehl kopiert das zu testende Flag in das Carryflag und setzt es anschließend.

BSWAP
Bytefolge vertauschen (486) (Byte SWAP)

Syntax: **BSWAP Reg32**

Beschreibung: Dieser Befehl vertauscht die Bytes in einem 32-Bit-Register. Es wird das vierte Byte mit dem ersten Byte und das dritte Byte mit dem zweiten Byte vertauscht. Auf diese Weise kann in einem einzigen Befehl das Intel-typische Operandenformat (das auch als »little endian« bezeichnet wird) in jenes Format umgewandelt werden, das zum Beispiel von den Motorola-CPUs der 68000er-Familie verwendet wird.

```
Operanden          Taktzyklen
Reg32              -/-/-/1
Flags:            O   D   I   T   S   Z   A   P   C
                  -   -   -   -   -   -   -   -   -
```

Bemerkung: Keine

CALL
Aufruf einer Prozedur (Call Procedure)

Syntax: **CALL Zieladresse**

Beschreibung: Durch CALL wird eine Prozedur aufgerufen. CALL speichert die Rückkehradresse auf dem Stack, so daß nach Beendigung der Prozedur durch einen RET-Befehl die Programmausführung nach der Stelle fortfahren kann, an der der Proceduraufruf erfolgte.

```
Operanden:        Taktzyklen:
Prozedurtyp NEAR  19/7+m/7+m
Prozedurtyp FAR   28/13+m/17+m
Speicher16        21+EA/11+m/10+m
Reg16             16/7+m/7+m
Speicher32        37+EA/16+m/22+m
Flags:            O   D   I   T   S   Z   A   P   C
                  -   -   -   -   -   -   -   -   -
```

Bemerkung: Es werden insgesamt vier verschiedene Proceduraufrufe unterschieden:
– direkt Intra-Segment
– indirekt Intra-Segment
– direkt Inter-Segment
– indirekt Inter-Segment
– Beim direkten Intra-Segment-Aufruf, das bei einem normalen Near-CALL, befindet sich die Zieladresse innerhalb des gleichen Segments. Dementsprechend wird nur der Inhalt des IP-Registers auf dem Stack gespeichert. Das auf den CALL-Befehl folgende Displacement wird zum momentanen Inhalt des IP-Registers addiert. Das Sprungziel kann sich innerhalb +/– 32 Kbyte vom CALL-Befehl entfernt befinden.
– Beim indirekten Intra-Segment-Aufruf ist die Zieladresse in einer Speicherzelle oder einem Register enthalten.
– Beim direkten Inter-Segment-Aufruf, das heißt einem Far-CLL, kann sich die Zieladresse in einem anderen Segment befinden. Aus diesem Grund wird sowohl der Inhalt des CS- als auch der Inhalt des IP-Registers auf dem Stack abgelegt. Da sowohl die Segment- als auch die Offsetadresse des Sprungziels im Sprungbefehl enthalten sind, kann sich das Sprungziel überall innerhalb des 1-Mbyte-Adreßspeichers befinden.
– Beim indirekten Inter-Segment-Aufruf ist die Zieladresse in zwei aufeinanderfolgenden Speicherzellen enthalten. Die erste Speicherzelle enthält dabei die Offsetadresse und die zweite Speicherzelle die Segmentadresse des Sprungziels.

CBW
Erweitern eines Bytes auf ein Wort (Convert Byte to Word)

Syntax: **CBW**

Beschreibung: CBW erweitert das AL-Register vorzeichengerecht auf 16 Bit.

```
Operanden:        Taktzyklen:
Keine             2/2/3
Flags:            O   D   I   T   S   Z   A   P   C
                  -   -   -   -   -   -   -   -   -
```

Bemerkung: Eine vorzeichengerechte Erweiterung bedeutet, daß Bit 7 des AL-Registers in alle Bitpositionen des AH-Registers geschrieben wird. Mit Hilfe von CBW können z.B. Rechenoperationen mit ungleichen Operanden d.h. mit Bytes und Worten durchgeführt werden.

CDQ
Erweitern eines Wortes auf ein Doppelwort (386)
(Convert Doubleword to Quadword)

Syntax: **CDQ**

Beschreibung: Erweitert ein Doppelwort mit Vorzeichen im EAX-Register auf ein Quadwort (64 Bit) im Registerpaar EDX:EAX.

```
Operanden:      Taktzyklen:
Keine           -/-/2
Flags:          O   D   I   T   S   Z   A   P   C
                U   -   -   -   U   U   X   U   X
```

Bemerkung: Auch bei CDQ wird eine vorzeichengerechte Erweiterung durchgeführt, das heißt Bit 31 des EAX-Registers wird in alle Bitpositionen des EDX-Registers eingetragen. Der Opcode ist mit dem des CWD-Befehls identisch, allerdings geht dem CDQ-Befehl das Präfix 66h voraus.

CLC
Löschen des Carryflags (Clear Carry Flag)

Syntax: **CLC**

Beschreibung: CLC setzt das Carryflag auf Null.

```
Operanden:      Taktzyklen:
Keine           2/2/2
Flags:          O   D   I   T   S   Z   A   P   C
                -   -   -   -   -   -   -   -   0
```

Bemerkung: CLC wird z.B. im Zusammenhang mit den Rotationsbefehlen RCL oder RCR benutzt, um das Carryflag in einen definierten Zustand zu versetzen.

CLD
Löschen des Richtungsflags (Clear Direction Flag)

Syntax: **CLD**

Beschreibung: CLD setzt das Richtungsflag auf Null.

```
Operanden:      Taktzyklen:
Keine           2/2/2
Flags:          O   D   I   T   S   Z   A   P   C
                -   0   -   -   -   -   -   -   -
```

Bemerkung: CLD wird vor Stringoperationen eingesetzt, um zu gewährleisten, daß die Stringoperation in Richtung größer werdender Adressen verläuft.

CLI
Löschen des Interruptflags (Clear Interrupt Flag)

Syntax: **CLI**

Beschreibung: CLI setzt das Interruptfreigabeflag im Statusregister auf Null und erreicht so, daß die CPU keine externen Interrupts, das heißt Interrupts, die über den INTR-Eingang eintreffen, mehr bearbeitet.

```
Operanden:      Taktzyklen:
Keine           2/3/3
Flags:          O   D   I   T   S   Z   A   P   C
                -   -   0   -   -   -   -   -   -
```

Bemerkung: Nicht maskierbare Interrupts (NMI) sowie Software-Interrupts (z.B. INT 3) können durch CLI nicht unterdrückt werden. NMIs können dagegen über den E/A-Port 70h »maskiert« werden.

CLTS
Task-Wechselflag löschen (286P) (Clear Task Switched Flag)

Syntax: **CLTS**

Beschreibung: Löscht das Task-Wechselflag (TS-Bit) im MSW-Register der 80286-CPU bzw. im CR0-Register der 80386/486-CPU. Über das TS-Bit kann die CPU den mathematischen Koprozessor verwalten. Immer wenn ein Taskwechsel auftritt, setzt die CPU das TS-Bit auf 1. Immer wenn ein ESC- oder WAIT-Befehl ausgeführt wird und das TS-Bit gesetzt ist, wird ein Interrupt 7 (Koprozessor nicht vorhanden) ausgeführt. Innerhalb der Interruptroutine können die Koprozessorregister des alten Tasks abgespeichert und die Koprozessorregister des neuen Task geladen werden.

```
Operanden:      Taktzyklen:
Keine           -/2/5
Flags:          O   D   I   T   S   Z   A   P   C
                -   -   -   -   -   -   -   -   -
```

Bemerkung: CLTS kann auch im Real-Modus (zur Initialisierung des Protected-Modus) ausgeführt werden. Da es sich um einen privilegierten Befehl handelt, kann CLTS im Protected-Modus nur von einem Programm mit der höchsten Privilegstufe (CPL = 0) ausgeführt werden.

CMC
Invertieren des Carryflags (Complement Carry Flag)

Syntax: **CMC**

Beschreibung: CMC dreht den Zustand des Carryflags um.

```
Operanden:      Taktzyklen:
Keine           2/2/2
Flags:          O   D   I   T   S   Z   A   P   C
                -   -   -   -   -   -   -   -   X
```

Bemerkung: Keine

CMP

Vergleich zweier Operanden (Compare Integers)

Syntax: **CMP Zieloperand,Quelloperand**

Beschreibung: CMP vergleicht den Quelloperanden mit dem Zieloperanden und zeigt das Ergebnis durch Setzen der Statusflags an.

```
Operanden:         Taktzyklen:
Reg,Reg            3/2/2
Reg,Speicher       9+EA/6/6
Speicher,Reg       9+EA/7/6
Reg,Imm            4/3/2
Speicher,Imm       10+EA/6/5
Akku,Imm           4/3/2
Flags:             O   D   I   T   S   Z   A   P   C
                   X   -   -   -   X   X   X   X   X
```

Bemerkung: Um den Vergleich durchzuführen, zieht CMP den Quelloperanden vom Zieloperanden ab. Allerdings wird weder der Zieloperand noch der Quelloperand verändert. Aus dem Zustand der Flags kann die Relation zwischen den beiden Operanden ermittelt werden. Auf einen CMP-Befehl folgt in der Regel ein bedingter Sprung.

CMPS

Vergleich zweier Strings(Compare String)

Syntax: **CMPS Zielstring,Quellstring**
CMPSB
CMPSW
CMPSD (386)

Beschreibung: CMPS vergleicht einen Zielstring, der durch das Registerpaar ES:DI adressiert wird, mit einem Quellstring, der durch das Registerpaar DS:SI adressiert wird. Das DI- und das SI-Register werden anschließend in Abhängigkeit des Richtungsflags um 1 (Byte-Operanden), 2 (Wort-Operanden) oder 4 (Doppelwort-Operand, ab 80386) erhöht (DF=0) oder erniedrigt (DF=1).

```
Operanden:         Taktzyklen:
Zielstring,Quellstring  22/8/10
Flags:             O   D   I   T   S   Z   A   P   C
                   X   -   -   -   X   X   X   X   X
```

Bemerkung: Auch CMPS vergleicht die beiden Operanden, indem er wie CMP den Quelloperanden vom Zieloperanden abzieht. Auch hier wird das Ergebnis durch Setzen der Statusflags angezeigt. Allerdings werden die Flags anders als bei einem CMP-Befehl gesetzt, so daß auch andere bedingte Sprungbefehle verwendet werden müssen. Um mehr als ein Element zu vergleichen, muß dem CMPS-Befehl ein REPE (REPZ) bzw. ein REPNE (REPNZ) vorangehen und die Anzahl der maximal durchzuführenden Vergleiche im CX-Register übergeben werden. Im ersten Fall wird der Vergleich so lange wiederholt, bis CX gleich 0 ist oder die beiden Elemente nicht übereinstimmen. Im zweiten Fall werden die beiden Strings so lange verglichen, bis CX gleich 0 ist oder zwei Elemente übereinstimmen.

Anstelle von CMPS können auch die Befehle CMPSB, CMPSW oder CMPSD (ab 80386) eingesetzt werden, die keine Operanden benötigen. CMPSB vergleicht einen String Byte für Byte, CMPSW Wort für Wort, während CMPSD einen String doppelwortweise vergleicht.

CMPXCHG   *Vergleichen und austauschen (486) (Compare and Exchange)*

Syntax: **CMPXCHG Zieloperand,Quelloperand**

Beschreibung: Vergleicht den Zieloperanden mit dem Akku (AL-, AX- oder EAX-Register). Sind beide Operanden gleich, wird der Quelloperand in den Zieloperanden kopiert, ansonsten wird der Zieloperand in den Akku kopiert. Die Statusflags werden entsprechend dem Ergebnis der Addition gesetzt.

```
Operanden:        Taktzyklen:
Speicher,Reg      -/-/-/7-10
Reg,Reg           -/-/-/6
Flags:            O   D   I   T   S   Z   A   P   C
                  X   -   -   -   X   X   X   X   X
```

Bemerkung: Keine

CWD   *Umwandlung eines Wortes in ein Doppelwort*
(Convert Word to Doubleword)

Syntax: **CWD**

Beschreibung: CWD erweitert den Inhalt des AX-Registers vorzeichengerecht auf ein 32-Bit-Doppelwort, welches im Registerpaar DX:AX abgelegt wird.

```
Operanden:        Taktzyklen:
Keine             5/2/2
Flags:            O   D   I   T   S   Z   A   P   C
                  -   -   -   -   -   -   -   -   -
```

Bemerkung: Vorzeichengerechte Erweiterung bedeutet, daß Bit 15 des AX-Registers in alle Bitpositionen des DX-Registers geschrieben wird. Mit Hilfe von CWD kann z.B. ein Wort durch ein Wort dividiert werden.

CDWE   *Umwandeln eines Wortes in ein Doppelwort (386)*
(Convert Word to Doubleword Extend)

Syntax: **CWDE**

Beschreibung: Wandelt den Inhalt des AX-Registers vorzeichengerecht auf das EAX-Register.

```
Operanden:        Taktzyklen:
Keine             -/-/3
Flags:            O   D   I   T   S   Z   A   P   C
                  U   -   -   -   U   U   X   U   X
```

Bemerkung: Eine vorzeichengerechte Erweiterung wird durch Eintragen von Bit 15 des AX-Registers in alle Bitpositionen der höherwertigen Hälfte des EAX-Registers durchgeführt.

DAA *Justieren nach dezimaler Addition (Decimal Adjust AL After Addition)*

Syntax: **DAA**

Beschreibung: DAA wandelt den Inhalt von AL in zwei BCD-Zahlen im gepackten BCD-Format um.

```
Operanden:      Taktzyklen:
Keine           4/3/4
Flags:          O   D   I   T   S   Z   A   P   C
                U   -   -   -   X   X   X   X   X
```

Bemerkung: DAA funktioniert ähnlich wie AAA, allerdings werden hier zwei getrennte Ziffern berücksichtigt. Die niederwertige Ziffer wird in den Bits 0–3, die höherwertige Ziffer in den Bits 4–7 untergebracht. Wenn die Summe größer als 99 ist, werden das Carry- und das Hilfscarryflag gesetzt.

DAS *Justieren nach dezimaler Subtraktion (Decimal Adjust AL After Subtraction)*

Syntax: **DAS**

Beschreibung: DAS wandelt den Inhalt von AL in zwei gepackte Dezimalzahlen.

```
Operanden:      Taktzyklen:
Keine           4/3/4
Flags:          O   D   I   T   S   Z   A   P   C
                U   -   -   -   X   X   X   X   X
```

Bemerkung: DAS entspricht dem Befehl AAS, allerdings müssen hier zwei getrennte Ziffern berücksichtigt werden. Die niederwertige Ziffer wird in den Bits 0–3, die höherwertige Ziffer in den Bits 4–7 untergebracht. Wenn die Summe größer als 99 ist, werden das Carry- und das Hilfscarryflag gesetzt.

DEC *Erniedrigen des Operanden um 1 (Decrement)*

Syntax: **DEC Zieloperand**

Beschreibung: DEC erniedrigt den Zieloperanden um 1.

```
Operanden:      Taktzyklen:
Reg8            3/2/2
Reg16           3/2/2
Reg32           -/-/2
Speicher        15+EA/7/6
Flags:          O   D   I   T   S   Z   A   P   C
                X   -   -   -   X   X   X   X   -
```

Bemerkung: Im Gegensatz zu SUB wird durch DEC (und INC) das Carryflag nicht verändert. DEC wird in erster Linie innerhalb von Schleifen eingesetzt, um den Schleifenzähler zu erniedrigen.

DIV   *Vorzeichenlose Division (Unsigned Division)*

Syntax: **DIV Quelloperanden**

Beschreibung: DIV dividiert das Registerpaar AX:DX bzw. das AX-Register durch den Quelloperanden. Ist der Quelloperand ein Wort, wird eine 32-Bit-Zahl durch eine 16-Bit-Zahl geteilt, ist der Quelloperand ein Byte, wird eine 16-Bit-Zahl durch eine 8-Bit-Zahl geteilt. Ab der 80386-CPU kann auch der Inhalt des EAX-Registers durch den Quelloperanden geteilt werden.

```
Operanden:      Taktzyklen:
Reg8            80-90/14/14
Reg16           144-162/22/22
Reg32           -/-/38
Speicher8       86-96+EA/150-168+EA/17
Speicher16      150-168/25/25
Speicher32      -/-/41
Flags:          O   D   I   T   S   Z   A   P   C
                U   -   -   -   U   U   U   U   U
```

Bemerkung: Bei einer 8-Bit-Division (AX/8-Bit-Quelloperand) steht das Ergebnis der Division im AL-Register und der Rest im AH-Register. Bei einer 16-Bit-Division (DX:AX/16-Bit-Quelloperand) steht das Ergebnis der Division im AX-Register und der Rest im DX-Register. Bei einer 32-Bit-Division (EAX/32-Bit-Quelloperand) steht das Ergebnis der Division im EAX-Register und der Rest im EDX-Register. Entsteht ein Ergebnis, daß größer als FFh (Byte-Division), größer als FFFFh (Wort-Division) oder größer als FFFFFFFFh (Doppelwort-Division) ist oder wird durch Null geteilt, wird ein Interrupt 0 ausgeführt. In diesem Fall sind Ergebnis und Rest undefiniert.

ENTER   *Stackrahmen aufbauen (186) (Enter New Stack Frame)*

Syntax: **ENTER Operand1, Operand2**

Beschreibung: Dieser Befehl baut einen Stackrahmen auf, in dem er den Inhalt des SP-Registers in das BP-Register überträgt und den Inhalt des BP-Registers zuvor auf den Stack rettet. Operand1 legt die Anzahl an Bytes fest, die vom SP-Register zwecks Reservierung von lokalen Variablen reserviert werden. Operand2 legt die Verschachtelungstiefe fest und wird in Assemblerprogrammen in der Regel auf Null gesetzt.

```
Operanden:            Taktzyklen:
Immediate,0           -/11/10
Immediate,1           -/15/12
Immediate,Immediate8  -/12+4(n-1)/15+4(n-1)
Flags:                O   D   I   T   S   Z   A   P   C
                      -   -   -   -   -   -   -   -   -
```

Bemerkung: ENTER und LEAVE stellen eine einfache Methode dar, einen Stackrahmen aufzubauen, der einen Zugriff auf übergebene Stackparameter über das BP-Register ermöglicht. Ein über ENTER aufgebauter Stackrahmen wird über LEAVE wieder entfernt.

ESC *Escape*

Syntax: **ESC Immediate,Quelloperand**

Beschreibung: ESC bewirkt, daß ein Befehl an einen Koprozessor geschickt wird. Der erste Operand ist stets eine 6-Bit-Konstante, die den Koprozessor-Befehl festlegt. Der zweite Operand ist entweder ein Register oder ein Speicheroperand, der von dem Koprozessorbefehl benutzt wird.

```
Operanden:      Taktzyklen:
Imm,Reg         2/9-20/?
Imm,Speicher    8+EA,9-20,?
Flags:          O   D   I   T   S   Z   A   P   C
                -   -   -   -   -   -   -   -   -
```

Bemerkung: ESC bewirkt, daß die CPU den Inhalt des Speicheroperanden liest, aber nicht weiterverarbeitet. Der Operand kann aber von einem angeschlossenen mathematischen Koprozessor der 80x87-Familie gelesen werden. Dadurch kann ein Koprozessor auch die Adressierungsarten der 80x86-CPU nutzen. Der Assembler setzt automatisch ESC-Befehle in Befehle der mathematischen Koprozessoren ein.

HLT *Anhalten der CPU (Halt)*

Syntax: **HLT**

Beschreibung: HLT versetzt die CPU in einen Wartezustand. Die CPU macht nun so lange nichts, bis entweder eine externe Unterbrechung auftritt oder die CPU über einen Reset zurückgesetzt wird.

```
Operanden:      Taktzyklen:
Keine           2/2/5
Flags:          O   D   I   T   S   Z   A   P   C
                -   -   -   -   -   -   -   -   -
```

Bemerkung: Keine

IDIV *Division mit Vorzeichen (Integer Signed Division)*

Syntax: **IDIV Quelloperand**

Beschreibung: IDIV dividiert das Registerpaar AX:DX bzw. das AX-Register durch den Quelloperanden unter Berücksichtigung des Vorzeichens. Ist der Quelloperand ein Wort, wird eine 32-Bit-Zahl durch eine 16-Bit-Zahl geteilt, ist der Quelloperand ein Byte, wird eine 16-Bit-Zahl durch eine 8-Bit-Zahl geteilt. Ab der 80386-CPU kann auch das EAX-Register durch einen Quelloperanden geteilt werden. Das Ergebnis der Division wird im EAX-Register, der Rest im EDX-Register abgelegt.

```
Operanden:      Taktzyklen:
Reg8            101-112/17/19
Reg16           165-184/25/27
Reg32           -/-/43
Speicher8       107-118+EA/20/22
Speicher16      171-190+EA/28/30
Speicher32      -/-/46
Flags:          O   D   I   T   S   Z   A   P   C
                U   -   -   -   U   U   U   U   U
```

Bemerkung: Für eine Bytedivision kann der Quotient im Bereich –128..+127, für eine Wortdivision im Bereich –32767..+32768 und für eine Doppelwortdivision im Bereich –2.147.483.647 bis +2.147.483.648 liegen. Befindet sich der Quotient außerhalb dieses Bereichs oder erfolgt eine Division durch 0, wird ein Interrupt 0 ausgeführt.

IMUL   *Multiplikation mit Vorzeichen (Integer Signed Multiplication)*

Syntax: **IMUL Quelloperand**

Beschreibung: IMUL führt eine Multiplikation unter Berücksichtigung des Vorzeichens durch. Ist der Quelloperand ein 8-Bit-Operand wird er mit dem AL-Register multipliziert und das Ergebnis wird im AX-Register abgelegt. Ist der Quelloperand ein 16-Bit-Operand wird er mit dem AX-Register multipliziert und das 32-Bit-Register wird im Registerpaar DX:AX abgelegt. Ab der 80386-CPU kann der Quelloperand auch ein 32-Bit-Operand sein. In diesem Fall wird das 64-Bit-Ergebnis im Registerpaar EDX:EAX abgelegt.

```
Operanden:      Taktzyklen:
Reg8            80-98/13/9-14
Reg16           128-154/21/9-22
Reg32           -/-/9-38
Speicher8       86-104+EA/16/12-17
Speicher16      134-160+EA/24/12-25
Speicher32      -/-/12-41
Flags:          O   D   I   T   S   Z   A   P   C
                X   -   -   -   U   U   U   U   X
```

Bemerkung: Das Carry- und das Überlaufflag werden gesetzt, wenn die höherwertige Hälfte des Ergebnisses eine vorzeichenrichtige Erweiterung der niederwertigen Hälfte darstellt.

Erweiterte Syntax: ab 80186

Beschreibung: Der Zieloperand muß sich nicht im Akku befinden. Statt dessen kann ein zweiter Operand angegeben werden, der den Zieloperanden darstellt. Bei dem Quelloperanden muß es sich um eine Konstante handeln. Der IMUL-Befehl kann auch mit drei Operanden eingesetzt werden. In diesem Fall gibt der erste Operand an, wo das Ergebnis gespeichert wird. Dieses wird durch Multiplikation des zweiten Operanden mit dem dritten Operanden, bei dem es sich um eine Konstante handeln muß, gebildet. In beiden Fällen werden das Carry- und das Überlaufflag gesetzt, wenn das Ergebnis nicht mehr in einen 16-Bit-Operanden paßt.

```
Operanden:            Taktzyklen:
Reg16,Imm             -/21/9-22
Reg32,Imm             -/-/9-38
Reg16,Reg16,Imm       -/21/9-22
Reg32,Reg32,Imm       -/-/9-38
Reg16,Speicher16,Imm -/24/12-25
Reg32,Speicher32,Imm -/-/12-41
Flags:                O   D   I   T   S   Z   A   P   C
                      X   -   -   -   U   U   U   U   X
```

Erweiterte Syntax: ab 80386

Ab der 80386-CPU steht eine vierte Variante zur Verfügung. Hier können Quell- und Zieloperand frei gewählt werden. Das Carry- und das Überlaufflag werden gesetzt, wenn das Ergebnis nicht in den Zieloperanden paßt.

```
Operanden:            Taktzyklen:
Reg16,Reg16           -/-/9-22
Reg32,Reg32           -/-/9-38
Reg16,Speicher16      -/-/12-25
Reg32,Speicher32      -/-/12-41
Flags:                O   D   I   T   S   Z   A   P   C
                      X   -   -   -   U   U   U   U   X
```

IN
Lesen eines Eingabeports (Input from I/O Port)

Syntax: **IN Akku, Portadresse oder DX-Register**

Beschreibung: IN liest von einem E/A-Port, dessen Adresse entweder direkt aufgeführt wird (Portadresse 0..255) oder im DX-Register enthalten ist (Portadresse 0..65535), ein Byte oder ein Wort in das AL- oder AX-Register. Ab der 80386-CPU kann auch ein Doppelwort in das EAX-Register gelesen werden.

```
Operanden:            Taktzyklen:
Akku,Imm8             10/5/12
Akku,DX              8/5/13
Flags:                O   D   I   T   S   Z   A   P   C
                      -   -   -   -   -   -   -   -   -
```

Bemerkung: Der IN-Befehl ermöglicht es, ein Byte oder ein Wort von einem beliebigen E/A-Port einzulesen. Der gelesene Wert wird in das AL- (Byte) oder in das AX-Register (Wort) übertragen. Ist die Portadresse im DX-Register enthalten, kann jedes der insgesamt 65536 E/A-Ports ausgelesen werden. Durch Erhöhen von DX kann relativ einfach eine Reihe von E/A-Ports innerhalb einer Schleife gelesen werden.

INC
Erhöhen des Operanden um 1 (Increment)

Syntax: **INC Zieloperand**

Beschreibung: INC erhöht den Zieloperanden um 1.

```
Operanden:    Taktzyklen:
Reg8          3/2/2
Reg16         3/2/2
Reg32         -/-/2
Speicher      15+EA/7/6
Flags:        O   D   I   T   S   Z   A   P   C
              X   -   -   -   X   X   X   X   -
```

Bemerkung: Im Gegensatz zu ADD wird durch INC das Carryflag nicht verändert. INC wird in erster Linie innerhalb von Schleifen eingesetzt, um den Schleifenzähler zu erhöhen. INC kann nicht auf Segmentregister angewendet werden.

INS

Lesen eines Strings von einem E/A-Port (186)
(Input String from I/O Port)
INSB
INSW
INSD (386)

Beschreibung: Liest eine Zeichenkette von einem E/A-Port, die durch das Registerpaar ES:DI adressiert wird. Der E/A-Port wird über das DX-Register adressiert. Für jeden Operanden wird das DI-Register in Abhängigkeit der Operandengröße und des Richtungsflags erhöht (DF=0) oder erniedrigt (DF=1).

```
Operanden:    Taktzyklen:
Keine         -/5/15
Flags:        O   D   I   T   S   Z   A   P   C
              -   -   -   -   -   -   -   -   -
```

Bemerkung: Wie alle Stringbefehle kann INS sowohl mit als auch ohne Operanden eingesetzt werden. Ein Operand hat lediglich einen Einfluß auf die Operandengröße, nicht auf die Adressierung. Je nach Operandengröße wird der Befehl INSB (Byte), INSW (Wort) oder INSD (Doppelwort) assembliert. Wie jeder Stringbefehl kann auch hier ein REP-Präfix vorangestellt werden, wobei das CX-Register die Anzahl der Durchläufe festlegt.

Der INS-Befehl ist im Protected-Modus ein sensitiver Befehl, das heißt, er kann nur ausgeführt werden, wenn die Privilegstufe des Programms größer ist als die Privilegstufe, die durch das IOPL-Feld im MSW-Register festgelegt wird.

INT

Erzeugen eines Softwareinterrupts (Software Interrupt)

Syntax: **INT Interrupt-Nummer**

Beschreibung: INT bewirkt die Ausführung eines Interrupts. Die Interruptnummer kann zwischen 0 und 255 liegen.

```
Operanden:        Taktzyklen:
3                 52/23+m,33
Imm8 (<> 3)       51/23+m,37
Flags:            O   D   I   T   S   Z   A   P   C
                  -   -   0   0   -   -   -   -   -
```

Bemerkung: INT bewirkt, daß die CPU das aktuelle Programm unterbricht, das Flagregister, das CS- sowie das IP-Register auf dem Stack speichert und eine Interruptroutine aufruft, deren Adresse über die Interruptnummer aus der Interruptvektortabelle ermittelt wird. Außerdem wird das Interruptflag und das Einzelschrittflag gelöscht. Eine Ausnahme stellt der Interrupt 3 (Breakpoint Interrupt), der durch einen eigenen 1-Byte-Befehl repräsentiert wird, dar. Über einen IRET-Befehl kehrt die Interruptroutine wieder in das unterbrochene Programm zurück.

INTO
Unterbrechung bei Überlauf (Interrupt on Overflow)

Syntax: **INTO**

Beschreibung: INTO verursacht einen Interrupt 4, wenn das Überlaufflag gesetzt ist.

```
Operanden:        Taktzyklen:
Keine             53, 4kS/24+m,3kS/35,3kS
Flags:            O   D   I   T   S   Z   A   P   C
                  -   -   0   0   -   -   -   -   -
```

Bemerkung: INTO ist ein bedingter Interrupt. Nur bei gesetztem Überlaufflag wird ein Interrupt 4 ausgeführt. Ein Vorteil des INTO-Befehls liegt darin, daß er nur aus einem Opcodebyte besteht. Unter DOS hat dieser Interrupt jedoch keine Wirkung, da die Interruptroutine nur aus einem IRET-Befehl besteht.

IRET
Rückkehr von einer Interruptroutine (Interrupt Return) IRETD (386)

Syntax: **IRET**

Beschreibung: IRET beendet eine Interruptroutine.

```
Operanden:        Taktzyklen:
Keine             32/17+m,22
Flags:            O   D   I   T   S   Z   A   P   C
                  X   X   X   X   X   X   X   X   X
```

Bemerkung: IRET holt den zuvor auf dem Stack abgelegten Inhalt des Codesegmentregisters, des IP-Registers und des Flagregisters wieder vom Stack. Ab der 80386-CPU steht der Befehl IRETD zur Verfügung, welcher einen 32-Bit-Befehlszeiger vom Stack holt, wenn der Befehl in einem 32-Bit-Segment ausgeführt wird.

JA/JNBE   *Sprung, wenn größer (vorzeichenlos). (Jump Above/Jump Not Below)*

Syntax: **JA Disp**

Beschreibung: JA bewirkt einen Sprung zu der angegebenen Zieladresse, wenn bei einem Vergleich zweier vorzeichenloser Operanden ein Ergebnis »Größer« bzw. »Nicht kleiner-gleich« herauskommt.

```
Operanden:        Taktzyklen:
Disp              16, 4kS/7+m, 3kS/7+m, 3kS
Flags:            O   D   I   T   S   Z   A   P   C
                  -   -   -   -   -   -   -   -   -
```

Bemerkung: JA prüft das Carryflag und Nullflag. Ein Sprung wird nur dann durchgeführt, wenn beide Flags zurückgesetzt sind. JA ist mit dem Befehl JNBE identisch. Das Sprungziel muß innerhalb des Bereichs −128..+127 oder −32767..+32768 (ab 80386) liegen.

JAE/JNB   *Sprung, wenn größer oder gleich (vorzeichenlos)*
(Jump Above or Equal/Jump Not Below)

Syntax: **JAE Disp**

Beschreibung: JAE führt einen Sprung durch, wenn bei einem Vergleich zweier vorzeichenloser Operanden das Ergebnis größer oder gleich bzw. nicht kleiner herauskommt.

```
Operanden:        Taktzyklen:
Disp              16, 4kS/7+m, 3kS/7+m, 3kS
Flags:            O   D   I   T   S   Z   A   P   C
                  -   -   -   -   -   -   -   -   -
```

Bemerkung: JAE prüft das Carryflag und führt den Sprung nur aus, wenn das Carryflag zurückgesetzt ist. JAE ist mit dem Befehl JNB identisch. Das Sprungziel muß innerhalb des Bereichs −128..+127 oder −32767..+32768 (ab 80386) liegen.

JB/JNAE   *Springe, wenn kleiner (vorzeichenlos)*
(Jump Below/Jump Not Above or Equal)

Syntax: **JB Disp**

Beschreibung: JB führt einen Sprung aus, wenn bei einem Vergleich zweier vorzeichenloser Operanden das Ergebnis kleiner bzw. nicht größer-gleich herauskommt.

```
Operanden:        Taktzyklen:
Disp              16, 4kS/7+m, 3kS/7+m, 3kS
Flags:            O   D   I   T   S   Z   A   P   C
                  -   -   -   -   -   -   -   -   -
```

Bemerkung: JB prüft das Carryflag und führt einen Sprung aus, wenn das Carryflag gesetzt ist. JB ist mit dem Befehl JNAE identisch. Das Sprungziel muß in einem Bereich −128..+127 Byte oder −32767..+32768 (ab 80386) liegen.

JBE/JNA
Springe, wenn kleiner oder gleich (vorzeichenlos)
(Jump Below or Equal/Jump Not Above)

Syntax: **JBE Disp**

Beschreibung: JBE führt einen Sprung aus, wenn bei einem Vergleich zweier vorzeichenloser Operanden ein Ergebnis kleiner-gleich bzw. nicht größer herauskommt.

```
Operanden:     Taktzyklen:
Disp           16, 4kS/7+m, 3kS/7+m, 3kS
Flags:         O  D  I  T  S  Z  A  P  C
               -  -  -  -  -  -  -  -  -
```

Bemerkung: JBE prüft das Carry- und das Nullflag und führt einen Sprung aus, wenn
beide Flags gesetzt sind. JBE ist mit dem Befehl JNA identisch. Das Sprungziel muß innerhalb des
Bereichs −128..+127 oder −32767..+32768 (ab 80386) liegen.

JCXZ
Springe, wenn CX gleich Null (Jump CX = Zero) JECXZ (386)

Syntax: **JCXZ Disp**

Beschreibung: JCXZ führt einen Sprung aus, wenn das CX-Register Null ist. Ab der 80386-
CPU gibt es den Befehl JECXZ, der einen Sprung durchführt, wenn der Inhalt des ECX-Registers
Null ist.

```
Operanden:     Taktzyklen:
Disp           16, 4kS/7+m, 3kS/7+m, 3kS
Flags:         O  D  I  T  S  Z  A  P  C
               -  -  -  -  -  -  -  -  -
```

Bemerkung: Auch hier handelt es sich um einen bedingten Sprung, das Sprungziel muß
innerhalb des Bereichs −128..+127 oder −32767..+32768 (ab 80386) liegen.

JE/JZ
Springe, wenn gleich (Jump Equal/Jump Zero))

Syntax: **JE Disp**

Beschreibung: JE führt einen Sprung aus, wenn als Ergebnis eines Vergleichs zweier
vorzeichenbehafteter Operanden gleich herauskommt.

```
Operanden:     Taktzyklen:
Disp           16, 4kS/7+m, 3kS/7+m, 3kS
Flags:         O  D  I  T  S  Z  A  P  C
               -  -  -  -  -  -  -  -  -
```

Bemerkung: JE prüft das Nullflag und führt einen Sprung aus, wenn das Nullflag gesetzt
ist. JE ist mit dem Befehl JZ identisch. Das Sprungziel muß innerhalb des Bereichs −128..+127
oder −32767..+32768 (ab 80386) liegen.

JG/JNLE   *Springe, wenn größer (Jump Greater/Jump Not Less or Equal)*

Syntax: **JG Disp**

Beschreibung: JG führt einen Sprung aus, wenn als Ergebnis eines Vergleichs zweier vorzeichenbehafteter Operanden größer bzw. nicht kleiner-gleich herauskommt.

```
Operanden:      Taktzyklen:
Disp            16, 4kS/7+m, 3kS/7+m, 3kS
Flags:          O   D   I   T   S   Z   A   P   C
                -   -   -   -   -   -   -   -   -
```

Bemerkung: JG prüft das Nullflag und Vorzeichenflag und führt einen Sprung aus, wenn das Nullflag zurückgesetzt und das Vorzeichenflag gleich dem Überlaufflag ist. JG ist identisch mit dem Befehl JNLE. Das Sprungziel muß innerhalb des Bereichs −128..+127 oder −32767..+ 32768 (ab 80386) liegen.

JGE/JNL   *Springe, wenn größer oder gleich*
(Jump Greater or Equal/Jump Not Less)

Syntax: **JGE Disp**

Beschreibung: JGE führt einen Sprung aus, wenn als Ergebnis eines Vergleichs zweier vorzeichenbehafteter Operanden größer-gleich oder nicht kleiner herauskommt.

```
Operanden:      Taktzyklen:
Disp            16, 4kS/7+m, 3kS/7+m, 3kS
Flags:          O   D   I   T   S   Z   A   P   C
                -   -   -   -   -   -   -   -   -
```

Bemerkung: JGE prüft das Vorzeichenflag und führt einen Sprung aus, wenn das Vorzeichenflag gleich dem Überlaufflag ist. JGE ist mit dem Befehl JNL identisch. Das Sprungziel muß in dem Bereich −128..+127 oder −32767..+32768 (ab 80386) liegen.

JL/JNGE   *Springe, wenn kleiner (Jump Less/Jump Not Greater or Equal)*

Syntax: **JL Disp**

Beschreibung: JL springt, wenn als Ergebnis eines Vergleichs zweier vorzeichenbehafteter Zahlen kleiner bzw. nicht größer-gleich herauskommt.

```
Operanden:      Taktzyklen:
Disp            16, 4kS/7+m, 3kS/7+m, 3kS
Flags:          O   D   I   T   S   Z   A   P   C
                -   -   -   -   -   -   -   -   -
```

Bemerkung: JL prüft das Vorzeichenflag und führt einen Sprung aus, wenn das Vorzeichenflag nicht gleich dem Überlaufflag ist. JL ist identisch mit dem Befehl JNGE. Das Sprungziel muß innerhalb des Bereichs −128..+127 oder −32767..+32768 (ab 80386) liegen.

JLE/JNG
Springe, wenn kleiner oder gleich
(Jump Less or Equal/Jump Not Greater)

Syntax: **JLE Disp**

Beschreibung: JLE führt einen Sprung aus, wenn ein Vergleich zweier vorzeichenbehafteter Operanden das Ergebnis kleiner-gleich bzw. nicht größer liefert.

```
Operanden:    Taktzyklen:
Disp          16, 4kS/7+m, 3kS/7+m, 3kS
Flags:        O   D   I   T   S   Z   A   P   C
              -   -   -   -   -   -   -   -   -
```

Bemerkung: JLE prüft das Vorzeichenflag, das Nullflag und das Überlaufflag und führt einen Sprung aus, wenn das Nullflag gesetzt und das Vorzeichenflag ungleich dem Überlaufflag ist. JLE ist mit dem Befehl JNG identisch. Das Sprungziel muß innerhalb einer Reichweite von −127..+128 oder −32767..+32768 (ab 80386) Byte liegen.

JMP
Unbedingter Sprung (Jump)

Syntax: **JMP Zieladresse**

Beschreibung: JMP führt einen unbedingten Sprung zu der angegebenen Zieladresse durch.

```
Operanden:    Taktzyklen:
SHORT-Label   15/m+7/m+7
NEAR-Label    15/m+7/m+7
FAR-Label     15/11+m/12+m
Reg16         11/7+m/7+m
Reg32         11/7+m/7+m
Speicher16    18+EA/11+m/10+m
Speicher32    18+EA/11+m/10+m
Flags:        O   D   I   T   S   Z   A   P   C
              -   -   -   -   -   -   -   -   -
```

Beschreibung: Wie beim CALL-Befehl werden auch beim JMP-Befehl vier verschiedene Sprungtypen unterschieden:

- den direkten Intra-Segment-Sprung
- den indirekten Intra-Segment-Sprung
- den direkten Inter-Segment-Sprung
- den indirekten Inter-Segment-Sprung
- Bei einem direkten Intra-Segment-Sprung wird die Zieladresse aus dem IP-Register und einem Displacement gebildet. Je nach Größe des Displacements handelt es sich um einen SHORT- (1 Byte Displacement d. h. Sprungweite +/− 127 Byte) oder um einen NEAR-Sprung (2-Byte-Displacement d.h. Sprungweite +/− 32767 Byte). Da es sich um ein relatives Displacement handelt, ist das Sprungziel von einer bestimmten Adresse unabhängig und kann im Segment verschoben werden.
- Bei einem indirekten Intra-Segment-Sprung ist die Zieladresse in einer 16-Bit-Speicherzelle bzw. einem 16-Bit-Register enthalten.

- Bei einem direkten Inter-Segment-Sprung kann das Sprungziel überall innerhalb des 1-Mbyte-Adreßraums liegen. Die Zieladresse folgt in der Regel in Form eines Labels, welches sich außerhalb des Segments befindet, aus dem der Sprungbefehl erfolgt.
- Bei einem indirekten Inter-Segment-Sprung kann das Sprungziel überall innerhalb des 1-Mbyte-Adreßraums liegen. Die Zieladresse befindet sich als ein Doppelwort im Arbeitsspeicher. Der erste Teil des Doppelworts stellt den Offsetanteil, der zweite Teil des Doppelwortes den Segmentanteil der Zieladresse dar.

JNE/JNZ *Springe, wenn nicht gleich (Jump Not Equal/Jump Not Zero)*

Syntax: **JNE Disp**

Beschreibung: JNE führt einen Sprung aus, wenn ein Vergleich zweier vorzeichenbehafteter Operanden das Ergebnis ungleich bzw. nicht gleich liefert.

```
Operanden:    Taktzyklen:
Disp          16, 4kS/7+m, 3kS/7+m, 3kS
Flags:        O  D  I  T  S  Z  A  P  C
              -  -  -  -  -  -  -  -  -
```

Bemerkung: JNE prüft das Nullflag und führt einen Sprung aus, wenn das Nullflag zurückgesetzt ist. JNE entspricht dem Befehl JNZ. Das Sprungziel muß innerhalb eines Bereichs von −128..+127 Byte oder −32767..+32768 (ab 80386) liegen.

JNO *Springe, wenn kein Überlauf (Jump No Overflow)*

Syntax: **JNO Disp**

Beschreibung: JNO führt einen Sprung aus, wenn das Überlaufflag nicht gesetzt ist.

```
Operanden:    Taktzyklen:
Disp          16, 4kS/7+m, 3kS/7+m, 3kS
Flags:        O  D  I  T  S  Z  A  P  C
              -  -  -  -  -  -  -  -  -
```

Bemerkung: Das Sprungziel muß innerhalb eines Bereichs von −128..+127 oder −32767..+32768 (ab 80386) Byte liegen.

JNP/JPO *Springe, wenn Paritätsflag nicht gesetzt (Jump No Parity/Jump Parity Odd)*

Syntax: **JNP Disp**

Beschreibung: JNP führt einen Sprung durch, wenn das Paritätsflag nicht gesetzt ist.

```
Operanden:    Taktzyklen:
Disp          16, 4kS/7+m, 3kS/7+m, 3kS
Flags:        O  D  I  T  S  Z  A  P  C
              -  -  -  -  -  -  -  -  -
```

Bemerkung: Der JNP-Befehl prüft das Paritätsflag, er ist mit dem Befehl JPO (Springe, wenn ungerade Parität) identisch. Das Sprungziel muß innerhalb eines Bereichs von −128..+127 Byte oder −32767..+32768 (ab 80386) liegen.

JNS
Springe, wenn positiv (Jump if Sign)

Syntax: **JNS Disp**

Beschreibung: JNS führt einen Sprung durch, wenn das Vorzeichenflag nicht gesetzt ist, d. h. wenn eine positive Zahl vorliegt.

```
Operanden:      Taktzyklen:
Disp            16, 4kS/7+m, 3kS/7+m, 3kS
Flags:          O   D   I   T   S   Z   A   P   C
                -   -   -   -   -   -   -   -   -
```

Bemerkung: Das Sprungziel muß innerhalb eines Bereichs von −128..+127 Byte oder −32767..+32768 (ab 80386) liegen.

JO
Springe, wenn Überlaufflag gesetzt (Jump if Overflow)

Syntax: **JO Disp**

Beschreibung: JO führt einen Sprung durch, wenn das Überlaufflag gesetzt ist.

```
Operanden:      Taktzyklen:
Disp            16, 4kS/7+m, 3kS/7+m, 3kS
Flags:          O   D   I   T   S   Z   A   P   C
                -   -   -   -   -   -   -   -   -
```

Bemerkung: Das Sprungziel muß innerhalb eines Bereichs von −127..+128 oder −32767..+32768 (ab 80386) liegen.

JP/JPE
Springe, wenn Paritätsflag gesetzt (Jump if Parity/Jump if Parity Even)

Syntax: **JP Disp**

Beschreibung: JP führt einen Sprung durch, wenn das Paritätsflag gesetzt ist.

```
Operanden:      Taktzyklen:
Disp            16, 4kS/7+m, 3kS/7+m, 3kS
Flags:          O   D   I   T   S   Z   A   P   C
                -   -   -   -   -   -   -   -   -
```

Bemerkung: Ist das Paritätsflag gesetzt, liegt sogenannte »gerade Parität« vor, d.h. die Anzahl der Einsen in dem Operanden, der zuletzt verändert wurde, ist gerade. JP ist mit dem Befehl JPE (Springe, wenn gerade Parität) identisch. Das Sprungziel muß innerhalb eines Bereichs von −128..+127 oder −32767..+32768 (ab 80386) liegen.

JS
Springe, wenn negativ (Jump if Sign)

Syntax: **JS Disp**

Beschreibung: JS führt einen Sprung durch, wenn das Ergebnis einer Operation negativ ist, d. h., wenn das Vorzeichenflag gesetzt ist.

```
Operanden:      Taktzyklen:
Disp            16, 4kS/7+m, 3kS/7+m, 3kS
Flags:          O   D   I   T   S   Z   A   P   C
                -   -   -   -   -   -   -   -   -
```

Bemerkung: Das Sprungziel muß innerhalb eines Bereichs von −128..+127 Byte oder −32767..+32768 (ab 80386) liegen.

LAHF
Lade Flagregister in AH (Load AH with Flags)

Syntax: **LAHF**

Beschreibung: LAHF lädt das Register AH mit der unteren Hälfte des Flagregisters.

```
Operanden:      Taktzyklen:
Keine           4/2/2
Flags:          O   D   I   T   S   Z   A   P   C
                -   -   -   -   -   -   -   -   -
```

Bemerkung: Keine

LAR
Lade Zugriffsrechte (826P) (Load Access Rights)

Syntax: **Zieloperand,Selektor**

Beschreibung: Lädt die Zugriffsrechte eines Selektors in das angegebene Zielregister. Über LAR kann ein Programm feststellen, ob es aufgrund seiner eigenen Privilegstufe einen Selektor laden darf ohne eine allgemeine Zugriffsverletzung (Interrupt 13) zu erzeugen.

```
Operanden:          Taktzyklen:
Reg16,Reg16         -/14/15
Reg32,Reg32         -/-/16
Reg16,Speicher16    -/16/16
Reg32,Speicher32    -/-/16
Flags:              O   D   I   T   S   Z   A   P   C
                    -   -   -   -   -   X   -   -   -
```

Bemerkung: Der Quelloperand ist ein Register oder eine Speicherzelle mit einem Selektor. Wenn es sich um einen gültigen Selektor handelt, auf den unter der aktuellen Prioritätsstufe zugegriffen werden darf, werden die Zugriffsrechte in das Zielregister übertragen und das Nullflag wird gesetzt. Können die Zugriffsrechte nicht übertragen werden, wird das Nullflag nicht gesetzt.

LDS
Lade 32-Bit-Zeiger (Load DS with Pointer)

Syntax: **LDS Zielregister,Quellspeicheroperand**

Beschreibung: LDS lädt einen 32-Bit-Zeiger aus dem Speicher in das DS-Register und ein allgemeines Register. Das obere Wort der Speicherzelle wird in das DS-Register und das untere Wort in das Zielregister geladen.

```
Operanden:         Taktzyklen:
Reg16,Speicher32   16+EA/7/7
Flags:             O   D   I   T   S   Z   A   P   C
                   -   -   -   -   -   -   -   -   -
```

Bemerkung: LDS wird meistens dazu eingesetzt, Segmentadresse und Offsetadresse eines Symbols gleichzeitig zu laden. LDS kann auch dazu benutzt werden, den Quellstring für eine Stringoperation festzulegen, bei dem das SI-Register als das zweite Register festgelegt wird.

LEA
Lade effektive Adresse (Load Effective Address)

Syntax: **LEA Zieloperand,Quelloperand**

Beschreibung: LEA lädt den Offset des Quelloperanden in das angegebene Zielregister.

```
Operanden:         Taktzyklen:
Reg16,Speicher16   2+EA/3/2
Flags:             O   D   I   T   S   Z   A   P   C
                   -   -   -   -   -   -   -   -   -
```

Bemerkung: Der Quelloperand muß stets ein Speicherregister und der Zieloperand ein 16-Bit-Register sein.

LEAVE
Stackrahmen entfernen (186) (Leave Current Stackframe)

Syntax: **LEAVE**

Beschreibung: Entfernt einen Stackrahmen, der zum Beispiel durch den ENTER-Befehl aufgebaut wurde, in dem das oberste Stackelement wieder in das BP-Register übertragen wird.

```
Operanden:         Taktzyklen:
Keine              -/5/4
Flags:             O   D   I   T   S   Z   A   P   C
                   -   -   -   -   -   -   -   -   -
```

Bemerkung: Keine

LES
Lade 32-Bit-Zeiger (Load ES with Pointer)

Syntax: **LES Zielregister,Quellspeicheroperand**

Beschreibung: LES lädt einen 32-Bit-Zeiger aus dem Speicher in das ES-Register und ein allgemeines Register. Das oberere Wort der Speicherzelle wird in das ES-Register und das untere Wort in das Zielregister geladen.

```
Operanden:       Taktzyklen:
Reg16,Speicher32  16+EA/7/7
Flags:            O   D   I   T   S   Z   A   P   C
                  -   -   -   -   -   -   -   -   -
```

Bemerkung: LES wird meistens dazu eingesetzt, Segmentadresse und Offsetadresse eines Symbols gleichzeitig zu laden. LES kann auch dazu benutzt werden, den Quellstring für eine Stringoperation festzulegen, bei dem das SI-Register als das zweite Register festgelegt wird.

LFS   *32-Bit-Zeiger laden (386) (Load FS with Pointer)*

Syntax: **LFS Zielregister,Quellspeicheroperand**

Beschreibung: Dieser Befehl lädt einen 32-Bit-Zeiger aus dem Speicher in das FS-Register und ein allgemeines Register. Das oberere Wort der Speicherzelle wird in das FS-Register und das untere Wort in das Zielregister geladen.

```
Operanden:       Taktzyklen:
Reg16,Speicher32  -/-/7
Flags:            O   D   I   T   S   Z   A   P   C
                  -   -   -   -   -   -   -   -   -
```

Bemerkung: Dieser Befehl steht erst ab der 80386-CPU zur Verfügung. Wird dieser Befehl in einem 32-Bit-Segment ausgeführt, wird ein 32-Bit-Offset in ein 32-Bit-Register geladen.

LGDT   *Laden der GDT-Adresse in das GDT-Register (286P)*
   (Load GDT Register)

Syntax: **LGDT Speicher48**

Beschrelbung: Lädt die Adresse der Globalen Deskriptortabelle (GDT) in das GDT-Register. Der Operand ist eine Speicherzelle vom Typ FWORD, die die Startadresse und die Größe der GDT enthält. Die ersten 16 Bit des Operanden müssen die Größe der GDT, die folgenden 32 Bit die Basisadresse der GDT enthalten (24 Bit bei 80286).

```
Operanden:       Taktzyklen:
Speicher48        -/11/11
Flags:            O   D   I   T   S   Z   A   P   C
                  -   -   -   -   -   -   -   -   -
```

Bemerkung: Durch Ausführung von GDT werden die aktuellen Deskriptoren in den Cache-Segment-Registern nicht sofort ungültig. Jeder folgende Zugriff auf einen Selektor lädt jedoch einen Deskriptor aus der neuen GDT. Dieser Befehl kann auch im Real-Modus ausgeführt werden, um die CPU durch das Laden einer initialisierten GDT für den Protected-Modus vorzubereiten. Im Protected-Modus handelt es sich um einen privilegierten Befehl, das heißt, er kann nur von einem Programm mit CPL = 0 ausgeführt werden.

LGS

32-Bit-Zeiger laden (386) (Load GS with Pointer)

Syntax: **LGS Zielregister,Quellspeicheroperand**

Beschreibung: Dieser Befehl lädt einen 32-Bit-Zeiger aus dem Speicher in das GS-Register und ein allgemeines Register. Das obere Wort der Speicherzelle wird in das GS-Register und das untere Wort in das Zielregister geladen.

```
Operanden:        Taktzyklen:
Reg16,Speicher32  -/-/7
Flags:            O   D   I   T   S   Z   A   P   C
                  -   -   -   -   -   -   -   -   -
```

Bemerkung: Dieser Befehl steht erst ab der 80386-CPU zur Verfügung. Wird dieser Befehl in einem 32-Bit-Segment ausgeführt, wird ein 32-Bit-Offset in ein 32-Bit-Register geladen.

LIDT

Laden der IDT-Adresse in das IDT-Register (286P) (Load IDT Register)

Syntax: **LIDT Speicher48**

Beschreibung: Lädt die Adresse der Interrupt-Deskriptortabelle (IDT) in das IDT-Register. Der Operand ist eine Speicherzelle vom Typ FWORD, die die Startadresse und die Größe der IDT enthält. Die ersten 16 Bit des Operanden müssen die Größe der GDT, die folgenden 32 Bit die Basisadresse der GDT enthalten (24 Bit bei 80286).

```
Operanden:    Taktzyklen:
Speicher48    -/12/11
Flags:        O   D   I   T   S   Z   A   P   C
              -   -   -   -   -   -   -   -   -
```

Bemerkung: Dieser Befehl kann auch im Real-Modus ausgeführt werden, um die CPU durch das Laden einer initialisierten IDT für den Protected-Modus vorzubereiten. Im Protected-Modus handelt es sich um einen privilegierten Befehl, das heißt, er kann nur von einem Programm mit CPL = 0 ausgeführt werden.

LLDT

Laden eines LDT-Selektors in das LDT-Register (286P)
(Load LDT Register)

Syntax: **LLDT Operand16**

Beschreibung: Lädt einen Selektor in das LDT-Register und damit den Deskriptor einer LDT aus der GDT in das dazugehörige Cache-Register. Bei dem Operanden handelt es sich um ein Register oder eine Speicherzelle, die einen gültigen Selektor für eine Lokale Deskriptortabelle enthalten muß.

```
Operanden:    Taktzyklen:
Reg16         -/17/20
Speicher16    -/19/24
Flags:        O   D   I   T   S   Z   A   P   C
              -   -   -   -   -   -   -   -   -
```

Bemerkung: LLDT kann nur im Protected-Modus ausgeführt werden. Es handelt sich zudem um einen privilegierten Befehl, das heißt, er kann nur von einem Programm mit CPL = 0 ausgeführt werden.

LMWS
Laden des Maschinenstatus-Wortes (286)
(Load Machine Status Word)

Syntax: **LMSW Operand16**

Beschreibung: Lädt einen 16-Bit-Wert aus einem Register oder aus einer Speicherzelle in das MSW-Register der 80286-CPU. Bei einer 80386/486-CPU wird (aus Kompatibilitätsgründen) die untere Hälfte des CR0-Registers geladen.

```
Operanden:      Taktzyklen:
Reg16           -/3/10
Speicher16      -/6/13
Flags:          O   D   I   T   S   Z   A   P   C
                -   -   -   -   -   -   -   -   -
```

Bemerkung: LMSW kann auch im Real-Modus ausgeführt werden. Im Protected-Modus ist es ein privilegierter Befehl.

LOCK
Bus sperren (Assert Hardware LOCK\Signal Prefix)

Syntax: **LOCK Befehl**

Beschreibung: LOCK bewirkt eine Sperrung des Busses, die solange andauert, bis die Abarbeitung des nächsten Befehls, dem LOCK vorangeht, beendet ist.

```
Operanden:      Taktzyklen:
Keine           2/0/0
Flags:          O   D   I   T   S   Z   A   P   C
                -   -   -   -   -   -   -   -   -
```

Bemerkung: Bei LOCK handelt es sich um ein 1-Byte-Präfix, welches jedem Befehl vorangehen kann. Im sogenannten »Maximum-Modus« verfügt die 8086/88-CPU über eine Leitung mit dem Namen LOCK. Wenn die CPU auf ein LOCK-Präfix trifft, wird diese Leitung für die Dauer des nachfolgenden Befehls aktiviert. Während dieser Zeit kann ein Koprozessor nicht auf den Bus zugreifen.

LODS
Laden eines Stringelements (Load String)

Syntax: **LODS Quelloperand**
                  LODSB
                  LODSW
                  LODSD (386)

Beschreibung: LODS lädt ein Element eines Strings (Byte oder Wort), der durch das Registerpaar DS:SI adressiert wird, in den Akkumulator (AL-, AX- oder EAX-Register). Danach wird das SI-Register in Abhängigkeit vom Zustand des Richtungsflags um 1 (Byte), 2 (Wort) oder 4 (Doppelwort) erhöht (DF=0) oder erniedrigt (DF=1).

```
Operanden:      Taktzyklen:
Quellstring     12/5/5
Flags:          O   D   I   T   S   Z   A   P   C
                -   -   -   -   -   -   -   -   -
```

Bemerkung: Die Verwendung eines Wiederholungspräfixes ist bei LODS nicht sinnvoll, da der in den Akkumulator geladene Wert ja auch verarbeitet werden muß. LODS kann durch die Befehle LODSB, LODSW oder LODSD (ab 80386) ersetzt werden, wenn feststeht, daß es sich bei dem Stringelement um ein Byte, Wort oder Doppelwort handelt. Sowohl LODSB, LODSW als auch LODSD benötigen keinen Operanden.

LOOP   *Wiederholen, bis CX auf Null (Decrement CX and Branch)*

Syntax: **LOOP Disp**

Beschreibung: LOOP erniedrigt das CX-Register um 1 und führt einen Short-Sprung zu der angegebenen Zieladresse durch, wenn CX ungleich Null ist. Ansonsten wird mit dem nächsten Befehl nach LOOP fortgefahren.

```
Operanden:      Taktzyklen:
Disp            17, 5kS/8+m/11+m
Flags:          O   D   I   T   S   Z   A   P   C
                -   -   -   -   -   -   -   -   -
```

Bemerkung: Es wird zuerst CX erniedrigt und dann geprüft, ob CX = 0 ist. Das Sprungziel muß innerhalb eines Bereichs von −128..+127 liegen. Ab der 80386-CPU kann auch das ECX-Register als Schleifenzähler verwendet werden. In diesem Fall muß dem LOOP-Befehl in einem 16-Bit-Segment der Präfix 67h vorangestellt werden.

LOOPE   *Schleife bis CX gleich Null oder Nullflag gesetzt*
(Decrement CX and check Zeroflag)

Syntax: **LOOPE Disp**

Beschreibung: LOOPE entspricht dem Befehl LOOP. Allerdings wird bei LOOPE zusätzlich geprüft, ob das Nullflag gesetzt ist. Die Schleife wird so lange wiederholt, wie das CX-Register ungleich Null und das Nullflag gesetzt ist.

```
Operanden:      Taktzyklen:
Disp            18, 6kS/8+m/11+m
Flags:          O   D   I   T   S   Z   A   P   C
                -   -   -   -   -   -   -   -   -
```

Bemerkung: LOOPE erniedrigt zuerst CX um 1. Anschließend wird geprüft, ob CX ungleich Null und ob das Nullflag gesetzt ist. Nur wenn beide Bedingungen erfüllt sind, wird zu der Zieladresse verzweigt. Ansonsten wird mit dem nächsten Befehl nach LOOPE fortgefahren. Das Sprungziel muß innerhalb eines Bereichs von –128..+127 liegen. LOOPE ist mit dem Befehl LOOPZ identisch. Ab der 80386-CPU kann auch das ECX-Register als Schleifenzähler verwendet werden. In diesem Fall muß dem LOOPE-Befehl in einem 16-Bit-Segment der Präfix 67h vorangestellt werden.

LOOPNE   *Schleife bis CX gleich Null oder Nullflag nicht gesetzt (Decrement CX and check Zeroflag)*

Syntax: **LOOPNE Disp**

Beschreibung: LOOPNE entspricht dem Befehl LOOP. Allerdings wird bei LOOPNE zusätzlich geprüft, ob das Nullflag zurückgesetzt ist. Die Schleife wird so lange wiederholt, wie das CX-Register ungleich Null und das Nullflag nicht gesetzt ist.

```
Operanden:      Taktzyklen:
Disp            19, 5kS/8/11+m
Flags:          O    D    I    T    S    Z    A    P    C
                -    -    -    -    -    -    -    -    -
```

Bemerkung: LOOPNE erniedrigt zuerst CX um 1. Anschließend wird geprüft, ob CX ungleich Null und ob das Nullflag zurückgesetzt ist. Nur wenn beide Bedingungen erfüllt sind, wird zu der Zieladresse verzweigt. Ansonsten wird mit dem nächsten Befehl nach LOOPNE fortgefahren. Das Sprungziel muß innerhalb eines Bereichs von –128..+127 liegen. LOOPNE ist mit dem Befehl LOOPNZ identisch. Ab der 80386-CPU kann auch das ECX-Register als Schleifenzähler verwendet werden. In diesem Fall muß dem LOOPNE-Befehl in einem 16-Bit-Segment der Präfix 67h vorangestellt werden.

LSL   *Segmentgröße laden (286P) (Load Segment Limit)*

Syntax: **Registeroperand, Selektor**

Beschreibung: Lädt die in einem Deskriptor gespeicherte Segmentgrenze, das heißt der Offset des höchsten adressierbaren Bytes, in das Zielregister. Bei der 80386/486-CPU wird bei Seiten-Granularität (G-Bit=1) automatisch auf Bytes umgerechnet. Der Deskriptor wird durch einen Selektor adressiert, der sich im Quelloperanden befindet.

```
Operanden:      Taktzyklen:
Reg16,Reg16     -/14/20
Reg32,Reg32     -/-/20
Reg16,Speicher16 -/16/21
Reg32,Speicher32 -/-/21
Flags:          O    D    I    T    S    Z    A    P    C
                -    -    -    -    -    X    -    -    -
```

Bemerkung: Handelt es sich um einen gültigen Selektor, das heißt, kann die Segmentgrenze geladen werden, wird das Nullflag gesetzt. Ansonsten wird es gelöscht. LSL kann nur im Protected-Modus ausgeführt werden.

LSS
32-Bit-Zeiger laden (386) (Load SS with Pointer)

Syntax: **LSS Zielregister,Quellspeicheroperand**

Beschreibung: Dieser Befehl lädt einen 32-Bit-Zeiger aus dem Speicher in das SS-Register und ein allgemeines Register. Das obere Wort der Speicherzelle wird in das FS-Register und das untere Wort in das Zielregister geladen.

```
Operanden:         Taktzyklen:
Reg16,Speicher32   -/-/7
Flags:        O   D   I   T   S   Z   A   P   C
              -   -   -   -   -   -   -   -   -
```

Bemerkung: Dieser Befehl steht erst ab der 80386-CPU zur Verfügung. Wird dieser Befehl in einem 32-Bit-Segment ausgeführt, wird ein 32-Bit-Offset in ein 32-Bit-Register geladen.

LTR
Taskregister laden (286P) (Load Task Register)

Syntax: **LTR Selektor**

Beschreibung: Lädt einen Wert in das aktuelle Taskregister. Der dazugehörige Task-Deskriptor wird als »busy« markiert, es wird aber kein Task-Switch ausgeführt.

```
Operanden:    Taktzyklen:
Reg16         -/17/23
Speicher16    -/19/27
Flags:        O   D   I   T   S   Z   A   P   C
              -   -   -   -   -   -   -   -   -
```

Bemerkung: LTR kann nur im Protected-Modus ausgeführt werden. Es handelt sich zudem um einen privilegierten Befehl, das heißt, er kann nur von einem Programm mit CPL = 0 ausgeführt werden.

MOV
Daten verschieben (Move Data)

Syntax: **MOV Zieloperand,Quelloperand**

Beschreibung: MOV kopiert den Inhalt des Quelloperanden in den Zieloperanden.

```
Operanden:       Taktzyklen:
Speicher,Akku    10/3/2
Akku,Speicher    10/5/4
Reg,Reg          2/2/2
Reg,Speicher     8+EA/5/4
Speicher,Reg     9+EA/3/2
```

```
Reg,Imm              4/2/2
Speicher,Imm         10+EA/3/2
Segreg,Reg16         2/2/2
Segreg,Speicher16    8+EA/5/5
Reg16,Segreg         2/2/2
Speicher16,Segreg    9+EA/3/2
Flags:               O   D   I   T   S   Z   A   P   C
                     -   -   -   -   -   -   -   -   -
```

Bemerkung: Keine

MOV   *MOV mit Spezialregistern (386) (MOV Special)*

Syntax: **MOV Spezialregister, Quelloperand**

Beschreibung: Über diesen MOV-Befehl können Daten von und nach einem der Spezialregister, die ab der 80386-CPU zur Verfügung stehen, transportiert werden. Zu den Spezial-
registern gehören bei der 80386-CPU die Kontrollregister CR0, CR2 und CR3, die Debug-Register
DR0, DR1, DR2, DR3, DR6 und DR/ und die Testregister TR6 und TR7. Bei der 80486-CPU gibt
es zusätzlich die Testregister TR3, TR4 und TR5.

```
Operanden:          Taktzyklen:
Reg32,Kontrollreg   -/-/6
Kontrollreg,Reg32   -/-/CR0=10, CR2=4, CR3=5
Reg32,Debugreg      -/-/DR0-3=22, DR6-7=14
Debugreg,Reg32      -/-/DR0-3=22, DR6-7=16
Reg32,Testreg       -/-/12
Testreg,Reg32       -/-/12
Flags:              O   D   I   T   S   Z   A   P   C
                    U   -   -   -   U   U   U   U   U
```

Bemerkung: Keine

MOVS   *Stringelement verschieben (Move String)*

Syntax: **MOVS Zieloperand,Quelloperand**
                  MOVSB
                  MOVSW
                  MOVSD (386)

Beschreibung: MOVS kopiert ein Stringelement (Byte, Wort oder Doppelwort) aus
demSI-Quellstring in den durch das Registerpaar adressierten ES-Zielstring. In Abhängigkeit vom
Richtungsflag werden das DI- und das SI-Register um 1 (Byte), 2 (Wort) oder 4 (Doppelwort)
erhöht (DF=0) oder erniedrigt (DF=1).

```
Operanden:          Taktzyklen:
Keine               18/5/7
Wiederholung        9+17*n/5+4*n/8+4*n
Flags:              O   D   I   T   S   Z   A   P   C
                    -   -   -   -   -   -   -   -   -
```

Bemerkung: Wird MOVS das Wiederholungspräfix REP vorangestellt, können ganze Speicherblöcke (maximal 64 Kbyte oder 4 Gbyte ab 80386) verschoben werden. Diese Größe des Speicherblocks wird dabei im CX-Register (bzw. ECX-Register ab 80386) abgelegt. MOVS kann durch die Befehle MOVSB, MOVSW oder MOVSD (ab 80386) ersetzt werden, wenn Bytes, Worte oder Doppelworte verschoben werden sollen. Sowohl MOVSB, MOVSW als auch MOVSD benötigen keine Operanden. Ein Operand dient beim MOVS-Befehl lediglich dazu, die Operandengröße festzulegen. Je nach Operandengröße wird entweder der MOVSB-, der MOVSW- oder der MOVSD-Befehl assembliert.

MOVSX   *MOV mit vorzeichenrichtiger Erweiterung (386)*
(Move with Sign Extension)

Syntax: **MOVSX Zieloperand,Quelloperand**

Beschreibung: Lädt den Quelloperanden in den Zieloperanden und führt gleichzeitig eine vorzeichenrichtige Erweiterung durch. Mit MOVSX kann ein 8- oder 16-Bit-Quelloperand in einen 16- oder 32-Bit-Zieloperanden kopiert werden.

```
Operanden:      Taktzyklen:
Reg,Reg         -/-/3
Reg,Speicher    -/-/6
Flags:          O   D   I   T   S   Z   A   P   C
                -   -   -   -   -   -   -   -   -
```

Bemerkung: Dieser Befehl erspart den Übertrag des Vorzeichens durch einen zusätzlichen Befehl, wenn ein kleinerer Operand unter Erhaltung des Vorzeichens in ein größeres Register geladen werden soll.

MOVZX   *MOV mit Nullerweiterung (386) (Move with Zero Extension)*

Syntax: **MOVZX Zieloperand,Quelloperand**

Beschreibung: Lädt den Quelloperanden in den Zieloperanden und setzt gleichzeitig die höherwertige Hälfte auf Null. Mit MOVZX kann ein 8- oder 16-Bit-Quelloperand in einen 16- oder 32-Bit-Zieloperanden kopiert werden.

```
Operanden:      Taktzyklen:
Req,Req         -/-/3
Reg,Speicher    -/-/6
Flags:          O   D   I   T   S   Z   A   P   C
                -   -   -   -   -   -   -   -   -
```

Bemerkung: Dieser Befehl erspart das Nullsetzen der höherwertigen Hälfte, wenn ein 8- oder 16-Bit-Operand in ein 16- oder 32-Bit-Register geladen werden soll.

MUL

Multiplikation (vorzeichenlos) (Unsigned Multiplication)

Syntax: **MUL Quelloperanden**

Beschreibung: MUL multipliziert den Inhalt des Akkumulators mit dem Quelloperanden.

Operanden:	Taktzyklen:
Reg8	70-77/13/9-14
Reg16	118-133/21/9-22
Reg32	-/-/9-38
Speicher8	76-83+EA/16/12-17
Speicher16	124-139+EA/24/12-25
Speicher32	-/-/12-41

Flags:	O	D	I	T	S	Z	A	P	C
	X	-	-	-	U	U	U	U	X

Bemerkung: Handelt es sich bei dem Quelloperanden um ein Byte, wird dieser mit dem AL-Register multipliziert und das Ergebnis im AX-Register abgelegt, handelt es sich bei dem Quelloperanden um ein Wort, wird dieses mit dem AX-Register multipliziert und das 32-Bit-Ergebnis im Registerpaar DX:AX-Register abgelegt, handelt es sich um ein Doppelwort (ab 80386), wird dieses mit dem EAX-Register multipliziert und das 64-Bit-Ergebnis im Registerpaar EDX:EAX abgelegt. Das Carryflag und das Überlaufflag werden gesetzt, wenn die obere Hälfte des Ergebnisses (AH, DX oder EDX) ungleich Null sind.

NEG

Negieren (Negate Integer)

Syntax: **NEG Zieloperand**

Beschreibung: NEG bildet vom Zieloperanden das Zweierkomplement.

Operanden:	Taktzyklen:
Reg	3/2/2
Speicher	16+EA/7/6

Flags:	O	D	I	T	S	Z	A	P	C
	X	-	-	-	X	X	X	X	X

Bemerkung: Das Carryflag ist gesetzt, wenn das Ergebnis ungleich Null ist. Das Überlaufflag ist gesetzt, wenn das Ergebnis gleich −128 (80h) oder −32768 (8000h) ist.

NOP

Keine Operation (No Operation)

Syntax: **NOP**

Beschreibung: NOP führt keine Operation aus.

Operanden:	Taktzyklen:
Keine	3/3/3

Flags:	O	D	I	T	S	Z	A	P	C
	-	-	-	-	-	-	-	-	-

Bemerkung: Der NOP-Befehl ist mit dem Befehl XCHG AX,AX identisch. Er wird unter anderem für Verzögerungen oder als Platzhalter für nicht genutzte Bytes in der Zieladresse eines Sprungbefehls eingesetzt.

NOT
Logische NICHT-Funktion (Boolean Complement)

Syntax: **NOT Zieloperand**

Beschreibung: NOT invertiert alle Bits des Zieloperanden.

```
Operanden:     Taktzyklen:
Reg            3/2/2
Speicher       16+EA/7/6
Flags:         O   D   I   T   S   Z   A   P   C
               -   -   -   -   -   -   -   -   -
```

Bemerkung: Das Invertieren jedes einzelnen Bits eines Operanden entspricht der Bildung des Einerkomplements.

OR
Logische ODER-Verknüpfung (Boolean OR)

Syntax: **OR Zieloperand,Quelloperand**

Beschreibung: OR verknüpft jedes Bit des Quelloperanden mit dem entsprechenden Bit des Zieloperanden nach der ODER-Regel. Das Ergebnis wird im Zielregister abgelegt.

```
Operanden:      Taktzyklen:
Reg,Reg         3/2/2
Reg,Speicher    9+EA/7/6
Speicher,Reg    16+EA/7/7
Reg,Imm         4/3/2
Speicher8,Imm   17+EA/7/7
Speicher16,Imm  25+EA/7/7
Akku,Imm        4/3/2
Flags:          O   D   I   T   S   Z   A   P   C
                0   -   -   -   X   X   U   X   0
```

Bemerkung: Es können entweder Byte- oder Wortoperanden verwendet werden. Der OR-Befehl wird häufig dazu eingesetzt, bestimmte Bits in einem Operanden zu setzen.

OUT
Byte, Wort oder Doppelwort auf einem E/A-Port ausgeben (Output to Port)

Syntax: **OUT Portadresse/DX,Akku**

Beschreibung: OUT gibt ein Byte, Wort oder Doppelwort (ab 80386) aus dem AL-, AX- oder EAX-Register auf dem E/A-Port, dessen Adresse entweder direkt aufgeführt wird (Portadresse 0..255) oder im DX-Register enthalten ist (Portadresse 0..65535), aus.

Operanden:	Taktzyklen:
Akku,Imm8	10/3/10
Akku,DX	8/3/11

Flags:	O	D	I	T	S	Z	A	P	C
	–	–	–	–	–	–	–	–	–

Bemerkung: Der OUT-Befehl ermöglicht es, einen Wert auf einem beliebigen E/A-Port auszugeben. Der auszugebende Wert befindet sich im AL- (Byte), AX- (Wort) oder EAX-Register (Doppelwort). Ist die Portadresse im DX-Register enthalten, kann jedes der insgesamt 65536 E/A-Ports angesprochen werden. Durch Erhöhen von DX kann relativ einfach eine Reihe von E/A-Ports innerhalb einer Schleife angesprochen werden. Bei einem PC sind allerdings nur die ersten 1024 E/A-Ports belegt.

OUTS
Ausgabe eines Strings auf einem E/A-Port (186) (Output String)

Syntax:
OUTS DX,[Segreg:]Quelloperand
OUTSB
OUTSW
OUTSD (386)

Beschreibung: Dieser Befehl ermöglicht die Ausgabe einer Zeichenkette auf einem E/A-Port, die über das Registerpaar DS:SI adressiert wird. Die Adresse des E/A-Ports befindet sich stets im DX-Register. Für jedes ausgegebene Stringelement wird das SI-Register um die Größe des ausgegebenen Quelloperanden erhöht (DF=0) oder erniedrigt (DF=1).

Operanden:	Taktzyklen:
Keine	–/5/14

Flags:	O	D	I	T	S	Z	A	P	C
	–	–	–	–	–	–	–	–	–

Bemerkung: Wie bei allen Stringbefehlen dient auch hier ein etwaiger Operand lediglich dazu, die Größe des Operanden (Byte, Wort oder Doppelwort) festzulegen. Bei Verwendung des OUTS-Befehls wird in Abhängigkeit der Operandengröße entweder der OUTSB- (Byte), der OUTSW- (Wort) oder der OUTSD-Befehl (Doppelwort, ab 80386) assembliert.

POP
Holen eines Wortes vom Stack (Pop Value off Stack)

Syntax: **POP Zieloperand**

Beschreibung: POP lädt den Zieloperanden mit dem obersten Wort auf dem Stack. Das Stackzeigerregister SP wird um 2 oder 4 (ab 80386 bei Verwendung eines 32-Bit-Operanden) erhöht.

Operanden:	Taktzyklen:
Reg	8/5/4
Reg32	–/–/4
Segreg (ohne CS)	8/5/7

```
Speicher16        17+EA/5/5
Speicher32        -/-/5
Flags:            O   D   I   T   S   Z   A   P   C
                  -   -   -   -   -   -   -   -   -
```

Bemerkung: Keine

POPA

Alle allgemeinen Register vom Stack (186) (Pop All General Registers)

Syntax: **POPA**

Beschreibung: Holt die obersten 16 Byte vom Stack und lädt sie in die allgemeinen Register DI, SI, BP, BX, DX, CX und AX. Der Inhalt für das SP-Register wird zwar vom Stack genommen, aber nicht in das SP-Register übertragen.

```
Operanden:        Taktzyklen:
Keine             -/19/24
Flags:            O   D   I   T   S   Z   A   P   C
                  -   -   -   -   -   -   -   -   -
```

Bemerkung: Keine

POPAD

Alle allgemeinen 32-Bit-Register vom Stack (386)
(Pop All 32 Bit General Registers)

Syntax: **POPAD**

Beschreibung: Holt die obersten 32 Byte vom Stack und lädt sie in die allgemeinen Register EDI, ESI, EBP, EBX, EDX, ECX und EAX. Der Inhalt für das ESP-Register wird zwar vom Stack genommen, aber nicht in das ESP-Register übertragen.

```
Operanden:        Taktzyklen:
Keine             -/-/24
Flags:            O   D   I   T   S   Z   A   P   C
                  -   -   -   -   -   -   -   -   -
```

Bemerkung: Keine

POPF

Flagregister vom Stack holen (Pop Stack into Flagregister)

Syntax: **POPF**

Beschreibung: POPF lädt das Flagregister mit dem obersten Element des Stacks. Das Stackzeigerregister SP wird danach um 2 erhöht.

```
Operanden:        Taktzyklen:
Keine             8/5/5
Flags:            O   D   I   T   S   Z   A   P   C
                  X   X   X   X   X   X   X   X   X
```

Bemerkung: POPF wird (zusammen mit PUSHF) dazu verwendet, das Flagregister vor dem Beginn einer Prozedur oder Interruptroutine auf dem Stack zu sichern.

POPFD
Erweitertes Flagregister EFLAGS vom Stack (386)
(Pop Stack into EFLAGS)

Syntax: **POPFD**

Beschreibung: POPFD lädt das EFLAGS_Register mit dem obersten 32-Bit-Element des Stacks. Das Stackzeigerregister SP wird danach um 4 erhöht.

```
Operanden:      Taktzyklen:
Keine           -/-/5
Flags:          O   D   I   T   S   Z   A   P   C
                X   X   X   X   X   X   X   X   X
```

Bemerkung: POPFD wird (zusammen mit PUSHFD) dazu verwendet, das EFLAGS-Register vor dem Beginn einer Prozedur oder Interruptroutine auf dem Stack zu sichern.

PUSH
Wort auf dem Stack ablegen (Push Value onto Stack)

Syntax: **PUSH Quelloperand**

Beschreibung: PUSH erniedrigt das Stackzeigerregister SP um 2 und legt anschließend den Inhalt des Quelloperanden auf dem Stack ab.

```
Operanden:        Taktzyklen:
Reg               11/3/2
Reg32             -/-/2
Segreg (mit CS)   10/3/2
Speicher16        16+EA/5/5
Speicher32        -/-/5
Imm               -/3/2
Flags:            O   D   I   T   S   Z   A   P   C
                  -   -   -   -   -   -   -   -   -
```

Bemerkung: Ab der 80186-CPU kann auch eine Konstante als Quelloperand verwendet werden.

PUSHA
Alle allgemeinen Register auf den Stack (186)
(Push All General Register onto Stack)

Syntax: **PUSHA**

Beschreibung: Transportiert die allgemeinen Register in der Reihenfolge AX, CX, DX, BX, SP, BP, SI und DI auf den Stack. Der Wert für das SP-Register stellt den Inhalt des SP-Registers vor der Ausführung des PUSHA-Befehls dar.

```
Operanden:      Taktzyklen:
Keine           -/17/18
Flags:          O   D   I   T   S   Z   A   P   C
                -   -   -   -   -   -   -   -   -
```

Bemerkung: Keine

PUSHAD
Alle allgemeinen Register auf den Stack (386)
(Push All 32-Bit-General Register onto Stack)

Syntax: **PUSHAD**

Beschreibung: Transportiert die allgemeinen Register in der Reihenfolge EAX, ECX, EDX, EBX, ESP, EBP, ESI und EDI auf den Stack. Der Wert für das ESP-Register stellt den Inhalt des ESP-Registers vor der Ausführung des PUSHAD-Befehls dar.

```
Operanden:      Taktzyklen:
Keine           -/-/18
Flags:          O   D   I   T   S   Z   A   P   C
                -   -   -   -   -   -   -   -   -
```

Bemerkung: Keine

PUSHF
Flagregister auf dem Stack ablegen (Push Flagregister onto Stack)

Syntax: **PUSHF**

Beschreibung: PUSHF erniedrigt zunächst das Stackzeigerregister SP um 2. Anschließend wird das Flagregister auf dem Stack abgelegt.

```
Operanden:      Taktzyklen:
Keine           10/3/4
Flags:          O   D   I   T   S   Z   A   P   C
                -   -   -   -   -   -   -   -   -
```

Bemerkung: PUSHF wird (zusammen mit POPF) dazu verwendet, das Flagregister vor dem Beginn einer Prozedur bzw. Interruptroutine auf dem Stack zu sichern.

PUSHFD
Inhalt von EFLAGS auf den Stack (386) (Push EFLAGS onto Stack)

Syntax: **PUSHFD**

Beschreibung: PUSHFD erniedrigt zunächst das Stackzeigerregister ESP um 4. Anschließend wird das EFLAGS-Register auf dem Stack abgelegt.

```
Operanden:      Taktzyklen:
Keine           -/-/4
Flags:          O   D   I   T   S   Z   A   P   C
                -   -   -   -   -   -   -   -   -
```

Bemerkung: PUSHFD wird (zusammen mit POPFD) dazu verwendet, das EFLAGS-Register vor dem Beginn einer Prozedur oder Interruptroutine auf dem Stack zu sichern.

RCL
Nach links durch das Carryflag rotieren (Rotate Through Carry Left)

Syntax: **RCL Zieloperand,Zähler**

Beschreibung: RCL rotiert die Bits des Zieloperanden (Byte oder Wort) um die durch Zähler festgelegte Anzahl unter Einbeziehung des Carryflags nach links. Bei einer 8086/88-CPU wird der Zähler entweder durch das CL-Register festgelegt oder er beträgt 1. Bei den übrigen CPUs kann es sich auch um eine 8-Bit-Konstante handeln. Bei diesen CPUs werden Werte größer als 31 ausmaskiert. Bei der 8086/88-CPU werden auch Werte größer als 16 ausgeführt, auch wenn dadurch unnötige Operationen durchgeführt werden.

```
Operanden:        Taktzyklen:
Reg,1             2/2/9
Reg,CL            8+4*n/5+n/9
Speicher,1        15+EA/7/10
Speicher,CL       20+4*n/8+n/10
Reg,Imm8          -/5+n/9
Speicher,Imm8     -/8+n/10
Flags:            O  D  I  T  S  Z  A  P  C
                  X  -  -  -  -  -  -  -  X
```

Bemerkung: Bei der Rotation wird das Carryflag als das 9te (Byte), 17te (Wort) bzw. 31te (Doppelwort) Bit einbezogen. Das Carryflag wird in das Bit 0 geschoben, während das höchstwertigste Bit des Zieloperanden in das Carryflag gelangt. Das Überlaufflag wird gesetzt, wenn sich bei der Rotation um eine Position das Vorzeichen des Operanden ändert. Bei Verschiebungen um mehr als eine Position ist das Überlaufflag undefiniert.

RCR
Nach rechts durch das Carryflag rotieren (Rotate Through Carry Right)

Syntax: **RCR Zieloperand,Zähler**

Beschreibung: RCR rotiert die Bits des Zieloperanden (Byte, Wort oder Doppelwort) um die durch Zähler festgelegte Anzahl unter Einbeziehung des Carryflags nach rechts. Bei einer 8086/88-CPU wird der Zähler entweder durch das CL-Register festgelegt oder er beträgt 1. Bei den übrigen CPUs kann es sich auch um eine 8-Bit-Konstante handeln. Bei diesen CPUs werden Werte größer als 31 ausmaskiert. Bei der 8086/88-CPU werden auch Werte größer als 16 ausgeführt, auch wenn dadurch unnötige Operationen durchgeführt werden.

```
Operanden:        Taktzyklen:
Reg,1             2/2/9
Reg,CL            8+4*n/5+n/9
Speicher,1        15+EA/7/10
Speicher,CL       20+4*n/8+n/10
Reg,Imm8          -/5+n/9
Speicher,Imm8     -/8+n/10
```

```
Flags:              O   D   I   T   S   Z   A   P   C
                    X   -   -   -   -   -   -   -   X
```

Bemerkung: Bei der Rotation wird das Carryflag als das 9te, (Byte), 17te (Wort) oder 31te (Doppelwort) Bit einbezogen. Bit 0 wird in das Carryflag geschoben, während das Carryflag in das höchstwertigste Bit des Zieloperanden gelangt. Das Überlaufflag wird gesetzt, wenn sich bei der Rotation um eine Position das Vorzeichen des Operanden ändert. Bei Verschiebungen um mehr als eine Position ist das Überlaufflag undefiniert.

REP

Wiederhole (Repeat String Prefix)

Syntax: **REP**

Beschreibung: Bei REP handelt es sich um ein Wiederholungspräfix zur Wiederholung von Stringbefehlen. Es wiederholt diese Befehle, solange das CX-Register nicht Null ist. Bei jedem Durchlauf wird das CX-Register automatisch um 1 erniedrigt.

```
Operanden:      Taktzyklen:
REP MOVS        9+17*n/5+4*n/8+4*n
REP STOS        9+10*n/4+3*n/5+5*n
REP INS         -/5+4*n/13+6*n
REP OUTS        -/5+4*n/12+5*n
Flags:          O   D   I   T   S   Z   A   P   C
                -   -   -   -   -   -   -   -   -
```

Bemerkung: Die Anzahl der Wiederholungen wird stets durch das CX-Register festgelegt. Wiederholte Stringanweisungen können durch einen Interrupt unterbrochen werden. Bei den Stringbefehlen CMPS und SCAS ist das REP-Präfix nicht sinnvoll, da hier zusätzlich das Nullflag abgefragt werden muß.

REPE/
REPNE

Wiederhole solange gleich (Repeat String Prefix and check ZF)

Syntax: **REPE oder REPZ**
              REPNE oder REPNZ

Beschreibung: Bei den Wiederholungspräfixen REPE (oder REPZ) und REPNE (oder REPNZ) wird zusätzlich zum Inhalt des CX-Registers auch der Zustand des Nullflags geprüft. REPE wiederholt den folgenden Stringbefehl so lange, wie das CX-Register ungleich Null und das Nullflag gesetzt ist. REPNE wiederholt den folgenden Stringbefehl so lange, wie das CX-Register ungleich Null ist und das Nullflag gelöscht ist.

```
Operanden:      Taktzyklen:
CMPS            9+22*n/5+9*n/5+9*n
SCAS            9+15*n/5+8*n/5+8*n
Flags:          O   D   I   T   S   Z   A   P   C
                -   -   -   -   -   -   -   -   -
```

Bemerkung: Keine

RET   *Rückkehr von einer Prozedur (Return from Subroutine)*

Syntax: **RET [optionaler Stackwert]**

Beschreibung: RET holt eine Adresse vom Stack und setzt die Programmausführung an dieser Adresse fort. Über RET wird eine Prozedur beendet, die mit CALL aufgerufen wurde. Der RET-Befehl des Assemblers existiert in drei Varianten, die entweder nur einen 16-Bit-Offset (RETN) oder eine Segment-Adresse (RETF) vom Stack holen. Der Offsetwert wird dabei in das IP-Register, der Segmentwert in das CS-Register übertragen. Auf den RET-Befehl kann eine optionale Konstante folgen, die anschließend zum Inhalt des SP-Registers addiert wird, um etwaige Prozedurparameter wieder zu entfernen.

```
Operanden:     Taktzyklen:
RETN           16/11+m/10+m
RETF           26/15+m/18+m
RETN Imm8      20/11+m/10+m
RETN Imm16     25/15+m/18+m
RETF Imm16     25/15+m/18+m
Flags:         O   D   I   T   S   Z   A   P   C
               -   -   -   -   -   -   -   -   -
```

Bemerkung: Keine

ROL   *Nach links rotieren (Rotate left)*

Syntax: **ROL Zieloperand,Zähler**

Beschreibung: ROL rotiert die Bits des Zieloperanden um die Anzahl, die durch den Zähler festgelegt wird, nach links. Bei einer 8086/88-CPU wird der Zähler entweder durch das CL-Register festgelegt oder er beträgt 1. Bei den übrigen CPUs kann es sich auch um eine 8-Bit-Konstante handeln. Bei diesen CPUs werden Werte größer als 31 ausmaskiert. Bei der 8086/88-CPU werden auch Werte größer als 16 ausgeführt, auch wenn dadurch unnötige Operationen durchgeführt werden.

```
Operanden:       Taktzyklen:
Reg,1            2/2/3
Reg,CL           8+4*n/5+n/3
Speicher,1       15+EA/7/7
Speicher,CL      20+4*n/8+n/7
Reg,Imm8         -/5+n/9
Speicher,Imm8    -/8+n/3
Flags:           O   D   I   T   S   Z   A   P   C
                 X   -   -   -   -   -   -   -   X
```

Bemerkung: ROL bezieht bei der Rotation das Carryflag mit ein. Das höchste Bit des Zieloperanden wird in das Carryflag geschoben und in Bit 0 des Zieloperanden übertragen. Der Inhalt des Carryflags wird nicht verschoben und wird daher durch die Rotation überschrieben. Das Überlaufflag wird bei einer Rotation um eine Stelle nach links gesetzt, wenn sich bei der Rotation das Vorzeichen ändert. Bei Rotationen um mehr als eine Stelle ist das Überlaufflag undefiniert.

ROR

Nach rechts rotieren (Rotate right)

Syntax: **ROR Zieloperand,Zähler**

Beschreibung: ROR rotiert die Bits des Zieloperanden um die Anzahl, die durch den Zähler festgelegt wird, nach rechts. Bei einer 8086/88-CPU wird der Zähler entweder durch das CL-Register festgelegt oder er beträgt 1. Bei den übrigen CPUs kann es sich auch um eine 8-Bit-Konstante handeln. Bei diesen CPUs werden Werte größer als 31 ausmaskiert. Bei der 8086/88-CPU werden auch Werte größer als 16 ausgeführt, auch wenn dadurch unnötige Operationen durchgeführt werden.

```
Operanden:        Taktzyklen:
Reg,1             2/2/3
Reg,CL            8+4*n/5+n/3
Speicher,1        15+EA/7/7
Speicher,CL       20+4*n/8+n/7
Reg,Imm8          -/5+n/9
Speicher,Imm8     -/8+n/3
Flags:            O   D   I   T   S   Z   A   P   C
                  X   -   -   -   -   -   -   -   X
```

Bemerkung: ROR bezieht bei der Rotation das Carryflag mit ein. Bit 0 wird in das höchste Bit des Zieloperanden geschoben und in das Carryflag übertragen. Der Inhalt des Carryflags wird nicht verschoben und wird daher durch die Rotation überschrieben. Das Überlaufflag wird bei einer Rotation um eine Stelle nach rechts gesetzt, wenn sich bei der Rotation das Vorzeichen ändert. Bei Rotationen um mehr als eine Stelle ist das Überlaufflag undefiniert.

SAHF

Flagregister mit AH laden (Store AH in Flagregister)

Syntax: **SAHF**

Beschreibung: SAHF lädt das untere Byte des Flagregisters mit dem Inhalt des AH-Registers.

```
Operanden:        Taktzyklen:
Keine             4/2/3
Flags:            O   D   I   T   S   Z   A   P   C
                  -   -   -   -   X   X   X   X   X
```

Bemerkung: Keine

SAL

Arithmetisch nach links schieben (Shift Arithmetic Left)

Syntax: **SAL Zieloperand,Zähler**

Beschreibung: SAL verschiebt die Bits des Zieloperanden um die Anzahl an Positionen nach links, die durch den Zähler festgelegt wird. Bei jedem Verschiebevorgang wird das höchstwertige Bit in das Carryflag geschoben und Bit 0 wird mit einer 0 aufgefüllt. Bei einer 8086/88-CPU wird der Zähler entweder durch das CL-Register festgelegt oder er beträgt 1. Bei den übrigen CPUs kann es sich auch um eine 8-Bit-Konstante handeln. Bei diesen CPUs werden Werte größer als 31 ausmaskiert. Bei der 8086/88-CPU werden auch Werte größer als 16 ausgeführt, auch wenn dadurch unnötige Operationen durchgeführt werden. Auf diese Weise ist es möglich, die 8086/88-CPU von den Nachfolge-CPUs zu unterscheiden, da ein Verschieben um einen Wert größer 31 bei der 8086/88-CPU den Operanden auf Null setzt, während diese Verschiebung bei den übrigen CPUs keine Wirkung hat.

```
Operanden:        Taktzyklen:
Reg,1             2/2/3
Reg,CL            8+4*n/5+n/3
Speicher,1        15+EA/7/7
Speicher,CL       20+EA+4*n/8+n/7
Reg,Imm8          -/5+n/3
Speicher,Imm8     -/8+n/7
Flags:            O   D   I   T   S   Z   A   P   C
                  X   -   -   -   X   X   U   X   X
```

Bemerkung: Das Überlaufflag wird gesetzt, wenn sich beim Verschieben um eine Position nach links das Vorzeichen ändert. Beim Verschieben um mehr als eine Position ist das Überlaufflag undefiniert. SAL ist mit dem Befehl SHL identisch.

SAR

Arithmetisches Verschieben nach rechts (Shift Arithmetic Right)

Syntax: **SAR Zieloperand,Zähler**

Beschreibung: SAR verschiebt die Bits des Zieloperanden um die Anzahl an Positionen nach rechts, die durch den Zähler festgelegt wird. Bei jedem Verschiebevorgang wird Bit 0 in das Carryflag geschoben. Das höchstwertige Bit, d.h. das Vorzeichen (daher auch die Bezeichnung arithmetisch), bleibt erhalten. Bei einer 8086/88-CPU wird der Zähler entweder durch das CL-Register festgelegt oder er beträgt 1. Bei den übrigen CPUs kann es sich auch um eine 8-Bit-Konstante handeln. Bei diesen CPUs werden Werte größer als 31 ausmaskiert. Bei der 8086/88-CPU werden auch Werte größer als 16 ausgeführt, auch wenn dadurch unnötige Operationen durchgeführt werden. Auf diese Weise ist es möglich, die 8086/88-CPU von den Nachfolge-CPUs zu unterscheiden, da ein Verschieben um einen Wert größer 31 bei der 8086/88-CPU den Operanden auf Null setzt, während diese Verschiebung bei den übrigen CPUs keine Wirkung hat.

```
Operanden:        Taktzyklen:
Reg,1             2/2/3
Reg,CL            8+4*n/5+n/3
Speicher,1        15+EA/7/7
Speicher,CL       20+EA+4*n/8+n/7
Reg,Imm8          -/5+n/3
Speicher,Imm8     -/8+n/7
Flags:            O   D   I   T   S   Z   A   P   C
                  X   -   -   -   X   X   U   X   X
```

Bemerkung: Da das höchstwertige Bit durch das Verschieben nicht beeinflußt wird, kann das Überlaufflag nie gesetzt werden.

SBB
Subtraktion mit Übertrag (Subtraction with Borrow)

Syntax: **SBB Zieloperand,Quelloperand**

Beschreibung: SBB subtrahiert den Inhalt des Quelloperanden vom Inhalt des Zieloperanden und legt das Ergebnis im Zieloperanden ab. Bei der Subtraktion wird das Carryflag mit abgezogen.

```
Operanden:      Taktzyklen:
Reg,Reg         3/2/2
Reg,Speicher    9+EA/7/7
Speicher,Reg    16+EA/7/6
Reg,Imm         4/3/2
Speicher,Imm    17+EA/7/7
Akku,Imm        4/3/2
Flags:          O   D   I   T   S   Z   A   P   C
                X   -   -   -   X   X   X   X   X
```

Bemerkung: Keine

SCAS
String nach einem Byte bzw. Wort durchsuchen (Scan String)

Syntax: **SCAS [ES:] Zielstring**
SCASB
SCASW
SCASD (386)

Beschreibung: SCAS durchsucht einen durch das Registerpaar ES:DI adressierten String nach einem Byte (SCASB), Wort (SCASW) oder Doppelwort (SCASD), welches sich im AL- (Byte), AX- (Wort) oder EAX-Register (Doppelwort) befindet. In Abhängigkeit vom Zustand des Richtungsflags wird das DI-Register um 1 (Byte), 2 (Wort) oder 4 (Doppelwort) erhöht (DF=0) oder erniedrigt (DF=1).

```
Operanden:      Taktzyklen:
Keine           15/7/7
Flags:          O   D   I   T   S   Z   A   P   C
                X   -   -   -   X   X   X   X   X
```

Bemerkung: Wie bei allen Stringbefehlen hat ein Operand beim SCAS-Befehl lediglich die Funktion, die Operandengröße festzulegen. Es wird stets entweder der SCASB-, der SCASW- oder der SCASD-Befehl (ab 80386) assembliert. Zusammen mit den Wiederholungspräfixen REPE und REPZ läßt sich über den SCAS-Befehl ein String so lange nach dem Wert im Akku durchsuchen, bis entweder das CX-Register Null ist oder das Nullflag aufgrund einer Übereinstimmung gesetzt (REPNE) oder aufgrund einer Nicht-Übereinstimmung (REPE) gelöscht wird.

SETnn

Setze Byte in Abhängigkeit einer Bedingung (386)
(Set Byte on Condition nn)

Syntax: **SETnn Operand8**

Beschreibung: Das Byte in dem angegebenen Operanden wird in Abhängigkeit der Bedingung »nn« entweder auf 0 (Bedingung nicht wahr) oder auf 1 (Bedingung wahr) gesetzt.

```
Operanden:     Taktzyklen:
Reg8           -/-/4
Speicher8      -/-/5
Flags:         O  D  I  T  S  Z  A  P  C
               -  -  -  -  -  -  -  -  -
```

Befehl	Geprüfte Flags	Setze, wenn...
SETB/SETNAE	CF=1	Darunter
SETAE/SETNB	CF=0	Darüber oder gleich
SETBE/SETNA	CF=1 oder ZF=1	Darunter oder gleich
SETA/SETNBE	CF=0 und ZF=0	Darüber
SETE/SETZ	ZF=1	Gleich
SETNE/SETNZ	ZF=0	Ungleich
SETL/SETNGE	SF<>OF	Kleiner
SETGE/SETNL	SF=OF	Größer oder gleich
SETLE/SETNG	ZF=1 oder SF<>OF	Kleiner oder gleich
SETG/SETNLE	ZF=0 oder SF=OF	Größer
SETS	SF=1	Negativ
SETNS	SF=0	Positiv
SETC	CF=1	Carry gesetzt
SETNC	CF=0	Carry nicht gesetzt
SETO	OF=1	Überlauf
SETNO	OF=0	Kein Überlauf
SETP/SETPE	PF=1	Gerade Parität
SETNP/SETPO	PF=0	Ungerade Parität

Tabelle B.1: *Variationsmöglichkeiten des SETnn-Befehls*

SGDT

Speichern der GDT (286P) (Store GDT Register)

Syntax: **SGDT Speicher48**

Beschreibung: Speichert den Inhalt des GDT-Registers in einer Variablen vom Typ FWORD ab.

```
Operanden:     Taktzyklen:
Speicher48     -/11/9
Flags:         O  D  I  T  S  Z  A  P  C
               -  -  -  -  -  -  -  -  -
```

Bemerkung: Unter der angegebenen Zieladresse wird die Segmentgröße gespeichert, während die Basisadresse unter der angegebenen Adresse + 2 abgespeichert wird. Dieser Befehl kann auch im Real-Modus ausgeführt werden.

SHL
Schieben nach links siehe SAL, da SHL mit SAL identisch ist.

SHLD
Doppeltgenaue Verschiebung nach links (386) (Shift Left Double)

Syntax: **Zieloperand,Quelloperand,Anzahl der Bits**

Beschreibung: Schiebt eine Anzahl von Bits aus dem zweiten Operanden in den ersten Operanden. Die Anzahl der zu verschiebenden Bits wird durch den dritten Operanden festgelegt. Es kann sich entweder um eine 8-Bit-Konstante oder den Inhalt des CL-Registers handeln. SHLD verschiebt den ersten Operanden nach links und füllt die Lücken, beginnend mit dem höchstwertigsten Bit des zweiten Operanden.

```
Operanden:              Taktzyklen:
Reg16,Reg16,Imm8        -/-/3
Reg32,Reg32,Imm8        -/-/7
Speicher16,Reg16,Imm8   -/-/7
Speicher32,Reg32,Imm8   -/-/7
Reg16,Reg16,CL          -/-/3
Reg32,Reg32,CL          -/-/7
Speicher16,Reg16,CL     -/-/3
Speicher32,Reg32,CL     -/-/7
Flags:                  O   D   I   T   S   Z   A   P   C
                        U   -   -   -   X   X   ?   X   X
```

Bemerkung: Wenn die Anzahl der zu verschiebenden Bits größer als 31 ist, wird sie durch 32 geteilt und der Rest der Division verwendet.

SHR
Logisch nach rechts schieben (Shift Right Logical)

Syntax: **SHR Zieloperand,Quelloperand**

Beschreibung: SHR verschiebt die Bits des Zieloperanden um die Anzahl an Positionen nach rechts, die durch den Zähler festgelegt wird. Bei jedem Verschiebevorgang wird Bit 0 in das Carryflag geschoben und das höchstwertige Bit wird mit Null aufgefüllt. Bei einer 8086/88-CPU wird der Zähler entweder durch das CL-Register festgelegt oder er beträgt 1. Bei den übrigen CPUs kann es sich auch um eine 8-Bit-Konstante handeln. Bei diesen CPUs werden Werte größer als 31 ausmaskiert. Bei der 8086/88-CPU werden auch Werte größer als 16 ausgeführt, auch wenn dadurch unnötige Operationen durchgeführt werden.

```
Operanden:          Taktzyklen:
Reg,1               2/2/3
Reg,CL              8+4*n/5+n/3
Speicher,1          15+EA/7/7
Speicher,CL         20+4*n/8+n/7
Reg,Imm8            -/5+n/3
Speicher,Imm8       -/8+n/7
Flags:              O  D  I  T  S  Z  A  P  C
                    X  -  -  -  0  X  U  X  X
```

Bemerkung: Das Überlaufflag wird beim Rotieren um eine Position nach rechts gesetzt, wenn eine Vorzeichenänderung eintritt. Bei einer Verschiebung um mehr als eine Position ist das Überlaufflag undefiniert.

SHRD   *Doppeltgenaue Verschiebung nach rechts (386) (Shift Right Double)*

Syntax: **Zieloperand,Quelloperand,Anzahl der Bits**

Beschreibung: Schiebt eine Anzahl von Bits aus dem zweiten Operanden in den ersten Operanden. Die Anzahl der zu verschiebenden Bits wird durch den dritten Operanden festgelegt. Es kann sich entweder um eine 8-Bit-Konstante oder den Inhalt des CL-Registers handeln. SHRD verschiebt den ersten Operanden nach rechts und füllt die Lücken, beginnend mit dem niederwertigsten Bit des zweiten Operanden.

```
Operanden:                     Taktzyklen:
Reg16,Reg16,Imm8               -/-/3
Reg32,Reg32,Imm8               -/-/7
Speicher16,Reg16,Imm8          -/-/7
Speicher32,Reg32,Imm8          -/-/7
Reg16,Reg16,CL                 -/-/3
Reg32,Reg32,CL                 -/-/7
Speicher16,Reg16,CL            -/-/3
Speicher32,Reg32,CL            -/-/7
Flags:              O  D  I  T  S  Z  A  P  C
                    U  -  -  -  X  X  ?  X  X
```

Bemerkung: Wenn die Anzahl der zu verschiebenden Bits größer als 31 ist, wird sie durch 32 geteilt und der Rest der Division verwendet.

SIDT   *Speichern der IDT (286P) (Store IDT Register)*

Syntax: **SIDT Speicher48**

Beschreibung: Speichert den Inhalt des IDT-Registers in einer Variablen vom Typ FWORD ab.

```
Operanden:        Taktzyklen:
Speicher48        -/12/9
Flags:            O   D   I   T   S   Z   A   P   C
                  -   -   -   -   -   -   -   -   -
```

Bemerkung: Unter der angegebenen Zieladresse wird die Segmentgröße gespeichert, während die Basisadresse unter der angegebenen Adresse + 2 abgespeichert wird.

SLDT
Speichern des Selektors einer LDT (286P) (Store LDT Register)

Syntax: **SLDT Operand16**

Beschreibung: Speichert den Selektor im LDT-Register in einem 16-Bit-Operanden ab.

```
Operanden:        Taktzyklen:
Reg16             -/2/2
Speicher16        -/3/2
Flags:            O   D   I   T   S   Z   A   P   C
                  -   -   -   -   -   -   -   -   -
```

Bemerkung: Keine

SMSW
Maschinenstatuswort abspeichern (286) (Store Machine Status Word)

Syntax: **SMSW Operand16**

Beschreibung: Speichert den Inhalt des MSW-Registers in einem Register oder in einer Speicherzelle. Aus Kompatibilitätsgründen wird auf einer 80386/486-CPU die untere Hälfte des CR0-Registers abgespeichert.

```
Operanden:        Taktzyklen:
Reg16             -/2/10
Speicher16        -/3/3
Flags:            O   D   I   T   S   Z   A   P   C
                  -   -   -   -   -   -   -   -   -
```

Bemerkung: Dieser Befehl kann auch im Real-Modus ausgeführt werden.

STC
Setzen des Carryflags (Set Carry Flag)

Syntax: **STC**

Beschreibung: STC setzt das Carryflag auf »1«.

```
Operanden:        Taktzyklen:
Keine             2/2/2
Flags:            O   D   I   T   S   Z   A   P   C
                  -   -   -   -   -   -   -   -   1
```

Bemerkung: Keine

STD

Setzen des Richtungsflags (Set Direction Flag)

Syntax: **STD**

Beschreibung: STD setzt das Richtungsflag. Dadurch wird bewirkt, daß bei Stringoperationen die Register SI und/oder DI erniedrigt werden.

```
Operanden:      Taktzyklen:
Keine           2/2/2
Flags:          O   D   I   T   S   Z   A   P   C
                -   1   -   -   -   -   -   -   -
```

Bemerkung: Keine

STI

Setzen des Interruptfreigabeflags (Set Interrupt Flag)

Syntax: **STI**

Beschreibung: STI setzt das Interruptfreigabeflag und ermöglicht so, daß die CPU auf externe Unterbrechungen am INTR-Eingang reagieren kann.

```
Operanden:      Taktzyklen:
Keine           2/2/3
Flags:          O   D   I   T   S   Z   A   P   C
                -   -   1   -   -   -   -   -   -
```

Bemerkung: Keine

STOS

Akkumulatorinhalt in String speichern (Store String)

Syntax: **STOS [ES:] Zielstring**
STOSB
STOSW
STOSD (386)

Beschreibung: STOS speichert den Inhalt des Akkumulators In elnem Stririy ab, dei durch das Registerpaar ES:DI adressiert wird. In Abhängigkeit vom Zustand des Richtungflags wird das DI-Register um 1 (Byte), 2 (Wort) oder 4 (Doppelwort) erhöht (DF=0) oder erniedrigt (DF=1).

```
Operanden:      Taktzyklen:
Keine           11/3/4
Flags:          O   D   I   T   S   Z   A   P   C
                -   -   -   -   -   -   -   -   -
```

Bemerkung: Wie bei allen Stringbefehlen legt ein auf den STOS-Befehl folgender Operand lediglich die Operandengröße fest. Es wird stets entweder der STOSB- (Byte), STOSW- (Wort) oder STOSD-Befehl (Doppelwort) assembliert. Wird STOS im Zusammenhang mit dem Wiederholungspräfix REP eingesetzt, läßt sich ein Speicherbereich mit einem konstanten Wert (Byte, Wort oder Doppelwort) füllen.

STR
Taskregister speichern (286P) (Store Task Register)

Syntax: Operand16

Beschreibung: Speichert den Inhalt des Taskregisters (TR-Register), das heißt den Selektor des aktuellen Tasksegments, in dem angegebenen Operanden.

Operanden:	Taktzyklen:							
Reg16	-/2/2							
Speicher16	-/3/2							
Flags:	O	D	I	T	S	Z	A	P	C
	-	-	-	-	-	-	-	-	-

Bemerkung: Dieser Befehl kann nur im Protected-Modus ausgeführt werden.

SUB
Subtraktion ohne Übertrag (Subtraction with Integers)

Syntax: SUB Zieloperand,Quelloperand

Beschreibung: SUB subtrahiert den Inhalt des Quelloperanden vom Inhalt des Zieloperanden und legt das Ergebnis im Zieloperanden ab. Das Carryflag wird nicht berücksichtigt.

Operanden:	Taktzyklen:							
Reg,Reg	3/2/							
Reg,Speicher	9+EA/7/7							
Speicher,Reg	16+EA/7/6							
Reg,Imm	4/3/2							
Speicher,Imm	17+EA/7/7							
Akku,Imm	4/3/2							
Flags:	O	D	I	T	S	Z	A	P	C
	X	-	-	-	X	X	X	X	X

Bemerkung: Keine

TEST
Logisches Testen (UND-Verknüpfung) (Test Bits)

Syntax: TEST Zieloperand,Quelloperand

Beschreibung: TEST verknüpft jedes Bit des Zieloperanden mit dem entsprechenden Bit des Quelloperanden nach den Regeln der UND-Verknüpfung. Beide Operanden bleiben allerdings unverändert, es werden lediglich die Flags entsprechend gesetzt.

Operanden:	Taktzyklen:							
Reg,Reg	3/2/2							
Reg,Speicher	9+EA/6/5							
Speicher,Reg	9+EA/6/5							
Reg,Imm	5/3/2							
Speicher,Imm	11+EA/6/5							
Akku,Imm	4/3/2							
Flags:	O	D	I	T	S	Z	A	P	C
	0	-	-	-	X	X	U	X	0

Bemerkung: Bei der Ausführung von TEST werden das Carryflag und das Überlaufflag gelöscht. Dadurch ergibt sich die Möglichkeit, nach der Ausführung eines TEST-Befehls einen Sprung (z.B. durch JNZ) davon abhängig zu machen, ob bestimmte Bits im Zieloperanden gesetzt sind.

VERR
Lesezugriffsrechte eines Selektors prüfen (286P) (Verify Read Access)

Syntax: **Operand16**

Beschreibung: Stellt sicher, daß der angegebene Selektor gültig ist und daß dieser in der aktuellen Privilegstufe gelesen werden kann.

```
Operanden:        Taktzyklen:
VERR Reg16        -/14/10
VERR Speicher16   -/16/11
Flags:       O   D   I   T   S   Z   A   P   C
             -   -   -   -   -   X   -   -   -
```

Bemerkung: Das Nullflag wird gesetzt, wenn die Überprüfung positiv ausfällt, das heißt, wenn das aktuelle Programm den Selektor in eines der Segmentregister DS, ES, FS oder GS laden und aus dem über den Selektor adressierten Segment, ohne eine Zugriffsverletzung auszulösen, lesen kann. Das Nullflag wird gelöscht, wenn der Selektor kein Speichersegment adressiert, wenn das Segment nicht lesbar ist oder wenn das aktuelle Programm keine ausreichend hohe Privilegstufe besitzt. Dieser Befehl führt selber keine Ausnahme aus, wenn es sich um einen ungültigen Selektor handelt. Es wird aber eine Ausnahme ausgeführt, wenn es sich bei dem Operanden um einen Speicheroperanden handelt und dieser eine ungültige Adresse besitzt. Der VERR-Befehl kann nur im Protected-Modus ausgeführt werden.

VERW
Schreibzugriffsrechte eines Selektors prüfen (286P)
(Verify Write Access)

Syntax: **Operand16**

Beschreibung: Stellt sicher, daß der angegebene Selektor gültig ist und daß dieser in der aktuellen Privilegstufe beschrieben werden kann.

```
Operanden:        Taktzyklen:
VERW Reg16        -/14/15
VERW Speicher16   -/16/16
Flags:       O   D   I   T   S   Z   A   P   C
             -   -   -   -   -   X   -   -   -
```

Bemerkung: Das Nullflag wird gesetzt, wenn die Überprüfung positiv ausfällt, das heißt, wenn das aktuelle Programm den Selektor in eines der Segmentregister DS, SS, ES, FS oder GS laden und in das über den Selektor adressierte Segment, ohne eine Zugriffsverletzung auszulösen, schreiben kann. Das Nullflag wird gelöscht, wenn der Selektor kein Speichersegment adressiert, wenn das Segment nicht beschreibbar ist oder wenn das aktuelle Programm keine ausreichend hohe Privilegstufe besitzt. Dieser Befehl führt selber keine Ausnahme aus, wenn es sich um einen ungültigen Selektor handelt. Es wird aber eine Ausnahme ausgeführt, wenn es sich bei dem Operanden um einen Speicheroperanden handelt und dieser eine ungültige Adresse besitzt. Der VERW-Befehl kann nur im Protected-Modus ausgeführt werden.

WAIT   *Warten (Wait Until Not Busy)*

Syntax: **WAIT**

Beschreibung: WAIT versetzt die CPU in den Wartezustand. Dieser prüft nun in Abständen von 5 Taktzyklen die Eingabeleitung TEST. Sobald TEST aktiv wird, wird die Programmausführung fortgesetzt.

```
Operanden:        Taktzyklen:
Keine             4+5*n/3/6
n - Anzahl der Taktzyklen, in denen TEST abgefragt wird und kein Signal
vorliegt.
Flags:            O   D   I   T   S   Z   A   P   C
                  -   -   -   -   -   -   -   -   -
```

Bemerkung: WAIT dient in erster Linie zur Synchronisation der CPU mit langsameren Systemkomponenten. Während des Wartezustandes sind Interrupts zugelassen. Nach der Beendigung der Interruptroutine kehrt die CPU allerdings wieder in den Wartezustand zurück.

XCHG   *Vertauschen zweier Operanden (Exchange)*

Syntax: **XCHG Zieloperand,Quelloperand**

Beschreibung: XCHG vertauscht den Inhalt des Zieloperanden mit dem des Quelloperanden.

```
Operanden:        Taktzyklen:
Reg,Reg           4/3/3
Reg,Speicher      17+EA/5/5
Akku,Reg16        3/3/3
Akku,Reg32        -/-/3
Flags:            O   D   I   T   S   Z   A   P   C
                  -   -   -   -   -   -   -   -   -
```

Bemerkung: Keine

XADD   *Addieren und Zieloperand vorher vertauschen (486) (Exchange and add)*

Syntax: **XADD Zieloperand,Quelloperand**

Beschreibung: Addiert den Quelloperanden zum Zieloperanden und transportiert den Origi-
nalwert des Zieloperanden in den Quelloperanden. Der Zieloperand bleibt bei der Addition erhalten. Die Statusflags werden entsprechend dem Additionsergebnis gesetzt.

```
Operanden:       Taktzyklen:
Speicher,Reg     -/-/-/4
Reg,Reg          -/-/-/3
Flags:           O   D   I   T   S   Z   A   P   C
                 X   -   -   -   X   X   X   X   X
```

Bemerkung: Keine

XLAT   *Umsetzen nach einer Tabelle (Translate Byte)*

Syntax: **XLAT**

Beschreibung: XLAT lädt über einen Index im AL-Register einen Wert aus einer Tabelle, deren Adresse sich im BX-Register befindet, in das AL-Register.

```
Operanden:       Taktzyklen:
Keine            11/5/5
Flags:           O   D   I   T   S   Z   A   P   C
                 -   -   -   -   -   -   -   -   -
```

Bemerkung: Die Angabe des Tabellennamens nach XLAT ist optional. Die Tabelle darf aus maximal 256 Byte bestehen.

XOR   *Logische Exklusiv-Oder-Verknüpfung (Boolean Exclusive OR)*

Syntax: **XOR Zieloperand,Quelloperand**

Beschreibung: XOR verknüpft jedes Bit im Quelloperanden mit dem entsprechenden Bit im Zieloperanden nach der EXOR-Verknüpfungsregel und legt das Ergebnis im Zieloperanden ab.

```
Operanden:       Taktzyklen:
Reg,Reg          3/2/2
Reg,Speicher     9+EA/7/7
Speicher,Reg     16+EA/7/6
Reg,Imm          4/3/?
Speicher,Imm     17+EA/7/7
Akku,Imm         4/3/2
Flags:           O   D   I   T   S   Z   A   P   C
                 0   -   -   -   X   X   U   X   0
```

Bemerkung: Das Carryflag und das Überlaufflag werden durch XOR auf Null gesetzt.

Der Aufbau der 8086/88-Opcodes

An zwei Beispielen soll der allgemeine Aufbau der 8086/88-Opcodes veranschaulicht werden:

MOV

```
Register/Speicher nach/von Register
7 6 5 4 3 2 1 0   7 6 5 4 3 2 1 0
1 0 0 0 1 0 d w   mod reg   r/m
Wert nach Register/Speicher
7 6 5 4 3 2 1 0   7 6 5 4 3 2 1 0   7 6 ... 0     7 6 ... 0
1 1 0 0 0 1 1 w   mod 0 0 0 r/m       Daten       Daten wenn w = 1
Wert nach Register
7 6 5 4 3 2 1 0   7 6 ... 0     7 6 ... 0
1 0 1 1 w reg     Daten         Daten wenn w = 1
Speicherwert in Akkumulator
7 6 5 4 3 2 1 0   7 6 ... 0         7 6 ... 0
1 0 1 0 0 0 0 w   Low Adr. Byte     High Adr. Byte
Akkumulator in Speicher
7 6 5 4 3 2 1 0   7 6 ... 0         7 6 ... 0
1 0 1 0 0 0 1 w   Low Adr. Byte     High Adr. Byte
Register/Speicher nach Segmentregister
7 6 5 4 3 2 1 0   7 6 5 4 3 2 1 0
1 0 0 0 1 1 1 0   mod 0 reg   r/m
Segmentregister nach Register/Speicher
7 6 5 4 3 2 1 0   7 6 5 4 3 2 1 0
1 0 0 0 1 1 0 0   mod 0 reg   r/m
```

JMP

```
Direkt innerhalb des Segments
7 6 5 4 3 2 1 0   7 6 5 4 3 2 1 0   7 6 5 4 3 2 1 0
1 1 1 0 1 0 0 1   Displ. low         Displ. high
Direkt innerhalb des Segments kurz
7 6 5 4 3 2 1 0   7 6 5 4 3 2 1 0
1 1 1 0 1 0 1 1   Displ.
Indirekt innerhalb des Segments
7 6 5 4 3 2 1 0   7 6 5 4 3 2 1 0
1 1 1 1 1 1 1 1   mod 1 0 0 r/m
Direkt außerhalb des Segments
7 6 5 4 3 2 1 0   7 6 5 . . 0   7 6 5 . . 0   7 6 . . 0   7 6 . . 0
1 1 1 0 1 0 1 0   Offs. low     Offs. high    Segm. low   Segm. high
Indirekt außerhalb des Segments
7 6 5 4 3 2 1 0   7 6 5 4 3 2 1 0
1 1 1 1 1 1 1 1   mod 1 0 1 r/m
```

Die Bedeutung von mod

```
mod = 11 dann ist r/m ein Reg-Feld
mod = 00 dann ist Disp = 0
mod = 01 dann ist Disp low vorzeichenerweitert auf 16 Bit
mod = 10 dann ist Disp = 16-Bit-Displacement
```

Die Bedeutung von r/m

```
r/m = 000 dann ist EA = (BX) + (SI) + Disp
r/m = 001 dann ist EA = (BX) + (DI) + Disp
r/m = 010 dann ist EA = (BP) + (SI) + Disp
r/m = 011 dann ist EA = (BP) + (DI) + Disp
r/m = 100 dann ist EA = (SI) + Disp
r/m = 101 dann ist EA = (DI) + Disp
r/m = 110 dann ist EA = (BP) + Disp *
r/m = 111 dann ist EA = (BX) + Disp *
```
* wenn mod = 00 und r/m = 110, dann ist EA = 16-Bit-Disp.

Die Bedeutung von reg

16-Bit	(w=1)	8-Bit	(w=0)	Segment
000	AX	000	AL	00 ES
001	CX	001	CL	01 CS
010	DX	010	DL	10 SS
011	BX	011	BL	11 DS
100	SP	100	AH	
101	BP	101	CH	
110	SI	110	DH	
111	DI	111	BH	

C Anhang
BIOS- und DOS-Interrupts

Übersicht über die wichtigsten BIOS-Interrupts

Dieser Anhang gibt eine Übersicht über die in einem Maschinenprogramm am häufigsten eingesetzten BIOS- und DOS-Funktionen. Die Übersicht ist keineswegs vollständig, da eine Beschreibung aller BIOS-Funktionen mit den dazugehörigen Aufrufparametern und Rückgabewerten bereits den Umfang eines Buches erreicht. Eine vollständige Übersicht über alle BIOS-Interrupts des Phoenix-BIOS, einem in PCs, ATs und vor allem 386/486er-ATs häufig eingesetzten BIOS, finden Sie zum Beispiel in dem Buch »System BIOS for IBM PC/XT/AT Computers and Compatibles«, erschienen bei Addison Wesley (siehe Anhang I).

Int. Nr.		Funktion
Dez	**Hex**	
16	10	Bildschirmausgabe/Videokontroller
17	11	Konfiguration feststellen
18	12	Speichergröße feststellen
19	13	Diskette/Festplatte
20	14	Serielle Schnittstelle
21	15	Systemfunktionen (AT-BIOS)
22	16	Tastatur
23	17	Drucker (parallel)
25	19	System booten
26	1A	Datum und Zeit
27	1B	Unterbrechungstaste
28	1C	Benutzer-Timer-Interrupt

Beschreibung der BIOS-Interrupts
Interrupt 10h – Bildschirmausgabe

Funktion 00h: **Setzen des Videomodus**

Aufruf mit AH = 0

AL = Videomodus

0: 40*25-Zeichen-Text, s/w (Color-Karte)

1: 40*25-Zeichen-Text, farbig (Color-Karte)

2: 80*25-Zeichen-Text, s/w (Mono-Karte)

3: 80*25-Zeichen-Text, farbig (Color-Karte)

4: 320*200-Punkte, 4 Farben (Color-Karte)

5: 320*200-Punkte, 4 Farben (Color-Karte)
    (Farben werden s/w dargestellt)

6: 640*200-Punkte, 2 Farben (Color-Karte)

Rückgabewerte Keine

Diese Funktion wählt einen Videomodus aus. Dabei wird der Bildschirm gelöscht. Voraussetzung ist allerdings, daß der gewählte Videomodus von der Grafikkarte unterstützt wird.

Funktion 01h: Cursorgröße setzen

Aufruf mit	AH	= 1
	CH	= Startzeile des Cursors
	CL	= Endzeile des Cursors
Rückgabewerte	Keine	

Diese Funktion definiert die Start- und die Endzeile des Bildschirmcursors. Die erlaubten Werte hängen von der verwendeten Grafikkarte ab und betragen

für MDA und EGA:	0–13
für CGA:	0–7
für MCGA und VGA:	0–14

Vom BIOS wird folgende Einstellung verwendet :

für MDA und EGA:	11–12
für CGA:	6–7
für MCGA und VGA:	13–14

Ist die Startzeile größer als die Endzeile oder werden Werte verwendet, die außerhalb des Bereichs liegen, verschwindet der Cursor bzw. zeigt ein undefiniertes Verhalten.

Funktion 02h: Cursor positionieren

Aufruf mit	AH	= 2
	BH	= Nummer der Bildschirmseite
	DH	= Zeile
	DL	= Spalte
Rückgabewerte	Keine	

Diese Funktion setzt den Cursor auf die angegebene Bildschirmposition. Die Nummer der Bildschirmseite ist die Nummer der aktiven Bildschirmseite. Wird eine Position außerhalb des Bildschirmbereichs angegeben, verschwindet der Cursor oder zeigt ein undefiniertes Verhalten.

Funktion 03h: Cursorposition bestimmen

Aufruf mit	AH	= 3
	BH	= Nummer der Bildschirmseite
Rückgabewerte	AX	= 0
	DH	= Zeile
	DL	= Spalte
	CH	= Anfangszeile des Cursors
	CL	= Endzeile des Cursors

Diese Funktion ermittelt die Position des Cursors auf einer festgelegten Bildschirmseite. Über diese Funktion kann auch die momentane Cursorgröße bestimmt werden.

Funktion 05h: **Bildschirmseite aktivieren**

Aufruf mit	AH	= 5
	AL	= Nummer der Bildschirmseite

Rückgabewerte   Keine

Das Umschalten zwischen einzelnen Seiten ändert nicht deren Inhalt. Die Anzahl der Bildschirmseiten hängt von dem aktiven Videomodus ab.

Funktion 06h: **Aufwärts scrollen**

Aufruf mit	AH	= 6
	AL	= Anzahl der zu scrollenden Zeilen
		(0 = Bildschirmausschnitt wird gelöscht)
	CH	= Zeile der linken oberen Ecke
	CL	= Spalte der linken oberen Ecke
	DH	= Zeile der rechten unteren Ecke
	DL	= Spalte der rechten unteren Ecke
	BH	= Farbe bzw. Attribut für die Leerzeile(n).

Rückgabewerte   Keine

Diese Funktion schiebt einen Bildschirmausschnitt auf der aktiven Bildschirmseite, der durch die übergebenen Eckpunkte festgelegt wird, um eine bestimmte Anzahl von Zeilen nach oben (scrollen).

Funktion 07h: **Abwärts scrollen**

Aufruf mit	AH	= 7
	AL	= Anzahl der zu scrollenden Zeilen
		(0 = Bildschirmausschnitt wird gelöscht)
	CH	= Zeile der linken oberen Ecke
	CL	= Spalte der linken oberen Ecke
	DH	= Zeile der rechten unteren Ecke
	DL	= Spalte der rechten unteren Ecke
	BH	= Farbe bzw. Attribut für die Leerzeile(n).

Rückgabewerte   Keine

Diese Funktion schiebt einen Bildschirmausschnitt auf der aktiven Bildschirmseite, der durch die übergebenen Eckpunkte festgelegt wird, um eine bestimmte Anzahl von Zeilen nach unten (scrollen).

Funktion 08h: **Auslesen eines Zeichens und der Zeichenfarbe**

Aufruf mit	AH	= 8
	BH	= Nummer der Bildschirmseite
Rückgabewerte	AL	= ASCII-Code des Zeichens
	AH	= Farbe (Attribut)

Diese Funktion ermittelt den ASCII-Code und die Farbe (Attribut) des Zeichens an der aktuellen Cursorposition.

Funktion 09h: Zeichen- und Attributausgabe

Aufruf mit	AH	= 9
	BH	= Nummer der Bildschirmseite
	CX	= Anzahl der auszugebenden Zeichen
	AL	= ASCII-Code
	BL	= Farbe bzw. Attribut

Rückgabewerte   Keine

Diese Funktion gibt ein Zeichen mit einer bestimmten Farbe (Attribut) an der aktuellen Cursorposition eine festgelegte Anzahl oft aus. Mit dieser Funktion ist auch eine Ausgabe im Grafikmodus möglich. Werden im Grafikmodus mehrere Zeichen ausgegeben, so müssen alle Zeichen in die aktuelle Bildschirmzeile passen. Wird im Grafikmodus Bit 7 des BL-Registers gesetzt, werden die Grafikpunkte des auszugebenden Zeichens mit den Grafikpunkten, die sich an der auszugebenden Position befinden, nach der EXOR-Regel verknüpft. Steuercodes (wie z.B. Carriage Return oder Line feed) werden nicht ausgeführt, sondern als entsprechende Zeichen ausgegeben. Die Position des Cursors wird durch die Ausgabe nicht verändert.

Funktion 0Ah: Zeichenausgabe

Aufruf mit	AH	= 10
	BH	= Nummer der Bildschirmseite
	CX	= Anzahl der auszugebenden Zeichen
	AL	= ASCII-Code

Rückgabewerte   Keine

Diese Funktion gibt ein Zeichen an der aktuellen Cursorposition eine festgelegte Anzahl oft aus. Mit dieser Funktion ist auch eine Ausgabe im Grafikmodus möglich. Werden im Grafikmodus mehrere Zeichen ausgegeben, so müssen alle Zeichen in die aktuelle Bildschirmzeile passen. Wird im Grafikmodus Bit 7 des BL-Registers gesetzt, werden die Grafikpunkte des auszugebenden Zeichens mit den Grafikpunkten, die sich an der auszugebenden Position befinden, nach der EXOR-Regel verknüpft. Steuercodes (wie z.B. Carriage Return oder Line feed) werden nicht ausgeführt, sondern als entsprechende Zeichen ausgegeben. Die Position des Cursors wird durch die Ausgabe nicht verändert.

Funktion 0Bh: Rahmen- und Hintergrundfarbe setzen

Aufruf mit	AH	= 11
	BH	= 0
	BL	= Rahmen-/Hintergrundfarbe

Rückgabewerte   Keine

Diese Funktion setzt die Rahmen- bzw. Hintergrundfarbe für den Text- bzw. Grafikmodus. Im Grafikmodus wird durch den Farbwert sowohl die Rahmenfarbe als auch die Hintergrundfarbe definiert. Da im Textmodus die Hintergrundfarbe jedes Zeichens durch das Attributbyte definiert wird, setzt der Farbwert nur die Farbe des Bildschirmrahmens fest. Der Farbwert kann zwischen 0 und 15 liegen.

Funktion 0Bh: **Farbpalette auswählen**
Aufruf mit   AH   = 0Bh
                           BH   = 1
                           BL   = Nummer der Farbpalette

Rückgabewerte   Keine

Diese Funktion wählt eine der beiden Farbpaletten für den Grafikmodus 320*200-Punkte aus. Folgende Paletten stehen zur Verfügung:

Palette 0:   Grün, Rot, Braun
Palette 1:   Cyan, Magenta, Weiß

Funktion 0Ch: **Grafikpunkt setzen**
Aufruf mit   AH   = 0Ch
                           DX   = X-Koordinate
                           CX   = Y-Koordinate
                           AL   = Farbwert

Rückgabewerte   (AH   = aktueller Videomodus)

Diese Funktion setzt einen Grafikpunkt an die angegebene Bildschirm-Koordinate. Im 640*200-Modus kann der Farbwert 0 oder 1 betragen, im 320*200-Modus sind die Werte 0 bis 3 erlaubt. **Wichtig:** Unter Umständen wird der Wert im AH-Register nach Aufruf der Funktion durch den Wert des aktuellen Videomodus ersetzt. Dies ist zu beachten, wenn die Funktion 12 z.B. innerhalb einer Schleife (etwa zum Zeichnen einer Linie) eingesetzt wird.

Funktion 0Dh   **Grafikpunkt lesen**
Aufruf mit   AH   = 0Dh
                           DX   = X-Koordinate
                           CX   = Y-Koordinate

Rückgabewert   AL   = Farbwert

Diese Funktion bestimmt den Farbwert des Punktes, der durch die angegebenen Koordinaten festgelegt wird.

Funktion 0Eh: **Textausgabe**
Aufruf mit   AH   = 0Eh
                           AL   = ASCII-Code
                           BL   = Vordergrundfarbe (nur Grafikmodus)

Rückgabewerte   Keine

Diese Funktion gibt ein Zeichen an der aktuellen Cursorposition aus. Im Unterschied zur Funktion 9 bzw. 10 werden hier zum einen die Steuerzeichen als solche interpretiert und zum anderen wird hier automatisch die Cursorposition inkrementiert und dadurch z.B. auch ein Zeilenumbruch bzw. ein Scrollen des Bildschirms durchgeführt. Durch diese Funktion kann das Attribut des Zeichens nicht gesetzt werden. Falls dies gewünscht wird, muß durch die Funktion 09 ein Leerzeichen mit dem gesetzten Attribut und anschließend das entsprechende Zeichen mit der Funktion 14 ausgegeben werden.

Funktion 0Fh: **Videomodus bestimmen**
Aufruf mit   AH   = 0Fh

Rückgabewerte   AL   = Videomodus
                 AH   = Anzahl der Zeichen pro Zeile
                 BH   = Nummer der aktuellen Bildschirmseite

Durch diese Funktion wird der aktuelle Videomodus, die aktuelle Bildschirmseite sowie die Anzahl der Zeichen pro Zeile bestimmt.

Interrupt 11h: **Konfiguration feststellen**
Aufruf mit   –

Rückgabewerte   AX-Konfigurationsbyte

Diese Funktion ermittelt die Konfiguration, die von dem System nach dem Booten festgestellt wurde. Für PCs und XTs gilt dabei folgende Aufteilung:

Bit	0:	1, wenn System über Diskettenlaufwerk zum Booten verfügt
Bit	1:	1, wenn mathematischer Koprozessor vorhanden
Bit	2:	1, wenn Zeigegerät (Maus) vorhanden
Bit	3:	Reserviert
Bit	4/5:	Videomodus beim Booten
		00 = VGA/EGA 01 = 40*25 10 = 80*25 color 11 = 80*25 Mono
Bit	6/7:	Anzahl der Diskettenlaufwerke (wenn Bit 0 = 1)
		00 = 1 01 = 2 10 = 3 11 = 4 Laufwerke
Bit	8:	Reserviert
Bit	9-11:	Anzahl der angeschlossenen RS232-Karten
Bit	12/13:	Reserviert
Bit	14/15:	Anzahl der Drucker (1–3)

Die Bedeutung des Konfigurationsbytes kann von System zu System geringfügig variieren.

Interrupt 12h: **Speichergröße ermitteln**
Aufruf mit   –

Rückgabewerte   AX   = Speichergröße

Diese Funktion ermittelt die Speichergröße des Systems in Kbyte. Dieser Wert befindet sich im BIOS-RAM-Bereich unter der Adresse 0040h:0013h.

Interrupt 14h: **Serielle Schnittstelle**
Dieser Interrupt dient zur Ansteuerung der seriellen Schnittstelle. Folgende Funktionen werden zur Verfügung gestellt :

– Initialisierung
– Senden eines Zeichens
– Empfangen eines Zeichens
– Status abfragen

Es sei vorangestellt, daß die serielle Schnittstelle eines PC normalerweise nicht interruptgesteuert ist. Das heißt, daß ein eintreffendes Zeichen keinen Interrupt automatisch auslöst. Daher kann es passieren, daß beim Überlauf eines Puffers oder falls DOS gerade eine andere Tätigkeit durchführt, Zeichen verlorengehen. Jedes Programm, welches Daten über die serielle Schnittstelle übertragen möchte, muß daher eine eigene Interruptroutine für die serielle Schnittstelle besitzen.

Ein PC kann mehrere serielle Schnittstellen ansprechen, die durch eine Nummer unterschieden werden. Die Schnittstelle, die von MS-DOS mit dem Namen COM1 angesprochen wird, trägt die Nummer 0, die Schnittstelle mit dem Namen COM2 die Nummer 1.

Funktion 0:	**Initialisierung**	
Aufruf mit	AH	= 0
	DX	= Nummer der seriellen Schnittstelle
	AL	= Konfigurationsparameter
Rückgabewerte	AH	= Status der seriellen Schnittstelle
	AL	= Status des Modems

Aufbau des Konfigurationsbyte der seriellen Schnittstelle

Bit 0–1	Datenlänge
	10 = 7 Bits
	11 = 8 Bits
Bit 2	Anzahl der Stoppbits
	0 = 1 Stoppbit
	1 = 2 Stoppbits
Bit 3–4	Art der Paritätsprüfung
	00 = Keine
	01 = Ungerade Parität
	11 = Gerade Parität
Bit 5–7	Baudrate (Übertragungsgeschwindigkeit)
	000 = 110 Baud
	001 = 150 Baud
	010 = 300 Baud
	011 = 600 Baud
	100 = 1200 Baud
	101 = 2400 Baud
	110 = 4800 Baud
	111 = 9600 Baud

Aufbau des Statusbytes der seriellen Schnittstelle

Bit 0:	Daten stehen bereit
Bit 1:	Daten überschrieben
Bit 2:	Paritätsfehler
Bit 3:	Protokollfehler
Bit 4:	Unterbrechung
Bit 5:	Transmission hold Register leer
Bit 6:	Transmission shift Register leer
Bit 7:	Time out

Die ersten sechs Bit dieses Statusbytes werden bei jeder fehlerhaften Übertragung im AH-Register übergeben.

Funktion 01:	**Zeichenausgabe über serielle Schnittstelle**	
Aufruf mit	AH	= 1
	DX	= Nummer der seriellen Schnittstelle
	AL	= Code des Zeichens
Rückgabewerte	AH: Bit 7	= 0 Zeichencode wurde übertragen
	AH: Bit 7	= 1 Fehler, Bit 0–6 enthält Status

Funktion 02:	**Zeichen über serielle Schnittstelle einlesen**	
Aufruf mit	AH	= 2
	DX	= Nummer der seriellen Schnittstelle
	AL	= Code des Zeichens
Rückgabewerte	AH: Bit 7	= 0:Zeichencode wurde empfangen
	AH: Bit 7	= 1 Fehler, Bit 0–6 enthält Status

Funktion 03:	**Status abfragen**	
Aufruf mit	AH	= 3
	DX	= Nummer der seriellen Schnittstelle
Rückgabewerte	AL	= Modem Status
	AH	= Status der seriellen Schnittstelle

Interrupt 15h: **Systemfunktionen**

Dieser Interrupt diente früher zur Ansteuerung eines Kassettenrekorders. Während der Interrupt 15h beim AT eine neue Bedeutung erhalten hat, ist er bei einem PC bzw. XT in der Regel nicht belegt. Von den 18 Funktionen des Interrupts 15h werden im folgenden die beiden wichtigsten vorgestellt:

Funktion 87h:	**Block im Speicher verschieben**	
Aufruf mit	AH	= 87h
	CX	= Anzahl der zu verschiebenden Worte
	ES	= Segmentadresse einer 30-Byte-Tabelle
	SI	= Offsetadresse einer 30-Byte-Tabelle
Rückgabewerte	AH	= 00 wenn erfolgreich
		= 01 RAM-Paritätsfehler
		= 02 Anderer Fehler
	CF	= 0 Kein Fehler
		= 1 Fehler
	ZF	= 0 Keine Daten verschoben
	ZF	= 1 Daten wurden verschoben

Mit dieser Funktion kann ein Speicherblock im Arbeitsspeicher verschoben werden. Da auch eine Verschiebung in das Extended-Memory möglich ist, wird eine Globale Deskriptortabelle (GDT) benötigt, da die CPU für die Verschiebung in das Extended-Memory in den Protected-Modus geschaltet werden muß. Die 48-Byte-Tabelle, deren Adresse im Registerpaar ES:SI übergeben wird, besitzt folgenden Aufbau:

Bytes	Anzahl	Wert	Funktion
0–7	8	0	für Dummy-Deskriptor
8–15	8	?	Wird vom BIOS belegt
16–17	..2	?	Wird vom BIOS belegt
18–20	3	24-Bit	Quelladresse
21–25	..5	?	Wird vom BIOS belegt
26–28	..3	24-Bit	Zieladresse
29–47	..19	?	Wird vom BIOS belegt

Wie aus dieser Übersicht zu ersehen ist, muß lediglich die Start- und die Zieladresse des zu verschiebenden Blocks in die Tabelle eingetragen werden. Hierbei muß es sich aber um eine 24-Bit-Adresse handeln, die durch Multiplikation einer Segmentadresse mit 16 und anschließende Addition des Offsets gebildet wird. Über eine 24-Bit-Adresse kann jede Speicherzelle im 16 Mbyte großen Adreßraum der 80286-CPU im Protected-Modus adressiert werden. Während der Ausführung der Funktion 87h können keine Interrupts bearbeitet werden.

Funktion 88h: **Größe des Extended-Memory ermitteln**
Aufruf mit   AH   = 88h

Rückgabewerte: AX   = Anzahl der 1-Kbyte-Blöcke im Extended-Memory

Diese Funktion liest die Größe des Extended-Memory (ab der 1-Mbyte-Grenze) aus den Speicherzellen 30h und 31h im CMOS-RAM.

Funktion 89h: **In den Protected-Modus schalten**
Aufruf mit   AH   = 89h
                  BH   = Index in der IDT der Interrupts 0–7
                  BL   = Index in der IDT der Interrupts 8–15
                  ES   = Segmentadresse der GDT
                  SI   = Offsetadresse der GDT

Rückgabewerte   AH   = 0 Protected-Modus aktiviert
                         = FFh Fehler
                  CF   = 0 Kein Fehler
                  CF   = 1 Fehler

Diese Funktion schaltet eine 80286/386/486-CPU in den Protected-Modus. Voraussetzung ist eine GDT, die vom Programmierer angelegt werden muß und die folgenden Aufbau besitzt:

Nr.	Offset	Funktion
0	00h	Dummy-Deskriptor
1	08h	Deskriptor für die GDT
2	10h	Deskriptor für die IDT
3	18h	Deskriptor für das Datensegment
4	20h	Deskriptor für das Extrasegment
5	28h	Deskriptor für das Stacksegment
6	30h	Deskriptor für das Codesegment
7	38h	Deskriptor für das BIOS

Bis auf Deskriptor 7 müssen alle Deskriptoren vor dem Aufruf der Funktion 89h vom Programmierer initialisiert werden. Es werden allerdings nur jene Deskriptoren wirklich benötigt, die während der Programmausführung im Protected-Modus auch angesprochen werden.

Da innerhalb des Protected-Modus keine Interruptroutinen des Real-Modus aufgerufen werden können, muß der Programmierer für alle benötigten Hardwareinterrrupts die erforderlichen Deskriptoren in der IDT eintragen.

Der Index der Hardwareinterrupts 0–15 kann über das BX-Register variiert werden. Auf diese Weise können Überschneidungen zwischen Hardwareinterrupts und BIOS-Interrupts, die im Protected-Modus emuliert werden sollen, vermieden werden.

Ein Rückschalten in den Real-Modus muß bei der 80286-CPU über einen Reset durchgeführt werden. Bei der 80386/486-CPU kann dies durch Rücksetzen des PE-Bits im CR0-Register geschehen.

Interrupt 16h: Tastaturinterrupt
Dieser Interrupt dient zur Abfrage der Tastatur. Insgesamt stellt der Interrupt 16h drei Funktionen zur Verfügung:

– Zeichen aus Tastaturpuffer auslesen
– Feststellen, ob Zeichen vorhanden
– Tastaturstatus abfragen

Funktion 0:   Zeichen aus Tastaturpuffer auslesen
Aufruf mit   AH   = 0

Rückgabewerte   AL   = 0; erweiterter Tastaturcode in AH
                     AL<> 1 = ;
                     AL   = ASCII-Code
                     AH   = Scancode

Diese Funktion liest ein Zeichen aus dem Tastaturpuffer. Ist kein Zeichen im Tastaturpuffer, wartet die Funktion so lange, bis ein Zeichen eingegeben wurde. Eine Liste der ASCII- und Scancodes finden Sie in Anhang A.

Funktion 1:   **Feststellen, ob Zeichen vorhanden**

Aufruf mit   AH   = 1

                         ZF   = 1; kein Zeichen im Tastaturpuffer

                         ZF   = 0; Zeichen vorhanden

                         AL   = 0; erweiterter Tastaturcode in AH

                         AL<> 1 = ;

                         AL   = ASCII-Code

                         AH   = Scancode

Diese Funktion prüft, ob ein Zeichen im Tastaturpuffer vorhanden ist. Wenn ja, wird der Code des Zeichens übergeben. Das Zeichen wird allerdings nicht aus dem Tastaturpuffer entfernt, so daß es z.B. durch die Funktion 0 erneut ausgelesen werden kann.

Funktion 2:   **Tastaturstatus abfragen**

Aufruf mit   AH   = 2

Rückgabewerte   AL   = Tastaturstatusbyte

Diese Funktion liefert das Tastaturstatusbyte (Adresse 0040:0017h) im AL-Register, welches folgenden Aufbau aufweist :

Bit 0:   1 = rechte [Shift]-Taste betätigt

Bit 1:   1 = linke [Shift]-Taste betätigt

Bit 2:   1 = [Ctrl]-Taste betätigt

Bit 3:   1 = [Alt]-Taste betätigt

Bit 4:   1 = [ScrollLock] an

Bit 5:   1 = [NumLock] an

Bit 6:   1 = [CapsLock] an

Bit 7:   1 = [Insert] an

Funktion 10h: **Erweiterte Tastatureingabe**

Aufruf mit   AH   = 10h

Rückgabewerte   AL   = ASCII-Code

                                    AH   = Scancode

Diese Funktion liest bei einer 101/102-Tastatur, die in ATs und 386/486-PCs verwendet wird, ein Zeichen ein. Die Funktion 02h ist daher in der Regel in einem PC/XT-BIOS nicht zu finden.

Interrupt 17h: **Druckerinterrupt**

Dieser Interrupt übernimmt die Ansteuerung eines der maximal drei Drucker, die an die parallele Schnittstelle angeschlossen werden können. Unter dem Interrupt 17h stehen folgende Funktionen zur Verfügung:

– Zeichen auf Drucker ausgeben

– Drucker initialisieren

– Status des Druckers erfragen

Funktion 0:   **Zeichen auf Drucker ausgeben**

Aufruf mit   AH   = 0

                AL   = Code des auszugebenden Zeichens

                DX   = Nummer des Druckers (0–2)

Rückgabewerte   AH   = Druckerstatus

Diese Funktion gibt ein Zeichen auf den Drucker aus, der über die Nummer im DX-Register angesprochen wird. Der erste an den PC angeschlossene Drucker (LPT1) erhält die Nummer 0.

Funktion 1:   **Drucker initialisieren**

Aufruf mit   AH   = 1

                DX   = Nummer des Druckers (0–2)

Rückgabewerte   AH   = Druckerstatus

Diese Funktion initialisiert einen an den PC angeschlossenen Drucker und sollte stets vor der Übertragung des ersten Zeichens an den Drucker ausgeführt werden.

Funktion 2:   **Druckerstatus erfragen**

Aufruf mit   AH   = 2

                DX   = Nummer des Druckers (0–2)

Rückgabewerte   AH   = Druckerstatus

Diese Funktion liefert den Status des angeschlossenen Druckers, dessen Nummer im DX-Register übergeben wurde.

Jede der drei Funktionen übergibt nach dem Aufruf das Statusbyte des Druckers im AH-Register. Das Statusbyte weist folgenden Aufbau auf:

Bit 0:	1 = Time-out-Fehler
Bit 1:	Nicht belegt
Bit 2:	Nicht belegt
Bit 3:	1 = Übertragungsfehler
Bit 4:	1 = Drucker ON LINE
	0 = Drucker OFF LINE
Bit 5:	1 = Drucker hat kein Papier mehr
Bit 6:	1 = Empfangsbestätigung
Bit 7:	0 = Drucker ist beschäftigt

Interrupt 19h: **System booten**

Aufruf mit   –

Rückgabewerte: Keine

Der Aufruf dieses Interrupts bewirkt einen Neustart des Systems. Diese Funktion führt allerdings nicht auf allen Systemen zu dem gewünschten Effekt.

Interrupt 1Ah: Datum und Zeit lesen

Die beiden Funktionen dieses Interrupts ermöglichen das Auslesen und das Setzen des internen Zeitzählers, der 18,2mal pro Sekunde erhöht wird. Sofern keine Echtzeituhr eingebaut ist, gibt der Zeitzähler die Zeit an, die seit dem Einschalten des Rechners bzw. dem Setzen des Zeitzählers durch die Funktion 1 vergangen ist.

Funktion 0:	**Zeitzähler auslesen**	
Aufruf mit	AH	= 0
Rückgabewerte	CX	= Höherwertiger Teil des Zeitzählers
	DX	= Niederwertiger Teil des Zeitzählers
	AL	= 0 ; seit dem letzten Auslesen sind weniger als 24 Stunden vergangen

Funktion 1:	**Zeitzähler setzen**	
Aufruf mit	AH	= 1
	CX	= Höherwertiger Teil des Zeitzählers
	DX	= Niederwertiger Teil des Zeitzählers
Rückgabewerte:	Keine	

Interrupt 1Bh: Unterbrechungs-Taste (Break)

Aufruf mit	–
Rückgabewerte	Keine

Dieser Interrupt registriert das Betätigen der (Break)-Taste ((Control)+(Break)) durch Setzen eines internen Flags. Beim nächsten Aufruf einer DOS-Ein-/Ausgabefunktion wird dieses Flag berücksichtigt und das aktuelle Programm wird abgebrochen. Sie können diesen Interrupt auf eine eigene Routine legen und so eine individuelle Unterbrechungsbehandlung durchführen.

Interrupt 1Ch: Periodischer Interrupt

Aufruf mit	–
Rückgabewerte:	Keine

Dieser Interrupt wird am Anschluß des Timer-Interrupts 8 aufgerufen, der 18,2mal pro Sekunde aufgerufen wird. Normalerweise zeigt der Interrupt 1Ch auf einen IRET-Befehl und ist damit wirkungslos. Er kann jedoch vom Benutzer auf eine eigene Routine gelegt werden, die dann im Anschluß an jeden Timer-Interrupt und damit auch 18,2mal pro Sekunde ausgeführt wird.

Die DOS-Interrupts

Die Interrupts 20h–27h sind für das DOS reserviert. Im folgenden werden die wichtigsten und für die Maschinensprache-Programmierung am interessantesten DOS-Interrupts vorgestellt. Auch diese Liste ist aus Platzgründen nicht vollständig. Eine vollständige Übersicht finden Sie zum Beispiel im Microsoft Programmers Reference Guide (siehe Anhang I).

Übersicht über die DOS-Interrupts

Int-Nr.	Funktion
20h	Programm beenden
21h	DOS-Funktionsinterrupt
22h	Programm beenden
23h	Break bestätigen
24h	Kritischer Fehler
25h	Absolutes Lesen
26h	Absolutes Schreiben
27h	Programm resident beenden

Interrupt 21h: **DOS-Funktionsinterrupt**

Übersicht über die Funktionen des Interrupt 21h

Im folgenden sind die wichtigsten bzw. aus der Sicht des Maschinensprache-Programmierers interessantesten Funktionen des Interrupts 21h aufgeführt, einmal sortiert nach Funktionsnummern und einmal sortiert nach Funktionsgruppen. Auch hier konnte aus Platzgründen keine vollständige Aufstellung durchgeführt werden. Eine vollständige Übersicht finden Sie im Microsoft Programmers Reference Guide (siehe Anhang A).

a) nach Funktionsnummer sortiert

Nr.	Funktion
00 00h	Programm beenden
01 01h	Eingabe eines Zeichens
02 02h	Ausgabe eines Zeichens
03 03h	Eingabe serielle Schnittstelle
04 04h	Ausgabe serielle Schnittstelle
05 05h	Ausgabe Drucker
06 06h	Direkte Eingabe eines Zeichens
07 07h	Direkte Eingabe eines Zeichens (ohne Echo)
08 08h	Eingabe eines Zeichens (ohne Echo)
09 09h	Ausgabe einer Zeichenkette
10 0Ah	Eingabe einer Zeichenkette
11 0Bh	Eingabestatus lesen
12 0Ch	Eingabepuffer löschen und Eingabe durchführen
26 1Ah	Setzen der DTA-Adresse
28 1Ch	Informationen über das aktuelle Laufwerk holen
37 25h	Interruptvektor setzen
42 2Ah	Datum lesen
43 2Bh	Datum setzen
44 2Ch	Zeit lesen
45 2Dh	Zeit setzen

Nr.	Funktion
46 2Eh	Setzen des Verifyflags
47 2Fh	Adresse der DTA ermitteln
48 30h	DOS-Versionsnummer ermitteln
49 31h	Programm resident beenden
51 33h	Lesen bzw. Setzen des Breakflags
53 35h	Inhalt eines Interruptvektors lesen
54 36h	Speicherkapazität auf Diskette ermitteln
57 39h	Unterverzeichnis erstellen
58 3Ah	Unterverzeichnis löschen
59 3Bh	Aktuelles Unterverzeichnis festlegen
60 3Ch	Datei erstellen
61 3Dh	Datei öffnen
62 3Eh	Datei schließen
63 3Fh	Datei lesen
64 40h	Datei schreiben
65 41h	Datei löschen
66 42h	Dateizeiger verschieben
67 43h	Dateiattribut lesen bzw. setzen
70 46h	Handle angleichen
71 47h	Aktuelles Verzeichnis ermitteln
72 48h	Speicherplatz reservieren
73 49h	Speicherplatz freigeben
74 4Ah	Größe eines Speicherbereichs ändern
78 4Eh	Ersten Eintrag im Directory suchen
79 4Fh	Nächsten Eintrag im Directory suchen
84 54h	Verifyflag lesen
86 56h	Datei umbenennen
87 57h	Zeit der letzten Dateiänderung lesen bzw. setzen
89 59h	Erweiterte Fehler-Information holen
91 5Bh	Datei erstellen

b) nach Funktionsgruppen sortiert

Ein-/Ausgabe

Nr.	Funktion
01 01h	Eingabe eines Zeichens
02 02h	Ausgabe eines Zeichens
03 03h	Eingabe serielle Schnittstelle
04 04h	Ausgabe serielle Schnittstelle
05 05h	Ausgabe Drucker
06 06h	Direkte Eingabe eines Zeichens

Nr.	Funktion
07 07h	Direkte Eingabe eines Zeichens (ohne Echo)
08 08h	Eingabe eines Zeichens (ohne Echo)
09 09h	Ausgabe einer Zeichenkette
10 0Ah	Eingabe einer Zeichenkette
11 0Bh	Eingabestatus lesen
12 0Ch	Eingabepuffer löschen und Eingabe durchführen

Dateiverwaltung

Nr.	Funktion
26 1Ah	Setzen der DTA-Adresse
47 2Fh	Adresse der DTA ermitteln
54 36h	Speicherkapazität auf Diskette ermitteln
57 39h	Unterverzeichnis erstellen
58 3Ah	Unterverzeichnis löschen
59 3Bh	Aktuelles Unterverzeichnis festlegen
60 3Ch	Datei erstellen
61 3Dh	Datei öffnen
62 3Eh	Datei schließen
63 3Fh	Datei lesen
64 40h	Datei schreiben
65 41h	Datei löschen
66 42h	Dateizeiger verschieben
67 43h	Dateiattribut lesen bzw. setzen
70 46h	Handle gleichsetzen
71 47h	Aktuelles Verzeichnis ermitteln
75 4Bh	Programm aufrufen (EXEC)
76 4Ch	Programm beenden
77 4Dh	Beendigungscode ermitteln
78 4Eh	Ersten Eintrag im Directory suchen
79 4Fh	Nächsten Eintrag im Directory suchen
84 54h	Verifyflag lesen
86 56h	Datei umbenennen
87 57h	Zeit der letzten Dateiänderung lesen bzw. setzen
91 5Bh	Datei erstellen

Programm- und Speicherverwaltung

Nr.	Funktion
00 00h	Programm beenden
37 25h	Interruptvektor setzen
49 31h	Programm resident beenden
51 33h	Lesen bzw. Setzen des Breakflags
72 48h	Speicherplatz reservieren
73 49h	Speicherplatz freigeben
74 4Ah	Größe eines Speicherbereichs ändern
75 4Bh	Programm aufrufen (EXEC)
76 4Ch	Programm beenden
77 4Dh	Beendigungscode ermitteln

Sonstiges

Nr.	Funktion
28 1Ch	Informationen über das aktuelle Laufwerk holen
42 2Ah	Datum lesen
43 2Bh	Datum setzen
44 2Ch	Zeit lesen
45 2Dh	Zeit setzen
46 2Eh	Setzen des Verifyflags
48 30h	DOS-Versionsnummer ermitteln
51 33h	Lesen bzw. Setzen des Breakflags
89 59h	Erweiterte Fehler-Information holen

Die wichtigsten Funktionen des Interrupts 21h

Funktion 01h: **Eingabe eines Zeichens**

Aufruf mit   AH   = 01

Rückgabewerte   AL   = Zeichencode

Diese Funktion liest ein Zeichen vom aktuellen Standardeingabegerät und gibt es auf dem aktuellen Standardausgabegerät aus. Ist kein Zeichen verfügbar, wartet die Funktion, bis ein Zeichen gelesen werden kann.

Bemerkung: Handelt es sich bei dem eingelesenen Zeichen um einen erweiterten Tastaturcode, wird im AL-Register zunächst eine 0 übergeben. Die Funktion muß dann ein zweites Mal aufgerufen werden, um den Zeichencode zu holen.

Funktion 02h: **Ausgabe eines Zeichens**

Aufruf mit   AH   = 02
                    DL   = Zeichencode

Rückgabewerte   Keine

Durch diese Funktion wird ein Zeichen auf dem Standardausgabegerät ausgegeben.

Funktion 03h: **Eingabe über serielle Schnittstelle**
Aufruf mit   AH   = 03

Rückgabewerte   AL   = Zeichencode

Diese Funktion liest ein Zeichen von COM1 ein (sofern dies nicht durch den MS-DOS-Befehl MODE geändert wurde).

Bemerkung: In den meisten Fällen ist es sinnvoller, auf den BIOS-Interrupt 14h zurückzugreifen.

Funktion 4 04h: **Ausgabe über serielle Schnittstelle**
Aufruf mit   AH   = 04
               DL   = Zeichencode

Rückgabewerte   Keine

Bemerkung: In den meisten Fällen ist es sinnvoller, auf den BIOS-Interrupt 14h zurückzugreifen.

Funktion 05h: **Ausgabe über Drucker**
Aufruf mit   AH   = 05
               DL   = Zeichencode

Rückgabewerte   Keine

Durch diese Funktion wird ein Zeichen auf einem angeschlossenen Drucker (LPT1, sofern nicht durch MODE etwas anderes festgelegt wurde) ausgegeben.

Funktion 06h: **Direkte Ein-/Ausgabe eines Zeichens**
Aufruf mit   AH   = 06
               DL   = Funktionsanforderung
                           00h-0FEh:Ausgabe des entsprechenden Zeichens
                           FFh:Eingabe eines Zeichens

Rückgabewerte   Ausgabe   = Keine
                      Eingabe   = Nullflag = 0 ; Kein Zeichen verfügbar
                                    = Nullflag = 1 ; AL = Zeichencode

Mit dieser Funktion kann wahlweise ein Zeichen eingelesen bzw. ausgegeben werden. Bei der Eingabe eines Zeichens wird nicht gewartet, bis ein Zeichen bereitsteht. Außerdem wird von DOS nicht überprüft, ob ein spezieller Steuercode wie z. B. Ctrl C eingegeben wurde. Falls es sich bei der betätigten Taste um eine spezielle Funktionstaste handelt (AL=0), muß die Funktion ein zweites Mal ausgeführt werden, um den erweiterten Tastencode zu ermitteln.

Funktion 07h: **Direkte Eingabe (ohne Echo)**
Aufruf mit   AH   = 07

Rückgabewerte   AL   = Zeichencode

Mit dieser Funktion wird ein Zeichen vom Standard-Eingabegerät gelesen, es wird aber nicht auf dem Standard-Ausgabegerät ausgegeben. Außerdem wird von DOS nicht überprüft, ob ein spezieller Steuercode wie z.B. Ctrl C eingegeben wurde. Falls es sich bei der betätigten Taste um eine spezielle Funktionstaste handelt (AL=0), muß die Funktion ein zweites Mal ausgeführt werden, um den erweiterten Tastencode zu ermitteln.

Funktion 08h: **Eingabe eines Zeichens (ohne Echo)**
Aufruf mit AH = 08

Rückgabewerte AL = Zeichencode

Mit dieser Funktion wird ein Zeichen vom Standard-Eingabegerät gelesen, es wird aber nicht auf dem Standard-Ausgabegerät ausgegeben. Falls es sich bei der betätigten Taste um eine spezielle Funktionstaste handelt (AL=0), muß die Funktion ein zweites Mal ausgeführt werden, um den erweiterten Tastencode zu ermitteln.

Funktion 09h: **Ausgabe einer Zeichenkette**
Aufruf mit AH = 09
 DS = Segmentadresse der Zeichenkette
 DX = Offsetadresse der Zeichenkette

Rückgabewerte Keine

Bemerkung: Die Zeichenkette kann Steuerzeichen enthalten und muß stets durch ein »$«-Zeichen beendet werden.

Funktion 0Ah: **Eingabe einer Zeichenkette**
Aufruf mit AH = 0Ah
 DS = Segmentadresse des Puffers
 DX = Offsetadresse des Puffers

Rückgabewerte Keine

Bemerkung: Die ersten beiden Byte des Puffers zur Aufnahme der eingegebenen Zeichen haben eine besondere Bedeutung. Das erste Byte gibt die maximale Anzahl an Zeichen an (inkl. dem Carriage-Return), die in den Puffer aufgenommen werden können. In das zweite Byte trägt DOS nach der Eingabe die tatsächliche Anzahl der eingegebenen Zeichen ein.

Funktion 0Ch: **Eingabepuffer löschen und Eingabe**
Aufruf mit AH = 0Ch
 AL = Nummer der Eingabefunktion

Wenn Funktion 09h:

 DS = Segmentadresse der Zeichenkette
 DX = Offsetadresse der Zeichenkette

Rückgabewerte AL = Zeichencode

Wenn Funktion 0Ah: Keine Rückgabewerte

Diese Funktion löscht den Eingabepuffer und ruft danach eine DOS-Funktion zur Eingabe auf. Als Funktionsnummer dürfen 1, 6, 7, 8 und 10 übergeben werden.

Funktion 1Ah: **Setzen der DTA-Adresse**

Aufruf mit	AH	= 1Ah
	DS	= Segmentadresse des DTA-Puffers
	DX	= Offsetadresse des DTA-Puffers

Rückgabewerte   Keine

Durch diese Funktion kann die DTA (Disk Transfer Area) in einen anderen Speicherbereich verlegt werden. Falls diese Funktion nicht innerhalb eines Programms aufgerufen wird, befindet sich die DTA ab dem Byte 80h innerhalb des PSP.

Funktion 25h: **Interruptvektor setzen**

Aufruf mit	AH	= 37
	AL	= Interruptnummer
	DS	= Segmentadresse der Interruptroutine
	DX	= Offsetadresse der Interruptroutine

Rückgabewerte   Keine

Mit dieser Funktion kann eine Interruptroutine einem Interrupt zugeordnet werden. Falls die neue Routine eine bereits existierende Interruptroutine ersetzen soll, empfiehlt es sich, die Adresse der alten Interruptroutine durch die Funktion 53 (35h) zu ermitteln und abzuspeichern.

Funktion 2Ah: **Datum lesen**

Aufruf mit	AH	= 2Ah
Rückgabewerte	CX	= Jahr (1980 bis 2099)
	DH	= Monat (1–12)
	DL	= Tag (1–31)
	AL	= Wochentag (0=Sonntag, 1=Montag usw.)

Funktion 2Bh: **Datum setzen**

Aufruf mit	AH	= 2Bh
	CX	= Jahr (1980 bis 2099)
	DH	= Monat (1–12)
	DL	= Tag (1–31)
Rückgabewerte	AL	= 00 ; Datum wurde gesetzt
		= FFh ; Datum wurde nicht gesetzt

Funktion 2Ch: **Zeit lesen**

Aufruf mit	AH	= 2Ch
Rückgabewerte	CH	= Stunden (0 bis 23)
	CL	= Minuten (0 bis 59)
	DH	= Sekunden (0 bis 59)
	DL	= Hundertstel (0 bis 99)

Funktion 2Dh:	**Zeit setzen**	
Aufruf mit	AH	= 2Dh
	CH	= Stunden (0 bis 23)
	CL	= Minuten (0 bis 59)
	DH	= Sekunden (0 bis 59)
	DL	= Hundertstel (0 bis 99)
Rückgabewerte	AL	= 00 ; Datum wurde gesetzt
		= FFh ; Datum wurde nicht gesetzt

Funktion 2Fh:	**Adresse der DTA ermitteln**	
Aufruf mit	AH	= 2Fh
Rückgabewerte	ES	= Segmentadresse des DTA-Puffers
	BX	= Offsetadresse des DTA Puffers

Funktion 30h:	**DOS-Versionsnummer ermitteln**	
Aufruf mit	AH	= 30h
Rückgabewerte	AL	= Hauptversionsnummer
	AH	= Unterversionsnummer

Bemerkung: Die Unterversionsnummer ist die Zahl nach dem Punkt.

Funktion 31h:	**Programm resident beenden**	
Aufruf mit	AH	= 31h
	AL	= Return-Code
	DX	= zu reservierende Speichergröße (in Paragraphen)
Rückgabewerte	Keine	

Bemerkung: Der Return-Code kann als »Nachricht« dem aufrufenden Programm übergeben werden, das die Kontrolle erhält, nachdem das aktive Programm beendet wurde. Der Return-Code kann von dem aufrufenden Programm durch die Funktion 4Dh gelesen werden. Innerhalb einer Batch-Datei steht der Return-Code durch den Befehl ERRORLEVEL zur Verfügung. Die Speichergröße des residenten Programms muß in Paragraphen (16 Byte) angegeben werden. Dabei muß auch die Größe eines etwaigen Stacksegments berücksichtigt werden.

Funktion 35h:	**Inhalt eines Interruptvektors lesen**	
Aufruf mit	AH	= 35h
	AL	= Interrupt-Nummer
Rückgabewerte	ES	= Segmentadresse der Interruptroutine
	BX	= Offsetadresse der Interruptroutine

Funktion 36h: **Freien Speicherplatz auf Diskette ermitteln**

Aufruf mit   AH   = 36h
                    DL   = Laufwerksbezeichnung (0=Default, 1= A usw.)

Rückgabewerte   AX   = Anzahl der Sektoren pro Cluster
                          = FFFFh ; Fehlerhafte Laufwerksangabe
                    BX   = Anzahl der noch verfügbaren Cluster
                    CX   = Anzahl der Bytes pro Sektor
                    DX   = Anzahl der Cluster auf dem Laufwerk

Bemerkung: Die verbleibende Kapazität berechnet sich aus Sektoren/Cluster * Bytes/Sektor * Anzahl der freien Cluster.

Funktion 39h: **Unterverzeichnis erstellen**

Aufruf mit   AH   = 39h
                    DS   = Segmentadresse des Pfadnamens
                    DX   = Offsetadresse des Pfadnamens

Rückgabewerte   Carryflag = 0 ; Operation erfolgreich
                    Carryflag = 1 ; Fehler
                    AX   = Fehlercode

Bemerkung: Der übergebene Pfadname ist ein ASCII-String, der durch eine »0« beendet werden muß.

Funktion 3Ah: **Unterverzeichnis löschen**

Aufruf mit   AH   = 3Ah
                    DS   = Segmentadresse des Pfadnamens
                    DX   = Offsetadresse des Pfadnamens

Rückgabewerte   Carryflag = 0 ; Operation erfolgreich
                    Carryflag = 1 ; Fehler
                    AX   = Fehlercode

Bemerkung: Der übergebene Pfadname ist ein ASCII-String, der durch eine »0« beendet werden muß.

Funktion 3Bh: **Aktuelles Unterverzeichnis setzen**

Aufruf mit   AH   = 3Bh
                    DS   = Segmentadresse des Pfadnamens
                    DX   = Offsetadresse des Pfadnamens

Rückgabewerte   Carryflag = 0 ; Operation erfolgreich
                    Carryflag = 1 ; Fehler
                    AX   = Fehlercode

Bemerkung: Der übergebene Pfadname ist ein ASCII-String, der durch eine »0« beendet werden muß.

Funktion 3Ch: **Datei erstellen**

Aufruf mit	AH	= 3Ch
	DS	= Segmentadresse des Dateinamens
	DX	= Offsetadresse des Dateinamens
	CX	= Dateiattribut
	00	= Normal
	01	= Nur Lese
	02	= Versteckt
	04	= System
Rückgabewerte	Carryflag	= 0 ; Operation erfolgreich
	AX	= Handle
	Carryflag	= 1 ; Fehler
	AX	= Fehlercode

Bemerkung: Der übergebene Dateiname ist ein ASCII-String, der durch eine »0« beendet werden muß. Falls bereits eine Datei mit dem angegebenen Namen existiert, wird der bisherige Inhalt gelöscht. Es ist daher im allgemeinen sinnvoller, die Funktion 91 (5Bh) zu verwenden, die in einem solchen Fall mit einer Fehlermeldung abbricht.

Funktion 3Dh: **Datei öffnen**

Aufruf mit	AH	= 3Dh
	DS	= Segmentadresse des Dateinamens
	DX	= Offsetadresse des Dateinamens
	AL	= Zugriffsmodus
	00	= Lesezugriff
	01	= Schreibezugriff
	02	= Lese-/Schreibezugriff
Rückgabewerte	Carryflag	= 0 ; Operation erfolgreich
	AX	= Handle
	Carryflag	= 1 ; Fehler
	AX	= Fehlercode

Bemerkung: Der übergebene Dateiname ist ein ASCII-String, der durch eine »0« beendet werden muß. Ab DOS-Version 3.0 kann im Zugriffsmodus auch die Zugriffsberechtigung (z.B. innerhalb eines Netzwerkes) festgelegt werden.

Funktion 3Eh: **Datei schließen**

Aufruf mit	AH	= 3Eh
	BX	= Dateihandle
Rückgabewerte	Carryflag	= 0 ; Operation erfolgreich
	Carryflag	= 1 ; Fehler
	AX	= Fehlercode

Bemerkung: Durch das Schließen einer Datei wird sichergestellt, daß alle Daten, die sich noch in internen Puffern befinden, auf Diskette geschrieben werden. Außerdem wird der Directory-Eintrag aktualisiert.

Funktion 3Fh:	**Datei (bzw. Gerät) lesen**
Aufruf mit	AH = 3Fh
	BX = Dateihandle
	CX = Anzahl der zu lesenden Bytes
	DS = Segmentadresse des Puffers
	DX = Offsetadresse des Puffers
Rückgabewerte	Carryflag = 0 ; Operation erfolgreich
	AX = Anzahl der gelesenen Bytes (0 = Ende der Datei)
	Carryflag = 1 ; Fehler
	AX = Fehlercode

Bemerkung: Die Leseoperation beginnt immer an der aktuellen Position des Dateizeigers. Mit dieser Funktion kann z.B. auch eine Tastatureingabe durchgeführt werden, wenn als Handle das Standardhandle 0 übergeben wird. Enthält das AX-Register nach dem Aufruf eine Zahl, die kleiner als der Inhalt des CX-Registers ist, konnten nicht alle Bytes gelesen werden.

Funktion 40h:	**Datei (bzw. Gerät) schreiben**
Aufruf mit	AH = 40h
	BX = Dateihandle
	CX = Anzahl der zu schreibenden Bytes
	DS = Segmentadresse des Puffers
	DX = Offsetadresse des Puffers
Rückgabewerte	Carryflag = 0 ; Operation erfolgreich
	AX = Anzahl der geschriebenen Bytes (0 = Diskette ist voll)
	Carryflag = 1 ; Fehler
	AX = Fehlercode

Bemerkung: Die Schreibe-Operation beginnt immer an der aktuellen Position des Dateizeigers. Mit dieser Funktion kann z.B. auch eine Bildschirmausgabe durchgeführt werden, wenn als Handle das Standardhandle 1 übergeben wird. Enthält das AX-Register nach dem Aufruf eine Zahl, die kleiner als der Inhalt des CX-Registers ist, konnten nicht alle Bytes geschrieben werden.

Funktion 41h:	**Datei löschen**
Aufruf mit	AH = 41h
	DS = Segmentadresse des Dateinamens
	DX = Offsetadresse des Dateinamens
Rückgabewerte	Carryflag = 0 ; Operation erfolgreich
	Carryflag = 1 ; Fehler
	AX = Fehlercode

Bemerkung: Der übergebene Dateiname ist ein ASCII-String, der durch eine »0« beendet werden muß.

Funktion 42h: **Dateizeiger verschieben**

Aufruf mit	AH	= 42h
	AL	= Modus
	00	= Absoluter Offset vom Beginn der Datei
	01	= Offset von der augenblicklichen Position
	02	= Offset vom Ende der Datei
	BX	= Dateihandle
	CX	= Höherwertige Hälfte des Offsets
	DX	= Niederwertige Hälfte des Offsets
Rückgabewerte	Carryflag	= 0 ; Operation erfolgreich
	DX	= Höherwertige Hälfte der neuen Position
	AX	= Niederwertige Hälfte der neuen Position
	Carryflag	= 1 ; Fehler
	AX	= Fehlercode

Bemerkung: Bei dem Offset handelt es sich um eine 32-Bit-Zahl. Der Offset nach dem Aufruf der Funktion bezieht sich immer auf den Beginn der Datei. Mit dieser Funktion kann auch die Größe einer Datei bestimmt werden. Dazu muß der Modus 2 mit einem Offset 0 übergeben werden. Dadurch wird der Dateizeiger auf das letzte Byte der Datei gesetzt und die Position dieses Bytes wird nach dem Aufruf im Registerpaar DX:AX übergeben.

Funktion 43h: **Dateiattribut lesen bzw. setzen**

Aufruf mit	AH	= 43h
	AL	= 00 ; Attribut lesen
	01	; Attribut setzen
	CX	= Neues Attribut (wenn AL = 01)
		(Attributbyte siehe Funktion 60)
	DS	= Segmentadresse des Dateinamens
	DX	= Offsetadresse des Dateinamens
Rückgabewerte	Carryflag	= 0 ; Operation erfolgreich
		Bei Lesen: CX = Dateiattribut
	Carryflag	= 1 ; Fehler
	AX	= Fehlercode

Bemerkung: Der übergebene Dateiname ist ein ASCII-String, der durch eine »0« beendet werden muß.

Funktion 46h: **Handle angleichen**

Aufruf mit	AH	= 46h
	BX	= 1. Dateihandle
	CX	= 2. Dateihandle
Rückgabewerte	Carryflag	= 0 ; Operation erfolgreich
	Carryflag	= 1 ; Fehler
	AX	= Fehlercode

Bemerkung: Diese Funktion bewirkt, daß das 2. Dateihandle an das 1. Dateihandle angeglichen wird. Dadurch wird das 2. Dateihandle der gleichen Datei bzw. dem gleichen Gerät wie das 1. Dateihandle zugeordnet.

Funktion 47h:	**Aktuelles Verzeichnis ermitteln**	
Aufruf mit	AH	= 47h
	DL	= Laufwerksbezeichnung (0=Default, 1=A usw.)
	DS	= Segmentadresse eines 64-Byte-Puffers
	SI	= Segmentadresse eines 64-Byte-Puffers
Rückgabewerte	Carryflag	= 0 ; Operation erfolgreich
		Puffer enthält den vollständigen Pfadnamen
	Carryflag	= 1 ; Fehler
	AX	= Fehlercode

Bemerkung: Der Pfadname im Puffer wird durch eine »0« beendet.

Funktion 48h:	**Speicherplatz reservieren**	
Aufruf mit	AH	= 48h
	BX	= Anzahl der zu reservierenden Paragraphen (1 Paragraph = 16 Byte)
Rückgabewerte	Carryflag	= 0 ; Operation erfolgreich
	AX	= Erstes Segment des Speicherbereichs
	Carryflag	= 1 ; Fehler
	AX	= Fehlercode
	7:	Speicherkontrollblock wurde zerstört
	8:	Nicht mehr genügend Speicherplatz
	BX	= Größe des größten freien Speicherbereichs

Bemerkung: Falls der angeforderte Speicherplatz reserviert werden konnte, beginnt er ab der Adresse AX:0000. Diese Funktion kann nicht so ohne weiteres innerhalb eines COM-Programms aufgerufen werden, da einem COM-Programm nach dem Aufruf der gesamte verfügbare Speicher zugewiesen wird.

Funktion 49h:	**Speicherplatz freigeben**	
Aufruf mit	AH	= 49h
	ES	= Segmentadresse des freizugebenden Bereichs
Rückgabewerte	Carryflag	= 0 ; Operation erfolgreich
	AX	= Erstes Segment des Speicherbereichs
	Carryflag	= 1 ; Fehler
	AX	= Fehlercode
	7:	Speicherkontrollblock wurde zerstört
	9:	Speicherbereich mit der übergebenen Segmentadresse wurde nicht reserviert.

Bemerkung: Die Größe des freizugebenden Speicherbereichs muß nicht angegeben werden, da DOS diese Information dem Speicherkontrollblock entnehmen kann. Diese Funktion geht davon aus, daß der freizugebende Speicherbereich zuvor durch die Funktion 48h reserviert wurde.

Funktion 4Ah: **Größe eines Speicherbereichs ändern**

Aufruf mit	AH	= 4Ah
	BX	= Neue Speichergröße in Paragraphen
		(1 Paragraph = 16 Byte)
	ES	= Segmentadresse des Speicherbereichs
Rückgabewerte	Carryflag	= 0 ; Operation erfolgreich
	AX	= Fehlercode
	7:	Speicherkontrollblock wurde zerstört
	8:	Nicht mehr genügend Speicherplatz
	BX	= Anzahl der noch zur Verfügung stehenden Paragraphen

Bemerkung: Diese Funktion geht davon aus, daß der freizugebende Speicherbereich zuvor durch die Funktion 48h reserviert wurde.

Funktion 4Bh: **Programm ausführen**

Aufruf mit	AH	= 4Bh
	AL	= 00 ; Programm laden und ausführen
		= 03 ; Programm als Overlay laden
	ES	= Segmentadresse des Parameter-Blocks
	BX	= Offsetadresse des Parameter-Blocks
	DS	= Segmentadresse des Dateinamens
	DX	= Offsetadresse des Dateinamens
Rückgabewerte	Carryflag	= 0 ; Operation erfolgreich
		(Alle Register außer CS und IP werden verändert)
	Carryflag	= 1 ; Fehler
	AX	= Fehlercode

Aufbau des Parameterblocks

Byte	Bedeutung
0–1	Segmentadresse des Environment-Blocks (Paragraphenadr.)
2–3	Offsetadresse der Kommandozeile
4–5	Segmentadresse der Kommandozeile
Falls erforderlich	
6–7	Offsetadresse des ersten FCB
8–9	Segmentadresse des ersten FCB
10–11	Offsetadresse des zweiten FCB
12–13	Segmentadresse des zweiten FCB

Bemerkung: Mit Hilfe dieser Funktion kann ein Programm in den Speicher geladen und/oder zur Ausführung gebracht werden. Diese Funktion wird z.B. von COMMAND.COM benutzt, um ein über die Tastatur aufgerufenes Programm zur Ausführung zu bringen. Der Programmname muß als

ASCII-String vorliegen und mit einer »0« abgeschlossen werden. Der Environmentblock enthält eine Reihe von ASCII-String die mit einem Nullbyte beendet werden müssen:

```
PATH = 'C:\SYSTEM\COMMAND.COM',0
ZB = Zählbyte
```

Funktion 4Ch: Programm beenden

Aufruf mit	AH	= 4Ch
	AL	= Return-Code
Rückgabewerte	Keine	

Bemerkung: Diese Funktion sollte stets verwendet werden, um ein Programm zu beenden und den belegten Speicherplatz wieder freizugeben. Zusätzlich kann an das aufrufende Programm (das ist jenes Programm, das nach Beendigung des aktiven Programms die Kontroller erhält, in der Regel handelt es sich um COMMAND.COM) ein Return-Code übergeben werden. Dieser kann dann vom aufrufenden Programm durch die Funktion 4Dh ermittelt werden.

Funktion 4Dh: Return-Code ermitteln

Aufruf mit	AH	= 4Dh
Rückgabewerte	AH	= Exittyp
	00	= Programm normal beendet
	01	= Beendet durch Ctrl-C
	02	= Beendet durch kritischen Fehler
	03	= Beendet durch Funktion 31h
	AL	= Return-Code (übergeben durch Kind-Prozeß)

Bemerkung: Diese Funktion übergibt den Return-Code, der von einem aufgerufenen Programm nach dessen Beendigung übergeben wurde. Zusätzlich kann festgestellt werden, auf welche Weise das Programm beendet wurde.

Funktion 4Eh: Ersten Eintrag im Directory suchen

Aufruf mit	AH	= 4Eh
	CX	= Dateiattribut
	DS	= Segmentadresse des Dateinamens
	DX	= Offsetadresse des Dateinamens
Rückgabewerte	Carryflag	= 0 ; Operation erfolgreich

DTA-Puffer wurde gefüllt :

Byte	0–20:	Reserviert
Byte	21:	Attributbyte
Byte	22–23:	Zeit
Byte	24–25:	Datum
Byte	26–27:	Niederwertige Hälfte d. Dateigröße
Byte	28–29:	Höherwertige Hälfte d. Dateigröße
Byte	30–42:	Dateiname
	Carryflag	= 1; Fehler
	AX	= Fehlercode

Bemerkung: Der Programmname muß als ASCII-String vorliegen und mit einer »0« abge-schlossen werden. Er kann neben einer kompletten Pfadbezeichnung auch Wildcards enthalten. Konnte eine Datei mit dem angegebenen Namen gefunden werden, wird der DTA-Puffer mit den entsprechenden Informationen gefüllt.

Funktion 4Fh:	**Nächsten Eintrag im Directory suchen**	
Aufruf mit	AH	= 4Fh
Rückgabewerte	Carryflag	= 0 ; Operation erfolgreich
		DTA-Puffer wurde gefüllt (siehe Funktion 4Eh)
	Carryflag	= 1 ; Fehler
	AX	= Fehlercode

Diese Funktion wird nach der Durchführung der Funktion 4Eh aufgerufen, um weitere Überein-stimmungen zu finden. Das ist sinnvoll, wenn die Funktion 4Eh mit einer Wildcard im Dateinamen aufgerufen wurde.

Bemerkung: Der Programmname muß als ASCII-String vorliegen und mit einer »0« abge-schlossen werden. Er kann neben einer kompletten Pfadbezeichnung auch Wildcards enthalten. Konnte eine Datei mit dem angegebenen Namen gefunden werden, wird der Puffer mit den Informationen gefüllt.

Funktion 55h:	**Datei umbenennen**	
Aufruf mit	AH	= 55h
	DS	= Segmentadresse des alten Dateinamens
	DX	= Offsetadresse des alten Dateinamens
	ES	= Segmentadresse des neuen Dateinamens
	DI	= Offsetadresse des neuen Dateinamens
Rückgabewerte	Carryflag	= 0 ; Operation erfolgreich
	Carryflag	= 1 ; Fehler
	AX	= Fehlercode

Mit dieser Funktion kann eine Datei umbenannt oder in ein anderes Verzeichnis übertragen werden.

Bemerkung: Der Programmname muß als ASCII-String vorliegen und mit einer »0« abgeschlos-sen werden. Er kann auch eine komplette Pfadbezeichnung, aber keine Wildcards enthalten.

Funktion 57h:	**Zeit der letzten Dateiänderung lesen/setzen**	
Aufruf mit	AH	= 57h
	AL	= 00 (lesen)
	BX	= Dateihandle
	bzw.	
	AL	= 01 (schreiben)
	BX	= Dateihandle
	CX	= Zeit

Bits 0– 4 Anzahl der 2 Sekundeneinheiten
Bits 5–10 Minuten
Bits 9–15 Stunden
DX   = Datum
Bits 0– 4 Tag
Bits 5– 8 Monat
Bits 9–15 Jahr (relativ zu 1980)

Rückgabewerte   Carryflag = 0 ; Operation erfolgreich

Beim Lesen der Zeit : CX   = Zeit (gemäß der obigen Aufteilung)

DX   = Datum (gemäß der obigen Aufteilung)
Carryflag = 1 ; Fehler
AX   = Fehlercode

Funktion 59h: **Erweiterte Fehlerinformation holen**
Aufruf mit   AH   = 59h
BX   = 00

Rückgabewerte   AX   = Erweiterter Fehlercode
BH   = Ursache des Fehlers
BL   = Empfohlene Aktion
CH   = Fehlerquelle

Erweiterte Fehlercodes:

Nr.	Bedeutung
00	Kein Fehler
01	Unbekannte Funktionsnummer
02	Datei nicht gefunden
03	Pfad nicht gefunden
04	Zu viele Dateien geöffnet
05	Zugrlff verwelgert
06	Illegales Handle
07	Speicherkontrollblock zerstört
08	Nicht genügend freier Speicher
09	Illegale Speicherkontrollblock-Adresse
10	Illegales Environment
11	Ungültiges Format
12	Illegaler Zugriffscode
13	Daten ungültig
15	Ungültige Laufwerksangabe
16	Versuch, das augenblickliche Laufwerk zu entfernen
17	Zugriff auf ein anderes Gerät
18	Keine weiteren Dateien

Nr.	Bedeutung
19	Diskette ist schreibgeschützt
20	Ungültige Gerätebezeichnung
21	Laufwerk nicht bereit
22	Unbekannter Befehl
23	Datenfehler (CRC)
24	Ungültige Datenlänge
25	Fehler beim Suchen
26	Unbekannter Gerätetyp
27	Sektor nicht gefunden
28	Drucker ohne Papier
29	Schreibfehler
30	Lesefehler
31	Allgemeiner Fehler
32	Fehler bei gemeinsamem Zugriff
33	Fehler bei Dateisperre
34	Unerlaubter Diskettenwechsel
35	FCB nicht verfügbar
80	Datei existiert bereits
82	Verzeichnis kann nicht erstellt werden
83	Abbruch nach Aufruf des Interrupts 24h

Fehlerursache

Nr.	Bedeutung
01	Ressource erschöpft (z.B. kein Speicherplatz, keine offenen Kanäle)
02	Augenblickliches Zugriffsverbot
03	Zugriff ist nicht autorisiert
04	Fehler in der Systemsoftware
05	Hardwarefehler
06	Fehler in der Systemsoftware und nicht Fehler des aktiven Prozesses
07	Fehler im Anwenderprogramm
08	Datei nicht gefunden
09	Illegales Dateiformat
10	Zugriff auf Datei verweigert
11	Falsche Diskette im Diskettenlaufwerk bzw. Fehler im Speichermedium
12	Andere Fehlerursache

Empfohlene Aktion zur Behebung des Fehlers

Nr.	Bedeutung
01	Vorgang ein paarmal wiederholen, dann den Benutzer auffordern, abzubrechen oder den Fehler zu ignorieren

Nr.	Bedeutung
02	Vorgang ein paarmal mit einer Pause wiederholen, dann den Benutzer auffordern, abzubrechen oder Fehler zu ignorieren
03	Zusätzliche Informationen vom Benutzer anfordern
04	Programm beenden und Systemstatus zurücksetzen
05	Programm sofort beenden ohne Initialisierung
06	Fehler ignorieren
07	Anwender auffordern, die Fehlerursache zu beseitigen und dann wiederholen

Fehlerquelle

Nr.	Bedeutung
01	Unbekannt
02	Blocktreiber (z.B. Diskette)
03	Netzwerk
04	Serielles Gerät
05	RAM-Speicher

Bemerkung: Diese Funktion bietet eine wesentlich umfassendere Fehlerbeschreibung als z. B. Interrupt 36 (24h). Jedes umfangreichere Anwenderprogramm sollte diese Funktion zur Unterstützung bei der Reaktion auf einen sog. kritischen Fehler (siehe Interrupt 24h) heranziehen.

Funktion 5Bh: **Datei erstellen**

Aufruf mit	AH	= 5Bh
	CX	= Dateiattribut
	DX	= Offsetadresse des Dateinamens
	DS	= Segmentadresse des Dateinamens

Rückgabewerte	Carryflag	= 0 ; Operation erfolgreich
	AX	= Dateihandle
	Carryflag	= 1 ; Fehler
	AX	= Fehlercode

Diese Funktion erstellt eine neue Datei. Falls diese Datei bereits existiert, wird (anders als bei der Funktion 3Ch) eine Fehlermeldung übergeben, die Datei aber nicht erstellt.

Bemerkung: Der Dateiname kann eine Pfadbezeichnung enthalten und muß mit einer »0« abgeschlossen werden.

Interrupt 25h: **Absolutes Lesen**

Aufruf mit	AH	= Laufwerksbezeichnung (0=A, 1=B usw.)
	CX	= Anzahl der zu lesenden log. Sektoren
	DX	= Erster zu lesender Sektor
	DS	= Segmentadresse des Puffers
	BX	= Offsetadresse des Puffers

Rückgabewerte	Carryflag	= 0 ; Operation fehlerfrei
	Carryflag	= 1 ; Fehler
	AX	= Fehlercode
	01	= Illegales Kommando
	02	= Illegale Adreßmarkierung
	04	= Sektor nicht gefunden
	08	= DMA-Fehler
	16	= Prüfbyte-Fehler (CRC)
	32	= Fehler im Festplattenkontroller
	64	= Fehler beim Suchen
	128	= Gerät nicht bereit

Durch diesen Interrupt können einer oder mehrere aufeinanderfolgende logische Sektoren von der Diskette oder Festplatte in einen Puffer gelesen werden.

Bemerkung: Nach Beendigung dieses Interrupts bleibt der Inhalt des Stackregisters auf dem Stack, so daß der Stackzeiger nicht den gleichen Inhalt hat wie vor dem Aufruf.

Interrupt 26h: Absolutes Schreiben

Aufruf mit	AH	= Laufwerksbezeichnung (0=A, 1=B usw.)
	CX	= Anzahl der zu schreibenden log. Sektoren
	DX	= Erster zu schreibender Sektor
	DS	= Segmentadresse des Puffers
	BX	= Offsetadresse des Puffers
Rückgabewerte	Carryflag	= 0 ; Operation fehlerfrei
	Carryflag	= 1 ; Fehler
	AX	= Fehlercode (siehe Interrupt 26h)

Durch diesen Interrupt können einer oder mehrere aufeinanderfolgende logische Sektoren von einem Puffer auf Diskette oder Festplatte geschrieben werden.

Bemerkung: Nach Beendigung dieses Interrupts bleibt der Inhalt des Stackregisters auf dem Stack, so daß der Stackzeiger nicht den gleichen Inhalt hat wie vor dem Aufruf.

Interrupt 27h: Programm resident beenden

Aufruf mit	CX	= Segmentadresse des PSP
	DX	= Anzahl der zu reservierenden Bytes + 1
Rückgabewerte	Keine	

Dieser Interrupt bewirkt, daß das aktive Programm beendet wird, aber speicherresident bleibt. Die Kontrolle wird wieder an das aufrufende Programm (in der Regel COMMAND.COM) zurück-gegeben.

Bemerkung: Die Anzahl der zu reservierenden Bytes bezieht sich auf den Beginn des PSP. Maximal können 64 Kbyte reserviert werden. Dieser Interrupt kann nur zur Beendigung von COM-Programmen verwendet werden. Anstelle dieses Interrupts sollte die Funktion 31h des Interrupts 21h verwendet werden.

D Anhang

Assembler-Anweisungen

Im folgenden finden Sie eine Übersicht der wichtigsten Anweisungen eines Assemblers. Da diese Anweisungen in allen gängigen PC-Assemblern zu finden sind, wird nicht zwischen den einzelnen Versionen unterschieden.

Symboldefinitionen

EQU

Syntax: Name EQU Ausdruck

Die EQU-Anweisung weist einem symbolischen Namen einen absoluten Wert, einen Aliasnamen oder ein Textsymbol zu. Ein absoluter Wert ist ein Ausdruck, der eine 16-Bit-Zahl ergibt. Ein Aliasname ist ein Name, der ein anderes Symbol darstellt. Bei einem Textsymbol handelt es sich um eine Kombination von Zeichen.

Bemerkung: Ein durch eine EQU-Anweisung definiertes Symbol wird beim Assemblieren durch seinen Wert ersetzt. Es wird aber nicht im Objektprogramm gespeichert und belegt daher keinen Speicherplatz im Programm.

=

Syntax: Name = Ausdruck

Die =-Anweisung weist einem symbolischen Namen einen absoluten 16-Bit-Wert zu. Bei dem absoluten Wert kann es sich um eine Integerzahl, eine Zeichenkonstante oder um eine Adreßangabe handeln. Ihr Wert darf 65535 nicht übersteigen. Anders als bei der EQU-Anweisung, kann ein durch die =-Anweisung definiertes Symbol jederzeit wieder umdefiniert werden.

Bemerkung: Ein durch eine =-Anweisung definiertes Symbol wird beim Assemblieren durch seinen Wert ersetzt. Es wird aber nicht im Objektprogramm gespeichert und belegt daher keinen Speicherplatz im Programm.

LABEL

Syntax: Name LABEL Typ

Die LABEL =-Anweisung erzeugt ein Label oder eine Variable, indem dem symbolischen Namen »Name« der momentane Stand des Adreßzählers zugewiesen wird. Bei Typ kann es sich um eine der folgenden Möglichkeiten handeln:

```
BYTE WORD DWORD FWORD QWORD TBYTE NEAR FAR oder PROC
```

Datendefinitionen

DB

Syntax: [Name] DB Wert,,,

Die DB-Anweisung schafft für jeden aufgeführten Wert 1 Byte Speicherplatz. Bei Wert kann es sich um eine Integerzahl, eine Zeichenkette, einen konstanten Ausdruck, um den DUP-Operator oder um ein »?« handeln. Mehrere Werte müssen durch Kommas getrennt werden. Der DB-Anweisung kann ein symbolischer Name vorangehen. Dieser Name wird vom Assembler als eine Variable mit dem Typ BYTE behandelt, deren Offsetadresse dem momentanen Stand des Programmzählers entspricht.

Bemerkung: Eine Stringkonstante kann beliebig lang sein, muß aber in eine Zeile des Assemblerprogramms passen. Die DB-Anweisung ist die einzige Anweisung, mit der beliebig lange Zeichenketten definiert werden können.

DW

Syntax: [Name] DW Wert,,,

Die DW-Anweisung schafft für jeden aufgeführten Wert 2 Byte Speicherplatz. Bei Wert kann es sich um eine Integerzahl, eine Zeichenkonstante mit einem oder zwei Zeichen, einen konstanten Ausdruck, um den DUP-Operator oder um ein »?« handeln. Mehrere Werte müssen durch Kommas getrennt werden. Der DW-Anweisung kann ein symbolischer Name vorangehen. Dieser Name wird vom Assembler als eine Variable mit dem Typ WORD behandelt, deren Offsetadresse dem momentanen Stand des Programmzählers entspricht.

DD

Syntax: [Name] DD Wert,,,

Die DD-Anweisung schafft für jeden aufgeführten Wert 4 Byte Speicherplatz. Bei Wert kann es sich um eine Integerzahl, eine Zeichenkonstante mit einem oder zwei Zeichen, einen konstanten Ausdruck, um den DUP-Operator oder um ein »?« handeln. Mehrere Werte müssen durch Kommas getrennt werden. Der DD-Anweisung kann ein symbolischer Name vorangehen. Dieser Name wird vom Assembler als eine Variable mit dem Typ DWORD behandelt, deren Offsetadresse dem momentanen Stand des Programmzählers entspricht.

Makroanweisungen

MACRO/ENDM

Syntax: Name   MACRO [Dummy Parameter,,,]
            <Anweisungen>
            ENDM

Diese Anweisung definiert ein Makro mit dem Namen »Name«. Dem Makro können eine beliebige Anzahl an Parametern übergeben werden, deren symbolischer Namen innerhalb des Makros bei der späteren Assemblierung durch den übergebenen Wert ausgetauscht wird. Mehrere Parameter werden durch Kommas getrennt. Ein Makro wird durch die Anweisung ENDM beendet.

LOCAL

Syntax: LOCAL Dummyname,,,

Diese Anweisung dient zur Definition von Labels innerhalb eines Makros. Der Dummyname ist ein Label innerhalb des Makros, das bei der späteren Assemblierung des Makros durch einen internen Labelnamen ersetzt wird. Dies ist notwendig, da bei der zweimaligen Assemblierung ein und desselben Symbols ansonsten eine Fehlersituation auftreten würde.

REPT

Syntax: REPT Ausdruck
            <Anweisungen>
            ENDM

Die REPT-Anweisung wiederholt alle Anweisungen bis zur nächsten ENDM-Anweisung so oft, wie es durch den Ausdruck, bei dem es sich um einen 16-Bit-Wert handeln muß, angegeben wird.

PURGE

Syntax: PURGE Makroname,,,

Diese Anweisung löscht das angegebene Makro. Mehrere Makronamen müssen durch Kommas getrennt werden.

EXITM

Syntax: EXITM

Diese Anweisung beendet die Assemblierung eines Makros und bewirkt, daß der Assembler bei der Assemblierung mit der nächsten Anweisung nach dem Makro bzw. dem Makroblock fortfährt. EXITM wird normalerweise im Zusammenhang mit einer IF-Anweisung verwendet, um eine bedingte Assemblierung eines Makros bzw. Makroblocks zu ermöglichen.

Segmentanweisungen

SEGMENT/ENDS

Syntax: **Name SEGMENT <Segmentattribute>**

...

Name ENDS

Diese Anweisungen markieren den Beginn und das Ende eines Segments. Alle Befehle und Symboldefinitionen bis zur entsprechenden ENDS-Anweisung gehören zu diesem Segment. Alle Offsets innerhalb dieses Segments beziehen sich auf dieselbe Segmentadresse. SEGMENT kann mit zahlreichen zusätzlichen Parametern aufgerufen werden.

ASSUME

Syntax: **ASSUME Segmentregister:Segmentname,,,**
ASSUME NOTHING

Diese Anweisung weist einem Segment ein Standard-Segmentregister zu. Alle impliziten Adreß-berechnungen innerhalb des Segments beziehen sich auf dieses Segmentregister. Soll diese implizite Zuordnung innerhalb eines Programms geändert werden, muß entweder erneut die ASSUME-Anweisung oder der Segment-Aufhebungs-Operator verwendet werden. Durch NOTHING werden alle getroffenen Segmentzuordnungen aufgehoben.

Sonstige Befehle

PROC/ENDP

Syntax: **Name PROC [Distanztyp]**
<Anweisungen>
Name ENDP

Durch die Anweisungen PROC und ENDP wird der Beginn und das Ende einer Prozedur mit dem Namen »Name« markiert. Zusätzlich kann ein Distanztyp angegeben werden, der festlegt, ob es sich bei der Prozedur um eine FAR- oder NEAR-Prozedur handelt. Aufgrund dieser Angabe erzeugt der Assembler einen normalen RET-Befehl oder einen RETF-Befehl. Wird kein Distanztyp ange-geben, geht der Assembler von einer NEAR-Prozedur aus. Name ist ein Label, das auch von einem JMP-Befehl oder durch einen LOOP-Befehl angesprungen werden kann.

Ausgabe- und Formatsteuerung

PAGE

Syntax: PAGE Länge,Breite

Diese Anweisung definiert Länge und Breite einer Druckseite.

TITLE

Syntax: TITLE Text

Diese Anweisung legt den Titel im Programmlisting fest. Dieser Titel wird vom Assembler in die erste Zeile jeder Druckseite des Programmlistings eingetragen. Der Text kann aus maximal 60 Zeichen bestehen.

PUBLIC

Syntax: PUBLIC Name,,,

Diese Anweisung definiert die aufgeführten Namen als global und macht sie damit allen anderen Modulen eines Programms zugänglich. Dies ist die Voraussetzung, damit z.B. ein Programm-Modul eine Prozedur aufrufen kann, die nicht innerhalb dieses Moduls definiert wurde. Die PUBLIC-Anweisung ist auch dann erforderlich, wenn das betreffende Symbol vom symbolischen Debugger SYMDEB verarbeitet werden soll.

EXTRN

Syntax: EXTRN Name:Typ,,,

Diese Anweisung teilt dem Assembler mit, daß das betreffende Symbol extern ist, d.h. in einem anderen Programmodul zu finden ist. Ein externes Symbol muß in einem anderen Programm-Modul durch die PUBLIC-Anweisung als global deklariert worden sein. Für jeden Namen muß ein Typ angegeben werden, der mit dem tatsächlichen Typ des Symbols übereinstimmen muß.

INCLUDE

Syntax: INCLUDE Dateiname

Diese Anweisung bewirkt, daß der Assembler die angegebene Datei öffnet und den darin enthaltenen Quelltext assembliert. Durch diese Anweisung können in ein Programm andere Programm-Module eingebunden werden.

Operatoren

OFFSET

Syntax: OFFSET Ausdruck

Diese Anweisung berechnet den Offsetwert des angegebenen Ausdrucks. Der Offsetwert ist die Differenz in Bytes zwischen dem Beginn des Segments, in dem der Ausdruck definiert wurde, und dem Ausdruck selber. Bei dem Ausdruck kann es sich um ein Label, eine Variable, einen Segmentnamen oder um ein anderes Symbol handeln.

PTR

Syntax: Typ PTR Ausdruck

Diese Anweisung bewirkt, daß das Label oder die Variable, die durch den Ausdruck festgelegt wird, als ein Label oder eine Variable mit dem angegebenen Typ behandelt wird.

Bemerkung: Der PTR-Operator wird z.B. eingesetzt, um den Typ von Vorwärtsreferenzen festzulegen oder um auf eine Variable bzw. auf ein Label in einer Art und Weise zugreifen zu können, die normalerweise eine Fehlermeldung produzieren würde (MASM Version 4.0).

SHORT

Syntax: SHORT Label

Dieser Operator definiert den Typ des angegebenen Labels als SHORT. Ein solches Label kann von einem Sprung mit einer Distanz von −128... +127 Byte erreicht werden. Wird ein Label vom Typ SHORT mit einem normalen JMP-Befehl angesprungen, erzeugt der Assembler nur ein Byte für die Adreßdistanz.

E Anhang

Der Assembler A86

Dieser Anhang beschreibt die wichtigsten Eigenschaften des Shareware-Assemblers A86. Dieser Assembler ist zwar nicht 100% MASM-kompatibel, mit geringfügigen Modifikationen lassen sich jedoch viele Beispielprogramme in diesem Buch assemblieren. Die Informationen über A86, die in diesem Anhang geliefert werden, sollen Sie in die Lage versetzen, diese Modifikationen selbständig durchzuführen. A86 ist ein erstaunlich leistungsfähiger Assembler (berücksichtigt man zudem die Größe von lediglich 25 Kbyte), der viele Programme schneller umsetzen kann als MASM oder TASM. Die Möglichkeiten von A86 sind naturgemäß eingeschränkt, doch für den Einstieg ist A86 beinahe (wenn die fehlende Kompatibilität nicht wäre) ideal geeignet. Literatur gibt es zu A86 nicht, ein Handbuch muß gesondert beim Entwickler, einem gewissen Eric Isaacson, bestellt werden. Herr Isaacson leidet nicht gerade unter fehlendem Selbstbewußtsein. So rühmt er sich selber als führende Autorität auf dem Gebiet der Maschinensprache-Programmierung. Angeblich hat Herr Isaacson den ersten 8086-Assembler ASM86 für Intel mitentwickelt, was natürlich für eine gewisse Kompetenz bürgt. Die wichtigsten Daten zu A86 findet man, zusammen mit einigen Beispielprogrammen und der Adresse des Autors, auf der mitgelieferten Diskette. Zusammen mit A86 wird in der Regel auch ein Debugger mitgeliefert, dessen Leistungsumfang mit dem von DEBUG bzw. SYMDEB vergleichbar ist.

Leistungsumfang

In diesem Anhang wird die relativ aktuelle Version 3.15 beschrieben, die auf den meisten Shareware-Disketten zu finden sein dürfte. Eine aktuellere Version muß dann vom Autor Mr. Isaacson (gegen harte Dollars versteht sich) bezogen werden. Die Version 3.15 ist in der Lage, die Befehle der 8086/88- und der 80286-CPUs sowie der mathematischen Koprozessoren 8087 und 80287 zu verarbeiten. Des weiteren, und das ist bemerkenswert, kann A86 auch die zusätzlichen Befehle der NEC-CPUs V20 und V30 assemblieren. Wer also seinen PC mit einer V20/V30-CPU nachgerüstet hat, dem stehen nun einige sehr leistungsfähige zusätzliche Maschinenbefehle zur Verfügung. Da diese Programme aufgrund ihrer spezifischen Opcodes aber nur auf der im Vergleich zur Verbreitung der Intel-CPUs doch relativ kleinen Installationsbasis lauffähig sind, wird auf diese Befehle in diesem Buch auch nicht eingegangen.

Der Aufruf von A86

Der Aufruf von A86 erfolgt unproblematisch durch Eingabe des Dateinamens. Da Quelltextdateien für A86 üblicherweise die etwas ungewöhnliche Endung ».8« tragen, muß stets eine Dateiendung mit angegeben werden. Geschieht dies nicht, erscheint ein entsprechender Hinweis (und die Kreditkartennummer von Mr. Isaacson).

A86 ist in der Lage direkt COM-Dateien zu erstellen, so daß das Linken entfallen kann. Auf Wunsch, das heißt durch Setzen der Option +O oder durch explizites Aufführen einer Objektdatei können auch Objektdateien erzeugt werden, die anschließend von einem Linker gelinkt werden müssen. Im folgenden Beispiel wird, sofern der Quelltext keine Fehler enthält, eine Datei FIRST.COM erstellt:

```
C>A86 FIRST.ASM
```

Im nächsten Beispiel ist das Ergebnis der Assemblierung dagegen eine Objektdatei mit dem Namen FIRST.OBJ:

```
C>A86 FIRST.ASM FIRST.OBJ
```

Der allgemeine Aufbau eines Assemblerprogramms

Dieser wird am besten an einigen Beispielprogrammen deutlich. Auf der A86-Diskette finden Sie einige kleinere Beispielprogramme (zu erkennen an der Endung ».8«), die Sie unbedingt anschauen sollten. Das Prinzip von A86 ist Einfachheit, dementsprechend kommt ein Programm ohne jegliche Assembleranweisungen aus. Recht eindrucksvoll wird dies am Beispiel unseres ersten Assemblerprogramms aus Kapitel 1 demonstriert. Bild E.1 zeigt dieses Programm in einer A86-Version.

```
START:                    ; Hier beginnt das Programm
    MOV DI,0              ; DI-Register auf 0 setzen
    MOV AH,02            ; AH-Register mit Funktionsnummer laden
L1:                       ; Definition eines Labels
    MOV DL,TEXT[DI]      ; Adresse eines Zeichens laden
    CMP DL,0             ; Letztes Zeichen erreicht?
    JE L2                ; Ja, dann aufhören
    INT 21h              ; Nein, dann Zeichen ausgeben
    INC DI               ; Zeiger auf nächstes Zeichen
    CALL WARTEN          ; Verzögerung einlegen
    JMP L1               ; Sprung zurück
L2:                       ; Definition eines weiteren Labels
    MOV DL,08            ; DL mit Backspace-Code laden
    INT 21h              ; Ein Zeichen zurück
    MOV DL,32            ; Zeichen durch Leerzeichen überschreiben
    INT 21h
    MOV DL,08            ; Und wieder ein Zeichen zurück
    INT 21h
    DEC DI               ; Zeiger auf  zurückliegendes Zeichen
    CALL WARTEN          ; Und wieder warten
    CMP DI,0             ; Alle Zeichen gelöscht?
    JNE L2               ; Nein, dann weiter
    MOV AH,4Ch           ; Ende des Programms - zurück zu DOS
    INT 21h
WARTEN:                   ; Eine kleine Zeitschleife
    MOV CX,65535         ; Verzögerungsfaktor
T1:
    NOP                  ; Tue nichts
    NOP                  ; Wie gehabt
    LOOP T1
    RET                  ; Zurück zum Hauptprogramm
    TEXT DB 'Das erste Assemblerprogramm !',07,07,00
END                       ; Ende des Assemblerprogramms
```

Bild E.1: *Das »erste Beispielprogramm« für A86 als COM-Datei*

Sie sehen an Bild E.1, daß ein Programm tatsächlich auch ohne Segmentanweisungen assembliert werden kann. Für einen Einsteiger ist dies natürlich ein idealer Zustand. Es können selbstverständlich auch Segmente definiert werden, was, wie bei MASM und TASM auch, über die SEGMENT-Anweisung geschieht.

a. Wenn es sich um eine COM-Datei handelt

Diese können im Prinzip ohne Änderungen assembliert werden. A86 sorgt dafür, daß automatisch ein Offset von 100h berücksichtigt wird, so daß die Anweisung »ORG 100h« nicht erforderlich ist. Zu Problemen kann es allerdings bei Vorwärtsreferenzen kommen. Um derartigen Problemen von vorneherein zu begegnen, empfiehlt es sich entweder Vorwärtssprünge mit einem »>«-Zeichen zu versehen:

```
JAE >VORWÄRTS
```

Das »>«-Zeichen sagt dem Assembler, daß es sich um eine Vorwärtsreferenz handelt. Die zweite Möglichkeit besteht darin, sofern möglich, auf Vorwärtsreferenzen ganz zu verzichten.

b. Wenn es sich um eine EXE-Datei handelt

Hier sollte man A86 zunächst eine Objektdatei erstellen lassen, was über die +O-Option oder durch Angabe einer Objektdatei geschieht. Da A86 die vereinfachten Segmentanweisungen nicht unterstützt, müssen diese, wie in Kapitel 10.3 beschrieben, durch entsprechende SEGMENT-Anweisungen ersetzt werden. Anders als bei MASM ist bei A86 aber keine ENDS-Anweisung erforderlich. Es sei darauf hingewiesen, daß in kleineren Programmen, die über kein Stack- und/oder Datensegment verfügen, die vereinfachten Segmentanweisungen nicht unbedingt entfernt werden müssen, da diese von A86 einfach ignoriert werden (dies ist auch eine Art Kompatibilität).

Nähere Einzelheiten zu etwaigen Kompatibilitätsproblemen sind in der Datei A12.DOC zu finden, die entweder auf der A86-Diskette oder auf der Diskette mit dem Debugger D86 enthalten ist.

Arbeiten mit mehreren Segmenten

ist selbstverständlich auch mit A86 möglich wie das folgende Beispiel zeigt:

```
STACK    SEGMENT STACK
         DW 100 DUP (?)
DATEN    SEGMENT
         TEXT DB 'So geht's mit A86!',10,13,'$'
CODE     SEGMENT
START:
         MOV DS,DATEN
         MOV DX,OFFSET TEXT
         MOV AH,09
         INT 21h
         MOV AH,4Ch
         INT 21h
END START
```

Sie sehen, daß dieses Programm prinzipiell mit Beispielprogrammen aus Kapitel 10 oder 12 identisch ist. Am auffälligsten ist sicherlich der Umstand, daß weder eine ASSUME-Anweisung noch entsprechende ENDS-Anweisung benötigt werden. Das Programm kann allerdings nur mit der Option »O+« oder mit der Angabe einer Objektdatei fehlerfrei assembliert werden, da A86 das Laden einer Segmentadresse in dem Befehl »MOV DS,DATEN« in einer COM-Datei nicht zuläßt. Auch zu diesem Befehl ist eine kurze Anmerkung erforderlich. Es handelt sich natürlich nicht um einen echten Maschinenbefehl, sondern vielmehr um ein Makro, welches die Befehlsfolge

```
PUSH AX
MOV AX,DATEN
MOV DS,DX
POP AX
```

assembliert.

Fehler beim Assemblieren
werden von A86 entweder in die Quelltextdatei oder eine Datei mit der Endung ».ERR« einge-tragen. Zusätzlich werden Fehlermeldungen, wie zum Beispiel nicht definierte Symbole, auch von A86 nach der Assemblierung angezeigt. Fehlermeldungen geht ein Tildezeichen (»~«, ASCII 126) voraus. Derartige Fehlermeldungen müssen nicht per Hand entfernt werden, da A86 beim nächsten Durchlauf alle Zeilen mit einem Tildezeichen automatisch entfernt. Leider besitzt A86 eine unangenehme Eigenschaft. Bedingt durch den recht einfachen Aufbau des Assemblers werden bei einem Lauf nicht alle enthaltenen Fehler angezeigt. Vielmehr bricht der Assemblie-rungsvorgang nach einigen Fehlern ab, so daß nachfolgende Fehler erst bei einem erneuten Assemblierungsdurchlauf erkannt werden können.

Darstellung von Zahlen
Auch in einem A86-Programm können Zahlen dezimal, hexadezimal, oktal oder binär dargestellt werden. Binär- und Oktalzahlen muß allerdings stets ein »x« zusammen mit dem Basisbezeichner (»Q« für Oktalzahlen und »B« für Binärzahlen) angehängt werden. Eine Zahl ohne einen Basis-bezeichner wird als hexadezimal interpretiert, wenn sie mit einer 0 und als dezimal, wenn sie mit einer Zahl zwischen 1 und 9 beginnt.

Beispiel
```
123        ; dezimal
0ABC       ; hexadezimal
1776xQ     ; oktal
10100110xB ; binär
```

Neue Mnemonics
A86 besitzt eine Reihe zusätzlicher Mnemonics, die es bei anderen Assembler nicht gibt. Es handelt sich natürlich nicht um echte Befehle der 80x86-CPU, sondern vielmehr um eine Zusammenfassung von zwei oder drei Maschinenbefehlen. So kann auf einen DEC- oder INC-Befehl ein zweiter Operand folgen:

```
INC AX,4
```

In diesem Fall werden vier »INC AX«-Befehle assembliert. Die Anweisung

```
DEC AL,BX,2
```

erzeugt einen »DEC AL«-, einen »DEC BX-«, einen »DEC AL«- und schließlich einen »DEC BX«-Befehl, Diese Art von Befehlserweiterung ist aber nicht mit Speicheroperanden möglich, wenn der Speicheroperand eine relozierbare Adresse enthält (zum Beispiel »INC ZAHL,2«).

Lokale Labels

Um die Verwendung von Labels zu vereinfachen bietet A86 lokale Labels. Diese bestehen aus einem einzelnen Buchstaben und einer oder mehreren Zahl(en). Lokale Labels erscheinen nicht im Crossreferenzlisting und können beliebig oft definiert werden. Ein Sprungbefehl mit einem lokalen Label springt immer zu der am nächsten gelegenen Labeldefinition. Unter Umständen muß ein Vorwärtssprung mit Hilfe des »>«-Zeichens deklariert werden:

```
L0:
        ...
        LOOPE L0    ; Springt zu L0
        JCXZ >L0    ; Springt zum nächsten L0
        ...
L0:
IF-Anweisung
```

A86 bietet die Möglichkeit, bedingte Sprünge hochsprachenähnlich zu formulieren. So kann die Befehlssequenz

```
    JNZ >L1
    MOV AX,BX
L1:
```

durch die Anweisung

```
IF Z MOV AX,BX
```

ersetzt werden. Zwar werden in beiden Fällen die gleichen Maschinenbefehle assembliert, die letztere Variante ist aber unter Umständen leichter lesbar. Auch der Microsoft Makroassembler bietet ab der Version 6.0 ähnliche Möglichkeiten.

Operatoren

A86 kommt mit weniger Operatoren aus als MASM oder TASM. Insbesondere die Verwendung von Operanden mit verschiedenen Typen wird dadurch ein wenig vereinfacht. So kann der Befehl

```
MOV DX,WORD PTR [BX]
```

wie folgt vereinfacht werden:

```
MOV DX,W[BX]
```

Operatorpriorität

Bei A86 gilt folgende Reihenfolge bei der Auswertung eines Ausdrucks mit mehreren Operatoren:

(Höchste Priorität)

```
1.  Klammern
2.  . (Punkt)
3.  OFFSET, SEG, TYPE und PTR
4.  HIGH, LOW und BIT
5.  Multiplikation und Division: *, /, MOD, SHR, SHL
6.  Addition und Subtraktion: +,- (zuerst unär, dann binär)
7.  Vergleiche: EQ, NE, LT, LE, GT, GE und =
8.  Logische Operatoren: NOT and !
9.  AND
10. OR und XOR
11. SHORT, LONG und BY
12. DUP
```

(Niedrigste Priorität)

Die wichtigsten Unterschiede in der Übersicht:

Die Unterschiede zwischen A86 und einem »richtigen« Assembler werden recht gut durch die auf der Diskette enthaltenen Informationen in den Dateien A0.DOC bis A17.DOC beschrieben. Im folgenden sollen daher nur die wichtigsten Unterschiede zusammengefaßt werden. Beim Erstellen eines Programms für A86 oder bei der Übertragung eines für den Microsoft Makroassembler oder den Turbo Assembler erstellten Programms auf A86 ist folgendes zu beachten:

▨ A86 unterstützt (einschließlich Version 3.15) nur die Befehle der 8086/88- und der 80286-CPUs. Zusätzlich werden sämtliche Befehle der V20/V30-CPU unterstützt sowie die Befehle der mathematischen Koprozessoren 8087 und 80287. Die Befehle der 80386/486-CPUs stehen nicht zur Verfügung.

▨ In COM-Dateien kommt A86 ohne Segmentanweisungen aus. Sämtliche segmentbezogene Anweisungen (SEGMENT, ENDS, ASSUME usw.) können daher entfallen. Das gilt auch für die ORG-Anweisung.

▨ Um eine Objektdatei zu erzeugen, muß entweder die Option +O oder der Name der Objektdatei beim Aufruf von A86 angegeben werden.

▨ Wenn Segmente nicht verschachtelt werden sollen, kann die ENDS-Anweisung entfallen.

▨ Eine ASSUME-Anweisung ist nicht erforderlich.

▨ A86 faßt einige 80x86-Befehle zu einem neuen »Befehl« zusammen. Bei der Programmierung vereinfachen diese Abkürzungen den Programmaufbau. Ein Beispiel ist der Befehl »INC AX,2«, welcher zweimal den Befehl »INC AX« assembliert.

▨ Makrodefinitionen werden bei A86 mit einer etwas anderen Syntax durchgeführt.

Zusammenfassung

Alles in allem ist A86 ein erstaunlich leistungsfähiger Assembler, der alles das bietet, was ein Einsteiger erwarten kann. Leider ist A86 weder 100% MASM- noch TASM-kompatibel, so daß in der Regel gewisse Umstellungen gemacht werden müssen. A86 bietet zwar nicht so viele Anweisungen und Operatoren wie MASM oder TASM, doch lassen sich auch ohne diese Features fast alle kleineren bis mittleren Probleme in Maschinensprache lösen. Ein wenig schwerer wiegt der Nachteil, daß bis zur Version 3.15 noch keine 80836/486-Mnemonics verarbeitet werden können. Es ist jedoch zu erwarten, daß sich das mit einer der nächsten Versionen ändern kann. A86 ist das Produkt einer »One-Man-Company«. Aus diesem Grund wird sich A86 auch in Zukunft nicht mit einem professionellen Assembler vergleichen lassen. Für viele Dinge im Hobbybereich ist A86 jedoch bestens geeignet. Mit Hilfe der relativ ausführlichen Dokumentation auf Diskette oder in dem vom Autor anzufordernden Handbuch kann man sich rasch in die Eigenheiten von A86 einarbeiten.

F Anhang

Lösungen zu den Übungen

Kapitel 2

Aufgabe 1
a)   43
b)   6
c)   134
d)   98h
e)   1Fh
f)   83h

Aufgabe 2
a)   357
b)   X = 24 Y = 25 Z = 26
    XYZ = $33 * 36^2 + 34 * 36^1 + 35 * 36^0$ = 44027
c)   A28h

Aufgabe 3
Bei einer vorzeichenbehafteten 12-Bit-Zahl wird ein Bit für das Vorzeichen verwendet, so daß 11 Bit für den Betrag zur Verfügung stehen. Die höchste positive Zahl ist demnach $2^{11} - 1$ = +2047, die größte negative Zahl –2048.

Aufgabe 4
Für 943 darzustellende Zeichen ist ein 10-Bit-Code erforderlich, da sich mit 10 Bit insgesamt 1024 verschiedene Kombinationen bilden lassen.

Aufgabe 5
Da bei einer normalen 8-Bit-BCD-Zahl nur vier Bits genutzt werden, geht natürlich viel Platz verloren. Bei der Verwendung von gepackten BCD-Zahlen, bei denen jeweils 2 BCD-Ziffern in eine 8-Bit-Zahl passen, lassen sich bereits die Zahlen 0 bis 99 darstellen. Würde man dagegen die Kundennummern binär codieren, ließen sich Zahlen im Bereich 0 bis 255 darstellen.

Kapitel 3

Aufgabe 1

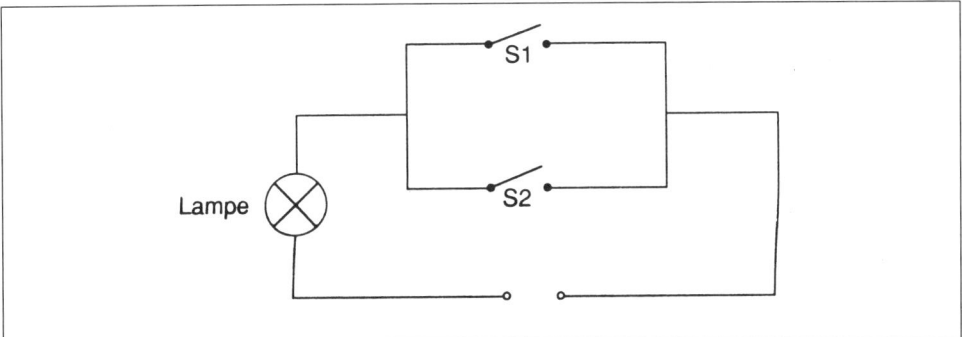

Lösung: Kapitel 3, Aufgabe 1

Aufgabe 2

a)	E1	E2	A		h)	E1	E2	A
	0	0	0			0	0	1
	0	1	1			0	1	0
	1	0	0			1	0	0
	1	1	0			1	1	0

Aufgabe 3

Betrachten Sie sich einmal die Wahrheitstabelle der abgebildeten Funktion:

```
E1  E2   S  Ü
------------
0   0    0  0
0   1    1  0
1   0    1  0
1   1    0  1
```

Wie sich aus der Tabelle unschwer erkennen läßt, vollzieht der logische Baustein eine 1-Bit-Addition. Würde man das Innere des Bausteins als »Black box« betrachten, bekäme man einen »Addierer«, der in der Lage ist, Binärzahlen zu addieren. Es müßten dann nur mehrere Baugruppen nebeneinander geschaltet werden.

Aufgabe 4

```
UND  :  1 0 0 0 0 0 0 0
ODER :  1 1 1 1 0 1 1 1
XOR  :  0 1 1 1 0 1 1 1
```

Aufgabe 5
Das Einerkomplement der 8-Bit-Zahl.

Beispiel

```
1 1 1 1 0 1 1 0   (246)
1 1 1 1 1 1 1 1   (255)
---------------
0 0 0 0 1 0 0 1   (9)
```

Aufgabe 6
Das Setzen von Bit 3 im Register 3B8h kann am einfachsten durch eine ODER-Verknüpfung des Registerinhalts mit der Zahl 8 erreicht werden. Wenn Sie sich einmal die binäre Darstellung der Zahl 8 anschauen werden Sie feststellen, daß lediglich Bit 3 gesetzt ist:

```
0 0 0 0 1 0 0 0   (8)
```

Da eine ODER-Verknüpfung eines Bits mit 1, das Bit in jedem Fall auf 1 setzt, wird nach der Verknüpfung Bit 3 im Register 3B8h gesetzt sein. Wie später noch gezeigt wird, verfügt die 8086/88-CPU über Befehle, die solche logischen Verknüpfungen mit dem Inhalt eines Registers oder einer Speicherzelle durchführen können.

Kapitel 4

Aufgabe 1
Um jedes Byte-Register zu adressieren, werden 213 = 8192 verschiedene Adressen und damit 13 Adreßleitungen benötigt.

Aufgabe 2
Es muß insgesamt 3x256 Kbyte = 768 Kbyte RAM-Speicher nachgerüstet werden. Pro 256 Kbyte werden acht 265-Kbit-Bausteine benötigt (in der Regel wird ein 9. Baustein zur Paritätsprüfung hinzugezogen). Damit werden 8 * 3 = 24   256-Kbyte-Chips (wenn auf eine Paritätsprüfung verzichtet wird) benötigt.

Aufgabe 3
1. Der Befehl wird gelesen
Dazu zeigt der Programmzähler auf das Speicherregister, welches den als nächstes auszuführenden Befehl enthält. Dieser Befehl gelangt über den Datenbus in die CPU. Anschließend wird der Programmzähler bereits erhöht, so daß dieser auf den Operanden des Befehls oder auf den nächsten Befehl zeigt.

2. Der Befehl wird dekodiert
Innerhalb der CPU wird festgestellt, um welchen Befehlstyp es sich handelt. Falls der Befehl Operanden benötigt, ist unter Umständen ein weiterer Lesezyklus notwendig um die Operanden des Befehls aus dem Arbeitsspeicher zu lesen.

3. Der Befehl wird ausgeführt
Nun werden in der CPU die notwendigen Schritte zur Ausführung des Befehls veranlaßt. Die Ausführung eines einzelnen Befehls unterteilt sich bei größeren CPUs noch in eine Folge von

internen Subbefehlen, die als Mikroprogramm bezeichnet werden. Auf dieses Mikroprogramm hat ein Programmierer, mit Ausnahme spezieller »mikroprogrammierbarer CPUs« jedoch keinen Einfluß. Nachdem die Ausführung beendet wurde, beginnt der Zyklus wieder bei Schritt 1.

Dies ist das klassische Muster, nach dem die CPU einen Maschinenbefehl ausführt. Die meisten modernen CPUs (wie auch die CPUs der 80x86-Familie) verwenden jedoch ein komplizierteres Verfahren, bei dem mehrere Vorgänge parallel ausgeführt werden. So kann die 8086/88-CPU während der Dekodierung eines Befehls bereits den folgenden Befehl in eine interne Warteschlange laden.

Aufgabe 4
Bei 5 MHz dauert ein Taktzyklus ca. 200 ns, bei 20 MHz ca. 50 ns. Ein Befehl mit 4 Taktzyklen benötigt im ersten Fall 800 ns, im zweiten Fall nur 200 ns. Die Ausführungsgeschwindigkeit sollte demnach viermal schneller sein, wie sich auch bei einem Blick auf die Taktfrequenzen hätte feststellen lassen. In der Praxis besteht allerdings keine so einfache Beziehung zwischen der Ausführungsgeschwindigkeit und der Taktfrequenz, da diese von zusätzlichen Faktoren, wie zum Beispiel der Zugriffszeit auf den Speicher, abhängt.

Aufgabe 5:
Die Entwickler mußten den Befehlssatz vollständig übernehmen, ohne aber das Original zu kopieren, was aus rechtlichen Gründen nicht möglich ist. Daß es sich nicht um einen reinen Nachbau handelt, beweisen die zusätzlichen Befehle der V20-CPU, die man bei Intel erst ab der 80186-CPU, teilweise sogar erst ab der 80386-CPU, findet. 100% kompatibel sind beide CPUs aber nicht. So besitzt die 8088-CPU die Eigenheit, daß der zweite Operand eines AAM- oder AAD-Befehls nachträglich per Hand manipuliert werden kann obwohl er offiziell eine Konstante darstellt. Angeblich war innerhalb der CPU kein Platz mehr, so daß die Intel-Entwickler diese Konstante in den Opcode unterbringen mußten. Bei NECs V20/V30-CPU funktioniert diese nachträgliche Änderung aber nur beim AAM-Befehl. Des weiteren haben die Entwickler bei NEC die meisten Befehle intern optimiert (insbesondere Multiplikation und Division), so daß sie bei gleicher Taktfrequenz wesentlich schneller ausgeführt werden können als bei der 8086/88-CPU. Ein Austausch einer 8086/88-CPU gegen ein entsprechendes Pendant von NEC ist in der Regel problemlos durchführbar und ohne weiteres Tuning eine Geschwindigkeitssteigerung. Ein spezielles BIOS für die V20/V30-CPU wurde vor einigen Jahren in der Zeitschrift c't vorgestellt.

Kapitel 5

Aufgabe 1
Die 8088-CPU verfügt, wie die 8086-CPU, über 20 Adreßleitungen und kann daher einen Arbeitsspeicher von 220 = 1 Mbyte adressieren.

Aufgabe 2
Vereinfacht beschrieben ist die EU für die Ausführung eines Befehls und die BIU für das Laden eines Befehls aus dem Arbeitsspeicher zuständig. Da beide Komponenten weitestgehend voneinander unabhängig sind, können sie auch gewisse Tätigkeiten parallel ausführen.

Aufgabe 3

Unter Pipelining wird der Umstand verstanden, daß die CPU quasi gleichzeitig einen Befehl ausführt und einen anderen Befehl aus dem Speicher liest. Bei der 8086/88-CPU ist es im begrenzten Umfang möglich, daß während die EU einen Befehl ausführt, die BIU einen Befehl aus dem Arbeitsspeicher in die Warteschlange liest. Dies kann aber nur durchgeführt werden, wenn die Abarbeitung des Befehls länger dauert als das Laden des nächsten Befehls in die Warteschlange. Die in diesem Buch und den Intel-Datenblättern angegebenen Taktzyklen berücksichtigen nicht das Laden in den Arbeitsspeicher. Sie gehen davon aus, daß sich der Befehl ausführungsbereit in der Warteschlange befindet.

Aufgabe 4

Das oberste Stackelement wird bei der 8086/88-CPU immer durch das Registerpaar SS:SP adressiert, wobei das SS-Register die Segmentadresse des Stacks enthält und das SP-Register den Offset, das heißt die Adresse des obersten Elements. Die physikalische 20-Bit-Adresse des obersten Elements wird durch Multiplikation des SS-Registers mit 16 und anschließender Addition des SP-Registers gebildet:

```
SS :  1000h x 10h  =  10000h
SP :                   4000h
                      14000h
```

Dies ist die Adresse des obersten Stackelements.

Aufgabe 5

Dies ist eine andere Schreibweise für die physikalische Adresse:

```
1234h x 10h = 12340h
            +  9876h
              1BBB6h
```

Beachten Sie, daß die Multiplikation einer Hexadezimalzahl mit 16 (10 hex) ganz einfach bedeutet, daß an die Zahl eine Null gehängt wird.

Aufgabe 6

Diese Adresse befindet sich in der Interrupt-Vektortabelle unter der Adresse 4*44h = 4*68 = 272 oder 0000:0044h in der offiziellen Segment-Schreibweise. Unter der Adresse 272 befindet sich der Offsetanteil (IP-Register) und unter der Adresse 274 der Segmentanteil der Adresse (CS-Register) der Interrupt-Routine, die bei der Ausführung des Befehls INT 44h ausgeführt wird. Segment-Adressen werden in der Regel in der Reihenfolge Offset im Speicher abgelegt.

Kapitel 6

Aufgabe 1

Fehler 1: Auf die .MODEL-Anweisung muß ein Speichermodell folgen. In der Regel wird das Speichermodell Small, in manchen Fällen auch das Speichermodell Large eingesetzt.

Fehler 2: Es fehlt die Definition des Labels START. Da dieses auf die END-Anweisung folgt, ist eine Fehlermeldung die Folge. Ein Label START ist zwar keine Voraussetzung für das Funktionieren des Programms, da es dem Betriebssystem aber mitteilt, wo die Ausführung des Programms beginnen soll, ist es sinnvoll stets ein Startpunktlabel aufzuführen. Ansonsten beginnt die Programmausführung mit dem ersten Befehl im Codesegment.

Ansonsten ist das Programm voll funktionsfähig. Der Befehl »INT 20h« stellt eine veraltete Methode zur Beendigung eines Programms dar und sollte, wenn überhaupt, nur bei COM-Programmen eingesetzt werden. Man findet diesen Interrupt noch häufiger in alten Listings aus Büchern oder Zeitschriften.

Aufgabe 2

```
.MODEL SMALL
.CODE
        MOV BL,AH
        MOV AH,AL
        MOV AL,BL
oder einfacher
        XCHG AH,AL      ; Vertausche AH und AL
        MOV AH,4Ch
        INT 21h         ; Programm beenden
END
```

Aufgabe 3

Zuerst wird das niederwertige Byte und dann das höherwertige Byte auf dem Stack abgelegt. Befindet sich im AX-Register der Wert 7788h und enthält das SP-Register die Adresse FFFEh, so befindet sich nach der Ausführung des Befehls »PUSH AX« der Wert in folgender Reihenfolge auf dem Stack:

```
0FFECh:  88
0FFEDh:  77
```

Aufgabe 4

Das hängt davon ab, ob für den Stack ein eigenes Segment definiert wurde, und ob es sich um eine COM- oder EXE-Datei handelt. Maximal kann der Stack 64 Kbyte groß werden. Das setzt aber voraus, daß für den Stack ein eigenes Segment (zum Beispiel über die .STACK-Anweisung) definiert wurde, was nur in EXE-Dateien möglich ist. In COM-Dateien wird der Stack an das Ende des Programmsegments gelegt (SP erhält den Startwert 0FFFEh), so daß dieser in das Programmsegment »hineinwächst«. In EXE-Dateien mit einem Stacksegment wird die Größe des Stacks durch den Wert festgelegt, der auf die .STACK-Anweisung erfolgt. Bei EXE-Dateien ohne ein separates Stacksegment wird der Stack ebenfalls in das Codesegment gelegt und wächst vom

Ende des Codesegment in dieses hinein. Anders als bei einer COM-Datei erhält das SP-Register diesmal aber den Wert 0 und nicht den Wert 0FFFEh. Letzter kommt aufgrund des Umstandes zustande, daß MS-DOS bei COM-Dateien eine 0 auf den Stack plaziert um eine Beendigung des Programms über einen schlichten RET-Befehl zu ermöglichen. Die ersten beiden Bytes des »Programm Segment Präfix« (PSP), der bei dem Offset 0 beginnt und die ersten 256 Byte eines jeden Programms im Arbeitsspeicher belegt, enthält nämlich den Befehl »INT 20h«, der in diesem Fall ausgeführt wird. Diese Dinge spielen aber in modernen DOS-Programmen keine Rolle mehr.

Aufgabe 5
Das Startpunktlabel legt den Befehl fest, bei dem die Programmausführung beginnt. In einer COM-Datei muß dies immer der erste Befehl innerhalb des Programmsegments sein. Ein etwaiger Datenbereich muß daher an das Ende des Segments gelegt oder mit einem Sprungbefehl übersprungen werden. Wenn ein Programm aus mehreren Modulen zusammengebaut wird, darf nur ein Modul ein Startpunktlabel enthalten.

Aufgabe 6
Dies muß über einen Umweg geschehen, wenn das gesamte Status-Register transportiert werden soll:

```
.MODEL SMALL
.CODE
        PUSHF       ; Status-Register auf den Stack
        POP  AX     ; Oberstes Stackelement nach AX
        MOV AH,4Ch
        INT 21h
END
```

Wenn nur die untere Hälfte des Statusregisters angesprochen werden soll, kann der gleiche Effekt auch unter Verwendung des LAHF-Befehls erreicht werden, der das AH-Register mit der unteren Hälfte des Statusregisters lädt. Umgekehrt wird durch den SAHF-Befehl die untere Hälfte des Statusregisters mit dem Inhalt des AH-Registers geladen.

Kapitel 7

Aufgabe 1
Das 17malige Rotieren entspricht einer Rotation um eine Stelle, so daß der Wert im AX-Register entweder verdoppelt (Rotation nach links) oder halbiert (Rotation nach rechts) wird. Bei der 8086/88-CPU werden Rotationen (und Verschiebungen) mit allen Werten von 0 bis 255 durchgeführt, auch wenn dies keinen Sinn ergibt. Ab der 80186-CPU werden Rotationen (und Verschiebungen) mit einem Zähler größer als 31 ausmaskiert, so daß stets eine Zahl kleiner als 32 als Operand verwendet wird.

Aufgabe 2
Diese Aufgabe ist schon ein wenig trickreicher. Die Mathematik hilft aber weiter, denn X*90 (X ist der Wert, der multipliziert werden soll) kann auch in einer anderen Form geschrieben werden:

```
X * (64 + 16 + 8 + 2)
```

oder noch etwas anders:

```
X * 64 + X * 16 + X * 8 + X * 2
```

Damit ergibt sich folgendes Programm:

```
.MODEL SMALL
.CODE
START:
        XOR AH,AH            ; AH löschen
        MOV CL,6             ; Schiebezähler laden
        SHL AX,CL            ; 6 Positionen nach links = AL * 64
        MOV DI,AX            ; AL * 64 nach DI
        SHR AX,1             ; AL * 16
        SHR AX,1
        ADD DI,AX            ; AL * 16 auf DI addieren
        SHR AX,1             ; AL * 8
        ADD DI,AX            ; AL * 8 auf DI addieren
        SHR AX,1             ; AL * 2
        SHR AX,1
        ADD DI,AX            ; AL * 2 auf DI addieren
        MOV AH,4Ch
        INT 21h
END START
```

Am Ende des Programms befindet sich das Ergebnis der Multiplikation im DI-Register. Wie eine einfache Addition der Taktzyklen für jeden einzelnen Befehl (siehe Anhang B) ergibt, benötigt das Programm ca. 57 Taktzyklen, ein MUL-Befehl würde für die Multiplikation des AL-Registers mit einem 8-Bit-Wert zwischen 70 und 77 Taktzyklen benötigen (diese Diskrepanz ist bei einer 16-Bit-Multiplikation noch wesentlich größer). In zeitkritischen Programmen empfiehlt es sich daher in den meisten Fällen, Multiplikationen mit Schiebebefehlen durchzuführen. Verallgemeinern kann man diese Regel jedoch nicht, da gerade bei einer 8088-CPU das Laden eines Opcodebytes immer mit vier Taktzyklen zu Buche schlägt und zu viele Opcodebytes (etwa durch eine Kette von Schiebebefehlen) die Ausführung erheblich verlangsamen können. Bei der 8086-CPU und den Nachfolge-CPUs spielen diese Erwägungen aber keine so große Rolle, da hier ein Opcodebyte oder -wort in zwei Taktzyklen geladen werden kann.

Aufgabe 3
Ganz einfach durch einen DIV-Befehl, da dieser stets den Rest entweder im AH-Register (16-Bit-Division) oder im DX-Register (32-Bit-Division) ablegt.

Aufgabe 4
Durch UND-Verknüpfung des AL-Registers mit 7.

Beispiel

```
AL = 1 0 1 0 1 1 0 1   (173)
     0 0 0 0 0 1 1 1   (7)
     ---------------
     0 0 0 0 0 1 0 1   (5)
```

173 geteilt durch 8 ist 21 Rest 5.

Aufgabe 5

In dem man die unteren vier Bits mit 1111b oder das ganze BX-Register mit 15 nach der EXOR-Regel verknüpft.

Aufgabe 6

a) Segmentregister kann nicht direkt mit einem Wert geladen werden.
b) Mindestens ein Operand muß ein Register sein. Ein 80x86-CPU kann niemals zwei Speicheroperanden enthalten, da für die Dekodierung der effektiven Adresse in den Opcodes kein Platz ist.
c) Es fehlt ein Operand, der die Anzahl an Rotationen festlegt.
d) Ein Operand zuviel, da sich die Multiplikation immer implizit auf das AX- bzw. AL-Register bezieht.
e) Division durch einen direkten Wert ist nicht möglich.
f) Der Befehl ist ok.
g) Es können nur 16-Bit-Register oder 16-Bit-Speicherwerte auf den Stack gebracht werden. Ab der 80386-CPU kann es sich auch um 32-Bit-Werte handeln.
h) Der Befehl ist ok.
i) Der Wert ist zu groß für das AL-Register.

Kapitel 8

Aufgabe 1

Dazu muß lediglich der Befehl »ADD DL,30h« gegen den Befehl »ADD DL,2Fh« ausgetauscht werden.

Aufgabe 2

```
        ANZAHL  EQU 28          ; Größe der Tabelle -1
.MODEL SMALL
.STACK 100h
.DATA
        TABELLE  DB 13,'EINE TABELLE, DIE IST LUSTIG'
.CODE
START:
        MOV DX,@DATA
        MOV DS,DX
        LEA SI,TABELLE          ; Tabellenadresse laden
        ADD SI,ANZAHL           ; Adresse d. Tabellenendes
        MOV CX,ANZAHL           ; Anzahl der Elemente laden
        STD                     ; Richtungsflag setzen
```

```
AGAIN:
        LODSB                   ; Tabellenelement laden
        MOV DL,AL               ; Ausgabe des Tabellenelements
        MOV AH,02
        INT 21h
        LOOP AGAIN              ; Nächstes Element holen
        MOV AH,4Ch
        INT 21h
END START
```

In diesem Beispiel wird das SI-Register mit der Endadresse der Tabelle geladen. Der entscheidende Befehl ist STD, welches das Richtungsflag setzt und bewirkt, daß das SI-Register nach jeder Ausführung des LODSB-Befehls um eins erniedrigt.

Aufgabe 3

```
.MODEL SMALL
.STACK 100h
.DATA
        ZAEHLER DW ?                ; Variable für die Anzahl der 'A'
        BEREICH DB 20000 DUP (?)    ; Suchbereich
        ANZAHL EQU $ - BEREICH      ; Größe festlegen
.CODE
START:
        MOV DX,@DATA
        MOV DS,DX
        MOV CX,ANZAHL      ; Schleifenzähler laden
        LEA SI,BEREICH     ; SI mit Startadresse laden
AGAIN:
        LODSB              ; Ein Element laden
        CMP AL,65          ; Ist es ein 'A'?
        JNE WEITER         ; Nein, dann weiter
        INC ZAEHLER        ; Zähler erhöhen
WEITER:
        LOOP AGAIN         ; Schleife erneut durchlaufen
        MOV AH,4Ch
        INT 21h
END START
```

Innerhalb des Datensegments wird ein 20 000 Byte großer Bereich definiert, der nach »A« durchsucht wird. Mit Hilfe der Ausgaberoutine aus Kapitel 8 kann der Inhalt des Zählers auch ausgegeben werden. Wie ändert sich das Programm, wenn anstelle des LODSB-Befehls der SCASB-Befehl verwendet wird?

Aufgabe 4

```
.MODEL SMALL
.STACK 100h
.CODE
```

```
START:
        MOV AX,1          ; AX mit Anfangsbetrag laden
        MOV BX,2          ; BX mit Faktor laden
        MOV CX,21         ; Schleifenzähler laden
AGAIN:  MUL BX            ; Betrag mit 2 multiplizieren
        LOOP AGAIN        ; Schleife erneut durchlaufen
        MOV AH,4Ch
        INT 21h           ; Ende
END START
```

Obwohl das Ergebnis nach 21 Tagen, nämlich 221 = 20.971,52 DM noch gut in ein 32-Bit-Register (DX:AX) paßt, kommt es dennoch zu Problemen. Die Multiplikation mit 2 geht so lange gut, bis das AX-Register den Wert 8000h enthält. Die nächste Multiplikation ergibt im AX-Register eine 0 und im DX-Register jetzt eine 1. Dies ist auch in Ordnung, da diese 1 mit 65536 multipliziert das korrekte Ergebnis ergibt. Die darauffolgende Multiplikation multipliziert das AX-Register erneut mit 2. Da sich dort aber eine 0 befindet und das DX-Register bei der Multiplikation nicht berücksichtigt wird, kommt ein falsches Ergebnis heraus. Fazit: Multiplikationen können bis zur 80286-CPU nur mit Operanden durchgeführt werden, die nicht größer als 65535 sind. Ansonsten müssen spezielle Routinen geschrieben werden, die auch Multiplikationen mit 32- oder gar 64-Bit-Zahlen durchführen.

Erweitern Sie das Programm, so daß das größtmögliche Ergebnis mit Hilfe der Ausgaberoutine in Kapiteln auch ausgegeben werden kann.

Für Besitzer einer 80386/486-CPU: Wie ändert sich der Rechenbereich bei Verwendung von 32-Bit-Registern? Kapitel 15 enthält eine Ausgaberoutine für 32-Bit-Zahlen. Verwenden Sie diese Routine um das Ergebnis auszugeben.

Aufgabe 5

```
.MODEL SMALL
.STACK 100h
.DATA
        TEST_FELD DB 'Ein String zum Testen!'
        GROESSE EQU $ - TEST_FELD
.CODE
START:
        MOV DX,@DATA
        MOV DS,DX
        MOV ES,DX         ; Auch ES initialisieren
        MOV CX,GROESSE    ; Schleifenzähler laden
        LEA SI,TEST_FELD  ; SI mit Startadresse laden
        MOV DI,SI         ; Auch DI mit Startadresse laden
AGAIN:  LODSB             ; Ein Element laden
        CMP AL,97         ; Ist kleiner als 'a' ?
        JL WEITER         ; Ja, dann weiter
        CMP AL,122        ; Ist es größer als 'z' ?
        JG WEITER         ; Ja, dann weiter
        SUB AL,32         ; In Großbuchstaben umwandeln
```

```
WEITER: STOSB              ; Zeichen wieder abspeichern
        LOOP AGAIN         ; Schleife erneut durchlaufen
        MOV AH,4Ch         ; Zurück zu DOS
        INT 21h
END START
```

Dieses Programm entspricht vom Aufbau her dem Programm aus Aufgabe 3. Ein Byte wird mit dem Befehl LODSB in das AL-Register geladen. Anschließend wird geprüft, ob es sich um einen Kleinbuchstaben handelt. Ist dies der Fall, wird vom ASCII-Code des Buchstabens 32 abgezogen, um ihn in einen Großbuchstaben umzuwandeln. Der Buchstabe wird in jedem Fall wieder durch den Befehl STOSB abgespeichert. Dies wäre normalerweise nur erforderlich, wenn ein Buchstabe umgewandelt wurde, wird aber dennoch immer ausgeführt, damit das DI-Register immer auf dem aktuellen Stand ist. Beachten Sie, daß auch das ES-Register beteiligt ist, da der Zielstring beim STOSB-Befehl durch das Registerpaar ES:DI adressiert wird.

Wenn Sie dieses Programm mit dem Turbo Debugger oder CodeView ausführen, können Sie beobachten wie die einzelnen Kleinbuchstaben des Strings in Großbuchstaben umgewandelt werden.

Aufgabe 6
Dieses Problem kann ganz einfach dadurch gelöst werden, indem die Verschiebung des Blocks mit der höchsten Adresse beginnt und indem durch Setzen des Richtungsflags das Verschieben in Richtung kleiner werdender Adressen fortgesetzt wird. Dadurch wird vermieden, daß ein noch nicht verschobener Bereich des Quellblocks durch einzelne Bytes des Zielblocks überschrieben wird.

Kapitel 9

Aufgabe 1
Da die Verschlüsselungstabelle folgenden Aufbau hat:

```
Tabelle 1 : P O I U Z T R E W Q A S D F G H J K L M N B V C X Y
            A B C D E F G H I J K L M N O P Q R S T U V W X Y Z
```

muß die Entschlüsselungstabelle den entsprechenden Aufbau haben:

```
            A B C D E F G H I J K L M N O P Q R S T U V W X Y Z
Tabelle 2 : K V X M H N O P C Q R S T U B A J G L F D W I Y Z E
```

Dazu ein Beispiel. Der Buchstabe »G« wird nach der Verschlüsselungstabelle (Tabelle 1) zum Buchstaben »R«. Dieser Buchstabe muß nach der Entschlüsselungstabelle (Tabelle 2) wieder zum Buchstaben »G« werden.

Aufgabe 2
Diese Übungsaufgabe bezieht sich auf die erste Auflage dieses Buches, indem die Ausgaberoutine aus Beispielprogramm 9.6 noch durch eine Division der auszugebenden Zahl durch 10000, 1000, 100 und 10 gelöst wurde. In diesem Fall können nämlich führende Nullen auftreten, deren Ausgabe

durch Einbeziehung eines Flags verhindert werden kann. Dieses Flag wird durch die erste Ziffer ungleich 0 gesetzt und verhindert so, daß nichtführende Nullen ebenfalls nicht ausgegeben werden.

Wie Beispielprogramm 9.6 anschaulich zeigt, kann man das Problem durch einen anderen Algorithmus sehr viel effektiver lösen. Wie Kapitel 16 noch zeigen wird, sollten Sie sich daher nie mit der erstbesten Lösung zufrieden geben.

Aufgabe 3

```
.MODEL SMALL
.STACK 100h
.DATA
        TEXT1 DB 'VIRUS GEFUNDEN !!!',10,13,07,'$'
        TEXT2 DB 'KEINEN VIRUS GEFUNDEN !',10,13,'$'
        TEST_BEREICH DB 10000 DUP (0) ; In diesem Fall kein Erfolg
;
;       TEST_BEREICH DB 2000 DUP (0)  ;  Hier wird ein Virus versteckt
;                    DB 'x1'
;                    DB 8000 DUP (0)
        GROESSE     EQU $ - TEST_BEREICH
.CODE
START:
        MOV DX,@DATA
        MOV DS,DX
        MOV CX,GROESSE          ; Schleifenzähler laden
        LEA SI,TEST_BEREICH     ; SI mit Startadresse laden
AGAIN:
        LODSW                   ; Ein Element laden
        CMP AX,3178h            ; Ist es 'x1' ?
        JE GEFUNDEN             ; Nein, dann weiter
        LOOP AGAIN              ; Schleife erneut durchlaufen
        MOV DX,OFFSET TEXT2
        MOV AH,09
        INT 21h

ENDE:
        MOV AH,4Ch
        INT 21h                 ; Ende
GEFUNDEN:
        MOV DX,OFFSET TEXT1
        MOV AH,09
        INT 21h
        JMP ENDE
END START
```

Das Programm durchsucht einen im Datensegment angelegten Puffer von 10 000 Byte Umfang nach der Kombination »x1«. Der Datenbuffer TEST_FELD existiert in zwei Variationen, von denen eine Variante durch Kommentarzeichen beim Assemblieren nicht berücksichtigt wird. Die erste

Variante besteht aus Nullen, so daß hier kein Virus gefunden werden kann. Die zweite Variante erhält dagegen den Viruscode, so daß hier eine Erfolgsmeldung ausgegeben wird.

Einen kleinen Nachteil besitzt das Programm. Wie ein aufmerksamer Leser festgestellt hat, wird in der jetzigen Version der Viruscode 'x1' nur gefunden, wenn dieser bei einer geraden Adresse beginnt. Wie läßt sich das ändern? Nun, zum Beispiel dadurch, daß man anstelle des Befehls LODSW den Befehl LODSB verwendet, dafür aber dann zwei Vergleiche nacheinander durchführt. Man kann aber auch LODSW beibehalten, müßte aber den Inhalt des SI-Registers danach um eins erniedrigen.

Beachten Sie, daß der Vergleich mit dem Wert 3178h durchgeführt wird, da die 8086/88-CPU zuerst das niederwertige Byte und dann das höherwertige Byte abspeichert.

Erweitern Sie das Scan-Programm so, daß der komplette Arbeitsspeicher nach einer beliebigen Buchstabenkombination durchsucht werden kann.

Aufgabe 4

Um das Problem zu lösen, muß man zunächst den Opcode des Befehls »INT 21h« kennen. Dieser lautet »CD 21«, wovon man sich zum Beispiel mit Hilfe des Debuggers überzeugen kann. Dieser Opcode wird in der Variablen OPCODE gespeichert und von dort an die Adresse OP_ADR weitergegeben. Diese Adresse befindet sich im Codesegment, so daß durch den Befehl »MOV CS:[BX],AX« der Befehl »INT 21h« im Codesegment erscheint. Das Segment-Aufhebungs-Präfix »CS:« ist notwendig, damit die CPU veranlaßt wird, die Segmentadresse des Zieloperanden aus dem CS-Register und nicht wie sonst üblich aus dem DS-Register zu holen.

```
.MODEL SMALL
.STACK 100h
.DATA
        OPCODE  DW 021CDh ; Opcode für INT 21h
.CODE
START:
        MOV DX,@DATA
        MOV DS,DX
        MOV AX,OPCODE      ; Opcodebytes nach AX
        LEA BX,OP_ADR      ; Adresse des neuen Opcodes laden
        CLI                ; Interrupts sperren
        MOV CS:[BX],AX     ; Opcodebytes speichern
        STI                ; Interrupts wieder zulassen
        MOV DL,'X'         ; DL mit einem ASCII-Code laden
        MOV AH,02          ; Funktionsnummer für Ausgabe eines Zeichens
OP_ADR:
        NOP                ; Hier wird nun INT 21h ausgeführt
        NOP
        MOV AH,4Ch         ; Programm beenden
        INT 21h
END START
```

Eine, wenn auch nicht sehr sinnvolle Anwendung von selbstmodifizierten Code findet man in manchen Virusprogrammen (»Trojanische Pferde«), die von manchen Leuten in Umlauf gebracht werden, und deren einziger Sinn und Zweck darin besteht, die Daten auf der Festplatte des PC, auf dem sich der Virus befindet, zu zerstören. Damit man dem vermeintlichen Virus nicht ansieht, daß er irgendwann einmal (über einen Interrupt 13h) auf die Platte zugreift, wird der Interrupt-Befehl erst im Verlaufe des Programms erzeugt.

Für Freunde ungelöster Rätsel: Läßt man die beiden Befehle CLI und STI weg, bei einem Aufruf des Programms zweimal der Buchstabe »X« ausgegeben. Wie ist das möglich?

Aufgabe 5

```
.MODEL SMALL
.STACK 100h
.CODE
START:
        PUSHF                   ; Status-Register auf den Stack
        POP AX                  ; und vom Stack ins AX-Register
        MOV BX,8000H            ; BX mit Teiler laden
AGAIN:  XOR DX,DX               ; DX auf Null setzen
        DIV BX                  ; AX:DX durch BX teilen
        PUSH DX                 ; Rest auf den Stack retten
        ADD AL,30H              ; Ergebnis in ASCII-Code umwandeln
        MOV DL,AL               ; Inhalt von AL ausgeben
        MOV AH,02
        INT 21H
        MOV DL,20H              ; Leerzeichen ausgeben
        INT 21H
        POP AX                  ; Rest in AX
        SHR BX,1                ; Teiler durch zwei teilen
        CMP BX,0                ; Ist Teiler schon Null?
        JNE AGAIN               ; Nein, dann weiter
        MOV AH,4Ch              ; Programm beenden
        INT 21H
END START
```

Aufgabe 6

```
.MODEL SMALL
.STACK
.DATA
        FELD DB 256 DUP (?)     ; Definiere 256 Byte Feld
.CODE
START:
        MOV DX,@DATA            ; Datensegment initialisieren
        MOV DS,DX
        XOR DX,DX               ; DX auf Null setzen
        MOV DI,OFFSET FELD      ; Lade DI mit Adresse von FELD
        MOV CX,80h              ; Lade Schleifenzähler mit 128
```

```
AGAIN:
        ADD DX,[DI]              ; Addiere Feldinhalt zu DX
        INC DI                  ; Zeige auf nächstes Feldelement
        INC DI
        LOOP AGAIN              ; Schleife wiederholen
        MOV CX,DX              ; DX nach CX
        NEG CX                 ; Zweierkomplement bilden
        MOV AH,4Ch            ; Ende
        INT 21h
END START
```

Zunächst wird durch die Assembleranweisung »FELD 256 DUP (?)« ein Feld von 256 Byte Umfang reserviert. Das »?« bewirkt, daß der ursprüngliche (zufällige) Inhalt des Feldes beibehalten wird. Anschließend wird in einer Schleife der Inhalt des Feldes wortweise im DX-Register aufsummiert. Beachten Sie den Befehl »ADD DX,[DI]«, der den Inhalt des durch das DI-Register adressierten Speicher-Registers zum DX-Register addiert. Am Ende der Schleife wird die gebildete Summe in das CX-Register gebracht und das Zweierkomplement durch den Befehl »NEG CX« gebildet.

Kapitel 10

Aufgabe 1
Die Reihenfolge, in der die einzelnen Segmente geladen werden, lautet:

```
PROG1
PROG2
DATEN1
DATEN2
```

PROG1 wird vor DATEN1 geladen, da es den gleichen Klassentyp (nämlich »X1«) wie PROG1 aufweist. Die übrigen beiden Segmente werden einfach in der Reihenfolge ihres Auftretens geladen. Dies läßt sich auch durch die MAP-Datei feststellen, die vom Linker erzeugt wird.

Aufgabe 2
Der Buchstabe R zeigt an, daß die Adresse des Symbols verschiebbar ist. Für die Adresse von WERT ist noch kein Wert angegeben, da dieser erst beim Laden des Programms bestimmt wird. Bei WERT handelt es sich sehr wahrscheinlich um eine Segmentadresse, da der Assembler für verschiebbare Offsetadressen den Wert »0000« einträgt.

Aufgabe 3
Der OFFSET-Operator berechnet den Abstand eines Symbols zwischen dem Beginn des Segments, in welchem das Symbol definiert wird und dem Symbol selber.

Aufgabe 4
a) PUBLIC bewirkt, daß das betreffende Segment mit allen anderen Segmenten, die ebenfalls diesen Kombinationstyp und den gleichen Segmentnamen aufweisen, »kombiniert«, das heißt zu einem einzigen Segment verknüpft wird. Alle Symbole innerhalb des verknüpften Segments beziehen sich dann auf den Beginn des »neuen« Segments, das aber nicht größer als 64 Kbyte werden kann.

b) Das ES-Register, da es mit der Adresse von DATEN2 geladen und zudem über die ASSUME-Anweisung mit DATEN2 verbunden wird.

c) Lädt den Inhalt der Variablen WERT2, die sich im Segment DATEN2 befindet, in das BX-Register. Der Segment-Aufhebungs-Operator »ES:« bewirkt, daß zur Adreßberechnung diesmal nicht das DS-Register (welches standardmäßig verwendet wird), sondern das ES-Register verwendet wird.

d) Nur dann, wenn zuvor die Anweisungen

```
ASSUME DS:DATEN2
```

und

```
MOV DX,DATEN2
MOV DS,DX
```

verwendet wurden.

e) Nein, da dies automatisch durch das Segmentattribut STACK, mit dem das Segment STACK definiert wurde, übernommen wird.

Kapitel 11

Aufgabe 1
Diese Antwort auf diese Frage hat mittlerweile eine rein theoretische Bedeutung, da ein Programm, auch wenn es sich um eine COM-Datei handelt, stets über die Funktion 4Ch beendet werden sollte. Dennoch können COM-Dateien auch durch einen RET-Befehl beendet werden. Ein RET-Befehl führt, wenn es sich um einen Near-RET handelt, einen Sprung zu der Adresse auf, deren Offsetadresse sich auf dem Stack befindet. DOS selber sorgt dafür, daß der oberste Wert des Stacks bei einer COM-Datei den Wert 0 besitzt. Wie sieht es mit der Segmentadresse, das heißt den Inhalt des CS-Registers, aus? Nun, dieses zeigt bei einer COM-Datei auf den Beginn des Codesegments, das heißt auf den Beginn des PSP. Da sich unter der Adresse 0 und 1 im PSP die Opcodes des Befehls »INT 20h« befinden, bewirkt ein RET-Befehl nun einen Sprung zu der Adresse CS:0 und somit zur Ausführung des »INT 20h«-Befehls, welcher ein Programm beenden kann.

Aufgabe 2
Obwohl das Programm ohne Fehler assembliert, gelinkt und in eine COM-Datei umgewandelt wird, kann es nicht fehlerfrei laufen. Die Ursache ist nicht ganz einfach zu finden und erfordert bereits ein tiefergehendes Verständnis für den Aufbau und die Ausführung eines Assemblerprogramms. Schauen Sie sich dazu noch einmal die Anweisung »MOV DX,OFFSET TEXT« an, da hier der Schlüssel für den Fehler liegt. Wie wird der Offset berechnet? Der Offset von TEXT beträgt 0, da er stets vom Beginn des Segments, in welchem das Symbol (in diesem Fall TEXT) definiert wurde, berechnet wird. Das Segment, welches der Berechnung zugrunde gelegt wird, ist DATEN. Dazu ist es aber erforderlich, daß auch das DS-Register die Segmentadresse von DATEN enthält.

Dies ist wiederum nicht möglich, da eine COM-Datei nicht die Information zur Verfügung stellt, die DOS zur Positionierung der Segmente benötigt. Das DS-Register zeigt daher, wie alle übrigen Register, auf den Beginn des Codesegments. Die Adresse des Datensegments kann in einer COM-Datei nur indirekt berechnet werden (zum Beispiel durch Setzen eines Labels am Ende des Codesegments und anschließende Addition des Offsets/16 zum Inhalt des DS-Registers). Eine etwas einfachere Alternativ besteht darin, die GROUP-Anweisung zu verwenden.

Aufgabe 3
a) den Boot-Sektor (auch wenn die Diskette nicht bootfähig ist)
b) eine oder mehrere »File Allocation Table« (FAT)
c) das Directory

Aufgabe 4
DOS-Aufrufe bieten den Vorteil, daß sie hardwareunabhängig sind und eine Gewährleistung darstellen, daß das jeweilige Programm unter jedem MS-DOS-Rechner läuft. Dafür sind sie aber auch langsamer als vergleichbare BIOS-Aufrufe, da ein DOS-Aufruf seinerseits eine Geräte-treiberroutine aufruft, die wiederum einen BIOS-Aufruf einsetzt. BIOS-Aufrufe sind zwar schneller, bedeuten aber gleichzeitig eine erhöhte Hardwareabhängigkeit.

Aufgabe 5
Im Prinzip ja, wenn das Programm nicht direkt auf die Hardware zugreift und ausschließlich auf DOS-Aufrufe zurückgreift. Die BIOS der meisten Hersteller (zum Beispiel Phoenix, Award, AMI usw.) sind sich mittlerweile so ähnlich, daß es auch bei BIOS-Zugriffen keine Probleme geben sollte. Selbst die Hardware der allermeisten »Clones« weisen meist nur noch geringfügige Unterschiede auf, so daß selbst der direkte Hardwarezugriff nur noch in ganz seltenen Fällen zu Kompatibilitätsproblemen führt. Die noch vor einigen Jahren anzutreffenden Inkompatibilitäten bei einigen MS-DOS-Rechnern (zum Beispiel Olivetti M24, TI-PC oder Wang-PC) gibt es heutzutage nur noch ganz selten.

Kapitel 13

Aufgabe 1
Wenn Sie diese Aufgabe gelöst haben, dürfen Sie sich im Geiste auf die Schulter klopfen, denn diese Aufgabe stellt eine Art Quintessenz der Kapitel 6–13 dar. Wenn Sie sie nicht lösen konnten, machen Sie sich deswegen keine Gedanken, denn es war sicher eine Aufgabe, die auch einem »Profi« ein wenig Kopfzerbrechen bereitet hatte. Auf der anderen Seite wurden die einzelnen Bausteine, aus denen das Programm besteht, bereits in einem anderen Zusammenhang vorgestellt, so daß die Aufgabe eigentlich nur eine Wiederholung darstellt. Wie dem auch sei, im folgenden finden Sie das kommentierte Assemblerlisting, welches sich übrigens auch als nützliche Utility einsetzen läßt. Dieses Programm ist auf der Buchdiskette in der Datei UEB13_01.ASM enthalten.

```
TITLE SCREEN OUT
;
CODE     SEGMENT
         ORG 100h
         ASSUME CS:CODE
START:
         JMP INIT                ; Springe zum Initialisierungsteil
         MESSAGE    DB '*** Bildschirmschoner ist resident ***',10,13,'$'
         VIDEO      DW 03D8h     ; Adresse des Kontroll-Registers
         LOOP_COUNT DW ?         ; Zeitschleifenzähler
         KEY_FLAG   DW 0         ; Flag für Taste gedrückt
         KEY_ROUTINE DW 2 DUP (?) ; Variable für die Adresse der
                                 ; alten Tastatur-Routine
TIME_OUT PROC                    ; Beginn der Interrupt-Prozedur
         PUSH AX                 ; Register retten
         PUSH DX
         CMP KEY_FLAG,1          ; Wurde Taste gedrückt?
         JE LAB1                 ; Ja, dann zu Bildschirm ein
         INC LOOP_COUNT          ; Schleifenzähler erhöhen
         CMP LOOP_COUNT,100      ; Schleifenzähler = 100?
         JLE ENDE                ; Kleiner, dann Ende
         MOV LOOP_COUNT,0        ; Schleifenzähler auf 0 setzen
         MOV DX,VIDEO            ; Adresse des Videokontrollers
         MOV AL,21h              ; Bildschirm aus
         OUT DX,AL
         JMP SHORT ENDE          ; Ende
LAB1:
         MOV LOOP_COUNT,0        ; Schleifenzähler auf 0
         MOV DX,VIDEO            ; Bildschirm wieder ein
         MOV AL,29h
         OUT DX,AL
ENDE:    MOV KEY_FLAG,0          ; Tastaturflag auf 0
         POP DX                  ; Register wiederholen
         POP AX
         IRET                    ; Ende der Interrupt-Routine
TIME_OUT ENDP
;
KEY_TEST PROC                    ; Auf Taste prüfen
         PUSHF                   ; Flagregister auf Stack
         CALL DWORD PTR KEY_ROUTINE ; Tastatur-Routine aufrufen
         MOV KEY_FLAG,1          ; Tastenflag setzen
         IRET                    ; Ende der Interrupt-Routine
KEY_TEST ENDP
;
INIT:                           ; Beginn des Initialisierungsmoduls
         MOV AH,35h              ; Alten Interrupt 9 Vektor sichern
         MOV AL,9
         INT 21h
```

```
              MOV KEY_ROUTINE,BX        ; Offset speichern
              MOV KEY_ROUTINE[2],ES     ; Segment speichern
              MOV AH,25h                ; KEY_TEST auf Interrupt 9 legen
              MOV AL,9
              LEA DX,KEY_TEST
              INT 21h
              MOV AL,1Ch
              LEA DX,TIME_OUT           ; TIME_OUT auf Timer-Interrupt 1Ch legen
              INT 21h
              MOV DX,OFFSET MESSAGE     ; Meldung ausgeben
              MOV AH,09
              INT 21h
              MOV DX,OFFSET INIT+1      ; Programm speicherresident machen
              INT 27h
CODE          ENDS
END START
```

Um das Programm speicherresident zu machen, wird diesmal der Interrupt 27h verwendet. Dieser Interrupt erwartet die Anzahl der zu reservierenden Bytes im DX-Register. Damit ist die Größe des reservierbaren Bereichs auf 65535 Byte beschränkt. Außerdem muß das CS-Register stets die Segmentadresse des PSP enthalten. Aufgrund dieser kleineren Einschränkungen wird der Interrupt 27h nur selten, und wenn dann für COM-Dateien, eingesetzt und statt dessen auf die Funktion 31h des Interrupts zurückgegriffen.

Das Programm ist noch in einer weiteren Beziehung bemerkenswert. Es besteht nämlich aus zwei voneinander unabhängigen Interrupt-Routinen. Da wäre zum einen die Routine KEY_TEST, die beim Betätigen einer Taste als Tastaturinterrupt-Routine aufgerufen wird. Innerhalb dieser Routine wird lediglich ein Flag gesetzt, welches anzeigt, daß eine Taste gedrückt wurde. Anschließend wird die alte Tastaturinterrupt-Routine aufgerufen, durch die das BIOS die Tasteneingabe verarbeitet und die Routine wird beendet. Das gesetzte Flag wird nun von der zweiten Interrupt-Routine ausgewertet, die jedesmal in Anschluß an einen Timer-Interrupt ausgeführt wird. Diese Routine erhöht, wenn keine Taste betätigt wird, einen Zähler und schaltet den Bildschirm aus, wenn dieser Zähler einen bestimmten Wert erreicht hat. Im Beispielprogramm wird der Zähler mit 100 verglichen, was eine Zeitkonstante von ca. 6 Sekunden ergibt. In der Regel ist dieser Wert zu klein und muß daher von Ihnen erhöht werden.

Neben einem nützlichen Hilfsprogramm zeigt dieses Beispiel auch sehr schön, wie in einem Betriebssystem mehrere (in diesem Fall zwei) unabhängige »Prozesse« (eine andere Bezeichnung für Programme) miteinander kommunizieren können.

Leider besitzt das Programm auch eine Einschränkung. Es funktioniert nicht auf VGA-Karten, da das Bit 3 des Kontroll-Registers 3D8h bei EGA/VGA eine andere Bedeutung hat. Prinzipiell kann ein VGH-Bildschirm über die Funktion 36h des Interrrupts 10h ab- und auch wieder eingeschaltet werden.

```
DISPLAY_AUS    MACRO
               MOV BL,36h
               MOV AX,1201h
               INT 10h
               ENDM
DISPLAY_EIN    MACRO
               MOV BL,36h
               MOV AX,1200h
               INT 10h
               ENDM
```

Leider gibt es bei Verwendung des Interrupts 10h in der TIME_OUT-Routine, das heißt innerhalb der Interrupt 1Ch gewisse Probleme, die wahrscheinlich darauf zurückzuführen sind, daß innerhalb einer DOS-Interrupt-Routine andere Interrupts nur beschränkt aufgerufen werden können. Auch für dieses Problem gibt es eine Reihe von Lösungen, die aber den Rahmen eines Einsteigerbuches sprengen dürften. Das gilt auch für die Frage, wie das Programm wieder aus dem Speicher entfernt werden kann. Im Prinzip ist auch dieses Problem nicht schwer zu lösen, man muß den vom TSR-Programm belegten Speicher ermitteln, diesen freigeben und das Programm dann über die Funktion 4Ch beenden. Trösten Sie sich zunächst damit, daß das vorliegende Programm beharrlich im Speicher bleibt und nur auf CGA- und Herculeskarten (in diesem Fall muß die Kontroller-Registeradresse 3B8h verwendet werden) funktioniert, und sehen Sie es als eine Herausforderung, das Problem in absehbarer Zeit auch für VGA, und was immer danach kommen mag, in den Griff zu kriegen.

Kapitel 14

Aufgabe 1
In dieser Übung ging es darum, eine Assemblerprozedur zu entwickeln, die von einem C-Programm aufgerufen wird, und deren Aufgabe es ist, das Dateiattribut einer Datei zu ändern. Hier zunächst die Assemblerprozedur für MASM 5.1:

```
; ================================================
; Lösung der Übungsaufgabe 14.1
; ================================================
.MODEL SMALL,C
.CODE
Set_Attribute    PROC    pszDATEI_NAME:NEAR PTR,Attribute
                 MOV AH,43h
                 MOV AL,01
          MOV CX,Attribute
                 MOV DX,pszDATEI_NAME
                 INT 21h
                 JC @F
                 XOR AX,AX
@@:
                 RET
Set_Attribute    ENDP
END
```

Die Assemblerprozedur besteht im wesentlichen aus dem Aufruf der Funktion 43h des Interrupts 21h, welche ein Dateiattribut liest (AL=0) oder setzt (AL=1). Der Prozedur Set_Attribute werden sowohl ein Zeiger auf den Dateinamen (pszDATEI_NAME) als auch das Attribut übergeben. Eine Initialisierung des DS-Registers ist nicht erforderlich, da sich sowohl das Assembler- als auch das C-Programm das gleiche Datensegment teilen (Speichermodell Small).

Das C-Programm muß lediglich die Assemblerprozedur Set_Attribute aufrufen:

```
/* ---------------------------------------------------------
   Lösung der Übungsaufgabe 14.1
   C-Hauptprogramm
   ---------------------------------------------------------*/
#include <stdio.h>
#define NORMAL     0
#define NUR_LESEN 1
#define VERSTECKT 2
#define SYSTEM     4
/* ---------------------------------------------------------
   Hier wird die Assemblerprozedur Set_Attribute als extern
   deklariert.
   ---------------------------------------------------------*/
extern int Set_Attribute(char *, int);
main(int argc, char *argv[])
{
    char DateiName[] = "TEST\0";
    int Attribute;
    Attribute = VERSTECKT;
    if (!Set_Attribute(DateiName, Attribute))
      printf("\nAttribut wurde gesetzt!");
    else
      printf("\nFehler beim Attribut setzen !");
}
```

Natürlich ist diese Lösung mehr als schlicht, so ist es ohne weiteres möglich dem C-Programm sowohl den Dateinamen als auch das neue Attribut über die Kommandozeile zu übergeben.

Das vorliegende C-Programm sollte übrigens mit jedem ANSI-C-Compiler (also auch Turbo C) übersetzt werden können. Beim Assemblieren mit MASM oder TASM muß übrigens die Option /ZI gesetzt werden, um die Groß-/Kleinschreibung zu erhalten. Das Assemblerprogramm ist auf der Buchdiskette in der Datei UEB14_01.ASM enthalten, während das C-Programm in der Datei UEB14_02.C zu finden ist.

G Anhang

Assembler-Glossar

Das Assembler-Glossar enthält wichtige Begriffe, auf die Sie beim Arbeiten mit dem Assembler häufig treffen.

Adreßbus
Gruppe von Leitungen, mit deren Hilfe die CPU ihren Arbeitsspeicher adressiert. Die 8088/86-CPU verfügt über 20 Adreßleitungen, die über den Adreßbus mit dem Arbeitsspeicher verbunden sind. Auf diese Weise läßt sich ein Arbeitsspeicher von 2^{20} = 1 Mbyte adressieren. Bei der 80286-CPU sind es 24 Adreßleitungen, wodurch sich ein adressierbarer Arbeitsspeicher von 2^{24} = 16 Mbyte ergibt. Die 80386/486-CPU verfügt schließlich über 32 Adreßleitungen und damit über einen Adreßraum von 2^{32} = 4 Gbyte. Die Anzahl der Adreßleitungen ist unabhängig von der Anzahl an Datenleitungen.

Adresse
Dient dazu, ein einzelnes Speicher-Register des Arbeitsspeichers anzusprechen. Bei der 8088/86-CPU wird die physikalische 20-Bit-Adresse aus der Multiplikation einer 16-Bit-Segmentadresse mit 16 und der anschließenden Addition eines 16-Bit-Offsets gebildet.

Adreßzähler
Interner Zähler des Assemblers, der die momentane Position, das heißt den aktuellen Offset, innerhalb des assemblierten Programms festlegt. Der aktuelle Stand des Adreßzählers kann innerhalb eines Assemblerprogramms über den $-Operator abgefragt werden. Nicht zu verwechseln mit dem Befehlszeiger-Register (IP-Register) der CPU.

AGA
Advanced Graphics Adapter, Grafikkarte, die in der Lage ist, die CGA-, MDA- und die Hercules-Karte zu emulieren. Zusätzlich ist die AGA-Karte in der Lage in einem 132-Zeichen-Modus zu arbeiten. Die AGA-Karte hat für die PC-Welt nur eine untergeordnete Bedeutung und wird fast ausschließlich in älteren Commodore PCs (zum Beispiel PC20) eingesetzt.

Assembler
Programm, das die Assembler-Mnemonics in die entsprechenden Opcodes umsetzt. Als Assembler wird auch eine Sprache bezeichnet, die aus Maschinensprache-Mnemonics und speziellen Assembleranweisungen besteht.

Ausnahme
Spezielle Kategorie von Interrupts, die ab der 80286-CPU auftreten können.

BCD

Binary Coded Decimal, Verfahren zur Darstellung von Dezimalzahlen im Binärsystem. In der normalen BCD-Darstellung wird pro Byte eine Dezimalziffer (0 ... 9) dargestellt, im sogenannten »gepackten« Format wird pro Halbbyte eine Dezimalzahl dargestellt, so daß in einem Byte Dezimalzahlen von 0 bis 99 dargestellt werden können.

BIN-Datei

(Erweiterung ».BIN«), Datei, die Maschinencode enthält. Der Maschinencode ist aber in der Regel nicht ausführbar, sondern wird als (nicht relozierbares) Unterprogramm nachgeladen. EXE-Dateien können, unter bestimmten Umständen, mit Hilfe des Programms EXE2BIN in eine BIN-Datei umgewandelt werden.

BIOS

Basis Input Output System, damit wird eine Anzahl von ROM-Routinen bezeichnet, die den Zugriff auf Peripherieeinheiten ermöglichen, ohne daß der Programmierer den speziellen Aufbau dieser Geräte kennen muß. Das BIOS ist der hardwareabhängige Teil des Betriebssystems und wird unter MS-DOS durch das DOS-BIOS (MSDOS.SYS) ergänzt, das ebenfalls hardwareabhängige Gerätetreiber-Routinen enthält. Das Original-BIOS für PCs und PS/2-Modelle stammt von IBM. Hersteller, wie zum Beispiel Phoenix, liefern ein dazu kompatibles BIOS, das in Kompatiblen eingesetzt wird.

BIOS-Interrupts

Die einzelnen Routinen des BIOS werden fast ausschließlich über die Interrupts 10h bis 17h aufgerufen. Der direkte Zugriff auf die BIOS-Interrupts unter Umgehung des DOS bringt zwar unter Umständen Geschwindigkeitsvorteile, birgt dafür die Gefahr der Inkompatibilität zu anderen PCs in sich.

BIU

Bus Interface Unit (Busschnittstellen-Einheit), Komponente der 8086/88-CPU, die für den Zugriff auf den Arbeitsspeicher und die Berechnung der physikalischen Adresse zuständig ist.

Booten

Laden des Betriebssystems.

Bootsektor

Sektor 0 auf einer unter MS-DOS formatierten Diskette. Er enthält physikalische Daten über die Diskette und die sogenannte »Bootstrap-Routine«, die das Booten des Betriebssystems einleitet. Dies ist aber nur möglich, wenn die Diskette die Dateien IO.SYS, MSDOS.SYS und COMMAND.COM enthält. Unter PC-DOS, dem MS-DOS-Äquivalent von IBM, heißen die ersten beiden Dateien IBMCOM.SYS und IBMIO.SYS.

CGA

Color Graphics Adapter, mittlerweile veraltete Farbgrafikkarte, die unter anderem eine Grafikauflösung von 640*200 Punkten und eine Darstellung von 16 verschiedenen Farben im Textmodus ermöglicht.

Centronics-Schnittstelle

Andere Bezeichnung für die parallele Druckerschnittstelle des PC. Die Centronics-Schnittstelle legt eine Art »Standard« für parallele Schnittstellen fest, der auch bei vielen anderen Computertypen zu finden ist.

Cluster

Unter MS-DOS werden mehrere Sektoren zu einem Cluster (engl. Haufen) zusammengefaßt, um die Organisation des Massenspeichers (Diskette, Festplatte) zu vereinfachen. Auf einer MS-DOS-Diskette werden meistens zwei Sektoren (512 Byte) zu einem Cluster zusammengefaßt. Die Belegung jedes einzelnen Clusters auf einer Diskette/Festplatte ist in der FAT eingetragen.

COM-Datei

Unter MS-DOS ausführbare Programmdateien, die in der Regel nur aus einem Segment bestehen und nicht größer als 64 Kbyte werden dürfen. COM-Dateien enthalten, anders als EXE-Dateien, keine Verschiebeinformationen (Verschiebbarkeit), sondern stellen ein reines Abbild des assemblierten Maschinencodes dar. Da eine COM-Datei vom DOS-Lader nicht verschoben wird, sondern stets mit einem Offset von 100h innerhalb des Programmsegments beginnt, können sie schneller geladen werden. Ein Assembler erzeugt normalerweise eine EXE-Datei, die von einem Programm wie EXE2BIN in eine COM-Datei umgewandelt werden muß.

CRC

Cyclical Redundancy Check, Verfahren, mit dem Fehler bei der Übertragung von Daten auf eine Diskette festgestellt werden können.

CRT

Cathode Ray Tube, Kathodenstrahlröhre, bei der mit Hilfe eines Elektronenstrahls, der vom Videokontroller gesteuert wird, ein Bild erzeugt wird.

Datenbus

Gruppe von Leitungen, über die die CPU ihre Befehle und Daten erhält. Die 8088-CPU verfügt über 8, die 8086-, 80286- und 80386SX-CPU über 16 Datenleitungen, die über den Datenbus mit dem Arbeitsspeicher verbunden sind. Als reine 32-Bit-CPU besitzt die 80386/486-CPU 32 Daten-leitungen.

Default

Standardeinstellung in einem Programm, die übernommen wird, wenn der Benutzer keinen anderen Wert festlegt.

Device driver

siehe Gerätetreiber.

DMA

Direct Memory Access, ein sehr schnelles internes Übertragungsverfahren, bei dem der Daten-austausch zwischen dem Speicher und einem Peripheriegerät an der CPU vorbeigeleitet wird. Die CPU kann während der Übertragung bereits wieder ein anderes Programm ausführen.

DMA-Kontroller
Baustein, der den direkten Zugriff auf ein Peripheriegerät steuert. In einem PC/XT wird in der Regel der DMA-Kontroller 8237 eingesetzt.

DOS
Disk Operation System, hardwareunabhängiger Teil des MS-DOS-Betriebssystems, der u.a. für die Verwaltung der Peripheriegeräte und die Ausführung von Programmen zuständig ist. Das DOS, enthalten in der »versteckten« Datei MSDOS.SYS auf der Systemdiskette, greift für seine Arbeit auf Gerätetreiber zurück, die sich wiederum einzelner BIOS-Routinen bedienen.

DOS-Interrupts
Über den Interrupt 21h stellt DOS zahlreiche Funktionen zur Verfügung, mit denen Ein-/Ausgabeoperationen, Diskettenzugriffe oder zum Beispiel das Ausführen anderer Programme durchgeführt werden kann.

DOS-Lader
Programm-Routine, die innerhalb von DOS für das Laden und gegebenenfalls für das Verschieben (Verschiebbarkeit) eines Programms zuständig ist. Der DOS-Lader kann auch von Anwenderprogrammen über die Exec-Funktion aufgerufen werden.

DTA
Disk Transfer Area, 128-Byte-Puffer, der sich normalerweise ab 80h im PSP eines Programms befindet und der dazu da ist, gegebenenfalls wichtige Daten über eine Datei (Dateiname, Größe usw.) aufzunehmen.

ECC
Error Correction Code, ein dem CRC-Verfahren verwandtes Verfahren, das Übertragungsfehler beim Speichern auf einer Diskette bzw. Festplatte feststellen und unter Umständen auch beheben soll.

Editor
Programm zum Erstellen von Quelltexten.

Effektive Adresse
Jeder 80x86-Befehl, der auf den Arbeitsspeicher zugreift benötigt eine effektive Adresse. Diese kann auf verschiedene Weisen gebildet werden: durch den Inhalt eines Basis- und/oder Index-Registers und einem optionalen Displacement oder einem 16-Bit-Displacement. Die effektive Adresse bildet zusammen mit dem Inhalt eines Segment-Registers die physikalische Adresse, die zur Adressierung des Arbeitsspeichers verwendet wird.

EGA
Enhanced Graphics Adapter, leistungsfähige, aber wie die CGA-Karte, mittlerweile veraltete Grafikkarte, die unter anderem eine Darstellung von 640*350 Punkten bei 16 Farben erlaubt.

Elternprogramm
Name eines Programms unter MS-DOS, das ein weiteres Programm (Kindprogramm) aufgerufen hat. Nach Beendigung des Kindprogramms erhält das Elternprogramm (meistens wird es sich hier um COMMAND.COM handeln) wieder die Kontrolle. Über einen Return-Code kann das Kindprogramm mit dem Elternprogramm kommunizieren. Das Elternprogramm kann dagegen beim Aufruf des Kindprogramms diese »Nachrichten« (wie zum Beispiel den Namen einer Datei) über die Kommandozeile oder über den Environment-Bereich übergeben.

Environment-Bereich
Umgebungsbereich, enthält eine Reihe von DOS-Variablen, das heißt ASCII-Strings, die die Form »Name = Parameter« aufweisen, und die so wichtige Details wie zum Beispiel den Suchpfad des Kommando-Interpreters oder das Format des System-Prompts enthalten. Diese Umgebungsvariablen werden in der Regel in der AUTOEXEC.BAT-Datei gesetzt. Die Adresse des einem Programms zugeordneten Environment-Blocks ist an der Adresse 2Ch im PSP des Programms enthalten.

EU
Execution Unit, Komponente der 8086/88-CPU, die die Ausführung eines Befehls übernimmt.

EXE-Datei
Enthalten ausführbaren Maschinencode. Anders als COM-Dateien, enthalten EXE-Dateien zu Beginn eine Verschiebeinformation (Verschiebbarkeit), die den DOS-Lader in die Lage versetzt, die einzelnen Segmente des Programms an beliebige Adressen zu laden. EXE-Dateien sind daher größer als entsprechende COM-Dateien, können dafür aber größer als 64 Kbyte werden und »beliebig« viele Segmente enthalten.

Externe Befehle
Befehle des Kommando-Interpreters, die nicht innerhalb des Kommado-Interpreters, sondern auf Diskette abgelegt sind. Beispiele sind FORMAT oder auch EXE2BIN.

FAT
File Allocation Table, Datenstruktur, die auf jeder unter MS-DOS formatierten Diskette enthalten ist, und die über die Belegung jedes einzelnen Clusters Auskunft gibt.

Filter
Programm, das den Inhalt einer Datei nach einem bestimmten Kriterium (zum Beispiel alphabetisch Sortieren) umwandelt.

Gerätetreiber
Device Driver, kleine Programm-Routine, die die Kommunikation zwischen DOS oder einem Anwenderprogramm und einem Peripheriegerät übernimmt. Ein Beispiel ist ein spezieller Druckertreiber, der allgemeine Steuerkommandos in die speziellen Steuercodes eines bestimmten Druckers umsetzt. DOS unterscheidet zwischen internen und residenten Gerätetreibern. Letztere werden nachträglich geladen und in der CONFIG.SYS-Datei aufgeführt.

Grafikadapter
andere Bezeichnung für Grafikkarte.

Handle
Ein Handle (engl. Griff) oder Bezug, ist eine 16-Bit-Zahl, über die ein Zugriff auf eine Datei, aber auch auf eines der Standardgeräte wie Tastatur oder Drucker durchgeführt werden kann. Beim Öffnen oder Erstellen einer Datei vergibt DOS ein Handle, über das alle Zugriffe auf die Datei durchgeführt werden.

Handler
Andere Bezeichnung für eine Routine mit einer speziellen Aufgabe (zum Beispiel Interrupt-Handler, Routine, die beim Auftreten eines Interrupts ausgeführt wird).

Hardware-Interrupt
Interrupt, der durch die Hardware (zum Beispiel Tastatur oder Timer) ausgelöst wird. Die Hardware-Interrupts werden bei der Konstruktion des PC zugeordnet und können nicht durch die Software festgelegt werden.

Herculeskarte
Monochrom-Grafikkarte, die über einen Textmodus und einem Grafikmodus verfügt. Im Grafikmodus stehen eine Auflösung von 720*348 Punkten und zwei Bildschirmseiten zur Verfügung.

Interne Befehle
Befehle, die im transienten Teil des Kommado-Interpreters enthalten sind wie zum Beispiel DIR oder TYPE.

Interrupt
Unterbrechung eines Programms durch eine andere Routine. Beim Auftreten eines Interrupts wird das momentan abgearbeitete Programm unterbrochen und es wird eine spezielle Interrupt-Routine (Interrupt-Handler) aufgerufen, deren Adresse in der Interrupt-Vektortabelle enthalten ist. Es muß zwischen einem Hardware-Interrupt, dessen Auftreten von einem externen und damit nicht voraussagbaren Ereignis (zum Beispiel Betätigen einer Taste) abhängt und einem Software-Interrupt, der gezielt durch einen INT-Befehl oder einer Fehlersituation in der CPU erzeugt wird, unterschieden werden.

Interrupt-Kontroller
Baustein, der verschiedene externe Interrupt-Quellen verwaltet und jeder Interrupt-Quelle eine unterschiedliche Priorität zuordnet. In einem PC wird dazu in der Regel der 8259A verwendet.

Interrupt-Vektortabelle
Die ersten 1024 Byte des Arbeitsspeichers enthalten 256 Einträge, bei denen es sich um die Adressen der Interrupt-Routinen handelt, die bei Auftreten eines der maximal 256 verschiedenen Interrupts ausgeführt werden. Ab der 80286-CPU kann die Lage der Interrupt-Vektortabelle über das IDT-Register variiert werden.

Kindprogramm
Programm, das von einem Elternprogramm aufgerufen wird. Wenn zum Beispiel über Tastatur das Programm PROG1 aufgerufen wird, handelt es sich bei PROG1 um das Kind-Programm und

bei COMMAND.COM, dem MS-DOS-Kommando-Interpreter, um das Elternprogramm, da dieses Programm den Aufruf durchführt. Ein Kindprogramm kann wiederum ein Programm aufrufen und wird dadurch zum Elternprogramm.

Kommando-Interpreter
Andere Bezeichnungen sind Kommandoprozessor oder einfach Shell. Es handelt sich um ein Programm, das unter MS-DOS die Eingaben entgegennimmt und auswertet. In der Regel handelt es sich um das Programm COMMAND.COM. COMMAND.COM und besteht aus einem residenten und einem transienten Teil. Letzterer kann von Anwenderprogrammen überschrieben werden und muß dann nachgeladen werden. COMMAND.COM zeigt durch Ausgabe des System-Prompts (zum Beispiel C>) an, daß es auf Eingaben wartet. Anstelle von COMMAND.COM kann über das SHELL-Kommando auch ein anderer Kommando-Interpreter, zum Beispiel 4DOS, festgelegt werden.

Kommandozeile
Parameter, die zusätzlich zu einem Kommando oder einem Programmaufruf übergeben werden. Beispiel: »DEBUG MASM TEXT«, hierbei ist »MASM TEXT« die Kommandozeile, die dem Programm DEBUG über den PSP übergeben wird, und die im PSP ab der Offsetadresse 80h abgelegt wird.

Linker
Programm, das aus einer Objektdatei (Erweiterung ».OBJ«) ein ausführbares Maschinenprogramm (Erweiterung ».EXE« oder ».COM«) macht. Eine weitere Aufgabe des Linkers ist das »Binden« mehrerer Objektmodule zu einem einzigen ausführbaren Programm.

Logische Adresse
Adresse, die innerhalb eines Programms verwendet wird, der aber kein direktes Speicher-Register entspricht. Die logische Adresse muß zunächst (zum Beispiel durch Kombinieren mit einem Segment-Register) in eine physikalische Adresse umgewandelt werden.

MDA
Monochrom Display Adapter, mittlerweile total veraltete Monochromkarte, nicht grafikfähig. Die MDA-Karte ist als Submodus auf fast allen anderen Karten vorhanden (zum Beispiel CGA-Karte oder Hercules-Karte).

Media-Deskriptor
Byte, das den Diskettentyp festlegt.

Makro
Gruppe von Befehlen und Anweisungen, die innerhalb eines Assemblerprogramms durch einen Namen repräsentiert werden. Beim Assemblieren setzt der Assembler die entsprechenden Befehle ein (Erweiterung des Makros).

Mnemonic
Gesprochen »nemonik«. Abkürzung für einen Maschinenbefehl, der in der Assemblersprache des 8086/88 aus drei oder mehr Buchstaben besteht, zum Beispiel MOV oder LOOPNE. Dieser Begriff stammt zwar aus der Urzeit der EDV, wird aber noch heute verwendet.

Objektdatei
Ergebnis eines Assemblierungsprozesses durch den Assembler. Enthält zusätzlich zu dem assemblierten Maschinencode, Informationen, die für den Linker bestimmt sind. Objektdateien können daher noch nicht ausgeführt werden, sondern müssen zunächst vom Linker in ein ausführbares Programm umgewandelt werden. Objektdateien besitzen einen einheitlichen, jedoch relativ komplizierten Aufbau, der zum Beispiel im MS-DOS-Programmierhandbuch (Markt &Technik, 90498) beschrieben wird.

Offset
Anteil einer Adresse eines Symbols (zum Beispiel Label), der die Distanz in Bytes zwischen dem Beginn des Segments, in dem das Symbol definiert wurde und der Lage des jeweiligen Symbols angibt.

Overlay
Programmteil, der von einem anderen Programm nachträglich geladen wird und aus Platzgründen auf der Diskette verbleibt.

Page
256 Byte oder eine Speicheradresse, die glatt durch 256 teilbar ist.

Paragraph
16 Byte oder eine Speicheradresse, die glatt durch 16 teilbar ist.

Physikalische Adresse
Bei der 8086/88-CPU wird über eine 20-Bit-Adresse auf eine Speicherzelle des Arbeitsspeichers zugegriffen.

Pipelining
Verfahren, bei dem während der Ausführung eines Befehls bereits der nächste in die Warteschlange der 8086/88-CPU geladen wird und das die Leistungsfähigkeit einer CPU erhöhen soll.

Port
Bei der 8086/88-CPU verläuft die gesamte Kommunikation zwischen der CPU und einzelnen Peripheriegeräten über Ein-/Ausgabe-Ports (E/A-Ports). Die maximal 65536 8-Bit-Ports bilden einen eigenen Adreßraum neben dem Arbeitsspeicher. Bei einem PC sind nur die ersten 1024 E/A-Ports belegt.

Protected-Modus
Geschützter Modus, Betriebsart, die ab der 80286-CPU zur Verfügung steht. Im Protected-Modus wird eine Speicherzelle nicht direkt über eine Segment-Adresse, sondern indirekt über einen Selektor adressiert. Der Selektor wählt aus einer Deskriptortabelle einen 8-Byte-Deskriptor aus, der die Startadresse, die Größe und die Zugriffsrechte eines Segments enthält. Jeder Speicherzugriff wird mit Hilfe der in einem Selektor enthaltenen Informationen durchgeführt. Diese Informationen werden beim Laden eines Selektors in ein Segment-Register automatisch in eine 8-Byte-Erweiterung des Segment-Registers geladen. Die Bezeichnung geschützter Modus wird aus dem Umstand abgeleitet, daß der Zugriff eines Programms auf bestimmte Bereiche durch

Ändern der Zugriffsrechte eingeschränkt oder verhindert werden kann. Im Protected-Modus steht auf der 80826-CPU ein direkt adressierbarer Arbeitsspeicher von 16 Mbyte, ab der 80386-CPU von 4 Gbyte zur Verfügung.

PSP
Programm Segment Präfix, 256-Byte-Block, der jedem Programm im Arbeitsspeicher vorausgeht, und der wichtige Informationen enthält, die DOS und das Programm für die Ausführung benötigen. Bei COM-Datei enthalten nach dem Programmstart alle vier Segment-Register die Adresse des PSP. Bei einer EXE-Datei zeigen nur das DS- und das ES-Register auf den PSP.

Quelltext
Programmtext eines Programms. Der Quelltext eines Assemblerprogramms ist eine reine ASCII-Datei, die in der Regel die Erweiterung »,ASM« besitzt.

Real-Modus
Betriebsart der 80286/4-486-CPU, in der sich diese CPUs wie eine 8086-CPU verhalten. Der Real-Modus ist nach dem Einschalten aktiv. In diesem Modus können die erweiterten Fähigkeiten dieser CPUs nicht oder nur stark eingeschränkt genutzt werden.

Residentes Programm
Programm, das dauerhaft im Speicher bleibt und nicht durch ein anderes Programm überschrieben werden kann. Residente Programme werden in der Regel durch ein bestimmtes Ereignis aktiviert. Beispiel für TSRs (Terminate-and-stay-Resident) sind Tastatur- oder Druckertreiber oder Programme wie SideKick.

RS232C
Amerikanische Norm für eine asynchrone serielle Schnittstelle, die die Potentiale und die Pin-Belegung eines 25poligen Schnittstellensteckers festlegt. Entspricht in Europa der V.24-Norm.

Schnittstelle
Bezeichnung für die Verbindungsstelle zweier unabhängiger Komponenten (zum Beispiel zweier Programm-Module oder zwischen der Zentraleinheit und einem Peripheriegerät).

Segment
Ein beliebiger Teil des Arbeitsspeichers, der bei den CPUs 8086/80286 nicht größer als 64 Kbyte werden kann. Die Startadresse eines Segments wird durch dessen Segmentadresse festgelegt. Um auf ein Segment zugreifen zu können, muß dessen Segmentadresse in eines der vier Segment-Register geladen werden. Jedes Byte innerhalb eines Segments wird über einen 16-Bit-Offset adressiert. Ab der 80386-CPU können auch 32-Bit-Segmente definiert werden, die dementsprechend bis zu 4 Gbyte groß werden können. Da mit einem einzigen Segment der gesamte Adreßraum der CPU belegt werden kann, spricht man auch von einem »Flat«-Modell.

Segment-Register
Legt den Beginn eines Segments im Arbeitsspeicher fest. Die CPUs 8086/286 verfügen über vier 16-Bit-Segmentregister (CS, DS, ES und SS), so daß gleichzeitig immer maximal vier Segmente adressiert werden können. Ab der 80386-CPU stehen zwei weitere 16-Bit-Segment-Register (FS und GS) zur Verfügung.

Sektor
Kleinste Einheit, in der mit Hilfe entsprechender BIOS-Routinen Daten von Diskette gelesen bzw. auf Diskette geschrieben werden können. Die Größe eines Sektors kann variiert werden, beträgt aber in der Regel 512 Byte. Eine Diskette enthält unter MS-DOS 2 Seiten mit 40 Spuren mit jeweils 9 Sektoren. Die Numerierung der Sektoren erfolgt entweder physikalisch (Seite, Spur, Sektor-Nr. 1–9) oder logisch (Sektor-Nr. 0–719).

Serielle Schnittstelle
Über die serielle Schnittstelle wird die Zentraleinheit mit einem Peripheriegerät wie zum Beispiel Maus, Modem oder auch Drucker verbunden. Die Datenübertragung erfolgt asynchron und seriell, das heißt Bit für Bit (RS232C).

Severe error
Schwerwiegender Fehler beim Assemblieren. Das betreffende Assemblerprogramm ist nicht funktionsfähig. In diesem Fall wird keine Objektdatei erstellt.

Software-Interrupt
Interrupt, der entweder durch ein internes Ereignis in der CPU (zum Beispiel Division durch 0) oder durch einen INT-Befehl ausgelöst wird (Interrupt). Ab der 80286-CPU werden Software-Interrupts in Ausnahmen, Traps, Faults und Aborts unterteilt.

SYS-Datei
Datei mit der Erweiterung ».SYS«. Enthält meistens Maschinencode, der aber nicht für die direkte Ausführung geeignet ist. SYS-Dateien enthalten in der Regel den Maschinencode für Geräte-treiber, die nachträglich geladen werden. Ausnahme CONFIG.SYS. Diese Datei enthält lediglich eine Reihe von Vereinbarungen, durch die Systemparameter und Gerätetreiber festgelegt werden.

Timer-Interrupt
Regelmäßig auftretender Interrupt. Durch den Timer-Baustein 8253 (bzw. 8254 in ATs) wird 18,2mal pro Sekunde der Interrupt 8 ausgelöst, in dessen Anschluß der Interrupt 1Ch ausgeführt wird.

TPA
Transient Programm Area, andere Bezeichnung für den Arbeitsspeicher unterhalb der 640 Kbyte Grenze. Die TPA endet mit dem Beginn des Video-RAM.

VGA
Video Graphics Array, sehr leistungsfähige Grafikkarte, die mittlerweile als Standardkarte bei PCs gilt. Mit VGA-Karten sind Auflösungen von bis zu 1024*768 Punkten bei 256 Farben aus einer Palette von 262 144 möglichen Farbstufen erreichbar.

Verschiebbarkeit
Jedes Programm kann unter MS-DOS in der Regel an eine beliebige Adresse geladen werden. Diese Adresse ist dem Programmierer in der Regel nicht bekannt und wird erst beim Laden des Programms durch den DOS-Lader festgelegt. Eine EXE-Datei enthält deswegen in ihrem Dateikopf eine Verschiebeinformation, mit deren Hilfe der DOS-Lader die Adressen der einzelnen Segmente bestimmt. Eine COM-Datei enthält diese Verschiebeinformation nicht und kann deswegen nur ein Programmsegment enthalten.

Videokontroller
Baustein, der für die Erzeugung eines Bildes zuständig ist. Auf einfachen Grafikkarten, wie zum Beispiel auf einer CGA- oder Herculeskarte wird der Videokontroller 6845 von Motorola eingesetzt, der sowohl Text als auch Punktgrafiken erzeugen kann. In komplexeren Grafikkarten wird dieser Baustein in den Grafikchip integriert.

Volume
DOS teilt den Massenspeicher in sogenannte Volumes ein, wobei jedem Volume ein Name und ein Buchstabe zugeordnet wird. So erhält zum Beispiel das erste Diskettenlaufwerk stets den Buchstaben A. Der Name kann bei jedem Formatieren einer Diskette vergeben werden und bezieht sich daher auf das eigentliche Speichermedium. Eine Festplatte kann zum Beispiel in mehrere Volumes unterteilt werden, die jeder einen eigenen Buchstaben (zum Beispiel D, E und F) und einen Namen erhalten.

XGA
Extended Graphics Adapter, von IBM mit dem PS/2-Modell 90 eingeführter Grafikadapter, dessen Möglichkeit etwas über die einer Standard-VGA-Karte hinausgehen (1024x768 bei 256 Farben) und der mit der 8514A-Grafikkarte von IBM, die einen eigenen Grafikprozessor besitzt, kompatibel ist.

H Anhang

Was ist neu an MASM 5.0 und 5.1?

Dieser Anhang beschreibt die Versionen 5.0 und 5.1 des Microsoft Makroassemblers. Obwohl es sich nicht um die aktuellste MASM-Version handelt, gibt es einige Gründe, noch mit MASM 5 oder besser MASM 5.1 zu arbeiten. Alle Beispielprogramme in diesem Buch wurden mit MASM 5.1 übersetzt, so daß für die Durcharbeitung dieses Buches die Version 5.1 mehr als ausreichend ist. Bei den Neuerungen der Version 6.0 handelt es sich fast ausschließlich um fortgeschrittene Features, die für einen Einsteiger von nur geringer Bedeutung sind.

Die wichtigsten Unterschiede zwischen Version 4.0 und Version 5.0 werden stichwortartig in Tabelle H.1 zusammengefaßt.

80836-Unterstützung	MASM 5.0 unterstützt den Befehlssatz und die Adressierungsarten des 80386. Der »80386-Modus« wird durch die Anweisung .386 aktiviert.
Fehlerbehandlung	Die Behandlung von Fehlern wurde verbessert. Fehlerursachen werden in drei Kategorien eingeteilt: »Severe errors«, »serious warnings« und »advisory warnings«. Die Ausgabe von Fehlermeldungen kann nun auch in eine Datei umgelenkt werden. Typenfehler (zum Beispiel fehlender PTR-Operator) sind keine »severe errors« mehr, sondern werden als »serious warnings« behandelt.
Neue Optionen	MASM wurde um zusätzliche Optionen erweitert. Dazu gehören unter anderem die Optionen /ZI und /ZD, um die Objektdatei mit Informationen für den symbolischen Debugger zu ergänzen.
Environment	MASM unterstützt nun zwei sogenannte »Environment Variablen«. MASM (um Default-Optionen festzulegen) und INCLUDE (um den Suchpfad für Include-Dateien festzulegen).
Neue Anweisungen	MASM verfügt nun über die Anweisungen RETN und RETF, die den Befehl RET ersetzen können. Damit können Unterprogramme auch ohne die Anweisungen PROC und ENDP definiert werden.

Bibliotheken	Die Anweisung INCLUDELIB erlaubt die Vereinbarung von Bibliotheksmodulen, die in ein Programm eingebunden werden sollen.
Linker	Der Linker wurde um zahlreiche Optionen erweitert, zum Beispiel /CODEVIEW, um eine Programmdatei für das Arbeiten mit CodeView vorzubereiten oder /INFORMATION, um den Verlauf des Link-Vorganges anzuzeigen.
Fließkommazahlen	Standardmäßig sind nun alle 8087-Befehle aktiviert. Fließkommazahlen werden im IEEE-Format dargestellt. Die /R-Option der Version 4.0 wird damit überflüssig. Um Fließkommazahlen im Microsoft-Format darstellen zu können, ist die Anweisung .MSFLOAT notwendig.

Tabelle H.1: *Die wichtigsten Unterschiede der Version 5.0*

Neue Anweisungen

Es sei vorangestellt, daß alle Assemblerprogramme, die unter der Version 4.0 entwickelt wurden, von der Version 5.0 oder 5.1 ohne Änderungen assembliert werden können (lediglich bei der Verwendung von Fließkommazahlen ist unter Umständen eine Anpassung erforderlich). Zusätzlich können alle Befehle der 80386-CPU und des 80387-Koprozessors assembliert werden. In der Version 5.0 wird vor allem das Arbeiten mit Segmenten stark vereinfacht. Innerhalb von EXE-Programmen kann sowohl auf die SEGMENT-, als auch auf die ASSUME-Anweisung verzichtet werden. Das folgende Beispielprogramm zeigt, wie die neuen Segmentbefehle eingesetzt werden können:

```
DOSSEG                    ; Festlegen der Segmentanordnung und des
.MODEL SMALL              ; Speichermodells
.STACK 100H               ; Definition eines Stacksegments
.DATA                     ; Definition eines Datensegments
 TEXT DB 'GUTEN TAG !',10,13,'$'
.CODE                     ; Definition eines Programmsegments
START:    MOV DX,@DATA    ; Zugriff auf Datensegment
          MOV DS,DX
          MOV AH,09       ; Dieser Teil ist bekannt
          MOV DX,OFFSET TEXT
          INT 21H
          MOV AH,4CH
          INT 21H
          END START
```

Sie sehen, daß sich im Vergleich zu einem entsprechenden Programm unter der Version 4.0 einiges geändert hat (dies gilt in erster Linie für EXE-Dateien). Im folgenden werden die wichtigsten Neuerungen zunächst kurz vorgestellt, eine ausführliche Beschreibung folgt im Anschluß.

DOSSEG
Diese Anweisung bewirkt, daß die einzelnen Segmente entsprechend der DOS-Segment-Konvention, die für alle Microsoft-Compilersprachen gilt, festgelegt wird. Alle Segmente werden in der Reihenfolge ihrer Definition in die Programmdatei eingetragen. Durch die Verwendung der DOSSEG-Anweisung entfallen weitere Segmentanweisungen.

.MODEL
Diese Anweisung bestimmt das zu verwendende Speichermodell. Das Speichermodell legt unter anderem die Größe der verwendeten Programm- und Datensegmente fest. Für ein Assemblerprogramm ist das Speichermodell immer dann von Bedeutung, wenn das Assemblerprogramm mit Hochsprachenprogrammen kombiniert werden soll. Normalerweise wird für Assemblerprogramme, die nicht in Hochsprachenprogramme eingebunden werden, das Modell »Small« verwendet.

– Damit sind alle notwendigen »Formalitäten« abgeschlossen. Die Definition der folgenden Segmente wird nun einfach durch einen einzelnen Namen durchgeführt.

.STACK
Diese Anweisung definiert ein Stacksegment. Der nachfolgende Ausdruck legt die Größe des Segments in Bytes fest. Wird keine Größe festgelegt, wird ein Stackbereich von 1024 Byte definiert.

.DATA
Diese Anweisung definiert ein Datensegment vom Typ Near.

.CODE
Diese Anweisung definiert ein Programmsegment. Auf .CODE kann optional ein Name folgen. Ein Name ist allerdings nur erforderlich, wenn eine Datei mehrere Programmsegmente enthalten sollte.

Jede dieser Segmentanweisungen beendet automatisch eine vorangehende Segmentdefinition. Daten innerhalb von Segmenten, die durch die Anweisungen .STACK, .CONST, .DATA oder .DATA? definiert wurden, gehören zur Gruppe DGROUP.

@DATA
Da für das Datensegment explizit kein Name vergeben wurde, wird seine Adresse durch den Symbolnamen @DATA angesprochen.

Das Assemblerprogramm wird durch die END-Anweisung beendet, auf die der Name des Startpunktlabels folgen muß, das den Beginn des Programms festlegt. Auch hier gilt, daß mindestens ein Modul ein Startpunktlabel nach einer END-Anweisung enthalten muß.

Welche Vorteile bringt die vereinfachte Segmentanordnung?
Die Einführung der neuen vereinfachten Segmentanweisungen in der Version 5.0 bringt eindeutig eine Vereinfachung bei der Programmerstellung mit sich. Bei allen sogenannten »Stand-alone«-Assemblerprogrammen, das heißt bei Programmen, die nicht mit anderen Hochsprachen-Modulen gelinkt werden sollen, ist es nicht zwingend erforderlich, einzelne Segmente (mit Ausnahme des Stacksegments) mit bestimmten Attributen zu versehen. In diesem Fall kann das

vereinfachte Segmentmodell verwendet werden. Falls es dennoch erforderlich sein sollte, zum Beispiel den Ausrichtungstyp eines Segments festzulegen, kann jederzeit auf die »alten« Segmentanweisungen zurückgegriffen werden.

Die Initialisierung des Assemblers
Da auf der MASM-Diskette und der Diskette mit dem symbolischen Debugger CodeView zahlreiche Zusatzprogramme enthalten sind, kann das Kopieren der einzelnen Dateien auf die Festplatte und das Einrichten der benötigten Unterverzeichnisse mit Hilfe einer kleinen Setup-Routine (RUN_ME.BAT) durchgeführt werden. Die Setup-Routine RUN_ME.BAT ist allerdings nicht unbedingt erforderlich, um mit dem Assembler arbeiten zu können.

Nähere Einzelheiten zu den neuen Anweisungen der Version 5.0

Die Anweisung DOSSEG
Die DOSSEG-Anweisung ist nicht erforderlich, falls das betreffende Assemblermodul von einer Hochsprache aufgerufen wird, da der Compiler automatisch diese Segmentanordnung festlegt.

Wichtig: Bei der Verwendung von DOSSEG (oder der gleichwertigen Linker-Option /DOSSEG) erzeugt der Linker die Symbole _end und _edata. Diese Symbolnamen dürfen daher nicht in Programmen verwendet werden, die auch die DOSSEG-Anweisung enthalten.

Die Anweisung .MODEL
Durch diese Anweisung wird ein Speichermodell ausgewählt. Folgende Speichermodelle stehen zur Auswahl:

Name	Beschreibung
Tiny	Alle Befehle und Daten passen in ein einzelnes Segment. Dieses Speichermodell ist nur für COM-Dateien anwendbar.
Small	Alle Befehle und Daten passen in ein einzelnes Segment. Dies ist das gebräuchlichste Modell für Assemblerprogramme.
Medium	Alle passen in ein einzelnes Segment. Der Programmbereich kann jedoch größer als 64 Kbyte werden. Die meisten Microsoft-Hochsprachen unterstützen dieses Modell.
Compact	Der Programmbereich ist nicht größer als 64 Kbyte, die Summe aller Datenbereiche kann 64 Kbyte übersteigen, auch wenn ein einzelnes Feld nicht größer als 64 Kbyte werden kann.
Large	Sowohl der Programmbereich, als auch der Datenbereich kann größer als 64 Kbyte werden, allerdings darf ein einzelnes Feld nicht größer als 64 Kbyte werden.
Huge	Sowohl der Programm-, als auch der Datenbereich kann 64 Kbyte übersteigen. Auch einzelne Datenfelder können größer als 64 Kbyte werden. Dieses Speichermodell hat für Assemblerprogramme keine Bedeutung.

Die Umgebungsvariablen

MASM arbeitet mit den beiden Umgebungsvariablen MASM und INCLUDE. Erstere erlaubt es, bestimmte Assembleroptionen zu speichern, so daß diese nicht bei jedem Aufruf von MASM mit aufgeführt werden müssen

```
SET MASM=/L/T/C
```

setzt die Optionen /L (Listing erzeugen), /T (keine Meldung ausgeben) und /C (Crossreferenz erzeugen), so daß diese Optionen bei jedem Aufruf von MASM gültig sind. Die INCLUDE-Variable bezieht sich auf das Einbinden von Quelltextmodulen mit Hilfe der INCLUDE-Anweisung (siehe Kapitel 10). Wenn innerhalb eines Assemblerprogramms eine INCLUDE-Anweisung verwendet wird, sucht MASM zunächst in dem Directory, das durch die /I-Option festgelegt wurde. Wird die /I-Option nicht eingesetzt oder konnte die Datei nicht gefunden werden, sucht MASM als nächstes im aktuellen Directory. Wird auch dort die betreffende Datei nicht gefunden, wird schließlich das Directory durchsucht, das durch die INCLUDE-Variable festgelegt wird.

```
SET INCLUDE=C:\MASM\BEISP
```

bewirkt, daß im Falle einer INCLUDE-Anweisung das Directory BEISP auf Laufwerk C durchsucht wird.

Setzen der Fehlerstufe

MASM 5.0 verfügt über differenziertere Fehlermeldungen als die Version 4.0. Dazu gehört auch die Möglichkeit, daß der Benutzer die Fehlerstufe (Warning level) setzen kann. MASM unterteilt die möglichen Fehlerstufen in drei Kategorien:

0 Severe errors	Schwere Fehler
1 Serious warnings	Wiedersprüchliche Angaben oder nicht ganz einwandfreie Programmtechniken
2 Advisory warnings	Anweisungen, die unter Umständen zu uneffektivem Code führen können.

Anders als bei MASM 4.0 führen nun Fehler wie zum Beispiel ein fehlender oder falscher PTR-Operator (siehe Kapitel 10) nicht mehr zu einem Abbruch des Assembliervorganges, sondern werden als »Serious warnings« (das heißt als ernsthafte Warnungen) behandelt. Die Default-Fehlerstufe ist 1. Durch Hochsetzen der Fehlerstufe auf 0 können alle »Serious« und »Advisory warnings« unterdrückt werden. Umgekehrt werden bei Fehlerstufe 2 alle drei Fehlertypen ausgegeben.

Die Fehlerstufe wird durch die /W-Option beim Aufruf von MASM gesetzt. Beispielsweise setzt MASM /W2 die Fehlerstufe 2.

Der CodeView-Debugger

Zusammen mit MASM 5.0 wird anstelle des symbolischen Debuggers SYMDEB ein Programm mit dem Namen CodeView geliefert. Auch bei CodeView handelt es sich um einen Debugger, dessen Möglichkeiten aber weit über die von SYMDEB oder gar DEBUG hinausgehen. So wurde CodeView ursprünglich als Debugger für C-Programme konzipiert. Es ist aber auch für (kompilierte) Basic-, Fortran-, Pascal- und natürlich auch für Assemblerprogramme geeignet.

CodeView arbeitet sowohl mit Programmen, die unter Version 4.0 als auch unter Version 5.0 erstellt wurden. Allerdings können viele Eigenschaften von CodeView nur mit der Version 5.0 genutzt werden. Um überhaupt symbolische Informationen verarbeiten zu können, ist auf alle Fälle der Linker 3.60 erforderlich.

Leider kann auch auf die Möglichkeiten von CodeView nur begrenzt eingegangen werden.

Die wesentlichsten Vorzüge von CodeView sind:
- Gleichzeitige Anzeige von Quelltext und Programmcode
- Arbeiten mit symbolischen Namen
- Dynamische Überwachung von Variablen
- Eingebauter Sprachinterpreter, der in der Lage ist, C-, Basic-, Fortran- oder Pascal-Ausdrücke zu untersuchen
- Unterstützt das Debugging von 80386-Maschinenprogrammen
- Emulation eines 8087-Koprozessors. Dazu muß zuvor ein Emulator-Modul in das auszuführende Programm eingebunden werden.

Es gilt folgendes zu beachten:
- Für das Arbeiten mit symbolischen Namen sind nur EXE-Dateien geeignet. COM-Dateien werden wie unter einem nicht-symbolischen Debugger wie zum Beispiel DEBUG ausgeführt.
- Der Quelltext aus INCLUDE-Dateien kann von CodeView nicht bearbeitet werden. Auch Makros werden im Quelltextmodus des Debuggers als einzelne Befehle behandelt.
- Die einzelnen Zeichen der Symbolnamen werden, sofern nicht anders vereinbart, in Großbuchstaben umgewandelt. Dies gilt allerdings nicht für C-Programme, so daß beim Einbinden von C-Programmen in Assemblerprogramme oder umgekehrt darauf zu achten ist, daß ein und dieselbe Variable unter Umständen unterschiedlich interpretiert werden kann.

Vorbereitung für das Arbeiten mit CodeView

MASM 5.0
Beim Assemblieren mit Version 5.0 des Makroassemblers müssen alle Symbole, die von CodeView aus angesprochen werden sollen, mit der PUBLIC-Anweisung als global definiert werden. Das Assemblerprogramm muß mit der /ZI- oder /ZD-Option assembliert werden:

```
C>MASM /ZI TEST;
```

Die /ZI-Option bewirkt, daß in die Objektdatei sowohl Zeilennummern als auch symbolische Informationen übertragen werden. Statt dessen kann auch die /ZD-Option verwendet werden, die nur Zeilennummer überträgt, aber keine symbolische Informationen.

Beim Aufruf des Linkers wird die Option /CO verwendet, um eine EXE-Datei im CodeView-Format zu erzeugen:

```
C>LINK /CO TEST;
```

MASM 4.0
Auch hier müssen alle zu verwendenden Symbole mit PUBLIC deklariert werden. Weiterhin kann es erforderlich sein, alle Segmente, die mit CodeView bearbeitet werden sollen, mit dem Attribut

Public, und alle Programmsegmente mit den Klassentyp »CODE« zu versehen. Um überhaupt symbolische Informationen verarbeiten zu können, muß das Programm mit LINK Version 3.60 oder höher gelinkt werden. In diesem Fall lassen sich Variablen über ihren symbolischen Namen ansprechen, es können aber keine Ausdrücke aus symbolischen Namen gebildet werden. Zwar kann der Quelltext eines unter MASM 4.0 assemblierten Programms nicht direkt für das Debugging verwendet werden. Er kann jedoch zusätzlich innerhalb von CodeView geladen werden.

Der Aufruf von CodeView
CodeView wird im einfachsten Fall in der Form

```
C>CV <Name>
```

aufgerufen, wobei <Name> der Name der zu bearbeitenden EXE-Datei ist. Zusätzlich können beim Aufruf von CodeView folgende Parameter übergeben werden, wie zum Beispiel:

/2	es sollen zwei Monitore verwendet werden
/43	es wird eine 43-Zeilen-Darstellung verwendet
/C <Kommandos>	nach dem Starten von CodeView werden bestimmte festgelegte Kommandos ausgeführt
/D	CodeView läuft auf einem nicht 100 Prozent kompatiblen PC
/E	CodeView soll Expanded Memory verwenden
/M	eine installierte Maus soll deaktiviert werden
/T	Fenstermodus soll nicht aktiviert werden

Die wichtigsten CodeView-Funktionstasten
F1	Hilfe Funktion
F2	Register ein-/ausblenden
F3	Umschalten zwischen Quelltext- und Assembler-Modus
F4	Umschalten auf Ausgabebildschirm
F5	Starten des Programms
F6	Aktiviert Cursor im Kommando- bzw. Ausgabefenster
F7	Ausführen bis zur momentanen Cursorposition
F8	Einzelschrittmodus
F9	Setzen bzw. Löschen eines Haltepunktes an Cursorposition
F10	Ausführen des nächsten Befehls. Unterprogramme werden vollständig ausgeführt.

Was ist neu bei der Version 5.1?
In der Version 5.1 wurden weitere Verbesserungen durchgeführt. Der Assembler wurde um ein paar Anweisungen ergänzt bzw. bereits vorhandene Anweisungen und Operatoren wurden erweitert. Die wichtigsten Neuerungen bzw. Änderungen sind im folgenden in einer kurzen Übersicht zusammengefaßt.

Hochspracheninterface
Das Hochspracheninterface wurde weiter verbessert. Die meisten Makrodefinitionen aus der Datei MIXED.INC sind nun als MASM-Anweisungen verfügbar und wurden zusätzlich optimiert. Dadurch steigt nicht zuletzt auch die Assembliergeschwindigkeit, da die Makrodefinitionen teilweise umfangreich verschachtelt waren.

Neue Textkonstanten

Als neue Textkonstanten stehen @Cpu, @Version und @Wordsize zur Verfügung.

Stringanweisungen

MASM verfügt nun über vier Anweisungen (substr, catstr, sizestr und instr) für die Verarbeitung von Textmakros.

Textmakros

Die Verarbeitung von Textmakros wurden weiter verbessert, so daß diese jetzt wesentlich flexibler eingesetzt werden können. Jetzt ist es auch möglich, Textmakros im Operatorfeld, zum Beispiel anstelle von Befehlsmnemonics, aufzuführen.

ELSEIF

Durch die ELSEIF-Anweisung wird die Definition verschachtelt bedingter Anweisungen vereinfacht.

Lokale Labels

Es lassen sich nun »namenlose« Labels definieren, die im Sinne von lokalen Labels verwendet werden können.

.TYPE

Diese Anweisung wurde erweitert. Das Ergebnisbyte des Operators enthält nun zusätzliche Informationen.

COMM

Bei der Definition von kommunalen Variablen kann als Größenargument jetzt auch ein Strukturtyp angegeben werden.

.CODE

Die .CODE-Anweisung geht nun ständig davon aus, daß sich die Segmentadresse im CS-Register befindet. In der alten Version traf dies nur auf das erste Codesegment zu. Zusätzliche Codesegmente mußten mit einer ASSUME-Anweisung versehen werden.

Explizite Zeiger

Durch eine Erweiterung des PTR-Operators können Zeigervariablen nun explizit definiert werden. Gleichzeitig wird für CodeView die entsprechende Information zur Verfügung gestellt, so daß die Variable innerhalb von CodeView automatisch als Zeiger behandelt wird.

/LA-Option

Durch diese Option wird in der neuen Version der Effekt der vereinfachten Segmentanweisungen in die Programmlisting-Datei übertragen. Beim Setzen dieser Option wird in jedem Fall eine Programmlisting-Datei erzeugt.

Füllen von Lücken

Bereiche innerhalb eines Programmsegments, die aus irgendeinem Grund (zum Beispiel Ausrichtungstyp) innerhalb des Programms freibleiben, werden nicht mehr nur durch NOP-Befehle ausgefüllt. Wenn möglich, werden jeweils zwei NOP-Befehle durch einen »XCHG BX,BX«-Befehl ersetzt, da so jeweils ein Taktzyklus eingespart wird (wahrscheinlich sind darauf auch die eingangs angedeuteten Geschwindigkeitsvorteile zurückzuführen). Leerbleibende Felder innerhalb von Datensegmenten werden mit Nullen aufgefüllt.

Die .MODEL-Anweisung

Die .MODEL-Anweisung wurde erweitert, so daß jetzt ein Sprachtyp angegeben werden kann. Durch den Sprachtyp werden die Aufruf-Konventionen für die Sprachen Basic, C, Fortran oder Pascal festgelegt.

Syntax: `MODEL Speichermodell [,Sprachtyp]`

Sprachtyp = Basic, C, Fortran oder Pascal

Durch den Sprachtyp werden drei Dinge festgelegt: die Art und Weise wie globale und externe Symbole gehandhabt werden, die Reihenfolge, in der die übergebenen Parameter auf dem Stack abgelegt werden und welcher RET-Befehl (Near oder Far) assembliert wird. Des weiteren werden alle Prozedurnamen automatisch als global deklariert. Beim Sprachtyp C wird zusätzlich allen globalen bzw. externen Namen in der Objektdatei ein Unterstreichungssymbol (_) vorangestellt.

Wird als Sprachtyp C gewählt, werden die übergebenen Funktionsparameter von rechts nach links auf dem Stack abgelegt. Wird dagegen als Sprachtyp Basic, Fortran oder Pascal angegeben, werden die Funktionsparameter in der umgekehrten Reihenfolge abgelegt. Auch der assemblierte RET-Befehl hängt vom Sprachtyp ab. Beim Sprachtyp Basic, Fortran oder Pascal wird ein »RET n«-Befehl assembliert, wobei n die Anzahl der Bytes angibt, die vom Stack entfernt werden sollen. Nur beim Sprachtyp C wird ein normaler RET-Befehl assembliert, da das aufrufende C-Programm die Parameter wieder vom Stack entfernt.

Die Option /DSymbol

Mit Hilfe der Option /DSymbol kann der Sprachtyp auch über die Kommandozeile festgelegt werden. Auf diese Weise kann man eine Assemblerroutine schreiben, die von einem beliebigen Hochsprachenprogramm aufgerufen werden kann. Die jeweilige Sprache wird erst beim Aufruf des Assemblers über die Kommandozeile festgelegt:

```
% .MODEL Speichermodell,Sprache
```

Der %-Operator ist notwendig, damit MASM das Textmakro Sprache auch im Operandenfeld der .MODEL-Anweisung durch den festgelegten Wert austauscht. Auch dies ist eine Option, die erst seit der Version 5.1 zur Verfügung steht. Der Wert des Textmakros Sprache wird beim Aufruf des Assemblers festgelegt:

```
C>MASM /DSprache=BASIC
```

Damit wird die Assemblerroutine so assembliert, daß alle Konventionen für den Aufruf der betreffenden Routine von einem Basic-Programm (es soll noch einmal darauf hingewiesen werden, daß sich dies selbstverständlich nur auf kompilierte Basic-Programme bezieht) eingehalten werden.

Die PROC-Anweisung

Auch die PROC-Anweisung wurde erheblich erweitert. Zum einen können nun Register angegeben werden. Beim Aufruf der Prozedur wwerden sie gerettet werden. Des weiteren können die übergebenen Parameter namentlich aufgeführt werden. MASM definiert dann entsprechende Textmakros, die den Zugriff auf diese Parameter erlauben.

Syntax: Name PROC [Near|Far] [USES [Regliste],] [Argumente...]

Bei <Name> handelt es sich nach wie vor um den Namen der Prozedur. Auch der Entfernungstyp (Near oder Far) ist bekannt. Neu ist der USES-Parameter, auf den eine Liste von Registern folgen kann, die beim Aufruf der Prozedur auf dem Stack gerettet werden sollen. MASM assembliert dann die entsprechenden PUSH- bzw. POP-Befehle für das Retten bzw. Wiederherstellen dieser Register. Bei <Argumente> handelt es sich um die Parameter, die beim Aufruf der Prozedur von dem aufrufenden Programm übergeben werden. MASM definiert entsprechende Textmakros für den Zugriff auf den Stack, so daß der Benutzer nicht mehr die genaue Position jedes einzelnen Parameters auf dem Stack zu kennen braucht. Zu jedem Argument kann optional ein Typ angegeben werden, der die Größe des Parameters bestimmt.

Syntax: Name[:[Near|Far] PTR] Typ]...

Bei <Name> handelt es sich um den Namen der lokalen Variable. Der optionale Typ legt den Typ der lokalen Variablen und damit auch den auf dem Stack zu reservierenden Platz fest. Wird kein Typ angegeben, setzt MASM als Default den Typ WORD (bzw. DWORD, wenn die .386-Anweisung ausgeführt wurde). Beachten Sie, daß sich auch übergebene Zeiger explizit mit Hilfe des PTR-Operators als solche kennzeichnen lassen. MASM definiert ein Textmakro für den Zugriff auf den Zeiger und stellt zusätzlich für CodeView die Information zur Verfügung, so daß die betreffende Variable auch innerhalb des Debuggers als Zeiger behandelt werden kann.

Die LOCAL-Anweisung

Durch diese Anweisung können lokale Variablen definiert werden, für die auf dem Stack Platz reserviert wird, und die nur innerhalb der Prozedur definiert sind.

Syntax: LOCAL Vardef [,Vardef]

Durch Vardef wird die lokale Variable definiert. Jede Variablendefinition hat die folgende Form:

Variable [[Zähler]][:[[Near|Far] PTR] Typ]] ...

Die Syntaxbeschreibung sieht auch hier komplizierter aus, als sie es in Wirklichkeit ist, da wie üblich alle optionalen Parameter aufgeführt wurden. Zwei Beispiele verdeutlichen die Anwendung der LOCAL-Anweisung wahrscheinlich besser.

Wurden in der Version 5.0 lokale Variablen noch explizit über Textmakros definiert

```
WERT1   EQU <[BP-2]>
WERT2   EQU <[BP-4]>
   ...
PUSH BP      ; Einrichten eines Stackrahmens
MOV  BP,SP
```

```
SUB   SP,4    ; Platz für lokale Variablen
      ...
MOV AX,WERT1 ; Zugriff auf lokale Variablen
MOV BX,WERT2
```

geht es in der Version 5.1 wesentlich einfacher:

```
LOCAL WERT1:WORD, WERT2:WORD
```

Anders als bei dem Makro hLocal, das noch in der Version 5.0 zur Definition lokaler Variablen verwendet werden konnte, können mit der LOCAL-Anweisung auch lokale Felder definiert werden:

```
TEST  PROC
      LOCAL FELD[10]:BYTE
      ...
      MOV CX,10          ; Diese Befehlsfolge füllt das lokale
      XOR AX,AX          ; Feld mit zehn Nullen
      XOR DI,DI
LAB1: MOV FELD[DI],AX
      INC DI
      LOOP LAB1
```

Hinweis:
Der Parameter Zähler muß stets von eckigen Klammern umschlossen werden. Dies geht aus der Syntaxbeschreibung nicht eindeutig hervor, da innerhalb des Buches eckige Klammern auch zur Kennzeichnung optionaler Parameter verwendet werden.

Die Option /LA
Diese neue Option (die es in einer abgewandelten Version auch schon in der Version 5.0 gab) bewirkt, daß MASM eine Programmlisting-Datei erzeugt. In der Programmlisting-Datei werden alle Anweisungen aufgeführt, die durch die vereinfachten Segmentanweisungen assembliert werden. Des weiteren werden auch die Falsch-Zweige einer bedingten Anweisung übertragen.

Vordefinierte Textkonstanten
Die neue Version stellt weitere vordefinierte Textkonstanten (sog. Equates) zur Verfügung Im einzelnen handelt es sich um:

```
@Cpu
```

liefert einen 16-Bit-Wert, der eine Information über die gewählte CPU bzw. den gewählten Koprozessor enthält. Dieser Wert hängt nur von der zuvor verwendeten Prozessoranweisung (zum Beispiel .286) ab und nicht von der tatsächlich verwendeten CPU.

Bit	Bedeutung, wenn gesetzt
0	8086
1	80186
2	80286
3	80386
7	Privilegierte Befehle sind aktiv
8	8087-Befehle aktiv
10	80287-Befehle aktiv
11	80387-Befehle aktiv

Die Bits 4, 5, 6, 9 und 12 bis 15 sind für zukünftige CPUs reserviert. Da alle Intel-Prozessoren der 80x86-Familie aufwärtskompatibel sind, aktiviert die Auswahl eines höheren Prozessors auch gleichzeitig die Bits für alle niedrigeren Prozessoren.

Das @Cpu-Textmakro wird zum Beispiel innerhalb von Makrodefinitionen eingesetzt, um ein Programm an verschiedene CPUs anpassen zu können.

@Version
liefert eine Zeichenkette, die die Version des Makroassemblers enthält. In der aktuellen Version wäre das die Zeichenkette 510.

Um Programme, die das Textmakro @version enthalten, auch mit älteren MASM-Versionen assemblieren zu können, in denen dieses Textmakro noch nicht enthalten ist, empfiehlt es sich eine bedingte Anweisung zu verwenden:

```
IFNDEF @version
  IF2
      %OUT Es wird Version 5.1 benötigt
  ENDIF
ELSE
  ...
```

In diesem Fall wird eine Fehlermeldung bei der Assemblierung ausgegeben, wenn es sich bei dem Assembler nicht um die Version 5.1 handelt. Dies ist natürlich nicht die einzige Möglichkeit, wie man auf diese Situation reagieren kann. So wäre es zum Beispiel denkbar für den Fall, daß es sich um eine ältere Version handelt, ein Textmakro mit dem Namen @version nachträglich zu definieren und ihm eine entsprechende Zeichenkette (zum Beispiel 500) zuzuordnen.

@Wordsize
liefert die Wortgröße des aktuellen Segments. Sie erhalten eine 2, wenn die Wortgröße 16 Bit beträgt bzw. eine 4, wenn die Wortgröße 32 Bit beträgt. Die Default-Wortgröße beträgt 16 Bit bzw. 32 Bit beim 80386.

Stringanweisungen
Es stehen vier Stringanweisungen zur Verfügung, mit denen sich der Wert von Strings und Textmakros manipulieren läßt. Diese Anweisungen werden im gleichen Sinne wie das Gleichheits-

zeichen zur Definition von Variablen verwendet, das heißt, sie weisen einem numerischem Symbol oder einem Textmakro einen Wert zu.

Anweisung	Beschreibung
SUBSTR	Liefert einen Teilstring aus dem Textmakro oder Stringargument.
CATSTR	Verknüpft alle übergebenen Strings zu einen einzigen String.
SIZESTR	Berechnet die Länge eines Strings
INSTR	Berechnet die Startposition eines Teilstrings in einem anderen String.

Der .TYPE-Operator
Dieser Operator wurde in der neuen Version erweitert und erlaubt nun zusätzliche Aussagen.

Bit-Position	Wenn Bit = 0	Wenn Bit = 1
0	Nicht programmbezogen	Programmbezogen
1	Nicht datenbezogen	Datenbezogen
2	Kein konstanter Wert	Konstanter Wert
3	Keine direkte Adressierung	Direkte Adressierung
4	Kein Register	Ausdruck ist Register
5	Nicht definiert	Definiert
7	Lokal oder public	Extern

Anmerkung:
Wenn sowohl Bit 2 als auch Bit 3 Null sind, enthält der Ausdruck eine Register-indirekte Adressierung.

Die ELSEIF-Anweisung
Das Schreiben verschachtelter bedingter Anweisungen kann durch die ELSEIF-Anweisung erheblich vereinfacht werden. Die ELSEIF-Anweisung wird immer dann eingesetzt, wenn innerhalb einer bedingten Anweisung auf eine ELSE-Anweisung direkt eine weitere IF-Anweisung folgt. In diesem Fall können beide Anweisungen durch die ELSEIF-Anweisung ersetzt werden. Die entsprechende ENDIF-Anweisung entfällt. Die ELSEIF-Anweisung steht in folgenden Variationen zur Verfügung:

```
ELSEIF
ELSEIF1
ELSEIF2
ELSEIFB
ELSEIFDEF
ELSEIFDIF
ELSEIFDIFI
ELSEIFE
ELSEIFIDN
ELSEIFIDNI
ELSEIFNB
ELSEIFNDEF
```

Sie sehen, daß für jede IF-Anweisung (siehe Kap. 10) auch eine entsprechende ELSEIF-Anweisung existiert.

Lokale Labels

Seit der Version 5.1 gibt es eine zusätzliche Möglichkeit, Labels innerhalb eines Programms zu definieren. Durch die Anweisung @@: wird ein sogenanntes lokales Label definiert. Dieses Label kann in einem Sprungbefehl entweder durch ein @B (springe zurück) oder durch ein @F (springe nach vorne) angesprungen werden. Lokale Labels werden in erster Linie dort eingesetzt, wo Labels lediglich aus Behelfsgründen oder mangels einer besseren Alternative definiert werden. Ein Beispiel sind die bedingten Verzweigungen, bei denen oft der Fall auftritt, daß zu einem Ziel verzweigt werden muß, das außerhalb der Reichweite einer bedingten Verzweigung (−128 bis +127 Byte) liegt. In diesem Fall war bislang folgender Notbehelf erforderlich:

```
            CMP  CX,0
            JNE  SPRUNG_NAH
            JMP  SPRUNG_FERN
SPRUNG_NAH: ...
```

Eigentlich sollte zu dem Label SPRUNG_FERN verzweigt werden, wenn der Inhalt des CX-Registers gleich 0 ist. Dies ist aber nicht möglich, da ein bedingter Sprung nur eine Reichweite von −128 bis +127 Byte hat (beim 80386 kann ein bedingter Sprung auch vom Typ Near sein). Der gleiche Effekt läßt sich auch mit einem lokalen Label erzielen:

```
      CMP  CX,0
      JNE  @F
      JMP  SPRUNG_FERN
@@:
      ...
```

Durch das »@@:«-Label entfällt in erster Linie die Notwendigkeit, jedesmal einen Labelnamen definieren zu müssen. Durch das »@F«- und »@B«-Label innerhalb eines Sprungbefehls führt der Sprung immer zu dem am nächsten gelegenen lokalen Label.

Anhang

Buchtips

Im folgenden finden Sie ein paar nützliche Buchtips, falls Sie Ihre Kenntnisse zum Thema Systemprogrammierung, Hardware der 8086/88-CPU oder Spezialthemen der Assemblerprogrammierung vertiefen wollen.

Systemprogrammierung
Für den tieferen Einstieg in die Systemprogrammierung unter MS-DOS gibt es nicht sehr viele herausragende Bücher. Als Standardwerke müssen sicherlich

PC-Intern
Michael Tischer, Data Becker (mittlerweile 3. Überarbeitung)

und

Advanced MS-DOS
Ray Duncan, Microsoft Press

erwähnt werden. Während ersteres Werk in erster Linie aufgrund seiner Vollständigkeit jedem PC-Programmierer empfohlen werden kann, ist das zweite Werk nicht nur informativ, sondern auch sehr verständlich geschrieben. Es ist sowohl zum Selbststudium als auch als Nachschlagewerk geeignet. Hervorzuheben ist besonders der Abschnitt über residente Gerätetreiber. Das Buch ist mittlerweile in der deutschen Übersetzung bei Vieweg erschienen, leider aber sehr viel teurer als das englische Original. Ray Duncan arbeitet inzwischen an einer Überarbeitung für die Version 5.0, die im Sommer '91 erscheinen soll. Leider behandelt das Buch von Ray Duncan nur die offiziell genehmigten Teile von MS-DOS.

Etwas umfangreicher als »Advanced MS-DOS« ist das Buch

Undocumented MS-DOS
Herausgeber Andrew Schulmann, Addison-Wesley

Dieses Buch widmet sich ausschließlich den undokumentierten Teilen von MS-DOS und ist eine wahre Fundgrube für Systemprogrammierer, die auf der Suche nach Tips&Tricks sind, die in kaum einen anderen Buch zu finden sind. Mit dem Buch wird auch eine Hypertext ähnliche Datenbank geliefert, die unter anderem alle undokumentierten DOS-Funktionen enthält.

Ein unbedingtes »Muß« für jeden Systemprogrammierer ist das kommentierte ROM-BIOS-Listing, das zum einen ein hervorragendes Beispiel für Maschinensprache-Programmierung darstellt, und zum anderen viele wertvolle Informationen über das ROM-BIOS enthält. Das Original-BIOS-Listing ist im IBM Programmers Reference Guide zu finden. Dieses Handbuch wird wahrscheinlich von IBM selber nicht mehr vertrieben, dürfte aber noch bei manchen Händlern zu finden sein. Leider ist das BIOS inzwischen recht veraltet, so daß man hier viele Tricks nicht finden wird.

Wer nicht so sehr an einzelnen Routinen, sondern vielmehr an deren Funktion interessiert ist, findet im

Microsoft Programmers Reference Manual MS-DOS 3.3
Microsoft Edition, Markt&Technik (90498)

unter anderem eine Auflistung aller DOS-Interrupts und Wissenswertes über das von Microsoft verwendete Objektdateiformat.

Speicherresidente Programme
Mittlerweile existieren zu diesem Thema einige Bücher (allerdings fast ausnahmslos englischsprachige), die den prinzipiellen Aufbau speicherresidenter Programme beschreiben:

Memory Resident Utilities, Interrupts, and Disk Management with MS & PC DOS,
Michael Hyman, MIS Press, 1987

Dieses Buch ist ein wenig dünn bezüglich des Informationsgehalts und geht nicht so sehr auf die Feinheiten ein, auf die es manchmal ankommt. Alle Übungsbeispiele sind in Turbo Pascal geschrieben. Der größte Teil des Buches beschäftigt sich mit einer allgemeinen Beschreibung des DOS und des BIOS, bzw. mit dem Zugriff auf das Diskettenlaufwerk. Turbo-Pascal-Kenntnisse sind empfehlenswert. Wie die meisten Bücher von MIS Press verspricht der Titel mehr, als das Buch an Information bietet. Wesentlich ausführlicher ist dagegen das folgende Buch:

Memory Resident Programming on the IBM PC
Thomas A. Wadlow, Addison-Wesley, 1987

Es enthält neben zahlreichen Beispielen (zum Beispiel einem Uhrentreiber oder einer Directory-Ausgabe) auch eine kurze Einführung in die Maschinensprache der 8086/88-CPU. Das Schöne an diesem Buch ist, daß es mit einem einfachen Beispiel beginnt und Schritt für Schritt neue Techniken vorstellt.

Eines der wenigen deutschsprachigen Bücher zu diesem Thema ist:

Systemtuning mit TSR-Programmen
Günter Born, Addison-Wesley

In diesem Buch wird zum Beispiel die spannende Frage beantwortet, wie man auch von einer Interrupt-Routine aus DOS-Funktionen nutzen kann.

Indirekt zum Thema speicherresidenter Programme zählt auch das Buch

MS-DOS-Gerätetreiber
Robert Lay, Addison-Wesley

Es geht noch etwas ausführlicher auf das Thema residente Gerätetreiber ein, als etwa das Buch von Ray Duncan. Es ist mit zahlreichen Beispielen illustriert (unter anderem einem Treiberprogramm für eine RAM-Disk). Wie die meisten amerikanischen Computerbücher (es gibt dazu auch eine deutsche Übersetzung beim gleichen Verlag), ist auch dieses Buch sehr klar gegliedert und mit viel Liebe zum Detail geschrieben. Die einzelnen Kapitel sind vom Schwierigkeitsgrad her sorgfältig aufeinander abgestimmt, so daß der Leser nie überfordert ist. Alle Beispielprogramme sind ausführlich dokumentiert, so daß der praktischen Umsetzung nichts im Wege steht. Ursprünglich von der Waite Group veröffentlicht, die bereits mehrere hervorragende Bücher über MS-DOS-Programmierung produziert hat, ist das Buch mittlerweile bei Addison-Wesley erschienen.

Computergrafik

Auch zu diesem hochinteressanten Thema gibt es leider nicht viel deutschsprachige Literatur. Die folgenden Bücher eignen sich besonders als Basis für eigene Implementationen von Grafik-routinen in C oder Maschinensprache:

Fundamentals of Interactive Computer Graphics
Foley/Van Damm, Addison-Wesley, 1982

Computer Graphics
Barrington, McGraw Hill, 1987

Power Graphics Programming
Michael Abrash, Que, 1989

8086-Programmierung
Da dieses Thema eigentlich in diesem Buch erschöpfend abgehandelt wurde, hoffe ich, daß der Bedarf nach ergänzender Literatur nicht allzu groß ist. Dennoch kann es in manchen Fällen notwendig sein, mehr über die Hardware, das heißt konkret über die Programmierung der 8086/88-CPU in einer beliebigen Hardwareumgebung (also zum Beispiel auch in Einplatinensystemen), Bescheid zu wissen. Für diesen Fall empfiehlt sich das folgende Werk besonders:

Microprocessors and Interfacing, Programming and Hardware
Mc Graw Hill, Douglas V. Hall, 1986

Dies ist eine didaktisch sehr gut gemachte Einführung in die Programmierung der 8086/88-CPU mit zahlreichen Beispielen und Übungsaufgaben. Man merkt beim Lesen des Buches an sehr vielen Stellen, daß der Autor detaillierte Kenntnisse über den 8086-Mikroprozessor besitzt. Im zweiten Teil des Buches werden die Hardware der 8086/88-CPU und die benötigten Komponenten zur Realisierung eines 8086/88-Computersystems beschrieben. Es ist sehr viel ausführlicher und erstaunlicherweise auch sehr viel preiswerter (ca. 45 DM) als die meisten Bücher, die bislang zum Thema 8086/88-Programmierung erschienen sind. Allerdings bezieht sich das Buch weder auf MS-DOS noch auf den IBM-PC, so daß es eher von allgemeinem Interesse ist.

Speziell auf den PC abgestimmt ist dagegen das folgende Werk:

Assemblersprache und Hardware des IBM-PC
Sargent, Shoemaker, Addison-Wesley, 1987

Dies ist die deutsche Übersetzung des Buches »The IBM from Inside Out«. Es behandelt ausführlich alle wichtigen Aspekte der Hardwareprogrammierung des IBM-PC. Neben einer allgemeinen Einführung in die Assemblersprache enthält es auch anspruchsvollere Themen wie zum Beispiel Grundlagen der AD/DA-Wandlung, bzw. den Aufbau des Tastaturdekoders. In der neuesten Auflage wurde es vom deutschen Übersetzer um zahlreiche hochinteressante Abschnitte erweitert.

Speziell zum Thema Hardwareerweiterungen ist auch das folgende Buch interessant, da es nicht nur allgemeine Beschreibungen, sondern praktische Anleitungen für den Entwurf eigener Hardwareerweiterungen enthält:

Hardwareerweiterungen für den IBM-PC
Bernstein, Markt&Technik, 1987

Assembler und andere Sprachen
Für Programmierer, die in erster Linie an einer Kombination von Assembler mit einer Hochsprache interessant sind, kommen folgende Bücher in Frage:

Supercharging C with Assembly language
Chesley, Waite Group, Addison-Wesley

Turbo Tuning mit Assembler
Rainer Kolbeck, Addison-Wesley

Mehr über Assembler
Wer mehr über die Arbeitsweise eines Assemblers erfahren möchte, dem seien die nächsten beiden Bücher ans Herz gelegt:

Microsoft Makroassembler
Peter Monadjemi, Addison-Wesley

Turbo Assembler
Peter Monadjemi, Addison-Wesley

Das ultimative Assemblerbuch
Falls ein Assemblerbuch diesen Titel verdient, so ist es mit Sicherheit das folgende Buch:

The Zen of Assembly Language (Volume I)
Michael Abrash, Scott Foresman

Dieses Buch läßt wohl kaum eine Frage über die Maschinensprache der 8086/88-CPU mehr offen. Doch Vorsicht, es ist kein Buch für Einsteiger (sonst würde ich es auch nicht so frei besprechen). Es ist ein Buch, das bereits gewisse Grundverständnisse über die 8086/88-CPU voraussetzt. Wer diese mitbringt, ist versucht, die fast 800 Seiten in einem Stück durchzulesen. Michael Abrash, Softwareentwickler und regelmäßiger Mitarbeiter des Programmer Journals, beleuchtet in einem lockeren und überaus ansprechenden Stil die letzten Geheimnisse der 8086-CPU. Vor allem wird hier die brisante Frage beantwortet, wie schnell ein Maschinensprache-Programm tatsächlich ausgeführt wird. Michael Abrash behauptet, daß es nicht möglich ist, die Ausführungszeit eines Maschinenbefehls exakt anzugeben. Selbst ein und dieselbe Maschinenbefehlssequenz wird auf ein und demselben PC und identischen Bedingungen nicht verschieden lange Ausführungszeiten benötigen. Das Schöne an dem Buch: der Autor kann diese Behauptungen auch anschaulich beweisen. Ein absolutes Muß für jeden Maschinensprache-Programmierer, der Ambitionen hat zu einem Guru zu werden.

J Anhang

Was ist neu bei MASM 6.0?

Seit dem Frühjahr 1991 gibt es eine neue, längst überfällige Version des Microsoft Makroassemblers. Die wesentlichsten Neuerungen lassen sich auf drei Punkte zusammenfassen: erhöhter Komfort beim Programmieren durch zahlreiche neue Features, C ähnliche Elemente und Integration in die Familie der professionellen Programmiersprachen (PDS-Sprachen) von Microsoft. Die ersten beiden Punkte werden im folgenden ausführlicher dargestellt, der dritte Punkt bedeutet konkret, daß MASM ab Version 6.0 mit der Programmers Workbench (PWB), Version 1.1, ausgeliefert wird, einer integrierten Entwicklungsoberfläche, die alle Microsoft-PDS-Sprachen begleitet. Da die PWB relativ selbsterklärend ist und auch durch die Online-Hilfe ausführlich beschrieben wird, soll in diesem Anhang nicht weiter darauf eingegangen werden.

Warum wurden nicht alle Beispiele in diesem Buch auf die neuste Version abgestimmt? Nun, diese berechtigte Frage hat mehrere Antworten. Zum einen ist MASM 6.0 relativ neu und es dauert, anders als bei C oder Pascal, erfahrungsgemäß eine Weile bis Assemblerprogrammierer auf eine neue Version umsteigen. Viele Programmierer werden vielleicht sogar noch mit MASM 4.0 oder gar einer älteren Version arbeiten. Eine Umstellung auf MASM 6.0 nutzt zwangsläufig Anweisungen, die von diesen Assemblern nicht mehr verarbeitet werden können. Das betrifft auch den Turbo Assembler, der bis zur Version 2.5 noch nicht über die zusätzlichen Anweisungen des MASM 6.0 verfügt (das wird sich wahrscheinlich mit der TASM-Version 3.0 ändern). Und nicht zuletzt bieten viele der neuen MASM-Features nur bei der Entwicklung größerer Applikationen echte Vorteile. Da dies in erster Linie ein Maschinensprachebuch ist und kein Assemblerbuch für Spezialisten sollen die Dinge nicht unnötig verkompliziert werden. Das Schöne an der Assemblerprogrammierung ist eben, daß über die Qualität eines Programms nicht die Fähigkeit des Compilers oder Assemblers entscheidet, sondern die Talente des Programmierers. Ein begabter Programmierer kann auch mit MASM 1.25 bessere Programme entwickeln als ein weniger begabter Programmierer mit der allerneuesten Ultra-Komfort Version. Es soll daher noch einmal darauf hingewiesen werden, daß man als Einsteiger in die Maschinen- bzw. Assemblerprogrammierung mit MASM 5.1, dem QuickAssembler oder TASM 1.0 bestens bedient ist. Genug der Vorreden, was hat MASM 6.0 nun so Tolles zu bieten?

Die wichtigsten Neuerungen bei MASM 6.0:
- Mehrpaß-Assembler, das heißt der Assembler kann nun n Läufe über den Quelltext machen und erzeugt so keine Phasenfehler mehr und muß keine unnötigen NOP-Befehle in das assemblierte Programm einbauen.
- Parameter, die einer Prozedur übergeben werden, werden nun typenüberprüft, da es die Möglichkeit gibt, ähnlich wie in C, Prozedurprototypen zu deklarieren.
- Unterstützung der 80486-CPU und des 32-Bit-Speichermodells (»Flat model«)
- Konvertierung von C-Header-Dateien in Include-Dateien durch das Hilfsprogramm H2INC.

- Strukturierung des Programmtextes durch Anweisungen, wie .IF, .WHILE und .REPEAT, welche automatisch die erforderlichen Maschinenbefehle assemblieren, möglich.
- Unterstützt nun auch das Speichermodell Tiny und kann direkt COM-Dateien erzeugen (Option /AT).
- Neue Datentypen und eine TYPEDEF-Anweisung
- Verbesserte Makroverarbeitung

Ist MASM 6.0 kompatibel zu MASM 5.10?

Die neue Version 6.0 wurde von Grund auf neu designed, das heißt es wurden, mit Ausnahme des Moduls zur Auswertung von Fließkommazahlen, kein Code aus der alten MASM-Version übernommen. Natürlich mußten die Entwickler sicherstellen, daß eine vollständige Kompatibilität zur alten Version erhalten bleibt. Das aber einige Eigenschaften, wie zum Beispiel die Verarbeitung von Makros oder Strukturen, erheblich geändert wurden, bedeutet, daß der MASM 6.0 zwei Assembler in einem darstellt. Der eine Assembler ist vollständig MASM 5.1 kompatibel, der andere Assembler bietet eine Reihe von Verbesserungen und ist nicht mehr kompatibel zu MASM 5.1. Das Umschalten zwischen beiden Assemblern geschieht über die OPTION-Anweisung, über die einzelne Eigenschaften von MASM 6.0, wie zum Beispiel die Auswertung von Makros, ein- oder ausgeschaltet werden können. Die OPTION-Anweisung wird im weiteren Verlauf dieser Übersicht noch ausführlicher besprochen. Fazit: MASM 6.0 ist kompatibel zu MASM 5.1, der neue Assembler verarbeitet aber manche Anweisungen, die es auch unter MASM 5.1 auf eine andere Art und Weise gibt. Um eine Kompatibilität in diesen Bereichen herzustellen, muß die OPTION-Anweisung eingesetzt werden, welche bestimmte Eigenschaften von MASM 6.0 gezielt ausschaltet.

MASM.EXE – der »Kompatibilitätstreiber«

Wie sieht es mit den MASM-Optionen aus? Da ML.EXE vollkommen andere Optionen besitzt, können die von Version 5.1 bekannten Optionen beim Aufruf von ML.EXE nicht benutzt werden. Nun gibt es zwei Alternativen. Entweder Sie stellen die alten Optionen auf die neuen ML-Optionen um, oder sie rufen ML.EXE über die Datei MASM.EXE auf, die im Verzeichnis »MASM60\BINB« zu finden ist. Bei MASM.EXE handelt es sich in diesem Fall um ein kleines Programm, welches die alten MASM-Optionen in die neuen ML-Optionen umsetzt. Dazu ein kleines Beispiel. Zum Erstellen einer Programmlisting-Datei ist bei ML.EXE die Option /Fl zuständig. Um nun aber zum Beispiel Stapeldateien verwenden zu können, die noch die alte Option /L verwenden, muß anstelle von ML.EXE das Programm MASM.EXE aufgerufen werden:

```
C>MASM.EXE /L Dateiname;
```

Dieses Programm setzt die Option /L in die Option /Fl um und ruft anschließend ML.EXE auf. Achten Sie aber darauf, daß der Suchpfad richtig gesetzt ist, damit nicht anstelle von MASM.EXE eine alte Version des Makroassemblers aufgerufen wird. Nähere Hinweise über den Aufruf von MASM.EXE und die Umsetzung der einzelnen Optionen finden Sie zum Beispiel in der Online-Hilfe.

Nutzen Sie die Online-Hilfe!

Verständlicherweise können in diesem Anhang nicht alle wichtigen Neuerungen bei MASM 6.0 aufgelistet werden. Dies ist jedoch auch nicht weiter tragisch, da über die Programmers Workbench oder über das Programm QH.EXE eine umfangreiche Online-Hilfe zur Verfügung steht. Hier erhalten Sie zu jeder Anweisung oder zu jedem Operator eine Beschreibung und auch ein

Beispiel. Gewöhnen Sie sich möglichst bald an diese Online-Hilfe, die natürlich auch für alle anderen PDS-Sprachen existiert, intensiv zu nutzen. Sie ersparen sich so unnötiges Blättern in dem Handbuch und erfahren unter Umständen noch wichtige Fakten, die Sie im Handbuch vielleicht übersehen hätten.

Neue Datenanweisungen

Die MASM-Entwickler haben sich viel Mühe gegeben den Assembler weitestgehend an die Sprache C anzupassen. Aus diesem Grund wurden auch neue Anweisungen zur Definition von Standarddatentypen eingeführt, die im folgenden aufgelistet werden.

Datenanweisung	Anzahl der reservierten Byte
BYTE	1 (vorzeichenlose 8-Bit-Zahl)
SBYTE	1 (8-Bit-Zahl mit Vorzeichen)
WORD	2 (vorzeichenlose 16-Bit-Zahl)
SWORD	2 (16-Bit-Zahl mit Vorzeichen)
DWORD	4 (vorzeichenlose 32-Bit-Zahl)
SDWORD	4 (32-Bit-Zahl mit Vorzeichen)
FWORD	6 (Zeiger im Format Selektor:32-Bit-Offset)
QWORD	8
TBYTE	10

Über die TYPEDEF-Anweisung kann einem Datentyp ein neuer Name, zum Beispiel ein in C existierender Name, zugewiesen werden:

```
LONGINT    TYPEDEF    WORD
FLOAT  TYPEDEF    DWORD
DOUBLE TYPEDEF    QWORD
```

Die Operatoren LENGTHOF und SIZEOF

Mit Hilfe dieser beiden Operatoren kann die Länge einer Variablen in Bytes und die Anzahl an Datenelementen eines bestimmten Typs bestimmt werden.

Beispiel

```
.MODEL SMALL
.DATA
        TEST_FELD WORD 1000,2000,3000

        ANZAHL = LENGTHOF TEST_FELD
        GROESE = SIZEOF TEST_FELD
END
```

Über den LENGTHOF-Operator wird der Variablen ANZAHL die Anzahl der Feldelemente in TEST_FELD zugewiesen, während der SIZEOF-Operator die Größe von TEST_FELD in Bytes ermittelt.

MASM ist nun ein Mehrpaß-Assembler

Seit der Version 6.0 kann der Makroassembler, wie der Turbo Assembler ab der Version 2.0, eine beliebige Anzahl an Läufen über den Quelltext durchführen. Dies führt zu der angenehmen Konsequenz, daß Phasenfehler der Vergangenheit angehören. Bei einem 2-Paß-Assembler entsteht ein Phasenfehler durch den Umstand, daß der Assembler Annahmen, die beim ersten Lauf getroffen wurden, beim zweiten Lauf wieder revidieren muß. Kann der Assembler nun so viele Läufe machen, wie notwendig sind um alle offenen Referenzen aufzulösen, kann es auch nicht mehr zu Phasenfehlern kommen. Des weiteren müssen in Sprungadressen keine Füllbefehle (wie zum Beispiel NOP-Befehle) mehr eingebaut werden, da der Assembler nun die tatsächliche Sprungweite berücksichtigen kann. Objektdateien werden dadurch kleiner. Mehrpaß-Assembler sind keine neue Erfindung. Der PC-Assembler OPTASM bot dieses Features schon seit Jahren und war daher bei professionellen Entwicklern entsprechend beliebt. Leider hat es auch Jahre gedauert, bis sich das zu Microsoft herumgesprochen hatte.

Erzeugen eines Programmlistings

Ein erfahrener Assemblerprogrammierer wird sich wahrscheinlich die Auswirkungen neuer Anweisungen im Programmlisting betrachten. Dieses wird nicht mehr über die Option /L erzeugt, wie noch in der Version 5.1. Ab der Version 6.0 ist, entsprechend den übrigen PDS-Sprachen, hierfür die Option /Fl zuständig, wobei zusätzlich der Name der Listingdatei folgen kann. Auch die Option /LA gibt es nicht mehr. Für ein erweitertes Programmlisting muß zusätzlich zur Option /Fl die Option /Sa gesetzt werden.

Automatische Sprungweitenanpassung

MASM paßt bedingte Sprungbefehle automatisch an, wenn das Sprungziel eines bedingten Sprungs außerhalb der Reichweite liegen sollte. Die Konstruktion

```
    TEST AX,1
    JZ ZU_WEIT
    ...
ZU_WEIT:
```

wird daher automatisch in

```
    TEST AX
    JNZ TEMP$1
    JMP ZU_WEIT
TEMP$1
    ...
ZU_WEIT:
```

umgesetzt. Grundsätzlich ist dies nichts Neues, da man sich vor MASM 6.0 auch ein entsprechendes Makro definieren konnte. Das Schöne an dieser Neuerung ist, daß sie über die OPTION-Anweisung wahlweise ein- oder ausgeschaltet werden kann.

Die OPTION-Anweisung

Eine der weniger erfreulichen Eigenschaften von MASM 5.1 war, daß der Assembler dem Programmierer in manchen Fällen bestimmte Standardoptionen aufzwang, die sich nicht abstellen ließen. Die Entwickler von MASM 6.0 geben dem Programmierer wesentlich mehr Freiheit, über die OPTION-Anweisung können nämlich einzelne Verhaltensweisen des Assemblers gezielt ein- oder ausgeschaltet werden. Dies betrifft vor allem Kompatibilitätsfragen zur Version 5.1, die über die OPTION-Anweisung gesteuert werden kann.

Syntax: `OPTION    <Optionstyp>,,,`

Die OPTION-Anweisung hat Vorrang vor einer etwaigen Kommandozeilenoption mit einem gegenteiligen Effekt.

Folgende Parameter können auf die OPTION-Anweisung folgen:

Parameter	Bedeutung
CASEMAP:Maptyp	Legt über das Argument Maptyp fest, wie der Assembler Groß-/ Kleinschreibung unterscheidet. Bei ALL werden alle Buchstaben in Großbuchstaben umgewandelt, bei NONE bleibt die Groß-/ Kleinschreibung erhalten und bei NOTPRIVATE, der Standardeinstellung, wird die Groß-/Kleinschreibung nur bei Symbolen beibehalten, die über die PUBLIC- oder die EXTERN-Anweisung deklariert wurden.
DOTNAME NODOTNAME	Legt fest, ob für das erste Zeichen eines Variablen- oder Makronamens ein Punkt (DOTNAME) erlaubt ist oder nicht (NODOTNAME). Letzteres ist die Standardeinstellung.
M510 NOM510	Legt fest, ob sich der Assembler kompatibel zu Version 5.1 (M510) oder nicht (NOM510) verhält. Letzteres ist die Standardeinstellung.
OLDMACRO NOOLDMACRO	Legt fest, ob der Assembler Makros wie bei der Version 5.1 (OLDMACRO) behandelt oder nicht (NOOLDMACRO). Letzteres ist die Standardeinstellung.
OLDSTRUCTS NOOLDSTRUCTS	Legt fest, ob der Assembler Strukturvariablen wie bei der Version 5.1 (OLDSTRUCTS) oder nicht (NOOLDSTRUCTS) behandelt. Letzteres ist die Standardeinstellung.
SCOPED NOSCOPED	Legt fest, daß alle Labels innerhalb einer Prozedur lokale Labels (SCOPED) sind. Dies ist die Standardeinstellung.
EPILOGUE: Makroname	Weist den Assembler an, anstelle des Standard-Epilogs für den Epilog-Code einer Prozedur ein selbstdefiniertes Makro zu verwenden.

Parameter	Bedeutung
LANG: Sprachtyp	Legt den Standardsprachtyp fest. Zur Auswahl stehen C, PASCAL, FORTRAN, BASIC, SYSCALL oder STDCALL, die auf eine PROC-, EXTERN- oder PUBLIC-Anweisung folgen können. Ein auf diese Weise festgelegter Sprachtyp hebt jenen Sprachtyp auf, der über die .MODEL-Anweisung festgelegt wurde.
PROLOGUE: Makroname	Weist den Assembler an, anstelle des Standard-Prologs für den Prolog-Code einer Prozedur ein selbstdefiniertes Makro zu verwenden.
EXPR16 EXPR32	Legt die Standardgröße eines Ausdrucks (32 Bit) fest. Diese Größe wird bei Verwendung der M510-Option indirekt auf 16 Bit gesetzt.
FLOAT: Floattyp	Legt fest, auf welche Weise Fließkommabefehle übersetzt werden. Wird die Option INLINE eingesetzt, erzeugt der Assembler direkt die 80x87-Opcodes. Wird die Option EMULATOR verwendet, erzeugt der Assembler spezielle Fixups, die der Linker für den Einbau von entsprechenden Emulationsroutinen verwendet. Die Verwendung dieser Option hat den gleichen Effekt, wie die Kommandozeilenoption /Fpi.
LJMP NOLJMP	Aktiviert die automatische Sprunganpassung bei bedingten Sprüngen. Die Standardeinstellung ist LJMP.
NOKEYWORD: Schlüsselwort NOSIGNEXTEND	Deaktiviert das angegebene Schlüsselwort. Bewirkt, daß nicht die kürzeren vorzeichenerweiterten Versionen der Befehle AND, OR und XOR assembliert werden, sondern die längeren nicht vorzeichenerweiterten Versionen.
OFFSET: Offsettyp	Legt fest, relativ zu welcher Basis ein Offset berechnet wird. Bei Verwendung von SEGMENT wird ein Offset segmentrelativ (und kompatible zu MASM 5.1), bei Verwendung von GROUP dagegen relativ zu einer Gruppe, sofern das Label zu einer Gruppe gehört, berechnet. Bei Verwendung von FLAT wird ein Offset dagegen relativ zu einem zuvor festgelegten Rahmen berechnet.
READONLY NOREADONLY	Aktiviert die Überprüfung auf Befehle (READONLY), die auf ein Codesegment zugreifen. Auf diese Weise wird bei Programmen für den Protected-Modus sichergestellt, daß keine Zugriffsverletzung resultieren kann. Die Standardeinstellung ist NOREADONLY.

Erweiterte .MODEL-Anweisung

Die .MODEL-Anweisung zur Festlegung eines Speichermodells für die Assemblierung wurde um einige Parameter erweitert und besitzt nun folgende

Syntax: `.MODEL Speichermodell, Optionen`

Für »Optionen« kommen ein Sprachtyp, ein Betriebssystemtyp und ein Stacktyp in Frage. Für »Speichermodell« kommen folgende Typen in Frage: TINY, SMALL, COMPACT, MEDIUM, LARGE, HUGE oder FLAT. Neu hinzugekommen sind die Speichermodelle TINY und FLAT. Im Speichermodell TINY besteht ein Programm nur aus einem Segment, das nicht größer als 64 Kbyte werden kann. Dieses Speichermodell wird bei COM-Dateien verwendet. Das Speichermodell FLAT kann nur im Protected-Modus der 80386/486-CPU verwendet werden. In diesem Fall wird eine Speicherzelle über ein Segment-Register, das einen Selektor enthält, und einen 32-Bit-Offset adressiert. Setzt man die Segmentstartadresse auf 0, kann über den 32-Bit-Offset der gesamte 4-Gbyte-Adreßraum adressiert werden, so daß die Segmentierung des Arbeitsspeichers entfällt.

Der Sprachtyp

Auch der Sprachparameter wurde erweitert. Neben den bekannten Parametern C, BASIC, FORTRAN und PASCAL können nun auch die Parameter SYSCALL und STDCALL eingesetzt werden. Der Parameter SYSCALL ist bis auf die Namensgebung (es werden keine führende Unterstriche eingefügt) mit dem Parameter C identisch. Auch der Parameter STDCALL ist bis auf einen Unterschied mit dem Parameter C identisch. Bei Verwendung von STDCALL ist die aufgerufene Funktion für das »Aufräumen« des Stacks zuständig, wenn dies nicht über den Zusatz VARARG wieder, wie unter C üblich, der aufrufenden Funktion übertragen wird.

Der Betriebssystemtyp

legt den Startup- und Exit-Code fest, der automatisch durch die Anweisung .STARTUP und .EXIT erzeugt wird. Zur Auswahl stehen die Parameter OS_OS2 und OS_DOS, wobei letzteres die Standardeinstellung darstellt.

Die Konstante @Interface

ist eine 16-Bit-Konstante, die Auskunft über die einstellten Parameter Sprachtyp und Betriebssystemtyp gibt.

Bits 0–2	Bedeutung
000	Reserviert
001	C
010	SYSCALL
011	STDCALL
100	Pascal
101	FORTRAN
110	Basic
111	Reserved

Bit 7	Bedeutung
0	MS-DOS or Windows
1	OS/2

Die übrigen Bits sind für künftige Erweiterungen reserviert.

Der Stacktyp

legt fest, ob das Stacksegment zur Segmentgruppe DGROUP gehört (NEARSTACK) oder nicht (FARSTACK). Im Falle von NEARSTACK sorgt der durch die .STARTUP-Anweisung erzeugte Startup-Code dafür, daß das SS-Register die Adresse des DS-Registers, und damit des Datensegments, enthält. Ohne die .STARTUP-Anweisung muß diese Initialisierung per Hand vorgenommen werden. Zeigen DS und SS auf das gleiche Segment, kann wahlweise über DS auf den Stack und über SS auf Near-Daten zugegriffen werden. Der Parameter FARSTACK bewirkt, daß der Stack in ein eigenes Segment abgelegt wird. In diesem Fall besitzen DS und SS unterschiedliche Werte. Die Standardeinstellung ist NEARSTACK.

Über die vordefinierte Konstante @Stack kann geprüft werden, ob ein Near- oder ein Far-Stack verwendet wird.

Die Anweisungen INVOKE und PROTO

Von Version zu Version erhält die PROC-Anweisung neue Parameter und Optionen. Um diese Anweisung nicht noch unübersichtlicher werden zu lassen, wurden die Anweisungen INVOKE und PROTO eingeführt, die eng mit der PROC-Anweisung in Verbindung stehen. Über die PROTO-Anweisung werden Prozedur-Prototypen deklariert, die C-Programmierern wahrscheinlich bestens in Form von Funktionsprototypen bekannt sind. Wie in C sind auch in einem Assemblerprogramm derartige Prototypen optional. Ihr Vorteil besteht darin, daß es mit ihrer Hilfe möglich ist, Fehler bei der Parameterübergabe an eine Prozedur zu erkennen. Wird eine Prozedur, die einen Prototypen besitzt, später über die INVOKE-Anweisung aufgerufen, prüft der Assembler, ob die Typen der übergebenen Parameter mit jenen Typen übereinstimmen, die bei der PROTO-Anweisung aufgeführt wurden. Die Syntax der PROTO-Anweisung ist mit der der PROC-Anweisung weitestgehend identisch, es wird jedoch zum Beispiel keine Liste von zu rettenden Registern aufgeführt, da dies bei einem Prototypen keinen Sinn ergibt.

Syntax: `Prozedurname PROTO Parameter1:Typ, Parameter2:Typ,...`

Eine Prozedur kann anstelle eines CALL-Befehls nun auch über eine INVOKE-Anweisung aufgerufen werden.

Syntax: `INVOKE Ausdruck, Prozedurparameter`

Bei <Ausdruck> handelt es sich entweder um den Prozedurnamen oder einen Adreßausdruck, welcher die Prozedur adressiert. Bei den Prozedurparametern handelt es sich entsprechend um jene Parameter, die der betreffenden Prozedur übergeben werden sollen, und die entsprechend über die PROTO-Anweisung deklariert wurden.

Die INVOKE-Anweisung prüft zum einen, ob die Typen der übergebenen Parameter mit jenen Typen übereinstimmen, die bei der dazugehörigen PROTO-Anweisung aufgeführt wurden. Zum anderen werden die notwendigen Befehle assembliert, die dafür sorgen, daß diese Parameter auf den Stack gebracht werden. Schließlich, und das ist das Wichtigste, wird natürlich auch der entsprechende CALL-Befehl assembliert. Bei INVOKE handelt es sich also mehr um ein komplexes Makro, das eine Reihe von Maschinenbefehlen assembliert. INVOKE bietet folgende Vorteile:

– Überprüft, ob Prozedurparameter den korrekten Typ besitzt.
– Führt gegebenenfalls Typenumwandlungen durch.
– Erzeugt Maschinenbefehle, die die Prozedurparameter auf den Stack transportieren.
– Erzeugt einen CALL-Befehl.
– Entfernt nach Beendigung der Prozedur alle übergebenen Parameter vom Stack.

Es ist wichtig darauf hinzuweisen, daß hinter Anweisungen wie INVOKE keine »Magie« steckt. Es handelt sich vielmehr um Anweisungen, die bereits bekannte Standardabläufe, wie etwa das Transportieren von Prozedurparametern auf den Stack, für den Programmierer unsichtbar vereinfachen. Neue Programmiertechniken werden damit aber nicht eingeführt. Es ist daher auf alle Fälle sinnvoll, die von INVOKE assemblierten Maschinenbefehle im Programmlisting einmal nachzuvollziehen (Optionen /Fl und /Sa).

Beispiel
Das folgende kleine Beispiel zeigt eine einfache Anwendung für die PROTO/INVOKE-Anweisung:

```
.MODEL SMALL,C
PRINT_FELD PROTO ANZAHL:BYTE,FELD_ADR:NEAR
.STACK
.DATA
    FELD        DB 'A', 'B', 'C'
    FELD_GROESSE DB ($-FELD)
.CODE
START:
    MOV DX,@DATA
    MOV DS,DX
    MOV CL,FELD_GROESSE
    INVOKE PRINT_FELD, CL,OFFSET FELD
    MOV AH,4CH
    INT 21h
PRINT_FELD PROC GROESSE:BYTE,FELD_ADR:NEAR
        MOV DI,FELD_ADR
        MOV CX,WORD PTR GROESSE
        MOV AH,02
@@:
        MOV DL,BYTE PTR [DI]
        INT 21h
        INC DI
        LOOP @B
        RET
PRINT_FELD ENDP
END START
```

Es ist wie immer sehr lehrreich auch das dazugehörige Programmlisting (Optionen /Fl und /Sa) zu betrachten:

```
                        .MODEL SMALL
                        .STACK
0000                    .DATA
0000 41 42 43                   FELD            DB 'A', 'B', 'C'
0003 03                     FELD_GROESSE DB ($-FELD)
                    PRINT_FELD PROTO NEAR C,ANZAHL:BYTE,FELD_ADR:NEAR
0000                    .CODE
0000                    START:
0000 BA ---- R          MOV DX,@DATA
0003 8E DA              MOV DS,DX
0005 8A 0E 0003 R          MOV CL,FELD_GROESSE
                    INVOKE PRINT_FELD, CL,OFFSET FELD
0009 B8 0000 R    *      mov   ax, word  ptr OFFSET FELD
000C 50           *      push  ax
000D 8A C1        *      mov   al, cl
000F 50           *      push  ax
0010 E8 001A R    *      call   PRINT_FELD
0013 83 C4 04     *      add    sp, 00004h

0016 B4 4C              MOV AH,4CH
0018 CD 21              INT 21h
001A                    PRINT_FELD PROC NEAR C, GROESSE:BYTE,FELD_ADR:NEAR
001A 55           *      push  bp
001B 8B EC        *      mov   bp, sp
001D 8B 7E 06          MOV DI,FELD_ADR
0020 8B 4E 04          MOV CX,WORD PTR GROESSE
0023 B4 02            MOV AH,02
0025                @@:
0025 8A 15            MOV DL,BYTE PTR [DI]
0027 CD 21            INT 21h
0029 47                INC DI
002A E2 F9            LOOP @B
                    RET
002C 5D          *      pop  bp
002D C3          *      ret    00000h
002E                    PRINT_FELD ENDP
                    END START
```

Alle Anweisungen, denen ein »*« vorangeht, wurden indirekt durch eine der Assembleranweisungen erzeugt.

Kompatibilität zum QuickAssembler

Streng genommen ist MASM 6.0 nicht der direkte Nachfolger von MASM 5.1. Bereits im Software Development Kit von OS/2 und im Device Driver Development Kit für Windows ist eine erweiterte MASM 5.1-Variante mit der Versionsnummer 5.1A (bzw. 5.1B) enthalten, die zusätzlich auch das

32-Bit-Speichermodell einer 80386/486-CPU unterstützt. Beginnend mit der Version 2.01 von QuickC wird ein Assembler mitgeliefert, der zwar offiziell als QuickAssembler firmiert, der aber intern die Versionsnummer 5.2 trägt. Da der QuickAssembler nicht als eigenständige EXE-Datei, sondern lediglich als Overlay-Datei vorliegt, kann er nur innerhalb der QuickC-Oberfläche bzw. über die Kommandozeilenversion QCL.EXE des Compilers aufgerufen werden. Bis auf die Tatsache, daß der QuickAssembler keine 80386/386-Befehle verarbeiten kann, ist er 100% kompatibel zu MASM 5.1. Lediglich zwei neue Anweisungen sind hinzugekommen. Es handelt sich um die Anweisungen .STARTUP und .EXIT, die im folgenden kurz vorgestellt werden sollen.

Die .EXIT-Anweisung

Die Bedeutung der .EXIT-Anweisung ist schnell erklärt. Hierbei handelt es sich um ein eingebautes Makro, welches in Abhängigkeit des über die .MODEL-Anweisung festgelegten Betriebssystems eine Sequenz von Maschinenbefehlen zur Beendigung des Programms assembliert. Wird über die .MODEL-Anweisung nicht das Betriebssystem OS/2 vereinbart, werden durch .EXIT folgende, sicherlich hinlänglich bekannten, Maschinenbefehle assembliert:

```
MOV AH,4Ch
INT 21h
```

Dies ist die Befehlssequenz, durch die die Rückkehr zu MS-DOS eingeleitet wird. Auf die .EXIT-Anweisung kann wahlweise ein Parameter folgen, der dann im AL-Register als Exit-Code übergeben wird. Falls über die .MODEL-Anweisung das Betriebssystem OS/2 vereinbart wird (beim QuickAssembler gibt es diese Option nicht), wird statt dessen die Anweisung

```
INVOKE DosExit, 1, al
```

für den Aufruf der OS/2-Funktion DosExit assembliert.

Die .STARTUP-Anweisung

Auch bei der .STARTUP-Anweisung handelt es sich um ein Makro, welches bei der Assemblierung eine bestimmte Befehlssequenz, den sogenannten Startup-Code, assembliert. Die Aufgabe dieser Anweisung ist in erster Linie die Initialisierung des Daten- und des Stacksegments. Dies ist ein Bereich, für den normalerweise der Programmierer zuständig ist. Dank der .STARTUP-Anweisung brauchen Sie sich darum nicht mehr zu kümmern. Bei Verwendung von DOS als Betriebssystem, der Standardeinstellung des Makroassemblers, von NEARSTACK als Stacktyp und der 8086-CPU als Ziel-CPU, wird für die .STARTUP-Anweisung folgender Code erzeugt:

```
@Startup:
        MOV dx, DGROUP
        MOV ds, dx
        MOV bx, ss
        SUB bx, dx
        SHL bx, 1
        SHL bx, 1
        SHL bx, 1
        SHL bx, 1
        CLI
```

```
       MOV ss, dx
       ADD sp, bx
       STI
 ....
 END @Startup
```

Was machen diese Befehle im einzelnen? Nun, zunächst wird das DS-Register mit der Adresse des Datensegments geladen. Da davon ausgegangen wird, daß Daten- und Stacksegment zusammengelegt werden und beide zu DGROUP gehören, kann die Adresse des Datensegments über DGROUP ermittelt werden. Dies ist die übliche Startsequenz eines Assemblerprogramms, die immer dann notwendig wird, wenn innerhalb des Programms auf das Datensegment, welches ja über das DS-Register adressiert wird, zugegriffen werden soll. Durch die restlichen Anweisungen wird das Stacksegment an das Ende des Datensegments gelegt. Dazu wird zunächst die Größe des Datensegments durch Subtraktion des DS-Registers vom SS-Register berechnet. Dieser Wert entspricht der Anzahl an Paragraphen (16 Byte), die sich zwischen dem Daten- und dem Stacksegment befinden. Diese Anzahl wird dann mit 16 multipliziert (um die Segmentgröße in Bytes zu erhalten) und anschließend zum SP-Register, welches den Stack adressiert, addiert. Schließlich wird noch die Adresse des Datensegments im DS-Register in das SS-Register geladen. Die Folge: Daten- und Stacksegment werden über die gleiche Segmentadresse adressiert (NEARSTACK), was den Vorteil hat, daß sowohl Daten im Datensegment als auch Daten auf dem Stack wahlweise über das DI-, SI-, BX- oder BP-Register adressiert werden können. Falls ein Programm für eine CPU größer als die 8086-CPU assembliert wird, reduziert sich der von .STARTUP assemblierte Code ein wenig:

```
.286
@Startup:
       MOV ax, @data
       MOV ds, ax
       MOV bx, ss
       SUB bx, ax
       SHL bx, 4
       MOV ss, ax
       ADD sp, bx
```

In diesem Fall ist zum einen ein vorübergehendes Sperren der Interrupts durch Löschen des Interrupt-Freigabeflags während des Zugriffs auf das SS-Register unnötig (ältere 8088-CPUs sind in dieser Beziehung fehlerhaft), zum anderen kann hier der Befehl »SHL BX,4« eingesetzt werden, den es in dieser Form bei 8086/88-CPU ja nicht gibt.

Was aus dem Programmlisting nicht unbedingt ersichtlich wird, ist die Tatsache, daß die .STARTUP-Anweisung auch den Programmanfang festlegt. Normalerweise übernimmt diese Aufgabe ein zusätzliches Label oder Prozedurlabel, welches dann auch auf die END-Anweisung folgen muß. Dank der .STARTUP-Anweisung kann dieses Label entfallen, der Programmbeginn ist jetzt dort, wo die .STARTUP-Anweisung aufgeführt wird. Auf diese Weise übernimmt die .STARTUP-Anweisung auch die notwendige Initialisierung des CS- und des IP-Registers.

Falls über die .MODEL-Anweisung der Stacktyp FARSTACK vereinbart wurde, werden Daten- und Stacksegment in verschiedenen physikalischen Segmenten untergebracht. In diesem Fall vereinfacht sich der von .STARTUP erzeugte Code erheblich:

```
@Startup:
        mov dx,DGROUP
        mov ds,dx
        ...
END @Startup
```

.STARTUP im Überblick

Da diese Anweisung eine ganze Reihe von, teilweise verdeckten, Konsequenzen hat, ist es ganz nützlich diese in einer (hoffentlich vollständigen) Übersicht aufzuführen:

– Übernimmt die Initialisierung des DS-Registers, indem die Befehlsfolge

```
mov dx,@Date
mov ds,dx
oder
mov ds,dgroup
mov ds,dx
```

assembliert wird.

– Setzt den Startpunkt des Programms fest (und damit den Initialisierungswert von CS:IP), die Definition eines Startpunktlabels ist daher genausowenig erforderlich, wie ein Label auf die END-Anweisung folgen muß.
– Assembliert eine Befehlsfolge, die das SS-Register gleich dem DS-Register setzt und den Stack, das heißt das SP-Register, an das Ende des Datensegments legt. Diese Befehlsfolge wird nicht assembliert, wenn der Stacktyp FARSTACK vereinbart wird.
– Bei COM-Dateien wird die notwendige Anweisung »ORG 100h« assembliert, wenn über die .MODEL-Anweisung das Speichermodell Tiny vereinbart wurde. Außerdem wird an der Stelle, an der die .STARTUP-Anweisung aufgeführt wird, ein Label mit dem Namen @Startup vom Typ Near definiert.

Die TYPEDEF-Anweisung

Wer in C programmiert, ist mit der TYPEDEF-Anweisung sicherlich bestens vertraut. Über diese Anweisung ist es möglich, einen eigenen Bezeichner für einen Standard- oder für einen selbst definierten Datentypen zu vergeben. Zusätzlich ist es bei MASM möglich, Zeigervariablen zu definieren, die es als Datentyp offiziell bislang nicht gab. Ein über die TYPEDEF-Anweisung definierter Datentyp kann, ähnlich den Standard-Datentypen BYTE oder WORD, überall dort eingesetzt werden, wo ein Datentyp erlaubt ist.

Syntax: Typname TYPEDEF [Entfernung] PTR Qualifizierter Typ

Bei »Typname« handelt es sich um den Namen des zu definierenden Zeigers. Beim optionalen Entfernungstyp kann es sich um NEAR, FAR oder einen Entfernungsmodifizierer handeln. Bei »Qualifizierter Typ« handelt es sich entweder um einen Standard-Datentyp oder einen Datentyp, der zuvor durch eine TYPEDEF-Anweisung definiert wurde.

Beispiel

```
CHAR    TYPEDEF BYTE
pCHAR   TYPEDEF PTR BYTE
```

Die erste Anweisung definiert einen neuen Datentyp CHAR, der dem Datentyp BYTE entspricht. Die zweite TYPEDEF-Anweisung definiert einen Zeiger auf ein Byte. Auch auf selbstdefinierte Datentypen kann über TYPEDEF eine Zeigervariable deklariert werden:

```
STRUCT    AUTO
    FARBE     DB 10 DUP (?)
    BAUJAHR   DW    ?
    PREIS     DW    ?
STRUCT    ENDS
pAUTO    TYPEDEF    PTR AUTO
```

Das Besondere an der TYPEDEF-Anweisung ist nun, daß, wie in C, jeder definierte Zeigertyp dazu benutzt werden kann, neue Variablen zu definieren:

```
TEXT    DB 'Ein kleiner String!'
pTEXT   pCHAR    TEXT
```

Zunächst wird ein String mit dem Namen TEXT definiert, anschließend eine Zeigervariable pTEXT, die mit der Adresse von TEXT initialisiert wird. Die Zeigervariable pTEXT besitzt den Datentyp pCHAR, der zuvor über die TYPEDEF-Anweisung festgelegt wurde.

Bei einem qualifizierten Datentyp handelt es sich entweder um einen Standard-Datentyp oder um einen Datentyp, der zuvor über die TYPEDEF-Anweisung deklariert wurde. In dem obigen Beispiel wurde über die TYPEDEF-Anweisung der Datentyp CHAR (als Alias für den Datentyp BYTE) deklariert, hierbei handelt es sich um einen qualifizierten Datentyp.

Strukturierte Anweisungen

Mit Hilfe dieser Anweisungen lassen sich Entscheidungen und Wiederholungsstrukturen in einem Assembler ein wenig einfacher realisieren. Folgende Anweisungen stehen zur Auswahl:

- .IF/.ELSEIF/.ELSE/.ENDIF
- .REPEAT/.UNTIL
- .WHILE/.ENDW
- .REPEAT/.UNTILCXZ
- .BREAK/.CONTINUE

Beispiel

```
.MODEL SMALL
.STACK 100h
.DATA
    TEXT    DB  'Ein kleiner Test!',10,0
.CODE
.STARTUP
    MOV AH,02
    LEA DI,TEXT
```

```
        .REPEAT
        MOV DL,[DI]
        INT 21h
        INC DI
        .UNTIL (DL == 0)
        .EXIT
END
```

In diesem kurzen Programm wird ein altbekanntes Beispiel, nämlich die Ausgabe eines null-
terminierten Strings, mit den neuen Anweisungen umgesetzt. Die REPEAT/UNTIL-Schleife wird
so lange wiederholt, bis die Bedingung »DL==0« erfüllt ist. Der folgende Ausschnitt aus dem
dazugehörigen Programmlisting zeigt, welche Maschinenbefehle letztlich assembliert wurden:

```
0000                      .CODE
                      .STARTUP
0000  BA ---- R        *      mov    dx, DGROUP
0003  8E DA            *      mov    ds, dx
0005  8C D3            *      mov    bx, ss
0007  2B DA            *      sub    bx, dx
0009  D1 E3            *      shl    bx, 001h
000B  D1 E3            *      shl    bx, 001h
000D  D1 E3            *      shl    bx, 001h
000F  D1 E3            *      shl    bx, 001h
0011  FA               *      cli
0012  8E D2            *      mov    ss, dx
0014  03 E3            *      add    sp, bx
0016  FB               *      sti
0017  B4 02                   MOV AH,02
0019  BF 0000 R               LEA DI,TEXT
                      .REPEAT
001C              *@C0001:
001C  8A 15                   MOV DL,[DI]
001E  CD 21                   INT 21h
0020  47                      INC DI
                      .UNTIL (DL -- 0)
0021  0A D2            *      or     dl, dl
0023  75 F7            *      jne    @C0001
                      .EXIT
0025  B4 4C            *      mov    ah, 04Ch
0027  CD 21            *      int    021h
                  END
```

Beachten Sie, daß für die Vergleichsoperatoren (bei MASM 6.0) die C-Operatoren und nicht die
von den Makroanweisungen bekannten Operatoren verwendet werden müssen. Dies ist zwar ein
wenig unlogisch, soll aber anscheinend für C-Programmierer den Übergang erleichtern. Falls Sie
daher bislang noch nicht in C programmiert haben, finden Sie in Tabelle J.1 eine Übersicht über
die wichtigsten Operatoren, die in diesem Zusammenhang zu verwenden sind.

Operator	Bedeutung des Vergleichsoperators
==	gleich
!=	ungleich
>	größer
>=	größer oder gleich
<	kleiner
<=	kleiner oder gleich
&	Bit-Test (Format: Ausdruck & Bitnummer)
!	Logische NOT-Verknüpfung
&&	Logische UND-Verknüpfung
||	Logische ODER-Verknüpfung
CARRY?	Ist Carryflag gesetzt?
OVERFLOW?	Ist Überlaufflag gesetzt?
PARITY?	Ist Paritätsflag gesetzt?
SIGN?	Ist Vorzeichenflag gesetzt?
ZERO?	Ist Nullflag gesetzt?

Tabelle J.1: *Vergleichsoperatoren für Strukturanweisungen*

Über die Operatoren aus Tabelle J.1 können während der Programmausführung Vergleiche durchgeführt werden, da die Anweisungen, mit denen die Operatoren aufgeführt werden, die entsprechenden Vergleichs- und bedingten Sprungbefehle assemblieren. Wie die Tabelle zeigt, können auch die Statusflags direkt abgefragt werden.

Beispiel
```
IF !PARITY? || ( AX == 0 )
...
.ENDIF
```

In diesem Beispiel werden die Anweisungen zwischen .IF und .ENDIF nur ausgeführt, wenn das Paritätsflag gelöscht ist und der Inhalt des AX-Registers gleich 0 ist.

An Strukturanweisungen, wie etwa .REPEAT/.UNTIL, wird sehr gut deutlich, daß die in Kapitel 10 getroffene Festlegung, Assembleranweisungen erzeugen keinen Maschinencode, nicht mehr uneingeschränkt gilt. Moderne Assembler, wie etwa MASM 6.0, enthalten mittlerweile zahlreiche Anweisungen, die, ähnlich einem Makro, während der Assemblierung Maschinencode erzeugen können.

Neue Schreibweisen
Auch triviale Dinge können sich ändern. Bislang wurden für den Basisbezeichner einer Zahl die Buchstaben »b« für Binär, »d« für Dezimal, »o« für Oktal und »h« für Hexadezimal verwendet. Ab Version 6.0 sollten für diese Basisbezeichner folgende Buchstaben verwendet werden:

Zahlenbasis	Bezeichner
Binär	y
Dezimal	t
Hexadezimal	h
Oktal	b oder q

Die Standardgröße für Operanden beträgt nun 32 Bit und nicht mehr 16 Bit wie noch bei der alten Version. Um Kompatibilitätsprobleme zu vermeiden, kann man über die Anweisung

```
OPTION EXPR16
```

die Standardgröße wieder auf 16 Bit einstellen.

Der Aufruf des Assemblers

Auch am Aufruf des Assembler hat sich etwas geändert. Um die Aufrufkonvention an die übrigen PDS-Sprachen anzupassen, wurde MASM.EXE in ML.EXE umbenannt:

```
C>ML -c TEST.ASM
```

Zwei Dinge gibt es für einen reinen Assemblerprogrammierer zu beachten. Um ein Programm lediglich zu assemblieren, muß die Option -c gesetzt werden, welche verhindert, daß anschließend der Linker aufgerufen wird. Ferner erwartet ML.EXE die Angabe der Dateierweiterung ».ASM«. Ohne diese Dateierweiterung wird zwar ML.EXE nicht abgebrochen, Sie erhalten auch keine Fehlermeldung, es wird aber keine Objektdatei erstellt.

Sämtliche von MASM 5.1 bekannten Optionen wurden umbenannt und den von C PDS bekannten Optionen angepaßt. Wer dennoch die alten MASM-Optionen weiterverwenden möchte, muß, wie eingangs erwähnt wurde, ML.EXE über den Kompatibilitäts-Treiber MASM.EXE aufrufen. Eine Übersicht über alle MASM-Optionen gibt Tabelle J.2.

Option	Bedeutung
/?	Ausgabe der Kommandozeilenoptionen in einer Übersicht.
/AT	Es wird für eine COM-Datei assembliert (Speichermodell Tiny).
/Bl\<Linker\>	Es wird anstelle von LINK.EXE der aufgeführte Linker aufgerufen.
/c	Das Programm wird nur assembliert aber nicht gelinkt.
/Cp	Bei allen Bezeichnern bleibt die Groß-/Kleinschreibung erhalten.
/Cu	Alle Bezeichner werden in Großbuchstaben umgewandelt.
/Cx	Bei allen globalen oder externen Symbolen bleibt die Groß-/Kleinschreibung erhalten.

Option	Bedeutung
/D<Name>[=Text]	Definition eines Textmakros mit einem optionalen Initialisierungswert.
/EP	Gibt ein Paß-1-Listing auf dem Standardausgabegerät aus.
/F <Anzahl>	Die Stackgröße in der EXE-Datei wird in Bytes (hexadezimal) festgelegt.
/Fb[Dateiname]	Erzeugt eine Bound-Datei.
/Fe <Dateiname>	Der Name der EXE-Datei wird festgelegt.
/Fl [Dateiname]	Es wird eine Programmlisting-Datei erzeugt, deren Name festgelegt werden kann.
/Fm [Dateiname]	Es wird eine Map-Datei erzeugt, deren Name festgelegt werden kann.
/Fo <Dateiname>	Der Name der Objektdatei wird festgelegt.
/FPi	Erzeugt Code für eine Fließkomma-Emulationsbibliothek.
/Fr [Dateiname]	Erstellt Info-Datei für den Quellcodebrowser.
/FR [Dateiname]	Erstellt eine erweiterte Info-Datei für den Quellcodebrowser.
/Gc	Prozeduren werden gemäß der Pascal-Konvention aufgerufen.
/Gd	Prozeduren werden gemäß der C-Konvention (Cdecl) aufgerufen.
/H<Anzahl>	Legt die maximale Länge externer Bezeichner fest.
/help	Ruft das QuickHelp-Programm auf.
/I<Name>	Setzt den Suchpfad für Include-Dateien.
/link <Optionen und Bibliothek>	Setzt LINK-Optionen und die Namen und den Suchpfad von einzubindenden Bibliotheken.
/nologo	Es erscheint keine Titelmeldung des Assemblers.
/Sa	Erstellt ein komplettes Programmlisting.
/Sl<Spalten>	Setzt die Zeilenbreite.
/Sn	Unterdrückt eine Symboltabelle im Programmlisting.
/Sp<Zeilen>	Setzt die Seitenlänge
/Ss<String>	Legt einen Untertitel fest.
/St<String>	Legt einen Titel fest.
/Sx	Überträgt auch Falsch-Zweige in das Programmlisting.
/Ta<Dateiname>	Assembliert Datei ohne Endung ».ASM«.
/VM	Benutzt beim Assemblieren virtuellen Speicher.
/w	Entspricht /W0 /WX.
/WX	Bei Warnungen wird keine Objektdatei erstellt.
/W<Zahlr>	Setzt die Warnstufe.
/X	Entfernt den Inhalt der INCLUDE-Umgebungsvariablen aus der Suchreihenfolge nach Include-Dateien.

Option	Bedeutung
/Zd	Überträgt Zeilennummerinformationen in die Objektdatei für Debugging.
/Zf	Macht alle Symbole public.
/Zi	Überträgt Symbolinformation in die Objektdatei für Debugging.
/Zm	Aktiviert MASM 5.10 Kompatibilität.
/Zp[n]	Setzt Strukturen auf eine n Byte-Grenze.
/Zs	Führt lediglich eine Syntax-Überprüfung durch.

Tabelle J.2: *MASM 6.0 Optionen*

Stichwortverzeichnis